U0619273

启真馆出品

启真馆出品

INSIDE THE CENTRE: THE LIFE OF J. ROBERT OPPENHEIMER

奥本海默传

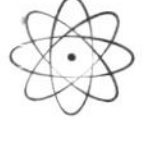

深入核心

［英］瑞·蒙克——著

刘诗军——译

刘小雨——校

浙江大学出版社·杭州
ZHEJIANG UNIVERSITY PRESS

图书在版编目（CIP）数据

奥本海默传：深入核心 /（英）瑞・蒙克著；刘诗军译 . -- 杭州：浙江大学出版社，2024.4

书名原文：Inside the Centre:The Life of J. Robert Oppenheimer

ISBN 978-7-308-24721-4

Ⅰ．①奥… Ⅱ．①瑞… ②刘… Ⅲ．①奥本海默（Oppenheimer, J. Robert 1904-1967）—传记 Ⅳ．① K837.126.1

中国国家版本馆 CIP 数据核字（2024）第 052328 号

奥本海默传：深入核心

［英］瑞・蒙克 著　刘诗军 译

责任编辑　伏健强
责任校对　黄梦瑶　张培洁
装帧设计　林昊航
出版发行　浙江大学出版社
（杭州天目山路 148 号　邮政编码 310007）
（网址：http:// www.zjupress.com）
排　　版　北京楠竹文化发展有限公司
印　　刷　北京中科印刷有限公司
开　　本　635mm × 965mm　1/16
印　　张　59
字　　数　848 千
版 印 次　2024 年 4 月第 1 版　2024 年 4 月第 1 次印刷
书　　号　ISBN 978-7-308-24721-4
定　　价　168.00 元

幼年奥本海默和母亲艾拉

奥本海默在父亲朱利叶斯怀抱里，他后来称父亲是“一个非常宽容、非常有人情味的人”

十岁左右的奥本海默（右）和朋友玩积木，这是他童年的一大乐趣

THE WORLD'S NEW YORK APARTMENT HOUSE ALBUM 14-XVI

NO. 155 RIVERSIDE DRIVE.

South Corner Eighty-eighth Street.

The building located at the South corner of 88th St. and Riverside Drive, known as No. 155 Riverside Drive, is a twelve-story fireproof apartment house. It has two apartments on a *floor*, one of nine rooms, three baths and thirteen closets, and the other containing ten rooms, three baths and sixteen closets.

There are two elevators, one for service, and the other for passengers. The house is particularly well laid out, as shown by the plans below. The section in which the house is situated is one of the finest on the Drive.

Court 25 Feet Wide

Court

88th Street

TYPICAL FLOOR PLAN OF No. 155 RIVERSIDE DRIVE.

№ 155 Riverside Drive

河滨大道 155 号，奥本海默童年的家（摄于 1910 年，一年后奥本海默一家搬到此地）

奥本海默在哈佛，“有点矫揉造作，可能还有点高傲，但十分有趣，想法很多”

威廉·博伊德，奥本海默在哈佛为数不多的好朋友之一

弗雷德里克·伯恩海姆，奥本海默的朋友兼哈佛的舍友

奥本海默最好的朋友之一，来自新墨西哥州的作家保罗·霍根

上佩科斯河谷，奥本海默最喜欢的风景，1922 年，赫伯特 · 史密斯陪他第一次到此。史密斯说，在这里，奥本海默“人生中第一次，发现自己被人爱，被人欣赏和追求”

剑桥大学，卡文迪许实验室内景，约 1920 年

剑桥大学杰出物理学家保罗·狄拉克

帕特里克·布莱克特，“青年俄狄浦斯，高个、苗条、体型匀称，衣着比任何人都得体”

奥本海默最崇拜的人——尼尔斯 · 玻尔，1922 年

奥本海默在哥廷根的博士生导师马克斯 · 玻恩（坐）。身后从左至右为威廉 · 奥斯勒、尼尔斯 · 玻尔、詹姆斯 · 弗兰克和奥斯卡 · 克莱恩，1922 年

夏洛特·里芬斯塔尔（第一排中间女性）

维尔纳·海森伯，1933 年。他于上一年获得诺贝尔奖

保罗·埃伦费斯特，1927 年

奥本海默与拉比、莫特－史密斯和沃尔夫冈·泡利（嬉皮笑脸地盯着镜头）在苏黎世湖上，1929 年

奥本海默在伯克利的第一年，1930 年

奥本海默和好友兼科研伙伴罗伯特 · 瑟伯尔

20 世纪 30 年代，欧内斯特 · 劳伦斯和他在伯克利的回旋加速器

奥本海默的妻子基蒂。奥本海默在洛斯阿拉莫斯和普林斯顿的同事普遍不喜欢她

佩罗卡连特——“热狗！”

哈康·希瓦利埃，他曾短暂、半心半意地尝试为苏联提供情报，但没有成功。此事对奥本海默和他本人产生了深远的影响

弗兰克·奥本海默

奥本海默的未婚妻琼·塔特洛克，20世纪30年代两人共同参加激进政治活动

史蒂夫·尼尔森，美国共产党主要人物，他试图为苏联提供英美等国的原子弹机密情报

街边摄影师为（左起）乔·温伯格、罗西·洛马尼茨、大卫·玻姆和马克斯·弗里德曼拍摄的合影，这张照片在很多年后引起了联邦调查局（FBI）的兴趣

伯克利放射实验室的职员坐在 60 英寸（约 152.4 厘米）的回旋加速器上，1939 年。劳伦斯在第一排左起第四位，奥本海默在高处后排，叼着烟斗

朱利安·施温格，1940 年成为奥本海默的研究助理，后来完善了量子电动力学，并获得诺贝尔奖，被公认为美国最伟大的物理学家之一

年轻、卓越、喜欢恶作剧的理查德·费曼，因竞争美国本土培养的最伟大的物理学家头衔，他和施温格成了对手

洛斯阿拉莫斯农场学校，后来成为世界上首枚原子弹实验室所在地

性格坚毅的格罗夫斯将军，他大无畏的坚定决心是曼哈顿计划取得成功的重要因素

恩里克·费米在芝加哥大学，1942 年。他在这一时期的项目中，成功实现了世界上首次核裂变链式反应

芝加哥大学斯塔格运动场的石墨。1942 年 12 月 2 日，费米和团队在这里成功实现链式反应，表明核裂变能够产生巨大的能量

汉斯·贝特，20 世纪 40 年代

克劳斯·福克斯

爱德华·泰勒，1956 年

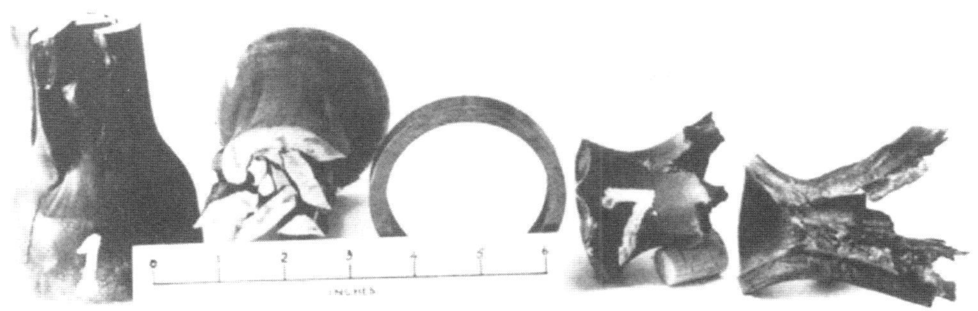

赛斯·内德迈耶早期的内爆实验结果，非常平庸

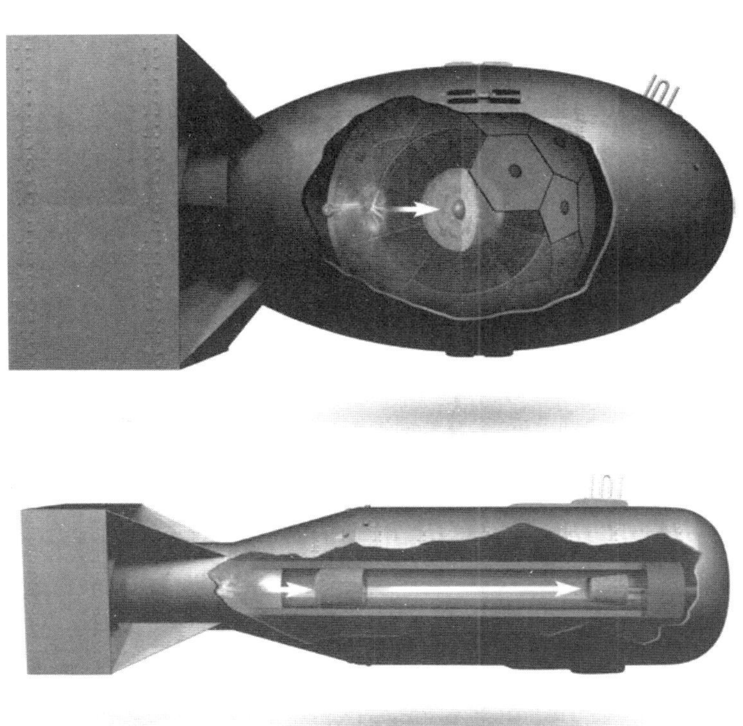

投掷到长崎（上）和广岛（下）的原子弹结构示意图

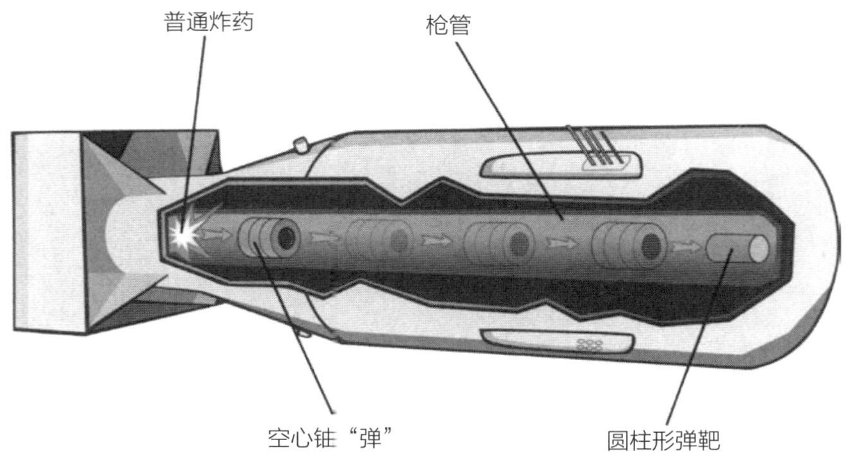

“小男孩”原子弹设计，约翰·科斯特–穆伦反向还原了这一设计

田纳西州橡树岭的工人。他们当时的工作是控制同位素分离厂的运行，这个工厂生产的浓缩铀用来制造摧毁广岛的那枚原子弹，但她们对此浑然不知

准备世界首次原子弹爆炸实验“三位一体”试验（1）

准备世界首次原子弹爆炸实验“三位一体”试验（2）

三位一体试爆。“有人笑了，有人哭了，大多数人沉默不语。我记得，印度教经典《薄伽梵歌》里有一行诗：毗湿奴试图说服王子履行自己的职责，为了增强说服力，他变成多臂神，说道：‘现在我成了死神，诸世界的毁灭者。’”

奥本海默和格罗夫斯查看“三位一体”试验场

罗伯特 · 瑟伯尔拍摄的原子弹在日本爆炸后的场景

奥本海默和基蒂在日本，1960 年

1948 年 5 月，《今日物理》杂志创刊号封面。奥本海默此时的名气如日中天，仅凭这顶帽子，人们就知道指的是谁

1946 年，阿尔伯特 · 爱因斯坦和利奥 · 西拉德，为拍摄影片《原子能》，重现 1939 年的那个场景：他们起草那封致总统的著名的信，导致美国启动曼哈顿计划

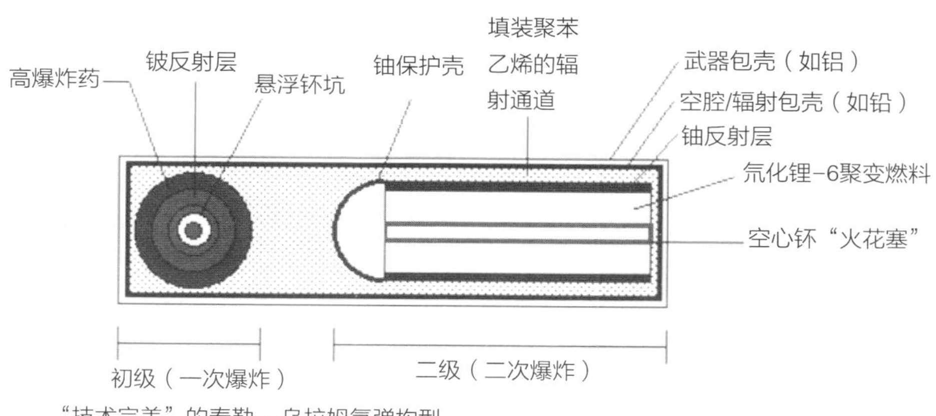

“技术完美”的泰勒 - 乌拉姆氢弹构型

1952 年的“迈克”试验，聚变弹首次试爆成功，威力达到“小男孩”原子弹的 800 至 1000 倍

在制作《现在请看》电视节目期间，奥本海默给埃德·默罗讲解物理

奥本海默、保罗 · 狄拉克和亚伯拉罕 · 派斯在普林斯顿高等研究院

奥本海默、托妮和彼得在普林斯顿奥登庄园

刘易斯·斯特劳斯

1964 年，爱德华·泰勒祝贺奥本海默获得费米奖，引来基蒂冰冷的目光

1964 年，奥本海默最后一次访问洛斯阿拉莫斯并发表演讲

奥本海默在《生活》杂志上的照片，1949 年

前言与致谢

我撰写本书的起源可以追溯到十五年前，那时艾丽丝·金博尔·史密斯和查尔斯·韦纳编辑的《罗伯特·奥本海默：书信与回忆》*一书再版，而我那年为之写了一篇书评。在那之前，我对奥本海默的了解仅限于一些众所周知的事实：他是一位重要的物理学家；他领导的一项工程设计和制造了世界上第一颗原子弹；在麦卡锡主义时期，他的安全许可被吊销，因为有人怀疑他是共产党员，甚至可能是苏联间谍。 ix

在读到那本书信集之前，我根本不知道奥本海默是个如此令人着迷的多面手。我不知道他还会写诗和短篇小说，不知道他深爱且博览法国文学，也不知道他深受印度教经文的启迪、为了阅读经典的原文而学习梵文。我更不知道他的个性那么复杂、脆弱，不知道他与自己的父亲、母亲、女友、朋友和学生之间有着那么紧张的人际关系。

了解这一切之后，我惊奇地发现，当时还没有人写过一部关于奥本海默的全面而完整的传记。我在书评中写道，关于奥本海默，有一部真

---

* 原书名为 *Robert Oppenheimer: Letters and Recollections*。——译者注（下文脚注如无特殊说明，均为译者注）

正伟大的传记正等待着人们去书写。这样一部传记需要公正看待他在20世纪的历史和政治上的重要作用、他的非凡思想以及他那深入而广泛的智识兴趣。这样一部著作需要阐述和解释他在物理学上的贡献，并将这些贡献置于当时的历史背景中。他在其他智识领域的兴趣以及参与公共生活的情况也要以同样的方式体现。要写这样一本书并不简单。实际上，它完全有可能永远也写不出来。

自从我写了那篇评论后，人们已经创作出版了许多关于奥本海默的
x 书，这些书或多或少都力图完成我之前提到的那些挑战，其中最著名的是凯·伯德与马丁·J. 舍温合著的《美国的普罗米修斯：奥本海默的成功与悲剧》[*]。这部书的写作耗时长久，作者进行的大量研究令人惊叹。《美国的普罗米修斯》是一部真正的佳作，自出版以来，它就成为我身边的一本不可多得的学术著作。然而（在某种程度上，这让我松了一口气，因为这本书面世时我已经在写自己的书了），这不是我在评论史密斯和韦纳的著作时所想象的那样一本书。尽管伯德和舍温对奥本海默的个人生活和政治活动进行了详尽的描述，但他们对他在物理学上的贡献要么完全忽略，要么数笔带过。

举个看似无足轻重，但实际上并非如此的例子。从伯德和舍温的书中，读者永远无法知道奥本海默花了多少时间和脑力去思考介子。介子是一种亚原子粒子，人们在1934年预言其存在，在1936年发现了它。在奥本海默的大部分科学生涯中，介子一直是谜一般的存在。关于它的性质和行为，当时在实验室里进行的实验和对宇宙射线的观察，收集到了明显相互矛盾的证据，使所有想弄清其内在逻辑的尝试处处碰壁。奥本海默的学生爱德华·葛乔伊认为："奥比[†]研究物理，谈论物理，把物理当作自己的生命，投入了非同寻常的热情。"他证实这个说法时提供

---

* 原书名为 *American Prometheus: The Triumph and Tragedy of J. Robert Oppenheimer*。中文版：《奥本海默传："原子弹之父"的美国悲剧》，凯·伯德、马丁·J. 舍温著，李霄垅、华夏、裔祖译，南京：译林出版社，2009年，新版：《奥本海默传：美国"原子弹之父"的胜利与悲剧》，汪冰译，方在庆审校，北京：中信出版集团，2023年。

† 奥本海默的学生和朋友这样称呼他。

的最好的例证，就是奥本海默下定决心弄清介子的本质，但屡屡受挫："介子纠缠着他，令他难以自拔。"如果有人想要了解奥本海默，那他或许会认为，为弄清介子之谜而进行的几十年充满激情的探索不应该被忽略。然而，这一点在伯德和舍温的书中几乎没有任何体现，在索引中甚至都找不到"介子"一词。

我们经常讨论传记人物的生活和他（她）的工作之间的关系。许多人坚持认为，要理解一个人的工作完全可以不去考虑他的个人生活，莎士比亚明显是一个最有说服力的例子。我自己就是这么想的。然而这并不能说明传记是徒劳或多余的，因为理解一个人本身就是一种愉快的有趣探索，也值得一试。我们之所以想了解奥本海默，不是为了理解他的工作，而仅仅是因为他是个有趣的人。然而，尽管抛开奥本海默的个人生活也可以了解他的工作，我却认为反过来似乎是不可能的：如果我们对他的工作没有起码的了解，就不能断言我们理解了奥本海默这个人，特别是当他在工作中倾注了巨大热情和心血的时候，正是所从事的工作在某种程度上使他成为他。对此，葛乔伊的评论已经说得很清楚了。

因此，虽然我非常欣赏伯德和舍温取得的成就，也从他们的书中获 xi
益良多，然而，他们的著作并不是我在读了奥本海默的书信后想象的那样一本书。基于类似的原因，查尔斯·索普的《奥本海默：悲剧奇才》[*]也和我想象的那种书相去甚远。索普的书出版于伯德和舍温的著作问世之后一年，它饶有趣味地描述了奥本海默的生活如何受当时的社会和政治的影响，又如何影响社会和政治。然而，书中很少提到奥本海默对物理学的探索欲望如何塑造和推动了他的人生。

包括我在内的许多人都认为，将奥本海默在物理学上的贡献作为叙述核心的传记应该由已故的亚伯拉罕·派斯来完成。众所周知，在2000年去世前，他已经花了多年时间撰写奥本海默的传记。作为知名的粒子物理学家，派斯在普林斯顿与奥本海默交往甚密，以前也写过玻尔和爱因斯坦的优质传记。只可惜，在他去世时，派斯离写完那本书还差得很

* *Oppenheimer: The Tragic Intellect.*

远。派斯撰写的内容加上罗伯特·P. 克里斯的“补充材料”，在 2006 年以《罗伯特·奥本海默的一生》[*]为书名出版。结果，派斯着重描写的并非奥本海默在物理学上的贡献（只用了七拼八凑的短短一章），而是他领导普林斯顿高等研究院的那段经历。因此，要找一本关于奥本海默的科学传记，读者只能另寻出路。

大卫·C. 卡西迪曾经为海森伯写过一部颇具科学素养的杰出传记作品。很多人认为，他在 2005 年出版的奥本海默的传记将填补派斯留下的空白。比起以往的传记，卡西迪写的《奥本海默与美国世纪》[†]确实更加重视奥本海默的科学工作。然而，我们从他的书名就可以看出，卡西迪和索普一样选择从宏大的历史和社会学视角切入奥本海默的生活。尽管书中出现了许多令人耳目一新的传记内容，然而，多数时候，卡西迪还是将写作重点放在了自己设定的“美国世纪”这一主题上，即美国政治力量的发展和 20 世纪美国在科学上的突出地位。

当然，这样的写作方法并无不妥，而且从中可以看到很多亮点，但是它不可能成为我所想象的，而且已经试着动笔去写的那样一本传记。奥本海默的历史地位、他对美国社会的影响以及美国社会对他的影响都是很有意思的话题，也是关于奥本海默的传记不能忽略的内容。然而，最让我感兴趣的是奥本海默这个人，他那异乎寻常的学术才能、情感和心理的复杂性以及他在为人处世方面令人好奇的强大与脆弱。在过
xii 去几年出现的关于奥本海默的书中，就总体平衡和写作重点而言，和我想要写的书最接近的是杰里米·伯恩斯坦的精彩的回忆录《奥本海默之谜》[‡]。如果伯恩斯坦写的是一本完整的传记而不是一篇短小的回忆录，那么我这本书就显得完全多余了。

我之所以将本书定名为《深入核心》，有多个方面的原因。第一个就是为了表明我的写作意图，即写一部揭示内在的而非表现外在的传记：这本传记的首要目的就是了解奥本海默这个人本身。当然，这并不

* *J. Robert Oppenheimer: A Life.*

† *J. Robert Oppenheimer and the American Century.*

‡ *Oppenheimer: Portrait of an Enigma.*

是说我对奥本海默所处的社会和政治背景不感兴趣。相反，我对他所处的背景兴趣浓厚，甚至将第一章全部用来描写纽约的德裔犹太社群，也就是他出生和成长的环境。那个社群在他身上留下的痕迹实际上也成了我采用这个书名的第二个原因。奥本海默有着发自内心的强烈欲望，他想克服从德国犹太背景中继承来的外来人意识，并渴望进入美国政治和社会生活的核心。对我来说，如果不能认识这种欲望的重要性，也就无从了解奥本海默。他的这一欲望根植于许多好友都看到的他对自己犹太血统的矛盾心理，同时也根植于眼光敏锐的爱因斯坦所说的，他对美国政府一厢情愿的爱。我认为，这一欲望也可以在很大程度上解释为什么他愿意勇担重任、领导自己的团队制造世界上第一颗原子弹，为什么二战后他决心在制定美国原子能政策方面发挥主导作用。也只有将这一欲望考虑在内，我们才能真正理解，为什么奥本海默在遭到对美国不忠的指控时一定要奋起为自己辩护，而不是避其锋芒、全身而退。

此外，正如我之前所说，在我看来，如果想要了解奥本海默，就必须设法了解他对科学的贡献，而“深入核心”这几个字捕捉到了他的工作中的一些主题。例如，奥本海默想要理解介子的决心至少部分受他的一种欲望所驱使，那就是他想知道在原子的核心深处是什么力量在发挥作用：在这样的原子里，π 介子是强大核力的载体，将核子（中子和质子）聚集在一起。当然，只有先理解原子核的裂变和聚变过程——奥本海默对此做出过贡献——才有可能制造出原子弹和氢弹。很多人认为，奥本海默对物理学最大的贡献是他在 20 世纪 30 年代晚期对中子星和黑洞的研究，揭示了当一颗巨大质量的恒星中的氢燃烧殆尽并形成引力塌缩时其核心深处发生的变化。

最后就是奥本海默决心进入科学发现的核心。这一抱负首先使他
到剑桥大学卢瑟福的卡文迪许实验室工作，然后又到哥廷根大学与马 xiii
克斯·玻恩共事，而那恰好是玻恩在量子力学的创建中发挥了主导作用
的时期。最终，这一点加上奥本海默强烈的爱国热情，促使他将美国变
成了世界物理学发展的中心。在发展的每一个阶段，他始终坚守在理论
物理的核心，这对他和他的学生选择解决什么样的问题产生了巨大的影

响，他们总是希望解决根本性而非边缘性的问题。

我自己并不是物理学家，但是在撰写本书所花费的十年时间里，我一直在努力理解奥本海默做出过贡献的那些物理学领域。在这方面，我阅读了过去十年来出版的一些杰出的历史和阐释性著作，受益匪浅，主要包括参考书目中杰里米·伯恩斯坦、赫尔奇·克拉夫、曼吉特·库马尔、贾格迪什·梅赫拉和赫尔穆特·雷兴贝格和西尔万·施韦伯撰写的书。我从我的专家朋友詹姆斯·多德那里也获益良多，他与 C. D. 科赫兰*及B. M.格力派奥斯合著的《粒子物理思想：科学家必读》†是我读过的最清晰明了的教科书之一，而他对本书早期文稿的评论也有不可多得的价值。在为本书进行研究的早期阶段，我还受到布莱恩·雷德利的帮助，当一些理论物理概念令我迷惑不解时，他做了耐心的解释。在后期阶段，通过电子邮件，我也从物理学家杰里米·伯恩斯坦、西尔万·施韦伯和基普·索恩那里获得了许多帮助。

我要特别感谢我的朋友大卫·帕格迈尔，在我写作本书的时候，他自始至终给予我慷慨的鼓励和支持，而在本书完成后，又一丝不苟地通读了全书，提出了敏锐且有益的评价。在此，我还要感谢麦克·克里特、索菲亚·埃夫斯塔西奥乌、彼得·米德尔顿、弗雷德里克·拉菲尔、丹妮卡·斯托－蒙克和艾伦·托马斯，他们阅读了我的早期书稿，并提出了宝贵建议。

为开展本书的前期研究，我曾多次到华盛顿特区国会图书馆查阅资料，那里的工作人员为我提供了毫无保留的热心帮助。哥本哈根的尼尔斯·玻尔图书馆的工作人员也同样如此。我还要感谢我所在的南安普敦大学的职工，他们为我提供了周到的服务。为了能让我专心写作，校方还为我的研究工作批了学术假，为此不胜感激。

克莉斯汀·波波罗和丹·富兰克林是作家所能知遇的最好出版人，他们总是在我最需要的时候给予我最大的支持。他们对我和这本书所表

* 此处疑似作者笔误，应为 G.D. 科赫兰。

† *The Ideas of Particle Physics: An Introduction for Scientists.*

现出的信心使我大受鼓舞，为之付出的耐心也堪称神圣。我还要感谢我的编辑亚历克斯・鲍勒对这本书浓厚的兴趣和他不可或缺的编辑技术，多年以来他用各种办法帮我减少了错误、改进了书稿。曼迪・格林菲尔 xiv
德的出色编辑也使书稿的质量也在多方面得到提升。此外，没有我的经纪人吉尔・科尔里奇的帮助，我就不可能将本书写成。她已经成为我的好友，也是明智判断和动人鼓舞的无尽源泉。最后，和往常一样，我最想感谢的人莫过于我的好伴侣珍妮和我们可爱的孩子扎拉、丹妮卡、泽诺和迈伦。孩子们一直那样可爱，伴我度过了写作本书期间那些时而艰难的岁月，尽管他们已经不再是孩子了。

瑞・蒙克，南安普敦

2012 年 5 月

目 录

第四部分　1945—1967

第一部分

1904—1926

第一章 3

“美国，你做得更好”：奥本海默的德裔犹太人背景

奥本海默的朋友伊西多·拉比曾经说，J. 罗伯特·奥本海默是“一个由许多耀眼的碎片拼凑而成的人”，他“从来没有形成完整的人格”。拉比认为，妨碍奥本海默完整起来的原因是他拒绝承认对他至关重要的一点：犹太身份。和拉比类似的是，物理学家费利克斯·布洛赫也曾说过，奥本海默“极力让自己看起来不是个犹太人，装得还像模像样，因为他是个好演员”。正因为他总在演戏（拉比曾说，“你跟他演戏，他的生活就是一场戏”），他弄不清自己究竟是谁了。奥本海默的才华、能力和人格特质多种多样，令人印象深刻，但是拉比认为，在他人格的核心，原本应该凝聚这一切的那个地方出现了一道裂痕，因此没有任何东西能将那些“耀眼的碎片”整合起来。“我知道他的问题。”拉比说。当被问及那是什么问题时，他简而言之：“是认同。”

由于拉比自己的背景、才智和受教育水平，他说这番话时已经完全看清了奥本海默的“问题”。他和奥本海默有很多共同之处：他们年龄相差不大（拉比年长奥本海默六岁），他们都是理论物理学家，都在纽约长大，而且都是欧洲犹太家族的后裔。然而，在这最后一个共同点的背后存在着根本差异。拉比为自己的犹太血统骄傲，乐于以犹太人自

居。尽管他没有宗教信仰，从不祷告，可他说，当他看到正统派犹太教徒祷告时，头脑中浮现出的想法是：“他们是我的族人。”

这样的想法绝不可能出现在奥本海默的脑海里，无论他看到什么人。对他来说，没有任何一群人可以让他指着说“他们是我的族人”。
4 而这不仅仅因为他对自己的犹太背景心态矛盾，还因为无论奥本海默如何看待自己的犹太背景，这一背景本身没有给他带来归属感，因而也没有给他带来拉比认为的他身上所缺失的身份认同。尽管拉比没有宗教信仰，但他是个不折不扣的犹太人，犹太人就是“他的族人”，犹太人的共同体是他归属的共同体。这样的话无法来描述奥本海默。他本人在何种意义上是犹太人，他又在何种意义上出身于和归属于（或者既不出自也不属于）一个犹太人共同体，这些问题在奥本海默身上都复杂得多。而且，拉比敏锐地注意到，这些对于理解奥本海默那脆弱的身份认同感也至关重要。

奥本海默和拉比的家庭背景形成的对比，有助于我们理解奥本海默身上难以捉摸的犹太特征。尽管他们有许多重要的共同点，尽管他们长大的地方仅仅相隔几英里，拉比和奥本海默各自出生和成长的家庭却在文化上有着天壤之别。拉比是一个“波兰犹太人”。他出生在加利西亚的一个贫困的说意第绪语*的正统派犹太教徒家庭里，还是襁褓中的婴儿时就被带到了纽约，并在这里长大，先在下东区拥挤的贫民窟里生活，然后又搬到布鲁克林区一套狭小的公寓。奥本海默出生在纽约（而不是欧洲）的一个富裕的犹太家庭里，他父亲那辈就已经抛弃了犹太人的信仰和传统。对于在体面的上西区一套宽敞豪华的公寓里长大的小奥

* 意第绪语（Yiddish）：以高地德语为基础，结合了希伯来语、阿拉米语、斯拉夫语和少量罗曼语的成分，以希伯来语字母书写。德国犹太人使用的一种语言。其主要使用者阿什肯纳兹犹太人以居住在德法边境的犹太人自称，也包括他们的后裔。这些犹太人拥有共同或相似的宗教和习俗、使用意第绪语。下文的“波兰裔和俄裔犹太人”大部分也属于这一类。有一种观点认为，意第绪语是犹太人用自己的母语希伯来语字母包装的德语；另一种观点认为，意第绪语最初是一种斯拉夫语，但其词汇被德语单词替换。

本海默来说，下东区喧闹拥挤的“犹太隔都”* 完全是一个陌生的世界。奥本海默一家从不说意第绪语，而德语尽管是他父亲的第一语言，在家里也从来没有人说。

然而，尽管奥本海默认为自己既不是德国人也不是犹太人，犹太人和非犹太人却都将奥本海默视为“德裔犹太人”。在 20 世纪初叶的纽约，犹太族裔主要被分成两类，一类是德裔犹太人，另一类是波兰裔和俄裔犹太人——两类犹太人的差异恰好可以通过奥本海默和拉比反映出来。德裔犹太人有时也被称作“上城犹太人”，他们总的来说更富裕、融入美国社会的程度更深，但他们的宗教信仰不如波兰裔和俄裔犹太人那样虔诚。1904 年奥本海默出生时，纽约的波兰裔和俄裔犹太人的数量比德裔犹太人多，但是德裔犹太人掌握着犹太社群的领导权，并主动帮助俄裔犹太人和波兰裔犹太人“美国化”，而后两个群体对此非常反感，认为这是在摒弃他们的宗教和习俗。

拉比所说的奥本海默的问题——身份认同问题——实际上是整个美
国犹太社群的共同问题，甚至可能是核心问题。当然，它也是造成纽约 5
两类犹太人关系紧张的关键问题。对俄裔和波兰裔犹太人来说，他们的身份认同感离不开他们的犹太特性：正统派的宗教信仰、意第绪语，以及他们的犹太文化和传统。然而，那样的文化和那种特定的身份认同感已被德裔犹太人抛弃，甚至在他们来美国前就已经被抛弃了。

19 世纪中期，大批德裔犹太人移民到美国，与之密切相关的是，他们在更早的时候就抛弃了传统的犹太人身份印记。18 世纪晚期的犹太启蒙运动“哈斯卡拉”（haskalah）说到底就是一场发生在德国的运动，其先知是普鲁士犹太思想家摩西·门德尔松。“哈斯卡拉”鼓励犹太人在事实和寓意两重含义上脱离制约着他们的犹太隔都，去拥抱更广阔的西欧启蒙运动中的现代化思想，并且导致另一场究其根本仍然发生

* 译自“Jewish Ghetto”。“隔都”一词原指中世纪犹太人生活与其他居民隔离的区域，犹太人出入这一区域都受到当地政府的限制。这里所说的纽约的“犹太文化的隔都”是犹太移民自然聚集而形成的，这里保留了他们在欧洲的社区和生活方式，内部仍然使用意第绪语。它是自发形成而非强制划定的。

在德国的运动——改革派犹太教运动。这就意味着，他们要把德语而不是希伯来语作为礼拜的语言，抛弃将犹太人和其他社群区分开来的传统和习俗，改革派犹太教运动让犹太人做好准备去融入整个世界，而不是在独立的文化中教导他们。鼓舞着这些改变的是这样一种愿景：在犹太人放弃了文化中那些使他们明显区别于其他人的部分之后，异教徒[*]的世界作为回报，将取消影响犹太人生活各个方面的歧视性法律，完全接纳犹太人成为社会的一分子，让他们和其他公民一样享有相同的法律、经济和政治权利。这样，完全同化后的犹太人将不再把自己视为一个单独的种族或国民，而仅仅是一个宗教的信徒。他们的国籍将是德国，在犹太会堂而非教堂里做礼拜，这对于他们的德国人身份不会有丝毫影响。

正是这一希望的破灭，使成千上万德裔犹太人在19世纪中期的几十年里背井离乡，并转向美国，去寻找在德国没能获得的自由和平等。美国这个国家能够建立的主张正是所有人一律平等，生命、自由和追求幸福的权利不可剥夺，它认为这是不言自明的真理。因此，在德裔犹太人眼里，美国不仅是一个远离歧视和偏见的避难所，而且是启蒙运动理想即“哈斯卡拉”理想的国家化身。正因如此，他们中的很多人不再希望被看成是德国人。相反，他们希望被看成美国人。

“美国，你做得更好。”歌德的这句名言出自他1827年写的诗《致美国》[†]。当时，歌德在迟暮之年反思了年轻的美国与“旧大陆”相比所
6 具有的优越性：没有传统，没有“破败的城堡”，因此也没有生长自漫长记忆中的不间断的冲突。歌德在他的诗中臆想的美国形象是一张白纸[‡]，可以说正等着人们在上面书写历史。这样的形象恰好可以激发德裔犹太人的兴趣和希望。他们早就渴望开始新的生活，从过去的冲突和偏见中解放出来。

于是，从19世纪20年代开始，“到美国去”的集结号在整个德国

---

* 异教徒（Gentile），泛指非犹太人，但在本书中多指基督徒或盎格鲁－撒克逊人。

† 德语“Den Vereinigten Staaten”，或英语“To the United States”。

‡ tabula rasa.

犹太社群中回荡。一场鼓励移民美国的运动风起云涌，宣传新世界的经济、社会和政治优势的声音不绝于耳，为那些准备开始激动人心又惊心动魄的新生活的人提供了希望和支持。在从美国归来的欧洲人写的书中，在移民美国的人写给亲人的信中，在人们聚在一起倾听回乡探亲的移民亲口讲述美国生活的村民聚会中，美国作为"平民乌托邦"的形象迅速传播，鼓舞越来越多的犹太人扬帆起航，驶向彼岸。

在鼓舞人心的第一手资料中，一个典型的例子是记者兼学者马克斯·利林塔尔在 1846 年 11 月写的一封信。这封信发表在德国犹太周报《犹太人汇报》*上。利林塔尔赞美他在美国发现的"公民平等的美丽国土"。他说："旧欧洲连同它的枷锁像一个噩梦，被我抛在身后……终于，我呼吸着自由的空气……犹太人还是基督徒，基督徒还是犹太人——这一古老的争斗被遗忘，只要是人就会得到尊重和爱。"他鼓励其他人以他为榜样，并疾声呼吁："抖落压在犹太人身上数百年的尘埃……像其他人那样成为一个人。"他还承诺，在美国，"犹太人心胸宽广，海纳百川。犹太人的组织随时准备帮助任何人。为什么你们还要继续承受被法律排除在外的重负呢？"

愿意甚至渴望"抖落压在犹太人身上数百年的尘埃"的德裔犹太人数量极其庞大，以至于彻底改变了美国犹太社群。1840 年美国只有 1.5 万犹太人，到了 1880 年人数达到 28 万，多数来自德国。德裔犹太人的这一波大量涌入被犹太历史学家称为"第二次移民"。"第一次移民"系 17 世纪一个小规模的塞法迪犹太人社群的到来，这些人是 15 世纪被西班牙和葡萄牙驱逐出境的犹太人的后裔。到 19 世纪，他们牢牢占据着美国社会生活的一部分。

这些自诩老美籍塞法迪犹太家族的犹太人非常自豪，因为他们在美
国生活了好几代人，堪比清教徒前辈移民的后代数。他们习惯高傲地蔑 7
视新来的德国移民，后来德裔犹太人又以同样的态度看待俄裔和波兰裔犹太移民。第一批抵达美国的德裔犹太人接受了老塞法迪犹太人的领

* *Allgemeine Zeitung des Judenthums*.

导，甚至还采用塞法迪犹太人的祷告方式。然而，德裔犹太移民的数量增长迅猛，使力量对比发生了变化，来自德国的阿什肯纳兹犹太人取代了塞法迪犹太人，成为美国犹太社群的领导者。

1880 年到 1920 年间，俄裔和波兰裔犹太人大规模移民美国构成了“第三次移民”浪潮，其规模让前两次移民望尘莫及，不是数以万计或十万计，而是以百万计。在第三次移民潮中，大约有 250 万来自东欧的犹太人登陆美国，带来了一种与塞法迪犹太人和德裔犹太人截然不同的犹太文化。

俄裔和波兰裔犹太人的到来令已然扎根的德裔犹太人为难，后者的第一反应是建议实施更加严格的移民法。他们在自己的报纸《美国希伯来人》上发表社论，表达自己的主张，还通过他们的组织纽约希伯来慈善总会指挥游说。这些做法没有取得任何效果，东欧犹太移民仍在不断到来。于是，德裔犹太人建立起教育联盟，开办美国化课程，让新移民接受“美国公民的荣幸和责任”方面的指导。采取这些措施不单是因为德裔犹太人热爱美国，还因为他们担心东欧犹太人的到来会激起反犹运动。犹太历史学家杰拉尔德·索林指出：“这些上城人非常认可伊斯雷尔·赞格威尔的戏剧《大熔炉》*。这部戏剧使他们对自己提出的解决下城区问题的方案更有信心：东欧移民越快放弃他们的文化特殊性并融入普通民众，反犹主义也就消融得越快。”

这是一个德裔犹太人在德国尝试过却未获得成功的策略，但在美国似乎大有希望。然而，这需要对“文化特殊性”时刻保持警惕，而这样的警惕很容易沦为拉比所责备的奥本海默的那种自我否定。这种警惕在德裔犹太人中的一种表现方式是他们会对自己的姓名特别敏感。这有时会让他们放弃听起来像德语的姓氏。一个典型的例子是，莱茵兰的一个贫困犹太家庭的儿子奥古斯特·勋伯格。他后来成为纽约银行家、百万富翁奥古斯特·贝尔蒙特。然而，更常见的做法是改名字，让他们孩
8 子的名字听起来像十足的“美国名”。另一位纽约百万富翁银行家约瑟

* *The Melting Pot.*

夫・塞利格曼将他的兄弟沃尔夫冈、雅各布和伊塞亚斯从德国带到美国，但是抵达美国后，他们变成了威廉、詹姆斯和杰西。约瑟夫・塞利格曼的孩子们的姓名就像一份美国英雄名录：乔治・华盛顿・塞利格曼、埃德温・罗伯特・安德森・塞利格曼和阿尔弗雷德・林肯・塞利格曼（“亚伯拉罕”明显会被认为太过犹太了）。

这些今天被纪念的美国英雄名字当中，最不为人所知的无疑是罗伯特・安德森。1861 年美国内战爆发时他是美国陆军的一名少校，参与了南北战争的揭幕战。当时他麾下的南卡罗来纳萨姆特堡遭到南方邦联军队的猛烈炮击。因为在保卫萨姆特堡的战斗中坚守阵地长达三十四小时，安德森少校被亚伯拉罕・林肯晋升为准将，成了一名国民英雄，不仅内战期间享有盛名，而且在战后几十年里仍广为人知。因为他，“罗伯特”成了一个非常流行的名字。任何人如果想为自己的子孙锁定美国身份，自然会想到这个名字。J. 罗伯特・奥本海默后来确实非常喜欢这个名字，以至于他会忽略他名字里的“J”，亲朋好友都称他为“罗伯特”或“鲍勃”*。当有人问他“J”代表什么时，他回答说什么都不是。实际上，正如他的出生证明显示的那样，“J”代表他父亲的名字朱利叶斯†。在任何想要避免“文化特殊性”的人看来，“罗伯特・奥本海默”这个名字，或者哪怕是“J. 罗伯特・奥本海默”，都明显要强过“朱利叶斯・奥本海默”。

尽管如此，这一姓氏仍然暴露了以此为姓者的祖先在地理上和种族上的身份，其“文化特殊性”并不比名字来得少。“通过他的姓可以看出，”奥本海默的一位教授曾在一封学业推荐信上写道，“奥本海默是犹太人。”如果忽略“哈斯卡拉”运动，坚持将犹太教作为确定一个种族、民族或部族而不只是一个宗教的概念来看，那么这位教授说得一点没错。拿破仑在 1808 年颁布犹太人必须有姓的法令后，“奥本海默”是那

---

* “罗伯特（Robert）”的昵称。

† “朱利叶斯”按德语译法为“尤利乌斯”，但考虑到“奥本海默的父亲已经抛弃了德裔犹太人的信仰和文化传统”，故采用英语译法。而下文奥本海默的爷爷仍在德国生活，（本书第 4 页）故采用德语译法，译为“本亚明”。

些居住在鲜为人知的小镇奥本海姆周围地区的犹太人采用的姓氏。这座小镇位于德国美因茨和沃尔姆斯之间的黑森地区，离法兰克福不远。至于 J. 罗伯特·奥本海默，“从他的名字可以看出”，他的祖先是黑森的犹太人。他会看着他们说“他们是我的族人”吗？

的确，在 20 世纪 30 年代他的政治意识觉醒后，当他的亲戚像所有德国犹太人那样遭到纳粹的恐怖威胁时，参与击败希特勒政权的决心确实唤起了他与第三帝国受害者之间的血脉亲情。但在那之前，他对德国
9 犹太亲戚的态度仿佛是在看待来自非常遥远时空的人。小时候他回德国探亲，遇到仍然住在离奥本海姆几英里远的地方的爷爷本亚明·奥本海默时，他对爷爷的印象（或者是他后来回忆中的印象）是“一个不成功的小商人，出生在一个简陋的窝棚里，住在一个几乎像中世纪一样原始的德国农庄里”。我觉得这是一个习惯上西区优渥生活和 20 世纪现代曼哈顿繁华景象的孩子的印象。我认为，以更低的标准看，本亚明未必会被认为“不成功”，也不会被认为他的出生地是个“窝棚”，或他的家乡像个“中世纪”农庄。

被称为“几乎是中世纪农庄”的地方很可能是奥本海姆东北部的小镇哈瑙。那是本亚明·奥本海默生活的地方，也是他的儿子朱利叶斯 1871 年出生的地方。朱利叶斯只在哈瑙生活了十七年，然后于 1888 年前往美国。无论本亚明·奥本海默的家境如何，这家人肯定渴望过上比在哈瑙更好的生活。像其他德裔犹太人那样，他们认为能够在美国实现那样的愿望。朱利叶斯的弟弟艾米尔和妹妹海德薇在他扬帆赴美几年后与他在美国会合，而朱利叶斯自己追随的先辈是两个舅舅所罗门·罗斯菲尔德和西格蒙德·罗斯菲尔德（他们被家人唤作“索尔和西格”），这两个人在一代人之前就移民到了美国。

远赴美国的雄心可能源于本亚明的妻子芭贝特·罗斯菲尔德，因为这里说的两个舅舅正是她的亲兄弟。“索尔和西格”于 1869 年前往美国，这差不多是朱利叶斯到美国与他们会合的二十年前，但已经是“第二次移民”开始三十年之后。在那三十几年的时间里，美国的德裔犹太社群发生了巨大变化，或者应该说在那些年里，德裔犹太社群在美国诞

生了。其发展历程表明，美国确实能帮他们实现马克斯·利林塔尔在信中表达的许多希望，但却不能完全保证犹太人和基督徒之间的“古老争斗”能一笔勾销。

到1869年，大约三十年前就登陆美国的德裔犹太移民已经形成了一个成功的社会群体，其中很多家庭变得极其富有，数量之大令人吃惊。仅用一代人的时间，塞利格曼家族、雷曼家族、古根海姆家族、希夫家族、戈德曼家族和萨克斯家族就聚敛了巨大的财富，成为美国一些最著名、最成功、最强大的金融和商业机构的创始人。他们也创立了一个关系颇为紧密的共同体，内部成员称之为“我们这伙人”，与那个更有名的、构成这一时期纽约非犹太上流社会的富裕家族群体——阿斯特家族、范德比尔特家族、摩根家族和罗斯福家族等——相比，这是一个犹太版的富豪群。“我们这伙人”是一个自发凝聚而成的共同体，其成员一起到以马内利会堂（改革派犹太教会堂，雄伟的建筑位于第五大 10
道，于1868年建成使用，成为德裔犹太人共同体成功和雄心的象征）礼拜、一起社交、一起度假，从彼此家族中挑选妻子或丈夫。这个从众的共同体遭到其中一位成员伊曼妮·萨克斯的大力讽刺，她在小说《红锦缎》* 中写道：

> 这就是我们这伙人。他们的墙上贴着同样的丝绸。在我去过的人家里，为什么没有一所房子——包括谢丽的家——不搭一面锦缎墙？他们看同一个牙医，去同一家杂货店，听同样的音乐会。他们的想法类似、行为类似，若话不投机会担心得要死。男人们从事父辈或祖辈开创的工作，所要做的就是坐在办公桌前，让公司自行运转。

在萨克斯所讽刺的恪守常规背后，纽约的富裕德裔犹太人真心渴望在实现内部融合的同时，“融入”更广阔的社会。从塞利格曼子孙的

---

* *Red Damask.*

名字可以看出，被当成美国人可能是这些家境兴旺的德裔犹太人最大的愿望。

这一代德裔犹太移民对美国的忠诚源于一个鲜明的对比：在德国，他们饱受限制；而在美国，他们找到了自由和机会。在内战之前，美国几乎已经具备了这些移民所期待获得的一切。当然，每一个生活在美国的犹太人，都有可能在某个时候遭遇反犹主义偏见，但是这个国家本身并不反犹，在法律、政令或官方认可的习俗中，从来没有明文规定的制度化的反犹内容。然而，在内战期间和内战后，情况发生了变化，既因为德裔犹太人的成功引人侧目，也因为那些年里所有美国人的生活都更加黯淡和充满烦扰。

最臭名昭著的例子是，1862 年 12 月，内战打响十八个月后，尤里西斯·格兰特将军发布命令，将犹太人逐出他控制的军事区域，包括密西西比、肯塔基和田纳西州。发布这一反常命令的理由是，他怀疑犹太人从事非法棉花贸易。在他发布驱逐令的一个月前，格兰特发布了一道禁止犹太人进入南方棉花种植州的命令。当他发现这并不能阻止黑市交易时，他便采取了驱逐措施。

格兰特的驱逐令让整个美国的犹太人惊恐万分。犹太复国主义者马克斯·诺尔道在 1912 年写道，格兰特的命令表明，“那个时候（很可能现在依旧），即使在自由开明的美国，犹太人和地狱之间的距离仅一
11 纸之隔……对犹太人中的乐观主义者来说，这是一个多么现实的教训啊！”这是美国犹太人第一次面对制度化的、得到官方认可的反犹主义，他们对此的反应不是隐忍和失望，而是愤怒地拒绝接受。他们组织了一场反抗这道命令的运动，包括向总统写请愿书，派代表团向总统抗议（上文提到的马克斯·利林塔尔领导了其中至少一项）。尽管这一插曲对那些坚信美国没有犹太仇恨的人是一种打击，整件事中也许最值得注意的反而是总统很快就在抗议下做出了让步。1863 年 1 月 3 日，驱逐令刚发布几个星期，林肯总统便通知格兰特撤销命令。因此，人们终究还是可以相信美国是一个没有反犹偏见的国家，尽管它在这方面的形象受到了严重玷污。

1869 年，当所罗门和西格蒙德来到纽约时，刚刚当选的尤里西斯·格兰特开始了他八年的总统任期（他在 1872 年连任）。尽管他于 1862 年发布过考虑不周的驱逐令，但他并没有被看成犹太人的敌人。相反，或许那道臭名昭著的命令激起的反应以及不得不撤销成命的耻辱使他变得谨小慎微，避免招惹犹太人，毕竟他的很多朋友和政治盟友都是著名的犹太人，包括约瑟夫·塞利格曼。到 1869 年，塞利格曼家族企业的运营资本超过六百万美元，塞利格曼本人也成了当时公认的纽约德裔犹太人的领袖。

值得一提的是，格兰特主动提出让塞利格曼担任财政部部长，可受宠若惊的塞利格曼拒绝了总统的好意。然而，格兰特和塞利格曼仍保持着友好的关系。在格兰特的整个任期当中，塞利格曼成了白宫午餐时段的常客。他的一位传记作家写道，因为与高层接触频繁，此时的塞利格曼“变得更加美国化，更像个异教徒，与自己的犹太特征渐行渐远”。他在杰出的德裔犹太绅士的和谐俱乐部[*]花的时间越来越少，而待在非犹太人的联盟俱乐部的时间却越来越多。

约瑟夫·塞利格曼似乎就是要证明，犹太人完全可能被美国社会接受并进入社会最高层。不幸的是，对于他本人和整个犹太社群（特别是德裔犹太人）来说，19 世纪 70 年代发生的一些事表明，犹太人想要被接受肯定还有很多难以克服的障碍。在这方面，塞利格曼领受的第一次残酷教训发生在 1873 年，当时他试图创建第一家犹太人商业银行（像所有美国犹太银行家创办的银行那样，塞利格曼银行以前一直是纯粹的投资银行）[†]。尽管选了一个听起来尽可能有英国味而非德国味或犹太 12
味的名字（“盎格鲁－加州国家银行”），尽管有理查德·G. 斯尼思——“塞利格曼的产业中被委以重任的第一位非犹太人和第一位非家族成员”——担任行长，但正如塞利格曼几年后不得不承认的那样，银行业务以失败而告终。“银行本可以在美国人中有更多朋友，”斯尼思向塞利

* Harmonie Club.

† 商业银行（commercial bank）的业务包括普通民众的储蓄和投资，而投资银行（merchant bank）只面对公司。

格曼谏言，“可惜他们对银行（负责人）的宗教信仰抱有愚蠢的偏见。”

更多迹象表明，在富裕的美国人中，这些“愚蠢的偏见”有增无减，且接踵而至。1877年，一起以“塞利格曼事件”著称的风波向约瑟夫·塞利格曼和整个国家沉痛而明确地传递着这样的信息：美国上流社会不接受犹太人，即使他们是上城区的德裔犹太富人，即使他们爱美国胜过爱自己的犹太传统，而且在各个领域都有身居高位的朋友。暴露这一问题的事件是，塞利格曼和家人想要入住萨拉托加最气派的联合大酒店，这可能也是整个美国最气派的酒店。这家酒店的所有人曾经是纽约最大的零售商A.T.斯图尔特公司的老板亚历山大·斯图尔特，他嫉恨着塞利格曼，尤其嫉恨他和格兰特的交情。斯图尔特于1876年去世后，他的家产由亨利·希尔顿法官管理。有几年，联合大酒店的生意下滑，希尔顿认为，这是因为上等阶层的顾客不愿和犹太人混住。因此，当塞利格曼一家到酒店入住时，他们被告知，酒店不再接待“以色列人”*。

塞利格曼对此的回应是给希尔顿写了一封公开信，发表在美国各大主流报纸上。一时间舆论哗然，多数报纸和大部分公众站在塞利格曼一边。漫画周刊《帕克》†表达了对这起事件的主流观点，两页漫画中所配的社论表示：“但是在这个国家，犹太人不受排挤。在法律和社会面前，犹太人和其他公民一律平等，不论信仰和族群。”教士亨利·沃德·比彻为这起事件写了一段著名的布道辞《异教徒和犹太人》，他在其中宣示他对塞利格曼的“爱与尊重”。

尽管有舆论的公开支持，这起事件还是鼓励了其他上等阶层酒店和俱乐部效仿希尔顿的做法，而在这些场所的广告中，“希伯来人恕不接待”这句话随处可见。1879年，《纽约先驱报》‡刊登了一篇题为《犹太人和康尼岛》§的文章。他们采访了曼哈顿海滩公司总裁奥斯汀·科宾，后者刚刚决定禁止犹太人进入公司旗下的酒店和海滩。“如果犹太人继

* 以色列人（Israelites），这里指《圣经》中雅各的后代，犹太人的先民。不是现代意义上的国籍为以色列的人。

† *Puck*.

‡ *New York Herald*.

§ “The Jews and Coney”.

续到这片海滩游玩，我们就会失去最高层的社会名流，”科宾说，“他们 13
不想和犹太人交往，情况就是这样。”《“我们这伙人”：纽约伟大的犹太家族》[*]的作者史蒂芬·伯明翰评论道，整个塞利格曼事件“将对纽约德裔犹太人的生活造成深远的心理影响，自我防备、孤立狭隘、骄傲冷漠、孑然独立、言行谨慎的特点将变得更加突出”。

萨拉托加事件后，约瑟夫·塞利格曼心碎不已，仅仅三年后便离开了人世。为了抹去作为德国人和犹太人的“文化特殊性”，很少有人付出过他那么大的心血。在生命的最后几年，他在这方面采取了进一步措施，他公开支持的一项运动可以被视为德裔犹太人在不成为基督徒，也不放弃犹太教核心道德准则的前提下抹去犹太特征的尝试。这就是道德文化社团[†]，后来成为奥本海默成长的精神土壤。

道德文化社团的领袖是德裔犹太人菲利克斯·阿德勒，他的父亲塞缪尔·阿德勒从 1856 年到 1873 年去世前一直是以马内利会堂的拉比[‡]和“我们这伙人”的精神核心。塞缪尔·阿德勒去世后，年仅二十二岁的菲利克斯应邀到以马内利会堂布道，这想必是接替父亲成为拉比的前奏。然而，他的布道辞《未来的犹太教》[§]成功杜绝了子承父业的任何可能。但同时，他又在很多听众心里激发了改革派犹太教的发展愿景。

阿德勒在布道辞中说到宗教的“废墟”，其中他清晰阐述的也包括犹太教，并提出这一问题：废墟被清理后会剩下什么？他的回答是：道德。这一回答后来成为道德文化社团和奥本海默赖以成长的世界观[¶]的基础。阿德勒宣称，犹太教完全能够为未来的宗教提供指引，因为从本质上来说，它一直是一种行为宗教，而非信念宗教。这样看来，阿德勒是在主张，犹太教作为一种道德力量，“不是犹太人所独有的”，它的天命是“让整个人类大家庭进入一个伟大的道德境界”。

---

* *“Our Crowd”: The Great Jewish Families of New York.*

† Ethical Culture Society.

‡ 拉比（Rabbi），犹太社区的宗教领袖和社会生活的指导者，犹太教牧师本义指“教师”。

§ “The Judaism of the Future”.

¶ Weltanschauung.

阿德勒关于犹太教“废墟”的演讲并没有得到以马内利会堂多数会众的认同，后来他再也没有被请到会堂发表演讲。然而，对为数不多但影响力很大的那部分人来说，阿德勒的“未来的犹太教”的观点似乎是两个紧迫问题的绝妙解决办法：一是如果一个人不相信任何犹太教信条，他该如何做一个犹太人；二是如何既做好一个犹太人，又做好一个美国人。

14 做拉比的大门关上后，阿德勒应邀接受了康奈尔大学希伯来语教授的职位，但他在那里遇到了麻烦，因为他被人指责为无神论者。而在纽约，人们正计划让他回去做未来的犹太教——他在引起分歧的布道辞中描绘的愿景——的领袖。于是，阿德勒于 1876 年在纽约发表演讲，宣布建立一个新的机构——道德文化社团[*]。这个社团将成为一个没有宗教信仰的宗教，一个“实用性宗教”。“我们主张，”阿德勒宣布，

> 要彻底废除祷告和任何一种仪式……我自愿地承认和解的目的，并坦率地承认，让当前的运动超越宗派和党派纷争并立即达成我们的一致立场，是我的最高目标，无论是不是信徒，只为他们崇高而不受任何质疑的目的……思想自由是每一个个体神圣的权利……信念多样，而行为一致。这就是无人持异议的实用宗教。这就是那足以包容崇拜者和异教徒的宽广平台。这就是我们的共同目标，我们可以像兄弟一样，携起手来，为人类的共同事业而奋斗。

研究这场运动的历史学家霍华德·B. 拉迪斯特写道：“阿德勒关于新运动的主张具有彻底实现美国化而又不必背叛先知传统的优点，后者是他的听众所珍视的犹太信仰的核心……我们认为，阿德勒的演讲反映了《美国宪法第一修正案》和《独立宣言》的思想，这并非偶然，因为阿德勒在康奈尔大学研究过先知价值和民主价值之间的联系。”

1877 年 2 月，道德文化社团申领到了组织等级证书。无论在那时

---

* Ethical Culture Society.

还是以后，它都不是一场大规模的运动。在某种程度上，它更像一个高级俱乐部：入会需要另一位会员的推荐。拉迪斯特写道：“周日的集会也是一场社交活动。人们来这里问候老朋友，你看看我，我会会你，不亦乐乎。”它完全不是宗教，连传教都算不上。“道德文化社团似乎把自己弄得很难被人发现，即使发现了，也很难找到加入的途径。在某些圈子里，人们对它的印象仍然是一个名流群体。”

社团成立之始，这一名流群体就包括了所罗门和西格蒙德·罗斯菲尔德。关于罗斯菲尔德兄弟在纽约的经历，历史记录少之又少。对于他们到美国后最初五年的情况我们知之甚少，只知道他们创办了一家服装公司，生意可能相当兴隆。1874—1875 年，他们的公司被列入纽约市 15
“纺织品进口商”名录，办公地点位于曼哈顿下城区沃思街。然而，衡量他们在社会和经济方面获得的成功，还有一个更重要的标准：他们在接下来的一年里成了道德文化社团的创始会员，一起入会的还有约瑟夫·塞利格曼、雅各布·希夫和亨利·摩根索。然后，在来到美国七年后，罗斯菲尔德兄弟加入了曼哈顿德裔犹太社会的精英群体“我们这伙人”。

1880 年，社团会员（无疑包括罗斯菲尔德兄弟）聚集在一起，哀悼约瑟夫·塞利格曼的去世。从萨拉托加事件后，他就被公认为“美国的杰出犹太人”。塞利格曼在去世前不久提出，他希望自己的葬礼由道德文化社团主持。塞利格曼的家人不顾这一要求，和以马内利会堂的拉比古斯塔夫·戈特海尔串通，在犹太会堂为他举行了“体面的犹太葬礼”。另外，为了让阿德勒的社团在纽约德裔犹太精英中获得更多支持和接纳，菲利克斯·阿德勒在塞利格曼的家里也为他举行了葬礼。

然而，这是一个越来越孤立的精英群体。1887 年，纽约第一卷《社交界名人录》*的问世展现了纽约上流社会的真面目，上面列出的大约两千个家族被认为是曼哈顿的社会精英，但没有一个是犹太家族。名人录的作者沃德·麦卡利斯特认为：“我们的犹太精英可能希望出一本他们

* *Social Register.*

自己的小册子。”这让犹太人痛苦地意识到他们并没有被纽约的上流社会接受。面对这一残酷的现实，很多德裔犹太人中的知名人士从曼哈顿的上东区（沿着第五大道，阿斯特家族这样的人建有“赤褐色砂石房屋”）搬到了上西区，组成了所谓“首个公认的德裔犹太上流社区”。1887年，所罗门和西格蒙德就搬进了这个社区，之前他们和自己的表兄弟J.H.斯特恩联合组建了一家专营进口成衣材料的公司——罗斯菲尔德－斯特恩公司。他们的姓名不会出现在《社交界名人录》上，但现在他们有戈德曼、萨克斯和古根海姆家族的成员作为近邻。

同时，犹太人向美国的“第三次移民”浪潮势头迅猛。正如德裔犹太人所担心的那样，他们的大量涌入激起了新一轮、形式上更激烈的反犹运动。在《社交界名人录》出版也就是罗斯菲尔德兄弟搬到上西区的同一年，《论坛》[*]杂志刊登了一篇题为《避暑胜地的种族偏见》[†]的文章，将反犹主义认定为“新世界的新特征”。文章称，“只在最近十年，美国
16 才出现明目张胆的反犹情绪”。文章作者艾丽丝·莱因坚决认为，罪魁祸首就是希尔顿法官。他在萨拉托加的酒店对犹太人的排斥开了一个坏头，使其他酒店和民宿[‡]的老板纷纷效仿。“如果要寻找大范围排斥的原因，”她写道，“那就是异教徒责怪犹太人‘数量太多’，‘他们到处成群结队’。”她还记录道，据说犹太人缺乏教养，穿着邋遢，举止不雅，对基督教安息日不屑一顾。

然而，与《美国犹太人》[§]在大概同一时期释放的情绪相比，莱因谈到的这种反犹主义算是非常温和了。《美国犹太人》被描述成“拉开美国种族性反犹主义序幕的书”。该书的作者是希腊移民忒勒马科斯·缇马叶尼斯。莱因所说的对犹太人的偏见说的是他们的文化、语言和社会礼仪的缺失，而缇马叶尼斯的攻击对象直指作为一个种族的犹太人，可

* *Forum.*

† “Race Prejudice at Summer Resorts”.

‡ boarding-house，房主向租户出租一座家庭房中的一个或多个房间供租户住宿几夜（有时可达数周、数月），房主通常提供餐食，并开放房屋的公共区域和设施供租户使用，有时也提供洗衣和清扫服务。

§ *The American Jew.*

以通过“他们的鹰钩鼻、不安的眼神、细长的耳朵、方形指甲、扁平的脚板、浑圆的膝盖和柔软的手”辨认出来。他带着恶毒的仇恨描述的犹太人“穿着满是污垢的长衫，脸和胡须油腻邋遢”；他们到美国时身无分文，却很快——据缇马叶尼斯说，快得让人怀疑——成了著名的银行家和美国产业巨头。但是，尽管缇马叶尼斯对德裔犹太人的财富感到不安，让他最为焦虑的却是下东区东欧裔犹太人的穷困潦倒。他之所以鄙视犹太人，还因为他们是产生于偏见之中的难民。“要让这个国家的犹太人明白，”他写道，“美国人民不需要，也不接受只会被欧洲人轻蔑和鄙视的种族渣滓。”在《美国犹太人》一书中，从头到尾反复出现的信息是：“犹太人必须滚蛋！”

当然，缇马叶尼斯的话并不代表全体美国人的立场。1886 年克里夫兰总统为自由女神像揭幕，上面刻着埃玛·拉扎勒斯写的一首诗，而大多数美国人更倾向以拉扎勒斯表达的著名观点来看待这一问题，实际上就是看到犹太人（正是激起《美国犹太人》中的怨恨的人）抵达纽约的悲凉景象时产生的想法：

把你那劳瘁贫贱的流民
那向往自由呼吸又被无情抛弃
那拥挤于彼岸的悲惨哀吟
全都给我！
你的子民贫苦又疲敝
蜷缩着在你喧杂的海岸被弃如敝屣
却渴望呼吸着自由——来我这里！

1888 年，朱利叶斯·奥本海默来到美国时，首先看到的就是自由
女神像。他前来投奔生意兴隆、人脉通达的两个舅舅，成了“我们这伙 17
人”的一员。那个时候，十七岁的朱利叶斯身形修长、相貌堂堂，却羞
涩腼腆，几乎不会说英语。然而，他显然很快就融入舅舅们的文化、精
神和（可能是最重要的）社交圈子里。抵达纽约那年，他就成了阿德勒

的道德文化社团的成员。尽管他很快就理所当然地在罗斯菲尔德－斯特恩公司获得了职位，但他还没有能力住在上西区。在他势不可当地沿着公司管理层步步高升之前的几年里，他只能住在与公司办公地点在同一区域的曼哈顿下城区的出租屋里。

在很多方面，朱利叶斯·奥本海默移民美国很不是时候。“强盗大亨”们（钢铁大亨卡耐基、石油大亨洛克菲勒、铁路大亨范德比尔特和地产大亨阿斯特）在这之前积聚了难以想象的巨大财富。犹太银行家们和商人们聚敛的财富虽然略逊一筹，但数量仍然相当可观。随着整个国家走向萧条，所谓的“镀金时代”已是强弩之末。毫无疑问，与日益暗淡的经济景象紧密相关的是种族性反犹主义的高涨，虽然很少像《美国犹太人》中表现得那么恶毒，但仍然使很多德裔犹太移民震惊，因为他们原以为美国是个没有“古老的争斗”的乐土。

这些人里面就包括杰西·塞利格曼。他从哥哥约瑟夫那里继承了“纽约杰出的犹太银行家”的头衔。1893 年，他经历了一次格外伤人的新型反犹主义，它比之前的行为更为残忍，部分美国社会却已经熟视无睹。杰西·塞利格曼和兄弟约瑟夫、威廉一起，已经成为以异教徒为主的联盟俱乐部的会员好几年，这个异教徒占多数的俱乐部也完全接纳了他。约瑟夫·塞利格曼在去世前一直是俱乐部的副主席，到了 1893 年，杰西追随哥哥的脚步当选副主席。因此，当他将自己的儿子西奥多——一名刚从哈佛毕业的年轻律师——介绍到俱乐部时，根本没想过会有什么问题。然而，西奥多的申请遭到了拒绝。俱乐部委员会向杰西解释说，这“根本不是父亲或儿子的个人问题，拒绝纯粹是出于种族原因”。杰西立即辞职，再也没有踏进联盟俱乐部一步。史蒂芬·伯明翰写道：“这一插曲给他带来的痛苦很可能折了他的寿命，正如希尔顿法官事件缩短了他哥哥的寿命那样。”那件事情以后，他只活了一年就去世了。

1893—1895 年的经济萧条对服装产业的打击比其他行业都要大，导致大量工人失业，但是和纽约的大多数服装公司相比，罗斯菲尔德－斯特恩公司表现更好，平安度过了萧条。公司将办公地点搬到了布利克

18 街更便宜的居民楼，除此以外看不出有太大损失。1895 年，朱利叶斯

的弟弟艾米尔来到纽约。这时朱利叶斯二十四岁，开始在公司里崭露头角。1900 年，公司决定专营大衣里衬进口业务，朱利叶斯·奥本海默很快成为这方面的专家，从此他似乎成了公司的领军人物。1903 年，他成为公司合伙人，在公司里的地位获得认可，这似乎向他释放了一个信号：该成家了。

他的意中人是艾拉·弗里德曼。尽管她与罗斯菲尔德家族和奥本海默家族一样是上西区的德裔犹太人，但与朱利叶斯相比，她身上的德国人或犹太人特征要少得多，比朱利叶斯更像美国人。这或许有以下的原因：艾拉不是移民，她出生在美国，英语是她的第一语言。据她儿子所言，她德语说得不好——如果真的有什么问题的话，与其说这令人尴尬，不如说是骄傲的资本。她的父亲路易斯·弗里德曼是一位不折不扣的德裔犹太人，但是他于 19 世纪 40 年代就移民到了巴尔的摩（而不是纽约），他在美国生活的时间比罗斯菲尔德家族和奥本海默家族长得多。艾拉的母亲塞西莉亚·埃格尔出生在美国，尽管有德国血统（她父亲是德国人、母亲是奥地利人），但至少她家里都说她不是德裔犹太人，因为她不是犹太人。这一说法或许不那么可靠。美国犹太人档案中塞西莉亚的家谱显示，她的母亲克莱拉·宾斯万格很可能是犹太人：后者的外公和爷爷都是拉比。塞西莉亚的父亲戴维·埃格尔是费城犹太人社群中的人，在 1894 年出版的《费城犹太人》* 提到过他很多次。如果 J. 罗伯特·奥本海默那摄人心魄的蓝眼睛像他家里人认为的那样是从外婆塞西莉亚那里继承的，这也并不是因为她比奥本海默的祖父母有更少的犹太基因。

在别人看来，艾拉不仅比她的婆家人更“美国”，而且还更“优雅”。朱利叶斯在家族纺织企业中不断晋升的那几年，艾拉正在学习美术，先是在家乡巴尔的摩学习，后来又到巴黎专门研究印象派画家。回到美国后，她在纽约的女子文理学院——巴纳德学院教美术。巴纳德学院于 1889 年作为哥伦比亚大学的“附属学院”建立，从 1897 年开始，

---

* *The Jews of Philadelphia.*

它的办学地点就在曼哈顿上西区哥伦比亚大学旁边高地上的一幢建筑里。艾拉遇到朱利叶斯的时候已经是一个小有名气的画家，拥有自己的
19 学生和屋顶画室。父亲于 19 世纪 90 年代初去世后，她和母亲塞西莉亚住在西 94 街 148 号的一套公寓里。她比朱利叶斯年长两岁，因此他俩见面时，她已三十好几了，一位世交故友说她是“一位温柔、优雅、苗条、高挑、有一双蓝眼睛的女人，极度敏感，又极其礼貌”。她出生的时候右手发育不全。为了遮盖这一缺陷以及她用来弥补残缺的人造手指，她总是戴着手套，对于她的身体缺陷，家人从不提及甚至连暗示也没有。罗伯特的一位女友曾经向他问起此事，她得到的回答是冰冷的沉默。

我们不完全清楚朱利叶斯和艾拉是如何认识的。也许，艾拉的父亲从事纺织品贸易并认识罗斯菲尔德兄弟，也可能他们在道德文化社团有共同的朋友。两种说法都有人提出过，但似乎都不大可能。艾拉遇到朱利叶斯的时候，她的父亲已经去世很多年，而母亲不大可能进入罗斯菲尔德兄弟的生活圈。同时，没有任何迹象表明，艾拉或她的其他家庭成员是阿德勒社团的会员，或对这个社团产生过任何兴趣。

更有可能是，对美术的共同兴趣让他们走到了一起。到 1903 年，作为一家生意兴隆的公司的合伙人，朱利叶斯并不缺钱，完全有条件放纵自己对视觉艺术日渐增长的浓厚热情。据说他“利用周末闲暇时间畅游纽约五花八门的画廊”。如果是这样，鉴于金钱和热情总会带来邀请和引见，不难想象，纽约美术界的某个人——一位画家、经纪人或画廊老板——将朱利叶斯和艾拉撮合到了一起。

艾拉代表的文化素养是那时的朱利叶斯所渴望的。他十多岁就辍学离校，到美国时几乎说不了英语，但他决心将自己打造成一名“体面的绅士”，后来的雇员也确认了这一点。朱利叶斯的穿着无可挑剔，养成了上层中产阶级优雅的社交礼仪，并博览群书，特别是美国和欧洲历史。朱利叶斯发现，德国口音在 20 世纪初的纽约阻碍了他成为一名被人接受的绅士，于是决心抹掉自己所有的母语痕迹。他和一名来自牛津的家庭教师学习英语，由此练就了受过良好教育的英国精英所具备的绅

士口音。

艾拉和朱利叶斯于1903年3月23日结婚，他们在婚礼上公开表示，
他们不认为自己是犹太人。婚礼不由拉比而是由菲利克斯·阿德勒本人
主持，仪式没有遵从任何犹太传统，而是成了道德文化社团倡导的“新
理想”的样板。在1886年发表的一系列名为《信条与行为》*的文章中，
阿德勒根据他的理念描绘了“新的理想祭司”的形象：“在我们不断流 20
逝的岁月中，总有一些特别的场合。在这些场合里，我们会领悟生命的
最恰当定位和它特有的作用，而这个时候，就需要牧师合理地解释。婚
姻大事就是这样的场合。”就这样，艾拉和朱利叶斯在一位祭司的主持
下结为夫妻，而非以任何隐含着信奉某个宗教信条的方式。

由菲利克斯·阿德勒主持朱利叶斯的婚礼再合适不过了，因为在接下来的岁月里，朱利叶斯将成为阿德勒忠心不二的追随者，他在舅舅的公司里不断成长的同时，在道德文化社团中的地位也不断提升。在他结婚的时候，由于罗斯菲尔德兄弟已年近六十，快到退休的年龄，朱利叶斯·奥本海默开始准备接手公司的管理。这是掌握公司大权的大好时机。成衣套装的出现削减了成本，降低了价格，显著扩大了需求，极大促进了整个制衣行业的发展，生意变得十分火爆。然而，罗斯菲尔德兄弟没能看到公司最繁荣的那一天。这个家族一直没有长寿基因，两兄弟不到七十岁就先后离世，所罗门死于1904年，西格蒙德三年后去世。1907年12月，西格蒙德去世后，朱利叶斯成为罗斯菲尔德－斯特恩公司的总裁，公司办公地点在全纽约最知名的黄金地段：第五大道。就这样，三十六岁的朱利叶斯·奥本海默既有权又有钱了。

在他成为罗斯菲尔德－斯特恩公司总裁的同一年，朱利叶斯当选为道德文化社团理事会成员。第二年，他被任命为社团财政委员会成员。这些职务使他有条件接触到“我们这伙人”的一些显赫家族的成员。到20世纪最初几年，“我们这伙人”的性质发生了一些变化。社团不再由约瑟夫·塞利格曼这样的来自德国的商业大鳄所主导，而是由他们的后

* *Creed and Deed.*

代领导。这些小字辈本质上不是商人，而是某种更雅致的一帮人（如果说他们没那么有钱的话）：在继承（有时数额巨大的）财产后他们不太关心商业，而更关心智识、文化、精神、政治和社会方面的事务。他们当中有的人接替了菲利克斯·阿德勒出任纽约道德文化社团主席[*]：约瑟夫的儿子、哥伦比亚大学经济学教授埃德温·塞利格曼，然后是著名建筑师罗伯特·科恩，一流民权律师赫伯特·沃尔夫。

21 在霍华德·B. 拉迪斯特关于道德文化社团的历史著作中，赫伯特·沃尔夫在谈到一件有趣的、揭示内情的逸事时，顺便提到过朱利叶斯·奥本海默在纽约道德文化社团中的作用：

> 在那些久远的日子里，如果出现赤字……就会有人告诉菲利克斯·阿德勒差多少钱……我记得有一年……需要 25000 美元。阿德勒教授打电话给约瑟夫·普劳特、B. 埃德蒙德·大卫、贝洛兹海默先生（鹰牌铅笔公司总裁，曾买下佐治亚州的圣西蒙斯岛）和奥本海默先生，可能还有其他一两个人。他要求他们在某个特定日子的下午 5 点到他的办公室。然后，他对这些绅士说，赤字是 25000 美元……每个人——共有五人在场——都说可以承担五分之一，5000 美元……社团的其他成员没有介入……一些人甚至不知道赤字的存在。

尽管阿德勒和他的社团几乎完全依靠这样的方式从富商的腰包里获得资金，他却教导追随者不要把赚钱看得太重。成为有钱人可能看起来“极其令人羡慕”，他写道，但是“如果我们近距离审视，就会发现挣钱和花钱享乐都并非如此。结果几乎都是难以避免的不幸，不仅对整个社会是这样，对富人自己的心智和品格也是这样”。他又说，“我强烈建议人们在财富上采取自我限制的原则”，然后他向“有钱人呼吁”：

---

* 阿德勒于 1882 年辞去纽约社团主席的职务，但是正如朱利叶斯和艾拉的结婚证上写的那样，他仍然是“道德文化社团的领袖”。——原注（1）

> 如果他们想回归正途，首先要做的就是，面对超出生活需要的多余财富，他们要表现得好像不是这些财富的主人。也就是说，他们只用把维持基本的文明生活所需的钱花在自己身上，而将剩余的钱当成并不从中受益的公益基金。

只要阿德勒要他这样做，奥本海默就会慷慨解囊，捐出 5000 美元。这么做不仅解了社团的燃眉之急，还使自己能够过上在道德意义上更高雅的生活，无非是舍弃一点有潜在危害的多余钱财。阿德勒劝诫道：“奢靡之风正腐蚀着社会的命脉、糟践着家庭、腐化着国家。”不过，至于什么才是“基本文明的生活”、满足这样的生活需要多少财富，当然因人而异。一个人维持文明生活的必需品和单纯的奢侈品之间的界线在哪呢？

尽管朱利叶斯和艾拉·奥本海默从不挥霍无度，但许多人认为，他 22
们肯定过着奢华的生活。结婚后不久，他们就搬到了西 94 街 250 号的公寓，和艾拉的母亲住在同一条街上。这是一个相当时尚的居民区，250 号公寓在街上也是一套相当大的公寓，但公寓本身并没有任何不同寻常之处。然而，超出多数人眼里基本文明生活所需的地方在于他们公寓里的陈设和装饰，特别是装饰墙面的绘画。拥有私家艺术收藏对当时纽约富裕的德裔犹太家庭来说司空见惯。和许多方面一样，在这方面，“我们这伙人”的成员倾向于站在保守、谨慎和从众的立场。伊曼妮·萨克斯的《红锦缎》里的主人公阿比嘲笑他们“在体格上没有足够的勇气像富裕的异教徒那样投入体育运动，却有点过于聪明。因此，他们就在专家的帮助下投资美术收藏。他们不会为自己的个人品位去冒一分钱的险”。

如果由朱利叶斯自己决定，他可能成为萨克斯所嘲笑的保守的人，但有了艾拉，他就有了自己的专家。艾拉在巴黎研究过印象派绘画，当然不怕为自己的品位冒险花钱。结果，他们收集了一套非凡的私人美术藏品，成为这个家族几代人的骄傲。这些藏品包括一幅伦勃朗的蚀刻版画，几幅维亚尔、德兰和雷诺阿的绘画，至少三幅凡·高的画作——

《晨光照耀原野》[*]《第一步（仿米勒）》[†]和《阿德琳·拉武肖像》[‡]，以及毕加索在他的“蓝色时期”创作的《母与子》[§]。

私下欣赏艺术精品的行为可能会被视为有悖于道德文化社团提倡的生活方式。社团强调社会责任和行为的重要性，认为用实际行动帮助那些生活不宽裕的人至关重要。这个社团为工人阶级设立教育项目，为改善纽约民众的健康状况、工作条件和住房条件提出实际可行的建议，参与解决工会纠纷，协助建立一系列在全国都举足轻重的社会运动团体——美国童工委员会[¶]、公民自由联盟[**]、女装工人工会[††]和有色人种协进会[‡‡]等。花费重金（尽管朱利叶斯和艾拉是凡·高和毕加索作品的早期买家，这些画作的价格也高得惊人）收藏只有亲朋好友才得一见的作品，看起来并不符合运动的伦理及社团的许多社会和政治动议。

然而，从另一个角度看，艺术品收藏不仅符合阿德勒的愿景，而且还成全了这一愿景。尽管道德文化社团的大部分工作在本质上讲求实际，尽管社团拒绝神学，但在阿德勒的愿景中，重中之重是精神愿景。
23 尽管他摒弃了对所有宗教信条的信仰，他的核心目的仍然是寻找一种方法来维持宗教曾经提供的精神指引。他认为，伊曼努尔·康德的哲学提供了他正在寻找的东西，其中的重点是康德所称的“道德律”，而康德认为，道德律是我们所有人都能在心中找到的。阿德勒在自己的演讲《信条与行为》中引用了康德笔下的一个著名段落：“有两样东西让灵魂充满历久弥新的敬仰：头顶上的璀璨星空和心中的道德律。”根据康德的观点，无论何时何地，道德律对任何人都是普遍适用的；而阿德勒认为：“道德律是所有宗教，实际上也是所有真实的人殊途同归的基础。

* *Enclosed Field with Rising Sun.*

† *First Steps (After Millet).*

‡ *Portrait of Adeline Ravoux.*

§ *Mother and Child.*

¶ the National Child Labor Committee.

** the Civil Liberties Union.

†† the Ladies Garment Workers' Union.

‡‡ the Society for the Advancement of Colored People.

它是在教派之间激烈冲突的敌对关系中仍与我们不离不弃并实现联合的基础……［宗教中］所有最好、最崇高的信条都源于人的内心道德律的启示。”

那么，什么是道德律呢？康德是这样表述的：“你只应该遵循那些你同时希望其成为世间普遍规律的准则而行动。”意思大概是说：己所不欲，勿施于人；或者说：你喜欢别人如何对待你，你就如何对待别人。然而，阿德勒的表述差别很大：“我们的原则是，‘人的言行旨在激发他人的精神人格，也就是他独一无二的本性’。”

一个人通过唤醒另一个人对于崇高和悠远的感受来激发他的“精神人格”。阿德勒强调，艺术能够做到这一点，因为艺术需要“崇高的付出”，而“真正的非功利性是每一种崇高付出的显著标志”。因此，“艺术家的追求是无私的，他创造的美就是他得到的回报”。生命的目标是追求“没有形式、难曰其名的理想”。通过发现和领会道德律，我们就能在自己的内心深处找到这样的理想——实际上，我们也只有在自己的内心深处才能找到；而艺术、科学和公共事业中的“崇高付出”能帮助我们找到它。因此，收藏艺术精品的行为说到底不是一种“奢华生活”，而是践行“道德律”的一种方式。

就是在这一特殊形式的道德律主导的环境中，多方面的协同作用“激发了”罗伯特·奥本海默的“精神人格”。

24 第二章

童年

1904年4月22日，在西94街这套品位高雅、装饰奢华的公寓里，J. 罗伯特·奥本海默出生了。奥本海默夫妇请了一位保姆照看孩子，后来又请了一名家庭女教师。他们还雇了一位厨师、一位司机和三位住家女佣帮助艾拉打理家务。虽然没有颓废享乐或骄奢放纵的迹象，但奥本海默从小就过着奢侈的生活，受到无微不至的呵护。他后来回忆说："我的童年生活没能以任何方式让我对实际存在的那些残酷又艰辛的事情有所准备。"他的父母——特别是母亲——总是力图确保他接触到的每一样东西、每一个人都是精致、高雅和赏心悦目的。他被隔绝和保护起来，避免接触到任何纷乱、丑恶或不愉快的事。最重要的是，他的家里形成了一种道德上坚守正直的氛围。后来他认为，他是个"油腔滑调、乖得令人生厌的小男孩"，他的成长环境没有为他提供"成为一个混蛋的惯常合理之路"。

小时候，奥本海默周围是一些努力"成为好人"并且看起来也确实做到了这一点的人。"不是将宗教作为责任，"在阿德勒那些较为严肃的箴言里有一条这样说，"而是将责任作为宗教。"轻率的时刻也确实存在。罗伯特的一位朋友记得，朱利叶斯是"一个亲切爱笑的人"。尽管他的言行总的来说真诚得体，但他试图在餐桌上制造欢乐的时候还是会让妻儿非常难堪，有时他甚至会突然唱起歌来。一位朋友后来回忆说，罗伯特・奥本海默对自己的父亲常有苛责之辞，特别是当他认为父亲言行粗俗的时候。不过，从来没有人听说他曾出言批评过自己的母亲。对儿子来说，艾拉・奥本海默没有任何可受责备之处。而在她这里，她似乎决心要确保家人生活在一个消灭了所有粗鲁、庸俗和纷乱之事的世界里。奥本海默家的一位朋友回忆说，她是“一个永远不允许在餐桌上提及任何不愉快的事儿的女人”。她确保罗伯特，后来还有弟弟弗兰克尽量不 25
与外面的世界产生瓜葛。他们需要理发时，理发师会被请到家里；生病时，会有人去叫医生；无论他们去哪儿，都有司机开着私家豪车接送。弗兰克后来回忆说，“外部世界的污染总是令人生疑”。

弟弟弗兰克 1912 年才出生，当时罗伯特已经八岁——作为童年玩伴，这个弟弟生得太迟。不过，1908 年 3 月，在罗伯特还不到四岁的时候，艾拉生下了第二个儿子刘易斯・弗兰克・奥本海默，可他只活了四十五天。这个孩子的死是家里从不提及的心痛事之一，也是忧伤气氛笼罩奥本海默一家的主要原因。罗伯特的一位朋友曾说艾拉是个“多愁善感的人”。人们能感觉到，对次子的死，她的悲伤从未消退。罗伯特自然对刘易斯没有任何记忆，可弟弟的幽灵萦绕在家人的脑际，也徘徊在他长大的这座公寓。这件事越不说透，它所带来的感觉就越强烈。刘易斯死后，一向容易焦虑的母亲艾拉只要一发现罗伯特有什么小病，就会大为苦恼。无论在童年时还是成年后，罗伯特一直没有强健的体魄，感冒和其他儿童疾病也就成了家常便饭，为此艾拉受尽了煎熬。她很少让罗伯特和其他孩子玩耍，生怕他接触疾病、受到感染。因此，罗伯特是一个人长大的，他的智识兴趣和能力远超他的年龄，而社交能力却发育不良，这导致他与别人之间形成了一种隔阂感。他说，直到 1926 年春天他二十二岁时，才设法克服了这种感觉。*

奥本海默的父母想尽一切办法激发罗伯特在智识和艺术上的兴趣。

---

* 见 109–112 页。——原注（2）。

“我认为我父亲是世界上最宽容、最有人情味的人，”奥本海默后来说，“他认为应该为别人做的，就是让他们自己去发现他们想要的。”罗伯特很小的时候就表现出了早熟的智力水平，这就意味着无论他对什么东西流露出兴趣，父母都会满足他的要求。大约五岁的时候，他说喜欢古典和现代建筑，还表现出想当建筑师的愿望，父亲便为他找来了世界上的伟大建筑图片和建筑学书籍。为了迎合母亲对他的期望，奥本海默先是说想当诗人，然后又说想当画家。因此他又得到了好多本诗集、自己的画架以及大量画笔和颜料。他遵从母亲的意愿学习钢琴，这对他来说却
26 是一种折磨。有段时间，他患了某种儿童疾病或别的什么病症，停了钢琴课，母亲问他感觉如何。他回答说：“就像我被迫去上钢琴课的时候一样。”毫无疑问，他知道从此以后不会再上钢琴课了。

小奥本海默拥有一个孩子想要得到的任何东西，但大多数孩子最想要的却没有，那就是其他孩子的陪伴。因此，尽管他小小年纪就养成了无可挑剔的成人礼节，行为举止极为得体（甚至可能已经到了不自然的程度），但他从来没有从喧闹和调皮中获得那种简单的童年乐趣，而这种童趣只有在与同龄伙伴玩耍时才能获得。在这个道德文化深厚、艺术品位高雅和智识趣味超前的家里基本没有什么好玩的事。在高得离谱的期待值的刺激下，大大小小的成绩取代了玩乐，而奥本海默感觉到的期望又比实际上的还要高，他总是觉得他会令父母失望，不是学识不足，就是道德不济。“父母对我的信心使我产生了一种讨人厌的自我意识，”他曾经说，“我确信这种自我意识一定让儿童和成人都曾经大受侮辱，他们真是不该与我有所接触。”

1909年，艾拉年老多病的母亲搬进了奥本海默家。那年夏天，五岁的罗伯特第一次到德国面见父亲的亲人。就是在那时，他遇到了本亚明·奥本海默。本亚明看到罗伯特玩积木后，就给了他一本建筑学百科全书。对于一个五岁的孩子来说，这是个奇怪的礼物，而且与罗伯特对本亚明的记忆格格不入，因为他记得本亚明是个目不识丁的农民。本亚明的另一份礼物对罗伯特影响深远：一箱石头，每块石头上都标有拉丁语和德语名称，显然意在让他开始收藏矿石。罗伯特上钩了。收集和研

究矿物成了他的主要爱好，并且这一爱好一直伴随着他的童年。

罗伯特和其他孩子为数不多的接触仅限于道德文化社团提供的机会。每个周日，社团都要举行聚会，有点像每周一次的宗教仪式，只是没有人祷告。在这些聚会上，随着管风琴音乐奏起，费利克斯·阿德勒或某个嘉宾发表演讲，通常是像布道一样的训诫。自然，朱利叶斯和艾拉是这类聚会的常客，就在他俩参加这些聚会时，罗伯特去上主日学校*，这是他和其他孩子相处的宝贵机会。1910年前，这些聚会（有时多达千人参加）都在卡内基音乐厅举行。但是，1910 年 10 月，社团在西 64 街 2 号颇为自豪地启用了一幢新建的专用建筑，就在与中央公园西街交会的拐角处。当他的父母在听众中聆听新建筑的揭幕辞时，六岁的 27
罗伯特正在社团主日学校和其他孩子一起接受道德行为教育，随后参加儿童合唱。

1911 年 9 月，七岁的罗伯特上学了。上学的年龄相对偏大，于是他直接上了二年级。他已经认识了很多一起上学的小伙伴，因为父母为他选择的学校肯定是位于中央公园西街 33 号的道德文化学校，就在新的社团大楼旁边的拐角处。道德文化社团成立之初，阿德勒就将教育作为自己的主要任务之一，并于 1878 年为工人阶级的孩子创办了一所免费幼儿园。这所幼儿园办得很成功，三年后，幼儿园扩建成一所免收学费的小学，取名为工人学校。阿德勒在开学致辞中宣布，这所学校的宗旨是向工人阶级的孩子提供“广博而充分的教育，在某些方面即使是富裕家庭的孩子也乐意和他们共同学习”。

结果，富裕家庭很乐意让他们的孩子接受这所学校提供的优质教育。实际上，他们愿意为这种好处花钱。因此，1890 年，这所学校在严重的财政困难中开始招收自费生，主要面向道德文化社团的富裕家庭。这些家庭知道，由于反犹偏见，他们的孩子不可能到最好的私立学校上学。引入自费教育才几年时间，该校的办学宗旨就发生了彻底改变，它

---

* 主日学校（Sunday School），根据其历史源流，通常指在礼拜天组织授课进行关于基督教的指导的学校，但是实际上其组织者可以来自任何宗教或教派，甚至是个人或社会组织。除了宗教内容以外，主日学校开展阅读教学，传授社会道德。

原本的使命是为穷人提供模范教育，现在却旨在用道德文化运动的理念教育和培养未来的社会领袖。1902 年该校迁移到中央公园西街时，只有 10% 的学生来自工人阶级家庭并享受奖学金，其他 90% 的学生大多数都是道德文化社团成员的孩子。吸引他们到这里就学的，除了这里的教育受道德文化理念的指导，更在于教育的质量已经使这所学校成为当时全美最好的私立学校之一。此时，该校又在小学的基础上设立了中学部。不仅在德裔犹太人眼里，而且在越来越多的中产阶级非犹太人看来，道德文化学校俨然成了进入美国顶尖学府的一所理想的预备学校。

尽管学生中有越来越多的非犹太人，但在奥本海默上学的那个年代，这所学校仍然被普遍视为犹太儿童接受教育的场所。然而，和奥本海默家一样，这些孩子背后的家庭已经被深刻同化，他们的犹太身份已
28 变得模糊不清。多年以后，奥本海默的一位同学被问起她对奥本海默的记忆，她说奥本海默对自己的犹太特征感到不安，但她又说：“我们都这样。”学校在宣传材料中强调它在美国文化特别是美国民主中的作用。课程概览介绍说：“这所学校是‘改革家’的摇篮。”社会改革需要领导力，而这所学校的目标就是培养有这样领导力的人，以满足美国民主的需要，并传达美国民主的‘理想愿景”。

此外，这所学校认为自己正在培养日后将引领美国未来的头脑——无论在政治、商业、科学还是艺术方面。有人可能会将这视为阿德勒版的道德律在整个美国的运用：“人的行为旨在激发他人的精神人格，也就是他独一无二的本性。”学校将助力美国发挥潜力，成为真正的美国。然后，有了在道德文化的理念下培养出来的领袖，美国就能最终实现 19 世纪 40 年代移民至此的德裔犹太人的希望，让启蒙理想在新大陆开花结果。甚至在他建立道德文化社团之前、当他还是康奈尔大学的一名教授时，阿德勒就已经勾勒出美国民主的辉煌图景。他直接将犹太先知传统和美国民主理想联系起来，为后者注入了深刻的宗教意义。在他最早的周日晨课中，他就宣布：“美国将致力于实现更广泛的真理。”他认为美国能够提供的自由既是政治上的也是精神上的，从而“砸碎束缚着你的子民的精神枷锁！”‘遍布这片土地的，”他宣扬着，“是无数人

为了更好的未来上下求索、奋斗不息，但不知所谓。”而他的使命，也是道德文化社团和在此就读的学生的使命，就是要让民众知道他们正在求索的究竟是什么，从而诠释阿德勒喜欢称之为“美国理念”的那种愿景，并为之提供范例。

作为美国化在精神层面重要意义的代言人，阿德勒受到了当时美国最高层的认可和支持。1908 年，罗斯福总统亲自任命他为柏林大学的西奥多·罗斯福教授，他在那里做了一系列关于“德美友好关系之基础”的讲座。他在几年后出版的一本书中写道，美国代表一种“新理念”。他声称“美国理念”就是“激发普通人潜在的、绝不普通的品质的理念”。

后来，这些理念成了奥本海默世界观的核心。在后来人们的眼里，奥本海默不知道为什么总是看起来对道德文化社团的价值观无动于衷，
但是对于美国以及美国代表着什么，他和阿德勒的看法是一致的。奥本 29
海默最强烈的爱可能就是对国家的爱。至少在他的心里，关于自己身份的本质这一问题，答案很简单：他不是德国人，也不是犹太人，而是美国人，并且以此为荣。

从这方面来看，奥本海默是道德文化运动的典型产物。除了在宣传材料中注重爱国主义，道德文化学校还不遗余力地利用各种场合让家长和学生认识到，自己首先是一所美国学校。学校每年有四个节日，学生要在家长面前表演短剧。这些节日不是光明节、赎罪日、犹太新年和逾越节，而是感恩节、圣诞节、爱国者日和一个五月节。奥本海默参加演出的第一个节日是 1911 年的圣诞节。在庆典中，他所在的二年级学生们表演了一个具有维京神话元素——光明精灵、霜巨人和黑暗精灵等——的短剧，表现了生命战胜死亡的主题。表演最终以一曲振奋人心的《圣诞，圣诞》* 的激情合唱落幕。

上学的第一年，奥本海默和家人乔迁新居。他们卖掉了位于西 94 街的公寓，搬进了一套更大的公寓，足足占了河滨大道 155 号那幢楼的

* “Noël, Noël”.

十一层整层。这套公寓位于曼哈顿上西区河滨公园旁的一幢大名鼎鼎的红砖建筑里，可以俯瞰哈德逊河。最近几年，河滨大道 155 号因为是电视情景喜剧《威尔与格蕾丝》* 中的人物的家而闻名，剧中人住第九层。毫无疑问，编剧选择河滨大道的原因和奥本海默一家的想法一致：这是个令人惊叹的地方，代表着高雅、富贵以及成为曼哈顿教育和艺术精英的一员。1912 年，这幢建筑曾经是富甲一方的古根海姆家族中一些显赫成员的住所，包括本杰明·古根海姆。当年四月，他作为头等舱贵宾登上了泰坦尼克号，在这艘船灾难性的首航中因毅然选择“像绅士那样”面对死亡而流芳百世。当奥本海默一家搬到河滨大道的时候，住在那里的还有本杰明·古根海姆的兄弟威廉，他因借他人传记之名出版过一部自传而闻名。他在书中称，任何人看到他“白皙的皮肤”和面部特征，都不会想到他是犹太人的后裔。

奥本海默一家搬到这座宽敞又声名在外的公寓时，带去了他们令人惊叹的绘画收藏，艾拉的母亲和罗伯特的家庭女教师也一同前往。此时艾拉已怀有身孕，于 1912 年 8 月 14 日生下了弗朗西斯·奥本海默。弗兰克（人们都这么称呼弗朗西斯）年龄太小，当不了罗伯特的玩伴，但这并不影响他们长大后成为亲密的兄弟。罗伯特和弟弟之间的书信体现
30 了他们亲密的关系，这种关系只能在奥本海默和极少数人之间看到。

奥本海默在学校里即便真的有亲近的朋友也只是聊胜于无。他曾经回忆说，他特立独行到想不起任何一个同学。当然，他的同学们没有忘记他。简·迪迪舍姆（后来的简·凯泽）对他印象格外深刻。她在上学时认识奥本海默，五十年后仍对他的往事如数家珍：

> 他还是个小男孩，身体孱弱，脸颊绯红，性格腼腆，却极为聪明。很快，每个人都发现他和所有人都不一样，简直是鹤立鸡群。只要是关于学习，他都无所不能……除了身体方面——说他笨手笨脚并不准确——他发育相当滞后，不是指他的举止，而是他

* “Will & Grace”，美国情景喜剧，1998 年首播，第 11 季于 2019—2020 年播出。

> 走动的方式，走路时的步态，或坐相。他身上总有点奇怪的孩子气……一旦克服羞涩，他就会非常唐突，但总是保持礼貌的语气。对任何事，他似乎都不想出风头……如果偶尔为之，那是因为他别无选择……因为他天资聪颖，智力非凡——是这些因素将他推到了前台。

另一个同学回忆道，他“相当不善交际”，接着又说“他不知道怎么和别的孩子相处”。奥本海默不擅长运动、不成熟、不世故，无法在这些方面为自己获得人气，他给同学留下的印象在于有点急于展示他早熟的智力。一位同学说，他“急需表现出他有多么优秀”。他曾经对班里的一名女生说：“你用拉丁语向我提问，我会用希腊语回答你。”他的数学老师则回忆说，奥本海默这个学生非常难教，因为他“远远地走在了每个同学前头，并且总是躁动不安”，其他老师也这么说。然而，他的学习成绩并没有让人觉得他有什么常人无法企及的过人之处，特别是在低年级时。他的成绩肯定不差，但多数是 A− 和 B+，而不是别人想象的一连串 A+。

课外，奥本海默的兴趣爱好高深又讲求独处，表现出年龄大得多的孩子才有的特点。“在我十岁或十二岁的时候，”他成年后回忆，“矿物、写诗和阅读以及搭积木——建筑学——仍然是我所做的三大主题。”* “矿物”这个词在他这里指的是收到爷爷送给他的一堆石头后培养起来的对矿物学的浓厚兴趣。无论是在纽约中央公园散步，还是到长岛度暑假， 31
或者是和家人到德国探亲，奥本海默都会收集矿石标本，然后带到河滨大道鉴定和展陈。为了追求这一爱好，他加入了纽约矿物学俱乐部。直到俱乐部其他会员邀请他宣读论文、然后听着一个十二岁的男孩给他们讲解时，他们才发现奥本海默还这么小。

奥本海默的第三个学年快结束时，也就是他十岁那年，第一次世界

---

* 尽管我们已经习惯奥本海默优雅的口语和书面语，但奇怪的是，不地道的“我所做的主题”（themes that I did）这样蹩脚的英语在他的写作特别是书信中反复出现。——原注（3）

大战爆发了。虽然美国三年后才参战，但在那之前很久都能在北美、纽约、奥本海默的家里感受到战争的影响。对罗斯菲尔德－斯特恩公司来说，他们为军装提供大衣衬料，战争是一次发财的机会。因此，奥本海默一家在长岛买下一幢度假别墅。这可不是一座暑期小屋，而是位于湾岸（奥本海默将“Bay Shore”写成“Bayshore”）的一栋拥有大概二十五间房间的豪宅，在当时看来高端又时尚。为了在度假期间能去游览大南湾，朱利叶斯买了一条四十英尺（约 12 米）长的帆船游艇，取名洛尔莱。几年后，他又为罗伯特买了一条二十七英尺（约 8 米）长的单桅帆船。

战争对奥本海默一家乃至包括道德文化社团在内的整个纽约德裔犹太共同体产生的不那么正面的影响在于，人们普遍发觉，做一个德国人和做一个美国人之间的差别进一步增大。这使朱利叶斯和其他一些人更有理由消除他们的外来口音和出身民族的痕迹。对菲利克斯·阿德勒来说，战争无异于一场灾难。对此，他的第一反应是在 1914 年 10 月发表了题为“世界危机及其影响”[*]的演讲，第二年又出版了这篇演讲的增补版。阿德勒宣称：“除了像所有卷入战争的民族的后辈那样自然而然地为前线的朋友担惊受怕，很多出身德国的美国公民对他们在美利坚民族中的地位产生了新的顾虑，深受困扰。”这种焦虑的原因显而易见：“美国的公众舆论完全站在了协约国一边，实际上就是站在了英国一边。”但是，阿德勒坚定地认为，美国不是英国的美国，正如他三十多年来所倡导的那样，美国代表一种新理念。“德国理念，”他写道，“大致来说，是效率至上的理念。”另一方面，“英国人的国民理念可以概括为位高则任重”。与这两种理想截然不同的是“激发普通人身上潜在的绝不普通的品质”的美国理念。阿德勒向听众呼吁，道德文化的拥护者面临的任务是在冲突期间保持美国理念的生命力，如果正确理解这种理念，就会知道它不同于冲突中的任何一方。

32 至于战争的原因，阿德勒的分析出人意料。在当时，很多人认为军

* “The World Crisis and its Meaning”.

国主义是战争的根源，而阿德勒却说，军国主义“只是症状”：“如果我们希望找到罪魁祸首，或者先把指责放在一边、希望找到最直接的原因，那么我们只能将其归咎于科学。”阿德勒声称，“那位科学家（也就是研究成果用于战争的那个人）被别人和他自己视为人类耻辱的一天终将到来，因为他出卖了自己掌握的自然力量的知识，换来的却是自己同类的毁灭”。

人们普遍认为，阿德勒的演讲是在呼吁中立，而在当时的氛围中，保持中立几乎被看成和亲德立场一样糟糕，实际上几乎没有什么区别。阿德勒发表演讲的第二年，《纽约时报》猛烈抨击他“为德国人的道德唱赞歌”。在那种蔓延全美并愈演愈烈的狂热反德气氛中（正如霍华德·B.拉迪斯特所说，“从交响乐到德式酸菜，任何德国的东西都很可疑”），除了表达对协约国的鼎力支持，发表其他任何言论都需要极大的勇气。在道德文化社团，尽管成员都是德国后裔，但肯定不会有人准备在战争期间公开支持德国。然而，一些重要会员，包括约翰·埃利奥特和纽约社团的副会长大卫·马齐，则准备公开支持和平主义者，这让他们与阿德勒产生了分歧。1917 年 4 月美国参战后，阿德勒的亲美立场迫使他宣布支持战争。从 1917 年 11 月起，道德文化社团会议大楼也像其他公共建筑那样，挂起了美国国旗。在阿德勒的影响下，大多数道德文化的领导人由原来的和平主义者变成了战争支持者。但是，约翰·埃利奥特继续坚持和平主义路线，甚至冒着被社团开除的危险，忠实地捍卫富有良心的反对者的权利。对此，埃利奥特态度激进，与阿德勒渐行渐远。而阿德勒在 1917 年的复活节训诫中甚至毫不客气地指出，反战就是叛国。

就在道德文化运动走向严重分裂之际，奥本海默十三岁了，升入了道德文化学校的中学部。学校校刊《浅见》*以阿德勒的立场为旗帜，成为一本极具煽动性的好战刊物。《浅见》鼓励学生竭尽全力为战争服务，比如参加辅助红十字会、缝制绷带等等，并宣称“弯下腰去为国效力是每一个中学生的职责”：“我们必须将未来的宏伟计划和希望放一放，

---

* *Inklings*.

集中精力完成整个国家面临的紧迫任务……我们正在打仗，我们必须胜利！”

33 1918年3月份的校刊表示，要支持将政治异见视为变节的人。校刊编辑称：“在谈到战争的时候，我们必须意识到，有些权利高于个人表达观点的权利……我们不愿看到和政府唱反调的行为。”三个月后，对批评政府者的攻击升级为：“我们不能容忍持不同意见者和自灭威风者。我们也不能容忍那些整天抱怨的人，他们总是对政府的决策、士兵的牺牲、尚未出现的结果、面临的困难等说三道四。”

奥本海默不太可能赞同这些情绪。他的父亲那么崇拜阿德勒，除了在各个阶段紧随阿德勒的立场，很难想象他还会有别的作为。但是有迹象表明，在中学阶段，奥本海默开始与父亲和道德文化运动保持距离。在为父亲的生日写的讽喻诗中，有一句颇有嘲弄意味，“阿德勒的一切，他来者不拒，视为道德精华，他全盘接受”。就读道德文化学校的最后一年（1920—1921年），奥本海默为英文老师写了一首诗，也许可以作为他对阿德勒和《浅见》的战争路线的控诉。

这是一首无题诗，但如果将诗名定为“无耻的谎言”，似乎也并无不妥。全诗如下：

佛兰德斯前线落日低垂
天空在燃烧，云火闪红光
无数十字架——我们在此长眠
生命和爱啊！风卷残云去
此等命运——岂是上帝所赐

祂不能教你何去何从，
也不会说“是”或“否”
在生命的舞台上，我们把命丢
在弗兰德斯前线——

而今我们明白，敌人不是敌人

第二章　童年

是仇恨的土壤里长出了仇恨
原来，一切都是无耻的谎言
我们用颤抖的声音呼喊
“还我和平”；落日低垂
在弗兰德斯前线

R.O.

有人坚信，长眠于弗兰德斯战场“无数十字架”之下的士兵的职
责，就是将对方士兵视为自己的敌人，并且仇恨他们、杀死他们，哪 34
怕以牺牲自己的生命为代价。诗中所说的“无耻的谎言”指的就是这一
信念。这首诗似乎想说，一旦人们发现这一信念不仅虚伪，而且还是个
谎言，曾经在强大外力下被迫接受的信念就必然遭到摒弃。诗的开头和
结尾两次提到落日，对这一画面最显而易见的解释是对死亡的隐喻——
不仅指被掩埋的士兵的死，也指将他们引向坟墓的那个信念的消亡。它
包括对上帝的信念，也包括对固化“无耻的谎言”的所有人和机构的信
念：教士，政府，以及道德文化社团的领导，还有道德文化学校的教师
和学生。

关于奥本海默与他的母校和道德文化运动之间的关系，拉比有自己的看法，而这首诗能启发我们理解拉比的评论背后的含义：“和他交谈，我产生的印象是，他想到这所学校时不会带上什么深厚的感情。大量的道德文化灌输常常使这位崭露头角的知识青年离经叛道，而他更希望较为深刻地探求人与人之间的关系和人在宇宙中的位置。”由于朱利叶斯与道德文化运动关系紧密，奥本海默在疏远道德文化运动的同时也在疏远自己的父亲，这可能是一个难免带有负罪感的过程。

如果说他上中学的第一年（1917—1918 年）在某种程度上是他摆脱道德文化运动和父亲影响的一年，那么也就是在这一年，奥本海默获得了一个新的“父亲”，这个人可能会帮助他实现拉比认为他所需要的“较为深刻地探求人与人之间的关系”。这个人就是赫伯特·温斯洛·史

密斯。他毕业于哈佛大学，于 1917 年到道德文化学校教英文。当时，他还打算回哈佛攻读博士学位，但他太喜欢在道德文化学校教书了，便在那儿度过了自己的余生，没能完成的博士学业也被他忘掉了。

很明显，在道德文化学校的小圈子里，史密斯成了众人眼中一位乐意并能够与学生建立密切关系的老师。他对奥本海默这名学生产生了格外浓厚的兴趣。后来有关奥本海默的回忆表明，史密斯乐于从精神分析的角度认为，他对小奥本海默的了解与他的家人相比甚至有过之而无不及。史密斯经常提及的一个主题是奥本海默与父亲尴尬的关系。史密斯说，朱利叶斯·奥本海默“商人式的粗俗使罗伯特感到十分羞耻，尽管对此他从不提及”。在史密斯看来，罗伯特身上的许多问题都源于他对父亲“明显的俄狄浦斯式的态度”[*]。

35 1918 年夏，史密斯在这所学校已任教一年，此时第一次世界大战即将结束。就是在那年夏天，十四岁的奥本海默经历了一件不同寻常的事。史密斯认为，那是奥本海默一生中最为重要的经历之一，也是奥本海默将自己的痛苦归咎于父亲的一个典型案例。

这件事发生在奥本海默参加科尼格夏令营活动期间。科尼格夏令营是一座位于安大略湖磨石岛上的男孩夏令营，管理者是纽约上西区犹太男校——萨克斯联合学院的校长奥托·科尼格博士。科尼格的儿子弗雷德后来成为斯坦福大学的化学教授，他是奥本海默在夏令营的唯一的朋友。弗雷德多年后说：“我常常觉得，那个夏天发生在罗伯特身上的事很容易解释他的很多行为——那些有动机却令他人困惑的行为。”

奥本海默成了夏令营里愈演愈烈的霸凌行径的受害者。其他男孩

---

* 即指表现出俄狄浦斯情结（Oedipus Complex）。精神分析学说的创始人弗洛伊德认为，每个人在成长中的首次性冲动都指向母亲，并且父亲会成为首次憎恨和希望杀死的对象。进一步的解释认为，男童在成长过程中会希望取代父亲的位置，这种愿望一方面表现为羡慕和希望形成父亲式的男子气概，另一方面则表现为嫉妒父亲在父母关系中的位置、希望杀死父亲并取而代之。俄狄浦斯的故事出自古希腊作家索福克勒斯的悲剧《俄狄浦斯王》，俄狄浦斯在不知情的情况下应验了杀死生父、娶生母为妻的神谕，得知真相后刺瞎自己的双眼以为惩罚。俄狄浦斯是希腊神话中的人物，他在命运的作弄下杀父娶母。俄狄浦斯情结亦所谓的恋母情结。

叫他“小可爱”，嘲笑他每天给父母写信，笑话他读诗。可能是为了让家人错以为他和其他男孩相处融洽，他在一封家书里告诉父母，他在夏令营里玩得很开心，因为他从其他小伙伴那里学到了很多东西，特别是关于性的。盛怒之下的父母立即赶到营地，父亲责令营地负责人采取措施，阻止男孩们传播污言秽语。负责人照章宣布将会惩戒讲淫秽故事的孩子们之后，那些男孩对背叛他们的告密者展开了报复。一天傍晚，奥本海默在散步的时候被人摁倒拖到了冰窖里，衣服被扒光，屁股和生殖器被涂成绿色，他被绑在冰窖里独自过了一夜。正如弗雷德·科尼格后来说的：“他们像钉死耶稣一样处置了他。”

尽管遭到这样的攻击，奥本海默还是在营地里度过了夏天。“我不知道罗伯特在最后几周是怎么熬过来的，”弗雷德说，“没有几个男孩愿意或者能够忍受这一切，罗伯特却做到了。这对他来说肯定是地狱。”后来，奥本海默只提过一次这件事，那是在他二十岁的时候，他向赫伯特·史密斯倾诉，这时的史密斯已经成了他最亲密的朋友。史密斯和弗雷德·科尼格是唯二知道他在磨石岛遭遇的朋友，他们都相当确信，这是决定奥本海默人生命运的事件，可能没有之一。

在回忆 1918 年夏令营期间的奥本海默时，弗雷德提到了一个有趣的细节，那是在他们多次一起散步的时候：

> 我们边走边聊。我记得罗伯特一段接一段地引述乔治·艾略
> 特*的话。她注意到命运的存在，坚信人的行为和世间万物皆有因 36
> 果，这令罗伯特十分着迷。我们就这个话题讨论了很久。

没人知道罗伯特刻意记住了哪些段落，尽管我们知道那个夏天他正

---

* 乔治·艾略特（George Eliot），原名玛丽·安·埃文斯（Mary Ann Evans），乔治·艾略特是她的笔名。英国 19 世纪小说家、诗人、记者、翻译，维多利亚时代英语文学中最有影响力的小说家之一，也是世界文学史上最伟大的小说家之一，与萨克雷、狄更斯和勃朗特姐妹齐名。其作品经常以英国伦敦以外的省份为背景，用现实主义的手法表现对人物心理的深刻洞察。下文提到的《米德尔马契》即是艾略特的代表作。

在读《米德尔马契》，并感触深刻。该书通过主人公特蒂斯·利德盖特着重阐释了人类行为的因果关系这一主题，利德盖特自己也被因果解释在自然界中的运用深深吸引（用艾略特自己的话说，他“渴望展现复杂生命之间较为密切的关系，并用真实存在的秩序较为准确地界定人的思想”。）但是，具有讽刺意味的是，利德盖特的失败恰恰是因为他没能理解人性，特别是他自己和他妻子的人性。

利德盖特这个人物与奥本海默有着惊人的相似之处。首先，利德盖特是个外乡人。实际上，在整本书中只有他不是米德尔马契人。他初次登场时是一位年轻医生，刚刚获得行医资格，充满乐观主义和理想主义，希望在镇上做一名家庭医生。在艾略特的笔下，利德盖特小时候学什么都能很快上手。他喜欢读书，对他来说获取知识易如反掌：“据说，只要利德盖特愿意，就没有他做不到的。”然而，尽管他阅读广泛，对众多学科至少具备基本常识和理解，却“没有哪颗火苗点燃他智识上的热情”。这在一个雨天发生了改变：在百无聊赖之中，他取出一卷破旧的百科全书，读到“解剖学”这一词条。“从那一刻起，”艾略特写道，“利德盖特感觉到强烈的求知欲在他心中升起。”

在这一热情的驱动下，利德盖特开始学医，不仅渴望获得对人体的科学认识，而且理想地希望改革医疗行业、造福社会。他要成为一名优秀的临床医生，还想对医药科学做出重大而意义深远的理论贡献。他天资聪慧，训练有素，具备实现双重远大理想的有利条件，但有一样东西成了他走向成功的拦路虎：他的性格。“利德盖特的自负，”艾略特对读者说，“是极为傲慢的类型。他从不做作奉承，也不粗鲁无礼，而是直截了当、说一不二，蔑视一切却无恶意。”由于性格缺陷，利德盖特虽然一片好意，却无法获得米德尔马契人的信任。当他和一名奸猾的理财家搅和到一起的时候，人们很快就想到了他最坏的一面。最后，他表面上成了一名成功（也就是有钱）的执业医师，本质上却并不成功——陷
37 入无爱的婚姻不能自拔，和身边的人交情浅薄，抛却了一切为医学理论做出实质贡献的希望。

利德盖特的故事和奥本海默的经历有很多类似之处，也预示着他的

未来。尽管弗雷德·科尼格对奥本海默在夏令营遭受其他男孩的虐待感到同情，但他也坦承，“在某种程度上，那是他自找的”。在弗雷德的记忆中，那年夏天的奥本海默并不仅仅是鹤立鸡群，而且故意做出这种样子。“罗伯特喜欢与众不同，”弗雷德回忆说，“他在智识上自命不凡，在精神上显摆成性。”他“既聪明又敏感，内心充满矛盾”，当然，与周围的人也格格不入。

奥本海默与父亲的冲突和弗雷德所说的内心矛盾是一致的，至少在奥本海默的心里，这可能是期望中的他和现实中的他之间的冲突。他后来说他的童年“没能以任何方式”让他“对实际存在的那些残酷又艰辛的事情有所准备”，也没有为他提供“成为一个混蛋的惯常合理之路”，这些话可能体现了他怨恨的心情，他认为自己无法融入人群，在某种程度上是父母——特别是父亲——的过错。史密斯记得，尽管奥本海默“从未听罗伯特批评过自己的母亲——哪怕小声批评”，但他“显然对父亲非常不满”。史密斯还说：“我认为，罗伯特一生最重要的问题，就是他觉得自己的父母——特别是父亲——的愚笨导致了他遭受的各种屈辱。”其中最严重情况的之一就是他被“钉死”在科尼格夏令营那次。

1918 年夏天过后，奥本海默回到学校，继续四年中学生活的第二学年。按照学校的教学组织方式，学生在每年的二月升入更高一个年级，也就是在一个学年中的第二学期开始的时候。中学的每个年级都以一个希腊字母命名，因此，1917 年 2 月他上“α 年级”，第二年上“β 年级”。1919 年升入“γ 年级”后，他参加了在学校举行的爱国节，节日的重头戏是一出叫《光》的寓言戏剧，再现“和平”、“正义”和“文明”组成的联军对抗“残暴军队”的战斗，最后各国结成“人类真正的友爱”的队伍，故事就这样在高潮中结束。戏剧表演当晚，学校举办了“美国化展览”，展出的各种物品包括“我们的一些年轻步兵”从西线战场带回来的德军钢盔。这个展览似乎与戏剧的主题不太相关，但是阿德勒的理念将两者联系在一起，因为“年轻步兵”打败德国人有助于实现“美国理念”，也让“真正的友爱”就这样战胜了“残暴军队”。

1919—1921 年是奥本海默中学阶段的最后两个学年，也是他智识 38

成长极为重要的两年。在这期间，奥本海默就像《米德尔马契》中的利德盖特那样，“感觉到强烈的求知欲在心中升起”。对他来说，激发他的热情的不是解剖学，而是化学，那颗点燃激情的火苗不是教科书，而是一位天赋异禀的老师，名叫奥古斯塔斯·克洛克。克洛克被学生称作“古斯”*，是一位深受学生喜爱的老师。他风趣幽默，对任教科目的热情有着无穷的感染力，还爱穿赫伯特·胡佛式的圆角高领衬衫，给学生留下了亲切而难忘的记忆。他在道德文化学校一直执教到1960年，很多届学生都说他是一位启发学生灵感的老师，其中的一些人以不同的方式追随了奥本海默的脚步，包括汉斯·科兰特和欧内斯特·科兰特兄弟，他们的父亲是奥本海默的朋友，而兄弟俩都成了职业物理学家。另外还有罗伯特·拉扎勒斯，他是著名的理论物理学家，在新墨西哥州建立了洛斯阿拉莫斯实验室的计算部门。这些人都强调，在他们的记忆中，克洛克对他们有过启发心智的巨大影响。奥本海默本人也这么想。他在克洛克1963年去世时写道：

> 距离奥古斯塔斯·克洛克教我物理和化学时已经过去将近四十五年了……他热爱这些科学，它们对他来说既是手艺，又是知识。他热爱实验室里的设备，热爱前人的伟大发现和他们对自然的看法——秩序和谜团并存，但都是科学存在的条件。而最重要的是，他热爱年轻人，希望给他们某种触动、某种品位和某种对生活的爱，他把启迪年轻人视为自己的使命。

克洛克对奥本海默同样不吝赞美之辞。1948年，《时代》杂志为了一篇关于奥本海默的侧写文章采访了克洛克，他说：“他聪慧过人，什么样的老师都无法阻止他获得知识。”

学校的科学课程是这样设置的：中学三年级开设物理课，四年级开设化学课。在物理课上，奥本海默接触到了原子理论。他后来对《时

* “奥古斯塔斯（Augustus）”的昵称。

代》杂志的记者说：“那是一次激动人心的体验……它所体现的规律性真是美妙绝伦！”朱利叶斯看到儿子被物理激发了灵感，便迫不及待地让克洛克在 1920 年夏天为罗伯特单独开设特别强化课程。奥本海默后来回忆说，那个夏天成了他人生的一个重要转折点，在他身上产生了改变人生的科学志趣：

> 我们每周可能有五天时间都待在一起，每隔一段时间我们甚至
> 会一起外出旅行去寻找矿物，作为对自己的犒劳。那时，我对电解 39
> 质和传导产生了兴趣，尽管对此一窍不通，还是摆弄了几次实验，［不过］我不记得具体是些什么实验了。我就是那么喜爱化学，哪怕现在有人问我如何激发人们对科学的兴趣，我都会不假思索地回答“教他们基础化学”。与物理学相比，化学从事物最核心的部分讲起，很快你就会把所见之物和一套广泛运用的概念联系起来。物理学上也有这套概念，但是远不像化学中这样容易理解。我不知道如果奥古斯塔斯·克洛克不在这所学校任教情况会怎样，但我知道，我对他怀有强烈的感激之情。他热爱教学，而且是在三个层面热爱它：他热爱这门学科，他热爱真正的探索道路上固有的坎坷和变数，他热爱他在年轻人身上唤起的激情。在这三个方面，他都是无与伦比的好老师。

上文提到，罗伯特十六岁生日时，朱利叶斯送给他一艘二十七英尺（约 8 米）长的单桅帆船。全家人到湾岸度假的时候，他就开着这艘船畅游大南湾。奥本海默为这条船起了个非常巧妙的名字——三甲基。[*]这个名字来自三甲胺，它是一种无色液体，鱼肉腐烂时的独特气味就由它而来。这个名字既体现了他对化学的热爱，又使人想起这一海岸最令人难忘的特点之一：它独特的气味。

得在到一艘船之前，奥本海默没有天赋也没有兴趣进行任何体育锻

* Trimethy.

炼。他在学校的体育成绩总是惨不忍睹。他尽量避免运动，甚至只要有电梯就从不走楼梯（班主任曾写信央求他的父亲教他如何走楼梯，因为他固执地等电梯，常常耽误上课）。然而，有了船之后，他对冒险的喜爱就近乎鲁莽。令朱利叶斯，特别是艾拉感到惊讶和苦恼的是，奥本海默无论天气好坏都要驾船出海，就这样探索了大南湾和长岛海峡的每个角落。朱利叶斯有几次不得不开着摩托艇去救他，并把他护送回家。有一次，奥本海默和弟弟弗兰克甚至惊动了海岸警卫队前去救援，因为他们的船搁浅在岸边的泥沙里了。还有一次，罗伯特想把船停靠在火岛的樱桃林，结果判断错了风向，船撞到了码头上。由于力量太大，一个来看他泊船的小女孩在冲击下掉进了水里。

40 弗朗西斯·弗格森留下了和少年奥本海默出海探险的描述。他回忆说，1921 年他曾到湾岸拜访过奥本海默一家：

> 那是春季的一个刮风天，天气寒冷，大风吹皱了整个海湾，天上还飘着细雨。我有点害怕，因为不知道他究竟能不能做到。但是，他干得不错：他已成为一名技术相当娴熟的水手。他的母亲从楼上的窗户向外张望，眼前的一切可能已经让她心跳不稳。但是他已经说服了她让他出海。她担心着，但是又要承受这些。当然，在风浪中，我们全身都湿透了，但这感觉非常难忘。

那个时候，弗格森是奥本海默最要好的朋友。实际上，他是奥本海默在道德文化学校结识的唯一一位亲密的朋友。

显然，奥本海默和弗格森的友谊说明，他声称想不起任何同学的名字几乎肯定不是真的。实际上，在全班同学中，如果他连以下几个人的名字都想不起来，似乎令人难以置信。例如简·迪迪舍姆，她在 20 世纪 20 年代初经常到奥本海默家位于河滨大道的公寓去，通常是奥本海默夫人邀请她，并且显然希望撮合她和自己的儿子。奥本海默对简究竟有什么感觉不可能说得清楚了。不过，无论是哪种感觉，它都足够强烈也足够重大，让奥本海默在哈佛上学的时候还写了一个关于她的故事（这个故事和奥本海默写的所有小说一样都已不复存在）。还有弗雷德里克·伯恩海姆，他并不是严格意义上的同学，在学校他比奥本海默低一年级，但却成了奥本海默在哈佛期间最亲密的朋友之一。最后还有伊内兹·波拉克，她和妹妹吉蒂经常到哈佛来看望奥本海默。她的舅舅保罗·萨克斯（塞缪尔·萨克斯的儿子，高盛集团的合伙创始人，也是“我们这伙人”最早的成员之一）是哈佛大学福格艺术博物馆的助理馆长，对该馆有过大量捐赠。

自从 1920 年认识弗格森后，奥本海默在生命中的任何时候都不可能再忘记弗朗西斯·弗格森这个名字。奥本海默在生命的尽头提起过弗格森：“直到今天，他都是我最好的朋友之一，我们的人生轨迹经常交汇在一起。”然而，的确有可能的是，奥本海默并不认为这是他所说的想不起任何同学的名字的一个例外，因为他没有真正把弗朗西斯视为同
学中的一员。实际上，弗格森是奥本海默在学校里结识的唯一朋友，这 41
一事实可以被视为他与同学保持距离的尺度，而非例外。因为弗格森不同于简·迪迪舍姆、弗雷德里克·伯恩海姆和伊内兹·波拉克，他既不是道德文化学校的产物，也不是孕育这所学校的文化背景的产物。弗格森在这所学校只待过一年——1920—1921 年和奥本海默共读中学四年级。对于道德文化运动和纽约的德裔犹太社群来说，他是一个外来人，而奥本海默显然认为自己也是这样。

可以说，弗格森恰好是纽约犹太人的反面：他是来自西南部的异教徒，是开疆拓土的边民后裔，这些人正是西奥多·罗斯福概念里真正的“盎格鲁－撒克逊”美国人的典型代表。弗格森家族（母亲一支是德裔，父亲一支是爱尔兰裔）在美国已经繁衍了几代人，在奥本海默认识他的时候已经是新墨西哥州地位显赫的家族之一。19 世纪 90 年代，在新墨西哥还是一块领地[*]的时候，弗朗西斯的父亲 H.B. 弗格森[†]第一次代表新

* 即美国的合并建制领土，指已经被美国合并且经由国会通过组织法案授权组织政府的美国领土。在美国当时的行政区划中，建国之初的十三个州以外的区划在确立为州之前往往先成为领地。新墨西哥在 1850 年成为美国领地，1912 年确立为州。

† 即哈维·巴特勒·弗格森（Harvey Butler Fergusson）。

墨西哥成为一名国会议员。1912 年建州后，他担任该州在众议院的首位代表。弗朗西斯・弗格森于 1920 年来到道德文化学校的时候，父亲已去世五年，但他的名字仍广为人知，特别是在美国西南部。人们仍然记得，他就是 1898 年《弗格森法案》的起草者，这部法案在新墨西哥为教育和其他公共事业分配了四百万英亩的土地。

与很多把孩子送到道德文化学校就读的家庭相比，弗格森一家并不算富裕。他们不像戈德曼、萨克斯或塞利格曼家族那样腰缠万贯。但是，他们所拥有的一些东西是奥本海默的父亲、母亲——最重要的是奥本海默本人所渴望的：博学的文化，有作为美国文化、智识和政治精英一员的"优越等级"，以及他们在美国的建国历史中拥有的一席之地。在阿尔伯克基，一座名叫"拉格洛列塔"的宏伟的土坯住宅是他们的住所，这座房屋本身在美国西南部的历史上就具有重要地位。人们普遍认为它是阿尔伯克基最古老的建筑，17 世纪时建成，供统治这一地区的西班牙裔美洲精英居住。在新墨西哥还是墨西哥的一个省而不是美国领地的时候（1821—1848 年），拉格洛列塔曾经是该省总督曼努埃尔・阿米乔的官邸。1864 年，弗格森的外祖父弗朗兹・哈宁买下了这座房子，作为自己、妻子和人丁日益兴旺的家族的住所，弗格森家由此定居这座宅邸。

弗朗兹・哈宁作为美国拓荒时代最重要的人物之一，可谓新墨西哥的传奇人物。他在回忆录《圣菲古道上的商人》*中讲述了自己的人生经历。从那以后，在美国西南部的历史上，在传记和小说里，他的故事反
42 复被后人传颂。1848 年，哈宁在十多岁时初到美国，来到西部过着边陲商人险象环生的冒险生活，在圣菲古道赶牛谋生。在阿尔伯克基定居后，他开了一家杂货店，并大获成功，使他得以投资兴办各种产业，包括一家面粉厂、一家锯木厂和大大小小的牧场和农场。除了拉格洛列塔，他还为自己和家人修建了一幢典型的欧式豪宅，在当地以"哈宁城堡"之名著称。到了迟暮之年，哈宁不再赚钱敛财，而是散尽千金，而

---

* *Trader on the Santa Fe Trail.*

这成了弗格森家族神话的重要部分，他被视为一位开拓者和商业冒险家，而非纯粹的生意人。家族坚信，他属于“旧西部”，正因为如此，现代利润至上的商业模式令他反感，也与之格格不入。他的女儿——也就是弗朗西斯·弗格森的母亲——在 20 世纪 30 年代就她那远近闻名的父亲接受采访时，强调了他的文化和治学成就，而不是他的生财之道。她说：“我相信，比起经商，他一直更喜欢语言。”她唯恐采访的记者不知道她父亲能讲一口流利的西班牙语，并且在美国占领新墨西哥期间担任翻译。

同样，在弗格森的父亲这边，弗朗西斯家也具备典型的美国式魅力，这同样因为他们是定义了何为美国和美国人的精英的一员，尽管这里说的精英群体不是“旧西部”而是“旧南方”的一部分。弗朗西斯的祖父桑普森·诺兰德·弗格森[*]（弗朗西斯姓氏里面的第二个“s”是他父亲加上去的，原因已无从考证）是一位南方绅士，也是亚拉巴马的一位贵族种植园主，在他的朋友李将军麾下担任邦联军中的一名上尉。由于对南方邦联的前景深信不疑，他在内战中输了个精光（他爱国却盲目地卖掉土地，把它换成了邦联货币）。就这样散尽家族土地和家产后，儿子哈维·巴特勒·弗格森（弗朗西斯·弗格森的父亲）来到新墨西哥当了一名律师。在淘金热门城镇白橡树（现在人们记得它主要是因为比利小子）待了几年后，哈维·巴特勒·弗格森来到了阿尔伯克基，成了功成名就的律师，娶了弗朗兹·哈宁的女儿（由此获得了拉格洛列塔和哈宁城堡两处豪宅），并开启了自己的政治生涯。

弗朗西斯在阿尔伯克基长大，住在最古老、最有历史趣味的房子里，不断听人讲述旧西部的故事，其中许多都涉及自己的家族成员。和奥本海默一样，他也生于 1904 年。但不同的是，他在四个兄弟姐妹中排行最小，姐姐埃尔娜和哥哥哈维成了畅销书作家，主要以写历史、传 43
奇、人物以及（对埃尔娜而言）西南部美食著称。特别有名的著作包

* 此处的姓氏为“Ferguson”，不同于弗朗西斯·弗格森及其父亲的姓氏“Fergusson”。

括埃尔娜的《舞神：新墨西哥和亚利桑那的印第安仪式》[*]、《我们的西南部》[†]和《墨西哥烹饪书》[‡]，以及哈维以基特·卡森的生平为原型创作的小说《狼之歌》[§]、他的西南部历史著作《格兰得河》[¶]和回忆录《西部为家》[**]。在弗格森认识奥本海默的时候，他那即将成名的哥哥和姐姐已经开始了自己的文学生涯。哈维刚出版他以西班牙裔美国人社群为背景的第一部小说《征服者之血》[††]，埃尔娜也开始就新墨西哥的历史为《阿尔伯克基先驱报》[‡‡]撰稿。弗朗西斯的祖辈们为美国西部的建设发挥过重要作用，他的哥哥和姐姐也像先辈那样，致力于塑造人们对西部的认知。奥本海默认识弗朗西斯之后很快被引见给弗格森一家，并由此接触到美国西南部的历史和神话。这些都将对奥本海默的人生道路产生重大影响。

弗朗西斯像他的兄弟姐妹那样，也有当作家的梦想。不同的是，他不满足于上埃尔娜就读的新墨西哥大学，也不愿去父亲和哥哥的母校华盛顿与李大学。他想去哈佛大学。为了这一目标，他来到美国东部，就读于布朗克斯区的一所中学，为入读哈佛做准备。到了中学四年级，他转学到了道德文化学校，大概是因为已知道这所学校曾培养过众多哈佛学子。进入这所学校之后不久，他就和奥本海默成了好朋友。非常符合奥本海默个人风格的是，在回忆认识弗格森的情景时，奥本海默从未提及让弗格森明显区别于其他同学的特征——他是个异教徒，他来自美国西南部名声显赫的家庭，他的父亲曾经是国会议员，哥哥和姐姐又是著名作家——相反，他只记得，“他那时是一个对生物学有点兴趣”的人，但是“他的主要兴趣实际上是一个年轻人的哲学兴趣，他以 19 世纪的

---

* *Dancing Gods: Indian Ceremonials of New Mexico and Arizona.*

† *Our South West.*

‡ *Mexican CookBook.*

§ *Wolf Song.*

¶ *Rio Grande.*

** *Home in the West.*

†† *The Blood of the Conquerors.*

‡‡ *Albuquerque Herald.*

作家探究这一问题的方式，整天思考着一个古老的难题：如果一切都是自然的，那么如何认定什么是好的？”

与奥本海默一样，弗格森在道德文化学校和赫伯特·史密斯建立了密切的关系，他们三人后来结成了极其重要的纽带。弗格森记得，史密斯“对他的学生非常非常好”，他“对罗伯特和我，还有其他人……帮助他们排忧解难，并为他们出谋划策”。至少就他最喜欢的几个学生而言，史密斯和他们的接触延伸到了课堂之外。他经常邀请奥本海默、弗格森和其他一些同学到他在新泽西的家中写作和讨论文学作品。他们从 44
学校毕业后，史密斯仍然通过书信往来扮演着知己和导师的角色。

奥本海默和弗格森于 1921 年从道德文化学校毕业，奥本海默二月离校，而弗格森是六月。他们都被哈佛大学录取，计划当年十月报到，奥本海默学化学，弗格森学生物。高中一毕业，奥本海默便于 1921 年春和奥古斯塔斯·克洛克一起在学校参加了一个特别的前沿科学项目。然后，他和父母及弟弟弗兰克前往欧洲度暑假。他们先到了德国，然后奥本海默独自踏上一段他后来称之为“一次漫长的波希米亚探矿之旅”的旅途。更准确地说，他来到了捷克边境，找到了约阿希姆斯塔尔（现在叫亚西莫夫）附近的一些旧矿场，这里以 19 世纪的银矿和之后 20 世纪的铀矿而闻名。这是矿石收藏家的理想之地，于是奥本海默带走了满满一箱有趣的标本。然而，对他造成更加持久的重大影响的是，他在矿场感染了严重得几乎致命的痢疾。他躺在担架上回到了纽约。

在父母的坚持下，奥本海默将入学时间推迟一年，1921—1922 年的秋冬两季便待在家里养病，等待痢疾和结肠炎痊愈，不过结肠炎后来在他的一生中又多次复发。弗格森已按计划于 1921 年秋天开始了在哈佛大学的学业，十七岁的奥本海默也迫切希望早日离家上学，因此，毫无耐心的他成了一个难缠的病人。实际上，这几个月的恢复期暴露了他性格中从未被人察觉到的令人反感的一面。他经常烦躁易怒，有时还会将自己反锁在屋里，无视父母要他讲点道理、走出房间的一切恳求。

1922 年春，无计可施的父母制订了一个计划，让奥本海默把他的时间和想法用在更有用的地方。这个计划的一个好处是父母能从看管他的苦恼中暂时解脱。他们找到了赫伯特·史密斯，请求他请一个学期的假（奥本海默夫妇将代替学校支付工资）专门陪儿子到西南部旅行。之所以选择西南部，部分是为了夏天过后，在进入哈佛与弗格森同校就读之前，他能和弗格森的家人相处一段时间，另一个原因是那里的气候、清新的空气和怡人的田园风光，这些是与纽约截然不同又有益身心的优美环境。然而，史密斯休假整整一学期的想法让学校很为难，他们否决
45 了这项计划，但是建议史密斯和奥本海默利用暑假时间出行，史密斯愉快地接受了这一建议（他以前好像为菲利克斯·阿德勒的侄子也提供过类似服务）。

这将是一次对奥本海默的人生产生深远影响的旅行。在后来的人生中，他喜欢说他有两大爱好：物理学和新墨西哥沙漠。在这二者中，排在第一的是新墨西哥。

第三章 46

初恋：新墨西哥

奥本海默1922年夏天的西南之行对他的人生产生了深远影响。原因之一是，他遇到的人和去的地方后来一直是他衡量其他人和事物的标杆。伊曼妮·萨克斯在《红锦缎》中强调，纽约犹太人对美国西南部的态度大体上是敬畏与蔑视参半，无论是好是坏，他们都将那里视为与纽约截然相反的一极。当她书里的主人公艾比得知，有人在得克萨斯为自己的丈夫吉尔伯特提供了一份工作时，她强烈要求他接受，因为他们在西南部可以摆脱作为外来人的感觉。她的想法是，毕竟“如果你是一名开拓者，你就无法成为外来人”。然而，吉尔伯特更喜欢待在纽约，因为这里的生活更文明。萨克斯写道：“吉尔伯特的成长历程让他非常珍视井然有序的生活、艺术、音乐和慈善活动以及同样珍视这一切的朋友。”我认为，如果想知道奥本海默和弗格森希望在对方那里得到什么，萨克斯的对比提供了重要的线索：奥本海默希望从弗格森和他的家人那里获得开拓者精神的鼓舞、摆脱外来人感受的自由，而弗格森似乎将奥本海默和他的家人看成了珍视井然有序的生活、艺术、音乐和慈善活动的典范。

不管怎样，弗格森在阿尔伯克基的家宅拉格洛列塔自然成了奥本海默和史密斯的第一站。在那里，从哈佛回家过暑假的弗格森把奥本海默介绍给了他的朋友保罗·霍根。霍根后来成了知名的小说家和历史学家，像弗格森的哥哥和祖姐那样，他以写西南部的历史、人物、景观和神话而闻名。霍根生于纽约州的布法罗，十二岁起住在新墨西哥。那
47 年，他那在一家印刷公司当副总裁的父亲感染了肺结核，一家人便搬到了阿尔伯克基。遇到奥本海默时，霍根是位于罗斯威尔的新墨西哥军事学院的学生，他在这里还会学习一年，然后前往纽约州的罗切斯特，到伊斯曼音乐学院学习舞台剧制作。1926 年，他回到罗斯威尔军事学院担任图书馆管理员，他的写作事业几年后开始腾飞。

从第一次相遇开始，奥本海默和霍根就对彼此热情相待。尽管他们两人背景不同，霍根对科学也没多少兴趣，但他们都把对方视为亲人一般。实际上，奥本海默、弗格森和霍根之间的互相欣赏、互相喜欢，很快就成了共同的感受。而且，奥本海默在他的人生中第一次发现，他是一个由朋友组成的小团体的一员，他们有着共同的爱好、思想、秘密和经历。很快，他们就开始把他们三人看成一个整体，自诩为“博学家”，而霍根后来将它称为“小不点三人组”或“三巨头”。在十八岁这一年，奥本海默好像终于找到让他有归属感的同龄人，他在他们眼里不再是一个怪人，也不再格格不入。

奥本海默只能在西南部的一群非犹太人之间找到归属感，这一事实不仅表明他认为自己不属于哺育他的那个共同体，也意味着他渴望让自己主动远离那个共同体、成为有着不同社会背景的另一个人。在他们出发前往西南部之前，奥本海默问赫伯特，他们能否在旅行中都用“史密斯”这个姓，让别人以为他是史密斯的弟弟。这让赫伯特大吃一惊。他没有这么做，还把这种想法视为奥本海默对犹太身份感到不安的诸多迹象之一。史密斯相信这种不安也是奥本海默生病的根源，包括痢疾和结肠炎。他认为生病的根源更可能在心理而非生理方面。毕竟，史密斯想不通，奥本海默的家人如此小心谨慎地完全避免他与外界接触，除了瓶装水以外什么也不让他喝，他怎么可能感染痢疾呢？至于奥本海默的结肠炎，史密斯注意到，他们一到西南部，这个病就突然不治而愈了，但

只要“有人贬低犹太人”，病就会复发。史密斯的回忆中还有一个很有说服力的例子。有一次，他急着收拾出门要带的衣物，叫奥本海默帮他叠一件夹克。“他猛地看向我，”史密斯记得，“说道：‘哦，对啊，裁缝的儿子知道怎么叠衣服，对吧？’”

在新墨西哥，在由他自己、弗格森和霍根组成的“三巨头”中[*]，奥 48
本海默至少可以暂时摆脱纽约犹太“裁缝的儿子”这一角色，并融入作为贸易和商业对立面的文化。这种文化植根于西南部乡村的山河峡谷和征服它们的先驱。正如埃尔娜·弗格森在《我们的大西南》一书中所述：

> 西南部永远无法被改造成生产面包和黄油的土地。但它却无限地生产着难以衡量的财富，而这正是疲于索取和花费的世界所严重缺乏的财富。一个人可以在这片荒野上找回为人之本。他若足够勇敢地追寻崭新的灵魂，那么这片博大丰饶的土地便令他永远求有所得。

霍根和弗格森兄妹的作品大量描述过大西南对“更新”发挥的作用。例如，在同一本书中，埃尔娜这样写道：

> 难以捉摸，难以征服，这是一个前所未见的国度，敢于面对它的人必然为之心动。事实是它造就了一种崭新的人，他或许会在其他充满挑战的条件下刷新自己，又或许只是经历了稍纵即逝的一刻，浸淫在随火车而来的市侩生意人的习气中，就消散了。

把征服西部比作征服自我是霍根非常喜欢的隐喻。例如，在 20 世纪 40 年代的一篇文章中，他指出：“可能每个人心中都有某种早期西部

---

* 我认为，奥本海默将位于阿拉莫戈多——这里离阿尔伯克基和罗斯威尔不远——的第一个原子弹试验场命名为“三位一体”，可能就是为了纪念他于 1922 年夏天加入的新墨西哥“三巨头”。——原注（4）

等着他去发现、开拓和定居。我们曾经以国家的名义这么做过。我想，很多人作为个体也这么做过。”

在某种程度上，奥本海默通过西南之行“发现”了自己，这使他以纽约所不具备的方式健康成长，那个夏天的他为新朋友们留下的回忆足以证实这一点。“他是我见过的最聪明的人，”保罗·霍根说道，“在那段时间里，他把机智、快乐和勃勃兴致全都展现了出来，真的难以置信……那时的他高高在上，却又极富魅力，也极度纯真。”他还注意到奥本海默的“得体的举止”，并说道：“后来的报道说他傲慢自私，这令
49 我非常困惑……在他身上，我完全没有看到这些东西。”霍根描述的这个人，与奥本海默在道德文化学校就读时的同学记忆当中的那个笨拙、傲慢、不善交际的少年简直判若两人。在谈到他的个性时，这些同学肯定不会想到“魅力”、“快乐”或“勃勃兴致”这些词。

1922 年夏，让奥本海默精神焕发的多种方式之一事关他对女人的兴趣和吸引力。他后来向弟弟弗兰克坦承，他被霍根的妹妹罗斯玛丽深深吸引。在之后的一次旅行中，他又遇到了另一个女人，说是爱上了她可能也并不过分。她的名字叫凯瑟琳·查韦斯·佩吉，当时二十八岁，刚刚嫁了一个年纪比她大一倍的男人，一个住在芝加哥、名叫温斯罗普·佩吉的“盎格鲁”[*]商人。

凯瑟琳本人是一个西班牙贵族绅士家庭的成员，家里已经有好几代人定居在西南部，在当时那个年代仍然比哈宁家族和弗格森家族更加显赫。他们的历史甚至更具有浪漫主义色彩，也更能唤起对“早期西部”的记忆。她的祖父曼努埃尔·查韦斯是一位有名的战士，因作战骁勇而获得“小狮子”的绰号。他是上文提到的新墨西哥省总督曼努埃尔·阿米乔的表弟，曾夸耀自己的血统可以追溯到一位早期的西班牙征服者。曼努埃尔·查韦斯曾经代表墨西哥对抗纳瓦霍人和美国人，在美国于美墨战争中获得胜利后，他于 1848 年宣誓效忠美国，然后又代表新的祖

---

* 在西南部，这个词被用来指除西班牙裔和美洲土著以外的任何人。因此，德裔、挪威裔、丹麦裔等和英裔一样，都被称为“盎格鲁”人。——原注（5）

国与阿帕切人和墨西哥人作战。在美国内战中，他站在北方一边，协助粉碎了邦联占领新墨西哥的企图。1863 年，在对抗印第安人的收官之战中，他带领十五名勇士迎战一百个纳瓦霍人。此后，他在阿尔伯克基以西的圣马特奥山区安了家，以放牧为生，还在那里盖了一座家庭小教堂。最后，他和妻儿都葬于此地。

凯瑟琳的父亲阿马多·查韦斯是曼努埃尔·查韦斯的第二个儿子，他的人生故事与父亲和印第安人、美国人及墨西哥人的战斗经历形成了巨大反差。在华盛顿特区学习了法律和商务后，阿马多·查韦斯回到新墨西哥，开启了律师从政的职业生涯，先后担任圣菲市市长、新墨西哥州立法会发言人和该州公立教育系统的总负责人。毫无疑问，无论以何种身份，他与 H.B. 弗格森都有过广泛接触。可能正是出于这个原因， 50
两家人才产生了联系——后来因为凯瑟琳和埃尔娜·弗格森之间的友谊又变得更加紧密。1893 年，阿马多·查韦斯娶了“盎格鲁人”凯特·尼科尔斯·福斯特，她是一位生于英国的建筑师的女儿，凯特次年生下了凯瑟琳。

除了继承父亲在圣马特奥的农场，查韦斯一家还在阿尔伯克基拥有凯特·尼科尔斯·福斯特亲自设计的一套房产。除此以外，他们在圣菲以北约二十英里（约 32.1 千米）、上佩科斯河谷的考尔斯镇附近购买了一块土地，建造了一座游客牧场，名叫“洛斯皮诺斯”。高高的山顶上，可以看到佩科斯河谷和桑格雷 – 德克里斯托山的壮丽风光。正是在这里，奥本海默度过了夏日西南之旅中最难忘的时光，他不仅对凯瑟琳心生爱慕，而且对新墨西哥的这片土地一往情深。

对奥本海默来说，查韦斯家、他们的历史、新墨西哥北部的乡村，尤其是凯瑟琳本人都如此激动人心、精彩绝伦，令他痴迷不已。据弗格森所言，奥本海默“一直”给凯瑟琳送花，“每次见到她，都极尽赞美之能事”。被人如此关注，凯瑟琳似乎非常受用，并投桃报李。史密斯后来回忆他们在洛斯皮诺斯度过的时光时说，奥本海默“人生中第一次发现自己被人爱、欣赏和追求”。以凯瑟琳为榜样，奥本海默喜欢上了骑马，并和其他人一起探索考尔斯周围地区的山坡和峡谷。这片地区最有历史意义的要数帕哈利托高原，也就是现在的洛斯阿拉莫斯镇的所在地。然而，在 1922 年夏天，除了洛斯阿拉莫斯农场学校，这里什么都没有。奥本海默和凯瑟琳一起骑马旅行的永恒纪念是直至今日仍保留其名的“凯瑟琳湖”，这是新墨西哥州海拔最高的湖泊之一，它所在的冰斗*（在英格兰这被称为冲沟）仅仅低于圣菲鲍尔迪峰，那是桑格雷-德克里斯托山的最高峰之一。在他们的一次骑马远行的途中，奥本海默和凯瑟琳发现了这个不为人知的湖泊——或者至少故事是这样讲的。

和史密斯离开新墨西哥的时候，奥本海默已经成了一名技术娴熟、豪迈自信的骑手，他似乎决心证明自己完全能像弗格森和查韦斯家族的先辈那样，成为一个勇敢的冒险家。回纽约的途中，奥本海默和史密斯决定骑马穿越科罗拉多，问题在于要走哪条路。奥本海默建议走一条从积雪覆盖的山间最高处经过的路线，而史密斯觉得如果走那条路，他
51 们肯定会被冻死。最后，他们抛硬币来决定。正如史密斯后来感叹的那样：“感谢上帝，我赢了。”

回到纽约后，在每一个认识他的人看来，奥本海默似乎变了一个人。他的老同学简·迪迪舍姆说：“他不像以前那样腼腆了。我想，他也变得更快乐了。”然而，他母亲指望他俩发展恋情的心愿落了空。不仅是因为罗伯特对风格迥异的西部女郎念念不忘，而且，至少在情感上，他已经彻底切断了自己与“我们这伙人”的联系，变成了截然不同的人，一个他希望适应哈佛生活的人。

---

* 冰斗，由山地冰川侵蚀而成的地貌，一种三面环山的凹地。其成因是山地积雪由于季节和昼夜温度变化反复融化和冻结，积雪覆盖的地表岩石在风化作用下碎裂，被融水带走，形成不断加深的凹地。

第四章 52

哈佛

“因接待犹太人而毁于一旦的避暑酒店遭此厄运，不是因为入住的犹太人品行不好，而是因为他们赶走了非犹太人，而在非犹太人离开后，他们也走了。”

这段话不是某些人想象的那样，出自一个反犹主义者就“塞利格曼事件”的评论，而是时任哈佛大学校长阿博特·劳伦斯·罗威尔说出来的。这些话也不是写于 19 世纪 70 年代，而是 1922 年的初夏，也就是奥本海默按照预期进入哈佛大学主修化学之前几个月。那年夏天，罗威尔公开宣布他将采取措施限制犹太人的招生人数，引发了全国性的激烈争论。在过去十年里，犹太学生在哈佛大学所占的比例从 10% 急剧上升到 20%。这远远超过了犹太人在大多数常春藤盟校中的比例——在耶鲁是 7%，在普林斯顿只有 3%。而且，在教职工和学生中，关于“犹太人问题”的议论持续升温。有人说，哈佛将步纽约市哥伦比亚大学 * 的后尘，那里到 1920 年已经有 40% 的学生是犹太人。作为移民限制联盟的副主席以及基督教和“盎格鲁 – 撒克逊种族”优越论的坚定支持者，

* 即通称的哥伦比亚大学。

罗威尔难以接受这样的前景。

罗威尔之前的一任校长是著名的查尔斯·艾略特，他曾在任期内致力于将哈佛大学建设成为世界闻名、国际领先的学术研究中心。不同于艾略特，罗威尔把保持并尽可能提升哈佛本科生教学的声誉放在首位，特别是以培养各自领域的领导者而闻名，不仅是在学术生活中，而且也包括商务、法律和政治领域。他心中的楷模是牛津大学和剑桥大学，这
53 些大学招收具有良好“教养”的学生，让他们扩充学识、促进理解、建立联系、增强信念，从而走向社会最顶端的位置。

哈佛学生中犹太人比例的增长威胁到了罗威尔对学院的设想，因为它增加了“盎格鲁－撒克逊白人新教徒逃离”的可能性，也就是说，新教精英家庭抛弃这所学校的学院教育，正如在哥伦比亚大学已经发生的那样。为了避免这种结果，罗威尔认为，有必要公然且毫不掩饰地限制犹太学生的数量，即引入配额制度。他认为，在学术能力或者行为上设立某种标准让非犹太人能通过而犹太人却不能，是不能用来限制犹太学生的人数的，因为根本没有这样的标准。问题并不在于犹太人不是好学生或者就是坏人，而仅仅在于他们是犹太人，是罗威尔治下的哈佛大学力图吸引的“盎格鲁－撒克逊”精英所不能接受的，除非人数很少。

罗威尔为限制犹太学生的数量而采取的第一项措施，就是企图说服哈佛招生委员会采取歧视性的流程，对“希伯来”申请人采用比其他申请人更高的标准。这样，只有那些“智识出类拔萃、人品无可挑剔的……希伯来人”才能被录取。由于招生委员会主任拒绝在没有获得全体教师明确同意的情况下做出如此重大的改动，罗威尔不得不先和学术上的同事争辩这一问题，然后更广泛地就这一问题展开辩论。在 1922 年 5 月 23 日的全体教师大会上，罗威尔设法通过了一项动议，呼吁招生委员会“考虑哈佛学院*来自各种族和国民群体的学生数量的比例”。

---

* 即哈佛大学的本科生学院。在美国高等教育体系中，“学院”可以用于指称中学生毕业后就读的各种高等教育机构，在这里指大学中提供本科生教育的部分，并负责颁发学士学位。在历史上，哈佛学院是目前通称的哈佛大学的雏形，各专业的研究生项目是后来建立的。

但是，他在之后一周内分别收到了四份请愿书，要求他召开一次特别会议，让全体教师可以重新考虑这项动议。其中一份请愿书说，“这一动议严重背离了学院的精神和常规”。

随后，6 月 2 日召开的全体教师特别会议决定撤销 5 月 23 日通过的动议，但保留了设立特别委员会以“考虑更有效地筛选候选人的原则和方法”的决定。罗威尔唯恐有人不明白这一决定的含义，在会议纪要中加了一条说明，明确指出“设立特别委员会的主要目的是考虑犹太人问题”。至此，哈佛大学的招生政策成了全国性大新闻，主要的报社纷纷报道，评论纷至沓来，其中很多都对罗威尔的手段、目的和动机提出了尖锐批评。

哈佛大学宣布设立特别委员会几个星期后，《美国希伯来人》刊登了罗威尔和哈佛毕业的律师 A.A. 贝尼什之间的往来信件。这些信件清晰地揭露了事实。贝尼什律师提醒罗威尔，雅各布·H. 希夫、菲利克 54
斯·沃伯格“以及纽约市其他杰出的犹太人”（包括贝尼什本人）都是哈佛大学捐赠基金的重要捐赠人。他告诉罗威尔：

> 信仰犹太教*的学生，既不要求也不指望得到这所大学的任何恩惠。但他们的确希望，并有权要求，他们能够与信仰其他宗教的学生在同等条件下被学校录取，学业成就和个人品德应该作为唯一的录取标准。

罗威尔在回信中指出，“这个国家存在不断滋长的反犹情绪”，并声称，犹太学生的人数越多，学生中反对犹太人的力量就越强大。因此，解决这个问题最好的办法就是把犹太学生的比例控制在较小的范围。贝尼什的巧妙反驳一针见血：“根据您的逻辑，您无非想说，彻底禁止犹太学生上大学就能解决反犹问题。”

---

* 引人注目的是，在这次论战中，贝尼什讲的是犹太“信仰”，而罗威尔讲的是犹太“种族”。——原注（6）

罗威尔对他所引起的争议做出的正式回应是，试图将自己包装成一个宽容少数族裔的形象，让人以为他的首要考虑是为了建立和维护种族和谐。他坚称："我们希望非犹太人和犹太人在所有学院和大学里共同学习，争取实现两个种族的和谐共处。"只可惜，他的真实想法于 1922 年 12 月被公之于众，他与哈佛校友维克托·克莱默在私人谈话中谈及这一问题的详情被披露在《纽约时报》上。罗威尔对克莱默说，真正解决这个问题的办法是让犹太人放弃自己的宗教信仰，承认他们的信仰被基督教取代。"要做美国人，"他坚决认为，"就不能脚踏两只船。"罗威尔的推断是，如果能够将犹太学生在哈佛的比例控制在 15% 以内，那么哈佛就可以"吸纳"他们——也就是说，把他们变成规矩的美国人。

在奥本海默在哈佛的整个第一学年里，六月份设立的特别委员会还在仔细考量，而罗威尔正在幕后用尽一切办法减少犹太学生的数量。正如贝尼什提起的那样，被录取的犹太学生获得奖学金的比例达到了 50%，这比犹太学生在整个学院中的比例高得多。这说明，只要允许他
55 们在同等条件下竞争，犹太学生就能够取得超出比例的优异成绩。尽管罗威尔没能说服招生委员会实施配额制度，但他却在学院院长那里碰到了好运气。院长负责奖学金的分配，罗威尔便说服他确保犹太学生获奖学金的比例不超过犹太学生的比例。实际上，这就意味着学校实施的配额大约是 20%。

为了甄别考生中的犹太人、确保哈佛不会在不知情的情况下招录了犹太申请人，学校还制订了另一项特殊措施。从 1922 年秋天起，所有申请人都需要说明他们的"种族和肤色"、宗教信仰、母亲婚前姓氏和父亲出生地。他们还要回答这样的问题："自出生以后，你或你父亲的姓名是否有过更改？（详细说明）"为了做到万无一失，学校还要求申请人所在的中学说明申请人"已知的宗教信仰"。

1923 年 4 月 7 日，录取学生筛选办法委员会终于递交了一份报告。委员会有十三名成员，其中三名是犹太人，包括奥本海默在道德文化学校的同学伊内兹·波拉克的舅舅保罗·萨克斯。委员会成员是仔细遴选出来的，尤其是犹太成员，目的是让他们尽可能同情罗威尔的立场。例

如，萨克斯被看成是上层德裔犹太人，因此“远不同于”罗威尔所指的群体（主要是俄裔和波兰裔犹太人）。尽管如此，委员会最后的报告还是对罗威尔不太有利。它的建议基本上是在说“不会因为种族和宗教而背离机会平等的政策”。

因此，在短期内，罗威尔的计划严重受挫。哈佛录取的犹太学生比例在接下来的几年里继续攀升。1924 年是 25%，次年就升至 27.6%。1926 年，经过多年的执着斗争，罗威尔决定暗中促成他未能公开实现的目的。同年，耶鲁的教务长门德尔在访问哈佛后汇报：“他们……打算将犹太学生的比例从 25% 降低到 15% 甚至更低，方法是直接拒绝他们，根本不会详细地解释。他们对任何被拒的申请人都不再详细解释了。”

1922 年秋，在十八岁的奥本海默入读哈佛的时候，这所学院正处于校史上仇恨最强烈的一场纷争之中。校长的心思昭然若揭：他会迎合美国社会中的一些人奉行的反犹主义，以此实现他为哈佛设定的理想愿景，那就是打造一所服务于“盎格鲁 - 撒克逊”精英的教育机构。然而，在奥本海默从哈佛寄出的书信中，至少在那些保存下来的信件里，
他一次都没有提到过这场纷争，甚至连委婉的暗示都没有。他也没有提 56
到学院里的反犹氛围对他个人产生过怎样的影响，尽管他后来的朋友大卫·霍金斯曾经（可能根据与奥本海默的交谈）注意到：“罗伯特成了哈佛和其他地方声势浩大的反犹主义的受害者，这在他的经历中绝非不值一提的小事。”

留存下来的书信中 * 不仅没有关于这一纷争的蛛丝马迹，甚至还到处是奥本海默本人使用的一些温和的反犹用语。譬如他曾经称呼赫伯特·史密斯为“夏洛克”†。另外，他在写给弗朗西斯·弗格森的一封信

---

* 必须强调的是，奥本海默这一时期的绝大部分书信都没有留存下来。譬如，我们没有发现他和父母之间的往来信件，尽管在就读哈佛的三年里，他肯定经常给父母写信。——原注（7）

† 这里指莎士比亚戏剧《威尼斯商人》中的角色夏洛克，一位犹太放贷人，他借钱给威尼斯商人安东尼奥，并要求后者如果不能如期还款就要从身上割下一磅肉抵债。这一角色名后来成为对放高利贷者的歧视语，也反映了基督教影响下的社会文化中犹太人作为放高利贷者的歧视性印象。

中提到，史密斯之所以“厌弃人类”，是因为他不得不向“犹太吝啬鬼”卑躬屈膝。奥本海默唯一一次在书信中提到罗威尔校长，是在给史密斯的一封信中，他一笔带过了“善人罗威尔”，让人觉得这肯定是个讽刺，尽管这封信没有以任何方式体现这一点。奥本海默似乎决心要展现的自我形象不是罗威尔偏见的受害者，而是受益者。

特别是在写给赫伯特·史密斯的信中（在哈佛的第一年里，只有写给史密斯的信留存了下来），奥本海默刻意营造他和其他同学相处融洽的印象。“到目前为止，哈佛令人愉快，”到那里不久后他就写信说，“我对它应该是什么样子的所有浪漫幻想都没有破灭。”他坚持说“我没有遭受孤独之苦”，然后加上令人难以信服的“这里有很多好玩的伙伴，我和他们一起读书、聊天、打网球，还凑成一队人上山又下水”。实际上，在哈佛就读的三年中，他的朋友圈非常小。而且，为数不多的几个在那些年里熟悉他的人都说，他很难融入其他学生中。

奥本海默在学院里最好的朋友是一个背景与他几乎相同的人。或许由此可见，对一名20世纪20年代在哈佛就读的犹太人——即使是像奥本海默那么富裕、美国化、去犹太化的犹太人——来说，与非犹太人相处也很困难。这位朋友弗雷德里克·伯恩海姆是一个来自纽约的德裔犹太人，曾就读于道德文化学校，然后来到哈佛，和奥本海默一样学习化学。他后来成了著名的药物学教授，因为研究治疗结核病的有效方法获得过诺贝尔奖提名。伯恩海姆上中学时并不认识奥本海默，因为他低奥本海默一年级。但是由于奥本海默被迫度过了一个“间隔年”，两人便同时成了新生。除了学习的科目相同，他们还碰巧住在同一栋学生宿
57 舍里，分到的房间都在斯坦迪什楼，这是一栋面朝查尔斯河的新生宿舍楼*。斯坦迪什楼并非犹太学生专用的宿舍楼，而是为数不多的以新教学生为主，同时接受天主教徒和犹太人的新生宿舍楼之一。

一进哈佛，奥本海默和伯恩海姆两人都决心不让他们的民族背景限制社交活动。“我不想卷入那种犹太人圈子，”伯恩海姆后来说，“那时

* 1931年，斯坦迪什楼和附近的戈尔楼合并成温思罗浦宿舍楼。——原注（8）

反犹风气盛行，而……［我希望］能够和非犹太学生打成一片，第一年我就是这样做的。”奥本海默的态度和他完全一致。尽管如此，他们俩还是走到了一起，不仅是在大学一年级，而且是整个在哈佛期间，他们在二、三年级成了奥本山路一座合租房屋里的室友。

多半因为他们相对孤立于其他学生，伯恩海姆和奥本海默之间的关系变得非常紧密——在伯恩海姆看来有点太紧密了。伯恩海姆回忆说，奥本海默“占有欲有点强”。如果伯恩海姆和女孩外出，奥本海默便会愤愤不平，如果伯恩海姆请谁多吃了几顿饭，他也要横加反对。用伯恩海姆的话说，奥本海默“觉得我们应该成为一个整体”。

奥本海默上大学时很少有朋友，不完全是因为 20 世纪 20 年代哈佛的反犹风气。至少在某种程度上，那也是他自己选择的结果。他至少有过一次绝佳的机会可以扩大自己的朋友圈，但是他放弃了。到哈佛之后不久，另一位道德文化学校的校友阿尔杰农·布莱克试着帮他交朋友。布莱克比奥本海默年长几岁，当时是他就读哈佛的最后一年。他来自纽约一个相对贫穷的俄裔犹太家庭。在后来的岁月里，他作为播音员、社会改革家和道德文化学校的代言人出了名。在哈佛，他是自由社的主要成员，那是对犹太学生开放的少数社团之一（除了那些专门为犹太人设立的社团）。一天，布莱克注意到奥本海默独自在学会餐厅里用餐，便介绍他认识了化学专业三年级学生约翰·埃兹尔，也是热衷于自由社活动的一位知名社员。埃兹尔是一个有名望的波士顿非犹太人，也是哈佛医学院教务长的儿子，可能成为奥本海默和哈佛主流社群之间的一座宝贵的桥梁。更何况，奥本海默难以掩饰的智识天分给埃兹尔留下了强烈的好感。

就在布莱克介绍他们俩认识的时候，埃兹尔刚刚当选了自由社新社 58
刊的编辑，刊名还没有想好。埃兹尔受到了奥本海默的影响，表现在他选择了奥本海默推荐的刊名：牛虻。这来自柏拉图的《申辩篇》，苏格拉底自称牛虻，它在社会中的作用就是“叮人、惹他们发怒，完全服务于真理”。埃兹尔急欲拥抱这一形象，在 1922 年 12 月出版的创刊号中就宣布：“在大学神圣的牛群及其崇拜者中，有一只牛虻嗡嗡作响。”

在埃兹尔的劝说下，奥本海默担任了自由社社刊的助理编辑，并为创刊号和 1923 年 3 月刊印的第二期撰写文章。然而，奥本海默实际上对此毫无兴趣，或者说，他似乎对哈佛学生政治生活中的任何角色都提不起兴趣，之后便离开了自由社，也不再为社刊撰稿。他在那个特殊的时间离开自由社充分说明，他决心不与在哈佛展开的围绕犹太学生的争论发生任何关系。因为恰好在那个时候，随着罗威尔的录取学生筛选办法委员会即将提交报告，这场争论到了紧要关头，自由社也参与其中，公开反对歧视性录取政策。即便在他还是自由社成员时，奥本海默也与社团骄傲地保持着距离。‘我不知道那都是些什么，”他后来谈到参加社团的短暂时光时说，“我感觉自己成了一条无水之鱼。”从 1922 年 11 月他写给史密斯的第二封信开始，他似乎就已经决定远离这个社团，并以蔑视的口吻说它“愚不可及地装腔作势”。

无论他是否意识到（很难想象他会意识不到），退出自由社就意味着奥本海默切断了最有可能结交新朋友的途径。明眼人都能看出，他和阿尔杰农·布莱克已不再有太多关系，似乎与埃兹尔也没有太多瓜葛，直到 1925 年他俩在英格兰的剑桥才重续这段友谊。这样一来，他又退回到他与弗雷德[*]·伯恩海姆营造的“整体”里。奥本海默允许唯一一个外人加入这个“堡垒”，他也是奥本海默除伯恩海姆外在哈佛唯一的好友：另一名学化学的学生威廉·克劳泽·博伊德。博伊德是一个来自密苏里州的非犹太人。他曾回忆与奥本海默一起上《化学（三）》这门课
59 的情景，那是一门定性分析课程[†]。奥本海默认为博伊德是班里遥遥领先的学生，就经常将自己的功课拿给他检查是不是做对了，这常常激起其他同学的强烈反感。“那个叫奥本海默、经常来找你的家伙究竟是谁？”博伊德记得一名同学这样说，“真讨厌。”但是博伊德坚持认为：“我不觉得他讨厌。”对他来说，奥本海默显然是“一个极具才华的人，他非常能干也非常敏感，除了科学以外，我们在其他方面也有许多共同爱

[*] “弗雷德里克”的昵称。

[†] 化学上，“定性分析”与“定量分析”相对；前者用于确定给定样品中的化合物，后者用来测量样品中每种化合物的含量。——原注（9）

好。我们都尝试写诗，也确实写了，有时还用法语写，我们还模仿契诃夫写短篇小说”。在这方面，博伊德和伯恩海姆不同。奥本海默的文学兴趣虽然是促成他和博伊德走到一起的部分原因，却可能让他和伯恩海姆渐行渐远——伯恩海姆说，他觉得奥本海默“在引用魏尔伦、波德莱尔等人的法国诗歌时有点矫揉造作。我开始厌恶了”。

出乎博伊德意料的是，奥本海默不感兴趣或不能理解的一门艺术是音乐。“我非常喜欢音乐，”博伊德回忆道，“但是，他（奥本海默）大概一年去一次剧院，通常是跟我和伯恩海姆一起，往往第一幕结束他就提前退场了。他就是听不下去。当时我认为，他完全没有音乐细胞。”其他人也提到过这一特点。例如，赫伯特·史密斯曾经对奥本海默说：“在我认识的物理学家当中，你是唯一不喜欢音乐的，我从未听你提起过音乐。”

像伯恩海姆那样，博伊德后来成了杰出的科学家。准确地说，他成了波士顿的一位免疫学教授。20 世纪 50 年代，他以种族遗传学方面的成果而闻名，并以博伊德·艾兰比为笔名创作科幻小说，最有名的故事是《凤凰类》和《连锁反应》*。在他与艾萨克·阿西莫夫合著的科普读物《种族与民族》†中，博伊德运用他的研究成果颠覆了当时盛行的“种族”观念，包括对哈佛时期的奥本海默产生过恶劣影响的那些成见。博伊德和阿西莫夫认为，根本不存在“盎格鲁－撒克逊”这一种族，而“犹太人”也不是一个种族类别。他们否定的这些观念在 20 世纪 20 年代得到社会的广泛认同，彻底改变了奥本海默的一生。

博伊德说，他、伯恩海姆和奥本海默是“彼此最亲密的朋友”。他们三人组成了一个“三巨头”，和奥本海默与保罗·霍根、弗朗西斯·弗格森在 1922 年夏天组成的那个“三巨头”相对应。而这两个“三巨头”却鲜有交集。拿霍根来说，这完全不足为奇。奥本海默在哈佛的第一年里，霍根还在新墨西哥的罗斯威尔军事学院度过作为军校生的最后一年。然后，奥本海默在哈佛度过剩下两年，霍根在罗切斯特。

* 原文分别为“Category Phoenix”和“Chain Reaction”。

† *Races and People.*

60 两人通过书信保持联系，而在 1923 年夏天，霍根在奥本海默家在长岛的暑期别墅里待过一段时间，他在那里显然见到了伯恩海姆。奥本海默在他后来写给霍根的书信中偶尔提到博伊德和伯恩海姆，但是霍根从来没有机会真正深入了解奥本海默在哈佛的朋友。

然而，同为哈佛学生，弗格森本可以很容易认识伯恩海姆和博伊德。当然，奥本海默入学的时候，弗格森已经在哈佛学习了一年，奥本海默上大学一年级时，他是主修生物学的二年级学生，住在普雷斯科特街的一处私人住处，离斯坦迪什宿舍楼很近。奥本海默在哈佛经常见到弗格森，然而伯恩海姆多年后被问及此事时却记得根本没有见过弗格森。更奇怪的是，弗格森毕业后，奥本海默在从哈佛寄给他的书信中从未提及伯恩海姆*。这些信倒是偶尔提到博伊德，尽管次数不多，但至少有一次，其口吻表明弗格森对他有一种优越感，而奥本海默似乎默许了这种态度。（二年级的圣诞假期里，他写信给弗格森说："正如你慈爱地预见到的那样，博伊德有所长进。"）不过，伯恩海姆和弗格森似乎始终没有任何接触。

有人可能会想，奥本海默坚持将他的朋友分隔开来，是因为他想要把他们分成文学圈和科学圈，两个圈子互不联系，这就是为什么弗格森在哈佛期间与博伊德少有来往，而与伯恩海姆毫无瓜葛。问题是，奥本海默的朋友并不顺从这一严格的划分。大致说来，我们可以将伯恩海姆、博伊德和奥本海默视为科学圈，而将弗格森、霍根和奥本海默归为文学圈。的确，伯恩海姆对文学少有兴趣，霍根又对科学不感兴趣。但是，弗格森和博伊德对文学和科学都感兴趣，而广博的智识兴趣恰恰是他们被奥本海默吸引的最重要原因，这同样也吸引着奥本海默。对奥本海默和他最好的朋友中的至少两位来说，至关重要的恰恰是不把科学和文学严格区分成互不相通的两类。

我认为，更可能的是，奥本海默不让博伊德和伯恩海姆（特别是伯

---

* 奥本海默于 1925 年到英格兰的剑桥后，在写给当时在牛津的弗格森的信里倒是提到过伯恩海姆，称呼他为"弗雷德"。——原注（10）

恩海姆）接触弗格森，只是因为他认为他们的优秀程度配不上弗格森。奥本海默喜欢并尊重伯恩海姆和博伊德，但他并不像敬重弗格森那样敬 61
重他们。从现存的往来信件和相关人士的回忆中，我们强烈地感觉到奥本海默的朋友中存在“啄序”[*]——伯恩海姆和博伊德仰视奥本海默，奥本海默又仰视弗格森和霍根（后者地位略低）。弗格森给人的感觉是不习惯仰视而更喜欢俯视别人。哪怕是对奥本海默本人，他说话的腔调也会偶尔表现出优越感，因为他非常清楚，奥本海默渴望成为他那样的人。奥本海默到哈佛后不久，弗格森给史密斯写信，说他“最近在罗伯特身上看到某些东西”，并汇报说：“今年，他说话时夸张地模仿您的谈吐，其中还点缀着我和保罗的一些更精致的腔调。”

在同一封信中，弗格森对史密斯说，他创立了一个社团。这是奥本海默除自由社外在哈佛参加的唯一社团。社团的目的是要超越本科课程可以触及的水准，深入探讨科学和科学哲学。奥本海默后来将它称为“以研究生为主、部分教师参加的小型科学社团”。正如弗格森向史密斯描述的那样，建立这个社团的动机是“让教授们讲一些有趣的东西”：“我们每周一在一名成员的房间见面——有火炉和深座椅子的大房间。我们邀请一名教授给我们讲课，主题由他自定。讲完后，我们讨论。至少计划就是这样。”弗格森告诉史密斯，成员里有“一个反常的剑桥市的清教徒，一个亚特兰大来的男孩，一个学化学、从纽约来的德国人，一个明尼苏达公子哥，一个希腊来的哲学助教，一个数学天才，还有其他不尽相同又鹤立鸡群的各色人等”。尽管伯恩海姆和博伊德都是科学家，也都是奥本海默的朋友，但他们似乎并没有被邀请（那位“学化学、从纽约来的德国人”不可能是伯恩海姆，否则他肯定记得见过弗格森）。实际上，这个社团明显主要是由研究生和教师组成的，奥本海默很可能是唯一受邀参加这个社团的大一学生。

* 啄序，即啄食顺序，本义指挪威动物学家谢尔德鲁普－埃贝在鸡群中发现的分化等级。在一个鸡群里，等级高的鸡将会优先进食，等级低的鸡如果违背了这一原则就会被啄咬。除了鸡群以外，其他鸟类之间和蜂、蚁等社会性较强的动物群体中也有类似的现象。社会学也借鉴了这一概念描述人类的社会阶层和支配行为。

被社团吸引并成为成员的人来自多个学科，包括哲学、数学和化学，无疑还有弗格森没有提到的其他学科。对奥本海默来说，这也体现了他上学期间哈佛最大的好处。罗威尔强调要广博地教育学生，而不是鼓励或任由他们成为狭隘的专家。对牛津和剑桥的崇拜激发了这些想法，这种崇拜或许有些势利，由此产生的这种高等教育却非常适合奥本
62 海默的能力和兴趣。在哈佛的许多理科学生看来，要求他们学习一年级人文课程是不情愿地去“不务正业”，也是一道必须尽量省力地快速逾越的壁垒。然而，对奥本海默来说，这却是他热切拥抱的机会。在第一学年，除了两门化学课程（一门基础有机化学、一门定性分析），他还学习了两门数学课程（解析几何和微积分入门）以及三门人文课程：一门是修辞与英文写作，一门是法国散文与诗歌，还有一门是哲学史。哲学史这门课的授课老师是哈佛著名的哲学家拉尔夫·伊顿，他为奥本海默后来的人生留下了特别美好的回忆。奥本海默说伊顿是个“了不起的人”，他把课上得“真是很精彩……在他的课上非常愉快”。

在写给史密斯的一封信中，奥本海默不无满足和骄傲地说，他在哈佛学习的课程“大多不起眼又没意义”。他说，这些课程“像《克罗姆黄》*一样妙趣横生，至少在令人愉快的方面也有点像佩科斯”。此处暗指的两个世界——奥特林 莫瑞尔夫人的嘉辛顿庄园（正如阿道司·赫胥黎讽刺的那样）和凯瑟琳·佩吉的佩科斯——可能表明了奥本海默真正想从哈佛得到的东西：成为文化、文学和智识精英的一员。也许这也提供了另一种思路来解释为什么他要隔开伯恩海姆和弗格森。伯恩海姆对文学文化一无所知、不屑一顾，他只专注于化学，即将成为罗威尔主导的哈佛（可能还有纽约的德裔犹太人）所鄙视的狭隘的专家。他代表着这样一种人：无论在牛津、佩科斯还是哈佛，他都不会——也不渴望——成为精英群体的一员。

然而，弗格森已经成了两个精英群体（佩科斯和哈佛）的成员，而且正要进入第三个。奥本海默到哈佛之后发现，弗格森并不想在哈佛久

---

* *Crome Yellow.*

留。他已经申请并即将获得去牛津大学的罗德奖学金，计划用这笔钱去学习英语文学，而非生物。实际上，弗格森已经认定，《克罗姆黄》中的社会环境正是他的归宿。在上一年奥本海默被迫养病而弗格森开始在哈佛学习之时，他逐渐从哈佛的光环中清醒过来。他写信给史密斯说，哈佛“不是一所教育机构”：

> 我看到的不是五千个求知若渴、思想活跃、博览群书的年轻人。他们来到这里，既没有自己的思想，也不学习别人的思想。我看到的是五千个俗不可耐的乡巴佬，不知是从哪些肥油农场和鼾声四起的小镇被拽到了这里，只会在球场上大呼小叫。

因为选择参观艺术博物馆而不是观看哈佛和耶鲁之间的年度橄榄球 63
赛，弗格森似乎遭到了同学们的嘲笑。这让他觉得，他和典型的哈佛学生之间存在某种情感上的鸿沟。“我来这儿的目的，不是要把自己变成一个百分之百的美国人，我不想成为一个‘商’[*]人，”他告诉史密斯，“我是为接受教育而来，并希望有朝一日成为一名饱学之士。”不同于奥本海默，弗格森完全可以这样批评，因为他确定，他被哈佛这个共同体看成了一个“百分之百的美国人”。实际上，从各方面来看，他都是罗威尔所说的理想学生的典范：他是“盎格鲁－撒克逊”人，新教徒，学业上的通才，也是美国统治阶级的一员。尽管与橄榄球相比，他更喜欢艺术，但他肯定已具备基本的体育或运动技能，否则他就没有资格申请罗德奖学金[†]。

罗德奖学金是按照英国帝国主义者塞西尔·罗德的遗嘱于 1902 年设立的，明确专门用来培养支配世界的盎格鲁－撒克逊精英。“我认为，”罗德曾经说，“我们是世界上最优秀的人种，我们在这个世界上居

---

* bizzness.

† 说到弗格森对仪式性的哈佛－耶鲁年度橄榄球比赛的不屑，以及他（有理由）获得罗德奖学金的自信，不妨将他和奥本海默大学一年级的朋友做个有趣的比较：伯恩海姆为得到橄榄球比赛的门票申请了两次，博伊德申请罗德奖学金遭到拒绝。——原注（11）

住得越广，就越有利于人类。”正是为了实现这样的目标，他以自己的姓氏为名设立了这一奖学金。来自大英帝国、德国和美国的奖学金获得者可以在牛津学习两年，然后他们回到各自所属的世界，被寄予厚望，用能力和热情巩固并拓展盎格鲁－撒克逊文明和文化在全球的支配地位。这些奖学金的颁发标准受到美国常春藤盟校校长的普遍赞赏，特别是罗威尔，他将其视为哈佛录取制度应该效仿的楷模。罗德曾说，他不希望获得奖学金的人都是些“书呆子”，相反，他要发掘那些脱颖而出的学者：他们“喜爱并擅长主要在户外的运动”，既具备“野蛮兽性”，又富有“人格上的道德影响力和领导的本能”，以及“男子气概和务实态度，勇于献身又忠于职守”。罗德甚至提出了一个公式来划分各种素养所占的比重：学业成就 40%，运动技能 20%，领导才能 20%，“男子气概”20%……获得罗德奖学金代表着卓越的学术成就，但又不仅限于
64 此，甚至不是关键所在。最重要的是，它意味着你已成为罗德眼里应该统治世界的那种人，（正因如此）也是罗威尔认为的哈佛应该培养的那种人。

因此，奥本海默在哈佛总是被点醒，无论如何努力，他都永远无法进入美国社会的最高层，而弗格森获得了罗德奖学金，证明了自己正是特殊精英群体乐于接受的那种人。尽管奥本海默后来前往英国读研究生，但他永远不可能有机会申请罗德奖学金。弗格森不仅获得了罗德奖学金，而且用它学习文学，从而又在另一方面成为奥本海默的偶像，这样的高度是他向往却望尘莫及的。尽管他在哈佛读的是化学，但在最初的一年半的时间里，贯穿奥本海默书信中的却是这样的决心：成为史密斯、弗格森和霍根眼中的文人。在写给三人的书信中，奥本海默一次又一次提到自己写的小说，并希望他们对他寄去的文稿提出批评和指正。

例如，1923 年 1 月，他告诉史密斯：“我又陷入另一个短篇小说的写作中。这一篇不像上一篇那样故弄玄虚或玩弄技巧，因此可能没那么令人恶心。”奥本海默向史密斯概述小说情节如下：一位年轻的采矿工程师（奥本海默那时以为他自己从哈佛毕业后就会成为一位采矿工程师）老成又内向，在开始自己的职业生涯后对他遇到的矿工满脸不屑，

他们的肮脏、贫穷和卑下令他发笑。然而，他很快认识到自己的脆弱，意识到他自己也可能崩溃，这让他与矿工之间的鸿沟不复存在了。意识到这些，他的自满便烟消云散了。故事的结尾，工程师不乏尊敬甚至崇敬地倾听别人讲的故事，奥本海默将讲故事的人描述成“一个令人恶心、步履蹒跚的梅毒患者，而那天早些时候，他与此人毫不相干”。

大约一个星期后，奥本海默写信给史密斯说，他又开始写另一部作品：“我会把我的小说寄给你，它目前已经完稿，但字迹难以辨认……它取材于一个发生在我表哥与舅舅、舅妈之间的故事，几乎没有经历修改之苦。”三月份，他对史密斯说起他到安角（马萨诸塞湾最北端的一个岩石基底的半岛，位于波士顿以北约三十英里［约 48.2 千米］）探险的时候“再一次获得了写小说的灵感”。他说这个故事“很短，超级糟糕，麻烦得几乎毫无道理”。两个月后，他寄给史密斯更多故事：“这些都是经典之作……请务必将《征服》* 留到最后阅读；您肯定不会喜
欢。”他向史密斯保证，弗格森喜欢其中的三篇，并拜托他不要说《征 65
服》是一堆“滥情的废话”，否则“我会寻死的”。

这些短篇小说没有一篇以任何形式保存至今。奥本海默以彻底的决心和彻底的效果，使后人没有机会评判他作为小说家和短篇小说作家的价值。这样做毫无疑问是因为他确信自己在这方面没有特殊天赋。从他在哈佛的第一学年里写的书信中我们可以看出，面对自己的作品在笔友那里受到的批评，他逐渐丧失了当作家的自信。史密斯给他的反馈相对来说是鼓励，也安抚了他的热情。毫无疑问，在奥本海默看来，这不过是委婉善意的批评罢了。在奥本海默保留的书信中，我们能看到的一些批评包括他的写作“有模仿凯瑟琳·曼斯菲尔德之嫌”以及“情感描写矫揉造作”。刚开始，奥本海默似乎并不畏惧这些批评。对第一条，他自我辩护说，模仿是“无意识的”；对第二条，他说：“我不应该这样自不量力，去写一部不以真实情感体验为基础的小说。”

不过，面对弗格森的批评，奥本海默对自己文学天赋的自信彻底崩

* *Conquest.*

塌了。奥本海默 1923 年的圣诞假期是在湾岸度过的，而弗格森作为一名罗德学者，刚刚完成了他在牛津第一学期的课程。在此期间，奥本海默给弗格森写过一封长信，我们可以从中看到他的文学自信是如何被毁灭的。从表面上看，这封信的主要目的只是对弗格森正在写的一部小说开头几章的回应。弗格森寄了一份给奥本海默。在给史密斯的信中，奥本海默已经对这些章节做了简洁有力的评论，将它们与弗格森当时名气不小的哥哥哈维的作品进行了比较。他说，他对小说开篇“哈维式的流畅及与哈维完全不同的洞察力，除了钦佩以外无话可说”。然而，他“被续篇中的注释弄得惊愕不安、歇斯底里”。

对弗格森本人，奥本海默的措辞远没有那么一针见血。他说，“那种自如和直率以及文学上的流畅让我感触良多”：

> 你的写作风格像你哥哥那样率真自然，又不失柔韧灵活，在你偶尔想做工整的表述或想适度抒情的时候，足以避免给人荒谬突兀之感。

他特别欣赏弗格森“塑造人物的技巧”，但是故事的中心人物却是
66 一个明显的例外。奥本海默认为这一角色的原型是弗格森本人。“我很难接受，”奥本海默对弗格森直言，“同一个人，既如此天真，又如此老成。”他进而拿自己和弗格森作为人和作为作家进行了对比，这些话鞭辟入里：

> 我看，我们俩永远不可能理解彼此天真的一面。而正是因为这一点，我不能完全同意你对我寄给你的那些垃圾作品的评价。我认为，你说的那些最尖刻的话语——顺便感谢你费心了——完全属实。连我自己都能明显看出，我塑造的女性形象怪异，我要么不会抒情，要么就过于含蓄。但我不能理解的是，譬如，难道你不认为《雨》*

* *Rain.*

> 这一篇写得很精巧，而《连祷》* 里的英雄违反常情吗？……你听着，我想表现的是，这位英雄首先就不怎么聪明，他不能发现自己的问题，也不能采取行动，他只会嘟嘟囔囔，因为他在遇到困难的其他时候早就勤勤恳恳地构建起了轻率、自负还沾沾自喜的先入之见。可能的确没错，任何一个理性的人都不会那样行事，而且在你看来，懂热力学知识、在文学上一知半解地消磨时间就意味着在各方面都有天赐的智慧了。事情不是这样。你总是习惯性地认为一个人要么聪明要么愚蠢——也许我有所误解——而不是有些方面聪明，而在其他方面完全是个傻瓜。

至此，奥本海默已无心评价弗格森的小说，他不得不解释清楚为什么他还要坚持“在文学上一知半解地消磨时间”，因为连他自己都认为，他写出来的都是些“垃圾”：

> 我时不时在自己身上看到那些糟糕的人物，而把他们赶走就成了我写作的唯一理由。不像你、契诃夫和你的哥哥，我完全没有那种作为故事讲述者在叙事中获得的单纯的喜悦。我写作是为了摆脱心里的一个漂亮又荒诞的体系，正如你明智地指出，那根本就不是写作。正是这样才有了那些无非自慰一般的人物。对不起，让你厌烦了。

这是奥本海默在十八个月里写给弗格森的最后一封信，也是他最后
一次在书信中向其他人提及他写小说的努力。和他过去一年半持续努力
向自己和朋友证明的不同，十九岁的他似乎已经下定决心，无论他是什 67
么人，或者可能成为什么人，他都绝不是，也永远不可能成为一名作
家。那场刻意演出的“戏”结束了。

---

* *Litany*，本义是祷告的一种形式，由连续反复的祈求和回应组成。这里也可能取其引申义，指冗长或重复的话语或写作，亦可译为“连篇累牍”。

伊西多·拉比认为奥本海默的“生活就是演戏”，这背后的事实在奥本海默在哈佛期间的书信里体现得特别明显，他似乎试图在个性、态度和说话方式上都以青少年特有的方式模仿别人的风格。物理学家杰里米·伯恩斯坦在奥本海默晚年十分了解他。伯恩斯坦（作为一个典型的例子）提到其中一封信时说：“整封信的腔调令人毛骨悚然。”我们不难明白他的意思：这些书信的“文学”风格极为刻意，造作的痕迹非常明显。那是一个年轻人迫切想把自己变成另一个人的腔调。这“另一个人”可能就是弗朗西斯·弗格森，或者是弗格森所代表的那种人，也是罗威尔的哈佛所赞赏的那类人。奥本海默的父亲学会了这类人的言谈举止，而奥本海默自己培养了这类人特有的一些文学、智识和文化兴趣，尽管如此，奥本海默——正如他在哈佛的经历向他揭示的那样——永远不会成为这类学生的一员，或者混入其中。

还有另一类人，奥本海默也不属于其中的一员，但又是弗格森时刻提醒他这一点。这类人和上一类人风格迥异但又不无关联。他们在西南部文学中地位显赫，这种文学构成了在1922年夏天接纳了奥本海默的“三巨头”的文化背景。在保罗·霍根、埃尔娜·弗格森和哈维·弗格森以及他们模仿并崇拜的作家的小说和散文中，我们可以发现一种思想体系，其核心是一种特定类型的人。你可以用肯定的句式定义这个人，说他勇敢，他诚实，他是一名骑手，他喜欢乡村胜过城市，他淡泊金钱，等等；然而，你同样可以用否定的句式定义他，说他不是纽约犹太商人。以他们的宽容、稳重和过度的“文明”，霍根和弗格森兄妹绝不会公开直白地反对犹太人，但是霍根和哈维·弗格森都深深敬仰的小说家薇拉·凯瑟却没有这样的顾忌，她会毫不客气地把他们共同的理想对立面的那种人描写得淋漓尽致。

在凯瑟1919年的短篇小说《丑闻》中，反面角色的姓名和经历肯定让奥本海默深感不安：他是一位富有的犹太服装制造商，名叫西格蒙德·斯坦因（姓名和职业与奥本海默的舅公西格蒙德如此接近，不由得让人怀疑凯瑟心里想的是否就是他），身无分文来到美国，在罗森塔尔
68 服装厂（工厂名又和奥本海默舅公的姓氏“罗斯菲尔德”相似）谋得一

份差事，并一路高升。在这一点上，“斯坦因”不太像西格蒙德·罗斯菲尔德，更像是朱利叶斯·奥本海默，这令人更加不安：

> 当他还只是车间里的一个形貌丑陋、营养不良的毛头小子时，他就已经是个野心勃勃的年轻人，十分在意自己的穿着、伙伴和娱乐活动。他经常出没于古老的阿斯特图书馆和大都会博物馆，学习绘画和瓷器方面的知识，上声乐课——尽管有着乌鸦般的嗓子。他坐在地下室的午餐间里吃烤苹果和甜甜圈，面前总要架一本书，吃相悠闲，装模作样，似乎这地方是他的私人会所。他与工友保持距离，总要在他们面前表现自己的优越感。

为了努力进入上流社会，斯坦因收藏美术作品、学习西班牙语、在身边笼络诗人和作家圈：“生意伙伴认为他是一位有品位、有文化的人，一位艺术赞助商和服装贸易信贷人。”为了粉饰自己在纽约社会的出众形象，斯坦因与一位叫康妮·艾尔希尔的著名歌唱家手挽手出入公共场合。至少纽约社会对此信以为真。而实际上，这个女人不过是斯坦因的雇员，一个叫露比的工厂女工。她被选中是因为她长得像康妮·艾尔希尔，再穿上和这位歌唱家习惯穿的一样的衣服，便能以假乱真。斯坦因和加利福尼亚的一名女继承人结婚后，这对新婚夫妇便搬到第五大道的一幢“原主人和他们完全不是同一类人”的豪宅里。这时斯坦因再也用不着露比了，便任她自生自灭，成为一个穷困潦倒的酒鬼。讽刺的是，真正的康妮·艾尔希尔被他请来在乔迁派对上演出，这使她在故事的最后发现自己的命运与露比如此相似：“她和我上了同一条船。我们都是环境的受害者，而在纽约的环境里到处都是斯坦因。”

通过对西格蒙德·斯坦因的描写，凯瑟提供了一个让人警醒的反犹主义案例。这种反犹主义即使没有影响到奥本海默的整个人生，至少也构成了他在哈佛的生活背景。这个例子特别令人不安，不仅因为斯坦因与罗斯菲尔德、奥本海默家族惊人的类似，还因为凯瑟和奥本海默的作家朋友有着紧密的联系。保罗·霍根格外仰慕凯瑟。他上学时凯瑟的

妹妹曾经教过他，他也在圣菲与凯瑟本人有过短暂接触，当时她正为她
69 的小说《大主教之死》[*]做调研，到圣菲了解当地著名的大主教拉米。霍根本人也正要开始写一部拉米的鸿篇传记和一篇关于凯瑟的散文，题为《难以企及的薇拉·凯瑟》[†]，他在文中将她盛赞为“真正的散文艺术家”。

朋友对薇拉·凯瑟的崇拜肯定也影响过奥本海默，至少在1923年她的小说《失落的淑女》[‡]刚一出版时，他就拜读了这本书。奥本海默从未表露他是否也和霍根那样推崇凯瑟的散文。似乎令他最为震撼的是，她描写的世界正是那个在1922年夏天接纳了他的世界。1923年11月，他写信给史密斯，“难道《失落的淑女》没能让你模糊又感怀地想起佩吉夫人吗？”

小说《失落的淑女》的核心是一首旧西部的挽歌，这体现在女主人公玛丽安·福里斯特身上。与这个女人身上的巨大魅力相关的社会似乎正在消逝，那就是富有开拓精神的大西南。哈维·弗格森和保罗·霍根都在自己的作品中盛赞过这个社会的美德。借用一位评论家的话说，福里斯特夫人“代表西部文明，那里富足安逸的环境孕育了赏心悦目的优雅生活，使生活的美达到了极致”。她的丈夫是一名铁路建设者，“象征着我们在薇拉·凯瑟的引导下希望在开拓者身上看到的所有美德：开拓视野的想象、成就事业的力量和刚正不阿的气节”。就像弗格森兄妹描绘的弗朗兹·哈宁那样，福里斯特先生尽管挣得盆满钵满，但他不是一个商人，而是一位“天主贵族”的代表，在凯瑟笔下与银行家和商人形成了鲜明对比。在《失落的淑女》中，玛丽安·福里斯特的故事主要通过青年男子尼尔·赫伯特的视角来叙述。作为一个十几岁的少年，他对玛丽安产生了深深的爱恋，然而几年间，丈夫的死、她所代表的价值和所归属的文化的崩溃都深刻改变了她，使这种爱恋面临严重威胁。在凯瑟的笔下，正是唯利是图的商业世界毁灭并取代了那种文化，那是她早先用西格蒙德·斯坦因这个人物表现的世界，而此时成了年轻律师艾

---

* *Death Comes for the Archbishop.*

† “Willa Cather’s Incalculable Distance”.

‡ *A Lost Lady.*

维·彼得斯代表的世界。在后来的故事中，尼尔·赫伯特回到家乡，发现福里斯特家族家道中落，而艾维·彼得斯却财运亨通，他这样说道：

> 旧西部是梦想家、豪迈的冒险家建立起来的，他们绝非为现实而生；他们是一个和睦的联盟，攻势强而守势弱；他们征服世界却无法掌握世界。现在他们开辟的广袤疆土就要被艾维·彼得斯这类人任意宰割。这些人不敢冒险，也从未冒险。他们喝空了海市蜃
> 楼，驱散了晨光的清新，开拓者广阔的空间、多彩的生活和不拘小 70
> 节的高贵情怀所孕育的伟大精神也被他们连根铲除。

玛丽安·福里斯特之于尼尔·赫伯特，好比凯瑟琳·查韦斯·佩吉之于奥本海默，是崇高理想的象征，他们代表的生活方式优于奥本海默所成长的文化，但又遭到后者的威胁。

奥本海默在哈佛的第一年里，佩吉夫人碰巧住在纽约，她接受了一个为期一年的职位，在芬奇初级学院*教西班牙语。1923 年 2 月，奥本海默回家住了几天，并邀请她和赫伯特·史密斯、简·迪迪舍姆一起到河滨大道与父母共进晚餐。那是个尴尬的夜晚。奥本海默感觉到，凯瑟琳代表的旧西部“高贵”的烂漫与自己父亲和道德文化社团圈子所代表的商业世界之间的巨大反差，这几乎令他难以忍受。后来，他写信给史密斯，让他放心，他“在那个沉闷的聚会上，至少是最耀眼的一个”。奥本海默接着说：“佩吉夫人最初很大胆，可家长式的陈词滥调和道德文化圈子的流言蜚语让她压力巨大，只好保持沉默。当有人问简有没有去过西部时，我觉得她那幸福的渴慕简直是灾难中绝望的呻吟。”

在那个夜晚，奥本海默在 1925 年夏天回到新墨西哥之前最后一次见到凯瑟琳。同时，只要史密斯、弗格森或者霍根一提到西南部，奥本海默的回信就充满了对查韦斯家族所处的社会和新墨西哥的美景的强烈

* 初级学院（junior college），在美国是一种短期的高等教育设施，通常在中学教育之后，学制两年，课程设置灵活，旨在提供实用技术教育或在学生入读大学之前增加额外的学术训练，完成学业后可直接就业或根据修读学分转入四年制大学。

渴望。1923 年 1 月，就在凯瑟琳到河滨大道用餐之前不久，他写信给史密斯：“呵，幸运的家伙，你又要到新墨西哥过暑假了吗？”当他从弗格森那里听说史密斯确有此打算，而且弗格森还计划带他和两个同伴前往霍皮人的乡村时，他宣称他快“嫉妒疯了”：

我见你从山上骑马向沙漠俯冲，雷暴和日落将天空装扮得格外绚烂；我见你在佩科斯尽览格拉斯山的月色，“而你可知道九月的我正需要朋友的慰藉’；我见你向凡夫俗子兜售上游湖泊、乌雷的上游圆坑、特柳赖德的瀑布、圣伊西德罗的“潘趣碗”——甚至安东尼托周围的草原——的奇观。你可还记得在丹佛的第一个晚上，我们胡乱收起行李的情景？

71 1923 年夏天，弗格森在他前往牛津前回到新墨西哥。奥本海默对此写道：

然而，哦，我亲爱的朋友，你让我非常嫉妒！三小时的睡眠：机智、迷人，洛斯皮诺斯的灵魂和支柱。除了献给佩科斯主人的美食慰藉以外的一切——非常顺利成功，顺便再做点陶情益智的事，拥有无限的活力——上帝啊——弗朗西斯，我要窒息了，你让我痛苦和绝望。

他最后写道：“我都快哭出来了，请一定要再写信给我。”

第二年夏天过后，史密斯再一次来到新墨西哥，奥本海默对他说想“知道你的冒险经历”：

……洛斯皮诺斯，大沙漠，还有佩吉夫人，所有那些东西都叽叽喳喳、牢骚不断，让我注意到天空是多么蔚蓝，阳光多么明媚，还有在它们的衬托下如同镀铬层和珊瑚叶组成的精美工饰品一般的景象。如果你能私下过来一两天，花个把小时陪我喝茶，我定会看

> 着你的照片开心得泣不成声，再和你说说格拉斯山和乌雷。

在同一封信中，奥本海默提到“印有查韦斯家族纹章的经典甜食”。这是指奥本海默寄到新墨西哥的精美蛋糕。为了祝贺凯瑟琳的父亲唐·阿马多·查韦斯七十大寿，他不惜重金，从曼哈顿一家烘焙店特别定制了这份礼物。和奥本海默一同去烘焙店订蛋糕的史密斯在很多年后回忆说，这一举动体现了奥本海默有多体贴，也表明能被查韦斯的圈子接受对他来说是一件多么开心的事。然而，无论他多么希望或向往自己出生在一个非犹太的西南部家庭，最好自己的祖先还是西班牙征服者或至少是开拓者的后裔，奥本海默事实上并没有在假期到来时回到佩科斯，而是回到了曼哈顿的上西区。他也没有回到一个在美国有着好几代历史的家庭，而是回到一个暴发户的家庭，他们的上一代人（在奥本海默眼里）只不过是德国“农民”。

在 1923 年的夏天，奥本海默在新泽西的一家实验室做暑期工作，他在七月对弗格森说，希望能借此机会找到和在新墨西哥经历过的“差不多满足的”冒险。于是他“在实验室和酒店里寻觅可能的人”——让他感兴趣的人，就像弗格森、霍根和佩吉使他产生兴趣那样。但是，他承认：

> 我只找到一个可怜人，他身无分文，花天酒地，但他有六英尺 72
> 七英寸高（约 2 米），留着精美的黑色小胡子，是一个经牛津来的波士顿人，不是太悲观，一有机会就巧妙地大肆吹嘘，他还读书写作，也有点像个科学家。他在另一家实验室上班，住在另一个城市，但有几次来这里过夜。可他现在丢了工作，正准备去南美。他不是犹太人。

这位受过良好教育的波士顿非犹太人一离开，奥本海默就再也没有理由继续留在实验室了。“这份工作和这里的人都是布尔乔亚，”他对弗格森说，“懒惰又麻木，很少有事做，完全没有需要动脑筋的事。这个机构里的人连十六分之一的幽默感都没有。因此我要回家了。”

八月中旬，奥本海默住在湾岸，他再次给弗格森去信，兴奋地写道：“过去三周，保罗［霍根］和我在一起。我当然很开心。”他在信中写道，他们俩“在这里度过了一段最文明、平淡的时光，写作、大量阅读，偶尔到城里买书、逛街、看剧，每晚穿礼服外出，可惜只是到湾岸或艾斯利普搜罗一番，看看还有没有冒险的余地”。霍根也记录道，他觉得奥本海默家在湾岸的宅邸舒适宽敞，令人印象深刻：“我第一次作为住客享受到那么超乎寻常的奢华、堂皇和舒适的住宿。”他记得他们有时驾驶“三甲基”出海，有时骑马兜风，有时到纽约看剧。

此时，霍根已经从新墨西哥军事学院毕业，夏天过后就要到纽约州偏远的罗切斯特的伊斯曼音乐学院上学。奥本海默一家打算利用夏天的最后时光到魁北克旅行，于是答应让保罗搭他们的顺风车到布法罗——离罗切斯特不远。正如奥本海默向弗格森讲述的那样，这次旅行充分暴露了霍根代表的旧西部与他的父母代表的暴发户之间的对立：

> 旅行快结束时，这些难题已经演变成了一个错综复杂的局面，充斥了我的日常生活。你瞧，我的父母到最后有点嫉妒保罗，也有点气恼他为什么可以轻松地对某些障碍视而不见，要知道奥本海默的家可把克服这些障碍当作他们皇冠正中的明珠。两种甘美的情结酿造出神之血*，又让整件事情大为增色：父母的情结是对身为犹太
> 73 人感到遗憾，而霍根的情结是，他本来还能高谈阔论，但是说到财富和贫困就笨拙地被吓走了。†

霍根本人并没有察觉到这种“错综复杂的局面”，只记得奥本海默

---

* oozing ich or。关于它的意思，本书作者回复说：不好意思，但是我也不知道！这些信即便是说英语的人也很难读懂。

† 译自 whinnied and shied clumsily。这些词原本用来指马的行为，whinny 是一种音调高但是音量不大的嘶鸣，动物行为学家目前认为这是为了寻求关注或者表达自己在社交中被隔绝而感到不安；shy 是指马受惊跳起或逃走。本书作者评论说：我恨这些信的风格！非常做作，故作高深。

的父母魅力不凡，热情友好。至于他自己对金钱的“情结”以及奥本海默夫妇的犹太人情结，他什么都不记得了。

那年夏天在湾岸度过的几个星期里，与奥本海默为伴的不仅有保罗·霍根，还有伯恩海姆和博伊德，两人都是应邀而来，但时间可能不同。博伊德对这栋别墅的典雅和奥本海默的驾船技术印象深刻，而伯恩海姆对奥本海默的航海技术表示怀疑，并认为这座度假别墅“不过是一所普通的房子”。

那个夏天与奥本海默相处过的个人都记得的是，无论他做什么事，似乎总是在读物理。保罗·霍根回忆说：

> ……我们扬帆出海——他是一名优秀的水手、优秀的舵手——在远离湾岸的大南湾浅海抛锚驻留，我爬到前甲板上用打字机写作，拼命模仿契诃夫和其他短篇小说家的作品，罗伯特则坐在驾驶舱里，舒展身体趴着看一本热力学书，以出色的鉴赏力看得发笑，这一直让我印象深刻。

霍根看见奥本海默出海时读的那本书可能不是“一本热力学书”，而是詹姆斯·金斯写的《电磁数学理论》*。在他生命将尽之时，奥本海默仍然保留着那本书，并在一次采访中提到那本书“浸透盐渍”：“很明显，我在夏天出海时学习了那本书。”他在 8 月 16 日从湾岸写给弗格森的信中委婉提到过此书对他的重要性。得知弗格森在以哈佛和佩科斯为背景写小说时，奥本海默回信道：“但是，大师，我真的特别——是的，特别渴望看到你的东西，我甚至愿意把我这本金斯的电磁学新书烧了，只为看一眼佩科斯的故事。”

《电磁数学理论》于 1908 年首次出版，作者在前言中声明，本书旨在用“更基础的”方式重述詹姆斯·克拉克·麦克斯韦 1873 年的经

---

* *The Mathematical Theory of Electricity and Magnetism.*

典著作《电磁通论》[*]："本书特别适合学生和数学造诣有限的物理学者阅
74 读。"实际上，金斯有将高深的思想化繁为简的天赋。后来，他凭借这种天赋写成了影响深远、获利丰厚的畅销书《我们周围的宇宙》（1929）和《神秘的宇宙》（1930），以及 1942 年出版的《物理与哲学》[†]。因此，金斯无疑是个理想作者，他引领了奥本海默遨游 20 世纪理论物理的神秘世界。因为在 1923 年夏天以前，奥本海默没有受过任何正规的物理学的训练，而在数学上的训练也比一个有志成为物理学家的人在那个教育阶段应接受的要少。

这并不影响奥本海默在他的第一学年（作为一名化学专业学生）利用闲暇时间、在没有任何正规指导的情况下，去尽力掌握现代物理的一些最高深的理论。那一年，他在科学上的兴趣从化学转移到了物理学，因为正如他后来所言，他逐渐意识到"在化学中，我感兴趣的东西与物理学非常接近"。他表示，毕竟，"如果你阅读物理化学、遇到热力学和统计学概念时，肯定会想一探究竟"。在同一次采访中，他又说："我阅读广泛，就这一点怎么强调都不过分，而实际上，这更多的只是一个探索的过程。"

> 你看，事情就是这么奇怪。除了一门非常基础的中学课程以外，我从未学习过物理基础课程，而时至今日，当我思考烟圈或弹性振动时，我都非常慌张。我没有任何基础——只懂一点皮毛。同样，即使在当时看来，我的数学知识也非常粗浅。这也充分体现了我着手去做后来的一些事的方式。

他承认，他在物理学上所受教育的最大的特点是"快速、肤浅、迫切地熟悉了物理学的一些部分，但是也留下了巨大的缺漏，严重缺乏实践和规范"。

---

* *A Treatise on Electricity and Magnetism*.

† 原文分别为 *The Universe Around Us*、*The Mysterious Universe* 和 *Physics and Philosophy*.

很典型的是，这些缺漏没能阻止奥本海默直接跳跃性地学习最前沿，并由此开启自己的物理学家生涯。1923 年 5 月，在哈佛的第一学年快结束时，他给埃德温・C. 肯布尔写了一封信。尽管肯布尔还只是物理系的一名初级教师，但他已作为哈佛唯一一位理论物理学家而出名，也是唯一能赶上在当时发展迅速、石破天惊的量子理论这一新领域的人。在他的信中，奥本海默请求选修他的热力学课程，即下一学年秋季学期开设的《物理学 6a》课程。这一看就是一个异乎寻常的请求，因为《物理学 6a》是一门研究生课程，一般只供完成了本科阶段学习且高级物理学课程成绩突出的学生选修。选修《物理学 6a》的条件是顺利完成本科 75
最后一年的《物理学 C》。奥本海默希望肯布尔免除这一条件。

除了没有完成《物理学 C》，在他已经接受的教育中，奥本海默也没有学过任何物理学本科课程，连旁听都没有过。奥本海默认识到，在这种情况下，他必须证明他的情况相当特殊，可以被看作研究生水平的物理学学生，于是他向肯布尔提交了一份书单（他坚称这只是一份“不完整的书单”），列明了他在哈佛的最初几个月里读过的“热力学和相关学科的几部著作”。这份书单上的很多书远远超出了物理学专业的本科生应该读过的书目，更别说化学专业的学生了。从书单中还可以看出奥本海默不同凡响的语言学广度，其中两本是法语书，另有两本是德语书。

书单中的一些书新得令人惊叹，其中有两本——吉尔伯特・牛顿・路易斯和梅尔・兰德尔合著的《热力学》[*]（后来多次再版，被广泛用作教材——通常是研究生阶段）和詹姆斯・克劳瑟的《分子物理学》[†]——于那年刚刚出版[‡]。书单上另有一部著作是威廉・C.McC. 刘易斯

* *Thermodynamics.*

† *Molecular Physics.*

‡ 克劳瑟的《分子物理学》的第一版出版于 1914 年，但考虑到奥本海默书单的性质，他在这里指的可能是 1923 年出版的第三版。——原注（12）

所著的三卷本《物理化学体系》[*]，其中的第三卷于1920年首次出版[†]，专门介绍量子物理。

书单中列出的书不仅更新及时，而且反映出奥本海默对科学史和科学哲学的浓厚兴趣远超人们对于一名理科专业本科生的期望。例如，书单中包括乔赛亚·威拉德·吉布斯奠定热力学基础的经典之作《论多相物质的平衡》[‡]，这篇论文的几部分先后于1874年至1878年间发表在《康涅狄格艺术与科学院学报》[§]上。奥本海默还列出了对这一理科的哲学有突出贡献的一系列科学家的著作，包括亨利·庞加莱和威廉·奥斯特瓦尔德。尽管知名度无法同庞加莱和奥斯特瓦尔德相提并论，上文提到的威廉·刘易斯同样是一位对哲学有着浓厚兴趣的人。1914年，他成为利物浦大学物理化学系主任，就职演讲是一段关于“物理化学和科学思
76 想”[¶]的哲学讨论，演讲中表达的很多想法与奥本海默对这一学科的观点不谋而合。刘易斯呼吁在场的听众不要对科学和哲学做过于严格的区分，他说，“任何一个思想在某一方向上受到引导的人都必然是一个哲学家，而科学其实只是哲学的特殊形式”。

哈佛大学物理系在6月6日的会议上讨论了奥本海默写给肯布尔的信。他们提到，“根据他本人陈述，就他这个年龄的学生而言，奥本海默先生在物理学方面的阅读相当广泛”，并表决同意他在没有学习过《物理学C》的情况下选修《物理学6a》课程。奇怪的是，全系似乎没有一个人用任何方式确认过奥本海默是否真的读过这些书，或者调查一下，如果他确实读过这些书，那么他是否从中学到了什么。奥本海默这样回忆：“几年后，有人对我说，全系教师开会讨论我的请求时，乔治·华盛顿·皮尔斯（物理系的一员）……说，‘很明显，如果他说他

---

* *A System of Physical Chemistry*.

† 我们不能确定奥本海默使用的是该书的第二版还是第三版。但无论如何，肯定不是1916年出版的第一版，因为第一版只有两卷。关于第二、三版的详细情况，可参见参考书目。——原注（13）

‡ “On the Equilibrium of Heterogeneous Substances”.

§ *Transactions of the Connecticut Academy of Arts and Sciences*.

¶ “Physical Chemistry and Scientific Thought”.

读过这些书，那他就是个骗子，不过就凭他知道这些书名，他也应该获得博士学位’。”

奥本海默自称他读过书单里所有的书，如果他没有夸大其词，起码这件事就令人惊讶。也确实有迹象表明，他并非对这些书都很熟悉。例如，他提供的书目信息并不完整，有些还不准确。对任何一本书，他都没有提供作者的名字或缩写、出版社名称、出版日期和地点这样的标准引文信息。《论多相物质的平衡》被写成了《论多相系统的平衡》[*]；他列出的一本书的书名中的德语 Spektrallinien 被写成了 Spectral-linien[†]；之前提到的威廉·刘易斯的三卷本著作被列在一堆非常零碎的信息中，以至于要经过大量侦探一般的工作，才能确定他指的是哪本书[‡]。如果因为知道这些书名就可以获得博士学位，那么奥本海默似乎勉强通过了口试。

尽管如此，1923 年秋，当奥本海默回到哈佛，继续第二学年的学习时，他表现得就像个渴望尽快开始研究生课程的学生，尽管他缺乏任 77
何正规物理学训练。随着本科学业的推进，他对物理学的热情变得更加强烈，遮蔽甚至最终扑灭了他之前对短篇小说的专注。毫无疑问，弗朗西斯·弗格森离开哈佛去牛津学习英语文学这件事帮助他实现了这一转变。在弗格森离开的那天，他给弗格森搭乘的“阿尔巴尼亚号”蒸汽船发了一封电报，给他送去了“最后一阵响亮的悲鸣”，告诉他“经常听闻你的成就将令我心满意足”。在接下来的几个月里，他继续给弗格森写信，同时也写给在罗切斯特的霍根和在纽约的史密斯，但写信的频率不如从前，文学方面的话题越来越少，而对物理学的讨论却越来越

---

* 即，把“On the Equilibrium of Heterogeneous Substances”写成了“On the Equilibria of Heterogeneous Systems”。

† 阿诺德·索末菲的《原子结构和光谱线》（*Atombau und Spektrallinien*）最早出版于 1919 年，1923 年的英文版名为 *Atomic Structure and Spectral Lines*。用一位科学史学家的话说，该书被普遍认为是“全世界物理学家在这一领域的教科书中的圣经”。——原注（14）

‡ 《物理化学体系》作为威廉·拉姆齐爵士编辑的“物理化学教材系列”中的一部出版。奥本海默既没有注明该系列的名称，也没有写明刘易斯三卷书的统称；他只注明了单卷书名，将作者写成“拉姆齐；刘易斯”。——原注（15）

多——以前他在信中大谈自己写完或准备写的短篇小说，而现在他谈论的是方程和理论思想。

奥本海默在第二年里学习的一些课程对他产生了真实又持久的激励。和第一年一样，他学习各种不同类型的课程，包括一个学年的法国文学、一门关于知识论的哲学、两门数学和三门化学课程，但是真正在智识上激发他活力的是那些研究生物理课程，特别是埃德温·肯布尔讲授的“热与基础热力学”和杰出的实验物理学家珀西·布里奇曼的“高等热力学”。令人惊奇的是，缺乏物理学基础训练并没有妨碍他掌握这些课程中的艰深内容。和学习那些课程的很多比他大三四岁的研究生相比，奥本海默不仅不落下风，而且很快成了班里的尖子生。

人们习惯说，那个时期哈佛的物理学如何落后，因为哥本哈根和德国的大学取得了重要的理论进步，而英格兰的剑桥大学开展了决定性的实验工作。的确，无论是肯布尔还是布里奇曼，都无法与剑桥的卢瑟福、哥本哈根的玻尔和哥廷根的玻恩这样卓越的物理学家相提并论。然而他俩也绝非等闲之辈。肯布尔代表美国理论物理发展的最前沿，能把他请到哈佛来工作，布里奇曼理应感到非常荣幸，因为他在哈佛为美国一个发展最为迅速的理论物理学研究中心奠定了基础。布里奇曼本人是个实验物理学家而非理论物理学家，对量子理论在欧洲的发展知之甚
78 少，也难以理解，但他却是他那代人中的美国顶尖物理学家。1946 年，他因为在高压物理学领域的成果获得诺贝尔物理学奖，证明了他在美国物理学界的突出地位。

尽管布里奇曼历尽千辛万苦才把肯布尔吸引到哈佛，但几乎没有迹象表明他们后来成了特别亲密的朋友。在很多方面他们都相互对立。理论物理学家肯布尔是个虔诚的基督徒，而实验物理学家布里奇曼是个坚定的无神论者。两人都对奥本海默印象非常深刻，尽管两人与他的关系都不是特别密切。布里奇曼后来提到奥本海默的唯一逸事，只是想说明奥本海默卖弄学问时多么讨厌。他说，有一次他请奥本海默到家里吃饭，见他对一幅画上位于西西里塞杰斯塔的一座希腊神庙看得出神，便说这座神庙大约建于公元前 400 年。“很抱歉，我不同意您的说法，”奥

本海默回应说，“根据柱子上的柱顶判断，这座神庙建造的年代比您说的大致早五十年。”

此时的奥本海默只有十九岁。一如既往，他在智识上要比同龄人成熟得多，而在社交和人格方面却比同龄人幼稚得多。这就意味着，有些人在社交和人格层面远超过他，他却可以在智识方面和他们相处。这些人里有一个叫杰弗里斯·怀曼的，奥本海默可能在大一时就见过他，到了第二年，他们同修研究生物理课程时成了朋友。怀曼比奥本海默大几岁，在转学生物之前主修哲学。奥本海默在哈佛的第一年里，怀曼的本科学业只剩最后一年，正打算来年入读哈佛研究生院学习物理学和化学课程，然后前往英格兰，到剑桥大学做研究生阶段的生物化学研究。

作为哈佛智识和社会精英的一员，怀曼具备应有的稳重和自信。他出身于一个古老而显赫的波士顿家族，家族里很多人都成就斐然。爷爷也叫杰弗里斯·怀曼，是他那一代人中最负盛名的博物学家，曾经是19世纪中期哈佛大学的解剖学教授，也是皮博迪考古学与民族学博物馆的首任策展人、美国国家科学院的创始人之一。在哈佛读本科时和其一生的大部分时间里，怀曼最好的朋友是约翰·埃兹尔。奥本海默在自由社见过埃兹尔，此人有着类似的显赫背景。

弗朗西斯·弗格森鼓励怀曼与奥本海默结交（怀曼后来回忆说，“弗朗西斯一直在说鲍勃·奥本海默”）。在登船前最后一刻弗格森收到的电报中，奥本海默用心地加上“杰弗里斯也向你问好”，可能是为了让弗 79 格森知道他和怀曼确实已经成了朋友。实际上，怀曼对奥本海默的态度有点谨慎。他后来说，他最初的印象是，奥本海默“有点做作，可能还有点高傲，但十分有趣，想法很多”。和博伊德一样，他也注意到奥本海默“是个十足的乐盲。实际上他对我说过，听音乐对他来说极其痛苦。”他还记得，奥本海默“觉得自己很难适应社会，我认为很多时候他很不开心。我想，他内心孤独，不能很好地适应人际环境”。“我们是好朋友，”怀曼接着说，“他也有其他朋友，但是他缺少某种东西，也许是和人们建立一种比我和他之间更私人的情感联系，因为我们的关系主要（应该说完全）建立在智识的基础上。我们两个年轻人会随时随地爱上思想本身，喜欢能启发我们思想的人，但是也许这样的关系中并不存在人类友谊中的温暖。”

奥本海默最接近“人类友谊中的温暖”的时刻是与伯恩海姆和博伊德相处的时候。在第二和第三学年里，奥本海默和伯恩海姆住在奥本山彼此相连的大房间里，这个地段在哈佛享有“黄金海岸”的美称，因为那里只有最富有的学生才住得起。奥本海默给这些房间添置了油画、蚀刻版画和一把只泡俄罗斯茶的茶壶。“在某种程度上，他不是个容易相处的人，”伯恩海姆后来评论道，“因为他好像总是在非常深入地思考一些事情。我们住在一起时，到了晚上，他就把自己锁在屋里，做一些关于普朗克常数或者类似的事*。我曾经产生过幻觉，他突然变成了一名伟大的物理学家，而我却还在努力从哈佛毕业。”博伊德是奥本山的那栋房子的常客，他记得奥本海默似乎从不学习，或者不管怎么说，“他非常小心地不让你看见他在学习”。

实际上，奥本海默除了学习以外很少做别的事情。他决心用三年时间拿到学位，而不是通常的四年（伯恩海姆和博伊德确实花了四年），这就意味着他必须同时修读六门课程，而不是通常的四门。但是他还旁听许多课程，除此以外，又把大量时间花在了图书馆里（他后来说，他
80 “洗劫”了图书馆，就像哥特人洗劫罗马那样），阅读了各个学科不计其数的书。他似乎已下定决心：即使做不到无所不知，至少也要给人无所不知的印象。

“我现在学习很刻苦，”奥本海默在 1923 年 11 月写信给史密斯说，“实在太刻苦了，我甚至担心你会形容我是个书呆子。”在后来的一封信中，他向史密斯讲述了他每天所做的那些事：

> 大致说来，您愤慨地问我在做什么……我拼命苦读，写无数论

---

* 普朗克常数是一个固定数值（$6.62607015 \times 10^{-34} J \cdot S$），用字母 h 表示，是光的能量与频率之比的常数。这一常数是量子物理学的核心。从量子物理学的奠基时期开始，它就被普朗克和后来的物理学家用来描述能量的“量子”这一概念。刘易斯的《物理化学体系》第三卷对它做了详细阐述。——原注（16）

> 文、笔记、诗歌、小说，还有垃圾。我去数学图书馆看书，又到哲学图书馆，我一边读罗素大人的书，一边肖想一位最美丽可爱的淑女，她在写一篇关于斯宾诺莎的论文——真是迷人的讽刺，你不这样认为吗？我在三个不同的实验室制造臭气，听阿拉德议论拉辛。我备茶，拿学来的东西对着几个迷失的灵魂夸夸其谈，周末外出去将低级能量转换成欢笑和疲惫，读希腊文，不做失礼的事*，翻箱倒柜地找信件并且希望我是个死人。就是这样。

正是这封信，让杰里米·伯恩斯坦评价“整封信的腔调让人毛骨悚然”。然而，这是奥本海默写得最坦诚直率的信件之一。语气肯定有点夸张，但是他所描绘的在哈佛的生活图景——密集多样的智识活动，其间也向可望而不可即的女生投去无奈的目光、不断与抑郁甚至自杀的念头作斗争——却是千真万确的。

杰弗里斯·怀曼回忆自己和奥本海默在哈佛的朋友圈时说：“我们都过于热爱哲学和科学问题、艺术及总体上的智识生活，而没有精力去想女孩们。”但奥本海默写给史密斯的信表明，此言并不完全属实。除了肖想前文所述研究斯宾诺莎的“可爱的淑女”，他还在 1924 年 1 月的一封信中提到过一位“醉人的尤物”，她在灯塔山为参加文学沙龙的人提供食物，而“她的魅力是我频繁上山的主要原因”。但是，多数时候，奥本海默在哈佛的伙伴仅局限于男性。他的朋友中没有一个记得他带女孩出去约会过。

然而，他们的生活并非只有努力学习。奥本海默、伯恩海姆和博伊德经常到洛克－欧博餐厅吃晚餐，那是波士顿的一家以典雅昂贵著称的法式餐厅。饭后，他们沿着查尔斯河步行六英里（约 9.66 千米）回到剑桥市。博伊德记得，有一年冬天，他与奥本海默和伯恩海姆在河边散步，有人打赌谁敢下河游泳，结果大家都脱掉衣服跳进了冰冷的水里。81
伯恩海姆记得，有时他们会坐火车离开剑桥市，随便找个地方下车，然

* 原文为法语：Commit faux pas。

后走夜路返回。周末他们还到安角旅行。奥本海默和伯恩海姆，有时还有博伊德，他们在弗利湾发现了一家小旅馆，经常在那里过夜，那里的美食简直棒极了。在给史密斯的一封信中，奥本海默声称他和伯恩海姆正在考虑购买，也可能是租用“安角的一个破旧小屋”，“它俯瞰海水，周围是巨大的黄色花岗岩悬崖，隔着奇迹般湛蓝的海水可以望见缅因州的海岸”。但是这样的计划从未付诸行动，而伯恩海姆后来说，据他所知，这样的黄色花岗岩悬崖只不过是奥本海默想象出来的“神话图景”。

当然，除了漫步河滨和周末旅行，奥本海默将大部分时间都用在了紧张的学习上。正如他对史密斯说：“即使到了老年痴呆的晚期，我也不会说，学术意义上的教育在我的大学生活中只是次要的。我一个星期要努力啃下大概五到十本大部头的科学著作。”1924 年新年，史密斯得知自己已被任命为道德文化学校中学部的新任校长。奥本海默在祝贺他的同时，也恳请他不要太过操劳，并情不自禁地反思道：“对我来说，我怀疑对你也一样，重要的从来不是只有大众才会提出的意见，而是伟人的思想和行为。”

这一学年结束时，奥本海默发现，除了第二学期关于概率的数学课程得了 B 以外，他学习的每一门课程都得了 A。特别值得注意的是，肯布尔教的热力学研究生课程众所周知的难，他也得了 A。一名主修化学的大二学生，从来没有学过任何本科物理课程，居然在这门课上得了 A，这是前所未闻的。和家人在欧洲度过一部分夏天，奥本海默于 1924 年 10 月回到哈佛开始最后一年的学习。开学后不久，他写信给史密斯说，他还没有想好下一年的计划。有可能他将跟随埃兹尔和怀曼到英格兰的剑桥大学，因为，他告诉史密斯，基督学院给他留了一个名额。另一种可能是留在哈佛（“我不能下定决心离开这个清教徒的巢穴，尽管我在这里生活空虚”），和布里奇曼开展研究。

在最后一年里，奥本海默学习的课程之多超过了以往任何一年，涉及的学科则和以前一样极为庞杂。他以难以抑制的激动语气对史密斯说：“我正和怀特海学习一门课程，就是剑桥大学‘罗素和怀特海’的那个怀特海，课程关于科学中的形而上学预设。”怀特海曾经是伯特

兰·罗素在剑桥大学的数学导师，因 1910—1913 年和罗素合著了具有 82
里程碑意义的三卷本《数学原理》而闻名于世。这部著作力图阐释数字计算的公理可以由逻辑公理推导而来。怀特海自第一次世界大战以来开始专心研究哲学而不是数学。1924 年，他接受哈佛大学提供的职位，加入哈佛哲学系。那时候他已经六十三岁，后来在美国度过余生（他于 1947 年去世，那时他已从教学岗位上退休十年）。怀特海的课程由研讨班构成，而不是讲大课，吸引不到几个学生。开课第一年只有奥本海默和另一位勇气可嘉的学生选课。许多年后，奥本海默在给伯特兰·罗素九十岁生日的贺信中写道：

> 近四十年前，我们在哈佛大学跟随怀特海学习《数学原理》。他几乎到了忘我的地步，所以他是完美的老师，既是导师，又是学生。我记得，面对一连串定律，他常常面带微笑地稍作停顿，然后对我们说："那一段是伯蒂[*]一直喜欢的。"在我的一生中，无论何时出现某个独具智慧的崇高模范、某种人性的光辉或某种罕见的勇气和高贵，我都会想起这句话。

除了怀特海的课，奥本海默在化学、物理和数学科目中各选了两门课程，另加一门名为"1688 年至今的英格兰史"的历史课程。他还旁听了许多课程，包括著名数学家乔治·伯克霍夫主持的关于施图姆－刘维尔方程（一种微分方程）的研究生研讨班。奥本海默后来回忆，伯克霍夫选择这个主题是"因为他正在研究这个问题，想找人聊聊"。他记得，伯克霍夫"是个不同凡响的人。他会这样开始上课：'今天早上我走过院子的时候，突然想起……'"奥本海默说，在他的记忆中，伯克霍夫的课是哈佛唯一能让他开心的数学课。

伯克霍夫不仅是哈佛大学最杰出的数学家之一，也是最具争议、最古怪的教授之一，他的兴趣远远超出数学本身。1933 年，在他花了一

* "伯特兰"的昵称，指伯特兰·罗素（Bertrand Russell）。

年时间周游世界，研究不同文化的美术、音乐和诗歌之后，他出版了一本叫《美学标准》*的书，提出了一个美学数学理论，其核心是一个衡量美学价值的公式。他还热衷于重用美国本土数学家，在这方面惹恼了爱因斯坦，闹得众人皆知。20 世纪 30 年代，伯克霍夫强烈建议，在职
83 位安排方面优先考虑美国数学家，而不是来自欧洲的犹太难民，之后据说，支持犹太难民事业的爱因斯坦谴责他为“世界上最严重的学术反犹分子之一”。20 世纪 20 年代，伯克霍夫为奥本海默写了一封推荐信，里面的一句话既可以视为他歧视犹太人的证据，又表明他希望克服这一偏见：“他是犹太人，但我应该认为他是非常好的那种人。”

尽管让奥本海默产生激情的是理论物理，但有意思的是，他从来没有想过要跟随肯布尔从事研究生阶段的研究，反而想投入坚持用实验方法研究问题的布里奇曼门下。回顾哈佛岁月，奥本海默认为，对他的智识发展最重要的正是他与布里奇曼的关系。“我认为布里奇曼是一位了不起的老师，”他回忆道，“因为他不会满足于事物的存在形式，而总是去一探究竟。”他说，“布里奇曼是让人想要做他门生的人”。

奥本海默为什么决定不做布里奇曼的“门生”，又为什么转而选择去剑桥大学从事研究工作，答案不完全清楚。他肯定在 1925 年新年之前就做出了这一决定，因为他当时写信给史密斯说，剑桥大学基督学院写信给他，请他寄去相关费用和学校“‘校长’——也就是您——出具的证明”。四月，他写信给弗朗西斯·弗格森，说他将于八月底或九月初到达英国，这样在开学之前他就有时间见到弗格森。他建议两人一起去威尔士，可以在那里“一起反复思考我们的罪”，而弗格森还可以将他在英国社会获得的经验教给奥本海默，特别是“如何与导师和公爵相处”。

与此同时，奥本海默完成了哈佛的学位课程。尽管他向史密斯描述的学业“疯狂、糟糕 也得了 A”，但在最后一年中，他第一次，也是在本科期间唯一一次得了两个 B：一门是怀特海的课，另一门是动力

---

* *Aesthetic Measure.*

学。然而，1925 年 6 月（尽管文字记载的是“到 1926 年”），奥本海默被授予化学专业最优等成绩*（相当于英国的一等荣誉学位）。博伊德和伯恩海姆也在那年夏天获得学位，他们三人在伯恩海姆的房间里用实验室的酒精庆贺（因为那时还在禁酒期间）。伯恩海姆记得，他和博伊德“烂醉如泥”，而奥本海默“喝了一杯就去睡觉了”。

* 原文 AB summa cum laude。

84 第五章

剑桥

“你要告诉我如何与导师和公爵相处，我会发抖的。”奥本海默这样请求弗格森帮他做好去剑桥留学的准备。其中不排除打趣的成分，但也表明他确实深深地忧虑着。想到要尽力取得弗格森看起来轻而易举取得的成就，这样的努力还有可能失败，他真的会发抖。而弗格森的成就在于，他已经进入了英格兰文学和知识界的最高层。赫伯特·史密斯对奥本海默的心思了如指掌。在奥本海默快要抵达英格兰时，他在一封信中试图提醒弗格森注意这一点。在信中他建议弗格森：“你应该极为巧妙地运用你向他展示这一切的能力，不要滔滔不绝。我担心的不是他会打你一拳——我记得你被那个叫乔治什么的人同样惊呆了的时候就想这么做——他只会认为他的人生不值得再过下去了。”

上一章引用的信中已经提到，奥本海默原本的计划是，在 1925 年八月底或九月初乘船到英格兰，这样在开学前还有几周时间，他希望和弗格森一起去威尔士，“从美国远航而来，然后从中恢复”。随后，在七月的一封信中他的计划有所改变。奥本海默写明了预计抵达英格兰的确切日期——9 月 16 日。他告诉弗格森，他打算在这个日期之后很快就在剑桥见到他，然后在剑桥待上几周（“看看实验室设备之类的东西”）

后，他计划和弗格森一块儿去康沃尔徒步，而不是到威尔士出海。

同时，奥本海默八月份的大部分时间都是在新墨西哥度过的。自从1922年夏天的旅行之后，他还没有去过那里，但那里一直是他最怀念的地方，也是他最能感到被人欣赏和接纳的地方。这次，他和父母以及十三岁的弗兰克一同前往。“父母在这里确实非常开心，”奥本海默从洛 85
斯皮诺斯写信给史密斯说，“并且开始试着骑马。说也奇怪，他们居然喜欢这里轻慢的礼节，一切安好。”实际上，朱利叶斯和艾拉大部分时间都在圣菲市郊，只到佩吉的牧场和儿子待过几天。奥本海默大部分时间都与凯瑟琳·佩吉和保罗·霍根度过。当时，霍根完成了在罗切斯特的学业后回到新墨西哥休假，他对一次骑马的经历记忆犹新。翻越桑格雷－德克里斯托山的山岭时，他和奥本海默遭遇了雷暴，“滂沱大雨倾盆而下”。为了避雨，他们只能坐在马的身体下面吃午餐。“我看着罗伯特，”霍根回忆说，“突然发现他的头发直立起来……原来是因为静电。真是神奇。”

带着新墨西哥的朋友们的友谊，奥本海默度过了一段休养生息的时光。回到纽约后，他发现自己的申请遭到了拒绝，第一次尝到了学业失败的滋味。他回到家，等待他的是一封来自剑桥的信，通知他说作为研究生到欧内斯特·卢瑟福爵士门下学习的申请被拒绝了（尽管基督学院为他保留的名额仍然有效）。这是个巨大的打击。奥本海默之所以选择剑桥而不是留在哈佛、继续在布里奇曼门下工作，是因为他希望和卢瑟福共事，以便像他后来说的那样，“接近”物理学世界的中心。

实际上，多年来卢瑟福确实处于物理学的中心。他出生在新西兰，1895年来到剑桥做研究生，之后除了1898至1907年间的九年在蒙特利尔的麦吉尔大学研究放射性，他一直待在剑桥。他因为这些研究获得了诺贝尔化学奖。1907年，他就任曼彻斯特大学物理学教授，直到1919年，已经成为欧内斯特·卢瑟福爵士（1914年受封）的他回到剑桥，担任卡文迪许实验室主任。自这座实验室于1874年创建、詹姆斯·克拉克·麦克斯韦担任第一任实验室主任以来，这里就被公认为世界上首屈一指的实验物理学中心。1925年，卢瑟福获得功绩勋位*，人们普遍认为这是英国荣誉制度可以授予的最高嘉奖。就这样，他集齐了可能获得的全部荣誉和头衔。

奥本海默因为卢瑟福在1911年建立了原子的行星模型而了解此人，今天的大多数人知道卢瑟福仍然是因为这个模型。它将原子描述成一个带正电的原子核和绕核旋转、带负电的电子。这种描述原子的方法是革
86 命性的。能想出这个模型需要想象、直觉以及对实验证据的尊重。1897年，卢瑟福之前一任的卡文迪许实验室主任J.J.汤姆孙发现，后来被称为电子的粒子作为原子的组成部分而存在，首次证明原子并非之前想象的不可分割的坚硬球体，从而为卢瑟福的模型铺平了道路。汤姆孙证明，这些极小的“亚原子”粒子带负电。由于原子本身是电中性的，这就意味着原子的其余部分必然带正电。根据汤姆孙的描述，原子由带正电的物体和镶嵌其上的电子构成。这个“葡萄干布丁”模型认为，正电荷均匀分布在整个原子中。卢瑟福在曼彻斯特进行了一系列巧妙的实验，发现正电荷的分布并非如此，而是集中在极小的“核”中。若想感受到原子核小到什么程度，可以把原子看作一块高尔夫球场，原子核就只有一个球洞那么大。根据卢瑟福的模型，电子围绕原子核就像行星围绕太阳那样运动。与其说原子像葡萄干布丁，不如说更像太阳系。

1913年，一个人对卢瑟福的理论做出了重大改进。此人正是后来奥本海默在这个世界上最钦佩的人：丹麦物理学家尼尔斯·玻尔。1911年，玻尔来到剑桥跟随J.J.汤姆孙工作，但他失望地发现，当时年逾五十的汤姆孙已经过了一个科学家的巅峰期，对玻尔和他的工作毫无兴趣。有一次，卢瑟福到剑桥报告一篇论文，玻尔和他面谈后决定和卢瑟福而不是汤姆孙一起工作，就从剑桥转到了曼彻斯特大学。来到曼彻斯

---

* 功绩勋位（Order of Merit）：英国和英联邦国家授予在军事行动、科学、艺术、文学和文化传播等领域做出杰出贡献人士的荣誉爵位，自1902年由英王爱德华七世开创以来，被视为来自君主个人的赠予，除有限的荣誉成员以外，仅授予在世的不超过24人。目前的获勋人士包括数学物理学家、诺贝尔奖获得者罗杰·彭罗斯，剧作家汤姆·斯托帕德，生物学家、自然历史学家、纪录片解说员大卫·爱登堡等23人。

特后，在卢瑟福的精心指导下，玻尔专心解决卢瑟福原子模型中存在的理论问题。根据当时所能理解的物理学定律，这些问题的核心是这样一个事实：从根本上来说，卢瑟福所描述的原子是不稳定的。牛顿的运动定律告诉我们，做圆周运动的物体具有加速度，而麦克斯韦的电磁理论告诉我们，一个带电的粒子（譬如电子）在加速时会以电磁辐射的形式失去能量（换句话说，就是会发光）。很快，电子的能量就会耗尽，电子不能继续沿轨道运动，最终会落入原子核。既然这样的情况事实上并没有发生，那么肯定有什么地方出错了，要么是卢瑟福的模型，要么就是经典物理学——或者，正如后来的结果表明的，两者都有问题。

在 1913 年发表的三篇系列论文中，玻尔概述了一个大胆的解决方法，就是抛弃经典物理定律，用现在称为“旧量子理论”的定律取而代之。然而，学生时代的奥本海默听说它时，还是简单的“量子理论”。后来的人们知道，在“卢瑟福－玻尔模型”中，原子中的电子被带负 87
电的电子和带正电的原子核之间的电磁引力束缚在它们的轨道上。玻尔坚称，为了理解电子在“定态轨道”上的行为，需要诉诸普朗克和爱因斯坦在试图理解“光子”的行为时发展出的量子理论，而不是经典物理学定律。经典理论认为，只要电子的轨道保持不变，它们在围绕原子核运动时就不会失去能量。只有当它们从一条轨道（也就是玻尔现在说的“定态”）移动到另一条轨道时，它们才会吸收或释放能量，而电子的这种移动并不是连续的运动，而是跳跃的或者说是以“量子”的形式进行的。就这个问题进行数学运算的核心就是著名的普朗克常数 h，奥本海默在哈佛时也曾经花了大量时间思考这个常数。而且，根据玻尔的理论，电子只有几种被“允许跳跃”的状态，也就是量子理论的数学运算得出的那些状态。

化学元素的性质由它们的原子所包含的电子数决定。电子数在元素周期表上按顺序增加，最轻的氢元素只有一个电子，最重的铀有九十二个。增加的电子在原子核周围的“定态”中有自己的位置。如果一个电子从一个态跳跃到另一个态，它就会发光（也只有这样它才会发光）。否则，它就待在自己的态中，不会损失任何能量。玻尔无法解释为什么电子只被允许处于特定的态，但是电子受到这种束缚的假说却意义重大，不可能置之不理。这一假说能够异常简洁地描述化学物质的分子结构，在物理上解释整个元素周期表。

奥本海默声称在哈佛的第一学年里读过的《物理化学体系》第三卷《量子理论》中，威廉·刘易斯详细阐述了卢瑟福－玻尔原子模型和以它为基础的“旧量子理论”。奥本海默声称读过的另一部著作是阿诺德·索末菲的《原子结构和光谱线》，整本书专门阐释这一模型。索末菲关于这一模型的描述不仅被认为是对玻尔理论最权威的阐释，而且对这一理论做出了重大改进，因此这一模型后来被称为“玻尔－索末菲模型”。

既然奥本海默读过或者至少自我标榜读过刘易斯和索末菲的著作，而且他在哈佛修读的所有物理书中看到过，在与布里奇曼和肯布尔的交谈中又都听到过人们说起卢瑟福这个名字，那么奥本海默将卡文迪许实验室视为物理学新发展的“中心”，或者至少接近中心，也就不足为奇
88 了。然而，仍然令人有点疑惑的是，奥本海默竟然想要从事实验物理学研究，而不是理论物理学。毕竟，在他 1925 年春从哈佛写给弗格森的信中，谈到他与布里奇曼所做的工作时，他写道：“短暂的涉猎让我坚信，我的风格，无论是什么，都肯定不是实验科学。”鉴于这一认识，以及他从在哈佛的第一年起就为理论物理所着迷的事实，为什么他还要申请和一位世所公认的实验科学家去实验室工作呢？奥本海默后来试图解释时说，他不知道哪个人可以凭借做理论物理学家谋生。这一说法让人难以置信。毕竟，即使不曾意识到他读到的许多甚至可能大多数物理学家——玻尔、爱因斯坦、索末菲等等——都是理论物理学家，他也肯定知道，教过他的埃德温·肯布尔正是一位理论物理学家。他似乎先想去剑桥，因为他在哈佛的很多朋友都去了那里。做出这一决定后，卢瑟福和卡文迪许实验室的名气，剑桥在实验物理方面的卓越地位及对理论物理的相对忽视，都引导他去努力克服他在实验工作中的笨拙。

结果，这成了一个大错特错的判断。原因之一就在于，当布里奇曼为奥本海默向卢瑟福写推荐信时，他的处境相当为难。尽管说奥本海默

有着“完美地吸收庞大体量知识的能力”、“高度的独创性”以及“强大的数学能力”，这些都完全属实，布里奇曼觉得也有义务指出“他的弱点在实验方面”：

> 他的思维是分析型而不是实际接触型的，他对实验操作很难做到驾轻就熟……［在实验室工作中，奥本海默］对一般的实际操作都不熟练，这显然极大地妨碍了他。

布里奇曼还觉得有必要补充说：“从他的姓氏可以看出，奥本海默是犹太人，但他完全没有这一种族身上常见的先天制约。这个年轻人身材高挑、形貌端庄，举止谦逊可人。我认为，在考虑他的申请时，你不必出于这类原因而有丝毫犹豫。”

在 20 世纪 20 年代反犹主义困扰美国学术生活的背景下，特别是罗威尔试图在哈佛对犹太学生实行配额限制而引发争论的情况下，布里奇曼的这番话完全可以理解，而且明显是出于好意。然而，对卢瑟福而言，这些话完全没有必要，甚至可能有所冒犯，因为这些话预设的背景带有对身材不高挑、“形貌”不“端庄”和不谦逊的犹太人不利的偏见。

如果认为英国学术生活中没有反犹主义，那肯定是不对的，但是据 89
人们所知，卢瑟福本人完全不受这种思想的束缚。他在新西兰的农场长大，绝不是典型的剑桥教授，他坚定决然地支持平等主义的观点，没有任何势利态度或种族主义。20 世纪 30 年代，他成为学者援助理事会*首任主席，建立这一机构旨在帮助被迫逃离纳粹德国的犹太学者。奥本海默的姓氏暴露了自己的犹太出身，这完全不是卢瑟福关心的问题。

然而，奥本海默作为物理学家在“实验方面”的弱点肯定让卢瑟福相信，奥本海默不是卡文迪许实验室研究生的理想人选。因此，在奥本海默从新墨西哥回到纽约时收到的那封信中，卢瑟福写道，由于已经有了众多“出色的申请者”，他不能接受奥本海默做他的研究生，至少暂

* Council for Assisting Refugee Academics.

时不能。既然基督学院仍然为他保留了录取名额，那么奥本海默就不得不至少在一段时间内暂时忍受做一名本科生的屈辱。后来在这一学年里，奥本海默得知他可以作为研究生被录取，只要剑桥校方在此时相信，他具备从事原创研究的天赋，无论是在实验还是应用方面。

基督学院负责录取研究生的教务长是著名探险家雷蒙德·普里斯特利，他先是参加过沙克尔顿的南极探险，后来又参加了斯科特的探险。他将斯科特的远征写成了畅销书《南极探险》[*]。第一次世界大战期间，普里斯特利在协约国军队夺取里克瓦尔桥的著名战斗中立下战功，被授予十字军功勋章。此后他又在大受欢迎的书《突破兴登堡防线》[†]中写到这件事。战后，他被选聘为基督学院的院士，一心扑在学术管理上。被卢瑟福拒绝后，奥本海默写信给普里斯特利说，他愿意接受录取，但他“希望自己能尽快被转录为研究生”。“如果不能马上获准录取，”奥本海默接着写道，“我非常愿意等一个学期。”

1925 年 9 月 16 日，奥本海默刚到剑桥，在出发和弗格森一起徒步度假之前，他再次致信普里斯特利，正式提出希望校方考虑录取他为研究生，学习物理学、分析化学和物理化学，为“尽快在合适的时候”研究物理问题做准备。他对普里斯特利说，他对电子传导理论特别感兴
90 趣，尤其是“能揭示电子运动所遵循的力学规律”的那些方面。他说，“如果有机会开展更多的实验工作，并且可以在相关的理论问题上获得至关重要的建议”，他将“非常高兴”。为了让他的研究生申请更有说服力，奥本海默还将他在哈佛所学的全部相关课程列成清单，并附上学位证书、成绩单和推荐信。“如果您还需要任何明确信息，”他在信的结尾写道，“我将非常乐意提供。我今年二十一岁。”

奥本海默就这样将自己包装成了即将被录取的博士生，而不是像他正式身份那样的本科生，之后便和弗格森一道前往康沃尔徒步度假。出于史密斯预料到的原因，和弗格森出游没能让奥本海默轻松和缓地融入

* *Antarctic Adventure.*

† *Breaking the Hindenburg Line.*

英格兰的社会生活，反而似乎让他倍感胆怯和敬畏，并让他深信，他永远不会被“导师和公爵”们接受。在英格兰的两年时间里，弗格森与一个艺术家、作家和知识分子的群体建立了密切的关系，这些人正是奥本海默在阿道司·赫胥黎的《克罗姆黄》中读到的人物。他们常到奥特林·莫瑞尔位于牛津嘉辛顿庄园的家中聚会。这个群体里有布鲁斯伯里派[*]成员（弗吉尼亚·伍尔芙和约翰·梅纳德·凯恩斯也在其中），但又不限于此。正如奥本海默在一封写给史密斯的信中所言，弗格森“认识牛津的每一个人，他去奥特林·莫瑞尔夫人家喝茶，那位文明社会的最高女祭司、艾略特和伯蒂[†]的赞助人，他还是一个文学家大会的会员，他们每年夏天在蓬蒂尼聚会，讨论‘神秘主义和文学’这些小事情”。

奥本海默在这里提到的蓬蒂尼会议是一系列年度学术研讨会，1910到1939年间，每年都在勃艮第蓬蒂尼的原西多会修道院举行。这些会议由拥有这座修道院的哲学家、文学批评家保罗·德雅尔丹主办。一位为经常参会的米尔斯基亲王写传记的作家写道：“应邀参加蓬蒂尼会议被看作成为欧洲知识贵族的一员的标志。”尽管蓬蒂尼的头面人物是安德烈·纪德和夏尔·杜博斯这样的法国知识分子，但蓬蒂尼研讨会也和布鲁斯伯里派 / 莫瑞尔文化圈有着紧密的联系。譬如，罗杰·弗莱和里顿·斯特拉奇（二者都是布鲁斯伯里派成员，也经常受邀前往嘉辛顿）都是蓬蒂尼会议的常客。

弗格森穿梭在如此高端的文学和知识圈之间已经足够令人生畏了，但是，更令人气馁的是弗格森向奥本海默讲述的留欧美国学生的境况，弗格森后来将它称为“颇为俄国式的描述”[‡]——这一描述似乎使奥本海默确信，他将在任何方面永远无缘触及剑桥生活最美好的一面。徒步旅 91

* 布鲁斯伯里派：20世纪上半叶英国的一个文化群体，其成员在伦敦的布鲁斯伯里街区学习、工作或生活，其中很多人与剑桥大学或伦敦国王学院（现在的伦敦大学国王学院）有密切的联系。这里提到的伍尔芙（夫妇）、凯恩斯和下文提到的斯特拉奇（夫妇）都是布鲁斯伯里派的活跃成员，思想前卫，对文学和美学产生了重要影响。

† T.S. 艾略特和伯特兰·罗素。——原注（17）

‡ 这里或指俄国小说家，譬如托尔斯泰等人的描写风格。此处，弗格森强调美国留学生在欧洲遭遇的英国人的势利态度。

行后，奥本海默写信给弗格森说："我不认为剑桥会像牛津那么糟糕。但剑桥同样卓然不可攀，而在巨大的庸俗草率的阶层中，你不会发现任何东西。"然而，他并没有完全放弃。"到下学期，"他告诉弗格森，"我想我就可以带你认识一些人了。"

奥本海默是否真的在剑桥发现过在他看来足够优秀、可以介绍给弗格森的人，仍然值得怀疑。就像在哈佛那样，他的社交圈很小。首先，这个社交圈实际上就是由他在哈佛相处过的同一批人组成的，这些人里有很多现在在剑桥了。杰弗里斯·怀曼和约翰·埃兹尔早他一年到剑桥，尽管大约一个月后，怀曼为了和生理学家阿奇博尔德·维维安·希尔一起工作，决定转学到伦敦大学学院。希尔以血红蛋白研究闻名于世（后来怀曼自己也在这方面成名）。埃兹尔决定留在剑桥。他住在圣约翰学院，在剑桥生物化学实验室工作，接受著名的生物化学家F. 高兰·霍普金斯的指导。尽管是在伦敦，但怀曼和埃兹尔依然常来常往，在社交和智识方面，两人都在英格兰发展得很好。

奥本海默或许希望弗雷德·伯恩海姆成为自己最亲密的伙伴，他和奥本海默同时来到剑桥，与埃兹尔和怀曼一样学习生物化学。然而，伯恩海姆常常感到他和奥本海默的友谊弥漫着盛气凌人、令人窒息的氛围，他决定从这种氛围中解放出来。在国王学院安顿下来后，伯恩海姆把生化实验室当成了学术生活乃至个人生活的中心。正是在这里，他遇到了自己未来的妻子玛丽·L.C. 黑尔，后来她也成了小有名气的生物化学家。在1925年11月15日写给弗格森的信中，奥本海默提到"与弗雷德的可怕纠纷以及两周前在'月亮'的糟糕夜晚"。"月亮"可能是剑桥的一家酒馆，而"纠纷"无疑和以下事实有关：伯恩海姆似乎很乐意接受他和奥本海默在哈佛建立的友谊没能在搬来剑桥后延续下去。"从那以后我再也没有见过他，"奥本海默告诉弗格森，"一想起他，我就脸红。"

伯恩海姆与他再无干系，埃兹尔和怀曼的友谊让他难以插足，而弗格森立足的环境没有向他敞开大门（弗格森没有表现出想要引荐他加入的意愿），因此，奥本海默形单影只地度过了到剑桥的最初几个月。他没有结交任何新朋友。比起伯恩海姆所在的国王学院和埃兹尔所在的圣约翰学院，基督学院规模更小，资金也没那么雄厚，但同样古老，由 92
亨利八世的祖母玛格丽特·博福特夫人于1505年建立。基督学院以科学和诗歌方面的卓越学术传统闻名于世，是英格兰最著名的科学家查尔斯·达尔文和或许是最伟大的诗人约翰·弥尔顿的母校。在与奥本海默同辈并就读于此的学生中，最著名的则有物理学家和小说家C.P.斯诺，他于1959年发表演讲“两种文化”[*]，悲叹科学家和文学知识分子之间的鸿沟，尽人皆知。基督学院显然是一所同时培养科学才能和文学天赋的学院。况且，这所学院对美国学生的友好非同一般。奥本海默入学时，基督学院的院长是动物学家阿瑟·希普利爵士，他将自己的学术工作与写作通俗书刊和文学书籍结合起来。他还代表英国大学使团在美国待过一段时间，使团的目的之一就是促进英国大学里美国学生在研究生阶段的学业。也许有人会想，这样一所学院自然会是奥本海默的家园。然而，他在基督学院的日子却仓促短暂，而且是他生命中最艰难、情绪最失控的几个月。

奥本海默在基督学院似乎没能交到新朋友，原因之一在于他不住在学院里，而是寄居在城里某个被他称为“阴沉的洞穴”的地方。每天的餐食都在学校解决，但即便如此，他似乎还是没能主动或被动地和任何同学成为朋友。他也根本没能和共事的任何物理学家交朋友。这无疑部分归因于他的学生身份。由于他还不是研究生，至少在最开始的时候，他便不会和当时那些同卢瑟福一起工作的绝顶聪明的年轻人有太多交往。在别人眼里，他更应该去听本科生的课，或者在卡文迪许实验室花点时间学习基本的实验技能，而不是进行原创性研究。孤独而屈辱地过了仅一个月之后，奥本海默写信给弗格森，用一反常态的直白语言诉说他的处境：“我过得相当糟糕。实验工作枯燥乏味，我实在不擅长，这让我感觉完全学不到任何东西……讲座课一无是处。其他的，不说你也知道。”

---

* “The Two Cultures”.

关于奥本海默在剑桥第一学期的痛苦经历，最详细的记录保留在弗格森写的一份奇怪的文稿里，落款日期是“1926年2月”，标题是“罗伯特·奥本海默欧洲历险记”。在按时间顺序记录（以及在后来的采访中回忆）奥本海默这一时期的情绪波动时，弗格森毅然采取精神分析的
93 方法，强调奥本海默与父母的关系和他的性挫折。他认为这两者加在一起便是问题的诱因。弗格森记录道，奥本海默“对自己的性生活感到茫然无绪”。他记得再次见到奥本海默时，他的第一印象是“他似乎更自信、强壮，也更挺拔了”，他认为这是因为奥本海默“在新墨西哥几乎爱上一个迷人的非犹太人”。然而，奥本海默到剑桥后才几个月，弗格森就说他患上了“头等抑郁”——这种抑郁“在他对母亲的抗争中进一步恶化，并愈加明显”。

1925年秋，奥本海默的父母担心儿子的精神状态，坚持要到剑桥陪伴他。弗格森的日记里对他们抵达英格兰时的情形有一段不同寻常的描述，这可能基于奥本海默的讲述。奥本海默搭上一列前往南安普敦的火车，按计划去接父母下船。而弗格森记载：

> 他坐在三等车厢里，同车厢的一对男女在做爱。尽管他试图读些热力学，但无法专注。那个男人离开后，他［奥本海默］吻了那个女人。她看上去不怎么惊讶。但他立刻懊悔不已，双脚绷直，然后跪倒在地，声泪俱下地请求她原谅。

随后，奥本海默逃离了这节车厢。在南安普敦出站时，他站在楼梯上看到那个女人在自己下方，企图将自己的行李箱扔到她的头上。“幸运的是，”弗格森写道，“他没有砸中。”*

出了南安普敦火车站，奥本海默前往港口。然而，在看到父亲或母亲之前，他首先发现了他在道德文化学校的老同学伊内兹·波拉克。伊

* 我们无法判断这个故事有多少真实的成分。有谁相信奥本海默会故意扔下行李箱、想要砸中那个女人呢？他真的吻过她吗？而且，也许最不可能的是：有谁真的能想象奥本海默坐在三等车厢出行吗？——原注（18）

内兹显然是受奥本海默母亲之邀一同前来的，他母亲的目的就像弗格森说的那样，是要“将他们俩撮合成一对”来治愈奥本海默的抑郁。据弗格森所言，这样的安排带来了诸多难题，其中之一是，艾拉・奥本海默认为伊内兹“完全配不上”自己的儿子。

于是，奥本海默和父母以及不幸的伊内兹・波拉克回到剑桥。他尽其所能“追求”了伊内兹。弗格森写道，奥本海默“巧妙地、极其夸张地假装爱上了她”，而她也“报以同样的回应”。这让他们凑到了一张 94
床上，尽管事情没有按计划发展：“他们躺在那儿，冷得发抖，什么也不敢做。伊内兹开始哭泣。然后罗伯特也开始哭泣。”就在这时，他们听见艾拉・奥本海默敲着门喊：“让我进去，伊内兹，为什么不让我进去？我知道罗伯特在里面。”事后不久，伊内兹离开英国前往意大利，奥本海默给她的告别礼物是一本陀思妥耶夫斯基的《群魔》。

这时他父母还在剑桥，而奥本海默的精神正处于最糟糕的状态中。弗格森强调奥本海默的性挫折是他出现情绪问题的原因，这一点完全可以理解，但还有其他的重要原因，尤为重要的是，他平生第一次觉得剑桥无法满足他在学术上的要求。“这里的学术标准能够一夜之间肃清整个哈佛。”他对弗格森说。剑桥的所有科学家“都不是一般地擅长吹玻璃和解微分方程”。

为了让他掌握一些作为实验物理学家应该具备的技能，学校在卡文迪许实验室为奥本海默安排了一名指导教师。此人就是帕特里克・布莱克特，他后来荣获诺贝尔物理学奖，被册封为布莱克特男爵，还被授予功绩勋位。20 世纪 20 年代中期，布莱克特是一位风度翩翩、魅力十足的美男子，文学批评家 I.A. 理查兹称他为“青年俄狄浦斯，高大、修长、体型匀称，衣着比任何人都更美观”。到剑桥之前，他在海军服役，在第一次世界大战期间参加了日德兰海战，从一名海军候补军官晋升为海军上尉。战后，他被海军部派到（剑桥大学）莫德林学院学习数学和物理。他出色的才智很快得到认可。奥本海默到卡文迪许实验室的时候，卢瑟福和同事都认为布莱克特（当时已经是国王学院的研究员）是他们的团队中最宝贵的成员之一。1924 年 3 月，布莱克特和纽纳姆学院的一名漂亮聪慧的语言专业学生康斯坦萨·巴永结婚，不知为什么，别人都叫她“帕特”。

1924年夏，布莱克特做出了他在物理学方面最重要的贡献，他成功拍摄到了正在进行的原子核嬗变过程。这样，他探查到了氮核被 α 粒
95 子轰击时发生的变化*，也圆满完成了卢瑟福让他承担的研究项目。卢瑟福知道这个粒子会释放出一个质子（原子核的组成部分，一个带正电的亚原子粒子），但不知道在发生碰撞后 α 粒子是会偏离氮核还是会被它吸收。卢瑟福认为前者的可能性更大，但布莱克特的照片证明是后者。卢瑟福原来想象的“分裂过程”实际上是个“合并”的过程，氮核吸收了 α 粒子（不包括释放的质子），由此嬗变成氧的同位素†。之后，布莱克特拍摄的惊人照片被多次重现，展示了这种从一种元素到另一种元素的嬗变，“现代炼金术”就这样出现了。

1924年，伟大的德国实验物理学家詹姆斯·弗兰克到剑桥递交论文，布莱克特认识了他并商定，在接下来的1924—1925学年到弗兰克所在的哥廷根大学工作。哥廷根大学在当时被誉为物理学中正在出现的激动人心的进展的研究中心。1925年，弗兰克与古斯塔夫·赫兹合作完成了一系列实验并且共同获得诺贝尔奖，为玻尔－卢瑟福原子模型提供了实验依据。在哥廷根，弗兰克与杰出的理论物理学家马克斯·玻恩紧密合作，共同建立了一所国际知名的物理研究中心，比肩甚至超越了剑桥，一些优秀的学生和研究人员从世界各地慕名而来。布莱克特在哥廷根卓有收获，为量子物理的最新发展激动不已，满怀着激动的心情回到了剑桥。他和妻子被誉为“剑桥最俊俏、最快乐和最幸福的夫妻”，而

---

* 正如卢瑟福首先确定的那样，α 粒子是氦原子核。它由两个质子和两个中子组成（我们现在知道这些，尽管在1932年发现中子前的人们并不知道）。关于 α 粒子 / 氦核，卢瑟福和20世纪20年代的物理学家知道，它们的（相对）原子质量为4，而且它们和所有原子核一样带正电。然而，在那个时代的科学家看来，α 粒子主要和卢瑟福命名的“α 辐射”有关，α 辐射在镭这样的放射性元素衰变时产生。放射性衰变简单地说就是释放 α 粒子。由于这种粒子含有两个质子，镭（原子序数88）衰变后变成氡（原子序数86），然后依次变成钋（84）和铅（82）。——原注（19）

† 氮的原子序数是7，因此，吸收1个质子后，它就变成8号元素，即氧。——原注（20）

他们位于贝特曼大街的家则成了“左翼和波希米亚学者最钟爱的去处”。

对奥本海默来说，布莱克特和弗朗西斯·弗格森一样，是优秀得难以企及的榜样，并让他时刻意识到自己的失败和不足。作为物理学家，布莱克特格外娴熟的正是奥本海默难以掌握的研究领域，也就是涉及实验能力的那些领域。20 世纪 30 年代出版的一部论文集收录了布莱克特写的一篇文章，他对实验技巧重要性的看法由此可见一斑。出版这部论 96
文集的目的是为那些有望进入剑桥的申请者提供有关大学各学科研究的信息，每个学科都由一位从事这一专业的剑桥学者介绍（理查德·布雷斯韦特介绍哲学，C.P. 斯诺介绍化学，C.H. 沃丁顿介绍生物学，等等）。布莱克特写了一篇关于“实验物理的技艺”的文章，这后来成为他被引用次数最多的作品之一。这篇文章也反映出，在奥本海默还是布莱克特的学生时，他需要满足哪些要求。

布莱克特写道，实验物理学家“是多面手，是无所不能的业余工匠”：

> 他必须吹玻璃，车金属，尽管他不靠吹玻璃来糊口，也从不被人当作熟练的机械师。他必须做木工、摄影、接电路，并成为操作各种装置的大师，他会发现工程师训练具有不可估量的价值，也总会通过发挥数学家的天赋获益良多。他要将每个工作日四分之三的时间用于这些事。

“这些能力集中在一个人身上，他又具有适当的秉性发挥这些才能，这种情况极为罕见，”布莱克特接着说，“在理论方面，许多天资聪慧的学生想用笨拙的手指学习成为一名实验家，都会失败。”

卢瑟福的拒绝本已沉重打击了奥本海默的自信，而当他努力想要达到布莱克特对一名成功的实验物理学家的严格要求却惨遭失败时，他的自尊再一次受到重创。他明明不具备布莱克特所强调的实际操作能力，为了获得这些能力所做的尝试一再失败又给他带来了深深的痛苦。这一点，再加上其他情感问题，在奥本海默初到剑桥的几个月里将他推向了精神、情感和生理崩溃的边缘。

在哈佛，奥本海默的行为方式或许会让人觉得古怪、做作或者偏激，而在剑桥，他的行为不仅仅是怪——这是精神严重不稳定的表现。他后来回忆，有时候他会在黑板前独自站上几个小时，手里拿一支粉笔，等待灵感出现。还有的时候，他自己的声音会打破这片寂静，一遍遍重复"问题是、问题是……问题是……"卢瑟福本人有一次看到奥本海默晕倒在实验室的地板上，对此非常担忧。在晚年的一次采访中，杰弗里斯·怀曼回忆道，奥本海默对他说，他在剑桥觉得"如此痛苦、如此凄惨，以至于经常躺在地上来回打滚"。

97 然而，最离奇的是奥本海默在剑桥的第一个学期快要结束时发生了一件事。也许是企图谋害自己的导师，或者至少要让他大病一场，奥本海默在布莱克特的桌子上放了一个含有有毒化学品的苹果。这一行为似乎有着某种象征意义：奥本海默作为妒火中烧的王后给白雪公主留了一个有毒的苹果，后者是"最美丽的女人"，她的美丽和善良令每一个人为之倾倒。这一事件当时被隐瞒了下来，他的朋友无一知晓，直到后来奥本海默本人提起这件事，通常是讲了一个或多或少有所误导的版本。然而，对于熟知他的人来说，奥本海默对布莱克特的情感显而易见：炽热的崇拜混杂着强烈的嫉妒。譬如，约翰·埃兹尔不仅注意到了这种嫉妒，而且令人信服地推测出了它的根源。他认为，这是因为奥本海默觉得：

> 布莱克特才华横溢，相貌英俊，是一个具有非凡社交魅力的男人，而他作为科学家的卓越成就更是锦上添花——我认为，奥本海默有一种自惭形秽的感觉，与布莱克特相比，他可能认为自己在身体上毫无吸引力，等等。

还有个疑问（多半都是奥本海默自己造成的）是，他是否真的在布莱克特的桌子上放过苹果，或者如果他自称做了这件事，那么这是否应该被视为含有某种隐喻。在 1979 年马丁·舍温所做的采访中，弗朗西斯·弗格森说，奥本海默曾对他说“他确实在某个地方使用过氰化物之类的东西”，说明投毒的企图是真实存在的。弗格森接着说：“幸好导师发现了。当然，剑桥还是找了他大麻烦。”

实际上，剑桥校方似乎表现得异常冷静。他们没有提出刑事指控，也没有开除奥本海默，或者让他停学。这么做似乎是因为奥本海默的父母仍在剑桥。他的父亲通过协商与校方达成协议，奥本海默可以留在学校继续学习，仅作留校察看处理，条件是他必须同意经常去哈利街接受精神医生的治疗。

弗格森描述了他在伦敦遇见过一次接受了精神治疗后的奥本海默。“我看见他站在拐角处，”他回忆说，“他等着我，戴在头上的帽子歪向一边，看上去十分古怪。”他接着说：“那时他看上去就像个疯子……他差不多就那样站着，看上去好像要跑起来，或者做出什么过激的事。”他问奥本海默治疗的情况如何，奥本海默“说那家伙太蠢，完全不懂他，还说他比医生更了解自己的问题”。

在剑桥糟糕透顶的第一学期一结束，奥本海默就被父母带到法国度 98
假疗养。他后来仍然记得，在一个寒冷的雨天，他走在布列塔尼的海边，“真想一死了之”，就像史密斯预见的那样。1925年圣诞节之后几天，奥本海默按计划与弗格森在巴黎见面。在那里，他向弗格森说起了毒苹果事件，承认他怀疑剑桥还会不会允许自己继续学习。“我做出了惊愕的反应，”弗格森后来告诉舍温，然后接着，有点奇怪的是，“但是当时，在他说这些的时候，我觉得他差不多已经渡过了难关，只不过他和父亲之间出了点问题。”

弗格森说，在巴黎，奥本海默“开始变得非常古怪”。到目前为止，弗格森在自己的叙述中已经讲述过奥本海默：1. 在火车车厢里强行接触一个女人；2. 向这个女人扔下行李箱，试图伤害她；3. 因为和一位中学时的朋友可能发生性关系而哭泣；4. 试图送上毒苹果谋害自己的大学导师。考虑到以上这些，“开始”这个词似乎用错了地方。但是，正如弗格森所言，奥本海默在巴黎的行为确实非常古怪。被儿子锁在酒店房间里之后，艾拉坚决要他见一位在巴黎的精神医生。诊断的结果是性挫折，医生对此开出的处方是找一位妓女性交。

这之后不久，弗格森到奥本海默在巴黎的酒店看望他，发现他“处于一种恍惚的情绪中”。他拿出女朋友弗朗西斯·基利写的一些诗给奥本海默看，还说她现在是他的未婚妻。弗格森接着描述道：

> 我弯腰向前去捡一本书，他从后面跳上来，用捆行李箱的带子勒住我的脖子。有那么一会儿，我被吓坏了。我们肯定闹出了动静。然后，我设法挣脱出来，而他倒在地上哭泣。

看来，谋杀一个完美典范未遂之后，奥本海默又想杀另一个。

回到剑桥后，奥本海默写信给弗格森：

> 你应该收到的不是我写的信，而是我亲自到牛津向你朝拜，身着刚毛衬衣，大行斋戒，经霜冒雪，多加祷告。但是我要保留我的懊悔和感激，以及我因为对你招待不周而感到的羞愧，直到有一天我能为你做点不这么无用的事。我不能理解你的宽容和慈悲，但你要知道，我不会忘记这一切。

99 奥本海默所说的最接近于解释他古怪行为的话是，他在这封写给弗格森的信中说到“由卓越构成的可怕现实”，并强调它有多重要：“你知道，现实正是这样，再加上我还是不能把两根铜丝焊在一起，这快要把我逼疯了。”

此时奥本海默已经是一名研究生，但没能如他早先期待的那样接受卢瑟福的指导，而是在卢瑟福的前任——上了年纪、半退休的 J.J. 汤姆孙手下工作。卢瑟福 1919 年就任卡文迪许实验室主任时，坚决要求掌握绝对的控制权，并且得到了汤姆孙的书面表态，保证不会以任何方式干涉卢瑟福对实验室的管理。为了回报这一承诺，卢瑟福为汤姆孙在实验室留出地方从事自己的研究，也可以指导研究生。汤姆孙的研究生大多是卢瑟福不想指导的那些人，比如奥本海默。

汤姆孙年近七旬，多年来，他已经有点落后于理论物理界日新月异的脚步。面对 20 世纪早期物理学的重大发展，他要么视而不见，要么顽固抵触。他既不接受爱因斯坦的相对论，又不相信卢瑟福的原子行星模型，而量子理论完全没他什么事。他在这等高龄仍然对三一学院忠心耿耿，并对园艺之趣兴致盎然。认识他的人都深情地记得他为人亲切和蔼，但是，要引导一位情绪失控、才华出众的年轻人（碰巧正经受着性挫折的苦痛、社交上的孤立和在实验室操作中笨得要命的困扰）探索纷繁奥妙的现代物理，他却不是那个合适的人。

奥本海默在汤姆孙指导下从事研究的细节已无从考证。在 1925 年 11 月写给弗格森的信中，奥本海默说，汤姆孙“认为我的实验相当不错，但在其他方面却没有什么帮助”，可他没说那是些什么实验。后来，他说研究的是“电子束和金属薄膜发生了什么”，这样的内容完全符合卡文迪许实验室在那一时期所进行的大量研究，也符合那年九月奥本海默向普里斯特利描述的他有意研究的课题：电子传导理论，尤其是其中“能揭示电子运动所遵循的力学规律”的那些方面。要制作他的研究所需要的“金属薄膜”，奥本海默必须经历他后来回忆时所说的“将铍蒸发到火棉胶上，然后去除胶棉，如此这般的痛苦”。除了奥本海默，詹姆斯·查德威克也使用制作出来的这些铍膜，他是卢瑟福在实验室的副手，因 1932 年发现中子而享誉世界。

“实验室的那些事只不过是装模作样罢了，”奥本海默后来说，“但 100
它让我走进了实验室，在那里，我听到他人的交谈，从中大量了解了别人的兴趣。”换句话说，他后来认为，在剑桥研究实验物理的这段经历，唯一的价值就是激发了他对当时理论物理进展情况的兴趣。结果表明，那种激励足以帮助他最终克服在 1925 年秋天遭受的严重心理问题。约翰·埃兹尔回忆，1926 年元旦期间，尽管奥本海默正经历着某种危机（“他内心极度混乱”），却能“坚持完成大量工作，思考、阅读、讨论问题”。

让奥本海默迸发活力的是，他发现理论物理正经历着一场革命，诺贝尔奖得主史蒂文·温伯格后来称之为“自 17 世纪现代物理学诞生以来，物理学理论最剧烈的变革”。对这场“剧烈的变革”做出重大贡献的人大多是些比奥本海默大不了几岁的年轻物理学家。人们都说，这是男孩物理学的时代。

这些“男孩”完全明白，他们生活在一个激动人心的时代里。到剑桥后不久，奥本海默就为这种激动所感染。1925 年 11 月，他在写给弗格森的信中说，剑桥“当然有不少优秀的物理学家”，特别强调“我是指那些年轻的”。他对弗格森说，他“被带去各种会”，包括“好几个乏味的科学俱乐部”。无论乏味与否，正是在这些科学俱乐部里，奥本海默接触到了理论物理正在开展的划时代的工作，也正是在那些场合中，他遇见和结识了一些引领新时代的“男孩”。

在这些俱乐部中，最有名的是卡皮查俱乐部。为了让人们在非正式的氛围中谈论和争辩物理学上的想法，俄国物理学家彼得·卡皮查 1921 年抵达卡文迪许实验室时建立了这个俱乐部。卡皮查的父亲是一位追随沙皇的将军，但卡皮查却热情地支持布尔什维克革命，是实验室里背景最有趣的人之一，深受卢瑟福的器重。他和布莱克特不相上下，都被认为是卢瑟福最得力的助手。他以自己的名字命名建立的卡皮查俱乐部，成为探索物理学新思想的重要论坛，为剑桥的实验物理学家和理论物理学家提供了相互学习的平台，也为剑桥物理学家创造了聆听别国杰出物理学家汇报论文的机会。布莱克特是这个俱乐部的成员，而且毫无疑
101 问，他将奥本海默领进了这扇门。俱乐部成员在卡文迪许实验室年轻的实验物理学家约翰·科克罗夫特的房间里聚会，在那里，奥本海默不仅会遇见包括卡皮查本人在内的剑桥大学所有著名的实验物理学家，而且还将邂逅保罗·狄拉克，此人很快就会成为世界知名理论物理学家。

狄拉克只比奥本海默大两岁，自 1923 年起就是圣约翰学院的物理学系研究生，之前在布里斯托尔大学获得电气工程和应用数学双学位。他身材瘦高，以能不说话就不说话著称。如果是现在，他极有可能会被诊断为“自闭”，很多关于他的传闻都提到阿斯伯格综合征的行为特征。他对数学和物理有着非同寻常的、强烈而执迷的兴趣，而对包括政治、文学和日常交谈在内的其他事物几乎全无兴趣。奥本海默后来回忆狄拉

克时说，他“不容易被人理解，也不在乎被人理解。我认为他是一个了不起的人”。

狄拉克出生于布里斯托尔一个较贫穷的中低阶层家庭中，社会地位肯定谈不上“了不起”，但是他卓越的智力无疑令人瞩目。在奥本海默看来，狄拉克在社交上的笨拙也许是一件好事。没有任何迹象显示，狄拉克曾经因为他那非凡的才华，像弗格森和布莱克特那样诱发奥本海默置人于死地的妒忌。狄拉克也许是剑桥最聪明的研究生物理学家，甚至可能是继牛顿之后这所大学诞生的最伟大的科学家，但是，他没有像弗格森那样浸染欧洲的文学、艺术和哲学，也没有像布莱克特那样被普遍看作剑桥社交场合最风度翩翩、衣冠楚楚、具有迷人魅力的人物。因此，奥本海默欣赏他，却毫无敬畏或嫉妒之心。

尽管狄拉克仍然是一名研究生，但是在 1925—1926 学年，他受邀讲授了一门以“量子理论（最新进展）”为题的量子理论课程，这是英国大学首次开设量子力学课程。为数不多的听课学生中就有奥本海默。像其他听众那样，奥本海默显然知道，在狄拉克对外公布和发表前就能获知他关于量子物理最新的想法，是一种特殊的优待。“狄拉克给我们讲了他近期所做的工作，”这群幸运儿中的一员回忆道，“我们确实没有建立一个活跃的社交群体，但我们中任何一个人都无法忘记，新的成果给我们带来的兴奋感。”

可能是在狄拉克或布莱克特的引荐下，奥本海默加入了 $\nabla^{2}V$ 俱乐 102
部，通常被称作“德尔塔平方 V 俱乐部”。∇ 是一个数学符号，而 ∇^{2} 是理论物理学中的一个常用算符（即拉普拉斯算符）。卡皮查俱乐部主要由实验物理学家组成，$\nabla^{2}V$ 俱乐部却属于理论物理学家。在那里，奥本海默会遇到剑桥所有最优秀的理论物理学家，其中尤为著名的是狄拉克的导师、卢瑟福的女婿拉尔夫·福勒。时人称福勒是“一个心胸宽广的人，有着亨利八世的体形和军事教官的嗓门”。在狄拉克的名望超过他之前，福勒是剑桥大学首屈一指的理论物理学家，而对狄拉克和奥本海默来说，最关键的是他完全跟上了欧洲大陆物理学的发展。[*]

例如，正是福勒首先意识到法国物理学家路易·德布罗意的工作的重要性。德布罗意迈出了通向量子力学革命的最初几步。他出生于一个非常古老而显赫的法国贵族家庭，先在巴黎大学学习中世纪历史，后来受哥哥的影响才改学物理。1923 年秋天，也就是奥本海默到剑桥大学之前两年，德布罗意在《法国科学院院刊》[†]上发表了三篇简短的系列论文，提出了异乎寻常的观点，认为电子既应该被看成粒子，又应该被看成波。

启发他的是 1905 年爱因斯坦的论断，这一论断后来使他获得了诺贝尔奖，即，人们以前认为光由波组成，而今应该认为光由互不相连的“量子”组成，或者说是我们今天所称的“光子”。爱因斯坦曾经用这一思想解释“光电效应”——也就是在现实中，当光照射到金属表面时，电子就会被释放出来，电子的能量取决于光的频率而不是强度。这一关于光（或者更普遍地说是关于电磁辐射）的量子理论在 1922 年美国物理学家阿瑟·康普顿进行的系列实验中得到了证实。而德布罗意灵光一闪之间想到，如果将爱因斯坦关于光的论断扩展到电子，卢瑟福 – 玻尔 – 索末菲原子模型所遇到的一些难题就可能解决。特别是，这样就有望回答卢瑟福凭借他精确把握问题核心的直觉对玻尔的原子模型提出的问题：电子怎么“知道”要在哪个轨道上运行？或者，换句话说，为什么电子只“被允许”存在于特定轨道上？德布罗意的电子波粒二象性假
103 说就这个问题给出了绝佳的答案：由于电子是波，它们只能沿着特定的轨道围绕原子核旋转，也就是那些周长等于电子波长整数倍的轨道。

起初，德布罗意的绝妙想法意外地没有引发物理学家们的多少兴趣。福勒是首先发现其价值的物理学家之一，也正是他于 1923 年 10 月向《哲学杂志》投递了德布罗意论文的英文版。论文英文版以《试论光

* 福勒的正式职位是学院的数学讲师，由此可见这一时期剑桥大学对理论物理学家的态度。——原注（21）

† *Comptes rendus*.

量子》[*] 为题，于 1924 年 2 月刊发，尽管它将德布罗意的开创性思想引入了英语学界物理学家的视野，却没能引起太多的注意。实际上，还是在爱因斯坦本人的倡导下，理论物理学家们才开始认真看待德布罗意的理论。1924 年春，德布罗意详细整理了自己的思想，并作为博士论文提交，等待十一月的考核。考官之一是保罗·朗之万，他将德布罗意的论文寄给了爱因斯坦征求意见。爱因斯坦的回信斩钉截铁："他揭开了大幕的一角。"德布罗意顺利获得博士学位。五年后，他的假说在实验中得到证实，之后被授予诺贝尔奖。

一经爱因斯坦赞同，德布罗意大胆的波粒二象性假说便攫住了各地物理学家的想象。据说，帕特里克·布莱克特带着在哥廷根的一年里"对德布罗意和波动力学的讨论和热情"满载而归。1925 年 8 月，奥本海默抵达剑桥前一个月，保罗·狄拉克向卡皮查俱乐部提交了一篇关于德布罗意的思想的论文。

然而，到那个时候，少数紧跟发展潮流的物理学家已将注意力转移到年轻的德国物理学家沃纳·海森伯的工作上。1923 年，年仅二十一岁的海森伯（在阿诺德·索末菲指导下）获得慕尼黑大学的博士学位后来到哥廷根大学，担任马克斯·玻恩的助理。在 1924—1925 学年的上半期，由于玻恩预计去美国讲学（实际上推迟到了下一年），海森伯决定到玻尔在哥本哈根的研究院工作几个月。与此同时，来自剑桥的拉尔夫·福勒也在那里休学术假[†]，因此，他将海森伯也加入自己的欧洲崭露头角的物理学家联系人名单中，此时名单里的人数已经非常可观。与此同时，帕特里克·布莱克特正在哥廷根与弗兰克和玻恩（后来海森伯回到哥廷根后也一起）讨论德布罗意提出的电子的波粒二象性。

尽管对于电子为什么会被束缚在玻尔原子模型所描述的轨道或能态上，德布罗意的理论给出了令人信服的解释，但它本身也引出了一个巨

---

* "A Tentative Theory of Light Quanta".

† 学术假：高等院校为任职一定年限后的研究人员提供的长期带薪假期，用于休假人员在日常的教学和行政工作以外的活动，通常长达一学期甚至一学年，由哈佛大学首创。一些学术界以外的行业和企业也有类似的制度。

104 大的问题：电子怎么可能既是粒子又是波呢？我们可以想象电子是在原子核周围振动的波，也可以将它们想象成是绕核运动的有形物体，但是我们肯定不能想象它们二者皆是。德布罗意解决这一难题的初步尝试是把电子想象成沿着类波路径运动的粒子，但这就使他的理论失去了解释玻尔轨道的效力，因为没有好的办法解释为什么电子会被束缚在那些类波路径上。德布罗意理论的美妙之处恰恰在于电子是波，其波长解释了玻尔理论中的“定态轨道”。然而，当时已有很好的理由让人相信电子是粒子，充足的实验证据也证明了这一点。

海森伯对这一问题有与众不同的回应。他抛弃了对轨道、粒子和波的一切讨论，完全不去想象电子。他宣称，我们必须专注于所能观察到的量。我们观察不到电子的绕核运动，所能看到的无非是电子从一个态“跳跃”到另一个态时释放的能量。我们能观察到这些，是因为我们所说的能量以可见光的形式出现，所以就有了被称为光谱学的研究技术：研究各种元素的电子所释放的光谱，使得物理学家能够把每一种元素和它典型又特有的有色光的光谱联系起来。正是以光谱学提供的数据为基础，玻尔才建立了他的原子结构理论（索末菲关于这一学科的经典著作的标题“原子结构和光谱线”也由此而来），而当海森伯说要专注于所能观察到的量的时候，他主要是在说：能通过光谱学技术观察到的。

1925 年 6 月，海森伯从哥本哈根回到哥廷根后不久就患上了花粉过敏，决定到北海的黑尔戈兰岛养病。在那里，他独自思考电子明确能被观测到的特征，突然获得了灵感，提出了一个物理学分支的基本设想。这个物理学分支将赢得奥本海默和多数同时代物理学家的关注：量子力学。它的基本目的是为量子理论引入一套力学方法，即一个能够解释电子和亚原子粒子明显怪异的运动的数学模型。海森伯在黑尔戈兰岛想到的是一种（对他来说）全新的数学运算，他可以用它建立电子行为的模型。

这种数学运算的核心是一个计数体系，它为电子指定了一组数对 p 和 q，分别代表电子的动量（也就是电子的质量乘以速度之积）和电子

的位置，再指定将这组数对相乘的方法。这个新的数学模型令人困扰 105
的地方是，它的乘法运算规则不符合交换律——也就是说 $p \times q$ 在多数情况下都不等于 $q \times p$。海森伯没有解释这个背离基本算术规则的现象，也不能描述遵循这种奇怪规则的物理过程。他所做的就是建立电子行为的数学模型，这本身就足以让他在黑尔戈兰岛激动得夜不能寐，也同样足以让他在几年后（1933）稳赢诺贝尔奖。

海森伯带着新发现激动和乐观心情回到哥廷根，急匆匆地把他的新理论整理成一篇题为《量子论对运动学与力学关系新诠释》*的论文，让玻恩替他递交发表，他本人却前往剑桥，按事先的约定到卡皮查俱乐部发表演讲。1925 年 7 月 28 日发表的这一演讲与他开创性的新思想并不相干，但海森伯还是向东道主福勒提到了自己最近写的论文，而福勒请求海森伯拿到样稿后可以让他一读。9 月初，福勒如约收到样稿，又把样稿寄给狄拉克，在封面上草草写下："你对这个怎么想？我很想知道你的看法。"

狄拉克此时正在布里斯托尔度暑假。他看了一眼海森伯的论文就把它搁在一边，不觉得它有什么意思。10 月份，他回到剑桥后又拿起这篇论文，这一次却读得津津有味，很快就相信它极为重要。他意识到，这篇论文的关键是困扰海森伯的不符合交换律的乘法，而不同于海森伯的是，狄拉克认出了这在数学上类似于一个被称作"泊松括号"的结构，早在 19 世纪就被引入了数学中。狄拉克用泊松括号的方法为海森伯的理论提供了新的数学基础，其核心是等式 $(p \times q) - (q \times p) = \mathrm{i}h/2\pi$，这不仅表明 p 和 q 相乘不遵循交换律［如果遵循，那么 $(p \times q) - (q \times p)$ 肯定等于零］，而且还给出了 $(p \times q)$ 与 $(q \times p)$ 之间准确的差值，这一数值同时运用了要素 h（普朗克常数）和同样神秘的"虚数" i，也就是 –1 的平方根。

到 1925 年 11 月海森伯的论文发表时，狄拉克已经将自己的论

* "Quantum Theoretical Reinterpretation of Kinematic and Mechanical Relations".

文——毫不谦虚地命名为《量子力学的基本方程》[*]——提交到《英国皇家学会学报》[†]，准备在12月发表。令人惊奇的是，狄拉克发现的方程同时也被玻恩及其新助理帕斯夸尔・约尔旦独立发现，出现在两人9月共同撰写的论文里。像狄拉克那样，玻恩和约尔旦也意识到海森伯数学中
106 不遵循交换律的情况并非前所未见，尽管他们发现与之类似的不是泊松括号，而是英国数学家阿瑟・凯莱于19世纪发展出的矩阵数学。10月，玻恩、约尔旦和海森伯合作完成了题为《论量子力学Ⅱ》[‡]的详细长篇论文（经常被称为“三人论文”），为海森伯的新量子力学建立了缜密的数学基础。但是，因为德国《物理学杂志》[§]收到这篇论文的时间比《英国皇家学会学报》收到狄拉克论文的时间晚了九天，所以他们不能算是首先完成这项工作的人。

1926年元旦来临之际，一场新的物理学革命爆发了。量子力学的基本理论建立起来，并且有着两个不同却基本相似的数学基础。而仅仅因为1925—1926学年身在剑桥并认识了福勒和狄拉克，奥本海默就处于这些事件的正中心。这极大地振奋着他，他开始投身这一新主题诞生以来的快速发展之中。

这些最新发展还包括狄拉克关于新理论的第二篇论文《量子力学和氢原子初探》[¶]，于1926年1月底提交发表。这篇论文提出了经典数或称“*c* 数”（遵循交换律的数）和量子数或称“*q* 数”（不遵循交换律的数）之间的区别，现在它们之间的区别已经为人所熟知了。在这篇论文刊印前，狄拉克于3月2日将它报告给了德尔塔平方V俱乐部，奥本海默也在场。俱乐部的会议纪要记录道，狄拉克的论文宣读完毕后，与会人员展开了“长时间的讨论”，无疑，奥本海默参与了整个过程。

3月7日，奥本海默写信给弗格森，信中的语气明显不同于之前在

---

* “The Fundamental Equations of Quantum Mechanics”.

† *Proceedings of the Royal Society.*

‡ “On Quantum Mechanics II”.

§ *Zeitschrift für Physik.*

¶ “Quantum Mechanics and a Preliminary Investigation of the Hydrogen Atom”.

1 月 23 日写的信——尽是为不久前荒唐的巴黎勒人事件致歉。他一扫自责和忏悔的腔调，现在看起来活泼、利落又幽默。“现在，我对于险些把你勒死的懊悔完全出于理智而非情感，”他对弗格森说，并向他保证，如果他在去意大利之前先到剑桥来看望奥本海默，“那绝对是安全的，我会很高兴见到你。”弗格森相当谨慎地接受了这一邀请，在 3 月份的某一天来到剑桥。他回忆说，奥本海默将他安排在自己房间隔壁，“我记得我当时想着最好能确保他不会在夜里突然出现，于是我用一把椅子顶住了门。但什么也没有发生”。当弗格森委婉提及奥本海默在圣诞假期里的行为时，奥本海默让他不必担心；他坚信他已经“过了那个坎”。

奥本海默告诉弗格森，他可能不得不在剑桥度过复活节假期，因为 107
他有很多工作要做。几乎可以肯定，他所说的工作不是实验室的那些，而是理论物理方面的一篇论文，这将成为他发表的第一篇论文。他对弗格森说，如果他在工作间歇休息几天，他将与怀曼和埃兹尔到科西嘉徒步旅行，他在信中写道：那样的话，他希望在意大利见到弗格森。结果，奥本海默确实硬是从他的理论物理研究中抽离出来，按计划到科西嘉旅行，尽管事实上没能在意大利见到弗格森。

在奥本海默前往科西嘉之前不久，他和理论物理学界的其他人收到了一个石破天惊的消息。3 月 13 日，奥地利物理学家埃尔温·薛定谔的论文《量子化是本征值问题》* 在德国学术期刊《物理学年鉴》上发表，似乎用全新的视角检视了最近的量子力学革命。或者更确切地说，它似乎要在“男孩物理学”到来之际展示一下，用旧的视角看待这一问题会出现什么结果。特别是，薛定谔——三十八岁的他肯定已经不再是个男孩了——似乎想要证明，用熟悉的旧数学能够很容易地将量子力学纳入熟悉的旧物理中。在薛定谔看来，海森伯、玻恩、约尔旦和狄拉克用深奥晦涩的数学方法得出的所有结果，同样可以用另一个理论得到，而这个理论只使用了一个广为理解也最常用的数学工具：微分方程。况

* “Quantization as a Problem of Proper Values”.

且（这要么是个巨大进步，要么是倒退了一步，取决于你如何理解关于电子的物理学），不同于海森伯、玻恩、约尔旦和狄拉克的理论，薛定谔的理论能让人形象地想象原子内部正在发生什么。在德布罗意的研究的基础上，薛定谔的理论要求人们只将电子想象成波。因此，薛定谔将他的理论称作“波动力学”，以此替换掉“量子力学”这一术语。

1926 年，薛定谔接着发表三篇里程碑式的论文，完善了他的理论。物理学家，特别是那些年长的物理学家普遍对此报以不加掩饰的热情。马克斯・普朗克在一封给薛定谔的信中写道，他读薛定谔的第一篇论文时，“就像一个好奇的孩子听到困扰他很久的谜题终于有了答案”。爱因斯坦也对薛定谔说：“你论文中的思想出自真正的天才。”甚至连马克斯・玻恩也立刻相信波动力学提出了“量子定律最深刻的形式”。然而，海森伯讨厌薛定谔的理论，认为他在企图孤注一掷地牢牢抓住过时的、
108 无凭无据的电子“轨道”这一图景。狄拉克也不喜欢薛定谔的理论，至少最初是这样。然而，当狄拉克、薛定谔和其他许多人证实，薛定谔的理论在数学上等价于玻恩、约尔旦和海森伯的矩阵力学及狄拉克本人的“基本方程”后，狄拉克抛弃了自己的反对意见，将薛定谔的这一理论视为另一种构建量子力学的有趣并且偶尔也有用的方式。

一旦认识到量子力学的三种形式在数学上等价，剩下的问题——狄拉克倾向于把它当作“哲学”问题而不予考虑，而玻恩、海森伯和其他人则将它视为根本问题——就是，如何认识用三种不同的理论都可以建立模型描述的物理实在？数学上的模型描述的究竟是什么？电子究竟是什么？是粒子？是波？或两者都是？抑或两者都不是？我们应该如何描绘出电子和电子的运动——如果真的有必要描绘的话？

当这些问题在理论物理学家的世界里悬而未决时，奥本海默与怀曼、埃兹尔踏上了他们的度假之旅，而他的头脑里多多少少充盈着量子理论激动人心的进展。埃兹尔在弥留之际的一篇自传体短文中说，他记得在那个假期里，奥本海默“满腔热血地渴望解决量子物理中的问题”。他写道，奥本海默“极其善于表达”，完全不同于他俩的共同朋友狄拉克（埃兹尔认识狄拉克，因为他们同是圣约翰学院的研究生），他“让

我感受到量子力学的发展带来的强烈刺激和希望……他让我感受到这一学科的核心价值，这种感受一直伴随着我”。

度假期间他们大量地谈话。一连十天，埃兹尔、怀曼和奥本海默从北部出发纵贯全岛，徒步穿越层峦起伏的科西嘉乡间，一直走到岛屿最南端的博尼法乔叹为观止的中世纪城堡，将科西嘉岛和撒丁岛之间的海峡尽收眼底。一路上，他们夜宿小店或农舍，甚至偶尔露宿。他们似乎很少和本地人交流，这让他们整日整夜聚在一起，有足够的时间和机会谈论各种问题。除了物理，奥本海默还大谈法国和俄国文学，特别是陀思妥耶夫斯基。埃兹尔说他更喜欢托尔斯泰，奥本海默却坚持说：“不，不。陀思妥耶夫斯基更好。他能触及人的灵魂和痛苦。”有一次，他们说起在科学或文学上取得伟大成就的人，奥本海默说：“我最景仰的是那些在许多方面都能成就斐然，而脸上却仍有泪痕的人。”

尽管奥本海默话是这样说，埃兹尔和怀曼记忆中的那个假期里的奥 109
本海默，和弗格森仅仅三个月前在法国见到的奥本海默已经不可同日而语。他们有一次甚至看见他欢快地笑弯了腰。发生这种前所未有的事，是因为埃兹尔和科西嘉警察之间因为一些照片产生了误会。埃兹尔的这些照片拍的是博尼法乔那些著名的防御工事。警察坚信他是个间谍，便把他带回到警察局审问。怀曼和奥本海默陪着他到了警察局，在走廊里坐着等他，听见埃兹尔解释说他不是间谍，而是一名游客。尽管连怀曼自己都对这荒谬的情景忍俊不禁，可当他抬头看见奥本海默拍着大腿咯咯直笑时，还是吃了一惊。

对奥本海默来说，三个人这十天的徒步游结束时发生在博尼法乔的这件事表明，这个假期完全达到了让他放松心情、重整心智的目的。实际上效果似乎远不止于此。奥本海默后来在他的一生中数次强调，那年春天在科西嘉度过的十天对他产生过不可估量的作用。那些日子对他的影响类似于他 1922 年第一次到新墨西哥的旅行，甚至有过之而无不及。就像奥本海默在多个场合提到的，这次旅行是他生命的转折点。

努尔·法尔·戴维斯是最早为奥本海默作传的作家之一，就在奥本海默去世的第二年，他出版了《劳伦斯与奥本海默》*。奥本海默对戴维斯说起过“对我而言，在科西嘉开始发生的事”，并让戴维斯注意到，在岛上发生的一段未被记录的插曲有着极其重要的意义。他将这段插曲描述成他生命中“伟大而永恒的部分”。奥本海默对法尔·戴维斯说，对他说这些，是为了反驳人们认为他生命的转折点是1954年的听证会这种看法：“看见了吧，不是吗，现在我就在向你证明，有些事对我很重要，却不在那些记录里。”至于“某件事”究竟是什么，奥本海默调皮地闪烁其词。“你问我是否会将整个故事和盘托出，还是你自己必须将它挖出来，”他写给法尔·戴维斯，“但是没几个人知道这件事，而他们也不会告诉你。你是挖不出来的。你需要知道的是，那不是简单的风流韵事，完全不是风流韵事，而是爱。”“地理因素，”他接着说，“是自那以后我承认的唯一一种隔阂，但对我来说那不是真正的隔阂。”

法尔·戴维斯猜测，奥本海默在这里暗指的是对“一个不能嫁给他的欧洲女孩”的爱。这或许不假，但是，即便是这样，想要理解奥本海默在科西嘉的春假为什么成了他生命中这么重要的一件事，显然还需要
110 更多的信息。他后来的朋友哈康·希瓦利埃记得，奥本海默曾经在这件事发生很多年后对他说，“他生命中最奇妙的经历之一”发生在1926年的科西嘉。然而，这里所说的经历与“欧洲女孩”毫无关系，至少不是一个现实中的女孩。它实际上是说，他读了普鲁斯特的《追忆似水年华》。

希瓦利埃记得，有一次，在谈到残酷这一话题时，奥本海默凭着记忆逐字逐句地引用了普鲁斯特小说里的一段话，令他大为惊奇。这段话出自第一卷《在斯万家那边》，当时凡德伊小姐唆使自己的同性恋情人朝她刚过世的父亲的遗像啐唾沫。在描写这一场景时，普鲁斯特向读者强调，凡德伊小姐的“施虐癖”具有某种戏剧性。她并不是一个真正的恶人，相反，假装成恶人能让她获得性快感。普鲁斯特写道，实际上，她能从情人荒诞的行为中获得极致的性快感，正是因为她并不是真正的

* *Lawrence & Oppenheimer*.

恶人。在奥本海默记下并向希瓦利埃背诵的那段中，普鲁斯特写道：

> 也许她不至于认为恶是一片世上少有、不同寻常、异域情调的福地洞府，住到里面去有多么逍遥自在，可惜她不能在自己身上以及在别人身上发现对痛苦的麻木。有人故意制造痛苦，人们却对此无动于衷，称之为麻木也罢，称之为别的什么也罢，总之这是残忍的表现，是它的可怕的、持久的表现形式。[*]

为什么这段话对奥本海默如此重要，甚至让他熟记于心呢？为什么读到这段话成了他最重大的人生经历之一呢？

在生命的最后时期，奥本海默说的一些话为我们提供了解答上述问题的线索。当时他参加了一系列由文化自由大会（这是一个抵制共产主义的政治自由派知识分子组成的团体）提供部分资助的会议，会议讨论科学和文化的关系。“我们首先要努力熟识自己最不足之处，”他在一次这样的会议上说，似乎想要证明，他向来敏锐地认识到自己的最不足之处，他坦言：

> 直到现在，特别是在我那似乎被无限延长了的青春期里，我所采取的任何行动、所做或者不做的任何事，几乎都会让我在内心深处感到强烈的厌恶和巨大的过错，无论是一篇物理学论文、一堂讲座，或者是我读书的方式、同朋友交谈的方式、爱的方式。
>
> 结果是，如果我不明白我所看到的只是真相的一部分，我就不
> 可能和任何别的人一起生活……为了打破这种局面、成为一个通情
> 达理的人，我必须认识到，我自己对所做的事感到担忧是合理且重 111
> 要的，但是我的担忧不是事情的全部，还必须用一种相辅相成的方
> 式去看待它，因为其他人的看法和我不一样。我需要他们的看法，

* 译文见《追忆似水年华》第 1 卷，《在斯万家那边》，第 165–166 页，李恒基，徐记增译，译林出版社，1989 年。

我需要他们。

换句话说，只有当奥本海默认识到，其他人不一定会像他看待自己那样看待他的时候，他的言行在别人心里不会像在他自己心里那样引起厌恶的时候，他才能和其他人一起生活。或许，普鲁斯特、与好友的交谈和科西嘉乡野间的美景乐事共同促成了这样的认识，这种认识又对他产生了巨大的影响。从科西嘉返回后，他说，他“觉得自己友善了很多，也更加宽容了”，并且“现在也能和人沟通了”。

奇怪的是，奥本海默离开科西嘉时的表现又让怀曼和埃兹尔觉得他还是有点糊涂——或者至少像怀曼后来说的那样，“正经历着一场严重的情感危机”。到达博尼法乔后，他们应该按计划前往撒丁岛，但是，就在他们三人在旅馆吃晚餐时，一位侍者走到奥本海默身边，告诉他下一班前往法国*的渡船何时出发。自然，埃兹尔和怀曼马上问他为何如此突然地想要不告而别。“我不能说，”奥本海默说，“但是我必须走。”怀曼后来回忆，他们仨又喝了一点酒后，奥本海默说道：“好吧，也许我可以告诉你们我为什么得走。我做了一件可怕的事。我把一个染毒的苹果放在了布莱克特的桌子上，我得赶快回去看看怎么样了。”在解释他要在1926年春天赶回剑桥的决定时，为什么奥本海默竟然供认出他在七个月前做的事，而且表现得像是他刚刚做过一样，这确实不容易理解。尽管人们可以合理地猜想，经过十天十夜与埃兹尔和怀曼的朝夕相处，奥本海默觉得自己有义务向他们揭示上一年秋天时自己的荒唐举动，但这件事还是相当莫名其妙。

然而，看上去可靠的猜想是，奥本海默要返回剑桥的原因是他要写完那篇关于量子物理的论文。考虑到这一点，对于他为什么要向怀曼和埃兹尔“供认”，我们或许可以如此推测：在出发前往科西嘉之前，奥本海默将他的第一篇量子力学论文的初稿放在了布莱克特的办公桌上，而现在，在科西嘉度假十天之后，他意识到这篇论文存在一些严重错误

* 原文如此，应该是指法国本土。科西嘉此时已属法国。

（即“染毒”的）。他一边急于回到剑桥继续写他的论文，改正里面的错误，一边又觉得有义务向埃兹尔和怀曼承认自己之前的罪过，便运用类比对他们讲述了一个故事，这样既在字面上承认了他在上一年秋天的所 112
作所为，又用隐喻的方式解释了为什么他要提前结束假期、返回剑桥。

无论这一推测有多少符合事实的成分，毋庸置疑的是，科西嘉的假期结束后，奥本海默完全变了一个人。几个月前他还觉得萎靡乏力、意志消沉，无法达到他所面对的要求，现在则充满自信，富有成效，精神百倍。

奥本海默于 1926 年春回到英格兰时，这个国家正经历一场政治动乱，最终导致了一场从 5 月 3 日持续到 12 日的大罢工。整个国家淹没在阶级斗争之中，中产阶级竭尽全力减轻罢工的影响。在剑桥，本科生们为此暂时放弃了学业，去开客车、火车或卡车——做一切能做的事，以维持交通运行，避免经济和社会陷入停滞。很多剑桥学生参与了这些削弱罢工影响的活动，校方甚至决定推迟暑期考试。包括帕特里克·布莱克特在内的少数学生和老师站在工人一边，声援罢工。而此时的保罗·狄拉克对罢工毫不理会，在此期间完成了博士论文。这篇论文直接以《量子力学》为题，是第一篇就这个题目提交的博士论文，里面包括了一些已被认可的具有重要意义的研究成果。

奥本海默甚至还没有开始写他的博士论文，却在从科西嘉回来几周后完成了他即将发表的首篇论文，标题是《论振动－转动能级中的量子理论》[*]。剑桥哲学学会于1926年1月吸纳奥本海默成为“非正式”会员。5 月 24 日，这个古老的科学学会（1819 年“以推动科学探索为目的”而成立）接收了他这篇论文，发表在学会七月份的《学报》上。尽管他后来对这篇论文看不上眼（“第一篇论文就是一团糟”），但在冬季出现严重心理问题后，他这么快就能写出一篇值得发表的论文，讨论高等物理理论的尖端课题，这已经是不小的成就了。

这篇论文可以视作“量子化学”领域最早的见解之一。奥本海默力

* “One the Quantum Theory of Vibration−Rotation Bands”.

图用海森伯、玻恩、约尔旦、狄拉克和薛定谔（他引用了这些人的论文）的新量子力学去理解分子而非原子。特别是，他试图证明狄拉克量子力学的数学表述可以用来诠释双原子分子——如氧分子（O_2）和氢分子
113 子（H_2）这样由两个原子组成的分子。在这篇论文中，奥本海默尝试用狄拉克的理论推导出这些分子频谱中的频率。

与狄拉克此时的成果相比，奥本海默的第一篇论文不值一提。他在论文中试图解决的是一个次要问题而非根本问题。况且，这篇论文中还有一个在狄拉克的任何作品中都不可想象的缺陷：出现了计算错误。尽管如此，这篇论文的发表足以将奥本海默从一名失败的实验物理学家转变成崭露头角的理论物理学家。现在，一有知名学者到剑桥访问，奥本海默就会被介绍给他们，俨然成为引领理论物理革命的“男孩物理学家”的一员。譬如，莱顿大学物理学教授保罗·埃伦费斯特在剑桥时，奥本海默记得“我们走在河边，谈论碰撞问题、库仑定律等等”。埃伦费斯特访问剑桥后不久，奥本海默和其他在剑桥学习的美国物理学家到莱顿大学待了一周，再次与他相遇。在那里，他还遇到了埃伦费斯特年轻却颇有名气的助手塞缪尔·古德斯密特和乔治·乌伦贝克，这两个人已经首次提出了电子具有自旋特性的概念。奥本海默在莱顿受到了理论物理学家的欢迎，这使人想起他在 1922 年被新墨西哥文学“三巨头”接纳的情形。乌伦贝克回忆，奥本海默是个“非常热情的人”，他“对物理学如此用心”，‘好像我们是老朋友，因为［我们］有很多共同之处”。在奥本海默的记忆里，莱顿之行简直“棒极了”，就是在那个时候，他“认识到英格兰的习俗让冬天里的一些问题雪上加霜”。

回到剑桥后，奥本海默继续做理论研究，开始写第二篇关于量子力学的论文，这一次讨论的是所谓的“二体问题”。总的来说，这是一个为两个相互绕转的物体提供数学模型的问题。牛顿在经典物理中给出了这一问题的解法，狄拉克和薛定谔从量子力学的角度研究过它。奥本海默的目的是用量子力学为这个问题提供一个比现有成果更加完善的解决方案。

1926 年 6 月初，正当他冥思苦想这一问题时，奥本海默迎来了在

剑桥期间——实际上是他的整个生命中——最难忘的时刻：经介绍，他认识了尼尔斯·玻尔。玻尔当时在英格兰获得了皇家学会外籍会员的荣誉。当奥本海默走进卢瑟福在卡文迪许实验室的办公室时，玻尔恰巧也在。此时的卢瑟福已将奥本海默视为前途无量的理论物理学家，而不 114
是明显不堪造就的实验物理学家。他立即把奥本海默引荐给玻尔。出于在这样的场合中应有的习俗和礼貌，玻尔问奥本海默正在做哪方面的工作，听说他正在研究二体问题时，又问他进展如何。“我遇到了困难。”奥本海默回答。“是数学方面的困难还是物理方面的？”玻尔问。“我不知道。”奥本海默回答。这让玻尔点评说：“那太糟糕了。”这次偶遇给奥本海默留下了深刻而持久的印象。他曾经说过，遇见玻尔之后，“我不再考虑铍和薄膜，决心努力学习成为一名理论物理学家所需的技能”。他认为，玻尔向他提出了一个很好的问题，触到了他所面临的困难的核心。“我陷入那些表面上的问题中，而没有退出来看看它们和题目背后的物理学究竟有什么关系。我想，在这样的困境中，玻尔的问题是一道启迪心智的光。”

可能是因为第一篇论文里存在计算错误，奥本海默在写第二篇论文时格外谨慎，确保不再出现类似错误。埃兹尔记得，在奥本海默的请求下，他是怎样在某个星期天花了好几个小时检查这篇论文里的算术，尽管他自己都不知道它们是什么意思。他获得的回报是，奥本海默在一个脚注里感谢了他的帮助，尽管他的名字被写错了（“我非常感谢 J.T. 埃扎尔先生检查了这些计算”）。七月中旬，论文写成了，并于当月以《论二体问题中的量子理论》* 为题刊登在《剑桥哲学学会学报》† 上。

巧合的是，第二篇论文引起了量子力学界的一位领军人物对奥本海默的注意，而此时恰好是他为这一学科做出最大贡献的时期。此人就是马克斯·玻恩，他已经在建立矩阵形式的量子力学中发挥了关键作用，并且即将对这一理论做出最权威的诠释。在 1926 年 7 月 10 日发表

* “On the Quantum Theory of the Problem of the Two Bodies”.

† *Proceedings of the Cambridge Philosophical Society.*

的题为《论碰撞过程中的量子力学》[*]的简短论文中，玻恩提供了这种诠释的概要。十天后，玻恩将一篇篇幅更长、更精心打磨的相同标题的论文寄给了德国的《物理学杂志》。7 月 29 日，也就是在奥本海默发表第二篇论文三天后，玻恩来到剑桥大学，以讲座的形式在卡皮查俱乐部宣读了这篇论文，英文标题是“On the Quantum Mechanics of Collisions of Atoms and Electrons”（即《原子和电子碰撞中的量子力学》）。这篇论文
115 正面回应了玻尔在和奥本海默的简短讨论中提出的问题，即应该如何理解量子力学运算背后的物理实在。它将对理解量子力学的方式产生深远的影响。

玻恩的这篇论文想要达到的直接目的，是完全用量子力学去理解粒子相互碰撞时的行为，而总体上的意图，是为量子力学中的数学公式提出一种诠释。在这两个方面，无论从物理学还是哲学的角度看，他的结论都是令人震惊的，甚至包括爱因斯坦在内的许多人都拒绝接受。在遭到爱因斯坦反对的情况下，那些结论还是被广泛接受，而且直到今天仍是科学家们的普遍观点，这就更值得称道。

关于碰撞，玻恩表示，不同于经典牛顿力学，量子力学具有不确定性。根据牛顿力学，一个物体和另一个物体碰撞（譬如，一颗台球撞击另一颗台球）的结果完全由运动定律决定。因此，如果你重复一次碰撞（以完全相同的方式用一颗台球撞击另一颗台球），就会得到完全相同的结果。如果这颗台球第一次就向左偏转，那么在每一次重复的撞击中它都会向左偏转。然而在量子力学中，情况大不相同。根据玻恩的说法，量子力学中相同的实验可以产生不同的结果：粒子这次向左偏转，而下一次却向右偏转，任何结果皆有可能。然而，有些结果出现的概率却大于其他结果。正是量子力学的这一特点让爱因斯坦相信，这一理论不可能正确，也使他（在给玻恩的信中）说出那句名言：“上帝不掷骰子。”

关于量子力学方程描述的物理实在这个一般问题，量子力学的不确

* “On the Quantum Mechanics of Collision Processes”，德文原文为“Zur Quantenmechanik der Stossvorgänge”。

定性和概率性让玻恩提出了一个有趣的答案，也使他能够在海森伯和狄拉克的数学所描述的近似粒子“量子”与薛定谔微分方程描述的波之间做出裁决。从根本上说，他站在了将电子视为粒子的立场上，同时又巧妙地解释了薛定谔的波动力学为什么“管用”。薛定谔认为，他的波函数成立说明德布罗意是正确的——电子*的确是*波，而他的问题在于如何解释电子在无数实验中（包括早在 19 世纪 90 年代 J.J. 汤姆孙最初做的实验）像粒子一样的行为。

对玻恩来说，问题恰好相反：既然电子是粒子（或者至少是不连续的“量子”），那么需要解释的是它们的行为又为什么像波。他对最后这个问题的回答指向了他在碰撞分析中所证明的量子理论概率性的本质。玻恩认为，德布罗意和薛定谔的波不具有物理实在。相反，它们是概率 116
波。他们所描述的是电子在一个特定的时间处于某个特定位置的概率。根据玻恩的看法，量子力学不能断言电子在一个特定的时间是否处于某个特定位置，它只能描述电子在一个位置或另一个位置的概率有多大。这不是因为我们不具备足够的知识：它是物理实在的一个固有特征，与不确定性密切相关。这种观点被称为“量子力学的统计学诠释”，迅速被其他顶尖物理学家接受，其中最著名的是海森伯和玻尔（众所周知，后者多次在爱因斯坦面前为之辩护）。正是因为这一发现，玻恩荣获诺贝尔奖，尽管奇怪的是这份奖项直到 1954 年才姗姗来迟，距离德布罗意、海森伯、薛定谔和狄拉克获得同一殊荣已经过去了二十多年。*

尽管玻恩已将他的论文寄给《物理学杂志》，但是当他于 1926 年 7 月 29 日到剑桥向卡皮查俱乐部做演讲时，这篇论文还没有发表。而当它于 1926 年 9 月发表时，里面增加了一个脚注，承认奥本海默关于二体问题论文的重要性。对于一名二十二岁的还没有写成博士论文的研究

---

* 据我所知，对于为什么过了那么久才给玻恩颁发诺贝尔奖，还没有权威的解答。杰里米 · 伯恩斯坦推测，这可能是因为，在 1933 年，当海森伯、狄拉克和薛定谔获奖时，获奖者也自然应该包括玻恩和约尔旦，但约尔旦是纳粹党党员，这是不能容忍的。因此，委员会不得不等待一个可以为玻恩单独颁奖的时机。这或许可以解释为什么玻恩没有在 1933 年获奖，但很难解释为什么这一等就是二十一年。——原注（22）

生来说，这句话足以让他引以为豪。玻恩显然对奥本海默印象深刻。8月的第二个星期，玻恩再次来到英格兰，打算在不列颠科学发展促进会的年会上宣读一篇论文。那一年会议在牛津举办。这篇论文以《论量子力学的物理学特征》*为题，是玻恩时至当日对我们应该如何根据量子力学理解物理实在这一问题所做的最直接的阐述，从而也将他的概率波概念传达给了英国的理论物理学家。第二年，当这篇论文在《自然》杂志上发表时，文中有这样的谢词："本文由罗伯特·奥本海默先生翻译。笔者万分感谢奥本海默先生的严谨译作。"

到1926年夏天，奥本海默不仅成了一名前途光明的年轻的理论物理学家，而且还与那位正带领国际物理学界努力理解量子力学这一反常世界的人合作。实际上，奥本海默已经达到了自己梦寐以求的位置：理
117 论物理的"核心"。他在剑桥的这一年让他实现了这些，在一定程度上是因为他在这段时间里看到，在1926年，理论物理的中心不在剑桥，而在哥廷根。他要跟随的人不是欧内斯特·卢瑟福，甚至也不是尼尔斯·玻尔，而是马克斯·玻恩。为此，在牛津的会议之后一个星期，奥本海默于1926年8月18日致函雷蒙德·普里斯特利，申请在哥廷根度过下一学年，并在玻恩的指导下工作。奥本海默向普里斯特利说明，玻恩"对我希望研究的问题特别感兴趣"。后来，奥本海默在回顾他离开剑桥前往哥廷根的决定时说，尽管"在各方面自己疑虑重重"，他还是决然地去实现了成为一名理论物理学家的愿望："这是一件我觉得就该奋力去做的事。"

或许有很多疑虑，但他肯定也知道，在实现这个愿望的路上，他将获得走向成功的诸种可能。他从来没有任何机会去打动英国上层社会的"导师和公爵"，永远不会受邀参加嘉辛顿庄园或蓬蒂尼的聚会，也永远不会（像I.A. 理查兹描述布莱克特时说的那样）被人称作"青年俄狄浦斯"，但是他已经成功打动了一位世界上首屈一指的量子物理学家。实现了这一点，他就不只是接近了理论物理的中心，更是直入核心。

---

* "Physical Aspects of Quantum Mechanics".

第二部分

1926—1941

第六章 121

哥廷根

和一年前到剑桥时的情况截然不同，奥本海默于 1926 年夏天来到哥廷根时带着几乎无法掩饰的自信。用马克斯·玻恩的话说，奥本海默似乎在“有意展现着优越感”。在自传中，玻恩多次抱怨奥本海默的傲慢，他似乎没有意识到，这是玻恩一手纵容形成的。在剑桥，奥本海默被那里的首席物理学家拒之门外，而在哥廷根，他却应这里的顶尖物理学家邀请而来。奥本海默的才能令玻恩大为震撼，甚至有所畏惧。这位物理学家对这样的事实也毫不掩饰。

玻恩讲述的一件事恰好说明，正是他本人默许甚至助长了奥本海默的“优越感”，尽管他明显对此浑然不知。这件事关乎玻恩最著名的论文《论碰撞过程中的量子力学》，也就是他于 1926 年 7 月第一次遇见奥本海默时在卡皮查俱乐部宣读的那一篇论文。玻恩说，论文写完后，他给奥本海默看了这篇论文，请他检查里面复杂难懂的运算过程。

我认为这事一定发生在 1926 年 8 月，此时玻恩再次来到英格兰，向不列颠科学发展促进会宣读奥本海默翻译的论文。当时，玻恩已经收到德国《物理学杂志》发回的《论碰撞过程中的量子力学》校样，他让奥本海默看的很可能就是这份校样。让奥本海默为之一振、信心倍增的就是玻恩在校对阶段添加到文中的强调奥本海默研究二体问题的重要性的那个脚注。玻恩对自己非常苛刻，他说请奥本海默检查计算过程是
122 因为“我从不擅长冗长的计算，总会犯愚蠢的错误”。他还说，他的学生都知道这一点，但只有奥本海默一人“这么坦率又无礼地正式提出来”。这么说是因为奥本海默把校对完的论文还给玻恩时一脸惊讶地说：“我没有发现任何错误——这真是你一个人写成的吗？”而玻恩坚持认为：“我不觉得这话有何不敬。”“实际上，这更加让我敬佩他非凡的品格。”

那时，玻恩是一位四十三岁的教授，任教于世界最著名的大学之一，正处于事业的巅峰，在过去几年里发表过诺贝尔奖级别的重要研究成果——这些成果吸引物理学界的青年才俊从世界各地来到哥廷根向他求教。与此同时，奥本海默是一名二十二岁的学生，刚刚摆脱了严重的精神疾病，在全世界范围内只是个无名小卒，已经发表的文章只有两篇。在数学能力方面，玻恩有一个数学博士学位，评审考官是大卫·希尔伯特。这是位得到时人公认的最伟大的数学家，他也认为玻恩是一名数学能力出类拔萃的学生。玻恩在理论物理学界的同行也认为，作为一名科学家，他最大的优势就是解决艰深数学问题的能力。

相反，奥本海默还没有拿到数学或物理学的博士学位。尽管他在本科时被视为一名有着“很强数学能力”的本科生，但就像珀西·布里奇曼说的那样，他也承认自己接受的数学教育还存在重大缺失。他第一篇论文的质量就因计算错误而大打折扣，终其一生，物理学家们都知道他容易犯数学计算上的错误。客观地说，玻恩无论如何都没有理由高看奥本海默，特别是在数学头脑上，而奥本海默也没有任何理由小看玻恩。两人在相识之后的一个月里建立的关系已经可以让奥本海默觉得在数学能力上高玻恩一等，这充分反映了他们的性格：玻恩缺乏自信，而奥本海默长于蛊惑人心。

和在剑桥的自我怀疑和焦虑相比，奥本海默在哥廷根充满信心，解读这一变化的另一个关键在于两所大学本身的巨大差异。尽管哥廷根在德国算不上最古老的大学（海德堡、莱比锡和其他几所大学的建校史都

比它长几百年），但它肯定是声望最高的大学之一，被普遍视为德国的剑桥（海德堡大学相当于牛津）。然而，在 1926 年夏天来到哥廷根后，
奥本海默看到的却是这里在许多方面与剑桥截然不同。这些差异马上 123
显露无遗：哥廷根大学最古老、最宏伟的建筑形制典雅、大方，符合它 18 世纪启蒙运动的渊源，而不是承袭 13 世纪经院学术传统的哥特式和基督教建筑。它不是一所学院制大学*，没有学院导师、院士和高桌†。它有自己久负盛名、备受尊重的神秘仪式（其中最有名的是，博士生一通过答辩，就要被马车拉到城镇中心的集市广场，亲吻那里的牧鹅少女雕塑），但它没有七百年传统积累下来的沉重负担。

而且，战败国的战后氛围与战胜国截然不同。在 20 世纪 20 年代的哥廷根，人们对他们所处的"爵士时代"或"咆哮的二十年代"‡一无所知。这里也没有一战后英国大学生活所特有的故作新潮、扭捏作态的唯美主义取向：那是伊夫林·沃在《故园风雨后》之类的作品中描绘的世界。20 世纪 20 年代哥廷根的校园氛围肯定不是"愉悦"的§。相反，正如奥本海默后来所述，是"怨愤、阴沉……不满和愤怒的，充斥着后来导致巨大灾难的全部要素"。这句描述所暗示的是，当时的哥廷根是纳粹运动迅速发酵的沃土。1922 年，纳粹党最早的分支之一在这里成立。三年后，也就是奥本海默到来的前一年，一名叫做阿希姆·格尔克的化

* 像牛津、剑桥以及同在英国的杜伦大学这样，多所独立的学院在管理资金、地产和录取流程上高度自治又共同接受相同的大学规章制度而组成的大学，称为学院制大学。

† 这里所说的学院导师、院士和高桌都是以剑桥和牛津为代表的古老的英国大学及其学院的特色。学院导师（don），指这些传统的学院中的高级教师。院士，指学院管理机构的组成人员，通常是退休后留任的学者或者选举产生的荣誉成员，和准教授、讲师等组成的学院学术人员相对。高桌，指学院餐厅中专门供院士和他们的宾客使用的餐桌，通常置于餐厅尽头高于学生用餐区的平台上，同时也指学院举办晚间正式活动及其宴席，这些场合有特定的活动流程和着装要求。

‡ "爵士时代"和"咆哮的二十年代"都被历史学家用来指第一次世界大战后西方国家社会氛围活跃、反叛意识强烈的时期，主要是在 20 世纪 20 年代。顾名思义，爵士乐的流行，以及消费经济的繁荣、汽车和电网等科学技术成果的普及、女性在社会和政治上影响的增加等等，都是这一时期的典型特征。

§ 此处双关，"愉悦"在此对应的原文"gay"也有同性恋的意思，和英国大学中这一唯美主义时期的同性关系之风相照应。

学系学生开始登记这所大学的犹太教授名单。他后来成为纳粹活动中的重要人物。纳粹上台后，他们据此很快就知道哪些人会在种族纯洁的名义下被驱逐出境。

奥本海默深刻地感受到了种族仇恨引起的不祥的阴郁氛围，不到一年，他就非常乐意离开哥廷根了。然而，尽管如此，奥本海默在剑桥过得有多艰难，他在哥廷根度过的大约九个月的时间就成长得有多耀眼。愤怒、怨恨以及愈演愈烈的反犹主义的确极不友善，但从结果来看，这并没有剑桥的“卓越”那么令人疲惫和压抑。无论他需要忍受什么，哥廷根没有公爵身边的红人或高桌上的雅士，也没有与国际知名的法国知识分子讨论文学和哲学的文人墨客，他在这里完全不必与这些人来往。相反，在哥廷根，他展示着阔绰的财富，在法语和法国诗歌方面的造诣，令人惊讶的渊博知识以及从文学到着装、从建筑到手提行李等方面
124 的高雅品位，是他自己凭借这些社交、智识和文化上的绝对优势震慑了别人。

如果在哥廷根真有人像个贵族，那么这个人肯定就是奥本海默自己。他的举止周密妥当，颇有宫廷风范，在同学中展现出贵族般的位高则任重的心态。研究生们传说：如果你喜欢奥本海默的某一样东西，他就会觉得有义务把它送给你。到哥廷根后不久，他和几位同学坐火车前往汉堡参加研讨会。在同行的人中，有一位名叫夏洛特·里芬斯塔尔的博士生（她和电影导演莱妮·里芬斯塔尔毫无关系）。当所有行李都堆在月台上时，她一眼就发现里面有一个非常精致、明显极其昂贵的猪皮袋，看上去和周围那些廉价破旧的行李箱格格不入。她问这是谁的，得到的回答是：“除了奥本海默，还会是谁的。”出于好奇，她找到了奥本海默，在回程的火车上坐在他身旁，夸他有个漂亮的行李袋，这令他颇为困惑。就这样，他们建立了一段友谊，而后奥本海默以其彬彬有礼的方式试图把它变成一段恋爱，但没能实现。果不其然，离开哥廷根时，他一定要将他的猪皮包送给这位里芬斯塔尔小姐。

战后的哥廷根给了奥本海默相当充分的展示优越感的机会，因为那里到处是陷入困境的人们，其中就包括奥本海默寄宿的房东一家。在剑

桥，他抱怨自己住在一个“阴沉的洞穴”里，在哥廷根，他寄宿在吉斯马兰街一座宽敞舒适的房子里，房主家刚刚陷入了贫困。奥本海默后来回忆，这家人姓卡里奥，“带着纳粹运动所依存的典型的怨愤”。卡里奥先生是一名医生，战后的通货膨胀让他的积蓄化为泡影，他又因医疗事故丢掉了从业资格。为了维持生计并保住大房子，一家人被迫接受租客，这显然成了他们怨愤和屈辱的一个来源。

在此寄宿的还有另外两位物理学家，卡尔·T. 康普顿和爱德华·康顿（卡里奥一家和物理系的联系可能来自卡里奥医生的儿子，他是一名物理系学生）。康顿比奥本海默大几岁，那年夏天在伯克利获得了博士学位，至少乍看起来学术水平更高。像很多美国博士后物理学家那样，他决定到德国和量子力学的先驱一起工作。但很快，他就后悔选择了哥廷根，因为他发现，虽然他想要跟随马克斯·玻恩做研究，但是后者却不愿在他身上花费太多时间和精力。正如玻恩回忆：“美国人实在太多， 125
我没有时间分给每一个人。”

> 有些人，比如康顿，对此很不满意。在哥廷根，他什么都要抱怨：没有像样浴室的破房子、餐厅的饭菜、公共汽车不准点等等。还有同样重要的是，过度操劳的教授对他顾及太少。

康顿当时的日子不太好过。他的唯一收入是微薄的博士后资金，而且，尽管只有二十四岁，但他已经有了妻子和一个小孩要养活。奥本海默完全感受不到这样的压力，他从不掩饰自己的阔绰，高高在上地无法理解康顿的家庭责任。有一件事让康顿耿耿于怀，多年后还会说起。一次奥本海默邀请他和妻子艾米丽一起散步，艾米丽解释说她不太方便，因为要照看年幼的孩子。“好吧，”奥本海默回答，“那我们就留你做你的粗活吧。”

尽管奥本海默显然只是想开个玩笑，但在康顿看来，这种冒牌贵族的傲慢做派只会让人气愤，一点都不好笑。而且让康顿觉得更糟糕的是，奥本海默恨不得让哥廷根的每个人都知道他有多么聪明。“麻烦在于，”康顿曾经说，“奥比的头脑反应极快，这让每个人都相形见绌。而且，要命的是，他总是对的，或者至少可以说是对的。”奥本海默不像康顿那样拿着博士学位来到哥廷根。然而，奥本海默却拥有康顿在哥廷根永远无法获得却最希望得到的，那就是马克斯·玻恩的欣赏和尊重。“他和玻恩成了非常亲密的朋友，”康顿后来回忆，“两人经常见面，简直让玻恩不怎么见其他来这里和他一起工作的理论物理专业的学生了。”

玻恩对奥本海默的尊重被哥廷根的每一个人看在眼里，这似乎让他比其他同学更高一等。但是，奥本海默既然对玻恩本人都觉得屈尊纡贵，那他能够小看的就不仅仅是康顿这样的研究生和博士后同学了，还包括他的另一位合租房客卡尔·T. 康普顿这样的著名物理学家。

康普顿可不是什么能轻易小瞧的等闲之辈。他来自一个极其显赫的名门望族，父亲埃利亚斯·康普顿是伍斯特大学（即伍斯特学院）的校长；弟弟威廉后来成为华盛顿州立学院的校长*。他的另一个弟弟阿瑟是
126 享誉世界的实验物理学家。奥本海默肯定熟悉他的成果。阿瑟·康普顿最著名的成就是 1922 年发现 X 射线的“散射”，并因此获得 1927 年的诺贝尔物理学奖。他自 1923 年起在芝加哥大学担任物理学教授。

尽管阿瑟不住在卡里奥家，他却于 1926—1927 学年和哥哥卡尔同在哥廷根。在他的回忆录《原子探秘》†中，他回忆遇见奥本海默时“他是哥廷根詹姆斯·弗兰克和马克斯·玻恩门下那群美国学生中的一员”，并描述说，“在我们这些更直接地从事实验工作的人面前，他是把数学理论讲解得最好的人之一”。这话出自一名即将获得诺贝尔奖的物理学家之口，无疑是对一个年仅二十二岁的尚未完成博士论文的人非同一般的赞誉。

尽管不是诺贝尔奖得主，卡尔·康普顿在与奥本海默相遇时已不仅是著名物理学家，而且身居高位。三十九岁的他是普林斯顿的正教授、

---

* 此处应为威尔逊·康普顿（Wilson M. Compton），1944 年经由华盛顿州立学院（今华盛顿州立大学）校务委员会任命，于 1946 年起担任校长，直至 1951 年。原文“威廉”（William）疑为作者笔误。

† *Atomic Quest.*

美国科学界权威中的重要人物。他还是美国物理学会副主席，并且即将在奥本海默在哥廷根的这一年里升任主席。同年，康普顿还成为美国国家科学院物理学部的主席。仅仅几年后的 1930 年，他被任命为麻省理工学院校长，职业生涯达到顶峰。

非同寻常的是，尽管康普顿拥有杰出的成就、耀眼的荣誉和重要职位，却在奥本海默面前发怵。据说，尽管他觉得他在科学方面和这个年轻人相比能够不落于下风，但是当奥本海默谈论文学、哲学或政治的时候，他却一片茫然。而在奥本海默看来，他觉得可以像藐视康顿一样藐视康普顿。在 1926 年 11 月寄给弗朗西斯·弗格森的信中，他写道：

> 这里大约有二十名美国物理学家。他们多数都已年过三十。多是普林斯顿或加州大学（康顿在此获得博士学位）这些地方的教授，已婚，值得尊敬。他们主要是物理学做得不错，但他们完全没有受过什么教育，也不懂得怎么享受。他们嫉妒德国人的聪明劲，想把物理学带回美国。

当然，和往常写给弗格森的信一样，我们要考虑到奥本海默难以掩饰地想要引人注意，所以一定会炫耀自己。因此，他先是用一反常态的直白语言告诉弗格森“这里的科学研究比剑桥的好得多，而且总的来说，可能是世界上最好的”，然后又忍不住接着写道：

> 他们工作非常辛苦，并且将形而上学一般绝对无法动摇的闪烁 127
> 其词与墙纸生产商野心勃勃的习性结合起来。结果，他们完成的工作几乎一点也说不通，却取得了巨大成功。

信中暗示，玻恩对量子力学的统计学诠释既成功地解释了实验结果，又在哲学（形而上学）上付出了高昂的代价（放弃了因果决定论）。这样的描述非常恰当，但是，肯定只有已经对这种诠释有所了解的人才会有这样的感受。

尽管在一定程度上存在戏剧性的夸张效果，但在这封信以及留存下来的这一时期的另外几封信中，都可以看出奥本海默那超乎寻常的自信。他告诉弗格森，他还拿不准在回美国前要不要先回剑桥，然后像是随口一说："我可能在三月份从这儿拿个学位。"奥本海默之所以能极为自信地和他人相处，并大胆预测在到达哥廷根后六个月内便能拿到博士学位，归根结底是因为他和玻恩的密切关系。和康顿截然不同的是，他不仅一直参加玻恩的讲座和研讨会，而且经常去他家里。很快，他在别人眼里已经不再是玻恩的学生，而是他的合作者，他自己也以此自居。例如，在写信给弗格森约两周后，奥本海默也写了一封信给埃德温·肯布尔，他在这封信中使用的措辞是"我和玻恩教授正在研究的另一个问题"，似乎当时世界上最著名的理论物理研究中心的掌门人已然成了他的工作伙伴。

在这段合作关系中，奥本海默也不把自己视为配角。在玻恩的量子力学研讨班上，不管是谁在发言——无论是另一名学生还是玻恩本人，他都会毫无歉意地打断，然后走到黑板前，从别人手中抢过粉笔，说着"不，这不对"、"不是这么做的"或"用下面这种方法要好得多"之类的评论。这种傲慢行为让奥本海默的同学们印象深刻，其中一个后来说，"我觉得他像个奥林匹斯神，来人间走了一趟，已经尽量让自己看上去像个人了"。但是他的行为也引起了众怒。其中一些人向玻恩抱怨，要他管一管。"但是，"玻恩在他的自传中写道，"我有点怕奥本海默，我漫不经心地劝过他别那么做，但没有成功。"

然而，无论奥本海默多么聪明，无论他多么相信自己的评论值得一
128 提，这些学生到哥廷根是为了向玻恩学习，而不是向奥本海默学习。于是有一天，玻恩来研讨班时，在他的座位上发现了一张纸，它做成中世纪羊皮纸的样子，上面用装饰性的古体字威胁道，如果奥本海默继续打断发言，他们将抵制玻恩的研讨班。玻恩后来认为，促成了这一威胁事件的是未来的诺贝尔奖得主玛利亚·格佩特，当时她二十岁，还是一名早慧的物理系本科生。玻恩意识到他必须认真对待这次威胁，但又害怕和奥本海默正面冲突，因此制定了一个巧妙的计划，以便让奥本海默知

道他造成的麻烦。奥本海默下次去他家时，玻恩将那张“羊皮纸”留在了自己的桌子上，然后按照预先设计的那样离开房间去接妻子海蒂[*]打来的电话。“计划成功了，”玻恩在他的自传中写道，“我回来时，发现他脸色苍白，也不像平时那么爱说话了。在研讨班上再也没有出现他打断别人发言的情况。”玻恩余生一直担心他的做法有没有冒犯奥本海默，而且他倾向于相信，他在后来的日子里从未收到过美国大学的邀请，可能正是因为奥本海默仍然对此事耿耿于怀。

玻恩对奥本海默的强烈兴趣和赞赏自然引起了其他物理学家的关注。到 1926 年年底，尽管奥本海默还没有发表过任何能与狄拉克、海森伯、约尔旦和玻恩本人的开创性工作有丝毫可比性的成果，但是人们已经开始把他和这些人相提并论了。当时，美国国家研究理事会正在与洛克菲勒基金会合作，希望资助一些有前途的美国年轻物理学家，让他们将欧洲物理学前沿知识及其解释带回美国。（这正是奥本海默在他写给弗格森的信中所暗示的：“他们［在哥廷根的美国物理学家］嫉妒德国人的聪明劲，想把物理学带回美国。”）作为美国国家研究理事会研究院选拔委员会的成员，卡尔·康普顿于 1926 年 12 月 6 日向洛克菲勒基金会报告：“据我所知，康顿和一位非常年轻的、名叫奥本海默的小伙子在物理学上表现最佳。”两个星期后，这一观点得到了玻恩本人的印证。当时，洛克菲勒基金会询问他对接触过的美国年轻物理学家的看法，玻恩写道：“我想在此指出，特别出众的只有一位。他就是罗伯特·奥本海默先生。这位美国青年极其擅长数学，对物理学有着很强的理解能力，有望成为一名卓越的学者。”

然而，奥本海默在哥廷根越来越大的名气（不妨称之为“神秘色彩”）并非完全来自玻恩的高度评价。到 1926 年年底，他写的论文至少 129
开始配得上康普顿等人的称赞了。最重要的一篇是他在平安夜寄给德国《物理学杂志》的，这篇文章以《关于连续光谱的量子理论》[†]为题，后

---

* 即黑德维希（Hedwig Ehrenberg），昵称海蒂（Heidi）。

† “On the Quantum Theory of Continuous Spectra”，德文原文为“Zur Quantentheorie kontinuierlicher Spektren”。

来成了他的博士论文。这篇论文有二十五页，是他发表过的最长的论文之一。杰出的物理学家亚伯拉罕·派斯认为这篇论文“相当重要”，因为它引入了至今仍在使用的多种数学技巧。尤其是，奥本海默在这篇论文中设计了一种量子力学式的计算方法，用来计算氢对光的吸收，这种方法甚至直到今天还被用来理解发生在恒星内部的物理过程。派斯强调，这是一个“在当时尚未被发掘的领域”，因此它完全可以被视为某种突破，尽管与狄拉克、海森伯、约尔旦和玻恩的工作相比，这只是个相当小的突破，只是应用了量子力学理论，而不是在根本上推动了量子理论的创新和发展。

除尼尔斯·玻尔之外，保罗·狄拉克是奥本海默最推崇的物理学家。对于那些并非头等重要的研究，狄拉克的态度是出了名的严厉。在圣约翰学院，他曾打击过自己的博士生同学罗伯特·施拉普。当时施拉普正在研究 X 射线在晶体表面的反射。而狄拉克说：“你应该去解决那些根本问题，而不是边缘问题。”后来，在一次关于“量子力学发展”的公开讲座中，狄拉克表达了同样的态度。对于量子力学刚刚建立后的那段时期，他说：“那个时候，任何二流物理学家都很容易完成一流研究。”他解释说，他想说的是，量子力学的数学技巧一旦发展起来：

> 对当时的人来说，把我们在牛顿理论中早已熟知的各种力学体系模型转换到海森伯的新力学体系中，这是一种有趣的游戏……只要解决其中一个小问题，你就可以写一篇论文。

我们不完全清楚，狄拉克会不会将奥本海默博士论文的主题看成“其中一个小问题”，但听起来完全有这种可能。

在哥廷根学习的后半程，奥本海默渐渐和狄拉克非常相熟，因为1927 年 2 月狄拉克来到哥廷根，住进了卡里奥家，取代了牢骚满腹的康顿。康顿去了慕尼黑，希望从阿诺德·索末菲那里得到没能从玻恩那
130 里得到的关注。“我在哥廷根最激动的时刻，”奥本海默曾经说，“可能也是我一生中最激动的时刻，就是狄拉克到来后，将他写的关于辐射的

量子理论的论文校样交到我手里的那一刻。”

然而，这样的激动却不可能从狄拉克那里得到相应的回报。狄拉克出了名的喜欢独处。曾经有人采访狄拉克时说：“奥本海默表示，他在哥廷根时，觉得你和他在一起的时间比你和其他人相处的时间都要多。”狄拉克回答：“的确如此，我们有时一起散步，走很远的路，不过我也经常独自散步。”尽管奥本海默经常表达对狄拉克的赞赏，然而据我所知，狄拉克只有一次表达过对奥本海默的赞赏，而且是个非常特殊的个例，因为那是在狄拉克获得每年由迈阿密大学颁发的 J. 罗伯特・奥本海默纪念奖的颁奖仪式上。“能获得奥本海默奖，我感到非常荣幸，”狄拉克在演讲中说，“因为我是奥本海默的好朋友和仰慕者。”然而，引人注意的是，当具体地讲述他在奥本海默身上看到的“令人钦佩的品质”时，他强调的是表达天赋，而不是科学成就。他明确表示，他欣赏奥本海默的主要是“主持讨论和学术会议”的专业素养。

不同于卡尔・康普顿，狄拉克对奥本海默的文学知识和兴趣不以为意。相反，他不喜欢这些。他曾经对奥本海默说：“我不明白你怎么能一边研究物理一边写诗。在科学上，你想用人人都懂的词表达以前无人知晓的事。而在诗歌里，你必须用无人能懂的词表达尽人皆知的事。”

到哥廷根之前，狄拉克从 1926 年 9 月起一直在哥本哈根的玻尔研究所工作，他在那里完成了两项重要的基础性研究。第一项奠定了我们今天称为“变换论”的理论的基础，解释了怎样将薛定谔波动理论中的任何量子力学表述转换成海森伯式矩阵或狄拉克的“泊松括号”中的表述。第二项（也就是奥本海默在上文中的引文中所指的）确立了一个崭新的重要研究领域——量子电动力学，由此可以用量子力学来解释电磁辐射。

尽管奥本海默的研究远不及狄拉克的研究那么重要，但是在哥廷根，因为都是走在新物理学前沿、年轻有为的理论物理学家，两人的联系非常紧密。在 1927 年 2 月 13 日写给麻省理工学院校长 S.W. 斯特拉顿的信中，玻恩重申了他之前对洛克菲勒基金会表达的观点，即，奥本海默“相当优秀”，和其他在哥廷根工作的美国人相比出类拔萃。几个 131

星期后，美国物理学家厄尔·肯纳德写信给一位朋友说："这里有三位年轻的理论物理天才，他们一个比一个高深莫测。"这三个人就是奥本海默、约尔旦和狄拉克。

美国的物理学家渴望比肩欧洲理论物理的发展，因为他们非常清楚，重大事件发生得太快，只有不停地奋斗才能跟上前进的脚步。正如爱德华·康顿曾经说："那时候，伟大的思想与日俱增，你甚至很容易对理论物理正常的发展速度形成完全错误的印象。"

1927 年 3 月，海森伯发表了一篇题为《量子理论运动学与力学的直观内容》*的论文，第一次提出了一个今天人人都会将其与量子论联系在一起的概念：不确定性原理。这个原理说的是，我们对量子力学体系的了解会一直有某种程度的不确定性，譬如原子内部这样的体系。海森伯证明，如果量子力学是正确的（为了写这篇论文，海森伯使用了最普及的狄拉克方程），那么，我们对亚原子粒子的"位置"测量得越精确，对"动量"的测量就越不精确，反之亦然。之所以出现这样的情况，是因为像电子这样的亚原子粒子实在太小，一般的可见光不足以确定它的位置，因为光的波长比粒子要大得多。要更加准确地确定粒子的位置，我们就必须使用波长更短（频率也就更高）的电磁辐射，例如 γ 射线。但是，这些高频波携带着巨大的能量，足以使电子产生偏转，也就改变了它的动量。因此，我们只有改变（并且因此不准确地测量）电子的动量，才能准确测量它的位置，而只有使用低能、低频辐射，以辐射的波长太大、不能准确测量电子的位置为代价，我们才能准确测量其动量。

就在海森伯关于不确定性原理的论文发表前几个月，奥本海默写信给莱顿大学的乔治·乌伦贝克说，他本人正在多少思考一点量子力学诠释中的根本问题。"我的感觉是，"他对乌伦贝克说，"尽管将 Ψ（波函数）视为概率幅常常是正确的，但这种诠释并不是最根本的。在我看来，这一问题已经进入了一个新的阶段，这本质上归功于狄拉克的上一篇论

* "On the Intuitive Content of Quantum-theoretical Kinematics and Mechanics".

文。”他说的当然没错，这一问题确实已经进入（或者说在海森伯的论
文发表之后即将进入）一个新的阶段。尽管爱因斯坦等人和奥本海默一 132
样，觉得玻恩对波函数的概率诠释尚未触及根本，但是到目前为止，这
种感觉还没有得到证实。对更触及根本的诠释的探索还在继续。

奥本海默向乌伦贝克简要地介绍说，他自己的研究并不致力于诠释这个根本问题，而是属于狄拉克看不起的那种题目：证明量子力学能够成功用于（如奥本海默所述）“汞的共振谱线和碰撞辐射的极化和去极化之类的效应”。这项研究写成了两篇论文，都发表在与量子力学前沿研究联系最紧密的《物理学杂志》上。

奥本海默写信给乌伦贝克，是因为乌伦贝克的一名同事、实验物理学家 E.C. 维尔斯马到哥廷根提交论文，奥本海默和他见了面。维尔斯马肯定告诉了奥本海默，乌伦贝克已经应聘了密歇根大学的教职，下一学年就任。“我非常高兴，”奥本海默对乌伦贝克说，“今年七月我要回美国（帕萨迪纳），如果你也打算在这个时间动身，又没有其他更好的安排，我们可以结伴而行。”

此前不久，奥本海默刚刚收到一封信，信中说美国国家研究理事会决定向他提供博士后研究资金。考虑到奥本海默并没有申请这一资金，也还没有获得博士学位，就可以看出奥本海默的名气在 1927 年春天已经大到何种程度了，也可以看出美国大学此时多么渴望吸引具有量子力学专长的物理学家。他决定拿上这笔奖学金去位于帕萨迪纳的加州理工学院，这说明美国西南部仍然对他有着无穷的吸引力，因为其他知名大学对他的青睐也只多不少，其中就包括哈佛。

1927 年 4 月 3 日，奥本海默从前在哈佛的导师珀西・布里奇曼——明显还不知道奥本海默已经获得了美国国家研究理事会的研究资金——写信给他，希望劝诱他回哈佛工作。“据我所知，”布里奇曼写道，“我想你已获得博士学位。去年八月我在牛津见到了福勒，他热情洋溢地向我谈起你同他所做的工作。”

既然你要获得博士学位了，你考虑过申请下一年的国家研究理

> 事会资金吗？如果你对此有些兴趣，我敢肯定我们都非常欢迎你回
> 133 哈佛，这样，你就可以与肯布尔和斯莱特*组成团队，共同完成一
> 些重要的理论研究。

可能是为了回应这一建议，奥本海默稍微调整了自己的计划，打算作为美国国家研究理事会资助的博士后研究员先到哈佛，再去加州理工学院。

不过，他现在还得真获得博士学位。正如每个人预想的那样，这只不过是个形式罢了。他于前一年十二月发表的论文被认可作为博士论文，并于5月11日答辩，评审考官是玻恩和詹姆斯·弗兰克。两位考官都毫不怀疑奥本海默可以通过考核，因此答辩时间被压缩得很短。弗兰克花了大约二十分钟向奥本海默提问，离开考场时只听他说："我真高兴答辩结束了。要不然他就要考我了。"论文以"优等成绩"通过。现在只剩下一个问题：奥本海默甚至还不是哥廷根大学的正式学生。他似乎忘记注册学籍了。出乎意料的是，玻恩说服了校方忽略这个算得上相当严重的问题，理由是奥本海默没钱，虽然这全无道理。他致信普鲁士自由邦教育部说："出于经济原因，奥本海默先生无法在夏季学期结束后继续留在哥廷根。"

实际上，到那个时候，玻恩之所以一定不让奥本海默继续留在哥廷根，也有既得利益的考量。两人开始合作后，在玻恩看来，他们的合作关系给他带来了严重的焦虑。和奥本海默一起工作似乎剥夺了他的自信，使他在科学工作中无所作为。奥本海默离开后不久，他写信给保罗·埃伦费斯特说："我的灵魂几乎被这个人毁了。"大约一年后，在另一封写给埃伦费斯特的信中，他再次提到这一话题，声称"奥本海默的出现摧毁了我仅存的一点科研能力"。他对埃伦费斯特说的一番话是他就奥本海默给他造成的毁灭性后果的最好解释："对任何问题，他都比

* 约翰·C. 斯莱特当时是哈佛年轻的物理学教授，后来成为麻省理工学院的物理系主任。——原注（23）

别人懂得更多，无论你提出什么想法，他都能比你更进一步，他用这种方式在九个月里让我们所有人陷入瘫痪。”换句话说，奥本海默的问题是，他总是想比周围的人更优秀。

玻恩和奥本海默影响最深远的合作成果是他们联名发表的论文《关于分子的量子理论》*。尽管这是玻恩最不为人所知的成果之一，但它却 134
是奥本海默的所有发表成果中迄今为止被引用最多的一篇。这篇论文被视为量子化学领域的经典之作。这一学科的所有本科教材都会专门用一节的篇幅介绍这篇论文的核心思想，也就是今天人们所说的“玻恩－奥本海默近似”。

奥本海默曾经说过，这篇论文的目的是用量子力学解释“分子何以成为分子”。最初，正是化学吸引奥本海默进入了科学的世界，他也希望用量子力学解释化学中化合物的基本性质。他在剑桥时写的第一篇论文朝着这个方向迈出了第一步。现在，他决定和玻恩一起证明，量子力学不仅可以用来理解原子结构，而且可以应用于分子结构。这是一项极为宏大的事业。

计算分子的能态要比计算原子的能态复杂得多，无论在什么情况下都极为复杂。由于这些计算过于复杂，人们目前只针对结构最简单的原子完成过这样的计算，譬如只包含一个质子和一个电子的氢原子。如此复杂的原因之一在于作为量子力学核心的波函数描述的是三维波。一个电子可能所处的位置要从 x、y、z 三个维度设想，那么与之相关的电子波也是三维的，因为根据玻恩量子理论的统计学解释，电子波体现了电子处于任何位置的概率，这些位置可以用 x、y、z 可能的数值来表示。

在想象中，电子——也就是这些三维波——绕原子核旋转，而原子核本身也在运动，包括振动和转动。一个原子的总能量等于电子的能量加上原子核振动和转动的能量。像氢这样只有一个电子的情况已经很复杂了，如果有两个或三个电子，就更复杂得令人头晕目眩，因为每增加一个电子，就得考虑这个电子与另一个电子之间以及电子与原子核

* “On the Quantum Theory of Molecules”，德文原文为“Zur Quantentheorie der Molekeln”。

之间的作用力。现在，想想由两个或两个以上原子构成的分子，就知道其复杂程度会呈指数增长。例如，由两个氢原子和一个氧原子组成的水分子。每一个氢原子都有一个电子，而每一个氧原子都有八个电子。那么，这个分子里一共有三个原子核和十个电子。要计算出这个分子的能
135 量，就必须计算每个电子的能量、三个原子核各自的能量，还有分子本身的能量——没错，分子本身也是运动的。

玻恩和奥本海默在他们合写的论文中介绍了一种数学技巧，这种技巧此后成为整个量子化学学科的奠基石。他们用一系列近似值计算分子的能量。首先，假设原子核是静止的，计算出电子的能量。这只是一个近似值，但是误差并不大，因为原子核的质量比电子的质量大得多，从电子的角度看，原子核的确好像是静止的。随后也可以计算出原子核振动的能量，最后计算出分子旋转的能量。尽管每一次计算都是近似值，但至少使之前完全不可能完成的计算变得困难却可行了，从而使人们能够用量子力学知识解决最初将奥本海默吸引到科学世界的问题——关于化学物质本质的问题。

这篇论文经历了艰难的酝酿。奥本海默于 1927 年复活节假期写出来的初稿只有五页。“我认为这恰到好处，”奥本海默后来说，“它简洁易懂，在我看来已经涵盖了所有必要的内容。”但玻恩不这样认为。他后来回忆，奥本海默的初稿让他“大吃一惊”，他以主要合作者的身份坚决要求用更大的篇幅重写。奥本海默后来说：“我不喜欢这个要求，但我显然不可能向主要合作者抗议。”因为对论文表达方式的争吵，又导致必须重写，这篇论文直到 1927 年 8 月底才被投递发表。同时，埃德温·肯布尔于当年六月访问了哥廷根，并向哈佛的一位同事汇报：

> 奥本海默甚至比他在哈佛时我们以为的还要优秀。他的新成果层出不穷，足以和这里璀璨群星中的任何一位年轻数学物理学家相抗衡。美中不足的是，玻恩对我说，他还是不能在写作中表达清楚，正如他在哈佛就读时我们看到的那样。

大约两周后，奥本海默离开了哥廷根。玻恩如释重负。

他离开的时候拿到了一个博士学位，获得了作为他那一代人中最优
秀的年轻物理学家与日俱增的国际声望，还结交了一群同样有着过人才
智、同样渴望理解量子力学这个陌生领域的朋友。这个朋友圈不大但非 136
常重要，完全占据了他对哥廷根的回忆。“这和在剑桥的感觉不一样，
更不可能是在哈佛那样，”奥本海默记得，“我是一个小小的共同体的一
员，我们有一些共同的兴趣、品位以及物理学方面的许多共同爱好。”

然而，我们不应该被这些回忆误导，认为奥本海默所处的共同体就在哥廷根本校。正如玻恩对埃伦费斯特所言，奥本海默给玻恩本人造成的打击也落在了玻恩的学生头上（玻恩戏剧性地说，奥本海默“毁了我的年轻人”）。不，奥本海默心中的“共同体”是那些从其他院校去哥廷根的访问学者。他提到名字的共同体成员没有一个是哥廷根本校的物理学家。说起其中两个人——莱比锡大学的格雷戈尔·文策尔和汉堡大学的沃尔夫冈·泡利——他甚至不记得是在哥廷根还是在汉堡遇见的（似乎后者的可能性更大）。在他提到的人中，有一个是来自哥廷根大学的理查德·柯朗，他是数学家，而不是物理学家，与量子力学的发展关系不大。奥本海默说到这个“小小的共同体”时，提到的最后一个人是沃纳·海森伯，他一直留在哥本哈根工作，直到 1927 年秋天成为莱比锡大学教授。

可以猜测，在哥廷根确实有一个人与奥本海默组成了某种共同体，这个人就是保罗·狄拉克。狄拉克于 1927 年 6 月离开哥廷根前往莱顿大学，应保罗·埃伦费斯特之邀在那里待了一个月，然后回到剑桥。奥本海默离开哥廷根后追随狄拉克来到莱顿大学，也成了埃伦费斯特的客人。这促使玻恩写了上文引用的那封信，同埃伦费斯特谈及奥本海默。这封信的正文是用打字机打的，落款日期是 1927 年 7 月 16 日，讲的是专业方面的问题。然后，玻恩手写了一段附言说：

> 我和奥本海默相处很久了。现在他到了你那里，我很好奇你对他看法如何。我确实要坦率地说，我和任何人相处都不会像和他相

> 处时那样痛苦。希望你的判断不要受我这些话的影响。他无疑天赋过人，在心智上却毫无约束。他表面很谦虚，骨子里却很傲慢。对任何问题，他都比别人懂得更多，无论你提出什么想法，他都能比
> 137 你更进一步，他用这种方式在九个月里让我们所有人陷入瘫痪。现在他走了，我又能喘过气来、开始重拾工作的勇气。我的那些年轻后生也和我一样。不管时间长短，你千万别留他。

埃伦费斯特的回信已显然表明，他和玻恩对奥本海默有着不同的看法。在 1927 年 8 月 7 日的一封信中，玻恩对他说：“你说的有关奥本海默的话对我很有帮助。我知道他是一个非常优雅又体面的人，只不过如果某人总是让你神经兮兮的，你也没办法。”奥本海默在七月中旬从利物浦登船前往纽约。玻恩写这封信的时候，奥本海默已经回到了美国。他的计划是在夏天的剩余时间里和家人待在一起，然后十月份到哈佛开始他的博士后研究工作。

在某种程度上，一名量子物理学家在这个时候离开欧洲是不幸的。因为量子力学史上最重大的两件事即将发生，先是在意大利，然后在比利时。第一件事就是尼尔斯·玻尔提出了互补原理，它与海森伯的不确定性原理共同构成了所谓量子力学的哥本哈根诠释，奥本海默后来一有机会就强调这个理论多么重要。互补原理认为，波和粒子是光子和电子事实上存在的互斥又互补的两个方面。光确实是由类粒子的量子（光子）组成的，同时也确实是由波组成的。使用何种测量方法决定了我们观察到的是波还是粒子，但是永远不会二者皆是。然而，要完全理解光子和电子，这两方面又缺一不可。玻尔认为，我们绝不能试图将波简化成粒子或者将粒子简化成波，相反，我们必须接受它们互相补充。

1927 年 9 月，国际物理学大会在意大利科莫召开，玻尔在会上宣读了一篇题为《量子公设和原子理论的晚近发展》* 的论文，文中提出了互补原理。他在论文中指出，互补性是量子理论建立的基石。玻尔称，

---

* “The Quantum Postulate and the Recent Development of Atomic Theory”.

比如说不确定性原理只不过是互补性的结果，我们不能同时准确测量位置和动量是一个特例，而它背后更普遍的事实就是，我们不能同时看到作为粒子和作为波的电子或光子。除了互补原理和不确定性原理，玻尔又加上了玻恩对薛定谔波函数的统计学诠释，他将这些看作一套完整的理论——量子力学，尽管其他人则认为，这三者只在量子力学的哥本哈根诠释中作为基本要素。不管怎么说，这是 20 世纪物理学中的影响最 138
大、最重要的一套理论，其影响超越了物理学本身，进入了最基本、最普遍的哲学思想领域。

如果说玻恩对波函数的统计学诠释需要人们放弃决定论，那么不确定性原理则迫使人们放弃古老的因果概念：认为知道一个物体位置和动量的全部信息，就可以由因及果地预测其未来。同时，互补原理似乎迫使我们重新思考，我们在观察周围的事物时不会对它们产生干扰的“外部世界”概念。根据玻尔的理解，观察就是测量，而测量就是在影响我们面对的是波粒二象性中的哪一个方面（因为正是测量的方法决定我们看到的是波还是粒子）。弗吉尼亚·伍尔芙曾经在强调“马奈与后印象派”艺术展的重要性时说过一句名言：“1910 年 12 月前后，人的特性变了。”怀着同样的心情，人们可能也会说：“1927 年 9 月前后，物理世界变了。”

来自世界各地的七十多位物理学家参加了科莫会议。玻恩在会上宣读了关于波函数统计学诠释的论文。海森伯出席时虽然没有宣读论文，但他发言支持了玻尔的论文，并在会上简要介绍了自己的不确定性原理。到会的还有卢瑟福、德布罗意、沃尔夫冈·泡利、阿诺德·索末菲和阿瑟·康普顿。如果奥本海默那时在欧洲，他肯定也会参加。

1927 年秋天影响物理学的另一个重大事件，是十月份最后一周在比利时举办的第五届索尔维会议。索尔维会议（以它的赞助人和创立者比利时实业家欧内斯特·索尔维命名）创始于 1911 年，第一次会议以“辐射与量子”为主题，旨在集中世界上杰出的二十几位物理学家，共同讨论解决一个长期悬而未决的问题。第一届会议的明星是年轻的阿尔伯特·爱因斯坦。1913 年第二届会议后，这一系列会议因第一次世界大战而被迫中断，又因为德国物理学家在战后受到排斥而大受影响，使得 1921 年和 1924 年的第三、四届会议在众多顶尖物理学家缺席的情况下举办，对最根本问题的讨论陷入困境。

第五届索尔维会议没有受到这些问题的困扰。出于多种原因，国际理论物理学界的科学家们都以饱满的热情期待这次会议。首先，会议主题“电子与光子”是当时的热点话题，而且邀请函（索尔维会议实行严
139 格的邀请制）的措辞明确提出“会议将主要探讨新量子力学以及与之相关的问题”。其次，由于德国已于 1926 年加入国际联盟，德国科学家不再被视为敌国公民，这就意味着这次会议不仅可以邀请马克斯·普朗克这样的量子论先驱，而且也能邀请德国年轻一代的顶尖物理学家，比如创立、发展和塑造新量子理论的海森伯和玻恩。最后，德国物理学家重返国际学界，意味着这一新理论的主要反对者阿尔伯特·爱因斯坦可以公开与它的主要支持者展开论战了。

这样，这场空前绝后、将会永垂史册的量子力学科学和哲学大辩论即将拉开帷幕。新理论所有显要的支持者和反对者都将在此汇聚一堂。玻恩、海森伯和玻尔早已阐明并强调了新理论将会造成根本性的结果。除了这三个人以外，为新理论辩护的还有保罗·狄拉克和沃尔夫冈·泡利。反对者的代表是爱因斯坦、普朗克、薛定谔和德布罗意。到会的还包括玛丽·居里、阿瑟·康普顿和拉尔夫·福勒。这些科学家厥功至伟：在与会的二十九人中，有十七人已经或将要获得诺贝尔奖。他们的讨论将要确定的不仅是新的物理学理论，还是一场已有预兆的人们思考决定论、因果论和科学理论本质的方式的根本性转变。在这次会议上被反复提及的一句话凝结了这次辩论的核心问题，也就是爱因斯坦在写给玻恩的信中提出的问题：上帝掷骰子吗？

会议从 10 月 24 日星期一持续到 10 月 28 日星期五，采用的形式是与会人员先听取量子力学的各个方面的报告，每篇报告结束后再展开漫长的讨论。整个会议只宣读了五篇报告，因为组委会一定要预留出充足的讨论时间。第一天，来自曼彻斯特的威廉·L. 布拉格作了关于 X 射线反射的报告，阿瑟·康普顿汇报了光电效应。第二天，路易·德布

罗意在他的报告《新的量子动力学》[*]中简要阐述了自己的观点并为自己辩护。他认为，波和粒子同时存在，但并非玻尔和玻恩想象的那样，而是由波牵引或“引导”着粒子运动。几乎所有参会代表都不赞同他的观点。

对于前面几份报告，爱因斯坦一直保持沉默。甚至在 10 月 26 日星
期三玻恩和海森伯宣读了两人合作的关于量子力学的报告时，他也一言
不发。这篇报告似乎经过专门设计，刺激爱因斯坦参与讨论。文章提纲
挈领地简述了矩阵力学、变换论、概率诠释、不确定性原理和互补性 140
后，玻恩和海森伯斩钉截铁地为报告作结：“我们认为，量子力学已经
是一套完备的理论，无须怀疑其根本的物理和数学假设有任何改动的
空间。”

在会议的最后一天，所有报告都已宣读完毕，组委会留出了一整天时间进行广泛的自由讨论，将会议推向高潮。直到此时，爱因斯坦才终于开口。果然，讨论主要在玻尔和爱因斯坦之间进行，先是爱因斯坦指出他所认为的量子力学中的一个致命缺陷，然后玻尔做出回应，无一例外地抓住了爱因斯坦观点中的缺陷。埃伦费斯特在写给他在莱顿大学的学生们的一封信中说，玻尔居于“万人之上……过关斩将，无人能敌”。这反映了普遍的看法。会议结束时，海森伯写道：“我对会议在科学上的结果，对其各个方面都非常满意。玻尔和我的观点得到了普遍认可，至少不会再有人提出需要深思熟虑的反对意见了，即使是爱因斯坦和薛定谔也不会。”

在科莫会议上，量子力学得到了明确的最终阐述；在第五届索尔维会议上，量子力学以和科莫会议上相同的方式，战胜了最具影响力的怀疑者。人们可能猜测，当他矢志不渝的事业开花结果、节节胜利的时候，奥本海默会非常渴望身处欧洲。然而，和站在现代物理前沿的愿望相比，更强烈的情感是他对美国的爱。1927 年夏天，就在量子力学即将取得最伟大的胜利之时，他最强烈的愿望却是回家，毕竟他已经离家

---

* “The New Dynamics of Quanta”.

近两年之久，思乡若渴、归心似箭。

奥本海默想要回到那些熟悉的地方，和家人（特别是弟弟）待在一起。让他失望的是，父母已于上一年冬天卖掉了湾岸的房子，好在那艘名叫“三甲基”的小船仍然停泊在那里，他和弗兰克还可以驾船出海，沿长岛海岸巡游。不久后，他们一路北上，来到马萨诸塞州的楠塔基特岛和在那里度假的父母会合。在那里，弗兰克回忆说：“大部分时间，我和哥哥用颜料在画布上作油画，描绘沙丘和绿草如茵的小山。”

无疑，奥本海默喜欢长久地固定他对乡村的记忆，那是他深爱的地方，也让他在远在欧洲的两年里朝思暮想。在莱顿，他归心似箭，对家乡的赞美似乎过了头。“他太夸张了，”一位同学说，“在奥本海默眼里，连美国的花儿都比别处的香。”他热爱的不仅仅是美国的风光。让奥本
141 海默和其他在欧洲留学的美国物理学家难受的是，美国的科学在欧洲很少受到尊重。正如伊西多·拉比所言：“我必须说，没人看重我们，也没人认为美国会在物理方面取得任何成就。当然，有几个美国人取得了成就，但是人们还是瞧不起美国人……这让我们很难过。”看看狄拉克的态度，就能体会到美国物理学家必须忍受怎样的羞辱：1927 年爱德华·康顿问狄拉克是否愿意访问美国时，他说“美国没有物理学家”。

美国国家研究理事会的研究员项目是刺激美国物理学发展的措施之一，另一项措施是吸引欧洲物理学家来美国大学工作。马克斯·玻恩在 1925—1926 学年访美期间就收到过几所大学的工作邀请。虽然他拒绝了，但也有很多人接受，包括奥本海默的荷兰朋友乔治·乌伦贝克和塞缪尔·古德斯密特，他们都将从 1927 年秋天开始到密歇根大学任职。夏洛特·里芬斯塔尔也应邀到瓦萨学院工作。

于是，1927 年夏末，乌伦贝克、古德斯密特和里芬斯塔尔，还有乌伦贝克的新婚妻子埃尔丝，一起乘坐“波罗的海号”蒸汽轮船抵达纽约。在码头迎接他们的人正是奥本海默：带着身穿制服的司机，开着他父亲的车。“我们都得到了真正的奥本海默式款待，”古德斯密特后来说，“但这其实是沾了夏洛特的光。我们乘坐职业司机驾驶的豪华加长轿车来到市中心，住进他在格林尼治村为我们特意挑选的酒店。”这家布雷

武特酒店是纽约最古老、最有名的酒店之一，以法式佳肴和葡萄酒闻名。奥本海默因其浓郁的欧陆情调而为客人们选定了这家酒店。

晚上，奥本海默在布鲁克林的一家酒店宴请几位朋友，从这里可以看见曼哈顿灯火通明的天际线。第二天，说服乌伦贝克夫妇推迟前往安阿伯的行程后，奥本海默带他们和夏洛特到河滨大道的家中面见他的父母。埃尔丝·乌伦贝克后来还记得那客厅装饰得富丽堂皇，还有凡·高和其他人的画作。她还记得奥本海默夫人端庄和蔼，而刚满十五岁的弗兰克站在门口，看上去羞涩拘谨。

乌伦贝克夫妇和古德斯密特前往安阿伯后，夏洛特在纽约待了几个
星期。作为奥本海默的客人，她用餐都在最好的餐厅。她心里很清楚奥
本海默正在追求她，但这并没有持续太久。除了因为夏洛特即将去瓦
萨，而奥本海默要去哈佛，她也逐渐认清，奥本海默并没有在情感上做
好恋爱的准备。她觉得河滨大道公寓的气氛令人窒息，一旦她问起奥本
海默的任何个人问题，比如他的过去，他总是闪烁其词或漠然抽离。最 142
让她难堪的一次是，当她向奥本海默问起他妈妈为何一只手戴着手套
时，她得到的是敷衍和死一般的沉默。如果说她在刚到纽约的时候还曾
经神魂颠倒地幻想过奥本海默成为自己未来的丈夫，那么她离开时，这
样的幻想已经彻底破灭了。

143 第七章

博士后研究员

1927 年夏天，奥本海默来到哈佛成为一名博士后研究员时，他应该已经写出了一篇科研论文，或者至少快要写完一篇了，因为他署名“美国国家研究理事会研究员 J.R. 奥本海默”发表的第一篇文章落款于“1927 年 8 月”，据称发自哈佛大学杰弗逊物理实验室。这篇文章发表在《物理学评论》[*]上，以《关于用量子理论解释非周期效应的三点看法》[†]为题，是他发表的文章中如今比较有名的一篇，也是他被引用次数最多的篇目之一。文中关于奇怪的“隧穿”现象的讨论是物理学家对这一现象最早做出的论述之一。这个现象指的是，电子或 α 粒子这样的粒子能“打通隧道”穿过壁垒，经典物理学认为它携带的能量不足以完成这样的壮举。

奥本海默在哈佛只待了五个月（他于 1927 年底前往加州理工学院），可就是在这么短的时间里，他又发表了另外两篇论文：一篇关于碰撞辐射的极化，刊登在《美国科学院院刊》[‡]上；另一篇关于 α 粒子

* *Physics Review.*

† “Three Notes on the Quantum Theory of Aperiodic Effects”.

‡ *Proceedings of the National Academy of Sciences.*

捕获电子，发表在《物理学评论》上。在 11 月 28 日写给保罗·狄拉克的信中，奥本海默对狄拉克当选圣约翰学院研究员表示“最衷心的祝贺”，然后向狄拉克颇为详尽地总结了这三篇论文。尽管他说这些“都是些旁枝末节、毫不重要的问题”，可实际上却对自己的高产相当自豪。

奥本海默还向狄拉克提起，他给埃伦费斯特寄了一篇关于“拉姆绍尔效应”的论文。拉姆绍尔效应是德国物理学家卡尔·拉姆绍尔发现的现象，它违背了牛顿物理学，却能用量子力学来解释。拉姆绍尔发现，
当电子穿过某些气体时，单个电子和单个气体原子碰撞的概率不像牛顿 144
物理学预测的那样随着电子携带的能量减小而降低，而是在达到一个最低值之后不再继续下降。只有用量子力学方法考虑到电子的波动特性才能解释这一现象。

奥本海默提出了拉姆绍尔效应的另一种解释，他认为这种解释可以推广到所有原子和分子。可惜的是，埃伦费斯特在奥本海默的计算中发现了几处错误，奥本海默不得不推迟发表这篇论文。重新计算的同时，他在《美国科学院院刊》上发表了一段简短的看法，宣布了自己的结论，并承诺道：“这一理论的详情将另行发表。”实际上，这篇论文最终不了了之，唯一的作用就是使人们更加相信，尽管奥本海默这个物理学家的确很出色，他在数学上却很容易犯错误。

他的这类错误并没有影响他的威吓能力。1927 年时，菲利普·莫尔斯是普林斯顿的一位博士研究生，后来成为一名杰出的物理学家和管理人员。在自传中，他回忆起那年秋天到哈佛参加一个研讨班，遇见“一个身材瘦削、情绪焦躁的博士后研究员，名叫奥本海默，他大谈着狄拉克电子和四元数，让我感到自己矮了一大截。我不懂他在说什么，他的话也没能让我开窍”。“奥比总是以那样的方式影响我，”莫尔斯接着说，“关于他那神神道道的高谈阔论只是为了表现他胜人一筹，还是他对这一理论的认识确实比我深入得多，我说不好，我认为两者都有吧。”

奥本海默第二次到哈佛期间，好像没有交到什么新朋友，但是他和两个老朋友恢复了联系，一个是哈佛医学院的约翰·埃兹尔，另一个是在波士顿大学医学院攻读生物化学博士的威廉·博伊德。奥本海默和博

伊德的关系尤其亲密。他向博伊德讲述了他在剑桥的心理问题，还给博伊德看他写的一首诗。博伊德鼓励他将诗投给哈佛的《猎犬与号角》*，这是一群英国本科生受到 T. S. 艾略特的《标准》杂志的启发而创办的一份前卫文学杂志。全诗如下：

渡

天色渐晚，我们来到河边，
月亮在沙漠上低悬，
我们曾将它在山间迷失遗忘，
145 同那寒冷、汗水
和横亘天际的山峦。
此刻我们失而复得，
在沿河而下的二旱丘陵间，
我们焦渴万分，伴着
热浪扑面。

渡头可见两棵棕榈：
丝兰花盛开；又见
远岸灯光照柽柳。
我们久久等候，默不作声。
然后我们听到桨声吱嘎
接着，我记得
船工向我们呼喊。
我们未曾回望山岭丘峦。

最早为奥本海默作传的传记作家之一丹妮斯·罗亚尔将这首诗解读

* *Hound & Horn.*

成奥本海默借此表达他“枯竭、贫瘠的知性”，但这首诗中更明显的是对他珍爱的新墨西哥的怀念和重现。诗中的沙漠远非贫瘠，而是长满丝兰花、棕榈树和柽柳的沃土，热情又友好，被“遗忘”的新月似乎在召唤奥本海默远离“寒冷”的山峦，把它们抛在身后，无须回望一眼。在我看来，这些山峰代表学术界的高峰——剑桥、哥廷根和哈佛——他急于离开这些地方，回到新墨西哥的沙漠。

不管怎样，圣诞节假期一结束，奥本海默便离开哈佛前往西南部，到帕萨迪纳的加州理工学院度过剩余的国家研究理事会研究员任期。帕萨迪纳位于洛杉矶东北十英里（约 16 千米）处的南加利福尼亚沙漠上，当时只是个小城（居民大约有五万人）。这里因两件事闻名全美：一是玫瑰碗，这是一年一度的美国大学生橄榄球赛事，自 1902 年起每年元旦在帕萨迪纳举办；二就是加州理工学院本身，1927 年时，它虽然仅有六年的历史，但已经被公认为美国领先的科学研究中心之一。当时的院长（官方头衔是“执行委员会主席”）是诺贝尔物理学奖得主罗伯特・A. 密立根。尽管人们经常嘲笑他是个自命不凡的反犹分子，他却是一位极其成功的筹款人和管理者。

从 1921 年建校开始，加州理工学院就与国家研究理事会建立了特殊关系。学院创始人、天文学家乔治・埃勒里・海耳曾经是理事会主
席，密立根则在担任副主席时认识了海耳。在海耳和密立根的影响下， 146
很大一部分理事会研究员都在加州理工学院开展研究工作。通过理事会这层关系，密立根已经从哥廷根和哈佛了解过奥本海默的情况，明显已经想到了他可能会成为正式教员。

在这个时期，经过良好训练的物理学家——也就是在欧洲著名量子物理学家门下学习过的那些人——在美国极其紧缺，各大学府为了招揽他们而竞争激烈。奥本海默在帕萨迪纳写下并留存至今的第一封信就能反映这一点。这封信写给哈佛大学肯布尔，向他推荐可能的任职人选。奥本海默对肯布尔说，当时在加州理工学院物理系担任助理教授的威廉・休斯顿“正是你们需要的人”，尽管“你们要把他挖走并不容易，因为这里的人也非常喜欢他”。（我们一不小心就会忘记，奥本海默当时

只有二十三岁。）

奥本海默还向肯布尔提起加州理工学院前途无量的青年化学家莱纳斯·鲍林的研究。有一段时间奥本海默和鲍林相处融洽。鲍林与奥本海默志趣相投，他当时正好打算编写一本关于化学键理论（用奥本海默的话说：分子何以成为分子）的权威教材，这是奥本海默非常关心的一个课题。鲍林在研究生时期的成果是用X射线的衍射确定晶体的结构，在遇到奥本海默之前就已经发表了几篇关于矿物晶体结构的论文。奥本海默的一次出乎寻常的友好之举充分体现了他对鲍林的尊重：他将他全部的矿石藏品都送给了鲍林——他从五岁起收集了那些矿石，当时他爷爷送给他的那箱石块第一次激发了他对科学的兴趣。奥本海默后来回忆，鲍林“那时仍然沉迷晶体——无机晶体，因此他不仅在工作中用到它们，而且也非常喜欢这些巨大的方解石”。

奥本海默和鲍林制订了合作研究今天所称的量子化学的计划。特别是，他们打算就化学键的本质联名发表文章。然而，这项工作才刚刚开始，鲍林就断绝了与奥本海默的关系。原因是奥本海默对鲍林漂亮的妻子艾娃产生了过分的兴趣。艾娃·海伦·鲍林完全符合人们后来认为的奥本海默喜欢的那一“款”，她不仅长得迷人，而且具有社会意识，在
147 政治上也很活跃。她丈夫后来对核扩散和世界和平问题的关注就得益于她的启发与鼓励。* 一天，奥本海默用一种古怪的方式接近艾娃。在她丈夫上班时，他来到他们家，邀请她——撇开自己的丈夫——到“墨西哥幽会”。她拒绝了，并把事情告诉了丈夫，于是鲍林决定和奥本海默一刀两断。莱纳斯·鲍林去世后，人们在他的文件里发现了一个加州理工学院的信封，上面写着“J. 罗伯特·奥本海默 1928 年的诗”。信封里一共有十一首诗，六首写自然，三首写爱情，两首写衰老和死亡。这些诗也许是奥本海默送给鲍林的，但我认为更有可能是他送给艾娃的，是他勾引艾娃的笨拙尝试之一。

---

* 鲍林于 1962 年因反对核试验的运动获得诺贝尔和平奖。由于他在 1954 年已经获得过诺贝尔化学奖，因此，他和玛丽·居里成了唯二获得两个不同领域诺贝尔奖的人。——原注（24）

大概在他追求艾娃·鲍林这段时期，奥本海默在一封写给弗兰克的信中向这个尚处于青春期的弟弟提出了对待女人的建议——他写道，这些建议“这是我力行情爱的收获和结果，对你可能有用”。他对弗兰克说，女人的职责“是让你和她一起浪费你的时间”，而“你的职责是保持清醒”。他接着说：“整件事只对那些有时间可以浪费的人来说才重要。对你我来说，这就不重要。”

> 最后一条原则是：不要为女孩们牵肠挂肚，不要对她们付出真情，除非确有必要——不要把它当成一种责任。通过审视自己去发现你真正想要的；如果你认可它，就争取得到它；如果不是，就努力克服它。

奥本海默在加州理工学院期间对另一个女人表现出特殊兴趣，她和艾娃·鲍林一样求之而不可得。这次是海伦·坎贝尔，伊内兹·波拉克在瓦萨学院的朋友和同学。奥本海默第一次遇见她时，她已经和伯克利的一位名叫塞缪尔·K. 艾里逊的物理学家订婚了。她与艾里逊于 1928 年 5 月结婚。然而，这没有阻止奥本海默千方百计花时间单独和她相处。他请她外出吃饭，给她读波德莱尔的诗，和她谈精神分析学和新墨西哥。这并没有促成一段风流韵事，不过也没有导致塞缪尔·艾里逊与奥本海默断绝来往。

奥本海默的情爱进展接连受挫时，他自己正面临多所大学为他勾画的职业前景。他后来回忆说，他收到“很多大学的邀请，在欧洲有一两所，在美国可能有十所”。在写给弗兰克的信中，他说：“我正在考虑明 148
年是接受加州大学的教授职位，还是去国外。”他访问了加州大学伯克利分校，并被那里吸引，部分是因为它还不是一个重要的理论研究中心，他可以用这张白纸书写自己的篇章。或者，用他的话说：

> 我觉得我想去的是伯克利，因为那是一片荒漠，还没有理论物理研究，而我认为努力开辟一项崭新的工作会是件不错的事。我也

> 觉得那将是个危险的选择，因为我会严重与现实脱节，因此我保持了与加州理工学院的联系。

他想要的是一个合聘职位，一半时间在伯克利工作，另一半分给加州理工学院。

同时，哈佛正在坚持不懈地招揽他。1928 年 4 月 10 日，哈佛大学物理系主任西奥多·莱曼教授写信给奥本海默，请他去做讲师。奥本海默 4 月 21 日回信说，他很希望自己“能够接受”这份工作，不过他“计划下一年去欧洲”。两个星期后，他再次致信莱曼，彻底拒绝了哈佛的邀请，并对莱曼说，他已经接受了一个正合他心意的安排：首先他下一年要在国外工作，然后他会回国担任伯克利和加州理工学院的合聘职位。

奥本海默计划用一年时间在杰出的欧洲物理学家指导下从事博士后研究，这可能是他在写给埃德温·肯布尔的信中所说的“拉姆绍尔挫败”的结果。他觉得，如果要对理论物理做出重大贡献，他还需要继续提升专业技能水平。在他向伯克利大学物理系主任埃尔默·霍尔解释这一决定时，奥本海默说，这完全是因为他想要“到那里认真学一点物理”。亚伯拉罕·派斯认为，更明确的说法是，奥本海默在加州理工学院的经历“暴露了他在数学方面的不足”，这使他想要返回欧洲。由于他想去欧洲而不是在美国从事博士后研究，因此，奥本海默申请续期的国家研究理事会资助转到了洛克菲勒基金会国际教育委员会。1928 年 4 月 26 日，委员会考虑并批准了奥本海默研究“量子力学问题”的申请。他打算先到剑桥的拉尔夫·福勒门下学习，然后跟随莱顿大学的埃伦费斯特或哥本哈根的玻尔。

这样，确保 1928—1929 学年的研究基金和之后的两个教职后，奥
149 本海默于 1928 年 7 月离开加州理工学院，打算夏天先待在安阿伯，再和家人去新墨西哥。吸引他去安阿伯的不仅是可以和古德斯密特、乌伦贝克重聚，还在于有机会参加著名的理论物理暑期学校，这已成为一大年度活动（并将延续到第二次世界大战），吸引着世界各地杰出的理论物理学家。

8 月 2 日，奥本海默从安阿伯写信给国际教育委员会，说他不得不推迟研究计划，因为他患了肺结核，“几位医生对我说，病还没好就出国不太明智”。几年来，奥本海默严重又顽固的咳嗽让他饱受困扰，这无疑是大量吸烟的结果，不大可能是肺结核。很多年后，弗兰克在被问及此事时认为，从来没有可靠的明确诊断说他患有结核病，这不禁令人怀疑——正如赫伯特·史密斯怀疑奥本海默上哈佛前感染的“痢疾”那样——这是不是奥本海默担心能否达到自己和他人的期望，为他的不适捏造了病因，这样就有理由推迟他面临的挑战。

暑期学校结束后，奥本海默按计划前往新墨西哥。在不久前春天写给弗兰克的信中，奥本海默曾经问他暑假的打算。“如果你能来这儿（即西南部），”他建议，“我们可以到沙漠中闲逛两周。”奥本海默在加州理工学院期间，他家的境况有所改变。他们卖掉湾岸的房子后，又于 1928 年卖掉了河滨大道的公寓，然后搬到了曼哈顿中城第 47 街和 48 街之间的公园大道上一套小一些的公寓里——无论是在当年还是在今天，这都是世界上最昂贵的地段之一。弗兰克到 1928 年 8 月 14 日就十六岁了，他和哥哥一样高挑、英俊，但不像哥哥那样情绪紧张、激烈。

奥本海默在安阿伯参加暑期学校时，弗兰克正在科罗拉多的一个夏令营里。他们计划在洛斯皮诺斯的凯瑟琳·佩吉家里会合。奥本海默比弗兰克早到几天，被凯瑟琳带去了距离她在考尔斯的农场约一英里（约 1.6 千米）远的一座小屋。这座小屋用纵切树干和黏土砂浆建成，在这里可以眺望桑格雷－德克里斯托山和佩科斯河的绝美风光。“喜欢吗？”凯瑟琳问。奥本海默点头，她就说这里可供出租。“热狗！”奥本海默说。“你就应该这样叫它，”凯瑟琳说，“热狗，佩罗卡连特[*]。”

弗兰克一到，就和奥本海默搬进了佩罗卡连特。那年冬天，他们 150
说服父亲把它租了下来。1947 年租约到期时，奥本海默干脆将它买断。佩罗卡连特将成为他余生中的避难所。奥本海默和弟弟在小屋里一待就

* “热狗！”（Hot dog!）在美语俚语中是感叹词，用来表达兴奋、赞赏的情绪。“佩罗卡连特”即西班牙语“Perro Caliente”，是“hot dog”的西班牙语直译。

是两个星期，他们相互之间的欣赏在加深，联结也在加强。几乎每天，他们都骑马穿梭于山间，当地人都知道他们骑术精湛。他们一边骑马，一边谈论物理、诗歌、文学、哲学和宗教。弗朗西斯·弗格森曾经去看望他们，他后来讲起，在牧场上玩了一天之后他又热又累，赶到小屋打开冰箱却发现里面只有兰瓶伏特加、一罐腌洋蓟、少许鱼子酱和一听鸡肝。

尽管营养如此缺乏，可奥本海默在新墨西哥期间的健康状况却大为改善。8 月 25 日，他从那里写信给国家研究理事会的研究基金委员会，感谢他们 8 月 16 日的回信（回复的是奥本海默说他得了肺结核，他们告诉他研究基金已经撤回），并说："现在看来，我肯定可以接受国际教育委员会的研究基金了……因此，我非常希望基金没有被永久撤销。"

可想而知，国际教育委员会非常困惑，于是要求奥本海默进行全面体检。奥本海默兄弟俩原本打算在新墨西哥逗留两周后，到科罗拉多斯普林斯的布罗德莫酒店与父母团聚。因此，正是在科罗拉多斯普林斯，奥本海默按照国际教育委员会的要求做了体检。体检的时间是 1928 年 9 月 18 日，给他做检查的医生是杰拉尔德·B. 韦布。他没有发现肺结核的征兆。体检报告的结论是，除了十个月前得了"轻微的鼻窦感染和之后轻微的扁桃体炎"之外，奥本海默处于"一等"健康状态。收到这份体检报告后，国家研究理事会批准了国际教育委员会的资助津贴，尽管期限一反常规，不是十二个月而是九个月，自 11 月 1 日算起。

与此同时，上过几节驾驶课之后，奥本海默兄弟俩就买了一辆克莱斯勒敞篷双座跑车，开着它前往帕萨迪纳。他们还没开出科罗拉多就发生了车祸。弗兰克开车时，车在松散的石子路上打滑翻进了沟里，前挡风玻璃撞碎了，帆布车顶损坏，奥本海默右臂骨折。不可思议的是，第二天他们居然还能发动汽车，不过弗兰克又把车撞到了一块巨石上，这下他们再也走不了了。当晚，他们在沙漠上露宿了一宿，弗兰克记得他们"小口分饮一瓶烈酒……吸吮几个柠檬"。奥本海默抵达帕萨迪纳时衣冠不整，胡子拉碴，受伤的胳膊缠着绷带，没怎么来得及整理收拾行
151 装便赶往欧洲。然而，就是在这多事而难忘的夏天，弟弟成了他最亲密

的朋友。

在他原来向国家研究理事会递交的博士后研究申请中，奥本海默说他打算从 1928 年 9 月 16 日开始，首先同剑桥大学的福勒，然后跟随莱顿大学的埃伦费斯特或哥本哈根的玻尔工作。而现在情况有变，既然研究基金从 11 月算起，他便直接去了莱顿。在上一次留学欧洲的两年里认识的所有伟大的物理学家中，和他关系最密切的正是埃伦费斯特。人们都欣赏奥本海默显而易见的才智，但埃伦费斯特却是真的喜欢他。

对埃伦费斯特来说，喜欢别人和被别人喜欢非常重要，其他伟大的科学家可能都没有像他那样重视这一点。埃伦费斯特来自维也纳的一个犹太工薪阶层家庭，在莱顿大学是伟大的 H.A. 洛伦兹的继任者。他充满激情，是一位令人钦佩的物理学家，也是受人敬爱的老师和朋友。他的传记作者马丁・克莱恩这样评价他：

> 他存在的方式就是思考物理，谈论或争论物理，竭尽所能去理解物理，并把这些知识教给任何有兴趣的人——学生、同事、外行、一般熟人、孩子们。其他人对科学同样非常专注，但埃伦费斯特却与众不同，因为他渴望亲密的人际交往，并将它作为物理学工作的基本组成部分，因为他将广泛的人类经验和情感融入他的科研活动中。

好友爱因斯坦说：

> 在我们这个职业里，他不仅是我所认识的最好的老师，而且还以极大的热情关注人的发展和命运，特别是他的学生们。理解他人、赢得他们的友谊和信任，帮助任何陷入内外困境的人，鼓励青年才俊——这些都是他真正的组成元素，几乎超过了他对科学问题的投入。

尽管能够完美地理解高度抽象的数学，埃伦费斯特却质疑在解决物理问题时使用过于复杂和形式主义的方法，这在物理学家中众所周知，也常常和马克斯·玻恩形成鲜明对比。在哥廷根学习的著名物理学家维
152 克托·魏斯科普夫说，埃伦费斯特教导他“质疑在哥廷根盛极一时的复杂数学和形式主义”，就这样“向我展示了如何掌握真正的物理学”。

1928 年初夏，奥本海默表达了想花一些时间到莱顿做埃伦费斯特的博士后学生的愿望，他自然而然地写信给埃伦费斯特寻求他的支持。埃伦费斯特以典型的坦诚而热情的口吻这样回复：

> 如果你下一年想在欧洲进一步用数学的重型大炮武装自己，我劝你还是不要来莱顿，如果可能，甚至不要来荷兰，这正是因为我真的很喜欢你，并且希望一直如此。但是，与之相反的是，如果你愿意在最初几个月里耐心又轻松地参与一些围绕着为数不多的几个关键问题的讨论，和我以及我的那些年轻人们谈论几个基本问题——不太在意发表（！！！）——那么，我会张开双臂欢迎你！！

尽管是埃伦费斯特在奥本海默关于拉姆绍尔效应的论文中发现了数学错误，但他也一以贯之地不在乎奥本海默在数学方面能力欠缺，反而担心他过于看重这件事。在物理学上，埃伦费斯特最在乎的莫过于如何获得明确性，如何去真正理解。

奥本海默后来强调他非常钦佩埃伦费斯特。“我想到他的风格，像半个苏格拉底，”他曾经说，“我认为我能从他身上学到某些东西，也确实学到了。”奥本海默和埃伦费斯特都希望奥本海默在莱顿除了开展自己的研究，还可以做埃伦费斯特的助手。让所有人惊讶的是，就后者而言，奥本海默竟然在莱顿用荷兰语主持了几次研讨班，似乎在几个月里他就学会了这门语言。他后来回忆说：“我认为我的荷兰语说得不怎么好。”但是这些研讨班还是让人十分受用。

然而，奥本海默的根本兴趣还是他自己的研究，而且，尽管他非常钦佩埃伦费斯特，他也不会听话地完全放弃诉诸数学技巧去解决物理问

题的偏好。“我认为他［埃伦费斯特］追求简单和明确性的兴趣很了不起，”奥本海默曾经说，“但我可能还是沉迷于形式主义和复杂问题，所以我所专注或参与的大部分工作都不对他的胃口。”因此，到莱顿后不
久，奥本海默很快意识到——尽管他依然爱戴和仰慕埃伦费斯特——他 153
最好还是另谋出路。“莱顿的物理学缺乏生气，”他回忆说，“我觉得埃伦费斯特非常沮丧。我认为那个时候他对我没有多大兴趣。我想他没有告诉过我他的内心想法，我记得那个时候他少言寡语，愁容满面。”

实际上，那时的埃伦费斯特确实非常沮丧，而且远远超出了当时任何人的想象。两件事重重地压在了他的身上。首先，物理学的发展态势似乎离他所追求的那种明确性越来越远，反而更有利于在物理上解释起来仍然疑云密布、争论重重的数学技巧。其次，他的幼子瓦西里（昵称“瓦西科”）生来就患有唐氏综合征。之后的几年里，压在埃伦费斯特身上的两座大山日益沉重。最后，他再也承受不住了，正如他在写给玻尔和爱因斯坦等几位好友（却从未寄出）的信中试图解释的那样。“我完全不知道在今后的几个月里要如何继续承担我生命的重负，我已经无力担负了，”他这样开篇，然后接着写道：

> 近年来，物理学的发展让我愈加难以理解。我尽力了，但却愈加疲惫、割裂，最后只能绝望地放弃。这使我对生活身心俱疲……我知道，我要继续活着，主要是因为还有孩子要抚养。我尝试过做点别的，但那只不过是短暂的安慰。因此，我越来越关注自杀的细节。除了自杀，我已无路可走，而那将是在杀了瓦西科之后。宽恕我吧……

1933 年 9 月 25 日，将其他孩子安排妥当后，埃伦费斯特陪瓦西科来到给他治病的阿姆斯特丹的沃特林教授的诊所。在候诊室里，埃伦费斯特开枪打死了瓦西科，然后自杀。“我们每一个曾经是他学生的人，”奥本海默写信给埃伦费斯特生前的助理乌伦贝克说，“对他的绝望都不可能免于负罪感。”

当然，奥本海默在1928年11月并不知道埃伦费斯特的抑郁症有多严重，更没想过它会导致怎样的后果。他只想着要离开莱顿大学，原因就像他后来说的那样，“从物理学的角度看，在莱顿完全是浪费时间”。和埃伦费斯特度过一段令人失望的时光后，奥本海默打算前往哥本哈根
154 和玻尔一起工作，但先临时安排到乌特勒支大学和玻尔以前的学生、门生亨德里克·克拉默斯待了几周。沃尔夫冈·泡利曾说：“玻尔是安拉，而克拉默斯是他的先知。”

另外一对常见的比照是迈克尔·法拉第和詹姆斯·克拉克·麦克斯韦：玻尔像法拉第一样直觉敏锐，而克拉默斯具有麦克斯韦一般的数学头脑。克拉默斯在很多方面都适合做奥本海默的导师，不仅因为他更愿意用形式正规的方式研究物理，而且因为他们有许多共同之处，包括对玻尔的敬重以及广泛的智识和文化兴趣，譬如，克拉默斯既是一位物理学教授，在大提琴演奏上也有相当高的水平，而且能写诗，还担任一份文学杂志的编辑。实际上，尽管奥本海默和克拉默斯并不是特别亲密，他们却能相处得非常融洽，奥本海默在乌特勒支也度过了一段愉快的时光，还在这里获得了一个永恒的纪念，那就是他的昵称：奥派（Opje）。尽管英语化的奥比（Oppie）更为人所知，也用得更多，但奥本海默最要好的朋友更喜欢他叫奥派。

1928年12月30日，奥本海默从乌特勒支给弗兰克写了一封长信。弗兰克之前写了一篇关于美学的文章寄给了哥哥，因此，这封信的大部分篇幅都是在饶有兴味地继续讨论这一话题，这不仅说明两兄弟关系亲密，而且也可以看出奥本海默思考这一话题的深度。弗兰克这篇文章的核心观点显然是说，表达个人的独特品位（“我喜欢它”等等）并不是艺术评价。奥本海默同意这一点。然而，他以一种近乎说教的口吻责备弗兰克表现出“对这方面的历史令人遗憾的无知”，但也说那“几乎无伤大雅”。奥本海默坚持认为，更大的问题是，任何力图坚持认为艺术标准具有普适性和客观性的人都会面对一个难题，那就是“对艺术的欣赏实际上既不是普适的，也不是客观的，而是取决于教育、经历、品位。问题的关键是，艺术欣赏只能通过敏感和自发的‘我喜欢它’来

体现”。奥本海默提出，解决这一难题的方法是承认“一幅画的价值是相对的，不是相对于个人，而是相对于人们可以大致称作文明的东西：绘画所服务的这一文明的公共传统文化和经验”。他建议弗兰克阅读罗杰·弗莱前一年出版的《转变：对艺术的批判与探讨文集》*。信的结尾是一些笼统的建议：“自律、工作、诚实，关心他人的福祉，但要尽量毫不在意他们对你的好感。”

几天后，奥本海默于 1929 年 1 月 3 日回到莱顿，在那里致信国际 155
教育委员会巴黎办事处，说他“在埃伦费斯特和克拉默斯的建议下”改变了计划：他不打算在离开莱顿后去哥本哈根与玻尔一起工作，而是改去苏黎世和沃尔夫冈·泡利共事。他说，他已致信泡利，征求他的同意，在同泡利的工作结束后仍然期望去哥本哈根。“我希望您能同意我的请求，而非等待美国本部的决定，”他最后说，“因为我希望在接下来的几周内就离开莱顿。”在之后的一周里，埃伦费斯特致信国际教育委员会说，奥本海默（“一位独出心裁的物理学家”）最好去苏黎世大学，这不仅出于教育目的，也是为他的身体着想，特别是“自从他来到荷兰后一直没有消停的顽固咳嗽”。埃伦费斯特请求说，“请你们把这位优秀又迷人（但健康状况堪忧）的年轻人带去治疗吧，但不要让他知道我写信给你们说了这些”。

对于奥本海默应该到哪里才能充分发挥他的物理学潜能，埃伦费斯特的立场似乎十分坚定。正如爱因斯坦所言，埃伦费斯特“以极大的热情关注人的发展和命运”，其中就包括非常在意他的学生应该到哪里学习、向谁学习。就奥本海默的情况而言，他明显感觉到的正是奥本海默后来对一位记者所说的，“玻尔的渊博和含糊不是我需要的药方”。相反，埃伦费斯特认为奥本海默需要“一位专业的、计算型的物理学家”，能够给他“更多的规训和更多的科班培养”，而他选来完成这项任务的人就是沃尔夫冈·泡利。

正如亚伯拉罕·派斯所言，埃伦费斯特认为，能够给奥本海默最需

* *Transformations: Critical and Speculative Essays on Art.*

要的东西的是泡利而不是玻尔，这无疑是“一个英明的判断，对罗伯特的职业生涯具有深远的影响”。很明显，奥本海默到莱顿后不久，埃伦费斯特就得出了这一结论。在1928年11月26日写给泡利的信中，埃伦费斯特强烈建议他接收奥本海默，从中也可以看出他对奥本海默的优缺点有着敏锐的洞察，他又非常喜欢这个年轻人，非常用心地确保奥本海默与正确的人共事。他对泡利说，他在信中要“介绍一位物理学家（尽管他很优秀），就是奥本海默”。

> 这个可怜的家伙在莱顿和我在一起……在我好为人师的性格下备受压抑。他总有一些非常奇妙的想法……但令人痛苦的是，我无法理解任何不能被“具象化”的东西。况且，尽管他从容又善良地
> 156 努力满足我的期望，这仍然没能让我帮到他，反而妨碍了他。他没觉得这有什么可抱怨的……我坚信，如果要让他充分发挥（伟大）的科学天分，他还需要“有人带着点儿爱才之心（！）及时地把他锤炼成形”[*]。由于他是个罕有的可造之才，他完全对得起这份厚爱……因此，我非常希望，他在莱顿的学习结束后能去你那里。他对这一想法很感兴趣。

国际教育委员会巴黎办事处负责处理奥本海默申请的是W. J. 罗宾斯博士。1929年1月23日，奥本海默在写给他的信中附了一张泡利同意接收他前去共事的便笺，并说他已经到了苏黎世，路费是自己出的，包括十五美元车费和二十九美元行李托运费。在下一封写于2月4日的信中，他解释道：“行李托运贵得吓人，因为那些书报资料实在太重。我推测，委员会应该没有理由报销这笔费用吧。”或许令人费解的是，他又对罗宾斯说：“当然，我是在泡利教授保证我可以去他那儿工作之后才离开荷兰的。但我无法向委员会提供信件来证明他同意。”

---

* 这句话在信中的原文为有英语痕迹的德语“RECHTZEITIG a bisserl (!) LIEBEVOLL zurechtgeprügelt warden sollte”。

最后一句话可以理解为，泡利并不是写信而是当面同意的。1929年1月中旬，奥本海默和泡利都在莱比锡参加德国物理学会的地区会议。两人都因海森伯出席而决定参会：奥本海默想听海森伯讲解他近来关于铁磁性的研究，泡利是为了讨论他和海森伯计划合写的一篇论文。

海森伯从1927年起就在莱比锡大学，那年他才二十五岁，就被任命为物理系主任，年轻得不可思议。大约与此同时，他和泡利的研究兴趣产生了交集，他们都深受狄拉克研究成果的启发，就像奥本海默在哥廷根时也为之激动那样。狄拉克在那项研究中取得的成就在创立新理论的道路上迈出了第一步，后来这个新理论将量子力学和电动力学合并成我们今天熟知的量子电动力学。曾让奥本海默失望的是，狄拉克在哥廷根时没有丰富这一理论。现在，海森伯和泡利即将结合他们令人敬畏的精力和才华去实现这一步进展，而对奥本海默来说幸运的是，海森伯和泡利启动这项工作时，他刚好要开始和泡利共事。

在经典物理中，电动力学（对电磁力的理解）最终确立于詹姆斯·克拉克·麦克斯韦的微分方程，麦克斯韦于19世纪60年代首次认识到光是一种电磁辐射。他的理论认为，电磁辐射是由以太中的波组成的。157
后来的物理学家海因里希·赫兹等人丰富和改进了克拉克·麦克斯韦的理论。1896年汤姆孙发现电子后，电磁辐射被看作单个电子之间使之相互影响的电磁“场”。1905年，爱因斯坦的工作改变了这一切：第一，以太被抛弃了；第二，电磁辐射被认为是由不连续的“量子”组成的；第三，能量和物质自此被看作是等效的（著名方程 $E=mc^2$ 的重要性由此而来）；第四，根据相对论，无论如何观测，光速（以及所有电磁辐射的速度）都固定不变，任何运动的速度都无法超过这一速度，因此必须彻底修正用来计算辐射波或物质粒子的能量的方程。

问题是，自洽的电动力学理论这时还没有出现，还没有这样一种理论会考虑到爱因斯坦和后来的量子理论带来的物理学革命。爱因斯坦向人们展示了基本电动力学方程如何符合相对论，但是这些方程描述的仍然是经典电动力学中的连续的波，而不是爱因斯坦和量子理论设想的不连续的“量子化”的光。现在需要一个符合相对论的量子场论，而狄拉克证明了这一可能。

泡利刚读完狄拉克 1927 年的论文，就写信给海森伯，提议创立一套完整的量子电动力学理论。这项工程堪比经典理论中的克拉克·麦克斯韦方程。那一年两个人都忙于其他事务，没能在这方面取得太大进展。然而，这项工程在接下来的一年里获得了新的动力。这次仍然是狄拉克，他在英国的皇家学会发表了一篇论文，介绍了今天所说的“狄拉克方程”。这是一个用来计算电子能量的方程。不同于著名的薛定谔波函数，它考虑了相对论这一要素，这在电子的速度接近光速时会越发重要。

而且，在处理电子“自旋”时，狄拉克方程也比薛定谔函数更自然、更简洁，因此也更好理解泡利对物理学的伟大贡献：不相容原理。1924 年由泡利提出的不相容原理被爱因斯坦誉为“新的自然法则”。随着 20 世纪二三十年代理论物理的发展，这一原理越来越重要，受到越来越多的认可和赞誉。譬如在奥本海默在莱比锡参加的关于铁磁性的讲座中，海森伯就大量运用了不相容原理。最后，在爱因斯坦的影响下，
158 不相容原理的重要性受到诺贝尔奖委员会的认可，他们于 1945 年授予泡利诺贝尔物理学奖（海森伯的贡献更早获得认可，他在 1932 年就获得诺贝尔奖）。

不相容原理认为，在同一个原子中，不会有两个电子同时存在于同一个量子态中。一个电子的量子态由四个“量子数”表示。泡利假定这些量子数中的一个是具有数值的“自由度”，奥本海默的朋友古德斯密特和乌伦贝克于 1925 年确定其为电子的“自旋”。由于电子的自旋经测量是半个普朗克常数的数值，而光子的自旋是整数，所以描述这两种粒子行为的方程并不相同。狄拉克方程在相对论意义上正确地处理了自旋为 1/2 的粒子，比如电子。*

泡利和海森伯想用狄拉克提供的概念工具和数学技巧建立他们设想的量子场论。这是一个巨大的挑战，而且他们的时间也很少，因为海森

* 感谢我的朋友詹姆斯·多德为我讲解这些。——原注（25）

伯将从 1929 年 3 月 1 日起到美国巡回演讲，因此在这一年中的大部分剩余时间里，他都将远离欧洲。尽管如此，他们还是完成了，并且赶在海森伯前往美国前递交了论文《论波场量子力学》*，等待发表。

因此，和泡利共事伊始，奥本海默就见证了重要新思想的诞生，而泡利和海森伯合写的论文为奥本海默自己在苏黎世及之后多年的研究确定了方向。这还导致的一个结果是，像奥本海默后来的学生和朋友罗伯特·瑟伯尔所说的那样，正是在与泡利共事期间，奥本海默的“兴趣发生了改变，从那以后他致力于解决更为根本的物理问题”。

除了有机会将自己引荐给泡利并征得泡利的同意让他去苏黎世，奥本海默 1929 年 1 月在莱比锡大学的短期驻留还有另外一个重大影响。正是在那里，他第一次遇见了后来逐渐了解他，甚至可能比其他任何人都更了解他的人：伊西多·拉比。“我在莱比锡第一次遇见他，”拉比后来回忆，“他大概一年前才获得博士学位，关于他有很多传闻——人格上的：机智、挖苦等等。”两个人相处融洽，这不仅因为前文提到的他们相似的纽约犹太人背景，而且也因为欧洲盛行的对美国科学家的态度 159
都挫伤过他们的自尊。在汉堡大学伟大的实验物理学家奥托·斯特恩门下工作后，拉比开始相信，德国学生并不比美国学生强。实际上，他开始觉得，美国大学的教育体系在整体上更有优势：“我们缺少的是领军人物。”他和奥本海默共同的决心，就是要成为这样的领军人物。

和奥本海默一样，拉比也是国际教育委员会研究员项目资助的学生。在汉堡大学跟随斯特恩做了几个月研究后，拉比于 1929 年元旦前往莱比锡，希望到海森伯门下学习。然而，他到那儿之后才得知海森伯计划 3 月初前往美国，于是在海森伯的建议下去了苏黎世和泡利一起工作。正是 1929 年 2 月至 7 月在苏黎世期间，拉比和奥本海默之间开出了友谊之花。“我充分地了解了他，”拉比回忆说，“因为我们对各种事——科学、哲学、宗教、绘画——都有着类似的智识兴趣，这又与那个时候多数年轻物理学家的兴趣不同。我们在彼此身上经常看到自己的

* “On the Quantum Dynamics of Wave Fields”.

影子。”

正如埃伦费斯特预见的那样，苏黎世大学非常适合奥本海默，而泡利正是他需要的人。奥本海默这样总结他在欧洲作为国际教育委员会研究员的经历：

> 和埃伦费斯特在一起的日子似乎远不足以真正理解埃伦费斯特，和克拉默斯相处融洽却没有实质上的成果——私人关系非常好，非常亲密，但并不实际。和泡利在一起的日子似乎真的非常、非常美好。

他说：“我不仅极为敬重泡利，而且也非常喜欢他，我从他身上学到了很多东西。”

早些时候，泡利曾是马克斯·玻恩在哥廷根大学的助理，但奥本海默和泡利的关系与他和玻恩的关系的差别大得难以复加，也不可能有任何其他人像泡利那样和玻恩的性格相差甚远。玻恩脆弱、内向，而泡利口无遮拦、嘴不饶人。人们说泡利是“上帝之鞭”，因为他对粗劣的想法批评起来毫不留情。从他年轻时起就很难有人吓得住他。当他还是慕尼黑大学的年轻研究生时，泡利参加过爱因斯坦的一场讲座，在讨论时他说：“看来，爱因斯坦先生说的话也没那么愚蠢嘛！”还有一次，泡利和一位同事讨论问题。因为跟不上他的思路，这位同事让他说得慢点，而他回答：“我不管你思维迟钝不迟钝，但我坚决反对你的发表速
160 度超过你的思考速度。”最有名的是，有一次他这样评论一篇含混不清的论文：“这不仅不对，而且连错误都算不上。”*他的公开讨论以及他与当时顶尖物理学家的长篇通信和他发表的论文一样，共同造就了他的名声。对于许多科学家担心的论文作者排序，他却全不关心。

奥本海默也没能完全躲过泡利辛辣的俏皮话。“他的想法都很有意思，”据说泡利如此评价过奥本海默，“但是他的计算都是错的。”奥本海

* 原文为德语“Das ist nicht nur nicht richtig, es ist nicht einmal falsch!”

默说话时经常一边遣词造句一边发出“那么、那么”的嘟囔，泡利就模仿这一习惯，还叫他“那么 - 那么先生”。拉比记得：“泡利对我说过，奥本海默好像把物理当成了副业，而把精神分析当成了本职。”然而，总的来说，泡利从一开始就对奥本海默印象不错，正如他在 1929 年 2 月 15 日写给埃伦费斯特的信中反映的那样：“我相信，奥本海默在苏黎世过得相当舒适自在，他的工作卓有所获，在科学方面也仍然大有可为。”

> 他的优点是，有很多好的想法，还富有想象力。他的弱点是太容易满足于那些并不严谨的论述，而且他不去解答自己提出的那些很有趣的问题，因为他缺乏锲而不舍和刨根问底的精神。还有，他会把问题留在充满猜测、相信或怀疑的半成品阶段。

这一精辟的分析不足为奇，但是，泡利接着批评了奥本海默以往从未被人注意到的东西：他对权威的尊重。泡利对埃伦费斯特说，奥本海默“将我说的话都视为颠扑不破的真理。我不知道这种对他人权威的需求从何而来”。奥本海默居然有这种需求，这对玻恩来说肯定会是一件新鲜事。

在苏黎世大学，奥本海默似乎找到了他自称（但可惜没能）在哥廷根找到的东西，即志同道合的学术共同体。鲁道夫·派尔斯曾经是海森伯在莱比锡大学的学生，但和拉比一样接受建议转学到苏黎世大学。他说 1929 年的春天和初夏“和似乎发生在那期间的一切相比，显得相当短暂”。他回忆，除了大量写作，还有“充裕的时间去听音乐会、看电影、开船”。

> 那个时候很容易就能租几个小时帆船，我喜欢带朋友到湖上游
> 玩。我甚至说服泡利和我们一起坐船出航——我很喜欢的一张照片 161
> 就是他、罗伯特·奥本海默和 I.I. 拉比在船上的合影。

这张照片留存至今，照片上的奥本海默衣冠楚楚，指间夹烟，头上

戴帽，正和拉比以及另一个名叫 L.M. 莫特 – 史密斯的美国年轻物理学家交谈。看起来三个人都深入了谈话中，陷入沉思。同时，在照片的右边，泡利盯着镜头，一脸坏笑。

拉比的一段描写会让人想起奥本海默在哈佛时他的本科同学们对他的印象：奥本海默“那年春天工作得很刻苦，但他却天生擅长用一副轻描淡写的态度掩饰他不懈的努力”：

> 实际上，他当时忙于一组非常困难的计算，事关恒星表面对其内部辐射的不透明度。那是恒星模型的理论构建中的一个重要常数。他几乎不谈这些问题，似乎对文学更感兴趣，特别是印度教经典和那些比较难懂的西方作家。

对奥本海默来说，尽管这是个智识成果丰硕的时期，但在苏黎世期间他只发表了一篇论文，标题为《论库仑场中自由电子的辐射》*。他于 1929 年 5 月 6 日将论文投寄到德国《物理学杂志》。泡利对这篇论文赞不绝口。他在寄给身在慕尼黑大学的索末菲的信中写道，奥本海默“用无懈可击的方法，计算出了一个人所能期望的一切”。

在 7 月份写给玻尔的一封信中，泡利说奥本海默的论文“延续了海森伯和我关于量子电动力学的研究”，一时间，三人合作的传言不胫而走。事实是，1929 年 9 月，海森伯和泡利发表了他们力求建立量子电动力学法则的联名论文的第二部分（也是最后一部分），这是一篇两个人的论文（尽管致谢了奥本海默），奥本海默直到 11 月回到美国后，才公布了他本人对这一主题的贡献：在《物理学评论》上发表了一篇题为《关于场和物质相互作用理论的看法》† 的论文。

奥本海默放弃与海森伯和泡利合作的计划，可能是因为他长期以来糟糕的身体状况。让埃伦费斯特颇为担忧的持续咳嗽一直没有痊愈。在

* “On the Radiation of Electrons in a Coulomb Field”.

† “Note on the Theory of the Interaction of Field and Matter”.

埃伦费斯特的请求下，洛克菲勒基金会国际教育委员会的罗宾斯博士密切关注着奥本海默病情的发展。1929 年 4 月 30 日，罗宾斯写信给奥本海默："最重要的是你的健康问题。"他说（明显是在回复奥本海默提出的请求），恰当的做法是提前一个月结束他的国际教育委员会研究员任 162
期，以便能为下一学年在伯克利的教学做准备。研究员任期原定于 7 月底结束，因此罗宾斯现在很可能希望它在 6 月底结束。

奥本海默于 5 月 14 日回复罗宾斯 4 月份的来信说，他"相当肯定可以在这里工作到 7 月"，并且他仍然希望遵循本意在 6 月底到哥本哈根和玻尔待两周。在这封信余下的篇幅里，奥本海默试图回答罗宾斯提出的请求，就如何克服美国学生在欧洲遇到的困难提出一些建议。奥本海默对这些困难的分析可能无法避免地带有强烈的自传意味。他先是说，"对于那些糅合了性格上的软弱、胆怯、犹豫，而虚荣心又十分强——或者更准确地说，迫切地追求卓越——的人来说，这些困难表现得尤为突出。"他接着说，这些学生远离了朋友，也远离了"美国大学的宠爱和他们能够驾驭的语言"，"进入了更挑剔、更严格、更专业的欧洲科学界"。这一状况：

> 让受害人丧失斗志，让他们陷入一种虚幻的形而上的忧郁中，这使他不会也不可能积极融入欧洲的体系，又不可能真诚地从中学习到什么。这种忧郁无疑会拒人万里，而回到美国并重获美国大学的宠爱后，它又通常会烟消云散。但这种忧郁会成为一层隔膜，让美国人无法学到他们前往欧洲想要学习的东西，它几乎毫无例外地是一种扼杀创造力的忧郁，是小男孩受到怠慢就甩手不干了的那种忧郁。

奥本海默提出的解决方案比起他对这一问题的描述要简单乏味得多。"我认为，"他对罗宾斯说，"最有效的预防措施是让这些人事先多了解一些他们即将面临的处境，就这样的崩溃向他们提出警示，这样他们可能就会对其有所防备，并有意识地采取针对性措施加以防范。"

奥本海默根本没有去哥本哈根，也没有在苏黎世待到7月底研究员
任期结束。相反，他提前一个月结束了研究，并于7月份回到美国。这
或许和他的咳嗽有关，或者，一如他先前向罗宾斯解释的那样，因为他
163 急于给自己留出充裕的时间准备他在加利福尼亚的教学工作。但是，他
写给罗宾斯的信表明了另一个理由：他只是想回家了。他自己后来写
道："1929年的春天我回到美国。我思念我的祖国，而实际上，在后来
的十九年里，我再也没有离开过这个国家。"

费利克斯·布洛赫讲述的一个故事充分体现了在苏黎世的学习快要结束时奥本海默的乡愁。布洛赫当时是一名同泡利工作的年轻物理学家。他记得有一次去奥本海默在苏黎世的公寓，被那些从新墨西哥带来的五花八门的东西惊呆了："我尤其记得他沙发上漂亮的纳瓦霍毛毯。"因为布洛赫没去过美国，他便请奥本海默给他讲关于美国的事。他后来对奥本海默的首部传记作者丹妮斯·罗亚尔说，如果不是因为他真心想要更了解美国，他很可能会后悔提出了这样的请求。这就是"奥本海默对他的国家的浓烈的爱"。

1929年5月6日，奥本海默写信给弗兰克，感谢他寄来一本德加的书作为给他的生日礼物（奥本海默4月22日满二十五岁），并建议弗兰德在即将到来的夏天前往新墨西哥。首先，他对弗兰克说，佩罗卡连特——"房子、六英亩地和小溪"——在接下来的四年里都是他们的，还有三百美元零花钱用于修缮。其次，凯瑟琳·佩吉五月份要去佩科斯，朱利叶斯和艾拉准备于6月中旬离开纽约，而他自己将于"7月中旬左右"回到美国，并"决定在东部逗留大概不超过一周的时间"。因此，他总结道，弗兰克应该在六月中旬带父母到西部，他应该"和一位合适的朋友""努力开发那个地方，准备马匹，学习烹饪，使庄园尽可能宜居，并且在乡下四处看看"。同时，他让弗兰克放心，他打算"直接去佩科斯，并在那里待上三周左右"。

于是，1929年6月，弗兰克和两名学校同学伊恩·马丁和罗杰·刘易斯来到洛斯皮诺斯。弗兰克从西尔斯·罗巴克百货公司的一本目录上订购了家具、毛毯和厨具。在货物到达前，他和两个朋友住在凯瑟

琳·佩吉家里。邮购的货物刚到不久，奥本海默也坐着马车赶到，车上
满是私酿威士忌、矿物油、花生酱和维也纳香肠。在接下来的三周里，
他们四人白天骑马上山，晚上读书喝酒。“我们一爬到高处就会喝醉，”
弗兰克回忆说，“做着各种傻事。”奥本海默不得不比弗兰克先离开。他
先到帕萨迪纳，然后前往伯克利。在那里，他写信给弟弟，感谢他来信
讲述自己离开后他和朋友们在那里的经历。“你们让我有点嫉妒，”奥本
海默承认，“同时，得知你们在佩罗卡连特度过的快乐时光，我又非常 164
高兴。我能够想象，现在你们很快就要结束这一切时会有多失落。”就
在奥本海默准备开始他的物理学教师生涯的时候，新墨西哥沙漠使他恢
复了身心健康，足以让他自信地迎接未来的挑战。

165 第八章

“美国的”理论物理学派

“一开始，我并没有着手建立一个学派，”奥本海默在晚年回忆起他在伯克利的早期生活时说，“我没有着手物色学生。事实上，我最初是我所热爱的理论的传播者，也在继续了解这个领域。”这段陈述的后半部分显然毫无争议，但前半部分就与本书引用过的同一采访中的表述相矛盾了：“我觉得我想去的是伯克利，因为那是一片荒漠，还没有理论物理研究，而我认为努力去开辟一项崭新的工作会是件不错的事。”

实际上，他的确在伯克利创立了一个学派，这是一个在知名物理学家汉斯·贝特看来“美国有史以来最伟大的理论物理学派”。尽管奥本海默矢口否认他去伯克利的目的是建立一个学派，但对他来说，正如对拉比和许多曾经直面欧洲同行轻蔑的美国物理学家来说，在美国建立一座世界级的理论物理研究中心已然重任在身。然而，在他对伯克利的只言片语中，他又毫不掩饰自己独有的轻蔑。譬如，他说伯克利是一片“荒漠”，声称那里完全没有理论物理，这些未免言过其实。毕竟，奥本海默在哥廷根认识的爱德华·康顿就曾在本科和研究生期间就读于伯克利，他在理论物理方面的学识足以让他获得本学科的博士学位，也足以让马克斯·玻恩和阿诺德·索末菲留他作为博士后研究员。

然而，康顿的职业生涯也反映出的事实是，一名伯克利的毕业生如果想在领域内顶尖物理学家的指导下从事量子力学研究，就必须离开伯克利，最好是前往欧洲。康顿生动地描述过 20 世纪 20 年代初在伯克利教过他的一些老师，尽管他明显非常敬佩他们中的很多人，但他也第一 166
个承认，他们大多并非一流的研究型科学家。实际上，对他影响最大的教授威廉・豪威尔・威廉姆斯从未做过原创性研究，甚至没有发表过一篇论文，在更加广阔的科学界几乎完全不为人知。威廉姆斯结束短暂的军旅生涯后曾经当过中学物理教师——据康顿说，是一位“出类拔萃的好老师”——后来才成了伯克利的物理学讲师。最终，威廉姆斯晋升为正教授，但因为他从未获得博士学位，晋升之路磕磕绊绊，随之而来的激愤和不安又让他开始酗酒。“换句话说，”康顿总结道，“[威廉姆斯]从未融入过正常的学术模式，但他非常通情达理……并且特别擅长解释现代理论物理。”

康顿就读于伯克利期间，物理系主任是实验物理学家 E.P. 刘易斯。康顿记得他“用非常粗糙的自制设备做过一些光谱研究。他的方法就是满怀热情地摆弄细绳和密封蜡这些最低劣的自制设备”。刘易斯并不是一流的物理学家，但他一生确实发表过七十多篇论文。1926 年他去世后，接替他的是一个名叫埃尔默・霍尔的人。像威廉姆斯一样，霍尔在整个职业生涯中似乎从未发表过任何论文。然而，1929 年奥本海默入职伯克利时，霍尔仍然是物理系主任，直到他于 1932 年去世。

在伯克利，最热衷兴办和扩建物理系的人是一位化学教授，即美国最杰出的物理化学家之一吉尔伯特・N. 路易斯。他于 1912 年来到伯克利，一直在这里工作到 1946 年去世。尽管他在化学系，路易斯却经常和物理学家共事，其中最著名的是加州理工学院的理查德・托尔曼。路易斯还和伯克利的同事梅尔・兰德尔合写过一本热力学著作，这本书成了这一学科研究生阶段课程的标准教材（也是奥本海默在哈佛的第一学年末声称读过的书之一），这本书享有盛名，得到化学家和物理学家的高度评价。

在吉尔伯特・路易斯的帮助和鼓励下，伯克利物理系向世界领先的物理学研究中心转型的步伐并非始于任用奥本海默的 1929 年，而是在 1918 年雷蒙德·T. 伯奇就职之时就开始了。伯奇既像 E.P. 刘易斯一样是一位光谱学家，也像吉尔伯特·路易斯一样对物理学和化学交叉领域的科学研究有着浓厚的兴趣。在伯克利生涯早期，他发表过一系列论
167 文，对旧量子理论（以卢瑟福 – 玻尔 – 索末菲原子模型为核心的理论）做出了重大贡献，包括索末菲本人在其“圣经”《原子结构和光谱线》* 中也引用了伯奇的一篇论文。对 20 世纪 20 年代初的美国物理学家来说，哪怕只是进入欧洲顶尖物理学家的视野都是极不寻常的，而被索末菲这样的公认权威引用则是罕见的殊荣。伯奇为伯克利跻身世界物理版图所发挥的这项作用得到了认可：他于 1926 年晋升为正教授。尽管直到 1932 年霍尔去世后他才升任物理系主任，但伯奇早在奥本海默 1929 年加入伯克利之前，就已经成为物理系的领军人物很久了。

康顿似乎并不喜欢伯奇，说他是阻挠威廉·豪威尔·威廉姆斯晋升的学究，从而把威廉姆斯逼到了借酒浇愁的境地。然而，伯克利物理系能够比肩世界顶尖物理学中心，正是因为伯奇负责实施的重大举措。伯奇与吉尔伯特·路易斯对于弥合化学和物理学之间的鸿沟同样热心，但讽刺的是，伯克利这两个系之间的紧密合作却止步于这两个重要人物之间的一场冲突。这次冲突的起于伯奇坚持讲授卢瑟福 – 玻尔 – 索末菲原子模型，而这与路易斯自己的“立方”理论相悖。当然，卢瑟福 – 玻尔 – 索末菲模型不久后占据了上风，伯克利的许多化学家——至少包括两位后来的诺贝尔奖得主威廉·吉奥克和哈罗德·尤里——都通过伯奇的讲座理解了这一模型。

不同于他在伯克利的前任，伯奇发表的成果被欧洲一流物理学家阅读和引用过，因此这些物理学家更愿意访问伯克利。正是马克斯·玻恩的来访激发了康顿到哥廷根深造的愿望，在 20 世纪 20 年代访问过伯克利物理系的伟大物理学家还有海森伯、索末菲和埃伦费斯特。伯奇还吸引了美国本土培养的物理学家来伯克利。这些科学家积极开展研究，通

* *Atombau und Spektrallinien.*

晓现代理论成果，其中最有名的要数伦纳德·洛布，他于 1923 年入职伯克利物理系，并于 1929 年奥本海默到来时晋升为正教授。尽管康顿认为威廉·豪威尔·威廉姆斯是一位值得特别称赞的老师，但他主要是从伯奇和洛布那里学习和理解了现代理论物理学。

伯奇和洛布将扩建物理系作为他们的共同事业，力求让每一位前途无量的美国年轻科学家知道，如果来到伯克利，他们就将获得丰厚的收入、享有完美的研究环境、得到迅速晋升的机会。聘用奥本海默之前，他们最成功的聘任是引进了南达科他的年轻实验物理学家欧内斯特·劳伦斯。劳伦斯自 1927 年起就是耶鲁的物理系助理教授，也是在那里， 168
他经威廉·斯万指导获得博士学位。那一年，斯万离开耶鲁，从此劳伦斯郁郁不得志。他和物理系主任约翰·泽伦尼关系紧张，泽伦尼不让他带研究生，只把机会留给资历更老的教师。劳伦斯急于晋升副教授，也惨遭泽伦尼拒绝。听说伯奇和洛布正在扩充伯克利物理系，劳伦斯就致信他们，获得了副教授职位。他立刻接受了聘任。劳伦斯和家人离开时，泽伦尼对他们说：“欧内斯特走错了路。”

1928 年夏天，劳伦斯来到伯克利，高兴地发现他可以尽情投入研究生教学和科研，伯奇、洛布和霍尔也正希望他这样做。受到如此器重，劳伦斯毫无保留地全身心扑在工作上。他住在校园里的教师俱乐部，讲授电磁理论，每天把自己的全部时间都献给物理学，连周末也不例外。他工作的核心是解决欧内斯特·卢瑟福提出的一个问题。

卢瑟福注意到，目前了解原子结构的任何进展都是用 α 粒子等各种粒子轰击原子取得的，他希望人们由此看到依靠镭这样的天然放射性物质产生的用来轰击的粒子带来的危险。1927 年，卢瑟福在英国皇家学会演讲，呼吁世界各国同行群策群力，设计一种人工制造高能粒子的方法。这不仅能缓解研究人员对相对较少的放射性物质的依赖，而且预示着人工制造的粒子甚至会比天然放射性产生的粒子具有更高的能量，也就更容易使原子分裂。

劳伦斯的首要目标就是迎接这一挑战。奥本海默比他晚一年来到伯克利的时候，劳伦斯还没有建成首台回旋加速器（以后这将成为他的粒子加速器的名称），但是他已经取得了概念上的突破，为成功设计制造这一装置奠定了基础。这一突破是在一个下午于大学图书馆取得的。就在劳伦斯漫不经心地翻阅一份德国电气工程期刊时，一个用带正电的粒子产生高压的设备图示使他眼前一亮。本质上，这个装置将粒子拉向负电荷，再换成正电荷推开它们，如此反复就能增加粒子的能量。劳伦斯
169 当即意识到，如果将这一基本原理运用到设有圆形轨道的装置中，就可以几乎无止境地持续增加离子的能量。第二天，他极其兴奋地匆匆穿过校园，对一名同事的妻子大喊：“我要出名啦。”

奥本海默到伯克利的第一年，劳伦斯开始建造回旋加速器。1931 年 1 月，他用这台机器成功将氢离子加速到携带八万（电子）伏特的能量*。第二年他制造了一台大得多的机器，实现了给粒子带一百万（电子）伏特的能量。受到这一成功的鼓舞，大学建立了放射实验室专门用回旋加速器进行研究。1936 年，放射实验室正式成为加州大学的一个系，劳伦斯任系主任。三年后，劳伦斯成为在美国的州立大学工作的人中第一个荣获诺贝尔奖的。毫无疑问，这时连约翰·泽伦尼也会承认，不论是伯克利决定聘用劳伦斯，还是劳伦斯决定离开耶鲁，这条路都没有走错。

自从来到伯克利、住进教师俱乐部的那一刻起，奥本海默就对劳伦斯热情有加。他钦佩劳伦斯身上使他能够“工作一整天，跑去打场网球，再工作到半夜”的“难以置信的活力和对生活的热爱”。在伯克利工作的最初几年，奥本海默和劳伦斯形影不离。除了对物理学的共同热爱将他们联系在一起之外，两人之间的差异也成为彼此吸引的理由。劳伦斯开朗、自信、行事从容。他善于结交朋友，没有奥本海默那种不可名状的神秘感。哈罗德·彻尼斯 1929 年遇见奥本海默时是伯克利的一名古典学博士生，他说：“我和他越熟悉，就越不了解他。”彻尼斯认为，奥本海默“非常需要朋友”，但是“他不知道如何交朋友”。

* 一电子伏特是指一个电子经过一伏特的电位差时所获得的能量。在讨论粒子的能量时，物理学家经常将“电子伏特”简称为“伏特”。——原注（26）

奥本海默或许不太擅长建立亲密的友谊，但他却懂得如何迷惑人心，部分通过劳伦斯，部分通过自己奇特的磁性魅力。他很快融入伯克利的社交生活。彻尼斯回忆说：“仅仅是他的外表、声音和仪态就能让人爱上他——不管是男是女。”人们后来经常讲起这样一个故事：在奥本海默刚到伯克利的那几天，为了让他认识每一个人，伯克利的物理学家和家眷搞了一次野餐活动。为了借机给大家留下好印象，奥本海默说由他来做饭，并答应为大家做一道叫*印尼炒饭*的印尼菜。这道菜是乔治·乌伦贝克的妻子埃尔丝教他做的。然而，当他们开车越过旧金山湾，奥本海默把菜做好后，这道菜却遭到大家一致的嫌弃（一个人记得 170
“吃起来就像孟买阴沟里的垃圾”），随即这道菜就被称为烂泥炒饭。它不仅味道难闻，而且分量也不够，因为奥本海默以为其他人都和他一样只需尝一口就饱了。奥本海默还未意识到大家还饿着肚子，此时劳伦斯宣布“两英里外有一个热狗摊”，他们才松了一口气。人们立即蹿上车去找那家热狗摊了，这明显让奥本海默大为不解。

“我现在非常忙碌，”1929 年 9 月 7 日，奥本海默在开学前不久写信给弗兰克说，“忙着准备讲课、做各种辅导、工作、认识人。”在接下来的一封信中，当他再次谈到如何对待女人的问题（或者用奥本海默的话说，“*难搞的纽约小姑娘*”）时，他也辅导起了弗兰克。很明显，弗兰克在这之前提到过，他在女人身边会感到非常紧张。奥本海默对此的建议是，只和那些有意让他自在的女人来往。他对弗兰克说：“推动谈话的责任永远在女孩那边，如果她不接受这一责任，那么无论你做什么，都不会让交流变得愉快。”

这个建议或许可以提供一些头绪来解释奥本海默在这一时期交往的女人仅限于已婚妇女。和同事的妻子见面不需要他承担提出交往的责任，也就避免了像是邀请女人约会这种事可能带来的尴尬和风险。1928 年，奥本海默在加州理工学院做国家研究基金会研究员期间，与海伦·艾里逊打情骂俏，她记得伯克利的“少妇们为罗伯特倾倒，被他的言谈、他赠送的鲜花之类的东西弄得神魂颠倒”。她认为，奥本海默“很会欣赏女人”，但他的殷勤“切不可当真”。

奥本海默写信给弗兰克说："我不觉得我说出'比起朋友，我更需要物理'这样的话就是个可怕的人，而且有时事实就是如此。"在伯克利，奥本海默终于能够把他对朋友的需要与对物理的需要和热爱结合在一起，而通过在他的学生中找到朋友，这二者又和他建立一个美国的理论物理学派的愿望合而为一。然而，这是一个漫长的过程。在起初的一两年里，学习他的课程的多数学生觉得这些课程晦涩难懂，他本人也令人望而生畏。

奥本海默在给弗兰克的信中提到的课是量子力学研究生课程的一部分，他于 1929—1930 学年的第一学期讲授这门课程。奥本海默在伯克利只教研究生课程。他后来说："我很少带本科生工作，只在相当特殊
171 的情况下才这么做。我想他们不认为我对他们有任何帮助，也从来没有人要求我给新生上物理课，或者做类似的事。"除了量子力学课程，他还开设针对理论物理某个方面的研究生研讨班，研讨班的主题要么是"理论物理入门"，要么是"理论物理方法"。奥本海默的教学方法不是让学生准备参加考试那种（实际上，正如他的一些学生所抱怨的那样，奥本海默从不给学生开设任何考试，因此也没有正规的方式来评估他们领会了多少）。相反，正如本章开头引用的那句话，他以"我所热爱的理论的传播者"为出发点开展工作。对他来说，他到这里的目的不是教学生，当然也不是评估学生，而是将量子力学带到伯克利。

"我听到，所有人都说我是一个非常难懂的讲师，"他承认，"一开始，我就把问题搞得非常难懂。"留存至今的奥本海默关于量子力学的课堂讲义显示，他对学生确实要求很高。他记得这是因为"我觉得自己……是唯一理解这是怎么回事的人，而我的高中英语老师注意到的我那种解释技术性问题的天赋发挥了作用。"他说的"这"可能就是指量子力学，尽管实际上他并不是伯克利唯一懂一些量子力学的人——伯奇、洛布、威廉姆斯和劳伦斯都非常熟悉这个理论的薛定谔波函数形式，然而这些人都不熟悉也搞不懂海森伯的矩阵力学和狄拉克的转换理论。但在奥本海默的课程中，这些理论是他要求学生在开课仅仅两个星期后就理解的内容。很多学生自然学得非常艰难，而当他们需

要更深入的解释时，奥本海默却叫他们去看书，这些书还大多是用德语写成的。

伯奇后来说：“几乎从一开始学生们就抱怨他进度太快。”他要来了奥本海默的讲义，看过之后他要求同学们坚持下去。同时，奥本海默也向伯奇抱怨：“我讲课慢得毫无进展。”伯奇回忆说，“我第一次意识到奥本海默头脑运转的速度。”奥本海默讲课时声音低沉、又轻又低，还不停地抽烟，抽完一支就立刻掐灭烟头再点上另一支，动作连贯，一气呵成。“因为听不懂他讲的是什么，”他的一名学生回忆，“我们就看他抽烟。我们一直希望看到他用烟头在黑板上写字、拿粉笔当烟抽，但我不记得他真的这样做过。”

在他身兼二职的前两年，奥本海默从 8 月到圣诞节在伯克利任教，然后跨越三百多英里（约 482 千米）南下帕萨迪纳，从 1 月到 6 月在
加州理工学院授课，之后在夏天尽可能长的时间里待在新墨西哥。这样 172
的局面维持两年后，伯克利（校方本来就不乐意和另外一所大学共享奥本海默）改变了学期长度，第一学期就延长到了 1 月，原来的安排难以为继。但奥本海默坚持与加州理工学院保持联系，于是他和伯克利协商后，后者同意他在每学年暑假前的最后六周到加州理工学院授课。这样，奥本海默原来对半开的设想变成了另一种安排，他本质上受聘于伯克利，后者每年放他几周时间去帕萨迪纳。

奥本海默后来说：“在帕萨迪纳我教得还不错，但它从来不是加州理工学院课程安排中的重要部分，除了第一年，也就是 1930 年春天，我当时在那里的时间比较长，我可能讲了一个还不错的量子理论的‘萌芽课程’。”这门“萌芽课程”的题目是“量子物理的议题”。同样，这门课只为研究生开设。也许因为奥本海默对加州理工的学生比对伯克利的学生抱有更高的期望，他在那里的教学定位也更高，这门课对近期研究论文中的主题展开了深入的集中讨论。

他这门课的第一讲吸引了大约四十名学生，包括卡尔·安德森，他后来成为出众的物理学家。“我听不懂奥本海默讲了什么，”安德森回忆说，“那个时候他不是个好老师。他来回踱步，走到哪里就在黑板上乱

画几笔——一个不完整的方程——板书杂乱无章。”几个星期过后，安德森成了这门课唯一一名登记在册的学生。当他去见奥本海默、请他允许自己退课时，奥本海默求他留下——没有安德森他就没有课讲，而没有课讲他就将失去在加州理工学院的正式职位。作为诱惑，奥本海默承诺如果安德森继续上这门课，他保证能得到A。安德森留了下来。

除了讲授“萌芽课程”，理查德·托尔曼还说服奥本海默用晚上的时间额外开课讲解狄拉克的量子电动力学。这些讲座对所有人开放，但主要面向从事学术研究的教师。计划的系列讲座的第一讲有十几个人参加，卡尔·安德森又是其中之一。他记得，奥本海默讲了两个小时后，理查德·托尔曼站起来说：“罗伯特，今晚你讲的我他妈一句也没听懂，除了……”然后他走上讲台在黑板上写下一个方程，“我只弄懂
173 了这个”奥本海默却告诉他，他把这个方程弄错了。“从此以后，”安德森说，“奥本海默再也没有尝试过开设讲座来给不同的人（主要是教师）讲解狄拉克的理论了。”

在帕萨迪纳任教的第一个春天，奥本海默的父母来看望他。朱利叶斯前一年已经卖掉了家族企业的股份。我们不知道这是运气还是先知先觉，但朱利叶斯就这样在1929年10月的华尔街股灾中保住了家庭财产。这次股灾对奥本海默的家庭没有造成什么影响，他那时对政治也没有什么兴趣，以至于奥本海默后来回忆，他甚至在很久以后才知道发生过这次股灾，还是欧内斯特·劳伦斯告诉他的。1930年3月，朱利叶斯和艾拉的巨额财产毫发无损，他们来到美国西部看望自己的儿子。“我们在托尔曼家度过了一个愉快的夜晚，”朱利叶斯从帕萨迪纳写信给弗兰克，“明天下午我们还要去那儿喝茶，会遇到许多教授和罗伯特的其他一些朋友。星期五我们将和托尔曼太太一起到洛杉矶听柴可夫斯基的音乐会。”朱利叶斯写道，罗伯特“忙于会议、讲座和他自己的工作，但我们每天还是能和他待上一会儿”。

朱利叶斯对奥本海默那辆旧克莱斯勒车的状况十分不满，于是“不顾强烈反对”坚持给他买了一辆新车。“他非常开心……开车比以前慢了大概一半，因此我们希望不会再发生事故了。”奥本海默开车的鲁莽

简直是个传奇。在之前一封给弗兰克的信中，他自己写道：“我有时开着克莱斯勒出门，在弯道上开到七十码，把一个朋友吓得魂飞魄散。这车开到七十五码也非常稳当。我现在是，也一定会是个恶劣的司机。”朱利叶斯提到的事故可能是这样一件事：当时奥本海默为了表现自己并吓唬自己的同伴兼作家纳塔莉·雷蒙德（朋友都叫她“纳特”，其中一位称她为“贼大胆冒险家”），开车和火车赛跑，结果撞了车。她被撞晕了过去，奥本海默一开始还以为她死了。朱利叶斯送了她一幅塞尚的画和法国画家莫里斯·德·弗拉曼克的一小幅画作为补偿。

朱利叶斯写信给弗兰克的第二天，奥本海默也给弗兰克写了信。那是奥本海默写给弟弟的最有趣的信件之一，因为里面有好几处体现了拉比眼中奥本海默的核心问题：认同。弗兰克曾写信给奥本海默，表达他在十七岁那个年龄特有的恐惧，即他哥哥认识的那个弗兰克已经消失。奥本海默的回信充满了温情和安慰。他告诉弗兰克：“让我相信我认识
的那个弗兰克已经彻底消失并非易事，那样的话我会非常非常难过。” 174
尽管如此，他夸奖弗兰克以全然认真的态度对待了他提出的问题——个人认同。“我认为，”他写道，“你确实过高估计了个人生活的变数和支离”：

> 因为我相信，在这些变动中——天知道有多疯狂——存在、也应该存在，在成熟的人身上越来越多地体现某种统一，这让我们在一个人最多变的行为中认出某种独特的个人烙印。

奥本海默确实明显倾向于非常严肃地对待哲学问题，他也对弗兰克说过个中缘由：“糟糕的哲学之所以会导致悲惨的结果，是因为正是你在准备阶段思考、想要、珍惜和培养的东西决定了你在关键时刻的行为，还因为小错会铸成大罪。”这封信以充满关爱的请求结尾：“现在，不要突进和改变太多；因为我认为，以前的你已经好得要命。”

和在伯克利时一样，奥本海默到加州理工学院授课时也住在教师俱乐部。他在帕萨迪纳的朋友包括他早已认识的理查德·托尔曼和丹麦物

理学家查尔斯·C. 劳里森。托尔曼和他的妻子鲁思成了他格外亲密的朋友（正是他俩介绍奥本海默认识了纳塔莉·雷蒙德），他也经常到托尔曼家里吃饭，他父母到帕萨迪纳时也是如此。和托尔曼、劳里森这样的人保持联系是奥本海默不愿放弃加州理工学院职位的主要原因之一，他们与物理学的近期发展紧密相关。

然而，尽管奥本海默在加州理工学院接触了当前研究进展，他却希望在伯克利建设美国特有的理论物理学派。为了实现这一目标，他知道除了接收本校原有的学生以外，还必须从校外吸引更优秀的学生到伯克利。于是，在他参加的许多会议和聚会上，特别留意合适的新人。在这方面，最有希望招募到新人的场合就是安阿伯的暑期学校，这和在佩罗卡连特待几个星期恢复身心一样成了他每年夏天的惯例。第一名在奥本海默指导下开始写作博士论文的研究生来到伯克利，正是因为参加了安阿伯的暑期学校。她就是来自印第安纳的梅尔巴·菲利普斯，当时是密歇根州巴特尔克里克学院[*]的硕士研究生，参加了暑期学校，爱德
175 华·康顿讲的量子力学课程让她深受启发。经由康顿的推荐，她向伯克利递交了申请。1930 年秋，她被分配的博士导师是奥本海默。

到那个时候，奥本海默已经有三位博士生了，但他们一开始都在另一位导师门下做研究。其中两位是哈维·霍尔和 J. 富兰克林·卡尔森，两人一开始都在威廉·豪威尔·威廉姆斯门下，另一位是与塞缪尔·艾里逊一起工作的利奥·尼戴尔斯基。在奥本海默的指导下，三名学生都茁壮成长，都在物理学职业生涯中功成名就。奥本海默花了大量心血培养他的博士生，和他们密切合作，并确保他们在离开伯克利时已经署名发表过有分量的论文。为此，他的做法是和博士生联合发表论文。20 世纪 30 年代，这样的联名论文在奥本海默代的工作成果占了很大一部分。

首先从中获益的学生是哈维·霍尔。奥本海默和他联名发表了由两部分构成的题为《光电效应的相对论性理论》[†]的重要论文，并于 1931

[*] 今安德烈大学。

[†] “Relativistic Theory of the Photoelectric Effect”.

年 5 月 7 日被《物理学评论》接收。光电效应是指金属在一定频率的光照下释放电子的现象。它在物理学的发展中意义重大，因为爱因斯坦正是在尝试解释这一现象时提出了光由类粒子的“量子”构成的思想，量子物理在此基础上建立。霍尔 – 奥本海默论文在观察这一现象时应用了狄拉克的理论，这也是霍尔博士论文的主题。1931 年夏天，霍尔提交论文通过答辩，成为奥本海默门下第一个获得博士学位的学生。

20 世纪 40 年代末，联邦调查局旧金山办事处在寻找奥本海默的污点时，找到了加州大学的一位雇员，一个“非常可靠的人”（这个人实际上是奥本海默的同事伦纳德·洛布，他对奥本海默极为反感）。他声称，在伯克利“大家都知道”奥本海默有“同性恋倾向”，也知道他和“霍尔有暧昧关系”。流言传播起来广泛又顽固，但这一说法几乎毫无根据。众所周知，霍尔不是同性恋。他于 1934 年结婚，育有两男一女，和妻子玛丽共度了六十九年（他于 2003 年去世，享年九十九岁）。奥本海默是同性恋或者哪怕有人相信他是同性恋的证据都十分罕见。大卫·卡西迪在他写的奥本海默传记中引用了 1945 年罗伯特·密立根写给理查德·托尔曼的信。密立根在信中称，在不同时期，鲍林和劳伦斯都对“奥本海默影响年轻同事的品行”表示怀疑。但是，除了道听途 176
说，完全看不出这封信除了模糊地感觉奥本海默道德失当以外还能说明什么。

说起霍尔与奥本海默的合作，大多数物理学家更加担心的是他俩粗心的数学计算，而不是传言中的道德问题。亚伯拉罕·派斯赞同地引用过奥本海默后来的学生罗伯特·瑟伯尔的话：奥本海默“物理很好，算数很糟”，从而让人注意到奥本海默和霍尔联名发表的有关光电效应的论文存在严重“疏忽”。他们在那篇论文中的一个核心观点是，实验结果显示，发展至今的量子电动力学理论出了某种差错，论文特别声称，对光电现象的观察表明，电子的能量比狄拉克方程预言的要足足大了 25 倍，因此基于这一方程的理论肯定会出错。实际上正如派斯指出的：“错的是他自己。”奥本海默和霍尔就是算错了。

问题的根源不仅在于奥本海默传奇般靠不住的数学计算，而且在于他那堪称执迷不悟的坚定信念，他下定了决心要证明狄拉克方程和以此为基础的量子电动力学理论有错。瑟伯尔曾经评论说，这种决心“严重阻碍了奥本海默解决量子电动力学中的难题”——奥本海默的一篇短论文《电子和质子理论》*刚好证明了这一点。1930年春，他以“致编辑的信”的形式在《物理学评论》上发表了这篇论文。†它试图解决的是狄拉克电子理论中一个公认的难题——狄拉克方程的解允许电子能量为负。狄拉克将这些负能态称为“空穴”，并认为它们表示的可能是正电粒子的位置。由于当时唯一已知的正电粒子是质子，狄拉克便认为，负能态实际上由质子占据。

然而奥本海默认为，狄拉克理论中的这些正电荷不可能有质子那么大的质量（质子的质量比电子大2000倍之多），而应该和电子质量相同。换句话说，这一理论要求存在一种当时尚无人知的粒子：一种带正电的电子，也就是现在所说的“正电子”。但是，因为奥本海默坚信这
177 一理论是错误的，他就没能从自己的论述中得出显而易见的结论，即正电子必然存在。他认为他找到的不是正电子存在的证据，而是可以认定狄拉克方程出了错的理由。

狄拉克接受奥本海默关于“反电子”质量的观点，但是对自己著名的方程充满信心，奥本海默的质疑并没有阻止他的推断。狄拉克在1931年春季写的一篇论文中宣布，有一种“实验物理学家尚不知晓的新粒子，它和电子质量相同、电荷符号相反”。那年晚些时候，在普林斯顿的一场讲座上，狄拉克坚持认为这些反电子“不应该被视为数学上的虚构，而是应该可以用实验手段探测的”。不久，正电子存在的实验证据公之于众，正确预言其存在的人不是奥本海默，而是狄拉克。

1931年参加安阿伯的暑期学校期间，奥本海默恢复了与欧洲物理学家的私人联系，包括沃尔夫冈·泡利。泡利来此大谈还有一种“实验

---

* “On the Theory of Electrons and Protons”.

† 以给编辑写信的形式发表短篇论文的优点是，文章在很短的时间内就能付印——奥本海默于1930年2月14日写的信出现在了3月1日的期刊上。缺点是，与正常经过同行评议程序的论文相比，这样的文章权威性较低。——原注（27）

物理学家尚未发现的新粒子”，并称之为“中子”。然而这是个不恰当的选词，因为“中子”早已被卢瑟福用来指一种和泡利所想的大不相同的粒子。1920 年，卢瑟福就提出比氢更重的原子核不仅包含质子，也包含质量与质子相当的中性粒子，他将其命名为“中子”。这个观点可以合理解释不同原子核的质量和电荷的观测数据，比如一个氦原子核（一个 α 粒子）的质量是一个质子的四倍，但电荷只有它的两倍。如果氦原子核不是包含四个质子，而是两个质子和两个中子，这就解释得通了。然而，验证这一中性粒子的试验并未成功，尽管正当泡利在安阿伯谈论他所说的中子时，卡文迪许实验室正在开展的行动很快就会用实验证实卢瑟福的中子。

泡利提出“中子”是为了解决一个迥然不同的问题。这个“中子” 178
比起卢瑟福的要小很多，泡利认为，如果要解释 β 辐射就必须存在这种东西。α 辐射和 β 辐射的区别是卢瑟福在 1897 年就界定过的，人们后来发现，组成 α 辐射的是 α 粒子，也就是氦原子核，而构成穿透力强得多的 β 辐射的则是原子核衰变时释放出的电子流。[*]

泡利试图解决的问题来源于实验观察，这些实验表明，β 辐射的能量并不总是相同，相反，β 衰变中存在连续的能量谱，被释放的电子的能量值在接近零以上。如果我们将 β 辐射理解为指定了固定质量的原子核衰变，那么在各种情况下释放出的电子能量都应该是相同的，除非能量不守恒——衰变后的原子核的能量加上电子的能量不等于衰变前原子核的能量，部分质量或能量消失了。因此，面对观察到连续的 β 辐射谱这一事实，要么必须放弃已被公认的物理学基本原理——能量守恒定律，要么就不能将 β 辐射简单地理解为释放了电子，其中一定另

* 完全理解 β 衰变比泡利的中微子设想还要晚几年，因此也是在卢瑟福最初区别和为之命名之后很多年。卢瑟福知道的是一种和 α 衰变不同的放射性衰变方式，在这种衰变中，辐射不由带正电的氦原子核构成，而是由质量小得多的带负电的粒子构成。他正确地辨认出这些粒子是电子。后来的发现表明，这些电子是中子在衰变成质子时释放出来的。——原注（28）

有原因。[*]

玻尔和其他一些人准备放弃能量守恒定律来回应这一问题，但是对泡利来说这也太出格了。为了维护能量守恒，他提出了一个他所说的“绝望的出路”：“就是说，原子核中可能存在电中性的粒子，我姑且称之为中子……中子的质量应该和电子的处于同一数量级……假设 β 衰变过程中在释放出电子的同时也释放出一个中子，那么连续的 β 辐射谱就可以理解。这样，中子和电子的能量之和就是不变的。”换句话说，泡利所说的“中子”提供了消失的能量：电子、衰变的原子核再加上“中子”的能量之和等于原子核衰变前的能量。

泡利在 1930 年 12 月的一封信中提出了上文引用的论述，这封信是写给参加一场有关放射性的会议的同事的。这场会议主要讨论的是连续 β 辐射谱问题。他显然只是试探性地提出了新粒子（后来还称之为“我
179 人生危机的傻孩子”[†]），因为他在写完上面这封信后直到参加 1931 年安阿伯暑期学校期间，一直没有就此发表过任何文章，他也没有在安阿伯提交过这方面的论文。然而，他在私人谈话和研讨课上都多次说到这个问题。在泡利细心的听众中，就包括奥本海默和 J. 富兰克林·卡尔森（人们叫他“弗兰克·卡尔森”）。自从霍尔于上一年毕业后，卡尔森现在成了与奥本海默工作关系最密切的学生。听了泡利的讨论，卡尔森和奥本海默离开安阿伯时就想着如何用泡利假设的新粒子丰富未来的合作研究，同时充实卡尔森的博士论文。

离开安阿伯后，奥本海默在佩罗卡连特和弗兰克一起度过了一段时间，然后前往纽约看望父母，最后于 8 月 10 日回到伯克利。他从伯克利写信给还在新墨西哥的弗兰克。奥本海默在密歇根为弗兰克买了一辆二手帕卡德敞篷双座车，叫它“伊迦博”，这可能来自《旧约》中的人

---

* 举个例子可能有助于理解这个问题。一个钴原子核（原子序数 27）经过 β 衰变获得一个质子，因此就变成了镍（原子序数 28）。一个电子在这个过程中被释放出来。当时令泡利和其他物理学家迷惑不解的是，在这种情况下，数字总不会直接相加：这个例子里的镍原子核加上电子的总能量有时确实等于，但有时又不等于原来的钴原子核的能量，这取决于随连续能量谱不断变化的电子能量。——原注（29）

† 那时的泡利正因为和第一任妻子闹离婚而心力交瘁。——原注（30）

名或者罗伯特·勃朗宁的诗《华林》[*]。这首诗写一位离去的朋友，它的第六节这样开篇：

> 伊迦博，伊迦博，
> 荣耀已然离去！
> 华林可远在东国？
> 可有人知晓，有人听闻，
> 传说一人暴起
> 在某方宛如新神。

奥本海默写道，弗兰克可以到安阿伯的帕卡德经销商处提取“伊迦博”，车放在那里维修。没人知道奥本海默买下时车的状况如何，但是当他将车开到安阿伯后，它正亟须修理。参加暑期学校的人记得奥本海默开着“伊迦博”来到学校：每个人都听到了车轮边缘碾压砾石发出巨大的嘎吱声，研究生们赶忙来换掉了瘪掉的车胎。

弗兰克即将开始他在约翰斯－霍普金斯大学物理系的第二年，他们计划的似乎是等弗兰克一取到车，就开车到纽约看望父母，然后前往巴尔的摩。艾拉·奥本海默前不久被诊断出了白血病。“恐怕你会看到妈妈虚弱又痛苦，”奥本海默提醒弗兰克，“诊断报告不容乐观。”他接着 180
说他打算圣诞节去纽约：“我有很长的假期，打算陪她多待些时间。”

最终，艾拉的身体状况恶化得比预计的还要快，奥本海默被迫在学期中段飞往纽约。1931 年 10 月 6 日，奥本海默收到父亲的电报：“母亲病危，恐不久于人世。”丹妮斯·罗亚尔在她 1969 年为奥本海默所作的传记中引用了“一位朋友”的话，这位朋友在奥本海默收到电报不久

---

* 译自“Waring”。下文引用的诗句译自 Ichabod, Ichabod, /The glory is departed! /Travels Waring East away? /Who, of knowledge, by hearsay, /Reports a man upstarted /Somewhere as a god。伊迦博（Ichabod）在勃朗宁诗中同样保留了《圣经》中的含义。伊迦博诞生于约柜失窃之日，因此本身已带有“失去（神的）荣耀”的意思。勃朗宁的诗可能是将杳无音信的华林比喻为失落的圣物，并希望华林可以在某一天带着神一般的光辉回到自己身边。

后看见他脸色非常痛苦：“表情尽是苍凉。‘我的母亲要死了。我的母亲要死了。’他一遍遍重复着。”

在此之前，奥本海默和弗兰克·卡尔森写了一篇很短的介绍，作为另一封刊登在《物理学评论》上的“给编辑的信”，宣告他们有一系列新的研究，他们承诺将其写成论文。研究的目的是探究泡利在安阿伯谈到的“中子”是否掌握着钥匙，通往一个正待揭开的科学之谜——宇宙射线的本质。

“宇宙射线”这一有所暗示的名称是罗伯特·密立根于20世纪20年代提出的，但是在20世纪的最初几年，就已经有人发现和研究了这种在地球大气外层发生的具有极强穿透力的辐射现象。密立根对这些“射线”非常着迷，是第一个证明它们从外太空（因此说“宇宙”）进入大气层的科学家。在20世纪二三十年代，密立根卷入了几场关于宇宙射线组成的争论，最有名的是和阿瑟·康普顿的争论，后者认为宇宙射线主要由质子构成。而密立根认为，它们由光子组成——也就是说，它们根本不是粒子，而纯粹是电磁辐射。至少在密立根看来，这一争论的关键是比简单的科学分歧更深刻、更普遍的某种东西。对他来说，这件事确实具有宗教意义。

对于康普顿和密立根两人以及所有对宇宙射线感兴趣的人来说，宇宙射线的吸引人之处是其超强的能量，20世纪二三十年代测量到它的数据是1亿电子伏特（自那以后还检测到了比这大得多的能量）。有两种方式可以释放这样的能量：一种是重原子衰变释放出质子和电子，从而变成更轻的元素；另一种是轻原子之间发生聚变形成更重的元素，从中释放 γ 射线。换句话说，只有两种方式能够产生这样高能的射线：物质的衰变和聚变。密立根虔诚地相信后者：他认为，是上帝创造了新原子来抵消衰变的影响，而宇宙射线就是新原子“出生时的啼哭”，
181 因而他相信（还要说服别人相信）宇宙射线是由光子组成的就很重要了。

在“给编辑的信”中，奥本海默和卡尔森既否定了密立根认为宇宙射线是光子的观点，又否定了康普顿认为它由质子构成的观点。他们认

为，宇宙射线可能由泡利假想的“中子”构成。在介绍结尾，奥本海默和卡尔森承诺，他们计算的电子和泡利的“中子”之间碰撞的结果将在“不久后发表”。

奥本海默和卡尔森的信落款日期是1931年10月9日。三天后，奥本海默已经身在纽约，来到母亲的病床边，她已处于弥留之际。“我看到妈妈虚弱得可怕，”他写信给劳伦斯，“几乎毫无希望。”

> 我到这里后的每一天，她看起来都更健壮了一点，更像她原来的样子。她正忍受着极大的疼痛，虚弱不堪，令人怜悯，但是她仍然有一线希望可能获得片刻的缓和。我和她说过一点话，她疲惫而悲伤，却并不绝望，甜美得简直难以置信。

四天后，奥本海默再次写信给劳伦斯，感谢他“善良的消息”和“可爱的玫瑰”。“这里的情况非常糟糕，”奥本海默告诉劳伦斯，“母亲在短暂的恢复后病情急剧恶化。现在已陷入昏迷，死亡将近。”

> 我们不禁感到一丝欣慰，她不会忍受更多的痛楚，也不会知道长久而无望的疾病带来的绝望和痛苦。她一贯充满希望，安详平静。她对我说的最后一句话是，“对——加利福尼亚”。

第二天，艾拉去世了。奥本海默的老朋友兼老师赫伯特·史密斯和他一起度过了那个下午，记得奥本海默在母亲死后立刻说：“我是世界上最孤独的人了。”

奥本海默从纽约写给劳伦斯的信表明，他十分不愿离开伯克利、离开物理学，不愿离开他建立的学派和年轻的理论物理学家。“离开这么久，我感觉糟透了，”他告诉劳伦斯，“你会尽你所能，去帮助那些学理论物理的丧父孩童吗？”在接下来的一封信中他又坚持说：“如果我在这里能为你做点什么，请你一定告诉我；如果我的只言片语能对那些被抛弃的学生有所帮助，请一定直言相告。”

一旦能够体面抽身，奥本海默便回到伯克利“被抛弃的学生”中
182 间。在此之前，他打算和弗兰克一起在 12 月到新奥尔良看望父亲。计划是他们三人在圣诞节期间一起度过十天，然后，奥本海默、弗兰克，毫无疑问还有包括弗兰克·卡尔森在内的奥本海默的许多学生去参加美国物理学会于 12 月 29—30 日在新奥尔良举办的会议。

因为艾拉刚刚去世，很难想象这个家庭假日除了悲伤还能如何，而实际上，就连美国物理学会的会议也成了一种煎熬。罗伯特·密立根（作为加州理工学院的院长，他在某种程度上是奥本海默的上司）选择在这些会议上公开捍卫自己对宇宙射线的神学理解，高调地向非信徒宣战，包括奥本海默和卡尔森。他们致《物理学评论》编辑、反驳密立根的信已于 11 月发表。密立根显然认为，如果他关于宇宙射线的观点公开受辱，那他将遭受巨大损失，因为他已经付出大量时间和精力，不仅让物理学界的同事，也让公众信服他的观点。他就这一主题接受过《纽约时报》的采访，也在多次公开演讲中讲述过他的主张：宇宙射线是上帝存在及其恩泽的证据。1932 年元旦，《时代》杂志对他进行采访时，他也说了同样的话。这显然不是他愿意轻易放弃的观点。

很明显，在新奥尔良，奥本海默在密立根的猛烈攻击下深受打击。他在回加利福尼亚的途中写信给劳伦斯，感谢他在密立根发起猛攻时向他低语“安慰之词”。“我非常需要这些，”他对劳伦斯说，“为我的报告感到羞愧，也为密立根的敌意和无所顾忌感到难过。”他还对劳伦斯说，他接到一位新闻记者打来的电话，说是劳伦斯让他来的，还问他对这场争论的看法，但是“我什么也没有对他说，我希望我这样做没有挫伤你的心意”。

奥本海默没有在公众面前标榜他与密立根的分歧，希望这样就能缓和密立根的态度，但他错了。密立根在余生中对奥本海默的敌意都丝毫未减。“密立根憎恨奥本海默，”伯奇回忆说，“给他的晋升机会与我们在这里给他的极不相称，还恶意骚扰他。”在伯克利，奥本海默于 1931—1932 学年初就晋升为副教授，但是加州理工学院却在三年以后才跟进。“密立根只把他的名字留在教师花名册里，”伯奇说道，“一有

机会就让他愤懑难堪。”

奥本海默没有向新闻记者说他对密立根的攻击有何回应，毫无疑 183
问，他想要用端庄体面的学术风范回应有关问题，那就是兑现他和卡尔森曾在给《物理学评论》的介绍中的承诺：“不久后”发表他们关于电子和泡利“中子”碰撞的计算。然而，几乎是在他从新奥尔良刚刚回到伯克利的时候，他就发现和卡尔森计划开展的工作已经被实验物理的一系列重大发现赶超。正是因为这些发现，人们将 1932 年称为物理学的奇迹年。

1932 年 1 月 1 日发表在《物理学评论》上的一篇题为《质量为 2 的氢同位素》[*]的论文公布了第一大发现。这篇论文有三位作者——费迪南德·布里克韦德、G.N. 墨菲和哈罗德·尤里，最后一位在伯克利的吉尔伯特·路易斯门下获得博士学位后成为哥伦比亚大学的副教授。尤里和同事们宣布发现了氢的同位素氘，它的重量是氢的两倍，（相对）原子质量是 2 而不是 1。[†] 物理学家早就想找到一种（相对）原子质量为 2 的化学物质，因为这样的物质很可能帮助科学家探明原子核的结构。氢原子的（相对）原子质量仅有 1，它的原子核没有结构，而在发现氘之前所有已知的化学元素的原子核中都有三个或更多的粒子，结构过于复杂以至于无法细致研究。然而，氘——物理学家维克托·魏斯科普夫称之为“核物理中的氢原子”——使物理学家能够将关于双体系统的一切知识用于原子核的研究，由此使极为精细的计算成为可能。

氘原子核是这类事物中最完美的例子。这样的粒子使卢瑟福早在 1920 年就确信，一定有一种与质子质量相同的电中性粒子。实际上，卢瑟福以惊人的预感明确预言了“可能存在（相对）原子质量接近 2 的原子，且只带有一个电荷，它应该被视为氢的同位素”。事实正如卢瑟福所预见的那样，氘有两倍的质量，却与普通的氢的电荷数相同，这似

* “A Hydrogen Isotope of Mass 2”.

† 同位素的概念源于 1912 年，当时的化学家弗雷德里克·索迪发明了这个词，用来描述在元素周期表中占据同一位置却有不同放射性的两个或多个原子。1932 年发现中子后，科学家们认识到同一元素的两个同位素的区别来自原子核里中子数的不同。——原注（31）

乎表明，多出来的质量不带电。反过来，不带电也可以完美地解释为氘
184 核正如卢瑟福想象的那样，是由一个质子和一个中子构成的。这样描述的唯一障碍是中子还没有被发现。然而，这重障碍在尤里等人宣布发现氘后刚过了一个月就被扫清了。这是 1932 年 2 月 27 日，卡文迪许实验室的詹姆斯·查德威克的一篇致编辑的信在《自然》见刊。查德威克以其特有的过度保守之风将标题定为《中子或许存在》*。

每一位读到它的物理学家都一致认为，查德威克在这篇短讯中呈现的是中子存在的确凿证据。他在 1932 年初的两个月里夜以继日地工作†，从一系列实验中获得了这一证据。他的灵感来自 1932 年 1 月 18 日《法国科学院院报》‡上的一篇论文，法国物理学家弗雷德里克·约里奥和他的妻子伊雷娜·居里在文中描述了他们在实验中观察到的一种迷惑现象。他们的记录显示，当用钋放射出的高能 α 粒子轰击铍时，铍产生了极其强大的辐射。他们猜想这就是 γ 射线，也就是光子。这一“γ 射线”非常强大，当他们将石蜡放在射线前面时，它能以 450 万伏的高能将质子从石蜡中撞飞。要产生这样的结果，所谓的 γ 射线需要具有大约 5500 万伏的能量，以前只有那些研究宇宙射线的科学家才见识过这样的能量。

查德威克读到这篇论文时立刻意识到，约里奥和居里所记录的这一现象有一种更可能的解释：质子是被与质子大小相当的中子从石蜡中撞飞的，中子的动能只需比它们撞动的质子的动能稍大一点就够了。查德威克用在今天看来简直是七拼八凑的简陋设备成功重现了约里奥和居里所做的实验，又成功将其推广，证明铍释放出的辐射也能激发氢、氦、锂、碳、氧和氩中的粒子。他在写给《自然》杂志的信中说，如果像约里奥和居里那样，将铍释放出的射线视为 γ 射线，那结果就很难解释。他接着说：“然而，如果假设射线由质量为 1、电荷为 0 的中子组成，

---

* “Possible Existence of a Neutron”.

† C.P. 斯诺说，在这期间有一种“对话成了卡文迪许实验室的传统：‘累了吗，查德威克？’‘还没累得不能工作。’”——原注（32）

‡ *Comptes rendus*.

那么所有困难就都烟消云散了。”

到查德威克将自己的结果全部汇总成文，准备发表在 1932 年 6 月的《英国皇家学会学报》上时，他已不再有任何怀疑，论文题目也不再用试探的口吻，而是以《中子存在》为题发表。奥本海默和卡尔森似乎 185
一直等到查德威克的完整论文发表后才回到中子的课题上来，因为直到 1932 年 7 月 18 日，他们才履行了上一年 10 月的承诺，将自己关于“快电子和磁性中子的碰撞”的详细论文递交给《物理学评论》。有些蹊跷的是，奥本海默和卡尔森没有提到查德威克，也没有引用他的论文（尽管当他们提到中子存在的实验证据时肯定有所暗指）。也许有人会猜测，这是因为他们想的是泡利的“中子”，其质量比查德威克的中子小几千倍，但是论文并没体现这一点，而是让人感觉他们混淆了二者。

一方面，奥本海默和卡尔森将中子说成是“假想的中性基本粒子”，它的存在“由泡利初步提出”。另一方面，尽管他们指出泡利猜测这种假想粒子的质量“不比电子大多少”，他们却说“然而，我们可以假设中子的质量接近于质子”，这明显是基于查德威克计算的假设。奥本海默和卡尔森使用的“磁性中子”概念是泡利和查德威克二人完全不同概念的别扭混合体。因此，他们的论文以这样的结论结尾可能也不足为奇了：他们说宇宙射线不大可能由“磁性中子”构成，因为“没有实验证据证实磁性中子这样的粒子存在”。

1932 年 4 月，哥本哈根的玻尔实验室上演了一部由歌德的《浮士德》改编而来的诙谐戏仿之作，从中可以看出奥本海默和卡尔森不是唯二对泡利假想的粒子和查德威克的发现之间的关系感到困惑的人。在这一版浮士德式传奇中，墨菲斯托这个角色由泡利扮演，他试图引诱“浮士德”（由埃伦费斯特扮演）相信，有一种无质量也无电荷的粒子（因此它实际上是不可探测的）。奥本海默在剧中的角色戏份很少，只在“安阿伯夫人的非法酒吧”（安阿伯暑期学校）这一场景中露面。在那里，墨菲斯托 / 泡利诱使包括奥本海默在内的喝醉的美国物理学家们“难过地坐在酒吧里”接受中子的存在。戏剧的结尾，查德威克登场“并骄傲地说”：

中子已然存在。
它将质量满载。
电荷永不存在。
泡利你可认栽？

186 墨菲斯托 / 泡利回答：

实验已经发现，
尽管理论没跟进。
口说无凭不算数，
还得用脑又用心。
祝你好运，你这重量级替补，
我们衷心欢迎你。

1934 年，意大利物理学家恩里克 · 费米提出“中微子”（小中子）这个名字，用来区分泡利假设的粒子和查德威克的“重量级中子”，人们直到 1955 年才获得了中微子存在的实验证据。奥本海默和卡尔森认为，泡利的中微子可能是理解宇宙射线本质的关键，但因为将两种中性粒子混淆，这一想法只能搁浅，并且最终证明是错误的——无论说的是哪一种“中子”。

自己的想法被实验物理的发展超越，这似乎对奥本海默产生了有益的影响，他自此以后把了解实验物理的一切作为自己的分内之事。雷蒙德 · 伯奇回忆说：“在我们的研讨会上，奥本海默在实验物理方面甚至比实验物理学家懂得还要多。他能一口气说出与实验有关的数据和方程，房间里任何一位实验物理学家都望尘莫及。”这里所说的研讨会有每周三下午的学术讨论会，实验物理学家和理论物理学家在此见面讨论问题；还有每周二晚上的期刊俱乐部，讨论的是实验物理和理论物理学界近期的研究。劳伦斯的助理弥尔顿 · 斯坦利 · 利文斯顿记得实验物理学家们在这些会议上“战战兢兢，不敢向奥本海默提出任何问题”，只有劳伦斯本人除外，他愿意“突然提出一些傻问题”，人们对此非常敬佩。

在 20 世纪 30 年代中晚期的伯克利，理论和实验物理学家之间这样的紧密合作使双方都受益匪浅，但是在关键的 1932 年却出现了交流有所不及的迹象：实验物理的发展使奥本海默措手不及，而劳伦斯也因无法领会某些关键的理论观点而停滞不前。

劳伦斯的主要精力都放在制造越来越大的回旋加速器上，希望用它不断将质子加速以得到越来越大的能量。1932 年 2 月，取得进展的关键时刻到了，他最新的回旋加速器成功将质子加速获得了 100 万（电子）伏的能量。“我把数字写在黑板上，”利文斯顿后来回忆，“一天晚上，劳伦斯来得很晚。他看见了黑板，又看向微电流计检查谐振电流，然后 187
在屋里跳起舞来。”

劳伦斯一直都是一个大喇叭，他争分夺秒地传播这个消息，利文斯顿记得第二天“我们整天都忙着向热心的观众展示百万（电子）伏的质子”。《旧金山观察报》* 派记者赶到伯克利一探究竟，然后激动地宣布，劳伦斯和利文斯顿“正要用力打碎原子，释放它可怕的能量”。《旧金山观察报》报道了建造更大的回旋加速器的计划，并接着说：“他们希望能用更大的磁铁将原子彻底击碎，最终产生 2500 万（电子）伏的冲击力。”

但是，量子理论物理学家在这之前很多年就已经知道（奥本海默也肯定已经意识到了），很可能只需要比这小得多的能量就可以分裂原子。实际上，理解它的理论要点集中于包括奥本海默在内的一些人首先考虑过的一种现象：所谓“量子隧穿”的神秘过程。根据量子理论，由于质子和电子等既是粒子也是波的事实，构成原子核的粒子很可能突然出现在原子核周围的电势垒（库伦势垒）之外。卢瑟福了解这一现象，但是他将它描述为电子将质子拖离其外壳，就像拖船将邮轮拖向大海那样。俄国物理学家乔治·伽莫夫首先认识到，这是亚原子粒子的波动性产生

* *San Francisco Examiner*.

的直接后果，量子力学为出现这种“隧穿”的可能性提供了量化和预测的方法。

1928 年秋，伽莫夫的分析时隔不久连续两次付印发表：10 月 12 日用德文发表在《物理学杂志》上，11 月 24 日又用英文发表在《自然》上。实际上，关于谁是发表这样的分析文章的第一人，伽莫夫堪堪不及 9 月份在《自然》杂志上发表文章的爱德华·康顿和罗纳德·格尼，但从原子分裂史这一角度看，伽莫夫的分析更重要。原因有二：首先，不同于康顿和格尼，比起质子如何脱离原子核，伽莫夫更关心它们是如何进去的；其次，正是伽莫夫的解释启发并促成了世界上首次成功分裂原子的研究。

伽莫夫的论文在《物理学杂志》上发表前不久，他把一份预印本寄给了卡文迪许实验室的约翰·考克饶夫，后者马上看出这篇论文的潜在含义，即原子或许可以用相对低能量的质子分裂。卢瑟福曾公开呼吁改
188 进人工加速电子的方法，他认为需要 800 万伏或更大的能量。然而，考克饶夫通过一系列计算证明，如果伽莫夫分析正确，“只要有”30 万伏就足够了。他给卢瑟福看了这些计算，但是没有发表。

在卢瑟福的鼓励下，考克饶夫和他在卡文迪许的同事欧内斯特·沃尔顿紧密合作，设计并制造一台机器，它能将质子加速到所需的 30 万（电子）伏。到 1930 年 5 月，他们已经有了一台能够加速到 28 万（电子）伏的机器，有望在即将到来的 8 月在《英国皇家学会学报》上发表他们的成果。他们将在文中冒些风险公开考克饶夫的计算结果，即只需 30 万伏的能量就足以击穿原子核，从而分裂原子。然而，大约与此同时，卢瑟福在一次演讲中宣称：“我们需要的是一种让我们有可能获得 1000 万（电子）伏数量级的能量的装置。”很难说，卢瑟福是真的这么想，抑或这些话只是障眼法，但是他清楚地知道，劳伦斯和他的团队正在建造 100 万（电子）伏以上的加速器，而他继续鼓励考克饶夫和沃尔顿尝试使用更为朴实的设备。

1932 年 1 月，考克饶夫收到老朋友约瑟夫·博伊斯的一封信，信中说：“我刚刚去加利福尼亚做了一次短期访问，我想你也许会有兴趣

听我简要说说这里的高压研究。”博伊斯汇报说，“在西海岸真正有所进展的地方是伯克利”：

> 劳伦斯刚刚搬进物理系大楼后面的木头老房子里，他希望在那里建造六套不同的高速粒子装置，其中一台将超越现有装置，他就能用它在磁场和以调谐到超高频率的电场中让质子旋转，使它们的速度稍稍超过 100 万（电子）伏特。

博伊斯接着说，劳伦斯“是一位有才干的主任，有大批研究生和充足资金的支持，他的工作到目前为止……取得了巨大的成功，足以让他对自己的未来充满信心”。

得知这些情况后，卢瑟福的催促愈发急迫。在卢瑟福对他俩说“别再瞎忙活浪费时间了”之后，1932 年 4 月 14 日，考克饶夫和沃尔顿在不抱任何成功希望的情况下向锂样本发射了一些加速的质子。锂是一种（相对）原子质量为 7 的非常轻的金属。结果令人大吃一惊，以至于卢瑟福和查德威克也被叫到了实验室核实他们的观察。所有人都看到了熟悉的火花，明显是释放出来的 α 粒子[*]。由此得出的结论只有一个：质 189
子撞碎了锂原子核，产生了 2 个 α 粒子（也就是［相对］原子质量为 4 的氦原子核，这在数学上无懈可击，因为锂原子核加质子的总［相对］原子质量是 8，正好等于 2 个氦原子核的质量）。换句话说，考克饶夫和沃尔顿在世界上首次实现了用人工方法分裂原子。况且，他们还是在质子只加速到远低于考克饶夫计算出的 30 万（电子）伏的情况下做到了这一点。在后来的试验中他们发现，只需 12.5 万（电子）伏的能量就能分裂锂原子核，远低于任何人的想象。

当考克饶夫和沃尔顿测量这一反应释放出的 α 粒子的能量时，测

---

* 当 α 粒子击中用适当材料（最常用的是硫化锌）做成的屏板时，它会产生一种叫作“闪烁”（scintillation）的微小火花。卢瑟福和他的团队在卡文迪许所做的实验利用这一现象检测 α 粒子的存在，实际上大多数先进的物理实验室在研究中也都这么做。——原注（33）

量结果戏剧性地证实了科学中最著名的等式 $E=mc^2$，也令人惊奇地表明，原子反应能够释放出怎样的能量——因为测量结果是 800 万（电子）伏特。既然从每一个锂原子核中都会释放出 2 个 α 粒子，这就意味着，以 12.5 万（电子）伏特的能量运动的单个质子同锂原子核碰撞能释放 1600 万（电子）伏特的能量（两个 α 粒子，每个有 800 万［电子］伏特能量）。不难理解，人们立刻开始好奇如何将释放出的巨大能量用在炸药上。

部分因为卢瑟福敏锐地意识到，这样的猜测（即将这种能量用于制造炸弹）在他们的成果公布后将无法避免地接踵而至，他在帮助考克饶夫和沃尔顿将实验结果撰写成文投稿给《自然》后向他们强调，对这一结果务必守口如瓶，直到深思熟虑的论文见刊为止。但是这并不是卢瑟福不让走漏风声的唯一理由，就像沃尔顿在一封信中详细地跟自己的女友弗丽达说的那样。“我们知道，”沃尔顿写道，“美国人也在做类似的研究，而卢瑟福希望所有功劳都归卡文迪许实验室。总的来说，他不喜欢美国物理学家，因为他们会为芝麻大点的成果大夸特夸。”

然而，卢瑟福自己明显按捺不住公布这一消息的冲动。1932 年 4 月 28 日，就在《自然》发表这份报告两天前，他在伦敦的皇家学会主持关于“原子核结构”的会议，组织这场会议最初是为了讨论查德威克
190 发现了中子。卢瑟福安排考克饶夫和沃尔顿到会，然后在介绍查德威克前，宣布了他们分裂锂原子核的成就。

两天后，论文出现在《自然》上，但是卢瑟福在皇家学会上宣布的结果已经吸引了媒体的注意。1932 年 5 月 1 日星期日的《雷诺画报》* 以《最伟大的科学发现》为题报道说：

> 科学家梦想成真了。原子被成功分裂，从中释放的能量可能改变文明……这是当今时代最伟大的科学发现。

* *Reynold's Illustrated News*.

同一天，《星期日快报》* 报道“原子分裂，但世界依然安全”，而《每日镜报》呼吁“让它分裂吧，只要不爆炸”。原子分裂能制成威力极强的炸弹这样的想法自 20 世纪 20 年代起就已经存在。伯特兰·罗素在他 1923 年的畅销书《原子 ABC》† 中就提到过它，它也是戏剧《欧洲上空的翅膀》‡ 的中心思想。剧中，科学家威胁世界各国领导人，除非达成使用核反应产生巨大能量的国际协议，否则他们将用原子弹毁灭世界上的主要城市。这部剧于 1928 年在纽约首演，但奇怪的是，它在伦敦上演时恰好赶上考克饶夫和沃尔顿公布分裂原子的消息。

当然，对于可能从原子核内释放出的能量，担忧总的来说确实不无道理。然而当时条件还很不成熟，人们看到的从锂原子分裂中释放的能量尽管惊人至极，但是还不能用来制造炸药。这么说有两个原因。首先，尽管穿透力极强的质子和释放出的 α 粒子的能量有巨大差异，但是我们必须看到，在 12.5 万（电子）伏的能量下，大约在 1000 万个质子中只有 1 个能穿透原子核。因此，要释放 2 个 α 粒子所携带的 1600 万（电子）伏特需要的总能量大约是 12.5 亿（电子）伏。其次，炸药需要链式反应，这还从未有人见过，也不可能在锂这样的轻元素分裂中产生。因此，卢瑟福将原子分裂可能成为未来能量之源的想法视为“镜花水月”，这个著名的驳斥之论在当时的认知条件下确有道理。然而，正是在深思《泰晤士报》对这些言论的报道时，匈牙利科学家利奥·西拉德突然想到，如果能够找到一种元素，使它在中子的轰击下分裂，而那种元素在吸收一个中子的同时又能释放两个中子，那么链式反应就能够发生，也就真的能成为巨大能量的来源。

其他人还需要再过几年才能理解西拉德的想法。同时，全世界的报 191
纸都捕捉到了考克饶夫和沃尔顿的成功事迹，包括《纽约时报》在 5 月 8 日的周日版以《原子暴露了它的惊天秘密》为题描述了实验过程，并评论道：“这项结果十分出人意料，简直前所未有。”毫无疑问，欧内斯

* *Sunday Express*.

† *The ABC of Atoms*.

‡ *Wings over Europe*.

特·劳伦斯读到过这篇报道，当时他正准备和玛丽·布鲁默在康涅狄格州的纽黑文结婚。到 5 月 14 日举行婚礼时，劳伦斯肯定已经知道，有人捷足先登，超越了他成为粉碎原子第一人。因此，坊间流传他在度蜜月时听到这一消息的说法并不属实。然而，他的助手詹姆斯·布雷迪记得收到过一份电报，倒有可能是他在蜜月期间发出的："考克饶夫和沃尔顿分裂了锂原子。去化学系找一些锂，准备用回旋加速器重复实验。"

来自卡文迪许实验室的消息没有阻止劳伦斯建造越来越大的加速器，也没有削弱他为这些项目吸引巨额资金的能力——实际上，如果有什么影响的话，那它激发了人们的兴趣只会有助于此。但是，这件事必定让他意识到了熟悉理论的重要性，正如查德威克发现中子使奥本海默意识到，紧跟实验物理的发展有多么重要。

在 1932 年这一奇迹年，实验物理上的第四大，也是最后一项大进展——加州理工学院的卡尔·安德森发现正电子——表明理论物理和实验物理学家之间缺乏有效沟通，这似乎有点匪夷所思。正如保罗·狄拉克的传记作者格雷厄姆·法米罗所言："这场奇怪的压轴戏中的许多人——包括狄拉克在内——的行为方式在今天看来实在难以理解。"

这些行为令人费解的人物中，就有奥本海默本人。我们有很多理由相信，在安德森进行他最终发现正电子的研究时，奥本海默与他联系密切。首先，我们知道安德森是他的学生，在他于 1930 年在加州理工学院开设的第一门讲座课上甚至是他唯一的学生。其次，尽管安德森的博士后研究是同密立根而非奥本海默合作完成的，其研究对象却是奥本海默有着浓厚兴趣的课题：宇宙射线的本质。最后，奥本海默曾经书面讨论过正电子（与电子具有同等质量却带正电而非负电的粒子）存在的假设，他在其中证明狄拉克的量子力学理论——正是他在安德森参加的一场讲座中试图解释的理论——要求存在这种正电子。然而，尽管如
192 此，当安德森发现正电子的时候，他显而易见地没有意识到狄拉克已然预言了这种粒子的存在，甚至也没有意识到一定有人已经讨论过它的存在了。

完成博士学业后，安德森于 1930 年秋开始了他的宇宙射线研究。

尽管他同密立根工作，但他认为密立根关于宇宙射线的神学观点仅仅是一厢情愿的想法，自己显然没有义务为它提供证据。相反，他决定为宇宙射线的性质搜集铁证，因而改进了在云室中拍摄射线活动的方法，使他能够保留宇宙射线碰撞所释放带电粒子径迹的视觉记录。到1931年秋天，安德森已经有了1000张这样的照片，他在11月写信给当时在剑桥向卡文迪许实验室宣读论文的密立根，随信寄送了一些令他困惑不解的照片。这些照片看起来表现的是带正电和负电的两种粒子同时释放而导致的碰撞，负电粒子肯定是电子，而正电粒子在安德森看来是质子。

密立根解释不了这些照片，但他还是在卡文迪许实验室把它们展示出来，只作为宇宙射线巨大能量的证据，那是他认为只有用神学思想才能解释的东西。然而，帕特里克·布莱克特正是密立根在卡文迪许实验室的听众之一，他对安德森的照片产生了极大的兴趣，决心为它们提出一种解释。实际上，对安德森拍摄到的现象做出的解释，狄拉克10月的时候已经在普林斯顿的讲座中说过了。他说，用实验手段有可能探测正电子——当时他称其为“反电子”。他解释说，在成对的超能光子的碰撞中有时光子会消失，在它消失的地方会出现一对粒子——一个电子和一个“反电子”，也就是后来被称为“电子对产生”的过程。

很明显，这就是安德森的云室中发生的事，但是，密立根11月在卡文迪许实验室演讲时，狄拉克还在普林斯顿，似乎没有别人把狄拉克的预言和安德森的照片联系起来。为什么奥本海默没有想到这一点呢？或者如果想到了，为什么他没有向安德森提起呢？后来安德森在回忆那段经历时说，他“和奥本海默谈过很多”，但是“我发现很难和奥本海默说话，因为他的回答通常都裹挟着某种神秘主义，至少对我来说是这样。我听不懂他说的话，但是如果他真的说过电子对产生的概念，我还是能够明白的”。正如法米罗所言：“难以相信，奥本海默从未向狄拉 193
克、安德森或者其他任何人指出过狄拉克理论和安德森实验之间的联系。然而，情况似乎就是这样。”

容易想到的可能性有几种。一种是奥本海默确实不知道电子对产生的概念，毕竟他没有出现在狄拉克在普林斯顿的讲座现场，而讲座内容也没有出版，因此他可能完全不了解狄拉克在这一问题上的最新思想。但是，即使他不知道电子对产生这一特定概念，他也曾经见刊讨论过狄拉克的理论，即认为存在一种和电子质量相同的正电粒子，他连这些都只字未提还是让人觉得奇怪。另一种可能是，他不愿意帮助一个和密立根一起研究宇宙射线的人，因为他认为安德森的研究是在为他认为错误的宇宙射线分析提供支持。然而最有可能的是，他仍然坚信狄拉克的理论有错，这使他最不愿意看到的就是安德森拍摄到的东西能证明狄拉克的理论正确。但这些猜想不能解开整个谜团，因为这里又引出了一个问题：如果奥本海默不认为安德森拍摄到的是正电子，那么他会认为它们是什么呢？是质子吗？

无论如何，给密立根看过照片后，安德森又花了九个月时间进行更多的实验，从中获取了足够的信心发表自己的成果，他宣布发现了一种新的粒子。那段时期，尤里发现了氘，查德威克发现了中子，而考克饶夫和沃尔顿分裂了原子。与此同时，狄拉克本人对自己的理论失去了信心。1932 年 4 月，就在考克饶夫和沃尔顿的成果戏剧性地公之于众前不久，狄拉克正在哥本哈根参加一次会议，前文提到的戏仿《浮士德》的戏剧在这期间上演。剧中当然也有一个角色对应了狄拉克，这个角色拿自己的量子力学“空穴”理论大开玩笑。实际上，在整个会议期间，狄拉克不得不忍受大量对自己理论的质疑。似乎没有人相信它，特别是玻尔，据说他曾经这样问：“狄拉克，你告诉我们，你真的相信那玩意吗？”狄拉克并没有公开承认，但几年后他对海森伯说，在正电子的发现被公布之前的几个月里，他已经不再相信自己的理论了。1932 年 7 月，在他三十岁生日之前一个月，剑桥宣布狄拉克接替约瑟夫·拉莫尔爵士成为剑桥大学卢卡斯数学教授，在他之前，艾萨克·牛顿曾就任这一讲席，狄拉克之后则有史蒂芬·霍金。这一任命保证了狄拉克经济无虞，但也寄托着人们对他的厚望。因此实在不是挂上一个名声扫地的理论的好时机。

194 当然，狄拉克的理论很快得到了证实，但要让任何一个人认识到或承认它被确认了，这耗费的时间久得离谱。1932年8月2日，安德森拍摄到一张径迹的照片，似乎是电子留下的，但根据弯曲的方向，他能看到那是个带正电的粒子。他当时尚未听说狄拉克的“反电子”，就以为自己发现了一种以前不为人知也无人料想到的粒子。然而，发现新粒子是一件如此罕见又出人意料的事，他花了很多时间考虑所有可能性后，才决定刊文宣布自己的发现。直到9月初，他才将自己的发现写成一篇短报告寄给《科学》，标题试探性地定为《明显存在容易偏转的正电粒子》。这篇两页纸的论文以这样的陈述作结：“似乎有必要定义一种质量与电子相当的正电粒子。”

不同于1932年的前几项重大突破，正电子的发现并没有被马上捧为一项重大成就。似乎很少有人读过安德森的报告，即使是读过的人，似乎多数也不相信。安德森直到1933年3月才在《物理学评论》上发表完整的后续文章。意想不到的是，尽管正电子的发现已经成文公布，奥本海默在这期间仍然没有向安德森提起他的发现证实了狄拉克的预言，也没有告诉他狄拉克的理论对正电子如何形成提供了解释。“在我看来，”安德森后来带着令人钦佩的克制力说道，“奥本海默在我第一次就正电子发表论文后的六个月里的表现十分令人意外——我全无头绪，一头雾水。尽管我绞尽脑汁，疯了一样试图弄清这些东西的来路——让人意外的就在于奥比没有想到这一点。那是你以为他能想到的事。”事实则更出人意料，因为奥本海默给弗兰克写过一封信，这封信虽然没有注明日期，但几乎可以肯定写于1932年秋天。在信中，奥本海默提到了“安德森的带正电荷的电子”，说这是他和学生正在思考的问题之一。

1933年2月17日，就在安德森将他的详细论文投寄给《物理学评论》前，他非常震惊地在报纸上读到，另外有人已经在伦敦宣布了“正电子的发现”。这个人就是奥本海默从前的实验室导师帕特里克·布莱克特。自从密立根于1931年11月在卡文迪许实验室展示了安德森的照片后，布莱克特一直在做自己的宇宙射线研究，甚至还亲自拍摄到质量更震撼的照片。在这件事上，他得到了从意大利来到卡文迪许实验室的访问学者朱塞佩·奥基亚利尼的帮助，人们都叫他“贝波”。奥基亚利 195

尼到卡文迪许实验室时已经用盖革计数器*研究过几次宇宙射线。布莱克特和奥基亚利尼共同发明出一种巧妙的方法让宇宙射线“自己拍摄到自己”。他们将盖革计数器放到云室的上方和下方，这样，当宇宙射线被检测到时，一张照片就拍好了。

布莱克特和奥基亚利尼直到 1933 年 1 月才在《科学》上读到安德森的报告，此时他们已经积累了数量可观的照片，照片显示出的正电粒子的径迹甚至比安德森的照片上的更加清晰。和安德森相比，他们的优势在于保罗 · 狄拉克的时间、诚意和积极的兴趣。狄拉克认识到，他们的照片证实了他的“反电子”预言，从而克服了之前对自己理论的怀疑。“那时我和布莱克特相当亲密，”狄拉克后来回忆，“我告诉了他我的相对论性电子理论。”

就这样，在狄拉克的帮助下，当布莱克特和奥基亚利尼于 1933 年 2 月 16 日在伦敦皇家学会公开他们的结果时，他们不仅能宣布新粒子的存在，而且能解释新粒子是如何产生的，这是安德森无法做到的。而新粒子的有趣之处正在于这一解释，因为与原子分裂相比，它以更惊人的方式证明了爱因斯坦的方程 $E=mc^2$。这一方程肯定了质量和能量的等价性，而考克饶夫和沃尔顿展示的是质量转换成能量的一个实例，他们通过这个过程阐明了从很小的质量中能够释放出多大的能量——正如爱因斯坦的方程显示的那样。但是，帕特里克 · 布莱克特用外太空射线令人惊叹的照片展示的是这种等价性的另一个方向：能量转换成质量！

不同于安德森“疯了一样”试图弄清正电子如何存在，布莱克特在与狄拉克的讨论中清楚地认识到正电子是如何形成的：它们是在能量到质量的转化过程中创造出来的，完全符合狄拉克理论所预言的“电子对产生”。在展示他的“正电电子”（他那时这样称呼它）照片时，布莱克特严谨地说明了它与狄拉克理论的联系：一方面，它为这一理论提供了

---

* 盖革计数器，一种用于探测电离辐射的粒子探测器，通常用于探测 α 粒子和 β 粒子。其主体盖革管是一根充入稀薄气体的金属管，两端用绝缘材料封闭，金属管的轴线上是一根金属丝电极，金属丝和管壁之间的电压略低于管内气体的击穿电压。因此，当高能粒子经过时，粒子的能量使空气电离导电，就会产生可探测的电流信号。

依据；另一方面，这一理论又有助于解释这种粒子带来的困惑，因为狄拉克理论不仅能解释这种粒子如何形成，还能解释为什么正电子在那么长的时间里没有被发现。答案是，正电子是一种“反粒子”，它寿命很短，因为它与对应物（在这里就是电子）一接触就湮灭了。

与安德森前一年 9 月公布的结果形成鲜明对比的是，布莱克特和奥 196
基亚利尼的成果立即被公认为一项重大突破，甚至还引起了轰动。布莱克特在皇家学会做完展示的那个早晨，《纽约时报》、《曼彻斯特卫报》和伦敦《每日先驱报》[*]就报道了他们的成就，说这是“本世纪最伟大的原子物理发现”。然而，无论何时接受记者采访，布莱克特都谨慎地强调他对此早有预料，还强调新的正电粒子真正的发现者是安德森。然而，当安德森自己关于这一粒子的详细报告在《物理学评论》上刊登时，它已经是旧闻了，只有一件事除外：安德森引入了一个后来被广为接受的名称：正电子，取代了狄拉克的“反电子”和布莱克特的“正电电子”。

1932 年的一系列惊人突破让诺贝尔奖委员会忙活了好几年：哈罗德·尤里因发现氘获得 1934 年诺贝尔化学奖，而 1933 年诺贝尔物理学奖被保罗·狄拉克收入囊中，这部分归功于他预言了正电子的存在。詹姆斯·查德威克因发现中子获得 1935 年的诺贝尔奖，卡尔·安德森因发现正电子获得 1936 年的诺贝尔奖，欧内斯特·劳伦斯因发明回旋加速器于 1939 年获奖，帕特里克·布莱克特因核物理和宇宙射线方面的研究（其中主要因为确定了正电子就是狄拉克的“反电子”）于 1948 年获奖，考克饶夫和沃尔顿因分裂原子核于 1951 年获奖。

这些突破也为奥本海默和他的学生在接下来的几年里从事的研究提供了课题，也就是主要研究氘、宇宙射线、正电子和电子对产生现象。从美国物理学的角度看，令人欢欣鼓舞的是，1932 年的重大突破产生的诺贝尔奖名单中有三个美国人（尤里、安德森和劳伦斯）。然而他们三人都是实验物理学家。在理论物理方面，美国物理学家仍然落后于欧

---

* Daily Herald.

洲物理学家，但他们正在奋力追赶。那个时期，奥本海默对理论物理的贡献比起欧洲人可能落后一两步，他或许会不时犯些刺眼的错误，还在安德森的事情上表现出难以理解的沉默，但他至少还是做了些贡献，其中一些在理论物理前沿得到广泛讨论。况且，自从在加州理工学院任职后，他再也没有踏上过欧洲的土地，但仍然取得了如此成绩。

奥本海默这时已经定居加利福尼亚。在伯克利，他于1931—1932学年开学时搬出了教师俱乐部，住进了新家，他向弗兰克描述这个居所
197 是“一座山上小屋，城市和世界最美港湾的风光尽收眼底……还有一个睡觉的门廊，我睡在雅基人*和星空下，想象自己躺在佩罗卡连特的门廊上”。艾拉去世后，一家人到新奥尔良度假，之后奥本海默陪父亲回到加利福尼亚。1932年新年之初，他们一起住了几个星期，然而不是在伯克利，而是在帕萨迪纳，因为朱利叶斯更喜欢那里。奥本海默对弗兰克说，朱利叶斯“在这里很开心，很喜欢这座小屋——实际上丑得要命——我觉得和我住在同一个屋檐下，他也不感到为难”。

他安慰弗兰克，年已六旬的老父亲“气色很好，比前几个月还好”。实际上，朱利叶斯在帕萨迪纳非常开心，他学习法语、参加音乐会、上驾驶课，甚至听了一些学术研讨会。奥本海默说，托尔曼的女仆莫林每天早上给他们准备早餐。莫林“在他离开后以令人陶醉的耐心听父亲讲述大宗金融交易”。1932年1月18日，朱利叶斯本人写信给弗兰克，告诉他“我见到了罗伯特的许多朋友，然而我相信，我没有影响他的活动”。朱利叶斯对儿子和加州理工学院的杰出人脉印象深刻，他对弗兰克说，罗伯特“与爱因斯坦有过几次简短交谈”。

这些交谈很可能发生在爱因斯坦第二次访问加州理工学院期间（爱因斯坦一共到访三次）。1930年元旦，爱因斯坦首次来访就爱上了帕萨迪纳，说它简直是“天堂”。爱因斯坦和密立根讨论宇宙射线，又与托尔曼讨论相对论，在两次讨论的间隙，他游览好莱坞的电影工作室，到

* 我对奥本海默在这里想要表达的意思非常困惑。雅基人是北美原住民，他们的故土在现在的墨西哥、加利福尼亚和亚利桑那。也许在奥本海默的房子坐落的小山的更高处居住过一群雅基人。——原注（34）

查理·卓别林在贝弗利山的家中共进晚餐，还参加为他举行的欢迎晚宴，宾客多达两百人。他十分抢手，甚至有百万富婆愿意付给加州理工学院一万美元，只求见他一面。密立根显然希望长期聘用爱因斯坦，便邀请他于 1932 年元旦再次来访——这次来访在爱因斯坦的要求下就比较低调了。尽管爱因斯坦很喜欢加利福尼亚，但他对密立根的印象却没那么好，因为密立根政治上的保守主义和爱因斯坦为穷人、被剥夺财产者和受迫害者说话的意愿相悖。

更符合爱因斯坦品位的是教育家亚伯拉罕·弗莱克斯纳，后者筹集了五百万美元的资金，准备建立一座高等研究院。爱因斯坦第二次访问加利福尼亚期间，弗莱克斯纳借机试探他的口风，问他是否愿意加入正在筹建的研究院。爱因斯坦的回答让他很满意，于是弗莱克斯纳于 1932 198
年夏天前往德国拜访爱因斯坦，告诉他新的研究院将建在普林斯顿，请他开价并提出其他条件。爱因斯坦一开始拒绝了，但是德国纳粹的权力和影响快速扩大，迫使他重新考虑。1932 年 12 月，当他离开德国第三次前往加州理工学院访问时，表面上的计划是两个月后返回德国，然后再去弗莱克斯纳的新研究院就任，但爱因斯坦很可能已经明白，他不会再回德国了。

1933 年 1 月，爱因斯坦在帕萨迪纳时传来消息，希特勒就任德国总理。3 月 5 日，当他听说纳粹党在德国大选中超过各党派获得最多选票（44%）时，他还在帕萨迪纳。爱因斯坦于 3 月底回到欧洲，但他明智地没有踏上德国的土地，他在德国的家已经被查封，书籍被焚毁，他的理论成了官方摒弃的“犹太科学”。在整个新“帝国”里，不打算在纳粹统治下工作的科学家都在想方设法离开德国，不像活跃的纳粹物理学家菲利普·莱纳德、马克斯·普朗克和沃纳·海森伯那样。当然，许多犹太科学家别无选择。马克斯·玻恩因为是犹太人而被踢出了哥廷根大学，准备移居英国，剑桥大学答应接纳他。同时，利奥·西拉德将一生积蓄藏在鞋里逃离德国。爱因斯坦在英国待了一个月后回到美国，在普林斯顿高等研究院高调上任。从此，他再也没有回过欧洲。

奥本海默的信件对德国的这些混乱只字不提，甚至在触及相关的话题时都没有说起，尽管那里是他祖辈和一些不算太疏远的亲戚的家，也是许多他最为关心的科学家的家。例如，在 1932 年 3 月 12 日写给弗兰克的一封信中，他告诉弗兰克，他们的父亲在加利福尼亚期间身体已经康复，现在正准备回纽约。“我强烈建议他这个夏天不要独自去欧洲。”奥本海默写道。人们可能会认为，这一建议是因为奥本海默担心父亲置身于德国爆发的暴力反犹主义之中。然而，这封信的剩余部分表明，他的担心不是因为德国的形势，只是因为父亲的身体状况。“除非情况出乎意料地顺利，”他写道，“比如，他能找到一个非常合适的人共同前往，他才应该或可以出国。”他接着写道：“我已经说过，明年夏天我会考虑亲自去欧洲，这样我们至少可以同去同回。”

1933 年 10 月，他再次写信给弗兰克讨论后者到剑桥学习的计划。
199 “剑桥的理论物理，应该说好极了，”他对弟弟说，“那里有狄拉克，还有玻恩。”但他在信中并未回顾或者提到为什么玻恩会在剑桥。1934 年 3 月，他以两年为期捐出自己薪水的 3% 响应一项倡议，向被解雇的德国物理学家提供经济支持。除此以外，他继续保持沉默，直到 1936 年，他对政治和社会问题的兴趣最终被激发。在那之前，他的态度可以用他对利奥・尼戴尔斯基说的一句话来概括：“告诉我，政治与真善美有什么关系？”

奥本海默对真善美的关注导致他在 20 世纪 30 年代初认真研究过古代印度教文献。实际上他非常认真，甚至为了阅读印度教原文经典参加了梵语课程。他第一次提到梵语是在 1931 年 8 月 10 日写给弗兰克的信中。他这样写道：“我在学习梵语，我非常喜欢它，再次享受到被人教的甜蜜奢侈。”

他的老师是伯克利的梵语教授阿瑟・赖德。哈罗德・彻尼斯说赖德是一位“人格伟大、超凡入圣的朋友”。从他的教育观点来看，他是极端传统主义和反传统主义的有趣结合。他认为大学教育应当主要包括拉丁文、希腊文和数学（其他科学和人文学科只作为对优等生的奖励，社会科学可以完全忽略），而他的梵语教学方法又清新自然，毫无枯燥学术的死气沉沉。他将学习梵语视为打开一扇通往伟大文学的大门，而不是学习一门学科。可能因为这一点，他正是奥本海默理想的老师，也备受奥本海默敬仰。“赖德在感受、思考和谈论事情时都像个斯多葛派学者[*]”，奥本海默在一位记者面前盛赞他是“一个特殊类型的、有着生命悲剧意识的人。这样的人认为，人的行为是造成救赎和永罚之间区别的决定性因素。赖德知道一个人可以犯下无法挽回的错误，在这一事实面前，其他事物都是次要的”。

奥本海默很少详细提及他的梵语学习或印度教经典阅读经历。在1932年1月写给弗兰克的一封信中，他含蓄地简要提及印度教神湿婆，那年秋天他提到他正在读《沙恭达罗》（比较常用的拼写是Shakuntala[†]，伟大梵语诗人、剧作家迦梨陀娑的一部诗剧），并向弗兰克保证在他们下一次见面时会“用杰出诗篇的蹩脚翻译”来折磨他。一年后他读的是“简单却又神妙”的《薄伽梵歌》。然后，1934年6月，他致信弗兰
克，感谢他赠送“珍贵的《云使》和同样博大的《吠陀》”，两者可能都 200
是生日礼物。“我和赖德一起读《云使》，愉悦，有点轻松，非常迷人，”奥本海默告诉弟弟，“《吠陀》就放在我的书架上，随时斥责我的怠惰。”《云使》常被译为“云的信使”，是迦梨陀娑写的一首诗，讲述财富之神俱毗罗的一个被流放的臣民如何用一朵云捎信给住在喜马拉雅山区的妻子。《吠陀》是最古老的印度教经文，包括颂词、诗歌和咒语[‡]。

除了简要提及这些梵语文学的通信，奥本海默再次提到印度教仍是在他写给弗兰克的另一封信里。他在信中说，他给他最近买的第三辆车取名“迦楼罗”，说“这是木匠为他爱上了一位公主的织工朋友做的机械鸟的名字”——这段解释说明他的知识来源于被称为《五卷书》的寓言集，而非来自《奥义书》经文或史诗《摩诃婆罗多》，因为后两部书都说迦楼罗是一位运载至高之神毗湿奴的小神，这与前书大不相同。

---

* 斯多葛派，源自斯多葛主义（stoicism），是公元前三世纪古希腊的哲学流派，认为幸福的生活是道德的，而践行道德、遵循自然是实现幸福的充分和必要途径。其著名教诲是“美德是唯一的善”。

† 原文写作Cakuntala。

‡ 译自mantras，也常译为真言、神咒、秘密语等，指据称能够“创造变化”的音、音节、词、词组、句子、段落。

尽管没有详细讨论自己的阅读经历，奥本海默留给弟弟的大量墨迹还是让人看到了印度教对他的影响。例如，在一封日期不详但可能写于 1932 年 1 月的信中，他提到“沉思之趣*是我们生活方式的奖赏和理由”，并说，尽管此种境界不可企求，“我们还是尽力做每一件事去邀约它们，培养一点闲情、某种超然的独处以及遵循但又超越职责要求的恬静自律”。

在某种程度上，这些话与菲利克斯·阿德勒的格言遥相呼应，但是因为这些话强调的是超脱、独处和超越，它们似乎更接近《薄伽梵歌》而非道德文化运动，鼓励参与政治和社会活动以改善他人的生活。奥本海默在两个月后给弗兰克的信中有一段关于自律概念的详尽论述，更加明显地体现了印度教的思想。他在此提出的观点是，自律的价值独立于并且也超脱于“其世俗的果”。一如奥本海默所言，“自律有益于灵魂”，而它有益不是因为它会导致好的结果，或者因为它能赋予我们做事的能力。自律有益于灵魂“是自律之益的一切理由中最根本的理由”。可以说，自律本身就是有益的。奥本海默在给弗兰克的信中对自律的论述值得详细引用，因为我认为它提供了一些有价值的线索，有助于我们了解奥本海默对生活的看法，以及自律如何使他做到了他所做的一切。

> 我相信，尽管只有自律是不够的，但通过自律，我们可以获得
> 201 宁静，从轮回的偶然中获得片刻但又弥足珍贵的自由，获得仁爱，获得厌弃却又保全了这个世界的超脱。我相信，通过自律，我们在越来越困难的境遇中学会保全幸福之根本，轻松放弃其他只是看上去对我们必不可少的东西，我们看待这个世界时不会被个人欲望严重曲解，也就更容易接受我们世俗的贫困和恐惧——我相信自律的回报不止眼前的目标，但是我不会让你因此觉得没有目标的自律是可行的：从本质上看，自律需要灵魂屈服于一些或许渺小的目标，如果自律不是虚情假意，那样的目标就必定真实可靠。因此，我认

* 原文为拉丁语 delectatio contemplationis。

> 为对于所有能唤起自律的事物——学习、我们对人和对共同利益的责任、战争和个人困苦，甚至生存之需要——我们都应该千恩万谢地面对，因为只有通过它们，我们才能获得哪怕一点点的超脱，唯有如此，我们才懂得和平。

这些思想直接体现了《薄伽梵歌》的影响。《薄伽梵歌》开篇讲述伟大战士阿周那王子在战场上因苦难带来的痛苦而绝望，他开始怀疑弑杀他面前的“老师、父亲和儿子”究竟有何荣耀。因此他想退出“毁灭之恶”。然而，奎师那*对他说，他为亲属和敌人的死感到担忧并不恰当，因为精神不会随着肉体而湮灭，而精神才是唯一有价值的。奎师那要求阿周那必须战斗，不是因为战斗会带来怎样的成功，而是因为战斗是他的责任。“用心做你的事，”奎师那说道，“但是不要想着有什么回报。做事不是为了回报，但是永远不要停止做你的事。”在书的结尾，奎师那宣讲道：“脱离依恋的枷锁，甚至脱离对妻儿和家园的私心眷恋”，通过“退守独处之地隐逸独居，回避诸事烦嚣”获得自由。奎师那接着说：“永远渴望了解内在精神，憧憬赋予自由之真理：这是实现憧憬的真正智慧。”接着，他说起善性、忧性和暗性†——光、火和黑暗：“任何出色完成的工作都蕴含着善性的纯粹和谐”，而“智慧诞生于善性”。

伊西多·拉比说，如果奥本海默“学的是《塔木德》‡而不是梵语，他会成为更为出色的物理学家……他会对自己有更强烈的感知”。拉比倾向于将奥本海默对梵语的兴趣和他在法国文学方面的专业知识联系起来，他认为二者都是奥本海默努力说服自己和他人相信他不是犹太人的

---

* 奎师那（Krishna），又译作黑天、克里希那，印度教主神毗湿奴的化身。

† 此处的善性、忧性、暗性分别译自 sattva、rajas、tamas，也译作纯质、激质、暗质或悦性、激性、惰性，古印度哲学概念，也见于印度教和佛教，被认为是存在的三种形式。《薄伽梵歌》中有这样的话：“不执着，无爱憎，从事必要的行动，不企求行动成果，这是善性的行动。充满欲望，或者，怀着自私心理，竭尽全力行动，这是忧性的行动。出于愚痴而行动，不顾能力和后果，不惜破坏和杀害，这是暗性的行动。”（[古印度]毗耶娑《薄伽梵歌》，黄宝生译，北京：商务印书馆，2011 年）

‡ 《塔木德》（*Talmud*），犹太教最重要的经典文献之一，三到五世纪犹太人律法及其注解的汇编，按照编纂中心不同分为巴比伦塔木德和耶路撒冷塔木德。

202 表现。拉比认为，如果他掌握了本民族而不是其他民族的传统文学，那么他身上就不会出现否认自己背景的问题："即便你对犹太传统了解得不全面，但它太强大了，摒弃它会给你自己招致危险。这并不意味着你要成为正统犹太教徒，甚至不需要你信仰犹太教，但是如果那是你出生的背景而你又背离了它，那就会出问题。"

正如我们所见，很难说奥本海默在多大程度上"出生于"犹太传统，可能实在太难说了，所以拉比的观点很难让人信服，因为没有明显迹象表明奥本海默背离了自己的传统。和构成奥本海默文化背景的很多德裔犹太家庭一样，在他的家庭中，背离传统在一两代人之前就已经完成了。在结集出版的奥本海默葬礼演讲的引言中，拉比写出了另外一个理由，说明他为何认为印度教对奥本海默的物理学研究产生了负面影响，这次他试图解释的是"为什么像奥本海默这样天赋异禀的人没有发现所有值得发现的东西"。他认为答案是"在某种程度上，奥本海默在科学传统以外的领域接受了过多的教育，比如他对宗教，特别是对印度教的兴趣，这在他身上产生了某种对宇宙的神秘感，几乎像一团迷雾笼罩着他。他能用清晰的眼光看待物理，看待已经取得的成就，但是在已知和未知的边界，他更愿意相信有太多神秘和新奇的事物，可实际情况并没有他想象的那么复杂"。

> 他对自己已经掌握的智力工具的力量信心不足，没能将自己的思想推向极致，因为他本能地觉得，新思想和新方法肯定超过了他和他学生现有的高度。可能有人说这是因为缺乏信念，但是在我看来，这是因为他背离了理论物理坚实又粗笨的方法，投入了扑朔迷离的、广阔的直觉世界。

我们很难知道，1932 年后的一段时期里奥本海默所做的工作是印证还是驳斥了拉比的言论。一方面，这是奥本海默最专注工作的时期之一，他在此期间研究的是当时理论物理面对的最根本、最困难的问题。解决这些问题需要奥本海默付出他的巨大才能和精力的全部，或者至少是绝大部分。他确实把物理学研究与诸如梵语学习和古希腊文献阅读这些杂事结合到了一起，这些杂事对我们大多数人来说已经是显要的成就 203
了，但是在大多数情况下，他在此期间是带着《薄伽梵歌》中奎师那倡导的某些态度研究物理学的：脱离依恋，隔绝“诸事烦嚣”，而最关键的可能是“永远渴望了解”。如果他说对美的事物——比如他读过的文学作品——表现出些许兴趣，那么他对当时正在发生的社会和政治动荡则几乎漠不关心。无论我们觉得这是一件好事还是坏事，我们肯定很难说这妨碍了他在物理学上取得进步，除了把它视为奥本海默运用了他从印度教中学到的观念，我们也很难说它还有别的什么意义。

另一方面，尽管那时他工作极其努力，也不遗余力地吸收物理知识，但事实却是，他没有取得任何可以与玻尔、海森伯和狄拉克等人仅仅相提并论的成就。个中缘由可能与他受印度教影响的态度有关。将工作本身视为有价值的活动而不考虑其结果，或许在他身上激发了别人不具备的敬业精神，但是正如拉比怀疑的那样，这也可能使他无法像顶尖物理学家那样专心致志地解决问题，反而更容易认可有些问题本来就无法解决。像詹姆斯·查德威克、欧内斯特·劳伦斯甚至是保罗·狄拉克这样的人，研究一个问题的目的就是*要解决它*，而奥本海默的乐趣在于*研究本身*。

然而，如果奥本海默是从发现“真善美”的角度看待物理学，那么他的头脑里至少也装着一个实际的目标，那就是他正着手创建的美国特有的理论物理学派的发展。保罗·狄拉克很少带研究生，也很少花时间和研究生相处，与之截然相反，奥本海默几乎在做每一件事的时候都带着自己的学生一起，包括他自己的研究。

奥本海默和学生们的研究项目根据1932年的重大发现制定，他在那年秋天给弗兰克的信中说到了这些。他一开始讲述就鲜明地体现了《薄伽梵歌》工作观念的核心：“工作是好的：不在于结果而在于其本身。”他接着说：

> 这里有很多求知若渴的学生，我们忙于研究原子核和中子以及

> 分裂，努力在匮乏的理论和荒诞的革命性实验之间创造和平……除
> 了通常的研讨会，我们又开设了核物理研讨班，试图在严重的混乱
> 中理出头绪，但进展并不乐观。我们正在用电子 – 电子碰撞辐射的
> 研究增补我在去年夏天写的那篇论文［他和弗兰克·卡尔森联名发
> 204 表的关于“磁性中子”的论文］，还得操心中子和安德森带正电的电
> 子，还要扫清原子物理的几个残余问题。我感觉理论物理学的发展
> 会出现一段间歇期，而一旦再次向前推进，一定会非常疯狂和精彩。

1932—1933 学年间，弗兰克·卡尔森在 1932 年 4 月获得博士学位后成为奥本海默的研究助理，梅尔巴·菲利普斯进入她博士学业的最后一年，而利奥·尼戴尔斯基和卡尔森一样已于 1932 年完成博士学业，但没有找到工作，还留在伯克利。同时，哈维·霍尔在哥伦比亚大学找到了一份物理学指导教师的工作。奥本海默叫尼戴尔斯基在他离开伯克利到加州理工学院期间给他代课，可能觉得自己是在帮尼戴尔斯基。“这没有什么难的，”奥本海默告诉他，“所有内容都在书上。”然而，那本书却是用荷兰语写的。尼戴尔斯基向他汇报，语言就是个麻烦事，而奥本海默漫不经心地回答：“可这荷兰语挺简单的。”

1932 年，一些博士后加入了这些研究生的行列。这些人手握令人垂涎的国家研究基金。因为奥本海默在伯克利，他们就认为伯克利是剑桥、哥本哈根、哥廷根的强劲对手，也是博士后研究的必经之地。1932—1933 年，奥本海默同两位这样的国家研究基金博士后一起工作。其中一位是温德尔·弗里，他是印第安纳一位循道宗*牧师的儿子，在伊利诺伊大学获博士学位。弗里参加了 1931 年的安阿伯暑期学校，他看到奥本海默是唯一受邀与欧洲群星同台的美国人，挑战的对象还是沃尔夫冈·泡利，这让他大为震撼。然而，在他来到伯克利之后（至少在一开始无法避免），弗里绝望地发现这超出了他的能力范围，他在奥本

* 循道宗（Methodist），亦称卫斯理宗、监理宗、卫理公会，基督教新教主要教派之一，源于十八世纪英国人约翰·卫斯理，原本是英国国教的一派，后来逐渐独立。其信条关注成圣以及信仰对基督教徒心灵的改变。

海默的讲座上一句话都听不懂，光恢复信心就花了足足一年时间。

同时，奥本海默开始和他的另一位国家研究基金会研究员弥尔顿·普莱赛特紧密合作，尽管普莱赛特任职于加州理工学院而非伯克利，起初希望和1921年到加州的俄国物理学家保罗·爱泼斯坦一起工作。普莱赛特在耶鲁完成博士学业，研究方向很接近奥本海默的心头好——狄拉克电子理论，自然，奥本海默对他的研究产生了兴趣，他们也一定会开始一起工作。毕竟，能理解狄拉克量子电动力学的人少之又少。普莱赛特后来回忆：“那个时候，这个国家的理论物理还不是很先进，除了奥本海默。”普莱赛特记得，奥本海默来到帕萨迪纳时，“工作才真正开始有所起色”。用普莱赛特的话说，他和奥本海默感兴趣的是 205
“狄拉克电子的一个问题”，两人合写了一篇小论文，“从新的视角去理解狄拉克理论”。

那篇论文以《关于阳性电子的产生》[*]为题，作为致编辑的信于1933年夏天发表在《物理学评论》上。这是奥本海默所写的系列论文中的第一篇，整个系列都是为解决在他看来狄拉克电子理论存在的问题，而这些论文通常都是和他的某个学生合写的。自1928年狄拉克向他展示这一理论起，他就一直念念不忘，但是在1932年正电子被发现后，他的关注方式发生了变化。他不能再像以前那样将负能态视为理论存在问题的证据，因为带正电的粒子填充了这些负能态，狄拉克也预测到了。实际上，奥本海默和普莱赛特联名发表的论文一开头就承认：“在实验中发现正电子令人信服地证实了狄拉克的电子理论。”由此很快证明，正电子不仅能在宇宙射线的冲击下产生，而且也能在实验室中产生。奥本海默和普莱赛特在他们的论文里特别探讨了卡尔·安德森和同事赛斯·内德迈耶在加州理工学院进行的实验。安德森和内德迈耶在实验中发现，铊-208[†]释放出的高能 γ 辐射在穿过铅板时产生了正负电子对。他们指出，根据狄拉克理论，我们能够预测电子对产生的频率，实验证

* “On the Production of the Positive Electron”.

† 原文为 thorium C"，铊-208（Tl 208）史称如此。

据已经证实了这一点，但这只适用于一定限度的能量——这是奥本海默认为该理论需要重大修正的地方，也是他的兴趣所在。奥本海默和普莱赛特断言，超过那个限度，狄拉克的理论就不成立。

在这篇小论文的倒数第二段，奥本海默和普莱赛特做了亚伯拉罕·派斯所说的“基本观察”，即“快电子和正电子……可能自发产生更多电子对”——他们对簇射现象的预言充满先见之明，包括奥本海默本人在内的物理学家以后还会深入研究这个现象。派斯对这篇论文中的数学就不怎么恭维了，他指出：“其他人很快就注意到，和往常一样，他们最后那个公式是错的。”

当哈佛表露出兴趣、希望吸引奥本海默离开加利福尼亚时，拉尔夫·福勒在写给哈佛的埃德温·肯布尔的信中敏锐地捕捉到两个事实：奥本海默在研究中的原创性和数学上的粗心大意。肯布尔的确了解奥本海默，但他也清楚，福勒在奥本海默成名的过程中，在多个场合都见过他，最近一次是福勒于 1932 年秋访问伯克利的时候。福勒的这封信写于 1933 年 11 月 30 日，他在信中说：

206 我认为他不是一个很好的讲师。由于粗心大意，他的工作还是很容易错误百出。但是他的研究具有最高的原创性，并在一个理论物理学派中起到了极大的激励作用，我在去年秋天经常有机会看到这一点。

尽管奥本海默的数学计算并不可靠，他还是成功地让伯克利和加州理工学院双双出现在了国际舞台上。一旦有著名物理学家访问加利福尼亚，给他们留下最深印象的通常都是奥本海默。尼尔斯·玻尔这位“上帝”于 1933 年夏来到帕萨迪纳时肯定也是这样。这是自 1926 年在剑桥首次见面后，奥本海默第一次和他心中最伟大的科学偶像讨论物理的机会，在他们两个人的记忆中，这都是一次愉快而富有教益的会面。在 1933 年那篇论文的最后，奥本海默和普莱赛特对尼尔斯·玻尔表达了“深深的谢意”，说“他帮助我们理解了在此采用的理论的基本一致性”。

对玻尔来说，他非常高兴能和奥本海默讨论物理，这次见面似乎成了此次访问的亮点。和密立根的会面要乏味得多，然而他还是同意面见加州理工学院的董事会，告诉他们物理学院做得有多棒。1933 年 6 月 14 日，奥本海默致信玻尔，感谢他的来访，并寄给他一份和普莱赛特合写的论文。普莱赛特即将离开帕萨迪纳，到玻尔的研究所工作一年。

普莱赛特记得，那年夏天，玻尔的研究所“蜂拥”着大批来自纳粹德国的难民，多数是犹太科学家。普莱赛特抵达后不久，研究所召开年度研讨会。因为许多因素，这次研讨会成了一个悲伤的场合。狄拉克、海森伯和埃伦费斯特参加了这次研讨会，普莱赛特记得研讨会“对狄拉克理论的有效性进行了大量讨论。人们仍在摸索之中”。

在玻尔的研讨会上，保罗·埃伦费斯特的精神状况格外糟糕，据描述，他“脸部臃肿，体重超标”，“失去了对物理学的掌控”。在大家行将离去的时候，和埃伦费斯特的关系日渐紧密的狄拉克看见他在等出租车，神情慌乱愁苦。狄拉克感谢他参与他们的讨论。这句话在埃伦费斯特那里激发了让狄拉克极其担忧的极端反应：“一个像你这样的年轻人说出了刚才这些话，对我来说意义重大，因为——可能吧——也许像我这样的人没有力量继续活下去了。”几天后噩耗传来，埃伦费斯特开枪自杀了。狄拉克忍不住给玻尔写了一封四页纸的长信，详细描述了他最后见到埃伦费斯特的时刻，并说他无法不为此感到自责。

埃伦费斯特的死讯似乎过了很久才传到奥本海默那里。1933 年 10 207
月 7 日，埃伦费斯特自杀后两周，奥本海默写信给弗兰克时，明显还不知道这件事。他头脑里更多的是他所谓的“电子对研究”，他告诉弗兰克这些研究“进展顺利”。他现在比以往任何时候都更加肯定，狄拉克的“理论为高能电子对的产生给出了错误答案”，似乎对他和他的学生在“清除形式主义”方面的进步充满信心。

奥本海默在给弗兰克的信中体现了对这一时期实验工作的密切关注，同时也能从中看出这给他带来的一些问题。他写道，劳伦斯“肯定已经确认了氢［氘］原子核的不稳定性。它在撞击下分解成中子和质子，总能量达到 600 万（电子）伏特”。他带着胜利的口吻接着说，这就为海森伯的原子核理论设置了一个“绝望的障碍”。而后来证明，海森伯的理论比劳伦斯的观察要可靠得多。

那年秋天劳伦斯获得一项难得的殊荣，受邀去布鲁塞尔参加1933年10月22—29日这一周举办的第七届索尔维会议。会议原定的主题为“量子力学在化学中的应用”，但由于1932年的重大发现，后来被改成“原子核”。对劳伦斯的邀请成了伯克利的无上光荣。他的博士生罗伯特·桑顿曾经说这是“劳伦斯第一次受到欧洲人的认可”。劳伦斯起程前往布鲁塞尔时“全体教师到火车站为他送行。第二天一早他们聚集到实验室，然后休假两天到拉森火山登山野炊。看他们的高兴劲儿，好像他们所有人都要到索尔维会议上发言似的”。

不幸的是，对劳伦斯来说，他在索尔维会议上的亮相变成了一种羞辱。海森伯、玻尔、查德威克和伊雷娜·居里都利用这一场合对他的结果表示怀疑，完全不理会他号称结果是用（也只能用）一台能产生80万（电子）伏特能量的机器获得的。无论他能掌控多少伏特的能量，怀疑者们都坚持认为，从理论上来讲，他对结果的解释毫无道理。努尔·法尔·戴维斯说：“劳伦斯悻悻离开会场。”伯克利的一位同事说这是“劳伦斯最伤心的经历之一”。大约一个月后，华盛顿卡内基研究院的科学家证明，有杂质干扰了劳伦斯的实验结果。

在奥本海默看来，劳伦斯的布鲁塞尔之行带来的一个好处与劳伦斯本人的研究和名誉毫不相干，而在于劳伦斯得以听闻并向奥本海默转达
208 保罗·狄拉克的最新思想。狄拉克以《正电子理论》*为题的论文正是那段时期让奥本海默大费心血的课题，而奥本海默高兴地看到，狄拉克的想法在某些方面和他的思路逐渐趋同。然而，就在奥本海默沉浸于量子电动力学时，狄拉克对它的幻想却正在破灭，其中令他格外绝望的，正是包括奥本海默在内的科学家们首先提出和讨论的问题：这个理论对似乎只能有有限个解的问题给出了无限个解。这些无限的解困扰着整个量子电动力学，直到20世纪40年代末，理查德·费曼、弗里曼·戴森、

* “Theory of the Positron”。

朱利安·施温格和朝永振一郎才重构了量子电动力学。

然而在接下来的两年里，量子电动力学几乎成了奥本海默的思想、信件和他与学生合写的论文里的唯一话题。他的雄心毫不逊于40年代最终实现的那种重构。正如他在一封写给乔治·乌伦贝克的信中所言，他和学生希望提出一个具有物理解释的普适的数学表示。他对乌伦贝克说：“这个数学表示与薛定谔早前的尝试有类似之处……这一理论在我看来很漂亮，而且与各种可测量的方面都一致。”

然而奥本海默的研究继续令人困扰地充满数学错误。1933年11月他和利奥·尼戴尔斯基给《物理学评论》的编辑寄了一封题为《原子核γ射线产生正电子》* 的信，在信中介绍了一种方法计算原子核释放γ射线产生电子－正电子对的概率。三个月后，他们不得不刊登了一则勘误，承认他们最后的公式少了一个1/3的因子。

尽管如此，奥本海默继续发表重要的研究成果，其中野心最大的是一篇以《论电子和正电子理论》† 为题的论文，1933年12月1日由《物理学评论》接收。这是那一时期他写的最重要、体量最大的论文，与温德尔·弗里合作完成。这是弗里担任国家研究基金会研究员的第二年，已经恢复了他的自信和创造力，甚至（至少在有些时候）能挑战奥本海默。据说这期间“可以经常看见他俩在伯克利的街道上漫步，总是在唇枪舌剑。同事们会不由得向他们摆摆手打趣道：‘毛团和毛绒‡ 在开会呢。’”

> 一次他们在拐角处停下，奥本海默扬起双臂，说道：“温德尔， 209
> 你非得理性解释每件事，好像完全不能理解任何书面成文以外的东

* “The Production of Positives by Nuclear Gamma Rays”.

† 直到下一年的夏天，奥本海默才很不情愿地开始使用positron（正电子）一词。在他看来这是一个拉丁语（posi-）和希腊语（-tron）的野蛮混合体。——原注（35）。论文标题为“On the Theory of the Electron and the Positive”。

‡ “the Fuzzy and the Furry”，同事玩了一个文字游戏，前者显然指奥本海默，“fuzzy”是“毛茸茸的”或“含糊的”“模糊的”意思，说奥本海默“fuzzy”可能是因为他当时留着很显眼的乱成一团的长发；后者则来自弗里的姓，而“furry”也是“毛茸茸的”意思。

西。”听到这话，弗里满意地笑了笑。奥本海默向后一仰，吼道：“我可不是在表扬你。”

他们这篇论文的主旨不是别的，正是对狄拉克电子理论的全新重构。他们的重构力图避免狄拉克理论中的不一致性和无限的解，并在更加根本的层面把握电子和正电子的物理实在。

人们都认为，弗里和奥本海默阐述的理论是狄拉克理论的正式改进版，奥本海默为此非常自豪。他将论文寄给了很多人，包括玻尔、乌伦贝克、泡利和狄拉克，还在1933年12月美国物理学会在波士顿的会议上讲解了一遍。然而，没有什么人相信，它在狄拉克研究的基础上取得了重大的、根本的进步。泡利对此特别不屑一顾，他于1934年1月21日写信给海森伯："奥本海默寄给我一篇文稿……完全无视了狄拉克和我们处理的问题。"狄拉克本人那里则没有任何回应。为了触发一些反馈，奥本海默试图借弗兰克在剑桥学习之便，于1934年1月7日写信对他说，他已经把论文寄给了狄拉克。"我不知道狄拉克怎么看我们写的东西，"奥本海默对弗兰克说，"但是如果你见到他，你可以提醒他，我们很快会寄给他更多东西。"

在1934年2月12日写给《物理学评论》编辑的一封信中，奥本海默和弗里指出他们自己的理论中的几个严重问题，四个月后又写了一封信，指出狄拉克新版理论中的问题。然而，正如奥本海默写信向乌伦贝克抱怨的那样，"我们从狄拉克那里还是没有得到只言片语"。第二年，奥本海默说服狄拉克访问帕萨迪纳，然后又说服他听了两名研究生讲一场十五分钟的报告。两名研究生都研究量子电动力学，力图在狄拉克研究的基础上更进一步。报告结束后，他们战战兢兢地准备听狄拉克的评论。然而，狄拉克问的唯一的问题是："最近的邮局在哪儿？"

似乎确有因果，如狄拉克的传记作家所说，他的"黄金创造期"走到尽头之时，就在他获得了一位物理学家所能获得的最高荣誉之刻：诺贝尔奖。11月9日一通电话打来，通知他和埃尔温·薛定谔共同获得1933年的诺贝尔物理学奖。狄拉克对公众眼光的警惕几乎到了病态的

地步，他的第一反应就是拒绝领奖，但卢瑟福警告他说：“拒绝领奖， 210
你会更出名的。”就这样，狄拉克下个月在母亲的陪同下前往斯德哥尔摩领奖。他的母亲既没有狄拉克沉默寡言的性格，又没有他那种对公开宣传的厌恶，因此在狄拉克避开媒体时，她高兴得不知道要说什么。当一名记者问起她儿子对异性的兴趣时，她回答：“他对年轻女子不感兴趣。”因此，这一结果无法避免地上了第二天报纸的头条：“三十一岁的狄拉克教授不爱美人。”[*]

仅仅两个月后，奥本海默自己也成了类似的头条新闻的主角。1934年2月14日的《旧金山纪事报》以《健忘教授丢下女孩独自回家》[†]为题，报道了一名巡警凌晨四点在俯瞰伯克利的山上发现了惊慌失措的梅尔巴·菲利普斯，她独自坐在一辆停好的车里，而这辆车正是奥本海默的。她对警察说，她和奥本海默原本一起坐在车里，后来他抱歉地说要去走走，现在两个小时过去了，他仍然没有回来。警察在附近搜寻了一番，然后打电话到他当时住的伯克利教师俱乐部，俱乐部的工作人员却发现他躺在床上酣睡。报纸报道，奥本海默对警察说，他离开车后就把梅尔巴给忘了，径直回了家。雷蒙德·伯奇在讲述这件事时评论说：“像所有天才那样，奥本海默非常心不在焉。”但实际上，他并非心不在焉。“我从未发现奥比身上有丝毫心不在焉的迹象，”一位学生回忆说，“实际上，情况恰好相反。”

如果你实在不愿认为这种“心不在焉”只是装出来的，那似乎就只能得出两个结论：第一，量子电动力学的问题那时完全控制了奥本海默的心智；第二，他对梅尔巴·菲利普斯的兴趣相对来说并不强烈。无论如何，尽管梅尔巴在伯克利又待了一年，也身处以奥本海默的研究生为核心的智识和社会生活中，但她再也没有同前博导约会（她已于1933年5月获得博士学位）。

1934年6月4日，奥本海默写信给仍在剑桥的弗兰克，说尽管他

---

* “Thirty-One-Year-Old Professor Dirac Never Looks at Girls”.

† “Forgetful Prof Parks Girl, Takes Self Home”.

还在继续研究“如何解开仍然存在的正电子理论之谜”，他和弗里合写的最新的“宣言”已经有望为这一课题画上句号了。他对弗兰克说，理论物理“没救了”，主要是因为“完全没可能对任何东西给出严密计算”。他提到有人请他到普林斯顿工作一年，也有人请他到哈佛长期任
211 职：“但是我拒绝了这些诱惑，因为我很看重目前的工作，在这里我更容易相信自己有点用，而且加利福尼亚的美酒还聊以慰藉物理学的艰难和人类思维的无力。”那年夏天，他要和乌伦贝克夫妇而不是弗兰克一起前往佩罗卡连特：“我们会非常想你的，不能和你一起回到山里，我的感受五味杂陈。”

奥本海默载着乌伦贝克夫妇，驾车从他参加暑期学校的安阿伯驶往新墨西哥。他曾对弗兰克吹嘘说“‘迦楼罗’不用猛踩油门就能跑到九十五码”。但为了向乌伦贝克夫妇炫耀车速，他在开阔的草原上开车与火车赛跑，结果有什么东西飞到了眼睛里，严重划伤了眼球，因此他不得不戴一段时间眼罩，让乔治·乌伦贝克开车。在佩罗卡连特六个星期的假期结束后，乌伦贝克夫妇先是和奥本海默一起回到伯克利，然后终于回到安阿伯。乔治·乌伦贝克在安阿伯得知，亨德里克·克拉默斯受邀到莱顿大学接替埃伦费斯特，而他自己又被邀请到乌特勒支大学接替克拉默斯。乌伦贝克非常喜欢美国和安阿伯，但是他毫无疑问会接受这份邀请。奥本海默写信给他，承认他一定会接受，但也表达了伤感：“你身上已经很浓厚的美国味将逐渐消失。”“我对美国有着很深的感情，”奥本海默写道，“如果你现在必须离开我们，那就让我们期待你再次回到美国的时候吧，我们期待，通过接受一个荷兰人的全部责任，你也将为自己赢得一点做美国人的权利。”

那年夏天，三位新任国家研究基金会研究员罗伯特·瑟伯尔、埃德温·尤林和弗雷德里克·W. 布朗到来，壮大了奥本海默迅速发展的理论物理学派，沃尔夫冈·泡利叫他们“那么－那么男孩们”。他们拿到了全美国理论物理研究基金项目的将近一半（七项中的三项）。这说明到目前为止，仅仅过了五年时间，奥本海默就已经实现了将伯克利打造成美国理论物理学派得引领者的目标。

罗伯特·瑟伯尔在威斯康星大学获得博士学位，他原计划用国家研究基金在普林斯顿同美籍匈牙利物理学家尤金·魏格纳合作。但是，像之前的温德尔·弗里那样，在参加安阿伯暑期学校并亲眼见到奥本海默后，他毅然选择了伯克利。“我到的时候，”他回忆说，“我发现大多数拿着国家研究基金的理论物理研究员已经到了那里。”他在多年后接受采访时说：“名声已经传开，奥本海默建立了当时全国最有活力的理论物理学派。”

那年，在即将到来的博士生里，还有未来的诺贝尔奖得主和牛津教 212
授威利斯·E. 兰姆。从伯克利化学系毕业后，兰姆决定从事物理学博士研究，一如他后来描述的那样，“我自然是想同奥本海默工作”。兰姆还记得，“奥本海默的办公室在勒孔特楼（Le Conte Hall）219 室”。

> 和他的许多学生一样，我在房间里分到一张小桌子。奥本海默没有办公桌，只有一张放在房间中央的大桌子，上面堆满了文件。有一整面墙完全被一块黑板盖住了，上面写的东西从来没人擦过。一套开放式书架上摆放着奥本海默发表的论文的翻印本，大多数我都可以拿一份。

瑟伯尔提供了奥本海默和学生一起工作的更多细节：

> 他的团队有十位或八位研究生和大约六名博士后研究员。他和这拨人每天在办公室见一次。快到约定的时间时，这些人就进屋自便，坐在桌边或靠墙而立。奥比进屋，轮流和学生讨论各自研究问题的进展，其他人在一旁听着并发表意见。每个人听到的话题都非常广泛。奥本海默对一切都感兴趣，一个接一个课题被提出来放在一起分享。一个下午里，我们可能要讨论电动力学、宇宙射线、天体物理和核物理。

有同事说他就像为小鸡咋咋呼呼的母鸡，但是奥本海默全不顾这些批评。他有意将这批研究生（有博士生，也有国家研究基金会研究员）不仅打造成一个学术圈子，而且凝聚成一个一个社交小队。

埃德温·尤林和这群人在一起的第一晚就差点留下了犯罪记录。一开始，在奥本海默的公寓，尤灵和他的妻子应邀和奥本海默的其他研究生见面，包括梅尔巴·菲利普斯。然后，他们在一家墨西哥餐厅用晚餐，他们喝酒、听音乐直到后半夜，之后在回伯克利的路上，他们被警察追上了，因为他们——奥本海默开着“迦楼罗”、尤灵开他的别克——超速了。一辆警车撞上了尤林的别克，尤林被控危险驾驶（后来减轻为驾驶不慎），奥本海默被控超速，但是让每个人松了一口气的是，事故没有被媒体曝光。

213 瑟伯尔强调说，三十岁的奥本海默“还是个单身汉，他的一部分社交生活都和我们交织在一起”。

> 我们常常工作到很晚，吃晚饭的时候还继续讨论，甚至延续到更晚的时候，去他在沙斯塔路的家里。当我们厌倦了或者弄清了讨论的问题时，话题会转向艺术、音乐、文学和政治。如果工作进展不顺，我们可能会扔下工作去看场电影。有时我们会在晚上给自己放个假，去奥克兰吃一顿墨西哥餐，或者去旧金山找一家好点的餐厅。在那年头这意味着我们得搭伯克利的轮渡横渡海湾。夜深以后回伯克利的渡船很少，我们等船的时候，就得在渡口附近的酒吧或夜总会消磨时间。我们经常会一连错过好几班船。

伯克利的春季学期在四月结束后，奥本海默就该离开伯克利前往帕萨迪纳了。瑟伯尔回忆说：“他的很多学生都和他一起参加这场年度远游。”

> 那个时候，有些事情比现在简单。我们不用考虑放弃在伯克利的房子或公寓，确信能在帕萨迪纳找到每月二十五美元的庭院小屋。我们的财物在车后座就能放得下。在帕萨迪纳，除了听物理学

> 的新资讯，我们还有活跃的社交生活。托尔曼夫妇是我们的好朋友，我们和查理·劳里森还有他的团队保持着火热的关系……我们在奥里维拉街的墨西哥餐厅吃过好几顿晚饭，在查理·劳里森家的花园里也开过很多场晚间派对。

劳里森出生于丹麦，1916 年携妻子和年幼的孩子来到美国，自 1926 年起在帕萨迪纳工作。在来到加州理工开始学术生涯之前，他曾是一名无线电工程师——这一背景被他充分用于实验物理研究。在加州理工的高压实验室，劳里森研究医用“超高压”X 射线，然后在考克饶夫和沃尔顿成功分裂原子后，劳里森在新建的凯洛格放射实验室工作，将其中一个 X 射线管改装成粒子加速器，开始人工产生中子和轰击氘。

1934 年初夏，奥本海默和劳里森就铊 −208 产生 γ 射线的散射合
写了一篇小论文。这是他们合写的唯一一篇论文，但是此后他们继续对 214
彼此的工作产生重大影响。像劳伦斯在伯克利那样，劳里森通过奥本海默了解理论物理的最新发展，而奥本海默也关注着劳里森的实验工作，寻找其中需要解释和可能为他和学生的论文提供素材的内容。

1934 年的夏天，随着费利克斯·布洛赫来到斯坦福，另一条合作途径应运而生。布洛赫是一位来自瑞士的犹太物理学家，奥本海默在苏黎世的时候就和他很熟悉，也颇感投缘。离开苏黎世后，布洛赫先在哥本哈根和玻尔、然后在罗马和恩里克·费米一起工作，之后又获得莱比锡大学的讲师职位。被纳粹政权从这个职位上赶走后，他和许多人一样来到美国。和（仅举最著名的几例）普林斯顿的爱因斯坦、康奈尔大学的汉斯·贝特和约翰斯 − 霍普金斯大学的詹姆斯·弗兰克一道，布洛赫由此成为美国物理界吸纳犹太移民的卓越一部分。实际上，在几年时间里，美国已经取代德国成为世界领先的物理学研究中心，部分原因就在于，曾经使德国在这一领域领先世界的许多科学家现在到了美国的大学工作。作为一名顽固的爱国者，奥本海默很快指出，如果没有“本土物理学家的不懈努力”，这些难民就不会产生如此大的影响。但奥本海默其实很清楚世界顶尖物理学家所带来的影响。

毫无疑问是出于这一原因，也因为他正好喜欢和尊敬布洛赫，奥本海默在伯克利以南三十英里（约 48.2 千米）、旧金山湾对岸的斯坦福大学为布洛赫找到了一个职位。布洛赫到达加利福尼亚后每个星期都会举行一个对他自己的和奥本海默的学生开放的研讨会：一周在斯坦福，一周在伯克利。布洛赫后来记得："我们中的一个走上台，讲述近来随便想想、随便看看的东西，然后就是讨论。这让我大受鼓舞。否则我一定会觉得非常孤独。"

研讨会结束后，奥本海默会请所有人（人数会在十二到二十之间变动）到杰克餐厅吃饭，那是他在旧金山最喜欢的餐馆。布洛赫记得"那是港区深处的一家鱼庄"。瑟伯尔回忆："大萧条之后，学生们都很穷。美食、佳酿和优渥的生活是很多人从未体验过的，奥比带他们见识了一种陌生的生活方式。"瑟伯尔说，有一次"布洛赫想豪爽一把，探过身去拿起账单。他看了看，眨了眨眼，又把账单放了回去"。

215 温德尔·弗里已经不在伯克利了，因为奥本海默成功为他在哈佛找到了一份工作，1934 年秋天开始履职。因此，奥本海默 – 弗里系列论文到此结束，奥本海默转而和梅尔巴·菲利普斯合作发表论文。菲利普斯自 1933 年完成学位论文后一直没有找到全职学术岗位，于是就留在了伯克利。"当时没有工作，"她回忆，"但是你可以一边打零工一边教课，这样的机会很多，足以谋生；我们留下来做些杂活，批改论文之类的事。我们有几个人这么做过。我在那里又待了两年，这一时期，无论丢给我什么我都教，感觉在给所有人代课。"

1935 年春，劳伦斯的回旋加速器实验为奥本海默和菲利普斯的合作提供了一个前景光明的课题。1933 年 10 月底从索尔维会议溃败而归后，劳伦斯的工作于 1934 年 1 月获得了新的动力，动力的来源是放射性物质或许可以人工合成这一惊人发现。弗雷德里克·约里奥 – 居里和伊雷娜·约里奥 – 居里（1926 年结婚后夫妇俩把姓合起来了）在巴黎得到了这一发现，他们证明，可以通过用 α 粒子轰击硼产生氮的放射性同位素，轰击铝则产生放射性磷。由于人们当时正在探索放射性物质的医学用途，因此对它们的需求不断增长，这一发现也让世界激动万分，因为它能够保证廉价和充足的供应。欧洲和美国各地的实验室开始将注意力转向这一发现开启的多种可能，最著名的是在罗马，恩里克·费米决定看看用中子而不是 α 粒子轰击元素时会发生什么，发现用这种方法也能产生放射性物质。

在伯克利，劳伦斯在《法国科学院院报》上读到约里奥 - 居里夫妇的论文后完全中断了放射实验室的工作。他挥舞着手中的论文冲进门，为员工翻译了一些关键的句子，包括直接提到回旋加速器威力的那一句。约里奥 - 居里夫妇意识到，他们的装置相对较小，便猜想如果使用回旋加速器会产生什么结果。例如，他们说通过用氘核轰击碳，可能产生（应该具有放射性的）氮 -13。氘核就是氘的原子核，因为它们只有 α 粒子一半的原子质量，它们就应该具有大约两倍的穿透力。回旋加速器立刻被设置好向碳样本发射了一束氘核，碳连接着盖革计数器，可以记录产生的任何辐射。“盖革计数器发出咔嗒、咔嗒、咔嗒的响声，”弥尔顿·利文斯顿回忆，“那是一种现场所有人都从未听过的声音。”

在整个 1934 年，劳伦斯的回旋加速器都被用来制造放射性物质， 216
很多都是以前从未见过的。“那是一段奇妙的时光，”劳伦斯的一位助手后来说，“放射性元素落入我们的怀里，好像我们把苹果从树上摇下来一样。”《纽约时报》刊登了一篇关于劳伦斯的社论说：“嬗变［和］释放原子能已经不再仅仅是浪漫的可能。”随着激动人心的消息而来的，是其他大学招揽劳伦斯的坚持甚至超过了招揽奥本海默。为了留住劳伦斯，加州大学提高了他的薪水，他便成了当时收入最高的科学家。放射实验室有其本身的预算和主任劳伦斯，因此从物理系独立出来。

同时，理论物理学家和放射实验室之间的关系也更加紧密。到实验室任职的新一代物理学家埃德·麦克米伦被奥本海默的小团体接收为正式成员，经常和他们一起到旧金山出游。同样，奥本海默和学生们也成了实验室的熟面孔。奥本海默和梅尔巴·菲利普斯合写论文的主题就是埃德·麦克米伦、劳伦斯和放射实验室的一名博士后罗伯特·桑顿通过实验提供的。劳伦斯、麦克米伦和桑顿发现，用氘核轰击各种元素不需要主流理论认为的那么大的能量，就可以产生放射性同位素。

在他们的论文《关于氘核嬗变函数的注记》*中，奥本海默和菲利普斯对此给出了一种很快得到认可的解释，“奥本海默 – 菲利普斯过程”成为核物理的一部分，并载入教科书。在学生和实验物理学家眼里，奥本海默 – 菲利普斯过程和玻恩 – 奥本海默近似是奥本海默最著名的两项成果。这一过程是这样的：当氘核轰击一种元素时——比如碳，氘核的中子就和碳原子结合成同位素碳 –13，并释放出质子。奥本海默和菲利普斯解释说，这个过程在使用低于预期的能量的情况下发生，是因为氘核不如目标原子核稳定，而当它向目标移动时，可以说是以“中子优先”的方式进行的，那么中子就能克服排斥质子的静电壁垒。

1935 年春，奥本海默在帕萨迪纳写信给劳伦斯说，他给梅尔巴 · 菲利普斯寄去了“我对氘核嬗变函数所做的计算和设计”。他汇报说，分析“变得相当复杂，而我这周晚上的大部分时间都贡献给了计算尺和坐
217 标纸”。他特别强调这些结果需要梅尔巴仔细核对：“你得给她一些时间做这些。”这说明梅尔巴 · 菲利普斯在数学方面比奥本海默更擅长，也更细心，需要进行复杂的计算的时候常常都指望她。事实上，奥本海默的许多学生的数学都比他好。威利斯 · 兰姆记得：“奥本海默讲课具有启发性。他板书中的等式就不总是可靠了。我们学会了给错误的符号和数字系数留出加上修正因子算符的空间。”然而，如果说奥本海默获益于梅尔巴 · 菲利普斯的数学技能，那么菲利普斯则获益于奥本海默对物理现象本质的直觉和他的声望。他们合写的论文于 1935 年夏天发表后，她突然发现工作自动找上了门：首先是布林莫尔学院的教学岗位，然后是声望更高的普林斯顿高等研究院研究员的职位。

伯克利和帕萨迪纳开展的实验工作的本质，决定了它们需要解释涉及的大量原子核轰击和许多嬗变与分裂，因此奥本海默被吸引到了核物理领域。他在这一领域的贡献——比如他和梅尔巴 · 菲利普斯合写的论文——得到业界欣然接受和热情赞扬。然而，这并非他心之所系。曾经有人引用他的话说，“我从没发现核物理真有这么美”。他更喜欢思考电

* “Note on the Transmutation Function for Deuterons”.

动力学和场论。他从未细说过为什么，但他对印度教的兴趣，以及前文引用的拉比的话也许为我们提供了线索：他更喜欢思考联系事物而不是分裂事物的东西。狄拉克的相对论性量子电动力学使他兴奋不已，是因为它有望将相对论和量子论结合起来。我怀疑，他之所以对它失望，根本原因并非令人烦恼的无穷个解，而是出于这一事实：在讨论粒子、反粒子和“空穴”等话题时，它给出了一幅离散和孤立事物的图景，而不是一幅相互联系事物的图景。

1935 年后，奥本海默几乎没有写有关量子电动力学的论文，但是他持续关注这方面的文献，而他的学生继续从事这方面的工作，有时甚至做出重大贡献。我们猜测，他与此渐行渐远，除了对宇宙射线研究和核物理这些其他迅速发展的领域产生兴趣以外，还与他和保罗・狄拉克的关系有关，就像他曾经与这一领域渐行渐近一样。

1934—1935 年，狄拉克在普林斯顿高等研究院工作，在那里准备他的经典教科书《量子力学原理》[*]第二版。引人瞩目的是，当年三十二岁的狄拉克在普林斯顿找到了自己的真爱，就是尤金・魏格纳的妹妹玛吉特，他们于 1937 年结婚。根据在物理学家中流传的许多有关狄拉克 218
的故事，即使在结婚后，他也习惯将她介绍为“魏格纳的妹妹”而不是“我的妻子玛吉特”。奥本海默于 1935 年元旦访问过普林斯顿，但狄拉克不在。然而他确实见到了爱因斯坦并参观了高等研究院。但是，正如他在给弗兰克的信中写的那样，他对研究院没有好印象：“普林斯顿是个疯人院，唯我独尊的天才在孤立无援的凄凉中闪耀。爱因斯坦是个十足的疯子，狄拉克还在佐治亚。我在这样的地方绝无用处，但是要让韦尔[†]接受我的拒绝还是颇费口舌和推托。”

要让奥本海默离开他建设得如此成功的物理学派，仅仅靠普林斯顿高等研究院的诱惑是不够的，显然还需要与这个真实世界联系得更为紧密的东西。

---

* *The Principles of Quantum Mechanics*.

† 伟大的德国数学家赫尔曼・韦尔自 1933 年起在普林斯顿高等研究院任职。——原注（36）

第九章

219 # 内核失稳

到1935年夏天，奥本海默写过的最长、最亲切和最坦诚的信都是寄给弟弟弗兰克的。然而那年夏天，弗兰克转到了加利福尼亚，书信来往也就暂时中断了。他去那儿是为了到加州理工的查尔斯·劳里森（奥本海默和大多数认识他的人都叫他“查理”）门下攻读博士学位。弗兰克当时23岁。自两年前从约翰斯－霍普金斯大学毕业后，他到剑桥的卡文迪许实验室待了一年半，后又在佛罗伦萨大学待了半年，他还到德国待过一段时间。尽管他总觉得，自己生活在成就斐然的哥哥的影子下，然而，他回到美国时，却在奥本海默栽过跟头的地方获得了成功：他掌握了实验操作所需的技巧，并成为一名实验物理学家。

弗兰克和哥哥还有另一个不同之处，就是在整个中学和大学教育期间，他对政治抱有浓厚兴趣。一开始，他同情那些被压迫的人。在一次采访中，他回忆起上学时发生的一件事，笑着说：“我记得有一次，我和一些朋友到卡内基音乐厅参加一个没有指挥的音乐会。这是一种‘打倒老板’的运动。”在1928年总统大选中，还在上学的弗兰克参与竞选活动，支持民主党候选人阿尔·史密斯。史密斯的自由政治主张和天主教徒身份激起了三K党强烈而恐怖的对抗。竞选活动没能成功，史密斯败给了赫伯特·胡佛。但自由政治从此成为美国社会的焦点，为富兰克林·罗斯福在1932年成功竞选并实施随后的“新政”铺平了道路。

联想到20世纪50年代将发生的事，1928年史密斯竞选中有一个有趣
现象，候选人用“非美国”一词描述的不是美国政治中的左翼，而是右 220
翼。当他来到俄克拉荷马市与焚烧十字架的三K党人见面时，史密斯说：“将固执、仇恨、偏狭和非美国的宗教分歧注入大选，没有什么比这更不符合美国精神，没有什么比这更偏离杰斐逊的教导，没有什么比这更背离我们整个的历史。”他接着说：“消灭任何非美国的毒瘤，最好的办法就是让它暴露在光天化日之下，因为任何非美国的东西都见不得阳光。”

弗兰克·奥本海默的政治主张在这些话中得到了完美体现。随着他逐渐向左翼立场靠近，他的言行也愈发公开，认为自己没有任何可以隐瞒的，也觉得左翼政治不仅没有任何不爱国的嫌疑，而且完全符合美国的精神和历史。如果像弗兰克和罗伯特那样，成长环境使你相信，美国是19世纪德国犹太人背井离乡、孜孜以求的宽容、自由和平等的象征，那你绝对想不到，其精神会被三K党这样的人或后来麦卡锡时期偏执的反共分子代表和捍卫。正如阿尔·史密斯所言，所谓“非美国”是那些人的偏执，而非偏执指向的目标。

“我到霍普金斯的时候，”弗兰克在上文引用的采访中继续说道，“我认识好几个人……不知道他们是不是共产党员，但是他们对左翼政治感兴趣，我也就有所了解。”在英国，他向激进政治的“边缘又迈出了一小步”，但是在意大利“有不同程度的左翼人士”，包括与帕特里克·布莱克特共同发现正电子的同事朱塞佩·奥基亚利尼，当时他已回到佛罗伦萨大学，并且（据弗兰克说）“相当左倾”。墨索里尼当政的意大利在很多年里成了法西斯国家，弗兰克在那期间，意大利奉行对外扩张的政策：“阿比西尼亚*战争前一年，在那里的实验室下面有一个旅的士兵，总是唱歌欢呼。”

尽管意大利士兵的歌唱和欢呼时刻让人想起统治这一国家的军事独

* 埃塞俄比亚旧称。

裁的本性，但这并没有让弗兰克感觉特别危险。弗兰克记得，“在意大利，士兵们似乎并没有特别的侵略性。我从未见过他们中的任何人上街游行，警察也并无不同，比纽约警察可能还温和些。住在城里让我感觉很轻松”。然而，上一年在德国：“我曾见到人们在街上游行，在酒吧里
221 有很多类似行为，整个社会似乎堕落不堪。然后，在那里的一些亲戚给我讲了一些可怕的事。”弗兰克在霍普金斯大学、卡文迪许实验室及佛罗伦萨大学和左翼人士混在一起，也亲眼见过德国纳粹政权的邪恶，当他回到加利福尼亚，会理所当然地选择与那些关注法西斯威胁的人及对改善穷苦大众和被剥夺财产者生存状况感兴趣的人交朋友。

实际上，弗兰克已经认识几个这样的人，即他哥哥的一些学生，其中几位后来出了名，因为他们的政治立场冒犯了美国右翼。其中一人是谦和的温德尔·弗里，他于 1934 年前往哈佛。在哈佛，弗里加入了美国共产党，因而成为 50 年代麦卡锡主义者的迫害目标。弗里令很多人钦佩，因为他拒绝用第五修正案 * 保护自己，也没有供出任何同志的姓名。同样，哈佛大学也因拒绝开除弗里而广受赞誉。然而这一案件留下了深刻的创伤。

在一本 2006 年出版的名为《莫斯科故事》† 的书中，俄罗斯研究专家兼作家劳伦·格雷厄姆描述了他如何被弗里的故事吸引——他本人也来自弗里长大的印第安纳州小镇法默斯堡。小时候，老师对他说，他是她教过的最聪明的男孩，除了温德尔·弗里。然而她说，她为弗里感到羞愧，希望格雷厄姆以后不要步他的后尘。“他后来怎样了？”格雷厄姆问。老师回答：“他成了共产党。”那是 1941 年的事。许多年后的 1974 年，格雷厄姆与弗里相遇，他俩相谈甚欢，分享了法默斯堡的往事。那次见面后不久，弗里退休，几年后去世。“在他生命的最后几个月里”，据格雷厄姆说：

---

* 第五修正案重点体现美国宪法保障人权的功能，规定公民不被随意审判、不被重复审判和不得自证其罪，没有赔偿不得以任何理由征用个人财产等。

† *Moscow Stories.*

> 妻子贝蒂因癌症去世后，这位年迈的物理学家不得不住进剑桥市鲜潭（Fresh Pond）附近的养老院。他经常因自己和家人早年遭受的迫害而噩梦连连。夜里的叫喊声把护理人员吓得惊慌失措，“FBI 来了，FBI 来了，他们在追我！快叫美国民权联盟和杰拉尔德·柏林［弗里的律师］！”

梅尔巴·菲利普斯的出身背景和温德尔·弗里惊人的类似。她同样成长于印第安纳州一个乡村小镇的卫理公会教派家庭。那是一个叫黑泽尔顿的地方，位于法默斯堡以南五六十千米处。她在政治上也很激进，尽管我们不知道她是不是共产党员。在麦卡锡主义时期，她被传唤，就 222
20 世纪 30 年代的政治活动接受盘问，她请求使用第五修正案，拒绝回答是否曾是共产党员的提问。为此，她被布鲁克林学院解除了职务。

我们没有弗兰克·奥本海默和温德尔·弗里在一起的文献记载，但是考虑到 1932 年至 1934 年间，弗里和罗伯特·奥本海默相处的时间比较多，如果说他俩从未谋面，一定令人惊讶。毫无疑问，弗兰克对梅尔巴·菲利普斯非常熟悉，两人成了亲密的朋友，并一直持续到弗兰克去世。她对弗兰克有着特别温馨的记忆。她记得，两人第一次见面是在 1932 年夏天的佩罗卡连特，“回印第安纳探亲返校途中，我在那里逗留了几天”。

> 我在格洛里塔关口下车时，他们（在伯克利认识的罗伯特、弗兰克和罗杰·刘易斯）已在那里等候，弗兰克之于刘易斯正如达蒙之于皮西厄斯*，反之亦然。弗兰克那年夏天将满二十，我比他大五岁，正在攻读博士。车的后座装满了农场用的物资，但我们还是挤了进去，开到考尔斯（Cowles）还算轻松，然后沿土路开往小屋……
>
> 我们的目的地是佩罗卡连特，这里近年来吸引了很多游客……我们在那吃饭，晚了就在那里睡，在阳台上，我们隔着峡谷眺望群

* 达蒙和皮西厄斯（Damon and Pythias）是希腊和罗马民间传说中的人物，因彼此的信赖和真挚、深厚的友情，两个名字放在一起已成为英语中的一个习语，意思是“莫逆之交”或“生死之交”。

> 山，尽管正值八月，夜晚仍然寒冷。晚饭后，宽敞的起居室里燃起了炉火，我们交谈甚欢，弗兰克吹奏长笛。他吹笛的情景我依然记忆犹新……他通常在晚上吹奏，至少在我第一次到访时是这样。

“我们没有公开表达政治倾向。”梅尔巴谈到自己、奥本海默和她的同学时说。但是，她的传记作家写道：“1933—1934 年从德国传来的坏消息，大萧条时期席卷加利福尼亚的劳资纠纷等促使他们对全球事务产生了积极兴趣。”

正如我们所见，1933—1934 年间，奥本海默的通信和其他地方都没有提及此处描述的政治上的“积极兴趣”，但是，也恰在 1934 年夏天，罗伯特·瑟伯尔和妻子夏洛特到来时，这种兴趣至少有一些表现。在瑟伯尔的自传中，他对为声援 1934 年码头工人罢工而举行的一次集会有过引人入胜的描述，奥本海默应邀参加了这项活动。他又邀请瑟伯尔、夏洛特和梅尔巴·菲利普斯共同参与。瑟伯尔记得：“我们坐在高高的看台上，最后我们被罢工者的热情感染，和他们一起高呼，‘罢工！罢工！罢工！’”

223 他们参加的集会似乎是为了商定罢工行动而举行的，但事实并非如此，因为这波罢工（在美国工会运动和共产党运动的历史上都是一个重要事件）早在瑟伯尔遇见奥本海默之前的 1934 年 5 月就开始了。更大的可能性是，在警察向示威人群开枪，造成两名罢工者死亡后，1934 年 7 月召开的一次会议导致了码头工人罢工升级为全面罢工。后来，全面罢工很快结束。但结束的条件是，增加码头工人工会的权力并改善工人的工作条件——这些都被标榜为他们获得的胜利。

弗兰克来到加州理工学院时，罗伯特·瑟伯尔已经在伯克利做了一年的国家研究基金会研究员，无论是就个人关系还是科学研究而言，瑟伯尔都是奥本海默最亲近的人，一直到 1938 年瑟伯尔离开伯克利。尽管瑟伯尔和奥本海默一样，对物理比对政治更感兴趣，但在他成长的环境里，参与政治是人们认可和预料之中的事。他和妻子都来自费城相当富裕的犹太家庭。他的父亲是一位活跃于当地民主党的律师，而夏洛特的医生父亲是有名的左翼激进人士。40年代，罗伯特和夏洛特·瑟伯尔都受到联邦调查局的密切注意，不过那些探员从来没有找到为罗伯特定罪的足够证据，无法对他采取任何行动。这几乎可以肯定，罗伯特·瑟伯尔从未加入共产党。然而，当奥本海默在40年代被直接问及这个问题时，他的回答是，相信夏洛特很可能是共产党员。

几乎可以肯定，奥本海默兄弟第一次接触的乐意自称为共产党的人就是杰奎内特·奎恩。1936年春，弗兰克在加州理工的第一学年过半时，兄弟俩在伯克利遇到了这位二十四岁的经济学研究生。“杰姬”（人人都这样称呼她）是法裔加拿大人，出生于工人阶级家庭。为了挣钱上大学，她又做女招待，又当保姆。她在读本科期间加入了共青团，不是因为她想从事马克思、列宁思想的学术研究，而是由于共青团涉及一些她很关心的实际问题，比如工人的权利和法西斯的威胁。

杰姬走进奥本海默兄弟的生活颇具偶然性。一天晚上，她正在帮奥本海默的学生利奥·尼戴尔斯基分居的妻子维诺娜·尼戴尔斯基照看孩子。弗兰克陪同奥本海默来看望维诺娜，自然也就见到了杰姬，她那质朴、活泼的性格让弗兰克一见倾心，两人很快成了恋人，弗兰克还在那年夏天邀请她去佩罗卡连特。他们于1936年9月15日结婚。

奥本海默不赞成弟弟仓促结婚。“他极力让我们推迟婚期，”杰姬后 224
来说，“他总是说‘当然，你比弗兰克大得多’这样的话，其实我只不过比弗兰克大了八个月，还说弗兰克没有做好心理准备。他后来习惯称我为‘我弟弟娶的女招待’。”在1954年的安全听证会期间，奥本海默写了一份简短的正式声明：“我弟弟弗兰克于1936年结婚。此后我们的关系难免不如以前亲密。”在反复盘问下，他略为详细地解释道，弗兰克结婚后，两人的关系不再那么亲密，他们“偶尔或许更加拘谨”。彼得·米歇尔莫尔在他1969年写的《似水年华：罗伯特·奥本海默的故事》[*]一书中引用的表述是“更加开朗”（more expansive），但没有提供出处。米歇尔莫尔写道，弗兰克的“背叛深深地伤害了罗伯特，因为他在

* *The Swift Years: The Robert Oppenheimer Story.*

提到弟弟的婚姻时，愤愤不平地写道，‘对他来说，这是一种解放和反叛，可以摆脱对我的依赖。我们早年的亲密感再也回不来了’”。

除了因失去最亲密、最重要的关系而明显不安，奥本海默还担心杰姬对弗兰克的影响会有损他的物理学工作。罗伯特后来说，弗兰克的“物理学工作相当不错，但他有些迟钝，用了很长时间才获得博士学位。他的另外一个兴趣让他十分分心”。有时罗伯特·奥本海默或许也遇到过类似情况——他对政治产生兴趣后，对物理方面的工作不像以前那样劲头十足了。实际上正好相反，他最出色的物理成果恰恰是在他政治觉醒期间创造的。

1935—1938 年间，在他三十多岁的时候，奥本海默对宇宙射线的持续兴趣使他找到了工作重心。30 年代，有两个原因让物理学家对宇宙射线欲罢不能。首先，宇宙射线本身就是一种既有趣又令人困惑的现象，向物理学家提出了挑战，譬如它们是由什么构成的，又是如何产生的；其次，当物理学理论（譬如量子电动力学）被用来测量和预测接近光速运动的粒子的行为时（此时与相对论效应相关），宇宙射线巨大的能量向物理学家提供了检验这些理论是否可靠的唯一机会（直到比劳伦斯早期的回旋加速器强大很多倍的粒子加速器出现）。

出于这些原因，在一些最有趣的实验物理和领先的理论工作方面，对宇宙射线的研究成了 20 世纪 30 年代的焦点。为了测量高海拔地区
225 的辐射，实验物理学家到世界上的遥远角落展开冒险之旅，理论物理学家则使用获取的信息检验理论的有效性，并激发对物理世界构造的新见解。每前进一步，似乎都比任何人想象的结果更复杂、更新奇。

奥本海默完全有条件在这方面大显身手，因为一些最重要的宇宙射线观察都是由加州理工学院的两位实验物理学家完成的：发现正电子的卡尔·安德森和同事赛斯·内德迈耶。在 1934 年底发表的一篇题为《吸收高能辐射的公式有效吗？》[*]的论文中，奥本海默向他俩的工作表达了敬意，他在一个脚注中写道：“我能如此清晰地描述实验过程，完

* “Are the Formulae for the Absorption of High Energy Radiations Valid ? ”

全归功于安德森博士和内德迈耶先生，他们以极大的耐心向我解释其中的证据，以及它说明什么，能证明的又是多么有限。”

在论文开头，奥本海默指出，安德森和内德迈耶对宇宙射线的观察“使我们能够在从几百万（电子）伏到几十亿（电子）伏的粒子中拓展我们对特定电离作用和电子能量损失的认知”。尽管在伯克利，劳伦斯的放射实验室取得了长足进步，但要人工创造这种能量仍需时日。关于这个已被接受的计算高能辐射的公式，对这些非同一般的能量的观察究竟说明了什么，奥本海默表示，“只有承认这一公式是错误的，或假定射线中存在其他吸收性更弱的成分，才有可能对宇宙射线的强大穿透力做出合理解释”。这种二元论不禁让人想起奥本海默早前提出的关于正电荷电子的二元论：要么狄拉克的电子理论是错误的，要么这样的粒子必然存在。与早前的情况如出一辙，奥本海默在这个二元论中做出了错误的选择，从而与理论物理的一项重大发展失之交臂。他认定这一理论是错误的，而不是坚持这一宇宙射线中“吸收性更弱的成分”必然存在。因为正如我们在接下来的几年里看到的，这一“吸收性更弱的成分”其实是另一种粒子。

正如我们所见，1935 年期间，奥本海默将自己的学术精力投向了人造同位素引发的问题。因为这些问题，他和梅尔巴·菲利普斯于 1935 年夏天合写了那篇提出“奥本海默 – 菲利普斯过程”的论文。从分析氘分裂成质子和中子时会发生什么，转移到宇宙射线的研究，奥本海默可能认为，他至少应该暂时将核物理放在一边。然而，核物理和宇宙射线物理将以出人意料的方式殊途同归。1935 年初，一份期刊上发表了一 226
篇论文，研究宇宙射线的科学家从未听说过这份期刊，即使听说过，他们也不会想到这篇论文会和他们的研究有何关系。然而，那篇论文将对宇宙射线物理后来的发展产生关键作用，其理论直到今天仍受到基础核物理的认可，改变了后来粒子物理的进程。

我们说的这篇论文的标题是《论基本粒子的相互作用 I》*，发表在

* “On the Interaction of Elementary Particles I”.

《日本数学与物理学会会刊》上，于1934年11月底由该刊收悉。作者是日本理论物理学家汤川秀树，他提出了一个新颖的理论，回答了核物理中的一个根本问题：是什么将原子核中的粒子（质子和中子）结合在一起的？显然，将质子和中子结合在一起的不是静电力，因为中子不带电。引力也无法将它们结合在一起，因为引力在数量级上实在太弱，无法解释观察到的结合能。汤川秀树提出了一个大胆的假设：存在一种迄今为止不为人知的基本物理作用（我们现在称之为“强核力”）在原子核中的质子和中子之间施加引力。他进一步假设，一定存在一种迄今未被发现的粒子，其质量介于电子和质子之间，是它携带了这种力，就好比在量子电动力学中，电磁力是光子产生的。汤川秀树甚至推测，这种新粒子“也许还和宇宙射线产生的簇射有关”。通常，美国大学图书馆没有订购《日本数学与物理学会会刊》，但是汤川秀树给奥本海默寄了一本。在文章发表后约十八个月的时间里，奥本海默可能是唯一读过该文的英语科学家。

结果，宇宙射线研究证实了汤川秀树的假设，确实存在质量大于电子而小于质子的粒子，由此确认，这一假设能够为宇宙射线的穿透力难题（正是这个难题让奥本海默谈论一种“吸收性更弱的成分”）提供解决办法。然而，在困惑和争议的迷雾中，真理逐渐显现（从1935年起用了大约十二年），“强核力”的携带者并不是这一宇宙射线中穿透力极强的粒子——而是另一种与它类似的粒子。从不断变化的术语就可以看出，早期对这些粒子的描述十分令人困惑：刚开始，人们在认识到它们
227 是不同的粒子前，它们被称为“mesotrons”（介子），后来为了保持语言
的纯洁性又变成“mesons”（介子）（希腊语的“middle”是“mesos”，而不是“mesotros”）；然后，为了便于区分，那个作为宇宙射线组成部分的粒子被称为“μ-meson”（μ 介子），而强核力的携带者被称为“π-meson”（π 介子）。后来确定，介子（mesons），顾名思义，就是强核力的携带者，因此μ介子根本就不是介子，被重新命名为“muon”（μ 介子），而另一个粒子被重新命名为“pion”（π 介子）。制造谜团和化解谜团的人都是奥本海默和他的学生，他们见证了粒子物理这门

（对多数人来说）令人迷惑的新学科的诞生。

导致“介子”（mesotron）被发现的主要宇宙射线观察证据大多是安德森和内德迈耶在落基山的派克斯峰收集到的。他们在 1935 年的夏天就到了那里，将带去的设备安放在海拔 14000 英尺（约 4267 米）的高山上，拍下了几千张高能宇宙射线碰撞的照片。安德森对汤川秀树的论文一无所知，他在派克斯峰山顶给加州理工的密立根写信说，他认为找到了一种粒子存在的证据，这种粒子的质量介于电子和质子之间。然而，安德森十分谨慎，没有十足的把握不愿轻易公布自己的结果。因此，直到 1936 年夏天，安德森和内德迈耶才在《物理学评论》上发表了一篇他们到派克斯峰考察的学术报告。这篇文章以《4300 米和接近海平面的宇宙射线云室观察》*为题，再现了他们在派克斯峰和帕萨迪纳两地拍摄到的一些令人惊叹的照片，他们力求以谦虚谨慎的方式去理解这些照片的含义，并没有宣布发现了一种新粒子，而是给出了很好的理由，解释他们拍到的穿透力极强的粒子既不是质子也不是电子。他们还郑重宣布，他们的观察驳斥了很多物理学家信以为真的观点，即量子电动力学理论用于超高能粒子时就站不住脚。文章写道，作者观察过十多亿（电子）伏特的粒子，这一理论依然非常可靠。

让奥本海默最感兴趣的正是文章的最后那部分。他多年来一直说这一理论在高能情形下就会失效，但是他似乎并不介意有人证明他的说法是错误的。相反，他好像很高兴看到安德森和内德迈耶公布的结果，尤其是因为这能让他和海森伯进行一场理论较量，而他觉得自己在这场较量中将必胜无疑。海森伯近期正致力于宇宙射线的分析，认为自己获得 228
了新的见解，能够阐释宇宙射线的性质。这一见解来源于恩里克・费米公布的关于 β 衰变问题的最新研究。通过研究让泡利提出中微子（费米为这个尚未发现的粒子起的名字）的那个问题，费米做出了 β 辐射的全新分析，与汤川秀树对强核力的分析惊人的相似。这种相似绝非巧合。费米的理论发表于 1934 年初，比汤川秀树的论文大约早十个月，

---

* “Cloud Chamber Observctions of Cosmis Rays at 4300 Meters and Near Near Sea Level”.

是汤川秀树理论的主要灵感来源。像汤川秀树一样，费米也将一个新的基本力引入了物理学，即我们今天所说的“弱核力”，用以解释 β 辐射。这个新的力作用于电子、中微子和核子（质子和中子），还能解释中子衰变成质子，进而释放 β 辐射（电子）和中微子的过程。

在一篇 1936 年 6 月发表的论文中，海森伯认为费米假定的这一新力场是理解宇宙射线的关键。特别是，他认为早前让奥本海默注意到的现象——电子 / 正电子产生的“簇射”——或许能用费米的新力场来解释。海森伯的分析赖以成立的基础是，他认为，已被接受的量子电动力学在宇宙射线中观察到的超高能状态下将失去效力。因为安德森和内德迈耶已经证实这一认识是错误的，海森伯的理论也就失去了基础。奥本海默在一篇题为《论倍增簇射》*的论文中针锋相对地挑明了这一点。他和弗兰克·卡尔森（因为还没有找到学术职位，只能留在伯克利和加州理工学院）合写这篇论文，并于 1936 年底寄给《物理学评论》。奥本海默和卡尔森宣布，“似乎海森伯的理论没有令人信服的实验基础，而我们相信，实际上，他的理论建立在电子中微子场理论形式主义（formalism）的滥用之上”。

奥本海默和卡尔森在论文的最后提出，安德森和内德迈耶的观察指出了可以用来解释簇射的“另一种宇宙射线成分”，也就是说簇射似乎不可能是由电子或质子造成的。他们在此文中不过附和了安德森和内德迈耶说过的话。安德森和内德迈耶坚信，1935 年夏天去过派克斯峰后，他们已经掌握了存在一种新粒子的证据，而在 1937 年 5 月，他们最终将成果发表，宣布他们的观察表明，“存在某种质量小于质子但比电子更具穿透力的粒子”。然而，事实证明，他们为自己的谨慎付出了高昂
229 的代价。就在他们发表文章的同一期《物理学评论》上，也刊登了一篇哈佛物理学家 J.C. 斯特里特和 E.C. 史蒂文森完成的短小实验报告，似乎可以确定完全相同的新粒子的存在。因此，毫不奇怪，在口头言说和书面报道中，斯特里特和史蒂文森都成了这一粒子的发现者，这令安德

* “On Multiplicative Showers”.

森捶胸顿足。

在一封写给《物理学评论》编辑、落款日期为 1937 年 6 月 1 日，并以《关于宇宙射线粒子性质的注记》* 为题的信中，奥本海默和瑟伯尔让人注意到了这样一个事实：似乎是汤川秀树预言了这一新粒子。许多年后，瑟伯尔骄傲地指出，这是第一次有人提到汤川秀树的论文，而"我们刊发此文的目的就是要让人注意汤川秀树的想法"。然而，这不是他们的唯一目的。尽管没有指名道姓，他们的文章也是奥本海默与海森伯展开较量的一部分，让人注意到（事实的确如此）汤川秀树的假设："交换这种中间质量的粒子的可能性，为质子和中子之间交换力的范围和大小提供了比费米电子 – 中微子场理论更自然的解释。"

在同一期《物理学评论》上还出现了一篇奥本海默和瑟伯尔在早些时候的 1937 年 3 月写的一篇文章，洛萨・诺德海姆和他的妻子格特鲁德也参与了写作。洛萨・诺德海姆是一名德国物理学家，因为是犹太人，失去了哥廷根大学的职位。在流亡学者紧急委员会的帮助下，他在印第安纳的普渡大学任客座教授。诺德海姆被认为是费米 β 衰变理论的专家，因此他在美国的出现成了奥本海默的机会，他可以借此发表权威论文，驳斥海森伯滥用费米的理论。这就是他们合写的论文《高能质子的分裂》† 所要达到的效果。这四位作者的观点可以概括为，如果用费米理论来看待质子分裂的结果（此时已知质子是宇宙射线的主要成分），就完全无法解释宇宙射线的簇射现象。奥本海默和其他几位作者写道，"海森伯在他的簇射理论中运用的观点"，将"那些似乎首先就最应该遭到怀疑的现行理论"视为颠扑不破的真理。根据他们的分析，他们直接断言，海森伯的理论"不再能够对簇射做出任何解释"。

就在这些新发现和对海森伯理论的攻击发表之前，海森伯"对宇宙射线中的费米方法的发现非常乐观"，这正如他于 1937 年 4 月 26 日给泡利的信中所说。三天后，仍是莱比锡大学物理教授的海森伯大婚。蜜

* "Note on the Nature of Cosmic-Ray Particles".

† "The Disintegration of High Energy".

230 月结束后，他将按期到慕尼黑接替阿诺德·索末菲，担任威望更高的新职位。然而，在纳粹强硬派的百般阻挠下，他迟迟未能就任这一梦寐以求的要职。纳粹不信任他，指控他为“白皮犹太人”。海森伯想出国旅行，直到 1938 年春才被允许离开德国到英国访问。他在那里写信给妻子说，“现在，对我来说，最重要的就是让自己完全沉迷于物理学”。在剑桥和曼彻斯特，他花了很多时间和能听懂的人（比如帕特里克·布莱克特）讨论宇宙射线和汤川秀树的新粒子。这些讨论的收获使海森伯为自己的宇宙射线观点（或至少是部分观点）收集了新的论据。他放弃了费米理论能够解释宇宙射线簇射的主张（因为已被彻底推翻），却保留了激发这一主张的观点，即量子电动力学在一定能量之上就不再有效，与新发现的粒子有关的簇射印证了这一事实。

1938年5月，海森伯写了一篇题为《当前量子理论应用的局限性》* 的论文，并把它寄给了哥本哈根的玻尔。在一次讲座中，他向多名听众宣读了这篇论文，这些人都是选择继续留在德国的物理学家。1939 年初夏，海森伯再次获准离开德国，这一次他去的是美国。他在那里待了一个月，到美国各所大学看望过去的同事和朋友。这次访问的重头戏是在芝加哥举办的一次宇宙射线研讨会。会上，一篇接一篇的论文大肆嘲笑海森伯的最新理论，可怜的海森伯垂头丧气地听着。其中，最不给面子的就是奥本海默。“根据海森伯对这次会议的回忆，”大卫·卡西迪在他的海森伯传记中描述，“关于他的议题结束后，激烈的讨论很快演变成他和 J. 罗伯特·奥本海默之间的口水仗。”8 月初，海森伯起程回德国。可回家不到一个月，他的国家和英国的战争就打响了。

对奥本海默来说，赢得这场与海森伯的较量当然至关重要。你可以感受到，至少在他看来，关于宇宙射线簇射的性质，观点是否有说服力并不是关键。对他来说，重要的不仅是要赢得这场较量，还要打败海森伯。赢得这场较量将是美国科学界对德国科学界的胜利，是给纳粹政权的当头一棒，打击这一政权关于“犹太科学”的危险性和海森伯所代表

---

* “The Limits of Applicability of the Present Quantum Theory”.

的“德意志物理学”的优越性的荒谬观点，不是因为海森伯持有那些观点，而是因为，海森伯作为一名爱国者，选择为纳粹工作，而不是离开这个国家。

奥本海默后来提起，“因德国犹太人的遭遇而在心中闷燃的愤怒” 231
使他内心深处和广大德国犹太人——特别是和他的亲人——的同胞情谊渐渐苏醒。1937 年 9 月 20 日父亲去世后，奥本海默安排朱利叶斯最小的妹妹海德薇·斯特恩和她的儿子阿尔弗雷德一家移居美国。海德薇原计划住在纽约，但是在奥本海默的劝说下，他们一家在伯克利安定下来。她在那里度过了余生，一直很喜欢她的侄子。在她 1966 年去世时，阿尔弗雷德写信给奥本海默说，她度过了充实而积极的一生，还说：“你的情谊使她的生活锦上添花。”

阿尔弗雷德回忆，他和母亲刚到美国时，他和奥本海默之间进行过一次推心置腹的重要谈话。他记得当时他问奥本海默，他们要怎样在美国立足，美国究竟是个怎样的国家。奥本海默回答：

> 美国很大，不仅地域广阔，思想和精神也是如此。你可以轻易地从一个地方搬到另一个地方，并在不同社会阶层和经济地位的人之间流动。因为这里有民主的土壤，所有人都可以主宰自己的命运。国家和人民有既定的方向，并可以随时调整。你在欧洲一定见过暴虐行为，你可能会想，在美国会发生这样的事吗？我可以告诉你，这里绝没有高压政治，美国民主已从骨子里置入了一套降压安全机制。在美国，极权政治远不如在欧洲那么容易滋生泛滥。

奥本海默正是在他实现政治觉醒的 1937 年底发表这番评论的，然而后来，这一觉醒使他不得不去面对针对他的“非美国”指控。

很多因素导致奥本海默从 30 年代一个让别人回答“政治与真善美有何关系？”的人转变成一名激进政治的积极参与者，而纳粹对犹太人的迫害使他产生的愤恨，以及他与犹太群体的身份认同感无疑是其中的重要因素。但是，还有其他因素促使他朝着那个方向越走越远。他本人也提到目睹“大萧条给学生造成的后果”的重要意义。结果就是，他们要么找不到工作，要么找到的工作并不合适，这使得奥本海默（之前他对 1929 年的股灾明显缺乏兴趣）开始（用他的话来说）“明白政治和经济事件如何深刻影响人们的生活”。在他处理父亲去世后留下的遗产时，他在自己的遗嘱中表示，要将钱留给伯克利，作为研究生的奖学金。

232 他参与左翼团体的另一个重要原因（奥本海默本人同样强调）是对同志友情的需要。她说：“我开始觉得有必要全面参与群体生活。”在他开始和其他人共同追求政治理想的时候，他感受到一种经常渴望但以前几乎从未获得过的归属感：“我喜欢那种患难与共的新奇感，那个时候我觉得我渐渐成为时代生活和国家的一部分。”罗伯特·瑟伯尔对（似乎是）奥本海默首次于 30 年代参加的政治运动的描述似乎证明了这一点：他参与支持 1934 年码头工人的集会，最后奥本海默在人群中高呼“罢工！罢工！罢工！”如此形象令人大跌眼镜。

奥本海默写道：“最能激起我的同情和兴趣的就是西班牙内战。”

> 这件事无关理解和有见识的信念。我从没去过西班牙，我稍微懂一点西班牙文学，我对这个国家的历史、政治或当代问题一无所知。像很多美国人那样，我在情感上支持忠诚派的事业*。我向多个援助西班牙的组织捐款，参加并帮助组织集会和义卖之类的活动。战争的结束和忠诚派的失败给我造成了很大伤痛。

1936 年 7 月 17 日，西班牙内战爆发。当天，法西斯将军佛朗哥带领一群军官，在各种保守民族主义团体的支持下，试图以武力推翻左翼民选政府。1939 年 4 月，战争以法西斯的胜利而告终。这场战争从一开始就成为左翼群体（特别是英国和美国的左翼人士）中轰动一时的大事，他们将这一战争视为法西斯主义和民主政治之间的战斗前线。然而，民主国家的政府并没有出力去援助忠诚派，致使苏联成了唯一提供

* 译自 Loyalist cause，忠诚派也称共和派（Republican faction）。

援助的国家。

这种状况意味着支持忠诚派政府、反对法西斯扩张的国际援助是在共产国际的领导下进行的，因而共产党抓住这一机会，扩大了影响力。在援助忠诚派的各种活动和计划中，共产党发挥的主导作用非常大，在为这些活动和计划提供捐赠时，几乎不可能不和共产党人接触或不与他们一起工作。超过三千名美国公民前往西班牙为忠诚派服务，有 233
些人当兵上战场（整整两个营，名为极具爱国主义色彩的亚伯拉罕·林肯营和乔治·华盛顿营），其他人当医生、护士或救护车驾驶员等。无论如何，他们不可能都是共产党。但是，只要来到西班牙，所有人都不得不和共产党人共事，因为是共产党在组织这些行动：安排前往西班牙的轮船和西班牙境内的火车，以及协助将志愿者分配到最能发挥作用的岗位。

奥本海默是否成为过一名党员（如果是，又是何种意义上的党员）仍然是个问题。但毫无疑问的是，他肯定成了所谓的“同路人”。他对共产主义产生兴趣的最早迹象（并非只是支持 1934 年码头工人罢工这类左翼运动）出现在 1936 年夏天，当时，他声称自己在从伯克利到纽约的火车上读完了马克思的全部三卷《资本论》，令一位朋友非常吃惊。大概在同一时期，他又声称他购买并阅读了列宁的所有著作。在有文字记录的谈话、著述或通信中，几乎看不出他详细阅读过马克思的《资本论》和列宁全集的内容，那么我们也许可以怀疑他说的话。但是，仅仅是他说过这样的话就足以表明，他决定和过去做一个相当彻底的了断。

这在某种程度上同样可以解释他那句经常被人引用的话：“自 1936 年起，我的兴趣开始转变。”这句话经常被人误解为他的兴趣已经不在物理学上。正如我们所见，情况完全不是那么回事。另一个常犯的错误是，认为奥本海默此处暗指发生在 1936 年的一个特定事件，即他遇见了琼·塔特洛克，并坠入爱河。

1936 年，二十二岁的琼·塔特洛克是斯坦福大学医学系的学生，希望毕业后当一名精神病医生。认识她的人记得，她那时身材苗条、美丽动人、感情强烈。她的父亲是伯克利英国文学教授约翰·塔特洛克，是公认的一流杰弗雷·乔叟的研究者。琼在马萨诸塞的剑桥长大，因为她父亲到伯克利之前在哈佛任教。在瓦莎学院学习英国文学期间，她抽出一年时间（1933—1934 年）到伯克利专修医学预科课程，接着于 1935 年开始到斯坦福学医。在伯克利的一年间，她加入了共产党，并定期为党报《西方工人》[*]撰稿。然而，在意识形态上，她并不是一名忠诚的共产主义者。实际上，在共产党人看来，她在意识形态上是一名毫无希望的资产阶级，比起马克思的著作，她对弗洛伊德和荣格的作品要感兴趣得多（有人怀疑，也懂得更多）。

234 奥本海默在一次为西班牙忠诚派举行的募捐聚会上首次遇见塔特洛克。这次聚会的东道主是女房东玛丽·艾伦·沃什伯恩，她后来被联邦调查局描述成“积极的共产党员”。据奥本海默所述，这次聚会发生在“1936 年春天”，但因为西班牙内战到那年 7 月才爆发，此事发生在战争开始后不久似乎更为合理。不管怎么说，他和琼在 1936 年秋天就已经开始约会了。尽管有着不小的年龄差距（他在 1936 年时已满三十二岁，比琼大了十岁），但大家都认为，他已完全坠入爱河。

然而，我们似乎高估了琼在奥本海默走向“激进”的道路上发挥的作用。她确实是一名共产党员，当然会比他更深地卷入政治运动。但是，另一方面，可能因为热衷弗洛伊德的精神分析，她的共产党员身份（正如奥本海默所言）是一种“时断时续”的状态。奥本海默写道，共产主义“似乎从没有为她提供她所追寻的东西。我不相信她的兴趣真的在政治方面”。尽管他和琼都被左翼政治思潮吸引，并对它同情有加，因此共同支持西班牙忠诚派的行动，但有人怀疑，他们对文学的热爱和对精神病学的强烈兴趣对二人的亲密关系的作用要重要得多。

奥本海默主要通过其他人培养了对左翼政治的兴趣。他和琼的共同爱好在于，比如对约翰·邓恩（她的最爱）的诗歌的热爱，以及对人类灵魂的深度探索，而弗洛伊德和荣格的理论能够给予他们解开谜团的钥

* *Western Worker.*

匙。奥本海默提到，他不相信她的兴趣真的在政治方面，不认为共产主义能为她提供她所追寻的东西，他脑海里想的似乎是这一明显的事实：琼的问题根本上是心理问题。

作为哈佛和伯克利教授的千金，琼懂得如何与老练而知识渊博的人打交道。正如罗伯特·瑟伯尔指出的，“她在各种社交聚会中都镇定自若”。在这方面，琼不同于弗兰克的妻子杰姬。杰姬既不懂得，也不在意在奥本海默兄弟习惯参加的“社交聚会”中该如何表现。然而，杰姬可以毅然反叛自我，而琼却深受自我怀疑所困。瑟伯尔记得她“沮丧得让人害怕”，并影响到了奥本海默：“有些天他非常郁闷，因为他和琼之间出了麻烦。”

奥本海默“与琼之间的麻烦根源”似乎在于她爱他没有他爱她那么深。他们的爱情故事从 1936 年秋持续到 1939 年春，其间他求过两 235
次婚。两次求婚都被拒绝，最后的分手也是由琼提出的。正如许多年前他对夏洛特·里芬斯塔尔所做的那样，奥本海默死缠烂打的追求让琼避之不及。他做得过头了，“求你了，罗伯特，别再送花了”，琼这么对他说。但奥本海默听不进去，偏要送更多花。有一次，她把他送的栀子花扔在地上，对朋友嚷道：“叫他滚，就说我不在。”瑟伯尔记得，琼“消失过几个星期，有时几个月，并无情地嘲笑罗伯特。她会说她和谁在一起，他们做过什么，以此来奚落他。她好像铁了心要伤害罗伯特，也许是因为她知道他有多么爱她”。到 1939 年，这一爱情——奥本海默已知的最伟大的爱，在一些朋友看来，也是他们后来见过的最伟大的爱——结束了。

在与琼·塔特洛克三年的交往中，奥本海默的世界发生了彻底改变。尽管他总是否认自己曾经是一名共产党员，但有一次他承认，他“可能参加过西海岸的每一个共产主义阵线组织”。当这样的话传回他耳朵里时，他又说这不是事实，不过是“半开玩笑的夸张之辞”，但是在我看来，这似乎相当准确地道出了他参与共产主义活动的热情。

弗兰克·奥本海默总是比哥哥更坦诚、更简单，毫不隐瞒他曾经是共产党员这一事实。1937 年初，弗兰克和杰姬在西海岸共产党杂志《人民世界》[*]上看到一张入党申请表，便一起加入了共产党。“我们把它剪下来，填好后寄回去，”弗兰克后来说，“我们的做法是非常公开的——毫不隐瞒。”那时党内政策规定，党员要有化名。弗兰克用加利福尼亚一座著名监狱的名字化名为“弗兰克·福尔瑟姆（Folsom）”。刚入党不久，他就开车到伯克利，告知罗伯特这一消息。据罗伯特本人所言，他对弗兰克入党“相当生气”，尽管他没有说为什么。不难想象，原因是他意识到共产党员很难找工作，而根据奥本海默学生的经历，他十分清楚，要想在学界谋得职位是何等艰难。

尽管他对弟弟入党反应强烈，奥本海默还是接受了弗兰克和杰姬的邀请，参加他们在帕萨迪纳的家中举行的共产党会议。后来他声称，“这是我参加的唯一算得上共产党会议的活动”。奥本海默曾经将杰姬说成是“我弟弟娶的女招待”，据说，他也用类似的口吻描述过这件事：

> 236 会议没有给我留下什么具体印象，但是我确实记得大家为散发宣传资料的事大声嚷嚷。我也记得讨论的主要议题：帕萨迪纳市政游泳池的种族隔离。这个小组对此高度关注并进行了讨论。这些人令我伤感。这是一个有色和非有色人种的混合小组。
>
> 我清楚地记得和布里奇斯［凯尔文·布里奇斯，加州理工的遗传学家］离开会场时他说的“多么悲哀的场面”或“多么令人难受的场景”之类的话。

这是一次被称为共产党“街道小组”的会议，成员都是当地人。因为弗兰克和杰姬住在一个以黑人为主的社区，这个小组的多数成员都是黑人。关于解除当地游泳池种族隔离的运动，弗兰克的记忆完全不同，他明显对黑人的待遇十分震惊：“真的难以想象，黑人只能在星期三下午和晚上游泳，然后星期四早上把泳池水放干。”结束种族隔离的努力没有获得成功，但是从中暴露出的现实问题使弗兰克和杰姬义无反顾地

---

* *People's World.*

加入了共产党。

没过多久，共产党让弗兰克利用他与加州理工的关系在校园里组织了一个小组，而杰姬继续领导“街道小组”。与弗兰克的想法不同，这个大学小组是个秘密组织，大概有六名成员，包括化学家西德尼·威因鲍姆及火箭专家弗兰克·马林纳和钱学森。所有人都严格保密，正如弗兰克所言，“他们害怕丢掉工作”。

奥本海默与弗兰克在加州理工的秘密组织没有任何关系，并且很可能根本不知道它的存在。然而，他却从其他渠道卷入了共产党的活动。通过参加西班牙内战的救援行动，他接触了左翼人士托马斯·阿迪斯。奥本海默回忆说，一天，阿迪斯把奥本海默叫到他在斯坦福的实验室，讨论如何让他更好地为西班牙忠诚派服务。他说：“你现在所有捐款都要通过救援机构。如果你想做得更好，不如走共产党这条线，真的很有帮助。”“他进一步解释说，”奥本海默写道，“这些钱无须通过救援组织中转，可以直接用于战斗任务。”他接着写道：“我也就这么做了。通常，他和我联系时，会说明资金的用途。我给他现金，可能都会超过100 美元，偶尔可能更多，那年冬季捐过好几次。” 237

1937 年到 1942 年间，奥本海默每年都和阿迪斯或当地共产党的会计艾萨克·福柯夫见好几次面，将 100 到 300 美元的现金交给他们，在合适的时候使用。他那时的年收入大约是 15000 美元，包括大学年薪 5000 美元和 10000 美元的遗产（那个时候，奥本海默的学生每年能得到 650 美元的拨款，他们就会觉得非常宽裕）。他后来估计，每年通过阿迪斯和福柯夫交给共产党的捐款大约是 1000 美元，这就意味着他给共产党的捐款达到了（巨额）收入的 7%。根据这些统计，他是不是一名持证共产党员就成了一个相当学术的问题。实际上，他是真正意义上的共产党支持者。而且，就花费在党内活动上的时间、精力和金钱而言，他是一名非常坚定的支持者，远超许多交过党费、持有党员证的人。

奥本海默后来被指控（用他自己的言论反过来攻击他）加入共产党阵线组织，当局举出的一个不大可能又令人迷惑的例子是西部消费者联盟。这是一个由伯克利经济学家罗伯特·A. 布雷迪领导的组织，其宗旨是通过提供各种商品的检验信息，使人们能做出明智的消费选择。该组织至今仍然存在，它现在不是（过去也从来不是）一个共产主义组织。布雷迪是著名的反法西斯主义者，但他不是共产党。1944 至 1954 年间，西部消费者联盟被众议院非美活动委员会列为共产主义阵线的颠覆性组织。这或许说明他们掌握了共产党企图向该组织渗透（明显没有成功）的证据，但他们这么做没有任何别的意义，只会让更多人感受到这一特别委员会臭名昭著的妄想症。

令人奇怪而且连奥本海默本人都明显感到难以解释的是，他为什么要成为，又是如何成为西部消费者联盟委员会成员的。后来被问到此事时，他说是布雷迪和他的妻子米尔德丽德・艾迪让他加入的，两人对此“热情很高”。“这件事对我来说确实很不合适，”他承认，“我对那种事一窍不通。”关于他参加西部消费者联盟一事，留下来的记录包括奥本海默写的三封信：一封是写给米尔德丽德・艾迪的敷衍了事的报告，内
238 容是他为各种产品寻找买主和试验者所付出的努力；另外两封是写给布雷迪的，里面说，因为他太忙，不能参加委员会的会议。尽管为了将奥本海默描绘成一名危险的颠覆分子，西部消费者联盟后来被反复提及，但事实上，说他是这样的人，几乎找不到任何依据。

相比之下，奥本海默加入美国劳工联盟下属的教师联合会，所造成的影响要严重得多。教师联合会不仅代表一般教师的利益，也代表大学讲师和教授的利益。正是通过教师联合会，奥本海默认识了哈康・希瓦利埃，他出生于一个法国 - 挪威混血家庭，在伯克利教授法国文学。希瓦利埃个子高大、头发金黄、相貌英俊，让人印象深刻。他比奥本海默年长三岁，但要老练得多。他于 1922 年和第一任妻子鲁思结婚，1930 年离婚后，又于 1931 年娶了第二任妻子芭芭拉。芭芭拉是一位遗产继承人，希瓦利埃夫妇住在一栋舒适的大房子里，后来这地方便成为激进的伯克利左翼社团的活动中心。与奥本海默在 1937 年认识的时候，希瓦利埃很可能已经是一名共产党员。

根据他后来的描述，希瓦利埃在遇到奥本海默时，肯定已经是教师联合会的成员。俩人后来又在伯克利校园建立了名为“349 地方分会”

的分支机构，由希瓦利埃任会长，奥本海默任“文字秘书”。“在四年时间里，”希瓦利埃回忆，“我们取得了不错的业绩，在中小学和大学里发展了联合会会员，推进改善教学条件和提高教学标准的行动，并鼓励教师积极参与政治和社会生活。”然而，出乎人们意料的是，他们的工作重点并不明显针对与教师相关的问题：

> 随着激情的爆发——恐怕我只能将它称为幼稚的狂热，在联合会会议上，我觉得我们被号召起来，制定公告，并通过各种决议，涉及政治、民权，甚至与联合会事务毫不相干的国际问题，因此，我怀疑这些议题在一些胆小的会员中产生了某种程度的厌恶和良心的不安。

为了筹集更多款项，教师联合会代表西班牙忠诚派举行募捐聚会。据希瓦利埃所言，“这些聚会，全都充满活力，非常成功”，并“为减轻人类痛苦筹集了成千上万美元的资金”。尽管因为教师联合会演变成了一个辩论团体，奥本海默后来将它驳斥为一件“土崩瓦解的痛苦差事”，
但他特意将他参加教师联合会这件事列为同志友情的典范。正是这样的 239
友情将他卷入了激进政治的旋涡。

这种同志友情的另一种表现方式（一种更具争议的方式），可能是奥本海默参加希瓦利埃私下里所称的共产党“小组”。在他的奥本海默回忆录中，希瓦利埃公开阐述了这个“小组”的组建过程：

> 我们，奥本海默和我，在第一次会议上决定——对此我不会记错——叫上几个朋友，都是我俩认识、尊敬和信任的同事，也和我们的观点一致，加入我们，组成一个讨论小组，视情况每隔一段时间开一次会。这个小组——在不同时期，人数为六到十人不等——很快就成立了，我们在大学开学期间，差不多每一两周定期开一次会，在漫长的夏季从不开会，一直持续了五年。我们最后一次相聚，如果我没记错的话，一定是在 1942 年的晚秋。

关于这个组织，希瓦利埃最初并不想这样描述。1964 年，他写信告诉奥本海默，他想要写的是“1938—1942 年间，你和我作为党员在同一个共产党小组里的故事”。因为奥本海默历来否认自己是共产党员，希瓦利埃的信自然令他十分震惊。“我从来不是共产党员，”他回信说，“因此也从来不是某个党小组的成员。我当然一直都知道这一点。我想你也是知道的。我一遍又一遍郑重其事地重申过这一点。”为此，希瓦利埃在书中描写的“讨论小组”就成了上文提到的样子。在给这个组织 / 讨论小组的另一名成员、联合会组织者卢・戈德布拉特的信中，希瓦利埃写道：“我原打算说出奥本海默从 1937 到 1943 年间是共产党员的事实，[*] 这一点我非常清楚。但经过再三考虑，我还是决定不这么做，尽管这个事实的历史意义非常重大。”

近期，与克瑞格・赫肯写的《原子弹的兄弟情谊》[†]有关的网站公布的两份文件明显表明，希瓦利埃不是唯一将这一组织视为秘密共产党小组的人。第一份文件是希瓦利埃的妻子写的未发表的手稿，标题为《罗伯特・奥本海默与哈康　希瓦利埃：芭芭拉・希瓦利埃回忆录》，讲奥本海默如何在火车上阅读马克思的著作。然后，芭芭拉・希瓦利埃接着
240 写道：“没过多久，他和哈康加入了共产党的一个秘密小组。里面肯定有六到八人——一名医生，一名富商（可能是）。”在后面的回忆录中，她写道：“奥比在这个封闭小组中的党员身份受到严格保密。”

芭芭拉・希瓦利埃描述的大意在同一网站公布的另一份未发表的文件中得到了证实，它就是伯克利历史教授戈登・格里菲斯写的《象牙塔外的冒险：一名大学教授的政治自传》[‡]。格里菲斯描述，1939年在牛津完成学业回到伯克利后，他想恢复美国共产党党员身份，但妻子玛丽对此非常担心。在科班出身的数学家、共产党员肯尼思・梅的建议下，他们采取折中的办法：格里菲斯“可以为党开展有益的工作，却几乎或

---

* 希瓦利埃显然记不清准确年份，因为这些和他在给奥本海默的信中提到的日期不一致。——原注（37）

† *Brotherhood of the Bomb*.

‡ “Venturing Outside the Ivory Tower: The Political Autobiography of a College Professor”.

完全没有暴露身份的风险”。这项工作就是在共产党和格里菲斯所说的“教工共产党小组”之间担任联络员，党小组中来自伯克利的成员有希瓦利埃、奥本海默和冰岛学者阿瑟·布罗德尔。希瓦利埃在他的私人信件中，在这三个人的名字后面加上了伯克利校外几个人的名字：斯坦福的托马斯·阿迪斯、加州劳工局的罗伯特·缪尔、卢·戈德布拉特和人类学家保罗·拉丁。[*]

这个小组，格里菲斯写道，“如果我没记错，每个月定期开两次会，晚上在希瓦利埃或奥本海默的家里”。格里菲斯的工作是向这个小组传递党的文件并收取希瓦利埃和布罗德尔的党费。可能是暗指奥本海默和阿迪斯的安排，格里菲斯写道：“我被告知，奥本海默作为独立财产所有人，通过特殊渠道捐款。”“谁都没有党员证，”格里菲斯记得，“如果交纳党费是党员身份的唯一证明的话，我无法证明奥本海默是一名党员，但是我可以说，他们三人都把自己视为共产主义者，但没有任何资格证明。”

根据这一证据，人们很难反驳这样一个结论：奥本海默是伯克利秘密共产党小组的成员，这个小组与他弟弟在帕萨迪纳帮助建立的组织十分类似。然而，如果把交纳党费和持有党员证作为党员身份的认定标
准，虽然奥本海默多次否认他是共产党员，但完全可能符合这些条件。 241
因此，奥本海默是不是共产党的问题就变得很像他是不是德国犹太人的问题。他不把自己视为德国人、犹太人或共产党员，然而根据这些词的一般用法，他在种族上是德国犹太人，在政治上是共产党员。在这里，你不必指责奥本海默错了，或这些词的一般用法错了，在理解他是不是德国人或犹太人或共产党员的时候，你必须仔细辨别其中的含义。

就算奥本海默确实是共产党秘密小组的成员，这也不能说明奥本海默参与了任何颠覆活动。并不是所有秘密活动都是颠覆活动。据格里菲

* 格里菲斯提到了小组中的三人，希瓦利埃却提到了七个人，这未免让人纳闷。然而，格里菲斯并没有说这个小组只有三名成员。他只是说：“在伯克利的几百名教职工中，有三人是共产党小组的成员。”因为阿迪斯和拉丁那段时间不在伯克利，而其他两位根本就不在大学工作，这就完全符合希瓦利埃关于七名小组成员的描述。——原注（38）

斯所言，这一秘密小组并没有做什么“自由派团体或民主党人不该做的事”。他们相互鼓励，支持教师联合会和西班牙内战的忠诚派，他们还以笼统的马克思主义观点讨论时事要闻。“简而言之，”格里菲斯下结论说，“我们没有进行任何颠覆活动或卖国活动。”我们不应该认为，譬如，这一“秘密小组”执行过苏联或者美国共产党的命令。格里菲斯的确收过党费并传递过党的文件，但是没有任何人确认，美国共产党告诉过这些人该做什么或想什么。当希瓦利埃被问及，是什么让这一小组成了共产党小组而不“只是一个左翼团体”时，他回答：“我们交过党费。”当他被问到他们是否接受过任何命令时，他回道：“没有，在某种意义上，我们不是［通常而言的党员］。”

关于他加入的这一“秘密小组”，奥本海默坚决且毫不妥协地保持沉默，令人印象深刻。在后来对他的所有询问、讯问和盘问中（有些调查人员受过最高水平的技巧训练，善于套出个人秘密），他从来没有对它的存在有过哪怕一次暗示。不过，正如他自己所言：“看，很久以来我的脑子里就有很多秘密。这和跟谁来往没有关系。我不想谈论这些秘密。”他极为擅长不透露自己的隐私。

我们暂且将奥本海默对这一“秘密小组”保持的令人印象深刻的沉默放在一边，在他所透露的情况中，没有任何一条不符合他就自己对共产党的态度所发表的言论。他承认，因为他参加的团体、结交的人以及捐款，他“在那个时期完全可能给人一种与共产党关系紧密的印象——
242 甚至就是共产党人”。然而，他强调，我们都应该记得，在 20 世纪 30 年代，共产党员和非共产党人士在一起工作是相当普遍的现象：“那是一个被共产党称作统一战线的年代，他们联合许多非共产党团体，共同支持人道主义行动。很多这样的行动引起了我的兴趣。”但是：“我从来不是一名共产党员。我从来没有接受过他们的教条或理论。实际上，我从不觉得那些东西有何道理。”

有人企图迫使他承认，他知道“共产党代表某些学说和某些哲学，坚持某些立场”，对此，他回答道：

> ……对我而言，似乎明显存在对当前问题的战术立场，它们看上去很合理，或很受欢迎，也可能和许多非共产党人士的观点不谋而合。共产党对历史的性质、阶级的作用和变化的社会以及苏联（我认为是共产主义的核心）的性质也有坚定的信念。

很明显，区别看待这两种信念对奥本海默非常重要。关于西班牙内战、法西斯的崛起或工人权利的工会化，他或许和共产党有着同样的观点，但是这并不意味着他赞同共产党坚持的普遍哲学观点或认为这些观点是可理解的，比如“辩证唯物主义……历史大体的必然进程以及阶级斗争的重要性”（除了上文提到的，这是奥本海默在此列举的三点）。

当然，关于和共产党相关的一系列问题，我们难以确定奥本海默的观点。他相信资本主义必将灭亡吗？他希望通过革命实现无产阶级专政吗？我认为，对这两个问题，上述引文中隐含的答案是“不”。而且，据我所知，在奥本海默有记录的言论中，也没有任何相反观点的痕迹。奥本海默的确相信社会主义，支持这一点的记录至今犹存。他认为那是罗斯福新政的必然结果。在加利福尼亚共产党的支持下出版的一份政治宣传手册中——据可靠消息（来自希瓦利埃和格里菲斯），由奥本海默起草——他在征得同意的情况下，引用了一段关于新政的陈述：“一旦开始做这些事，你将走上社会主义道路，一旦为穷人的食物、工作和生活担忧，你就无法停步。”“我们赞同这一观点，”奥本海默写道，“我们将它视为对新政的支持而不是反对。”“我们倾向于相信，”他接着写道，“任何提高生活水平，以及增强广大人民的文化、自由和政治责任意识的持续努力都将导致社会主义。”

将共产党视为罗斯福新政的盟友远不是奥本海默的一家之言。实际 243
上，美国共产党在30年代正是以这样的方式，力图将自己塑造成美国的一个政党，而不是共产国际的代理人。1937年，美国共产党内部改组，以便让它看起来更像传统意义上的美国政党。其领导人厄尔·白劳德——用共产党史专家莫里斯·艾泽曼的话说——“想要通过个人力量和影响力成为国民运动的领袖”。在白劳德领导下：

> 共产党开始将自己认定为支持国内新政的政治联盟成员，并热烈欢迎罗斯福政府采取的可被解释为有利于共同国际安全的每一项举措。共产党认为他们的政治方案符合罗斯福的真实意图。

1936 至 1939 年间，对于和奥本海默有着同样政治观点的人来说，白劳德为共产党打造的宣传口号再合适不过了：“共产主义是 20 世纪的美国精神。”

艾泽曼分析过这一口号在 30 年代末对目标受众产生的效果，对熟悉奥本海默的背景的任何人来说都是振聋发聩的：

> 很大一部分参与共产主义运动并深陷其中的人都是犹太移民的孩子（犹太共产党员的比例在 20 年代中期占 15%，而到了 30 年代和 40 年代，达到大约一半）。
>
> 像美国移民史上每一个第二代移民那样，他们渴望父辈无法获得的完全同化。如果成长在更加稳定的时代，他们可能会选择别的道路，但是在 30 年代早期，美国版的十月革命似乎为他们提供了摆脱边缘化、增强影响力、实现民族融合的最快捷、最可靠的途径。

在 1936 年的论文《什么是共产主义》* 中，厄尔·白劳德回答了威廉·鲁道夫·赫斯特的报纸社论提出的问题——“如果你不喜欢这个国家，为什么不从哪里来回哪里去？”——其言辞充满了爱国热情：

> 事实是……我们共产党人非常喜欢这个国家。我们想不出世界上还有另外任何一个地方比这里更适合我们。我们爱自己的国家。
>
> 244 ……我们决心将自己的国家从资本主义的地狱中解救出来。我们大多数人都出生在这里，因此赫斯特的禁刊令无论如何都不该针

* “What is Communism?”

对我们。

……革命传统是美国精神的核心。这是无可辩驳的，除非我们打算同意美国精神是赫斯特所说的那些东西——过时的制度、受保护的特权和民众的堕落。

我们共产党人秉持美国精神的革命传统。我们是唯一有意识延续这些传统，并将它们用于解决当今问题的人。

我们是美国人，而共产主义是 20 世纪的美国精神……

从革命的角度看，美国精神意味着站在人类进步的最前沿，也意味着在腐化和死亡力量面前永不屈服，还意味着不断将我们从衰老、陈旧和腐化中解放出来，向着青春、活力、生命和发展奋勇前进。

谁都能感觉到，对于奥本海默这个在阿德勒关于美国的含义和犹太移民“美国化”的重要性的教导中长大的人来说，对于向费利克斯·布洛赫、乔治·乌伦贝克和阿尔弗雷德·斯特恩等许多人宣传过自己祖国优越性的他来说，这是一个有着强大吸引力的观点。

关于苏联，奥本海默后来说，“我在那个时候听到的言论，让我倾向于赞赏苏联的经济成就和总体福利水平，而对其政治视而不见”。但是他对苏联的看法发生了改变，首先是因为读到了装模作样的公审，然后，更具决定性影响的是，在 1938 年夏天，三名他非常尊敬的物理学家——乔治·普拉切克、维克托·魏斯科普夫和马塞尔·施恩——对他谈过他们在俄国的经历。普拉切克、魏斯科普夫和施恩都有中欧犹太人背景，普拉切克来自摩拉维亚*，魏斯科普夫来自维也纳，施恩来自波希米亚†。他们也都是一流的物理学家。由于在欧洲的纳粹统治区，犹太人的生活变得难以忍受，而美国不是唯一认识到犹太科学家可能对本国大学做出极大贡献的国家，苏联同样向犹太科学家伸出了援手，并成功将

* 位于捷克东部。

† 位于捷克中西部地区。

施恩和基多·贝克吸引到敖德萨大学，然后又通过贝克，说服普拉切克和魏斯科普夫到基辅附近哈尔科夫新成立的研究所与俄国物理学家列夫·朗道一起工作。

到 1938 年，这些科学家都遇到了可怕的麻烦。朗道在大清洗期间遭到调查并被捕入狱，贝克、施恩、普拉切克和魏斯科普夫惊恐于他们
245 看到的一切而被迫逃亡。正如奥本海默所言，他从这三位令人尊敬的科学家那里得到的描述是“清洗和恐怖之地，管理糟糕得荒谬离谱，人民长期饱受苦难”。“比你能够想象到的还要糟，”魏斯科普夫对他说，“那就是个是非的泥潭。”正如魏斯科普夫后来所言：“这些谈话对罗伯特产生了极为深刻的影响。这是他一生中具有决定作用的一周。”几个月后，费利克斯·布洛赫写给伊西多·拉比的一封信证实了这一点。布洛赫写道，奥本海默“很好，并让我转达他的问候。老实说，我不认为你让他疲惫不堪，至少他不再那么大声地赞扬俄国了，这是个不小的进步”。

对于在苏联发生的事，奥本海默可能也从他的一名学生那里得到过颇为清晰的描述。1936 年到伯克利和奥本海默一起工作的乔治·沃尔科夫出生在莫斯科，但在中国东北长大，父亲是那里的一名教师。沃尔科夫离开中国到加拿大的哥伦比亚大学学习物理，以后再也没有见过自己的父母。他的母亲在中国去世，父亲于 1936 年回到俄国，但在“大清洗”中被捕，流放到西伯利亚，1943 年死在了那里。“孤身一人在北美，”沃尔科夫的一则讣告称，“许多同事继续对苏联持乐观态度，这在情感上对乔治毫无帮助。”

奥本海默和沃尔科夫写了一篇非常有趣的论文，是三篇系列论文之一。这三篇论文都是奥本海默与不同的人合作完成的，主题是奥本海默以前从未涉足的天体物理。尽管这些论文在那时没能引起太多的注意，但现在它们被普遍视为奥本海默最突出的成就，里面没有出现类似使他的量子电动力学论文大打折扣的数学错误，见解富有原创性和前瞻性，成为后来重大研究工作的基础。许多人认为，如果奥本海默能多活几年，他完全可能凭借这些论文获得诺贝尔奖。

1938 年底，奥本海默与沃尔科夫合写论文的主题是中子星物理。

五年前的1933年，发现中子仅一年后，瑞士物理学家弗里茨·扎维奇和德国天文学家沃尔特·巴德在美国物理学会的一次会议上将中子星的概念引入了物理学。俩人都在帕萨迪纳工作，扎维奇在加州理工学院，巴德在威尔逊山天文台。像加州理工学院的很多人那样，扎维奇对宇宙射线感兴趣，而密立根的观点——这些射线是来自外太空的物质“出生时的啼哭”——将他引入了巴德早已产生兴趣的课题：超新星（supernova）。

超新星是发生在外太空的无比耀眼的爆炸，自公元2世纪以来，人
类就以不规律的间隔对它进行过观察和记录。最有名的一次出现在1054 246
年，当时中国的宫廷天文学家对它做过记录，将它称为“客星”，并指出它比金星或其他恒星都更为耀眼。它是一颗可见星，即使在白天也能看到，持续二十三天，而在晚上可见时间长达两年之久。1572年，丹麦天文学家第谷·布拉赫观察到了另一颗超新星，还就此写了一本书《新星》[*]，指出这颗“新星”一定比月球离我们更远，因此“星空”是永恒不变的观点是错误的。

“超新星”是巴德和扎维奇于20世纪30年代初引入的词。尽管他们使用的这个术语借鉴了古代词语“新星”（nova），说明这些短暂而耀眼的星体是“新的”，但他们是最早在这方面建立理论的人，将超新星解释为恒星的“末日剧痛”。用他们的话说，超新星就是恒星的爆炸，标志着“一颗普通恒星的终结”。他们还初步提出了一个今天广为接受的理论，即“超新星现象代表普通恒星到中子星的过渡期”。

为了弄明白什么是中子星，有必要思考一下那种正在死亡的被称为“白矮星”的恒星。19世纪，一颗名为天狼星B的神秘恒星被发现，它比自己的同伴天狼星A暗淡许多。有人推测，这是因为它的温度较低，但后来发现，它的温度比天狼星A高得多。这只能说明，天狼星B的相对体积非常小。它的质量相当于太阳，而体积只相当于一颗行星。换句话说，它的密度非同一般——比地球上任何物质的密度都要大。

* *De Nova Stella.*

在20世纪20年代，这些体积小、密度大的恒星被命名为“白矮星”，随之产生了用于解释“白矮星”的理论。这一理论是，普通恒星，比如我们的太阳，是巨大的氢炉——火炉中心的压力和温度足以使氢原子核聚变成氦（尽管直到汉斯·贝特于1939年发表他在这方面的研究成果后，才搞清楚核聚变是如何发生的）。经过一段时间后（可能是几十亿年），恒星中的氢燃烧殆尽，无法继续通过热核反应保持自身的稳定。这时，引力开始发挥作用，将组成恒星的所有粒子吸引到恒星的中心。因此恒星变得越来越小，密度越来越大。最后它的密度变得非常大，导致原子中的电子*无法正常移动，因为它们已经没有任何空间。这时的“白矮星”无法继续变小，密度也不能变大，从而实现自我稳
247 定，这要归功于原子中电子的“简并压力”——所有电子被挤压到一起而无法动荡的状态。

1931年，印度物理学家苏布拉马尼扬·钱德拉塞卡认为，上述过程意味着白矮星有一个最大质量，他计算出的结果是1.44太阳质量（1“太阳质量”等于我们太阳的质量）。钱德拉塞卡表示，任何超过这一质量的东西产生的引力都过于巨大，连电子的简并压力也承受不住。据估计，大多数恒星（超过90%）都在“钱德拉塞卡极限”之下，但这也意味着有相当数量的恒星不会终结于白矮星。接下来会发生什么，就是巴德和扎维奇以及“中子星”概念要解决的问题。

一颗内核超过1.4太阳质量的恒星所产生的巨大引力足以克服简并压力，后果令人叹为观止。一颗大质量恒星在即将死亡时包含若干个物质层，越靠近核心的物质层密度越大。如果其内核超过钱德拉塞卡极限，它就会在引力的作用下突然塌缩。在十分之一秒的时间内，构成其内核的物质将发生爆炸，并分裂成基本成分的粒子——质子、中子和电子。在这一过程产生的难以置信的高温下，电子的速度接近光速。但是，在如此高密度的简并状态下，它们无处可去。因此在无比强大的高

* “原子中的电子”是原子核外围的电子，对应于β衰变从原子核中释放的电子。——原注（39）

能量下，电子被挤压进质子，形成中子。这一名为“中子化”的过程导致密度显著增大，恒星的内核不再由任何化学物质组成，而成为一个巨大的原子核。在这一过程中，恒星未被中子化的外层向中心塌缩，但被能量巨大的冲击波驱散，冲击波将恒星击成碎片。如果这颗恒星原来的质量是太阳的 25 倍，那么此时只剩下一个质量相当于太阳的中子核，体积不及一颗行星，甚至不及一个国家，而只有一个城市那么大。其他的质量被炸得不翼而飞。这种爆炸就是所谓的超新星，剩下的内核就是一颗中子星。

自从来到加利福尼亚，奥本海默就对威尔逊山天文台的工作充满兴趣。1933 年，他在威尔逊山 – 加州理工天文物理俱乐部发表关于“恒星与原子核”的演讲。1937 年，沃尔科夫在伯克利就“恒星能量的来源”发表演讲，明显重新唤醒了奥本海默对天体物理的兴趣。正如我们所知，这是天体物理与核物理的交汇点，因为恒星能量的来源将在核反应中被发现。1938 年，奥本海默为美国物理学会在圣地亚哥举行的年度会议组织了关于“原子核嬗变及其对天体物理的重要性”的研讨会。
奥本海默打算在会上宣读有关恒星能量的论文，但在会议开始前，他发 248
现，无论他对这一主题有何见解，都会在汉斯·贝特获诺贝尔奖的工作面前相形见绌。

这次会议结束后不久，奥本海默发表了三篇天体物理论文中的第一篇。这是一封与瑟伯尔合写的致《物理学评论》编辑的信，标题是《论恒星中子核的稳定性》*。承认他们从贝特“对这些问题的有趣讨论”中获益良多，同时，奥本海默和瑟伯尔谈到列夫·朗道最近讨论过的问题：对中子星来说，同样存在与钱德拉塞卡极限类似的极限吗？也就是说，中子核只有在一定质量范围内才能保持稳定吗？像朗道那样，奥本海默和瑟伯尔想到了一个可能的最小极限，而不是最大极限，得出的结论是，朗道估算出的 0.001 太阳质量太小。他们计算出，最小极限应该大于 0.1 太阳质量。

* “On the Stability of Stellar Neutron Cores”.

这一系列论文的第二篇是奥本海默与沃尔科夫合写的《论大质量中子核》[*]，被《物理学评论》于1939年1月3日收悉。这篇论文与奥本海默－瑟伯尔论文相比具有更大的影响力，如今被视为最早的重要中子星理论，产生了所谓的“奥本海默－沃尔科夫极限”。这是一个中子核稳定的上限，他们的计算结果是0.7太阳质量。现在的估算是3到5个太阳质量之间。这项计算是个出了名的难题，奥本海默和沃尔科夫解释了原因。首先，作用于中子之间的核力不像白矮星中电子之间的电磁力那么容易理解。其次，在考虑白矮星的时候，我们不必将相对论效应考虑在内；因为引力太过弱小，牛顿的理论就足够了。然而，中子星中有巨大的引力发挥作用，因此需要使用广义相对论，并引入极其复杂困难的方程。

尽管困难重重，奥本海默和沃尔科夫还是建立了中子星的基本理论——几乎比实验依据证明其确实存在早了三十年。文章中深奥的数学——它的不同版本以“奥本海默－沃尔科夫流体静力平衡方程”为名出现在今天的天体物理教科书上——显然是沃尔科夫独立完成的。“我记得，因为要向奥本海默和托尔曼解释我的工作，心里非常紧张，”他
249 后来回忆道，“我们坐在伯克利旧教师俱乐部外面的草坪上。在优美的绿茵地和高大的树木间，两位受人敬仰的绅士正襟危坐，而我只是一名刚刚获得博士学位的研究生，向他们解释我的计算过程。”计算结果非常有趣：首先，中子星完全可能存在，只要它们的质量大于0.1太阳质量并小于0.7太阳质量；其次，“对质量大于1.5太阳质量的恒星来说，在其能源耗尽后会发生什么的问题，还没有找到答案”；[†]最引人入胜的是：“关于超大恒星的‘最终’行为这一问题，似乎只有两种可能的答

---

* “On Massive Neutron Cores”.

† 这里的数字可能会令人迷惑。前文提到的1.44太阳质量的钱德拉塞卡极限是白矮星不超过多大的质量才不至于塌缩成中子星的计算值。0.7太阳质量的奥本海默－沃尔科夫极限是中子星不超过多大质量才能保持稳定（也就是说，不会继续塌缩）的计算值。至于继续塌缩的中子星会发生什么，是一个尚未解决的问题。这就是为什么奥本海默说，大恒星（1.5太阳质量以上的恒星）会发生什么的问题尚未得到解决。他表示，关于大恒星引力塌缩的完整过程有待以后likely详述。——原注（40）

案：要么我们目前使用的状态方程无法描述高密度物质的行为……要么这颗恒星还将继续无限收缩，永远无法达到平衡。”换句话说，根据他们的计算，在质量足够大的恒星中，没有任何力量能够阻止引力塌缩无限进行下去，但是怎么会有无限塌缩的物质呢？他们最后的结论是，这篇论文提出的两个选择“需要认真考虑”。

仅仅是提出无限引力塌缩的问题，就需要巨大的勇气和想象力，而在接下来的一篇论文中，奥本海默则再接再厉，回答了这一问题。尽管这一天体物理系列论文的第三篇，即最后一篇，在发表后的三十年时间里几乎被完全忽视，但它现已成为最受推崇的一篇。杰里米·伯恩斯坦称之为“20 世纪物理学的伟大论文之一”。这是一篇与哈特兰德·斯奈德合写的论文，在罗伯特·瑟伯尔的记忆中，斯奈德是“我们伯克利这群人中最好的数学家”。这篇以《论持续引力塌缩》* 为题的论文发表在 1939 年 9 月那期《物理学评论》上。

这篇论文举世闻名，是因为它成功预言了我们今天以及自 20 世纪 60 年代以来称作“黑洞”的存在，这是正在死亡的、质量足够大的恒星经历白矮星、超新星和中子星后的下一个阶段。“能量的所有热核来源全部消耗掉时，”论文的第一行写道，“一颗足够大的恒星就会塌缩。”此外，除非其质量以各种方式（例如通过辐射）减小到我们的太阳那么大，否则“这一收缩会无止境地继续下去”。

这篇论文的天才创意和新颖之处在于，它描述了“无限收缩”可能
意味着什么。在一颗大质量恒星死亡的过程中，我们想象它最初比太阳 250
大许多倍（最初状态就像一个光芒四射的氢气炉），然后塌缩成一颗行星（白矮星）那么大，再收缩成如旧金山（中子星）那么大。每一个阶段，它的密度都变得越来越大。现在我们要想象它继续朝着所谓的“奇点”收缩，即零体积、无限大密度。奥本海默撰写这篇论文时写信给乔治·乌伦贝克说：“结果非常怪异。”为了描述这种“怪异性”，奥本海默和斯奈德使用了爱因斯坦相对论的场方程。他们从两个观察者的角度

* “On Continued Gravitational Contraction”.

阐释它的物理实在：一个观察者远离正在塌缩的物体，另一个在物体之中。一方面，从引力场外的观察者的角度看，引力场内的时间随着引力的增大变得越来越慢。因此，对外部观察者来说，物体的塌缩需要无限长的时间。而另一方面，在引力场内的不幸观察者看来，整个过程一瞬间就结束了。而且，任何物质都无法逃脱无限塌缩的物体，甚至连辐射都不可能；黑星的黑暗是绝对的。“因而这颗恒星似乎要切断与远距离观察者的任何交流，”奥本海默和斯奈德写道，“只有它的引力场继续存在。”

在四页纸的篇幅里——大多是些相对论引力理论的宏大方程——奥本海默和斯奈德提供了一种理解中子星塌缩成黑洞的方法，对今天的科学探索产生了深远的影响。随便翻开一本当今关于黑洞的科普书，你很可能会看到长达几页甚至几章与奥本海默和斯奈德的方程一致的描述。几乎可以肯定，为阐述黑洞的性质，这本书也会采用奥本海默和斯奈德的方法，想象出两名观察者。

然而，在奥本海默生前，这篇值得称赞的论文（以及前两篇与瑟伯尔和沃尔科夫合写的论文）从天文学家和物理学家那里没有得到任何回应。直到 1967 年，随着脉冲星的发现，这一沉默才被打破，人们才终于认识到，脉冲星就是旋转的中子星。第二年，科学家们发现，长期以来被称为蟹状星云的天体实际上是 1054 年那颗超新星的残留物，其中心是一颗中子星。自那以后，人们甚至拍到了中子星的照片。至于黑洞，尽管没有（也无法）为它们拍照，*现在已有充分的证据证明它们的存在，而且它们已成为大量理论和观察工作的主题。

251 约翰·阿奇博尔德·惠勒是黑洞研究的领军人物之一，也是最早对奥本海默在这一领域的研究产生兴趣的人，据说是他引入了“黑洞”这一术语。在 20 世纪 60 年代，就在奥本海默去世前不久，惠勒想和奥本海默探讨他在引力塌缩方面的工作，但奥本海默已失去兴趣。如果能再

---

* 实际上，经过众多研究人员的多年努力，人类历史上的首张黑洞照片于 2019 年 4 月 10 日面世。该黑洞位于室女座一个巨椭圆星系 M87 的中心，距离地球 5500 万光年，质量约为太阳的 65 亿倍。

多活几年，奥本海默就能看到实验证据证实他和学生于 30 年代末建立的理论不仅是一篇数学计算，也是一篇对物理实在的描述。

人们一开始对奥本海默和学生完成的杰出论文缺乏兴趣，原因与两个截然不同的事件的发生有关。奥本海默与沃尔科夫完成论文的时间正好是在德国科学家宣布发现核裂变的那个月，而他和斯奈德合写的论文恰好发表于第二次世界大战爆发的当天。在当时的情况下，比起巨大的恒星内部发生了什么，在铀核内部能弄出点什么的问题以及欧洲的前途命运问题要更有趣、更重要得多。

第十章

252

核裂变

对于 1939 年元旦发现核裂变的消息，科学家们的回应本身就是一次奇妙的链式反应，而美国西海岸的奥本海默和同事则相对处于这一反应链的末端。

这一反应开始于柏林的两位化学家：著名的奥托·哈恩和年轻的助手弗里茨·斯特拉斯曼。他们用速度较慢的低能中子轰击铀，试图重复伊雷娜·居里和助手在巴黎做的实验，这些实验产生的结果令人困惑。1938 年 12 月 19 日，哈恩写信给朋友和前同事莉泽·迈特纳（因为犹太人的身份，她已于不久前逃离德国，旅居瑞典）。迈特纳是一位才华横溢的物理学家，哈恩过去经常有求于她，请她解释实验结果。现在他想请她解释令他和斯特拉斯曼彻底迷惑的难题：他们用慢中子轰击铀，结果释放出来的似乎是钡。

要理解这一结果为什么令人迷惑，我们需要回过头去，看一看到那个时候，在将一种元素转化成另一种元素方面取得的进展。卢瑟福早在 1919 年就成了最早的“炼金术士”，他用 α 粒子轰击氮，将氮变成氧。1924 年，布莱克特用自己拍摄的照片明确阐述了这一变化的具体过程：氮的（相对）原子质量是 14，吸收一个 α 粒子（质量为 4）后，产生氧（质量为 17），并释放一个质子（质量为 1），可用符号表述为：$N^{14}+\alpha^{4}\rightarrow O^{17}+p^{1}$。然后，在 1932 年，考克饶夫和沃尔顿用质子轰击锂，分裂了锂原子，这一次也没有发生什么奇怪的事：锂（质量为 7）吸收一个质子（质量为 1），然后分裂成两个氦原子核，每个氦核的质量为 4，即 $Li^{7}+p^{1}\rightarrow\alpha^{4}+\alpha^{4}$。

这些过程的核心不只是某些非常基本的计算（14+4=17+1 以及 7+1=4+4），还有某种在原子核上很基本的削裂，除了这里和那里吸收 253
和释放一个 α 粒子和 / 或一个质子，没有任何更奇怪的事情发生，但这也无法解释钡是如何通过这样的方式从铀释放出来的。铀是一种非常重的元素，实际上，它是最重的天然元素。它有 92 个质子，在最常见的稳定形式下，有 146 个中子，（相对）原子质量为 238。钡有 56 个质子，在最常见的稳定形式下有 82 个中子，（相对）原子质量为 138。因此，你不可能通过增加 / 减少一个质子或一个 α 粒子得到钡，你需要减少大约 100 个核子（质子和 / 或中子）！无论如何，这都不是“削裂”所能做到的。

哈恩和斯特拉斯曼早些时候提出，他们看到的被释放出来的元素是镭的同位素（原子序数为 88，［相对］原子质量为 223−228），尽管受到其他科学家的质疑，但仍可以想象，正如他们所说，“连续释放两个 α 粒子”（连同两个中子或质子），或许还是能够得到这样的结果。但是，如果嬗变是在释放或吸收质子、中子或 α 粒子的条件下发生的，无论多么花样百出的数学计算，都无法解释钡能从铀中释放出来。其中一定另有隐情，而且是以前从未见过的。

在瑞典，迈特纳的外甥奥托・弗里施和她一起工作，这位年轻的物理学家在哥本哈根大学和尼尔斯・玻尔共事。弗里施和迈特纳在 1938 年的平安夜讨论哈恩和斯特拉斯曼获得的结果。“但这不可能，”弗里施记得他们认为，“你不能通过一次碰撞就从原子核里削出 100 个粒子。”

在乔治・伽莫夫的启发下，玻尔近期提出，原子核更像一个液滴而不是一个台球的想法，原子核不是坚实稳定的存在，而是不断移动、摇晃的物质，作用力不仅存在于它的表面，也发生在它的内部，将它朝不同的方向拉拽。这些原子核内部的力包括质子之间的相互静电排斥。如此看来，原子核越重，就应该越不稳定，因为它有更多的质子，而所有质子都相互排斥。实际上，这就是为什么在自然界中不存在比铀更重的元素，这样的元素一旦出现，就会将自己拽得四分五裂。

1938年，人们并没有完全认识到这一事实。直到那时，科学家们仍然认为，他们可以用中子轰击铀，创造出更重的“超铀”元素。他们认为铀能够吸收中子，然后中子通过 β 衰变转化成质子，由此产生一种
254 更重的新元素。根据玻尔提出的原子核液滴模型，再联想到哈恩和斯特拉斯曼获得的结果，弗里施和迈特纳意识到，实际情况恰恰相反：并不是铀吸收了中子，而是中子击中了晃动的原子核（他们将它描述成一个装满水的气球，中间受到挤压），使原子核晃动得更加厉害，直到它一分为二。弗里施和迈特纳还认识到这种分裂——弗里施将它命名为“裂变”——能够释放巨大的能量，即将铀原子核中的核子聚集在一起的结合能。他们能相当准确地掌握释放了多少能量，因为他们知道铀原子核分裂成两块后——一块是钡，另一块（因而）是氪*——它们的质量之和略小于分裂前的原子核，他们还计算出减少了多少质量。答案是：相当于质子五分之一的质量。那么，使用著名的方程 $E=mc^2$，他们就能将质量换算成能量，由此计算出铀核裂变释放的能量是2亿电子伏，这一能量正好等于（这并非巧合）弗里施和迈特纳计算出的将质子拽开所需要的能量。

这些都被弗里施和迈特纳在1938年的平安夜弄了个水落石出。在大约一周的时间里，只有他们俩掌握了这一震惊世界的知识。然后，1939年1月1日，迈特纳写信给哈恩，告诉他说，她和弗里施“认为，就能量而言，这种重原子核发生爆裂也许是可能的”。两天后，弗里施回到哥本哈根，将这一消息告诉了玻尔。“我有半分钟时间没有说话，”弗里施记得，“这时他用拳头打自己的脑门说，‘哎！我们真是白痴，以

* 铀的92个质子减去钡的56个质子，还剩下36个质子，正好是氪的原子序数。——原注（41）

前咋没想到’。”

到 1939 年 1 月 6 日，弗里施和迈特纳通过电话合写了一篇关于核裂变的论文，打算寄给《自然》杂志。玻尔第二天即将起程前往美国，临行前，弗里施对他说了论文的事，并将两页纸的论文交给他，这是他在有限的时间里用打字机打出来的全部文稿。他还向玻尔建议，在哥本哈根大学做实验，以确认哈恩和斯特拉斯曼的结果。玻尔承诺，在得知《自然》杂志收到弗里施的论文前，他不会在美国提起核裂变的事。弗里施决定，在完成实验后再将他和姨妈合写的论文发表。实验很快完成，并确认了这一奇妙的事实：慢中子能够分裂铀，从而释放巨大核能。弗里施赶写了一篇实验报告，并于 1 月 16 日将两篇论文都寄给了《自然》杂志。

同一天，玻尔在他的同事莱昂・罗森菲尔德陪同下来到纽约。一路 255
上，俩人读了弗里施交给玻尔的那两页论文，一天到晚都在讨论裂变。然而，玻尔忘记提醒罗森菲尔德别和美国人讨论此事。他们抵达纽约后，受到恩里克・费米的接待。费米于 1938 年获诺贝尔奖后，逃离意大利，来到哥伦比亚大学工作。和费米在一起的还有普林斯顿物理学家约翰・阿奇博尔德・惠勒。作为客人，玻尔与费米在纽约朝夕相处，而惠勒陪同罗森菲尔德前往普林斯顿。就这样，在纽约到普林斯顿的火车上，惠勒成了第一个听到核裂变这一消息的美国人。

偏巧那天（星期一），普林斯顿大学物理系在期刊俱乐部举行会议，讨论物理学的最新成果。因此，惠勒很自然地邀请罗森菲尔德就核裂变给参会的教师和研究生做简要报告，这一消息当然引起了不小骚动。那个星期，在哥伦比亚大学工作的伊西多・拉比和威利斯・兰姆恰巧也在普林斯顿，于是他们回到纽约，把这一消息告诉了费米（玻尔对他当然只字未提）和其他人。费米立即做了类似的实验，确认了这一结果，同时玻尔继续他在美国各地的旅行，他现在（已经给《自然》杂志写了一封信，充分肯定了弗里施和迈特纳的功劳）觉得，可以毫无顾忌地和任何感兴趣的人讨论核裂变了，几乎是见人就谈。

他的下一站是到华盛顿参加一个由卡内基研究院和乔治・华盛顿大

学共同举办的年度理论物理会议。在那里，玻尔向哈罗德·尤里、乔治·伽莫夫、爱德华·泰勒、汉斯·贝特和乔治·乌伦贝克（他刚从荷兰回到密歇根大学）等五十一位美国顶尖物理学家宣布了这一消息。两位卡内基研究院的实验物理学家立即回到他们的实验室展开实验。

至此，还没等弗里施和迈特纳的论文付印发表，美国东海岸的物理学家似乎都知道了核裂变的消息，而且至少有两个实验室确认了这一结果。消息仍然没有传到西海岸（正如一位物理学家所言："那个时候我们不打长途电话"），但这没有维持太久。参加华盛顿会议的人中，有一位《华盛顿晚星报》[*]的科普作家，他对这一轰动性发现的报道于1月28日见报。第二天，《旧金山纪事报》[†]转载了这一消息。

劳伦斯在放射实验室的同事刘易斯·W. 阿尔瓦雷兹似乎是伯克利
256 第一个得知这一消息的物理学家。他后来回忆：

> 得知这一消息时的情景，我记得很清楚。我当时一边坐在史蒂文斯联盟[‡]理发室的椅子上理发，一边读《旧金山纪事报》。我没有订这份报纸，不过是碰巧读到它。在第二版一个不起眼的地方，我看到一则消息说，德国化学家发现铀原子在遭到中子轰击后分裂成了两半，就这些内容。于是我叫理发师别理了，然后从椅子上一跃而起，马不停蹄地跑到放射实验室，我的学生菲尔·埃布尔森（现在是《科学》杂志的编辑）一直在不懈努力，试图发现中子轰击铀时产生的超铀元素，非常可惜，他离发现核裂变就差那么一点。只要再给他几个星期，他肯定会成功。

阿尔瓦雷兹带着核裂变的消息，气喘吁吁地赶到实验室。埃布尔森正在那里观察他认为是超铀元素的蛛丝马迹。阿尔瓦雷兹回忆：

---

* *Washing Evening Star*.

† *San Francisco Chronicle*.

‡ "史蒂文斯联盟"，译自"Stevens Union"，是加州大学伯克利分校的一幢建筑名。

> 我看到菲尔时，用了颇为戏剧性的表达方式。我说：“菲尔，我有事要对你说，但是你得先躺下。”这个乖巧的研究生躺在了回旋加速器控制室边的桌子上。“菲尔，你要找的不是超铀元素，它们在元素周期表的中间位置。”……我让他看了《旧金山纪事报》上的报道，当然，他沮丧到了极点。

像许多其他美国实验物理学家那样，阿尔瓦雷兹在得知核裂变的消息后，立即通过实验证实了它。奥本海默在阿尔瓦雷兹完成实验后才听说这一消息。他的第一反应是“这不可能”。据阿尔瓦雷兹，他“提出了许多理论方面的理由，解释为什么裂变不可能发生”。

> 后来，我邀请他过来看示波器，我们看到了强大的脉冲，可以
> 说在不到十五分钟的时间里，罗伯特就断言这确实是千真万确的，
> 更重要的是，他还断定一些中子在这一反应中可能会释放出来，可
> 以用来制造炸弹或发电，这都是在几分钟里发生的转变。他的头脑
> 里一直有个结，因为他确信，库伦势垒会阻止原子核发生裂变。但 257
> 是，看到他的脑子转得这么快，真是太神奇了，而且他得出了正确
> 的结论。

那天，奥本海默打电话给斯坦福的费利克斯·布洛赫。“你必须马上来伯克利一趟，”他说，“我要让你看一样至关重要的东西。”“他的声音中带着急迫的语气，”布洛赫后来说，“是一种我以前从没有从奥本海默口中听到过的语气。”布洛赫一到伯克利，奥本海默对他说的第一句话就是：“他们发现了裂变。”伯克利化学家格伦·T. 西博格记得，这一消息传到西海岸后，很快就举行了一个讨论铀核裂变的研讨会。“在我的记忆中，我从未见过奥比如此兴奋，想法如此之多。”

得知核裂变的消息一两天后，奥本海默写信给威利·福勒，我们可以从内容和上气不接下气的风格上明显体会到他那极度兴奋的心情。这封信读起来好像它是在非常匆忙的情况下写成的。

> 铀的事情真是难以置信。我们先是在报纸上看到，听到更多消息，之后又有很多报道。你知道这源自哈恩的发现，发生在铀与钡的一次轻微结晶反应中，他误以为是镭。然后认识到，超铀系列元素在化学上与从锝开始，到铼、锇和钯的系列元素是相容的。然后突然明白了为什么会有连续的 β 衰变，是为了清除过剩的中子，由半个铀原子核开始……还有很多没有弄清的地方：你期盼的短命高能 β 粒子到哪去了？正如你想象的，这两个裂块的巨大偶极矩会释放强大的 γ 射线吗？铀有多少种分裂方式？正如你猜测的那样，是随机的，还是只有特定的方式？最重要的是，在裂开的过程中，或从受激的裂块中，会释放很多中子吗？那么，如果有一块 10 立方厘米的铀，也相当了不得。

“你怎么看？”他问福勒，“我认为，这令人兴奋，不像正电子和介子那样虚无缥缈*，这东西很好，实在又实用。”

结果证明，福勒对此没有兴趣。当他后来被问及第一次听到核裂变的消息时，他漫不经心地回答：“我对核裂变的记忆非常模糊。我想我是从奥本海默那里知道的，我很难说得清楚。”

> 那个时候，我们没有花多少时间考虑中子，而且我们没有任何
> 258 强大的中子源，所以坦率地说，我不记得想要在那方面做点什么，我认为查理［劳里森］同样如此。那个时候，我们忙于自己正在进行的工作，对核裂变的发现不像许多其他实验室那样反应强烈。我们老开玩笑说，“算了吧，那是重元素物理，我们正在做的是轰击轻元素，我们没有任何比氖更重的东西”。因此，我从来没有做过核裂变实验，我相当确信，查理也没有。

* “虚无缥缈”译自“in the rare way”。这里的意思是，核裂变具有实际用途，不同于正电子和介子等粒子物理，属于理论上的“纯”科学。

从一开始，奥本海默对这一发现的兴奋劲似乎就并非纯粹基于科学，而是核裂变可能带来的威力极大的爆炸物。想必这就是他在对福勒说 这东西很有意思，因为它“很好，实在又实用”时所要表达的含义。当他提到一块 10 立方厘米的铀将会多么“有趣”时，他要说的肯定就是这个意思，正如他在 2 月 5 日写给乌伦贝克的信中明确表达的那样。奥本海默说，如果核裂变反应能够释放数量可观的中子，那么就会发生链式反应，在这种情况下：“我认为，一个 10 立方厘米的氘化铀（你需要用某种东西降低中子的速度，又不至于将它们俘获）很可能将自己炸得无影无踪，这绝非天方夜谭。”

1938 年夏天，罗伯特·瑟伯尔已离开伯克利，到伊利诺伊大学找了一份助理教授的工作。但是，瑟伯尔在他的自传中说：“奥比每个星期天都给我写信。”

> 从 1939 年 1 月收到的一封星期天的来信中，我获悉发现核裂变的消息。在第一封信中，奥比就提到利用核能和制造核弹的可能性。我的第一反应是，我自己也应该可以想到核裂变。我敢肯定，大多数原子核理论物理学家也和我想的一样。

毫无疑问，在 1939 年开年那沸沸扬扬的几个月里，奥本海默对瑟伯尔的思念到了抓狂的地步。对他来说，要找个人讨论核裂变的意义，没有比瑟伯尔更合适的了，要思考写给威利·福勒的信中列出的那些问题，没有谁能比瑟伯尔更能给予他帮助。然而，瑟伯尔却在遥远的中西部，而福勒（似乎像加州理工学院的其他人那样）对此不感兴趣，奥本海默只能寄希望于自己的学生。

随着学生完成博士论文，并各奔前程（将幸运地担任学术职位），围绕在奥本海默周围并跟着他在伯克利和帕萨迪纳之间来回奔走的那群研究生随时都在发生变化，唯一不变的是他们对他的崇拜和无意识的模仿。1938 年夏天，威利斯·兰姆毕业后前往纽约（正如前文所述），到哥伦比亚大学工作。然而，乔治·沃尔科夫和哈特兰德·斯奈德仍留 259

在伯克利，另外两个学生菲利普·莫里森和悉尼·丹科夫也留了下来。另两位英属哥伦比亚大学的研究生也跟随沃尔科夫加入奥本海默的团队：1936 年加入的是罗伯特·克里斯蒂，1937 年加入的是日本出生的日下周一。1938—1939 学年的两名新生是伯纳德·彼得斯和约瑟夫·温伯格。

在伯克利，甚至在其他学生当中，奥本海默的研究生被视为一群波希米亚流浪汉。莫里森被描述成“对科学激情似火的散漫小男人”，他“从匹兹堡搭便车，午餐吃猫食，只为来到奥本海默的身边”。同时，乔·温伯格“早期生活在纽约的下东区，但最终踏上了朝圣之路，所有家当就是身上穿的那套衣服和纸袋里的一双备用鞋”。雷蒙德·伯奇对奥本海默吸引来的这些人非常担忧。“纽约犹太人一窝蜂地向他涌来，而一些人并没有他那么好，”伯奇说，“劳伦斯和我非常担心，我们招来的既要是好学生，也要是好人。”

实际上，正因为伯奇非常在乎伯克利都是些“好人”，奥本海默才没能保证为罗伯特·瑟伯尔在伯克利找一份工作。他力劝伯奇聘用瑟伯尔，伯奇却说（不是直接对奥本海默说，而是在一封给另一个人的信中）：“系里有一个犹太人就够了。”伯奇和劳伦斯定下了两条招聘新规：一、不要伯克利毕业的博士；二、不要波希米亚流浪汉。第一条排除了奥本海默的研究生，第二条排除了瑟伯尔这样的国家研究基金会研究员。

令劳伦斯大为不快的是，几乎所有奥本海默的学生都是左翼人士，很多人已经是（或后来成为）共产党员。在这些人中，伯纳德·彼得斯的经历最丰富。他是一名德国犹太人，从达豪集中营死里逃生后，携妻子汉娜于 1934 年来到美国，定居纽约。在那里，汉娜参加了医学培训，彼得斯在一家进口公司工作。1937 年，汉娜获得医学学位后，他们买了一辆车开往西部。汉娜成了斯坦福大学的研究员，彼得斯当了一名码头工人。他们通过琼·塔特洛克认识了奥本海默，奥本海默鼓励彼得斯到伯克利攻读物理学研究生学位。

出于某种原因，乔·温伯格不是 1938 年 9 月而是 1939 年 2 月入学

的。他似乎是在学期过半时被威斯康星大学的物理学教授格里高利·布
雷特介绍到这里来的。布雷特对他说，伯克利是这个世界上愿意“接受
像你这样疯狂的人”的少数几个地方之一。温伯格一到伯克利，就来到
奥本海默的办公室，只见一帮人在开会，讨论得不亦乐乎。他被介绍给
劳伦斯、斯奈德、莫里森和丹科夫等人后，和莫里森、丹科夫一起去学 260
生会餐厅吃午饭。他们的交谈主要涉及核裂变以及最近从玻尔那里收到
的一份电报。温伯格记得，“我们在数据的基础上设计了一枚炸弹”。然
而，莫里森坚信这方法不可行，在导致爆炸之前，链式反应会逐渐减
弱。然而，莫里森回忆说，在一个星期的时间里，他们所有人都在探讨
核裂变，“奥本海默办公室的黑板上有一幅炸弹的草图，那幅图非常糟
糕、拙劣”。

值得注意的是，尽管奥本海默心情激动，但没有证据表明，在接下来的几个月里，他在核裂变理论方面进行过严肃的科学研究。譬如，关于他向福勒提出的那些亟待解决的问题，没有证据能让我们相信，为了解答这些问题，他付出过任何持续的努力。相反，在这方面，我们在他身上看到的是相当明显的沉默。尽管在 1939 年 2 月，他的学生在学生会食堂设计炸弹，而他也在黑板上留下了大家都能看到的炸弹草图，但自那以后，直到 1941 年秋天他应邀参加美国原子弹计划，我们在这期间的信件以及和朋友交谈的回忆中，怎么也找不到“炸弹”一词，实际上连“裂变”一词都没有。据我所知，对这一沉默，唯一有据可查的例外是福勒的回忆，他说“奥比在加州理工学院主要就玻尔－惠勒核裂变理论做过一些讲座”。

考虑到此时是 1939 年的夏天，当时奥本海默正在讲授一个全新的理论，一个还没有付印发表的理论。而且，这一理论可以直接应用于奥本海默听到核裂变的消息后提出的问题，因此也能用于核裂变是否能造出原子弹的问题。这一理论是普林斯顿的玻尔和惠勒于 1939 年春创立的，惠勒在 6 月份将它起草成文，并发表在 9 月 1 日的《物理学评论》上，也就是刊登奥本海默和斯奈德对后世影响深远的黑洞论文的同一期杂志。

玻尔－惠勒理论源于他俩参加完华盛顿会议后于1939年2月的第一周在普林斯顿的一次讨论。就在整个美国物理学界热烈讨论核裂变的消息时，玻尔问惠勒，想不想就这一现象探索更加深入的理论。“那是个激动人心的时期，”惠勒在他的自传中说，尽管他强调，至少对他们来说，这种激动只涉及纯粹的科学，而不是炸弹，“我们一起工作的时候，炸弹和反应堆不是我们优先考虑的问题。我们正试图理解新的原子核现象，而不是为了设计什么装置。”

为了让他们的理论思考有据可依，玻尔和惠勒请普林斯顿大学的实
261 验物理学家做了一些实验，以确定铀核裂变的概率如何随入侵中子能量的变化而变化。实验结果令人困惑：中子能量越大，裂变的概率也越大，然后能量降到极低时，概率再次变大。为什么会这样呢？在罗森菲尔德的陪伴下，玻尔一边散步一边深入思考这个问题，他从教师俱乐部走到爱因斯坦的办公室（当时被他借用），冲到黑板边上说：“听着，全都清楚了。”

玻尔认识到的是，在低能状态下出现高裂变概率是因为一种罕见的铀同位素——铀－235，它在天然铀中仅有0.7%的含量。铀更常见的存在形式是铀－238，它更稳定，需要更大能量的中子才能将它分裂。低能中子击中原子核的概率更大，因为它们的波长更长，但在碰撞中，它们只能分裂成更不稳定的铀－235原子核。所以，高能中子更有可能分裂任何恰巧被它们击中的铀原子核，包括铀－238，而低能中子击中所有原子核的概率都很大，分裂铀－235原子核的概率也很大，但是高能和低能之间的中子因为速度不够快，不能分裂铀－238，又因速度不够慢，击中任何原子核的概率都不大。

2月7日，玻尔给《物理学评论》寄去了一篇初步论文，尽管没有把他和惠勒讨论的理论细节都写进去，但是宣布了他们得出的重要结论：慢中子导致的核裂变只在不到1%的天然铀中才可能发生*。奥本海

* 换句话说，慢中子只能分裂铀－235同位素，不能分裂铀－238。但铀－235在天然铀中的含量极低，1000克天然铀中只含7克铀－235，其余的是铀－238。

默一定读到过这篇论文，并在加州理工做的讲座中用到过，但是他没有在信中提到这一点。

下一个需要解答的重大问题是：裂变过程（一块 10 立方厘米的铀也相当了不得）会释放中子吗？也就是所谓的“次级”中子。1939 年 3 月，利奥·西拉德提供了这一问题的答案，他在哥伦比亚大学进行的一些实验似乎可以确定，每次裂变释放出的中子数大约是两个——这一结果很快被其他实验室的实验证实，包括费米的实验。这意味着西拉德在几年前沉思卢瑟福关于原子裂变的讲座时所想象的链式反应是可能的。“那个夜晚，”西拉德后来说，“在我们的头脑中，我几乎毫不怀疑，这个世界正迈向痛苦的深渊。”

鉴于这些结果，西拉德在费米和尤金·魏格纳的支持下，试图警告美国政府核裂变的危险性。他们通过哥伦比亚大学物理系主任乔治·佩格拉姆，设法为费米和海军作战部部长助理海军上将斯坦福·C. 胡玻安排了一次会面。然而，见面时，费米犯了一个错误，他对海军上将讲 262
的是中子物理，而不是炸弹。因此，他的讲解没能引起必要的紧迫感。“难道你不能激发海军上将对原子弹的兴趣吗？”费米的妻子多年后问他。“别大言不惭，”费米回答，“别忘了，1939 年 3 月，原子弹八字还没一撇。”

西拉德和费米都写过释放中子的实验报告，但是西拉德力劝费米，至少在当前，不要发表这些论文。在普林斯顿，西拉德和魏格纳找到玻尔，劝他不要继续发表核裂变的研究结果。参加这次会面的还有另一个匈牙利人，就是后来对奥本海默的生活产生重大影响的爱德华·泰勒。泰勒比奥本海默小四岁。他十八岁离开匈牙利前往德国，在莱比锡大学攻读博士学位，师从海森伯，后来又在哥本哈根大学和玻尔共事，1935 年在华盛顿特区的乔治·华盛顿大学任职。到 1939 年，他已成为美国科学界的杰出人物，他的火暴脾气和科学才华一样有名。

然而，三个匈牙利人都没能让玻尔相信，有必要保守核裂变研究的秘密。玻尔讨厌秘密，他认为开放性对科学至关重要。他也不相信，仅凭释放出次级中子就能制造原子弹。只有获得足够量和纯度的（或相当纯的）铀 -235，才有可能制造这样的炸弹，但是分离同位素的难度实在太大，玻尔相信这种事永远不会发生。“这永远无法做到，”他坚持说，“除非美国变成一个巨大的工厂。”

1939 年 3 月到 4 月，弗雷德里克・约里奥 - 居里带领的团队用英语发表了两篇论文，公布了他们做的有关次级中子的实验，并得出自己的结论：如果有数量充足的铀，链式反应就可能发生。此后，西拉德回忆说：“费米坚决认为，继续保守秘密已没有意义。”他可能还得出了相反的结论。第三帝国教育部一注意到这些论文，德国政府便下令禁止铀的出口，并召开会议，启动核裂变研究计划。

1939 年 7 月 12 日，西拉德和魏格纳到长岛的佩科尼克面见爱因斯坦，这就是后来有名的佩科尼克之行。他们想和爱因斯坦面谈的最初原因是，他们知道爱因斯坦和比利时国王及王后素有交情。当时比利时的
263 殖民地刚果拥有世界上最大的铀矿资源，西拉德和魏格纳想通过爱因斯坦提醒比利时人，他们的铀矿在全球具有重要意义。首先，他们要向爱因斯坦解释核裂变和次级中子的发现，所有这些（尽管事实上，一些主要思想是在他的普林斯顿办公室里发现的，并写在了黑板上）对他来说都是新事物。然后，三人写了一封信给比利时驻华盛顿大使，信的副本寄给了美国国务院。回到纽约后，为稳妥起见，西拉德向著名的银行家亚历山大・萨克斯征求意见，后者曾担任过罗斯福政府的顾问。萨克斯建议，不应该把信寄给国务院，而应该直接交给总统。

于是，8 月 2 日（这次是在泰勒的陪同下），西拉德再次来到长岛与爱因斯坦会面，三人起草了一封给罗斯福的信，经过多次易稿，最后向总统谏言，根据约里奥、费米和西拉德所做的关于次级中子的实验，“在一大块铀中引发原子核链式反应是可能的，从中可以产生巨大的能量和大量类似于镭的新元素”。他们接着说：“这种方法还能制造炸弹。如果用船载运这样的炸弹去轰炸一个港口，只需一枚就很有可能摧毁整个港口及周围的部分地区。”他们建议总统在政府和链式反应物理学家之间建立常态联系。信的署名是“您忠诚的阿尔伯特・爱因斯坦”。经过多次拖延，这封信于 1939 年 10 月 11 日由萨克斯亲自交到总统手里。

据说，罗斯福后来对萨克斯说：“你要的结果是，坚决不能让纳粹把我们炸死。”萨克斯回答，“正是如此”。十天后，以铀顾问委员会为雏形的美国原子弹计划诞生了。

尽管核裂变的消息刚一出炉，奥本海默对核裂变及其用于武器的可行性激动不已，但在萨克斯与罗斯福的重要会面前几个月里，没有迹象表明奥本海默关注或参与过促使美国建立研究计划的科学突破和政治行动，甚至也没有表现出特别的兴趣。除了在 1939 年春夏，就玻尔 - 惠勒核裂变理论所做的讲座，他似乎将精力投入了其他方面，主要是他和斯奈德合写的关于黑洞的论文。当西拉德、费米、惠勒、玻尔和许多其他理论和实验物理学家忙于确定铀核裂变的相关事实，制定原子弹的物理学赖以建立的基本原则时，作为“原子弹之父”的奥本海默却在考虑 264
外太空恒星的引力塌缩，并在这一过程中做出了他最大的科学贡献，这一事实着实令人好奇。

在最为关键的几个月里，为什么奥本海默对核裂变如此不感兴趣，似乎仍然是个不解之谜。当然，从 1939 年 2 月直到两年半后参加美国原子弹计划，他可能对核裂变一直保持着强烈的兴趣，只不过讨论这些兴趣的对话已经没有记录或回忆，表达这一兴趣的文稿也没能留存至今。然而，这种可能性似乎不大，因为对这一时期的研究如此彻底，与相关人员进行的访谈如此之多，况且这几个月还被历史学家放在了如此强大的聚光灯下考察。对核裂变缺乏兴趣不仅表现在奥本海默一个人身上，他的朋友和学生也同样如此。在伯克利和加州理工学院，他的朋友和同事似乎不太愿意研究核裂变，而他的学生，尽管一开始和他一样充满激情，却都在写其他方面的博士论文：沃尔科夫和斯奈德关注天体物理，克里斯蒂关注宇宙射线，日下关注介子，丹科夫、莫里森和温伯格关注量子电动力学。

1940 年 1 月，普林斯顿大学的物理学家路易斯·特纳在《现代物理评论》* 上发表了一篇非常全面的核裂变文献回顾。在引言部分，特纳

* *Reviews of Modern Physics.*

指出："尽管哈恩和斯特拉斯曼的发现（铀原子核俘获中子，可能导致原子核分裂成更轻的原子核）只过去不到一年时间，这方面的论文数量已接近一百篇。"然后，特纳以"核裂变中产生的中子""核裂变理论""次级中子"等为标题归纳了这些论文的发现。在回顾文章的结尾，特纳列出了他讨论过的所有论文，其中伯克利和加州理工学院科学家的论文少得惊人。没有一篇出自奥本海默或他的学生之手，也没有一篇是劳伦斯或他的学生所写，在放射实验室工作的人写了三篇：埃布尔森一篇，埃德·麦克米伦一篇，新来的意大利犹太物理学家埃米利奥·塞格雷一篇。

塞格雷在意大利时一直跟随费米工作，1938 年秋天加盟劳伦斯的放射实验室。他是被回旋加速器的潜力吸引来的，但是正如他在自传中所述，到这里后不久，他就明白，为什么吸引他来的这些潜力没能带来重大发现和根本性的科学突破。"对放射实验室越熟悉，"塞格雷写道，"我就越感到吃惊；这里的运作方式和我工作过的其他实验室都不一样。
265 这里有很多学生，但是他们似乎没人管，完全缺乏科学指导。"

> 实际上，劳伦斯的兴趣集中于回旋加速器及放射实验室各项活动的开展。他在核物理方面的知识和兴趣极其有限。学生不过是建造和维护回旋加速器的廉价劳动力，任何让他们偏离这项任务的做法都会遭到鄙视。我很难理解放射实验室的科学决策。回旋加速器是一个很独特的装置，似乎有着无限可能，但是对机器具有控制权的人所关心的明显是把机器做得越来越大，并将它用于物理学之外的领域，很少有人考虑，如何充分利用现有资源进行核裂变研究。

塞格雷这里说的"物理学之外的领域"主要指医学研究领域。尽管劳伦斯在公共场合强调，回旋加速器对基础物理很重要，但是对其他人，特别是那些有钱可捐的人，他却强调，回旋加速器的价值在于，制造可用于医学研究和实用医学的放射性同位素。毫无疑问，就这一目的而言，这台机器证明了自己的价值。塞格雷明显担心的是，被吸引到放射实验室的学生本来想从事基础物理研究，现在却负责管理机器的运转，似乎这是一个生产同位素的工厂。

塞格雷说劳伦斯在核物理方面的知识和兴趣非常有限，这一点也得到了其他许多科学家的认同，但是，就劳伦斯的能力和弱点，也有许多人同意汉斯·贝特的总结：

> 劳伦斯对物理学的发展有着巨大影响，他善于培养民众对大型回旋加速器的意识。他对这一研究工具的热情令人叹为观止。同样，他还擅长让那些大型基金会和政府机构给他捐款。他对研究结果并不那么感兴趣——他让别人去做这些事——在这方面，他甚至算不上优秀的物理学家。

贝特似乎全都说对了。尽管被一次又一次的物理学发现弄得手忙脚乱，尽管，正如海尔布伦和塞德尔在撰写放射实验室的历史时所言，“令人讨厌的事实是，没有任何回旋加速器实验室取得过重大发现”，然而劳伦斯却设法将每次浪费掉的机会变成吸引资金的成功案例，越来越多 266
的资金被用来实现他的抱负：建造越来越大的机器。

尽管他掌握着世界上最强大的加速器和其他实验室做梦都得不到的预算资金，劳伦斯还是错过了 1932 年以来的所有重大发现：氘和中子、锂核分裂、正电子、人造放射性同位素、介子，最后是核裂变。所有这些，要么是用比伯克利的回旋加速器小很多的设备发现的，要么是通过分析宇宙射线发现的，而这些射线的高能量由大自然免费提供。

然而，尽管没有取得显著的科学成就，30 年代的劳伦斯仍然是美国最有名的科学家。1937 年，他上了《时代》杂志的封面，被誉为“加速侠，美国最重要的原子毁灭者和创造者”。他的巡回演讲非常成功，被南达科他大学、普林斯顿大学和耶鲁大学授予荣誉学位，各种拨款、奖励和捐赠雨点般从天而降。他是自己产品极其成功的推销员，在大量不利证据面前，他非常善于说服别人，特别是使那些手握重金的人相信，要想获得原子物理的科学突破，就需要建造越来越大的回旋加速器。按磁铁的直径衡量，劳伦斯的进步势不可当：从 11 英寸到 27 英寸，然后到 37 英寸 *。

核裂变的消息爆出后，劳伦斯心里想的是建造有史以来最新、最大的 60 英寸的回旋加速器。核裂变的消息发布后，劳伦斯凭借那张让他功成名就的厚脸皮，写信给世界各地的物理学家，连篇累牍地介绍放射实验室取得的“成功”，并宣称他的同事对核裂变无比好奇，以至于他们中许多人已走火入魔——为研究核裂变暂停了原定的新回旋加速器的工作。“出于显而易见的原因，”劳伦斯表示，“我们打算把核裂变过程是否会释放中子的问题弄个水落石出。”

这一点也被别人抢了先，阿尔瓦雷兹用回旋加速器获得了不确定的结果，而费米、西拉德和约里奥提供了确信无疑的答案，导致美国原子弹计划的启动。与此同时，劳伦斯又回到建造 60 英寸回旋加速器的任务上，而在 1939 年夏天这台机器投入运行后，他又开始琢磨下一台机器，并说新机器将搭载 120 英寸的磁铁，重量达到 2000 吨，能产生 1 亿（电子）伏特的能量。

尽管我们可以轻易嘲笑劳伦斯对越来越大的机器的痴迷以及（正如贝特所言）他“甚至算不上优秀的物理学家”的事实，但我们也应该记
267 住贝特对他的另一半评价：“劳伦斯对物理学的发展有着巨大影响，他善于培养民众对大型回旋加速器的意识。”美国公众将他视为心目中最伟大的科学家并非毫无道理。比如，让劳伦斯无暇顾及核裂变消息的 60 英寸回旋加速器被用于 1940 年及以后的重大科学发现。从这方面来说，尽管劳伦斯作为一名科学家有他的局限性，但他确实对科学做出了重大贡献。塞格雷透露说，劳伦斯曾希望获得 1938 年的诺贝尔奖，最后因败给费米而大失所望。1939 年 11 月 9 日，当他得知属于他的机会到来时，劳伦斯可能觉得那已经是他的囊中之物。他获得了 1939 年的诺贝尔奖，获奖理由是“回旋加速器的发明和改进以及利用机器获得的

* 11 英寸约合 27.9 厘米，27 英寸约合 68.6 厘米，37 英寸约合 94.0 厘米，下文的 60 英寸约合 152.4 厘米，120 英寸约合 304.8 厘米，184 英寸约合 467.4 厘米。

成果，特别是在人造放射性元素方面的成功”。

1940 年 2 月 29 日，在诺贝尔奖颁奖仪式上（因为去欧洲领奖所面临的危险，颁奖地点设在伯克利，而不是瑞典），他利用获奖演说的机会，呼吁人们为他下一个梦想的加速器提供资金，此时他的机器长到了 184 英寸，重量达 3000 吨，成本高达 200 万美元。两个月后，洛克菲勒基金会同意给他 115 万美元研发新的回旋加速器，连同其他捐赠，机器的建造可谓万无一失。劳伦斯在表达感谢时说，如果没有“意想不到的困难，他希望于 1944 年夏天造出这台机器”。意想不到的困难当然难以避免，但 184 英寸的回旋加速器还是建造了出来，二战期间被迫用作“电磁同位素分离器”，后来又经过大刀阔斧的重新设计，改造成“稳相同步回旋加速器”，产生的氘射束能量接近 2 亿（电子）伏特，用于重大科学突破。1939 年被看作离经叛道、误入歧途的伪科学装置——深陷只在乎块头的迷途中不能自拔，而在战后看来，它似乎预见了“大科学”时代的到来。劳伦斯认为，如果越来越大的机器能够产生越来越大的能量，那它对未来的科学研究必将至关重要，后来证明，他的这一直觉完全正确。

塞格雷发现，伯克利新同事的天真不仅表现在与科学相关的事情上。他说：“和美国同事谈论政治的时候，我发现他们完全理解不了欧洲事务，让我十分震惊。”考虑到劳伦斯有时候对欧洲事务会发表极其幼稚、耳目闭塞的观点，我们便能理解塞格雷想要表达的意思。比如，1938 年 10 月，《慕尼黑协定》签订后不久，劳伦斯写信给英国科学家威尔弗雷德·曼（他在放射实验室工作后刚回到伦敦）：“最近你的日子好像过得焦虑不安，不过我们应该相信战争的阴霾已经过去，我们前方至少有十年的和平。我们看到的完全可能是个历史的转折点，我认为 268
相信这一点并不荒谬。从今以后，大国之间的国际争端将用和平谈判而不是战争的方式来解决。”1939 年 8 月 29 日，就在德国入侵波兰的三天前，劳伦斯写信给他的父母说：“我仍然相信战争可以避免。所有这些和谈肯定说明，希特勒正在做出让步。”

那么奥本海默又怎样呢？塞格雷对他有着同样辛辣的评论，他说：

> ……在他自己和伯克利的其他人看来，奥本海默是个半人半神的存在，因此他说话时摆出博古通今、高深莫测的姿态。另外，他对量子力学很在行，在伯克利就显得独一无二。他用令人费解的方式教授这门课程，卖弄非凡的技巧并吸引了大量天赋过人的学生。奥本海默忠实的信徒对他言听计从，并模仿他的做派。正如我们在罗马养成了费米说话的腔调，在伯克利，奥本海默的学生走起路来，好像都患有平足症，这是他们导师的老毛病。

说到奥本海默及其弟子名声在外的文化熏陶，塞格雷不屑一顾：

> 奥本海默和他的团队并不像他们料想的那样让我敬畏。我的印象是，他们那远近闻名的通识文化[*]并不比一名上过欧洲名牌高中的男孩更优越。我已经很了解他们的多数文化活动，我发现奥本海默的自我卖弄有点滑稽。在物理学方面，我习惯费米的风格，他给人一种迥然不同的厚重感[†]，加上他的简单质朴，与奥本海默的博学复杂形成了鲜明的对比。

然而，塞格雷的尖锐指责尤其体现在政治方面。他说："奥本海默和他的大多数追随者遵循美国共产党的政治路线，这是极端轻率和头脑简单的行为。"他的印象是，奥本海默将他视为"大法西斯"（"正如法律对每一个意大利公务员的要求，我是一名法西斯政党的成员，但不需要太多的洞察力也能看出，我不会成为真正的法西斯主义者"），而据他所言，奥本海默——在坚持共产党的路线方面——"认为欧洲的争端是由资本帝国主义造成的，只有神圣的共产主义才能避免这些争端"。

根据前文引用的报告（奥本海默对苏联的信念在1938年夏天受到
269 严重动摇），你可能会认为塞格雷误解了奥本海默准备严格坚持共产党

---

* "通识文化"，译自"general culture"，这里指音乐、文学、艺术等广泛的文化活动。

† "迥然不同的厚重感"，译自"a quite different solidity"，体现了（塞格雷认为的）费米厚重内敛的气质，与奥本海默及其团队张扬而注重外在效果的特点相对应。

路线的决心，或者认为他说得至少过于夸张。然而，有没有证据支持塞格雷的观点呢？一个重大事件是，德国和苏联于 1939 年 8 月 23 日签订了《苏德互不侵犯条约》，这件事令多数自由派和许多共产党员十分震惊，并给了厄尔·白劳德 30 年代以来奉行的策略（将共产党塑造成美国自由主义的倡导者和自然继承人）当头一棒。实际上，这一条约让白劳德和美国共产党陷入了极其困难的境地，原来他们或许还对继续成为“人民阵线”的一部分抱有希望，而现在这一希望已成为泡影。多年来，白劳德一直坚信共产主义有能力、有决心阻止法西斯主义在欧洲扩张，那么他和共产党又该如何解释这个条约（几乎是个联盟）呢？白劳德违背自己的政治意愿，被迫在公开场合坚持说这一条约是“对和平的伟大贡献”，并否认条约将使波兰处于更加危险的境地。身在其位的白劳德有义务坚持共产党路线，而奥本海默却没有。

1954 年，奥本海默提到苏德条约是使他“对苏联的看法发生转变”的原因之一，但他也坚持说，这“并不意味着要与那些持不同观点的人马上一刀两断”。当然，那些持不同观点的人包括所有不顾一切坚持共产党路线的人，比如，在条约签订后奥本海默的那些继续保持共产党员身份的朋友和学生——这样的人有很多。其中之一是哈康·希瓦利埃。他在《奥本海默：友谊的故事》一书中提到了条约的问题，然后，为了彰显奥本海默对政治事件的精辟分析，还（从表面上）就奥本海默对随后的反共情绪的反应提供了如下描述：

> 那是在 1939 年的秋天，奥本（Opje）[*] 证明了自己是一名出色而高效的政治分析师。苏德条约，以及后来苏联对波兰的入侵和苏联与芬兰的战争，让很多人既困惑又气愤，连那些思想最开明的人和自由派都大跌眼镜。奥本以简单清晰的方式提出事实和论据，你能感觉到他身上有一种强烈而极富感染力的执着。他以非凡的效率 270

*　加利福尼亚的多数人都使用这一昵称英语化的“Oppie”，希瓦利埃却坚持用最初的荷兰语拼写。——原注（42）。

表达自己的信念：政治事件是有目的的人类活动，如果根据这些事件的决定因素对它们进行客观分析，并善加利用，它们就能产生重大意义。

读过这一陈述后，奥本海默究竟如何看待这一条约或这场战争，我们完全不清楚。文献记录稍微清晰一些。在一封写给加州理工的威利·福勒的信中（大约写于1939年9月9日前后），奥本海默写道："我知道，就苏德条约，查理［劳里森］会伤感地说：'我早就对你说过'，但现在我还不敢确定哪些是骗人的鬼话，除了（也许）德国很可能会入侵波兰。*Ça stink*。*"

在随后被称为"假战争"的几个月里，德国和法国或英国之间没有发生敌对行动，波兰被德国和苏联瓜分，后者还入侵了芬兰。苏德条约不过是两大政权之间见利忘义的临时协定的看法——使一方既能扩张领土，又不用担心另一方的干涉——似乎得到了充分验证。而且，因为苏联似乎对欧洲国家的困境漠不关心——实际上，苏联的宣传中对大英帝国比对纳粹德国更加不屑一顾——其外交政策与美国自由派舆论支持的对象格格不入，只要美国共产党坚持的"路线"来自莫斯科，人们似乎再也不可能相信共产党的观点是一个忠实的美国组织——只关心美国本土事务——独立获得的。

然而，前面提到的1940年2月的宣传手册《给同事的报告》中†，正有奥本海默极力维护的信念。宣传手册在"加利福尼亚共产党大学教工委员会"的支持下发行，目的是向伯克利、斯坦福和加州理工的学界同行宣传奥本海默、希瓦利埃和其他人所属的讨论小组（共产党小组）的政治观点。据戈登·格里菲斯所言，奥本海默不是这本宣传手册的唯一作者，但他"对此感到特别自豪"。

奥本海默会为这本宣传手册感到自豪，这是一件颇为费解的事，因

---

* 请教作者后得到的回复是：I have no idea what Oppenheimer means by this!（我不知道奥本海默把这个词放在这是什么意思！）

† 见本书第242页。——原注（43）

为里面几乎没有原创思想，只是些对共产党官方路线的介绍，也没有任何美文和有说服力的佳句，从风格上看，它就是一本共产党的小册子。它力图说服“同事们”，苏德条约的签订以及波兰和芬兰遭到入侵后对 271
共产党的攻击，不应该被视为与全球政治有关，而是与美国政治，特别是美国穷人和失业者的困境有关。手册强烈呼吁，同事们不应该强调希特勒和斯大林签订的条约，而要看到实施新政时发生的“奇怪现象”，特别是救济金遭到了削减，联邦高层的罗斯福和地方层面的加州议会都宣布了削减计划。手册认为，在这一背景下，不难看出，攻击共产党是“为了干扰民主力量，全面破坏工会，特别是产业工会联合会，使减少救济成为可能，迫使国家放弃和平、安全和就业的伟大计划，而这项计划是民主阵线运动的基础”。

尽管对穷人的救济和失业问题表现出极大关注，在整个报告中，反应最为强烈的仍是对共产党宣言[*]口号的响应：“让美国远离帝国主义战争！”报告称，共产党“对美国和苏联之间的战争发出了最响亮的反对声”，对共产党的攻击背后隐藏的险恶动机是压制这样的声音。报告强调并重申，“让这个国家卷入或参与以苏联为敌的战争将是一件邪恶的事”。报告对这一主题越讲越起劲，接着说：“在针对苏联的战争中，几乎任何事情都是非法的，除了富人发财，穷人丧命。”

和苏联开战的恐惧在 1940 年 4 月发行的第二份，即最后一份《给同事的报告》[†]中同样明显，这份报告明确强调：“让这个国家远离欧洲的战争是再清楚不过的问题了。”然而，当报告试图清晰阐明这一点时，它却玩起了花言巧语，使倾向于相信塞格雷误会了奥本海默政治观点的人读起来都非常别扭：

> 欧洲正在战争的痛苦中挣扎。人们普遍认为，战争结束后，欧洲将变成社会主义的欧洲，大英帝国从此消失。我认为罗斯福正在

---

* 这里（the Communist Party manifesto）不是指马克思的《共产党宣言》，而是美国共产党的竞选宣言。

† *Report to our Colleagues.*

> 发挥的作用是维持欧洲的旧秩序。他还计划，在必要时，以这个国家的财富和生命为代价去做这件事。我们认为，罗斯福不仅是“战争贩子”，而且是反革命战争贩子。我们认为，正是这一点让他从进步立场走向了反动深渊。

272 那么，为什么美国明显应该远离战争呢？似乎是因为，如果美国置身事外，大英帝国就会完蛋，而这是一件好事。但是，难道这不是纳粹的胜利而是共产主义的胜利吗？那么，如何才能从大英帝国的崩溃中获得社会主义欧洲这一“可能的”结果呢？对此最自然的解释似乎是，奥本海默（以及加州共产党大学教工委员会）预感到，英国被击败后，实力下降的德国将会败在苏联手里。如果我说的没错（很难找到能让上一段话自圆其说的另一种解释），那么塞格雷对奥本海默的观点（“认为欧洲的争端是由资本帝国主义造成的，只有神圣的共产主义才能避免这些争端”）的描述已经很客气了。不如说奥本海默的观点是：战争实际上是一件好事，因为它是资本帝国主义造成的，帝国主义国家之间的自相残杀和相互削弱将使苏联代表的“社会主义”夺取欧洲的胜利——但前提是美国必须袖手旁观，只有这样，英国的失败才可能发生。

我认为，可能这些《给同事的报告》有助于解释为什么奥本海默和他的学生意外地没有对核裂变及其在炸弹上的应用展开研究，尽管在裂变的消息公布之初，他们明显非常兴奋并为之吸引。考虑到这些报告强调美国远离战争的必要性，以及对美国为打击苏联而参战所反复表现出的恐惧，奥本海默和学生排斥核裂变物理的工作似乎是可能的，因为他们不愿为他们坚决认为美国不应参加的战争服务。这可能会让你想起菲利克斯·阿德勒呼吁美国在一战中保持中立，以及他谴责任何为战争提供服务的科学家：“那位科学家被别人和他自己视为人类耻辱的一天终将到来，因为他出卖了自己掌握的自然力量的知识，换来的却是同类的毁灭。”

他们原打算将《给同事的报告》办成长期刊物。希瓦利埃说，最后一共只出了两期，是“出于我已经遗忘的某种原因，可能是因为对世界局势的看法变化太快”。当然，奥本海默本人的政治观点似乎在第二期报告付印后的几个月内发生了快速的、根本的变化，这些变化是世界局势突然、急剧、令人震惊的发展造成的。

1940 年 4 月纳粹入侵丹麦和挪威，5 月荷兰和比利时沦陷，6 月法 273
国沦陷。难道一名自由主义知识分子还可能继续相信，美国保持中立是最重要的吗？西欧的大部分土地已处于希特勒德国的控制下，西班牙被佛朗哥控制，意大利被墨索里尼控制，难道还能继续相信社会主义的欧洲是这场战争“可能的”结果吗？最后，难道奥本海默还能相信（正如他在 1940 年 4 月之前所想的那样）苏联和德国签订互不侵犯条约，从而在帝国迅速扩张时隔岸观火，是明智之举，并有利于“民主阵线”吗？

如果汉斯·贝特的回忆准确无误，以上所有问题的答案都是“不”。1940 年夏天，贝特在美国物理学会 6 月 18 日至 21 日在西雅图举行的一次会议上见到了奥本海默。6 月 20 日，贝特和奥本海默（还有沃尔科夫和斯奈德）参加了一个关于“量子场论当前的危机”的研讨会。这大概是英军从敦刻尔克撤退两个星期后，德军占领巴黎两天后，以及法国投降的两天前。当时，在希特勒的坚持下，签订停战协定的地点是在 1918 年签订第一次世界大战停战协定的同一节列车车厢里。

在这些黑暗的日子里，贝特记得在奥本海默以前的学生、现西雅图华盛顿大学教授埃德温·尤灵的家里有过一次十人的聚会。奥本海默参加那次会议期间，客居在尤灵的家里。贝特回忆起这次聚会上的一段关于欧洲形势的对话，话语间流露出对未来的深切忧虑。贝特记得，奥本海默对大家说：

> 现在是整个西方文明生死攸关的时刻。西方文明的伟大代表之一——法兰西，已经沦陷，我们一定要确保不让英国和美国跟着沦陷。我们要反抗纳粹，保卫西方价值。因为《莫洛托夫 - 里宾特洛甫条约》[即《苏德互不侵犯条约》]，我们绝不能与共产党来往。

贝特认为，这可能是“奥本海默第一次站在西方立场而不是左翼立场上谈论政治问题”。如果贝特没记错的话，那么《给同事的报告》第二期发表仅两个月后，奥本海默就接受了他在那个报告中严厉批驳的观点，即为了反抗法西斯、保卫民主，在这场战争中选择立场至关重要。

274 然而，尽管说过“我们绝不能与共产党来往”这样的话，奥本海默的观点——正如贝特所言——和开始时一样，并没有与美国共产党的观点拉开更大的距离。正如莫里斯·艾泽曼在他的美国共产党史中写的那样：

> 共产党，抱着对同盟国事业的敌意，对1940年5月法国抵抗的迅速瓦解毫无准备，惊慌失措。正如斯大林签订互不侵犯条约时想的那样，他们臆测，德军和法军相对而言实力相当。如果“假战争”结束，共产党预测战争会陷入僵局，类似于第一次世界大战期间西线战场的情形。

纳粹胜利后，艾泽曼从共产党媒体上引用了极具说服力的话。挪威沦陷后，《人民世界》攻击英国是“欧洲和全人类最大的威胁”；比利时和荷兰被占领后，《工人日报》* 仍然可以说“这不是我们的战争”；但是，艾泽曼写道：“法国的沦陷最终使共产党心神不宁。”原来为苏德条约辩护的共产党人“现在不得不面对希特勒大赚一笔的可能”。6月，《工人日报》甚至刊登了一封读者来信，提出了1940年夏天很多共产党人肯定想过的问题：“对英国和法国取得压倒性胜利后，希特勒难道不会调转枪口杀向苏联吗？”

正如贝特认识到的，奥本海默在西雅图对物理学家的演讲也许标志着他的忠心开始从共产党转向以英国、法国和美国为代表的西方，但是，在丹麦、挪威、荷兰、比利时和法国相继陷落，英国显然危在旦夕的时候，同样显而易见的是，许多美国共产党人开始怀疑他们原来对世

* *Daily Worker.*

界局势的分析是否正确，英国的崩溃和美国的不干涉是否真的最符合苏联和社会主义的利益。相反，现在看来，似乎苏联、英国和美国在打败（正在大肆扩张的）第三帝国方面有着共同的利益。

当然，大多数美国人既不知道也不关心美国共产党对十万火急的欧洲新形势有何反应。他们的印象是，共产党和苏联关系紧密，而苏联和纳粹德国达成了一笔交易，允许——实际上似乎是设计好要让——这一令人震惊的形势出现。由此产生的“红色恐惧”为 20 世纪 50 年代的反共浪潮埋下了伏笔，并使美国共产党人的生活苦不堪言。1940 年 6 月， 275
法国沦陷后不久，国会通过了《外国侨民登记法》，也就是人们更为熟悉的《史密斯法》，要求所有旅居美国的外国侨民履行登记和指纹采集义务。国会还同意驱逐那些属于革命团体的外国人，而对共产党来说，最致命的是，密谋、煽动或培养推翻政府的动机和愿望被定义为犯罪行为。这一法案生效后，无须证明当事人采取过旨在推翻政府的行动，也无须证明他或她支持过推翻政府的言论，只需证明当事人参加过支持这种言论的组织就会被定罪。在《史密斯法》之后，又出台了《沃里斯法》，这部法律要求所有“外国控制的”组织到美国司法部登记。

这两部法律标志着由美国官方主导的对共产党的清算开始了。各地共产党办事处遭到警察的袭击，文件被收缴，公职岗位上的共产党嫌疑人被清理，官方的口径是，“雇用共产党员本身就是公然违背公共服务的行为”。普遍认为，法国的快速沦陷，“第五纵队”* 罪不可赦，而美国急需识别并肃清公共生活中为外国政权效忠的人。到 1940 年秋，美国共产党成了一个千夫所指、四面楚歌的组织，彻底失去了政府和人民的信任，合法地位岌岌可危。《沃里斯法》通过后，共产党被迫终止了与共产国际的正式联系。尽管这一做法保住了其合法地位，但不足以使其获得认可。在 1940 年 11 月的总统大选中，共产党只为厄尔·白劳德争取到 22 个州的选票，在其他各州，共产党参加投票，不是被直接拒绝，

* 译自“fifth columnists”，该词起源于西班牙内战期间，现泛指隐藏在对方内部的间谍。

就是在主办方和反对者的恐吓下无功而返。

在这次大选中，奥本海默本人是罗斯福的热心支持者，他呼吁他的朋友、同事和学生认识到新政起草者继续第三个任期的重要性。这说明他在 4 月份的报告中主张的罗斯福是“战争贩子”的观点发生了彻底转变，尽管关于是什么原因改变了他对总统的看法，证据寥寥，然而，从个人前程的角度看，他再清楚不过，公开支持共产党无异于玩火自焚。

1940 年夏，奥本海默有很多极好的理由让自己远离共产党，其中
276 之一可能就是，正如贝特想的那样，他自己的观点发生了改变，他对法国的沦陷感到震惊，从而开始从维护西方利益的角度看问题，而不是站在支持以苏联为代表的“社会主义”立场上。在西雅图尤林的家中发生的事对他非常重要，这在奥本海默于 7 月 4 日写给他们的一封信中可见一斑，他感谢他们的热情好客，口吻远远超出了一封正常的感谢信所应有的。奥本海默——从托尔曼在帕萨迪纳的家里写这封信——对“鲁思和埃德”说：“是时候给你们写点东西，谈谈在你们家里度过的甜蜜时光了……我希望你们仍然保留着那次到访的温暖记忆，毕竟它对你们的客人来说非常美好。”奥本海默告诉尤林夫妇，大约一个星期后，他将和弗兰克、杰姬和他们襁褓中的女儿朱迪丝前往佩罗卡连特。奥本海默没有向尤林夫妇提及的是，那年夏天，他还邀请了其他人到新墨西哥：罗伯特和夏洛特·瑟伯尔，以及凯瑟琳和理查德·哈里森。

上一年夏天，奥本海默在查尔斯·劳里森家里的派对上见过凯瑟琳（基蒂），俩人都被对方强烈吸引。她后来说她“那天爱上了罗伯特，但藏在心里”。那时她二十九岁，比奥本海默小六岁。理查德·哈里森是她的第三任丈夫。俩人 1938 年 11 月举行婚礼，遇到奥本海默时，结婚还不到一年。事实表明，这段婚姻并不成功。在这九个月的大部分时间里，基蒂都和丈夫两地分居。哈里森是一名英国医生，基蒂还是少女时俩人就认识，后来又于 1938 年春天在费城相遇，当时她在宾夕法尼亚大学主修生物。婚后不久，哈里森到帕萨迪纳做了一名驻院医师，而她却留在费城，继续自己的学业。此时，她已看出这是一段“不能长久的婚姻”，她准备离开他。

搬到帕萨迪纳之前，基蒂的生活充满坎坷，个人感情一波三折。她出生在德国，当时叫凯瑟琳·普宁，年仅两岁便随父母移居美国。她的父亲弗朗兹·普宁是一名工程师，母亲姬斯·韦塞林出生于名声显赫的欧洲贵族家庭，主要继承了荷兰和德国血统。因为母亲，基蒂和比利时的阿尔贝一世国王及英国维多利亚女王沾亲带故。希特勒的陆军元帅、事实上的统帅部参谋长威廉·凯特尔是她母亲的表兄。她喜欢将自己说成是“德国公主”，尽管不完全清楚她自封的这一称号指什么。她对朋友说，她父亲是“威斯特伐利亚一个小公国的王子”。如果是这样，她为什么要选择在匹兹堡的一家钢铁公司当工程师就成了一个谜。父亲 277
叮嘱她不要暴露她的贵族背景，然而，认识她的人对此都无所不知。

在她的整个一生中，基蒂将贵族的傲慢与波希米亚倾向结合到了一起。二十二岁时，她嫁给了首任丈夫，一位她在巴黎认识的名叫弗兰克·拉姆齐尔的音乐家。然而，几个月后，她发现他不仅是同性恋，而且吸毒成瘾。离婚后，她回到美国。在1933年新年前夜的派对上，经介绍认识了乔·达利特，一个德国犹太富商的儿子和共产党员。“我在派对上爱上了他，”基蒂后来说，“我对他的爱从未停止过。”不到两个月，她和达利特完婚，住在俄亥俄州的扬斯敦（Youngstown），他在那里组织工会活动。

很快，基蒂发现，作为一名共产党工会组织者的妻子，生活不像她原来可能想象的那么优雅。“那是些我以前从未经历过的穷困潦倒的日子。”回想当年，她仍不寒而栗。

> 我们住在一所房子里，每月花5美元租了其中一部分。仅有的收入是每两个星期12.4美元的救济金。屋子里有厨房，但炉灶漏气，不能做饭。我们一日两餐在一家污秽的小店里打发，每份15美分，有汤、肉、土豆、白菜、甜甜圈和咖啡。

基蒂记得，“在乔的强烈要求下，我终于加入了共产党，但这是在完成了几项对我来说极其痛苦的任务之后，比如，上街叫卖《工人日报》，到钢铁厂散发传单”。

这显然不是公主过的日子。“随着时间的流逝，”她后来说，“尽管乔和我仍然深爱着对方，但贫困越来越令我垂头丧气。”最后，1936 年 6 月，结婚不到三年，“我对乔说，这样的日子我再也过不下去了，于是我们各奔东西”。

她去了父母生活的英格兰，成了一名服装设计学校的学生。在好几个月里，她没有收到达利特的任何消息，后来才发现是母亲将他的信截留了。她写了一封信，让他接她回去，却得知他正赶往欧洲，自愿前来参加西班牙内战。1937 年 3 月，她和达利特在巴黎短暂团聚，与他随行的还有共产党同事史蒂夫·尼尔森。在那里待了几天后，达利特和尼
278 尔森重返西班牙，而基蒂回到伦敦。七个月后，达利特率领一个营的士兵向法西斯占据的小镇丰特斯－德埃夫罗（Fuentes del Ebro）发起进攻，他在敌人的机枪扫射下中弹身亡。那时，基蒂在巴黎见到了尼尔森，她希望从那里前往西班牙和丈夫团聚。尼尔森告诉了她达利特阵亡的消息。“她直接崩溃了，瘫软在我身上，”尼尔森后来回忆，“某种程度上，我成了乔的替代品。她抱住我泣不成声，我无法保持镇定。”

回到美国后，基蒂同意以《西班牙飞鸿》* 为名出版乔的书信集。基蒂和尼尔森夫妇在纽约住了几个月，然后前往费城，在那里她遇到了理查德·哈里森，并和他结婚。在费城生活学习期间，她碰巧遇到了罗伯特和夏洛特·瑟伯尔。罗伯特·瑟伯尔在他的自传中描述说，1938 年 9 月离开伯克利到伊利诺伊大学工作后，他和夏洛特回到费城，和双方父母待了一段时间，然后到厄巴纳（Urbana）任职。在夏洛特父母的家里，罗伯特记得，“我们见到一位迷人的女孩，她叫基蒂·普宁，是一名生物专业的学生”。她和夏洛特的父亲好像进入了同一个社交和政治圈。瑟伯尔和基蒂第二次见面，就是在 1939 年夏天劳里森一家在帕萨迪纳举行的花园派对上，这场派对也决定了他们之后的命运。

即使在他们搬到厄巴纳后，瑟伯尔夫妇仍然到西部过暑假，把他们

---

* *Letters from Spain.*

的时间分在了伯克利、帕萨迪纳和佩罗卡连特三个地方。1940年夏，他们抵达伯克利时，奥本海默正准备离开，前往新墨西哥，瑟伯尔夫妇和弗兰克、杰姬将在晚些时候和奥本海默在那里碰头。奥本海默告诉瑟伯尔，他邀请了理查德和基蒂·哈里森，但是理查德不能前往。“基蒂可能一个人来，”奥本海默说，“你可以带她一起来，这由你决定。但是如果你带她来，后果会很严重。”正如奥本海默明显期盼的那样，瑟伯尔夫妇真的带着基蒂一同到来。瑟伯尔回忆，抵达后的一到两天，奥本海默和基蒂骑马前往洛斯皮诺斯，作为凯瑟琳·佩言的客人在那里过夜。第二天，他们回来后，“贵气十足的凯瑟琳，骑着栗色马，一路小跑来到农场庄园，将基蒂的睡衣交到她的手里，睡衣是在奥比的枕头下找到的。我们其他人什么也没说”。

那天下午，基蒂和杰姬外出骑马，“她们回来的时候，走在前面的杰姬因扭头说话，颈部僵硬”。杰姬对基蒂产生了深刻、长期的厌恶，她以直截了当的方式称基蒂为“婊子”。“基蒂是个野心家，”杰姬说，“她是个冒牌货。她的所有政治信仰都是假的，所有思想都是借来的。说实 279
话，她是我这辈子见过的为数不多的真正邪恶的人。”亚伯拉罕·派斯也有同样的看法，他在后期与奥本海默夫妇都很熟悉。派斯曾说，基蒂“是我认识的品行最卑劣的女人”。然而，另一方面，瑟伯尔对她却忠心耿耿。

正如奥本海默所料，把基蒂带到佩罗卡连特“后果很严重”。夏天快要结束时，基蒂怀上了奥本海默的孩子。理查德·哈里森想必已知道，自己的妻子和奥本海默关系暧昧，他和基蒂的婚姻毫无改善的希望，因此他同意，尽快离婚对大家来说都是件好事。按照要求，在里诺（Reno）住了六个星期后，基蒂终于可以离婚了，手续办完的当天（1940年11月1日）她和奥本海默立即结婚。婚礼结束后不久，奥本海默和基蒂搬到了伯克利凯尼尔沃思街10号的一幢租来的大房子里。这所宅邸不仅成了奥本海默研究生群体的社交中心，而且还成了伯克利左翼政治生活的中心。

奥本海默对贝特说“我们绝不能与共产党来往”，不管这是什么意思，肯定不是说他准备和那些人断绝关系，他们在政治情感与活动方面的团结协作是他自从1936年以来就非常珍惜的。正如他自己清楚表述的，因为难以避免，他的个人和社会生活已经和政治活动紧密交织在一起，即使他想这么做，也很难（或许还没到不可能的程度）让他自己从这种政治生活中摆脱出来。那些加入共产党的同事，也是家人、朋友和学生。因此，在联邦调查局和其他观察家眼里，他和基蒂在凯尼尔沃思街举行的派对与共产党人的社交聚会很难区分。

奥本海默和基蒂的结合扩大了他的社交圈，不仅包括那些他已融入其中的“空谈左派”（parlour pinks）——共产党教授、讲师和学生，他们构成了奥本海默兄弟俩加入的“小组”——还包括共产党的高层领导和组织者，也就是在1940年后的“红色恐惧”期间，美国安全部门严密监视的那些人。这并不是因为基蒂对共产主义思想的任何内容比奥本海默更忠诚（如果曾经有过，程度也大不如他），而是因为她是乔·达利特的遗孀，达利特已成为西班牙忠诚派事业的烈士和共产党的英雄。

其中一位共产党的高层人物便是史蒂夫·尼尔森。自从1938年基蒂和尼尔森夫妇住过一段时间后，她和尼尔森再也没有联系。尼尔森的党内职务获得晋升，被确定为前途无量的未来领导人。

280 尼尔森的真实姓名是斯蒂芬·梅萨罗什，他出生于克罗地亚，说英语时带有浓重的克罗地亚口音。1920年，十七岁的他来到美国，五年后成为美国公民，这期间他加入了共产党。1929年，他成为一名全职共产党公职人员，并被送到莫斯科列宁国际学校（the International Lenin School）接受谍报技术训练。在两年的培训期间，他被派往德国、瑞士、法国、印度和中国执行秘密任务。在西班牙工作并晋升为陆军中校后，他被派到加利福尼亚，他在那里的任务是，清除党内奸细，并从与美国共产党为敌的组织那里窃取文件。

1939年，尼尔森调到旧金山，成为当地的共产党支部书记。第二年，《史密斯法》和《沃里斯法》通过后，他转入“地下”，万一（因为当时有可能）共产党被定性为非法组织，他准备秘密领导地方组织。这期间的很长一段时间里，他都使用化名，住在加利福尼亚红木城的一间小屋里。

1940 年秋，就是在这样的处境下，尼尔森遇到了他以前从未听说过的奥本海默。他们在伯克利的一次募捐聚会上相遇，募捐活动是为了向西班牙内战的难民提供援助（1939 年 4 月，内战以忠诚派的失败告终）。奥本海默是这次聚会的演讲嘉宾，他在演讲中说，法西斯在西班牙的胜利直接导致战争在欧洲爆发。演讲结束后，奥本海默走到尼尔森跟前说："史蒂夫，我要和你的一位朋友结婚了。"听了他的解释后，尼尔森惊呼"基蒂・达利特"，于是基蒂出现了，两位多年的同志拥抱在一起。随后，尼尔森携妻子到凯尼尔沃思街探访奥本海默夫妇。

另一位让联邦调查局惦记的人是威廉・施耐德曼，他是一名加利福尼亚共产党支部的地区组织者，其政治活动引起了美国政府最高层的高度重视。1940 年 5 月 18 日，J. 埃德加・胡佛（联邦调查局首任局长）写信给财政部部长亨利・摩根索，告诉他，"机密情报"（即电话窃听）显示，施耐德曼在旧金山共产党的一次会议上说，共产党计划利用其在相关工会中的影响力，拖延飞机制造厂、化工厂和造船厂的生产。正因为这样，无论施耐德曼走到哪里，总有一名探员盯梢。1940 年 12 月 1 日，探员跟踪施耐德曼来到了希瓦利埃的家里，施耐德曼在这次党员和支持者参加的会议上讲话，向他们解释近期党内路线的转变。在房子外监视的探员记下了停在外面的所有车辆的车牌号，后来他们发现，其中一辆是奥本海默的。

希瓦利埃对施耐德曼不太了解，奥本海默了解得也不多。1946 年， 281
调查局向他问起这次会议时，奥本海默说对此事一无所知。1950 年，同样的问题被再次提起，他说现在记起来了，因为妻子唤醒了他的记忆。在 1954 年举行的安全听证会上，他想起了一些细节，回忆说，到会的大约有二十人，包括托马斯・阿迪斯和共产党的会计艾萨克・福柯夫，奥本海默继续每月定期交给他一百到两百美元捐款。他还记起这次会议的目的是"向感兴趣的社会名流介绍共产党当前或当时的路线"。

在得知施耐德曼拖延工厂生产的计划后，联邦调查局又用同样的方式监听到福柯夫将奥本海默称为"大腕"。这一点，加上奥本海默参加了施耐德曼传达共产党路线的会议，使得调查局有充分理由开始将奥本海默当成一名潜在而危险的颠覆分子，并于 1941 年 3 月 28 日开启了持续多年的调查，后来关于奥本海默的档案文件堆积如山。同一天，奥本海默的名字上了调查局制定的“国家紧急状态下需要考虑拘留调查的人员”名单。不久，奥本海默写信给帕萨迪纳的威利・福勒说，他四月份恐怕不能前往华盛顿参加即将召开的基本粒子会议了。“那个时候我可能会失业，”他写道，“因为加州大学下周将因激进主义接受调查，现在的情况是，委员会成员不仗义，他们不喜欢我。我们将尽力而为。”

结果显示，对伯克利激进主场的调查几乎没有发现奥本海默有什么问题。然而，与共产党保持接触并给予财务支持，却是不争的事实。奥本海默自己非常清楚，他这样做是玩火自焚。似乎是要提醒他注意这一事实，1941 年夏天，在离家不远的地方，他的弟弟出事了。弗兰克于 1939 年获得加州理工的博士学位，然后——毫无疑问是在奥本海默的帮助下——在斯坦福大学找到了一份工作，与费利克斯・布洛赫共事。然而，仅仅过了两年，斯坦福校方通知弗兰克说，他们不能和他续约，他失业了。造成这一结果的原因之一是，弗兰克和布洛赫关系不太好，但是这也让弗兰克醒悟过来，他的共产党员身份和政治活动成了他的职业障碍。大概就是在这个时候，弗兰克和杰姬退了党，但是党员身份对他的事业造成的损害远没有结束。

1941 年 5 月 12 日，和奥本海默结婚才七个月后，基蒂就生下了一个男孩，取名彼得。那年的这段时间，他们在帕萨迪纳。他们写信邀请
282 希瓦利埃一家前来看望家里的新成员。就这样，1941 年 6 月 22 日，当他们听到纳粹德国撕毁条约入侵苏联时，希瓦利埃和奥本海默正在帕萨迪纳。“去海滩的路上，我们从收音机里听到纳粹入侵苏联的消息，”希瓦利埃记得，“我们正在车上，这一消息让我们既震惊又兴奋，我们从头到尾听了丘吉尔的演讲，他谴责希特勒，欢迎苏联成为盟友，并发誓大英帝国将与盟友联合作战，全力以赴。”

希瓦利埃回忆，那天晚上“我们和奥本、基蒂一直坐到后半夜，听新闻广播，分析纳粹这一行动的意义”。明显全然不顾他这么说的讽刺

意味，希瓦利埃说：“希特勒一举打破了在自由派和政治圈中普遍存在的危险臆断：法西斯和共产主义只不过是同一哲学的两个不同版本。现在，共产党和民主力量已经联合起来，全力打击共同的法西斯敌人。”

苏联的参战让很多美国共产党人松了一口气，因为这使他们回到了与同胞一致的立场上。美国还没有真正参战，但是战争的准备无处不在。就在彼得出生几天后、纳粹入侵苏联大约一个月前，奥本海默在写给尤林夫妇的信中，除了再次感谢上一年夏天尤林一家的热情款待（“即使过了一年，我还是想再次为此表达感谢”），他还闷闷不乐地写道：“我想我们将会参战。”在那个时候，他觉得战争的迫近是一个孤立事件，会损害他的学术发展。“我预料，”他告诉尤灵，“除非研究委员会（research boards）大刀阔斧地改变政策，我们从事的物理学明年将陷入停顿。”

然而，奥本海默自己也承认，战争准备至少在一个方面对物理学是有益的：自从他从事教学工作以来，第一次出现物理学高等学历的毕业生几乎可以保证就业的情况。就尤林自己的大学招聘波谱学家的岗位，奥本海默写道：“在需求突然超过供给的情况下，你会发现，当前要招一名不错的物理学家相当困难。”如果他们想在西雅图招聘任何理论物理学家，奥本海默接着说，“明年会有一些一流的毕业生”。

> 今年的博士毕业生已经找到了雇主。在某些方面，伯克利和帕
> 萨迪纳的情况十分惨淡：在这里，特别是几乎所有活跃于物理界的
> 男人都被抽调去为战争工作了。剩下的人疲于应付行政和教学工 283
> 作，以及如何保护自己的问题。研究生数量也在下降：即将毕业的
> 核物理博士生损失尤为严重，总体情况也很糟糕。在伯克利，我们
> 失去了阿尔瓦雷兹、麦克米伦、2/3 个劳伦斯[*]、［伯妮斯］布罗德和
> 洛布。唯一不想念的是最后这位。

* 这里指彼时的劳伦斯只能将 1/3 的时间投入伯克利的工作。

奥本海默总是喜欢身居“核心”，从他的这封信中可以清楚地看到，他觉得自己和逐渐缩减的研究生团队正在被边缘化。如他所言，这个团队研究“介子场理论和对‘海森伯’簇射的阐释、质子同量异位素、散射和其他类似的晦涩难懂的问题”，核物理的秘密工作才是物理学的核心，至少在目前，他被排除在外。

实际上，在 1938—1939 年那段时间，奥本海默在中子星和黑洞方面的工作非常怪异，但现在看来却是他在物理学上最伟大的成就。与此类似，他和学生们在 1939—1941 年间从事的“高深莫测”的工作，在占主导地位的核物理占用大量物理学家和科研赞助机构的时期，似乎不过是边缘性课题，而现在看来却更接近核心。在量子电动力学方面，这一点表现得尤为突出。在伯克利，奥本海默主持完成的量子电动力学工作，现在成为 20 世纪 40 年代完善这一理论的人所做工作的基础，这些人包括：朱利安・施温格、理查德・费曼、弗里曼・戴森和朝永振一郎。实际上，奥本海默的一名学生悉尼・丹科夫差一点就取得了和未来版的量子电动力学极其接近的成就。根据科学史家西尔万・施韦伯的观点，如果不是因为犯了一个计算错误，丹科夫很可能在施温格和其他人之前就取得了那样的成就。

1940 年 5 月，在写给伊利诺伊大学物理系主任 F. 惠勒・卢米斯的信中，奥本海默对丹科夫评价很高，强烈建议他为丹科夫提供一年的讲师职位，因为奥本海默通过瑟伯尔得知，卢米斯那里有职位空缺。奥本海默对卢米斯说，劳伦斯想聘请丹科夫到放射实验室工作，“但我们都认为那不是他最理想的去处”。奥本海默写道，丹科夫是“一位优秀的物理学家，受过良好的训练，颇有卓见，计算能力突出”。他至今未获得学术职位，唯一的原因是“留给理论物理学家的职位有限，而且他还面临年龄更大、名望更高的人的竞争，比如，伯克利的希夫、施温格和斯奈德”。在回信中，卢米斯向丹科夫提供了一年的职位，之后丹科夫在伊利诺伊大学度过了他短暂的余生（他于 1951 年快满三十八岁时去世）。

284 在奥本海默提到的“年龄更大、名望更高的人”中，哈特兰德・斯奈德似乎并不在此列，实际上他的年龄并不比丹科夫大（他们同岁），而且在学术上，他还略为落后，在丹科夫之后六个月才获得博士学位。然而，斯奈德有着巨大的优势，因为他和奥本海默同是那篇经典黑洞论文的作者。不知什么原因，奥本海默从未与丹科夫合写过任何论文。

另外两位确实资历更高。伦纳德·希夫是祖籍立陶宛的纽约犹太人，以国家研究基金会研究员的身份来到伯克利，并于1938年夏天被安排了一个富有挑战性的职位，接替罗伯特·瑟伯尔，成为奥本海默的研究助理。希夫后来很有名，成了一名优秀教师和一套被广泛使用的量子力学教科书的作者，这套书是根据奥本海默在伯克利的讲义编写的。然而，可能是因为奥本海默不满于希夫接替瑟伯尔，据说奥本海默对希夫相当刻薄。1938年，在希夫开始担任为期两年的奥本海默的研究助理时，爱德华·杰尔居埃在伯克利做奥本海默的研究生。杰尔居埃说，在一次研讨会上，希夫讨论一本包含相当难懂的数学的书时，奥本海默“就希夫写下的每一个方程向他提出尖锐的问题”。“有好几次，”杰尔居埃记得，“奥比把性格温和的希夫弄得差点落泪。”

1940年夏，朱利安·施温格接替希夫，成为奥本海默的研究助理。尽管性格的温和程度不在希夫之下，但施温格是一名才华横溢的物理学家，对自己的能力充满信心，不会以同样的方式被人吓倒。施温格后来因为在现代量子电动力学构建方面的贡献于1965年获得诺贝尔奖，他和任何物理学家过招都不落下风。杰尔居埃回忆，在成为奥本海默的研究助理后举行的首次研讨会上，奥本海默的学生“都在想，在奥本海默的发问下，施温格能坚持多久”。结果令他们大为吃惊。

> 朱利安开始讲话，很快奥比像往常那样，向朱利安提了一个问题，朱利安回答。更多问题一个接一个，朱利安一一作答。朱利安回答了十多个问题，没有显出任何窘态，奥比停止发问，让他继续，基本不再打断。在朱利安后来的研讨会上，他也不再随便插话。

在举行这次研讨会的时候，施温格已在伯克利待了一年有余，他是1939年夏天以国家研究基金会博士后身份来到这里的。他的背景和奥
285 本海默惊人的相似，父亲来自中欧，是一个说德语的犹太人，1880年十几岁的时候来到美国，靠服装贸易起家，并在曼哈顿上西区买了一套宽敞的公寓。实际上，施温格小时候住的公寓和奥本海默长大的地方位于同一条街道——河滨大道。小时候，施温格甚至比奥本海默还要早熟，十三岁时就能读懂狄拉克的《量子力学原理》，这本书后来被他称为“我的圣经”。十六岁时，施温格写了第一篇关于量子场论的论文，但没有发表，不过第二年，他发表了两封致《物理学评论》编辑的信。那时，他是纽约城市学院的一名学生，老师们讲的课他早就懂了，觉得很乏味，所以就养成了一个终生相随的习惯，白天睡觉，晚上工作。一年后，他转学到哥伦比亚大学，在伊西多·拉比手下工作。拉比非常器重施温格，在他外出的时候，他让当时还是本科生的施温格给他的研究生上课。1936年夏天，年仅十八岁的施温格获得本科学位。

过了不到一年，施温格准备提交他的博士论文，但哥伦比亚大学的规定是，必须住校两年才能以博士身份毕业，于是他将自己的文稿结集出版。期满时，他将这些文章装订成册，作为自己的博士论文。为了不让他觉得乏味，拉比在1937—1938学年的前半段将施温格安排到威斯康星大学，跟随格里高利·布雷特和尤金·魏格纳工作。1938年春回到哥伦比亚大学的时候，施温格成了一位享有国际声誉的年轻物理学家，欧洲和美国的好几所大学都主动向他提供学术职位。尽管他有很多选择，但为了花一些时间在伯克利和奥本海默一起工作，施温格毅然选择申请国家研究基金会的奖学金。拉比回忆，他试图说服施温格到苏黎世大学和沃尔夫冈·泡利一起工作，但施温格“认为奥本海默才是更有趣的物理学家”。后来，当他被问及这一决定时，施温格回答：“奥本海默是美国理论物理的名片。我还能去别的地方吗？”

这个国家学术上最为早熟、最抢手的年轻理论物理学家选择待在美国而不是坐在一位欧洲量子论先驱的脚下，特别是，他宁愿和奥本海默而不是泡利一起工作，说明奥本海默为他自己和他亲手创立的院系设定

的梦想已经实现。毫不夸张地说，你可以将施温格选择伯克利的决定视 286
为一个象征性时刻，标志着世界理论物理的重心已从欧洲转移到美国。

当然，1939 年夏天，施温格没有选择去欧洲，可能还有其他原因。实际上，正如随后发生的那样，他到伯克利报到的那天是 9 月 1 日，正是德国入侵波兰的日子。然而，从他读到的东西、他发表的论文中引用的东西以及他选择的研究课题，我们可以清楚地看到，施温格认为奥本海默和受他影响的那些人所做的工作比当时欧洲的任何研究都更有趣、更重要。

尽管施温格到伯克利做国家研究基金会的研究员时只有二十一岁，但在他到来之前，伯克利的科学家早已知道他是一名罕见的天才，奥本海默在见到他之前已久闻其名。反过来，施温格知道奥本海默是一位老师，他到那里时就下定决心不受他人的支配。他知道，这将是一场斗争。施温格回忆，奥本海默“非常强势。[他]不仅引人注目，也喜欢给别人留下深刻印象。他是个喜欢出风头的人。我对他印象深刻，这是不容否认的。但是，我仍然会与他对抗”。刚开始，这种对抗导致俩人之间摩擦不断。拉比记得：

> 我后来和奥本海默谈过，他感到特别失望。他甚至写信给国家研究基金会，建议朱利安转到其他学校，因为要让奥本海默这样的人去适应朱利安非常困难。泡利曾经将奥本海默的学生说成是 Zunicker，德语足够好的人一定知道这个词的意思：只会点头的人。而朱利安不是这样，他的作息时间与众不同。

关系紧张的一个起因是，施温格拒绝按照奥本海默的方式和他的研究生一起工作。施温格回忆：

> 早期阶段，我可能没能达到形式上的要求，每个人都要一大早去奥本海默的办公室，坐在一起讨论。我觉得自己是个晚起的人，所以从来不参加这些早会。也许刚开始他不喜欢我这种唱反调的行

> 为。我从没有直接从他口里听到什么，但是一开始，我在他的眼里很可能是个怪人，直到后来他才认可我的能力。因此，可能在第一个月里，他不太喜欢“我的行为方式”[*]。

287 奥本海默和施温格很快克服了俩人之间的困难，奥本海默逐渐接受了施温格早上不来他办公室的现实，而施温格也提醒自己：“毕竟，我来这里是向他学习的。”施温格到这里后的两个月里，他们合写了一封给《物理学评论》编辑的信。涉及的问题来自加州理工的劳里森和福勒的一些实验结果，奥本海默认为，对这些结果的解释可能需要假定新的自然力。奥本海默先是把这个问题交给希夫，但没有取得任何进展。在后来的一次采访中，施温格记得：“希夫那时是奥本海默在伯克利的助理，这个问题就像个烫手的山芋，从一个人转到另一个人手上。奥本海默又对它念念不忘，于是希夫说，‘嘿，施温格，你来看看这个？’于是我接手过来。大概一天就搞定了。”过去奥本海默有好几次都认为，实验结果表明量子电动力学有缺陷，解决这个问题的关键是要相信现有理论完全足以解释实验观察结果。

问题的解决方法出自施温格，但写信的人却是奥本海默，施温格对结果不完全满意。特别是，提交解决方法后，奥本海默还要像往常那样，继续推测这一理论不成立的情况。施温格对此十分恼火，他后来说：

> 他将信寄给了《物理学评论》，里面包含了我的所有计算和想法，而同时又提到了其他可能性。对我来说，这是个纯粹的电动力学过程，完全在意料之中。另一方面，在时代精神的鼓舞下[†]，他坚

---

* “我的行为方式”，译自 the “cut of my jib”。在加拿大大西洋四省使用的英语中，“I like the cut of your jib”（a jib is a forward sail which cuts or draws into the wind）的引申义为，理解或同意某人在交谈时的陈述，或赞同某人的行为。

† “在时代精神的鼓舞下”（in the spirit of the time），是施温格的戏谑之辞。他想说，奥本海默当时反复坚持认为，那时的电动力学理论存在问题。

> 信电动力学存在问题，于是在信中，他还是提到，在电子和质子之间存在新的短程力的可能性，我不相信这个，但他提了出来。

在他们合写的信中，奥本海默和施温格所证明的最重要的东西之一是被称为“真空极化”的物理实在，用施温格的话说，“不过是正负电子对耦合到了电磁场中，使它得以表现出其真实存在”。具有讽刺意味的是，正是悉尼·丹科夫对这一现象的忽视，构成了前文提到的他所犯错误的核心，这个错误使他没能预见施温格对物理学的最大贡献：量子电动力学的“重正化”。正如施温格的传记作家所言，尽管他和丹科夫 288
在伯克利时彼此熟悉，“如果他俩能花更多时间，更详细地讨论他们各自的研究兴趣，历史可能会变成另一副模样”。

1940 年夏天，施温格一年的国家研究基金会研究员工作到期后，奥本海默马上让他顶替希夫做了研究助理。施温格在这个位置上只做了一年，在这期间，他和奥本海默的研究兴趣主要是试图弄清奥本海默当时仍然称为“mesotron”（介子）的粒子（直到二战后，他才改称“meson”）。正如我们现在所知，也正如在本书上一章中提到的那样，被奥本海默称为“mesotron”的物质，实际上包含两种截然不同的粒子：作为宇宙射线组成部分的 μ 介子（mu-meson 或 muon），和作为强核力载体的 π 介子（pi-meson 或 pion）。在 1939—1942 年间，奥本海默几乎所有发表的论文以及他的研究生和博士生所从事的大量工作，都是为了解决“介子”（mesotron）这一难题。这一问题之所以难以解决，主要是因为他们错误地将 μ 介子和 π 介子混为一谈。

为了解释奥本海默如何对他的学生产生鼓舞人心的影响，爱德华·杰尔居埃写道：“我觉得奥比研究物理，谈论物理，以物理为生，激情非同一般，这必定会鼓舞他的学生；不管怎么说，他的精神确实激励了我。”作为这种激情的典型案例，杰尔居埃描述说，奥本海默被“介子”（mesotron）这一问题深深吸引：

> 举个例子来说，（介子）这个问题让他困惑，似乎要将他撕裂，

> 他不明白 π 介子（在原子核中会产生强相互作用）如何能轻易穿透地球大气层。也许他应该想到，抵达地球表面的介子实际上不是 π 介子，而是其他弱相互作用的介子——就是我们现在所说的 μ 介子。但是，由于他从没想到过 μ 介子，他就在一个接一个的研讨会上或在学生团队里的非正式交谈中，继续纠结 π 介子穿透大气层这一异常现象。

大约就在他和施温格合写那封致编辑的信的同时，奥本海默将他的大名签在了一篇题为《介子产生的软次级》[*]的长篇论文上，此文的合著者有罗伯特·瑟伯尔和哈特兰德·斯奈德。他们在文中分析说，宇宙射线中的“软成分”是由介子“簇”中释放的电子和 γ 射线构成的。他们的结论并不陌生：标准的量子理论足以解释一定能量下的电子和 γ
289 射线的释放，但是“将这些方程运用到临界能量之上时产生的问题很可能超出现有的理论框架”。那个“很可能”，加上臆测的理论缺陷的判断，正是施温格强烈反对的。

施温格自己在伯克利也为介子（mesotron）的事大伤脑筋，花费了大量时间，正如他的传记作者准确指出的，“伯克利的每一个人都在谈论介子（mesons）”。除了与奥本海默合作，施温格还与威廉·拉里塔（来自布鲁克林学院的物理学家，在伯克利休学术假）和赫伯特·科本（在剑桥学习后到伯克利做博士后研究的澳大利亚人）就这一课题合写论文。在一封发表于 1941 年 3 月给《物理学评论》编辑的信中（题为《关于介子的自旋》），奥本海默提到了施温格、拉里塔和科本合写的这篇论文，也提到了罗伯特·克里斯蒂和日下周一写的一篇，还有他的一名研究生埃尔德雷德·尼尔森就这一主题写的另一篇论文。所有三名学生——克里斯蒂、日下和尼尔森——写的博士论文都以介子（mesotrons）为主题。这些文章给人的总体印象是，在美国最好的理论物理中心，几乎所有最聪明的大脑都在试图理解，观察到的宇宙射线粒

* “The Production of Soft Secondaries by Mesotrons”.

子的特性与根据标准量子电动力学所做的理论计算之间的巨大差异。瑟伯尔提到了一个最明显的例子，奥本海默执迷不悟地坚信，标准理论是错误的，因此妨碍了他取得进展。如果他能对那一理论多一点信任，他就肯定会想到，之所以会出现差异，是因为他们没有正确识别宇宙射线粒子（μ 介子）和汤川粒子（π 介子）。

1941 年 6 月，奥本海默和施温格将另一篇合写的论文《论介子和原子核的相互作用》* 寄给了《物理学评论》，他们这次主要将“介子”（mesotron）作为强核力的载体（即 π 介子）来论述。据施温格后来回忆，这篇论文基本是施温格一手写成的，奥本海默只不过在写好的论文上签上了自己的大名。实际上，他是在暗示，奥本海默不可能写出这篇论文，因为里面涉及介子场量子力学方法，它的数学计算难度超出了奥本海默的能力。施温格说，奥本海默“从技术上讲，足以胜任自旋半经典处理方法”，但“他却不能胜任更复杂的量子方法，至少他从未尝试效仿或使用过”。“不过，”他以强烈的优越感接着说，“他一直尝试处理很多不同的课题，因此也就很难仔细研究所有这些问题。”

那篇论文寄出几天后，施温格和奥本海默都在美国物理学会在帕萨 290
迪纳举办的一次会议上提交了好几篇论文，但不是俩人合写的。施温格的其中一篇是和爱德华·杰尔居埃合写的，奥本海默有两篇论文（都以介子为主题）分别与克里斯蒂和尼尔森合作完成。此后，施温格离开加利福尼亚到普渡大学任职。尽管事实是，正如施温格后来所言，“我还是没有完全弄懂如何在陛下 † 面前行事”，但他和奥本海默分开时还是保持着良好的关系，然而，俩人似乎并不感到难舍难分，奥本海默没有挽留，施温格也没有申请再做一年奥本海默的研究助理。离开时，他对奥本海默的仰慕依然如故，但他看到奥本海默失去了创造力，因为他接受了自己作为组织者和管理者的身份，而不是专心做研究的物理学家。在某种程度上，这使这种仰慕打了折扣。施温格后来说，奥本海默“竭尽

---

* “On the Interaction of Mesotrons and Nuclei”.

† His Majesty，这里指奥本海默。

全力让自己看起来能够掌控一切，很多时候也确实如此”，但是，不可避免的是，要掌控一切，对特定课题的细节也就无法顾及，而对施温格来说，细节就是一切。施温格回忆，奥本海默对特定课题的把握“越来越肤浅，我对此非常惋惜，这对我也是个教训，永远不要彻底脱离你的专业，否则一切都完了”。他认为，奥本海默“比大多数人更有机会获得成功”：

> 他的头脑反应敏捷。对这一点没有任何怀疑，但是好的大脑需要长期实践作为补充，才能进入行云流水、轻松自如的状态。缺乏专业实践，迟早都会迷失。

施温格对奥本海默的评价一语中的。他可能是第一个认识到这一点的人：1941 年夏天，这个时间点标志着奥本海默创造性科学工作的结束，他开启了完全不同的人生阶段。

施温格关于奥本海默脱离了自己的专业的回忆，与奥本海默 5 月份写给尤灵的信相吻合。在这封信中，奥本海默对“我们认为的物理学”的未来透着一股忧伤的语气。然而，正如我们所见，那封信所表达的脱离理论物理的感受并不像脱离“所有被抽调去为战争服务的活跃物理学家”的感受那么强烈。毕竟，他的感觉没错，重要的工作是由一群将他排除在外的人在做。

1941 年夏，核裂变物理及其在炸弹上的运用取得了重大进展，奥
291 本海默对此却一无所知。最关键的是，奥本海默在核裂变被发现时首先提出的问题：铀的临界质量是多少？这个问题出现了一个意想不到的答案。关于临界质量，我们可以这么问：假如核裂变过程释放出中子，由此使链式反应成为可能，为了让链式反应持续的时间长到足以产生巨大的爆炸，需要多大一块铀？在少量的铀中，核裂变释放的中子在启动下一次裂变前会从表面逃逸。当时提出的问题是：为了让中子引发核裂变链式反应，而不是从表面逃逸，这块铀必须得多大？

鲁道夫·派尔斯在 1939 年 10 月发表的论文中给出了答案，奥本海

默会对这答案很熟悉。派尔斯是一名德裔犹太物理学家，奥本海默在苏黎世见过他，从 1933 年起他就住在英国。1937 年起，派尔斯成为伯明翰大学的物理学教授。他于 1939 年 10 月的《剑桥哲学学会学报》上发表了计算临界质量的公式，并将它用于未减速的快中子分裂天然铀的简化情况。他得到的答案是，临界质量是好几吨，用于实战武器实在太重。这一结果证实了玻尔说过的话：原子弹不是一个实际可行的命题。

到派尔斯的论文发表时，另一位犹太难民物理学家、核裂变的共同发现者奥托·弗里施也来到伯明翰，参与到派尔斯的工作中。弗里施也一直在考虑临界质量的问题，并向自己提出了一个其他物理学家从未提出的问题。“1940 年 2 月或 3 月的某一天，”派尔斯后来回忆，“弗里施说‘假如有人给你一定质量的纯铀-235 同位素，情况会怎样？’”为了准确计算纯铀 -235 的临界质量，弗里施和派尔斯需要理论物理学家所称的“数字”，即实验和观察所确定的基本事实。在这方面，其中一个“数字”已经知道——每次裂变释放的中子数，但大多数其他数字只能靠猜测。比如，他们不知道铀-235 的裂变截面（也就是中子击中铀-235 原子核时，使它裂变的可能性有多大），但是根据玻尔和惠勒的工作，他们可以断定，每一个击中原子核的中子都能造成核裂变（不完全正确，但足够接近）。其他有根据的猜测使他们计算出铀元素中链式反应的速度、在铀膨胀得太大而不能继续裂变之前能发生多少“代”裂变，以及核裂变能释放多大能量。

计算结果让他们大吃一惊：远不像玻尔和其他所有物理学家计算的 292
那样，慢中子导致天然铀核裂变的临界质量需要以吨计。弗里施和派尔斯计算出的纯铀-235 被快中子裂变的临界质量仅约为 1 千克。实际上，正如我们现在所知，所有相关“数字”都已经由实验确定，临界质量要比这大许多，大约是 15 千克。然而，弗里施和派尔斯首先认识到，核裂变是个千克级而不是吨级的问题。而且，从质量相对较小的铀中释放的能量巨大：弗里施和派尔斯的计算结果是相当于几千吨 TNT。

当然，问题是，从天然铀中分离铀-235 非常困难。因困难程度太大，大多数考虑过这一问题的人都不认为这是制造炸弹的可行方法。然而，根据弗里施和派尔斯的计算（如果只需要千克级别的铀），制造武器的可行性似乎大幅提高了。当然，这需要建设价格昂贵的工厂，但是，正如派尔斯回忆自己和弗里施聊天时说的："即使建造这样一个工厂花掉的钱能造一艘军舰，它也值得。"

仅仅在不到两年的时间里，弗里施再次成了掌握一个惊天秘密的两个人之一。弗里施和派尔斯认识到，既然他们能做到，为纳粹工作的科学家（比如海森伯，他做这样的计算完全不在话下）也能做到，于是他们立即赶写一篇由两部分构成的分析报告——第一部分是"关于放射性'超级炸弹'特性的备忘录"，用非专业的通俗语言阐述了他们的结论；第二部分是"关于'超级炸弹'的构造：以铀核链式反应为依据"，这部分提供了技术细节。正如杰里米·伯恩斯坦所言："这些论文令人印象最深的是极为清晰明了。"读过这些论文的人没有一个不相信，如果能从天然铀中分离出一块不太大的铀-235 同位素，就能制造出一枚能量可怕的炸弹。弗里施和派尔斯甚至还解释了这枚炸弹的工作原理：可以把两块次临界质量的铀-235 合在一起，从而达到临界值。"一旦合在一起，"他们说，"炸弹就会在一秒或更短的时间内爆炸，因为一个中子就足以启动链式反应，而每一秒钟都有好几个来自宇宙射线的中子穿过炸弹。"这就是弗里施和派尔斯的构想，提出大约五年后，遵循这一基本设计的原子弹在广岛爆炸（尽管在广岛爆炸的原子弹中，使用了中子点火器——一种钋和铍的混合物，而不是用宇宙射线）。

那个时候，弗里施被划为"敌国侨民"，派尔斯刚获得英国国籍，
293 两人都不能成为积极参与英国战争计划的备选人。于是他们把备忘录交给将他俩招聘入校的伯明翰大学物理系主任马克·奥利芬特，奥利芬特在上面加了一个封面说明，宣布"我坚信整个事情必须被认真对待"，然后将它转交给牛津培养的化学家亨利·蒂泽德，他是英国政府防空科学研究委员会的平民主席。蒂泽德单独组建了一个委员会，成员全部是在卡文迪许实验室学习过的物理学家：奥利芬特、查德威克、考克饶夫和主席 G.P. 汤姆孙。这个委员会于 1940 年 4 月 10 日举行了第一次会议，

据奥利芬特所述，委员会成员马上为“原子弹的可能性激动得如被电击一般”。

那个时候，我们很难用“被电击”这个词去形容罗斯福总统于1939年10月建立的铀顾问委员会。委员会主席官方科学家莱曼·布里格斯以谨慎有余、活力不足著称。委员会举行第一次会议后，向总统递交了一份报告，建议向费米和西拉德提供他们需要的纯石墨和铀，用来研究受控链式反应的可能性，并向总统建议，这种链式反应可以用作“潜艇的动力来源”。读过报告后，罗斯福说要将这份文件存档。1940年夏天，铀委员会被合并到新成立的国防研究委员会，由哈佛大学的詹姆斯·科南特和卡内基研究院的万尼瓦尔·布什领导。布里格斯仍然是核裂变项目的主席，但他现在要向科南特汇报工作。

同时，温斯顿·丘吉尔于5月当选英国首相，为英国的战争意志注入了新的动力。在接下来的一个月里，随着法国的沦陷，英国只能独自抵抗纳粹德国的威胁，全国各地坚定了抗战到底、争取胜利的决心。G.P. 汤姆孙的委员会很难不受这一决心的感染。6月，委员会明显是在收到莉泽·迈特纳的一份给英国朋友的神秘电报后更名为“莫德委员会”，电报全文是：‘MET NIELS AND MARGRETHE RECENTlY BOTH WELL BUT UNHAPPY ABOUT EVENTS PLEASE INFORM COCKCROFT AND MAUD RAY KENT。’（近遇尼尔斯和玛格丽特，均安好，然不安于时局，请告知考克饶夫和肯特郡莫德·雷）。电报是发给考克饶夫的，他认为“Maud Ray Kent”肯定是“Radium Taken”（镭被拿走）的字谜，证实了对德国人正从被占领国实验室拿走镭的怀疑。后来，他们发现莫德·雷是住在肯特郡的一位女士的名字。

1940年12月，莫德委员会收到另一位在英国工作的德国流亡物理学家弗朗兹·西蒙的报告，内容涉及从天然铀中分离1千克铀-235的工厂的预估成本。西蒙说，这样一个工厂的成本大约是500万英镑。第 294
二年2月，科南特飞抵伦敦，为自己的委员会和英国政府建立联系。他对在那里看到的一切感到震撼，他说，那是“我生命中最不同寻常的经历”。

> 我看到狂轰滥炸下勇敢坚毅的市民。我看到毫不退缩的政府决心背水一战。几乎每个小时，我的所见所闻，总让我为自己身为人类的一员而自豪。

值得注意的是，正是在伦敦，科南特（连美国核裂变研究项目主席都要向他汇报）第一次听到用核裂变制造原子弹的可能性。这一话题是在与温斯顿·丘吉尔的科学顾问弗雷德里克·林德曼的谈话时提出来的，科南特当时和他在一个伦敦俱乐部*用午餐。根据科南特后来回忆，林德曼“谈到了铀原子核裂变研究方面的话题”。

> 我不断重复我在国防研究委员会的会议上提出和听到的疑问……［林德曼］说，“你们没有考虑过制造威力巨大的炸弹的可能性”。“那怎么可能？”我问。“首先分离铀-235，”他说，“然后将两块铀-235突然合在一起，合并后的质量就能自动进行自持反应。”

科南特没有对外声张，因为“这完全是非官方的私人交流，并且具有很强的猜测性”，但不可否认的事实是，他回到美国后，在美国铀研究项目里，至少有一个人明白，裂变炸弹并非遥不可及。

同时，欧内斯特·劳伦斯正为布里格斯的铀委员会缺乏紧迫感而心急如焚，他利用一切机会在任何能对华盛顿产生影响力的人面前表露他的急迫心情。从英国回来后不久，科南特到伯克利递交一篇论文，劳伦斯不失时机，强烈建议科南特“在布里格斯的委员会下面点一把火”。哈佛核物理学家肯尼思·班布里奇陪同科南特到英国，并应邀参加莫德委员会的会议后，布里格斯面临着更大的压力。在这次会议上，班布里奇详细了解了科南特顺便听来的消息：“关于临界质量和装配，英国人
295 有很好的想法”，而且他们认为三年便能制造出原子武器。

* 这是位于伦敦上层人士社交场所梅菲尔区（Mayfair）的一个餐饮俱乐部。

班布里奇的报告促使万尼瓦尔·布什设立了一个新的委员会，以便“对整个局势进行积极而冷静的评估”。劳伦斯应邀为委员会服务，阿瑟·康普顿被选为主席。委员会很快完成评估，并于 1941 年 5 月 17 日提交报告。不同于弗里施 – 派尔斯备忘录，康普顿的报告没有强调快中子裂变的重要性，还淡化了制造原子弹的可能性。报告着力强调了费米在天然铀中引发链式反应的实验的重要性。

这一报告导致原子弹的研究进展更加缓慢、更加痛苦难耐，也导致另一个官僚机构科学研究发展局的建立，布什任局长，只对总统负责。这里的关键词是“发展”。这个委员会不仅有权启动研究，还能聘请工程师和技术人员组织实际生产。布什提任后，科南特全权负责国防研究委员会。

然而，美国迎来了另一个加快进展的契机。英国莫德委员会邀请当时在英国为国防研究委员会工作的查尔斯·劳里森参加 1941 年 7 月 2 日的会议，听取 G.P. 汤姆孙起草的委员会最终报告草案。劳里森边听边做笔记，一个星期后，他向布什汇报了莫德委员会的发现。报告的结论是，用 25 磅（约 11.3 千克）铀–235 就可能制造出铀弹，造价大约是 500 万英镑。尽管耗资巨大，但报告指出，考虑到“物质和精神杀伤力如此巨大，应该不遗余力地制造这样的炸弹”。科南特后来说，有了这份报告，他和布什已非常清楚，“沿着既定路线大力推进，已准备就绪”。

或许已经准备就绪，但令英国人更为沮丧的是，美国人仍然没有行动。8 月底，马克·奥利芬特飞抵美国，想到那里看个究竟。“如果国会了解原子能计划的真实历史，”利奥·西拉德曾经说，“毫无疑问，它应该为那些参与这项工作并做出突出贡献的外国人制作一枚特殊勋章，而奥利芬特博士应该成为第一个获得这枚勋章的人。”在华盛顿，奥利芬特拜访了布里格斯，但令他“惊讶和痛心”的是，他发现“这个不善言辞、平庸无能的人”竟然将莫德委员会的报告锁在了保险柜里，根本没有拿给铀委员会的其他成员过目。他瞅准机会，面见铀委员会成员，清晰阐明了用核裂变制造爆炸物的可能性，令在场的一些人十分震惊。
一些委员会成员还是第一次在这样的语境下听到“炸弹”一词。其中 296

一位成员塞缪尔·艾里逊后来回忆："我还以为我们要建造潜艇的动力装置。"

奥利芬特从华盛顿飞往加利福尼亚与劳伦斯见面，他有理由相信，劳伦斯对这个项目比政府科学家更有紧迫感。1941 年 9 月 21 日，劳伦斯开车带奥利芬特到"回旋加速器山"（Cyclotron Hill）参观在建的 184 英寸回旋加速器的建设现场。回到劳伦斯的办公室后，奥本海默走了进来。奥利芬特觉得，对于他和劳伦斯正在讨论的官方机密，奥本海默但听无妨，便继续讨论莫德报告，大谈英国科学家如何对制造原子弹的可能性表示乐观，英国和美国如何在原子弹研发方面展开合作。注意到劳伦斯开始坐立不安，也发现奥本海默的脸上显出惊讶神情，奥利芬特这才意识到，就在刚才，他第一次向奥本海默透露了制造原子弹的计划。奥本海默清了清嗓子，建议奥利芬特最好不要再讲了，因为他并没有参与这个计划。"但这太糟糕了，"奥利芬特回答，"我们需要你。"

奥利芬特以这样的方式让奥本海默知道这一消息，可能会确保他加入这一计划。因为，即使还不确定奥本海默在理论物理方面的才能是否对这一计划有无法估量的价值，但他现在知道得实在太多，而不应该被排除在外。

第三部分

1941—1945

第十一章 299

绝密计划

不经意间向奥本海默透露了同盟国最重要、保密级别最高的军事机密后，奥利芬特回到华盛顿，把莫德报告的一份书面摘要留给了劳伦斯。劳伦斯安排奥利芬特在华盛顿与布什和科南特见面，但遭到两人的冷遇。布什和科南特对官方机密采取了比在加利福尼亚更为严格的措施，他们都不承认知道莫德报告这回事，而且两人对奥利芬特的态度十分冷淡。在布什面前，科南特将奥利芬特的消息斥为“原子物理学家关于禁忌话题的八卦新闻”，他气急败坏地说：“奥利芬特的行为对我们的保密工作很不利。”

奥利芬特与布什和科南特的交锋体现了当时英美两国优先事项的根本差异。对英国人来说，赶在德国人之前制造出原子弹比保守秘密更重要。他们有理由相信，德国人正在快速推进自己的原子武器计划。

美国人的看法大不相同。美国还没有和德国开战，苏联还不是美国的盟友。实际上，若说美国人认为，他们在1941年秋季就进入了战争状态，那只不过是指对苏联展开的间谍战。这一时期，苏联间谍在工业、科学和军事方面多有活动，但触目惊心的程度直到战后很多年才完全暴露。美国政府掌握了足够多的情报，认定苏联驻华盛顿大使馆及纽约和旧金山领事馆是主要的活动中心。利用“合法”和“非法”的复杂体系（前者以公开身份活动，后者在化名或伪装的掩护下开展工作），
300 同时雇用通过美国共产党开展工作的各种人以及直接为苏联效力的人，苏联从制造企业、大学、军事基地和政府部门搜集了大量情报，通过官方电报传递给莫斯科。

在战前和整个二战期间，苏联在英国一直保持着异常高效的间谍活动。仅“剑桥五杰”——安东尼·布兰特、盖伊·伯吉斯、唐纳德·麦克莱恩、金·菲尔比和约翰·凯恩克罗斯——就将英国大量最高军事机密提供给了莫斯科。毫无疑问，因为他们是英国的社会和教育精英，地位很高，他们才能只经过最低限度的安全审查就被委以重任，接触盟国的最高保密文件（布兰特、凯恩克罗斯和菲尔比为英国情报部门工作，而麦克莱恩受雇于外交部，伯吉斯也断断续续在外交部工作）。比如，通过凯恩克罗斯，莫德委员会的最后会议结束后，仅仅过了大约一周，苏联人就收到了会议的全部文件和最终报告的副本。

直到二战结束，英国和美国都没发现这五个人的活动。正是因为美国对苏联人的怀疑而采取的一次行动才使他们最终暴露。这就是所谓的“维诺那计划”。按照这项计划，美国各大电报公司按要求保留了从美国发往莫斯科的每一份电报的副本（统称“维诺那文件”）。留存的电报多达几十万份，经过研究，很多被破译，这些电报在美国政府部门面前展现出一幅清晰的画面：苏联间谍活动极其成功，渗透之深令人震惊。

然而，由于破译不及时，大多数发生在二战期间的间谍活动得不到遏制，美国不得不主要依靠联邦调查局的反情报力量。英国缺乏人力，某种程度上也缺乏意志，对苏联的间谍活动难有大的作为，而美国能够投入大量资金，雇用几千名探员，极力避免国家机密泄露给莫斯科。

因为联邦调查局知道，美国共产党在苏联的情报收集方面发挥着重要作用，反情报行动的主要目标自然是共产党员及其身边的人。正因为如此，当奥利芬特将英国和美国的原子弹计划透露给奥本海默时，调查局为奥本海默建立了档案。

此时，尽管联邦调查局将奥本海默视为可疑人物，但并没有把他视

作特别优先的监视对象。调查局为他建立了档案，但没有像对待已被确定为苏联间谍网中的高层人物那样跟踪他、窃听电话或在住所安装窃听器。实际上，联邦调查局于1941年3月建立的奥本海默档案，过了六个月也没有什么太多内容。里面记录道：一、1940年12月在希瓦利埃的家中参加过一次会议，艾萨克·福柯夫和威廉·施耐德曼也在场；二、福柯夫提到他是个“大腕”；三、他订阅了共产党党报《人民世界》；四、他是多个共产主义阵线组织的成员。就这么多。 301

要让J.埃德加·胡佛认为奥本海默需要受到监视，这些资料绰绰有余，但这远不能说明他正在从事任何间谍活动。当然，在与奥利芬特见面之前，即使奥本海默想要将秘密情报传递给苏联人，他也做不到，因为他接触不到任何机密。但在与奥利芬特那次会面后的几个月里，至少作为那次会面的间接结果，情况就大不一样了。

奥利芬特用莫德委员会的发现，让欧内斯特·劳伦斯（没能让布什和科南特）感受到了研发原子弹的紧迫性，这就达到了预期目的，实现了他尽快推进这一计划的愿望。因为劳伦斯是对阿瑟·康普顿很有影响力的一个朋友。1941年9月25日，令科南特懊恼的是，他莫名其妙地与劳伦斯和康普顿进行了一场关于原子弹的“身不由己的讨论”。这次会面发生在芝加哥康普顿的家里，科南特参加芝加哥大学建校五十周年庆典期间，以客人的身份住在那里。

在科南特不知情的情况下，康普顿邀请了同来芝加哥参加校庆的劳伦斯，向科南特建议尽快推进原子弹研发。科南特借机训斥劳伦斯将原子弹的秘密泄露给奥本海默，之后又听了劳伦斯接受莫德委员会的发现并与英国人联合研制原子弹的理由。随后，科南特转过身面对劳伦斯，说道：“欧内斯特，你说你对这些裂变炸弹的重要性确信无疑，那你愿意牺牲接下来的几年时间将它们制造出来吗？”犹豫片刻后，劳伦斯回答：“如果您说这就是我的工作，我当然愿意。”

尽管美国科学家以非正式的方式讨论了几个月，而且劳里森也向政府官员提交了摘要，但莫德报告直到1941年10月3日才正式流转到科南特手里。六天后，布什将莫德报告的发现呈送总统罗斯福，总统的回

302 复是，建立一个高层政策小组，成员包括布什和科南特，还有副总统、战争部部长和陆军参谋长，以后由他们负责原子弹项目，小组根据阿瑟·康普顿的委员会提出的建议制定行动方案。为了启动研发计划，康普顿于 10 月 21 日在纽约上州的斯克内克塔迪（Schenectady）召开委员会会议。会议召开的一周前，劳伦斯发电报给康普顿说："奥本海默有重要的新想法，应该让他参加我们周二的会议。你能邀请他吗？"在第二次请求中，劳伦斯强调他"对奥本海默有极大的信心"，康普顿做出让步，同意劳伦斯携奥本海默前来参会。

就这样，与奥利芬特偶遇后不到一个月，奥本海默就从对美国原子弹计划一无所知并被排除在外的状态，一下子来到了这项计划的核心。这似乎导致联邦调查局一片忙乱，至少在他们看来，这会涉及奥本海默极其可疑的共产党活动。1941 年 10 月 3 日，调查局"从一位可靠的密探"（福柯夫电话上的窃听器）那里得知，福柯夫联系过奥本海默，通知他说，周末不能和他见面，另外安排他与史蒂夫·尼尔森见面。三天后，调查局通过同一个"密探"得知，尼尔森联系福柯夫说，他从"他"那里收到了 100 美元。然后，10 月 14 日，斯克内克塔迪会议仅一周前，窃听器显示，奥本海默联系过福柯夫，让他安排鲁迪·兰伯特（加利福尼亚共产党劳工委员会主席）和他（奥本海默）联系，并告诉他"史蒂夫"已经联系过他，还让他给福柯夫捎个信。

奥本海默与兰伯特的见面没有留下任何记录，甚至是否真有其事也没有得到确认，我们也没有办法知道史蒂夫·尼尔森想让奥本海默转告福柯夫的是什么消息。由于事情发生的时间正好是劳伦斯想把奥本海默拉进讨论原子弹进展的秘密会议之时，人们不禁会想，奥本海默会不会将举行这次会议的消息透露给与莫斯科有关联的人。然而，根据已掌握的证据，更大的可能性是，奥本海默的目的是要告诉福柯夫，从今往后，他和共产党的接触会明显减少。

奥本海默深知（比如通过弗兰克的遭遇），被视作一名共产党员会对一个人的事业造成巨大的危害。到 1941 年秋，很多迹象表明，他最大的愿望是参与和战争项目有关的政府工作，他非常清楚，参与这样的

工作，就不能与共产党保持紧密联系。在前文中提到的1941年春天写 303
给威利·福勒的信中，奥本海默写道："我深信，如果给我安排一项工作，我完全能把它做好，如果有需要，我不会拒绝。"奥本海默于1941年春夏写的信给人的感觉是，他觉得自己被排除在重要工作之外。这样的印象得到了伯克利化学家马丁·卡门言论的支持，他回忆，尽管以前奥本海默因为他们的研究成为众人热议的对象，但在1941年，情况开始改变：

> 突然之间，没有人谈论他。他被遗忘了。有大事正在［放射实验室］发生，但是他不知道是什么。于是他变得越来越沮丧，劳伦斯非常担心，因为他觉得，毕竟奥本海默肯定能猜到是怎么回事，以安全的名义将他排除在外简直是无稽之谈。最好让他参与进来。我想这就是后来发生的事情；他们说，他在项目内比在项目外更容易受到监控。

奥本海默自己说，对那些他认识的从事雷达或其他军事研究的人，他"不能不羡慕"，"但是直到我第一次接触基础原子能工作，我才开始意识到我如何才能发挥直接作用"。

像往常那样，奥本海默的行为总是令人捉摸不透、难以解释。如果他想避免政治争端，达到"发挥直接作用"的目的，那么1941年10月13日他写给库代尔的措辞强烈的抗议信显然相当奇怪。库代尔是纽约州设立的一个委员会的联合主席，负责调查共产党对纽约高校系统的渗透。奥本海默依据法理完美地指出，《人权法案》"保护的不是信仰权，而是口头或书面表达信仰的权利"，因此，那些因共产主义受到指控的教师所从事的是"《人权法案》特别保护的活动"。写完这些后，奥本海默情不自禁地在信的结尾加上一些直截了当、（在这种语境下）完全多余的过激言论："就是因为你自己的陈述充满了道貌岸然的推诿和给人扣红帽子的伎俩，才让我相信，你主持的委员会极尽哄骗、恫吓和傲慢之能事的传言都是真实的。"这不是一个决心保持低调、避免冒犯政治

304 机构的人应该采用的语气。然而，信中的刻薄之辞或许进一步证明，奥本海默（因为他和共产党的关系）对于自己可能会被排除在与战争有关的工作之外而感到沮丧和焦虑，也能看出他对自己被暗指不完全忠于美国的愤怒。

以这样的方式对那些拒绝承认共产党人享有宪法权利的人表达不满后的一个星期，奥本海默和劳伦斯从伯克利出发，横贯美国，前往斯克内克塔迪参加会议。后来证明，这次会议是同盟国原子弹制造计划中的一个重要里程碑。会议一开始，劳伦斯就宣读了奥利芬特的莫德报告。然后，康普顿传达了他与多位顶尖科学家面谈的内容，通过这些交谈，他从最有发言权的人那里获得了原子弹主要科学问题的最新情况。可以说，这些情况大多是奥本海默从未听过的。

康普顿报告说，在与费米的面谈中，他得知铀-235 的临界质量估算值是 100 磅（约 45.4 千克）。这比弗里施 - 派尔斯的估计大很多，但即便如此，制造原子弹仍然是个可行的命题。但是，无论需要 2 磅还是 100 磅，从天然铀中提炼铀-235 都是一项艰巨的任务。康普顿建议，要解决这一难题，最好采用诺贝尔化学奖得主哈罗德·尤里的方法。尤里向康普顿介绍了分离裂变同位素的不同方法，如果要生产足够多的铀-235 用以制造原子弹，无论采用什么方法，都需要投入大量的时间和人力。

尤里对康普顿说（康普顿在斯克内克塔迪会议上也报告说），他最看好的分离方法是气体扩散法和离心分离法。前者需要将铀从金属转化成气体，然后使它穿过滤器或“隔膜”的微孔。因为铀-235 同位素比铀-238 略轻，更容易穿过隔膜，因此隔膜就起到了“浓缩”铀的作用，即增加铀-235 的含量。这一方法存在许多问题，其中之一是，这种气体有很强的腐蚀性，分离要重复很多次，因而分离工作既艰苦又耗时。康普顿和尤里会面的那段时间，用这种方法只生产过少量的浓缩铀。把这一想法作为大规模生产同位素的基础，看起来希望非常渺茫。

离心法也存在类似问题，尽管它已成为当今浓缩铀的主要方法，但在 1941 年的时候，它还是一种全新的、未经检验的技术。它的基本原

理是，将铀（也以气体的形式）放进一个圆筒内，让圆筒快速旋转，较 305
重的铀-238 被甩到外层边缘，而较轻的铀-235 则集中于靠近中心的位置。因为两种方法的前景都相当不错，尤里的看法是，尽管困难很大，但如果资源足够，收集达到临界质量的铀-235 并非遥不可及。

除了用艰难费劲的方法收集重量可观的铀-235，另一种选择是用新发现的钚元素（当时所称的“94 号”元素，直到 1942 年 3 月才有了 Pu 这个名称或元素符号）制造原子弹。钚在自然界中并不存在。它是费米和其他人一直在艰难寻找的“超铀元素”（比铀重的元素）之一，他们认为它是用中子轰击铀的产物。很长时间以来，物理学家们相信超铀元素可以人工制取，玻尔和惠勒在 1939 年合写的经典裂变论文中预言了 94 号元素是一种可裂变元素。

路易斯·特纳在 1940 年 1 月发表的核裂变文集的摘要中提出，可能存在一种替代铀-235 的裂变材料。即使不发生裂变，如果一个铀-238 原子俘获向它飞来的中子，它就会变成铀-239，特纳认为，它也可能裂变。但是，即使不裂变，它也一定是不稳定的，因此通过 β 衰变，会嬗变成一种未知的 93 号元素（即有 93 个质子的元素，比铀多一个）。这种元素又会衰变成 94 号元素，特纳预测，它比铀-235 更容易裂变。

1940 年和 1941 年的一系列实验证明，特纳的说法完全正确。1940 年春，埃德·麦克米伦和菲尔·埃布尔森在 60 英寸（约 1.5 米）的回旋加速器里通过用中子轰击铀制取了 93 号元素，后来命名为镎［neptunium，来自海王星（Neptune），这是比天王星（Uranus）更远的行星］。令人吃惊的是，他们发表了这一结果，这篇宣布发现 93 号元素的论文出现在 1940 年 6 月的《物理学评论》上。这令詹姆斯·查德威克非常反感，他劝英国大使馆向伯克利提出严正抗议。尽管和美国人相比，英国人面对苏联间谍活动，保守战争机密的警惕性不太高，但公开发表直接有利于纳粹原子弹计划的研究成果是他们断然无法熟视无睹的。

1941 年 2 月 23 日，格伦·西博格和他在伯克利的研究团队再次用

60英寸的回旋加速器通过93号元素的衰变明确制取了94号元素，一
306 个月后，他们又证明，这种元素能够像铀-235那样裂变。这次他们没
有将结果发表。西博格和普林斯顿的尤金·魏格纳加入了康普顿的顾问
团队，俩人向大家通报，94号元素实际上比铀-235更容易裂变，在铀
核反应堆中制取它的临界质量是实际可行的。

于是，康普顿在斯克内克塔迪会议上所做报告的结论是，根据他获得的最佳科学建议，制造原子弹完全可能做到。下一位发言的人是奥本海默，他自己给出的铀-235临界质量的估算值约为220磅（约99.8千克）——比费米的估计更保守，但多少属于同一数量级（都是百磅而不是千磅级）。

在这次会议上，最让康普顿感到失望的是在场（在布什的明确坚持下）的工程师，让他们参会是为了估算制造这样一枚炸弹需要多少时间和资金。会议地点选在斯克内克塔迪就是因为这里有他们工作的通用电器公司的实验室。然而，令康普顿恼怒的是，就这一项目所需的时间和成本，这些工程师拒绝发表任何意见。他们认为数据少得可怜，哪怕是毫无把握的猜测都不可能。因为必须给出项目的答案，康普顿自己提出的时间是三年半，成本是“几亿美元”——在布什的建议下，这是一个在最终报告中被压缩的估值，“以免吓到政府”。

康普顿在他的自传中写道，他“对这些预测非常自豪，因为数据有限”。实际上，他对制造原子弹所需时间的估计准确得出乎意料。从项目启动到最后完成确实用了三年半时间。然而，成本却高达20亿美元，主要是因为分离同位素的难度太大。

根据斯克内克塔迪会议，康普顿准备了一份报告，毫不含糊地提出“如果能尽快聚积足够多的铀-235元素，就可以制造出具有超级破坏力的裂变炸弹”，并建议：“全力以赴制造原子弹对国家安全和自由世界至关重要。”康普顿于11月6日将这份报告提交给布什后，布什又于11月27日将它呈交总统。

12月6日，布什召集包括自己、科南特、布里格斯、劳伦斯和康普顿在内的小组成员，听取总统对康普顿报告的批复。这就是那个新成

立的委员会的班底，很快将被称为 S-1（即“Section One”，科学研究
发展局一处），成员包括科南特、布里格斯、劳伦斯和康普顿，再加上 307
标准石油公司研究主任埃格尔·默弗里、哥伦比亚大学的乔治·佩格拉姆和哈罗德·尤里，后两位当时在英国学习，旨在建立一个英国的平行项目，为掩人耳目，代号为“合金管”项目。S-1 委员会的预算达到几百万美元，计划用六个月时间进一步研究制造原子弹的可能性，如果届时能证明，制造这样的炸弹是可行的，就可以获得源源不断的资金，确保计划顺利完成。

科南特被任命为新委员会的主席，布里格斯任副主席。尤里负责研究扩散法；默弗里负责研究离心法；劳伦斯研究他设计的新方法，即采用电磁法，用改造的回旋加速器分离铀同位素。康普顿承担双重职责，即设计原子弹，并研究使用钚的可能性，这就意味着他将监督世界上首个核反应堆的建造。

奥本海默不是 S-1 委员会的成员，这可能表明，尽管他在斯克内克塔迪会议上的贡献有目共睹，但他在政治上太不可靠，不能介入如此敏感的工作。劳伦斯决心将奥本海默拉进来，但奥本海默继续参与左翼政治活动的决心使他一时爱莫能助。当奥本海默邀请劳伦斯到他家里，参加一个美国科学工作者协会的会议时，劳伦斯断然拒绝，并禁止他的手下参加。“我认为这不是个好主意，”他对奥本海默说，“我不希望你参加。我不知道什么地方不对，但我们正计划干一件与战争有关的大事，所以这么做是不对的。我不想让华盛顿的人抓到我们的任何把柄。”就在劳伦斯前往华盛顿听取总统对康普顿报告的批示当天，奥本海默回信道：

> 我原希望在你出发前见你一面，但我在此向你保证，我和美国科学工作者协会不会在任何时候有麻烦。我认为你的努力会对和你一起工作的人产生重大影响，同样会对不在放射实验室，但也在努力保卫国家的科学家产生重大影响。我非常怀疑，是否有人会在这个时候建立给我们手头的工作带来困惑、分歧和干扰的组织。

308 根据这封信，至少可以说，下面这件事实在令人大跌眼镜：12 月 6 日，正是劳伦斯到华盛顿听取罗斯福总统批示的当天，奥本海默选择参加了一个为西班牙内战老兵组织的筹款活动。他肯定知道，加利福尼亚的几乎每一位高级共产党官员都会参加这次活动，此举肯定会让他重新受到联邦调查局的注意。

筹款聚会在路易斯・布兰斯坦的家里举办，布兰斯坦被调查局视为苏联内务人民委员会（克格勃的前身）特工格里高利・凯菲茨的密友。凯菲茨在苏联驻旧金山领事馆的掩护下工作，他接受的任务是搞清美国铀研究的秘密，并一直在物色科学家。毫无疑问，他被介绍给奥本海默时极为高兴，根据杰罗尔德和利昂娜・斯科特的那本有争议的书《神圣的秘密》* 描述，两人第二天（12 月 7 日）共进午餐，席间奥本海默表达了德国人可能在同盟国之前造出原子弹的担忧。斯科特夫妇还声称，在午餐桌上，奥本海默向凯菲茨谈到爱因斯坦给罗斯福的那封著名的信以及一项涉及杰出科学家（包括诺贝尔奖获得者）的秘密计划。

如果斯科特夫妇的描述属实，就能解释为什么苏联情报人员于 1944 年写的一封信中提到了奥本海默。这封信声称，奥本海默（“美国铀科学研究的领导人之一，白劳德同志的组织里的未登记成员”）“告诉我们计划已经开始”。这封信及斯科特夫妇提供的关于奥本海默与凯菲茨用餐时的陈述都不一定可信，就算这些都是事实，我们仍然无法断定，奥本海默参与了苏联的间谍活动。他知道的比据说他透露给凯菲茨的多得多，尽管他提到爱因斯坦的信和秘密计划，这确实是轻率之举，但这不能与“剑桥五杰”那样的真正的间谍活动相提并论，严重程度甚至不及奥利芬特在伯克利的行为。不管怎么说，奥本海默被指与凯菲茨用餐之时，美国和苏联已成为盟友，因为，事情发生在西班牙内战老兵筹款日的第二天，也就是 1941 年 12 月 7 日，这天还发生了日本偷袭珍珠港事件，美国卷入第二次世界大战。

S-1 委员会于 1941 年 12 月 18 日集中开会时，新的政治和军事形

* *Sacred Secrets.*

势使他们正在实施的计划变得更加紧迫。在会上，佩格拉姆和尤里从英国发回报告说，英国人对用扩散法分离同位素普遍持乐观态度，而劳伦斯就电磁法的可行性给出了令人信服的实例。尤里也汇报了弗吉尼亚的 309
杰西·W. 比姆斯从事的研究，结果显示离心法完全可行。会议分析了所有方法的现状，但康普顿认为，在某种程度上，生产钚比其他任何方法都更容易、更可行。但是，要取得成功，必须做到：一、尝试以前从未发生过的核链式反应；二、运行链式反应，水平达到能够生产所需数量的钚，那时甚至还无人知道这样的壮举有无成功的可能；三、用康普顿的话说，“学习新元素钚的化学和冶金知识，以便用铀生产出钚之后，钚能够被提取、还原成金属，并塑造成制造炸弹所要求的形状”。面对使计划获得成功的紧迫状态，以及生产可裂变材料的四种似乎同样可行的方法，S-1 委员会做出了所有方法齐头并进的重大决定。

正如康普顿在他的自传中指出：“从 1941 年 12 月授权推进原子弹项目到 1942 年 6 月军队开始全权负责的这段时间至关重要。”正是在这一时期，劳伦斯和康普顿这些相信可以成功制造出原子弹的人必须拿出令人信服的可行性论证，并制定用三到四年时间制造原子弹的切实可行的计划。

1942 年 1 月 24 日，在康普顿的家中召开的 S-1 委员会会议决定，将铀链式反应和钚的生产集中于同一个地方，而不是分散在美国不同的大学。佩格拉姆自然希望将地点设在哥伦比亚大学，那是费米和西拉德在过去几年里共同研发核反应堆的地方。劳伦斯强烈要求将这一项目设在伯克利。普林斯顿也有被选中的可能。最后，康普顿决定将它设在他所在的芝加哥大学。“你永远不可能在这里运行链式反应，”劳伦斯嘲笑道，“芝加哥大学的节奏实在太慢。”康普顿不服气，承诺年底前成功运行链式反应。“我赌一千美元，赌你做不到。”劳伦斯说。但在康普顿接受这个赌局后，劳伦斯马上将赌注降到“一支五美分的雪茄”。“我赌赢了，”康普顿在自传中说，“但是我至今没有得到那支雪茄。”

1942 年春，费米、西拉德和其他一些人准备搬到芝加哥，组建康
普顿决定命名为“冶金实验室”的新机构。同时，奥本海默也一步步从 310

这项计划的边缘走向核心。在这一过程的各个阶段，他每前进一步都会受到怀疑的困扰，而这种怀疑的起因是他的激进政治立场，以及这种立场让他陷入的朋友和同事圈。在这期间，很多以保护美国、对抗苏联间谍为己任的人越来越怀疑奥本海默，并多次要求将他置于更严密的监视之下。1942 年 1 月 26 日，联邦调查局旧金山办事处特工皮珀写信给埃德加·胡佛，将奥本海默列为（在这一办事处看来）一个损害国家利益的组织的四名成员之一（其他三人是阿迪斯、希瓦利埃和一个叫亚历山大·考恩的人）。皮珀建议，“应该使用高度保密的信息源和调查局近期的电传打字电报提到的监视手段”，即窃听他们的电话，并在住所安装窃听器。“这一群人，”皮珀接着说，“隐藏得太深，办事处的任何密探都不大可能和他们接触，弄清他们在共产党内部的具体职务。”

在落款为 2 月 10 日的批复中，胡佛同意对希瓦利埃和考恩实施“技术监视”，但不同意监视阿迪斯和奥本海默。皮珀于 3 月再次请求，但仍被拒绝，胡佛提醒他，以后应“遵循恰当程序”，通过电话而不是书信请求批准。很明显，如果有那么一天，他同意监听奥本海默的电话，胡佛不想让这样的决定留下书面记录。

那时的胡佛对美国原子弹计划和 S-1 委员会一无所知。他和探员对奥本海默的担心是相当笼统的，完全基于这一合理的（并非万无一失的）假设：任何频繁与尼尔森、福柯夫、施耐德曼和凯菲茨见面的人都不会有什么好事。如果胡佛知道奥本海默掌握着武器开发的最高机密，而美国政府相信这一武器能为他们赢得战争，那他肯定会毫不犹豫地将奥本海默置于尽可能严密的监视之下。

詹姆斯·科南特很清楚奥本海默知道多少秘密，在奥利芬特来访后，他也有理由相信伯克利的安全状况并没有完全达到要求，他为此忧心忡忡。1942 年 2 月，他将美国陆军军事情报局的约翰·兰斯代尔中尉叫到办公室，向他解释，美国正在和德国人展开一场制造原子武器的
311 竞赛。科南特对他说，“谁先把它造出来，谁就将赢得战争”。他接着说，因此，弄清伯克利的物理学家在保守机密方面是否可靠尤为重要。在科南特的指导下，兰斯代尔来到伯克利，假扮成一名法律系学生，花了两

周时间评估那里的情况。他的发现使科南特大为震惊。兰斯代尔发现，他能在尚未完成的 184 英寸回旋加速器（很快被改造成了一台铀浓缩机）周围自由走动，劳伦斯正在执行制造炸弹的政府计划是伯克利众所周知的常识，还成了食堂餐桌上公开闲聊的话题。据说，科南特听到这一消息时说，“不！……不！……不！我的天哪！”针对这一情况，他将兰斯代尔又派了回去，这次是身着军服前往，他把那些物理学家痛骂一顿，警告他们说，违反安全条例会严重破坏计划的实施。

到 1942 年 3 月 9 日，布什向罗斯福总统呈交进度报告时，劳伦斯用来浓缩铀的电磁法在各种制取铀-235 的方法中似乎进展最快。布什向总统建议修建一个离心工厂，他认为到 1943 年底便可以投入使用。布什还汇报说，到 1944 年底，气体扩散工厂可以开始生产武器级的铀。不过，电磁工厂到 1943 年夏天就能建造完毕。

尽管奥本海默还不是美国原子弹计划的正式成员，但实际上，他正将自己的全部精力投入这项工作，可以说，是劳伦斯“通过后门”将他拉进了这个计划。在伯克利的大部分时间里，劳伦斯早已习惯把实验工作中出现的理论问题交给奥本海默，且他没有现在不这么做的理由。实际上，对劳伦斯来说，利用奥本海默敏锐的头脑比以往任何时候都更加重要，因为很多工作都有赖于在他们的对手德国之前理解铀的浓缩和可能的裂变。

奥本海默一头扎进与劳伦斯联合开展的工作，探讨与原子弹相关的问题，尽管他还没有正式受雇于战争项目，但他于 1942 年 3 月 20 日写信给罗伯特·密立根，请求辞去他在加州理工学院的兼职岗位，以便全力投入与战争有关的研究。奥本海默写道：“新的迫切需要，要求我尽量不离开伯克利。”六天后，劳伦斯写信给科南特，建议让奥本海默加入 S-1 委员会的工作，正如劳伦斯自己说的那样，强调“让奥本海默取得 S-1 成员身份的必要性”：

> 我认为，他在任何方面的能力都是一笔巨大的财富。对于整个计划，他能将理论方面的洞见与可靠的常识相结合，在某些方面， 312

这似乎正是我们所缺乏的，我相信您和布什博士将会发现他是一位有益的顾问。

兰斯代尔的报告还记忆犹新，科南特不愿匆忙将有安全风险的嫌疑人引入团队。然而，科南特不能告诉劳伦斯，他应该或不应该将哪个人招进放射实验室，因此也不能阻止劳伦斯无意间制造出了整个原子弹计划中最大的安全噩梦。尽管劳伦斯在政治上持保守立场，对左翼政治活动抱有敌意，但让奥本海默参与他的工作，就等于向奥本海默的学生打开了一扇门，令放射实验室获得激进主义温床的恶名。劳伦斯已经雇用了弗兰克·奥本海默，珍珠港事件后，他被安排负责建造 184 英寸的回旋加速器。根据历史学家克瑞格·赫肯的说法，劳伦斯的"男孩们"（放射实验室的其他科学家）记得，弗兰克"神情紧张，一支接一支地抽烟，在巨大磁铁上方的木制网格上来回踱步"。

劳伦斯的计划是，通过 S-1 委员会，说服政府投资几亿美元为电磁同位素分离器（他对改造的回旋加速器的称呼）建造大型工厂，以生产制造这枚炸弹所需的铀-235。这是一项困难重重的计划，有些问题需要他们突破现有认知，去更好地理解电磁同位素分离背后的物理原理，这便是奥本海默和他的学生所要攻克的难题。

就这样，在 1942 年初夏，奥本海默的两名学生，斯坦利·弗兰克尔和埃尔德雷德·尼尔森，着手研究改进电磁同位素分离器粒子流聚焦的"理论"问题。奥本海默把关于这一主题的文件拿给另一名学生罗西·洛马尼茨。"里面没有一处提到铀，"洛马尼茨后来说，"没有必要这样。"洛马尼茨是奥本海默学生团体中的一员，这些学生活跃在激进的政治活动中，很有可能是共产党员。这一团体的其他成员还包括洛马尼茨的室友大卫·玻姆和他们的好友马克斯·弗里德曼，两人都是奥本海默于 1942 年春夏招入放射实验室的。第四名成员乔·温伯格被认为过于激进，而没能参与对安全如此敏感的工作。

184 英寸的电磁同位素分离器于 1942 年 5 月 26 日首次开闸运行。到这个时候，尽管奥本海默还没有获得安全许可，但他在 S-1 委员会的工作中发挥着关键作用。因为没有像劳伦斯建议的那样成为委员会成员，奥本海默被任命为顾问，专门负责快中子碰撞的物理研究。这一职 313
位的前任是威斯康星大学的物理学家格里高利·布雷特，正是布雷特建议乔·温伯格从威斯康星大学转到伯克利奥本海默的门下。布雷特从一开始就参与了铀项目，以很难相处著称，部分因为他对安全的关注几乎到了痴迷的程度。作为《物理学评论》的一名编辑，布雷特利用他的影响力说服物理学家们禁止在战争期间发表任何有军事价值的论文。S-1委员会成立时，布雷特应康普顿之邀担任顾问，成为一个小组的主管，负责就快中子物理和原子弹设计的相关问题向委员会提出建议。布雷特的正式职务是“快速爆裂协调员”，奥本海默很乐意继任这一职位。

现在还不清楚奥本海默奉命接替布雷特的时间。罗伯特·瑟伯尔在自传中回忆，“珍珠港事件几周后”（那么应该是1941年圣诞节前后），他接到奥本海默打来的电话，说他已经到了芝加哥，想来厄巴纳和他谈点事。他来后，两人到乡间散步：“在野外，就我们俩，他对我说，他将奉命领导原子弹项目的武器小组，接替格里高利·布雷特。”奥本海默想叫瑟伯尔到伯克利担任他的项目助理。瑟伯尔同意了，但是说，他要到学期结束才能离开厄巴纳。于是，他直到1942年4月底才来到伯克利。

然而，很明显，奥本海默不能在布雷特离开之前接替他，而布雷特直到5月份才离开。从1941年12月到1942年5月，奥本海默和布雷特有可能在一起工作。作为“快速爆裂协调员”，布雷特的一项工作是举行系列研讨会，以便小组成员交流思想。至少有一段时间，这些研讨会是在芝加哥举行的，奥本海默和布雷特俩人都参加。布雷特的小组成员塞缪尔·艾里逊回忆：

> 布雷特总是害怕在研讨会上泄露某些信息，而奥本海默唯恐该讲的东西没有讲。我支持奥本海默，反对布雷特，希望减少审查。他指责我太草率，不该和他作对。我妥协了。后来研讨会再也没有实质内容。

314 “布雷特是个糟糕的人选，”冶金实验室的另一名成员说，“实际上，他擅长将一个技术问题变成徒手格斗。”努尔·法尔·戴维斯在他关于奥本海默和劳伦斯的书中记录了奥本海默和布雷特为争夺小组领导权展开的斗争：

> 康普顿对奥本海默坚决、大胆的作风印象深刻，因而不支持布雷特。布雷特知道奥本海默主张新的言论氛围。他姑且建议，奥本海默到他在威斯康星的家中，解决俩人之间的矛盾。他还暗示，奥本海默也许希望将工作地点搬到威斯康星大学，这样的话，他们就能在一块儿紧密合作。但是，在该提出明确邀请的时候，布雷特却打起了退堂鼓。他向康普顿提出辞职，并于1942年6月1日彻底脱离了核裂变项目。

奥本海默接替布雷特的书面证据不多，其中之一是布雷特于1942年5月18日写给布里格斯的信。布雷特写道：“我认为，在康普顿博士的项目中，保密状况堪忧。”

> 在芝加哥项目中，有好几个人强烈反对保密工作。比如，在我出差在外的时候，其中一人哄骗我在那里的秘书，将保险柜里的一些官方报告交给他……同样是这个人，在小组里口无遮拦……我听说此人倡导的原则是，这项工作的各个部分都是紧密关联的，因此理应将它们作为一个整体来讨论。

此人就是恩里克·费米。前文提到过，早在1939年，要让费米注意保密就是件非常困难的事。很明显，费米和布雷特不可能在同一个项目里继续工作，但费米是完全不可或缺的角色，离开的只能是布雷特，这给奥本海默腾出了原子弹项目的第一个正式职位。

严格来说，奥本海默还没有被正式允许了解这一计划的任何情况，甚至知晓它的存在，因为他还没有获得安全许可。1942年4月28日，他填写了政府安全调查表，但他的安全申请耗时一年才获得批准。同时，他不仅继续和那些负责为美国制造首枚原子弹的人一起讨论，而且还在这些讨论中发挥着越来越核心的作用。

几乎就在奥本海默填写安全申请表的同时，罗伯特和夏洛特·瑟伯 315
尔来到了伯克利。瑟伯尔回忆，他们到来后的第二天：

> 我来到勒孔特楼奥本海默的办公室，他在那里存放着很多英国人关于原子弹设计的文件。我记得有一篇关于临界质量的论文和关于效率的某种东西，我记不清了。这些论文都是基础性的，但对我们开展工作相当有用。

奥利芬特来访七个月后，莫德报告似乎仍然是灵感的源泉。

前文提到，从 1941 年 12 月起，康普顿要在六个月的时间内为耗资几亿美元制造原子弹的计划提出可行性方案，剩余的时间已经不多了。在 1942 年 5 月 23 日的会议上，S-1 委员会决定，建议以 5 亿美元的成本继续完善为炸弹提供裂变材料的五种方法——离心法、气体扩散法、电磁分离法和另外两种生产钚的方法。6 月 17 日，康普顿的建议获得罗斯福总统的批准，总统还建议将项目从平民移交军方管理。

从那一刻起，美国已不存在由科学家领导、旨在研制原子弹的可行性研究项目，取而代之的是一个由美国军方管理的工程项目，旨在切实将原子弹制造出来。现在，安全保密已不再是一个愿不愿意的问题，而是在（新近提拔的）兰斯代尔上尉的卓越领导下，由美国陆军反间谍队 300 名队员强制执行的安全措施。总统批准康普顿的建议三天后，项目提交最高层讨论。在第二次华盛顿会议上，罗斯福和丘吉尔同意，美英两国携手合作，确保在制造世界上首枚原子弹的竞赛中联手打败纳粹。

此时，奥本海默在联合项目中的作用还很小，不过是接手了布雷特的那部分工作。然而，他领导的讨论小组有两个主要任务：研究快中子的碰撞，考虑原子弹的设计。后一项任务绝不是次要问题。实际上，尽管他的安全许可申请尚未获得批准，而且他还不是 S-1 委员会的成员，但现在奥本海默担负起了设计原子弹的重任。

在这项重大任务中，瑟伯尔是奥本海默的主要工作伙伴，在一个月
316 的时间里，他在原子弹设计方面取得的进展超过了布雷特的团队之前五个月的成绩。他有权调配奥本海默的两名研究生斯坦利·弗兰克尔和埃尔德雷德·尼尔森，在他们的大力协助下，电磁同位素分离器的粒子流得到了改进。他们仍然受雇于劳伦斯的放射实验室，但是用瑟伯尔的话来说，只要“我占用的时间不让欧内斯特难堪”，瑟伯尔便可以把他们当成他的助手。他交给他们的任务是优化临界质量的计算，令人吃惊的是，他们弄来了一个公式，正好可以解决这个问题，“当然，前提是，得先知道所有物理常数，比如截面值以及每次裂变产生的中子数”。解决这些困难，无须更多理论，只需更多的实验结果。

尼尔森和弗兰克尔计算临界质量时，瑟伯尔开始研究效率问题。当一块铀达到临界值时，并不是整块材料都会裂变，因为铀随着温度的升高而膨胀，在大部分铀发生裂变前就已被炸成碎片。因此，效率的问题是，原子弹里有多少铀会真正发生裂变，并由此转化成爆炸能？考虑到从天然铀中分离铀-235 极其困难，效率问题就显得格外重要，因为原子弹的效率越高，需要的浓缩铀就越少。

弗里施和派尔斯在 1940 年的备忘录中阐述了铀弹的基本设计思路：将两块次临界质量的铀合到一起，组成一块超临界质量的铀。这种设计的问题是，两块铀必须很快合拢，否则还没等两块铀完全到位，某个杂散的中子很可能会引发链式反应，造成炸弹“失灵”。为了避免这样的结果，裂变材料的纯度必须非常高，把两块铀发射到一起的“枪”必须以极快的速度发射。这就意味着奥本海默的团队必须解决两套问题，一套关于铀和钚的化学性质，另一套涉及枪和炸药。

面对这类问题，奥本海默的直觉和布雷特截然相反。布雷特最重视的是如何在他的小组中保守讨论的秘密，尽管那样做意味着妨碍讨论本身，而奥本海默最需要的是鼓励积极的讨论，即使这意味着在安全上要做出些让步。因此，1942 年 7 月，他和瑟伯尔决定在伯克利举行一次

他所谓的“权威专家”（luminaries）参加的会议，这些顶级物理学家的专业知识可能有助于解决当前面临的问题。

有这样一个人，奥本海默迫切需要他参加这次会议，但到现在为 317
止，此人压根没有介入炸弹项目，实际上他还对制造原子弹的可能性抱有深深的怀疑。此人就是当时公认的世界顶级核物理学家汉斯·贝特。贝特于 20 世纪 30 年代末写的评论文章在世人眼里具有非常高的权威，它们甚至被奉为“贝特圣经”。他关于恒星能量的研究（最终于 1967 年为他赢得诺贝尔奖），为奥本海默和多数其他物理学家所熟知，因为它对恒星的能量中心如何发生核聚变进行了重要的根本性分析。

贝特因为是半个犹太人而被免除图宾根大学的职位后，自 1935 年起就在康奈尔大学，并在这里度过了余生。尽管他很想为同盟国的战争项目出力，但他拒绝和原子弹项目产生任何瓜葛，因为他认为，成功的希望极其渺茫。“分离如此重的元素［比如铀］的同位素显然是一件非常困难的事，”他后来说，“我认为，我们永远不可能获得实质性成功。”为了把贝特拉进项目，奥本海默找到哈佛大学物理教授约翰·H. 范弗莱克，让他说服贝特，因为贝特的参与十分必要。

尽管仍不完全相信这个项目能够成功，但贝特同意到伯克利参加奥本海默和瑟伯尔组织的会议。途经芝加哥时，他稍事停留，顺便捎上应邀参会的老朋友爱德华·泰勒。在芝加哥，泰勒向贝特介绍冶金实验室目前的进展，特别是费米和西拉德在用核反应堆生产钚这一项目上取得的进展。在斯塔格运动场（Stagg Field，后来成为著名的壁球场），贝特看到费米和西拉德积攒起来的“成堆的石墨”，这些石墨后来成为世界上第一个核反应堆的组成部分。[*]“到那个时候，”他回忆，“我开始相信，原子弹项目不再是幻想，很可能会取得成功。”

---

* 当时费米正在建造的反应堆是用铀-238 的裂变产生核能的设备。因为是一个反应堆而不是一枚炸弹，所以它需要慢中子而不是快中子，目的是产生受控的核裂变链式反应，而不是爆炸。那些成堆的石墨就是“减速剂”，其目的是让中子的速度慢下来。这种反应堆的一个副产品是钚。如果成功，费米的实验能说明两大事实：第一，用铀-238 启动链式反应是可能的；第二，实现钚的工业规模生产也是可能的。——原注（44）

对泰勒来说，他十分确信裂变炸弹肯定能行，甚至已经失去了将它
318 作为理论问题进行研究的兴趣。能引起他更大兴趣的，是费米在一次午餐时首次向他提到的聚变炸弹的可能性。正如重元素的裂变会释放巨大的能量，轻元素的聚变也能产生同样结果。实际上，如果聚变能够成功，它比裂变释放的能量还要大。

组成原子核的单个核子的质量之和大于原子核本身的质量。为了结合起来组成一个原子核，核子会损失一些质量，这叫作“质量亏损”。亏损的质量转化成了将这些核子结合在一起所需的能量，即亏损的质量变成了所谓的“结合能”。在核裂变和核聚变中，结合能相对较低的原子核变成了结合能相对较高的原子核——也就是说，单个核子质量相对较高的元素转化成了单个核子质量相对较低的元素。正如弗里施和迈特纳最先认识到的，这些消失的质量作为能量被释放出来，可能产生巨大的爆炸。

较轻元素的聚变和较重元素的裂变都会释放能量，这听起来很矛盾。你可能会想，如果裂变过程释放能量，那么聚变过程应该吸收能量才对。“结合能曲线”能解释这种现象。各种元素并不拥有相同的结合能，能量的差异也并非按元素的质量以连续比例变大或变小，而是开始很小，从最轻的元素比如氢、氦、锂，逐渐变大，直到铁（原子序数26，[相对]原子质量56），接着又变小。

因此，组成铀原子核的单个核子的质量之和大于原子核本身的质量，这是正确的——正如组成氦原子核的单个核子的质量之和大于原子核本身的质量。同样正确的是，正如上一章提到的，已裂变的铀原子核碎片（比如钡、氪，加上两个中子）的质量之和略小于裂变前原子核的质量。其原因能够在结合能曲线中找到，该曲线显示，钡和氪的质量亏损（结合能）大于铀的亏损。所以，那些原子核的平均核子质量相应地既小于单独的核子，也小于组成一个铀原子的核子。

这样，如果要让比铁更轻的元素的原子核发生聚变，或者让比铁更重的原子核发生裂变，所产生的原子核与原来的原子核相比就会有更大
319 的质量亏损，因而，根据方程 $E=mc^2$，就会释放巨大的能量。一次（比

如）氢核聚变释放的能量低于（大约是十分之一）铀核裂变释放的能量，但是，因为氢原子核要轻得多（大约是五十分之一），因此在相同质量的两种材料中，氢原子核的数量更多，每千克材料的核聚变要比核裂变释放的能量大得多。

科学家最初认为，制造聚变炸弹是不可能的，因为让原子核快速移动并聚合在一起需要极高的温度。要实现聚变反应，就必须创造类似于太阳内部的高温条件。费米在用午餐时随口向泰勒提到，创造这样的高温终究还是可能的，即通过核裂变。在芝加哥大学，泰勒和年轻物理学家艾米尔·科诺平斯基开始起草一篇关于聚变炸弹的可行性报告，他们的结论是，正如泰勒后来所言，“实际上，重氢［氘或者氚］能够被原子弹引爆，产生巨大当量的爆炸”。

收到奥本海默和瑟伯尔的会议邀请时，泰勒请求让科诺平斯基也参加，而当贝特抵达芝加哥陪他一起去伯克利时，他发现泰勒的想法已经将他们此次开会所要考虑的问题远远甩在了后面。“我们在去加利福尼亚的火车上有一个自己的车厢，可以自由交谈，”贝特记得，“泰勒对我说，裂变炸弹当然很好，而且基本是板上钉钉的事。实际上，真正的工作还没有开始。泰勒喜欢妄下结论。他说，我们真正应该考虑的是用裂变武器引爆氘的可能性，也就是氢弹。”

除了贝特、科诺平斯基、泰勒和范弗莱克，奥本海默还邀请了斯坦福的费利克斯·布洛赫和加州理工的理查德·托尔曼。因此，加上瑟伯尔、尼尔森、弗兰克尔和他自己，一共十个人。根据文献记录，会议一开始，奥本海默试图让与会者注意这样一个事实：他们正在从事的工作是，计划制造一枚迄今为止威力难以想象的炸弹。

为了帮助大家对可能产生的结果有个直观感受（想必也是为了帮助大家舒缓心里可能的拘谨，毕竟他们所从事的是炸弹设计工作），奥本海默让他们注意发生在新斯科舍的哈利法克斯港*的一次大爆炸的细节。

---

* 位于加拿大新斯科舍省哈利法克斯大西洋沿岸的一座天然港。1917 年 12 月 6 日，发生在这里的大爆炸是原子弹出现以前人类历史上最惨烈、损失最严重的一次爆炸事件。

这次爆炸是由两艘船相撞引起的，其中一艘装有五千吨炸药，爆炸导致近两千人死亡，差不多方圆一平方英里（约 2.6 平方千米）的地方被摧毁。没人知道原子弹的威力有多大，但最高估测是比哈利法克斯大爆炸大好几倍（实际上，广岛原子弹爆炸比哈利法克斯爆炸大三倍，长崎原
320 子弹爆炸比之大四倍，然而这两次爆炸的死亡人数是哈利法克斯爆炸的二十倍以上）。

就这样，大家的注意力集中起来后，瑟伯尔解释了到目前为止，布雷特的团队所做的工作，以及奥本海默的团队在之前几个月里取得的进展。尼尔森和弗兰克尔给出了他们计算的临界质量，瑟伯尔回忆说："每个人都认为，从理论物理的角度看，一切都在掌握之中。"贝特的回忆证实了瑟伯尔的印象。他后来说，"瑟伯尔和他的两个年轻人对裂变弹的理论做了仔细研究"，他们"似乎已经很有把握，因此我们觉得我们没有太多可做的"。

看到"权威专家"明显赞同他所说的裂变弹基本是"板上钉钉"的这一观点，泰勒将讨论从裂变引向聚变。正如瑟伯尔记得的那样，泰勒提出，"用原子弹爆炸产生的热量在液态氘中引发爆炸波"。瑟伯尔在自传中说，泰勒提到他的想法时，"每个人都忘了原子弹的事，似乎那是个老掉牙的、已解决的事，不存在问题，一下子将热情转向了新事物"。

在场的每个人都认识到，如果"超弹"（他们开始这样叫）能够制造成功，它的威力将比原子弹大很多倍。在原子弹中，1 千克铀爆炸后产生的能量大约是 1.5 万到 2 万吨 TNT；而在热核氢弹中，1 千克氘爆炸后产生的能量可达 8 万到 10 万吨（TNT）。更重要的是，氘相对更便宜、更充足。获得 26 磅（11.8 千克）氘并不是什么难事，而用它制造的一枚炸弹相当于 100 万吨 TNT。

那样的能量是惊人的，但瑟伯尔回忆：

> 不知什么时候，爱德华［泰勒］问道，裂变弹会不会引爆地球大气层？鉴于考虑超弹时遇到的困难，这似乎极不可能，但是考虑到后果的严重性，汉斯［贝特］还得严肃对待，为这个不可能发生

的事寻找数据。

就在贝特研究数据的时候，奥本海默（他比瑟伯尔和贝特以更严肃的态度对待泰勒提出的世界末日般的场景）给康普顿打长途电话汇报说，他的小组“碰到了令人非常担忧的事”。康普顿问他什么时候可以尽快到芝加哥和他面谈。第二天，奥本海默答复说他隔天便可起程。于是，第二天一早，奥本海默坐火车到芝加哥，康普顿到车站迎接。在他们驱车回康普顿家的途中，奥本海默叙述了他的小组就裂变、聚变以及 321
全球大灾难的可能性进行的讨论。正如康普顿记录的那样，“这件事不能轻易忽略”。

> 原子弹真的有可能引爆大气中的氮或海洋中的氢吗？这将是终极灾难。与其冒险拉下人类终结的大幕，还不如接受纳粹的奴役！

奥本海默同意康普顿的观点，对这一危机只能存在一个答案，用康普顿的话说：“奥本海默的团队必须继续开展计算工作。除非他们得出确切而可靠的结论说，我们的原子弹不会引爆大气和海洋，否则这样的炸弹坚决不能被制造出来。”

到奥本海默回来时，贝特已经完成计算，并发现（用他的话说）“泰勒的计算存在不合理的假设”。实际上，贝特从来没把原子弹可能毁灭地球大气层的想法当一回事，并对奥本海默的反应感到吃惊，因为他居然认为这件事值得惊动康普顿，“但是奥比当时热情比我高。在了解更多情况之前，我们只能从长计议”。

消除了对世界末日的担忧后，这个小组又重新回到炸弹物理的讨论上来，主要话题还是“超弹”。让小组成员，甚至是熟悉奥本海默的人惊喜的是，他的表现说明他是一个具有非凡才能的会议主席。奥本海默从来没有组织过任何活动，他从来没有担任过比如伯克利物理系主任之类的职位，然而，他在这里带领着九位全国最杰出的物理学家，表现出了非凡的领导能力，赢得了现场所有人的尊敬。

“这次会议并没有真正结束，”瑟伯尔记得，“可以说是不了了之。一个星期后，人们开始离开，有些人又待了几个星期。”对每一个参会的人来说，这都是一次难忘的系列讨论，奥本海默主持会议的效果出乎大家的意料。“作为会议主席，奥本海默给人一种精致、自信、随和的感觉，”泰勒后来说，“我不知道他是如何具备人事管理能力的。认识他的人都很吃惊。我想，这是一名政治家或管理者应该掌握的必备知识。”然而，这些政治和管理天赋，只有结合对科学和科学家的深邃洞见，才是会议成功的关键，只有这样的洞见才能让参会者的才能得到淋漓尽致的发挥。
322 “在伯克利的几个星期里，自发性、冒险和创造惊喜的讨论蔚然成风，”泰勒评论说，“小组的每一名成员都各显神通，将讨论推向积极的结论。”这些观点得到贝特的认同，他回忆说：“这一学术经历令人难忘。”

> 我们不断发明新的方法，探索计算思路，在计算的基础上排除大部分方法。现在我能亲眼看到奥本海默巨大的学术能量，他是我们小组中无可争议的领导。

到那次会议“不了了之”的时候，奥本海默在美国原子弹项目中的个人威望大涨，地位也从有益却不重要的顾问变成了不可或缺的领导和推动者。

他写的“权威专家”会议报告于 1942 年 8 月底被 S–1 委员会收悉并批准。其核心内容是，原子（裂变）弹的制造是切实可行的，但还“需要付出大量科学和技术方面的努力”。这样一枚炸弹比原来的一些估计需要更多的铀–235（大约 66 磅，约 29.9 千克），但是它的威力要比原来预想的大 150 倍，也就是说，相当于 10 万吨 TNT。报告还提及“超弹”的可能性，指出 66 磅的裂变弹原则上能够引起液态氘的聚爆，2 吨到 3 吨液态氘的爆炸威力可达 1 亿吨 TNT 的威力，能彻底摧毁 360 平方英里（约 932.4 平方千米）的地区。

根据奥本海默得出的结论，S–1 委员会向布什呈交报告，简述“权威专家”的结论，并称到 1944 年 3 月便可以获得试爆原子弹所需的足够数量的裂变材料。“我们相信，”报告称，“在敌人之前取得这一计划的成功，对于胜利是必要的。我们还相信，这一计划的成功能够让我们赢得战争，只要我们不半途而废。”

到 1942 年 8 月底，布什的意见是，“无论什么都不能妨碍整个计划的推进”。他清楚地看到，目前这项计划需要坚强的领导。布莱亨 · B. 索默威尔将军和他有同样的想法，他在陆军中负责的部门包括工程部队，他知道谁能成为这个项目的坚强领导。

这个人就是莱斯利 · 格罗夫斯上校。他体格强壮，勇敢坚毅，身高六英尺（183 厘米），体重 18 英石 *（114 千克）。在他手下服役多年的 323
肯尼思 · 尼科尔斯中校将他称为“我一生中见过的最大王八蛋，但也是一个非常能干的人”。格罗夫斯最近成功完成了监督五角大楼建设的艰巨任务，令人叹服的是，造价没有超过原来的预算。出于这个和其他原因，他赢得了值得信赖的美名。1942 年 9 月 17 日，他到华盛顿向军事委员会提供证词，与索默威尔将军不期而遇，将军对他说：“战争部部长要交给你一项非常重要的任务。”

格罗夫斯对这一任命并不特别高兴，尽管索默威尔对他说，如果他顺利完成这项任务，“它将为我们赢得战争”。格罗夫斯想离开华盛顿，奔赴战场，指挥士兵，而不是领导一群平民科学家。好消息是，作为接受这项任务的回报，他将晋升为准将。现在由格罗夫斯将军（此后人人都这样叫）全权负责的项目已被他的前任马歇尔上校命名为“曼哈顿计划”，因为他在曼哈顿的办公室里办公。尽管格罗夫斯的办公室在华盛顿而不在曼哈顿，但他还是保留了原来的项目名称，这一讹误反而被他视为一笔财富。

从一开始，格罗夫斯就以特有的决心经营这一项目，不让任何事、任何人妨碍工作的开展。他的信心和速度既鼓舞士气又令人生畏，在上任的头几天，他就采取了好几项决定性措施。他在执掌帅印的第一天，

* 英石（Stone），是不列颠群岛使用的英制质量单位，亦被英联邦国家普遍采用。1986 年，不列颠群岛废除了英石作为质量单位的法定地位，但在称量体重时，英石仍被广泛使用。1 英石等于 14 磅，约 6.35 千克。

就派尼科尔斯从比利时人那里购买了 1250 吨铀矿石。在过去六个月里，比利时人一直试图引起美国政府对这一买卖的兴趣。第二天，他说服（用“威逼”一词可能更恰当）战时生产委员会民用部门主席给予曼哈顿计划最高等级的 3A 优先权，这就意味着他不必与其他战争项目争夺资金和资源。同一天，他在田纳西州为项目取得了一块五万英亩（约 202 平方千米）的土地。这地方被称为橡树岭，用来修建工厂，生产制造原子弹的浓缩铀。

然而，究竟要在橡树岭修建什么样的工厂尚未确定。布什向他介绍完 S–1 委员会的工作后，格罗夫斯决定考察每一个涉及项目的主体现场。他首先来到位于匹兹堡的西屋电气研究实验室和弗吉尼亚大学，这两个地方负责研发同位素离心分离法。令格罗夫斯震惊的是，两处都没有取得实质性进展，工作在不紧不慢地进行。虽然离心法后来将成为现
324 代主要的浓缩铀的方法，但在格罗夫斯的命令下，这一方法被曼哈顿计划抛弃。

接着，格罗夫斯前往纽约哥伦比亚大学考察，哈罗德·尤里和他的同事约翰·邓宁在这里研究气体扩散法。格罗夫斯发现，气体扩散理论进展良好，但至今还没有生产出一丁点铀–235，看起来这种方法也不大可能长期用于工业规模的生产。

10 月 5 日，格罗夫斯来到芝加哥，参观了为核反应堆准备的那堆石墨，还参加了一个在冶金实验室工作的科学家会议。这是一个响当当的团队，包括不少于三位诺贝尔奖得主（康普顿、费米和弗兰克），还有西拉德、魏格纳以及其他十余人。然而，会议气氛紧张，科学家们，特别是西拉德，对军方持怀疑态度，而格罗夫斯认为理论物理学家态度傲慢、实践性差，对他们颇为不屑。会议结束时，格罗夫斯对科学家们说，尽管他没有获得博士学位，但他离开大学后接受过十年的正规教育，“那大概抵得上两个博士学位，不是吗？”会场上出现令人尴尬的沉默，然后格罗夫斯转身离去。“你们看，我是怎么说的？”格罗夫斯离开后，西拉德惊呼，“你怎么能和这样的人合作？”

芝加哥之行结束后，格罗夫斯前往伯克利面见劳伦斯并参观电磁同

位素分离器。劳伦斯极尽表现之能事，用孩子般的热情展示他的杰作。这样的热情曾经屡试不爽，让他获得了源源不断的奖励和大量的研究经费。然而，格罗夫斯并没有对这台机器留下特别的印象，也没有被劳伦斯春风拂面的乐观态度吸引。相反，就工业生产而非学术研究而言，他在劳伦斯身上看到的是令人沮丧的失败，和他在其他地方看到的失败没有两样。格罗夫斯希望有人和他谈论多少磅而不是多少微克的浓缩铀。令人失望的是，劳伦斯向格罗夫斯展示 184 英寸的电磁同位素分离器后，当被问及到现在为止他分离了多少铀时，劳伦斯不得不承认：“好吧，实际上，我们完全做不到数量可观的分离。我是说，暂时做不到。目前仍处于实验阶段，你懂的……”

奥本海默和格罗夫斯的第一次相遇，发生在伯克利校长罗伯特·斯普劳尔举办的午宴上。在某些方面，这次相遇不禁令人想起 1926 年的那个场景，当时，作为一名来自剑桥的二十二岁毫无名气的研究生，奥本海默被介绍给新兴的量子力学领域的顶尖理论物理学家马克斯·玻恩。在那次会面中，奥本海默好像在玻恩身上施了魔法，导致了奥本海默应邀来到哥廷根，当时那里可是量子力学真正的研究中心。在那里（从他受到的待遇看），他似乎在某种程度上比玻恩更加厉害。同样，在 325
奥本海默遇到格罗夫斯的时候，和格罗夫斯已经见过的人相比，相对来说，他只是这个项目中的外围成员。不同于康普顿、费米、弗兰克和劳伦斯，他不是诺贝尔奖获得者；也不同于西拉德、泰勒和魏格纳，他不是原子弹项目的创始人。更何况，因为他对法国文学的热爱、对印度教经典的痴迷以及他在物理学上坚定的理论方法，他似乎成了边缘学术的代表，这些都令格罗夫斯嗤之以鼻。

然而，遇到三十八岁的奥本海默时，格罗夫斯马上眼前一亮，他发现这里终于有了一个明白人，知道这个项目的真正问题。也许在哈康·希瓦利埃的话中，可以看到奥本海默在玻恩和格罗夫斯那里获得成功的一些秘诀：“他总能，似乎毫不经意地，注意到并回应屋子里的每一个人，总能料到别人没有说出口的心愿。”

当然，奥本海默似乎对格罗夫斯想听什么有着敏锐的感觉。在他自己对曼哈顿计划历史的回顾《现在可以说了》*一书中，格罗夫斯很少提及他与奥本海默的初次见面，对他的第一印象没有只言片语。关于首次会面，他只说他们“详细讨论了他的研究结果以及他得出结论的方法”。从这些话中，完全无法确定为什么奥本海默能给格罗夫斯留下好感，但是在奥本海默为自己 1954 年的听证会准备的个人陈述中，倒是可以看出格罗夫斯对他的看法。回顾 1942 年 7 月伯克利“权威专家”会议刚结束的那段时间，奥本海默写道：

> 时至夏末，评估完实验工作后，我和其他人坚信，需要对原子弹工作本身做重大改变。为此，我们需要一个中心实验室，专门用于这一目的，人们可以在那儿自由讨论，理论物理的想法和实验方面的发现可以相互影响，许多条块分割的实验研究导致的浪费、失败和错误可以得到消除，我们就能开始解决化学、冶金、工程和军械方面的问题，而至今还没有人认真考虑过这些问题。因此，我们要建立这样一个实验室，解决以最快速度研发和制造原子弹的过程中存在的所有问题。

他还说，格罗夫斯掌管项目后，“我和他讨论了建立原子弹实验室
326 的必要性”，并透露说，他至少很乐意接受“建立军事化机构并将主要人员任命为军官”的想法，即使首先需要他以身作则也在所不惜。

如果这就是格罗夫斯在提到“他的研究结果以及他得出结论的方法”时想要表达的意思，那么我们就不难看出为什么他如此喜欢奥本海默说的话。在其他科学家那里，他看到的要么是傲慢和敌意，要么是热衷表现和盲目乐观的决心。现在，终于有一位科学家说出了格罗夫斯的心里话，与他自己的想法和沮丧产生了共鸣，道出了他感觉到的对工作进度缓慢的不满，还强调为了让项目取得更快进展，对组织机构进行重大改组并加强集中管理的必要性。可想而知，所有这些，在格罗夫斯听

* *Now It Can Be Told: The Story of Manhattan Project.*

来，犹如美妙的音乐在耳边萦绕。

奥本海默给格罗夫斯留下了非常深刻的印象，一周后再次考察芝加哥时，格罗夫斯甚至让奥本海默与他同行，以便讨论他的中心实验室想法。然后，在格罗夫斯前往纽约时，他又叫奥本海默一同前往。就这样，奥本海默和格罗夫斯，再加上肯尼思·尼科尔斯和马歇尔上校，四人挤在一间逼仄的火车车厢里，讨论原子弹实验室如何建设、建在哪里的问题。这次讨论确立了建设单一实验室的想法，现在要选择一个地方，最好位置偏远，避人耳目，让所有研究原子弹设计和生产（而不是研究链式反应、同位素分离法之类的东西）的科学家能够集中到一起。在那里，在军方的控制和指导下，科学家们在开展工作的同时，还能分享（但不与其他任何人）他们的想法和信息。

在出发前往芝加哥前，奥本海默写信给已被任命为他的助手的实验物理学家约翰·曼利，告诉他说格罗夫斯似乎“相当确信，必须立即启动实验室建设，重组我们的工作”。他还对曼利说，“计划可能发生意义深远的深刻变动”，因为格罗夫斯已经改变了将实验室设在橡树岭的想法（实际上，是奥本海默劝他改变了这一想法，理由是这个实验室不应该仅被视为同位素分离厂的附属设施）。

曼利是研究中子物理的专家，他曾在哥伦比亚大学的费米和西拉德手下工作，然后于 1937 年到伊利诺伊大学任职。从 1942 年 1 月起，他成为冶金实验室的一员，被任命为奥本海默快中子研究助理后，他仍然属于冶金实验室。“我怀着忐忑的心情说服自己加入奥本海默的工作，” 327
他后来回忆，“一两年前，我到伯克利作学术报告，我有点怕他，因为他学识渊博，对俗世人情不感兴趣。”

让曼利意外的是，奥本海默和他相处得很好。两人在伯克利的团队展开计算工作时，曼利的任务是向他们提供近十所大学使用粒子加速器所做实验的测量数据。“我无法告诉你那些实验有多难，”曼利写道，“实验材料少得可怜……少得用肉眼很难看清。”与不同研究中心的联络尤其令人沮丧，这成了奥本海默和曼利决心建立单一实验室的主要原因。

在和格罗夫斯坐火车到纽约后写的一封信中，奥本海默告诉曼利，格罗夫斯已经去过西部，“选址问题即将顺利解决”。很明显，到这个时候（1942 年 11 月的第一周），奥本海默已设法将格罗夫斯关于选址的想法引向自己熟悉又热爱的乡村：新墨西哥的北部山区。“那是个可爱的地方，”奥本海默对曼利说，“各方面都令人满意，唯一需要处理的是移民搬迁的人权和法律问题，不知道会不会过于困难。”其中一项困难的微妙性体现在信的结尾，他表示，不打算向康普顿投寄副本。他写道，如果曼利对康普顿“说一些你觉得他想听的、有关物理学发展的东西”，他会很高兴。但奥本海默恳求道：“别向他提及实验室的事。”随着他与格罗夫斯的关系更加紧密，他领导的 S-1 理论小组发挥越来越大的作用，也因为建立中心实验室的计划越来越可能成功，奥本海默当然会想，康普顿作为曼哈顿计划科学事务领导的职位很可能不会长久。如果中心实验室计划顺利推进，而奥本海默担任这个实验室的负责人，结果就不是奥本海默继续在康普顿的领导下任项目顾问，而是康普顿要为奥本海默领导的项目工作了。

11 月 16 日，奥本海默与埃德·麦克米伦和达德利上校考察新墨西哥的赫梅斯－斯普林斯（Jemez Springs）。下午，格罗夫斯也赶到了那里。虽然他肯定了奥本海默和麦克米伦原来的看法，但他一到那里就突然咆哮道：“这地方肯定不行。”山谷太深，陡峭的山坡根本不适合重大
328 建设项目。然后奥本海默建议，还可以考虑赫梅斯山脊东侧平顶山*上的男校，也就是洛斯阿拉莫斯农场学校。“格罗夫斯一看到这个地方，”麦克米伦后来回忆，“事实上，他说，‘就这了’。”1942 年 12 月 7 日，学校收到一份责令搬迁的正式通知，于第二年二月关闭。一个月后，第一批科学家抵达当时被称为炸弹实验室的地方。现在，这一项目被正式称为“Y 项目”（Project Y）。†

奥本海默和格罗夫斯于 1942 年 10 月第一次讨论单一实验室的可行

* 平顶山是美国西南部的特有地貌，又称方山。

† 正如橡树岭被称为“X 现场”，汉福德是“W 现场”，橡树岭的电磁分离厂是“Y-12”，气体扩散厂是“K-25”，橡树岭的铀反应堆是“X-10”，热扩散厂是“S-50”。——原注（45）

性，科学家于 1943 年 3 月开始抵达洛斯阿拉莫斯，这期间似乎一直存在这样一个假设（特别是对奥本海默来说），即，他自己将担任实验室主任。然而，谁都不知道任命奥本海默为实验室主任的决定是什么时候做出的。* 他直到 1943 年 2 月才收到科南特和格罗夫斯签署的正式任命书，但这一决定可能在一两个月前就做出了。在《现在可以说了》一书中，格罗夫斯用了较大篇幅讨论这一决定，强调说，尽管奥本海默领导着伯克利的研究小组，但“无论是布什、科南特还是我，都没想过一定要让他担任 Y 项目主任”。而且，“在与我交谈过的人当中，没有谁就该项目主任可能由奥本海默担任表现出极高热情”。

正如格罗夫斯清楚指出的那样，缺乏热情的理由非常充分。奥本海默以前不仅从未领导过任何实验室，也没有当过任何领导。用格罗夫斯的话说，他“几乎没有任何管理经验”。更何况（这一点让格罗夫斯面临特别大的压力），不同于曼哈顿计划的各实验室主任，比如芝加哥大学的康普顿、哥伦比亚大学的尤里和伯克利分校的劳伦斯，奥本海默没有获得过诺贝尔奖。因此，格罗夫斯说，“在科学家同行中，我希望的项目领导应有的威望，他并没有”。最后，正如格罗夫斯所言，还有一个问题，奥本海默的“背景包含很多我们无论如何都不喜欢的东西”。最后，这个问题在奥本海默上任后持续困扰了他几个月，安全机构（格罗夫斯写道，“尚不在我的完全控制下”）不愿给一个与共产党要员有诸多联系的人签发安全许可。

在书中，格罗夫斯似乎想说，是他任命了奥本海默，尽管他有很多 329
理由不这么做。这么决定的唯一理由是“我们明显找不到更好的人”。在他想到的“更好的人”中，劳伦斯无法从电磁项目中分身，康普顿也不能离开芝加哥大学，尤里是化学家而不是物理学家，因此达不到条件。当然，还有其他可能性，劳伦斯强烈建议格罗夫斯任命埃德·麦克米伦。但是，格罗夫斯明显更喜欢奥本海默，并坚信他是这项工作的最

* 克瑞格·赫肯在《原子弹的兄弟情谊》中说，是 1942 年 10 月 15 日在芝加哥到纽约的火车上决定的，但没有为此提供证据。——原注（46）

佳人选。很多年后，当奥本海默被问及为什么格罗夫斯选择了他时，他的回答说明为什么在他的整个一生中，他给人留下的印象是傲慢。他说，格罗夫斯“对于好人，有一个致命弱点”。

到1942年11月30日，在他写信给科南特汇报近期科学研究工作时，奥本海默似乎已经将自己当成了新实验室事实上的主任。他谈到“我们物色的人”，并提醒科南特：

> 如果没有比现有人员更优秀的人，我们要做的事情就不可能完成。如果我保证，没有这一帮助也能完成，那么我无非是在误导你和其他与S–1项目相关的人。

后来的情况表明，奥本海默物色的人包括许多全国一流的科学家。为了得到这些人，在伊西多·拉比和康奈尔大学物理学家罗伯特·巴彻的建议下，他放弃了将实验室建成军事机构的想法。他们对他说，他需要的这些科学家肯定不愿意参军，也不愿穿军服做研究。

搁置这一想法后，奥本海默（显然和格罗夫斯一样，迫切希望尽快启动这一项目）就能在年底招募很多他所需要的人。在这方面，曼利给了他极大的帮助，因为曼利几乎认识美国所有从事快中子研究的物理学家。曼利记得：“我的任务是和普林斯顿、威斯康星的快中子研究小组的科学家沟通，并说服他们前往洛斯阿拉莫斯。”但问题是，曼利自己从没有去过新墨西哥，对洛斯阿拉莫斯一无所知：

> 于是我找来一些新墨西哥州的地图，我把这些地图看了个遍，试图找到那个地方的位置。他曾说它在“哈莫斯”山（Hamos Mountains）附近，我便在地图上找哈莫斯，但怎么也找不到，任何一张新墨西哥的地图上都没有。我不懂西班牙语，当然不知道那些该死的山被拼成了JEMEZ（赫梅斯）。

330 尽管没能在地图上找到洛斯阿拉莫斯，但曼利确实成功说服了大多数和他交谈过的物理学家加入这一项目。

同样重要的是，曼利成功获得了实验物理学家所需的机器设备。他从威斯康星大学获得了两台范德格拉夫起电机，从哈佛获得了一台回旋加速器，从伊利诺伊大学搬走了自己的那台考克饶夫－沃尔顿加速器。为了让人难以追踪这些设备的去向，它们先是被运给了密苏里州圣路易斯的一位军医，然后又从那里运到洛斯阿拉莫斯。把这些设备运到新墨西哥州遥远的山区，难度可想而知。这不禁让曼利猜想，“如果奥本海默是个实验物理学家，并知道实验物理其实九成是管路系统，还必须得到所有那些设备和工具，他还会不会同意在如此偏僻的地方建立实验室”。

虽然他很尊敬并开始仰慕和喜欢奥本海默，但曼利（特别是在开始的时候）敏锐地意识到奥本海默在实验和管理方面都缺乏经验，要让他相信奥本海默确实有能力管理大型实验室不是一件容易的事。奥本海默似乎对如何组织实验室不怎么感兴趣，这一事实强化了他对奥本海默的怀疑。“我惹恼了奥比，因为我不知道他需要几个月才能弄出组织机构图：谁负责这一块，谁负责那一块。但是，每次他似乎都没有反应，就像实验物理学家对理论物理学家的印象：反应迟钝。”最后，曼利于 1943 年 1 月飞往加利福尼亚，来到奥本海默的办公室。他推开门，发现爱德华·康顿也在那：“我走进房间，奥比扔给我一张纸，说道，‘这就是你要的该死的机构图’。”

这张图描述的组织机构（实验室成立后在那里保存了一年）将实验室分成四个部门：一、理论部，刚开始由奥本海默本人负责；二、实验部，由罗伯特·巴彻领导；三、化学与冶金部，由伯克利化学家约瑟夫·肯尼迪和出生于英国的冶金学家西里尔·S. 史密斯领导；四、军械部，成立一段时间后（花了几个月才找到合适的人选），由美国海军的威廉·‘迪克’·帕森斯领导。每一个部门（除了比其他部门小得多的理论部）又再被分成几个小组。因此，譬如，实验部包括罗伯特·威尔逊领导的“回旋加速器小组”，负责（不限于）测量裂变后多长时间中子才会被释放出来这一重大任务。曼利自己负责“D–D 小组”，其职责是

331 用实验确定哪一种原料（在钨、碳和铍中选择）最适合做反射剂，将逃逸的中子弹回正在裂变的铀，提高炸弹的效率。

康顿来到奥本海默办公室的原因是，奥本海默决定任命他为实验室副主任。就这一职位，奥本海默心目中的最佳人选是在欧洲求学时认识的另一位老朋友伊西多·拉比，但是他没能说服拉比接受这份工作。拉比不愿去洛斯阿拉莫斯有很多理由。第一，妻子海伦强烈反对。第二，拉比认为制造裂变炸弹的项目，成功率只有一半。第三，他认为自己正在从事的雷达工作对战事将是重大贡献。第四，可能也是最重要的一点，正如他后来写道，他“强烈反对轰炸”，理由是“丢下一枚炸弹，不只会炸死坏人”。然而，他倒是愿意做项目顾问，常来检查项目进度，并提出建议。

拉比提出的第一条建议是，对奥本海默制定的组织机构图做重大调整。拉比竭力主张（巴彻附和），奥本海默不能身兼二职，既当主任，又当部门领导。于是，奥本海默改变了想法，让汉斯·贝特负责理论部。选择贝特既显而易见，又非常明智，但得罪了爱德华·泰勒，他觉得自己应该担任这一职务。

当奥本海默和曼利正在为洛斯阿拉莫斯实验室奔忙的时候，芝加哥的冶金实验室在裂变弹研究方面首次取得了里程碑式的重大突破。事情发生在 1942 年 12 月 2 日。那是一个非常寒冷的冬日。因为对自己制造的反应堆到达临界点的时间胸有成竹，费米召集了大约二十人来到斯塔格运动场的壁球场。他对正在从事的工作有绝对信心，一切都将按计划进行。在场的人包括物理学家赫伯特·安德森，他记得：“中子计数器发出噼里啪啦的声音。然后，噼啪声越来越快，过了一会儿，汇聚成巨大轰鸣声……突然，费米手一抬，宣布，‘反应堆达到临界点’。”康普顿见证了这一重大事件，他回到自己的办公室，拨通了科南特的电话。“意大利航海家抵达新世界。”他说。

受控核反应以如此激动人心的方式得到了验证（后来还验证了钚能够实现工业化量产），之后几个星期里，两个现场的工作启动，共同构成了一个难以想象的巨大工程项目。除了田纳西的橡树岭，曼哈顿计划

还在华盛顿州的汉福德拥有了另一个现场，用来建设生产钚的系列反应 332
堆，其雏形很快在橡树岭建设完毕。陆军工程部队立即开始监督修建房屋和道路、招募工人。每个现场都需要上万人。几个月后，汉福德和橡树岭就会成为颇具规模的小镇。在 20 世纪 30 年代的大萧条造成大规模失业的地区，收入不菲的工作机会备受青睐，两地都毫不费力地找到了必需的劳动力，尽管这些雇来的工人对他们的工作目的毫不知情。这是曼哈顿计划的一个奇迹，制造原子弹的保密工作非常成功，就连在工厂里生产所需裂变材料的工人都被蒙在鼓里。

高峰时期，曼哈顿计划雇用了约 15 万名工人，大多数在橡树岭或汉福德工作。其中包括 8 万名建筑工人和 6.8 万名操作及研究人员。后者中的大多数从事的是枯燥乏味的重复性工作，以保障同位素分离厂和反应堆的正常运行。彼得·培根·黑尔斯写的曼哈顿计划的社会史佳作《原子弹现场》* 力图反映这些现场的工作状况。“这些工厂里新来的工人，”黑尔斯写道，“发现里面的东西令人眼花缭乱，有时能看到令人恐惧的复杂管道、整面墙的刻度盘、阀门和旋钮，上面贴着用神秘工程语言书写的塑料标签。仅电磁分离厂就用了 25 万个阀门，控制材料穿过 1175 英里（约 1891 千米）的管道。”

大多数看刻度盘、转动阀门和旋钮的工人都是妇女。她们只受过特定工作所需的技能训练，譬如她们负责的刻度盘朝左或朝右移动得太多时，如何调节旋钮。刻度盘用来测量什么、旋钮控制什么，都严格保密。工作的时候，工友之间不得相互攀谈，只能和直接上级交流。如果还能有别的选择，很少有人会愿意在这样的条件下工作，但是格罗夫斯竭尽全力确保很多人没有其他选择。他说服战争部部长罗伯特·帕特森，比如向美国就业局发布指令，要求其在橡树岭和汉福德附近的下属机构“不得向工人提供其他就业机会，除非他们被这些项目拒绝”。

工厂里的大多数工人都住在简陋公寓和房子里，这些住所是特地为
他们快速修建的，毗邻工作地点。附近商店、学校、邮局甚至镇公所， 333

* *Atomic Spaces*.

应有尽有，尽可能不让工人有理由离开居住的厂区范围。久而久之，这些现场就变成了与其他美国小镇类似的那种居民区。

同时，到 1942 年 12 月底，奥本海默在洛斯阿拉莫斯创建新城和新社区的工作中发挥了领导作用。在 12 月 28 日写给汉斯和罗斯·贝特的信中，他讨论的不是物理学或炸弹，而是一些其他问题，比如：发给愿意到洛斯阿拉莫斯工作的科学家的工资（在他们原收入的基础上增加 20%）；正在进行的城镇管理；提供什么样的学校教育，由谁来提供；需要多少医院；需要什么样的洗衣设施；应该有什么样的餐馆；提供什么样的娱乐活动；邮件如何收取和投递；以及住房要建成什么样子。负责城镇建设和管理的人是 J.M. 哈蒙上校。奥本海默对贝特说，要让各项安排令人满意，主要“取决于哈蒙和格罗夫斯对这一怪异社区建设的关心和慷慨，以及他俩将此事办好的强烈愿望”。

为了吸引他想要的科学家，奥本海默需要介入这一“怪异社区”生活规划的各个方面，这可能是难以避免的。毕竟，说服科学家们到洛斯阿拉莫斯，不仅意味着让他们参与实验室的工作，还意味着需要他们接受一种新的、过去从未尝试过的、有点古怪的生活方式：住在一个与世隔绝、自给自足的居民区，只专注于一项任务，还要履行严格保密的职责。然而，尽管如此，他的主要职责仍是这项工程的科学事务。科南特和格罗夫斯在 1943 年 2 月 25 日的一封长信中明确交代了奥本海默新的工作职责。

他们在信的开头写道，“你作为新墨西哥特别实验室的科学主管，我们将此信寄给你，以确认我们之前关于机构和职责方面的许多谈话内容”。他们继续写道，实验室“将负责一种战争工具的开发和最终制造”。这项工程分为两个阶段：第一阶段致力于“科学实验研究、工程和军械”，而第二阶段主要从事“涉及难度很大的军械制造程序和高风险材料处理的大规模实验”。在第一阶段，实验室“严格以平民为班底”，但是当项目进入第二阶段（“将不会早于 1944 年 1 月 1 日”），“科
334 研和工程人员将由委任的军官组成”。将科研人员军事化的规定从未落实，但这封信说明，曼哈顿计划的领导层很不情愿放弃这一想法。

信中继续说明，实验室属于军事政策委员会管理的一个更大的项目，委员会主席是布什，布什外出时由科南特负责。格罗夫斯“全面履行这一项目的执行责任”。信中规定，科学主管奥本海默的职责如下：

> 一、负责科学方面的工作，尽早实现军事政策委员会制定的预期目标。
>
> 二、负责非军事人员及其家属的保密事宜。

洛斯阿拉莫斯农场学校所在地正被一个仓促上马的巨大项目改造，这个项目要将这里变成适合世界上一些最伟大的科学家及其家属居住的地方。与此同时，奥本海默在 1943 年的头几个月里，准备实现科南特和格罗夫斯为他制定的目标。他计划于 1943 年春季开始实验室的科学工作，首先由瑟伯尔提供一系列入门讲座，介绍当前的知识状况（大多数还没有发表，因为这一地区的科学家自愿执行了自我审查制度），接着举行一次大型会议，确定下一步需要完成的工作。为了准备这次预计于 1943 年 4 月召开的会议，奥本海默得到了伊西多·拉比的巨大帮助，正如汉斯·贝特所言，他成了“奥比父亲般的顾问”。

在大多数科学家抵达前的三个星期，也就是会议开始前的大约一个月，奥本海默自己于 1943 年 3 月 16 日先行抵达新墨西哥。就在他离开伯克利前不久发生了一件事（后来被普遍称为“希瓦利埃事件”），成了他余生挥之不去的梦魇。事情发生在奥本海默的家里，因为知道他们很长时间都不会见到希瓦利埃夫妇，奥本海默便特意邀请他们到家里共进晚餐。在这之前不久，为壳牌石油公司工作、住在伯克利的英国化学家、共产党员乔治·埃尔滕顿接近过希瓦利埃。快到 1942 年底的时候，苏联驻旧金山领事馆的人接触过埃尔滕顿，问他是否知道伯克利放射实验室正在进行的工作。苏联人认为，那是一项具有重要军事意义的工作。

苏联人这么认为，是因为一名叫劳埃德·莱曼的共青团员向史蒂夫·尼尔森告了密。1942 年 10 月 10 日，通过安装在尼尔森家里的窃 335
听器，联邦调查局发现莱曼告诉尼尔森“一种重要的武器正在研发中”。

（对奥本海默来说）不幸的是，尼尔森和莱曼接着谈到，有一个为这一项目工作的人“被认为是‘赤色分子’”，这个人参与过教师委员会和西班牙委员会，政府仍然留用他，是因为他是一名优秀的科学家。正如调查局很快意识到的，此人很可能就是奥本海默。更要命的是，调查局窃听到关于罗西·洛马尼茨的一段话，据说他当时也在该项目里工作，但正考虑辞职。[*] 此时，尼尔森说，洛马尼茨应该继续待在项目里，这样他就可以为共产党提供情报。就这样，洛马尼茨自然成了项目中的地下党员。这段在尼尔森家中的对话录音将对洛马尼茨产生极为深远的影响。在之后的战争期间，他受到严密监视，并被采取了严格措施，不让他接触任何军事和政府机密。

为了获取研发中的新武器情报，埃尔滕顿对苏联领事馆的彼得·伊万诺夫说，他将请希瓦利埃接近奥本海默。希瓦利埃答尽力而为，这样，他到奥本海默家赴宴时，实际上是在执行一项间谍任务。在他的回忆录《友谊的故事》中，希瓦利埃对这件事的说法是，他接近奥本海默并不是要获取情报，而是要提醒他这一事实：埃尔滕顿建议与苏联科学家共享他所掌握的信息。然而，这一说法很难令人相信，尤其是因为希瓦利埃的妻子芭芭拉反驳说，这纯粹是无稽之谈。她说：“哈康百分之百是想弄清奥比在做什么，并向埃尔滕顿汇报。我相信哈康也认为奥比会同意和苏联人合作。我知道这些，是因为我们之前为此大吵了一架。”

奥本海默在1954年的安全听证会上说，那次晚宴上，希瓦利埃跟着他走进厨房，只有他们俩人时，希瓦利埃对他说，他最近见过乔治·埃尔滕顿，他“有办法将技术情报传递给苏联科学家”。奥本海默说，他的反应是说了些“那可是叛国”或“做那种事太糟糕了”之类的话，希瓦利埃对此表示认同，没有再说什么：“那是一段简短的谈话。”

336 埃尔滕顿后来对联邦调查局说，这次晚宴后，希瓦利埃告诉他“不

* 那时候，洛马尼茨正考虑辞去在冶金实验室的工作，这个说法在1979年马丁·舍温对他的采访中得到了证实。其间，他谈到他对制造威力如此巨大的武器有道德上的疑虑，并说，当他向奥本海默提出那些疑虑时，奥本海默回应说：“你看，如果纳粹先造出来怎么办？”——原注（47）

可能有机会获得任何数据”及“奥本海默不配合”。他还说，伊万诺夫再一次到他家时，他对伊万诺夫说，奥本海默拒绝合作。此时，调查局监听到的几次谈话表明，奥本海默正在疏远以前的共产党朋友。在上文提到的尼尔森、莱曼和第三人之间的谈话中，提到了那名被认为是“赤色分子”的科学家，尽管他过去积极参与共产党的活动，但他现在为此“紧张不安”。然后，在 12 月份，他们听到尼尔森说，伯纳德·彼得斯已经告诉他，奥本海默不能积极参与党的活动，因为他参加了一个特殊项目。

希瓦利埃招募奥本海默做间谍的笨拙尝试失败后不久，奥本海默邀请尼尔森用午餐。“我只想对你说再见。”奥本海默对他说。从安全的角度看，奥本海默的行为无可挑剔。他对尼尔森说，他要去参加一项和战争事务有关的工作，但没有告诉尼尔森那是什么工作，地点在哪。这次见面给尼尔森的印象是，奥本海默在妻子的影响下，决心为自己扬名立万，而这一决心正使他远离美国共产党。“我认为他现在已经有点远离与我们建立的各种联系，”和奥本海默共进午餐的几个星期后，尼尔森对一名同事说，“现在他在这个世界上有一件事要做，那就是这个项目，而这个项目将使他断绝和朋友的联系。”尼尔森说得没错，1943 年 3 月的午餐会面是他最后一次见到奥本海默。

尼尔森认为，奥本海默在基蒂激发的野心驱使下对“这一项目”产生了义无反顾的兴趣，这一印象肯定是对的。然而，尼尔森的判断忽视了伴随奥本海默终生的深切的爱国情怀。20 世纪 30 年代，他着手建立一所美国的理论物理学院，使美国取代德国成为那一领域领先世界的研究中心，现在他有机会领导的这个项目，不仅能展示美国物理学的先进性，还能以此让美国拥有一种武器，使美国赢得对德战争的胜利。

正如希瓦利埃发现的那样，帮助老朋友或让苏联造出自己的原子弹便会危及这一地位的想法是荒谬的。安排与希瓦利埃的告别晚宴以及和尼尔森的告别午餐，让人觉得奥本海默不仅是为了和他们道别，也是 337
要让自己的生活迈向一个新的阶段。在准备前往新墨西哥时，他明显看到，留在他身后的不只是那些多年的同志，还有他在政治上激进的立场。

338

第十二章

洛斯阿拉莫斯（一）：安全

“推土机开了进来，其他古怪的机器来回轰鸣，为即将修建的建筑挖沟填土。一切都在极其仓促而神秘的气氛中进行。”

这便是洛斯阿拉莫斯农场学校的创始人阿什利·庞德的女儿佩吉·庞德·丘奇的记忆，充满喧嚣和令人困惑的混乱。这些在1943年初的几个月里吞噬了她原本宁静的家园。要在奥本海默深爱的新墨西哥山区实现建造原子弹实验室的愿景，任务极其艰巨，加之要在尽可能保密的情况下快速完成，更是难上加难。几千名工人辛勤工作，没有任何人知道他们正在建造的设施所为何用，他们修建道路、住房、办公室和实验室，建设速度直逼人的极限，工人们压力巨大。

尽管有这么多人辛勤工作，1943年3月16日，奥本海默到来时，这里仍然一无所有。他和家人原计划搬进校长原来的住宅，但是和其他早到的人一样，在刚来的几个星期里，奥本海默没有住在洛斯阿拉莫斯，而是暂居在洛斯阿拉莫斯东南35英里（约56千米）的圣菲的一家酒店里。圣菲是距离洛斯阿拉莫斯最近的城市，也是前往新实验室的第一站。曼哈顿计划在东宫街（East Palace）109号设立了办事处，这是老城区的一栋砖土混合结构，曾经属于西班牙征服者。为了便于管理，奥本海默雇了一名叫多萝西·麦基宾的当地妇女，负责接待新来的人，给他们签发安全卡，为他们安排去洛斯阿拉莫斯的交通工具。在她的任务结束前，麦基宾太太从来不知道，也从不过问建造实验室的目的是什么。然而，她对奥本海默和自己的工作从无二心，对来到她家乡的科学 339
家、工程师和其他人的热情始终如一。

在奥本海默之后到来的第一批科学家包括约翰·曼利、罗伯特·瑟伯尔和汉斯·贝特。为了帮助奥本海默安排住处，贝特的妻子罗斯提前一周抵达。最早进驻洛斯阿拉莫斯的人是奥本海默和基蒂，他们带着还是婴儿的彼得（差一个多月满两岁），终于可以在 3 月底搬进新居了。尽管以正常标准衡量算不上什么，但奥本海默的房子（一栋两层的石木结构的小屋）将成为整个洛斯阿拉莫斯居民区羡慕的对象。尽管没有厨房，但它是平顶山上有独立浴缸的六栋住房之一。很快，这六栋住房被统称为“浴缸房”，这些房子堪称洛斯阿拉莫斯的豪宅。

大多数熟悉他们的人都认为，基蒂很高兴看到自己的丈夫能够奉命领导美国原子弹实验室这么重要的工程，很多人认为她过于骄傲，甚至在和丈夫的下属相处时，有盛气凌人之嫌，但是我们不应该认为她喜欢住在洛斯阿拉莫斯。相反，她在那里的生活几乎是无尽的痛苦。她没有兴趣像别人期望的那样做主任妻子的分内之事：举行派对，发挥实验室社交生活的核心作用。她当真把自己当成了一名科学家和知识分子。刚开始，她兼职做实验室技术员，和团队一起研究辐射的医学用途，但是她很快就放弃了，从此陷入无精打采、孤独沮丧的困境，只有在痛饮后才能激发活力，有时与人一起喝，但常常独自豪饮。与此同时，儿子彼得没能得到父母任何一方的关爱。

奥本海默到来后不久，瑟伯尔夫妇也到了。刚开始，他们住在所谓的“大房子”里。这地方以前是农场学校的男生宿舍，整栋房子只有一个浴室，现在成了单身男士的住房。随着单身汉陆续到达，大房子给已婚夫妇带来的不便日益显现（瑟伯尔记得，“曾有两三个男子在夏洛特洗澡时闯进浴室，弄得大家非常尴尬”）。不久后，瑟伯尔夫妇搬到了特意修建的双拼公寓里。每栋楼由两套并排的公寓组成，每套公寓都有独立浴室。从洛斯阿拉莫斯的住房标准来看，这样的条件奢华到了令人羡慕的程度。

瑟伯尔夫妇的隔壁邻居是罗伯特和简·威尔逊，他们刚从普林斯顿
340 来到这里。威尔逊是回旋加速器小组的组长，隶属于罗伯特·巴彻领导的实验物理部。他的到来至关重要，不仅因为他是中子研究方面的杰出实验物理学家，还因为他带来了普林斯顿的回旋加速器，那可是新实验室为数不多的几台加速器之一。其他几台是来自威斯康星大学的两台范德格拉夫起电机，归来自明尼苏达大学的 J.H. 威廉姆斯领导的感应起电机小组使用，还有曼利自己的考克饶夫 – 沃尔顿加速器，这台机器从伊利诺伊就一直陪伴着他 为曼利的“D–D Source 小组”提供数据，以便弄清什么材料能作为最好的“反射剂”。

1943 年 6 月以前，这些机器没有一台安装运行，也就是从这个时候开始，洛斯阿拉莫斯的实验物理工作才算真正开始。将这些设备运到洛斯阿拉莫斯，然后将它们安装在新墨西哥偏远的山头上还未完工的实验室里，是一项艰苦卓绝的工作，对负责完成这项工作的一些人来说，似乎是个疯狂的计划。从圣菲到洛斯阿拉莫斯需在一个叫渥托维（Otowi）的地方渡过里奥格兰德河，河上有一座桥，瑟伯尔称之为“一座单向玩具斜拉桥，两匹马走在上面可能还算安全”。瑟伯尔写道，“所有到洛斯阿拉莫斯的工程车都要驶过这座桥，然后沿着一条危险的盘山土路爬升 1500 英尺（约 457 米），才能抵达洛斯阿拉莫斯的平顶山之巅”。

有人怀疑，在这样一个地方建造实验室是否明智，其中就包括约翰·曼利。他的工作是和军方工程师一起，负责放置加速器的实验室设计和施工。曼利回忆，他尤其担心那幢放置两台范德格拉夫起电机、一台考克饶夫 – 沃尔顿加速器的又长又窄的建筑。正如他对工程师们交代的，范德格拉夫起电机是极为沉重的设备，下面需要坚实的地基，而考克饶夫 – 沃尔顿加速器垂直高度很大，需要一个深坑。因为这些要求，曼利写道：“如果选择合适的地形，就能大幅减少成本和工期。”也就是说，厂房最好建在坡地上，将考克饶夫 – 沃尔顿加速器安装在较低、较深的一侧。然而，当他去查看施工现场时，曼利发现，工程师们没有利

用天然坡地，而是毫无必要地为加速器挖了个深坑，用挖出来的碎土作范德格拉夫起电机的地基。“那是我给军队施工方的建议”，曼利说道。

选择在新墨西哥的偏远地区建造新实验室，是为了掩人耳目，但是在某种程度上，把它建在这里，要比建在人口稠密的地区引人注目 341
得多。在圣菲这样的小城，出现十几个陌生人，绝不可能不被注意。实际上，当地人很快发现并开始议论，有两群特征明显的陌生人来到了他们的小镇：第一群人比较年轻，像波希米亚人，穿开领衬衣，似乎挺礼貌，但有点不谙世故；另一群人西装革履，面露凶相，头戴软呢帽，总是双人出行，行为谨小慎微，鬼鬼祟祟。先来的那群人是科学家，没有后来的那群安全人员那么引人注目。

大多数安全探员后来都为军队而不是联邦调查局服务。1943 年 3 月，G−2（美国陆军中负责反间谍的分支机构）主席斯特朗少将明确命令联邦调查局停止记录奥本海默的档案。任何为军队项目工作的人，甚至包括平民，其安全都由军队负责。令人吃惊的是，调查局直到 4 月才正式收到关于曼哈顿计划的通知，在这之前，他们通过对共产党领导人的监视才知道这一计划。尽管有命令将他们的权力限制在非军事人员的范围，但探员还是无法避免地常常和 G−2 探员介入同一件事，甚至跟踪同一批人。

尽管 G−2 的人员不太愿意向调查局透露军事情报，但一般来说，调查局会迅速通知 G−2 可能与他们有关的任何情报。作为上述两个安全部门的补充，曼哈顿计划也有自己的安全机构，但有时反而把事情弄得更加复杂。尽管这个机构名义上是 G−2 项目的一部分，但在格罗夫斯将军的直接领导下。因此在某种程度上，它已经脱离了 G−2 项目。刚开始，这一机构只有几名职员，主要负责与 G−2 项目和联邦调查局的联络，但到了 1943 年秋，这个机构已经足够庞大，格罗夫斯坚持让它接管与原子弹项目相关的所有安全事务。随着洛斯阿拉莫斯、橡树岭和汉福德的规模不断扩大，曼哈顿计划的安全部队也随之壮大，到战争结束时，为项目工作的“讨厌鬼”（对那些探员的称呼）已发展到近五百人。

格罗夫斯为名下的曼哈顿计划安全部队挑选的指挥官是约翰·兰斯代尔，经过一系列快速提拔后，此时的兰斯代尔已是一名陆军中校。兰斯代尔和格罗夫斯保持着紧密的工作关系，格罗夫斯和科南特一样，明显对兰斯代尔非常器重。像格罗夫斯那样，兰斯代尔的根基在华盛顿，但他手下的人多数来自西海岸。譬如，在伯克利，兰斯代尔建立了一个由莱尔·约翰逊上尉管理的秘密机构，成为秘密监视活动的中心，密切关注在放射实验室工作的科学家。

342 在曼哈顿计划将安全职能牢牢掌控在自己手里之前，兰斯代尔和G–2项目的西海岸头目鲍里斯·帕什中校展开了一场地盘之争。帕什是个很难对付的人。哪怕用军方安全人员的标准来衡量，他都是一名狂热的、具有挑衅性的反共斗士，他的敌对情绪部分源于他的家族史和他在俄国与布尔什维克作战的经历。他虽然出生在美国，却来自一个俄裔家庭（父亲是旧金山的一名俄国东正教主教），俄国革命后的内战期间，他回到俄国，与白军并肩作战。美国加入第二次世界大战后，帕什加入美国陆军反间谍部门，成为一名忠心耿耿的狂热成员，不放过任何铲除苏联间谍的机会，他认为，这些间谍就包括奥本海默。在整个二战期间，他的这一信念始终未变，并一直延续到战后。二战后，当报纸上报道苏联间谍克劳斯·福克斯的活动时，据说帕什曾说，“接下来就会读到奥本海默博士参与这类活动的新闻”。在奥本海默1954年的安全听证会上，当帕什被问及1943年，他是否认为奥本海默存在安全风险时，他直截了当地回答：“是的，我就是这么想的。”

帕什坐镇旧金山办事处，精心部署安全工作，将奥本海默置于严密的监视之下：他的电话被监听，家里安装了窃听器，探员做他的司机，不论奥本海默到哪儿，都有G–2的人跟踪。在洛斯阿拉莫斯，G–2负责安全事务的军官是皮尔·德席尔瓦上尉，他和帕什一样，坚信奥本海默有安全风险，他奉帕什之命对奥本海默实行最严密的监视。

关于安全探员的监视力度，我们不清楚奥本海默知道多少。据说，给他开车的探员很难听清他与车里同伴的谈话，因为他习惯将车窗摇下，用风声盖过谈话声。为避免自己的谈话被疑似安全探员的人听到，这或许是个不错的办法，但还有一种可能是，他可能认为司机是平民，这倒是个完美的防范措施。

到达洛斯阿拉莫斯后，奥本海默处在一个极其反常和脆弱的境地，因为这个最秘密的国家实验室的主任居然没有获得安全许可。正常情况下，即使是担任实验室的初级职位，安全许可也是必不可少的。他和 343
格罗夫斯似乎认为，反正迟早都是要发的，不如在收到安全许可前先工作。而帕什和德席尔瓦的意见是，应该拒绝奥本海默的安全许可申请，并尽快免除他在原子弹项目中的职务。

奥本海默搬到新墨西哥两个星期后，正当他和同事们为实验室的运行紧张准备的时候，帕什收到了一份联邦调查局提供的情报。他认为，这份情报最终将使当局相信，他对奥本海默的怀疑是有根据的。这份情报涉及“技术监视”获取的一段对话，发生在史蒂夫·尼尔森的家里，调查局当时只知道对话中的另一个人叫“乔”（尼尔森在谈话中对这个人的称呼）。正如调查局在两个月后发现的，“乔”是奥本海默的朋友和曾经的学生乔·温伯格。

这段对话发生在 1943 年 3 月 30 日清晨。温伯格头一天夜里到了尼尔森家，对尼尔森的妻子玛格丽特说，他带来了重要情报。因为情报太过重要，他打算等几个小时，待尼尔森回来后，再和他当面讨论。尼尔森回来后，发现温伯格带来的情报确实非常重要，苏联方面肯定会感兴趣：参与武器项目的人（那时温伯格认为包括他自己）将搬迁到一个遥远的地方，在那里秘密进行炸弹实验。温伯格明显很紧张（正如他向尼尔森主动承认的那样），“还有点害怕”，他悄悄地向尼尔森讲述了项目的一些技术细节。他透露给尼尔森的机密情报主要涉及橡树岭的发展，温伯格一定是从放射实验室的朋友那里听到这些的。联邦调查局对这段对话的记录有点粗略（显然很难听清温伯格说的话），但要点足够清楚。温伯格对尼尔森说，田纳西州正在修建一个独立的工厂，预计将招募几千名工人，最可取的分离方法是“电磁聚焦的磁力射谱仪分离法”。在对话结尾，温伯格与尼尔森讨论今后他要通过在纽约的姊妹提供情报，尼尔森强调，不要用书面形式传递任何情报。

毫无疑问，这段谈话表明，温伯格愿意（实际上是渴望）在苏联间
344 谍活动中发挥重要作用。尽管联邦调查局还不知道“乔”是谁，但他们知道此人是奥本海默以前的学生。这段对话能说明很多东西，里面多次提到奥本海默，通常以“教授”相称。帕什明显认为，奥本海默和两名密谋间谍活动的人有联系，这一事实足以认定他是一名危险分子，但实际上，联邦调查局所做的对话记录恰恰证明奥本海默并不危险。在对话中，只要提到“教授”，尼尔森或温伯格（或两人都）会评论他和党脱离关系，以及他断然拒绝向苏联透露机密的影响。

尼尔森在谈话中说，奥本海默“现在很不安，我们让他不舒服”，温伯格回应说，奥本海默不让他参与那个项目，是因为担心他会“引起更多注意”，还因为“他害怕我走漏消息”。温伯格对尼尔森说，奥本海默“变了……很难相信会发生这样的变化”。尼尔森认同道：“让我难过的是，他的妻子对他产生了不良影响。”很明显，基于最近和奥本海默的告别午餐，尼尔森告诉温伯格，奥本海默在妻子的鼓动下，急欲和以前的共产党同志脱离关系，因为他已经加入那个重要项目，而且不愿看到自己在项目中的核心地位受到威胁。

即使不涉及奥本海默，温伯格和尼尔森的对话也无可辩驳地表明，一个绝密军事项目正面临安全威胁，因而引起了联邦调查局的高度重视。“乔”的情报不仅对尼尔森非常重要，对调查局也同样重要，他们立即将这段对话的抄本转交帕什上校，帕什立即起程飞往华盛顿，对格罗夫斯和兰斯代尔说，他掌握了奥本海默参与间谍活动的证据。

当然，帕什手里掌握的相当确切的证据，恰恰证明奥本海默（令他以前的共产党朋友大失所望）没有参与间谍活动。实际上，从指控奥本海默的角度来看，尼尔森和“乔”之间的对话并没有向格罗夫斯和兰斯代尔提供任何新证据，仅仅证实了他们已经知道的东西，以及他们多次讨论的结果，即奥本海默有过与共产党密切联系的经历。兰斯代尔后来回忆，他和格罗夫斯第一次翻阅奥本海默的调查局档案时（他记不清具体是什么时候，但认为是在洛斯阿拉莫斯的建设期间，因此很可能是 1943 年头两个月的某个时候），奥本海默的政治经历让他们“非常重

视”，于是他们进行了充分讨论。“我记得，格罗夫斯的意见是，”兰斯 345
代尔说道，“一、奥本海默博士是个关键人物；二、根据他的判断（到那个时候，他对奥本海默已非常了解），奥本海默是忠诚的；三、无论报告上怎么说，我们都将让他参与这项工作。”因此，针对奥本海默的忠诚问题，格罗夫斯将军决心已定，他是一个相信自己判断的人。如果没有无可辩驳的证据证明奥本海默有安全风险，谁都不能让他放弃相信奥本海默是这项工作的最佳人选。

然而现在很清楚，苏联人对美国的原子弹计划已经知道很多（比如，比当时的联邦调查局知道的还要多），除非立即阻止情报的传递，否则他们很可能马上就会知道得更多。因此，弄清“乔”的身份并阻止他继续接触敏感信息是一项紧迫而重要的任务。G–2 项目对此高度重视，探员们立即和联邦调查局建立了紧密的工作关系。就这样，1943 年 4 月 5 日，斯特朗将军约见 J. 埃德加・胡佛的助理 E.A. 坦姆，正式告知他曼哈顿计划的存在。第二天，格罗夫斯和兰斯代尔与调查局的两名代表见面，讨论两家安全机构的合作方式，以确定“乔”的身份，并防止苏联窃取原子弹项目的情报。

上述会面的几天前，联邦调查局已经收集到了一些反间谍情报，这些情报（他们现在认识到）会立即引起 G–2 保障曼哈顿计划安全的兴趣。针对尼尔森和“乔”的谈话，他们决定对尼尔森进行昼夜不间断的监视。4 月 1 日，探员发现尼尔森走进一家街角的店铺，从那里打电话给苏联驻旧金山领事馆，安排和伊万诺夫见面。后来，当他们在 4 月 6 日见面时，探员在场监听。然后，4 月 10 日，监视尼尔森住处的探员注意到来了一名苏联人。此人不是别人，正是内务人民委员会的间谍头目瓦西里・祖比林，他常驻苏联驻华盛顿大使馆。屋里的窃听器获取了俩人的一段长时间对话，内容涉及苏联间谍活动的组织结构，以及美国共产党和内务人民委员会在其中发挥的相应作用（尼尔森担心前者被后者忽视）。这些探员还听到祖比林数出一大笔钱交给尼尔森，尼尔森惊呼：“天哪，你数起钱来就像银行职员。”尼尔森和祖比林可能很快意识到美国反间谍部门已经盯上了他们，因为这是最后一次监听到他们两人与间谍活动有关的谈话。

346 就在安全部队全力调查温伯格的身份时，温伯格本人成功获得了一个能接触秘密情报的岗位。1943 年 4 月的某个时候，奥本海默（尽管先前对雇用温伯格持有疑虑）将他招入放射实验室，让他负责一些计算工作，这是改进电磁同位素分离器粒子流聚焦的一部分。当然，奥本海默并不知晓温伯格和尼尔森之间的谈话录音。然而，后来，帕什和德席尔瓦将奥本海默雇用温伯格的事说成与苏联间谍合谋的证据。但另一方面，兰斯代尔后来被问及这段时期的情况时，他不仅不认为奥本海默的行为有何可疑之处，还不遗余力地赞扬奥本海默，因为他在强化洛斯阿拉莫斯科学家的保密意识方面“帮助很大”。

兰斯代尔说：“全体科学家把一个棘手的难题摆在了我们面前。”他接着说：“我希望我的科学家朋友原谅我，但是科学家的天性会带来大麻烦。”从本性上来说，科学家喜欢分享信息，而安全人员的工作是确保信息不被分享，这就很容易导致他们与安全人员产生矛盾。从一开始，双方就互不理解。在很多科学家写的洛斯阿拉莫斯的回忆录中，安全措施无一例外地受到鄙视和嘲笑。比如，罗伯特·瑟伯尔将早期保障洛斯阿拉莫斯安全的尝试说成松懈、业余到了滑稽的程度。他写道：“奥比用加利福尼亚大学的信笺给我们开通行证，放在后裤袋里，没多久就不见了。”

瑟伯尔记得，洛斯阿拉莫斯的第一批警卫是西班牙裔的建筑工人，他们是被“强行拉来守大门的”。后来，军队接手，“弄来了宪兵，多数是纽约的警察，他们让这些警察骑马，这些人很可能以前都没见过马，安排他们沿着围网巡逻”。不出所料，“几个星期后，就取消了这一做法”。

瑟伯尔还记得他参加过一项由奥本海默和军队安全机构策划的计划，就平顶山上发生的事传播谣言。奥本海默在 1943 年 4 月 30 日写给格罗夫斯的信中提到了这件事的合理性。奥本海默写道：

我们建议，要让外界以为，洛斯阿拉莫斯的项目是在研制一种

> 新型火箭，还要添上一些细节，强调这里主要是电力装置。我们觉
> 得这一说法有一定可信度；我们马上会在这里弄出巨大动静，这也
> 非常符合这一说法。而我们没能完全保密地工作，比如正在安装大 347
> 量电力设备，以及有大量平民专家等情况可以佐证上面这些说法。

然而，实际上，奥本海默认为的可靠计划最后却变成了一个可笑的败笔。瑟伯尔和实验室里的其他人奉命前往圣菲的一家酒吧，大声谈论他们正在研制的电火箭。他们碰到的问题是，无论他们多么大声讨论，似乎没有一个人感兴趣。最后，瑟伯尔走到酒吧里的一个醉鬼面前说：“你知道我们正在洛斯阿拉莫斯做什么吗？我们在制造电火箭！”瑟伯尔承认，这是一项没有完成的任务：“联邦调查局和军队情报机构从未报告说，他们监听到电火箭的传闻。”

同样不成功的是奥本海默的另一个主意，旨在误导窥探者。这次涉及沃尔夫冈·泡利，他自1940年起成为普林斯顿的物理学教授。奥本海默的想法（他在1943年5月的一封信中对泡利说）是一个“我认为值得认真对待的计划，尽管我知道你会笑话它”。这个计划是，泡利可以利用“他卓越的物理和滑稽模仿才能”，写一些理论物理方面的假论文，并以（比如）贝特、泰勒、瑟伯尔和奥本海默的名义发表，这样就可以打消可能在敌人心中存在的疑虑，即为什么这些顶尖物理学家似乎不再发表任何成果，从而使敌人们无法得出这一显而易见的结论（用奥本海默的原话说就是）：“我们为自己的物理学家找到了理想的用武之地。”

泡利在回信中说，问题是，他的研究工作是由洛克菲勒基金会和高等研究院院长赞助的，因此尽管他“愿意按照建议帮忙”，但他觉得他有义务以自己的名义发表所写的文章，以便“向上述出资人证明，他们花在我身上的钱没有白费”，他接着说，估计“他们还没有模仿的意识”。泡利写道，不管怎么说，他对这一计划的可行性表示怀疑，因为敌人凭什么要相信“冒充作者的这些人没有从事与战争有关的工作呢？”如果不信，那么“整个堂吉诃德式的表演便会功亏一篑”。

尽管帕什、德席尔瓦和其他安全人员对奥本海默持怀疑态度，但面对这一切，奥本海默似乎仍然全心全意地（有时是异想天开地）支持军队情报部门的安全工作。正如兰斯代尔指出的，在这一点上，他和其他科学家大不相同。有些科学家，比如瑟伯尔，对安全限制抱以戏谑和鄙
348 视的态度，而其他人则公开藐视和挑衅。正如理查德·费曼在著名的公开演讲“洛斯阿拉莫斯的岁月”*中描述的那样，他自己是公开挑衅的主谋。

费曼是跟随第一批人来到洛斯阿拉莫斯的，属于奥本海默所说的普林斯顿“杂牌”科学家，他们和罗伯特·威尔逊一同到来。后来，费曼获得了诺贝尔奖，成为世界上最著名的物理学家之一。但在 1943 年，费曼只是个二十四岁的青年，刚写完博士论文。尽管很年轻，但他以才思敏捷、长于原创的特点，给美国许多著名科学家留下了深刻的印象，包括普林斯顿的威尔逊和芝加哥大学的泰勒，并很快在洛斯阿拉莫斯打动了汉斯·贝特。然而，对洛斯阿拉莫斯的安全人员来说，费曼是个顽皮而讨厌的家伙，让他们大伤脑筋。

从一开始，费曼就决心无视那些要求他执行的预防措施。按照要求，普林斯顿的所有物理学家不得购买从普林斯顿到新墨西哥阿尔伯克基的火车票，因为那是一个小站，如果人人都从那里买到阿尔伯克基的火车票，必然会引起怀疑。“于是，”费曼后来说，“每个人都买了到别处的车票”——是除费曼以外的每一个人，“因为我想，如果每个人都买到别处的火车票……”

到了洛斯阿拉莫斯后，令费曼恐惧的是，他写给妻子的信以及妻子的回信都被拆封过，有时还受到审查。妻子听说后，在信中反复提到，一想到她身后有一双眼睛在看她写的东西，她就觉得浑身不自在。结果，费曼收到一张便条：“请告诉你的妻子，不要在信中提审查的事。”但是，正如费曼本人得意地指出的那样，他自己当然也不能提“审查”二字，于是他回复道：“我按要求通知妻子不提审查的事，到底要如何

* “Los Alamos from Below”

才能做到？”随后，费曼的另一件事让他成了安全人员的眼中钉。他发现工地上的工人在围网上抠了一个洞，以便他们回家时能从这个洞钻出去，而不必走正门。于是，费曼从正门出去，绕一圈后，从这个洞钻进来，然后又从正门出去，“直到守门的中士开始纳闷，这家伙怎么只出不进？”

在洛斯阿拉莫斯工作过的科学家所写的回忆录中，到处都能感觉到军队的存在以及他们实施的安全措施。除了地点特殊，在平民科学家看来，实验室是一个军事机构，这是最新奇、最引人注目的，因为大多数 349
科学家以前很少或从未与军人打过交道，也没有在军规的约束下工作过。对于许多科学家来说，格罗夫斯集中体现了军队中一切怪异、讨厌和愚蠢的事物。因此，在科学家们对洛斯阿拉莫斯的回忆中，格罗夫斯常常被当成一个滑稽人物。因为他对物理学知之甚少，行为举止粗暴专横，自然成了大家嘲笑的对象。

比如，尽管爱德华·泰勒声称，他对格罗夫斯的看法不偏不倚（因此，格罗夫斯强调，他对泰勒的印象比对其他大多数科学家都要好），他却说格罗夫斯对科学家发表的开工演讲“好像一个对项目一无所知的人说出来的话”。泰勒说，当他听到格罗夫斯抱怨，这里有人说匈牙利语时，他非常困惑，因为在当时的洛斯阿拉莫斯，只有他和妻子是匈牙利人，而且他们只在自己的公寓里才说匈牙利语。然后他又发现，格罗夫斯听到费利克斯·布洛赫的儿子用瑞士德语方言说话，并“把那种奇怪的语言和一种更奇怪的语言搞混了”。

维护科学家和军人之间良好关系的重任落到了实验室副主任爱德华·康顿身上。格罗夫斯在他的自传中甚至说，保持双方良好的关系是康顿的“主要职责”。不管这是不是他的首要任务，它肯定是一项非常棘手、吃力不讨好的工作。康顿和格罗夫斯很快对彼此形成了极其糟糕的印象（格罗夫斯轻蔑地说，“康顿不是个令人愉快的人选”）。导致他们意见不一致的起源是“安全隔离制度”。

格罗夫斯将这一政策视为“安全的核心”。照此规定，为曼哈顿计划工作的人只能知道为完成自己的工作所需要知道的那部分，不能知道得更多。比如，橡树岭和汉福德的工人不知道他们在协助制造铀和钚，一个现场的工人不知道另一现场的存在。正是这一政策导致了前面提到的奇怪现象：联邦调查局调查某一项目的安全漏洞，却未从官方渠道得知存在这一项目。格罗夫斯坚决认为，这一政策也应该适用于科学家，因此，比如，在芝加哥冶金实验室工作的人不应该知道洛斯阿拉莫斯的任何情况。

康顿认为这么做太荒谬，是和学术研究水火不容的。4月底，这一问题到了最后摊牌的阶段，当时奥本海默和康顿搬到洛斯阿拉莫斯才六
350 个月，奥本海默飞到芝加哥和阿瑟·康普顿讨论钚的生产计划。格罗夫斯为此暴跳如雷，奥本海默回来后，他愤怒地冲进奥本海默的办公室，对奥本海默和康顿大发雷霆。康顿站起身，为这次违反“安全隔离制度”的行为辩解，却发现奥本海默并不支持他，他对此非常困惑。几天后，康顿提出辞职，他把辞职原因写在了给奥本海默的一封长信里。“最让我难以忍受的，”他对奥本海默说，“就是极其苛刻的安全政策。”

> 我觉得自己没有资格怀疑这一做法的智慧，因为我完全不清楚敌人的间谍和破坏活动达到了何种程度。我只想说，就我而言，我发现对安全问题的极度担忧到了病态的压抑程度，特别是对审查通信和电话记录的讨论、可能实行的军事化管理和工作人员与外部世界完全隔绝等手段。我知道，要不了多久，所有这些担忧会让我极度沮丧，让我变得毫无价值。

他说，格罗夫斯斥责他们和康普顿讨论技术问题时，他“非常震惊，很难相信自己的耳朵”。“我强烈感受到，这一政策相当于把你的两只手捆绑在身后，然后叫你去做一项极其困难的工作，因此我认为，大型项目中的这种内部安全隔离是不合适的。”

这样的想法让格罗夫斯觉得非常怪异，他甚至认为，康顿肯定没有说出他辞职的真实原因。“他在辞职信中提出的因素，”格罗夫斯谈到康顿时说，“似乎并不能成为他离开的理由。”他接着说，他的印象是，康

顿“辞职的原因主要是，他觉得我们正在从事的工作不会成功，曼哈顿计划将会失败，他不想和这个计划扯上关系”。据我所知，在康顿写的或说过的任何话中，没有证据支持格罗夫斯关于康顿辞职原因的解释。

在洛斯阿拉莫斯短暂工作期间，康顿至少做出了一项重大而持久的贡献，这项贡献不仅体现在实验室工作，也体现在原子弹制造的物理方面，即他起草并编辑了罗伯特·瑟伯尔的入门讲座，形成了《洛斯阿拉莫斯入门》* 一书（书名是康顿起的），科学家报到时人手一册。在关于洛斯阿拉莫斯的回忆录和历史著作中，多处提到瑟伯尔并不是一位特别好的讲师，但是书中的讲座巧妙而清晰地阐述了原子物理，其中就有康顿的功劳。

讲座一共五场，第一场是在 1943 年 4 月 5 日，最后一场是在 4 月 351
14 日。第一场的开篇非常精彩，阐述清晰，直截了当：“本项目的目的是制造以炸弹为形式的实用军事武器，其能量来源于一种或多种已知裂变物质的快中子链式反应。”实际上，从安全角度考虑，这一阐述有点太过清晰，因为里面用了“炸弹”一词。“几分钟后，”瑟伯尔后来回忆，“奥比让约翰·曼利上来对我说，不要用那个词。曼利说，周围有太多工作人员，他们会担心安全问题。我应该说成‘小玩意’（gadget）”。“小玩意”一词很接地气，洛斯阿拉莫斯人人都用它来指称正在设计制造的东西。

讲完项目的目的后，瑟伯尔在讲座中接着总结了当前涉及炸弹的各类物理学状况。由于很大一部分内容都未曾发表，因此对以前没有参与原子弹项目的每一个人来说都是大新闻。他从裂变过程本身讲起，强调每一个原子的裂变过程释放的能量是一次普通燃烧过程（比如明火或化学爆炸）所释放能量的一千多万倍。然后，瑟伯尔解释了链式反应现象，他说需要经过八十代反应才能裂变 1 千克铀-235。而这八十代反应将在 0.8 微秒（1 微秒等于百万分之一秒）内完成，产生的爆炸威力相当于 2 万吨 TNT。

---

* *The Los Alamos Primer.*

接下来的讲座对铀-238、铀-235 和钚-239 等已知材料的物理和化学知识做了小结，并解释钚如何通过一系列核反应从铀中制造出来。讲座还提到预估临界质量所需的数学计算，并做了解释。计算结果提供的基本数据是，铀-235 的预估临界质量是 200 千克。瑟伯尔解释说，1942 年夏天，在伯克利建立起来的“更准确的扩散理论”将这一估算值降到了 60 千克。瑟伯尔接着说，如果使用反射剂将本会逃逸的中子反射回去，铀-235的临界质量可能会低至15千克，而钚-239还会更低。但是，他着重强调，在 1943 年春天，这些都只停留在理论阶段，还存在不确定性。实验室面临的很大一块工作是提供实验数据，以便进行更可靠、更准确的计算：

> 为了提高估算值的准确性，我们需要更好地认识炸弹原料和反射剂的特性：中子倍增数，弹性和非弹性截面，反射剂的全面实验。然而最终，原料准备妥当后，还要通过具体测试确定其临界质量。

352 在“破坏性”这部分，瑟伯尔就炸弹能够造成多大的破坏介绍了科学家们已经掌握的知识。“炸弹会造成好几种破坏作用”，他说。首先是中子辐射造成的破坏，他估计影响范围可达爆炸周边 1000 码（约 914 米）。1992 年*，瑟伯尔在已出版的《洛斯阿拉莫斯入门》中增加了注释，说他在 1943 年的时候“忽视了一种更严重的致命辐射”，即能量极强的 γ 辐射。根据广岛原子弹爆炸的情况，其破坏范围可达 4000 英尺（约 1219 米）。第二种是爆炸或冲击波造成的破坏。瑟伯尔估计，一颗当量为 10 万吨 TNT 的炸弹，破坏半径大约为 2 英里（约 3219 米）。他的入门讲座讨论的话题还包括爆炸的效率（在极度膨胀和爆炸前，原料实际裂变的比率）、可能的引爆方法和各种装配技术。

---

* 尽管瑟伯尔烟瘾很大，而且一生中有很多时间都在和强放射性物质打交道，但出人意料的是，他活了很久，于 1997 年去世（在奥本海默之后大约三十年），享年 88 岁。——原注（48）

瑟伯尔讲座探讨的最后一个问题是如何"引爆"炸弹，标题为"击发"（Shooting），也就是如何将次临界质量的裂变材料合在一起，形成超临界质量。他考虑的第一种方法是弗里施和派尔斯在他们的备忘录中设想的简单装置：向次临界质量发射一颗用裂变材料制成的小"子弹"，使其达到超临界质量。这一方法的优点是简单易行，但缺点是会带来巨大的军械问题，即与设计和生产能够发射"子弹"的"枪"有关的问题，而且子弹速度要足够快，不然炸弹在爆炸前会变成哑弹。瑟伯尔提出的另一种方法是"内爆"法，最终成为1945年爆炸的世界第一颗原子弹使用的方法。采用这种方法，要将多块材料排列成环状，然后将它们快速合在一起。

尽管长期以来，内爆一直和赛斯·内德迈耶联系在一起，但它不是内德迈耶而是理查德·托尔曼的发明，他在1942年的伯克利会议上提出了这一想法。当时，托尔曼和瑟伯尔就这一课题合写了一份备忘录，而当科南特和布什在1943年3月强烈要求研究这一方法时，奥本海默回答："瑟伯尔正在做。"在奥本海默最初的洛斯阿拉莫斯机构图中，研究内爆是瑟伯尔的职责之一。然而，内德迈耶在听了瑟伯尔的讲座后，成为这一想法的热心倡导者，并立即全身心投入它的研发。

在瑟伯尔的系列讲座结束那天，一场持续十天的大会开始，内德迈 353
耶将他的内爆法研究向其他科学家做了介绍。从4月15日到24日，就在实验室还在兴建、不断扩大的小城洛斯阿拉莫斯的基础设施还在继续完善之时，美国最优秀的一批科学家齐聚这里，他们之中有本土美国人，也有移民，包括为项目工作的人以及仍然在自己的大学工作的人。他们在讨论制造原子弹需要解决的科学问题。

会议的第一天，奥本海默总结了目前的理论状况，有些内容瑟伯尔已经讲过。关于用橡树岭和汉福德的巨大工厂制造裂变材料，他对大家说，他估计从1944年初开始，每天可生产100克铀−235，而一年后，每天可生产300克钚。奥本海默还讨论了上一年的夏天让泰勒念念不忘的"超弹"，但他坚持认为，比起"小玩意"，"超弹"还处于研发的初级阶段，因此肯定是次要的。在接下来的两天里，曼利介绍了即将进行的实验项目细节，贝特讨论了需要发现的物理常数，比如临界质量、每次裂变释放的中子数、不同的截面和爆炸的效率。第四天，瑟伯尔主持了一次关于反射剂的讨论。接下来讨论的问题包括：实验方法、天然铀的特性、枪法的引爆、芝加哥的“反应堆”产生的链式反应，最后还有计算临界质量、时间跨度和原子弹破坏力如何在实验中实现。

当然，正是在这次大会后不久，康顿离开了这个项目，因此要调整原来的机构设置。早在 1942 年 11 月，科南特就召集了一个委员会，评估已上马的与原子弹制造相关的各个研究项目的进度。在麻省理工学院化学工程教授沃伦·K. 刘易斯的主持下，这个评估委员会于 12 月 4 日提交了一份报告，建议通过费米正在芝加哥大学建设的反应堆全力推进钚的生产计划。1943 年 5 月，刘易斯的第二个委员会获得一项评估洛斯阿拉莫斯计划的任务。直到那时，实验室的运转仍由一个筹备委员会负责，其成员数量稳步增长。在 1943 年 3 月 6 日的第一次会议上，筹备委员会成员包括奥本海默、康顿、威尔逊、麦克米伦、曼利和瑟伯尔。几个星期后，这个委员会向两个方向发展：奥本海默和康顿领导的
354 分小组负责实验室管理，而威尔逊、瑟伯尔和其他人负责规划科学项目。后来，在 4 月初召开的两次会议上，又有好几名科学家加入这个委员会，包括费曼、泰勒、贝特和内德迈耶。现在，除了筹备前三个月的实验项目（预计 6 月启动），委员会还讨论了实验室规模的快速扩大导致的问题。实验室全体员工已达一百五十名，所有能住的房间几乎都被占满。委员会决定暂缓招聘新人，并建议实验室将来应该“对扩大规模更有远见”。

刘易斯委员会的成员参加了筹备委员会的会议，会后，他们在完成的报告中认为，实验室的进展令人满意，但建议大幅扩大规模，其职责范围不应限于原子弹的设计和制造，还应包括（比如）冶金和钚提纯方面的研究，以及与原子弹军械有关的所有问题，即引爆和使用原子弹的特定装置的设计和制造。正如官方历史记载的，这一报告完全颠覆了“在洛斯阿拉莫斯建一个小型物理实验室的初衷”。

刘易斯委员会的报告出来之前，军械一直由理查德·托尔曼负责，

并作为一套科学问题来处理。然而，报告反映了格罗夫斯的观点，即军械需要由一个具有实践精神而不是只有科学头脑的人来负责，“因此，”用格罗夫斯的话说，“我们需要的是实用装备而不是某个好孩子。”格罗夫斯想要的人“必须进行实验弹的弹道测试，设想武器的实战使用，而且很可能要在实际战斗中使用这种炸弹”。换句话说，他必须是一名军人。

格罗夫斯仔细查阅了陆军军械官名单，仍未找到他认为能够胜任这一工作的人。之后，他向华盛顿的布什求助，布什向他推荐了一名海军军官——海军中校威廉·“迪克”·帕森斯，一个有着多年弹药和枪械研究经验的人。1943 年 5 月 5 日，帕森斯接到命令，立即向海军上将欧内斯特·金报到，不得迟疑。他后来回忆，“收到一组口头命令后，我便一头扎进曼哈顿区，和金将军讨论，持续时间不到十分钟”。格罗夫斯在他的自传中说，一遇到帕森斯，他就立即被帕森斯“对军事力量和先进科学理论之间相互作用的理解”打动，并声称“只用了几分钟我便断定，他就是我要找的人”。

第二天，帕森斯被介绍给奥本海默，两人一同坐火车前往洛斯阿拉 355
莫斯。帕森斯回忆，他们在旅途中商定，科学家负责“制作‘小玩意’的核部件”，帕森斯的部门负责将这些部件设计成“完全可靠的实用武器”。帕森斯没有核物理背景，但凭借自己的军械背景，他发现科学家们以前不曾甚至现在也没意识到他们面前的任务的规模。帕森斯于 1943 年 5 月抵达洛斯阿拉莫斯时，奥本海默的实验室规划已从最初设想的十几名科学家和员工膨胀到三百多人的劳动大军。几天后，帕森斯重新评估了局面，预估劳动力又将翻一倍，大多数增加的员工将进入军械工程部。对洛斯阿拉莫斯的局面完成评估后，帕森斯回华盛顿待了几周。当他于 6 月份到洛斯阿拉莫斯报到上班时，他已晋升为海军上校，并让每一个人都清楚认识到，他把自己看成了这部分工作的坚定负责人。他的手下有几名组长，包括埃德·麦克米伦、查尔斯·克里奇菲尔德和赛斯·内德迈耶，最后一位此时已成为内爆实验组组长。在两个月内，帕森斯就在自己的工程处下增设了五个小组，用他的传记作家的话说就是，“组成了一个顶级军械研发团队，［开始了］原子核枪（nuclear gun）的设计，为原子弹的内爆组装法获取了新的支持，在安佳农场（Anchor Ranch）准备好了试验场，［开始］计划炸弹的战术交付，并开始做实验级模型”。考虑到当时几乎没有铀，也没有实验用的钚，这是一个了不起的进步。

尽管奥本海默对下一年铀和钚的日产量持乐观估计，但洛斯阿拉莫斯的科学家和工程师都很清楚，要获得足够多的原子弹的裂变材料，大概还需要两年。他们的工作（每一位相关人员都能感受到紧迫性）是在数量足够多的裂变材料到来之前，及时解决理论、设计和制造方面的问题。正如一部曼哈顿工程史描述的那样，一旦材料准备就绪，“每耽搁一个月都是战争的损失”。新实验室运行之初，裂变材料供给匮乏，这意味着这项事业必须依靠理论，依赖程度比在供应正常的情况下要大得多。因此，奥本海默招募的理论物理学家（当然包括很大一部分全国最好的）成为这一项目的绝对核心，但从本质上来说，这是一个工程项
356 目。正如费曼所言：“战争期间，所有科学工作都停止了，除了在洛斯阿拉莫斯仍在进行少量工作。而那里的工作没有多少是科学，大部分是工程学。”

不同于实验物理学家在开始工作前需要安装运行各种设备，理论物理学家可以立即开始工作。因此，在五六月份，当建筑工人继续修建房屋和实验室、项目领导继续制作越来越复杂的机构图并上调项目所需人力时，理论物理学家们只需计算尺和头脑，偶尔需要一块黑板，就可以继续开展计算工作。正如上一年泰勒在伯克利强调的，原子弹的基本科学已经很完备。从理论上说，毫无疑问，铀或钚的裂变很有希望产生威力巨大的炸弹。关于裂变过程，重要的理论科学工作已经完成。而在 1943 年春天，以裂变科学为基础的炸弹构想仅仅停留在理论阶段。芝加哥的冶金实验室成功运行了链式反应，但是要制造原子弹，八字还没一撇。为了让原子弹成为现实，理论家们需要与实验家和工程师合作，不仅要建立新的物理理论，还要开展专门的数学计算，而这只有他们能做，因为只有他们懂。

费曼记得：“每天，我都要研究、阅读，研究、阅读。那是段非常忙碌的日子。”尽管当时他很年轻，相对而言也没有名气，但费曼很快和贝特建立起了充满活力的默契。费曼记得，贝特会到他们的办公室，解释他的想法，而费曼会说：“不，不，你简直疯了，应该是这样。”

> 接着，他说，“等一会儿”，然后解释他为什么没疯，而是我疯了。我们就这样你一句，我一句。你知道，当我听到别人谈论物理时，我想的只有物理，全然不知在和谁说话，因此会说出一些没头没脑的想法，比如“不，不，你错了”，或“你疯了”。而那恰恰是他需要的。

尽管有悖安全隔离的理念，奥本海默还是坚持每周召开一次讨论会，科学家们可以交流信息，并相互批评对方的想法。因为没能将拉比招募进来，也没能留住康顿，奥本海默对很多顶级科学家的反军事化情绪越来越包容。比如，4 月份的大会结束后，他认为领导实验物理部的完美人选是罗伯特·巴彻。巴彻接受了这一职务，但事先向奥本海默声明，如果实验室仍按官方意图实行完全的军事化管理，那他的接受信也 357
应被看成辞职信。由于巴彻和他的科学家同事坚决反对军事化管理，将实验室纳入军事化管理的意图从未实现。正如巴彻颇为圆滑地回忆的那样：

> 按计划，洛斯阿拉莫斯将变成军队实验室，但是我认为，格罗夫斯在这方面是个非常精明的人，尽管他起初认为，安全隔离措施是实验室的重中之重，但他后来意识到，那只会让他一败涂地，他会因此打败自己。而且他也知道，平民实验室的开放性是一大优点，提供了更多的灵活性。

巴彻从一开始就以坚定的态度清晰地表明了自己对军事化的看法，这似乎是他对康顿事件的回应。尽管军方的命令不符合科学要求，奥本海默却愿意服从，这让康顿大为困惑，从而离开了洛斯阿拉莫斯。正如康顿怀疑的那样，奥本海默在安全隔离的问题上和他有着同样的看法，洛斯阿拉莫斯的所有科学家肯定都这样认为。但是，康顿不知道的是，奥本海默无法公开支持康顿反对洛斯阿拉莫斯的安全措施。因为奥本海默自己还没有获得安全许可，他没有本钱得罪那些负责签发安全许可的人。实际上，在乔·温伯格和史蒂夫·尼尔森的深夜谈话被窃听后，事情比奥本海默想象的还要糟。

1943 年春，康顿离开原子弹项目，实验室的组织机构还处于初创阶段，此时奥本海默获得安全许可的概率并不大。尽管还没有确定温伯格就是“乔”，但是安全当局非常清楚“教授”是谁。帕什和德席尔瓦，还有其他一些人都认为，如果一个人的同事和朋友中，至少有三人（尼尔森、洛马尼茨和尚未确定身份的“乔”）参与了苏联间谍活动或与参加此类活动的人有密切联系，那么这个人就不应该被任命为美国最重要、最机密的军事研究项目的领导，而这还是在当局知道哈康·希瓦利埃企图说服奥本海默为埃尔滕顿的间谍活动提供帮助之前。奥本海默明白，希瓦利埃这件事一旦泄露，没等真正开始，他在洛斯阿拉莫斯实验室的领导职务肯定就会立刻终止。

358 于是在好几个月里，奥本海默保守着那个特殊的秘密。在这期间，无论他走到哪里，都被帕什的探员跟踪，他们继续寻找奥本海默不值得信任的确凿证据。同时，联邦调查局加紧对那些没有被曼哈顿计划聘用，但似乎又对它抱有不良兴趣的平民进行调查，特别是那些和共产党有过往来的人。当然，这包括一些与伯克利放射实验室有关的激进年轻科学家，其中就包括洛马尼茨，他成了调查局和军队情报机构的最大目标，现在一举一动都受到这两个部门的严密监视。

1943 年 6 月，通过对洛马尼茨的连续监视终于弄清了温伯格就是“乔”。在伯克利校园的一个门口，一名跟踪洛马尼茨的 G-2 探员看见一位商业摄影师在给他和三个朋友合影。四人一离开，这名探员便走到摄影师跟前，买下了他拍下的照片底片。经确定，照片中的另外三人是大卫·玻姆、马克斯·弗里德曼和约瑟夫·温伯格，当局很快便确定温伯格就是“乔”。照片上的四个人都是伯克利的物理学家，政治上都很激进，并和奥本海默有关（玻姆、洛马尼茨和温伯格曾经是他的学生，弗里德曼在社会活动中也被视为他们的一员）。

在二战剩余的时间里，这四个人全都受到安全部门的严密监视，确保不让其中任何一个人接触到任何敏感信息。当奥本海默请玻姆到洛斯阿拉莫斯工作时，他的要求遭到拒绝，理由是当局不可能为他签发安全许可。同时，洛马尼茨也收到邀请，在放射实验室和橡树岭之间负责联络工作，但是他还没等到上任，就被征召入伍。弗里德曼先是受雇于放射实验室，后又到芝加哥冶金实验室工作，但很快被这两个机构解雇。温伯格和洛马尼茨一样，应征入伍。1943 年 3 月温伯格与尼尔森的谈话被监听的直接后果是，苏联再也不能从温伯格、洛马尼茨、玻姆、弗里德曼或尼尔森那里获取美国原子弹计划的更多情报。这一专门的“间谍网”就此瘫痪。

这四个人和尼尔森一起构成了一个“间谍网”，这样的想法并非无中生有。比如，温伯格很清楚地表示，他愿意通过尼尔森为苏联传递情报。考虑到他们和奥本海默的关系，以及奥本海默至少曾聘用（或至少试图聘用）其中的三人从事能接触到秘密情报的工作，怀疑奥本海默在某种程度上是这个“间谍网”中的一员也就成了情理之中的事。

1943 年 6 月，温伯格的身份被确定后，在军队情报人员的跟踪下， 359
奥本海默离开洛斯阿拉莫斯前往伯克利，为自己招来了更多的怀疑。他此行的公开理由是招收一名私人助理，看中的候选人是自己的朋友，伯克利哲学家大卫・霍金斯，一个与激进左翼政治有诸多联系的人，联邦调查局怀疑他是共产主义者。这样的人选更加重了帕什对他的怀疑，但是怀疑其判断力（而非其忠诚度）的更有力的依据是，奥本海默决定利用这次旅行去看望他的老情人，此时住在旧金山的琼・塔特洛克。

到 1943 年的夏天，比起政治，琼对心理学要感兴趣得多。她是锡安山医院的一名儿童心理医生，而自己也在接受心理医生齐格菲尔德・伯恩菲尔德的精神分析治疗。然而，她曾经与共产党有联系，同情共产党，并参与过他们的活动，因此受到安全部门的特别关注。奥本海默 3 月份前往洛斯阿拉莫斯前，琼要他去看望她，但他没去。当他后来被问及为什么这次又去了，他回答：

> 在我们离开之前，她表现出见我的强烈愿望。那个时候我不能去，因为我不能透露我的去向或其他任何情况。现在，我觉得她非见我不可。她正在接受精神治疗。她过得很不开心。

当被问到为什么她“非要”见他，奥本海默回答：“因为她仍然爱我。”

帕什的探员寄给联邦调查局的报告相当详细地记录了俩人见面后的情况。那些探员报告说，1943 年 6 月 14 日，奥本海默从伯克利来到旧金山，琼·塔特洛克前往迎接，“她亲吻他”。随后俩人驱车来到当地的一家酒吧，他们在那用餐，喝了几杯酒，然后开车来到她在旧金山蒙哥马利街的公寓。探员们坐在公寓外的车里，他们注意到 11 点半时屋里的灯灭了。第二天早上，奥本海默和琼一起离开那栋楼。那天晚上，俩人又在旧金山闹市区见面，他们“亲昵地打招呼”，然后一起来到一个叫基德·卡森烧烤的地方吃晚饭。餐毕，琼开车送他去机场，奥本海默乘飞机回到新墨西哥。

当然，那个时候，奥本海默不知道乔·温伯格不仅连累了他本人，
360 可能还连累了他身边的所有人。但是他肯定知道，那些防控间谍活动并为曼哈顿计划提供保密工作的人已经对他产生了怀疑，因此，想必他也知道，或者已经猜到，他的安全许可申请仍然悬而未决。因为这一点，还因为他和军队情报人员日常接触之频繁，因此让人吃惊的是，他居然没有想到，或者至少没有怀疑，他的一举一动都将受到监视。更令人吃惊的是，尽管他很可能正处于监视之下，但他仍然决定和琼过夜。在 1954 年的安全听证会上，在他被问起当时的情形时，他感到羞愧难当，无地自容：

> 问：你没有理由相信她不是共产党，是吗？

答：没有。

问：你和她过夜了，是吗？

答：是。

问：那是你在为一个秘密战争项目工作期间吗？

答：是。

问：你认为，那是有利于安全的行为吗？

答：事实上是这样。无话可说（Not a word）——不应该那样做。*

“不应该那样做”很难为自己在这方面的严重误判自证清白。根据我们对奥本海默和琼·塔特洛克的了解，他们那天晚上的谈话内容似乎不可能涉及洛斯阿拉莫斯的工作，但是在一个充满怀疑（对共产党的普遍怀疑和对奥本海默本人的怀疑）的人那里，想象奥本海默可能以塔特洛克为中间人，向苏联传递曼哈顿计划的详细情报，是再自然不过的了。

帕什肯定是这么想的。奥本海默的伯克利和旧金山之行两个星期后，帕什于 1943 年 6 月 29 日正式向五角大楼建议，拒绝向奥本海默签发安全许可，原因是他“可能与共产党有联系”，引用的证据是奥本海默与琼会面以及他决定任命霍金斯为他的助理。帕什建议，不仅要解除奥本海默的洛斯阿拉莫斯科学主管的职务，还要对他进行彻底调查和询问。

对奥本海默来说，幸运的是，比起帕什的判断，格罗夫斯更信任兰
斯代尔。就在写信给五角大楼，建议解雇奥本海默的同时，帕什也写了 361
一份备忘录给兰斯代尔，建议如果不解雇奥本海默，就应将他传唤到华盛顿，告诉他安全部门知道他和共产党的所有瓜葛，并警告他，当局不会容忍奥本海默将国家机密传递给共产党的任何企图。帕什认为，奥本

* 这是原文本的记录。奥本海默的原话可能是：“不，总之，那不是明智的做法。”——原注（49）

海默可能对国家不忠，但像史蒂夫·尼尔森那样，他看到领导一项重要的政府项目对奥本海默有多么重要，并认为失去显要职位、名誉和荣耀的风险足以让他望而却步。“因此，”帕什的结论是，“我能感觉到，他将不遗余力地与政府合作，推进他负责的任何计划。”

兰斯代尔对奥本海默的看法与帕什截然不同。此时他已在洛斯阿拉莫斯多次与奥本海默和基蒂接触，得出的结论是，奥本海默既不是共产党，也没有安全威胁。在 1954 年的奥本海默安全案中，当兰斯代尔被问及 1943 年他凭什么做出奥本海默不是共产党的判断时，他的回答很有趣：

> 关于共产党，我的明确定义是，对苏联比对美国更加忠诚的人。这是我早在战争部从事共产党问题的工作时就形成的定义，我至今仍然认为，这是个恰当的定义。你会注意到，这和政治观点没有任何关系。
>
> 毫无疑问，所有人，包括我这个非常守旧的共和党人，都认为奥本海默博士是个极端的自由主义者，甚至可以说是个激进分子。不幸的是，在判断谁是共产党、谁不是共产党，谁忠诚、谁不忠诚的问题上，往往是极端的政治自由主义者成为被调查和审查的对象。困难在于如何区分谁是持政治观点的人、谁是共产主义者，因为共产主义根本不是一种政治立场。

正如他接着在同一证词中强调的，兰斯代尔认为奥本海默是个忠诚的美国公民，他将国家的利益放在首位，因此，根据以上定义，他绝不是共产主义者。当他被问及他对基蒂是否有同样的印象时，他回答：

> 我对奥本海默夫人的印象是，她是个性格坚强、信念坚定的女人。
>
> 362 我也觉得，她是完全可能成为共产党员的那种类型的人，我能看出她曾经肯定就是共产党。只有性格坚强的人才能成为一名真正

的共产党员。

然而，兰斯代尔认为，基蒂的坚强性格对奥本海默的可靠性产生了正面影响：

> 通过多次和她交谈、多次和她讨论，我坚信她已经形成了奥本海默博士是她生命中的重中之重的信念，他的前程需要他远离共产党以及那种人构成的组织。
>
> 我相信她的坚强性格（我认为坚强性格这个词并不恰当）、她的坚强意志对奥本海默有强大的影响力，能够让奥本海默远离我们认为的危险组织。

换句话说，兰斯代尔得出了和史蒂夫·尼尔森完全一致的结论：在基蒂的影响下，奥本海默决心和他以前的朋友和同事断绝关系，这样他才能赢得美国政府的信任，因而牢牢把握一个重要军事项目的领导职位。

在 1943 年 7 月写给格罗夫斯的备忘录中，兰斯代尔概括了他对奥本海默和他妻子的这一看法。他列举了联邦调查局和 G-2 收集到的关于奥本海默的所有“负面消息”：他和共产党阵线组织的联系，他与主要共产党员的友谊，他与琼·塔特洛克和哈康·希瓦利埃（“被认为是一名共产党员”）的私人关系，以及来自共产党内部将他视为共产党员的可靠报告，同时承认这些消息非常麻烦。但兰斯代尔反对帕什的建议，认为不应该拒绝他的安全许可申请并将他开除。相反，他建议帕什应该让步，但不同于帕什强调的处理方法（利用这些负面消息恐吓奥本海默，让他拒绝和间谍活动发生任何联系），兰斯代尔强调，他们可以利用这些消息以及它们可能给奥本海默带来的严重后果，说服他供出内线。兰斯代尔建议，应该告诉奥本海默，“因为他对共产党的兴趣以及他和一些共产党员的联系和友谊”，他对国家的忠诚受到了怀疑，如果他想证明自己的忠诚，就要向格罗夫斯和兰斯代尔提供他可能听到的关

363 于安全威胁的信息。换句话说就是，应该让奥本海默意识到，为了证明他对国家的忠诚，他必须背叛老朋友。

根据兰斯代尔的判断，格罗夫斯迈出了决定性的一步。1943 年 7 月 20 日，他向地区工程师（US District Engineer）发出以下指示：

> 根据 7 月 15 日我给你的口头指示，务必为朱利叶斯·罗伯特·奥本海默的任职签发安全许可，不得延误，不必考虑关于奥本海默的传言。他对项目至关重要。

就这样，奥本海默获得了安全许可，当然这并不代表此事就此了结。帕什和德席尔瓦仍然相信，他在为苏联的间谍活动提供协助和支持，而格罗夫斯和兰斯代尔认为他没有做这样的事，但他们决心利用他获取有关间谍活动的更多信息。因此，就在洛斯阿拉莫斯的实验工作可以开始的时候，奥本海默花了大量时间以各种方式应对安全问题。这无疑让他觉得，自己承担不起肩上的重任，他向罗伯特·巴彻表达了自己的心情。在回信中，巴彻对他说，格罗夫斯同样清楚地认为：他别无选择，只能让你继续，因为他找不出另一个能胜任这项工作的人。

1943 年 7 月罗斯福总统写给奥本海默的亲笔信坚定了他勇往直前的决心，罗斯福请他让洛斯阿拉莫斯的科学家们放心，他们的工作受到了高度赞扬："我坚信，他们持续付出的忠心耿耿的无私劳动是值得信赖的。无论敌人有什么企图，美国的科学技术都能应对挑战。"在回信中，奥本海默借机向总统强调，他如何重视项目的安全保密工作：

> 如果您知道，大家多么赞赏您那些令人茅塞顿开的话语，您一定会为此高兴。在以后的几个月里，我们会常常想起您说的这些话。
>
> 也许我也应该向您保证，不论是作为团队成员还是一个美国公民，我们已深深地感到自己肩上的重任，在保证快速高效完成项目的同时，我们还要确保项目的安全。得到您的支持和理解，对我们

来说是极大的鼓舞。

奥本海默从格罗夫斯那里收到的一封信（写于 1943 年 7 月 29 日） 364
清楚地表明，他还没有获得上司的完全信任，信中列举了对他今后的要求：一、“避免乘坐任何类型的飞机”；二、在任何“超过几英里的”陆地旅行中，他都应该由“一名合格的身体强壮的武装警卫陪同，平时作为他的司机”；三、在洛斯阿拉莫斯周围开车，“应该有警卫跟随，特别是在夜间”。

这封信明显是强化安全工作的一部分，很快对奥本海默以前的学生产生了前文提到的严重而持久的后果，这些人已被确定为实际或潜在的共产党间谍，第一个受到影响的是洛马尼茨。欧内斯特·劳伦斯于 7 月 27 日对他说，他已晋升为放射实验室的小组长，负责监督橡树岭电磁同位素分离器的制造。三天后，还没来得及走马上任，洛马尼茨便收到一封信，通知他去当兵。“事情真的是非常蹊跷，”洛马尼茨后来解释说，“因为劳伦斯博士刚刚才说，想让我承担据说是更为重要的新任务，也就是前往橡树岭。在橡树岭制造几百台这样的机器期间，我要做伯克利和橡树岭之间的联络员。”

当然，洛马尼茨和劳伦斯都不知道，联邦调查局于 1942 年 10 月监听到了莱曼和史蒂夫·尼尔森之间轻率的谈话，也不知道洛马尼茨与温伯格、弗里德曼和玻姆同志般的合影已经导致他们四人被确定为一个“间谍网”的成员。劳伦斯和洛马尼茨两人都被弄糊涂了。据洛马尼茨所言，劳伦斯的第一反应是：“哦，一定是弄错了。让我来解决。”但是，洛马尼茨发现：“结果并没有弄错，他也没有能力解决。”并不是劳伦斯没有尽力。兰斯代尔记得：“欧内斯特·劳伦斯大喊大叫，比谁的嗓门都大，责怪我们把洛马尼茨从他身边带走。”绝望之下，洛马尼茨打电话给洛斯阿拉莫斯的奥本海默，后者立即给五角大楼发电报说：“发生了一个非常严重的错误。现在洛马尼茨是伯克利唯一能担负这一职责的人。”1943 年 7 月 31 日，奥本海默发电报给洛马尼茨说：“已请求相关部门重新考虑，延期入伍。不能保证结果，但已提出强烈要求。”

然而，奥本海默、洛马尼茨和劳伦斯都发现，军队不让洛马尼茨参与原子弹项目并将他征召入伍，这一决定不能更改。2001 年，在他生命的最后时期，洛马尼茨在一次采访中表示，几乎过去了六十年，他还
365 是相信，把他从伯克利调走不是为了避免泄密，而是为了削弱并最终关闭建筑师、工程师、化学家和技术员联合会下的放射实验室分会，这是在他和奥本海默的协助下建立起来的。

实际上，情况正好相反：当局确实想关闭放射实验室分会，但这是因为他们将它看成了共产党阵线组织和原子弹项目的安全威胁。拿掉洛马尼茨是对工会主义展开攻击的部分手段，但主要是针对共产党，特别是打击苏联情报部门利用联合会中的共产党员获取美国军事项目情报的企图。兰斯代尔的希望是，奥本海默与共产党的交往史这一软肋能够为安全部门所用，使他不得不配合并支持他们的行动。

关于这一点，1943 年 8 月 10 日，兰斯代尔在洛斯阿拉莫斯与奥本海默的会面表明，他的这种希望是有据可依的，这次面谈的报告全文保留在两天后他寄给格罗夫斯的备忘录中。兰斯代尔对格罗夫斯说，他已向奥本海默表明，想让当局推迟洛马尼茨的入伍时间是徒劳无益的，因为“他犯了言行失当之罪，绝不能姑息纵容”。奥本海默可能和洛马尼茨一样，以为当局在为难他以前的学生，是因为他参与了政治（而不是间谍）活动。他对兰斯代尔说，他已强烈要求洛马尼茨，如果他加入原子弹项目，“就必须放弃所有政治活动”。他还对兰斯代尔说，“他知道，洛马尼茨刚到加州大学的时候，因为年轻，确实是一名颇为忠实的红色分子”，但他承认，从那以后不清楚洛马尼茨的政治活动情况。兰斯代尔告诉他，对洛马尼茨的调查表明，他肯定没有放弃任何政治活动。根据兰斯代尔所言，奥本海默回答：“我简直要疯了。”兰斯代尔继续写道：

> 接着，我们对共产党进行了一般性讨论。我对奥本海默说，从军事情报的角度看，我们不太关心一个人的政治或社会信仰，我们只关心国家机密不被传递给未经授权的人，不管那个人对谁效忠，

> 也不管他有什么样的社会地位、政治立场或宗教信仰。

谈话进行到这里，奥本海默努力给兰斯代尔留下这样的印象：他对共产党员采取的措施比军队的要求还要严格。

> 他表示，他不同意我们对共产党的看法。他不愿意让任何共产 366
> 党员参与项目，和他一起工作。他说，原因是“人总是有双面效忠的问题”。他说共产党的纪律非常严格，这与对项目的绝对忠诚势不两立。他清楚地表示，他不是指曾经加入过共产党的人，他知道在洛斯阿拉莫斯工作的人中，有好几个以前是共产党员。他仅仅指那些现在仍然是共产党员的人。

“奥本海默在这次讨论中表现出了极大的诚意，”兰斯代尔下结论说，他告诉格罗夫斯，他的个人观点是，“关于洛马尼茨，奥本海默博士想要传递的信息是，洛马尼茨仍然担心自己的党员义务，而奥本海默告诉他，如果他要加入项目，他就必须放弃共产党。”他还“明确感受到，奥本海默极力表示，他曾经是共产党员，但从事这项工作后，就和共产党彻底断绝了联系”。“总而言之，”兰斯代尔在备忘录结尾说，“似乎奥本海默以相当微妙的方式，迫不及待地向这名军官表明了自己在这方面的立场。”

8 月 12 日，正是在兰斯代尔向格罗夫斯递交有关奥本海默的备忘录的那天，联邦调查局探员监视到玻姆、弗里德曼和洛马尼茨到温伯格的公寓开会，史蒂夫·尼尔森和他的共产党员助手伯纳黛特·多伊尔也参加了会议。对洛马尼茨及其朋友的监视是名为“CINRAD”（“共产党对放射实验室的渗透”的缩写）的大规模行动的一部分，这项行动最终为伯克利的三百多名共产党员建立了档案。放射实验室共产党小组造成的威胁受到高度重视，惊动了最高层。8 月 17 日，格罗夫斯向美国政府最高政策小组（Top Policy Group）提交原子弹项目的进展报告后，接着汇报了军队进行的所谓“加利福尼亚问题”的调查结果。同一天，他向战争部部长亨利·史汀生递交了给总统的备忘录草案，建议命令建筑师、工程师、化学家和技术员联合会停止所有与放射实验室相关的活动。不到一个月，备忘录达到预期目的，联合会下设的放射实验室分会被迫关闭。

8 月 10 日兰斯代尔和奥本海默的谈话明显让奥本海默认识到，仅仅和他以前的共产党朋友和同志保持距离是不够的，他还需要在打击他们带来的安全威胁的行动中有积极表现。他以前对希瓦利埃想将他拉入
367 乔治·埃尔滕顿的间谍活动的笨拙企图缄口不言，现在，这件事似乎能让他以相对无害的方式向安全部队提供他们想要的东西：共产党间谍活动的情报。这并不是说奥本海默想供出希瓦利埃，而是埃尔滕顿似乎是个重大目标。毕竟，埃尔滕顿不是他的朋友，还企图将他和希瓦利埃俩人都卷入间谍活动，让奥本海默不堪其扰。因此，和兰斯代尔的谈话结束几天后，奥本海默与格罗夫斯见面，供出了埃尔滕顿的名字，认为此人需要受到监视。

大约一周后，1943 年 8 月 25 日，奥本海默前往伯克利，似乎是要去处理兰斯代尔提出的放射实验室的安全问题。他首先来到莱尔·约翰逊上尉的秘密办公室，询问他能否和当时还在学校的洛马尼茨谈谈，他仍希望为他争取延迟入伍。尽管约翰逊强调洛马尼茨是个危险人物，他还是同意奥本海默和洛马尼茨见面。在他离开约翰逊办公室的时候，奥本海默告诉他（正如他先前对格罗夫斯说的那样），伯克利的安全人员应该注意一个叫乔治·埃尔滕顿的人。奥本海默对约翰逊说，埃尔滕顿在壳牌公司工作，是建筑师、工程师、化学家和技术员联合会一名十分活跃的成员。

然后，奥本海默来到放射实验室劳伦斯的办公室，按计划与洛马尼茨见面。我们不完全清楚奥本海默为什么要见洛马尼茨。或许他还想帮洛马尼茨保住放射实验室的工作，或许他想弄清兰斯代尔关于洛马尼茨的话（罔顾对奥本海默的承诺，继续参与政治活动，包括积极参加联合会的活动，以及触犯“言行失当”之罪）哪些是事实，抑或他的目的是要让洛马尼茨知道，他已经引起了反间谍人员的怀疑。为此，我们能找

到的证据很少，而且仅局限于奥本海默本人对帕什和兰斯代尔说的话，以及他在 1954 年安全听证会上的供述。在听证会上，奥本海默说："经安全官员同意或在他的建议下，我记不清了，我竭力规劝洛马尼茨向安全人员老实交代。"奥本海默向兰斯代尔透露，洛马尼茨对他说，他是被"陷害"的。"我说，那是一派胡言，凭什么要陷害你，他说，'这个嘛，是整个计划的一部分……也许除了共产党，他们还在寻找更大的猎物'。"

换句话说，正如他在自己的余生中一直想的那样，洛马尼茨认为，当局将他征召入伍的目的是要摧毁建筑师、工程师、化学家和技术员联合会。到那时，奥本海默表示，他开始认识到，将洛马尼茨留在放射实验室的努力注定不会成功。"我劝他，我认为，"奥本海默对兰斯代尔说， 368
"他没必要非得留在项目里。"

奥本海默担心谈话被劳伦斯的秘书听到，可能还怀疑劳伦斯的办公室已被监听，*他和洛马尼茨走到外面的街上继续讨论。然后，奥本海默回到劳伦斯的办公室，发现温伯格和玻姆在那里等他。奥本海默对兰斯代尔说：

> 这俩人只关心一件事。他们说，他们和罗西［洛马尼茨］工作关系密切，他们认为他是个好人，还认为他因参加工会活动和政治上的同情态度而遭到陷害。他们认为，因为这个，他们将面临同样的危险，所以他们应该离开这个项目，去做一些其他有用的工作，否则他们可能会面临同样的下场。

奥本海默称，他对他们说，"如果他们触犯了积极参与工会活动、与赤色分子有任何联系以及言行失当这三项规定的任何一项，他们将对项目毫无用处"。劳伦斯短暂出现时，奥本海默让他见证温伯格和玻姆

---

*　在 2001 年的采访中，洛马尼茨说："我记得他［奥本海默］和别人谈事情的时候有个习惯，'我们到外面边走边谈'。换句话说，他认为电话已被监听。"——原注（50）

远离政治的诺言。那天晚上，奥本海默在伯克利和罗伯特·巴彻吃晚饭，“讨厌鬼”监听到他对巴彻说，因为放射实验室松懈的安全管理，他已“教训”了劳伦斯。

1943 年 8 月 25 日晚间，上床休息的时候，奥本海默可能认为，他那天的工作成果显著，会改善伯克利的安全状况以及安全人员对他的看法。他主动提供了潜在间谍的情报，建议洛马尼茨放弃承诺领导的小组，使温伯格和玻姆做出了远离政治的承诺，还因放射实验室脆弱的安全水平训斥了劳伦斯。他可能觉得，这一天的工作干得不赖。然而，他那天做的事为他和很多朋友、学生和同事后来遭受的不幸埋下了祸根。

莱尔·约翰逊接收到的信息和奥本海默想要表达的意思大不相同。关于奥本海默提供的“情报”，比如，乔治·埃尔滕顿是一名共产党员，
369 他是建筑师、工程师、化学家和技术员联合会中的活跃分子，以及他渴望向苏联提供美国军事项目的情报，约翰逊统统不感兴趣。安全部门早已知道这些。约翰逊感兴趣的是，奥本海默居然也知道这些。因此，奥本海默一离开他的办公室，约翰逊马上打电话对鲍里斯·帕什说，他刚刚见过奥本海默。对帕什来说，这似乎正是他等待的良机，足以证明奥本海默参与苏联间谍活动。帕什马上安排第二天上午和奥本海默见面，还安排将他们的谈话录音。结果，在奥本海默的余生中，甚至更长的时间里，这一录音被反复播放、抄录，并被认真细致地分析。

在这次谈话中，奥本海默在回答帕什和约翰逊关于埃尔滕顿的问题时似乎表现得异常笨拙，一些评论家将此归咎于他的傲慢，他没有想到智商不如他的人也可能在智力游戏中战胜他。然而，最明显的是，奥本海默似乎对他将要回答的问题毫无准备。他于 8 月 26 日上午来到约翰逊的办公室，只想和约翰逊单独讨论洛马尼茨的事。他没想到帕什也在那里，也没想到谈话会被录音，更没想到他将就埃尔滕顿接受盘问。在他看来，他觉得这些安全官员应该感激他，因为他供出的人可能是个间谍头目，没想到他们竟然为此盘问他。毕竟，当他向格罗夫斯说起埃尔滕顿时，他不必面对大量穷追不舍的问题，不必被迫解释他是如何知道埃尔滕顿参与间谍活动的。因此，似乎他从没有想过，如果他想把希

瓦利埃这个名字从中隐去，那么关于他是如何知道埃尔滕顿的，该如何准备一个令人信服的解释。因此，当他不得不做出这样的解释时，他以最糟糕的方式临时编造了一个故事，一个不可能经得起严格审查的谎言。正如他后来被迫承认的那样，那纯粹是“一派胡言”（cock and bull story）。

一开始，帕什对奥本海默说，能够面对面和他交谈，他非常高兴，在维护原子弹项目的安全方面，他感到格罗夫斯将军似乎“赋予了我一项责任，这就好像有了一个孩子，一个只能远程监控却看不见的孩子”。然后，他直奔正题，继续说：“约翰逊先生跟我说了那件小事，也就是你们昨天的谈话，我对此很感兴趣，我接到他的电话后，整天都很担心。”

奥本海默对这些话的反应体现出他在多大程度上理解了安全官员的想法。他以为帕什担心的是他和洛马尼茨的谈话。他还表现出他对洛马尼茨的严苛程度远远超出了这件事的必要标准：

> 我到这里的时候，不太确定我该不该找他［洛马尼茨］谈话。370
> 我想告诉这个家伙的是，他太冒失了。我知道他确实泄露了消息。我知道，说那么多在某些情况下会让他难堪。直截了当地说似乎很难让他感到难堪。

“我对这个不感兴趣，”帕什对他说，“在我看来，我感兴趣的事情更严重一些。约翰逊先生说，可能存在一些我们感兴趣的其他组织。”

奥本海默对此完全没有准备，明显乱了阵脚，语无伦次，最后他的想法好像是在赞同与苏联人共享原子弹的信息：

> 我想那是事实，但我并不直接知道在这方面那有什么用处，但我认为真的有一个人，他的名字我从来没有听说过，隶属于苏联领事馆，通过和项目相关的中间人直接表示，他可以传递他们提供的情报，不用担心暴露，也不用担心丑闻，或其他任何危险……我猜

> 想，可能是一个隶属于苏联领事馆的人在做这事。但因为我知道这是事实，我一直特别担心在接近领事馆的圈子里出现言行不当的行为，或让领事馆接触到这些。相当坦率地说，我比较赞同让最高统帅告知俄国人我们正在解决这个问题。至少，我能看到那样做的一些依据，但我不赞成从后门把消息透露出去。我想，对此事的关注或许没有坏处。

帕什不想偏离他的主要目的，于是将奥本海默强行拉了回来："你能更具体地给我讲一讲你真正掌握的情况吗？"此时，奥本海默并没有一个完整的思路，他开始闪烁其词，直接编造谎言。他声称，获取情报的途径，"总是通过其他人，他们不堪其扰，便来找我讨论"。他还告诉帕什，"他们总是以相当间接的方式接触，所以我觉得，说出不止一个人的名字可能会牵连其他人，这些人的态度是困惑而不是合作"。他准备说出的名字是他已经供出的埃尔滕顿。

> 371 很可能有人让他尽可能提供情报。他做得是否成功，我无从知晓。他找到他的一个朋友，我们的项目里有一个人认识他的这个朋友，那便是运作这件事的途径之一。现在我认为，再扩大范围的话就会弄出很多人的名字，这些人不仅是无辜的，而且他们的态度绝对是无害的。

到这个份上，奥本海默可能意识到自己摊上了大事。他已经说出埃尔滕顿可能通过中间人接触过在原子弹项目中工作的人，以便将情报传递给苏联，而且，谈话进行到这，他无疑意识到帕什不挖出中间人、被接近的人（尽管帕什和他的同僚可能已经知道这些）以及埃尔滕顿在苏联领事馆的联系人的名字是不会善罢甘休的。就最后一点，奥本海默回应说：

> 我想说的是，我不知道领事馆的那个人叫什么名字。我想，

> 我可能听到过，也可能没有听过，至少不是故意的，但确实是忘了。他在——可能也不在这了。这些事发生的时间大概是五六七个月前。

这段回应再一次提供了没有必要透露的信息。他不需要告诉帕什他可能听说过埃尔滕顿在苏联领事馆的联系人的姓名，也没必要透露他知道这些事发生的大概时间。

关于被接近的那些人的姓名，奥本海默起初想回避。但可能意识到，他不得不有所交代，便开始编造“荒谬的鬼话”：“我知道两三个人，我想其中有两人和我一起在洛斯阿拉莫斯。他们和我关系紧密。”这都是一些完全没必要说的话。他当然知道有一个人是埃尔滕顿通过中间人接近过的，那个人就是他自己。他真的还知道一两个埃尔滕顿接近过的人吗？他后来称不知道，其他那些事根本就不存在。那么，奥本海默究竟为什么要对帕什和约翰逊说，埃尔滕顿为了获取炸弹项目的情报曾接触过两三个和他“关系紧密”的人呢？在听证会上，他给出的唯一解释是：“我是个白痴。”实际上，在那种情况下，很难想象还有比这更愚蠢的回答了。我认为，这说明奥本海默对帕什和约翰逊的问题毫无 372
准备。

被问及中间人叫什么名字时，奥本海默最初的回答是：“我认为这是个错误……我认为我已经对你们说过事情的原委，而其他的事纯属偶然，会牵连到不应该被牵连的人。”无奈之下，他给出了一些暗示，有些完全没有帮助（“不管他在哪里供职，他肯定是一个政治倾向极左的人，他和政治团体或许有，或许没有定期接触”），但有些暗示可能会让盘问者想到希瓦利埃（“他是教职工中的一员，但不在我们的项目里”）。

当帕什和约翰逊再次提到这个未知中间人接近过谁的时候，奥本海默再次提供了奇怪的细节。当被问到那些被接近的人是否在同一时间被接触过，他回答：“他们在一周内被分别接触过……但并没有同时在场。”“然后，”帕什说，“根据你最初听到的，这里还有一个人也被接触过。”奥本海默回答：“我想是这样。”为了表明此事的重要性，帕什强调，根据奥本海默的陈述，存在一个把情报通过在原子弹项目里工作的联系人透露给苏联人的计划，“而我们并不知道所有联系人”。“肯定是这样，”奥本海默回答，“这就是为什么我要提这个。”经过进一步推诿后，他又透露了关于被接近的人的更多情况：首先，他们“对国家签署《反间谍法案》不满”；其次，其中一人“已经，或计划前往X现场［橡树岭］”。把这些暗示综合起来，自然就能得出格罗夫斯将军后来得出的结论：在奥本海默描述的被埃尔滕顿接近过的人中，有两人是他自己和弟弟弗兰克，而他要回避这个问题，就是因为他希望（或有责任）保护弗兰克。

谈话快要结束时，帕什多次明确向奥本海默表明，这件事还没完。他反复问奥本海默能否再次到洛斯阿拉莫斯约他谈话，奥本海默答应得很不情愿。帕什还多次提到，对于那个中间人的姓名，他不会善罢甘休。“如果能说出那个中间人的姓名，我们肯定会感激不尽，”他对奥本海默说，“因为我们在找其他人之前，将花费大量的时间和精力，对他穷追不舍，本来我们根本不用这么做。”很明显，他的言外之意是，如
373 果奥本海默拒不交代那个中间人的名字，那他就不是在保护中间人，而是在浪费军事情报人员的时间。帕什发誓：“我们会非常恼怒，直到弄清事实真相。”

奥本海默在离开前，尝试了两种表态，以挽回败局。首先，他郑重声明，他对国家的忠诚和对安全事务的重视（“如果我有什么做得不对，枪毙我都可以”）。然后，他相当可悲地坚持说，洛斯阿拉莫斯的安全状况比劳伦斯的放射实验室要好得多（“我觉得，我要为这里发生的这种事的所有细节负责，我敢说，每一件事都绝对井然有序。这里不会发生那样的事”）。两种表态在帕什那里都没产生效果。他对奥本海默说，他就像小径上的一条寻血犬，不管奥本海默说什么或做什么，那条小径都会指引他确定以下几个人的身份：一、奥本海默说的中间人；二、原子弹项目中被接近并有可能向苏联透露情报的三个人。

这次谈话让帕什比以往任何时候都更加确信，奥本海默参与了间谍活动，尽管他不能让格罗夫斯和兰斯代尔也相信，但他的观点得到安全

部门其他要员的认同，这些人和帕什一样，渴望保护原子弹项目，挫败奥本海默的图谋。联邦调查局一直怀疑奥本海默，早就希望能和帕什联手，共同对付他。8月27日，奥本海默与帕什和约翰逊灾难性会面的第二天，调查局一名探员建议给琼·塔特洛克的电话安装窃听器，因为奥本海默可能会通过她，或者用她的电话和“共产国际组织”联系。五天后，J.埃德加·胡佛在给司法部部长的备忘录中采纳了这一建议，他说监听琼的电话有助于“确定共产国际组织中谍报人员的身份”，因为她是“掌握涉及国家战争项目重要秘密情报的那个人的情人”，还是“共产国际组织成员的联系人”。琼的电话受到正式的监听，但他们并未获得涉及国家安全的情报。

1943年9月2日，司法部部长收到胡佛备忘录的第二天，洛斯阿拉莫斯的皮尔·德席尔瓦上尉在写给上司帕什的备忘录中对奥本海默的情况做了小结。德席尔瓦在开头写道，就目前涉及曼哈顿计划的间谍活动状况来看，“我们认为，J.R.奥本海默发挥的作用比表面上看到的还要大”。总结了奥本海默与帕什和约翰逊的谈话后，德席尔瓦表示：“笔者愿意公开说，J.R.奥本海默在苏联通过间谍活动获取对美国国家安全至关重要的机密情报方面正在发挥重要的作用。”为了支撑这一观点， 374
德席尔瓦写道，尽管奥本海默十分清楚，共产党员不能接触军事秘密，但他“还是让一小撮公认的共产党人，或共产党同情者进入项目，并在他周围发展壮大，直至将很大一部分关键人员卷入其中，而项目的成功与安全皆系于他们之手”。“在这名军官看来，”德席尔瓦继续写道，“奥本海默要么对现实极度幼稚或像孩子般无知，要么极为狡猾和不忠。和他详细交谈过的军官排除了第一种可能”。关于奥本海默近期透露的涉及埃尔滕顿和未知中间人的情报，德席尔瓦首先想到的是透露情报的时间：正好是在奥本海默刚刚得知他以前的学生因泄露情报而遭到调查之后。“在得知正在进行这项调查之前，”德席尔瓦写道，“（奥本海默）绝对没有打算向相关部门汇报这些事，他肯定知道发生过这样的事，而他自己声称没有同意。”

德席尔瓦得出的结论是：“奥本海默渴望成为享誉全球的科学家，

并通过领导洛斯阿拉莫斯实验室而彪炳史册。”他坚持说，军队“只要愿意，可以让他梦想成真，也可以让他的名誉和事业毁于一旦”。他在最后提出，如果“以强有力的方式让他看到”军队有能力毁掉他的名誉，“就有可能让他重新审视自己相对于军队的地位。在此之前，因为在项目中的重要性，他一直占据着主导地位”。

四天后，帕什将这一措辞强硬的评估寄给了兰斯代尔，他还在其中添加了自己的陈述：“本办事处仍然认为，奥本海默不应该受到完全信任，他对国家三心二意。我们相信，他唯一绝对忠诚的是科学，并强烈感受到，如果苏联政府能够向他提供更好的科学事业发展机会，他将选择那个政府作为自己的效忠对象。”

同时，对温伯格及其朋友的严密监视仍在继续。9 月 3 日，也就是德席尔瓦给帕什写备忘录的当天，跟踪温伯格的探员发现，他寄出了一个又厚又大的信封，收件人是阿尔·弗拉尼根，此人是伯克利的一名研究生，也是史蒂夫·尼尔森的朋友。探员们打开信封后，发现里面有一篇手写的文稿，标题是《共产党及其职业》，还附有一张简短的未署名
375 的封面便笺：“这段时间请不要和我联系，也不要和其他人讨论我如此要求的理由。”便笺上还要求弗拉尼根将这一消息传达给“S 或 B”（可能是史蒂夫·尼尔森和伯纳黛特·多伊尔），“但不要提我的名字”。文稿和便笺的副本寄给了帕什，他认为这些东西足以证明，奥本海默和温伯格及玻姆见面的目的是要让他们知道，他们正受到监视。

9 月 12 日，兰斯代尔和奥本海默进行了一次面谈，这一次是在格罗夫斯的华盛顿办公室里。和几个星期前帕什和奥本海默的谈话一样，这次谈话也被录音并整理成文字。然而，这次谈话的气氛完全不同。兰斯代尔清楚地向奥本海默表明，他喜欢、钦佩并信任他。一开始，他就对奥本海默说，“你可能是我见过的最聪明的人，我说这话绝没有半点恭维或奉承之意”。他在最后强调：“我想让你知道，我本人很喜欢你，请相信这是真的。对此我没有丝毫怀疑，我也不希望你觉得我有任何怀疑。”兰斯代尔后来的言行表明，他这些话是非常真诚的。

兰斯代尔的谈话目的和帕什的目的也大不相同。兰斯代尔并不想诱

使奥本海默交代他谋划间谍活动的情况，而是想从他身上得到有用的信息，以便帮助他们确定参与间谍活动的人的身份。特别是，他想知道埃尔滕顿用以获取曼哈顿计划情报的中间人的名字。奥本海默的谈话方式表明，他还是没能理解安全部队已将埃尔滕顿的间谍活动视为比洛马尼茨及其朋友的“言行失当”更为严重的问题。因为在兰斯代尔提到他与帕什的谈话时，奥本海默马上迫不及待地解释为什么他要找洛马尼茨谈话，好像那才是兰斯代尔最关心的：

> 我觉得我或许可以让他别做那些傻事，所以我请求约翰逊让我和他谈谈。我和洛马尼茨讨论了很长时间，应该可以说相当不成功，或最多只是部分成功。当然，约翰逊认为他很危险，并说明为什么危险，还说帕什应该介入这件事。所以我对帕什解释了一些我认为存在危险的理由，我觉得那可能就是你的想法。

兰斯代尔马上对奥本海默说，他最关心的是苏联如何窃取曼哈顿计 376
划的机密情报，而美国要如何应对。他总结了当前的形势，对奥本海默说，“他们知道（我们也知道他们知道），田纳西、洛斯阿拉莫斯和芝加哥的情况”，因此，“弄清他们的情报传递渠道对我们至关重要”。兰斯代尔似乎意识到了许多科学家的内心感受，并同情他们的想法，他们觉得安全管理实际上成了完成任务的障碍，他对奥本海默说，他会把握分寸。他说，“我们的保卫工作不会往死里管”，但从另一方面来看，一定程度的保护显然是必要的。因此，兰斯代尔需要知道那个中间人的名字。然而，奥本海默拒绝提供：“我已考虑了很久，帕什和格罗夫斯也让我交代这个人，但我觉得我不应该说。”兰斯代尔对他说：“这个人实际上是在战争时期参与了别国的间谍活动，而你居然还犹豫不决，不肯说出他的名字，我真不明白你是怎么想的。”但是奥本海默拒不妥协的决心十分坚定，他不愿给希瓦利埃带来麻烦，他知道那会是大麻烦。

兰斯代尔改变策略，企图用奥本海默以往和共产党的交情打开突破口，套出共产党员的信息。他问道，“在伯克利参与这个项目的人中，你知道谁是……或者曾经是共产党员？”奥本海默的回答毫无用处：“我知道一件事，我知道，在最后一次到伯克利时，我得知洛马尼茨和温伯格都是共产党员。”迫于压力，他又对兰斯代尔说了些他并不十分清楚的事，奥本海默似乎随意选中了夏洛特·瑟伯尔，说她以前曾是共产党员。当被问到罗伯特·瑟伯尔是不是共产党员的时候，奥本海默回答：“我想有这种可能，但是我不确定。”

> 兰斯代尔：现在我问你，你自己曾经也是共产党员吗？
>
> 奥本海默：不是。
>
> 兰斯代尔：你可能加入过西海岸的每一个阵线组织。
>
> 奥本海默：差不多吧。

在兰斯代尔设法套出共产党员的名字的过程中，让奥本海默尴尬的时刻出现了，兰斯代尔问道：“哈康·希瓦利埃呢？”然而，此时的奥本海默表现得非常冷静沉稳。“你是问他是不是共产党员？”他回应道，接着说，“他是一名教师，我和他很熟。如果他是党员，我不会感到吃惊，他是个相当忠实的赤色分子。”

面对如此圆滑的回避，兰斯代尔非常失望，不得不向他摊牌：

377 我们已经掌握了J.R.奥本海默博士的情况，他的妻子曾经是共产党员，他自己也认识很多共产党要员，并同他们来往，他是多个所谓阵线组织的成员，可能还对共产党提供过经济支持。他六个月前就知道一起共产党策划的间谍图谋，却隐瞒不报，到现在都没有坦白。我应该说，我已确信你本人是清白的，否则我就不会像现在这样对你说话，明白吗？

“我当然没问题，我要说的就这些。”奥本海默回答。

在兰斯代尔看来，这是一次沮丧、无果而终的谈话，最后，就这个中间人的名字，他警告奥本海默：“不要以为这是我最后一次问你这个问题，绝对不是。”在离开前，奥本海默（虽然毫无必要，但明显想要表现出很配合的样子）主动提出，他怀疑伯纳德·彼得斯与共产党有关联：“我知道他以前在德国，在那里蹲过监狱，我还知道他总是对共产党人表现出极大兴趣，而我认为，他是不是共产党员可能部分看他是不是美国公民，或者他是否从事战争项目的工作。”

就在兰斯代尔表现出对奥本海默的喜爱和钦佩之时，帕什却把他当成了一名间谍，正努力揭露他的真面目。在兰斯代尔和奥本海默谈话的十天前，帕什向格罗夫斯呈交了一份措辞强硬又有点啰唆的备忘录，他在里面说：“为了顺利展开调查，得到那位教授的名字［也就是埃尔滕顿和奥本海默之间的中间人］至关重要。”他继续“要求获取教授联系过的人的名字，以避免无谓的调查，也不必追踪引起本办事处注意的线索”。他要知道：“在奥本海默介入这个项目的时候，有什么人在任何时候接触过他吗？如果有，这个人是那位教授、埃尔滕顿，或别的什么人吗？”

你可能会想，格罗夫斯不习惯级别比自己低的人以这样的口吻和他说话；你也会认为，格罗夫斯会对帕什的语气或帕什本人不屑一顾，因为他对奥本海默穷追不舍，这可能会让帕什成为一个讨厌的人。然而，奥本海默和兰斯代尔谈话一两天后，格罗夫斯和奥本海默及兰斯代尔一起乘火车前往芝加哥，他在火车上向奥本海默抛出了帕什的问题。兰斯代尔将他们讨论的话题记录在了9月14日的备忘录里。根据这一备忘录，奥本海默对洛马尼茨的态度自一两天前和兰斯代尔的谈话后变得有点不留情面。尽管他曾经说过，他和洛马尼茨的谈话“相当不成功，或 378
最多只是部分成功”，而现在他却说“非常不满意”，并说洛马尼茨“目中无人”。备忘录上接着记录道：“奥本海默非常后悔和他［洛马尼茨］有过瓜葛，他不希望再和他有任何关系。”至于那位伯克利的教授，也就是埃尔滕顿的中间人，兰斯代尔的备忘录里记录道：

> 奥本海默的态度是，如果非得要他这么做，他可以说出加州大学那个中间人的名字。格罗夫斯将军对他说，我们必须知道那个人的名字，但是他不愿意这么做，因为他相信已经没有更多联系，并

> 确信项目中的联系人没有提供任何情报。他还暗示，他这么做会让朋友陷入困境，造成不必要的麻烦，对安全工作没有任何好处。

格罗夫斯向奥本海默提到了好几个人的名字，也就是帕什认为这个中间人可能联系过的人。其中包括阿尔·弗拉尼根，兰斯代尔写道，“从后来的情况看，他有点像联系人”。奥本海默对格罗夫斯和兰斯代尔说，他不熟悉弗拉尼根，只偶尔见过，“但大家都知道他是个真正的‘赤色分子’”。这似乎将弗拉尼根排除在了联系人之外，因为奥本海默说过，他对那三个联系人都很熟悉。从备忘录可以看出，剩下的时间都是奥本海默在说话，无非是些格罗夫斯和兰斯代尔已经知道的事：基蒂、弗兰克和夏洛特·瑟伯尔曾经是共产党员，而他自己，尽管不是党员，却是好几个共产党阵线组织的成员。

这次火车上的谈话暴露出的最大问题可能是，奥本海默对洛马尼茨、温伯格、玻姆和弗里德曼的忠诚十分脆弱，从此以后，这些人都将为他们对共产党的忠诚付出代价，不会从奥本海默那里获得多少支持。为了推迟入伍时间，洛马尼茨费尽周折，在西海岸到处找工作，但是每次好不容易获得工作机会，在签发延期入伍许可前，机会都会被无情收回。有一次，弗里德曼开着刚买的庞蒂克*，带着洛马尼茨在旧金山湾区找工作，他们找到了一家制造雷达显示管的初创公司，这家公司有意聘用洛马尼茨。洛马尼茨后来记得，负责人开始讨论薪水问题，洛马尼茨
379 对他说：“这样吧，我现在的收入是一个月三百美元。你只要付给我一半就行，但你得马上给我办理延期入伍手续。”他得到了这份工作，这位负责人及时申请延期。然而，第二天，当地征兵局通知洛马尼茨，申请被驳回。同时，弗里德曼在伯克利的前雇主建议，他只有离开这个地方，才有出路。

于是，洛马尼茨和弗里德曼都于9月23日离开伯克利，弗里德曼先将洛马尼茨送到新兵营，然后前往科罗拉多的丹佛，想在那里找份工

* 庞蒂克（Pontiac），通用汽车集团中的一个运动型轿车品牌。

作。俩人在离开前给奥本海默写了一封信，解释他们碰到的麻烦（“到手的工作总是在最后时刻不翼而飞”），他们“坚信”，“发生的一切都源于对工会的歧视”。他们离开伯克利的前一天夜里，温伯格在自己的公寓里为他们饯行，探员通过安装的窃听器听到了他们的谈话，用一位探员在报告里的话说，温伯格对他们说，“他不认为马克斯［弗里德曼］目前的困境是他与工会的关系造成的，而是另有原因”。几天后，洛马尼茨试图打电话到洛斯阿拉莫斯找奥本海默，但奥本海默拒绝接听。

在接下来的几个月里，格罗夫斯和兰斯代尔在安全部门里不信任奥本海默的同事面前坚持认为（正如格罗夫斯对一名 G-2 官员说的那样）奥本海默“会继续忠于美国”。格罗夫斯特别不希望奥本海默因他的过去以及与共产党的关系而受到没完没了的盘问，因为那势必干扰他在实验室的工作。他希望奥本海默放手开展炸弹的研制工作。同时，帕什花了大量时间，试图确定埃尔滕顿的中间人和联系人的身份，列出了嫌疑人名单（无一例外来自伯克利物理系和化学系），并将名单分发给 G-2 和联邦调查局的办事处。在奥本海默的安全听证会上，帕什回忆起奥本海默如何提到（但拒绝说出姓名）埃尔滕顿的一位联系人，此人已经或即将前往橡树岭，参与一个“枯燥的项目”：“我们不得不全面查阅资料，以确定前往 X 现场的人是谁。”通过这种方式，他只确定了一名嫌疑人，“我采取措施，至少我请求格罗夫斯将军阻止此人前往那个地区”。还有一次，根据与奥本海默安全案有关的一本书的作者菲利普·斯特恩，一个被帕什确定为埃尔滕顿的疑似联系人“毫无先兆地突然登上从旧金山驶往洛杉矶的‘日光号’豪华列车”。

> 为了让探员有足够时间赶到洛杉矶，帕什命令火车中途停车。380
> 令人不愉快的是，他下达的命令非常强硬，毫不拐弯抹角。铁路官员极为震怒。他们向最高指挥官投诉，但由于帕什的计划是超级机密，他没有向上级报告这次行动。即使顺着粗暴的停车事件查到他头上，他们也没法从这位上校那里获得任何信息。具有讽刺意味的是，帕什追踪的这一目标与奥本海默案没有任何关系。

1943 年 11 月，格罗夫斯抓住一个让帕什脱离这个案子的绝佳机会，使帕什的寻血犬本能发挥了更有建设性的作用。这一机会是盟军命运的转折带来的。在过去的一年里，盟军取得了一系列决定性胜利，现在面临的问题不再是纳粹能不能被打败，而是什么时候被打败。1942 年 11 月，蒙哥马利率领的英军在埃及的阿拉曼战役中击溃了隆美尔的德军，同时大批美军在摩洛哥和阿尔及利亚登陆，准备和英军并肩作战。1943 年 1 月，苏军在血腥残酷的斯大林格勒战役中取得了艰苦卓绝的胜利，迫使德军开始从苏联和东欧撤退。六个月后，1943 年 7 月，苏军在库尔斯克的坦克大战中击败德军，由英国、加拿大和美国士兵组成的联军在西西里岛登陆，准备占领整个意大利。9 月，意大利投降，一个月后宣布对德作战，当时的德军还占据着大片意大利国土。盟军正在酝酿两个登陆作战计划：第一个是在安齐奥登陆，准备收复罗马，并将德军赶出意大利；第二个是诺曼底登陆，准备收复巴黎，将德军赶出法国。同时，苏军正取得节节胜利，迫使德军退出波兰。

在 1943 年 11 月 25 日的感恩节讲话中，罗斯福总统有很多需要感谢的东西：

> 这一年，在向世界范围的自由事业迈进中，上帝对我们的眷顾慷慨大方。我们英勇的战士和其他盟国士兵结下了兄弟情谊，取得了重大胜利，使我们的家园不再恐慌，使专制政权瑟瑟发抖，在这个即将实现自由的世界里，为我们的自由生活奠定了基础。

这一讲话代表时代的声音。很少有人会怀疑同盟国将获得胜利。然而，有一个非常重要的问题还没有得到回答，而对许多懂得其重要性的
381 人来说，纳粹必将失败的乐观因心中的愁云大打折扣。这个问题是：纳粹制造原子弹的计划进展到了什么程度？毕竟，通过海森伯，人人都知道，从科学的角度看，德国拥有丝毫不逊于奥本海默的人才，完全能够利用核裂变释放的巨大能量制造出可怕的武器。为了说服科学家到洛斯阿拉莫斯工作，奥本海默几乎总能善用这一忧虑，他雄辩道，重要的是

广纳贤才，使其各尽其能，为项目出力，不仅因为这有助于我们在这生死攸关的竞赛中击败德国，还因为德国人已经捷足先登了。

盟军对成功登陆欧洲充满信心，但还有一个重要的任务需要完成。这个任务的目的是要弄清意大利和纳粹在原子弹制造方面的进展。这项任务的科学事务由奥本海默的老朋友荷兰人塞缪尔·古德斯密特领导；军务由陆军中校鲍里斯·帕什负责，他在罗斯福发表感恩节讲话那天收到这一命令。任务被称为阿尔索斯特遣行动，Alsos（阿尔索斯）是Groves（格罗夫斯）的希腊语写法。1943 年 12 月 7 日，特遣队向北非进发，一周内抵达意大利那不勒斯，在接下来的几个月里，特遣队以此为基地开展工作。其间，帕什、古德斯密特及其下属尽可能四处搜集意大利的科学情报。

11 月 27 日，在他前往北非前不久，帕什交给兰斯代尔一份备忘录，名为“J.R. 奥本海默博士所说的未知教授的可能身份”。这份备忘录由帕什的探员詹姆斯·穆雷中尉起草。穆雷写道：“本办事处在过去的一个月里，主要精力用于确定那位教授的身份。”他接着写道：

> 我们和联邦调查局审查了加州大学物理和化学系的所有正副教授的背景资料，审查结果在本办事处拟写的 1943 年 10 月 20 日的进展报告里。经过进一步调查和审查，我们相信，那位教授完全可能是下列人员之一。

然后，穆雷列出了九位伯克利的科学家，包括乔·温伯格。穆雷认为，那个不知道名字的教授就在这九人当中。当然，希瓦利埃不在其中，因为他既不是物理学家，也不是化学家。帕什似乎想说，他已将嫌疑人的范围缩小到了这九个人。然后，他离开华盛顿，前往北非。

帕什离开美国大约一周后，那九个人的名字被搁置一边，因为埃尔滕顿的中间人的真正身份已水落石出。12 月 12 日，格罗夫斯在视察洛 382
斯阿拉莫斯期间，将奥本海默叫到他的办公室，命令他说出那个中间人的名字。奥本海默终于说出了希瓦利埃的名字，但不承认希瓦利埃为替埃尔滕顿获取情报接触过自己。第二天，兰斯代尔写信给联邦调查局，告诉他们早就应该想到的事：奥本海默告诉军队安全机构，有三名原子弹项目的成员（正如兰斯代尔所言）“对他说，加州大学有一位不知道名字的教授接近过他们，让他们从事间谍活动”。

兰斯代尔继续透露最新消息，在上级命令他透露那位教授的名字的情况下，奥本海默供出了希瓦利埃。同一天，格罗夫斯的副手尼科尔斯上校给伯克利的约翰逊中尉、圣菲的德席尔瓦和橡树岭的安全人员发电报，告诉他们奥本海默已经供出希瓦利埃就是埃尔滕顿的中间人。几份电报的内容有略微差别（比如，发给德席尔瓦的电报将希瓦利埃说成是放射实验室的教授），但三份电报都提到，奥本海默非常确定，希瓦利埃“在最初的三次尝试后”，没有接触任何人。

当兰斯代尔在奥本海默的安全听证会上回忆第一次听到哈康·希瓦利埃就是他和帕什（更迫切）在上一年 8 月努力寻找的人时，让他迷惑的是，记忆与书面记录不符。他说，记得奥本海默在说出希瓦利埃的名字时，纠正了他以前关于三个联系人的供词，他说实际上只有一个联系人，而那个人就是他的弟弟弗兰克。查阅了同一时期的文件后，兰斯代尔证实，他发现“文件信息显示，希瓦利埃确实接触了三个人……我无法解释我为什么将三人说成了一人”。他接着说：“昨晚我打电话给格罗夫斯将军，想和他讨论，把这件事弄清楚，但我始终无法弄明白。但是记录里写得很清楚，是三个人。”

格罗夫斯也很迷惑。当他被问及是否记得奥本海默向他说出希瓦利埃的名字的那次谈话时，他回答：“是的，但关于此事，我见到过很多版本。我想我以前是清楚的，但现在我肯定糊涂了。”格罗夫斯接着说：“我的印象一直是，他想要保护他的弟弟。”

结果是，当时的电报记录是一个版本，兰斯代尔的记忆是另一个版本，而格罗夫斯摇摆不定，倾向于支持兰斯代尔的说法。让事情更为复杂的是，奥本海默又为他与格罗夫斯的谈话提供了第三个版本。奥本海默说：“当我向格罗夫斯将军指认希瓦利埃的时候，我肯定对他说过，不是三个人，事情发生在我家里，那个人就是我。”

奥本海默声称，他对格罗夫斯说过，希瓦利埃唯一接触过的人就是 383
他自己，但这一说法没有任何记录或回忆支持，我想它的可信度不高，因为它和其他所有陈述都不相符。那么，剩下的问题是，他是要像1943年12月13日发出的电报提出的那样，坚持希瓦利埃接触了三个人，还是要像兰斯代尔的回忆和格罗夫斯含糊陈述的那样，告诉格罗夫斯三个联系人的说法纯属“一派胡言”，实际上只有一个联系人，而这个联系人就是弗兰克呢？

答案似乎是后者。在联邦调查局与格罗夫斯、兰斯代尔和军队律师威廉·康索丹少校的谈话中，呈现出的是以下版本：迫于命令，奥本海默供出了埃尔滕顿的中间人希瓦利埃。然而，当要求他说出希瓦利埃的三个联系人的名字时，奥本海默提出的条件是，格罗夫斯只能自己知道这些名字，尤其不能把它们透露给联邦调查局。格罗夫斯心想这三个人无非是洛马尼茨、温伯格和玻姆或弗里德曼（都已经在监视之下），便爽快地答应了。奥本海默对他说，其实只有一个联系人，也就是弗兰克。格罗夫斯回到华盛顿后，与兰斯代尔和康索丹讨论奥本海默的供述，并和他们商量，他是否应该履行对奥本海默的承诺，不把弗兰克的名字透露给调查局。康索丹认为，这一承诺没有约束力，因为国家安全需要高于个人承诺。然而，格罗夫斯担心，如果他透露了弗兰克的名字，奥本海默会不会撂下项目，一走了之，因为格罗夫斯一贯坚信奥本海默是项目中的关键人物。这对他来说，在某种程度上是难以想象的。

于是，格罗夫斯信守承诺，没有将弗兰克的名字提供给联邦调查局，而向各个军队安全机构发出的电报继续维持着奥本海默原来的关于三个联系人的“一派胡言”。同时，兰斯代尔一反常态，可能也是唯一一次违抗了格罗夫斯的旨意。[*]“我记得非常清楚，”兰斯代尔在1954

---

* 兰斯代尔不大可能违抗上司的命令。这不禁让人猜测，将弗兰克的名字透露给联邦调查局是完全经过格罗夫斯允许的。违背格罗夫斯旨意的说法只不过是个托词罢了，因为这样说就能使格罗夫斯看上去仍然信守了对奥本海默的承诺。而且，兰斯代尔是通过口头而非书面方式通知的，这样就不会留下任何书面证据。也就是说，格罗夫斯和兰斯代尔演了一出双簧，故意蒙骗奥本海默。我想，这一推测还可以解释为什么格罗夫斯对此事的回忆一反常态，含糊不清。——原注（51）

年的安全听证会上说，“我去找联邦调查局，见到了［E.A.］坦姆先生，他当时是，我相信是 J. 埃德加·胡佛的助理，以及［利什］惠特森先生，他是调查局的共产党问题专家。［我对他们说］联系人就是弗兰
384 克·奥本海默，我们得到这一情报——或者说格罗夫斯将军获得了这一情报——的条件是，不把它透露给其他人。”他接着说：

> 在我的记忆里，没有什么比那件事更清楚了，我连夜赶到那里，向坦姆和惠特森报告。在我的记忆里，没有什么比格罗夫斯将军的旨意更清楚的了，他叫我不要向任何人声张。但我违反军规，很快违背了他的旨意……格罗夫斯将军对我说过，但我觉得在这件事情上有必要违背他的旨意，到联邦调查局告发弗兰克·奥本海默。

和格罗夫斯没让尼科尔斯知道这个秘密如出一辙，胡佛和坦姆也向他们的下属隐瞒了这件事，至少暂时如此。然而，到 1944 年 3 月 5 日，负责调查共产党对放射实验室进行渗透的探员肯定知道弗兰克的事，因为那一天以“CINRAD”为题的备忘录提到过此事。这个备忘录是探员威廉·哈维起草的，他在里面说，在和格罗夫斯商议后，奥本海默“最终说出了希瓦利埃只接触过一个人，那人就是他的弟弟弗兰克·奥本海默”。

这一说法没有对格罗夫斯（和后来调查过此事的所有人，包括联邦调查局的探员、军队安全人员、律师、记者、历史学家和传记作者）造成困惑，因为它无论如何都不是真实的。如果希瓦利埃接触过弗兰克（完全没有证据证明这一点，因为希瓦利埃和弗兰克一致否认两人接触过），那么希瓦利埃只接触过一个人的说法肯定不属实，因为奥本海默和希瓦利埃都承认，两人接触过。所以，要么弗兰克和希瓦利埃说谎了，弗兰克和罗伯特·奥本海默俩人都被希瓦利埃接触过，这样的话，奥本海默就对格罗夫斯撒了谎，因为他说只有一个联系人；要么希瓦利埃没有接触过弗兰克，如果是这样，奥本海默于 1943 年 12 月对格罗夫

斯说的话就是“一派胡言”，甚至比他 10 月份对帕什的陈述更加荒唐。

不管怎样，如果奥本海默的目的是保护希瓦利埃，那他就把事情完全搞砸了。如果他的目的是保护弗兰克，那么他部分或暂时成功了。另一方面，如果他想至少在制造原子弹所需时间内保护自己，可以说完全成功，但只是因为无论他怎么做都不会失败，因为格罗夫斯认定，洛斯阿拉莫斯的主任非他莫属。

向格罗夫斯供出希瓦利埃前不久，奥本海默和希瓦利埃通过充满 385
温暖和同情的信。1943 年 11 月，因为不知道奥本海默在哪儿，也不知道他在做什么，希瓦利埃给他写了一封他后来称为“紧急呼叫”的信。“你还在这个世界上吗？”他对朋友写道，“是的，你当然在，但我不清楚自己还在不在。我深陷困境，生活的基础似乎已经坍塌，我成了悬置的孤魂野鬼，没有朋友，没有希望，没有未来，只有过去，就是如此。”“我几近绝望，”他继续写道，“此时此刻，我非常想念你，多么希望有你在身边，和我说说话。”

> 我不知道你是否能收到这封信，所以我决定就此搁笔。如果你能把我当成个体而花点时间，我希望收到你的回信，现在的人似乎已经失去了自我。

12 月 3 日，令他惊喜的是，他居然收到了回信。希瓦利埃再次在信中写道：“收到你温暖、一看就是奥本式的回信，我很难向你描述这对我意味着什么。你让我吓了一跳，因为当我寄出那封呼救信后，我压根就没指望收到你的回信。”他解释说，他丧失信心，部分归因于婚姻的破裂；但另一个原因是，经过一年的休假，他不愿回到伯克利任教。因为他觉得战事未平，他应该去做比教书更重要的事：

> 我想，在某种程度上，我是我们时代的象征——可能是无足轻重的负面象征。我有一定的才能、强烈的感情和坚定的信念以及无可否认的工作能力，可世界这么大，却没有我的容身之地。我能意

识到人们的想法和我们这个时代的重大问题，可我完全找不到用武之地。

希瓦利埃在纽约回信，他告诉奥本海默：

> 我来这里的确实是为了找工作，有丰厚的赞助。实际上，他们叫我到这里的战时新闻处工作，最后我会被派往海外的前哨部门。我在9月1日就到了这里，而工作的事仍然没有解决，可以说，完全是基于你所知道的原因。我也在关注其他各种机会，但在别的地方，有可能也会遇到同样的障碍。同时，我的钱也快花光了……几个星期前，我差点在《时代》杂志得到一份工作，周薪150美元，但最后再一次出于同样的理由被拒之门外。

386 1944年1月，希瓦利埃得知他到战时新闻处工作的安全许可申请被拒绝。在他与奥本海默的友谊的备忘录中，希瓦利埃回忆，为申请结果等了四个月后，他被叫到战时新闻处乔·巴恩斯的办公室：

> 他表情严肃，刚从华盛顿回来，在那里联邦调查局一反常态，给他看了我的档案。他说里面的指控简直难以置信。他说："明显有人对你怀恨在心。"

希瓦利埃直到许多年后才知道那是些什么指控，竟然让他失去了战时新闻处的工作。"最让我想不到的是这些指控居然和奥本有关。"

在战争后期以及战后一段时间，希瓦利埃受到调查局的严密监视，他的一举一动都在安全探员的监控之下。他本人似乎完全没有意识到自己已被跟踪、监视和窃听。1944年的上半年，他在纽约靠当记者和口、笔译员为生，然后回到加利福尼亚，最后回到伯克利任教。直到二战结束，联邦调查局才找他谈话。在那之前，他们明显希望，监视希瓦利埃能够获得更多关于苏联间谍活动的情报，可是他们的希望落空了。

同时，从 1943 年 8 月底开始，对琼・塔特洛克的监视就没有停止过，甚至持续到帕什离开时的 11 月。联邦调查局明显和帕什的看法一致，认为她可能是奥本海默和苏联之间的中间人。然而，到洛斯阿拉莫斯实验室建成并投入运行时，琼・塔特洛克对政治几乎没有兴趣，因为她的身心正受到抑郁症的折磨。1944 年 1 月 5 日，夏洛特・瑟伯尔收到一份琼在伯克利的一位朋友玛丽・艾伦・沃什伯恩发来的电报，通知她琼已于前一天自杀，并请她将这一不幸的消息转告奥本海默。她把电报拿给自己的丈夫，他便去找奥本海默。“我来到他的办公室，”罗伯特・瑟伯尔在他的自传中写道，“他的表情告诉我，他已经知道了这个消息。他非常悲伤。”

自杀后的第二天早上，琼的父亲发现了她的尸体。他曾打电话给她，但没人接听，他非常担心，便来到公寓，摁了门铃却没人应答，他便从窗户爬了进去。他在浴缸里发现了琼的尸体，头浸在水里。在餐桌上，他发现了琼自杀前写的遗书，上面写道，她已“厌倦一切”，觉得 387
自己“会成为整个生命的负担”，自杀“至少可以把一个瘫痪的灵魂带来的负担从这个纷乱的世界上消除”。

奥本海默是如何在瑟伯尔告诉他之前便知道琼自杀的消息的呢？答案似乎是通过安全部门对她公寓的监视。根据伯德和舍温的奥本海默传记，皮尔・德席尔瓦上尉（帕什的忠实追随者，认为奥本海默和塔特洛克参与了间谍活动）在一份未公布的手稿中声称，他第一个将琼自杀的消息告诉了奥本海默。德席尔瓦写道，他告诉奥本海默这一消息后，奥本海默“相当详细地讲述了他对琼的感情，说他找不到另一个可以说心里话的人”。伯德和舍温举了好几个例子，说明德席尔瓦的记录并不属实（比如，德席尔瓦错误认定琼是割喉自杀的），他们坚持说：“德席尔瓦对事物的观察并不可靠，奥本海默向他吐露真情不可信。”

我们完全相信德席尔瓦是个很不可靠的见证人，奥本海默不把他当成倾诉的对象，肯定也是正确的。然而我发现，完全合理的假设是，除了琼悲痛欲绝的父亲，最早知道她自杀消息的是联邦调查局和 G-2，尽管奥本海默没有理由把德席尔瓦当成自己吐露真情的对象，我还是认为德席尔瓦描述的奥本海默对自杀消息的反应是完全可信的。毕竟，当时奥本海默明显没有意识到，德席尔瓦极其蔑视且非常怀疑他。

1 月 6 日，奥本海默得知琼自杀的第二天，德席尔瓦给橡树岭的军队安全人员卡尔弗特上尉写了一份备忘录，标题是“与 J.R. 奥本海默的谈话”。他通报了在前往圣菲的路上和奥本海默的谈话内容。“在谈话中，”德席尔瓦写道，“奥本海默提到，在他看来，伯克利有哪些人是真正危险的。”

> 他说大卫·约瑟夫·玻姆和伯纳德·彼得斯就是这样的人。然而，奥本海默表示，他认为玻姆没有危险人物的性格和秉性，似乎想说，他的危险性取决于受他人影响的程度。相反，他将彼得斯描述成一个“疯子’，一个行为无法预测的人。他把彼得斯说成是“相当忠实的赤色分子”，还说他的背景复杂，这说明他更可能采取直接行动。

后来，在奥本海默看到德席尔瓦对这次谈话的描述后，他怀疑这份
388 描述的准确性。他认为描述的语气不对，他还怀疑，自己从未说过玻姆是危险人物的话，因为他很肯定，自己从不相信玻姆有何风险。他还否认了德席尔瓦在备忘录中的暗示，即，是奥本海默主动提起了这个话题，并主动说出玻姆和彼得斯是危险人物的看法。“我认为，”奥本海默说道，“德席尔瓦问我的问题是‘这里有四个人，玻姆、温伯格、彼得斯和另外一个人。你认为谁的风险最大？’，我想我的回答是彼得斯。”

尽管我们可以接受奥本海默对这一谈话的陈述，但它难免给我们留下这样的印象：他背叛的人，即使不是朋友，也是他以前的学生和政治上的同志，而这个人的妻子曾经还是他的主治医生。在他的安全案中，他被反复问及，是否认为彼得斯是个不可预测、疯狂和有潜在危险的人，为什么他于 1942 年秋邀请彼得斯和妻子到洛斯阿拉莫斯。奥本海默的回答难以令人信服：他相信，尽管彼得斯在德国的时候曾是共产党员，但在他和奥本海默来往期间，他已退出。1942 年 10 月，他已不再

是危险人物，但是在拒绝奥本海默邀请他到洛斯阿拉莫斯工作后，他又重新变成危险人物。

我们不清楚奥本海默为什么要（至少愿意）抹黑彼得斯。正如他在那些年里对安全人员说的很多话那样，他对彼得斯的评论将反过来长期困扰他，并严重损害自己的名誉。有迹象表明，奥本海默并不喜欢彼得斯（塞缪尔·古德斯密特问奥本海默：彼得斯其人如何？他回答："看他那个样子。难道你看不出他不值得信任吗？"），这或许可以解释他对彼得斯的名誉满不在乎的态度。然而，就大卫·玻姆而言，甚至不存在这种可能的解释。

正如他想雇用彼得斯，奥本海默也曾试图将玻姆招入洛斯阿拉莫斯。然而，1943 年 3 月，有人告诉他，玻姆的安全许可申请遭到了拒绝，理由可能是他在德国还有亲戚。奥本海默怀疑那并不是真正的理由，尽管他对德席尔瓦说过，如果玻姆被人带坏，他会有潜在的危险，但一年后他仍然准备将玻姆招入洛斯阿拉莫斯。1944 年 3 月 12 日，和德席尔瓦谈话仅仅两个月后，奥本海默到伯克利出差，他的行踪自然受到军队反间谍探员的严密监视。他们掌握的情况是，在这次旅行期间，奥本海默和弗兰克住在一家酒店里。探员们看见奥本海默兄弟俩离开酒店，到外面的道路上来回散步，"他们进行了煞有介事的交谈"。然后，大卫·玻姆出现了，"J.R. 奥本海默和玻姆谈了五分钟，但弗兰克站在 389
三米多开外，没有加入他们的交谈"。

回到洛斯阿拉莫斯后，奥本海默想必意识到，他和玻姆的谈话受到监听并被汇报和归档，就主动去找德席尔瓦说明情况。根据德席尔瓦 1944 年 3 月 22 日写的备忘录，奥本海默对他说：

> ……就在他准备离开伯克利的酒店返回的时候，大卫·约瑟夫·玻姆前去找他。玻姆询问奥本海默，能否将他调到 Y 项目长期工作，他说在目前的环境中，他有一种"奇怪的不安全感"。奥本海默表示，他没有对玻姆做出承诺，而是对他说，如果项目中出现工作机会会通知他，而如果玻姆没有收到答复，他就应该明白此事

> 无法安排，权当没这回事。奥本海默问签字人，是否反对玻姆到 Y 项目工作。签字人回答是。奥本海默同意，还说这件事到此为止。

和温伯格一样，玻姆在战争的剩余时间里都在伯克利度过，安全探员监控着他的一举一动 监听他的电话，确保他无法接触机密情报。同时，奥本海默至少可以暂时忘掉对他不忠于美国的怀疑，继续推进设计制造原子弹的任务。

第十三章 390

洛斯阿拉莫斯（二）：内爆

同盟国原子弹研发的一个重大事件发生在 1943 年 8 月 19 日，丘吉尔和罗斯福在这一天签订了《魁北克协议》，实际上，这个协议将英国的“合金管计划”纳入了曼哈顿计划。协议称，“在目前的战争中，为保障两国的共同安全，让合金管项目尽快取得成效至关重要”，并称“如果将英美两国所有可用的人才和资源集中起来，就可以加速实现这一目标”。协议中有这样一条：“在科技研发领域，两国从事同一研究项目的科学家应全面高效地交流各种信息和想法。”另一条款称，“除非双方同意，任何一方都不得将合金管项目的任何信息透露给第三方”。结果表明，这两个条款存在严重冲突。据维诺那文件后来披露，苏联对英国原子弹项目的渗透成效显著，而英国的反间谍工作极为不力，要和英国人分享信息而又避免其不经意地泄露给苏联是不可能的。

自从合金管项目启动以来，苏联主要通过“剑桥五杰”获取了这一项目的许多机密情报。然而，这五个人无法获得详细的技术资料供苏联制造自己的原子弹。为此，他们需要一名在项目中工作的科学家，而在 1941 年夏天，他们找到了这样一个人：一个寡言少语、为人低调的德国人。汉斯·贝特曾将此人称为他所见过的唯一改变历史进程的物理学家。他的名字叫克劳斯·福克斯。

福克斯是一名忠实的社会主义者和热心的反纳粹人士，他于 1933
391 年二十二岁时逃离德国。他曾在布里斯托尔大学的内维尔·莫特和爱丁堡大学的马克斯·玻恩门下学习，然后于 1941 年 5 月，在鲁道夫·派尔斯的邀请下加入合金管项目。那时他已成为英国公民。福克斯奉行奥本海默与帕什和兰斯代尔谈话时表示同情的观点：苏联人有权知道盟友就制造原子弹的可行性所掌握的知识。福克斯认为，向苏联提供任何有用的情报是他的职责。

1941 年 8 月，福克斯与苏联内务人民委员会的一名特工建立了联系，从那以后，他便成了一名提供盟国原子弹项目进展情况的固定线人，后来此事令派尔斯和他的妻子（福克斯曾在伯明翰和他们同住）感到万分失望和震惊。福克斯能够如此轻易地成为苏联的情报人员，说明英国人和美国人对安全工作的态度迥然不同。比起福克斯的安全风险，英国人更感兴趣的是，福克斯是一位杰出的物理学家，合金管项目需要这样的人。如果他们对安全工作再用心一点，便会发现福克斯的危险性。早在 1934 年，德国当局就通知过英国，福克斯是共产党，但因为这一情报来自盖世太保而没有被采信。1943 年 1 月，福克斯的政治活动问题再次被提起，这一次是英国安全部门提出的，但是军情五处的一位官员对此无动于衷。她说，福克斯“有着良好的个人名誉，被公认为一个正派的人”。那一年晚些时候，那名官员说：“几年来，由于他［福克斯］在目前的工作中没有出现明显问题，我认为，我们可以放手，让他继续从事这项工作。”1943 年 11 月，根据《魁北克协议》，为合金管项目工作的英国科学家接到通知，他们将奉命迁往美国。对美国的计划不利的是，这些科学家的安全审查权掌握在军情五处手里。关于福克斯，军情五处的报告说：“他在美国会更加安全。在那里，福克斯不容易和共产党接触。”可是，在福克斯离开英国前，苏联情报部门已经指导他到了美国后如何与共产党取得联系。

从英国前往美国参与曼哈顿计划的首批科学家包括：利物浦大学的詹姆斯·查德威克和奥托·弗里施、伦敦大学的威廉·彭尼、剑桥的詹

姆斯·塔克及伯明翰大学的派尔斯和福克斯。其他人去了洛斯阿拉莫斯，
而派尔斯和福克斯来到纽约的哥伦比亚大学，研究同位素气体扩散分离
法。这项工作的书面文件很大一部分都是由福克斯本人起草的，他设法
将所有文件副本提供给苏联。福克斯在纽约的联系人是哈里·戈尔德，
他是一名化学家，从 1940 年就开始充当苏联的信使。1944 年 2 月 5 日，
戈尔德从福克斯那里收到一份气体扩散法和原子弹项目其他方面的详细
报告，然后将这些情报交给苏联情报人员。在纽约期间，直到 1944 年 8 392
月调往洛斯阿拉莫斯，福克斯始终与戈尔德定期接头。福克斯到洛斯阿
拉莫斯后，联系中断，但几个月后，又设法恢复了与苏联人的联系。

二战后，为曼哈顿计划工作过的大多数科学家，听到福克斯的行为都非常震惊，很难相信福克斯会做出这样的事。他们觉得那是背叛。而另一方面，普遍的观点是，既然是盟友，苏联人也应该像英国人那样获得原子弹项目的信息。让科学家们更为担忧的是德国人可能会抢先造出原子弹。“我们如惊弓之鸟，非常害怕在这次竞赛中输给德国，”鲁道夫·派尔斯写道，“当然，每个人都渴望了解德国人在原子能方面的进展。”英国情报部门向派尔斯征求意见，问他应该如何了解德国人的进展情况，派尔斯提供了一份名单，建议尽可能监视这些人的行动。当然，在这份名单中，首先被关注的就是海森伯。英国情报部门在回复中说，海森伯在战争开始前不久到过英国，“而我们没有他离开英国的记录”。“我对此十分震惊，”派尔斯写道，“如果英国的情报工作是这个样子，前景将十分可怕。”

因此，派尔斯对英国安全工作的信任度急剧下降，他只能亲自动手，开展情报搜集工作。他查阅了近期德国的物理学术期刊（他所在的大学可以通过中立国家获得这些期刊），还特别关注德国的《物理学杂志》，里面刊登了一系列在德国所有大学中讲授的物理课程。除了几个例外，比如海森伯，派尔斯放心地发现，大多数德国物理学家“都在按部就班地教授正常的课程”。他得出的结论是，尽管“德国可能正在进行一些原子方面的研究，海森伯和其他几个人已介入其中……但总的来说，德国没有启动紧急计划，没有建立一个需要大量科学家参与的大型

研发项目”。

正如阿尔索斯特遣队很快发现的那样，派尔斯的判断完全正确。然而，其他人，特别是那些为曼哈顿计划工作的人，就没有这么乐观。1943 年 8 月 21 日，贝特和泰勒写信给奥本海默，让他们忧心的是，近期有报纸报道称，德国人可能掌握了一种威力强大的新武器，预计于 1943 年 11 月到 1944 年 1 月间交付使用。他们猜测，这种新武器就是原子弹：“如果真有其事，不用说也知道会有什么结果。”

393 1944 年之前，盟国对纳粹原子弹计划的进展情况了解得非常少。在德国之外，战争爆发后，只有为数不多的几个人与海森伯有过接触，其中之一就是尼尔斯·玻尔。然而，自从 1956 年德国记者兼作家罗伯特·容克的《比一千个太阳更明亮》*出版后，那次会面的性质和目的便成为广受争议的话题。容克在书中以海森伯写给他的一封信为依据描述了那次会面。在信中，海森伯描述了他如何在 1941 年 9 月利用到哥本哈根参加科学会议之机拜访老朋友玻尔。战争爆发时，丹麦保持中立，但 1940 年 4 月，丹麦被德国占领。由于玻尔是半个犹太人，并公开反对纳粹，他在丹麦的处境相当危险，但由于纳粹允许丹麦保持半自治状态，他面临的危险并不紧迫。

海森伯对容克说，由于他和玻尔两人都非常清楚，玻尔正处于严密监视之下，于是，当他来到玻尔的办公室看望玻尔的时候，俩人决定到城里边走边谈。海森伯称，在这次谈话中，他问玻尔，“物理学家应不应该在战争期间致力于铀的研究，因为这方面的进步可能在战争技术方面导致严重后果”。海森伯记得，玻尔对这一问题的反应是十分惊恐。上一次，玻尔深入考虑核裂变的问题时（1939 年和惠勒在普林斯顿），他得出的结论是，不存在任何实际制造原子弹的危险，因为分离同位素是个无法克服的难题。海森伯记得玻尔问他，“你认为铀核裂变能被用来制造武器吗？”海森伯回答：“我知道，从理论上来说，这是可能的，但这需要在技术上付出非同一般的努力，我们只能祈盼，在这次战争

* *Brighter than a Thousand Suns.*

中，这样的事不会发生。”他在信中继续写道：

> 玻尔对我的回答很震惊，他明显以为，我在向他暗示，德国在原子弹研制方面取得了重大进展。尽管后来我设法纠正这一错误印象，但很可能没赢得玻尔的完全信任。

玻尔读到这一描述时非常震惊，因为这与他的记忆严重不符，于是他写信给海森伯，驳斥了他的说法，但这封信并没有寄出。他写道：“我记得我们谈话的每一个字，那时我们俩在丹麦，处于极度悲哀和紧张的背景下。”他对海森伯说，让他印象最深的是，“你和［海森伯的同 394
事卡尔·冯］魏茨泽克那么肯定德国将获得战争的胜利，因此指望战争出现别的结果是非常愚蠢的”。他还记得，海森伯给他留下的“明确印象是，在你的领导下，德国正在尽一切努力研发原子武器”：

> 我一言不发地听着，因为这是人类的重大问题，尽管我们私下有着深厚的友谊，但我们肯定各自代表着一场生死决斗的双方。你在信中提到，当我听到你说制造原子弹是可能的，我的反应是沉默和严肃。你认为这种反应说明我震惊于你的话，其实这是个莫名其妙的误解，肯定是你自己的头脑太过紧张所致。从我三年前认识到慢中子只能分裂铀-235、不能分裂铀-238的那天起，我就明显意识到，通过分离铀的同位素，就能够制造出一定威力的炸弹。1939年6月，我在伯明翰大学甚至就铀核裂变开过一堂公开课，谈过这样一枚炸弹的威力，当然，我接着说，技术上的准备工作十分艰巨，没人知道什么时候能够克服所有困难。如果我的行为中有任何可被解读为“震惊”的成分，那它并非源于你说的那些话，而是来源于新闻（我只能这样理解），即，德国正在积极参与一项竞赛，力图成为第一个拥有原子武器的国家。

几年后，明显根据从玻尔那里获得的信息，奥本海默描述说，玻尔认为，海森伯和魏茨泽克到哥本哈根，“与其说是为了传达信息，不如说是想弄清玻尔是否知道他们不知道的东西”。

海森伯来访后，玻尔在丹麦又待了两年，这期间，丹麦人对纳粹的敌对情绪日益高涨。1943 年夏，丹麦在德国占领期间享有的半自治权突然终止，原因是丹麦人拒绝服从戒严令，纳粹恼羞成怒，重新占领了哥本哈根。不久，丹麦的犹太人，其中包括那些获得过诺贝尔奖的国际知名物理学家，都明显感到岌岌可危。1943 年秋，玻尔得到他可能将被盖世太保逮捕的消息，于是按计划举家逃往英国。

早在那年 1 月，玻尔就通过秘密渠道收到一封詹姆斯·查德威克的
395 来信。在信中，查德威克极力劝他离开丹麦，承诺英国将热烈欢迎他的到来，并向他“提供为共同事业服务的机会”。玻尔意识到，这是要他参与盟国的原子弹研发，便回信拒绝了邀请。他对查德威克说，他觉得不仅有责任“尽绵薄之力，反抗对我们的自由和机构的威胁，协助保护到此避难的流亡科学家”，而且“根据我自己的判断，我坚信，无论未来前景如何，现在就应用原子物理最新的惊人发现是不可行的”。然而，他并没有排除未来的形势和想法发生改变的可能，他向查德威克承诺：“我会尽力加入我的朋友，对于他们因此而给予我的无私帮助，我将不胜感激。”

几个月后，1943 年 8 月，玻尔再次写信给查德威克，表示他改变了想法：“考虑到世界各地的传言称，为生产用于原子弹的金属铀和重水，大规模的准备工作正在进行，我想修正我以前的观点，马上运用核物理的最新发现是可行的。”

是什么改变了玻尔的想法呢？杰里米·伯恩斯坦提出（我认为很有说服力），玻尔的大转变源于 1943 年夏天德国物理学家汉斯·詹森的来访。海森伯力劝詹森和玻尔面谈，因为海森伯认识到，他上次的哥本哈根之行几乎是一场灾难，他认为詹森（在政治左倾的物理学家中非常有名）也许能缓和玻尔对德国原子弹计划的态度。在两次来访之间的两年里发生了太多事情。1941 年 9 月，海森伯到访时，完全有理由认为德国人将获得战争的胜利，与官方所称的“铀研究计划”相关的德国物理

学家也有理由相信，在这次制造原子弹的竞赛中，纳粹可能走在了同盟国的前面。

纳粹的原子弹计划很早就放弃了用铀-235 制造炸弹的一切努力。以工业规模分离铀同位素超出了纳粹德国在二战期间的经济承受能力。最关键的是，在纳粹一方，没有人认识到弗里施和派尔斯所认识到的事实：在使用快中子而不是慢中子的情况下，铀-235 的临界质量可以小到惊人的程度。据战后披露的信息，海森伯认为的临界质量存在根本错误。根据他的计算，制造一颗原子弹大约需要 1 吨铀-235，而获得如此多的铀-235 是绝对不可能的。然而，在早期阶段，海森伯和其他德国物理学家认为，用钚制造裂变炸弹和铀-235 一样可行，而且，在核反 396
应堆中，用未浓缩的铀和慢中子生产钚相对比较容易。

因此，在二战期间的大部分时间里，纳粹的原子计划主要针对核反应堆的建设。这一反应堆的设计多次易稿，但在起始阶段，德国人不像芝加哥大学的费米那样用石墨作减速剂，而是用重水。重水不同于普通水，其分子不是由 2 个普通氢原子和 1 个氧原子构成（H_2O），而是由 2 个氘原子和 1 个氧原子构成（D_2O 或 ^2H_2O），氘是氢的同位素，其原子核包含 1 个中子和 1 个质子。实际上，用重水作减速剂建造反应推是可行的，而且各国确实建成过好几个这样的反应堆；第一个达到临界值的反应堆于 1944 年由盟国在伊利诺伊阿贡建成。然而问题是，这样的反应堆需要数吨重水（阿贡反应堆用了 6.5 吨），尽管比起铀-235，获取这么多重水的难度不算什么，但也绝非易事。

1940 年德国占领挪威后，控制了世界上第一座也是最大的重水工厂——韦莫克重水厂，它位于奥斯陆以西 80 英里（约 129 千米）处的蒂恩湖畔，年产重水 12 吨。然而，同盟国对工厂的一系列攻击行动成功破坏了韦莫克为德国原子弹项目的重水供应，最著名的有 1943 年 2 月的敢死队袭击、1943 年 11 月的轰炸以及 1944 年 2 月的最后一击：一艘驶往德国的重水运输船被击沉。海森伯估计，建造一个能生产钚的反应堆大约需要 5 吨重水。由于盟国在挪威的行动，德国原子弹项目在整个战争期间只获得了不超过 3 吨的重水。同时，加拿大也功不可没，自

1943 年起，位于英属哥伦比亚特雷尔的工厂每年向曼哈顿项目提供 6 吨重水。

由于在设计制造原子弹的道路上面临巨大的技术和理论难题，又由于随着战争的延续，纳粹德国的经济和军事形势持续恶化，原子弹计划进展缓慢。而正是在这个时候，也就是 1943 年的上半年，盟国的原子弹项目获得了无穷的动力。1941 年 9 月，海森伯到哥本哈根时，纳粹德国计划建设一个重水核反应堆，以便生产足够多的钚，用来制造原子弹；1943 年夏天，詹森到访哥本哈根时，纳粹不得不承认，他们几乎不可能将原子能直接用于军事，而接下来，原子项目的唯一目的就是建
397 立一个工业用途的反应堆。1943 年 5 月，海森伯给一些工程师和军官讲课，介绍了建设这种反应堆可能采用的设计方案。他的设计是，将 3 吨铀金属板浸在 1.5 吨重水里。詹森在拜访玻尔时解释了这一设计，并强调此设计的意图是民用而非军事。

很明显，玻尔在这次与詹森的谈话中捕捉到的唯一信息是，德国正在大力推进裂变能源的应用，他根本没有认真考虑，或者压根就不相信，纳粹的意图只是建造反应堆而不是原子弹。因此，他才会对查德威克说，“纳粹正大力准备金属铀和重水的生产，以制造原子弹”。这封给查德威克的信的剩余部分表明，他当时对原子弹物理的理解和认知相当初级，实际上，在一些关键问题上存在严重的缺陷和混淆。很明显，他对钚一无所知，并相信用慢中子和重水可以制造出原子弹。他显然没有弄清原子反应堆和原子弹之间的区别。

玻尔离开丹麦前往英国时，带了一张詹森向他描述的反应堆设计图，他明显以为那就是纳粹的原子弹设计图，因而认为它具有重要的军事价值。* 玻尔和妻子逃离丹麦，坐船先到瑞典，然后飞往英国，于 1943 年 10 月 5 日在伦敦附近的克罗伊登降落。查德威克到机场迎接，将他安排进伦敦的萨沃伊饭店。他向玻尔介绍了合金管项目的发展动

* 托马斯·鲍尔斯认为（见《海森伯的战争》），这份设计图是海森伯交给玻尔的，但遭到玻尔儿子的断然否认。所以我赞同伯恩斯坦的说法，设计图来源于 1943 年詹森和玻尔的那次会面。——原注（52）

态：弗里施－派尔斯备忘录、莫德报告和曼哈顿计划。那天晚上，玻尔正式成为合金管项目的一员，因此也成为《魁北克协议》规定的应该与美国共享的英国“人才和资源”。

于是，玻尔和儿子奥格（他那时也是一个知名物理学家，随父母一起到了伦敦）于 1943 年 11 月底坐船前往美国，作为英国科学使团的成员加入了曼哈顿计划。他们于 12 月 6 日抵达纽约，然后前往华盛顿面见格罗夫斯将军，随后和格罗夫斯乘火车抵达新墨西哥。奥本海默非常开心，热烈欢迎他们的到来。“尼古拉斯·贝克”和他的儿子“詹姆斯” 398
（玻尔父子的化名）安顿下来后，奥本海默便召集包括巴彻、贝特和泰勒在内的一些最资深的科学家参加会议，讨论玻尔带来的设计图，玻尔此前已经和格罗夫斯讨论过这幅图。“明显是一幅反应堆的设计图，”汉斯·贝特后来回忆说，“但是我们看到这幅图纸时得出的结论是，这些德国人完全疯了，难道他们要把这座反应堆扔到伦敦？”第二天，奥本海默写信向格罗夫斯汇报说，玻尔从丹麦带来的图纸表明，那只不过“是一种基本没有用处的军事武器”。

尽管就原子弹物理而言，玻尔有太多知识需要学习，而没有什么可以传授的，但他受到广泛的尊敬，并让大家深受鼓舞，似乎洛斯阿拉莫斯只要有了他，就能提振所有科学家的士气。1944 年 1 月 17 日，玻尔离开洛斯阿拉莫斯前往华盛顿后，奥本海默写信给格罗夫斯说，他希望玻尔与项目的合作能够继续下去，“因为我们已经从中受益良多，并且可能全年都会这样”：

> 贝克博士用他的言行不遗余力地支持这一项目，这表明，他不仅认可项目的目标和总体方法，也认同项目在政策和总体方向上取得的成果。在此，我想说明的是，他的到来对周围科学家的士气产生的影响总是积极而有益的，我完全有理由期待这样的未来。

多年后奥本海默说，“玻尔来到洛斯阿拉莫斯是一件欢欣鼓舞的事”。他对那里发生的事“充满浓厚的技术兴趣”，并和许多人沟通交流。但奥本海默说，他在那里发挥的真正作用是：

> 他似乎为这项看似恐怖的事业注入了希望。他的言辞对希特勒充满蔑视，说他居然想用几百辆坦克和几百架飞机奴役欧洲，他说这样的事情绝不会再次发生，并衷心希望会有良好的结果，也希望科学所倡导的客观、友谊与合作在其中发挥有益的作用。所有这些都是我们非常愿意相信的。

玻尔对项目的祝福在洛斯阿拉莫斯许多科学家的头脑里注入了项目从未有过的正当性和重要性，重新点燃了他们对这项任务的热情，使他
399 们更愿意忍耐令人不快的军事化管理。这可能就是洛斯阿拉莫斯的官方历史提到玻尔的影响——“为这一共同目标带来了和军队更积极、更融洽的合作”时所要表达的含义。尽管玻尔对这里正在进行的工作表现出浓厚的兴趣，但他同时也意识到，就制造原子弹的技术问题，他做不了什么贡献。据说战后他对一位朋友说：“制造原子弹，他们不需要我的帮助。”而在涉及原子弹的政治思想方面，他的确做出过贡献。在这方面，他对奥本海默的思想产生了巨大影响。如果这些思想被采纳，必将对 20 世纪后半叶的世界历史产生深远的影响。

玻尔刚到英国时，就从查德威克那里了解了设计和制造原子弹的进展。但令他揪心的是，无论在英国还是美国，很少有人想过原子弹会对战后的世界产生怎样的政治影响。到英国后的第二天晚上，玻尔和约翰·安德森爵士（后来的韦弗利勋爵）共进晚餐，安德森是当时的英国财政大臣，也是负责合金管项目的内阁成员。他是个与众不同的政治家，对原子弹背后的科学相当了解，他曾在莱比锡大学主修科学，毕业论文的主题是铀的化学研究。奥本海默对安德森非常敬重，称他为“一个保守、严厉而又格外可爱的人，与玻尔意气相投，交情甚笃”。正是在安德森的邀请下，玻尔加入了合金管项目，并作为英国科学使团的成员前往洛斯阿拉莫斯。

尽管玻尔在很多方面都是个单纯而温和的人，但他受到普遍敬仰，

并成为最高社会和政治阶层的座上宾。前往洛斯阿拉莫斯之前，在他逗留华盛顿期间，丹麦大使馆为他举行招待会，以示敬意。在那里，他遇见了老熟人、最高法院助理法官和总统的私人密友菲利克斯·法兰克福特。在那样的场合俩人不便长谈，法兰克福特便邀请他下次到华盛顿共进午餐。

1944 年 1 月底，玻尔离开洛斯阿拉莫斯，到华盛顿赴约。此时，他对战后的形势已做了认真思考，并获得了原子弹“互补性”的启示。他认为，这一启示和他早些年对亚原子粒子互补性的顿悟同等重要。玻尔现在认为，正如电子既是粒子也是波，原子弹对人类既是最大的威胁， 400
又是完美的福音。原子弹能够终结文明和人类本身，而正因如此，原子弹也能终结战争。玻尔认为，人类需要一种合作精神，最重要的是开放精神。玻尔推断，如果让每一个人都清楚地知道原子弹的威力，至少能够看到合作的可能，因此，这种恐怖的武器可能会因为它的恐怖反而成为人类有史以来最好的发明。

因此，玻尔的观点和美国自核裂变被发现以来实行的政策恰恰相反。美国的政策以避免苏联获取原子弹的“秘密”为基础，玻尔却认为，最好的做法是，就这种强大武器的研发给人类造成的潜在危险与苏联进行磋商，并将对此类武器的控制作为一个需要国际合作而不是竞争的问题来处理。他认为，这样的话，这些武器就能迫使世界各国做出国际关系方面的根本改变，一种能够将战争从地球上淘汰掉的改变。

出乎意料的是，法兰克福特同情玻尔的想法，更令人意外的是，他认为罗斯福总统会对这些想法做出回应。因此，他主动提出，安排玻尔和罗斯福见面。大约一年后，法兰克福特在自己的备忘录中写道，当他向罗斯福提起玻尔的想法时，总统“同样希望这个项目能够成为历史的转折点”。罗斯福对法兰克福特说，原子弹“让他担心死了”，他“热切希望他能在处理这一问题的过程中有所帮助”。因此，他愿意和玻尔见面，但他说他不能背着自己的盟友温斯顿·丘吉尔和玻尔讨论这一至关重要的问题，于是在见玻尔之前，他让玻尔先去见丘吉尔。

因此，1944 年 4 月初，玻尔在儿子奥格的陪同下飞往伦敦与丘吉尔会面。不久前，安德森给丘吉尔写了一份备忘录，简述了玻尔的想法，并建议向苏联通报“这一毁灭性武器”的情况。他还建议，邀请苏联“与我们合作，共同制定国际控制方案”。在这份备忘录的副本上，丘吉尔在“合作”一词旁边毫不留情地批示：“决不。”

丘吉尔让玻尔等了一个多月，直到 5 月 16 日才和他见面。与此同时，玻尔收到了苏联大使馆转交的到苏联工作的邀请，“我们将尽一切
401 努力，为您和家人提供庇护，我们在这里已具备从事科学研究所需的一切必要条件”。苏联官员还对他说，他们知道他去过美国，并直接问他从美国科学家那里获得了哪些战争研究方面的信息。对这一问题，玻尔仅做笼统回应。

与安德森和法兰克福特的热情接待截然相反，玻尔和丘吉尔的会面令玻尔大失所望。三十分钟的会见中，大部分时间都被丘吉尔用来怒斥与苏联共享原子弹信息的想法。离开后，玻尔毫不怀疑，只要有丘吉尔在，他的“启示”就不可能对战后盟国的决策产生任何影响。这次挫折给玻尔留下的伤痛伴随他的余生。“认为俄国人不是人，简直太荒谬了，”他后来说，“关于核能，从来就没有任何秘密。”丘吉尔对玻尔嗤之以鼻，他对陪同玻尔到唐宁街的林德曼·弗雷德里克（当时已是查维尔勋爵）说：“我不喜欢你带来的这个人，头发一团糟。”随即他将注意力转移到诺曼底登陆的准备上。

登陆行动发生在 1944 年 6 月 6 日。到玻尔离开英国时，已有几十万盟军士兵在法国境内推进。在华盛顿，法兰克福特让玻尔将他的想法写成备忘录交给总统。结果，罗斯福于 8 月份和玻尔见面，罗斯福对玻尔的想法表示同情，并称他将说服丘吉尔。然而，罗斯福和丘吉尔于 9 月份见面后，结果恰恰相反：罗斯福接受了丘吉尔对此事的观点，两人达成一致，不仅“没有采纳向世界公布合金管项目的情况，以达成控制和使用原子弹的国际协议的建议”，而且还要“对玻尔教授的活动进行调查，并采取措施，确保他担负起避免泄密的责任，特别是不能泄露给俄国人”。

“（罗斯福）总统和我对玻尔教授非常担心。”丘吉尔于 9 月 20 日写

信给查维尔说，玻尔未经授权便和法兰克福特及其与苏联接触的联系人讨论此事，这令人十分担忧。丘吉尔宣布，“在我看来，玻尔的行动似乎应该受到限制，或至少要让他知道，他已接近重大犯罪的边缘”。经劝阻，丘吉尔做出让步，没有对玻尔实施监禁，但他与西方领导人的接触就此结束。奥本海默在关于玻尔的讲座中重提此事，他说：“这并不好笑，而是一件可怕的事。由此可知，非常聪明的人在和伟大人物打交道时，也会犯严重错误。”

到 1944 年秋，当丘吉尔和罗斯福一致否决共享原子弹“秘密”的 402
任何建议时，同盟国越来越明显地看到，尽管纳粹完全知道核裂变的潜在军事用途，但在制造原子弹的道路上，他们只取得了非常有限的进展。1944 年 2 月，阿尔索斯特遣队从意大利回到华盛顿，他们几乎无事可做，只能等待盟军突破德军防线。盟军 1 月在安齐奥登陆后，在蒙特卡西诺遭到顽强抵抗，无法进入罗马。然而，蒙特卡西诺的德军在 5 月终于被击溃后，阿尔索斯特遣队重返意大利，帕什上校于 6 月 5 日随胜利的盟军士兵进入罗马。

审问了留在意大利的物理学家，得知他们对德国原子弹计划几乎一无所知后，帕什和团队转移到法国，跟随诺曼底登陆的大部队前进。1944 年 8 月，巴黎解放后，阿尔索斯特遣队审问了弗雷德里克·约里奥－居里，从他嘴里至少了解到一些以前不曾知道的信息，即德国原子弹计划可能由库尔特·迪纳领导。最后，1944 年 11 月盟军占领斯特拉斯堡后，通过翻阅从魏茨泽克的办公室搜来的文件资料，帕什和古德斯密特找到了相当确凿的证据，证明德国人到目前为止还未能建成可运行的核反应堆，并且他们没有真正的制造原子弹的计划。

虽然已经知道，纳粹在盟国之前造出原子弹的危险完全不存在，但预料的效果并没有出现。大多数被招聘到洛斯阿拉莫斯的科学家愿意参与原子弹项目的工作，是因为在这场制造原子弹的竞赛中存在输给纳粹德国的可能性。而现在，既然这种可能性明显不存在，盟国原子弹项目的正当性难道不该受到质疑吗？实际上，发现纳粹的原子弹研发只停留在初级阶段后，只有一个人离开了项目。这个人就是约瑟夫·罗特布拉特，这位波兰裔犹太人在华沙大学的核裂变领域从事过开创性研究，然后成为利物浦大学的研究员，和查德威克一起工作。他于 1939 年夏天抵达利物浦，把妻子留在了波兰，因为她当时病重，不能旅行。她原打算到英国和他团聚，但德国入侵波兰后，她无法脱身，而他也不能回去。从此两人天各一方，再也没有见面。

得知纳粹有可能抢先制造出原子弹后，罗特布拉特焦急万分，积极参与了英国合金管项目，并很高兴能跟随英国科学使团前往洛斯阿拉莫斯。然而，1944 年 3 月，刚到洛斯阿拉莫斯两个月，他便深受他后来称之为“不快的震动”困扰。当时，在查德威克举行的一次晚宴上，他听到格罗夫斯说：“你们当然知道，这个项目的主要目的是制伏俄国佬。”

403

“在那之前，”罗特布拉特说，“我一直以为，我们的工作是为了打败纳粹，而现在，有人却对我说，我们正在研制的武器将用来对付为打败纳粹付出巨大牺牲的人。”1944 年 12 月 8 日，在毫无疑问地确信纳粹赢得战争或研发出原子弹的危险都已不复存在之后，罗特布拉特毅然离开了曼哈顿计划。尽管联邦调查局采取行动，试图证明他是苏联间谍，但他继续在物理学上取得了卓越成就。美国对日本使用原子弹后，罗特布拉特觉得自己被出卖了，便将余生献给了核裁军事业，他在这方面的贡献获得了认可，并于 1995 年获得诺贝尔和平奖。

令人吃惊的是，罗特布拉特是唯一出于良心离开曼哈顿计划的人。为什么会这样呢？可能从费米的话中我们能够找到一丝线索。有一次，费米来到洛斯阿拉莫斯，向奥本海默惊呼：“我相信你的人真的很想制造原子弹。”尽管大多数科学家的初衷是担心纳粹抢先造出原子弹，但是在洛斯阿拉莫斯工作一段时间后，他们只想看到这个项目最终获得成功。我认为，如果不把奥本海默作为洛斯阿拉莫斯实验室主任的巨大成功考虑在内，就很难理解这件事。

当这些科学家回忆他们在洛斯阿拉莫斯的往事时，反复提起的一件事就是大家如何受到奥本海默的鼓舞。他的影响超越了实验室主任的职能范围，他被视为整个工程区的领导，这个区域被有效隔绝，但又比外面的世界更单纯、更高尚、更美好。为了撰写关于奥本海默和劳伦斯的书，努尔·法尔·戴维斯从那些与奥本海默一起制造原子弹的同事那里收集了大量对奥本海默的赞美之辞。这些人里就有英国科学家詹姆斯·塔克，他捕捉到了那个地方的主流氛围，因为他将洛斯阿拉莫斯说成是“全世界最豪华的俱乐部”，在那里，“我看到了雅典、柏拉图和理想国的精神”：

> 托上帝的洪福，美国政府找到了一个合适的人。他在这里的作用不是洞悉原有的研究，而是激发研究的热情。要驾驭好这些争强好胜的人，并将他们团结在一起，不仅需要卓越的科学知识，还需要与科学家惺惺相惜。科学家不一定都是文人雅士，特别是在美国。而奥本海默必须是个雅士。聚集到洛斯阿拉莫斯的这帮人来自
> 世界各地，需要一位伟大的绅士来管理他们。我认为，这就是为什 404
> 么他们总对那段黄金岁月念念不忘。

不错，奥本海默以前从来没有管理过实验室（或任何机构），而作为物理学家，他只可能是一名纯粹的理论物理学家。然而，他却让每一个认识他的人印象深刻，惊叹不已。奥本海默到那一刻为止的前半生，早年对矿石的兴趣，在哈佛接受的广博教育，对美国、法国、英国、德国、意大利及荷兰文学的广泛涉猎，如饥似渴地摄取的各种理论物理知识，以及对实验物理最新成果的密切关注，这些都为完成他面前的这项任务做了充分准备。他是领导洛斯阿拉莫斯的完美人选。而洛斯阿拉莫斯不仅是个实验室，也是一个全新的特殊类型的城市，一个极聪明的人所占比例远超寻常的城市，一个只为完成一项极其艰巨的任务而存在的城市。

汉斯·贝特对法尔·戴维斯说的话令人印象深刻，奥本海默“从事物理学工作，主要是因为他发现物理是研究哲学的最佳途径”。他接着说：“这无疑和他领导洛斯阿拉莫斯的神奇方式有着一定关系。”贝特肯定说得没错。奥本海默能让参与这项任务的人摆脱知识的陷阱，使他们不为细节所困，看到一幅更加广阔的图景。尽管这是事实，也很重

要，但让很多人印象深刻的是，他能够把握实验室研究工作每个方面的细节。接替奥本海默担任洛斯阿拉莫斯主任的诺里斯·布拉德伯里回忆说："奥本海默什么都能理解，而这里有一些艰深的物理问题需要理解。"

> 我曾亲眼看到他如何处理在技术上看似无路可走的局面，难以置信。并不是说他的决定一定都对，而是它们总能让人在迷茫中看到出路。他以执着的敬业精神做出这些决定，从而推动整个实验室的工作。别忘了，我们这里有一大批自视甚高的人。他的学识和品格让他们深受鼓舞，激励他们勇往直前。

"他能理解任何东西，"罗伯特·瑟伯尔深有同感，"我注意到一件事，他会在洛斯阿拉莫斯的无数会议上出现，听取大家的发言后，他的讲评头头是道，令人惊奇。在我认识的人中，没有谁能理解得这么快。"

> 405 除此以外，他还非常机智练达。由于他管理有方，那里形成了一个大型顾问委员会，让项目产生了一种民主的氛围。每个人都认为自己的问题紧迫而重要，因为奥本海默就是这样想的。

奥本海默来到"山上"（住在那里的人对洛斯阿拉莫斯的称呼）的时候，他决心用他的所有说服能力和多种智力天赋，集合全国（甚至国外）最好的物理学家解决摆在面前的难题：以两种金属中的一种为原料，设计制造一种从未有人见过的炸弹，一种是极难分离的铀的稀有同位素，另一种是大自然中不存在的金属，直到那个时候，其数量少得十分可怜。如何设计这枚炸弹，取决于目前尚不知道的多种事实：铀-235和钚的临界质量是多少？它们的密度有多大？它们在裂变时能释放多少个中子？释放出的中子速度有多快？而且，考虑到完成项目的期限（设定的目标是，到1945年夏天，制造出两枚军事用途的炸弹），这些炸弹的设计必须与实际的科学发现同步（而不是之后）进行。换句话说，原子弹的设计必须在黑暗中摸索，一旦知道新的事实，可能就得推翻原来的设计，从头再来。这将造成极大的浪费，但美国政府显然为格罗夫斯准备了上不封顶的预算，以确保项目取得成功。

从一开始美国政府就决定，铀弹和钚弹都要制造。这两种炸弹各有优缺点。根据玻尔和惠勒于 1939 年开展的早期理论研究，以及后来在英国和美国进行的实验，铀的优势在于，铀-235 裂变过程的基本理论已得到较好的认识和理解。不错，正如大卫・霍金斯在他的洛斯阿拉莫斯官方历史中指出的那样，1943 年 4 月，科学家们聚集到山上的时候，仍有两个因素让人怀疑使用铀-235 能否造出原子弹。第一个是，“尽管已经知道‘慢中子’裂变释放的中子数，但还没有测出快中子引起的裂变能释放多少个中子”。第二个是，“在快速链式反应中，两次裂变的间隔可能比预想的要长”。然而，即便是霍金斯也承认，这两个问题一旦解决，无论哪个都“不大可能”对原子弹的制造构成严重障碍。这一判
断很快得到证实。1943 年底，两个问题都有了答案：快中子裂变释放 406
的中子数大于 2，因此，既然费米在芝加哥用慢中子引发了受控非爆炸性链式反应，那么用快中子肯定也能引发爆炸性链式反应。同时，罗伯特・威尔逊确定，铀-235 两次裂变的间隔不足以阻止爆炸的发生。

正如泰勒在一年前宣布的那样，实验室头九个月的工作结束后，铀弹的科学问题得到圆满解决。一如玻尔在 1939 年所看到的，以及德国人自己发现的那样，问题在于，分离制造原子弹所需的铀-235 需要付出难以想象的巨大努力。当玻尔来到洛斯阿拉莫斯，并从查德威克、格罗夫斯和奥本海默那里了解到曼哈顿计划的情况后，他对泰勒说：“看到了吧，我跟你们说过，不把整个国家变成一个工厂，这件事没法做成。你们就是这么做的。”

实际上，到 1943 年底，从当时的情况看，即便把整个国家变成一个工厂似乎还不够。在橡树岭建造的巨大电磁和气体扩散工厂（占地几平方英里，雇用数万人）似乎无法生产出制造一颗原子弹所需的原料，更不用说两颗。用原子弹历史学家理查德・罗兹的话说，那时 Y-12（电磁分离）现场“已陷入绝境，耗资巨大，却很难生产一克铀-235”。

气体扩散法尽管好像比电磁分离法更有希望，也没能生产出数量可观的浓缩铀。1944 年 1 月，海军开始在费城建设一座用另一种方法（热扩散法）分离同位素的工厂。由于其前景乐观，在橡树岭原有工厂的基础上又增建了一座热扩散工厂 S-50。同时，伯克利的劳伦斯和放射实验室团队夜以继日地工作，力争在 Y-12 现场运行电磁同位素分离器，而哥伦比亚大学的物理学家在福克斯和派尔斯的支持下，为完善 K-25 现场的气体扩散厂同样不懈努力。但是格罗夫斯和奥本海默清楚地认识到，即使付出了如此巨大的努力，还是不可能在 1945 年夏天获得制造两颗原子弹所需的铀-235。如果要实现这一目标，他们必须至少生产一颗钚弹。

但是，钚自然也有问题。正如分离铀-235 的巨大困难让德国人相信制造原子弹的唯一可行办法是生产钚，英国合金管项目只考虑过制造铀弹，原因同样不容置疑：钚在自然界中并不存在，而且没人对它有深
407 入了解。连这种金属的基本性质都没弄清楚，就想用它来制造炸弹，无异于异想天开。在洛斯阿拉莫斯，奥本海默着手研究钚的基本性质，同时利用其结果设计炸弹。因此，许多工作只能靠猜测，从一开始就错误百出。

考虑到铀核裂变物理的发展相对超前，用铀（假设能生产足够多的铀-235）制造原子弹相对比较简单，洛斯阿拉莫斯实验室便将主要资金和智力资源投入钚弹的研发。当洛斯阿拉莫斯的科学家提到“小玩意”时，他们通常是指钚弹。尤其在实验室运行的第一年，它指用瑟伯尔在入门讲座中介绍的“枪法”（gun assembly method）制造的钚弹。这是弗里施和派尔斯最初在其备忘录中设想的原子弹基本设计。在这一设计中，裂变材料（铀-235 或钚）被分成一大一小两块亚临界材料。将小的那块向大的那块发射，裂变材料便达到超临界质量。

尽管钚的化学性质和冶金性质还没有被完全发现，但涉及钚的两个重大问题已经得到解决。第一个是，钚的临界质量比铀-235 要小，究竟小多少尚未确定。第二个是钚的发现者格伦·西博格在洛斯阿拉莫斯实验室的工作开始前就让奥本海默注意到的事实，但其重要性直到 1944

年夏天才得到充分认识，实际上，那时他们意识到下述事实有可能使整个原子弹项目功亏一篑。

西博格指出，尽管钚是一种有许多优点的裂变材料，但它也有一个潜在的缺点，这一缺点与所谓的“自发裂变”有关。不同于普通核裂变，自发裂变不需要中子撞击原子核。相反，它是一种放射性衰变，就像镭（实际上也包括铀和钚）的 α 辐射一样，是一种什么都不用做就自然发生的现象。当自发裂变发生时，其结果和普通核裂变没有两样：原子核分裂，释放中子和能量。自发裂变会给枪式原子弹带来麻烦，因为它释放的中子可能在两块裂变材料合在一起前就引发链式反应。尽管这种链式反应能产生高温和巨大的能量，但它不会爆炸，因此这颗炸弹就成了“哑弹”。

正如我们所知，质量为奇数的重原子核（铀-235 和钚-239）更有 408
可能发生普通裂变，因此我们也知道，质量为偶数的重原子核，比如铀-238，更有可能发生自发裂变。西博格向奥本海默解释说，这就意味着，钚-240（一种钚的同位素）存在很高概率发生自发裂变。1943 年春，这仅仅是一种理论上的担忧，因为钚-240 从来没有被制造出来过，但是，西博格警告说，核反应堆里生产的钚可能不是纯钚-239，而是钚-239 和钚-240 的混合物。这是因为，在反应堆里比在实验室的加速器，如回旋加速器中（在橡树岭和汉福德的核反应堆开始运行并达到临界值之前，人们见过的钚都是用回旋加速器生产的）有更多四处乱飞的自由中子，因此一些钚-239 原子核也就更有可能吸收一个中子，从而变成钚-240。

刚开始，虽然这一自发裂变的警告就受到过认真对待，但它并没有被当成一个可能对整个项目产生致命影响的问题，主要是因为，大家以为加速器生产的钚和反应堆生产的钚差别不会太大。洛斯阿拉莫斯实验室正常运行后不久，埃米利奥·塞格雷便开始负责一些专门设计的实验，用回旋加速器生产的样品测量铀和钚两种材料中的自发裂变率，刚开始结果令人鼓舞。他发现，自发裂变率没有那么大，枪法设计应该不会失败。确实，钚弹中的枪必须将“子弹”快速击发出去，枪管必须很长，但是理论上，似乎没有理由说无法设计和制造这样的枪。弹道专家很快指出，比较容易的方面是，这种枪几乎不同于以往生产的任何一支枪，它只击发一次，没有耐用性要求。

数据确定后，迪克·帕森斯和他迅速壮大的军械组便开始设计一把 17 英尺（约 5.2 米）长的枪，能以每秒 3000 英尺的速度（914.4 米 / 秒）将一块钚向另一块更大的钚发射。使这项任务难上加难的是，他们必须在获得钚的相关化学和合金特性的可靠信息前设计制造出这把枪。处理这样的不确定性可以成为理论物理学家（在更小程度上也是实验物理学家）的饭碗，但通常来说，这不是工程师们习惯做的事。最早被挑选来负责领导帕森斯的部门所辖工程组的三个人没干多久就撂了挑子，原因用帕森斯的话说就是，"这些人经历了严重的挫败。有一个星期，他们
409 想到一个问题，并找到了解决办法，可提交方案的时候，他们却发现问题的概念已发生改变，与他们原来的解决办法毫不相干"。

尽管存在诸多困难和不确定性，到 1944 年 1 月，工程师们还是设计出了这个"小玩意"，并为它起了个恰如其分的名字——"瘦子"。他们自以为帕森斯和他的军械部接下来要做的是测试投弹，并拿出内弹道的细节。然而，几个月后的 1944 年 4 月，塞格雷终于收到了反应堆生产的钚样，令人惊恐的是，塞格雷发现钚样的自发裂变率是早些时候用回旋加速器生产的样品所测结果的五倍。正如西博格当初警告的那样，与回旋加速器生产的钚相比，反应堆生产的钚里面的钚 -240 要多得多。令人震惊但又无法避免的结论是，"瘦子"没有希望成功。枪式钚弹的整个设计方案将不得不被放弃，虽然到那时为止，这一方案几乎成了洛斯阿拉莫斯所有工作的核心。

这是个令人沮丧的消息，但在塞格雷先前对铀的自发裂变率的测量中仍存有一线希望：用铀制造枪式原子弹是可行的，实际上比他们原来想象的还要简单。铀弹头（uranium bullet）可以只以每秒 1000 英尺（304.8 米 / 秒）的速度发射，枪的长度可以从 17 英尺缩短到 6 英尺（约 1.8 米）。这样，作为钚弹"瘦子"的替代品，出现了后来投向广岛的铀弹"小男孩"方案。奥本海默和同事非常自信，认为"小男孩"一定能

行，甚至认为没有测试的必要。炸弹设计稿完成后被放在一边，他们认为万事俱备，只差制作弹头和弹靶的铀－235 了。

直到最近，关于原子弹历史的每一本书都对“小男孩”的设计做了错误的描述。可能是因为受到弗里施－派尔斯备忘录和《洛斯阿拉莫斯入门》的误导，这些关于原子弹的出版物无一例外地声称，枪法的设计原理是将一小块铀弹头向一块略小于临界质量的铀－235 发射，从而达到超临界质量。实际情况是，裂变材料被分成了大体相当的两部分：枪管的一端是一组环状的铀－235，占超临界质量的 40%，另一端那组铀环稍大，占 60%。这个设计是将后者，也就是大的那组，向小的那组发射。同时，钋－铍“点火器”释放中子，导致超临界质量的铀发生爆炸。

在五十多年的时间里，这是一个只有制造原子弹的人才知道的官方秘密。直到 2004 年，一个来自伊利诺伊州的名叫约翰·科斯特－马伦的卡车司机出版了一本书，第一次公开对“小男孩”原子弹做了准确的
描述。科斯特－马伦的业余爱好是模型制作，他为自己设定的目标是精 410
确制作广岛原子弹的模型。为此，他仔细研究了能找到的每一张照片和每一份文件资料。结果他认为，在那之前出版的书的叙述都是错误的，并着手纠正。科斯特－马伦没有大学物理学位（或任何其他学位），却能反向推理出这枚原子弹的设计，并做出准确而详细的描述，这或许体现了玻尔的智慧，因为他曾说，从来不存在制造裂变炸弹的任何秘密。或者，正如科斯特－马伦本人所言，他的研究表明，原子弹的真正秘密是：制造原子弹很容易。

1944 年 7 月初，奥本海默向洛斯阿拉莫斯参加例行周会的科学家宣布，他们到那时为止一直在构想的钚“小玩意”将被迫放弃，制造一颗枪式钚弹绝没有希望。之所以过了三个月才公布这一消息，是因为塞格雷、奥本海默和格罗夫斯（他们被塞格雷的结果吓坏了）仍然指望更多的实验和测量证明这些结果是错误的。可惜，对反应堆生产的钚发生的自发裂变，无论塞格雷和团队数了多少遍，结果都一样：概率太高，枪法不可能成功。格罗夫斯甚至不愿意将这一结果告知芝加哥冶金实验

室的科学家。1944 年 6 月初，罗伯特·巴彻对格罗夫斯说，他想将塞格雷的结果通报给那里的科学家，格罗夫斯回答："你认为有必要让他们知道吗？""当然，"巴彻回答，"这是他们所用原料的基本事实。"巴彻回忆，当他真的告诉他们时，康普顿的"脸白得像一张纸"。

1944 年春末，曼哈顿计划能否实现既定目标似乎非常值得怀疑。因为，如果没有希望用枪法制造钚弹，考虑到橡树岭极其缓慢的进展，也就不可能用同样的方法在第二年夏天造出两颗铀弹。因此，如果他们想要实现既定目标，就不得不从头开始，去设计与他们在过去的一年里设想的"小玩意"完全不同的钚弹。

令人惊讶的是，实验室有能力从头开始，这说明实验室主任奥本海默对这项任务有着非凡的远见和应变能力，也体现了参与其中的每一个人的坚定决心。得益于奥本海默的远见，取代枪式钚弹的另一种方法几
411 乎唾手可得，即先由理查德·托尔曼提出，后由罗伯特·瑟伯尔详尽阐述，又在洛斯阿拉莫斯由赛斯·内德迈耶倾力钻研的内爆法。奥本海默的应变能力在 1944 年夏天得到了充分展示，他对整个实验室进行了重组，将工作重心从"瘦子"转移到后来人们熟悉的"胖子"上，通过难以想象的不懈努力，这颗内爆式钚弹在短短一年后交付军方使用。

洛斯阿拉莫斯的工作启动后的前六个月，内爆法在很大程度上只是个非常次要的问题，其紧迫性类似于爱德华·泰勒念念不忘的"超弹"。像"超弹"那样，内爆弹在科学和军事上都被视作某种有趣的东西，但和枪式"小玩意"相比，只不过是工程的边缘问题。为了研究内爆，内德迈耶率领一个只有八人的团队，在偏远的峡谷里用炸药做实验，山上的大多数人认为，他们的工作不会有什么结果。这些怀疑者当中，就有帕森斯的请教对象、海军弹道专家 L.T.E. 汤普森。比起其他人的看法，帕森斯更愿意相信汤普森。"汤米博士"（帕森斯及其家人对汤普森的称呼）于 1943 年夏天来到洛斯阿拉莫斯，看到了内德迈耶对内爆基本概念的演示。汤普森后来表示："在我看来，这个系统存在一个根本困难，肯定不会令人满意。"

汤普森所说的"系统"在一些重要方面与最初由托尔曼设想、瑟伯

尔阐述的那个内爆装置有着显著差别。托尔曼和瑟伯尔想象的是，通过将若干块环状排列的金属（钚或铀）合在一起，达到临界质量。而内德迈耶利用临界质量受密度影响的特点，构想出了一种更为巧妙的装置。出于显而易见的原因，一块密度较大的金属，临界质量小于密度较小的金属。原因是，在密度更大的材料中，中子在导致原子核裂变前运动的距离更短，因此需要的时间也更短，那么，材料的密度越大，爆炸所需的八十代裂变的最小体积也就越小。

内德迈耶的内爆理念以别出心裁的方式充分利用这一事实。他不打算将两块或多块亚临界质量的金属合在一起，以达到临界质量——这是枪式设计和托尔曼 / 瑟伯尔的内爆法所依据的思路。相反，他提出，通过对材料进行挤压，就能使亚临界质量的材料达到超临界质量。他的设计需要让一个用铀或钚做的亚临界质量空心球产生内向爆炸，也就是均衡的内爆，使其密度增加到能产生超临界的程度。向内的挤压可以通过在空心球周围安装炸药来实现。汤普森发现的“根本困难”是，这 412
种设计需要让空心球的整个球面受到绝对均衡的外部挤压。否则，空心球就不会变成密度更大的球，而是会被压扁，正如汤普森在 1943 年 6 月写信给奥本海默说的，“大概就像一个烂网球受到铁锤敲击后的样子”。

直到 1943 年 9 月，内德迈耶几乎是洛斯阿拉莫斯唯一一个认为能够克服这个困难的人，只有他相信，内爆法最后必将成为制造原子弹的一种切实可行的方法。为了解决这个问题，内德迈耶和团队用排烟管做实验，他们在管子周围安装炸药并引爆，想让管子对称塌缩。结果却不容乐观。那些见证这些实验的人，看到被他们全部弄扁的不对称的管子，都没有对他们的工作留下好印象。然后，到 1943 年 9 月，奥本海默、格罗夫斯和一些主要理论物理学家突然开始认真对待内爆法，并将它视为实验室的核心工作。这发生在塞格雷公布令人震惊的消息（反应堆生产的钚可能会自发裂变）六个月前，和枪法设计存在的缺陷没有任何关系。相反，在这一早期阶段，突然有这么多人重新对内爆法产生兴趣，是因为获取大量浓缩铀的难度实在太大。出于这一原因，如果有一种潜在的方法可以制造出原子弹，又仅需较小临界质量的铀，并且对铀的纯度要求没那么高，那么这种方法似乎完全值得研究。

那年9月，约翰·冯·诺依曼在访问洛斯阿拉莫斯后，为内爆方案带来了新的希望。冯·诺依曼是来自布达佩斯的犹太难民，即使在一些强劲对手面前，比如泰勒、西拉德和魏格纳，他仍被视为与曼哈顿计划相关的最优秀的匈牙利科学家。冯·诺依曼年纪轻轻就对众多学科（包括逻辑学、数学、量子理论和经济学）做出过根本性的重大贡献，他于1930年移居美国，1933年才二十九岁时就被任命为普林斯顿高等研究院的数学教授。他的头脑能够应对任何学科，碰巧的是，在二战期间，他对爆炸物的数学和物理产生了兴趣。这使他承担起了一系列顾问职责，主要为美国海军服务。在此期间，他多次证明，一个才智超群的人有着多么重要的军事价值。奥本海默和帕森斯非常需要这样的人，但他不愿意提供全职服务。正如帕森斯于1943年8月在给冯·诺依曼的信
413 中写的那样，他们能做的就是让他“偶尔访问圣菲”。

1943年9月底，冯·诺依曼第一次到访洛斯阿拉莫斯。在两个星期的时间里，他赋予了内爆方案截然不同的地位，项目的科学家们一改之前普遍存在的怀疑和冷漠，取而代之的是充满活力的强烈兴趣。这在很大程度上归因于他本人以极为认真的态度对待内德迈耶的研究。这就是冯·诺依曼令人敬畏之处，甚至连洛斯阿拉莫斯的顶尖科学家都开始认为，如果他对内爆法产生兴趣，那这种方法肯定能行。关于内德迈耶正努力解决的技术难题，冯·诺依曼的早期贡献是他提出的两条建议：一、增加使裂变材料产生内向爆炸的炸药量，提高内爆速度；二、使用“成型”炸药，更好地利用冲击波的物理特性（在冲击波的数学计算方面，冯·诺依曼很可能是当时世界顶级专家）。

成型炸药（或英国人所称的“空心装药”）于19世纪被发明，但一直没有在军事上使用，直到第二次世界大战中用于穿甲弹。其基本思路是，舍弃实心药包（比如甘油药棒）的做法，将药包掏空，留出一定空间。人们发现，这种方法能够集中爆炸产生的能量（因为释放的能量会迅速冲向空心部位），据此就能设计制造更有穿透力的武器。冯·诺依

曼是这种装药方法的专家，他意识到，如果内德迈耶不是简单地将 TNT 分布在目标材料的周围，而代之以一系列成型炸药，就能确保这些药包同时爆炸，内爆法便可能获得成功。

查尔斯·克里奇菲尔德是内德迈耶的团队成员，他描述了冯·诺依曼的建议如何“一语惊醒梦中人”。他记得，冯·诺依曼到访后，泰勒打电话对他说：“你为何不早跟我说？”在洛斯阿拉莫斯管理委员会 1943 年 10 月 28 日的会议上，奥本海默阐述了将内爆方案列为最高优先事项的理由——这些理由大多基于冯·诺依曼对内爆法的兴趣。他还顺便提到，冯·诺依曼认为，内爆的速度（如果炸药量足够，配置合理）非常之快，“先期爆炸的危险大为减小”，但是在那个阶段，真正让奥本海默、格罗夫斯和泰勒兴奋的是，内爆法为减少制造原子弹所需浓缩铀的数量带来了希望。奥本海默在他 1943 年 11 月 4 日写给管理委员会的报告中说，“格罗夫斯和科南特似乎都非常赞同大力推进内爆法……这 414
是能为电磁分离法的合理性提供某种希望的唯一方法”。换句话说，对于橡树岭费用昂贵的电磁同位素分离器，仅存的希望不是它们能为枪式原子弹的制造生产出足够的浓缩铀（那显然是不切实际的希望），而是它们或许能为内爆弹的制造生产出足够多的纯度稍低的浓缩铀。

如果说冯·诺依曼的来访使内爆法变得更加有趣、更有吸引力、更有希望，那么它也变得更加紧迫了，因为太过于紧迫，而不能再由内德迈耶和他的微型小组继续小打小闹。因此，奥本海默开始扩大项目的规模，招募具有炸弹研究经验的新人入伙。他的第一目标便是出生于乌克兰的哈佛化学教授乔治·基斯佳科夫斯基，他是位于宾夕法尼亚州布鲁斯通的国防研究委员会爆炸物研究实验室主任，可能是美国在爆炸物化学方面最有名的专家。刚开始，基斯佳科夫斯基不太愿意到洛斯阿拉莫斯工作，他后来说，“部分原因是，我不认为能够及时造出原子弹，而我的兴趣在于帮助国家赢得战争”。然而，他同意以顾问身份于 1943 年 10 月访问洛斯阿拉莫斯。但所见让他大失所望。“情况非常混乱，”他在到访后写信给科南特说，“真正的困难在于，帕森斯和内德迈耶之间严重缺乏信任。”而且，尽管帕森斯“担负着实施内爆研究的艰巨任务”，但“我怀疑，他并不相信会取得成功”。

基斯佳科夫斯基建议扩大和重组内爆项目，并任命一位新的领导，可以与帕森斯共事。尽管基斯佳科夫斯基仍然不太情愿全力承担这项任务，但人人都能明显看出，他本人就是这个项目的最佳人选。然而，他花了一些时间察言观色后，才于 1944 年 2 月全力投入实验室的工作。同时，在履行顾问的职责期间，他着手重组研究项目，提出了更为严谨的科学方法，并详细列出了即将开展的具体实验。当他最终投身洛斯阿拉莫斯的时候，其职务是军械部副部长，负责内爆法的研究（另一名副部长是埃德·麦克米伦，负责枪法研究）。基斯佳科夫斯基和麦克米伦还进入了管理委员会。同时，肯尼思·班布里奇也是管理委员会成员，他被任命为一个新成立部门的领导，负责解决炸弹装配问题。

尽管还需要大量研究，但内爆弹的一些基本特点已于 1943 年秋确定下来。比如，它的最大尺寸由投掷炸弹的 B-29 轰炸机的弹舱尺寸决
415 定：5 × 12 英尺（约 1.5 × 3.7 米）。还有，从一开始，工程师们就认识到，内爆弹不能又小又长，而应又大又圆，因此取名为“胖子”。很明显，之所以如此命名，是为了误导偷听到改造 B-29 轰炸机以运载“瘦子”和“胖子”的人将它理解成一个运送罗斯福总统和丘吉尔首相的计划。

从 1943 年 3 月到 1944 年 7 月，指导项目组设计制造“瘦子”是一项非常困难的工作，但比起在 1945 年夏天前完成“胖子”这一任务，那些困难都算不了什么。后者是一项十足的庞大任务：掌握甚至有时要发明新的数学方法，用来阐述和预测冲击波的表现形式；通过实验和观察，确定哪种形状的炸药能更好地使裂变材料内爆；发明一种在内爆装置中启动链式反应的方法；开创一个新的物理学分支（内爆流体力学）*；设计制造一种战前无人设想过的炸弹。

更何况，奥本海默还要和两类人保持融洽的关系，一类是军队和安

* 这里使用的词是“流体力学”（hydrodynamics）而不是“力学”（dynamics），是因为在巨大的内爆压力下，所使用的材料（铀或钚）更像液体而不是固体。——原注（53）

全人员，另一类是敏感、执着、自负、自尊心极易受到伤害的科学家。赛斯·内德迈耶并不好打交道，他对自己的内爆研究到了痴迷的程度。解除其领导权的同时，还要让他在别人的领导下继续为项目工作，奥本海默付出了罕见的智慧、理解和体谅。

1944 年 3 月，奥本海默仍在考虑如何用内爆法和尽可能少的铀制造铀弹，他写信给格罗夫斯说，在接下来的一年里，实验室的“主要目标”是“用铀−235 成功研制内爆装置”。1943 年底和 1944 年初，随着英国科学使团的到来，奥本海默能够挑选更多科学家，研究如何挤压铀球而又不让它变形的问题。在这些新来的科学家当中，尤为重要的是鲁道夫·派尔斯。在内爆研究获得崭新动力的时候，他仍属于组约哥伦比亚大学的团队，但他于 1944 年 2 月到访洛斯阿拉莫斯。“那个时候，”派尔斯在自传中写道，“实验室急需获得内爆方程的数值解。”正如后来 416
发生的那样，需要解决的方程“和空气中的爆炸波方程形式相同，而我对后者已经做过数值试验……因此，我来得正是时候，我解释了方程能够得到解决的步进法（step-by-step method），以及每步推进的幅度”。分步推进非常重要，因为这些计算是在 IBM 洞卡计算机（现代计算机的鼻祖）上进行的。派尔斯 2 月份来访后，奥本海默写信给格罗夫斯，确认他和派尔斯的讨论成果丰硕。他汇报说，“派尔斯带他深入到英国方法的技术层面”。现在，奥本海默“计划顺着这些思路，抓紧时间解决内爆法存在的问题”。

内爆研究既是理论问题，也是实验问题。实际上，正如大家在冯·诺依曼 1943 年秋来访期间看到的，内爆法提出的理论问题非常有趣，甚至连爱德华·泰勒也深有感触，他曾将枪法提出的问题仅视为工程问题，连假装激动的姿态都不愿表露。冯·诺依曼来访后，一直与泰勒保持着通信。1944 年 1 月，泰勒被任命为理论部一个下设小组的组长，负责解决内爆法提出的数学和理论问题。派尔斯 2 月份来访后，泰勒的小组开始着重用英国人的数学方法展开研究。

解决内爆问题的努力（实际上是明显的需要）很快就被视为一项极为重要的工作，贝特于 1944 年 3 月重组整个理论部，以适应“内爆项目日益严峻的紧迫性”至关重要。根据这次重组的需要，泰勒被安排负责 T-1 小组，该小组的职责被正式描述为“内爆流体力学和超弹”。奥本海默和贝特都认为前一项明显更为重要。然而，泰勒不这样认为。他在 1 月份对内爆产生的兴趣到了 3 月份急剧减弱，从 1944 年春开始，他几乎将所有时间都用在了研究超弹上。在自传中，他用了很短一节描写他如何放弃内爆研究。究竟是什么让他对内爆失去了兴趣，他没有给出清晰明确的理由。在描述了“约翰尼”·冯·诺依曼到访洛斯阿拉莫斯以及他俩关于“快速”内爆的讨论后，泰勒似乎热衷描述那些讨论的重要性，并强调自己在谈话中的作用：

> 第二天，约翰尼和我向奥本海默提交了我们的结论。他马上领会了其中的要义。他是一名了不起的管理者，在一个星期内，就重
> 417 新调整了研究方向。从那以后，我们的主要精力就从枪式武器研发转移到了内爆法研究。*

但是，强调自己在内爆问题指导思想的形成过程中发挥的作用后，泰勒接着说，“约翰尼”离开后，贝特把他叫到办公室，对他说：“我想让你负责解方程，我们需要计算内爆。”泰勒说，他不愿承担这项工作，因为它“似乎过于困难” “不仅因为其他人在这方面比我的能力更强，而且我怀疑这么艰巨的任务很难及时完成，无法对能在这场战争中使用的原子弹产生任何作用。”

泰勒专心研究超弹的理由是，无论怎样都不可能及时制造出内爆法原子弹，从而影响这场战争的结果。这一点似乎很难令人信服。另外，如果说主要是泰勒的思想重新激起了大家对内爆的兴趣，那么他认为谁

---

* 这是一个更为缓慢的过程，泰勒所言并不准确。正如我极力阐明的那样，工作重心从枪法向内爆法的转移是由许多因素决定的，动力来源多种多样。约翰·冯·诺依曼的来访只是原因之一，派尔斯的来访是另一个原因。然而，真正起关键作用的动因（一个导致内爆问题必须得到解决的因素）是，1944 年春天，他们发现根本不可能用反应堆生产的钚制造枪式原子弹。——原注（54）

才更有能力完成这项任务呢？

泰勒在叙述中多处为自己表功，说他如何使内爆项目重获新生，又如何退出项目，然后他又谈到了一些个人感想。这不禁让人怀疑，这些感想更像是他放弃内爆研究的真正原因。尽管泰勒和贝特共事愉快，但他说，“作为物理学家，我们解决问题的方法大不相同”。贝特像个制砖工，而泰勒更像个砌砖工。他喜欢建造，而不是为别人提供工具：“我更喜欢（也更擅长）研究如何把砖砌成各种建筑，亲手将它们垒成高楼大厦。”然后，泰勒又毫无来由地承认，当奥本海默对他说他已任命贝特为理论部的领导时，“我有点伤心”。“我研究原子弹项目的时间比贝特长。我工作努力，为招兵买马出了不少力，在最初几周的混乱时期，帮助奥比建立了实验室。”

换句话说，泰勒的言下之意似乎是，他放弃内爆方面的工作，是因为他不甘心听候他人的差遣，去做制砖的差事，而且还是在另一个制砖 418
工手下工作。他想完成的不是小打小闹的数学任务，为别人确立的目标服务，而是能够实现个人理想的大项目。他想做老板，而不是马仔，特别是安排他做的那项马仔的工作是另外一个人（即派尔斯）比他更擅长的工作的时候。

1944 年 5 月 1 日，奥本海默写信向格罗夫斯请示，鉴于情况“最为急迫”，是否能免去泰勒（在我和贝特看来，他很不适合这项职责）在内爆项目中的职务，让派尔斯接替。但是，即使在这个时候，不管写给格罗夫斯的信是什么语气，奥本海默也并没有完全和泰勒翻脸。相反，他还积极鼓励泰勒将精力投入超弹的研究，甚至在他和整个实验室的工作负荷达到极限时，仍然每周抽空和泰勒见上一面，讨论一小时。

派尔斯于 1944 年 6 月 3 日到洛斯阿拉莫斯担任内爆理论组的领导职务。不久，奥本海默为丘吉尔的科学顾问查维尔勋爵举行招待会，但忘了邀请派尔斯。第二天，他来到派尔斯的办公室为自己的无心怠慢道歉。奥本海默对他说：“还好是你，要是这事发生在爱德华·泰勒身上就麻烦了。”

派尔斯到任前不久，英国科学使团的另一名成员、研究过穿甲弹的詹姆斯·塔克在内爆理论方面实现了重大突破。他在穿甲弹的研究基础上想出了一种解决方法，创造出内爆所需的稳定、对称、向内的球形冲击波。实际上，在那之前，这被证明是不可能做到的。当时能做的就是将爆炸能的射流做球形配置，以模仿此类球形冲击波。然而，这会产生一系列发散和聚合式冲击波，它的物理和数学原理在当时还没有得到完全理解。在冯·诺依曼成型炸药思想的启发下，塔克设想出一种配置炸药的方法，由此产生的能量波就能向内聚合。塔克设想的配置需要用到一系列类似于光学镜片的“透镜”。就像光学透镜能使光波汇聚在目标上，塔克的“透镜”也能迫使爆炸的能量波汇聚到一起，这样就能增加能量波的冲击力，实现冯·诺依曼设想的“快速内爆”。

然而，就像大卫·霍金斯在他的洛斯阿拉莫斯官方历史中所讲的那样，这样的配置“是一种完全没人尝试和研究过的方法，不到万不得
419 已，没有人愿意使用”。要使用这一无人尝试过的方法，实验室需要冒险。毕竟，1944 年夏天，在最后期限之前，用来研制原子弹的时间只剩下十二个月了，正如霍金斯所言，“还没有一个实验结果能够让人相信，钚弹能够被成功制造出来”。

1944 年 8 月，为了调整工作重心，解决制造内爆弹的道路上存在的诸多问题，实验室进行了全面改组。泰勒的朋友、波兰裔数学家斯坦尼斯瓦夫（“斯坦”）· 乌拉姆于 1943 年底来到洛斯阿拉莫斯，他在回忆“组织机构图的魔力”时风趣地说道：

> 在会上，理论方面的话题很有意思，但是只要一拿出组织机构图，我就感觉到一屋子的人马上兴奋起来，因为他们看到了铁板钉钉的事实（“谁对谁负责”，等等）。

1944 年 8 月重组后的结果是，机构变得更加复杂，部门显著增多，增设了新的小组，还增聘了几百名员工。奥本海默估计，如果要让实验室及时解决内爆问题，并在 1945 年夏天将钚弹制造妥当，他还需要增加六百人。当然，这些人不一定都要是杰出的物理学家、化学家或弹道

专家。现在需要的是技术要求相对较低的劳动力，从事实验、观察和测量工作，以解决尚未解决的众多科学问题。

奥本海默为什么需要这么多人？看看内爆提出了多少问题就知道了。例如，为了理解内爆本身的性质，并弄清获得稳定、对称的冲击波需要做些什么，实际上需要做几千个类似于内德迈耶和团队用排烟管做的那类实验，且要复杂得多。

1944 年 9 月，理论物理学家罗伯特·克里斯蒂建议，用于内爆的金属应为实心球，而不是内德迈耶设想的空心球。这项建议被采纳后，经过一次次试验，内爆问题得到了解决。在这些试验中，他们尝试了实心金属球（通常是镉）的内爆，并记录测量结果，看看每一次连续的尝试距离产生难以获得的稳定、对称的冲击波还差多远。测量的方法多种多样，有些是在洛斯阿拉莫斯发明的。例如，罗伯特·瑟伯尔提出了一个新奇的想法，为所谓的“RaLa 法”奠定了基础。这个想法是，将放 420
射性物质（选用的是镧的同位素放射性镧［Radiolanthanum，因此缩写为 RaLa］）放在内爆金属球的中心。放射源释放出的 γ 射线会被金属按其密度比吸收，因此金属内爆时的密度变化就能通过引爆前、中、后 γ 射线的强度记录进行测量。这样，他们就知道离获得稳定、对称的冲击波还差多远。测量一块金属内爆时会发生什么状况的其他方法是用 X 射线和照片设计的。

除了这些涉及内爆性质的耐心实验和观察，为了设计并生产成型炸药，还要进行大量实验工作，以便找到以下问题的答案：成型炸药应该由什么原料构成？应该把炸药具体做成什么形状？应该如何将成型炸药，即“透镜”，配置在钚球（plutonium core）周围？根据这些实验结果得出的设计比最初计划的枪式炸弹复杂得多。现在设想的武器就像个巨大的足球，其中心是一个用钚做成的直径 3.5 英寸（约 8.9 厘米）的实心球，留有一个安放点火器的小孔，周围是直径 9 英寸（约 22.9 厘米）的铀反射层，被 32 块成型炸药包裹，这些被做成“透镜”状的炸药会将冲击波汇聚到球体中心。“胖子”总宽 54 英寸（约 137.2 厘米），重量近 5500 磅（约 2494.8 千克）。

令人惊叹的是，这一设计于 1945 年 2 月完成，此时仅仅是实验室重组后六个月，也是对无数次爆炸进行观察的结果，这些爆炸需要几千份成型炸药。为了提供这些炸药，实验室建立了自己的生产车间，后来实际上成了一家工厂，雇用了几十个年轻人。这些人像奥本海默估计需要增加的六百人中的多数人那样，都是“特工队员”（SEDs），即美国陆军特别工程分队成员。“他们大多是些孩子，”基斯佳科夫斯基说，“部分人有大学学历，还有几个博士。”特工队员在洛斯阿拉莫斯的日子十分艰苦，他们的工作时间和科学家一样长，但要遵守军人的纪律和严格的作息。他们没有住在为科学家提供的那种房子或公寓里，只能住拥挤的营房，每个人只有狭小的个人空间。“六点就吹起床号，”其中一名队员回忆说，“我们穿着军装出操、训练，直到早上八点。有时在车间里工作，要到凌晨两三点才能睡觉。”

421 当然，随着人员的大量涌入，安全标准的下降也难以避免。要监视 1944 年夏天后来到洛斯阿拉莫斯的几百人明显是不可能的，而格罗夫斯、德席尔瓦或兰斯代尔怎么也不会想到，在这些特别工程分队的年轻人中，会有人愿意为苏联提供情报。然而，至少有一个这样的人，大卫·格林格拉斯。尽管他向苏联提供情报的愿望可能对苏联人掌握更多原子弹的情报无足轻重，但肯定对他的姐姐埃塞尔和姐夫朱利叶斯·罗森伯格带来了严重后果。

格林格拉斯早年学过机械工程，1943 年，他在二十一岁时被美国陆军征召入伍。当时，他和妻子露丝都是共产党员。在橡树岭工作过一段时间后，格林格拉斯于 1944 年 8 月随特别工程分队被派往洛斯阿拉莫斯。在橡树岭工作期间，以及在洛斯阿拉莫斯的头三个月里，格林格拉斯并不知道自己的工作和原子弹项目有关。在洛斯阿拉莫斯，他被安排在车间工作，为内爆实验所需的成型炸药制作模具。他完全不知道这些“透镜”是做什么用的，也不懂这些透镜将用于发挥重大作用的内爆过程。

格林格拉斯直到 1944 年 11 月才知道自己在从事原子弹项目的工作，他是从妻子露丝那里听来的，而露丝又是从罗森伯格夫妇那里知道的。

在罗森伯格夫妇的资助下，住在纽约的露丝前往新墨西哥探望丈夫，自从他被派往洛斯阿拉莫斯，俩人还未曾见面。他们在阿尔伯克基玩了几天，就是在那里，露丝向格林格拉斯透露了这一情况。罗森伯格夫妇从 20 世纪 30 年代起就是共产党员，而朱利叶斯 · 罗森伯格是一个情报网的核心人物，这个网络负责搜集军事和工业项目的秘密情报。露丝离开纽约前，罗森伯格夫妇给了她一份问题清单，让她向丈夫打听洛斯阿拉莫斯的布局和人事情况。

几个月后，1945 年 1 月，大卫 · 格林格拉斯到纽约休假，向罗森伯格夫妇提供了他正在生产的透镜模具的文字描述和图纸。就是在这一次会面或之后，他还向罗森伯格夫妇提供了一幅可能没多大用处的“胖子”原子弹的草图。格林格拉斯回到洛斯阿拉莫斯后，朱利叶斯 · 罗森伯格安排他与一名苏联的联系人定期见面，提供他设法获得的任何其他情报。那个联系人不是别人，正是哈里 · 戈尔德，就是与福克斯接头并获取气体扩散法情报的人。实际上，正是因为与福克斯和戈尔德的接 422
触，格林格拉斯和罗森伯格夫妇才于 1950 年暴露了间谍身份。在对罗森伯格夫妇的庭审中，格林格拉斯指证了自己的姐姐，导致姐姐和姐夫于 1953 年 6 月 19 日被处决。格林格拉斯本人被判处十五年监禁。1960 年，他在服刑十年后被释放，和妻子在纽约团聚。大约四十年后，他对《纽约时报》的记者说，为了保护妻子，他当年指证自己的姐姐时撒了谎，他的妻子从未因此受到指控。

格林格拉斯事件肯定令约翰 · 兰斯代尔非常懊恼。1954 年在奥本海默的听证会上，他两次提起“不可饶恕的格林格拉斯案”。兰斯代尔特地选用“不可饶恕”一词，不是用来指格林格拉斯的行为（尽管毫无疑问，他相信这个词也适用于格林格拉斯），而是指自己因为疏忽没能抓住格林格拉斯。他懊恼地说，“他无疑是个典型的漏网之鱼”。在被问及奥本海默对格林格拉斯是否应承担任何责任时，他确认说：“我不这样认为。对这件事，我将负全部责任。那是本世纪的严重错误。”

当然，从安全角度来说，克劳斯 · 福克斯的间谍活动是一个严重得多的错误，但因为这一大错是英国安全部门而不是兰斯代尔犯下的，可能让他感到一丝安慰。然而，兰斯代尔不知道的是，他的团队至少还犯了另一个“重大错误”，这个错误导致苏联获得的情报比从大卫·格林格拉斯那里得到的多得多。此事同样涉及1944年来到洛斯阿拉莫斯的一个年轻人，不过这一回是一名羽翼丰满的科学家，而不是特别工程分队中消息闭塞的队员。

这个人就是西奥多·霍尔。在他一生中的大多数时间里，别人都叫他“特德·霍尔”，他是纽约俄裔犹太家庭霍尔茨伯格家最小的小儿子。他在十一岁时改名，当时哥哥埃德发现，犹太名字会成为就业的障碍。特德是个早熟的神童，曾考入著名的汤森德·哈里斯高中就读。那个时候，他就有了当物理学家的梦想。当妈妈问他十二岁生日想要什么礼物时，他说要詹姆斯·金斯写的《神秘的宇宙》[*]。1942年，十七岁生日还没到，霍尔就从就读两年的皇后学院转学到哈佛大学。在哈佛，奥本海默以前的学生及合作伙伴温德尔·弗里讲授的“动力学理论和统计力学”激发了他的想象力。第二年，年仅十八岁的霍尔选修了研究生课程
423 “量子力学”，并引起了主讲老师约翰·H.范弗莱克的注意。范弗莱克是参加过1942年夏天在伯克利举行的洛斯阿拉莫斯研讨会的“权威专家”之一。布什对范弗莱克和仍在哈佛的埃德温·肯布尔说，洛斯阿拉莫斯还需要更多优秀物理学家，霍尔便成为入选人员之一，于1944年元旦成为原子弹项目中最年轻的科学家。

刚开始，霍尔被安排在布鲁诺·拜内戴拖·罗西手下工作，测量快中子撞击铀-235的裂变截面，当时橡树岭开始生产出一些铀-235。1944年6月，霍尔在从事这项工作的同时在缺席的情况下从哈佛毕业。不久他就晋升到新的岗位，成为一个团队的领导，负责测试RaLa实验所需的设备。尤其重要的是，霍尔和他的团队生产电离箱，用来探测放射性镧释放的γ射线。“电离箱就像香肠那样生产出来，”霍尔后来说，“把我们煞费苦心生产的电离箱炸毁，我觉得非常可笑。我们销毁这些电离箱后，再做新的。”

* *The Mysterious Universe.*

1944 年 10 月，刚过完十九岁生日，霍尔获准休假两个星期。他来到纽约，决定向苏联通报洛斯阿拉莫斯的工作情况。他不是苏联雇用的间谍，也没有受贿，因此这一决定是他自己独立做出的。他后来解释这件事的时候说："在我看来，美国的垄断是危险的，应该避免。"因为没有任何心计，霍尔和苏联人联络的方法非常奇特。他径直走进苏联在美国的进出口贸易公司苏美贸易公司（Amtorg）的办公室，对他见到的第一个人（一个码箱子的人）说，他有重要情报要交给他们。那人帮他联系上了谢尔盖·库尔纳科夫，他是一名作家兼记者，也是内务人民委员会的低级官员。霍尔与库尔纳科夫见面时，提供了一份霍尔自己写的文件，包括一份洛斯阿拉莫斯工作动态的报告，后来这份报告被送到了莫斯科。在他回到洛斯阿拉莫斯的时候，霍尔已成了一名正式的苏联间谍，代号为 Mlad，这是一个斯拉夫语词，意为"青年"。

回到洛斯阿拉莫斯后，霍尔参加了好几个重要的 RaLa 实验，最终于 1945 年 2 月完成了三个系列实验，创造出他们梦寐以求的稳定的冲击波。获得成功的关键在于刘易斯·阿尔瓦雷兹发明的电雷管，它能使所有成型炸药在同一时刻精准爆炸。2 月 24 日，经过重复这一成功的实验，"胖子"的设计方案最终确定。奥本海默兴奋地欢呼："我们的炸弹成功了。"

几乎在这项设计刚完成的同时，苏联间谍就收到了它的详细资料。1945 年 2 月 16 日，克劳斯·福克斯在波士顿与哈里·戈尔德见面，福克斯自 1944 年 8 月从纽约来到洛斯阿拉莫斯后就与苏联人失去了联系，
而福克斯的姐姐就住在波士顿。福克斯交给戈尔德的情报内容丰富、详 424
尽准确，包括原子弹的设计、钚的提纯、塞格雷关于钚产生自发裂变的研究结果，不一而足。然而，由于间谍活动的情报流转错综复杂，福克斯的报告直到 1945 年 4 月才被送达莫斯科。此时，苏联人已获得了洛斯阿拉莫斯研发的两种炸弹的报告，虽然没有福克斯的报告详细，但准确性毫不逊色。几乎可以肯定，这一情报来自"Mlad"（霍尔的代号），而大卫·格林格拉斯只添加了一些细节。

就在兰斯代尔于 1954 年将格林格拉斯案称为"本世纪的严重错误"

时，他肯定对霍尔更严重的间谍活动一无所知。另一方面，联邦调查局在发现福克斯、戈尔德和格林格拉斯的同时，也通过同样的渠道（维诺那文件）发现了霍尔的间谍活动。然而，不同于福克斯、戈尔德和格林格拉斯，霍尔在接受调查时拒不承认。无论什么，他一概否认。调查局面临两难选择：要么以维诺那文件为证据起诉霍尔，但这样做，外界就会知道这一证据的存在，要么为了保守维诺那文件的秘密，继续让霍尔逍遥法外，联邦调查局最终选择不予起诉。因此，霍尔在科学上功成名就，最终成为英国剑桥大学生物实验室主任。他从 1962 年起就住在英国，直到 1999 年因癌症去世。在生命的晚期，随着维诺那文件的公布，他在苏联间谍活动中的作用也广为人知。但即使在这种时候，他仍然不思悔改地声称：“实际上，从我七十一年的人生来看，我仍然认为那个莽撞青年［早年的自己］所做的事情是正确的。时过境迁，我已不是从前的那个人；但我从不为他感到羞愧。”

福克斯和霍尔于 1945 年春提供给苏联的情报（钚内爆弹的设计方案），可以说是奥本海默最伟大的成就。当然，并不是说这颗原子弹是他自己设计的。然而，正是因为他的计划和协调，艰巨的设计工作才顺利完成；是他组织了科学家周会，公开讨论问题；是他与派尔斯讨论内爆数学，与基斯佳科夫斯基讨论各种爆炸材料的优点，与罗西讨论 RaLa 实验可能的结果，与阿尔瓦雷兹讨论电雷管的发明，并监督几十个科学小组，雇用几百名特工队员，完成了数千个实验。这就是今天所谓“大科学”工程的诞生。

领导和协调这样一个规模空前的科学工程所付出的努力对奥本海默的身体造成了明显的影响。1944 年，他年龄不过四十，但看上去至少
425 苍老十岁。他本来就很苗条，但是，到那年年底，他的体重降到了 115 磅（大约 52.2 千克），看上去面容憔悴。多年来，他烟瘾很大，如今更是纸烟或烟斗从不离手，而他那讨厌的慢性咳嗽愈发严重。他饮酒过量，尽管不如基蒂那么严重。给基蒂造成伤害更大的不是烟酒，而是精神压力。

作为主任的妻子，基蒂完全可以成为洛斯阿拉莫斯引领社交活动的

女主人，占据社会生活的核心。然而，她对这一角色绝无兴趣。她和奥本海默也举行派对，但是次数并不多，而且感觉很无聊。当迪克·帕森斯的妻子玛莎填补社交中心的空缺后，基蒂便越来越形单影只。“她和女人们不容易相处”，奥本海默的秘书普丽西拉·达菲尔德说，专横的举止和刻薄的语言也让许多男士敬而远之。达菲尔德说，基蒂是“我听说过的为数不多的被男人（甚至很好的男人）称为婊子的人之一……她会非常刻薄，还会给你带来麻烦，因此你得特别小心”。

这一看法引起了很多人的共鸣，包括菲尔·莫里森的妻子艾米丽。她回忆说，尽管基蒂有时“非常迷人”，但她肯定是一个“需要提防的人”。艾米丽·莫里森后来说，基蒂会明显无缘无故地接受或拒绝别人，因此即使那些受她善待的人也感到，他们的友谊并不牢靠，看到她对其他人颐指气使，便会担心自己可能就是下一个出气筒。在她突然与之反目的人中，让奥本海默感到非常棘手的是夏洛特·瑟伯尔，不知什么原因，基蒂突然和她断绝了一切来往。“人人都意识到了这一点，伤害很大，”奥本海默的儿科医生的妻子雪莉·巴尼特记得，“但基蒂就擅长这一手。”巴尼特成了基蒂的伙伴，因为她认为，“我人年轻，比起其他人，对她没有什么威胁”。基蒂会带她到圣菲或阿尔伯克基购物。“她开车的时候，身边总带着个酒瓶什么的，如果她喝醉了，你很容易看出来，因为她会更加口无遮拦。”“她很有魅力，”巴尼特的结论是，“但她并不太随和。”

杰姬·奥本海默于1945年初来到洛斯阿拉莫斯，当时弗兰克从橡树岭调到了这里，她回忆自己和基蒂之间不快的经历，以及她酗酒的情况时说：

> 大家都知道，我们俩相处得并不好，而她似乎就是要让别人看到我们俩在一起。有一次，她叫我去参加一个鸡尾酒会——时间是下午四点。我到了那里，发现基蒂和其他四五个女人——酒友——在一起，我坐在那，很少说话，只喝酒。那是非常糟糕的一次经历，我以后再也没有参加这样的活动。

426 使基蒂的生活雪上加霜并让她在酗酒的泥潭中越陷越深的是女儿凯瑟琳的出生。“托妮”（她一生常被这样称呼）出生于 1944 年 12 月 7 日，恰好是实验室主任奥本海默工作最紧张的时候。这是探索可行的内爆设计最焦灼的时期，最终能否成功，还不知道。这也是奥本海默最忙碌、最焦心的时期，尽管表面上，这个小生命被捧为快乐的源泉，特地到医院探视并与奥本海默分享（人们认为的）快乐的人络绎不绝，但实际情况是，在那个阶段，无论基蒂还是罗伯特·奥本海默，照看孩子都是他们最不情愿做的事。

杰姬·奥本海默来到洛斯阿拉莫斯时惊奇地发现，托妮出生后，基蒂“居然有空到阿尔伯克基甚至西海岸作长达数日的购物旅行，把孩子留给女佣”。更让人吃惊的是，1945 年 4 月，当托妮只有四个月大的时候，基蒂带着快四岁的彼得，离开洛斯阿拉莫斯前往匹兹堡，把小托妮交给一位不久前刚流过产的朋友帕特·谢尔照顾。基蒂在外面足足待了三个半月才回来。在这期间，奥本海默忙得不可开交，根本不愿花时间陪伴女儿。“非常奇怪，”谢尔后来说，“他会过来坐坐，和我聊天，但没说想看孩子。”然后，有一天，就在基蒂回来前不久，奥本海默问谢尔是否愿意收养托妮。谢尔回答：“这怎么可能。”为什么他会提出这样的要求呢？奥本海默说：“因为，我没法爱这个孩子。”

可怜的小托妮来得不是时候，她出生后的六个月正好可能是历史上最重大的科学实验——内爆弹试验的准备阶段。内爆弹全面试验的决定早在 1944 年 3 月就已经做出，也就是最终确定内爆法是钚弹的唯一希望之前约一个月。内爆是一项极为复杂的过程，而且人们对它的了解很少，因此这样的一次试验很有必要。试验的组织由专门设在工程部下的 E–9 小组负责，1944 年夏末的大规模重组后，改成“X–2 研发、工程、试验组”，隶属于基斯佳科夫斯基的炸药部，组长是肯尼思·班布里奇。

1945 年 3 月，X–2 被解散，班布里奇转而负责一个那时称为“三位一体”的项目。多年后，当奥本海默被问起“三位一体”名称的由来
427 时，他的回答含糊其词。1962 年，格罗夫斯为此事亲自过问奥本海默，

他提出，之所以选用这个名字，是不是因为那个地区有很多叫“三位一体”的山川，这样一个名字不会引起人们的注意。奥本海默在回信中否认了这一说法。“为什么我要选用这个名字，”他对格罗夫斯说，“并不是很清楚，但我知道自己内心的想法。约翰·邓恩临终前写过一首诗*，一首我熟知且深爱的诗。略摘一二。”

所有平面地图
东方与西方不过一张纸
我也是这样
死亡是复活的开始

“诗中并没有提到三位一体，”奥本海默承认，“但是在另一首更有名的虔诚诗中†，约翰·邓恩开篇写道：‘猛击我的心吧，三位一体的上帝’；除此之外，我没有其他可说的。”

此处提到了邓恩，说明奥本海默选用这个名字是为了纪念琼·塔特洛克，因为琼深爱邓恩的诗。但是，奥本海默想到这个名字，也有可能是为了纪念“三人组合”（pygmy triumvirate），也就是他第一次到新墨西哥旅行期间加入的“三巨头”（great troika）。毕竟，选作三位一体试验场的地方——阿拉莫戈多西北的霍尔纳多－德尔穆埃托（Jornada del Muerto）谷地，离新墨西哥的一些地方不是很远，特别是罗斯威尔和阿尔伯克基——与这个组合有关，特别是创造那些名字的保罗·霍根。

将试验场设在霍尔纳多－德尔穆埃托的决定是1944年9月做出的。随后，美国陆军出面，为试验场圈下了一块占地400平方英里（约1036平方千米）的土地，并在这里兴建营地，于1944年12月底完工。然后，陆军中尉H.C.布什带领宪兵队正式进驻。

随着1945年2月内爆研究获得成功，格罗夫斯宣布“胖子”的设

* 《病中赞歌》（“Hymne to God, My God, in My Sicknesse”）——原注（55）
† 《神圣十四行诗第14首》（“Holy Sonnet 14”）。——原注（56）

计尘埃落定。这项工作顺利完成。次月，奥本海默设立了一个新的部门——三位一体项目部，主要由研发部的科学家组成，负责即将在霍尔纳多－德尔穆埃托进行的试爆。部门领导是肯尼思·班布里奇。尽管在钚的冶金、快中子裂变的能量释放等方面做了大量工作，但“胖子”爆炸究竟会有多大的威力，大家仍然各执己见。有些人还在怀疑试爆能否
428 成功，而即使是相信爆炸能够获得一定成功的那些人，对爆炸威力的估计也各执一词，用 TNT 当量来衡量，从 200 吨到 1 万吨不等。

班布里奇开始准备三位一体试验的时候，洛斯阿拉莫斯外面的世界发生了急剧变化。在苏联和盟军东西两线的夹击下，在史上最无情、最致命的空袭下，希特勒的第三帝国迅速崩溃。1945 年 2 月，一千多架英国和美国的重型轰炸机向历史名城德累斯顿倾泻了近四千吨高爆弹和燃烧弹，城市化为硝烟弥漫的废墟。大约 2.5 万人丧生，整座城市几乎被摧毁。柏林同样遭到猛烈轰炸，4 月，苏军坦克兵临城下。

1945 年 4 月 12 日，对德作战胜利前夕，罗斯福总统突发脑出血去世。三天后，洛斯阿拉莫斯的剧院举行了一场追悼会。会上，如菲利普·莫里森所言，奥本海默“讲了两到三分钟，平静地道出了他的心声和我们的心声”。奥本海默在会上的悼词后来被媒体发表，可能是为了附和观众的情绪，他那出色的口才略带戏剧性的语气。奥本海默说：“几年来，我们经历了十恶不赦的暴行和惨绝人寰的恐怖。”

> 罗斯福是我们的总统，我们的最高统帅，从传统意义上毫不夸张地说，是我们的领袖。全世界的人们都希望受他指引，并从他身上看到了希望：这个时代的罪恶不会重演；已经和将要付出的可怕牺牲将创造一个更适合人类居住的世界。正是在这一罪恶的时代，人们认识到他们的无助和对彼此的依靠。这让我们想起中世纪的一位优秀、睿智和正义的国王的陨落，举国缟素，万民齐哀。

最后，他引用《薄伽梵歌》中的话：“人是用信仰这种物质创造出来的生物，信仰是什么，他就是什么。”

> 罗斯福的信仰是世界上每个国家千千万万男男女女的共同信仰。正因为如此，这一希望才不会落空；正因为如此，我们才应该为这一希望努力奋斗，虽然他离开了我们，但他的美好事业没有结束。

罗斯福去世后仅仅两个多星期，希特勒也一命归西，他不得不承认 429
失败，在柏林的地堡里开枪自杀。一周后，1945 年 5 月 8 日，德国宣布无条件投降。

在洛斯阿拉莫斯，德国的战败并没有以任何方式缓解工程的紧迫性，新成立的三位一体项目部确定的钚弹试爆的组织工作正在紧锣密鼓地进行。全面试验之前，他们决定先用 100 吨 TNT 做一次预演，目的是调试正式试验的设备。预演于 1945 年 5 月 7 日早上举行。堆放在 20 英尺（约 6 米）高的平台上的炸药被引爆，并取得了爆炸效果、冲击波和设备损坏情况的评估数据。

事到如今，就算奥本海默不明白，格罗夫斯也早已心知肚明，而且每一个人都很清楚：如果真要使用原子弹，目标将是日本。B-29 轰炸机已对日本进行了狂轰滥炸，甚至比对德国的轰炸更加猛烈、更具毁灭性，东京、名古屋、大阪和神户首当其冲。1945 年 3 月 9 日和 10 日，美国空军用燃烧弹对东京展开空袭，投下了近两千吨燃烧弹，城市的大部分地区变成火海，约十万人丧生，那是有史以来世界上破坏力最大的空袭。

然而，无论空袭造成了多么致命的损失，都未能摧毁日本人的战斗意志。很明显，如果要击败日本，美国必须像对德作战那样，派大量战斗部队进攻日本本土。在格罗夫斯的自传《现在可以说了》中，我们看到美国军方于 1945 年制定的登陆日本的计划，以及这些计划预测的美军可能遭受的巨大伤亡。早在 1944 年夏天，美军参谋长联席会议就通过了一项进攻日本的方案，计划于 1945 年 10 月 1 日从日本最南端的九州岛发起进攻，三个月后攻占东京。1945 年 4 月，这个基本方案被确定为同盟国的战略，估计需要 36 个师，150 多万人。接着，格罗夫斯悲观地写道：“大家都认为伤亡会很大。”1945 年 5 月 25 日，三军司令收到经过调整的命令，准备于 11 月进攻九州。

同时，格罗夫斯希望曼哈顿工程能让这种本土进攻成为多余，从而充分回应格罗夫斯比其他任何人都害怕的问题：美国人民花费 20 亿美
430 元研发原子弹能得到什么？对格罗夫斯来说，需要考虑的问题不是要不要向日本投放原子弹，而是将原子弹投向哪个或哪几个日本城市。5 月 10 日和 11 日，奥本海默在洛斯阿拉莫斯召开新成立的目标委员会会议，确定了选择轰炸目标的标准。这些会议的纪要现在已对外公布，里面是一些令人不寒而栗的真实记录，与会人员在考虑数万人丧生和重要历史及宗教古迹的毁灭时，明显若无其事。会议建议轰炸的四个目标依次是：一、京都；二、广岛；三、横滨；四、小仓军械库。前两个目标是 AA 级。会议纪要称，就第一个目标而言，“从心理角度看，京都的优点是，它是日本的智力中心，那里的人更容易领会‘小玩意’这种武器的重大意义。”纪要还说，横滨是个理想的雷达目标，而且它的规模能够导致城市被大面积摧毁。“周围的小山可能有利于威力的集中，从而显著增强爆炸的破坏性。”玻尔的影响显而易见，他在“目标选择中的心理要素”的标题下指出，“除了要对日本人产生最大的心理震慑”，还应达到另一个目的：“为了能在原子弹爆炸的画面公布后，让国际社会认识到这种武器的重要性，首次使用原子弹，要展示爆炸的壮观场面。”

奥本海默和费米、劳伦斯及阿瑟·康普顿一起，被任命为战争部临时委员会科学顾问委员会成员，这个委员会的任务是筹划战后原子弹政策。会议纪要披露，在 1945 年 5 月 31 日召开的会议上，委员会主席、战争部部长亨利·史汀生“表达的观点是，我们不应该仅仅从军事武器的角度看待这个项目，而应该将它视为人和宇宙的新型关系，马歇尔将军赞同这一观点”。很明显，史汀生此话的意思是：

> 这一发现堪比哥白尼的理论和万有引力定律，但它对人类生活的影响要比这些理论大得多。现在，这方面的进步是战争的需要推动的，但重要的是，要认识到这个项目的意义远超本次战争的需

要。如果可能，必须对它进行控制，使它成为和平的保障，而非文明的威胁。

奥本海默后来在这次会议上也提到这个话题，并乘机提出玻尔的开放性愿景。根据记录，他解释说：

> 与全世界自由交换信息，并特别强调如何促进和平时期的开发 431
> 利用，或许是美国的明智之举。这一领域的所有努力应该以增进人类福祉为基本目标。如果我们在实际使用原子弹之前主动交换信息，就能显著强化我们的道德地位。

在讨论“轰炸对日本人及其战斗意志的影响”时，会议的气氛明显没有体现出那么高的道德情操。奥本海默强调，在这方面，“多次攻击是可行的”，而且“原子弹轰炸的视觉效果将令人叹为观止，随之而起的耀眼光芒将高达 1 万到 2 万英尺（约 3000—6000 米）。爆炸的中子效应将威胁到半径至少为 2/3 英里范围内的生命”。至于爆炸可能造成的死亡人数，奥本海默报告说，考虑到受到轰炸的城市里的居民会在空袭开始时寻找掩体，原子弹爆炸时，大部分人都会躲在掩体里，他估计的数字是 2 万（后来证明，这一估计极为保守）。[*]

会议纪要称，“对各类目标和产生的效果进行大量讨论后”，史汀生认为，“我们不能给日本人任何警告，我们不能针对平民生活区；但是我们要设法给尽可能多的居民留下强大的心理印象”。在史汀生看来，“最理想的目标是雇用大量工人的重要兵工厂（周围环绕着工人住宅）”。

令格罗夫斯大为失望的是，史汀生把京都排除在了目标城市之外，理由是（正如格罗夫斯在他的自传中写的那样），京都是“日本古都，

---

* 根据以往的空袭经验，这也许是很自然的推测。然而，这里说的“空袭”只由一架飞机执行，没有理由认为这座城市的居民会意识到他们即将遭到轰炸。实际上，广岛的居民对扔下原子弹并毁灭其城市的那架飞机根本没太注意，就是因为他们没有想到，也无法想到，组织一次空袭居然不用出动大批飞机。——原注（57）

对日本人来说，它是一座有着重要宗教意义的历史名城”。格罗夫斯说，史汀生担任菲律宾总督期间访问过京都，“对那里的古老文化印象深刻”。“另一方面，”格罗夫斯写道，“我特别想把京都作为打击目标，因为……它的面积足够大，能让我们充分认识原子弹爆炸的效果。在这方面，广
432 岛远不能令人满意。像目标委员会的其他成员那样，我也强烈感觉到，京都是日本最重要的军事目标之一。”

格罗夫斯不肯善罢甘休，一再要求把京都作为原子弹的首要目标，直到 7 月份波茨坦会议召开。在这次会议上，斯大林、丘吉尔和美国新任总统哈里·杜鲁门决定了欧洲的未来。史汀生从波茨坦发电报说，他已经和杜鲁门总统讨论过这件事，总统同意了他的意见。格罗夫斯说：“此后，无人讨论京都。”

尽管史汀生救了京都，并强烈要求只攻击军事目标，但是用原子弹打击日本人的设想在委员会里没有受到任何挑战。在洛斯阿拉莫斯的科学家中，也没有人针对这种设想提出不同意见。当然，他们讨论过工作的政治和道义问题，特别是在明确得知德国并没有真正的原子弹计划，因而不用原子弹也能取得对德作战的胜利后。然而，奥本海默并不鼓励这样的讨论。罗伯特·威尔逊记得，在洛斯阿拉莫斯举行过一次公开会议，讨论“‘小玩意’对人类文明的影响”。大约有二十人参加会议，包括奥本海默，他在这次会议上以及其他场合，极力推行他从玻尔那里学来的观点：原子弹是一种极其强大的武器，它通过消灭战争本身，有望成为人类历史上最好的东西。但是，只有每一个人都清楚地认识到它的可怕威力，它才能做到这一点，而只有实际使用这种武器，才能让人们认识到它的威力。

在洛斯阿拉莫斯，这一观点得到普遍认同，但在芝加哥的冶金实验室却不是这样。在整个战争期间，冶金实验室的科学家更倾向于公开反对格罗夫斯代表的军方。实际上，在临时委员会 1945 年 5 月 31 日的会议上，其中一个议题是“处理令人讨厌的科学家”。据会议纪要记载，在这一标题下，格罗夫斯称：“从一开始，这个计划就受到一些慎重和忠诚度值得怀疑的科学家的干扰。”并非巧合的是，下一个议题是“芝

加哥小组。”

在芝加哥“令人讨厌的科学家”中，首当其冲的是利奥·西拉德。格罗夫斯曾经想将他作为令人讨厌的外国人监禁起来。在战争即将结束时，以及在曼哈顿计划的工作接近尾声、三位一体试验的准备工作在展示核裂变威力的道路上以不可阻挡的态势继续推进时，西拉德首先想到了链式反应，并力促爱因斯坦给罗斯福写了那封著名的信，强烈建议启动原子弹项目，同时他开始考虑原子弹的政治和社会影响。他很快确 433
信，对日本使用原子弹将对战后政治产生极为严重的后果。在罗斯福去世前，西拉德试图提醒总统关于核军备竞赛的危险以及原子弹国际控制的重要性，他认为，对日本使用原子弹将加速核军备竞赛，破坏原子弹的国际控制合作。杜鲁门就职后，西拉德试图与新总统见面，讨论原子弹引发的政治问题。结果他没能见到总统，却见到了即将担任国务卿的南卡罗来纳人詹姆斯·伯恩斯。这次见面是一场灾难，伯恩斯认为“西拉德的总体举止以及……他那参与决策的欲望给我留下了糟糕的印象”，而西拉德觉得伯恩斯没有能力理解任何东西，因而十分气愤和沮丧，只能悻悻离去。

然而，西拉德没有就此罢休，在临时委员会 5 月 31 日的会议召开前，他前往华盛顿，试图说服奥本海默，用原子弹攻击日本城市将是个严重的错误。“原子弹是狗屎，”西拉德记得奥本海默当时说，“一种没有军事意义的武器。它会产生大爆炸，非常巨大的爆炸。但它不是一种能在战争中起作用的武器。”奥本海默重申自己的观点说，应该对日本人使用原子弹，但也应该告诉俄国人原子弹的存在，以及我们使用原子弹的意图。他对西拉德说：“难道你认为，如果我们把我们的意图告诉俄国人，然后在日本使用原子弹，俄国人会不理解吗？”西拉德回答：“他们会非常理解。”

阿瑟·康普顿承诺，在临时委员会于 6 月召开下一次会议前，他会把芝加哥大学科学家的意见转达给科学委员会。在康普顿的鼓励下，西拉德召集志同道合的人，组成了一个委员会，以便将他的观点整理成书面报告。这个委员会最有名的成员是钚的发现者格伦·西博格，诺贝尔奖得主詹姆斯·弗兰克任主席，奥本海默在哥廷根求学期间，弗兰克曾在那里负责实验物理。结果，这个委员会起草了后来所称的弗兰克报告，于 1945 年 6 月 12 日呈交亨利·史汀生。

不同于玻尔、奥本海默通过展现原子弹的空前威力终结战争的设想，弗兰克报告的起草者极力强调“达成全面预防核战争国际协定”的重要性。他们和玻尔的共同观点是，原子弹的“秘密”只是个幻想：他们强调，其他国家肯定也能找到原子弹的制造方法。他们与奥本海默的
434 目标及临时委员会的其他成员看法不一致的地方是，用原子弹大量屠杀日本人是否有正当理由。弗兰克报告提出的建议是，在“所有联合国代表面前”展示原子弹的威力。他们强烈建议，要达到这一目的，可以“在沙漠中或荒岛上”试爆原子弹，然后向日本发出投降的最后通牒。只有在日本人拒绝投降的前提下，才可以对他们使用原子弹。

然而，这个报告的重点不是日本，而是战后的国际形势。报告反复强调：“核弹不可能长期成为‘秘密武器’，几年以后，美国对核武器的垄断就会被打破。其他国家的科学家非常清楚制造原子弹的科学事实。”因此：

> 如果不对核爆炸物进行有效的国际控制合作，我们拥有核武器的事实一旦为世人所知，肯定会引发核军备竞赛。用不了十年，其他国家也可能拥有核弹，重量不到一吨的一颗核弹都能摧毁半径超过十英里（约 16 千米）的城市区域。在这样的军备竞赛可能导致的战争中，与人口和工业散布于广阔区域的国家相比，人口和工业相对集中于少数城市的美国将处于不利地位。

报告认为，用原子弹对付日本人会给美国和整个世界造成影响深远的重大后果，因为，“如果美国首先对人类使用这种新的无差别毁灭性工具，她将失去世界人民的支持，加速军备竞赛，损害将来就这类武器的控制达成国际协议的前景。”这个报告是一份需要认真对待且有着非凡远见和说服力的文件，不仅因为里面的观点有其内在价值，还因为起

草这份报告的科学家从一开始就是原子弹研发的核心，他们比任何人都了解这种武器的破坏性。

史汀生将正式回应这一报告的任务交给了科学委员会，他们于1945年6月16日在一份备忘录上向临时委员会做了汇报。“很明显，”奥本海默、费米、劳伦斯和康普顿写道，“作为科学工作者，我们没有属于自己的权力……也不认为有特殊能力解决原子能的出现带来的政治、社
会和军事问题。”然而，他们准备权衡以下两种对立意见：一、展示原 435
子弹的威力，以迫使日本投降；二、在军事上立即使用原子弹为我们提供了一个“挽救美国人生命的机会”。“我们认为，”他们报告说，“我们更倾向于后一种观点：在技术上，我们无法保证展示原子弹一定能结束战争；除了直接在军事上使用，我们别无满意的选择。”

在1945年6月21日的会议上，临时委员会再次重申自己的立场，正如战争部的一份备忘录记载，“应该尽早对日本使用这种武器，无须事先警告，用以打击两类目标，即紧挨居民区或由住房环绕的军事设施或兵工厂，或其他最容易遭到破坏的建筑”。委员会还建议，在即将召开的波茨坦“三巨头”会议上，“在合适的时候，总统可以直接告知苏联人，我们正在加紧研发这种武器，如果如期完成，我们计划对敌人使用这种武器”。

同时，争取影响临时委员会的努力失败后，西拉德加紧走访科学家，试图获得他们反对向日本城市使用原子弹的书面记录。“我知道，西拉德博士经常抽空离开自己在芝加哥大学冶金实验室的工作岗位，”格罗夫斯于6月29日写信给康普顿说，“而且，他频繁在芝加哥、纽约和华盛顿特区之间活动。”西拉德向总统写了一份请愿书，强烈建议总统“承诺美国不会在这次战争中使用原子弹，除非详细公布向日本提出的条件，而日本在知道这些条件后仍拒绝投降”，他让这份请愿书在参与曼哈顿计划的科学家中传阅，力图让尽可能多的科学家在上面签字。

请愿书首先传到冶金实验室，然后传阅到橡树岭的科学家手中，最后流转到洛斯阿拉莫斯。西拉德在请愿书的附信中写道：

> 无论我们的请愿书影响事态的希望多么渺茫，我个人觉得，如果为项目工作的众多科学家清楚无误地留下他们因为道义而反对在现阶段使用原子弹的记录，那么这无疑是一件意义重大的事。

“美国人民并不知道我们面临的选择，”他接着说，“因此，这就增加了我们在这件事情上的责任。”

436 从西拉德那里收到请愿书及其附信的人包括爱德华·泰勒，他回忆说：“在我看来，请愿书很有道理，我认为，我们这些在洛斯阿拉莫斯的人既然同意，就没有理由不在上面签字。”

然而，在签名并继续流转请愿书前，泰勒和奥本海默讨论了这件事。他后来写道，奥本海默开始谈论弗兰克和西拉德，“但言语间，至少在那时，为格罗夫斯将军留有余地”。然后，奥本海默问泰勒：“他们对日本人的心理了解多少？他们如何判断结束战争的方式？”根据泰勒的回忆，奥本海默的观点是，最好“让我们的政治领袖”而不是“恰巧为原子弹项目工作的个人”做这样的决定。结果，泰勒没有在请愿书上签字，他后来颇为后悔。

奥本海默反对西拉德的立场在洛斯阿拉莫斯有着很大的分量，西拉德自己对此心知肚明。“当然，”西拉德在一封寄给那里一些他最喜欢的科学家的信中写道，“你们会发现，在你们的项目里，只有几个人愿意在请愿书上签字。可以肯定，有许多年轻人会对什么是道德问题感到迷惑。”实际上，请愿书甚至没有取得西拉德期望的最差效果，因为总统压根没有收到这封信。

然而，项目中的许多科学家和西拉德有着共同的观点却是不争的事实，当尼科尔斯上校问康普顿，他在冶金实验室的同事持什么看法时，这一事实被记录下来。他们开展了一项由冶金实验室三分之二的科学家参加的民意调查。在调查中，被调查者要在五个选项中选择一个最能代表他们的观点的陈述。将近一半（46%）的人选择陈述二，即：“在日本做军事展示，在全面使用这种武器前，给日本一次新的投降机会。”另有 26% 的人选择陈述三：“在美国做试验展示，邀请日方代表到场；

在全面使用这种武器前，给日本一次新的投降机会。”因此，高达72%的被调查者赞同弗兰克和西拉德的观点，认为在用原子弹攻击日本城市之前，应先向日本人展示原子弹的威力。只有15%的人选择陈述一：“在军事上使用这种武器，力求达到最佳效果，迫使日本立即投降，尽可能减少我方武装部队的人员伤亡。”然而，在进行这项民意调查的时候[*]，最后这项陈述最能代表美国政府的决策。

根据理查德·罗兹的优秀著作《原子弹出世记》，杜鲁门于6月1 437
日决定向日本投放原子弹，也就是临时委员会在5月31日的会议上提出以下建议的第二天：“尽快对日本使用原子弹；攻击目标是工人住房环绕的兵工厂；攻击前无须提出警告。”战争部部长亨利·史汀生为这一建议承担最终责任，但一想到要用原子弹摧毁日本的城市，他就感到于心不安，但总比入侵作战可能导致的持续流血要强得多。史汀生想要的理想结果是，在入侵作战或用原子弹迫使其屈服前，提前看到日本投降。

7月2日，史汀生为杜鲁门准备了一份题为《对日临时计划》的备忘录，他在这份备忘录中讨论了入侵日本本土可能导致的惊人的生命损失，并建议，“就即将发生的事向日本提出警告，给他们一个明确的投降机会”，这样的损失或许能够避免。他认为，毕竟“日本并不是全部由丧心病狂的人组成的国家，他们的心理和我们并非完全不同”，况且，“为了美国的利益，如果可能，我们需要创造条件，让日本成为未来太平洋共同体的一支有益的和平力量”。因为他认识到，日本人对国体看得非常重，史汀生接着说，给日本人投降机会的同时，“我们还应该承诺，我们不会废除日本当前的君主立宪制”，他向总统建议，这将“大大增加投降的可能性”。然而，此时的史汀生对杜鲁门的影响力远不及詹姆斯·伯恩斯，后者于7月3日就任国务卿，他倾向于对日本采取更

* 民意调查的日期有点不确定，因为这份记录有个令人迷惑的地方。包含调查结果的备忘录落款日期为1945年7月13日，但备忘录提到的调查日期却是7月18日。考虑到备忘录不可能在其描述的事件发生之前五天起草，最大的可能性似乎是，第一个日期是笔误，调查实际发生在7月18日。——原注（58）

为强硬的手段。

7 月的头几天，这个世界正在准备两件大事，这两件事将同时发生。一是新墨西哥的三位一体试验，一是德国的波茨坦峰会，两件事都将决定战后的政治形态。制定美国军事和外交政策的人认为，这两件事是相互联系的，他们希望三位一体试验能为杜鲁门在波茨坦的谈判增加筹码。

三位一体试验的预定日期是 7 月 16 日，正是波茨坦会议开始的当天，这并非巧合。两个月前的预演后来被称为“百吨试验”（尽管这只是个大概数字），为完成三位一体试验的复杂程序提供了极为宝贵的经验。百吨试验中，在离三位一体试验的起爆点（ground zero）800 码（约 732 米）的一个木制平台上，一堆巨大的炸药被引爆。班布里奇的团队用他们研制的设备测量放射性微粒散播的距离、爆炸的光学及核效
438 应等数据，而对即将展开的试验，最为重要的是测量爆炸产生的能量。最后一项测量结果验证了仪器的准确性，这些仪器成功显示，108 吨 TNT 爆炸时产生了 108 吨 TNT 的能量。现在，他们相信，通过三位一体试验，他们就能知道“胖子”内爆弹将产生多大的能量。

像几乎所有与曼哈顿计划有关的事情那样，三位一体试验的准备工作呈现出难以想象的巨大规模。这是一项与众不同的科学实验。为此，不得不修建多条公路和大量房屋。1944 年底，三位一体试验场的营地为 160 名军人提供了住房。1945 年 6 月 1 日，除了军人，又来了 210 名科学家和技术助手。到 1945 年 7 月中旬，这个数字增加到 250 人。在试爆前夜，营地里的人数达到了 425 人。

“小玩意”本身于 7 月 13 日星期五组装完毕，这个带有黑色幽默的日子是基斯佳科夫斯基选定的。他说，这能带来好运。试爆的时间定在 7 月 16 日凌晨 4 点。格罗夫斯说，“选定这个时间，是因为在这个时间段试爆，最不容易引起周围居民的注意，那时大家都在睡觉”。格罗夫斯和奥本海默约定凌晨 1 点会面。格罗夫斯强烈要求奥本海默睡一会儿，并“率先垂范”。然而，奥本海默却没能合眼。

奥本海默和格罗夫斯于约定时间来到“南 10000 码”（大约 5.5 英里，

8.9 千米）碉堡，这是一个以距离起爆点多少码命名的观察站。格罗夫斯记录道，从此刻开始：

> 每五到十分钟，奥本海默和我走出碉堡，到外面查看天气。其间，我全力避免让奥本海默受周围激动的氛围的干扰，以便他尽可能冷静地考虑当前的局面，因为我们的决定主要取决于他对技术因素的评估。

因为糟糕的天气，试爆推迟到凌晨 5 点 30 分。还差二十分钟的时候，塞缪尔·艾里逊开始用喇叭倒数读秒。5 点 25 分，为了让大家知道还剩五分钟，一枚火箭射向天空；5 点 29 分，第二枚火箭发射，提醒大家，离点火只差一分钟。詹姆斯·科南特向格罗夫斯耳语道："想不到，几秒钟居然这么长。"周围一片寂静。

最后，5 点 29 分 45 秒，在场的人见证了世界上第一颗原子弹爆炸。 439
"我的第一印象是，"格罗夫斯回忆，"一片强光，然后，我转身，看到那个我们今天熟悉的火球。"试验结束后，他打算和奥本海默讨论涉及原子弹的一些重点，但是：

> 后来证明，这些打算完全不切实际，因为每一个见证试爆的人都心不在焉，无心讨论任何东西。大家都兴奋至极。不仅因为我们取得了原子弹的成功，还因为每一个人，包括科学家、军人和工程师都认识到，我们成了世界历史上一个重大事件的亲身参与者和见证人，并对我们的工作即将导致的结果有着清醒的认识。

奥本海默对三位一体的回忆在 1965 年被拍成了电视纪录片，里面留下了他一生中最著名的一句话，实际上也是 20 世纪最著名的名言之一。他说："我们知道，这个世界和以前不同了。"

> 有人笑了，有人哭了，大多数人沉默不语。我记得，印度教经

典《薄伽梵歌》里有一行诗：毗湿奴试图说服王子履行自己的职责，为了增强说服力，他变成多臂神，说道："现在我成了死神，诸世界的毁灭者。"* 我想，我们所有人都以某种方式这样想。

因为奥本海默在这一语境中使用过这句话，"现在我成了死神，诸世界的毁灭者"已成为《薄伽梵歌》中最有名的台词之一。然而，想要寻找这句话的出处的人常常徒劳无获，因为《薄伽梵歌》的多数英译本中没有这句话。奥本海默译成"死神"（death）的梵语词通常被译作"时间"（time），因此，譬如，在企鹅经典版本中，这句话被译成："我是无所不能的时间，能毁灭一切。"† 在19世纪诗人埃德温·阿诺德的著名译本中，这句话被译成"在你眼里，我就是时间，实施杀戮，毁灭一切的时间，杀戮者时间，亘古的神，为毁灭而来"，‡ 表现出与致命力量的突然释放截然不同的形象。然而，奥本海默采用的是他的梵语老师阿瑟·赖德的译文："我是死神，我当前的使命是毁灭。"§

格罗夫斯的助理托马斯·F. 法雷尔准将对爆炸那一刻的奥本海默留
440 下过生动的描述。"奥本海默博士，"法雷尔记得，"承受着巨大的压力，在最后一秒读出时，变得更加紧张，几乎喘不过气来。"

> 他手握柱子，稳住自己的身体。最后几秒，他直视前方，随着播音员一声大喊"点火"，一阵强光袭来，紧接着是隆隆的爆炸声，他的表情松弛下来，如释重负。

现场多数科学家最明显的感受也是如释重负。"有些人称，他们开始担心人类的未来，"诺里斯·布拉德伯里说，"但我没想那么多。我们

---

* "Now I am become death, the destroyer of worlds".

† "I am all-powerful Time, which destroys all things".

‡ "Thou seest Me as Time, who kills, Time who brings all to doom, The Slayer Time, Ancient of Days, come hither to consume".

§ "Death am I, and my present task destruction".

在打仗，而这鬼东西成功了。”同样，当弗兰克·奥本海默（原子弹试爆时和哥哥在一起）被问及他们的第一反应时，他回忆说：“我想我们只说了一句‘成功了’。”

受格罗夫斯的钦点，《纽约时报》记者威廉·L.劳伦斯负责向后人记录这一事件。他记得，当科学家们意识到这项艰巨而复杂、耗资巨大的任务取得成功时，狂喜之情溢于言表：“欢呼声响彻天空。一直像沙漠植物那样扎根土地的这拨人突然手舞足蹈。”科学家们轮流兴高采烈地对着扩音器嚎叫。

对有些人，那种如释重负的快感不过是昙花一现，很快被疲惫和担忧取代。正如维克托·魏斯科普夫所言：“我们的第一感受是狂喜，然后才意识到我们很累，然后我们很担忧。”费米回到洛斯阿拉莫斯时，他的妻子劳拉记得：“他看上去干瘪而衰老，像是用羊皮纸做的，整个人被沙漠阳光晒得黝黑干枯，被磨难折磨得筋疲力尽。”拉比回忆说，尽管刚开始他“非常兴奋”，但几分钟后，“我全身都是鸡皮疙瘩，因为我意识到这对人类的未来意味着什么”。回到营地后，他看见奥本海默与法雷尔乘吉普车从碉堡归来，那不是个冥思印度教经典的人，透着令人不安的必胜信念：“我忘不了他走路的姿势；我忘不了他下车时的神态……他的步态就像《西部决斗》* 中那样……昂首阔步。他做到了。”法雷尔向格罗夫斯走去，说道：“战争结束了。”“是的，”格罗夫斯回答，“只要向日本投两颗炸弹。”

据估计，这枚原子弹的威力大约为2万吨TNT当量，达到了洛斯阿拉莫斯科学家各种预测的上限。（科学家们打赌，看谁的预测最接近这枚原子弹产生的实际威力；赌注归了拉比，他的预测是1.8万吨。）在 441
100英里（约161千米）远的地方能看到爆炸发出的光，在20英里（约32千米）远的地方能感受到爆炸释放的热。美国军方想方设法不让报纸刊登这一消息。但此事规模宏大，要保守秘密，希望渺茫。“我的上帝，”一名安全官员感慨道，“你或许也可以试试把密西西比河藏起来。”

---

* 《西部决斗》（*High Noon*），1952年上映的一部美国西部片，又译《正午》。

于是，他们发布了一份新闻稿，声称这次爆炸是一个“位置偏远的弹药库”发生意外引起的。

试爆发生几个小时后的早上 8 点，格罗夫斯给华盛顿的乔治·哈里森打电话，哈里森又向波茨坦的史汀生发电报：

> 今晨已行动。分析尚未完成，但结果令人满意，超出预期。好奇传千里，发布当地新闻实有必要。格罗夫斯博士很开心。他明日返程。我会继续为您提供最新消息。

第二天，哈里森发出另一份消息，用巧妙加密的陈述提供了一些详情：

> 格罗夫斯博士刚回来，他热情洋溢，深信小男孩和他的大哥一样强壮。从这里到海欧德（Highold）能看到他眼中的光，从这里到我的农场，我能听到他的叫喊。

解密后，这条消息的意思是：一、铀弹“小男孩”装置的威力很可能和三位一体试验场试爆的钚弹“胖子”一样强大；二、爆炸发出的光在 200 英里远的地方都能看到（约 322 千米，华盛顿到长岛海欧德的距离*）；三、爆炸声传播的距离约为 40 英里（约 64 千米，从华盛顿到史汀生在弗吉尼亚阿珀维尔的农场的距离）。

史汀生立即将这一消息转交杜鲁门。他后来回忆，此消息“让总统精神振奋”。几天后，史汀生收到一份格罗夫斯寄来的长篇备忘录，这篇由格罗夫斯和法雷尔合写的备忘录集统计数据和现场人员的个人感受于一体。格罗夫斯写道：“人类历史上第一次出现了核爆炸。不可思议的爆炸！”

* 这一说法可能过于夸张。——原注（59）

> 刹那间，强光照亮了半径二十英里（约 32.1 千米）的大地，就像好几个正午的太阳；巨大的火球腾空而起，持续好几秒钟。火球变成蘑菇云，升至一万英尺（约 3048 米）的高空后才暗淡下来。

格罗夫斯写道，蘑菇云“将卷起的灰尘和放射性物质洒向广阔的 442
区域”。跟踪监测蘑菇云的几个医生和科学家报告说，他们在 120 英里（约 193 千米）远的地方发现了一些放射性物质，但格罗夫斯对史汀生说，没有哪个地方的辐射强度大到需要疏散居民的程度。

格罗夫斯在这份备忘录中附上了其他一些人对试爆的描述，其中包括上文提到的法雷尔的感受，他以末世灾变的语气结束自己的陈述。法雷尔写道，爆炸的“可怕轰鸣”发出“世界末日的警告，使我们感受到，我们这些渺小的生命，若敢挑战全能上帝存续至今的力量，就是大不敬之举”。格罗夫斯还写道：“大家的感受和法雷尔将军的描述十分类似，即便是门外汉，也能感受到深深的敬畏。”他接着写道，更强烈的感受是，负责这项“巨大工程”的人的信念变得合理了：

> 我个人想到了布隆丹[*]走钢丝横跨尼亚加拉瀑布，而我在这根钢丝上一走就是三年；我还想到我总能重拾信心，坚信这样的事情是可能的，我们能够做到。

格罗夫斯的备忘录于 7 月 21 日送达波茨坦。此时，丘吉尔已听说了三位一体试验，但杜鲁门和他的顾问还没想好要怎么和苏联人说这件事。在 7 月 19 日的日记中，想到苏联政权和“政治制度建立在言论自由和其他各项自由之上的国家（比如美国）”有着强烈反差，史汀生记录道，他“开始觉得，我们在华盛顿开会讨论这件事，并建议和苏联人开启交流的委员会可能太过天真”。两天后，格罗夫斯的备忘录寄达，

---

* 查理 · 布隆丹（1824 年 2 月 28 日——1897 年 2 月 22 日），法国杂技演员和走钢丝表演者。因于 1859 年 6 月 30 日成功完成走钢丝横跨尼亚加拉瀑布的壮举，他的名字“布隆丹”（Blondin）一时成为“走钢丝”这项运动的代名词。

史汀生向杜鲁门和伯恩斯全文口头汇报："他们非常高兴。杜鲁门说，备忘录给了他新的自信。"然后，备忘录交由丘吉尔阅知。史汀生在日记中写道，他们四个人"一致认为，应该告诉苏联人我们正在开展那方面的工作，一旦成功，我们打算立即使用"。

第十四章 443

洛斯阿拉莫斯（三）：疑虑重重

1945 年 7 月 23 日，三位一体试验结束后一个多星期，美国战争部部长亨利·史汀生在那天的日记中记录了他和陆军参谋长乔治·马歇尔的谈话，俩人都认为，“有了新武器，我们现在不需要俄国人的帮助，也能征服日本”。第二天，杜鲁门告知斯大林原子弹试爆成功了。或者应该说，正如杜鲁门后来回忆的那样：“我漫不经心地向斯大林提到，我们有了一种破坏力非同一般的新武器。”让杜鲁门吃惊的是，斯大林反应平静。“他只是说，他很高兴听到这一消息，并希望我们‘好好用它去对付日本人’。”当然，斯大林对曼哈顿计划已知道得很多，福克斯早在 5 月就告诉苏联人美国正计划于 7 月试爆原子弹。杜鲁门和他的顾问有所不知的是，苏联自己的原子弹计划正在有序地进行，福克斯和格林格拉斯等人提供的情报加快了这一进程。

杜鲁门和斯大林如此平静的交流着实出人意料。同一天，战略空军（是美国负责投放原子弹的部队）司令卡尔·斯巴茨将军收到一道由格罗夫斯起草、马歇尔和史汀生批准的命令。命令指出，战略空军“大约在 1945 年 8 月 3 日后，一旦天气有利于目视投弹，将尽快投下第一枚特殊炸弹，目标是以下四座城市之一：广岛、小仓、新潟和长崎。”两天后，《波茨坦公告》发表，敦促日本投降，明确了美英愿意接受的投降条件。就在这一天，英国迎来了一位新首相克莱门特·艾德礼，他在英国大选中以绝对优势击败了丘吉尔。

公告宣布，“美国、英帝国和中国庞大的陆、海、空部队随时准备对日本实施最后打击”。因此：“我们促令日本政府立即宣布所有武装部
444 队无条件投降，并充分合理保障执行此项行动之诚意。否则，日本将迅速、完全毁灭。”杜鲁门指示史汀生，7 月 24 日对斯巴茨将军发出的命令（8 月 3 日后，一旦天气允许，立即投放原子弹）“将继续有效，除非我通知他，日本对我们最后通牒的答复可以接受”。7 月 28 日，东京广播电台宣布，日本政府将继续战斗。日本的官方答复是“默杀”（Mokusatsu），该词的含义引起了历史学家的广泛争议。美国对这个词的解读是“置之不理”，但它的意思也可以是“无声的蔑视”。当然，无论是哪一种意思，都不是杜鲁门能够接受的答复，因此日本现在不得不面临《波茨坦公告》承诺的“迅速、完全毁灭”。

此时的洛斯阿拉莫斯正着手原子弹的准备工作，三位一体试爆成功的喜悦已经退去，取而代之的是低落的情绪。许多人痛苦地认识到，正如塞缪尔·艾里逊所言：“他们要拿这玩意把成千上万日本人煎了！”拉比在三位一体试验刚结束后在奥本海默身上看到的《西部决斗》式的趾高气扬不见了。他的秘书安妮·威尔逊回忆，在他身上只看到沮丧，而没有胜利的喜悦，好像他正在想：“哦，上帝啊，我们干了什么！难道所有的努力，只是为了让成千上万的人死去？”一天，威尔逊见奥本海默特别苦恼，便问他怎么了。他回答：“我只是不停地在想那些可怜而渺小的人。”

三位一体试验的当天，“小男孩”的包壳被运到西太平洋日本以南的提尼安岛，美国空军决定从那里发动原子弹攻击。紧接着，即将安装在包壳里的浓缩铀被空运过去。炸弹的最后装配由来自洛斯阿拉莫斯的六十人团队负责，包括迪克·帕森斯、刘易斯·阿尔瓦雷兹、菲尔·莫里森和罗伯特·瑟伯尔。为执行这项任务，这些科学家身着戎装，佩戴军衔：瑟伯尔非常自豪地成了上校，阿尔瓦雷兹是中校，其他人都是上

尉。空军基地的两个简易房用来作“实验室”，“小男孩”一个，“胖子”一个。

在给斯巴茨将军的命令提到的四座城市中，哪一座将成为首个轰炸
目标，在攻击开始的几天前才最后确定。7 月 30 日，斯巴茨发电报给
华盛顿说，他得知在四个城市中，广岛是唯一没有盟军士兵战俘营的城
市。在回复中，他接到命令，“广岛应成为第一优先目标”。就在那一天，
“小男孩”装配完毕，法雷尔将军向格罗夫斯汇报说，次日，即 8 月 1 445
日，便可执行任务。然而，由于天气恶劣，那天的台风让飞机无法飞
行，任务无法执行。

经挑选，驾驶 B-29 轰炸机投弹的飞行员是保罗·蒂贝茨上校。蒂贝茨心中焦急，他用三天时间观察天气，然后于 8 月 4 日召集执行此次任务的七架飞机的机组人员召开战前动员会（一架投弹，三架评估轰炸前一天的云层覆盖，两架负责拍照并观察爆炸效果，最后一架备用，以防第一架飞机发生故障）。机组人员到场后，他们发现简易会议室周围站满了荷枪实弹的宪兵，非常吃惊。当蒂贝茨向他们介绍迪克·帕森斯时，他们甚至更加吃惊。帕森斯对他们说，他们即将投下的是迄今最具毁灭性的武器。帕森斯说完后，蒂贝茨接着对他们说，他本人和他们都应该感到无上光荣，因为他们即将投入的攻击任务能“使战争至少缩短六个月”。

第二天，蒂贝茨将他挑选的飞机以母亲的名字命名为艾诺拉·盖伊（Enola Gay），并匆忙找了一位招牌画匠，在驾驶舱窗户下用一英尺（约 0.3 米）高的字母写上这个名字。几个小时后，8 月 6 日凌晨 2 点 45 分，新命名的艾诺拉·盖伊号从提尼安岛起飞，直奔广岛。飞行途中，蒂贝茨向机组人员宣布，他们携带的武器其实是一颗原子弹。经过六个多小时的飞行，原子弹于提尼安岛时间 9 点 14 分（当地时间 8 点 14 分）在广岛上空投下。“伙计们，”蒂贝茨用艾诺拉·盖伊号的对讲系统说道，“你们刚刚投下了历史上第一颗原子弹。”机组人员感受到一阵炫目的光芒，紧接着是两次强烈的冲击波，他们还以为飞机被高射炮击中了。蒂贝茨回忆说，第二次冲击波过后，“我们回头向广岛望去。城市被可怕

的云团笼罩……沸腾，膨胀，恐怖，高度难以置信。”

机组人员回头一看，都惊呆了，他们两分钟前看到的城市，现在变成了其中一人形容的那样——“一锅沸腾的黑油”。机尾射手罗伯特·卡隆看得最清楚：

> 我尽量描述我看到的大蘑菇，那片翻滚的云团。我看到大火四处蔓延，像火焰喷射在煤床上。他们叫我数喷射的次数，我说“要数吗？”见鬼，大概数到十五，我就放弃了，因为喷得太快，根本没法数。当时的情景仍然历历在目——那个大蘑菇和翻滚的云团——就像火山熔岩，或是糖浆，将整个城市淹没，熔岩似乎还在向外流动，涌向山麓丘陵和平原尽头的山谷，火焰到处蔓延。很快，在浓烟遮蔽下，什么都看不清了。

446 广岛原子弹的威力是1.25万吨TNT，比三位一体试验场试爆的“胖子”小很多。然而，对广岛人来说，这是谁都无法想象的毁灭性力量。爆炸中心位置的温度达到难以置信的5400 ℉（约为2982℃），足以对方圆2英里（约3.2千米）范围内的所有人造成严重烧伤。但是，让这座城市的居民（估计人口为25.5万）感到恐惧和困惑的不仅仅是爆炸的温度和能量，还有能量释放的突然性。“我就是想不通，”一位目击者后来说，“为什么我们周围的一切，瞬间面目全非。”

作家约翰·赫西根据目击者的描述写了一篇长文，以动情的笔调生动再现了广岛居民经历的强烈恐惧，发表在1946年8月的《纽约客》上。实际上，那期杂志只刊登了这一篇文章，这一破天荒的事在《纽约客》历史上是第一次，也是最后一次。杂志编辑解释说，这么做是因为“我们相信，我们很少有人全面了解这种武器难以置信的破坏力，我们也相信，也许每个人都可以用点时间想一想，使用这种武器造成的可怕影响”。

这篇文章在出版界引起了轰动。杂志在出版几小时后很快售罄，电台做了全文播报，文章也被赶印成书并对外发售，十分畅销。在某种程度上，赫西对广岛的描写实现了玻尔注入奥本海默内心的希望，在明确得知德国不可能抢先造出原子弹的情况下，这一希望成了奥本海默继续制造原子弹，并建议将它用于平民的基本理由：这个希望就是，原子弹的巨大威力将对人们造成巨大的心理震动，世界人民和各国政府将呼吁终结战争的国际合作。

当然，很少有比赫西文章中出现的场景更令人震惊的了，他那内敛克制的文笔甚至使他的叙述更有张力。赫西没有对原子弹造成的破坏逐一概述，而是着重讲述特定人物的故事，譬如卫理公会教派牧师谷本清。原子弹爆炸时，他正在帮朋友朝城外两英里（约 3.2 千米）远的一幢房子搬东西，他们认为那里比较安全，可以避开可怕的空袭。像每一个广岛市民想的那样，他们预感空袭很快就会来临（广岛是除京都外唯一尚未遭到猛烈轰炸的重要城市）。在搬家途中，两人听到了空袭警报，美国飞机正在逼近。结果，飞来的只有三架飞机，解除警报的信号随即响起。然后，就在那所房子外（因此，离爆炸中心约两英里），他们看到强烈的闪光。谷本清赶紧趴下。再次站起身时，他发现朋友的房 447
子塌了。他向城里跑去，想去救人。当他靠近市中心时，有很多严重烧伤的人从身边经过，向相反的方向奔逃。他放眼望去，到处是倒塌的房屋、火焰和绝望的伤员。想着要去营救困在河心沙岬上的人，他找到一条船，周围已经有五个几乎全裸的严重烧伤的人，他开始用船将伤员运离火海。在一个沙岬上，谷本见到一群男女，约二十个。赫西写道：

> 他将船开到岸边，叫他们赶快上船。他们却没动，他这才意识到他们太过虚弱，站不起来。他探下身，伸手去拉一名妇女，可她的皮肤大块脱落，有手套那么大块。

后来有更多目击者自述出版，证实了赫西笔下可怕而恐怖的描述，也增添了更多细节。一个男子回忆，大街上满是被烧黑的人，脱落的皮肤挂在身上。“很多人边走边死去，就像行走的僵尸，我脑子里还能想起他们的样子。”其他目击者描述的可怕场景包括，“一名女子，下巴没了，舌头从口里垂下”，“有些人，肠子和脑浆都掉了出来”，一个“死去的孩子躺在那，另一个孩子想要逃走，正从他的身上爬过，两人都被烧黑”。

然而，对一个见过许多此类可怕场景的人来说，最惊骇的经历是：爬到一座山丘上俯瞰全城，只见“广岛消失了……广岛不存在了，那就是我所看到的，广岛就这样没了”。城里几乎所有建筑（官方估计，全城 7.6 万幢建筑中的 7 万幢）被原子弹摧毁或损坏。至于伤亡人数，存在一些争议，但最合理的估计似乎是 13.5 万人，其中 6.6 万人死亡，6.9 万人受伤。换句话说，伤亡率达到总人口的一半。在离爆炸中心 3000 英尺（约 914 米）或更近的人中，爆炸造成的死亡率超过 90%。

过了几个星期，实现这场灾难的科学家们才详细了解到广岛居民所遭受的痛苦。实际上，过了将近一天，他们中的大多数人才清楚得知原子弹爆炸的事实。但是有两人例外：一个是迪克·帕森斯，在艾诺拉·盖伊号执行决定命运的任务期间，他就在这架飞机上，负责在飞行途中完成最后阶段的装配工作；另一个是刘易斯·阿尔瓦雷兹，他在其中一架观察机上，这两架飞机伴随艾诺拉·盖伊号飞行。除了这几架飞
448 机上的那些人，首先听到这一消息的是提尼安岛上的法雷尔将军。大约在当地时间上午 9 点 40 分（爆炸发生 25 分钟后），帕森斯在艾诺拉·盖伊号返回提尼安岛的途中向法雷尔发来无线电消息：

> 致法雷尔：各方面的结果清晰无误，大获成功。建议立即行动，实施下一步计划［即准备第二枚原子弹］，目视效果超过阿拉莫戈多试爆。目标是广岛。正返航提尼安，机上情况正常。

得知目视效果超过三位一体试验后，法雷尔觉得，广岛原子弹的威力至少达到 2 万吨 TNT。

提尼安岛和华盛顿之间的时差是 14 小时，因此，当艾诺拉·盖伊号于 8 月 6 日星期一凌晨 2 点 45 分飞离提尼安岛时，华盛顿时间是 8 月 5 日星期天下午 12 点 45 分。那天上午，格罗夫斯来到自己的办公室，看到一份电报说，计划当天起飞。因此，他在那里等待起飞报告。下午

2点，仍然没有任何消息。于是，为了缓解压力，他出去打网球。晚上6点45分，在陆海军俱乐部用餐时，他接到电话，得知飞机已按计划起飞。实际上，此时距广岛投弹的时间只差半小时，当然，无论是格罗夫斯，还是提尼安岛上与他通话的人，都不知道这一点。晚饭后，格罗夫斯回到办公室过夜，等候来自太平洋的消息。“时间过得真慢，”他在自传中写道，“比我以往想象的要慢得多，仍然没有消息。”晚上11点30分，原始消息发出近四个小时后，格罗夫斯收到一份帕森斯从艾诺拉·盖伊号上发给法雷尔的轰炸报告的副本。收到这一消息后，格罗夫斯记得，“我让值班人员有新消息再叫醒我，然后在办公室里的折叠床上睡去”。

当地时间8月6日下午3点（华盛顿时间凌晨1点），艾诺拉·盖伊号回到提尼安岛。这是一次凯旋，两百多名士兵、技术员和科学家到机场迎接，和机组人员欢呼胜利。斯巴茨将军亲手将杰出服役的十字勋章挂在蒂贝茨上校的飞行服上。然后，在会议室里，帕森斯被授予银星勋章。四个半小时后，格罗夫斯被唤醒，因为收到了一份法雷尔将军发来的电报，报告说“返回提尼安岛的帕森斯、机组人员和观察员提供了更多消息”。法雷尔报告说，帕森斯和其他观察员“觉得这次攻击威力巨大，令人惊叹，和新墨西哥的试验相比毫不逊色”。

杜鲁门总统还没有从波茨坦会场回到美国。他乘坐美国海军的奥古 449
斯塔号（USS Augusta），在横跨大西洋途中听到了这一消息。正如他在回忆录中写道，“我正和奥古斯塔号的水兵吃午饭，这时弗兰克·格雷厄姆舰长（白宫地图室值班官员）交给我如下电文”：

> 收件人：总统
>
> 发件人：战争部部长
>
> 巨大的炸弹于华盛顿时间8月5日晚上7点15分投向广岛。先期报告称圆满成功，甚至比先前的试验更明显。

“我非常激动，”杜鲁门写道，“我用电话把这一消息告诉了船上的伯恩斯，然后又对身边那群水兵说，‘这是历史上最伟大的壮举。我们该回家了’。”

因为杜鲁门不在白宫，在应邀参观三位一体试验的《纽约时报》记者威廉·劳伦斯的协助下，格罗夫斯准备了一份广岛原子弹爆炸的声明，由总统的新闻发言人于华盛顿时间上午 11 点对外宣读，首次公开承认原子弹项目，在整个世界引起了巨大震动。“十六小时前”，声明开头道：

> 一架美国飞机对日本重要军事基地广岛扔下了一枚炸弹。那是一枚威力超过 2 万吨 TNT 的炸弹……它是一枚原子弹，是我们对宇宙基本力量的控制和运用。太阳从中汲取能量的这一力量被释放到了挑起远东战争的那些人身上。

“我们花了 20 亿美元，展开了一场历史上最大的科学豪赌，”声明接着说，“我们赌赢了。”如果日本人不立即接受波茨坦最后通牒的条件，他们就会“等来从天而降的毁灭之雨，那将是这个地球上从未有过的景象”。

让奥本海默恼怒的是，从收音机里听到这一声明后（他在洛斯阿拉莫斯，可能是 8 月 6 日，星期一上午 9 点），他才确切得知轰炸取得了成功。他原以为，他会在公开声明发布前得到这一消息。实际上，他将助手约翰·曼利派到华盛顿，就是为了让他在格罗夫斯收到消息时就打电话向他报告。然而，就在曼利准备打电话的时候，格罗夫斯阻止他
450 说，在总统宣布之前，不能透露给任何人。

让奥本海默稍感安慰的是，这则声明强调了科学工作的重要性。里面提到：“科学家们将不同科学领域中很多人掌握的无限复杂的知识结合，形成了一个可行的方案，最终取得了成功”，“对我们来说，实验室里的战斗和空中、陆地上、海洋中的战斗一样，充满了致命的风险，正如我们在其他战斗中获得的胜利那样，现如今，我们也在实验室的战斗

中大获全胜”。

在洛斯阿拉莫斯，声明的发布促成了一场情感的宣泄，强烈程度丝毫不亚于三位一体试爆后的表现。三位一体那次，集中展示了他们设计制造的装置确实成功了。这一次却反映了这样一个事实：以前，他们不得不遮遮掩掩地秘密工作，而现在，聚光灯照在了他们的身上。他们取得的成就获得了认可——不是别人，正是总统认为，他们完成了一项至关重要的任务。他们成了名人。

那天晚上，洛斯阿拉莫斯举行了隆重的庆功会。奥本海默从礼堂的后门震撼出场，走上讲台后，他将双手握在一起，就像一名获奖的拳击手。面对热情高涨的欢呼声，奥本海默对大家说，评价爆炸的效果为时尚早，但是至少“日本人不喜欢”。他说，他的唯一遗憾是“我们没能及时造出原子弹，把它用在德国人身上”。一名年轻物理学家后来回忆，这句话激起的欢呼声“几乎掀翻了屋顶”。

第二天，1945 年 8 月 7 日，以杜鲁门的名义发布的非凡声明，占据了世界各大报纸的头版，内容包括广岛的毁灭和原子弹工程，还有奥本海默。一夜之间，洛斯阿拉莫斯从一个不为人知的秘密变成了世人热议的话题。谈论此事的那些人就有为流产的纳粹原子弹计划工作过的德国物理学家，包括海森伯、魏茨泽克和奥托·哈恩，哈恩于 1939 年 1 月宣布了核裂变的惊人发现。这些科学家被盟军逮捕，广岛原子弹爆炸时，他们被关押在剑桥郡的一座名叫农园堂（Farm Hall）的农庄里。这些科学家没有想到的是，安装在农庄里的窃听器将他们谈论的每一句话都记录了下来，因而，他们对广岛新闻的反应留下了完整的记录。

负责农园堂的军官 T.H. 利特尔少校在一份备忘录中写道，8 月 6 日
晚餐前，他告诉哈恩，英国广播公司宣布，盟军投掷了一枚原子弹。 451

> 听到这一消息，哈恩非常惊愕难过。他说，成千上万人因此丧生，他难辞其咎，因为正是他的发现才使原子弹的出现成为可能。他对我说，他一开始想过自杀，因为他意识到，他的发现有着可怕的潜能，而现在一切都得到了应验，而他是罪魁祸首。在大量酒精

> 的作用下，他冷静下来，然后我们去吃晚餐，他在那里向大家宣布了这一消息。

消息遭到了大家的怀疑，特别是海森伯，他宣布：“对整件事，我一个字都不相信。”他怀疑的理由表明，德国科学家对原子弹物理是多么无知。海森伯称，这样一枚炸弹需要“10吨纯铀-235”，可想而知，他不相信这是盟国能得到的。

然而，海森伯的怀疑没有持续多久。那天晚上9点，德国科学家聚在一台收音机旁收听英国广播公司的新闻。报道这样开始：“现在播报新闻：同盟国科学家的巨大成就——原子弹的制造成了世界的焦点。”报道继续说：“人类设计的具有最大毁灭性力量的原子弹，于今天上午投入战场。在驾驭宇宙的基本力量方面，英国、美国和加拿大的科学家成功了，德国人失败了。”

报道中的一些细节吸引了德国科学家的注意，其中包括：一、项目耗资5亿英镑（那时相当于20亿美元）；二、为这项计划修建的工厂雇用了多达12.5万名工人，很少有人知道他们生产的是什么；三、制造这枚原子弹的原料是铀。

报道还播报了一篇丘吉尔在离任前起草的声明，他强调英国在原子弹计划中，尤其是在早期阶段发挥的作用。丘吉尔的话在某种程度上触到了农园堂那些听众的痛处，他说：“靠上帝的仁慈，英国和美国的科学发展超过了德国。尽管德国人付出了相当大规模的努力，但远落后于盟国。”他宣布：“执行这项计划的全部重任构成了美国，甚至人类科学天才的一项伟大胜利，必将永载史册。”

德国科学家听了广播后，对曼哈顿计划的巨大规模钦羡不已。“我
452 们无法做到如此大的规模。”哈恩对他的同事说。接着他又说：“感谢上帝，我们没有成功。”海森伯回忆，大约在一年前，德国外交部有人对他说，美国人曾威胁道，如果德国人不立即投降，他们将向德累斯顿投一枚铀弹。“外交部的人问我，这是否可能，我以十足的信心回答‘不可能’。”

第二天，8月7日，像全世界数百万人那样，农园堂的德国科学家整个上午都在仔细阅读广岛原子弹爆炸的报纸报道。那天，在其他深受震撼的读者中，就有哈康·希瓦利埃，他在得知老朋友从事的工作后，给他写了一封贺信，对他说："今天，你可能是世界上名气最大的人了……我想让你知道，我们为你感到无比骄傲。"过了三个星期，他才收到回信。

奥本海默回信迟缓，可能是因为他不知道要对希瓦利埃说些什么，毕竟他已将此人作为一项间谍活动的中间人，向安全部门供出了名字，在整个战争期间，那是一项被视为极其严重的、旨在窃取原子弹情报的间谍图谋。然而，即便没有这一问题，在广岛原子弹爆炸后不久的日子里，奥本海默也很少有时间处理纯粹的私人信件。科学任务已经完成，但还有很多事正在发生：政治的、军事的、社会的。

杜鲁门最终于8月7日晚间从波茨坦回到华盛顿，却马上陷入格罗夫斯引发的一系列事务中，因为格罗夫斯决心尽快用第二枚原子弹轰炸日本。格罗夫斯在自传中写道，他和海军上将威廉·普尔奈尔"时常讨论第一枚原子弹攻击后迅速实施二次攻击的重要性，这样日本人就没有时间恢复元气"。第二枚原子弹只能是"胖子"型，因为现阶段不可能再装配一枚铀弹（实际上，制造"小男孩"型原子弹只是权宜之计；尽管"胖子"型设计结构复杂，但更容易制造，运输更安全，威力也更大）。三位一体试验成功后，对日本使用"胖子"型原子弹的唯一障碍是，没有足够多的钚。刚开始，格罗夫斯得知，钚弹能在8月20日制造完毕，并交付使用。7月底，时间改成了8月11日。然而，格罗夫斯没有耐心，等不了那么久，他有点违背科学家提出的建议，要求务必确保第二枚原子弹于8月8日晚间装配完毕，并装入弹舱，随时准备使用。

因此，提尼安岛上的人根本没时间去反思广岛原子弹。装配团队成员、海军青年军官伯纳德·奥基夫回忆："广岛爆炸成功后，准备更为 453
复杂的爆炸装置的压力令人苦不堪言。"

> 每个人都觉得，我们越早执行下一次任务，日本人就越可能觉

> 得我们有很多这样的装置，因而就会投降得越快。我们坚信，少用一天时间，战争就能早一天结束。

在加紧组装毁灭长崎的原子弹的同时，外交活动也在紧张地开展。广岛原子弹的爆炸加速了苏联对日作战的计划，也加快了日本人寻求和平谈判的步伐。8 月 8 日，为了争取可接受的投降条件，日本外相希望苏联出面调解。然而，当日本驻莫斯科大使会见苏联外长维亚切斯拉夫·莫洛托夫时，他得到的答复是，不仅调解无望，苏联还将对日作战，次日发动进攻。考虑到莫斯科和日本的时差，这意味着，此次会见后的两小时内，当地时间午夜，在中俄边界集结的 160 万苏军已经收到了进攻命令。

同时，在提尼安岛，奥基夫和团队装配完毕的胖子原子弹被装入一架 B−29 轰炸机的弹舱，这架飞机叫“博克之车”（Bock’s Car），以该机的常备飞行员弗雷德里克·博克命名。然而，为执行这项任务，这架轰炸机将由查尔斯·斯文尼少校驾驶。他接到的命令是，首要目标是日本最重要的军械基地之一小仓。第二目标是日本的造船中心长崎港。无论总统还是奥本海默，或是科学顾问委员会的其他成员，都没有参与制定实施第二枚原子弹轰炸的决策。实际上，并没有，也不需要单独制定决策。7 月 24 日，斯巴茨将军接到的命令是：“大约在 8 月 3 日后”投放第一枚炸弹和随后的炸弹，“工作人员装配完毕就立即投放”。因此，他尽可以将制造出来的任何原子弹投向日本，直到他接到停止轰炸的命令。

8 月 9 日拂晓前，“博克之车”从提尼安岛起飞。没有第一次任务那么走运，这一次遇到了很大的麻烦。首先是天公不作美，狂风加暴雨。其次，在刚要起飞前，他们发现“博克之车”的燃油泵出了故障，这就意味着有 800 加仑的燃料无法从弹舱泵入发动机。也就是说，飞机
454 飞到日本后，只能靠主油箱中剩下的燃油返航。尽管困难重重，但格罗夫斯和普尔奈尔根本不考虑延缓起飞，因为他们急于向日本投下第二枚原子弹。刚要起飞前，普尔奈尔来到斯文尼身边。“小伙子，”他说，“你

知道那枚炸弹值多少钱吗？”斯文尼回答：“大概 2500 万美元。”普尔奈尔说：“花这么多银子值不值就看你了。”

在只有一架观察机伴飞的情况下（另一架在恶劣的天气中掉队），“博克之车”于当地时间上午 10 点 44 分飞抵小仓上空，却发现目标被云层遮蔽。因此，斯文尼临时决定轰炸长崎。这座城市的上空也被云层覆盖，但到了上午 11 点，云层中裂开一个洞，时长（20 秒）足够投弹手发现目标。原子弹随即被投下，爆炸产生的威力远远超过广岛的“小男孩”原子弹：当量是 2.2 万吨而不是 1.25 万吨 TNT。然而，由于城市周围的山峦限制了爆炸效果，长崎市民的伤亡没有那么大。最合理的估计似乎是，爆炸直接造成 4 万人死亡，6 万人受伤。普遍认为，到 1946 年，主要受残留辐射的影响，爆炸造成的死亡人数升至大约 7 万。

在第二次任务中，罗伯特·瑟伯尔本该在一架观察机上，但飞行员命令他下飞机，因为他没有降落伞。由于瑟伯尔是唯一一个会操作本该在此次任务中使用的高速照相机的人，因此就没能为这次轰炸留下从空中拍摄的照片。但即使瑟伯尔在那架飞机上，也无法拍到爆炸的照片，因为他原本要坐的飞机正是掉队的那架。原子弹被投向长崎的时候，那架观察机还在小仓上空盘旋。当飞行员反应过来并飞到长崎的时候，原子弹早已投下，蘑菇云已经消失。“我们得到的唯一照片，”瑟伯尔伤心地回忆说，“是机尾射手用快照相机拍到的。”

投下这枚炸弹的前一刻，另一架观察机用降落伞投下了一些仪器，用来测量爆炸的威力以及产生的效果。这些仪器中有一个高压缸（pressure cylinder），瑟伯尔、阿尔瓦雷兹和莫里森在里面塞了一封写给日本物理学家嵯峨根辽吉的信，是一位他们在伯克利认识的日本同行，当时是东京大学教授。此信的目的是要用无可辩驳的依据告知嵯峨根日本面临的威胁：

> 多年来，你已经知道，如果一个国家愿意不惜代价准备必要的材料，那么原子弹就能够制造出来。既然你已经看到我们修建了生产材料的工厂，你一定不会怀疑，那些昼夜不停运转的工厂生产的 455

> 所有产品都将在你的祖国爆炸。
>
> ……我们恳请你向贵国领导人说明这些事实，尽一切可能阻止毁灭和生命的浪费，如果继续负隅顽抗，你们所有的城市都将被摧毁。作为科学家，我们强烈反对将这一美妙的发现投入使用，但是我们可以保证，除非日本立即投降，否则成倍的“原子弹雨”将在愤怒中落下。

在某种程度上，这一更多原子弹的威胁只不过是虚张声势。长崎原子弹爆炸后，盟国并不能立刻拥有更多原子弹。没错，正如格罗夫斯所言，“我们在洛斯阿拉莫斯和提尼安岛的整个机构正保持充分的准备状态，以提供更多的炸弹”。但是，正如他向马歇尔将军汇报的那样，下一枚原子弹装配完毕的最早时间是8月17日，而几乎每个人都认为，不用到那一天，战争就会结束。甚至格罗夫斯也说，当他收到的报告显示长崎原子弹造成的伤亡比他们预料的要小时，他松了一口气，“因为，到那个时候，我敢肯定日本会撑不下去的，要不了几天，战争就会结束”。

实际上，轰炸长崎的第二天，华盛顿收到瑞士转交的一条消息称，日本人准备接受《波茨坦公告》的条件，但他们不能接受“损害天皇作为一国之君的特权的任何要求”。同时，日本政府向美国发出紧急呼吁，要求停止原子弹轰炸。日本人宣称，这样的炸弹“产生了史上从未有过的最残忍的后果”。用这种武器“大量屠杀老人、妇女、儿童，破坏和烧毁神道教和佛教寺院、医院、居民区等”，声明宣称，“对人类和文明犯下了新的罪行”。

面对核战争的恐怖屠杀，难以忍受的不仅仅是日本人。通过杜鲁门的内阁成员亨利·华莱士的日记，我们得知杜鲁门于8月10日发布了停止原子弹轰炸的命令。华莱士记录道，杜鲁门“说，一想到又要消灭十万人，简直太可怕了。他不喜欢屠杀（如他所言）‘所有那些孩子’的想法”。第二天，国务卿詹姆斯·伯恩斯对日本并非完全无条件投降的提议做出了回应，试图使其放弃提出的那一条件，坚持说：

从投降的那一刻起，日本天皇和政府统治国家的权力将由盟军最高司令官决定，他将采取他认为恰当的措施，执行投降条件。 456

尽管天皇周围的一些人强烈要求继续战斗，但裕仁天皇认识到，除了接受这些投降条件，他别无明智选择。“一想到要让臣民继续蒙难，朕就难以忍受，”他于 8 月 14 日对大臣和顾问们说，“继续这场战争，只会造成数万甚至数十万人毙命。整个国家都将化为灰烬，何以让朕传承先祖之遗愿？”

那天晚些时候，杜鲁门宣布日本已接受盟国提出的投降条件。战争结束了。第二天，天皇史无前例地通过广播向臣民宣布，因为“敌人已经开始部署最残忍的新型炸弹，而这种武器的破坏力实际上是无法估量的”，他命令接受《波茨坦公告》。

记者兼播音员爱德华·默罗评论道：“很少——如果曾经有过——有哪一场战争给胜利者留下过这样的不确定感和恐惧感，让他们意识到，未来前途渺茫，生存无法确定。”诚然，在“对日作战胜利日”（VJ Day），英美两国人民举行了隆重集会和游行，欢庆胜利。对战争的结束尤为欣慰和感激的是三百万准备于 10 月入侵日本的美国军人，他们中很少有人会怀疑，他们的命是原子弹换来的。“我跟你说，”瑟伯尔在他的自传中写道，“我们是太平洋上的真正英雄。有很多士兵并不希望登陆日本的海滩。”在那些等待进攻命令的人中，就有罗西·洛马尼茨，他写信给老师说：“嘿，奥比，你快成为这些地方最受爱戴的人了。”

日本投降的当天，瑟伯尔从提尼安岛给妻子夏洛特写信道：“令人吃惊的是，这里几乎没有激动的欢呼。军人似乎以相当平静的心态对待胜利的消息……到现在为止，我还没有看到任何庆祝的迹象。”在洛斯阿拉莫斯，欢庆和平的活动是由军人发起的，他们拉响了汽笛和喇叭，在实验场的各个地方欢聚一堂。对科学家们来说，他们的心情五味杂陈。乔治·基斯佳科夫斯基记得：

一大群人突然心血来潮，决定鸣炮 21 响。我们无枪无炮，于

> 是我就叫上一名年轻助手，开车前往弹药库，弄到了 21 箱、每箱
> 457 50 磅的混合炸药。我们把它们安放在野外，然后引爆。场面相当
> 壮观。然后我回到人群中，他们却说我只放了 20 箱。

然而，对洛斯阿拉莫斯的科学家来说，当他们得知，他们的工作造成了几万甚至几十万人死亡时，他们那胜利的喜悦立刻大打折扣。许多人很难让自己相信那些人的死是理所当然的，特别是第二次轰炸造成的死亡。奥托·弗里施回忆说："很少有人能理解投下第二枚原子弹的道德理由……我们中的大多数人都认为，不管怎样，日本人要不了几天就会投降。"

奥本海默肯定不会像三位一体试验刚结束时那样，像个牛仔昂首阔步，也不会像广岛原子弹爆炸后那样，像个获奖的拳击手高举双手。相反，在 8 月 9 日长崎原子弹爆炸那天，他在联邦调查局的报告中被描述成一个"精神崩溃者"，而第二天，当劳伦斯到洛斯阿拉莫斯参加科学顾问委员会的会议时，他发现奥本海默无法摆脱来自长崎的令人痛苦的伤亡消息。甚至在轰炸长崎之前，奥本海默不得不面对原子弹爆炸后一些极为尴尬的事实，当时，他被请去就核辐射造成的长期危害的新闻发表评论。在 8 月 8 日发表的一篇新闻报道中，引用他的话说："我们有充分的理由相信，在广岛的地面上不存在可感知的核辐射，很少有迅速腐烂的地方。"如果奥本海默在说这番话时有所不知，那么他很快便会知道他的言论存在严重误导。在接下来的几天、几周、几月和几年的时间里，从广岛和长崎传来了越来越多的消息，不仅讲述了原子弹爆炸不久后极其恐怖的场景，还披露了核辐射毒害造成的令人毛骨悚然的长期致命后果。

根据当时在那儿的艾丽丝·金博尔·史密斯的描述，在长崎原子弹爆炸后的日子里，洛斯阿拉莫斯弥漫着对原子弹爆炸越来越强烈的"厌恶"情绪，给人带来"一种罪恶现实的强烈个人体验"，即使是那些认为他们是为了结束战争的人也有同感。史密斯说，当时流传着这样的话："奥比说，原子弹是这么可怕的武器，现如今战争都成了不可能的

事。”只有听到这样的传言，他们才感到些许安慰。

当然，这就是奥本海默从玻尔那里继承来的对平民使用原子弹的正当逻辑，然后，他又劝服很多人接受这一逻辑。尽管投下一枚原子弹有着某种正当的合理性，但用第二枚原子弹轰炸长崎就难以自圆其说了。奥本海默在洛斯阿拉莫斯的秘书雪莉·巴尼特可能道出了许多人的心声，她说：“使用第一枚原子弹的理由是正当的。我对此没有丝毫怀疑。 458
但是，对长崎的轰炸，我真的觉得非常糟糕。我一生中最难过的事就是扔下第二枚原子弹，其他许多人也有同感。”

带着第二枚原子弹留下的悔恨和焦虑（多萝西·麦基宾记得在那些日子里，“他不停地、不停地、不停地抽烟”），奥本海默决心尽一切努力，用自己制造的可怕武器去做一件善事，实现玻尔的美好愿景。劳伦斯到洛斯阿拉莫斯协助他起草科学顾问委员会的报告，里面满篇都是这一终结战争的愿景。无论是对这个世界刚刚见识过的原子弹的可怕威力，还是对未来必将制造出来的更可怕的武器，这一愿景都成了唯一理性的回应。报告以奥本海默致史汀生的一封信的形式强调，顾问委员会不能提出任何办法，确保美国在原子武器领域的霸权地位。报告还称：“我们相信，这个国家的安全……只能建立在让未来战争不可能发生的基础上。”报告结尾力劝临时委员会采纳“一致的紧急建议”，即“采取一切措施，做好一切必要的国际安排，以达到这一目的”。

8 月 17 日，奥本海默前往华盛顿，亲自将信交给史汀生的助理乔治·哈里森（史汀生本人外出）和万尼瓦尔·布什。在与俩人的交谈中，奥本海默正如后来他在给劳伦斯的信中所言，“借机向他们解释我们对这一紧要事项的共同感受，谈到了不便在信中详述的细节”。这些“共同感受”似乎来源于艾丽丝·金博尔·史密斯所述的“厌恶”情绪。奥本海默对哈里森和布什说，科学家们“觉得，他们很难保证，继续进行原子弹方面的工作能带来多少真正益处”，相反，他们倾向于将这样的炸弹视为“就像上一次大战后出现的毒气”。最后这一类比似乎表明（尽管奥本海默在他给劳伦斯的信中没有阐述），他们正强烈要求政府将原子弹列为非法武器。

很明显，奥本海默希望华盛顿的政治家支持自己和玻尔的观点，这样的期望值并不算高。毕竟，政府已经于1945年8月12日（日本投降和战争结束的两天前）跨出了（似乎在当时许多人看来）不同寻常的一步，就曼哈顿计划发表了一份相当完整，从表面上看也相当公开的描述：由普林斯顿物理学家亨利·史密斯和理查德·托尔曼合写的《原子能的军事用途》*。这份后来所谓的“史密斯报告”很快成为一本畅销书。
459 美国政府的开放性受到很多人的赞扬，同时也遭到其他人的严厉批评，包括英国科学家詹姆斯·查德威克。

菲尔·莫里森回忆，他在洛斯阿拉莫斯读到这份报告的手稿时惊叹道：“这些我们长期守口如瓶的东西，难道就这样清楚地印出来，让所有人看到吗？有点吃惊。”但是，他接着说：“看到发表后的报告，我们的情绪一落千丈……在理查德·托尔曼办公室里冷静的蓝色铅笔下，有关洛斯阿拉莫斯的最生动的材料被悉数删除。”无论是广岛还是长崎都没有在报告中提到。“相反，”莫里森写道，“对物理学家和这份文件来说，曼哈顿计划都在三位一体实验那里达到了叙事的高潮。”表面上的开放性只不过是一种假象。令查德威克和其他一些人担心的是，关于不同同位素分离法的优点，报告提供了一些启示，但是报告只字未提曼哈顿计划的最大秘密：内爆。总的来说，史密斯报告的目的不是分享信息，而是界定什么可以分享，更重要的是，什么不可以分享。

如果说，8月12日发表的史密斯报告在奥本海默和同事心中激起了希望，让他们以为，华盛顿的舆论天平倾向于玻尔那样的核武器立场，那么8月17日与哈里森和布什的会面表明，这些希望只不过是镜花水月。至于国际合作，奥本海默对劳伦斯说：“在交谈中，我获得了相当清晰的印象，那就是，波茨坦会议提及的合作进行得很糟糕，与俄国人合作或控制方面的事情，很少或根本没有进展。”

“我在华盛顿的时候，”他接着写道，“发生了两件事，都很令人沮丧。”首先是，杜鲁门总统发布了“一道命令，禁止披露原子弹的信

* *Atomic Energy for Military Purposes*.

息”。然后是，哈里森把奥本海默的信交给了国务卿伯恩斯，“我正打算离开时，他传话过来说，‘在当前严峻的国际形势下，除了全速推进曼哈顿工程区 * 计划，别无选择’。有可能是传话时有出入，但我认为没有”。

乔治·哈里森于 8 月 18 日写的一份“存档备忘录”（memo for the record）表明，奥本海默的担心不无道理。“国务卿伯恩斯，”哈里森写道，“肯定认为，目前要在国际层面推动任何工作都是非常困难的，他的意见是，我们应该全力推进曼哈顿计划。”

> 国务卿伯恩斯对此反应非常强烈，他叫我对奥本海默博士说，
> 他目前的意见是，达成国际共识是不切实际的，他和其他科学家应 460
> 全力推进目前的工作。

受到如此打击，奥本海默郁郁寡欢地回到洛斯阿拉莫斯，然后和基蒂到佩罗卡连特休假。在那里，他赶着处理了自己的个人信件，包括回复希瓦利埃 8 月 7 日的来信，尽管已经拖了很久。希瓦利埃不仅在信中对奥本海默表示祝贺，而且对他认为奥本海默肯定会有的矛盾心理表示同情。“我现在能理解，”希瓦利埃写道，“上次我们见面时，你说话的语气为什么那么沉闷”。“在这件事情上，你的责任重大，那是历史上很少有人承担过的重任。我知道你是爱人之人。让你参与其中，扮演重要角色，去发明一种惨无人道的杀人武器，对你来说绝不轻松。”

奥本海默 8 月 27 日的回信应和了这一沉重的语气。“人在江湖，身不由己啊，哈康，”他对自己的老友说，同时也承认，“现在的情形让人疑虑重重，事情远不应该这么难，如果我们有力量按照自己的想法重建这个世界，那该多好啊。”

他在佩科斯隐居期间写的其他信件同样也是这样的语气．其中有好几封写给了多年未见的、昔日生活中的重要人物。这些人和希瓦利埃一

---

* “曼哈顿工程区”，译自 MED［Manhattan Engineer District］，即“曼哈顿计划”。

样，为他取得的举世瞩目的成就寄来了贺信。他对自己昔日的恩师赫伯特·史密斯写道：“你一定相信，这项工作不会不充满疑虑。今天，这些疑虑重重地压在我们身上，因为尽管未来存在那么多有利因素，但离绝望仅一箭之遥。”在一封写给哈佛老友弗雷德里克·伯恩海姆的信中，他写道，他和基蒂到他们的农场“寻找健全的心智，态度诚恳，但未必乐观”。信尾的语气充满了不祥之兆：“前方似乎有一些很头疼的事等着我。”

在农场期间，奥本海默有时间认真考虑，离开洛斯阿拉莫斯后该何去何从，离开的时间应该会是秋天的某个时候。他取代劳伦斯，成为美国最著名的科学家，因此不缺工作机会。哥伦比亚、普林斯顿和哈佛都向他明确表示，随时准备为他提供高薪职位。这些邀请对他来说是不小的诱惑，不仅因为待遇优厚，还因为他严重怀疑自己是否想回到伯克利或加州理工。在洛斯阿拉莫斯期间，他和加州大学打交道时遇到了很多困难，令他沮丧而恼怒。就在前往佩科斯之前，他写了一封信给加州大学教务长门罗·多伊奇。“你应该明白，”他对多伊奇说，“如果会与大学的官员产生长期矛盾，我不会轻率或不负责任地担任这一职务。然
461 而，我希望你能向他们转达我的深深遗憾，没有相互信任和精诚合作的精神，项目不可能正常开展。”

一吐想说的话后，奥本海默写了一封长信给加州理工的查尔斯·劳里森，表达了回去工作的多种疑虑，并提出了各种问题。他强调，没有一个问题涉及他回去工作的条件，“但我想，我们要做的事明显会受到这些问题答案的影响”。譬如，他想知道，在对研究生的支持方面有哪些规定，系里是否有足够资金购买大型回旋加速器。他还强烈建议劳里森吸引拉比到帕萨迪纳工作，因为这很值得。他写道：“得到一个非学院自己培养，而且作为科学家和人都有着罕见的高素质，难道你不认为这是个很好的想法吗？”但是，比这些更为重要的是最后一个问题：

> 如果平心而论，我们认为那是一件好事，学院会欢迎并支持我参与未来国家原子能政策的顾问工作吗？我非常担心这一点，当然

远远胜过我的个人事务，如果真有可能提供帮助，我才会觉得这件事是受欢迎的。

经历广岛和长崎的恐怖后，奥本海默最想做的，就是希望有机会把原子弹变成（正如他在给昔日世交玛西·比尔的信中讲的那样）“一个真正的建立和平的工具”。他对她说，那“几乎是目前唯一重要的事”。

9 月初，奥本海默回到洛斯阿拉莫斯，却发现实验室发生了首例死亡事故。亨利·K. 达利安[*]是一名年轻物理学家，他于 1944 年秋天来到洛斯阿拉莫斯，当时只有二十三岁。他在奥托·弗里施手下从事极其危险的“撩拨龙尾”的实验。这些实验需要让一块裂变材料达到近临界水平。理查德·费曼说，这一过程就像撩拨睡龙的尾巴。在前期实验中，达利安平安无事，但 1945 年 8 月 21 日，他用钚做类似的实验时发生了意外。这些实验的目的，是要弄清碳化钨反射板如何降低钚的临界质量，而达利安正在做的是，将块状反射材料包裹在钚球周围。正当他准备将最后一块反射板盖住钚球时，中子计数器提醒他，加上最后那一块，钚球就会达到超临界值。他试图将最后一块反射板快速抽回，却掉在了钚球上。随着一道闪光，大量辐射被释放出来。他立即拆毁安装好 462
的反射板，但是他的身体已暴露在约 500 雷姆的辐射下，他的右手受到的辐射达到 2 万雷姆（1000 雷姆被认为是致死辐射剂量）。事故一发生，达利安就立即前往洛斯阿拉莫斯医院，却于 9 月 15 日不治身亡。在他生命的最后 26 天里，他出现了恶心、呕吐的现象，最后神志不清，受尽了折磨。

现在，挥之不去的烦恼是，亨利·达利安经受的痛苦正是无数日本广岛和长崎的居民所遭受的。因此，就公开表达的对核辐射后果的担忧，奥本海默和格罗夫斯所做的乐观回应受到了最严重的挑战。这是一件特别令格罗夫斯苦恼的事，他决心向广大民众解释，长期辐射的报道

* 亨利 K. 达利安，译自 Henry K. Daghlian，其中 Henry 疑似笔误（本书中多次出现）。经查阅多种资料，这位在洛斯阿拉莫斯首例临界事故中丧生的科学家名叫 Harry K. Daghlian,Jr.（小哈里·K. 达利安）。

和辐射病的恐怖是夸大其词的说法，辐射中毒造成的风险微不足道。实际上，格罗夫斯认为，辐射病的报道是日本人编造的骗局。为了支撑自己的观点，他打电话给橡树岭的军医瑞尔中校，向他读了报上对辐射病受害者遭受的痛苦的报道。“我认为，这是不错的宣传”，瑞尔对他说。“我也这么觉得”，格罗夫斯回答。

然而，这件事给格罗夫斯带来的麻烦并没有结束。他派了一个科学家团队到日本调查广岛和长崎的辐射水平，研究辐射的后果。这个团队由法雷尔将军带领，成员包括菲尔·莫里森和罗伯特·瑟伯尔。“我还需要几周才能回国，”瑟伯尔写信给妻子说，“还有一项很不愉快的工作要做。”在日本待了几天后，他对她说：“最深刻的印象仍然是，日本的一切都彻底崩溃、破产和变得贫困。”在接下来的一封信中，他写道，见到盟军战俘，听到他们遭受的“冷酷、饥饿和奴役”后，他对日本人的同情便烟消云散。然而，当他来到长崎，并目睹原子弹造成的破坏后，他的语气又变了。“看到这些废墟，真的难以承受，”他在自传中写道，“但是最惨不忍睹的情景是在长崎的一家医院里。”

> 这只是一家临时医院，建筑物的前墙已被炸塌，里面的帆布床上，外面地上的担架上，到处都是病人。原子弹爆炸已过去五个星期，病人承受着强光灼伤或辐射病带来的痛苦。

大约三周前，调查组刚到日本的时候，法雷尔将军在东京帝国酒店
463 举行过记者会，他在会上明确表示，广岛和长崎的地表没有留下核辐射，那些死去的人都是被炸死或烧死的。他坚持说，没有一个人死于辐射病。澳大利亚记者威尔弗雷德·伯切特不赞同他的说法，他说他到过广岛，并亲眼见到辐射病将人折磨至死。对此，法雷尔指责伯切特受到了“日本宣传”的蛊惑。现在，瑟伯尔、莫里森和调查组其他成员亲眼看到法雷尔是错的。没错，盖革计数器无法测出地面上的辐射值，但不可否认的事实是，爆炸发生几个星期后，许多人像亨利·达利安那样，因暴露于辐射而悲惨地死去。

瑟伯尔和莫里森于 10 月 15 日回到洛斯阿拉莫斯。在给项目同事准备的报告中（以“瑟伯尔看日本”为题在《洛斯阿拉莫斯简报》上发表），瑟伯尔写道：“没有真正见过广岛和长崎毁灭得多么彻底，就无法知道核战争有多么可怕。”瑟伯尔对读者（和制造原子弹的同事）说，正因为如此恐怖：“我才希望，我们一定要坚持在世界各国间实现原子能信息的自由交换。否则，在我看来，必将出现令人绝望的军备竞赛，最终只能导致可怕的灾难。”

事到如今，这已成为洛斯阿拉莫斯的许多（兴许是大多数）科学家的共同看法。实际上，他们已经成立了一个组织：洛斯阿拉莫斯科学家协会*，明确目的就是宣传这一立场。该组织的源头可追溯到 1945 年春，当时，项目中一些心怀天下的科学家聚在一起，就他们工作的政治后果进行了非正式讨论。这导致在战后的 1945 年 8 月 20 日，大约六十名科学家参加了一次会议。在会上，他们选出了一个委员会，负责起草协会的宗旨，并组织更多人参加的会议。到这个时候，参与者一致同意，正如一名成员所述，“原子能的国际控制是至关重要的问题，应成为本组织唯一关心的问题”。8 月 30 日，在一次不少于五百人参加的大会上，他们确定了组织架构，并选举产生执行委员会，由青年物理学家威廉·希金博特姆担任主席。除了其他人，委员会成员还包括约翰·曼利、维克托·魏斯科普夫和罗伯特·威尔逊，后者对提出的问题反应特别强烈，部分因为他曾试图（但没能）在轰炸广岛前发起对这些问题的 464
公开讨论，另一个原因是，他觉得，不经过警告，不经过制造原子弹的科学家的讨论，就对平民使用原子弹，是对他们的背叛。

本次会议后不出一周，科学家协会执行委员会成员起草了一份文件，强烈建议杜鲁门政府采纳一项国际合作的政策。该文件警告说，“如果爆发未来战争”，原子弹的使用“很快就能彻底毁灭所有交战国的重要城市”。可以肯定的是，比广岛和长崎原子弹“威力更大的炸弹将被

---

* 该组织的缩写正好拼成 alas（呜呼）一词，可能是有意为之，但没有明确证实。——原注（60）

制造出来”，而且那些炸弹“很容易大量获得”。与科学顾问委员会的报告相呼应，这份文件强调，面对这样的武器，根本没有防卫能力，而制造这样的武器也没有任何“秘密”可言：“原子弹的研发并没有涉及新的根本原理和思想，只需在密集工作开始前，将世所共知的信息加以运用和扩展。”因此，“只要有足够的投入，其他国家也能在几年内制造出原子弹。实际上，此时他们可能已经取得了重大进展”。因此，科学家们提出的唯一明智之举、唯一能避免灾难性军备竞赛的政策是一项与其他国家共同执行的开放与合作政策，从而实现原子武器的国际控制，这是避免未来原子大战的恐怖后果的前提条件。

1945 年 9 月 9 日，奥本海默将一份洛斯阿拉莫斯科学家协会声明的副本寄给乔治·哈里森，并对他说，这份文件已在三百位科学家中传阅，而只有三位拒绝在上面签名。“你可能会注意到，”他对哈里森说，“里面提出的观点完全符合我和临时委员会讨论过的观点。”过了一个星期，杜鲁门政府仍没有任何答复，奥本海默便以洛斯阿拉莫斯科学家特使的身份于 9 月 18 日飞往华盛顿。在一份发回洛斯阿拉莫斯的电传打字电报中，他报告说：

> 哈里森先生指出　既然这份文件是呈交给总统的，而总统又将它视为科学家们的观点，那么除了总统本人，任何人将它对外发布都是不合适的。我个人感觉，以及与我交谈过的所有人的普遍感受是，公开讨论文件中涉及的问题很有必要，但这应该是在总统发布
> 465 国策声明之后，而不是之前。他将在向国会报告时传达这一声明。

科学家协会执行委员会成功说服成员，暂时压下文件，至少在杜鲁门宣布他的国策之前。可见，洛斯阿拉莫斯的科学家多么信任和尊重奥本海默。

杜鲁门建议的政策于 10 月 3 日以梅 – 约翰逊议案的形式提交国会，议案名称以提出者众议员安德鲁·梅和参议员埃德温·约翰逊命名。让许多科学家（最有名和怨声最大的是利奥·西拉德和哈罗德·尤里）失

望的是，制定该议案的基础似乎是美国有一个需要保守的“秘密”，而不是科学家协会所建议的开放思想。军方及其批评者都认为，梅和约翰逊都是亲军方的政治家，梅是众议院军事委员会主席，约翰逊是相应的参议院军事委员会成员，他们的议案反映了军队的安全考虑。该议案建议，犯安全罪的科学家至少应处十万美元的罚款，情节严重的，可处十年以下监禁。

“如果这项议案通过，”西拉德在芝加哥大学一次原子科学家会议（与洛斯阿拉莫斯科学家协会并存且目的类似的一个组织）上说，“我们将别无选择，只能放弃这项工作。”没错，正如格罗夫斯当时公开强调并在自传中再次强调的那样，该议案没有提出原子能的军事控制。相反，它提出的是建立一个原子能委员会，其权力囊括美国原子能计划的所有方面，包括和平及军事利用。总统将指定九名兼职委员，并任命一位总经理（general manager），负责日常事务。然而，让科学家们担忧的不仅仅是它提出的保守秘密的严苛措施（几乎所有科学家都觉得此事已成定局，原因已在洛斯阿拉莫斯科学家协会文件中列出），还规定允许军人成为委员。如果是这样，原子能委员会就不是一个多数科学家期待的纯粹的平民机构。

梅－约翰逊议案很快获得了众议院的通过，但是当它来到参议院时，却陷入了僵局，因为军事委员会和外交关系委员会之间围绕谁对原子能事务具有管辖权发生了地盘之争。随后的拖延为该议案的反对者赢得了集结力量的时间。在西拉德的带领下，芝加哥、橡树岭和洛斯阿拉 466
莫斯那些为曼哈顿计划工作过的科学家行动起来，要求取消梅－约翰逊议案，成立一个国会联合委员会，重新考虑原子政策。

出乎很多人意料的是，奥本海默并没有参与这次运动，而是公开反对这一做法，并宣布支持议案，还强烈建议同事也支持它。10月7日，奥本海默带着议案的一个副本从华盛顿回到洛斯阿拉莫斯，他和科学家协会执行委员会对议案进行了讨论，并对他们说，他、劳伦斯、康普顿和费米都赞成通过议案，理由是，这是达到他们的要求（控制原子弹的国际合作）的最佳途径。令人吃惊的是，讨论结果是，委员会投票一致支持该议案，这在某种程度上使科学家协会站在了芝加哥和橡树岭参与过曼哈顿计划的许多科学家的对立面。

奥本海默为什么要支持军队，并利用他在科学家中的影响力为军方雪中送炭呢？弗兰克·奥本海默（他本人在科学家协会中也很活跃）曾说，他哥哥“觉得，他必须从内部做出改变”。事实或许如此，但我们不禁认为，奥本海默并没有真正努力做出改变，而是将更多精力花在了确保自己待在“其中”。这不禁让人想起，在洛斯阿拉莫斯实验室刚建起来时，他愿意穿上军装，并极力说服其他科学家效仿。奥本海默在那种情况下公开支持梅－约翰逊议案，显然低估了反对的力量。

赫伯特·安德森在洛斯阿拉莫斯工作后，于战争结束时回到芝加哥。他于 10 月 11 日写信给威廉·希金博特姆，表达了这种情绪。“我必须承认，”他说，“我对我们的领导人奥本海默、劳伦斯、康普顿和费米的信心动摇了。他们都是向临时委员会提供建议的科学委员会成员，得到了我们的信任，并让我们不干涉这项立法。”安德森的个人观点在芝加哥大学受到很多人的赞同，他认为议案提出的安全措施“令人恐惧”，“它们将每一个科学家置于坐牢或被罚款的危险境地”。

为了不让反对梅－约翰逊议案的科学家轻易放弃，安德森的信寄达希金博特姆的第二天，埃德·康顿、利奥·西拉德和其他一些人前往华盛顿，求见国会议员中的同情人士。他们惊奇地发现，他们的心声很容易获得同情。“在门口向参议员的秘书说明你是一名‘核物理学家’，来自洛斯阿拉莫斯，”西拉德的助手伯纳德·费尔德说，“他就会带你去见议员。”

467 同时，由于罗伯特·威尔逊既不赞同奥本海默对梅－约翰逊议案的看法，也不认可科学家协会执行委员会对奥本海默的信任，他便单独行动，重新拟写最初那份科学家协会文件，并将它作为新闻稿公开发表。威尔逊后来说，“那是一篇脱离洛斯阿拉莫斯领导人的独立宣言”。他接着说，他的经验教训是，这些领导人，无论多么令人钦佩，一旦身居要职，就“不一定值得信赖”。那篇新闻稿占据了《纽约时报》的头版，与梅－约翰逊议案强调的严格保密的重要性格格不入的是，它再次明确表示，制造原子弹的科学家不认为技术保密能够长久维持。这份声明的开头说："制造原子弹必不可少的科学知识在全世界已广为人知。"

> 目前，技术设计和工业生产方法仍是我国、英国和加拿大拥有的一项秘密。然而，可以肯定的是，其他国家通过自主研发同样能够取得这样的结果。要不了几年，他们同样可以制造原子弹，其威力可能比那些给广岛和长崎带来灾难的原子弹大几十、几百甚至上千倍。

威尔逊的声明发表于 10 月 14 日。第二天，罗伯特·瑟伯尔从日本回到洛斯阿拉莫斯。一回到家，他还没有从长崎和广岛的见闻中回过神来，就发现人人都在谈论政治，特别是他认为至关重要的问题：国际合作的必要性。

第二天恰巧是奥本海默担任洛斯阿拉莫斯主任的最后一天，也有一场大型仪式。仪式上，奥本海默代表实验室，先从格罗夫斯将军手中接过陆空军杰出贡献奖，又从战争部部长手中接过嘉许状。面对几千观众（实际上是洛斯阿拉莫斯的全部人口），奥本海默发表了多萝西·麦基宾所称的"史上最出色的演讲之一"。那肯定是一篇技巧非凡的佳作。他巧妙地提到原子科学家们陷入的争议，但避免谈及任何特别具有争议性的话题，同时他还道出了许多人的心声。"我们希望，"他在开头说道，"多年以后，我们可以看着这面锦旗和它所象征的一切，充满自豪。"

> 今天，我们的自豪感，因为深切的担忧而减弱了。如果原子弹
> 被作为新武器装进这个战乱世界的武器库中，或装进准备打仗的各 468
> 国武器库中，那么，总有一天，人类会诅咒洛斯阿拉莫斯和广岛这两个名字。

他接着说，"这个世界的各国人民必须团结，否则他们将走向灭亡"，战争"写下了这句话"，而原子弹"清楚地解释了这句话，让所有人理

解它的含义”。

仪式结束后，奥本海默立即赶往华盛顿。他决心已定，哪怕赴汤蹈火，也要利用他刚得来的名望为他赢得的一切政治影响力，确保这个世界在面临原子弹带来的毁灭性威胁面前团结起来，而不是走向灭亡。然而，他在出发前往华盛顿时也知道，尽管他在洛斯阿拉莫斯的演讲大受欢迎，但他甚至无法团结那些在国际合作和原子能控制的重要性方面支持他的科学家。奥本海默非常清楚，对他来说，与那些不赞同这一观点的顶层政治家和军人打交道，将是一个前所未有的挑战。

第四部分

1945—1967

第十五章 471

内幕科学家

辞去洛斯阿拉莫斯实验室主任职务的第二天，奥本海默到华盛顿向国会作证，因其正审议梅－约翰逊议案。“他还是小心为好，”他的秘书安妮·威尔逊对前任秘书普丽西拉·格林说，“他会陷入可怕的麻烦。”她后来说，她觉得奥本海默有危险，是意识到他树敌太多。她说：“林子里总是有很多人说奥本海默的坏话。”她发现，这是个人魅力太大产生的负面影响：“总有很多人想方设法吸引他的注意，还有人觉得受到了他的冷落，或觉得受到了伤害，因为他们认为罗伯特不爱他们了。”

在华盛顿，奥本海默于 1945 年 10 月 17 日到参议院科学委员会作证，18 日到众议院军事委员会作证。在参议员面前，奥本海默强调，他的证词“稍显学术性”，更符合“我作为物理学教授而不是原子弹制造者的身份”。他笼统地谈到科学家对学术自由的需要，提出了他所说的请求：“不要过度管理科学家的工作，要像以往那样，继续信任他们自己对工作价值的判断。”言下之意很明确：尽管结果表明，科学家的工作会产生巨大的政治和军事后果，但科学研究的规划不应掌握在政治家或军人手里，而应该由科学家自己决定。考虑到他以往的态度，强调这一点让人觉得莫名其妙，因为他来华盛顿的目的是要支持一项科学家们普遍讨厌的议案。科学家们认为，正是这个议案试图将他们的工作控制权交给军方。

奥本海默一方面呼吁科学自由，另一方面又支持一项旨在通过严厉
472 惩罚加强保密性的议案。两者之间的矛盾被橡树岭科学家协会的霍华德·J. 柯蒂斯抓个正着。柯蒂斯来华盛顿的目的，就是要提出对前述议案不利的证据。“如果要在这个国家保守所谓原子弹的秘密，”柯蒂斯争辩道，“那么我们所认识的美国科学将不复存在。”正如奥本海默自己强调的那样，科学需要自由，而这明显与议案中提出的尽力将科学事实当成秘密的建议格格不入。奥本海默辩论道，技术和科学是两码事，即使不干涉科学研究，“保守大部分秘密也不是什么技术难题”，但柯蒂斯反驳了这一说法，因为：“两者的联系如此紧密，不可能挑出任何一个事实说，‘这是一个科学事实，完全没有工业用途’，而任何这样做的企图似乎都是荒唐可笑的。”柯蒂斯的结论是，保密问题的唯一解决办法是对原子能实行国际控制。

奥本海默的麻烦是，他完全同意这一观点，但又要设法站在争论的另一立场上。他这么做的原因是，他对实施什么样的国内政策并不在乎，因为他确信，真正的问题是国际问题；无论执行怎样的国内政策，都不过是权宜之计，因为一旦达成任何国际协议，这些政策必将随之改变。因此，他之所以支持梅－约翰逊议案，并不是因为他相信那是明智的政策，而是因为他希望，不管是什么议案，只要通过就好。这样，真正的问题，即国际问题，就可以得到讨论。

奥本海默并没有全力以赴地拥护梅－约翰逊议案。实际上，他似乎在故意消极应付。当他被专门问到他对这项议案的看法时，他若无其事地回答：“关于约翰逊议案，我不太了解。”他对这项议案的支持非常漫不经心，第二天，他说的话被一份报纸曝光，对他的表态进行了“拐弯抹角的攻击”。他实际上对议案知之甚少的明确表述（很难相信他说的是实话），让洛斯阿拉莫斯的科学家们（他曾极力敦促他们支持议案）疑虑重重，这完全在情理之中。据说，在他提供证词后遇到一些洛斯阿拉莫斯科学家协会成员时，正如其中一人所说，他受到了“我所见过的

科学家最冷漠的对待”。在接下来的一次科学家协会执行委员会的会议上，维克托·魏斯科普夫建议，以后“研究奥比的提议，要更加慎重”。

在参议院亮相后，奥本海默参加了科学服务通讯社（the Science Service news agency）的沃森·戴维斯组织的晚宴，旨在向参议员们普及原子能知识。同样支持梅－约翰逊议案的费米应邀赴宴，还有（代表 473
辩论另一方的）康顿、西拉德和尤里。参加晚宴的参议员有康涅狄格州民主党参议员布莱恩·麦克马洪，他已成为参议院中反对梅－约翰逊议案的旗手。到场的还有两位杜鲁门政府成员：詹姆斯·纽曼和亨利·A. 华莱士，他们同样支持反对这项议案的科学家。如果奥本海默以前没有意识到，那么这次晚宴一定让他看到了：科学家们讨厌，有影响力的参议员反对，甚至遭到杜鲁门政府成员的否决，梅－约翰逊议案几乎没有希望通过立法。他显然输定了。

亨利·华莱士曾经在罗斯福的第三个任期内任副总统，现在是杜鲁门政府的商务部部长。他在日记中记录道，在晚宴上，奥本海默对他说，他想私下聊聊。他们约定第二天一早见面，俩人一起穿过华盛顿的闹市区走到华莱士在商务部的办公室，然后奥本海默前往国会山，向众议院作证。“我从来没见过有人处于奥本海默那样极度紧张的状态，”华莱士写道，“他似乎觉得，整个人类社会即将毁灭……他认为，波茨坦的事情没处理好，最后导致几万甚至几十万无辜平民丧生。”看到奥本海默明显想要直接对美国的政策施加个人影响，华莱士建议他联系新上任的战争部部长罗伯特·帕特森，请他安排与总统见面。

和华莱士分开后，奥本海默前往众议院向军事委员会作证，会议由安德鲁·梅本人主持。许多科学家应邀参加，包括埃德·康顿和利奥·西拉德。早上十点，梅以一篇简短讲话开始会议，他在讲话中否认他的委员会正试图匆忙通过议案，并承诺，对前来举证的科学家将给予“耐心考虑”。然后，他叫出第一位证人，那是“一位叫塞兰德博士”（Dr Sighland）的人，其实就是利奥·西拉德。西拉德在证词中简要介绍了自己关于控制原子能的建议，他将这项工作分成三个环节：一、核裂变材料的生产；二、科学研究的组织；三、原子弹的设计和制造。每一个环节都由一家国有的民用企业负责管理。根据他的计划，还需要由内阁成员组成一个委员会，负责协调与原子能有关的国内和国际政策。在接下来的提问阶段，很多问题并不涉及西拉德的建议，而是针对他的国籍和他与军队的分歧。接下来是赫伯特·安德森，他宣读了橡树岭和芝加哥大学科学家的一份声明，表达了他们对梅－约翰逊议案的批评。

474 午餐后，由康普顿和奥本海默提供证词。西拉德后来说，奥本海默的证词堪称“典范”。从他的表述来看，似乎那是一篇含糊其词的“杰作”。“他讲话的方式，让在场的议员认为他支持议案，却又让所有现场的物理学家觉得他反对议案。”比如，当他被问及他是否认为那是个好议案时，奥本海默回答：

> 那项议案是在布什博士和科南特博士的严格监督下起草的，并经过前战争部部长史汀生先生的过目和认可……我想，如果他们喜欢这项议案中的理念，并给予全力支持，那么这就是非常有力的证据。

西拉德说：“对议员们来说，这段话的意思或许是，奥本海默认为这是一个很好的议案，但没有哪位物理学家相信，奥本海默会基于自己对别人意见的好评而形成自己的意见。”

似乎西拉德可能（如果他并无嘲讽之意）认为，奥本海默在此过于圆滑。事实也许是，奥本海默认识到梅－约翰逊议案败局已定，便转移重点，不再为议案辩护，而是去讨好能帮助决定美国原子能政策的那帮人，无论议案的命运如何。当他被问到梅－约翰逊议案允许军人担任委员的事实是否令他担忧时，他回答：“我认为，问题不在于一个人穿什么衣服，而在于他是个什么样的人。”他接着说：“我想不出还有哪一位管理者比马歇尔将军更能让我充满信心。”

至于他和柯蒂斯的分歧中的关键问题，奥本海默极力夸大科学和原子弹制造之间的距离。他说，制造原子弹是“一项规模巨大的技术研发”，但是“它不是科学，它的精神实质是对现有知识的疯狂利用，它不是对未知领域冷静而谦逊的探索”。无论在这一场合还是几天前的会议上，他最关心的似乎是他所称的一项呼吁：“把美国的主要科学力量留在大学和技术学校，也就是科学家曾经工作过的小型机构。在这些地方，科学家们有足够闲暇和隐私，去思考那些极其重要的危险思想，即科学的本质。”

这是个不错的呼吁，反映了奥本海默离开原子弹制造项目时的个人
愿望，有利于回归纯粹的理论物理，而作为支持梅 – 约翰逊议案的理
由，这一呼吁怎么看都没有说服力。实际上，议案的提出者可能已经意 475
识到，有奥本海默这样的支持者，哪怕没有敌人，他们也不会成功。不
管怎么说，议案最终被驳回，同时，参议院设立了一个原子能特别委员会，由布莱恩·麦克马洪担任主席，以便重新考虑这些问题，提出新的议案。就这样，为争夺原子能政策的控制权，科学家在和军队展开的长期斗争中取得了首轮胜利。通过努力发挥“内幕科学家”的作用，奥本海默反而使自己离核心更远了一点，至少目前来看是这样。

奥本海默向国会提供毫无作用的证词后仅仅一个星期，一个有望扭转局面并使他进入美国最高决策层的绝佳机会于 10 月 25 日到来了。因为采纳了华莱士的建议，奥本海默获得了与总统见面的机会。然而，这次面谈非常糟糕，以至于杜鲁门对他的副国务卿迪安·艾奇逊说：“我不想在这间办公室里再见到那个狗娘养的。”很明显，这一次，奥本海默利用恰当时机让恰当的人对他着迷的卓越才能（1926 年对马克斯·玻恩以及 1942 年对格罗夫斯将军都产生过神奇效果）没能奏效。

毫无疑问，问题部分出在奥本海默对杜鲁门的看法上，这受制于他向华莱士表达的固有偏见：杜鲁门在波茨坦把事情搞得一团糟。奥本海默认为，由于没能和俄国人坦诚相待，并在原子武器国际合作的准备工作方面获得他们的信任，杜鲁门错失了一个（可能是唯一一个）避免核军备竞赛的机会，由此可能会让人类卷入以原子弹为武器的战争，导致数以亿计的人遭到屠杀。因此，他不太愿意（如果与罗斯福见面可能会表现的那样）以特别恭敬的态度对待总统。于是，当杜鲁门对奥本海默说（涉及那些辩论，然后是梅 – 约翰逊议案及其他方案）“首先要做的

是明确国内问题，然后才是国际问题”，奥本海默毫不掩饰或隐瞒自己的不同意见。他坐在那，沉默良久，气氛尴尬，然后杜鲁门不耐烦地看着他，等待他的回应。他直接提出反对。“也许，”奥本海默说，“最好先明确国际问题。”

当杜鲁门问奥本海默俄国人什么时候能制造出自己的原子弹时，本来就很糟糕的谈话更是雪上加霜。正如他在国会面对同样的问题时所回答的，奥本海默说，他不知道。然后杜鲁门却说他知道。答案是，他自
476 信地说，“永远不会”。显然，杜鲁门没有弄懂奥本海默在科学委员会最终报告中的表述，也没有理解洛斯阿拉莫斯的科学家在他们的科学家协会文件中试图向他传递的信息：用核裂变释放的能量制造原子弹的技术不是能够保密的，它是一种包括俄国在内的世界各国科学家都能自主研发的技术。与奥本海默见面两天后，杜鲁门再次表现出他在这方面的无知。这一次，在纽约的海军节演讲中，杜鲁门公开表示，将原子弹的毁灭性力量掌握在美国人手中是一项“神圣嘱托”。

“那个时候，我差不多经常见到他［奥本海默］，”威廉·希金博特姆回忆，“从他的神态看，我想杜鲁门说的话和表现出的不理解让他伤透了心。”在和杜鲁门见面时，奥本海默的低落情绪肯定表露无遗，因为杜鲁门——奥本海默聪明、练达和能言善辩的成功人士的名声与他面前的这个犹豫、怯懦的人之间的反差令他十分震惊——转而问他有什么不对劲。“总统先生，”奥本海默缓慢地说，“我的双手沾满了鲜血。”这句话激怒了杜鲁门，导致面谈就此结束，也使他失去了被总统当成可信赖的局内人（insider）的机会。“我对他说，”杜鲁门后来说，“血在我手上，该担心的人是我。”这次见面六个月后，杜鲁门仍在责骂那个“爱哭的科学家”，他来到他的办公室，“大部分时间都在拧自己的手，然后对我说，手上有血，因为他发现了原子能”。杜鲁门对奥本海默说的最后一句话是：“别担心，我们会有办法的，你还会帮助我们的。”然而，走出椭圆形办公室，奥本海默心里很清楚，在真的需要帮助的时候，他不会是且永远不会是总统想要找的那个人。

奥本海默像个历经磨难的人那样离开了华盛顿。他试图悄无声息地

进入美国政治顶层的尝试失败了，为了这些尝试，他疏远了他希望领导的那些在政治上活跃的科学家。11 月初，一个重新赢得那些科学家信任的机会到来了。他应邀回到洛斯阿拉莫斯向科学家协会发表演讲，他把握了这次机会，回访取得了巨大成功。五百人涌进平顶山上最大的影剧院聆听他的演讲。据艾丽丝·金博尔·史密斯所述："几年后，当有人向协会成员问起战后的政治活动时，他们的回答总是以'我记得奥比的演讲'开始（或结束）。"

演讲的内容和腔调与奥本海默在华盛顿提供的证词形成了鲜明对比。实际上，他在多处斩钉截铁地否定了他在华盛顿说过的话。例如， 477
尽管在众议院，他说制造原子弹是"一项巨大的技术研发"，但"它不是科学"，而在向科学家协会发表的演讲中，他强调它就是科学，也正是我们从事这项工作的动机。奥本海默在他的演讲中说，参与原子弹的研发有各种各样的动机：有对敌人捷足先登的恐惧，有科学探索的冒险精神，还有各种政治上的考虑。"但是当我们直接面对它的时候，"奥本海默对协会成员说，"我们会从事这项工作，是因为它是一个有机的必然。"

> 如果你是一名科学家，一旦开始做这件事，你就停不下来。如果你是一名科学家，你就会相信，发现世界的规律，当然很好；把控制世界的伟大力量交给整个人类，并根据它自身的标准和价值来对待它，当然很好。

他在演讲中提到的保密观，同样与他在华盛顿说的话严重不符。尽管在参议院，他极力捍卫梅－约翰逊议案对保密的担忧，但面对洛斯阿拉莫斯的科学家时，他却宣称，"科学家对实施控制和保密措施的一致反对是正当合理的诉求"，因为"保密会破坏科学成为科学的根基"。

另外，尽管在华盛顿，他对权力人物的尊重几乎到了毕恭毕敬的程度，而在这次演讲中，他却公开批评总统，认为"总统在海军节演讲的观点并不完全令人鼓舞"。尤其是，他反对杜鲁门在这一问题上的美国中心论：全世界都应该，甚至必须，让美国将其对原子弹的垄断作为一项“神圣嘱托”。奥本海默对观众说，这种“在官方声明中表现出的单方面管控原子弹的强硬论调，肯定让你们非常担忧，也让我非常担忧”。

与杜鲁门坚持美国利益至上、国内问题优先于国际问题的观点不同，奥本海默勾勒出了有力的国际前景。他建议签订国与国之间的协议，首先建立一个国际原子能委员会，在不受任何国家领导人干涉的情况下，控制原子能的和平利用与开发，其次要“禁止制造原子弹”。演讲在各方面都与洛斯阿拉莫斯科学家的观点产生了共鸣，离开影剧院时，他们感到奥本海默是在替他们说话。或许，他没能让总统支持他在
478 这一问题上的看法，但他至少让自己重新成了洛斯阿拉莫斯科学家的心声和良知。

奥本海默以懊恼之辞开始他对科学家们的演讲。他说，希望以一名科学家的身份对他们说话　接着又说：“如果你们还记得很久以前的事，可能就会认为我完全有理由这么说。”他感觉他有很长时间没能专心研究他深爱的纯粹、客观的理论物理了，他渴望回到那样的思考上。那就是他要这么快辞去领导职务的原因，他想回归学术生活。尽管他因收到东部的哈佛、普林斯顿和哥伦比亚大学的工作邀请而受宠若惊，但他最大的愿望还是回到伯克利或加州理工，或在两校兼职。正如他在拒绝哈佛的邀请时写信向科南特解释的那样，“我希望回到加利福尼亚，在那里度过余生”，因为“在那里，我有一种归宿感，一种可能是情不自禁的归宿感”。

然而，正如奥本海默 8 月写信给多伊奇、劳伦斯和劳里森透露的那样，他对伯克利和加州理工两所大学都有严重顾虑。在一封 9 月底写给斯普劳尔和伯奇的信中，他让他俩坦诚相告，鉴于他为战争项目工作期间与加州大学的官员发生过争吵，伯克利是否完全欢迎他回去工作。俩人向他保证，他一定会受到热烈欢迎，但他还是心存疑虑。他对加州理工的怀疑更容易打消。10 月 16 日，在他从洛斯阿拉莫斯辞职的当天，他写信给加州理工物理系主任威廉・休斯顿，正式接受物理学教授的工作邀请，并承诺于 11 月的第一周去帕萨迪纳报到。而此时，是否要回

伯克利，根本定不下来。实际上，他从来没有辞去那里的职位，因此回伯克利工作的大门仍然敞开。就目前来看，校方无非是可将他的事假延长，让他有更多时间考虑是否要回到那里。

与此同时，这次演讲后，奥本海默把基蒂留在伯克利，独自前往帕萨迪纳，并在那里的托尔曼家做客。接下来的一个学期成了这样一种模式：奥本海默每周在帕萨迪纳待一到两晚，基蒂和孩子仍住在伯克利。他后来称，在加州理工："我确实上过一门课，但究竟是怎么上的，我现在记不清了。"实际上，很难想象他能在那里上课。除了到那儿的时间晚，他还被多次叫到华盛顿给麦克马洪的参议院特别委员会作证。"我有点不想去，"他后来说，"因为我希望安定。但我还是去了。"

尽管迫切希望"安定"，但驱使他不断回到华盛顿的是另一个希望： 479
他或许还能施加一定的影响，引导美国的政策远离杜鲁门公开表达的单边主义，朝着大多数科学家拥护的国际主义迈进。1945 年 11 月底，科学家和政治家之间的鸿沟，以及科学家想到军人控制科学研究时的恐怖感都进一步加深。当时的报纸报道说，驻日美军在日本的大学里没收并销毁了五台回旋加速器。这些机器被焊接枪切成碎片，然后深埋于太平洋海底。这一野蛮无知、赤裸裸的愚蠢行为让各地科学家深恶痛绝，彻底断绝了美国原子科学家允许军方参与组织和领导科学研究的任何可能。

在推动原子能国际控制的过程中，奥本海默得到了一位他特别欢迎的盟友。原来，伊西多·拉比一直在思考的路线与奥本海默不谋而合。拉比当时住在河滨大道，也就是奥本海默长大的地方。拉比在东海岸的时候，奥本海默经常和他待在一起。"我和奥本海默经常见面，深入讨论这些问题，"拉比后来对杰里米·伯恩斯坦说，"我记得 1945 年的圣诞节，我们在我的公寓见面。透过书房的窗户，我们看到哈德逊河上漂着大块浮冰。"那天深夜，拉比和奥本海默制定了一个计划：把原子能政策的控制权从单个国家的政府手中脱离出来，全部交给国际社会。

1946 年元旦，奥本海默得到了一个实施他和拉比的计划的机会。他被指派加入一个顾问委员会，负责向国务卿伯恩斯设立的特别委员会提供建议。这个特别委员会负责起草原子武器的国际控制方案，副国务卿迪安·艾奇逊担任主席。他指定自由派新政支持者大卫·利连索尔任顾问委员会主席。对奥本海默来说，利连索尔当主席再好不过了，尤其是因为他非常尊敬奥本海默，几乎到了崇拜英雄的程度。

1946 年 1 月 22 日，奥本海默来到华盛顿参加第一次顾问委员会会议，与利连索尔首次见面。他们是在奥本海默的酒店房间里见面的。利连索尔在日记中记录道，奥本海默“在房间里来回踱步，看着地板，说话时在句子或短语之间发出滑稽的‘高’音”。“离开时，我就喜欢上了他，”他接着写道，“他机灵的头脑让我印象深刻。”第二天，当看到奥本海默在艾奇逊委员会（成员包括科南特、布什和格罗夫斯）的会议上
480 的现场表现时，利连索尔简直佩服得五体投地。他写道，奥本海默是“一个非同寻常的人物”“一名真正伟大的老师”，对利连索尔来说，奥本海默向委员会提供的证据是他“一生中最难忘的智慧和情感体验之一”。他后来对律师赫伯特·马克斯说：“哪怕仅仅知道人类有过奥本海默这样的生命，我也不枉此生。”

利连索尔不是唯一钦佩奥本海默的人。“我认为，所有参会人员，”迪安·艾奇逊后来写道，“都认为，在我们当中，最具启发性和创造力的人就是奥本海默。”但是，奥本海默的影响并没有受到一致欢迎。特别是，格罗夫斯对他看到的局面非常沮丧。他并不愿意设立顾问委员会，认为他自己、科南特和布什“对这一问题的宏观方面，比任何专家小组都懂得更多”。他也不喜欢这个委员会的构成，设立之初就违背了他的建议。格罗夫斯说，利连索尔“在这方面知之甚少，或说一窍不通”。奥本海默在委员会中得到了压倒性的尊重，他对此提出严厉批评。“人人都顶礼膜拜，”他不屑地说，“利连索尔糟糕透顶，居然向奥本海默请教早上打什么领带。”

奥本海默不仅是顾问委员会中最受尊敬的人，而且也是唯一的科学家。因此，他很容易就能用自己的看法影响其他成员，将提出原子能国际政策建议的整个过程变成一个载体，推动玻尔在战争期间倡导的观点，也就是他和拉比在圣诞节那天讨论的观点。委员会的第一次会议于

1 月 23 日举行，从那一天起，一直到委员会于 3 月 16 日向国务卿提交报告，起草建议的工作占用了奥本海默的所有时间。他后来这样描述最初几周的情形：

> 委员会的工作模式是，大家集中在一起，在最初几周，大概是一到两周里，我的工作就是当老师。我会走到黑板前说，你可以在元素周期表中像这样制造能量，然后是那样和那样。炸弹和反应堆都是这样制造出来的。换句话说，我是在上课。我还利用晚上的时间，非正式地将这门课程的一部分教给艾奇逊和麦克罗伊先生。然后，我们听取那些我一无所知的情况，比如原材料在哪里，有什么样的麻烦。然后，每个人对于原子弹的问题都有点沮丧，最后我们决定休会。

2 月 2 日，奥本海默将一份长篇备忘录寄给利连索尔，作为顾问委
员会报告的蓝本。里面的主要观点非常激进。奥本海默建议，设立一个 481
具有广泛权力的国际机构：原子能发展管理机构（Atomic Development Authority）。该机构不仅负责原子能开发与控制的各个方面，包括核查世界上任何国家原子能设施的权力，而且还实际掌控世界上所有的铀和原子能电站。根据奥本海默的建议，任何国家都不允许制造原子弹，而且任何国家都没有能力制造原子弹，因为制造原子弹的所有必要材料都掌握在原子能发展管理机构手中。

3 月 7 日，艾奇逊的委员会与下属的顾问委员会一起，开会讨论基本以奥本海默的备忘录为基础的方案，并投票表决。出乎意料的是，除一人外，所有人都投票支持这一方案。不难推断，这一例外是格罗夫斯，他坚决反对美国放弃对原子武器的垄断，将美国的铀、同位素分离厂、钚工厂和先进的知识移交联合国。尽管遭到格罗夫斯的反对，但这一方案还是获得了通过，在经过若干修订和增补后，于 3 月 16 日呈交国务卿伯恩斯。让格罗夫斯震惊的是，国务院同意发表这份报告，这就是有名的“艾奇逊 – 利连索尔方案”。艾奇逊的委员会建议不要发表，

格罗夫斯在自传中说，因为“我们觉得，在做出谈判安排前就向俄国人亮出美国分享原子知识的底牌是不明智的”。

实际上，政府并不愿意像艾奇逊－利连索尔方案建议的那样，将步子迈得太大，因此立即采取措施，确保美国不需要这么做。3 月 5 日，就在艾奇逊的委员会开会讨论奥本海默方案的两天前，温斯顿·丘吉尔在密苏里州富尔顿的演讲中斩钉截铁地表达了即将主导美英两国政策的思想。这一演讲被认为是冷战开始的标志，它将苏联在东欧的影响扩张描述成落下的“铁幕”，其背后就是“苏联势力范围”。他强烈呼吁，苏联影响的扩张必须得到遏制，必要时可以采取军事手段。丘吉尔推行的观点与奥本海默的想法南辕北辙，差别之大无以复加。实际上，丘吉尔有时候给人的感觉是，他是在直接反对艾奇逊－利连索尔方案中的观点：

> 然而，先生们、女士们，在原子弹还处在婴儿期的时候，就将
> 美国、英国和加拿大共同拥有的秘密知识或经验托付给世界组织
> 482 [联合国]，这是错误和草率的。任由它在这个依然躁动不安、四分
> 五裂的世界随波逐流，这是疯狂的犯罪。这些原子弹的知识、方法
> 和原料，目前大部分掌握在美国人手里，各国的人民才能因此安睡
> 于卧榻之上。

因为在上一次选举中输给了克莱门特·艾德礼，此时的丘吉尔已不再是英国首相，因此，他的讲话无论如何都不会正式代表英国或美国政府的立场。但是，很快将不容置疑的是，杜鲁门和伯恩斯的观点更接近丘吉尔的立场，而不是艾奇逊－利连索尔方案提倡的观点。

就在收到这一方案的同一天，伯恩斯指定七十五岁的金融家伯纳德·巴鲁克担任他在联合国的原子能国际控制事务发言人，他很清楚，巴鲁克反对这个方案的建议。奥本海默后来说：“就是在那一天，我放弃了希望。”巴鲁克不仅政治上保守，对原子能的国际控制持怀疑态度，而且，如果不放弃铀的所有权，他就能维护自己的既得利益，因为他在

一家持有铀矿股份的公司中有自己的投资。巴鲁克一上任就着手“修改”艾奇逊－利连索尔方案，将它变成伯恩斯对艾奇逊所说的“一个可行的方案”。为了达到这一目的，巴鲁克组建了一个政治右倾的顾问团队，包括两名银行家、一名采矿工程师和“作为军方政策传声筒”的格罗夫斯将军。

巴鲁克 3 月 16 日上任后，过了三个月才出现在联合国，于 6 月 14 日提交原子能国际控制的美国方案。在这三个月的时间里，原来的方案被改得面目全非，体现玻尔、拉比、奥本海默国际合作理念的内容遭到彻底篡改。同样是在这几个月里，作为一名值得信赖并享有崇高声望的美国政府顾问，奥本海默的个人地位受到了致命损害，在政治高层的权力人物领导下，一场针对他的恶性运动愈演愈烈。

这些人主要有联邦调查局局长埃德加·胡佛。尽管作为“原子弹之父”，奥本海默获得了极高的声誉和名望，但胡佛认为，奥本海默是危险的共产党颠覆分子，这一观点没有受到丝毫动摇。1946 年 4 月 26 日，胡佛写信给司法部部长汤姆·克拉克，建议对奥本海默实施“技术监视”（即电话窃听），“以确定他与苏联间谍的联系到了何种程度，同时还可以发现其他间谍”。调查局获得授权后，于 5 月 8 日在奥本海默的
电话上安装了窃听器。奥本海默夫妇没过多久就发现他们遭到了窃听。 483
每一通电话的内容都被整理成文字，由联邦调查局旧金山办事处发给胡佛，其中包括奥本海默和基蒂 5 月 10 日的一次对话，部分内容如下：

奥本海默：……在吗，亲爱的？

基蒂：在。

奥本海默：FBI 肯定已经挂了。

基蒂：（咯咯笑）。

两天后，联邦调查局对奥本海默和基蒂的另一次对话做了如下摘要：“就在此时，出现咔嗒一声，奥本海默问，‘你还在吗？是不是有人在偷听？’基蒂懒洋洋地回答，‘是 FBI，亲爱的’。”

调查局将奥本海默的电话记录呈交伯恩斯。伯恩斯对奥本海默提到巴鲁克时的轻蔑口吻肯定特别好奇，在这些对话中，奥本海默一律称巴鲁克为“老家伙”。

这段时期，奥本海默和巴鲁克之间的关系每况愈下。他们在4月初首次见面时，巴鲁克正打算聘请奥本海默当他的科学顾问。这次会面是一场灾难，不禁让人想起上一年10月奥本海默与杜鲁门的见面。巴鲁克强迫奥本海默承认他的建议：强调开放与合作根本不适合苏联政权的特点。巴鲁克想要修改艾奇逊－利连索尔方案，但奥本海默对他提出的修改方式感到震惊。巴鲁克认为，联合国应该授权美国大量储备原子弹，作为一种威慑力量。他还想在两个关键方面限制奥本海默建议设立的原子能发展管理机构的权力：第一，它不应该拥有和控制铀矿；第二，它不应该拥有原子能开发的权力。奥本海默离开时确信，他不可能和巴鲁克共事，并拒绝当他的科学顾问。

也许奥本海默犯了一个战术错误，他不仅私下表达他在原子能国际控制方面的观点，还发表公开演讲。不论他在什么地方演讲，观众里都少不了联邦调查局的探员，这些人会将他的讲话摘要发给胡佛。5月15日在康奈尔大学发表的一次类似的演讲中，奥本海默冷冷地对观众说：“记住我的话，如果不对原子能进行国际控制，下一场战争将是一场防止原子战的战争，但注定不会成功。”在第二天于匹兹堡发表的另一场
484 演讲中，他说，呼吁建立的国际原子能发展管理机构像一个“世界政府”，他说艾奇逊－利连索尔方案的目的相当于“放弃国家主权”。

在联邦调查局关于奥本海默日积月累的档案中，这些观点被及时记录下来，并作为继续监视奥本海默的依据。调查局的报告称，那样的监视“让本局日复一日地掌握奥本海默博士在全国各地的行踪，还可以了解他许多演讲的主题，以及他对极具争议的原子弹问题有些什么看法”。报告得出的结论是：

> 鉴于旧金山办事处的以上建议，又鉴于这样做有助于确定奥本海默在这一问题上的实际看法：通过奥本海默与负责起草原子能国

际控制方案的其他科学家的电话交流，我们建议，继续对他进行这一技术监视。

档案里还有一个叫格里高利·伯恩的人于1946年6月3日写给战争部部长罗伯特·帕特森的一封信。此人将原子弹说成是“美国的最高军事机密”，并严厉斥责“将我们的军事秘密出卖给最大敌人苏联政府的原子科学家”。“当然，”伯恩继续说，“他们以苏联政府已成为其成员的联合国组织为载体，将这一阴谋隐藏在所谓的‘原子弹控制’理念之下。必须注意的是，罗伯特·奥本海默是两个共产党阵线组织的成员，因此这就很容易解释，他为何要急着推动这个会让我们任由敌方战争罪犯摆布的方案。”

就这样，尽管如何制造原子弹已不是“秘密”，这已成为几乎所有权威原子科学家的共识，但美国高层的权力人物不仅否决了这一看法，而且还将它视为一项叛国阴谋。尽管科学家们知道，俄国和其他国家的同行肯定能弄懂如何用核裂变释放的能量制造原子弹，但很多政治家和军队领导（对他们中的多数人来说，裂变物理学完全是个谜）赞成的是杜鲁门的观点，即俄国人没有能力破解这个谜。

这些人当中就有格罗夫斯将军，1946年3月14日，也就是艾奇逊－利连索尔方案交到国务院的两天前，他在纽约华尔道夫酒店发表演讲。根据作家梅尔·米勒的叙述，格罗夫斯对观众说，“美国不用担心俄国人何时能造出原子弹。‘为什么，’他笑着说，‘那些人甚至不能制造吉
普车。’你应该已经听到了喝彩声；只能用掌声雷动来形容，很多人站 485
起来欢呼。”这就是巴鲁克赖以获得军事建议的人。在这一建议下，巴鲁克在他的顾问委员会中增加了一名比利时矿业大亨——埃德加·森吉尔，他曾与格罗夫斯合作，向曼哈顿计划提供铀矿。如果能确保铀的所有权不被移交国际机构，他甚至能获得比巴鲁克更大的利益。

5月17日，匹兹堡演讲的第二天，奥本海默回到华盛顿，在艾奇逊的安排下与巴鲁克会面。艾奇逊希望消除两人的隔阂。巴鲁克对奥本海默的演讲和新闻采访反应强烈，他向艾奇逊抱怨说，他的权威被削弱

了。奥本海默记得："巴鲁克先生对我说，他打算在联合国会议上发表演讲，但我的做法抢了他的先。那不是事实。"

在这次会面中，巴鲁克向奥本海默清楚表明，他自己的看法与艾奇逊－利连索尔方案里的观点有着巨大分歧。毫不奇怪，考虑到他和至少一名顾问的既得利益相关，巴鲁克不打算将铀的所有权移交国际组织。他还坚持在方案中增加一些规定，用来惩罚那些违反方案条款的国家。原来他心里想的是，让美国用成堆的原子弹来保障他炮制的惩罚措施。巴鲁克还在这次会面中宣布，他将建议，苏联应该对新的国际原子能机构的行动放弃否决权。简而言之，巴鲁克打算在联合国提出的建议正是奥本海默力图避免的：美国继续保持对原子弹的垄断，制造原子武器的方法继续归美国所有，采取武力措施避免其他国家获得这样的武器。这不是国际主义立场所推崇的建议，而是力图保障美国国家利益的建议。

果不其然，当"巴鲁克方案"（现在的名称）于 6 月 14 日在纽约的联合国会议上提交能源委员会时，遭到了苏联的断然拒绝。6 月 19 日，苏联拿出自己的方案反击，要求首先销毁所有现有的原子武器，然后再建立一个委员会，讨论科学信息的交换。苏联的方案同样遭到了美国的拒绝。谈判持续了好几个月，却看不到任何达成协议的希望。

同时，联邦调查局继续对奥本海默进行严密监视。电话交谈内容被
486 窃听，走到哪都有人跟踪，无论做什么事、和什么人说过话，都被记录在案。胡佛几乎每天都收到来自旧金山办事处的报告，详细了解奥本海默的活动。然而，要找到奥本海默"让我们任由敌方的战争罪犯摆布"的证据，这些报告可以说毫无说服力。每次被问及他们怀疑奥本海默的理由时，联邦调查局总是老调重弹：奥本海默在 30 年代参加过几个共产党阵线组织，他的好几个朋友是共产党员或同情共产党，最严重的是，奥本海默自己都承认，他的朋友希瓦利埃曾接近过他，企图将原子弹项目的情报透露给苏联。

最后这条"负面信息"在档案里被反复提到，好像他们握着一把通往重大阴谋的钥匙。6 月 4 日，希瓦利埃来到奥本海默家中，现场的探员迫不及待地向胡佛报告，"奥本海默夫妇对那个疑似希瓦利埃的人很

友好”。胡佛还收到一份希瓦利埃和基蒂在 6 月 13 日的通话记录，当时奥本海默不在家，另有一份记录是希瓦利埃于 6 月 18 日尝试和基蒂联系，但没有成功。

大约一周后的 6 月 26 日，希瓦利埃回到伯克利大概一个月，两名不速之客便意外造访，把他从家里带到旧金山的办事处。希瓦利埃在那里经受了长达八小时备受煎熬的盘问，主要涉及他与乔治·埃尔滕顿和奥本海默的关系。希瓦利埃后来回忆，每隔一会儿，就会有一名探员在电话里“用单音节词”说一些“简短、神秘的短语”。原来，他是在和奥克兰办事处的另一名探员说话，乔治·埃尔滕顿也正在那头同时接受盘问。最后，一名探员对希瓦利埃说：“我这里有三份口供，来自原子弹项目的三位科学家。他们每一个人都证明，你在三个不同场合接近过他们，目的是替俄国间谍获取原子弹的秘密情报。”

他们提到的三位科学家让他非常糊涂。但既然联邦调查局肯定已经知道他与埃尔滕顿的谈话，以及他替埃尔滕顿接近奥本海默的未遂企图，希瓦利埃便向探员如实交代，他如何代表苏联情报部门进行过极其短暂但不成功的活动。同时，在奥克兰，埃尔滕顿也交代了大体相同的情况：苏联领事馆的彼得·伊万诺夫和他接触后，让希瓦利埃去找奥本海默，问他是否愿意为苏联人传递情报。埃尔滕顿说，几天后，希瓦利 487
埃“顺道来我家，对我说，根本不可能获得任何情报，奥本海默博士不同意”。无论问他们多少遍，无论给他们施加多大的压力，希瓦利埃和埃尔滕顿都没有说出能支持“接触过三位科学家”这一推测的任何信息。实际上，希瓦利埃写下了书面声明：“为获取放射实验室工作的情报，除了奥本海默，我没有接触过任何人。”

尽管为了证明奥本海默参与了一项重大间谍活动，联邦调查局付出了艰辛甚至是执迷不悟的努力，但经过若干小时的盘问和日复一日的监视，能够拿出来的证据无非是奥本海默与希瓦利埃之间短暂而笨拙的谈话，而且奥本海默拒绝提供情报。为什么在没有任何证据的情况下，调查局却如此肯定奥本海默一定和苏联是一伙的呢?

答案似乎是，如果不这样，他们就不能解释奥本海默战后的政治观点。另一方面，当希瓦利埃于 1946 年夏天回到伯克利时，他惊讶地发现奥本海默的政治立场已大幅右转，还有强烈的反苏倾向。“我不能告诉你为什么，”奥本海默对希瓦利埃说，“但我向你保证，我对苏联的看法发生改变，肯定有真正的原因。它们不是你想象的那样。”

在联邦调查局看来，情况好像不是这样。他们没有奥本海默亲苏的直接证据（尽管似乎很难找到），但是他们发现，如果他没有帮助苏联的愿望，就很难解释他在战后两个方面的政治态度。第一是（在他们看来）他那（如果不是亲苏就）难以理解的建议：美国放弃对原子武器的垄断，与苏联分享信息并和他们在原子能开发与控制方面展开合作。第二是，他明显坚决认为，不应该继续制造更多的原子弹，反对继续进行原子弹试验。

当他被问到战后的洛斯阿拉莫斯应该用来做什么时，奥本海默回答：“把它还给印第安人。”当然，这样的计划从来没人考虑过。相反，尽管雇用的人比以前更少，但实验室在战后继续存在，仍然是一个研究机构和原子弹的生产基地，由诺里斯·布拉德伯里接替奥本海默担任主任。战后，它的第一项任务是继续制造“胖子”型原子弹，有些被储存起来，其他的则被放在一边，计划用于 1946 年夏天的系列试验。

这些试验代号为“十字路行动”，首先是在 1945 年底，为测试原子弹攻击海军舰队的效果而设计。具体想法是，将一些缴获的德国或日本废船组成一支舰队，然后以不同的方式用原子弹将其摧毁。美国计划进
488 行三次这样的试验。第一次代号为“能力”（Able），由一架 B-29 轰炸机从空中向舰队投弹；第二次代号叫“面包师”（Baker），将原子弹在水面下方引爆；第三次叫“查理”（Charlie），原子弹将在舰队下方半英里（约 0.8 千米）处爆炸。这些试验的地点选在太平洋中部的比基尼环礁。不同于三位一体试验，这些试验不是秘密，而是公开进行的，邀请媒体和包括苏联在内的世界各国观察员来见证一个可能是惊天动地的震撼场面。毫无疑问，这是他们希望达到的效果。

由于杜鲁门总统对奥本海默的厌恶以及联邦调查局对他的怀疑有增无减，奥本海默不愿与十字路行动有任何关系。这些试验原计划于 1946

年 5 月进行，但是在国务卿伯恩斯的要求下（他不希望这些试验影响原子能国际控制的谈判），被推迟到 7 月。5 月 3 日，得知自己被邀请参加试验并参与试验结果分析后，奥本海默致信杜鲁门，请求将他排除在与试验相关的科学委员会之外。奥本海默对杜鲁门说，像很多其他科学家那样，他对这些试验的科学价值以及它们是否能展现任何未知结果心存疑虑。毕竟，根据在三位一体、广岛和长崎爆炸中看到的，完全可以大胆预测："如果一枚原子弹离军舰足够近，无论这艘军舰多么坚固，都能将它击沉。"如果只是想弄清核辐射的效果，那么在实验室里做要省钱得多，而且效果会更好。

但是，除了以上那些考虑，奥本海默还对"原子武器纯军事试验的适当性"提出了质疑，因为"我们将原子武器从国家武器库中有效清除出去的方案"才刚刚开始。换句话说，既然美国正试图（或不管怎么说，在奥本海默看来，应该已经开始这么做）说服全世界采纳一个旨在确保原子弹不再被制造和使用的方案，而就在这个时候，美国自己却要试爆原子弹，在奥本海默看来，这是毫无道理的，也是极其危险的。这些话杜鲁门不能理解，他将奥本海默的信转交给艾奇逊，并附上简短批示，颇为不屑地将奥本海默斥为六个月前到白宫找过他的那个"爱哭的科学家"。

奥本海默反对核试验这件事没有瞒过媒体的耳目，他也非常乐意让这方面的言论被媒体引用。6 月 11 日，旧金山办事处寄给了胡佛一份奥本海默与《纽约先驱论坛报》[*]记者史蒂夫·怀特的电话交谈记录。俩人讨论了即将来临的比基尼试验，奥本海默确认了自己的观点：没有必要用这样的试验确定原子弹能否摧毁一定半径范围内的任何舰船。

> 怀特：我还想引用另一句话，但我还没有把你的名字加上去。 489
>
> 奥本海默：哪一句？
>
> 怀特：如果爆炸彻底失败，或许能证明点什么。它将证明，没

* *New York Herald Tribune.*

有好人参与，这些事就不会成功。

奥本海默：这个嘛，别提我的名字。

奥本海默向杜鲁门和媒体表达的许多疑虑以匿名文章的形式和极具说服力的措辞刊登在1946年2月15日的芝加哥《原子科学家公报》*上，这是一份只存在了两个月的期刊，但已被公认发出了曼哈顿计划那些心存政治疑虑的科学家的心声。除了奥本海默在与怀特的交谈中表达的要点，《原子科学家公报》的这篇文章还做了强有力且未卜先知的评论，结果也是如此：

> 从力学上来说，海军舰船比建筑物更坚固，因此在相同的距离内，原子弹爆炸对军舰产生的破坏作用不如对建筑物那么明显。大多数舰船距爆炸点几英里远，因此它们很可能仍然会漂浮在海面上。所以，那些受误导并指望舰队彻底毁灭的人肯定会失望，公众舆论也会受到麻痹，产生安全上的错觉，然后说："哦，原子弹也没那么可怕，不过是另一种大炸弹罢了。"

实际上，这正是1946年7月1日第一次试验（代号为"能力"）的真实结果。当时有一百多名观众到现场观摩，包括两名苏联观察员。作为攻击对象的舰队共有23艘舰船，核心目标是内华达号战列舰。在这些舰船中，只有两艘在最初的爆炸中被击沉（24小时内另有三艘沉没）；内华达号安然无恙。"现场张灯结彩，装饰华丽，到处是夸张甚至是浮华的宣传，"《经济学人》报道，"第一次比基尼原子弹试验犹如一场焰火表演，算不上成功。"一名苏联观察员说，爆炸造成的破坏"不过如此"。实际上，这次爆炸的威力（测量结果达到2.3万吨TNT当量），与任何一枚已经爆炸的原子弹相比都毫不逊色，而且试验提供了不容置疑的毁灭性辐射证据。这些舰船上有几百只老鼠、山羊和猪，它们的死亡

* *Bulletin of the Atomic Scientists.*

率足以表明，尽管内华达号没被击沉，但如果船上装满船员，几天之内，它就会变成一条“鬼船”，一口移动的棺材，每个人都必死无疑。

代号为“面包师”的第二次试验发生在 7 月 25 日，爆炸场面蔚为 490
壮观，引人注目。一枚“胖子”型原子弹悬挂在一艘登陆艇下方，在水下 90 英尺（约 27 米）的地方爆炸。结果令人惊叹：登陆艇灰飞烟灭，巨大的水柱和水汽垂直腾空而起，摧毁了十艘军舰。然而，到这个时候，公众对试验已经麻木，没有太多批评的声音。苏联以《真理报》一篇社论表达了自己的看法，将试验斥为“公开讹诈”，“从根本上动摇了人们对美国核裁军立场严肃性的信任”。

第三次代号为“查理”的试验宣告取消。

“面包师”试验的前一天，利连索尔在日记中记下了他与奥本海默在华盛顿酒店房间里见面的情景。他写道，奥本海默“对纽约进行的谈判内容感到万分绝望”。

> 很难表达他认为事情到了多么绝望的程度。实际上，当我说，有些情况并不至于让人绝望时，他以礼貌但又坚定的口吻否定了这一看法，说，错的正是这种“希望爆棚”的感觉，因为它根本不存在。

如果巴鲁克的方案失败，奥本海默对利连索尔说：

> 我们就可以认为，那是俄国表露了战争意图。既然越来越多的人想把这个国家置于战争境地，那么这就充分实现了他们的如意算盘，首先是心理战，然后是真枪实弹。军队主导了国家的研究；到处扣红帽子；将所有劳工组织——首先是共产国际组织，都视为共产主义团体，因此也是叛国组织；等等。

利连索尔记录道，奥本海默“心情狂躁，来回踱步”，“用令人心碎的语气”说出了这番话。

> 他是一个真正的悲剧人物，尽管他魅力无穷，才智过人。我离开时，他表情悲伤："我准备随便找个地方，随便做点什么，但是我的思想已经枯竭。物理研究和教学原本是我的生命，但现在我发现这些都无关紧要。"正是最后这句话，让我心如刀绞。

实际上，奥本海默在那年夏天确实采取了一些回归物理学的行动。比如，他最后同意恢复原来的安排，从那年秋天起，在伯克利上半年
491 课，再到加州理工学院工作半年。有了洛斯阿拉莫斯的工作经验以及参与美国政治高层决策的经历，他显然非常清楚，他很难回到战前的生活状态。然而，有迹象表明，那正是他所盼望的，至少是他的部分心愿。在战争期间，尽管他曾对泡利打趣说，"在过去的四年里，我只有过保密的想法"，但还是发表了至少一篇理论物理方面的论文。

不可否认，这里说的论文是《宇宙射线：1936—1941 年最新发展报告》*，发表在加州大学七十五周年校庆的论文集中。这篇论文具有纲要性和入门性特征，并非原创性研究。然而，这却在某种程度上反映了战争结束后奥本海默希望回归的研究方向。在"介子与核子"这一节中，奥本海默探讨了神秘的汤川粒子带来的困惑，他在 30 年代就在这方面倾注了大量精力。这一粒子因其质量介于微小的电子和相对巨大的质子之间而被命名为"介子"，是汤川为解释核力而做的假设，被认为是在宇宙射线中观察到的。但在宇宙射线中能被观察到的粒子的特性与汤川假设的粒子不符，这就带来了很大的麻烦。"这方面的情况，"奥本海默写道，"不仅相当复杂，而且没有被完全理解，成了目前理论物理的重大挑战。"

奥本海默想要全力攻克的正是这一"重大挑战"。令人惊讶的是，即使在联合国国际原子能政策的谈判如火如荼地进行期间，他仍然设法对这一挑战的某个方面进行了原创性研究。1946 年 6 月 26 日，《物理学评论》收到一篇奥本海默和汉斯·贝特合写的论文，标题是《电子散

---

* "Cosmic Rays: Report of Recent Progress, 1936—1941".

射的辐射反应及海特勒的辐射阻尼理论》[*]，这是针对德国犹太物理学家沃尔特·海特勒于1941年和1942年发表的论文所作的回应。海特勒在逃离纳粹德国后，先投奔布里斯托尔大学的内维尔·莫特，然后前往都柏林与埃尔温·薛定谔共事。在都柏林，海特勒与中国物理学家彭桓武合作研究一项数学理论，他们希望这一理论能够帮助人们理解宇宙射线、介子和量子电动力学。奥本海默和贝特合写的论文（共八页，按奥本海默的标准已是很长篇幅）是对海特勒－彭论文《辐射阻尼对介子散射的影响》[†]的回应，该文于1942年发表在《剑桥哲学学会学报》上。奥本海默和贝特指出，海特勒和彭设计的方程在描述电磁能造成的电子散射方面只取得了部分成功。作为冲击这一“重大挑战”的尝试，这篇 492
与贝特合写的论文微不足道，但是因为奥本海默在1946年夏天还做了大量其他工作，这篇论文能成形本身就是个奇迹。

结束巴鲁克方案的工作并于那年夏天回到加利福尼亚后，奥本海默差点就获得了一次推进天体物理研究的机会。早在战争即将爆发之际，他就对天体物理进行过卓有成效的研究，如今被公认为他在科学上的最大贡献。回到伯克利，等待他的是一封哈佛天文学家唐纳德·门泽尔于1946年7月15日写来的信。奥本海默在20年代和30年代就认识门泽尔，当时他在加利福尼亚利克天文台工作。门泽尔对太阳的结构做了一些推测，他想激发奥本海默在这方面的兴趣。在贝特关于太阳结构的开创性研究的启发下，他提出，太阳应该被视为一个巨大的原子，其绝大部分质量集中于一个密度极大的“核”(nucleus)。“我认为，从物理的角度看，这是一个重要问题，”门泽尔对奥本海默说，“因为它可能和宇宙射线的产生密切相关。”他建议，如果奥本海默下次到东部，俩人可以在纽约、费城或华盛顿见面，共同探讨这一问题。

奥本海默于8月8日写的回信颇为鼓舞人心。他对门泽尔说，“我很愿意和你探讨你对恒星内部结构的想法”，并提出即将在普林斯顿召

* “Reaction of Radiation on Electron Scattering and Heitler’s Theory of Radiation Damping”.

† “The Influence of Radiation Damping on the Scattering of Mesons”.

开的美国物理学会会议或许能提供一次机会。“我可能会在那之前到东部，”奥本海默写道，“但我真心希望不去。”门泽尔在下一封信中对奥本海默说，他不能参加普林斯顿的会议，但是仍然希望奥本海默继续思考这个问题。门泽尔对奥本海默说：“天体物理中肯定有很多有趣而重要的问题，比如原子的结构、核子的结构和光谱的解释。只要我们能像多年前那样，时不时见个面，肯定其乐无穷。”

然而，还在奥本海默和门泽尔书信往来的时候，华盛顿的最新政策出台，无论奥本海默多么真心希望不去东部，还是门泽尔多么希望与奥本海默就天体物理来一场其乐无穷的讨论，都注定不能如愿。8 月 1 日，杜鲁门总统签署了《麦克马洪法案》,《原子能法》正式生效。

布莱恩・麦克马洪最初于 1945 年 12 月将他的议案提交国会，取代被撤销的梅 – 约翰逊议案。其根本原则是确保原子能政策掌握在平民而
493 非军方手中，而这正是梅 – 约翰逊议案中所没有的。确保实现这一目标的主要手段是，建立一个完全由平民组成的原子能委员会，负责原子能在军事和非军事领域的开发与控制。杜鲁门为原子能委员会挑选的首任主席是大卫・利连索尔，这样奥本海默肯定会被召回华盛顿，为美国原子能政策的形成发挥关键作用。

原子能委员会是一个五人组成的机构，根据《麦克马洪法案》的规定，委员会于 1947 年 1 月从曼哈顿计划中接手这项职能。这就意味着，洛斯阿拉莫斯现在成了一个平民而非军方机构。除了利连索尔，委员会成员还包括新英格兰商人萨姆纳・派克、艾奥瓦州农场主和报纸编辑威廉・韦马克、委员会中唯一的科学家罗伯特・巴彻及政治上保守的银行家和预备役海军上将刘易斯・斯特劳斯。斯特劳斯（Strauss，坚持说自己名字的发音是 straws）以前是一名腰缠万贯的鞋商，因为担任胡佛总统的助理，颇具政治影响。1946 年 10 月 24 日，联邦调查局监听到奥本海默这样评价斯特劳斯：“他不是特别有教养，但也不碍事。”

到他发现原子能委员会的人员构成时，奥本海默已经受到联邦调查局的盘问，这既是盘问希瓦利埃和埃尔滕顿的后续行动，可能也是奥本海默参与利连索尔委员会工作之前的预防措施。考虑到他知道自己的电

话已被窃听，当探员来到他在伯克利的办公室盘问他时，他肯定不会奇怪，特别是他已经从希瓦利埃那里得知后者在 6 月份经受的折磨。

在希瓦利埃写的《奥本海默：友谊的故事》一书中，他描述了到奥本海默家参加鸡尾酒会的情景，他在那里对奥本海默说，他受到了联邦调查局的盘问。希瓦利埃没有提到具体日期，但因为他将那次酒会说成是“一种回迁暖房式”（a kind of house-rewarming）的，那自然应该发生在 1946 年 8 月的某个时候，也就是奥本海默从华盛顿回到伯克利后不久。希瓦利埃记得，奥本海默让他和妻子“提前赴约，这样，在别的客人到来之前，我们就可以私下聊聊”。希瓦利埃记得，调查局的盘问在脑子里挥之不去，“在第一轮寒暄过后，我马上就提到了那个话题。奥本的脸色马上沉了下来，他说‘我们到外面去’”。

在外面的花园里，他们避开了调查局的“技术监视”，希瓦利埃向奥本海默讲述事情的详细经过。他说，奥本海默“明显非常着急。他不停地问我问题。我们在凸凹不平的路上来回踱步”。奥本海默对希瓦利 494
埃说，他向调查局说出他俩 1942 年关于埃尔滕顿的谈话是恰当的，同时他也试图让希瓦利埃放心，他就同一件事的陈述也是恰当的。“你知道，我不得不将那次谈话上报……”他对希瓦利埃说。希瓦利埃没完全弄懂那样做的必要性，当他向奥本海默问起为何联邦调查局声称有三名科学家被接近过时，奥本海默“没有回答。他极其紧张不安”。当基蒂过来对他说其他客人已陆续到来时，奥本海默将她打发走，继续向希瓦利埃提问。不久，基蒂再次出现，这一次她催促得更加厉害，“奥本一通污言秽语脱口而出，将基蒂骂得狗血喷头，让她别管他妈的闲事……滚出去，该干吗干吗。”希瓦利埃说：“那是我第一次看到奥本言行失控。我无法想象，究竟是什么能让他如此大发雷霆。”

大概一个月后的 9 月 5 日，奥本海默自己也受到了探员的盘问——还是 6 月份盘问埃尔滕顿的那两人。无论奥本海默与希瓦利埃的谈话多么令他紧张不安，但那次谈话至少让他知道该说些什么，以减轻他在 1943 年与帕什的草率谈话造成的危害。他的供述与联邦调查局从希瓦利埃和埃尔滕顿那里听到的完全一致。至于希瓦利埃和埃尔滕顿不断一致否认的部分，即关于三名神秘科学家那部分，奥本海默现在声称，那只不过是他编造的谎言 目的是要保护希瓦利埃。

至于这个谎言如何能保护希瓦利埃，是他一辈子都没能解释清楚的事，尽管很多很多次，有人请他解释。奥本海默对那些探员说，他极不愿提供对希瓦利埃不利的证据，也没有告诉过希瓦利埃他就所谓的间谍事件提到过他的名字（当然，这不是事实）。他听说乔·温伯格是共产党员，故意装出非常惊讶的样子。同时，探员再次使用盘问希瓦利埃和埃尔滕顿的做法，让温伯格在同一时间接受盘问。温伯格也没有完全说实话，否认曾在尼尔森家中与史蒂夫·尼尔森见过面。因为调查局现在有书面证据证明奥本海默和温伯格都有虚假陈述，胡佛明显认为这是一个诉讼案件，并将这些盘问记录的副本提交司法部部长。令胡佛大失所望的是，司法部部长决定不予起诉。因为他的探员正在继续监视奥本海默，胡佛便等待着时机。他相信，利用奥本海默“负面信息”的另一个机会必将到来。

495 正如当时很多人注意到的那样，在原子能委员会里，与利连索尔共事的四名成员是一个奇怪的组合，因为除了巴彻，其他几个对原子能几乎一窍不通。一个银行家、一个农场主和一个商人怎么能对原子能的民用开发或美国原子武器库的性质和规模这等事做出有见地的专业判断呢？谁又能指望他们去监督洛斯阿拉莫斯、橡树岭和汉福德未来的发展呢？答案是，设立一个专家小组，向他们提供建议。这个小组被称为总顾问委员会。与原子能委员会不同，总顾问委员会全部由这一领域的顶级专家组成。共有八人坐镇，这是一个极其豪华的阵容：詹姆斯·科南特、伊西多·拉比、格伦·西博格、西里尔·史密斯、李·杜布里奇（加州理工学院院长）、杜邦公司的胡德·沃辛顿（他建造了汉福德的核反应堆）、联合果品公司的哈特莱·罗伊，当然，也少不了奥本海默。

1946 年 12 月，刘易斯·斯特劳斯飞到加利福尼亚和奥本海默见面。他此行的目的除了讨论原子能委员会的相关事宜，还为奥本海默带来了一个职位。作为普林斯顿高等研究院的董事，斯特劳斯经其他董事授权，前来邀请奥本海默担任研究院院长一职，从 1947 年 10 月算起。

1939 年就担任该院院长的英国文学学者弗兰克·艾德洛特已于年前表达了退休的意愿，经过对全体教员的调查，结果显示，奥本海默是接任这一职位最受欢迎的人选。

12 月 23 日，《纽约时报》过早刊登了奥本海默将于第二年秋天担任研究院院长的消息。实际上，奥本海默还没有下定决心，而且令斯特劳斯闹心的是，还要再等三个月奥本海默才会决定。有明显迹象表明，奥本海默用这么长时间仔细考虑这件事的时候，他最担心的莫过于普林斯顿是否能吸引令人心动的年轻物理学家。斯特劳斯向研究院的董事汇报说："除了管理职责，奥本海默博士还要求，允许他用部分时间从事教学工作，这样他就能和青年学者保持直接联系。"由于学院是个纯粹的研究机构，根本没有任何学生，要满足这一要求，只能让普林斯顿大学挑几个研究生做奥本海默的学生。

然而，奥本海默想要保持接触的人不仅是那些聪明过人的研究生。他同样渴望和最优秀的研究型青年科学家讨论物理问题，这些人在完成了研究生学业后，正在开启自己的职业生涯。正如奥本海默从自己的 496
博士后经历中知道的，这都是些即将在科学领域取得重大突破的人。然而，这样的青年才俊总是供不应求，在战争结束后，对这些后起之秀的争夺异常激烈。让奥本海默感到十分沮丧的一件事情是，伯克利物理系没能吸引，甚至没有竭尽全力引进理查德·费曼。奥本海默早在 1943 年 11 月就写信给伯奇推荐此人。奥本海默对伯奇说，费曼"在各个方面都很出色，因为广受好评，我认为有必要提请你注意他的名字，并请你尽快考虑在系里给他安排一个职位"。六个月后，他再次去信，强调情况十万火急，因为费曼收到了康奈尔大学的工作邀请。1944 年 10 月 5 日，奥本海默气恼地给伯奇写信说，已经来不及了：费曼已经接受了康奈尔大学的教职。他对伯奇说，"当然，我会尽最大努力让你注意到那些可用之才，那些我们应该强烈推荐到系里工作的人"。

在争夺美国青年物理学领军人物的过程中，费曼的主要对手是朱利安·施温格，他当时参与了一场有失体统的竞争，这场竞争在哈佛大学的范弗莱克和哥伦比亚大学的拉比之间展开。施温格于 1946 年底访问伯克利时，奥本海默实在抑制不住聘用他的冲动，直接问他："你愿意来伯克利工作吗？"正如后来发生的那样，施温格很想到加利福尼亚生活，但是很不愿意和奥本海默一起工作，因为有被他压制的危险。施温格后来记得这样的对话："然后他说——这话直到今天都困扰着我，'如果你知道我不在这工作，你会改变主意吗？'他没有对我说他要去普林斯顿。"

尽管诱惑不小（特别是在得知奥本海默将离开伯克利后），但施温格还是拒绝了，最后去了哈佛。他后来试图解释这一决定："我还是拒绝了，现在我不能确定为什么。但他口是心非，让我害怕。"

此时，另一位迅速成长起来的年轻物理学家是亚伯拉罕·派斯，尽管他的名气和声望远不及费曼和施温格。派斯是一名荷兰犹太裔物理学家，师从哥本哈根大学的玻尔，应邀于1946—1947年到普林斯顿高等研究院工作一年。作为一名赢得玻尔尊敬的年轻物理学家，派斯成了香饽饽，刚到美国才几个月，就收到了伊利诺伊大学、加州大学洛杉矶
497 分校、北卡罗来纳大学和哥伦比亚大学的橄榄枝。面对这些诱惑，派斯仍然希望，在普林斯顿一年的工作结束后，还是回到哥本哈根的玻尔研究所。

然而，奥本海默另有打算。派斯于1946年9月到美国，几天后就遇到了奥本海默。当时，派斯到那年在纽约举行的美国物理学会年会上提交一篇论文。在会上，派斯自然去和荷兰同胞乌伦贝克、古德斯密特和克拉默斯寒暄。开会的时候，克拉默斯在一张纸条上草草写下："转过身去，向罗伯特·奥本海默表达敬意。"派斯回忆：

> 我转过身，在我身后，坐着那位大人物。在那之前，我只从报刊文章中认识他。他很开心地露齿而笑，伸出手来，和我握手。最不寻常的是——至少我当时是这么想的——他坐在那，只穿一件开襟衬衫。

派斯第二次与奥本海默见面是在1947年1月的最后一天，当时他

去参加那年的美国物理学会年会，这次还是在纽约，但地点是哥伦比亚大学。在那次会议上，奥本海默应邀发表一年一度的里克特迈耶纪念演讲（Richtmyer Memorial Lecture），主题是“介子的产生与湮灭”。派斯记得：

> 奥本海默面对满屋子的人讲话。与其说他是个老师，不如说他是个演说家。然后，有很多次，我被他那类似神职人员的风格打动。这种风格也许可以说，似乎是要调动大家进入大自然的奥秘。

讲座结束后，派斯走上前去问候奥本海默。奥本海默说他有点急事要和他商量，问派斯是否能等他先和众人道别。派斯后来回忆：

> 我一边等，一边在脑子里咀嚼他刚才说的话，我记得我是这样想的：他讲的东西我究竟记住了多少？我不仅被他的话打动，甚至被迷住了，但现在我发现，我无法重构任何实质的东西。现在可以说，这绝不仅仅是因为我太愚钝。

奥本海默终于把这些人送走后，向派斯建议，“我们到百老汇大街找一家酒吧坐坐”。在酒吧里，奥本海默对派斯说，他已收到就任高等研究院院长一职的邀请，恳请派斯考虑继续留在那里。几个月后，1947 498
年4月初，已经决定接受哈佛工作邀请的派斯接到奥本海默的电话。“我已接受高等研究院院长的职位，”奥本海默对他说，“我非常希望明年你仍然留在那里，那样的话，我们就能在那里建造理论物理的大厦了”。看到奥本海默如此关注他并真心挽留，派斯盛情难却，改变了去哈佛的想法，决定接受奥本海默的邀请。

普林斯顿高等研究院的工作对奥本海默具有多重魅力。其中包括，该机构具备规模小、跨学科的特点，还能给他一个建立重要理论物理研究中心的机会，正如他初到伯克利时所做的那样。另外，尤其是，这免除了他频繁坐飞机跨大陆旅行的奔波之苦。在东西部之间频繁飞行，将生命中的大量时间花在飞机上和机场里，让他感到疲惫不堪。因此，在某种程度上，高等研究院院长和原子能委员会总顾问委员会成员这两个职务是联系在一起的：接受第一个，他就能更好地履行第二个岗位的职责。

1947 年 1 月 8 日，奥本海默前往华盛顿参加总顾问委员会第一次会议。他晚到了一些，发现其他人在他缺席时已经推选他出任主席。在接下来的几年里，总顾问委员会实际上成了奥本海默的委员会，而由于两个委员会（原子能委员会和下属的总顾问委员会）之间的学术力量要保持平衡，这也就意味着他的意见将在原子能委员会中发挥主导作用。可能有人会以为，他将利用他的影响力推行玻尔传承下来的国际主义观点，毕竟在过去的一年里，他为了推行这一观点付出了巨大的努力。然而，联合国谈判的失败彻底击碎了他的幻想。奥本海默的确不喜欢巴鲁克修改的方案，也不喜欢为此进行的充满火药味的讨论，但是更令人心寒的是苏联不妥协的态度。那年 1 月，汉斯·贝特来到伯克利时，他像希瓦利埃那样，对奥本海默强烈的反苏情绪感到吃惊。贝特记得，他俩“就原子能控制方案的命运讨论了很长时间。他对我说，他已经放弃苏联人接受任何方案的一切希望”。

> 他特别指出，苏联制定的方案只考虑自己的利益，完全不顾他国利益。也就是说，他们很想立即剥夺我们阻止他们进军西欧的那种武器，如果他们选择这么做，又不会在另一方面向我们保证对原子能进行真正的控制，也不会保证我们以后将免受苏联原子武器的攻击。

499 联邦调查局的窃听器应该录下了他们的谈话，在其他许多场合一定也录到过奥本海默表达的类似观点，但所有这些都没能动摇埃德加·胡佛显而易见的坚定信念，即奥本海默是共产主义同情分子、潜在的苏联间谍。奥本海默在总顾问委员会的职位使胡佛有机会对他展开新的调查。实际上，这是胡佛的职责所在，因为《麦克马洪法案》中有一项措施规定，所有以前获得过安全许可并参与曼哈顿计划的原子能委员会成员都必须接受联邦调查局的调查。因此，1947 年 2 月，探员调查了十多位奥本海默的朋友和同事，并根据收集到的信息（都没能提供新的怀疑理由），重新编写奥本海默的档案材料。在将这份材料寄给原子能委员会之前，胡佛将它和弗兰克·奥本海默的档案一起寄给了杜鲁门的军事顾问沃恩将军。“你会注意到，”胡佛在他的随附信件中写道，“这两人掌握了原子弹项目的全部知识，我们认为他俩很可能都是共产党员。”

大约一个星期后，3 月 8 日星期六，胡佛将同样的文件寄给了原子能委员会。接下来的星期二，委员们开会讨论怎么处理寄来的档案。科南特和布什都认为不用理睬；他们说，这份档案没有任何新意，无非是在重复他们在 1942 年已看过并否决了的东西。在征求原子能委员会律师约瑟夫·沃尔普的意见时，他回答：

> 这么说吧，如果有人将这份档案里的东西打印出来，说这是原子能委员会高级平民顾问的材料，肯定会是个大麻烦。他的背景很糟糕。但是，你们现在的职责是确定这个人是否有安全风险，除了希瓦利埃事件，我在这份档案里看不出能证明他有风险的任何东西。

在原子能委员会中，对档案提供的信息最为震惊的是刘易斯·斯特劳斯。据沃尔普回忆，他“明显被吓到了”。上一年 12 月，奥本海默在谈到普林斯顿提供的职位时，向他说起过一些关于他的“负面信息”，但是斯特劳斯似乎并不上心。现在，他和委员会主席利连索尔不得不严肃对待这些信息。

3 月 11 日，原子能委员会成员决定直接将问题提交最高层，然后前往白宫，向杜鲁门总统汇报调查局对奥本海默的怀疑。当然，杜鲁门早已知道这些怀疑，不想管这些事。在那个特殊时期，让杜鲁门更加担心的是希腊和土耳其危机，这两个国家都有落入苏联之手的危险，或将成 500
为丘吉尔所说的“苏联势力范围”。为了应对这一威胁，1947 年 3 月 12

日，杜鲁门向国会宣布后来众所周知的杜鲁门主义，即支持“自由人民”免遭“共产主义威胁”的政策。此时，正在华盛顿的奥本海默从艾奇逊那里收到一份杜鲁门主义的预览稿。“他让我保持清醒的头脑，”奥本海默后来说，“我们和苏联正进入敌对关系，关于原子弹的话题，无论我们做什么，都应该牢记这一点。”不久，巴鲁克的继任者、美国驻联合国原子能发言人弗雷德里克·奥斯本对奥本海默的言论大吃一惊，因为奥本海默说，美国应该撤出与苏联的谈判，并说苏联永远不会同意任何可行的方案。

因为总统正忙于制定杜鲁门主义，他对原子能委员会成员们说，因政务缠身，不能接见他们，让他们去找助理克拉克·克利福德。克利福德似乎也不太在意奥本海默的档案，成员们便放心了。3 月底，原子能委员会收到一批知名人物的证明，为奥本海默的忠诚担保，这些人包括战争部部长罗伯特·帕特森和格罗夫斯将军。8 月 11 日，原子能委员会准备一致同意向奥本海默签发安全许可。到这个时候，联邦调查局暂停了对他的“技术监视”。在官方眼里，他不再是危险分子，反而成了制定美国原子能发展政策的主要负责人。

对奥本海默忠诚的怀疑为什么显得如此不通情理呢？原因是，从现在的视角看，他最显著的特点之一是他对国家深切甚至狂热的爱。这是始终伴随他整个生命的少数几个特点之一，显著体现在他所做的几乎每一件事中。在洛斯阿拉莫斯的领导岗位上付出巨大精力的背后，在制定和执行美国原子能政策的事业中发挥主导作用的决心背后，都能清楚地看到他对美国的爱。在把美国建成世界理论物理研究中心的事业中，以及从他刚刚进入学术生涯以来，这一特点也十分明显。

战后那段时间，奥本海默看到他从 20 年代起就怀揣的梦想即将成为现实：美国取代德国，成为物理学多数基础性进步的诞生地。而且，他自己在这梦想成真的过程中发挥了重要作用，不是通过（像战前那样）发表论文和教学，而是通过在一系列重要会议中发挥自己的影响力。

501 在这些会议中，最重要的是 1947 年 6 月举行的谢尔特岛会议，它已被作为20世纪物理学发展史上最重要的会议之一载入史册。拉比说，“它将像1911年的索尔维会议那样被世人铭记，是令人瞩目的崭新发展历程的起点”，而理查德·费曼则说，“自那以后，世界上举行过很多次会议，但我从未感觉有哪一次比这次会议更重要”。

在谢尔特岛会议上，威利斯·兰姆介绍了发现的氢原子光谱，即所谓的“兰姆移位”，后因此获得诺贝尔奖。也正是在谢尔特岛上，拉比通报了他在哥伦比亚大学实验室里取得的结果：以前所未有的精确度测量出了氢原子中的质子和电子之间的磁相互作用，并发现他的测量值与当时广为接受的理论得出的值之间存在差异，虽然很小，但很重要（大约相差0.22%）。还是在这次会议上，罗伯特·马尔沙克首次提出，关于奥本海默在过去十年倾注过大量心血的介子谜题，可以通过后来人们熟知的“双介子假设”（two-meson hypothesis）解决。仍然是在这次会议上，理查德·费曼首次公开介绍了后来世所共知的“费曼图”，*而且，在理解1947年完成的一系列惊人实验观察的尝试中，播下了费曼和施温格在后来几年里实现量子电动力学重大突破的种子。

这些年轻的物理学家不仅都是美国人，而且不同于奥本海默和他的同辈，他们都是美国本土大学培养的研究生：兰姆毕业于伯克利，马尔沙克毕业于康奈尔，费曼毕业于普林斯顿，施温格毕业于哥伦比亚。在很长一段时间里，美国最杰出的物理成就，大部分出自难民、移民和国外培养的科学家，而现在，美国也成了一个盛产杰出物理学家的国度。

就参会的人数而言，谢尔特岛会议的规模并不大，只有二十三人，但是到会的人要么是名满天下的科学家（如贝特、费米、拉比、泰勒、乌伦贝克和惠勒），要么是公认的未来之星（如费曼、派斯和施温格）。奥本海默和克拉默斯、魏斯科普夫一起，担任“讨论主席”（discussion leader）。他们都要在“量子力学的基础”这一大标题下就他们认为应该讨论的问题制定提纲。魏斯科普夫的提纲分成三部分：一、量子电动力 502

* 费曼图是对亚原子粒子相互作用的图形表示。一幅典型的费曼图可能显示，比如电子和正电子的湮灭，以及释放出的电磁波。——原注（61）

学存在的问题；二、理解原子核和介子现象时遇到的问题；三、用高能粒子做实验的建议。克拉默斯只关注量子电动力学问题，而奥本海默的提纲只涉及如何理解介子的问题，特别是目前已被接受的理论与实验结果的差异。

其中一项结果（魏斯科普夫的提纲中明确提及，奥本海默的提纲中也有暗示）是在战时意大利的一个实验中获得的。奥本海默在那年晚些时候的一次非技术性的讲座中作过激动人心的描述。现在，奥本海默对美国无可争议的物理学前沿地位非常自信，他心胸宽广，慷慨评价了欧洲人的研究，并对大家说，"在过去两年，最重要的两到三个实验发现中，至少有两个来自欧洲"：

> 有一个实验是在其结果发布很久以前就由三个意大利人在罗马一座古屋的地窖里完成的，那三个人被德国人判了死刑，因为他们是意大利抵抗组织的成员。他们被其中一人的叔叔从卡西诺劳改队中救出，躲在罗马的一个地窖里。他们在那里很无聊，然后就开始做实验。在基础物理学领域，他们给我们的思想带来了一场真正的革命。

这三位意大利科学家是马切罗·康维希、埃托雷·潘悉尼和奥列斯特·皮西奥尼（当费米在研讨会上解释他们的实验有多么重要时，开玩笑似的说，他"不敢说出那几个人的名字"）。1947 年 2 月，《物理学评论》发表了这三位科学家的一封来信，题为《负介子的分裂》*，描述了他们在 1945 年做的实验，最终表明，当时的介子理论存在根本性错误。根据那一理论，宇宙射线中发现的介子，也就是汤川所说的作为核力载体的粒子，正是核力将质子和中子结合成了原子核。他们发现，有些介子带正电，有些带负电。如果这一理论是正确的，那么负介子应该总是被周围的原子核吸收，而正介子不会。因为每一个原子核都带正电，所

* "On the Disintegration of Negative Mesons".

以带正电的介子应该受到排斥，不是被吸收，而是迅速衰变（介子的生命只有几微秒）成电子和中微子。

康维希、潘悉尼和皮西奥尼的发现与该理论恰恰相反，带负电的介子尽管会被相对较重的铁元素原子核吸收，但会在一种轻得多的碳元素 503
中发生衰变。魏斯科普夫和奥本海默希望这些聚集到谢尔特岛的杰出科学家讨论的问题是：这里面究竟发生了什么？为什么碳原子核不吸收带负电的介子？

那次会议于 6 月 2 日星期一在谢尔特岛的公羊头酒店（the Ram's Head Inn）开幕。为了宣传战后核物理学的名流雅士，《纽约先驱论坛报》以夸张的溢美之词报道了这次会议：

> 美国最著名的二十三位理论物理学家，即那些制造原子弹的人，今天相聚在一家乡村酒店里，开始三天的讨论和研究。其间，他们希望解决困扰现代物理学的几个难题。我们怀疑，以前是否举行过这样的会议。在美国科学院的支持下，这些科学家包下了公羊头酒店……由于酒店里没有其他客人，即便脱掉上衣工作，他们觉得也不会有人介意，因此会议几乎在不拘一格的轻松状态下进行。

会议的组织者邓肯·麦克因内斯在他的日记中记录道，“很快就明显看出，奥本海默是整件事的策划者”，而会议主席卡尔·达罗记录道：

> 随着会议的推进，奥本海默的主导地位越发明显——对每一个论点的分析（常常相当尖刻），使用的英语精彩无比，没有犹豫停顿或找不到词的情况（我从未在物理学的论述中听到过 catharsis 一词，也没听到过 mesoniferous 这么巧妙的词，这可能是奥本海默的发明），冷幽默，不停评论这个或那个想法肯定是错的，听他说话的人都充满了敬意。

亚伯拉罕·派斯说，他的回忆证实了这些印象：

> 我听过奥本海默讲话，但还从来没有亲眼见过他带领一群物理学家展开科学讨论。在这方面，他驾轻就熟，总能用诱导性问题适时打断你（在物理学会议上，打岔是正常现象），总结讨论过的要点，并提出继续讨论的方向。

504 第一天主要由兰姆和拉比就上面提到的惊人实验结果作报告。兰姆的实验类似于拉比在哥伦比亚大学所做的实验，他利用二战期间发展起来的雷达技术，以前所未有的准确性测量了电子的能量，并确定氢原子中电子的行为不同于保罗・狄拉克理论的预测。

兰姆发现，某一级上的电子比另一级上的电子能量更大，并不像狄拉克理论说的那样，所有电子都有相同的能量。奥本海默在兰姆的介绍结束后提出，解释这一“移位”需要我们重新理解量子电动力学。

拉比介绍了他的两名学生约翰・奈菲和爱德华・尼尔森所做实验的结果，似乎同样要求改进量子电动力学，因为他们对氢原子中电子的“磁偶极矩”进行了精确可靠的测量，与狄拉克理论预测的结果不符。第二天，克拉默斯和魏斯科普夫的论文处理了后来所称的兰姆移位和“反常磁矩”提出的理论问题。然后，在讨论克拉默斯的论文期间，施温格提到，那些观察结果预示了着对量子电动力学的新理解可能会形成什么。

6 月 4 日是会议的最后一天，奥本海默组织大家就物理学家在理解介子的过程中碰到的问题进行延伸讨论。在随后的讨论中，罗伯特・马尔沙克提出了今天非常著名的假设：如果将介子分成一大一小两种介子来看待，这些令人迷惑的难题就能得到解决。较大的介子应该是产生强核力的汤川粒子，它会衰变成较小的介子，即在宇宙射线中发现的介子，然后又衰变成电子。实际上，虽然谢尔特岛会议的参会人员还不知道，但证实马尔沙克假设的实验证据已经发表。

在 1947 年 5 月 24 日出版的英国《自然》杂志上（因此，这期杂志在谢尔特岛会议结束几天后才在美国出现），布里斯托尔大学的一群实验物理学家在塞西尔・鲍威尔的领导下公布了他们完成的研究报告。报告展示了他们所称的“一级”介子衰变成“次级”介子的过程。这份报告的作者指出，这一过程解决了很多涉及介子的谜题，包括那几个意大利科学家提出的问题。鲍威尔及其团队的实验就是奥本海默在前文讲座中提到的来自欧洲的重要实验发现的第二个例子。

在写给美国科学院院长弗兰克·朱伊特的信中，奥本海默将谢尔特 505
岛会议盛赞为“成果超乎想象”。他对朱伊特说，“那是快乐的三天”，参会人员“确立了前所未有的信心，找到了正确的前进方向”。几个月后，作为那次会议的后续成果，与会人员发表了多篇至关重要的论文。奥本海默对此激动不已。他说，对大多数参会者而言，“那是我们参加过的最成功的一次会议”。他宣布，通过这次会议，我们“对介子在物理理论中的作用有了新的理解，并得以开始解决困扰量子电动力学的悬而未决的矛盾”。那年底，他发布了下一年的春天举行第二次会议的计划。

会议结束后，奥本海默没有回加利福尼亚，而是去了哈佛，他要到那里领取哈佛颁发的荣誉学位。为了避免往返谢尔特岛的麻烦，他安排了一架私人水上飞机，从杰斐逊港飞往康涅狄格的布里奇波特，再从那里转乘火车到波士顿。由于在哈佛任教的施温格与麻省理工的罗西和魏斯科普夫也要回波士顿，奥本海默便邀请他们同行。途中，飞机遭遇暴雨，飞行员决定在唯一可选的地方着陆，可那正好是个海军基地，民用飞机不能使用。他们刚下飞机就发现一名怒气冲冲的海军军官等在那里，准备给他们一顿训斥。“别担心，”奥本海默对飞行员说，“我来处理。”他走下飞机，向那名军官伸出手，冷静地说：“我是奥本海默。”军官倒抽一口气，“那位奥本海默？”在确定他面前的人正是美国最著名的物理学家后，这名军官马上转怒为喜，恭迎奥本海默一行到军官俱乐部，用茶水点心好生招待，然后还安排一辆车，将他们送到当地火车站，他们在那里乘火车前往波士顿。

终于抵达哈佛后，奥本海默在6月5日的毕业典礼上被授予荣誉学位。仪式见证了一个历史性的时刻，因为马歇尔将军在对毕业生发表演讲时宣布了一项新的政策：欧洲复兴计划，也就是后来众所周知的马歇尔计划。该计划以紧密合作为条件，向欧洲国家提供几十亿美元的援助。

正如他在支持梅－约翰逊议案并向国会作证时显示的，奥本海默由衷敬佩马歇尔将军。哈康·希瓦利埃透露的实情不仅反映出奥本海默对
506 马歇尔的崇高敬意，也体现出他很乐意看到自己渐渐进入备受尊敬的国务卿的社交圈。马歇尔成了那年《时代》杂志的“年度风云人物”。希瓦利埃回忆，那期间他在纽约偶遇菲尔·莫里森，在相互寒暄和追忆往事的时候，问及奥本海默。“我现在很少见到他，”莫里森回答，“我们不再有共同语言……他进入了另一个圈子。”为了说得更清楚些，莫里森对希瓦利埃说，在最近和他一起参加的一个会议上，奥本海默不停地说，“乔治认为这样……”“乔治说那样……”最后莫里森忍不住问，这个“乔治”到底是谁。“你知道，”他对希瓦利埃说，“对我来说，马歇尔将军就是马歇尔将军，或是国务卿，而不是乔治。”他说，奥本海默完全变了，“他觉得自己是上帝”。

1947 年夏天，奥本海默、基蒂和孩子准备离开加利福尼亚，搬到专门留给普林斯顿高等研究院院长的豪宅奥登庄园。此时的奥本海默，在科学家、政治家和公众心目中，他的声誉达到了巅峰。正如社会学家菲利普·里夫写道，在这些年里，“奥本海默在美国社会中成了新的科学地位的象征，他那消瘦的脸庞和体形代替了爱因斯坦，成了公众眼里的天才的形象”。至少在这个时候，安妮·威尔逊对他在东部可能会有“大麻烦”的担忧，似乎非常不合时宜。

第十六章 507

繁荣岁月

"不会是在做梦吧，"亚伯拉罕·派斯到普林斯顿高等研究院几个月后写道，"玻尔来我办公室聊天；窗外，爱因斯坦和他的助手走在回家的路上；隔着两间办公室坐着狄拉克；楼下是奥本海默。"

除了爱因斯坦，派斯提到的另外两位伟大科学家，玻尔和狄拉克，也被奥本海默在上任的第一年聘请到了研究院。俩人对奥本海默都具有重要象征意义：玻尔是奥本海默最尊敬的老一辈物理学家，也是他最崇敬的人；狄拉克是奥本海默这代人中最伟大的科学家，奥本海默密切关注着他的事业，两人难免有竞争，但更多是仰慕。奥本海默想把玻尔和狄拉克吸引到研究院一点都不奇怪，但实际上，派斯自己更能代表奥本海默在研究院的雄心壮志。奥本海默非常清楚，下一批在物理学上取得重大进步的人，不会是玻尔和爱因斯坦这代人，甚至也不会是奥本海默和狄拉克这代人，而是派斯、施温格和费曼这个年龄的人。奥本海默最想要的正是这些年轻人，他希望在普林斯顿"带领"他们开创未来。

奥本海默坚持在聘用合同中注明，他可以用部分时间给研究生上课，但他放弃了原来的计划，不想依靠研究院董事在普林斯顿为他物色合适的学生，他要未雨绸缪，亲自招贤。20 世纪 20 和 30 年代，为了尽可能有更多时间和奥本海默在一起，像瑟伯尔这样的学生每年都要从伯克利赶往帕萨迪纳。与此类似，奥本海默在 1947 年夏天离开加利福尼亚
508 时，至少有五名学生跟随奥本海默来到东部，他们是哈尔·刘易斯、罗伯特·芬克尔斯坦、索尔·爱泼斯坦、莱斯利·弗尔迪和西格·沃希森。

1947 年 12 月，奥本海默搬到普林斯顿后不久，《生活》杂志刊登了一篇关于研究院的文章，标题为《高等研究院：思想家的港湾》[*]。文章开头写道，原子弹是“本世纪最深奥思想的毁灭性反映”。为了展示思想的力量，“思想家得到了属于自己的天地”，因此，研究院作为“超强大脑的聚集地”，被认为是“世界上最重要的机构之一”。

然而，这篇文章配的图片里多半是些无精打采的老头：经济学家沃尔特·斯图尔特斜倚在沙发上，昏昏欲睡；古典学者本杰明·梅里特透过放大镜，眯眼凝视古希腊铭文；数学家奥斯瓦尔德·维布伦靠坐在椅子上，双眼迷离，盯着面前的书桌；当然，还有爱因斯坦，他出现在两张照片上，一张面对观众，另一张与奥本海默并排而坐，文字说明提示，他正对奥本海默讲“他以空间解释物质的最新尝试”，在两张照片里，他看上去就像《旧约》中的远古先知。

和这些图片形成鲜明对比的是两张奥本海默的照片。第一张的文字说明是“清谈馆”。照片显示，他正与狄拉克和派斯专心致志地激烈讨论，从表情上看，三人坚信讨论的话题极其重要。第二张图片的文字说明是“奥本海默的学生”，只见奥本海默坐在一张课桌上，五个年轻人正全神贯注地倾听他的每一句话。不知是巧合还是刻意为之，这两组照片的强烈反差传递着显而易见的信息：在奥本海默领导下，研究院不再是那帮声名显赫却辉煌不再的杰出老人的养老院；它将是前程似锦的年轻人脚踏实地，为科学知识做出新的伟大贡献的地方。

那是物理学上一段激动人心的岁月，奥本海默在谢尔特岛会议后就认识到了这一点，他决心尽一切可能进入发展的核心。实际上，尽管奥本海默此时已是原子能委员会的总顾问委员会主席，因而可能是这个国

---

* “The Thinkers: The Institute for Advanced Study is their Haven”.

家对政府原子政策最有影响力的人，他已基本搬到了东部，因此，经常往返华盛顿就不会像以前那样耗时费力，但实际上，在普林斯顿的头两年，他的主要工作是物理学，而不是政治。和 30 年代一样，他和学生
联合发表论文。1947 年 10 月，他向《物理学评论》提交了他在谢尔特 509
岛上发布的论文《介子的大量产生》*，与哈尔·刘易斯和西格·沃希森合作发表。几个月后，他又提交了另一篇论文《关于负介子受激衰变的注记》†，这是与索尔·爱泼斯坦和罗伯特·芬克尔斯坦的合作成果。但是，更为重要的是，他带领学生进入了在谢尔特岛会议后即将迈出重要新步伐的领域：量子电动力学。奥本海默知道，哥伦比亚大学近期的实验提出的谜题即将得到破解。

奥本海默鼓励研究院的年轻物理学家参加那个时期举办的各种会议和研讨班，地点不限于美国，也包括欧洲。譬如，他鼓励派斯于 1947 年 9 月到哥本哈根参加一个小型会议。在会上，塞西尔·鲍威尔报告了他最近在布里斯托尔大学所做的实验，证明了马尔沙克的"双介子"假设的正确性。正是在那里，派斯第一次听到两种粒子的名称：π 介子和 μ 介子这两个名称很快被接受。派斯回来后，奥本海默叫他举办研讨会，介绍他在哥本哈根的学习心得。让派斯惊讶的是，爱因斯坦也到现场听他讲解鲍威尔的工作。派斯说："我在研究院的几年里，这是爱因斯坦参加的唯一一次由其他人而非他本人主讲的物理研讨会。"

奥本海默对这一时期的物理学发展非常激动，他会不由自主地直接或间接提到这些发展，甚至在公开的非专业性讲座中也会提及。其中一个例子是前文已经提到过的，他于 1947 年 9 月在一个主题为"作为当代问题的原子能"‡的讲座中提到了三位意大利科学家康维希、潘悉尼和皮西奥尼进行的实验。另一个例子发生在两个月后。1947 年 11 月 13 日至 15 日，奥本海默到华盛顿参加第十次华盛顿理论物理会议。施温格也参加了会议，他在报告中介绍了他完成的系列计算，涉及在相对

---

* "The Multiple Production of Mesons".

† "Note on the Stimulated Decay of Negative Mesons".

‡ "Atomic Energy as a Contemporary Problem".

论性场中，电子和质子以及粒子和辐射之间的量子力学相互作用。这些计算非常精细而复杂，可能只有施温格一人能够活着完成。但计算结果也表明，只有对量子力学做出根本改变，才能解释兰姆移位和电子反常磁矩。费曼也参加了会议，他说他“没时间理解施温格到底做了什么”，但无论是什么，肯定很有趣，因为“它让奥比如此兴奋”。让奥本海默
510 兴奋的是，兰姆观察到的电子能量移位和拉比、奈菲和尼尔森所说的电子磁荷的异常增加，或许都可以用同一组计算来解释。这有力地说明，我们对电子在其自身磁场中的反应有了新的重大发现。

物理学家兼物理史学家西尔万・施韦伯写道，“不能低估施温格计算的重要意义”：

> 在理论物理的发展过程中，有时重要的计算改变了科学家们对具体方法的思考方式。施温格的计算就在此列。正如费曼注意到的，通过揭示“氢原子超精细结构中的差异……能用和兰姆移位相同的基础（电磁自身能量）来解释”。施温格改变了人们对量子电动力学的认知，将它变成了一个有效、连贯一致的计算体系。

11 月 25 日，华盛顿会议刚结束十天，奥本海默就来到麻省理工学院作了题为“当今世界的物理学”*的讲座。他的主题是二战“对纯科学工作造成的灾难性影响是暂时的”，原因是“军事技术的需要”，特别是物理学已经从这一灾难性影响中迅速恢复。他对观众说：“看到复苏，是激动人心和令人鼓舞的一幕，由此证明人类活动有着无与伦比的活力。今天，敌对状态才结束两年，物理学已开始蓬勃发展。”

奥本海默列举了三件事，说明物理学的蓬勃发展：一、关于介子的新发现和理解基本粒子方面的进步（“关于这些粒子的发现，几乎每个月，我们都能获得惊喜。我们还来不及准备，新的发现便扑面而来。我们意识到，我们对这些粒子的性质了解得远远不够，即使是那些很熟悉

---

* “Physics in the Contemporary World”.

的老朋友”）；二、施温格对狄拉克量子电动力学的重大改进（“为我们充分认识辐射和物质相互作用而树立的新的有力标准。因此，在这一领域，困扰理论物理学家长达二十年之久的难题至少可以得到部分解决，而我个人对此更为乐观”）；三、确定 π 介子就是汤川粒子（“更好地理解了让原子核保持高度稳定及赋予核嬗变强大力量的那些力”）。最 511
后，他提到认识三者之间的联系的重要性：

> 普遍的看法是，对这些力的正确理解与我们在基本粒子方面的经验密不可分，而且它可能开辟电动力学近期发展的新领域。

遗憾的是，由于一时糊涂，措辞夸张，奥本海默这次讲座的核心思想，即物理学已从战争的桎梏中浴火重生，进入了振奋人心的重大进步的黄金时期，没能给后来人留下太深的印象。当提到科学家的作用不仅在于原子弹的研发，还包括对原子武器的研发和使用建言献策时，奥本海默说：“任何插科打诨、故作幽默或夸大其词都不能抹杀这样一个事实，物理学家早已知道自己犯下的罪孽，且永生无法摆脱。”这句话有着强大的吸引力，受到广泛报道和传播，淹没了他在这次演讲中的所有其他言论。这次讲座给人的印象是一次悲观、自省的认罪宣言，完全背离了奥本海默的初衷：欢庆物理学黄金时代的到来。

正如奥本海默在麻省理工的讲座中提到有望解决“困扰理论物理学家长达二十年之久的难题”时所表明的那样，奥本海默对施温格的计算如此激动，不仅因为它们肯定能解释哥伦比亚大学进行的两套实验，还因为它们有望解决奥本海默自己早在战前就研究过的量子电动力学方面的问题。尤其是，施温格的工作提供了一种解决某些问题的方法，奥本海默一直认为，这些问题直指狄拉克理论中存在的根本缺陷。这些问题的核心是这一事实，尽管狄拉克理论总体来说似乎有效，而在各种情况下用它来做精确或详细的计算时，得出的答案必定是错误的，因为出现了无穷大，而答案（比如，在一定状态下电子的能量问题）必须是有限的。这是一个悉尼·丹科夫早在 1939 年就差一点解决的问题。现在，施温格似乎很快就会给出明确的解决办法。

奥本海默不是唯一对施温格的计算能够带来的进步感到激动的物理学家。华盛顿会议结束后，施温格在回哈佛的途中访问了哥伦比亚大学，他在那里就自己开创性的研究作了进展报告。他离开后，拉比写信
512 给贝特说，在他看来，施温格的理论毫无疑问是正确的。他下结论说："上帝是伟大的！"贝特以同样激动的语气回信说："我听过施温格的理论，觉得很了不起……你的那些实验为一个理论提供了全新的见解，而且这个理论在相对较短的时间里就已开花结果，真是太棒了。它和早期的量子力学一样激动人心。"

1947 年 12 月底，施温格将他对反常磁矩的论述寄给了《物理学评论》，他在其中提到了丹科夫和奥本海默于 1939 年所做的工作以及由此引发的"困惑"。在他的论文发表前，物理学家得到了一次聆听施温格讲解其新理论的机会，因为他将参加 1948 年 1 月 29 日至 31 日在哥伦比亚大学举办的美国物理学会年会。奥本海默和派斯参加了这次会议，他们于 1 月 29 日一起从普林斯顿坐火车前往纽约。当然，他们的主要兴趣是听施温格讲课。然而，施温格的讲座被安排在最后一天。派斯记得，在这期间，他和奥本海默被另一个人的发言深深吸引，那是一位名叫弗里曼·戴森的英国年轻物理学家。"就在他发言的时候，"派斯回忆，"罗伯特和我相互点头：这孩子真聪明。"戴森曾就读于温彻斯特公学和剑桥大学三一学院，他来自一个地位显赫的英国家庭，父亲是著名的作曲家乔治·戴森。奥本海默和派斯遇见戴森时，他已在康奈尔大学做了六个月的访问研究，与贝特和费曼一起工作。戴森讲完后，奥本海默走上前去，邀请他下一学年到研究院工作，戴森毫不犹豫地接受了邀请。

会议最后一天，施温格的讲座开始前，签到听课的人数已达到一千六百多人。于是，下午的议程不得不紧急调整，这样他就可以做两次讲座。戴森写给父母的一封信生动描述了施温格的论文在会上引发的轰动：

> 会议的压轴戏放在星期六上午，施温格做了一小时的讲座。他

> 巧妙阐述了一项主要由他创立的新理论，最后以惊人的方式宣布了
> 一项甚至更新、更强大的理论，尽管仍处于襁褓阶段。他的讲座妙
> 不可言，以至于组织方请他在下午再讲一遍，各种水平较差的倒霉
> 的演讲嘉宾只能为他让路。他宣布，决定性实验支持他的理论，现
> 场欢声雷动：镓（一种令人费解的元素，当时只知道是一种类似水 513
> 银的液态金属）的两条光谱线的磁分裂之比是 2.00114 : 1，旧理论
> 得出的比正好是 2 : 1，而施温格的理论给出的是 2.0016 : 1。

费曼也听了这一历史性的讲座，在讨论阶段，他说他用另一种方法也能计算电子的磁矩，并证明施温格是正确的。费曼说，“我并不是炫耀，我只想说这没有问题，因为我和他做了同样的工作，结果也是对的”。问题是，费曼后来承认：“人们知道施温格，但多数人不知道我。”

> 我后来听到好几个参加美国物理学会年会的人说，我说的话让他们觉得滑稽。“伟大的朱利安·施温格在台上讲课，这小屁孩却站起来说，‘老爹，这玩意我也算过，完全没有问题，全都是对的！’”

费曼出场的时候到了，但此时，大家眼里只有施温格。上一年始于谢尔特岛的系列会议第二次会议于 1948 年 3 月底召开，施温格详细阐述戴森提到的“更新、更强大的理论”的机会来了。大家普遍认为，奥本海默是谢尔特岛会议上的主角，因此理所当然由他牵头组织第二次会议并确保资金支持。谢尔特岛会议结束后才几天，奥本海默就写信给美国科学院，建议他们支持举办第二次会议。

1947 年 12 月 10 日，奥本海默通知所有谢尔特岛会议的参会人员，下次会议将于 1948 年 3 月 30 日至 4 月 2 日举行，他知道，这几天他的尊贵客人玻尔和狄拉克有时间参会。由于公羊头酒店那几天无法接待，奥本海默和派斯到处寻找，发现一个他们认为非常理想的地方，一家位于宾夕法尼亚波科诺山的酒店，名叫波科诺庄园。

在波科诺会议上，施温格可以想讲多久就讲多久，他的讲座占用了几乎一整天。最后，有人听到奥本海默说：“现在，事物是无穷的也没关系了。”约翰·惠勒记下了多达四十页的讲座笔记。派斯将施温格的讲座描述为“重要的经典之作，展示了一套详细的新微积分方法”。戴
514 森没有参会（“我没有被邀请，因为我还不是专家”），但他从贝特和费曼那里获得了对讲座的第一手记录。戴森写道，施温格“创立了新的量子电动力学理论，解释了哥伦比亚大学的所有实验。他的理论建立在正统原理之上，堪称数学技巧的杰作。他的计算过程极其复杂，听众中很少有人能在八小时的讲解中自始至终地跟上他。但是奥比听懂了，并完全赞同”。

然而，奥本海默没听懂的是费曼自己的量子电动力学。施温格讲完后，费曼在一篇题为《量子电动力学的另一种表述》*的论文中介绍了自己的版本。此时戴森对费曼已经很熟悉，也很喜欢这个人，他写道：“迪克试图告诉疲惫的观众，他如何用非正统的方法解释同样的实验，而且要简单得多。没有人听懂迪克在说什么。最后，奥比做了尖刻的评论，仅此而已。会后，迪克沮丧地回了家。”

当然，派斯也参加了会议，他的记忆略有不同。他回忆说，没人能理解费曼的方法，但是“他以这么快的速度再现了施温格的发现，这使我们相信，他肯定参透了其中的奥妙”。施温格相信费曼参透了其中的奥妙。他后来说，“在波科诺会议上，我第一次有机会了解费曼的工作，就在他讲解的过程中，我能看到类似之处”。费曼自己记得，在波科诺会议上，他和施温格“在走廊上相遇，虽然我们历经千辛万苦，有不同的思想，但我们从不同方向爬上了同一座山峰，而且我们可以相互验证对方的方程”。

奥本海默回到普林斯顿后发现，费曼和施温格实际上并不是唯两位攀登这一山峰的人。回到普林斯顿，等待他的是一封日本物理学家朝永振一郎的来信，信中介绍了日本近期开展的工作，在某些重要方面，似

* “Alternative Formulation of Quantum Electrodynamics”.

乎预见到了施温格的工作，或者说，独立取得了非常类似的结果。朝永振一郎和同事在悉尼·丹科夫 1939 年论文的启发下，获得了与施温格完全一致的结果：避免量子力学无穷大的方法。而且，从数学的角度看，他们取得这一结果所使用的方法都相同，尽管没有施温格的方法解决得那么完美。朝永振一郎随信附上了日本科学家的论文集，这些论文即将刊登于日本的英文期刊《理论物理进展》[*]。

收到朝永振一郎的来信后，奥本海默给他发了一份电报："感谢你的来信和论文。我发现最有意思和最有价值的是，和这里进行的很多研
究非常类似。强烈建议你就目前的状况和观点写一个摘要，尽快发表在 515
《物理学评论》上。"奥本海默还给每一位波科诺庄园会议的参会人员都寄去了朝永振一郎的信函副本，并告诉他们说："正因为我们听到了施温格的精彩报告，我们才能更好地欣赏这一独立完成的工作。"

朝永振一郎愉快地接受了奥本海默的建议。1948 年 5 月 28 日，奥本海默收到了他在日本所做研究的摘要，后来发表在 7 月 15 日那期《物理学评论》上，标题为《量子场论中的无限域反应》[†]，同时上面还附有奥本海默的说明："日本近年来开展的卓越研究。"4 月 11 日，看过奥本海默寄给所有波科诺会议代表的朝永振一郎的信函后，弗里曼·戴森写信给父母，明智地指出："每个人都对朝永振一郎的研究感到非常高兴，部分出于政治原因。"

> 富有远见的科学家非常担心，美国科学界有日益增长的国家主义危险，政治家和资助科学研究的实业家表现得更加明显。在公众的意识里，实验科学是一种只有美国人才能做的事，美国必须从欧洲引进一些理论物理学家的事实很难被接受。在这样的背景下，他们认为，施温格的新理论充分说明，即使在理论物理方面，美国已无须向外国学习，现在美国第一次培养出了自己的爱因斯坦。你会

* *Progress of Theoretical Physics.*

† "On Infinite Field Reactions in Quantum Field Theory".

> 发现，如果科学家们说，即使在物理这一特定领域，美国也被人赶超了，而且这个人是美国人瞧不起的日本民族的一员，那么这将是一张对抗国家主义政治的王牌。

自从拉比、康顿和奥本海默强烈意识到欧洲理论物理学家对美国同行的轻视以来，事情走了一个轮回。现在，还是那些科学家，不得不克制自己，去庆祝别人的成就，这样他们就不至于陶醉在显而易见的自我优越感中。因为毫无疑问，此时的美国人已经意识到，科学，特别是物理学，正在蓬勃发展，正如奥本海默在麻省理工学院的讲座中说的那样。

准科普杂志《今日物理》* 的创办正好体现了这一点，其创刊号于1948年5月出版。这份杂志由美国物理研究所出版发行。用一位历史学
516 家的话说，“整个创意”是为了“将物理学所有分支中互不相识的专家聚集成一个行业统一体，将它作为人类活动的一个重要领域，大力促进物理学的发展”。还是用这位历史学家的话说，这份杂志的目的是“用有趣的语言讲述所有物理学家和多数门外汉都能理解的专业领域”。这份杂志力图避免弗里曼·戴森在给父母的信中所称的国家主义，比如，杂志也报道英国和欧洲其他国家在物理学方面的进步。

然而，创刊号上的主要文章是一篇万尼瓦尔·布什写的《美国科学的趋势》†。而且，封面上是一张只有美国人才能看懂的展示胜利的照片：一顶放在机器上的帽子。杂志的编辑认为（无疑是正确的）读者肯定知道那顶帽子（一顶猪肉馅饼帽）是奥本海默的，而那台机器是回旋加速器。编辑的意图是要用这幅图象征平民在与军人争夺原子能控制权方面获得的胜利。不管这位编辑是否达到了这一目的，这一封面毫无争议地象征着奥本海默在这一时期发挥的关键而具有标志性的作用。他已经到了如此出名的地步，甚至不用现身于照片，仅凭一顶帽子，就能让别人

* *Physics Today.*

† “Trends in American Science”.

知道，那就是他。

1948 年 6 月，奥本海默回到加利福尼亚，参加在加州理工举行的为期三天的宇宙射线会议，这次会议的举办是为了庆祝罗伯特·密立根的八十大寿。与会人员包括约翰·惠勒、布鲁诺·罗西、卡尔·安德森、弗兰克·奥本海默和两位实验物理学家，来自曼彻斯特的乔治·罗切斯特和来自巴黎的路易·勒普兰斯－兰盖，两人从对宇宙射线的观察中收集到了另一种介子的证据，这一介子（很快被命名为 K-meson 或 kaon）要比 π 介子和 μ 介子重得多。会议简报发表在《工程与科学月刊》杂志上，表述简明扼要："大家普遍认为研讨会非常成功；对于从外太空轰击地球的这些神秘射线，我们的知识仍然处于初级阶段，但在不断进步，当然，还没有人能确定它们从何而来，或是如何形成的。"

加州理工学院院长李·杜布里奇让奥本海默作的会议小结也给人留下了类似的印象。实际上，比起在会上讨论过的所有话题，奥本海默在小结中似乎对施温格介绍的近期理论物理的发展要感兴趣得多。他说他"很难不相信勒普兰斯－兰盖关于超重介子的证据"，然后他马上转移话题，阐述"与施温格的名字密切相关的电动力学的发展"，并推测，那些 517
发展中可能有办法解决宇宙射线研究和粒子物理中存在的问题。

比起奥本海默，弗里曼·戴森对新量子电动力学更着迷，他在 1948 年夏天立下宏愿，一定要完全理解这一新理论的全部三个版本（施温格的、朝永振一郎的和费曼的），并证明三者的等价性。戴森因没有被邀请参加 3 月的波科诺会议而感到闷闷不乐，但贝特将朝永振一郎的论文拿给他看时，他非常开心，尤其是因为朝永振一郎的某种表述正是费曼长期以来所强调的：不用施温格难得令人生畏的数学方法也能得到同样的结果。戴森后来说："对我来说，这非常重要，让我明白这终归没那么难。"

为了更好地理解施温格的理论，戴森报名参加了密歇根的安阿伯暑期学校，施温格将在那里举办系列讲座。在此之前，了解施温格思想的主要途径是波科诺会议上的海量笔记。施温格在发表于《物理学评论》上的重要系列论文中写道，这一理论将在未来两年发生改变，但戴森这样的年轻物理学家迫切希望掌握这一新理论，而安阿伯的讲座将提供给他直接向开创者学习这一理论的绝佳机会。

暑期学校将从康奈尔大学学期结束两周后的 7 月 19 日开始。在康奈尔的那一年，戴森经常与费曼见面，对他既钦佩又喜欢。为了打发两个礼拜的空闲时间，戴森接受费曼的请求，陪他去阿尔伯克基，“因他受到爱的驱使”。横跨美国的旅行使戴森和费曼一天到晚待在一起，这给了戴森理解费曼自己的新理论的绝佳机会，和施温格的理论一样，费曼版理论也尚未发表。戴森在自传体著作《宇宙波澜》* 中写道：“我知道，迪克的思想深处藏着那把量子电动力学的钥匙，比施温格的复杂构造更简单，也更科学。”到他离开费曼前往安阿伯的时候，戴森已将那把钥匙牢牢地握在了自己手里。

戴森从安阿伯写信给父母说：

> 昨天，伟大的施温格到来了，我有幸第一次和他说话。与他同时到来的还有很多新面孔，都是特意为施温格而来的听众。他的讲
> 518 座从一开始就精彩纷呈。毫无疑问，为了准备这次讲座，他花了大量精力改进自己的理论。我认为，要不了几个月，我们就会忘掉前施温格物理学。

实际上，施温格在暑期学校五个星期的讲座内容与即将付印发表的系列文章完全相同。在《宇宙波澜》一书中，戴森说他从讲座中学到的东西还不如通过和施温格私下交谈学到的多。他将这些讲座描述成“巧夺天工的杰作，就像一位艺术大师演奏的高难度小提琴奏鸣曲，更多的是技巧，而不是音乐”。戴森说，在讲座中，施温格的理论“是一枚精心打磨的钻戒，光彩夺目”，但在交谈中，“我看到的是一块毛料，保持着他切割打磨前的本来面目。这样我就能更好地把握他的思考方式”。在五个星期的时间里，戴森仔细琢磨“施温格讲座中的每个步骤、交谈

* *Disturbing the Universe.*

中的每句话”。戴森觉得，他对“施温格理论的理解已经超过了任何人，可能仅次于施温格本人”。

暑期学校结束后，戴森到加利福尼亚度假两周，其间他没有思考物理问题，然后于9月乘坐灰狗巴士[*]返回东部，途中经历了某种顿悟。戴森回忆，“汽车隆隆地行驶在内布拉斯加的大地上，很多想法突然涌进我的脑海，就像思想大爆炸”。

> 费曼的图像和施温格的方程开始在我的头脑里理出头绪，清晰程度前所未有。第一次，我能将两者融会贯通。在一两个小时里，我将那些碎片组合，再组合，直到我确信它们已各得其所。我没有纸笔，但一切都如此清晰，无须诉诸笔端。费曼和施温格从两个不同的角度看到了同一套思想。将两种方法合二为一，就能得到一套集施温格的数学精确性和费曼的实用灵活性于一体的量子电动力学理论。

戴森来到普林斯顿，就任奥本海默为他提供的为期一年的研究员职位时，他已经想好自己要写的论文，标题是《朝永振一郎、施温格和费曼的辐射理论》[†]。第一次踏入研究院的大门，戴森思绪万千，这名初出茅庐的二十四岁青年，从未以自己的名字发表过有分量的论文，但他觉得自己可以“教一教伟大的奥本海默如何研究物理”。

根据戴森写给父母的信，他用“五天的时间，把自己关在屋里，专 519
心写作和思考，差点要了我的命”，终于在来到普林斯顿后的第七天完成了论文。此时，奥本海默不在普林斯顿，而是在欧洲，而且他还要在那里继续待六个星期，参加在法国、英格兰、丹麦和比利时举行的会议，或故地重游，看望老朋友。因为研究院即将启用的新办公楼还没有建好，戴森和另外七个当年被邀请到研究院工作的年轻物理学家（多数

* 美国最著名的全国性长途汽车公司，在美国各地都有班车服务。该公司的巴士车身非常高大，上面绘着一条飞奔的灰狗。

† “The Radiation Theories of Tomonaga, Schwinger and Feynman”.

是施温格的学生）只能合用奥本海默的办公室。

其实戴森有所不知，奥本海默已经知道了这篇论文的概要，因为在论文写好之前，戴森写过一封信给贝特“宣布胜利”。在信中，他告诉贝特，“我没有做实质性改动，就成功重新阐述了施温格的方法，费曼理论的所有优点马上体现出来”，他接着说，“顺便说一句，施温格和费曼的理论明显是完全等价的”。和奥本海默一样，贝特当时也在欧洲，收到戴森的信几天后，他和奥本海默都在伯明翰参加一个为期四天的关于“核物理问题”的会议，会期是 9 月 14 日至 18 日。会议的组织者是鲁道夫·派尔斯，他记得：

> 正在开会的时候，有人收到一封戴森写来的信……概述了他结合费曼和施温格的两套方法刚得到的结果，他说明了两者的关系，还证明了无穷大不仅可以从第一阶，也可以从其他各阶剔除，这是一个重要的正式结果。

战争结束后很少举办国际会议，而欧洲的这些会议主要是为了让各地人了解美国的情况。奥本海默写信给弗兰克说，无论他到哪里，“都会听到‘你看，我们有点落伍了’这样的话”。他对弟弟说，回到欧洲后，他更加确信，“我们未来世界的变化，大多将由美国来决定”。

在 1948 年 9 月 27 日至 10 月 2 日于布鲁塞尔召开的第八届索尔维会议上，奥本海默应邀作了量子电动力学进展的报告。当然，他在报告中强调了施温格工作的重要性。对狄拉克、泡利和海森伯建立起来
520 的“旧”量子电动力学做了历史性回顾后，奥本海默在报告中着重指出这一理论引起的无穷大问题，并引用了他 1930 年关于这一主题的论文。他对观众说，解决这一问题，“需要更有效的方法”，其发展“分成两步，第一步的大部分和第二步的几乎全部都是由施温格完成的”。然而，奥本海默对施温格突破性进展的描述明显缺乏激情，与那年早些时候讨论这些问题时的表现差得太远。实际上，他作报告的语气出人意料的沉闷，特别是在结束时，奥本海默提出了这一理论的明显不足之处，比如

它无法处理核子内部介子之间的作用力。他的结论是，这些缺陷表明，新量子电动力学不是一个“封闭”或完备的体系。施温格向前迈出了一大步，但并没有一锤定音。

在普林斯顿，戴森已将他关于费曼、施温格和朝永振一郎的论文寄给《物理学评论》（于 1948 年 10 月 6 日收悉），他正忐忑不安地等待着奥本海默从欧洲归来。10 月 10 日，他写信给父母说：“这几天研究院的气氛很像‘大教堂谋杀案’的第一现场，坎特伯雷的女人们正等着大主教归来。”几天后，奥本海默终于回来时，戴森惊奇地发现，奥本海默不仅丧失了对量子电动力学的激情，而且还产生了明显的抵触情绪。戴森写信回家说，奥本海默“不能接受新的想法，特别是费曼的思想”。

在《宇宙波澜》中，戴森写道，他知道奥本海默不喜欢费曼：

> 但现在，让人震惊的是，他居然强烈反对自己的学生施温格，而六个月前他还高度赞扬他的理论。不知何故，欧洲之行使他坚信物理学需要彻底的新思想，而施温格和费曼的量子电动力学不过是另一个误入歧途的尝试，只是用巧妙的数学对旧理论做了些修补。

为什么奥本海默 1948 年秋天去了一趟欧洲，对新理论的态度就急转而下？这仍然是个不解之谜。他从没有向戴森或其他人解释过，也没有任何文件或谈话记录能够让人明白这一点。也许，在欧洲待了几个星期后，那里的氛围对他产生了影响，因为欧洲的氛围与弥漫在美国科学界的胜利、乐观的气氛明显不同。也许，他受到了个别欧洲科学家某些观点的影响，毕竟许多欧洲科学家并不看好施温格的理论，比起美国同行，欧洲 521
的科学家对它抱有更强烈的怀疑态度。正如科学史学家杰格迪什·梅赫拉所言：“欧洲的保守派并不都对施温格的突破感到满意。”特别是保罗·狄拉克，他至死都不相信这一新理论。戴森曾问狄拉克如何看待这些新进展，狄拉克回答说：“如果不是这么丑陋，也许我会认为这些新思想是正确的。”狄拉克在后来的很多出版物中都表达了这一观点，包括他于 1951 年发表的一篇论文，里面提出了一种新的电子理论。他写道：

> 兰姆、施温格、费曼和其他一些人的近期研究非常成功，建立了处理无穷大并将它们剔除掉的规则，以便保留与实验相符的有限结果，但最后得到的是一个丑陋而不完备的理论，并不能被视为解决电子问题的满意方法。

狄拉克在这里使用了“不完备”一词，与奥本海默表达的情绪遥相呼应。这不禁让人怀疑，最大的可能性是，和狄拉克的讨论促使奥本海默改变了他对施温格理论的态度。毕竟，狄拉克参加了第八届索尔维会议，据说他听了奥本海默的报告后，对新理论展开了攻击。

不管是什么原因，奥本海默内心的转变使他和戴森的关系十分紧张。回到普林斯顿后没几天，奥本海默交给戴森一份他在索尔维会议上的报告。因为奥本海默对他关于费曼、施温格和朝永振一郎的论文态度冷淡，本就闷闷不乐的戴森对奥本海默的报告大感震惊，便写了一份备忘录。10 月 17 日，戴森将备忘录交给奥本海默，并在附言中解释说，他写这份备忘录，是因为“我强烈反对你在索尔维报告中表达的观点”。备忘录包含六条意见，几乎每一条都在为费曼版的新理论辩护。“使用过旧量子电动力学（海森伯 - 泡利）和费曼电动力学后，”戴森写道，“我坚信，无论是运用、理解还是讲授，费曼的理论都要容易得多。”

戴森自然很担心奥本海默对备忘录的反应，但实际上，在接下来见面时，奥本海默对他说，他很高兴看到这份备忘录，并决定在接下来的
522 四周内，每周为戴森安排两场研讨会，这样他就能与研究院的其他成员分享他的观点。然而，在系列活动的第一次研讨会上，戴森就发现，奥本海默明显也想在这些场合发表他自己的观点。在接下来的一封写给父母的信中，戴森写道，奥本海默这样做使他很难表达自己的想法：

> 我一直在研讨会上仔细观察他的举动。如果有人为照顾其他听众，正在说一些他已经知道的东西，他就会情不自禁地赶快转移话题；然后，当有人说一些他不懂或立即赞同的东西，还没等你把要点完全解释清楚，他就会打断你，并提出严厉甚至令人沮丧的批

评，即使他是错的，你也不可能充分反驳。如果你仔细观察，就会发现他总在紧张地来回移动，不停地抽烟，我相信他的急躁情绪几乎到了难以控制的程度。

在第二场研讨会上，“我们之间发生了至今为止最激烈的一场公开冲突，我批评他发表的针对施温格理论的毫无根据的悲观言论。他勃然大怒，训斥我，非得在众目睽睽之下彻底赢得辩论的胜利”。第二天，戴森写信对父母说，最后是汉斯·贝特救了他，贝特在研讨会上发言，介绍了“他用费曼理论所做的一些计算”。

> 他表现出我早已习惯的做派，不停地打断我，满嘴胡言乱语，不知所云，甚至很难说清自己的主要观点；就在这时，他冷静地站着，什么也不说，只是朝我咧着嘴笑，似乎在说“现在我明白你在反对什么了”。然后，他开始给我说话的机会，在回答一个问题时说“毫无疑问，对这个问题，戴森会为你们做全面讲解”，对此，我毫不犹豫地以尽可能慎重的语气说，“恐怕是我没来得及说到那一点”。最后，贝特作会议小结，他明确表示，费曼理论是最好的理论，因此，如果要避免胡说八道，就必须学习它；那是我准备说却没能说出来的话。

研讨会结束后，贝特和奥本海默一起用晚餐，席间贝特肯定劝过奥本海默不要那样对戴森，因为此后，奥本海默在戴森发言时不再插话。在最后一场研讨会结束时，他发表简短讲话说，他们从戴森的讲座中获益良多。第二天早上，戴森发现信箱里有奥本海默的留言，上面只 523
写着 *Nolo Contendere*，这是一个拉丁语法律术语，意思是“我不希望争辩”。

1948 年 11 月底，这些研讨会全部结束后，仅凭口耳相传（实际上，他的论文直到 1949 年 2 月才刊登出来），戴森在美国和欧洲就获得了天赋过人、前途无量的年轻物理学家的人气，给他的任职邀请铺天盖地而来。赞助他在美国工作两年的英联邦奖学金项目规定，他必须在两年后回到英国或其他英联邦国家。因此，他不能接受拉比提供的哥伦比亚大学的职位，对此感到非常遗憾。“前景暗淡，”他对父母说，“即将被隔绝，关于费曼、施温格、哥伦比亚或伯克利正在做的事，除了谣传和几个月前的报告，再无别的。”

为了避免这一“暗淡前景”变成常态，奥本海默向戴森提出慷慨建议，使用的比拟让人受宠若惊。奥本海默对戴森说，玻尔和狄拉克都觉得，在研究院的访问研究结束后，他们必须回到自己的祖国，但是他已做好了安排，他们可以每隔两年访问一次研究院，这样他们就能与这里的人和美国科学的发展保持接触。“当然，”奥本海默对戴森说，“我们也能为你做同样的安排。”不久，戴森去找奥本海默说，在英国的大学中，他已经收到伯明翰、布里斯托尔和剑桥的工作邀请，特来征求奥本海默的意见，他应该选择哪一所大学。奥本海默说：“这么说吧，伯明翰有最好的理论物理学家派尔斯；布里斯托尔有最好的实验物理学家鲍威尔；而剑桥具备一流的学术架构。”到这个时候，奥本海默可能已经打破了狄拉克魔咒。不管怎样，戴森决定去伯明翰。

戴森沉浸在新的名气中，他写信给父母：“我正成为一名真正的大腕。”然而，尽管已跻身名流，但和奥本海默相比，他仍然难以望其项背。1948 年 11 月 8 日，在戴森的系列研讨会期间，奥本海默的肖像登上了《时代》杂志的封面，表情若有所思，略带愁容，下面是一行引言（具有讽刺意味的是，这句话出自戴森和奥本海默的交流）：“不理解，我们就相互解释。”封面上预告的文章是一篇关于奥本海默的冗长介绍，详细得令人吃惊。奥本海默似乎很喜欢采访他的记者，向他透露了许多
524 很少提及甚至连亲密朋友都不知道的个人隐私。

很多文章和图书中关于他童年的记录都出自《时代》杂志的这篇文章，譬如，他是一个“花言巧语、令人讨厌的乖孩子”，他的童年生活“没有以任何方式教会他面对世界的残酷和痛苦”，他的家庭给他提供了“无法成为混蛋的非正常的健康之路”，等等。文章用他自己的话以及朋友、同学和老师的话描述了一些生活细节，包括他在 30 年代积极参加

左翼政治活动的经历，文章引用他的话说，那时“他如梦方醒，意识到政治是生活的一部分”。在当时愈演愈烈、席卷美国的反共背景下，这番话需要承担的风险可想而知。

> 我成了一名真正的左翼分子，参加教师联合会，结交共产党朋友。大学和中学高年级的多数人都这么做。托马斯委员会不喜欢这样，但我觉得这并不丢人，丢人的是认识得太晚。当时我坚信的很多东西，现在看来完全是胡说八道，但是要成为一个完整的人，那是至关重要的经历。如果没有这种迟来的但又不可或缺的教育，我就不可能完成洛斯阿拉莫斯的工作。

奥本海默提到的“托马斯委员会”就是众议院非美活动委员会，由J. 帕内尔·托马斯担任主席。该委员会在1948年春夏两季一直在举行听证会，调查有嫌疑的共产党人颠覆活动。这些听证会最耸人听闻的结果出现在1948年8月，当时《时代》杂志的高级编辑惠特克·钱伯斯指控国务院律师和官员阿尔杰·希斯是共产党基层组织的成员。就在奥本海默接受《时代》杂志采访时，希斯正忙于诉讼程序，与钱伯斯打官司。钱伯斯拿出对希斯不利的最新证据后，希斯被判有罪，后者因伪证罪于1950年被判监禁。

奥本海默在一封从欧洲写给弗兰克的信中说，因为他远在欧洲，要“详细了解托马斯委员会的动向”十分困难，并将希斯案称为“危险的预兆”。奥本海默明显（正确地）担心，托马斯委员会会将矛头指向弗兰克，建议他为自己找一个好律师，一个像赫伯特·马克斯那样的律师。奥本海默对弟弟说，马克斯在华盛顿、国会和媒体界有自己的门路。巧合的是，《时代》杂志对奥本海默的报道发表后，在给他写信的读者中就有赫伯特·马克斯，他尤其赞扬了奥本海默的“审前”做法，可能是指奥本海默公开透露他的左翼经历。奥本海默在给马克斯的回信中说，关于此文，那是他唯一喜欢的部分，“早就希望有这样的机会， 525
但以前总是求之不得”。

《时代》杂志的文章在结尾处谈到高等研究院，奥本海默说他喜欢将研究院想象成一个“学者客栈”，一个“供暂住思想家休养生息、恢复身心和提神醒脑的地方，以便继续前进”。奥本海默对采访他的记者说，他希望狄拉克和玻尔这样的人能定期回访普林斯顿，以免和美国脱离联系。最近的伯明翰和布鲁塞尔之行让他看到“在战后的欧洲，知识分子的生活变得非常绝望”，这让他重新认识到研究院的重要性：“从普林斯顿的角度看，研究院或许存在缺点；但从欧洲的角度看，研究院散发着某种黑暗时代修道院的希望之光。”

在《纽约时报》于1948年4月发表的更早的采访中，奥本海默谈到自己作为研究院院长的作用时，明显给人留下了不同的印象。记者写道（措辞想必是以奥本海默的原话为基础），假如你有一笔2100万美元的捐款，而且：

> 你能用这笔钱邀请世界上最伟大的学者、科学家和艺术家来研究院做客，并给他们发工资，譬如你最喜欢的诗人、你非常感兴趣的图书作者、你想与之讨论对宇宙性质的推测的欧洲科学家。那正是奥本海默最乐意的安排。他可以肆意放纵一切兴趣和好奇。

实际上，《纽约时报》的描述相当客观地道出了奥本海默是如何使用可支配资金的。从他任命的每一个职位几乎都能看到他的个人偏好。关于玻尔和狄拉克，前面已经提到过，但是在下一年到来的人中体现得也同样明显。这些人包括，譬如奥本海默的老朋友弗朗西斯·弗格森。在上一次和奥本海默见面后的许多年里，弗格森成了一位著名的戏剧评论家和作家。弗格森在佛蒙特州本宁顿学院任教，他在那里创建了戏剧系。在本宁顿学院期间，弗格森创作了《戏剧观十论》*，后来成为他最有名的著作。1948年到来的另一位老朋友是奥本海默在伯克利认识的古希腊学者哈罗德·彻尼斯。尽管方式不同，但奥本海默因为同样的个

* *The Idea of a Theatre: A Study of Ten Plays, The Art of Drama in Changing Perspective.*

人偏好邀请了日本物理学家汤川秀树。汤川的研究对奥本海默的工作产生过深远的影响，他同样于 1948 年来到普林斯顿。

最后还有奥本海默最喜欢的诗人 T.S. 艾略特，同时也是弗格森的 526
最爱。实际上，多年来弗格森就艾略特著作的多个方面发表过许多文章。艾略特同样于 1948 年来到美国，当时奥本海默还在欧洲。戴森对艾略特的印象是“拘谨又腼腆”。他说，艾略特“每天在茶点时间出现在休息室，独自坐在那看报喝茶”。戴森和任何一位同龄人都没有勇气接近他。戴森回忆说：“名气和矜持就像保护木乃伊的玻璃，围绕着艾略特，我们这帮年轻科学家都没能成功突破这一障碍。”派斯说他“很想和艾略特交谈，可就是没能接近他，不是因为害羞，而是出于一种根深蒂固的意识，不想为琐事打搅他”。然而，他与这位伟大诗人的确有过一次谈话，当时他们正好共用一个电梯。艾略特说：“这电梯不错。”派斯接话说：“对，确实很好。”派斯写道：“那就是我和艾略特的全部对话。”

艾略特的传记作家彼得·阿克罗伊德说，艾略特在普林斯顿“觉得很孤单，很想家”，这正是“许多名人的共同宿命”——那就是“多数人不敢和他说话”。1948 年 11 月，瑞典方面宣布艾略特获得诺贝尔文学奖。据戴森说：“新闻记者蜂拥而至，他进一步缩回到自己的龟壳里。”几年后，戴森问奥本海默怎么看艾略特。他回答，尽管他热爱艾略特的诗，并将他视为天才，但艾略特在研究院的日子令他失望。奥本海默对戴森说，“我请他来这里，是希望他创作出又一部杰作，而他在这只写了《鸡尾酒会》，那是他最烂的作品”。

另一方面，尽管戴森和奥本海默有不少口角，但他在研究院的工作是成功的。实际上，奥本海默成了戴森的主要仰慕者和支持者。关于奥本海默在索尔维会议上所作的报告，他在提交发表前又重写了一遍，多处提到戴森关于费曼、施温格和朝永振一郎的论文（他说此文正在“付印”），尽管奥本海默暂时还有疑虑，他却让读者注意戴森本人对这一理论的原创性贡献，这一贡献在 1948 年后期征服了物理学家的想象。12 月 30 日，奥本海默写信给伯明翰大学的派尔斯：

> 有一条你需要知道的消息是，戴森的表现非常非常棒。他想明
> 527 年回英格兰，当然这是必须的，但我为他做了灵活安排，只要有时间，他可以随时回来，想待多久就待多久。我想他很喜欢这一安排，大家都很满意。

1949年1月，戴森和奥本海默前往纽约参加美国物理学会年会，奥本海默不久前刚当选学会主席。戴森写信给父母说，会议第一天，他的名望得到了认可，一位来自哥伦比亚大学的年轻物理学家在发言时反复提到漂亮的“费曼－戴森理论”。戴森回忆，第二天，“奥本海默在最宽敞的大厅里作主席报告”：

> 自从上了《时代》杂志的封面，奥本海默的名字更是魅力非凡，距他讲话还差半小时，大厅里就挤满了两千多人。他发言的题目是“场与量子”，很好地总结了我们对理解原子和辐射付出的努力及其变迁。最后他以极大的热情提到我的工作，说它指明了未来的方向，尽管它似乎还不足以将我们带向遥远的未来。我为自己高兴：去年是朱利安·施温格，今年是我。明年会是谁呢?

兴趣从施温格向费曼和戴森转移的人不只是奥本海默，整个物理界都在转向同一个方向。戴森的论文直到会议结束后不久才付印发表，而费曼用来阐释费曼版量子电动力学的经典论文直到1949年9月才发表，但是口耳相传是快速、高效且强大的交流方式，即使在这些论文发表之前，“费曼图”，或至少有一阵子包括“戴森图”，也成了物理学家热议的话题。

其实，1949年1月的年会是一个彪炳史册的事件，因为就是在这次会议上，不仅整个世界，而且费曼本人也认识到，在进行量子电动力学错综复杂的计算时，他的图解方法蕴含着巨大的力量。费曼后来说，正是在这次会议上，“我真正明白自己做了什么。就是在那一刻，我才真正明白我必须将它发表，我走在了世界的前面”。使费曼获得这一认

识的具体事件与奥本海默息息相关，准确地说，是因为奥本海默喜欢公开碾压别人的观点和论述。

曾与汉斯·贝特共过事的康奈尔大学年轻物理学家穆雷·斯洛尼克在会上报告说，他对中子和电子静电场之间相互作用的介子理论专门进 528
行过极其复杂的计算。“赝标量”和“赝矢量”两种相互作用他都计算过，得到的结果是，前者为有限的结果，后者是无穷大。在斯洛尼克讲完后的讨论阶段，让他没听懂的是，奥本海默问他“凯斯定理怎么办？”斯洛尼克请奥本海默解释他说的是什么意思，奥本海默说，肯尼思·凯斯曾经是施温格的学生，现就职于高等研究院，他刚刚证明了这两种相互作用是一回事，凯斯将在第二天的会议上提供证据。奥本海默坚持认为，斯洛尼克的计算不符合凯斯的定理，因此肯定是错误的。因为凯斯定理还没有发表，甚至连预印本都没有，斯洛尼克自然不知道该怎么回应，不好反驳奥本海默的观点，只能接受自己的工作被当场驳倒。

费曼没有听到奥本海默和斯洛尼克之间的谈话，但他在那天晚些时候来到会场时，有人问他对斯洛尼克和“凯斯理论”有何看法。费曼从来没有研究过介子理论，但他发明“费曼图”计算法，正是为了进行有关粒子和静电场之间相互作用的计算，因此他相当确信能够完成这项计算。果不其然，那天晚上他花了几个小时，算出了赝标量和赝矢量两种结果，证实了他的预感：斯洛尼克是正确的。第二天，费曼找到了斯洛尼克，把头天晚上的工作成果拿给他看。斯洛尼克惊得目瞪口呆。他花了两年时间才解决的问题，费曼只用了一个晚上。不仅如此，费曼的计算比斯洛尼克的计算更加缜密，因为费曼在电子转化的动能里加入了一个变量，这是一个被斯洛尼克忽视的复杂问题。正是斯洛尼克目瞪口呆的反应让费曼相信，他确实得到了一个奇妙的东西。费曼说，“那就是我获得诺贝尔奖的时刻，因为斯洛尼克告诉我，他花了两年时间做这件事……那是个激动人心的时刻”。

那天，凯斯的发言结束后，费曼站起身问道：“斯洛尼克的计算怎么办？你的定理肯定是错的，因为一个简单的计算表明，斯洛尼克是对的。我验证了他的计算，没有问题。”费曼后来说，“那件事很有意思”。会议结束后，他弄清了凯斯的推导错在哪里，但非常费劲，因为要处理
529 施温格的复杂形式。但它的价值在于（正如戴森一直强调的那样），它证明了费曼的方法用起来比施温格的方法更简便、更高效，因此也可能获得更可靠的结果。会后，费曼日夜工作，撰写了费曼版的新理论，1949年4月8日，《物理学评论》收到了《正电子理论》*，这是费曼第一次发表电子和正电子能量的计算方法，即他对新量子电动力学的首次阐述。递交这篇论文三天后，费曼来到纽约以北约四十英里（约64千米）的皮克斯基尔市哈德逊千年石饭店，参加两年前始于谢尔特岛的系列会议的第三次会议，也是最后一次会议。

和波科诺会议一样，这次会议也是由奥本海默组织的。他提前一个月就向参会代表发出清新而富有商业气息的邀请函，通知他们4月10日至14日千年石酒店已预订妥当。“会议将于周一上午开始，共有四个整天的时间。”二十四名科学家参加了这次会议。没有参加上两次会议的参会人员有汤川秀树，他现在是研究院的访问研究员；还有一位就是弗里曼·戴森，对他的邀请确立了他的全新地位，说明他已成为科学家精英群体的一员。

会议一结束，戴森就写信给父母说：“会议期间天气很好，只要有空，我们就可以坐在室外。然而，这样的机会并不多，因为主持会议的人是奥本海默。”

> 让我惊奇的是，奥本海默精力充沛，不知疲倦；这肯定和他战争期间的工作经历有关。会议没有制定固定的议程，因此我们可以随心所欲，想说多少就说多少；然而，奥本海默要求我们每天早上十点到会，一直开到晚上七点，中间只有短暂休息，而第一天，晚饭后还计划从八点开到十点，在大家的普遍反对下，当晚的议题延后到第二天。研讨期间，奥本海默始终精神抖擞，不放过每一个人

* “The Theory of Positrons”.

的发言，很明显他能全部听懂。

正如派斯所言，每个人都认为，千年石会议成了“费曼的舞台”。经过系统整理，费曼现在能够令人信服地展示他的方法。派斯写道，在千年石会议上，费曼版量子电动力学“开启了广受欢迎、长盛不衰的历程”。会议结束后，奥本海默写信给系列会议的赞助方美国科学院，代表全体参会人员表示，“会议的价值和取得的丰硕成果由衷令人满意”。他接着写道：

> 第一次会议后的两年见证了基础物理的一些变化，大多是在我 530
> 们的会议上取得的。第一次会议上很难解决的诸多电动力学问题，在第二次会议上开始松动，而现在获得了一定的解决办法。尽管在这些事情上，预测未来是危险的，但这一学科可能在一定时期内保持封闭。

值得注意的是，他说的话一点都不夸张。在举办这些会议的两年里，量子电动力学从一系列有待解决的问题变成了费曼坚持的“已知而不是未知的物理学的一部分”。1983 年，费曼的理论创立三十多年后，他宣布，“现在，我可以自豪地说，实验和理论之间没有重大差异！”

> 我们物理学家总是喜欢验证理论是不是有什么问题。那只是一个游戏，因为一旦发现问题，就能获得快感！但是到目前为止，我们没有发现量子电动力学存在任何错误。因此，我想说，这是物理学的明珠，是我们引以为傲的财富。

1965 年，费曼、施温格和朝永振一郎因他们各自对这颗“明珠”的打造所做的贡献分享了诺贝尔物理学奖。戴森被称为没有获得诺贝尔奖的最伟大的物理学家，而有资格与戴森竞争这一称号的主要对手就是奥本海默自己。

531 第十七章

大规模报复

在那两年里，美国物理学家以极大热情解决量子电动力学问题，或以激动的心情目睹这些问题得到解决。同时，美国以外变成了一个更加黑暗的世界。1948—1949 年柏林遭到封锁，捷克斯洛伐克（1948）和匈牙利（1949）国内局势的变化，迫使西方舆论认为，正如丘吉尔所料，苏联确实在大力扩张势力范围，因此必须保护西方民主免受“共产主义的威胁”。1945 年许多科学家梦想的战后世界——一个以相互认识到核军备竞赛之愚蠢为基础的国际合作的世界——似乎永远无法实现。相反，人们看到的正是科学家们呼吁避免的噩梦：相互猜忌，偏执多疑，草木皆兵，导致超级大国之间的紧张关系持续升级，科学成果成为秘密，科学家成了保密对象，行为光怪陆离，凄惨绝望。

1948 年 12 月，奥本海默在罗切斯特大学发表题为“开放思想”*的演讲，在承认与苏联合作的尝试已经失败，并同意将失败主要归咎于苏联的同时，他背离主流文化思潮，强调国际关系中开放与宽容的优点。他呼吁：“我们需要记住，我们是一个强大的国家。”美国没有必要在疑

* “The Open Mind”.

神疑鬼、担惊受怕的氛围中处理国家事务。在这样的氛围中制定和执行
的政策“似乎会将我们推向保密的未来和迫在眉睫的战争威胁”。作为
另一种态度的典范，奥本海默列举了尤里西斯·格兰特的事迹，他在内
战结束后，对战败的南部联邦李将军说，他的部队可以保留马匹，因为
“他们春耕时需要用马”。尽管承认苏联过去“作恶多端”，奥本海默呼 532
吁，美国应该对未来保持开放思想，体现强国的气度和姿态，而不是担
惊受怕，软弱无能。

发表这一演讲时，奥本海默可能以为，自己具有不可战胜的力量，就像他认为美国是不可战胜的那样。仅仅在一个月前，他上了《时代》杂志的封面，一篇关于他的长文首先罗列了那些引人注目的成就和头衔：

> 越来越多的物理学家知道，研究院成了真正的当代科学英雄J. 罗伯特·奥本海默博士的家，他是美国物理学会主席、原子能委员会技术顾问主席和世界顶级物理学家。外行人知道他，是因为他领导过原子弹的研制。就在上周，奥本海默年满四十四岁，担任高等研究院院长已进入第二个年头。

然而，事实证明，在接下来的一年里，那些头衔和成就没有一个能救他于危难，他将深陷于他强烈反对的恐惧和怀疑之中。在始于1949年夏天的五年时间里，他的名誉在物理学家、政治家和军人中受到系统性打击，这些协调一致且颇有成效的行动就是要毁掉他。让这些攻击看起来更加卑鄙的是，敌人能利用他自己的个性和道德缺陷来对付他。在那些年里，这些缺陷常常被残忍地公之于众。

1949年6月7日，奥本海默来到众议院非美活动委员会面前，他的名誉第一次受到严重打击，同时，那些个性和道德缺点也首次暴露于众目睽睽之下。正如奥本海默于上年10月在写给弗兰克的信中正确预见的那样，阿尔杰·希斯在听证会上的暴露是一个“危险的预兆”，其后必有大事发生。调查了好莱坞演员和华盛顿政治人物中的共产党颠覆

活动后，委员会于 1949 年 4 月在新任主席约翰·伍德的领导下，把矛头转向了科学家，特别是伯克利那些年轻的激进人士，他们在战争期间就引起了联邦调查局和军队安全机构的高度关注。

跟踪罗西·洛马尼茨的探员曾买下四个年轻科学家的合照，这四个人是：大卫·玻姆，现任教于普林斯顿大学；马克斯·弗里德曼，已改名为肯·曼弗雷德，任职于波多黎各大学；约瑟夫·温伯格，如今是弗
533 兰克在明尼苏达大学的同事；以及洛马尼茨本人，他在田纳西州纳什维尔的费斯克大学任教。四人全部被非美活动委员会传唤，除温伯格以外，其他三人都请求援引第五修正案。温伯格当然不知道联邦调查局手里有他和史蒂夫·尼尔森在 1943 年 3 月的谈话记录，继续否认参与过任何间谍活动。

与温伯格不同，奥本海默完全了解他的档案和里面的内容。他发现，非美活动委员会六名成员中的哈罗德·威尔德是前联邦调查局雇员，便警觉起来。轮到奥本海默作证的时候，他让原子能委员会的律师约瑟夫·沃尔普一同出席。结果，会议似乎进行得很顺利。委员会成员特意让奥本海默放心，他对美国的忠诚是毫无疑问的，因为格罗夫斯将军为他做过担保。为了回应他们礼貌、温和甚至恭敬的提问，奥本海默反复强调“希瓦利埃事件”到现在为止的标准版本（这个版本的主要特征是，希瓦利埃只接近过一位科学家，即奥本海默本人），并明显松了一口气，因为没人问他，为什么他最初声称希瓦利埃接近过三位科学家。当问题涉及洛马尼茨和温伯格时，他同样进行了平淡和保护性的回答。被问到弗兰克时，他说：“主席先生，我可以回答你向我提出的问题。我请求你不要强迫我回答关于我弟弟的问题。如果这些问题对你很重要，你可以去问他本人。如果问我，我会回答，但我恳请你不要问我这些问题。”出乎意料的是，这一问题被撤回了。

然而，提到不幸的伯纳德·彼得斯时，奥本海默表示，他不仅愿意确认他于 1944 年 1 月对皮尔·德席尔瓦说过的有损彼得斯的话，还可以说得更详细一些。他确认，他曾经将彼得斯说成是“一个危险分子，相当激进”，接着他又说，彼得斯曾经是一名德国共产党员，但他“强

烈谴责”美国共产党，因为它是一个“过于受宪法限制的温和组织，没有全力以赴，通过武装暴动推翻政府”。然而，由于奥本海默曾对德席尔瓦说，彼得斯的过去充满了倾向“直接行动”的先例，当他被问及如何解释这句话时，回答最令人惊奇。奥本海默认为彼得斯容易采取这类行动的根据是：

> 在德国，他［彼得斯］代表共产党在大街上与国社党*战斗；在集中营被关押过；后又狡猾地逃脱。在我看来，那些先例不容易让人保持自我克制。

言下之意似乎是，在集中营里待过然后又逃跑的经历构成了彼得斯 534
性格缺陷的证据。当被问及他怎么知道彼得斯参加过德国共产党时，奥本海默回答：“这件事尽人皆知。是他对我说的，当然还说过别的。”

这些关于彼得斯的言论超出了奥本海默对德席尔瓦说过的话，也不是在这一场合所必须要说的。如果要解释为什么他要说这么多有损他人的话，而且这个人曾经还是他的学生和朋友，能够想到的推测是，奥本海默认为，如果他给人留下坦率的印象，他关于希瓦利埃和弗兰克的那些敷衍之辞就更有可能被接受。他肯定也认为（尽管在这一场合这样想显得过于天真），由于这是一个封闭的秘密会议，没有记者在场，他说的话永远不会被公开。在这次听证会上，有迹象表明，如果奥本海默的目的是迷惑委员会，以赢得他们的信任，那么他确实做到了。委员会成员没有就其他那些人追问他，似乎对他的证词感到满意。会议结束时，所有六名成员一一与他握手，其中，未来的总统理查德·尼克松作了简短发言：

> 在休会之前，我想说——这肯定也是在场所有人的共同感受——我一直很关注奥本海默博士所做的工作，我认为他给我们

* 全称“国家社会主义德国工人党”，简称“纳粹党”（译自德文缩写 Nazi）。

> 留下了深刻的印象 我们万分高兴在我们的计划中由他担任这一职务。

伯纳德·彼得斯此时是罗切斯特大学的助理教授，第二天就被传唤到了委员会面前，但没有面对奥本海默对他的指控。相反，在持续仅二十分钟的会议上，委员会（可能在设套让他为自己作伪证）故意让他有机会（他也没有错过机会）否认他曾是共产党员，无论在德国还是美国。在他回罗切斯特的途中，彼得斯到普林斯顿拜访了奥本海默，并问他对非美活动委员会说了些什么。奥本海默回答：“他们在上帝指引下提问，我没有说任何不利的东西。”

然而，一个星期后，奥本海默和彼得斯收到了一个令人震惊的坏消息。1949 年 6 月 15 日，罗切斯特《时代联合报》* 的头版刊登了一篇标
535 题为《奥本海默博士称彼得斯“相当激进”》† 的文章，全文登载了奥本海默在德席尔瓦和非美活动委员会面前提供的关于彼得斯的证词。明显有人（嫌疑最大的是委员会里有联邦调查局经历的威尔德）向媒体透露了这一消息。

这篇文章发表的当天，彼得斯在科罗拉多的爱达荷斯普林斯参加一个关于宇宙射线的会议。一起参会的还有汉斯·贝特、埃德·康顿和弗兰克·奥本海默。维克托·魏斯科普夫原来也想参会，但中途拜访了住在科罗拉多州博尔德（Boulder）的大卫·霍金斯，因为他在那里特别开心，所以临时决定不去开会，继续待在博尔德。然而，魏斯科普夫读到了这篇文章，像贝特、康顿、弗兰克和彼得斯一样非常震惊。五人都写信给奥本海默，表达了他们的愤怒和失望。

魏斯科普夫在信中说 实际上，他并不太喜欢彼得斯，“因为他顽固不化，缺乏幽默感和人情味”，但他对奥本海默说：“如果彼得斯因为你关于他政治倾向的陈述而丢了工作……我们都将失去无法弥补的东

* *Times-Union.*

† “Dr Oppenheimer once Termed Peters ‘Quite Red’”.

西。即，对你的信任。”在此，魏斯科普夫指出了核心问题，有人怀疑，泄露这一证词的主要目的，不是想毁掉彼得斯，而是要削弱奥本海默在科学家心目中的威信。

康顿在信中也表达了中肯的看法。他说他“一晚上都没睡好，想不通你怎么能就一个认识这么久的人说出这样的话，而且你也清楚地知道，他是一名多么优秀的物理学家，多么好的公民”：

> 这件事不禁让人觉得你是个十足的傻瓜，居然认为告发别人就能保全自己。我希望这不是真的。你非常清楚，一旦这些人决定审查你的档案，并将它公之于众，到目前为止你所透露的“实情”似乎都只是冰山一角。

与此同时，贝特在信中关注的是，怎样才能减轻这起事件对彼得斯个人事业的危害。他强烈要求奥本海默写信给罗切斯特大学的校长，扭转他对彼得斯的坏印象，别把他当成危险的颠覆分子。

彼得斯在弗兰克的陪同下（两人合作从事一项有关宇宙射线的研究项目），亲自去见奥本海默。他对魏斯科普夫说，情况“相当惨淡”。奥本海默承认，他确实说过那些话，但是对他来说那是个“可怕的错误”。刚开始，奥本海默拒绝起草公开撤回证词的声明，但魏斯科普夫的信改变了他的想法，于是他写了一个半吊子的撤回声明，将它寄给罗切斯特
的另一家报纸。彼得斯将这份声明的一个副本寄给了魏斯科普夫，称之 536
为“一篇并非很成功的含糊之辞”。彼得斯接着说，奥本海默“显然在听证会上被吓哭了，但这很难自圆其说”。他在信尾写道：“我发现，看到一位我非常敬重的人陷入道德绝望的境地，是相当难过的经历。”伯克利其他一些非常尊敬奥本海默的年轻物理学家也表达了类似的感受。洛马尼茨的话最具代表性：“我认为，主要是我们开始为这个人的弱点感到悲哀，同样非常遗憾的是，在危难之际，他没能表现出应有的领导能力。”

结果表明，这起事件没有毁掉彼得斯的事业。罗切斯特大学校长艾

伦·瓦伦丁在这危难时刻表现出罕见的道德定力，他不仅拒绝开除彼得斯，还晋升他为正教授。然而，明尼苏达大学却没有这样的胸怀，在温伯格被控犯有伪证罪后，学校将他开除，尽管他被判无罪（因为还没有拿出在尼尔森家中窃听到的证据）。类似的命运降临到玻姆和洛马尼茨身上，两人都丢了教学工作。

1949 年 6 月 14 日，也就是罗切斯特《时代联合报》爆出奥本海默关于彼得斯的不利证词的前一天，弗兰克收到非美活动委员会的传唤。当时，弗兰克在所有人中处境最为不利，因为他的记录显示，他否认自己曾经是一名共产党员。两年前，《华盛顿时代先驱报》[*] 明显根据泄露的联邦调查局文件刊登了一篇头条新闻，标题是《美国原子科学家胞弟据爆是研究原子弹的共产党》[†]。文章强调，“关于弗兰克·奥本海默的官方报告无法显示其兄长 J. 罗伯特·奥本海默博士的忠诚和能力”，但（正确）断言，有证据表明，弗兰克是一名“持证共产党员”。

这篇文章发表后，弗兰克为此事申辩时犯了一个致命错误。他没有说“无可奉告”，而是愚蠢地说他从来不是一名共产党员，这是他在明尼苏达大学多次向当局重复的谎言。而如今，在非美活动委员会的听证会上，他决定如实招供，承认他和杰姬从 1937 年起当过三年半的共产党员。尽管委员会多次让他供出其他共产党员的名字，但弗兰克拒不招供。在前往非美活动委员会作证前，弗兰克对明尼苏达大学物理系主任 J.W. 布克塔说，他曾经确实是一名共产党员，并提交了辞职信，“以防万一”。他可能认为这只是一种礼节，学校不会真的辞退他。

537 然而，弗兰克提供完证词才几小时，人还没有离开华盛顿，就从报纸上得知明尼苏达大学已接受他的辞呈。一周后，包括汉斯·贝特在内的五十多名物理学家在科罗拉多爱达荷斯普林斯会议上联名写信，请求明尼苏达大学校长詹姆斯·莫里尔改变决定，让弗兰克重返岗位。爱德华·泰勒单独写信说，尽管他“在政治上并不认可弗兰克·奥本海默”，

---

* *Washington Times-Herald.*

† “US atom Scientist’s brother exposed as communist who worked on A-bomb”.

但是他认为弗兰克是一名非常优秀的物理学家。泰勒接着说：“我一直很喜欢他。”另外，他对莫里尔说，他坚信人有“犯错误的自由”。明显没有大声疾呼并公开支持弗兰克的那个人就是他的哥哥。“杰姬非常气愤，”弗兰克的一位朋友说，“这给一家人造成了三大痛苦”。

尽管有这么多科学家为弗兰克说情，莫里尔还是拒绝为他保留工作。情急之下，弗兰克只能求助伯克利的老朋友和昔日同事欧内斯特·劳伦斯。上一次他从明尼苏达到伯克利出差时，劳伦斯将手臂搭在他肩上说：“只要你愿意，随时都可以回来。”然而，现在劳伦斯不愿与他有任何牵连。来自放射实验室的一封电报说：“本实验室不再欢迎弗兰克·奥本海默。”“到底怎么了？”弗兰克写信给劳伦斯说。“是谁变了，你还是我？我背叛了国家，还是实验室？当然没有。我什么都没做。”弗兰克发现，他已不可能在大学找到工作，便到科罗拉多买下一个农场，在后来的十年时间里成了一名农场主，这让他的哥哥非常看不起。

1949 年 6 月底，泄露的联邦调查局文件严重削弱了科学家们对奥本海默的尊敬，毁掉了他好几个昔日学生的事业，也几乎毁了他生命中最亲密、最重要的情感关系：和弟弟的手足之情。在同一个月里，奥本海默在自我毁灭的道路上迈出了重要一步，他亲手为自己树立了一个势不两立的敌人，此人将以多种理由对他造成巨大伤害。

这个人就是刘易斯·斯特劳斯，他是原子能委员会成员和高等研究院的董事。有好几年时间，他都是原子能委员会和研究院董事会主席。他爱慕虚荣，渴望得到他人的仰慕和尊敬。奥本海默既不仰慕也不尊敬斯特劳斯，而且毫不掩饰。两年前，奥本海默为放射性同位素军事用途的可能性作证时，斯特劳斯就感受到了奥本海默对他的蔑视。同位素是橡树岭和汉福德等地核反应堆的副产品，由原子能委员会管理，而将 538
这些同位素出口到友好国家，用于科学研究，一直是美国的一项政策。1947 年春，斯特劳斯试图推翻这一政策，理由是同位素有可能用于军事目的。斯特劳斯征求奥本海默的意见，奥本海默直接反对，认为他的担忧不值得认真考虑，而让斯特劳斯非常懊恼的是，他在此事的投票表决中以 4：1 落败。

关于同位素的潜在军事用途，斯特劳斯从不接受自己有任何错误。1949 年 6 月，他再一次获得扭转这项政策的机会。这一次不是小型委员会在偏僻办公室里的闭门会议，而是一次完整的国会听证会，在参议院宽敞的党团会议室举行，照相机和记者一应俱全。这次听证会在原子能联合委员会面前进行，该委员会于 1946 年成立，负责“监督”原子能委员会，必要时有权否决原子能委员会的决定。1949 年，联合委员会的主席是布莱恩・麦克马洪，他积极倡导大批量制造原子弹。右翼共和党参议员伯克・希肯卢伯也是委员会成员，他极不信任原子能委员会，特别是奥本海默。这次听证会的主要目的是调查希肯卢伯对原子能委员会的指控：犯有“难以置信的管理不当”之罪。斯特劳斯的政治观点与希肯卢伯的观点很接近，他在阻止放射性同位素出口的行动中成功将这位参议员变成了盟友。现在，出口同位素的做法被作为原子能委员会管理不当的案例接受审查。6 月 9 日，斯特劳斯在联合委员会面前作证时说，同位素确实存在军事价值，因此他反对出口。希肯卢伯表示支持。他说，实际上，美国向其他国家提供同位素，是在做一件“危害美国国防”的事。

正是在这样的背景下，奥本海默公开驳斥了斯特劳斯的立场，后来被媒体广泛报道。当然，奥本海默并非没有虚荣心，这在他传奇般的愚弄他人的能力中表现得尤其突出。杰里米・伯恩斯坦记得，在研究院的一次物理研讨会上，奥本海默“坐在最前排，如果他发表自以为机智的评论，就会环视一周，确保我们所有人都心领神会”。他喜欢听众，而听证会上有大量洗耳恭听的听众。

目前需要解决的具体问题是，美国是否应该像原来要求的那样向挪威提供铁的同位素铁-59，用于监控钢液的生产。斯特劳斯发现，挪威
539 研究小组的一名成员是共产党，在他和希肯卢伯看来，这使得铁-59 是否存在潜在军事用途的问题变得更加紧迫。奥本海默出面作证时清楚表示，他的目的不仅是要驳斥斯特劳斯的观点，还要让它遭到无情的嘲笑。他说：“没人能强迫我说，你不能将这些同位素用于原子能。”

一把铁铲可以用于原子能，确实可以。一个啤酒瓶可以用于原子能，确实可以。但是，我们要认识到，实际情况是，在战争期间和战后，这些材料没有发挥重要作用，据我所知，完全没有作用。

在听证会现场的菲利普·斯特恩认为："哪怕是一名旁观者，即便不了解事实背景，也不掺杂个人情感，都能清楚地看到，奥本海默是要让人出丑。"

原子能委员会的律师乔·沃尔普坐在奥本海默身边，他朝斯特劳斯望去，只见他双眼微合，下巴颤抖，脸色难看。他说，从那一刻起，他"一边注意奥本海默和委员会，一边观察斯特劳斯"。奥本海默在往别人的伤口上撒盐，他接着说："广义上，我本人对同位素重要性的评价是，它们远没有电子设备那么重要，但是要比，譬如说维生素，重要得多，介于两者之间。"听证会的官方记录对这一刻的记录是："[笑]"。奥本海默下来后，对沃尔普说："乔，我做得如何？"沃尔普回答"太棒了，罗伯特，太好不过了。"几年后，大卫·利连索尔回忆起在奥本海默的证词结束后见到斯特劳斯的情景时说："他的脸上写满了仇恨，你很少能在一个人的脸上看到这种仇恨。"

几个月后，《生活》杂志刊登了奥本海默的一张照片，亚伯拉罕·派斯将它称为"我见过的奥本海默最好的照片"。他在照片上显得特别自信，帅气十足，他直视镜头，表情严肃而放松，右手托着下巴，左手夹一根点着的雪茄。杂志的内页也有一张极具魅力的照片，他站在黑板前，上面写着晦涩难懂的符号。图片的文字说明是："黑板上端的方程阐述了宇宙射线爆炸时介子的产生过程。下面的方程表示量子场论中的某些相互作用。"

《生活》杂志的报道和上一年《时代》杂志的文章涉及的话题基本
一致，但有意思的是，内容和语气却有着天壤之别。《时代》杂志的文 540
章强调奥本海默是物理学家、研究院及人文情怀的领袖，深入探讨了他的政治思想，包括过去的激进观点和后来的原子能国际控制倡议，几乎没有谈到他的科学成就，实际上没有提到他的任何一项成就。在这些方面，《生活》杂志的文章有着天壤之别。该文完全没有提及他激进的过去，谈到他战后的政治活动时，好像那是违背他的意愿强加给他的任务（“尽管他想全心投入加州大学和加州理工学院的学术工作中，各种政府机构对他的要求名目繁多，因此实际上，他的大部分时间都花在了西海岸和华盛顿之间的旅途上”）。

《生活》杂志的文章重点强调奥本海默是一名科学家，说他不仅过去取得过卓越成就，而且在事业的巅峰期仍然是一名活跃的物理学家，奋战在物理学的最前沿：粒子物理。实际上，这篇文章给人的印象是，为了集中精力研究物理，奥本海默已退出政坛。文章引用奥本海默的话说，那些在战争期间“偏离正轨的物理学家，曾经从事恶魔的工作，制造杀人武器之类和物理学毫无关系的东西”，现在他们“回到了自己的本职岗位，承担起冷静、谦逊、神圣的探索未知世界的使命”。

然后，文章继续详细介绍奥本海默对物理学的贡献，特别强调奥本海默－菲利普斯效应，以及他在正电子和介子理论的发展和当前物理学的现状方面发挥的作用。相当奇怪的是，文章作者林肯·巴尼特没有提到不久前发生的量子电动力学革命，也没有提到奥本海默在这次革命中发挥的助产士作用。然而，文章让读者了解到了 1949 年夏天物理学的主要问题。那个时候，量子电动力学的革命已经结束，物理学家已将注意力从量子电动力学转移到对基本粒子的理解上来。

这是一个存在很多困惑的领域，似乎每获得一个新的发现，就会增加一分困惑。文章很好地描述了当时粒子物理令人困惑的状况，特别强调了发现的基本粒子数量正在以惊人的速度增长。以前只有电子、质子和中子三种，而现在增加到了十五种，*其中包括一些多数人早已熟悉的
541 粒子，比如光子、中微子和正电子，以及一些最新发现的奇异粒子，例如 π 介子（存在正、负和中性三种形式）、μ 介子（同样有三种形式）和 τ 介子（一种重介子，很快被命名为 K－介子或 kaon）。这篇文章里面有一张几乎占了半页纸的表格，将这十五种粒子分成五大类：核子、

* 在后来的二十年里，粒子数量增加到了两百多种。——原注（62）

电子、介子、无质量粒子和“可能的粒子”。

文章引用奥本海默的话说，“关于这些粒子，几乎每个月都有令人惊奇的发现”，实际上，“我们称作基本粒子的物质既没有永久性，也没有确定性”。譬如，质子和中子可能是混合物：“每一个这样的粒子在其核心和周围可能都有某种简单的子结构，与其紧密结合在一起，形成一团介子。”他希望“目前的混乱状况最终将云开雾散，再次呈现一片和谐有序的图景，这是通过努力后，我们在物理世界里经常看到的，也是物理学的美妙之处”。

文章给人的印象是，这一和谐有序的图景，如果真的会到来的话，将由研究院的人创造，“那是全世界最著名的基本粒子研究中心”。文章特别指出，它可能会出自奥本海默本人，毕竟他在战前“将他大部分科研精力投入到了介子的研究工作中，包括它们在原子世界中的作用，以及它们与核力可能存在的关系”，现在他“正与被他刚招来的汤川紧密合作”，以新的状态重新面对这些问题，它们“是当今物理学面临的最深刻、最紧迫的挑战”。

实际上，所有这些都是幻想。奥本海默好像迷惑了《生活》杂志的作者，使他将奥本海默一厢情愿的想法当成了事实。奥本海默确实打算和汤川一起研究介子理论，实际上，那正是他邀请汤川到研究院的原因。但两人还从未合作完成过任何一项工作，这篇《生活》杂志的文章发表时，也就是 1949 年 10 月，汤川已离开研究院到哥伦比亚大学担任教授。高等研究院也并非“全世界最著名的基本粒子研究中心”。1949 年，研究院只有寥寥几名粒子物理学家，其中仅有一人从事这方面的原创研究，他就是亚伯拉罕·派斯，但奇怪的是，文章没有提到派斯。譬如，当奥本海默用“轻粒子”一词描述电子和正电子（以及很快被认识到的 μ 介子）之类的粒子时，他没有提到不到两年前，派斯对迅速增多的基本粒子的分类做出过重大而（后来证明）意义深远的贡献。然而，尽管文章中没有派斯的踪影，但在该文引用的奥本海默的几乎每一 542
句话中，汤川的影响无处不在，其中很多内容在汤川 1949 年 7 月发表的概述文章《介子理论的模型和方法》[*]中得到了印证。

最后，也是最重要的一点，那个时候奥本海默并没有对粒子物理做出任何重大贡献。实际上，这篇文章发表的时候，正好是他作为一名活跃的研究型科学家的终结之日。1949 年 1 月，他在《现代物理评论》上发表了一篇短文，讨论介子的分裂与核吸收，但这成了他物理学论文的收官之作。[†]他继续是一名前沿研究的追随者，能够总结本学科差不多任何领域的重要工作，但从 1949 年 1 月直到去世，他本人没有对物理学（或者这一学科的任何分支）做出哪怕一项原创性贡献。通过举办谢尔特岛、波科诺和千年石会议，奥本海默在量子电动力学方面发挥过领导作用，但在粒子物理领域，他没能再次发挥类似的作用。千年石会议后，科学界决定停止举办这一系列会议，取而代之的是专门讨论粒子物理的系列会议。这些会议的组织者不再是奥本海默，而是罗切斯特大学的罗伯特·马尔沙克。20 世纪 50 年代，粒子物理的大多数前沿研究正是在罗切斯特、哥伦比亚、芝加哥和伯克利这样的地方完成的；也就是说，这些地方有成规模的实验物理系，更重要的是，有大型粒子加速器，而研究院什么也没有——正如《生活》杂志的文章极力强调的那样，研究院没有任何类型的实验室。

也许可以这样理解这篇文章，将它看作奥本海默对联邦调查局和非美活动委员会的回应，回应这些机构对他和其他左翼物理学家的攻击。他借此表示他很乐意从这场斗争中解脱出来，放弃政治，回归纯粹研究。而实际上，因为他并没有回归纯粹的研究，也没有放弃政治（譬如他没有辞去总顾问委员会主席的职务），或许阅读此文的最佳方式是，可以深入了解奥本海默在 1949 年秋天对自己未来生活的期望：集中精力从根本上研究（“然而，在他的众多活动中，最让他满意，以及他认为最能体现真正使命的工作是探索”）理论物理发展的最核心，并在其

* “Models and Methods in the Meson Theory”.

† 1950 年，他突然空前绝后地涉足生物学，与人合写题为《蓝绿藻光合作用机制中的内部转换》（“Internal Conversion in the Photosynthetic Mechanism of Blue Green Algae”）的论文。——原注（63）

他人的协助下，努力理解物质的性质。

实际上，在那个时候以及可预知的将来（他对此很清楚），主导他生活的是这样一个事实：一个月前，无可辩驳的证据表明，苏联成功试 543
爆了自己的原子弹。《生活》杂志的文章提到过这一事实，但刻意低估了它的重要性。文章漫不经心地说，在那些参与过“恶魔的工作，制造杀人武器”的物理学家看来，“俄国终于制造出原子弹的消息并不值得大惊小怪，他们不会像二战时那样，在得知这一消息后工作重心就发生转移”。与这篇文章的基调很相似，这不过是一厢情愿的想法。作为总顾问委员会主席，奥本海默有责任向原子能委员会提出建议，因而也是向美国政府建议，应该如何回应苏联制造出原子弹的消息。这是一项艰巨的任务，因此不难想象，奥本海默为什么宁愿假装这件事并不存在。

苏联试爆原子弹的证据包括裂变产物铈和钇的少量同位素（铈-141和钇-91），这些微量样本是1949年9月3日在美国海军收集的雨水和飞越日本的空军侦察机收集到的空气中发现的。9月19日，包括奥本海默在内的一个专家组得出结论说，毫无疑问，这些放射性残留物来自苏联在8月29日试爆的原子弹。第二天，杜鲁门总统得知了这一消息（他的第一反应是拒不相信，他坚信苏联的科技水平比美国落后），三天后，即9月23日，杜鲁门公开宣布：“有证据表明，在过去的几个星期里，苏联试爆了一枚原子弹。”

那天晚上，奥本海默接到惊慌失措的爱德华·泰勒打来的电话。“我们该怎么办？我该怎么办？”泰勒问奥本海默。当时的泰勒将自己的时间一分为二，一半在芝加哥大学研究理论物理，另一半在洛斯阿拉莫斯研究他酝酿多年的宠物项目：超弹，即氢弹。奥本海默对他说，“回到洛斯阿拉莫斯，继续工作。”然后是长时间的停顿，泰勒明显希望听到更多回应，奥本海默接着说：“沉住气。”

在泰勒看来，对苏联已拥有原子弹最好也是最合理的回应，显然是加速研发超弹。他推测，如果苏联人知道如何制造裂变弹，那么他们肯定也认识到威力大得多的聚变弹至少在理论上是可行的，因此在苏联之前制造出氢弹，这对美国的安全至关重要。华盛顿的刘易斯·斯特

544 劳斯与伯克利的阿尔瓦雷兹和劳伦斯也有同样的想法。不久，四人联合行动，试图说服总统批准一项紧急研发计划。恰恰是在奥本海默对《生活》杂志说苏联原子弹的消息并不意味着物理学家的工作重心会“像二战时那样发生转移”的时候，三位全国最受尊敬的物理学家正与刚被奥本海默激起强烈仇恨的那个人共同策划（泰勒、斯特劳斯、阿尔瓦雷兹和劳伦斯），以确保物理学家的工作重心切实发生转移。

这几位策划人迅速行动。10 月 5 日，劳伦斯打电话给斯特劳斯，结果斯特劳斯给共事的原子能委员会成员写了一份备忘录，呼吁启动一个研发氢弹的紧急计划，他使用的措辞与奥本海默的话相比，简直是莫大的讽刺。他写道：“我们现在应该全力以赴，推进超弹的研发。我想象的全力以赴的意思是，如果有必要，人才和资金的投入力度应该达到制造第一枚原子弹时的程度。那是保持领先的唯一办法。”作为回应，利连索尔请奥本海默组织一次顾问委员会特别会议，以便向原子能委员会建议，如何应对苏联的原子弹。奥本海默及时筹备这次会议，但因为委员会里的多位著名科学家工作繁忙，所有人都能参会的最早时间是 10 月 29 日。

在这三周的时间里，游说工作如火如荼，代表的想法就是超弹紧急计划是对苏联原子弹的正确回应。10 月 6 日，阿尔瓦雷兹和劳伦斯从伯克利飞往华盛顿，中途在洛斯阿拉莫斯停留过夜，与泰勒和其他人会面，讨论目前研发超弹的可行性。泰勒的观点（当时并没有得到物理学家的广泛赞同）是，“我们制造聚变武器的可能性非常大”。劳伦斯的回应令泰勒喜笑颜开：“在当前形势下，我们别无选择，必须勇往直前。”

劳伦斯和阿尔瓦雷兹继续前往华盛顿。他们竭尽所能，利用劳伦斯的巨大影响力，尽可能多地接触高级官员。这些人包括原子能联合委员会成员、国防部顾问和其他能对总统施加影响的人。他们还分别面见原子能委员会成员，力图削弱他们认为的奥本海默的不良影响。功夫不负有心人，刚成立不久的美国空军 * 参谋长霍伊特·范登堡于 10 月 14 日

* 令很多人（特别是英国人）惊奇的是（英国空军建立于 1918 年），美国空军直到 1947 年 9 月才成为美国军队的独立军种。在这之前，空军隶属于陆军。——原注（64）

来到联合委员会，他说：“制造超级武器将使美国处于优势地位，美国 545
在 9 月底以前，通过独家拥有这样的武器一直享有这样的优势。”阿尔瓦雷兹和劳伦斯对他们的游说非常满意，高兴地回到了伯克利。

几乎同时，泰勒也开始了自己的游说之旅。他首先来到芝加哥，希望费米出面领导这一新的紧急计划，但费米果断拒绝了。然后泰勒前往康奈尔大学，发现贝特和他更有共鸣。贝特向泰勒承诺，他愿意回到洛斯阿拉莫斯研究超弹。泰勒在康奈尔的时候，贝特接到奥本海默打来的电话，让他去一趟普林斯顿。贝特说，泰勒正好也在那，于是奥本海默邀请他一同前往。10 月 21 日，贝特和泰勒来到研究院奥本海默的办公室。奥本海默给他们看了他刚从科南特那里收到的一封信，科南特在信中对超弹表示强烈反对。科南特说，除非把超弹建在“我的尸体上”。[*]奥本海默没有发表个人意见，但是贝特说：“奥本海默很可能想给我们施加影响，让我们不要研发氢弹，而他又不想亲口说出，因此才借科南特的信来影响我们。”

奥本海默当天写给科南特的信表明，贝特或许误解了奥本海默。奥本海默向科南特表达的观点是，原子能委员会别无选择，只能启动研发氢弹的紧急计划，因此总顾问委员会没有别的选择，也只能建议推行这样的计划。这并不是因为在科学和军事上研发氢弹是个好主意，而是因为当时的政治气候不允许美国采取其他行动。必须记住的是，在那个时候，泰勒（尽管他对劳伦斯说过自己的想法）还没有一个可行的氢弹设计，也没有获得这样一个设计可行的清晰思路。理论上，没有人怀疑聚变是可能的，或者说，如果能设计一种让氢原子核（或，更有可能的是，一种氢的同位素，氘或氚）聚变的方法，巨大的能量就会被释放出来。也没有人怀疑，如果能制造出一颗聚变炸弹，它的威力将十分强大，其当量相当于百万吨而不是千吨 TNT。然而，需要解决的问题是，如何在一个装置中创造能引发聚变过程所需要的超高温，且这个装置又

* 这句话出自泰勒的记忆。这封信的其他内容都已消失在历史中，因为，奇怪的是，在奥本海默精心保留的几箱子信件中并没有这封信。科南特的传记作家詹姆斯·G. 赫施博格推测（在我看来很合理），科南特让奥本海默把它销毁了。——原注（65）

可以用飞机或舰船成功投放。

“在技术层面，”奥本海默对科南特说，超弹是一种“设计、成本、投放和军事价值都没有弄清楚的武器”。他接着说，但是“舆论环境发
546 生了巨大变化”，部分原因是“两名经验丰富的推动者发挥了作用，他们是欧内斯特·劳伦斯和爱德华·泰勒”。因此，国会联合委员会“自9月23日起对某些事项进行认真考虑后，终于找到了答案：我们必须制造超弹，必须尽快将它造出来”。因此，奥本海默总结道：“反对研发这一武器是愚蠢的”，尽管“我不确定这可悲的东西是否会成功，也不知道，除了用牛车，能否将它投向目标。”而且：

> 在我看来，这似乎会进一步让我们当前的作战计划失衡。让我担心的是，这东西似乎满足了国会议员和军人的想象力，成了应对苏联扩张问题的灵丹妙药……我还担心，我们会执迷于这玩意，并将它视为拯救国家的必由之路，而在我看来，和平岌岌可危。

在决定命运的会议即将到来之时，劳伦斯让罗伯特·瑟伯尔到华盛顿呈交建设重水反应堆的建议，这项建设是聚变研究的一部分工程。瑟伯尔自1946年起就在伯克利，教授原来由奥本海默负责的研究生课程。在超弹问题上，他同情奥本海默，他早先研究过泰勒的聚变弹设计，并发现了它的缺陷。“我对欧内斯特说，超弹不会成功，”瑟伯尔后来写道，“爱德华不知道如何制造热核炸弹”。然而，他同意呈交劳伦斯关于反应堆的建议，他认为就算聚变炸弹不成功，反应堆或许还是有用的。瑟伯尔在会议开始前一天抵达普林斯顿，并住在奥本海默的家里。奥本海默对瑟伯尔说，科南特非常反对研制超弹，并把科南特的信拿给他看。瑟伯尔记得这封信上说：“美国不应该制造这样的武器。如果苏联人这么做，并用它来攻击美国，我们可以用大量的原子武器报复。”“我非常震惊，”瑟伯尔写道，“美国东部显然是个与加利福尼亚完全不同的世界。我全然不知科南特和奥本海默这样的人居然会有这样的想法。在伯克利，这是难以想象的。”

实际上，正如奥本海默在给科南特的信中指出的那样，美国不应该推进紧急计划制造超弹的想法，在东部比在伯克利只不过稍微更可信一些，然而总顾问委员会在 1949 年 10 月 28—29 日的会议后（正如派斯写道，“可能是该委员会有史以来最重要的一次会议”），最终还是支持这一想法，并向原子能委员会提出了这样的建议。经常有人（最坚持这一看法的是泰勒）认为，原子能委员会反对紧急研发超弹的建议，说明 547
总顾问委员会屈服于奥本海默。而实际上，更真实的情况是，奥本海默屈服于科南特的意志，因为这次会议达成的观点更接近科南特而不是奥本海默会前的观点。

这次会议召开前，格伦·西博格写信抱歉地说，他不能来参会，因为那个礼拜他将应瑞典皇家科学院的邀请，到瑞典作超铀元素的系列讲座。他后来说：“这明显是想考察我是否有资格获得诺贝尔奖，因此我不能不去。”关于讨论超弹的会议，西博格回忆说：“我在给奥比的一封信中表达了观点。我说制造另一种恐怖的毁灭性武器的想法是令人痛心的，但我们别无选择，只能研发超弹，因为苏联肯定不会闲着。”实际上，西博格后来的解释比他在信里写的要简明得多：

> 尽管我强烈反对我国在这方面巨大投入，但必须承认，我不能下结论说，我们不应该这么做……对于我目前的感受，最好的概括可能是，除非我能听到一些好的理由，否则我就没有足够的勇气去建议不要实施这样的计划。

詹姆斯·科南特在会议的第二天才到来。委员会的其他成员，包括奥利弗·巴克利、李·杜布里奇、恩里克·费米、约翰·曼利，伊西多·拉比、西里尔·史密斯和奥本海默本人都于第一天上午到会。他们将听取多名专家就问题的各个方面发表的意见。

第一个举证的是政治学和历史学家乔治·凯南。凯南先后在乔治·马歇尔和迪安·艾奇逊两任国务卿手下任职，现在他是美国最有影响力的外交政策顾问之一，尤其擅长苏联事务。在这一场合，他完全可以提出一个在场的其他任何人似乎都没有产生过的想法，从而对会议的进程产生决定性影响。这一想法就是，苏联饱受战争的蹂躏，经济和工业百废待兴，可能不愿发动一场代价高昂的军备竞赛，或许更愿意通过谈判达成协议，确保双方都放弃氢弹的研发。如果凯南说出这一想法，当然可能为后面的会议定下基调。

凯南之后是贝特发言，他汇报了超弹研究的现状，重点谈到有待解
548 决的技术问题。然后，瑟伯尔按劳伦斯的交代发言，基本是自我推销，呼吁委员会委托伯克利放射实验室建造反应堆，增加钚和氚的产量。推销完后，瑟伯尔并没有飞回伯克利，而是在那里住了一晚，第二天上午随奥本海默回到原子能委员会的办公室。“我在原子能委员会的大厅里遇到了刘易斯［阿尔瓦雷兹］，”瑟伯尔记得，“我们看到顾问委员会的成员聚在一起，然后，联席参谋长们和其他高级军官出面作证，他们肩上星光闪闪，令人印象深刻。”

那些联席参谋长包括陆军的奥马尔·布雷德利将军和空军的劳里斯·诺斯塔德将军，两人似乎对氢弹的军事目的都没有太多思考。他们都说，除了制造超弹，别无选择。但在被问到超弹和成堆的原子弹相比有什么优势时，诺斯塔德沉默不语，而布雷德利回答：“主要是心理威慑。”

午饭休息时，奥本海默叫阿尔瓦雷兹和瑟伯尔来到附近的一家餐厅。奥本海默对他们说，会议的气氛正渐渐远离紧急计划的建议，这让瑟伯尔吃惊，而阿尔瓦雷兹更是震惊。阿尔瓦雷兹后来记得，午餐时与奥本海默的对话：

> 他说，他认为美国不应该制造氢弹。如果我没记错，我认为我记得很清楚，他的主要理由是，如果我们制造氢弹，俄国人也会制造氢弹，而如果我们不制造氢弹，那么俄国人也不会制造氢弹。

午餐后，失望的阿尔瓦雷兹怒气冲冲地回到伯克利。正如他后来所言，他坚信，“我们计划启动的项目并不是原子能委员会科学方面的最高领导希望做的事”。他在当时的日记中提到他和“奥比进行了有趣的

交谈”，然而，他从中感觉到某种“相当模糊的想法”。

那天下午，总顾问委员会成员和原子能委员会五位委员中的四位讨论了所有相关问题。在参加会议前，拉比就认为（利连索尔在自己的日记中这样总结拉比的观点），“将会做出推进计划的决定。唯一的问题是哪些人愿意参加”，他也同意，紧急计划确实是应对苏联原子弹的办法。费米的意见是（还是借用利连索尔的话），“我们必须探索，去做这件事，但这并不排除这一疑问：真的要使用它吗？”而奥本海默正如他在给科 549
南特的信中所言，认为反对紧急计划是愚蠢的。除了这两位，所有其他参会的总顾问委员会成员都认为，基于技术、战略和道德方面的原因，研发氢弹是错误的，尽管他们中的一些人认为（如奥本海默想的那样），出于政治原因，制造这种炸弹的决定是不可避免的。然而，下午的会议结束时，与会人员克服了政治上的悲观情绪，总顾问委员会成员一致决定，不建议启动紧急计划。拉比和费米可能想到了凯南的证词，认为这应该以禁止研发超弹的国际协议为条件。会议结束时，奥本海默建议晚上起草会议报告，第二天上午继续开会。

那天晚上完成了三份报告。曼利和奥本海默起草了主报告，所有到会的八位委员会成员都在上面签了字。报告的第一部分建议增加反应堆、同位素分离厂和原子弹的制造，特别是要“强化战术目的原子弹的生产力度”。最后一条建议表明，奥本海默的观点自战争结束后发生了巨大变化，实际上，这与他早期受玻尔启发的观点恰恰相反。早期观点的核心理念是：原子弹不只是更具毁灭性的新武器；它们根本就是一种不同的武器，威力无比巨大，以至于使用这些武器的（合理）恐惧就可能终结战争本身。而现在，奥本海默将原子弹视为战术手段，恰恰是把它们看成了另一种武器。

这一态度的转变似乎出于两个原因：第一，他领导的项目导致数万日本平民死亡，给他造成了沉重的心理负担。* 第二，原子武器国际控

* 这一心理负担似乎也影响到了总顾问委员会的其他成员。比如科南特在会上说，他觉得他“在第二次看同一部电影，一部低劣的电影”，而罗伊说：“我们是弗兰肯斯坦。”——原注（66）

制谈判的破裂导致他的幻想破灭。他不再相信威力过大的炸弹不应该使用的理念（如果他相信，超弹当属这类武器），他无意参与研制新的炸弹，因为这种武器能造成平民大规模死亡，杀伤力是广岛原子弹的许多倍。在他看来，作为战术武器而被设计的原子弹，攻击对象是军人而不是平民，没有氢弹那么罪大恶极，因为氢弹的威力大许多倍，无法这样使用，只能用来大量屠杀平民。

550 主报告的第二部分阐述了这样决定的理由。在研制超弹的道路上，需要极其乐观的态度来克服技术难题：“我们相信，以开创性的精神齐心协力解决这些问题，有望在五年时间内制造出这一武器。”但是，报告接下来提出的问题是，为什么非得研制这样的武器。因为“根据一般估计，这种武器的爆炸效果是现有裂变炸弹的几百倍”，那么无法回避的问题是，实际使用这一武器会造成怎样的后果：

> 很明显，使用这一武器将导致难以计数的人失去生命；这一武器无法专门用于军事和半军事设施。因此，比起原子弹，它的使用更能将消灭平民的政策推向极致。

报告的第三部分提供了委员会对以下问题的回应：委员会应该建议研发超弹的紧急计划吗？奥本海默和曼利对此十分谨慎，仔细列明了什么地方达成了一致，什么地方还存在分歧：

> 关于超弹问题，尽管总顾问委员会成员没能在他们的建议中达成完全一致，但是我们还是取得了某些方面的共识。我们都希望采取各种办法避免研发这些武器。我们都不希望看到美国首先采取行动，推进这一研发。我们都认为，这个时候就全力推进研发是错误的。
>
> 虽然我们承诺不研发这种武器，但我们对这一承诺的性质有不同意见。多数人觉得，这应该是个不够格的承诺。
>
> 其他人觉得，这项研究应该是有条件的，要看苏联政府对放弃

这种研发的建议有何反应。

另外两份报告是主报告的附件。第一份由科南特和杜布里奇联合起草，除了他俩，在上面签字的还有巴克利、奥本海默、罗伊和史密斯。这份报告将超弹称为“种族灭绝武器”。这份后来被称为“多数人报告”的文件稍微回避了是否应该启动紧急计划的问题，明确建议美国不应该率先启动研制这一武器的任何计划：“我们认为，应该永不制 551
造超弹。”即使俄国人可能会制造超弹，美国也不必因为害怕而去研制一枚这样的武器，因为：“如果他们用这样的武器攻击我们，我们可以用大量的原子弹报复，效果不亚于超弹。”最后，科南特和杜布里奇写道：“有了拒不研发超弹的决心，我们就获得了一个独一无二的机会，以身作则，限制一切战争，从而缓解人们的恐惧，唤起人类的希望。”

费米和拉比起草并签名的第二个附件，即“少数人报告”，声称超弹“在任何情况下都是邪恶的”，并说，因此美国在没有邀请“世界各国和我们一起庄严承诺绝不研发”的情况下，就率先启动研制这种炸弹的计划是错误的。在奥本海默的安全听证会上被问及这一问题时，费米说，他的观点是，如果最终无法达成国际协议，将超弹研发列为非法行为，那么美国“应该非常遗憾地向前推进”。然而，在他和拉比起草的报告中，找不到这一观点的痕迹。

媒体没有报道总顾问委员会的建议，也不能报道，因为这些仍然是机密。主报告曾建议“关于超级炸弹，应该充分解密，这样我们此时就可以对外公布当前的政策”，但是，暂时来说，公开讨论超弹仍然是违法的。然而，爱德华·泰勒不会因为这些约束而偏离目的，他千方百计想要弄清总顾问委员会提出的建议。首先，向费米打听过后，泰勒在写给朋友玛利亚·梅尔的信中说，费米“没有告诉我总顾问委员会提出了什么建议”，但是“他对我说了他的个人想法。他说：‘如果接下来的大力研发是不可能的，你、我、杜鲁门和斯大林都会很高兴，为什么我们不能签订一项协议，避免这样的研发呢？’”

泰勒接着说：“听到他的妥协言论，我有一种从未有过的恐惧。”奥本海默说的话让阿尔瓦雷兹震惊，而泰勒听到费米的观点后，同样沮丧不堪。泰勒对梅尔说：“华盛顿宁愿另寻出路，也不肯全力以赴……我在华盛顿看到的清楚表明，妥协和拖延的力量非常强大。”此外，“积极行动的力量也不可小视”。

当泰勒奉命来到布莱恩·麦克马洪在华盛顿的办公室，他才认识到后一种力量有多么强大。泰勒在自己的回忆录中写道，“我还没开口，麦克马洪就说，‘你知道总顾问委员会的报告吗？真让人恶心’。”然后
552 麦克马洪将泰勒介绍给助理威廉·波顿。“如果你找不到我，可以和比尔谈，”麦克马洪对泰勒说，“我完全信任他。”泰勒很快就和波顿一拍即合。

实际上，在华盛顿的权力人物中，波顿可能是唯一比泰勒本人更害怕苏联的人。1946年，波顿出版了一本名为《迫在眉睫的战略革命》*的书。他在书中说，除非美国和苏联合并成一个“单一的主权国家”（当然，他认为这是不可能的），否则两国必有一战。波顿对德国于1944年攻击伦敦的V-2火箭和广岛原子弹的可怕威力印象深刻，他预测未来战争将是装配核弹头的火箭战。因此，他认为美国应该尽一切力量发展规模最大、实力最强的核武库。1949年1月，麦克马洪接替希肯卢伯担任原子能联合委员会主席，他任命波顿为委员会的执行主席。与麦克马洪和波顿见面后，泰勒肯定认识到，有这样的权力人物做后盾，“妥协和拖延的强大力量”终将无法为所欲为。

在1949年的整个11月里，一场围绕氢弹的激烈斗争在华盛顿展开，双方实力似乎旗鼓相当，鹿死谁手难以预料。奥本海默和拉比都认为，泰勒和联合委员会的观点将占据上风，但是他们在总顾问委员会报告上的签名使结果扑朔迷离。汉斯·贝特打电话给泰勒说，他最后决定不参加泰勒的氢弹项目，这给泰勒再次造成了打击。泰勒习惯将贝特的决定视为奥本海默恶劣影响的结果，但一如他错误地认为奥本海默左

* *There Will Be No Time: The Revolution in Strategy.*

右了总顾问委员会的民意，这一次他又错了。贝特不想参与氢弹的研发，原因不在于奥本海默，而在于他在普林斯顿与维克托·魏斯科普夫和乔治·普拉切克的谈话。“魏斯科普夫向我生动地描述了一场氢弹战争，”贝特后来说，“用一枚炸弹摧毁纽约这样一整座城市意味着什么，氢弹将如何使进攻愈强，防御愈弱，从而改变军事平衡。”这次谈话后没过几天，贝特就对泰勒说，他不愿参加这个项目：“他很失望。我如释重负。”

11 月 9 日，泰勒的立场遭到另一次打击。就在这天，原子能委员会召开会议，讨论他们应该根据总顾问委员会的报告向总统提出怎样的行动方案。结果，总顾问委员会的观点以 3:2 胜出：派克和史密斯支持利连索尔，反对超弹紧急计划，而戈登·迪恩支持斯特劳斯，力挺超弹计 553
划。那天晚些时候，利连索尔将原子能委员会的建议呈交总统。根据约翰·曼利的说法，利连索尔见过总统后，“非常开心地回来了”，因为杜鲁门说“不会让军方立即将他卷入这件事”。这为总顾问委员会的立场带来了更多获胜的希望。

此外，过去与奥本海默和利连索尔观点一致的国务卿迪安·艾奇逊并不认同总顾问委员会的观点，特别是“多数人报告”。尽管这份报告由科南特起草，艾奇逊却让奥本海默为它辩护。艾奇逊对戈登·阿勒森说，“你知道，我听得非常认真，但是我还是不明白‘奥比’在说些什么。你怎么能通过‘以身作则’说服偏执的敌人裁军呢？”艾奇逊最近被杜鲁门总统任命为一个三人特别委员会的成员，负责讨论氢弹问题，另外两名成员是大卫·利连索尔和国防部部长路易斯·约翰逊。约翰逊坚信，美国需要尽快制造出超弹。同时，波顿代表麦克马洪起草了一份给杜鲁门的长信，以急迫的语气概述了启动紧急计划的理由。他在信中坚持说，“如果我们让俄国抢先制造出超弹，灾难几乎是肯定的。而如果我们先造出来，仍有机会拯救自己”。

1949 年 12 月 2—3 日，总顾问委员会重新开会，讨论这一问题。奥本海默向原子能委员会报告说，他们中没有任何人希望改变在 10 月份表达的观点。然而，刘易斯·斯特劳斯不想靠奥本海默转达他的意见。

相反，他直接写信给总统说：“我认为，美国的武装力量不应该输给任何可能的敌人。”

> 因此我认为，单方面宣布放弃敌人很可能即将拥有的任何武器都是不明智的。我建议，总统直接领导原子能委员会，推进热核炸弹的研发，并将它作为一项首要任务。而且，这种炸弹作为一种武器的价值，只能以国防部的判断为准。关于单方面声明放弃拥有这种武器的外交后果，只能以国务院的建议为准。

斯特劳斯非常清楚，国防部部长和国务卿在这一问题上与他观点一致。

比斯特劳斯的信更具决定性作用的是 1950 年 1 月 13 日参谋长联席
554 会议写给国务卿约翰逊的一份备忘录，称超弹“将最大限度地改善我们的国防，它是潜在的进攻性武器、对战争的威慑手段、潜在的报复性武器，以及抵御敌军进攻的防御性武器”。科学家们在总顾问委员会报告中强调的超弹的可怕威力产生了适得其反的效果，因为联席参谋长们正好抓住这一点指出，“最好将这样的可能性置于美国而不是敌人的意志和掌控之下”。

约翰逊没有先将这份备忘录提交给特别委员会，而是直接交给了总统，并得到了“非常有见地”的好评。1950 年 1 月 31 日，特别委员会面见总统，提出推进超弹计划的建议，但那时杜鲁门已经决定那样做了。当利连索尔对委员会的建议表示反对时，杜鲁门打断了他。“我们究竟还要等什么？”他说，“我们接着干就是了。”那一天，杜鲁门向世界宣布，他已经指示原子能委员会“继续研究各种类型的原子武器，包括所谓的氢弹或超级炸弹”。

拉比对此义愤填膺，并不是因为这一决定违背了总顾问委员会的建议，也不是因为在做出这一决定前，美国没有像他和费米建议的那样尝试和苏联谈判。他后来说，让他气愤的是，杜鲁门是在“我们甚至不知道如何制造氢弹的时候，就向世界宣布要制造这种武器”。拉比认为，这是总统所能做的最糟糕的事情之一：“我永远不能原谅杜鲁门。”

那一天正好是刘易斯·斯特劳斯的生日，对他来说可谓双喜临门，为此他邀请所有总顾问委员会成员参加聚会。在宴会上，斯特劳斯来到奥本海默跟前，向他介绍自己的儿子和新儿媳。让斯特劳斯备感羞辱的是，奥本海默甚至连身体都懒得转过来，他只将一只手从肩上伸过来握手。后来，在同一个聚会上，一位《纽约时报》记者看到奥本海默独自站着。记者说，“你好像不开心。”奥本海默沉默良久后回答：“这是底比斯瘟疫。”

亚伯拉罕·派斯认为，这句特别精深的话指底比斯的一个兵团，“一万骑士”在拒绝按皇帝的命令与基督徒交战后遭到屠杀。然而（正如哲学和科学史学家罗伯特·克里斯在他对派斯的观点所做的脚注中指出的那样），更大的可能性是，奥本海默指的是《俄狄浦斯王》中神祇用来惩罚底比斯人的瘟疫，因为他们包庇杀害拉伊俄斯的凶手。奥本海默的意思肯定是，总统是要用研发氢弹的命令来惩罚研发原子弹的科学家，因为他们有“罪”，让自己沦为武器制造者。555

无论从哪个角度看，美国研发氢弹的计划一开始就面临很多困难。在研究这一计划的十四人中（五名原子能委员会成员和九名总顾问委员会成员），十一人投了反对票。剩下三人，一人（西博格）弃权，只有斯特劳斯一人对这一项目抱有真正的热情。同时，为这一计划积极游说的人在执行方面没有直接责任。强烈支持该计划的科学家，包括劳伦斯、泰勒和阿尔瓦雷兹，没有一人是原子能委员会或总顾问委员会的成员。而且，因为《麦克马洪法》，原子能的控制权掌握在民间企业手中，因此尽管参谋长联席会议在建立这一计划时发挥过重要作用，但他们中没有一人能发挥格罗夫斯将军在曼哈顿计划中发挥的作用。

结果是，希望看到氢弹被制造出来的人和负责制造氢弹的人展开了旷日持久的斗争。也许，所有投票反对该计划的原子能委员会和总顾问委员会成员大可集体辞职，让那些热衷于推动这一项目的人来干。利连索尔已经宣布，超弹问题一旦解决，他将立即退休（他于 1950 年 4 月离任）。其他很多人，包括奥本海默和拉比，也想辞职，但受到利连索尔的劝阻。毕竟，原子能委员会和总顾问委员会的职责包括原子能的所有方面，不仅仅是武器，而且即便在核武器方面，他们的职责也不限于氢弹的研发，或并不以氢弹为核心。在当时的情况下，监督原子弹的设计、制造和储备与总统对氢弹的需要同等重要，甚至更重要。因此，继续留任的一大理由是，确保其他所有方面的原子能研发不被氢弹计划挤占。

另一个理由是，确保在关键位置上仍然有人愿意用（奥本海默后来不屑地称之为）“谨慎的博弈论思维”以外的方式考虑氢弹问题。听到魏斯科普夫说“用一枚炸弹摧毁纽约这样一整座城市意味着什么”后，贝特改变了主意，不愿参加泰勒的项目，对具有如此威力的炸弹可能造成的巨大恐怖后果的超前认识，贯穿着整个总顾问委员会的报告。起
556 草那些报告的多数科学家都参加过曼哈顿计划，知道制造一种能瞬间消灭上万人的武器是怎样的感受。因此，制造比广岛原子弹的威力大上百甚至上千倍的武器，科学家们需要一种道德责任，就像底比斯人需要那场瘟疫那样。这并非对美国不忠，也肯定能解释那些报告中的一些夸张之辞（譬如，种族灭绝的说法），也能解释他们明显已接受的草率想法，这些想法广受阿尔瓦雷兹和艾奇逊等人的批评。如果美国选择放弃氢弹的研发，苏联就会在道德上以美国为榜样，这样的想法不是颠覆活动，而是不切实际的幻想。

这场斗争的另一方（斯特劳斯、波顿、泰勒、麦克马洪等）经常能看到颠覆活动的存在（尽管实际上只是些不切实际的幻想，有时甚至是合乎情理的道德顾虑），同样是可以理解的，因为做出大力推进氢弹研发的决定时，曼哈顿计划中令人震惊的颠覆活动正好被披露。维诺那文件记载，美国情报部门早在 1949 年 9 月就确定了福克斯的间谍身份。还是通过这份文件，他们得知，洛斯阿拉莫斯至少还有一名间谍能接触到与原子弹相关的绝密文件。顺着福克斯这条线索，当局只用了几个月就发现了哈里 · 戈尔德，并于 1950 年 3 月将其抓获。然后，在 6 月后的几个月里，大卫 · 格林格拉斯、朱利叶斯 · 罗森伯格和埃塞尔 · 罗森伯格相继落网。

1950 年 2 月 9 日，福克斯招供后仅仅几天，参议员约瑟夫 · 麦卡

锡就开启了以他的名字命名的时代——那个妄想症时代。那天，在西弗吉尼亚惠灵市的演讲中，他声称“在我手里”有一份205人的名单，“已经交到国务卿手里，他们都是共产党员，却还在继续工作并影响国务院的决策”。麦卡锡在他后来的演讲中提到的名单人数各不相同，有时低至57人。但是，美国政府已被从事破坏活动的“第五纵队”渗透，这一基本立场在接下来的几年里成了美国政界无处不在的力量。

埃德加·胡佛在福克斯于1月24日招供后才向总统汇报情况，但是他早在10月就告诉斯特劳斯说，他们发现了福克斯以及另一名还未确定身份的间谍。斯特劳斯也是在福克斯招供后，才将此事通知原子能委员会的同事或总顾问委员会的成员。斯特劳斯对胡佛说，福克斯风波“会让很多与福克斯从事共同职业的人谨慎公开发表言论”。

实际上，那些与福克斯从事共同职业的人（想必福克斯指的是物理 557
学家而不是间谍）一点都不担心，他们根本不在乎福克斯向苏联人提供原子弹的情报，因为正如他们多年来一直强调的那样，他们从不认为原子弹背后的科学技术能够保密。至于说福克斯掌握了泰勒研究氢弹的每一个步骤，奥本海默就更不担心了。实际上，他于1950年2月27日对原子能联合委员会说，如果福克斯已将泰勒的氢弹设计交给苏联人，那是一件好事，因为那会让苏联人的研发倒退好几年，理由是泰勒的炸弹不可能成功。

1950年3月，《原子科学家公报》的编辑尤金·拉宾诺维奇决定用整期杂志介绍氢弹。这期特刊一开始报道了杜鲁门总统宣布的氢弹紧急研发计划，以及研发这一炸弹的项目（本来是一项国家机密）是如何首次公开的。首次公开承认存在这样一个项目的人是科罗拉多州参议员埃德温·约翰逊（联合委员会成员）。1949年11月1日，他在一次电视辩论中透露了这一情况。那次辩论的主题是“我们是不是为原子弹计划设置了太多秘密？”约翰逊在辩论中的立场是美国应该保守更多秘密。然而，在辩论过程中，约翰逊泄露了多项国家机密。他说：

> 已经制造出一枚比扔在长崎的炸弹威力大六倍的炸弹，但他们

> 仍不满意。他们想要一枚比投掷到长崎的那枚可怕的炸弹威力大一千倍的炸弹，长崎那枚就造成了五万人死亡。那是机密，是美国科学家渴望透露给整个科学界的一大秘密。

拉宾诺维奇对读者说，“这一天真而意义深远的轻率言论”使他能够做一件多年来一直想做的事，即用他的杂志讨论，在做出研发氢弹的决定时，不得不考虑的‘严重道德影响”。

这期杂志里有一篇慷慨激昂的声明，十二名著名物理学家在上面签名，包括汉斯·贝特、萨姆·艾里逊、肯·班布里奇、查尔斯·劳里森和维克托·魏斯科普夫。他们强烈要求美国政府“做出严正声明，我们永远不首先使用这一炸弹”。这些物理学家说，使用这种炸弹“是和所
558 有道德标准背道而驰的”。他们最后说，研发这种炸弹只有一个正当理由，“那就是避免使用这种炸弹”。

杂志上还登出了奥本海默的一则简短声明，出自他在埃莉诺·罗斯福主持的电视辩论节目中说的话，播出时间为1950年2月12日。他说：

> 这些决定是在真相受到保密的情况下做出的，对我们来说有着巨大的风险。这并不是因为必须提出建议的人或必须做出决定的人缺乏智慧，而是因为，不经过辩论和批评，智慧就不能生长，真理也难以辨别。相关事实对敌人几乎毫无用处，但对决策的制定却必不可少。

汉斯·贝特也参加了这一电视节目。他既不是总顾问委员会也不是原子能委员会的成员，比奥本海默更自由，可以更坦率地表达自己的看法，并大胆表示他将在《原子科学家公报》中的一份请愿书上签名。他在节目中说，“氢弹只能意味着大规模屠杀平民”，因此重要的是，美国要郑重承诺永不首先使用这种炸弹。碍于身份，奥本海默不便发表这样的言论或在这样的请愿书上签字。但贝特在电视节目结束后写信给魏斯科普夫说：“我和奥比进行了长谈，他非常赞同我们已经做过和正在做

的事。他强调继续讨论这一问题的必要性，我非常同意他的看法。”

这期专门介绍氢弹的《原子科学家公报》也为泰勒留了一些篇幅，使他向物理学家吹响了“回到实验室”的集结号。泰勒这篇文章的语气和信息与奥本海默在1949年10月《生活》杂志中的文章正好相反。而在避开氢弹研发，放纵个人兴趣，选择理论物理课题时，泰勒选了与奥本海默联系最紧密的领域，这可能并非巧合。“我们的科学团队，”泰勒写道，“已经和介子度过了一段蜜月之旅。现在假期结束了。没有科学家，氢弹不会自己造出来。”这份特刊的剩余部分，全是科学家在表达氢弹的恐怖，这在一定程度上解释了他们为什么对这一集结号充耳不闻。

只有为数不多的几位一流物理学家回应了泰勒的呼吁，其中包括约翰·惠勒。“在我看来，”惠勒在自传中说，“我是在响应一项为国效力的号召”。他认为情况非常紧急，美国应该积极回应苏联的原子弹，“抢在苏联之前，优先启动一项研制热核武器的计划”。因此，让惠勒非常 559
失望的是，“同事中很少有人同意我的观点，认为应该进行全国性的科学动员”。他曾听到奥本海默说：“让泰勒和惠勒干去吧。让他们摔个鼻青脸肿吧。”惠勒将奥本海默那时的个人态度概括为：

> ……氢弹造不出来，即使能造出来，花费的时间也太长；即使能造出来，又不用太长时间，也需要消耗全国大量的科研力量；即使不需要太多的人力，也因为质量过大而无法投放；即使能够投放，我们也不应该制造。

2月17日，泰勒在洛斯阿拉莫斯写信给奥本海默，邀请他参加氢弹项目。“这里的情况十万火急，”他对奥本海默说，“我非常渴望你能前来助一臂之力。”奥本海默对此无动于衷。没错，他确实是总顾问委员会主席，为美国负责执行氢弹研发政策的机构提供建议，但因为当时情况复杂，这并不意味着他本人愿意参与这一项目。

正当泰勒在劝说科学家参与氢弹项目方面遇到重重困难的时候，政治家们深感时间紧迫，必须抢在苏联之前造出氢弹。3 月 10 日，杜鲁门命令原子能委员会，将热核武器计划“作为最紧急的事项”；特别是，与原子武器的储备相比，氢弹的制造必须获得更大的优先权。杜鲁门在命令中设定了每年生产一枚热核炸弹的目标。

1950 年 4 月，《原子科学家公报》刊登了贝特的一篇文章，毕竟，贝特是热核反应方面的世界顶级权威。此文及时提醒道，在制造氢弹之前，必须先解决一些基本的科学问题。而在当时，那些问题能否得到解决，完全不得而知：

> 即使在最乐观的条件下，在重氢原子核之间启动热核反应，所需的高温能否在地球上获得，这仍然是研发聚变弹的关键问题。找到引爆这种炸弹的方法还需要大量研究和漫长时间。

言下之意是，每年生产十枚氢弹，条件似乎还不太成熟。就像是在
560 1939 年，谁都不知道原子弹是否能制造出来，美国总统就公开宣布制造原子弹的紧急计划，然后在 1944 年，还没有进行任何实验，总统就命令格罗夫斯确立每年生产十枚内爆弹的目标。贝特在文章的剩余部分讨论了氢弹引发的道德问题，就像罗伯特·巴彻在 5 月那期《原子科学家公报》上发表的文章中说的那样。然而，接下来的一个月里发生的事改变了贝特的想法：朝鲜战争爆发。

早在 2 月，贝特就写信给奥本海默在洛斯阿拉莫斯的继任者诺里斯·布拉德伯里，解释他为什么不愿参与氢弹的研发。贝特对布拉德伯里说，即使在杜鲁门宣布氢弹的研发是一项国策后，“我仍然认为，为了国家安全而研发这样的武器在道德上是错误和不明智的”。然而，他在信尾说：“如果爆发战争，我肯定会重新考虑。”他说到做到，朝鲜战争爆发后，他终于决定前往洛斯阿拉莫斯，参加泰勒的氢弹项目。

贝特加入氢弹项目的时候，泰勒已成功招募多名能力超强的科学家，包括约翰·冯·诺依曼、斯坦尼斯瓦夫·乌拉姆和约翰·惠勒，他们都为贝特的加入高兴。乌拉姆写道，“基于数学物理学方面的高超技

能，以及解决核物理分析型问题的能力，他的帮助非常重要”。当时的洛斯阿拉莫斯团队需要所能获得的全面帮助，因为他们连主要问题都还没有解决：如何获得启动聚变过程所需的超高温。

贝特不是为解决这个问题而来，而是要证明它根本无法解决。他认为，最好的可能结果是，最终表明氢弹是违背物理原理的。实际上，在1950 年夏天，有理由相信超弹不会成功。譬如，事实表明，在数学上，泰勒的设计（即后来被称为“经典超弹”的东西）无法成功。1950 年 3 月，乌拉姆和朋友兼同事科尼利厄斯・埃弗雷特向泰勒提交了一组完成的冗长而乏味的计算结果，表明经典超弹启动聚变的希望十分渺茫。乌拉姆回忆说，泰勒“不容易接受我们的结果。我得知他曾因遭到坏消息的打击而潸然泪下”。在泰勒看来，更糟糕的是，冯・诺依曼报告说，他在普林斯顿用他的新计算机进行了同一组计算，与乌拉姆和埃弗雷特的结果完全一致。

一天，乌拉姆到普林斯顿找冯・诺依曼，他们同去拜访已听说这些数学结果的奥本海默，而乌拉姆说，“得知这些困难，他似乎很高兴”。
不管怎样，泰勒、冯・诺依曼和乌拉姆并没有泄气，仍然相信他们能够 561
解决启动问题，氢弹能够制造成功。他们计划在下一年开展一系列重要实验，名为温室试验。因为离炸弹测试还有很长的路要走，这些试验不是为了测试炸弹，而是针对更有限的目标：争取启动聚变过程。

毫无疑问，奥本海默和贝特一样，不希望看到氢弹研发成功，因此他坚信技术问题无法解决，或至少要花很长时间才能解决。他在这些年里的很多言行，包括那些被其对手作为他不忠的证据的东西，都是基于这一信念。一个典型的例子是，他从 1950 年秋天起，为所谓的远期目标委员会所做的工作。这是一个由负责原子能事务的国防部副部长和军事联络委员会（负责原子能委员会和军队之间的联络）主席罗伯特・勒巴仑设立的专家组，其目的是调查并报告核武器在外交政策和军事战略战术的制定方面可能发挥的长期作用。专家组里还有对氢弹持怀疑态度的罗伯特・巴彻和查尔斯・劳里森，以及多位氢弹的热心支持者，包括刘易斯・阿尔瓦雷兹、陆军的尼科尔斯将军和空军的威尔逊将军。

在专家组的讨论中，奥本海默对氢弹的态度使阿尔瓦雷兹和威尔逊十分震惊。阿尔瓦雷兹记得奥本海默说：“我们都同意，应该叫停氢弹项目。如果我们叫停或建议叫停这一项目，可能会对洛斯阿拉莫斯和其他实验室的工作造成严重干扰。这些实验室的人正在从事仪器方面的工作，我觉得，我们不用管它，接下来的试验到来时，便会自然夭折。”阿尔瓦雷兹记得奥本海默说，那些实验失败时，“自然就是砍掉氢弹计划的时候”。威尔逊的回忆没那么具体，他记得：

> 关于早日制造出热核炸弹的可能性或可行性，专家组内部出现了一些保守言论。他们以技术方面的问题提出这些保守意见。军人根本没有办法挑战这些观点。然而，这些言论让他们非常担忧。

对于奥本海默在这些专家组会议上的表现，威尔逊将军非常担心，“这迫使我向情报处长反映我对那种行为模式的担心，我觉得这种行为模式对国防根本没有帮助’。

562 就像上一年 10 月奥本海默的总顾问委员会报告强调的那样，专家组报告（由奥本海默起草，1951 年 2 月交稿）强调了战术原子武器的重要性。这些武器（与氢弹相反），据称理论上可靠，能有效利用裂变材料，并在进攻和防御两方面产生更好的军事效果。报告指出，氢弹的可行性尚未证实，因此必须将氢弹计划视为一个长期项目，尽管总统已公开宣布这一紧急计划，并紧急命令原子能委员会将它作为最高优先级的项目。奥本海默写道：“实际上，我们认为，只有及时认识到热核项目的长期性，我们才能让洛斯阿拉莫斯实验室的资源为裂变武器项目的基础研究服务。”

这些措辞或许出自奥本海默之手，但包含这些措辞的报告却由所有专家组成员签名认可。几个月后，这份报告使泰勒暴跳如雷，他质问阿尔瓦雷兹：“刘易斯，你怎么能在那份报告中签字，那是你对氢弹的看法吗？”阿尔瓦雷兹回答，他认为强调小型原子弹的重要性并无坏处。泰勒对他说：

> 你回去读一读那份报告就会明白，本质上它是要说，氢弹项目干扰了小型武器项目，已经给我在洛斯阿拉莫斯的工作带来了无休止的麻烦。他们是要用这份报告反对我们的项目。报告会延缓我们的项目，甚至会轻易将它扼杀掉。

几乎就在递交远期目标委员会报告的同时，奥本海默在《原子科学家公报》上发表了一篇题为《论原子弹的军事价值》[*]的文章，有限度地将报告中的思想公之于众，毕竟受到官方保密要求的限制。他在文章开头说："对于原子弹是明确而绝对的军事力量的第一印象，有一种反应是：原子弹是另一种武器，它'只不过是另一种武器'。"奥本海默在文章中一次都没有提及氢弹，然后力图削弱战略轰炸背后的整个思想（从而削弱唯一可设想的氢弹所具有的用途）。奥本海默写道，当我们想到原子弹时，我们想到的是"针对广岛和长崎的原子弹特定用途"：

> 我们将它视为战略轰炸的工具，目的是要摧毁主要位于城市中
> 的生命和工厂。即使它不是发展的最后一步，也应该是决定性的一 563
> 步。这一发展可能起于格尔尼卡[†]，主要特点体现在德国对伦敦的轰
> 炸、英国对汉堡的轰炸、美国对东京的燃烧弹轰炸和广岛原子弹爆
> 炸等行动中。

为了反对原子弹这一军事用途的思想，奥本海默巧妙地引用了海军上将拉尔夫·奥夫斯蒂在1949年的演讲中说过的话。当时的演讲表达的观点是："战略空袭，过去做过，将来也建议这么做，但它在军事上并不可靠，效果有限，违背道义，显然会危及战后世界的稳定。"奥本海默指出，这些观点发表于朝鲜战争爆发之前，而现在，因为战争："海军上将奥夫斯蒂当时看清的很多东西，现如今清晰地展现在我们所

---

* "Comments on the Military Value of the Atom".

† 西班牙城市，1937年4月，在西班牙内战中遭到纳粹德国空军的轰炸。

有人面前。”然后，他继续建议，用原子弹攻击军事而非平民目标，虽然不像避免战争本身那么理想，但比起“原子弹作为战略武器的极端形式”至少是更好的选择。文章结尾描述了印度总理尼赫鲁在 1950 年 5 月访问美国期间会见奥本海默时的情况。奥本海默借此机会问尼赫鲁，他在美国访问期间，是否见到过美国人对印度教控制或克制理念的赞赏。尼赫鲁回答：“任何一个伟大的民族，如果没有这样的理念，都是很难想象的。”奥本海默在文章结尾宣布：“我相信，美利坚民族是一个伟大的民族。”

因为反对战略轰炸的理念，奥本海默与当时的主流军事思想产生了冲突，激起了美国一些最高权力人物的愤怒。这篇文章发表几个月后，他应邀参加一个名为“维斯塔项目”的研究计划，使自己本来就不利的处境雪上加霜。这是一个按照奥本海默发表在《原子科学家公报》上的文章中建议的那种理念建立起来的项目。

1950 年 9 月，美国陆军战功卓著的名将詹姆斯·加文将军接到一项任务，负责调查“核武器战术运用的可能性”。此时，朝鲜战争已经打了三个月。有迹象显示，加文将军正在考虑以什么方式在朝鲜战场使用战术原子武器。加文召集了一批专家，其中包括查尔斯·劳里森，前往朝鲜实地考察。回到美国后，劳里森建议组建一个“由顶级科学家和高级军官组成的研究小组”，研究用核火箭为地面部队提供战术空中支援的可能性。

564 与此同时，空军方面已经找过李·杜布里奇，让他考虑用加州理工学院的科学知识解决航空兵面临的战略和战术问题的可能性。杜布里奇和包括劳里森在内的一些同事讨论后认为，“加州理工学院小组，”正如杜布里奇在给威利·福勒的信中所言，“觉得他们没有资格，或没有太大兴趣，讨论战略轰炸问题，更愿意讨论战术轰炸，特别是对地面部队进行近距离支援的问题比较符合他们的兴趣，这个小组同意进一步考虑此事。”

结果，加州理工学院获得了一份利润丰厚的合同：以六十万美元为报酬，从 1951 年 4 月到 12 月开展一个为期九个月的项目，研究地面和空中的战术攻击问题。尽管这是和陆军签订的合同，但涉及所有三个军种。威利·福勒被任命为项目主任，项目基地设在帕萨迪纳的维斯塔德尔阿罗约酒店。

尽管项目因朝鲜战争而起，但维斯塔项目越来越将注意力放在欧洲，特别是 1951 年 7 月与朝鲜之间旷日持久的停战谈判开始后。参与维斯塔项目的科学家希望取得的结果是，将美国军方的思维从战略轰炸引向用原子武器提供战术支援。福勒回忆说："我们所有人都非常反对战略轰炸，即反对完全依赖战略空军，并决心让国防部知道，保卫欧洲还有其他方法。"

奥本海默于 1951 年 7 月应邀参加维斯塔项目。从那时起，直到 1952 年新年最终报告起草完毕，他对这个项目的思想产生了越来越大的影响。他亲手起草报告中的一章，还参与了其他好几章，包括前言的起草工作。关于欧洲的防务，报告认为，通过战略轰炸摧毁俄国城市的做法并不受欧洲人的欢迎，相反，会让他们害怕，因为这样做会给他们的城市带来报复性攻击的危险。"此外，"报告坚持认为，"如果我们计划用空中力量（包括战略、战术和海军部队）消灭行军中的俄军，我们就能为北约国家赢得信心。"

当然，这样的想法普遍受到战略空军甚至整个空军的厌恶。1951 年底，报告的初版在加州理工递交时，里面的内容让空军"炸了锅"。他们在报告中看到的不仅是考虑不周的建议，还有危险的颠覆活动：企图破坏唯一有希望击败或哪怕遏制苏联的军事装备。小组成员杜布里奇、劳里森和奥本海默前往欧洲时，空军将领们非常惊慌。他们此行是要和 565
包括最高指挥官艾森豪威尔将军和诺斯塔德将军在内的北约高级将领讨论这份报告。诺斯塔德当时是艾森豪威尔的空军副司令及盟军空军总司令。诺斯塔德不像美国的空军同僚那样，被这份报告吓得那么厉害，但他建议杜布里奇、劳里森和奥本海默在报告中删除原子弹的战略轰炸和战术运用不可同时使用这一条。

受到这种相对热情的回应的鼓励，起草者们回到加州理工学院完善最终版本，并于 1952 年 2 月完成。然而，因为空军的惊恐反应，这份报告刚交上去就遭到压制。空军部部长托马斯·芬勒特命令将报告的所有副本送到他在华盛顿的办公室，绝大多数被销毁，所剩无几的几份被锁在箱底。不久前，芬勒特和空军参谋长范登堡将军发布命令称，奥本海默不得在今后任何涉及空军的研究中再做顾问，即便他有安全许可，也不能染指空军的机密文件。就空军而言，维斯塔项目让他们看到的是，奥本海默不值得信任。

出现这样的结果，不仅仅是因为奥本海默对战略轰炸的态度和他参与起草的报告。同样重要的原因是，关于氢弹问题，他在报告中说了别人不爱听的话，可能更重要的原因是，没有说别人爱听的话。在一份涉及（尽管不是专门论述）战略轰炸的报告中，读者肯定希望读到一些关于超弹的讨论。但实际上，里面只有对这一承诺过的新武器的暗示和不言而喻的排斥。报告（在奥本海默写的那一章中）说：“我们没有发现优良的新武器。我们相信，用现有的武器就能解决问题。”报告还着力表达了这样的观点：就战略轰炸而言，当量在一千至五万吨之间的炸弹最为理想；可以想象，百万吨级的炸弹毫无用处。言下之意是，即使能够将氢弹制造出来，对欧洲防务也没有任何作用。

这让空军将领们非常气恼，因为他们都知道，在维斯塔项目的筹划和执行阶段（从 1950 年底至 1952 年初），解决氢弹研发过程中的技术问题的前景明显改善。超弹项目研发最困难的阶段可能是在 1950 年春天和初夏，当时乌拉姆和埃弗雷特以及后来冯·诺依曼的计算表明，泰
566 勒的“经典超弹”设计不会成功。然而不久后，贝特和费米来到洛斯阿拉莫斯，项目才真正有了进展。

对于对项目的全面成功至关重要的计划于 1951 年 5 月进行的“温室”系列试验，奥本海默和其他许多人预测必将失败。按照计划，需要进行四个试验，但最重要的是 1951 年 5 月 9 日进行的代号为“乔治”的第三个试验。乔治要测试的不是炸弹，而是泰勒设计的名为“圆筒”（Cylinder）的装置。用其中一位设计者的话说，其思路是用原子爆炸的冲击力“将原料推入一根管子，导致氘中发生小规模热核反应”。这一设计需要原子爆炸像一枚炸弹那样产生 50 万吨 TNT 当量的威力（比广

岛原子弹的威力约大35倍），这样就能在微量（少于1盎司，约28.3克）的氘或氚中产生聚变链式反应。普林斯顿物理学家罗伯特·贾斯特罗说，这“就像用鼓风炉点燃一根火柴”。这个圆筒和经典超弹的不同之处在于，氘和氚之间的聚变不是由高能中子流引发，而是由在原子爆炸的作用下沿管道运动的辐射（以X射线的方式）引发。尽管圆筒设计于1950年10月完成的时候，没人知道会是什么结果，但后来的事实证明，使用X射线的思路成了整个项目的转折点。

圆筒设计完成后，奥本海默组织总顾问委员会到洛斯阿拉莫斯考察研发进度。这次考察主要是为了便于新成员开展工作，其中最著名的是化学家威拉德·利比，他是一名未来的诺贝尔奖得主和氢弹项目的热心支持者。参加考察的还有戈登·迪恩，他在利连索尔离任后，成为原子能委员会主席。奥本海默在他的考察报告中称，温室试验研制的“精巧新仪器”给他留下了深刻印象，特别是一些可能是通过对“裂变武器作用下进入不同密度的材料的辐射流”进行研究获得的新的信息。他承认，这样的信息“适用于多种热核设计”。然而，没有人相信乔治的试验将证明氢弹的可行性。

主要是在斯坦尼斯拉夫·乌拉姆的努力下，这一状况很快发生了改变。1950年12月，乌拉姆想到了一个后来被称为“超级压缩”的办法，乌拉姆自己将它称为“流体力学透镜效应”。起初，这只是个新的原子弹设计，和氢弹没有任何关系，初衷是为了更有效地利用铀和钚之类的裂变材料。它的核心思路是，用一枚原子弹产生的能量压缩一小块裂变 567
材料，从而产生威力更大的二次爆炸。这看起来效率更低，因为需要用两块裂变材料，而不是一块。然而，第一次爆炸产生的能量非常巨大，甚至能用它来引爆一块质量很小的（比如说）钚，否则需要的质量要大得多。实际上，这样的设计要高效得多。

1951年元旦，乌拉姆突然想到，这一基本设计或许能用来解决核聚变点火的问题。他的妻子弗朗索瓦兹记得，一天中午，“乌拉姆在客厅里目不转睛地凝视窗外，脸上表情怪异”。“虽然目视花园，眼中却空无一物，他说，‘我找到了一种好办法’。”我问：“做什么？”“超弹，”

他回答，“这是一个截然不同的方案，必将改变历史进程。”

乌拉姆新的氢弹设计需要用原子“初次爆炸”的高能中子引发聚变“二次爆炸”。然而，当他把这一设计告诉泰勒时，或许因为满脑子都是圆筒设计，泰勒认为，如果用来自初次爆炸的辐射而不是中子流压缩一块聚变材料，就可以改善乌拉姆的设计。这就是后来的“乌拉姆－泰勒”设计。1951 年 1 月，两人都认识到，这一设计是在“经典超弹”基础上的巨大进步。“从现在起，”乌拉姆说，“悲观被希望取代。”乌拉姆在 1951 年 2 月写信给冯·诺依曼说：“爱德华对这些可能性充满激情。”他又颠三倒四地说：“这似乎表明，事情不会成功。”同时，汉斯·贝特也非常感动：“我和这一项目关系紧密，这一新思想之于我几乎就像核裂变的发现之于 1939 年的物理学家，令人惊叹。”

在 1951 年 2 月和 3 月写的系列论文中，乌拉姆－泰勒设计得到了多次改进。其中一次是在聚变材料中放一根钚棒，作为“火花塞”；另一次是在聚变材料周围设置铀反射层。这两次改进大大增加了炸弹的预期威力，现在爆炸过程由三个阶段构成：第一，“初次爆炸”中的内爆裂变反应产生超高能量的辐射，压缩聚变材料，使位于聚变材料中心的钚“火花塞”发生裂变反应；第二，上述过程使温度上升得足够高，关键是，速度足够快，能在聚变材料中引发聚变反应；第三，接着导致周围的铀发生裂变反应。杰里米·伯恩斯坦将这个过程概括为：“顺序是裂变—聚变—裂变，氢弹产生的多数能量实际上来源于裂变。”

568 阐释这一设计的最终报告将功劳归于泰勒和乌拉姆两人，标题是《异向催化爆炸 I：流体力学透镜与辐射反射镜》*，日期为 1951 年 3 月 9 日。根据这一设计，5 月 9 日的乔治试验获得了新的意义，肯定了能够提供辐射内爆的实验数据。温室试验的场地选在埃尼威托克岛，位于太平洋马绍尔群岛的西北端：8500 人被空运到此，为实验进行规模庞大的精心准备。除泰勒外，科学观察员还包括欧内斯特·劳伦斯和戈登·迪恩。

* “On Heterocatalytic Detonations I：Hydrodynamic Lenses and Radiation Mirrors”.

引爆的圆筒肯定产生了猛烈爆炸。经测量，威力达到 22.5 万吨——与原来设想的 50 万吨有较大差距，但即便如此，至少比广岛原子弹的威力大 15 倍，产生的火球估计有 1800 英尺（约 549 米）高。然而，是否发生了聚变，还需要相应的检测才能确定。在等待检测结果期间，泰勒和劳伦斯一起游泳。"我从水里出来时，站在白色的沙滩上，"泰勒后来回忆，"我对劳伦斯说，我认为试验失败了。他却认为成功了，并和我赌五美元。"第二天，结果表明，劳伦斯赢了。世界上首次人工聚变反应发生了。那些微不足道的氘和氚（不到 1 盎司）产生了 2.5 万吨 TNT 的爆炸当量，是摧毁广岛的那枚原子弹的两倍。

奥本海默原以为，那次试验会是一大灾难，将标志着氢弹项目的下马，但他的预测错得非常离谱。在戈登·迪恩的强烈要求下，奥本海默于 6 月 16—17 日在普林斯顿组织召开总顾问委员会会议，讨论超弹更加光明的前景。自然，泰勒也应邀参会。原来设想的议程是，先讨论温室试验产生的结果，然后讨论关于经典超弹的理论结果，最后探讨乌拉姆 - 泰勒的设计。然而，泰勒急不可耐，他打断第一个议题，直接讨论最新设计的前景。在他讲解新思路的时候，包括奥本海默在内的所有在场科学家都看到了新设计的潜力，新设计很快便获得了总顾问委员会的支持。奥本海默后来说，会议的结果是："通过了一项计划，并确保洛斯阿拉莫斯和委员会其他方面的工作获得优先权和必要的投入。项目取得了巨大成功。"

当有人请他解释，为什么他对乌拉姆 - 泰勒设计的反应与他在 1949 年对经典超弹的反应反差如此巨大时，奥本海默说道：

> 我对这些事情的判断是，如果你看到某个技术完美的东西，你 569
> 就全力以赴把它完成，只有当你在技术上取得成功后，你才去讨论应该怎么用它。制造原子弹就是这么回事。我不认为有任何人反对制造原子弹；制造出来后，就如何使用发生过争论。我很难想象，如果我们在 1949 年底就知道在 1951 年初才知道的东西，报告的语气还会一样。

这样的解释不能令人完全信服。经典超弹的技术问题在总顾问委员会 1949 年不启动紧急计划的建议中肯定发挥过作用，但更具决定性作用的似乎是科南特提出并强调的道德因素。新设计提出的道德问题和旧设计完全相同。如果有何不同，那就是新设计更大的成功概率似乎会使道德问题更加紧迫。而且，正如奥本海默后来所言，尽管从技术的角度看，他承认氢弹设计“是一项完美、可爱和漂亮的工作”，他“还是认为那是一件讨厌的武器”。

然而，连泰勒也承认，奥本海默、总顾问委员会和原子能委员会的态度在 1951 年 6 月的会议后发生了改变。现在，原子能委员会全力支持这一计划，并提供项目所需的一切资源。1951 年 9 月，在原子能委员会的支持下，洛斯阿拉莫斯的热核部开始准备乌拉姆 - 泰勒炸弹的全面试验，只过了一年多一点，代号为“迈克”的试验按期进行，并取得了惊人的成功，氢弹爆炸产生了令人惊叹的 1000 万 TNT 当量（大约相当于 700 枚广岛原子弹）。

就这样，杜鲁门总统承认还不到三年，原子能委员会就让研制氢弹的紧急计划获得了成功。那么为什么泰勒和其他人还要愤怒地抱怨奥本海默延缓了氢弹的研发呢？根本就没有延缓。相反，氢弹的研发速度惊人，制造氢弹的计划是在科学的管理下进行的，与曼哈顿计划中令人称赞的管理技巧毫无二致。项目进行得异常顺利，令人惊叹。

要理解这些抱怨和恼怒，就必须了解爱德华·泰勒在世界上首枚氢弹的制造方面发挥的作用，尤其要知道，他的作用小得惊人。1952 年 11 月，在“迈克”试验中成功爆炸的氢弹是按照乌拉姆 - 泰勒的设计制造的，但泰勒的贡献也仅止于此了。1951 年 9 月，让泰勒大为失望
570 的是，洛斯阿拉莫斯认真执行研制氢弹的计划时，诺里斯·布拉德伯里任命的项目主任不是他，而是从康奈尔大学毕业的马歇尔·霍洛威，他自 1943 年就来到了洛斯阿拉莫斯。在十字路试验期间，霍洛威担任科学副主任，并被任命为洛斯阿拉莫斯武器部的领导。尽管他担任过这些高级职位，奇怪的是，他一直默默无闻。在他去世的时候，悼词的结尾是：“尽管‘迈克’试验取得了巨大成功，但是除了他的同事，马歇尔

其人在外界鲜为人知。”

甚至在霍洛威奉命领导泰勒的“宠物项目”之前，泰勒就不喜欢霍洛威。泰勒在自己的回忆录中写道：

> 总的来说，霍洛威对生活的态度有点消极，他从没有参与过任何与超弹有关的项目。布拉德伯里任命任何人，都不会比任命霍洛威更能有效地延缓项目的工作进程，我与任何人共事都不会比与霍洛威共事更令我沮丧。

霍洛威被任命为项目主任不到一周，泰勒就离开洛斯阿拉莫斯，完全脱离了这个项目。尽管失去了一位最出色的物理学家，布拉德伯里并不后悔。泰勒确实是一名伟大的科学家，但他不是一位合格的管理者。他太冲动、太暴躁、太没人缘。“如果我让他来管理这个项目，”布拉德伯里后来说，“一半的部门领导都会辞职。”

于是，就在洛斯阿拉莫斯正做着泰勒多年来一直希望做的工作时（实际上就是氢弹的制造），泰勒本人却回到了芝加哥，安抚自己受伤的自尊。一开始，他将时间用于一些有趣的理论研究，计算氢弹的爆炸效果。奥本海默、科南特和总顾问委员会的其他成员认为，氢弹具有无限破坏性。他们认为，这“使氢弹的存在和制造氢弹的知识成为整个人类的一大威胁”。

泰勒的计算表明，情况并不是这样。实际上，氢弹的威力越大并不意味着破坏力就越大。譬如，一枚 1 亿吨当量的氢弹和一枚 1000 万吨当量的氢弹相比，破坏力并没有后者的 10 倍。实际上，它很难具备更大的破坏性。用泰勒的话说，两者都会“将一大块重达 10 亿吨的大气”炸向天空。然而，威力更大的氢弹毁灭的大气并不会更大；相反，它会以 3 倍的速度将同样体积的大气炸飞。

尽管这些计算很有趣，但泰勒渴望实验，特别是武器实验。当然， 571
他可以回到洛斯阿拉莫斯，他的专长能够在那里得到实际运用。布拉德伯里清楚表示，如果不是作为主任而是科学家，他随时可以回去。洛斯阿拉莫斯的另一名前同事说："我们很多人真的很生泰勒的气，因为如果他能安心投入工作，项目肯定进展得更快。"泰勒没有回去，而是利用大量闲暇时间，着手建立第二个武器实验室，准备和洛斯阿拉莫斯分庭抗礼。

因为那时洛斯阿拉莫斯正取得快速进展，承担的任务很快就会完成，所以没有理由建立第二个竞争性实验室。泰勒的表面理由是，洛斯阿拉莫斯的工作进展太过缓慢，需要竞争，才能加快推进速度。在 1950 年，这个理由或许还算充分，但从 1951 年秋天起，洛斯阿拉莫斯的高效工作和快速进展使这一理由完全站不住脚。

总顾问委员会和原子能委员会成员对建立第二实验室没有太大热情，奥本海默在 1951 年 10 月写给戈登·迪恩的信表达了大家的普遍看法：这样一个实验室"既无必要，实际上也不可行"。然而，仍有两个重要人物持不同意见。首先是托马斯·穆雷，他于 1950 年 3 月（也就是刘易斯·斯特劳斯和大卫·利连索尔辞职后）加入了原子能委员会。他很快和那些认为氢弹项目进展缓慢的人结成同盟。自 1951 年 6 月的普林斯顿会议后，穆雷就认为，有必要建立一个新的致力于研发超弹的实验室。另一个例外是泰勒的好朋友威拉德·利比，他于 1951 年 10 月试图让总顾问委员会相信，有必要建立第二实验室。

1951 年 12 月 13 日，泰勒亲自来到华盛顿，向总顾问委员会陈述建立第二实验室的理由。泰勒认为，他在那天提出的理由属于"他提出得非常好的一个"。他"保持克制，逻辑清晰，有礼有节"。然而，他的陈述并没有说服力。除了利比和穆雷（尽管不是总顾问委员会成员，却应邀参加），在场的其他人都没有被说服。

当时，欧内斯特·劳伦斯也在华盛顿，他此时已是亲泰勒反奥本海默阵营的一员，而且非常坚定。罗伯特·瑟伯尔听到拉比说"你必须在劳伦斯和奥比之间做出选择"后，出于对奥本海默的忠诚，觉得必须离开伯克利。自 1951 年夏天起，瑟伯尔就成了拉比在哥伦比亚大学的同事。1951 年 12 月总顾问委员会会议后，穆雷见过劳伦斯，后者对泰勒建立第二实验室明确表示支持，并乐意参与他的工作。1952 年 2 月初，泰勒到伯克利拜访劳伦斯期间，两人驱车前往利弗莫尔。这地方属于加州大学，位于伯克利以东约三十英里（约 48.3 千米）。劳伦斯曾在这建造过一个名为 MTA* 的大型粒子加速器。劳伦斯对泰勒说，利弗莫尔将是第二实验室的理想之地。

在有史以来极为成功的科学倡导者（指劳伦斯）的热心支持下，第二实验室似乎前景光明，尽管在 1951—1952 年的整个冬季，原子能委员会和总顾问委员会一直拒绝这一想法。然而，泰勒和劳伦斯在 1949 年的行为表明，只要获得政治方面的适当支持，就能迫使原子能委员会通过某项政策，用不着等待总顾问委员会提出建议。这是泰勒早就学会的一招。

泰勒的巨大优势在于，他能够充分利用洛斯阿拉莫斯仍是“奥比的实验室”这一名声，以及美国决策者长期积聚的对奥本海默强烈的反感。1952 年上半年，泰勒为第二实验室的创建招募支持者，名单就像一份所有怀疑和仇视奥本海默的权力人物花名册，这些人对他的怀疑和仇恨是奥本海默在过去的两三年里种下的恶果。而且，在利用有利条件的过程中，泰勒将这些怀疑和仇恨推向了一个新的高度。

当然，在仇视奥本海默的权力人物中，第一位就是刘易斯·斯特劳斯，泰勒在回忆录中将他描述成“一个彬彬有礼、骨子里品行端正的人”，而且他也是泰勒到华盛顿第一个寻求支持的人。斯特劳斯承诺，他将不遗余力地提供帮助，实际上，他的帮助远不止于此。“斯特劳斯对我说，”泰勒后来透露，“他喜欢我，就好像我是他的妹夫。”泰勒的另一位热心支持者是加州大学洛杉矶分校的地球物理学家大卫·格里格斯，他曾常年在美国空军作顾问，1951 年 9 月被任命为空军首席科学家。“我认为可以很公平地说，”泰勒后来说，“没有格里格斯，就没有劳伦斯 - 利弗莫尔实验室［泰勒的第二武器实验室的名称］。他介绍给我很多有影响力的人，使我为自己的想法赢得了很多朋友。”

没有多少人认为，奥本海默可能在为苏联工作，除了刘易斯·斯特

* 是“Material Testing Accelerator”的缩写，即“材料测试加速器”项目。

劳斯、威廉·波顿和托马斯·芬勒特，大卫·格里格斯也算一个。尽管泰勒与奥本海默之间存在个人和工作上的恩怨，他却不相信有这回事，但有影响力的人持有这样的看法，肯定是促使他建立第二实验室的因素
573 之一，而且他丝毫没有挑战他们的看法。相反，他还竭尽全力推波助澜。1952 年 4 月，联邦调查局的报告说，泰勒早些时候在回答关于菲利普·莫里森的问题时，对一名探员说，莫里森“名声不好，是个极端左倾的物理学家”。然后，尽管没人要他谈论奥本海默，泰勒接着说，“在物理学家中，奥本海默、罗伯特·瑟伯尔和莫里森是最极端的左翼分子”，而且“奥本海默在伯克利的大多数学生都接受了他的左翼观点”。

1952 年 5 月，泰勒两度接受联邦调查局的询问，一次在 10 日，另一次在 27 日，话题主要是奥本海默。泰勒的主要指控是，奥本海默“延误或企图延误，或妨碍氢弹的研发”。他说，如果没有奥本海默的反对，氢弹本可以在 1951 年研制成功。实际上，当询问正在进行的时候，洛斯阿拉莫斯项目（奥本海默建议，泰勒却放弃的项目）刚刚成功研发出世界上首枚氢弹，准备在五个月后测试。泰勒还对探员说，尽管他本人并不认为奥本海默对国家不忠，“很多人相信奥本海默反对氢弹的研发是基于‘莫斯科的直接命令’”，然而，泰勒对奥本海默伤害最大的评论可能是这句话——他“将竭尽全力”将奥本海默踢出总顾问委员会。因为泰勒被普遍认为是美国氢弹的最高权威，这句话的分量可想而知。

泰勒非常清楚，他的新朋友“戴夫”（大卫）·格里格斯认为奥本海默是在莫斯科的命令下做事。格里格斯是一名彻头彻尾的空军人士，像很多美国空军将领那样，他对奥本海默在维斯塔计划的报告中表达的观点感到震惊。他似乎认为，只有认定奥本海默是想故意削弱美国的军事力量，才能解释报告中的观点。1954 年，在奥本海默的安全听证会上，格里格斯明确表示：“我想说，怎么强调都不为过，在我认识的所有科学家中，奥本海默博士是唯一让我觉得在忠诚方面存在严重问题的人。”当被问到他为何要支持泰勒建立第二武器实验室的时候，格里格斯说：“我觉得，在那个时候，也就是 1951 年底到 1952 年初，我们认为对这个［氢弹］项目的投入没有根据总统的命令达到形势的要求。”需要再

次强调的是，格里格斯提到的时间，即“1951 年底到 1952 年初”，恰恰是“对这个项目的投入”达到顶峰之时。

为了让泰勒实现建立第二实验室的抱负，格里格斯提供了非常重要 574
的帮助，就是介绍他认识了空军部部长托马斯·芬勒特。芬勒特确信，很有必要建立一个第二实验室，与洛斯阿拉莫斯形成竞争。他甚至表示，如果原子能委员会不准备这么做，那就让空军来做。然后，泰勒的创建活动一步步向美国政治体系的高层挺进。在泰勒本人看来，“关键的会面”是在芬勒特的引荐下，国防部部长罗伯特·洛维特同意与他见面。这次会面后，洛维特写信给原子能委员会，建议创建第二实验室。到 1952 年 4 月，原子能委员会明显不得不在泰勒掀起的政治风浪面前让步。又经过两个月特别密集的活动，包括创建实验室，也包括反对奥本海默，1952 年 6 月 9 日，戈登·迪恩最终代表原子能委员会给加州大学写信，要求他们同意在利弗莫尔建立一个新的武器实验室。1952 年 9 月 2 日，劳伦斯－利弗莫尔实验室开工。泰勒胜利了。

泰勒为自己的胜利付出的代价，也是他、劳伦斯、斯特劳斯、格里格斯和芬勒特都愿意也乐见的代价，就是奥本海默的名声在华盛顿彻底臭了。1951 年秋，泰勒发起创建活动时，奥本海默在华盛顿仍是一位受人敬仰的重要人物；而一年后创建活动结束时，从政治角度看，奥本海默的影响差不多已是强弩之末。

那一年，对奥本海默持续多年的窃窃私语变得更响亮，也更坚定，对他的公开攻击更普遍，也更恶劣。创建利弗莫尔实验室，将奥本海默逐出总顾问委员会并抹黑他的政治名誉，这两件事似乎已合二为一，成了一项一石二鸟的政治运动。那些支持第二实验室的人，无一例外，都是反对奥本海默最响亮的人。譬如，托马斯·穆雷访问伯克利时，劳伦斯不厌其烦地对他说，他对奥本海默多么失望，多么反对奥本海默继续留在总顾问委员会。两周后，从 1949 年至 1952 年离职前一直担任原子能委员会研究主任的肯尼思·匹泽，在美国化学学会演讲时，本着泰勒和斯特劳斯的精神，指责总顾问委员会在氢弹项目上进展缓慢。后来他对联邦调查局说，他“现在对奥本海默博士的忠诚表示怀疑”。

1952 年 5 月间，随着利弗莫尔实验室的创建活动进入高潮，对奥本海默的攻击也达到顶峰。5 月 9 日，奥本海默与科南特和杜布里奇共
575 用午餐，三人都意识到政治风向的转变，垂头丧气。当晚，科南特在日记中写道："一些'男孩'抽出斧头，冲我们三人而来，我们都是原子能委员会所属总顾问委员会成员。他们声称，我们在氢弹项目上'故意拖延'。污言秽语泼向奥比！"十天后，戈登·迪恩也感觉到了对奥本海默的联合攻击，他在日记中写道，他在美国物理学会年会上听到很多对奥本海默的"尖刻批评"，"加州大学一些人的言论尤其明显"。

就是在 1952 年 5 月的这个月里，泰勒在接受联邦调查局的询问时，对他们说，他将竭尽全力将奥本海默赶出总顾问委员会，并向他们散播流言蜚语，说一些人认为奥本海默受命于莫斯科。5 月底，胡佛将这些谈话记录，连同与匹泽和利比的谈话记录，一起寄给了司法部、白宫和原子能委员会。

奥本海默当然知道正在发生什么。5 月 23 日，他与大卫·格里格斯的会面表明，反对他的运动令他心神不宁。这次会面源于格里格斯在美国科学院年会期间参加的一次午餐。就餐时，格里格斯见到了杜布里奇和拉比。他认为，总顾问委员会在推动总统布置的氢弹紧急计划方面做得不够。拉比对他说，如果他亲眼读一读总顾问委员会的会议纪要，那他一定会明白事实并非如此，并建议他问奥本海默要来那些纪要看。

因此，格里格斯下一次，即 5 月 23 日到普林斯顿时，拜访了奥本海默。"我并不指望能读到总顾问委员会的会议纪要，"格里格斯后来说，"果不其然，奥本海默博士没有拿出来给我看。"两人谈了大约一小时，奥本海默提到了 1951 年 6 月的普林斯顿会议，试图让格里格斯相信，总顾问委员会为氢弹项目尽了全力。就在格里格斯接着闲聊到托马斯·芬勒特时，谈话变得尴尬起来。事情是这样的：据说芬勒特在与国防部部长见面时说，如果美国拥有一定数量的氢弹，就能统治全世界。格里格斯担心这件事被传扬出去，因为这"表明我们那时的空军高层有不负责任的好战分子"。因此，格里格斯问奥本海默，他有没有向外界传播这一传闻，如果有，他凭什么认为这是真的。奥本海默回答说，他

从不容置疑的渠道听说过这件事。格里格斯坚持认为那并非实情，奥本海默驳斥了他的说法。

当奥本海默问格里格斯是否认为他（奥本海默）是亲俄分子或者说 576
不清时，谈话的气氛更加紧张。“根据我的记忆”，格里格斯说，“我回答说，我希望自己知道。”然后，奥本海默问格里格斯，他是否向国防部的高官指责过他的忠诚，“我相信我只是回答，是，或类似的话”。会面结束时，奥本海默称格里格斯为“偏执狂”。

四天后，贝特去见格里格斯，以缓解空军和美国一些顶尖原子科学家之间日益紧张的关系。贝特后来回忆，那次见面的结果出人意料，非常愉快：

> 格里格斯博士坚决认为，洛斯阿拉莫斯的工作没有做好，并坚信，只有热核武器，而且只能是最大的热核武器，才应成为美国武器库中的主角。我非常不赞同这一观点，两点都不赞同。因此，我以为，我们就这一问题会有一场很不愉快的争吵。还好没有。

在格里格斯和奥本海默发生的所有分歧上，包括建立第二实验室的必要性、战略轰炸的重要性、氢弹、开放性的价值与保密需要，等等，贝特无一例外全部赞同奥本海默。然而，格里格斯明显没把贝特看成危险的颠覆分子，似乎也不讨厌他。区别为何这么大呢？

答案似乎包括两个方面。首先，格里格斯似乎认为，奥本海默表达的一系列观点不仅有误导作用（也许他认为贝特就是被误导了），而且，他的观点是一种“行为模式”（奥本海默的诋毁者那时常用的短语）的组成部分，这种模式能确定他是个热衷于损害美国利益的人。其次，在私人层面，奥本海默似乎在格里格斯身上激起了某种近乎仇恨的情绪。威拉德·利比的妻子利昂娜·利比，用热情洋溢的辞藻对朋友“戴夫”·格里格斯做过如下描述：“诚实的捍卫者，优秀的科学家，军队和武器实验室的忠实公仆，思维谨慎而清晰，或因直言不讳而出口伤人。”她说，他“体格健壮，在遇到拙劣的科学、虚伪或其他不愉快的事情时，一双蓝眼睛会变得冷漠而凶狠”。在描述格里格斯在听证会上提供对奥本海默不利的证词细节时，利昂娜·利比写道：“我记得，当他对某个问题反应强烈时，那双蓝眼睛如何发出冰冷的光。在这件事情上，他正是如此。”

577 尽管因心念所至和情况需要，奥本海默几乎能迷倒任何人，可在这段时期，他似乎在特意激怒和冒犯政治对手。他两次公开羞辱刘易斯·斯特劳斯，用一句“偏执狂”得罪了格里格斯。在后一起事件发生几个星期后，奥本海默似乎决心要惹恼美国军界权力最大的人物之一：托马斯·芬勒特。

当时的情况是，芬勒特的两名助手威廉·伯登和加里森·诺顿为奥本海默和芬勒特安排了一顿午餐，希望会面能化解双方的分歧。格里格斯也应邀参加，他在会面前几天向芬勒特提供了一份“仅供收件人过目”的备忘录，详细描述了他最近与奥本海默见面的情况。一位参加会面的人回忆，那是他见过的最尴尬的饭局之一。奥本海默的行为似乎让人觉得他看不起房间里的任何人，晚餐刚一结束便转身离开。奥本海默走后，芬勒特笑着对他的助手说：“我觉得，你们没能让我相信，我应该对奥本海默博士有更好的印象。”

奥本海默作为总顾问委员会成员的任期将于 1952 年夏天结束。现在还不能确定，他是愿意留任，还是像科南特和杜布里奇（他们的成员身份也将到期）那样，希望早日从美国关于原子能的政治压力和郁闷中解脱出来。1952 年 6 月 14 日，科南特在他的日记里开心地写道：“我和李·杜布里奇在总顾问委员会的任期就要结束了！！我们为这糟糕的事持续进行了近十年半的正式讨论，现在的情况变得更加糟糕！！”两天前，奥本海默向迪恩表示，他在自己的任期结束后也不打算续任，但没有迹象表明，他为此感到高兴。

相反，有迹象表明，奥本海默的辞职是别人强加的，起码有一点已经很清楚，即使愿意留任，他也不会被继续聘用。到奥本海默向迪恩表示他不想继续为总顾问委员会工作时，反对他续任的声浪日益高涨。1952 年 4 月，肯尼思·匹泽对联邦调查局说，他提醒他们注意对奥本海默的怀疑，理由之一是，正如一份调查局的备忘录记载，“他目前对上面提到的情况非常担心，因为他认为J. 罗伯特·奥本海默正在‘想尽办法’留任”。在接下来的那个月里，威拉德·利比也向调查局表示，他“认为不让奥本海默继续在总顾问委员会任职是极为明智的”。鉴于 578
这些观点，加上泰勒、斯特劳斯、格里格斯、芬勒特、波顿和其他人的意见，奥本海默留任的希望非常渺茫。实际上，布莱恩·麦克马洪于5月底对调查局说，他“将亲自向总统汇报”，告知总统他“想出了一个办法，可以通过信件往来，让奥本海默主动拒绝在下一个任期中任职，这样岂不皆大欢喜”。

在奥本海默的听证会上，这里提到的来往信件被公开。其中包括一封戈登·迪恩写给奥本海默的信，感谢他为“委员会和国家”做出的杰出贡献；另一封表面上来自杜鲁门总统的信，实际上是迪恩起草的，此信表达了总统对奥本海默选择离开总顾问委员会的“深深的个人遗憾”，并感谢奥本海默“为国家安全和原子能的发展做出的持续、巨大的宝贵贡献”。

比起奥本海默决定不再续任总顾问委员会成员，更令人意外的是迪恩任命他为原子能委员会为期一年的顾问。因为这需要将奥本海默的安全许可延长一年，这就意味着，奥本海默的众多敌人发起的让他远离军事机密的运动还将继续。自然有人会想，这一任命可能是麦克马洪在上文中提到的将奥本海默逐出总顾问委员会的计划的一部分。无论是不是这样，或者说，无论奥本海默是不是在压力下违背了继续担任顾问的意愿，他接受这一职位的事实表明，他仍然渴望，或至少愿意待在火线上，继续一系列战斗。而到这个时候，他肯定知道，没有取胜的希望。

格里格斯和斯特劳斯等人将这一继续战斗的愿望解释为，奥本海默决心保全接触军事机密的机会，这样他就可以将这些机密出卖给苏联。然而，无论联邦调查局和政治对手如何费尽心机，他们都没能找到这一疑点的丝毫证据，除非（比如格里格斯和斯特劳斯这类人）将奥本海默的政治观点和向政府部门提出的建议视为不忠的证据，而如果是这样，你又如何解释，为什么很多持有同样观点的人（贝特、拉比、科南特、杜布里奇和其他很多人，没有被当作潜在的安全隐患呢。对此，多位政治对手的解释是，奥本海默对这些人实施了某种神秘的控制，以便让他们接受明显稀里糊涂的政治观点。贝特、科南特和拉比有着渊博的知识和崇高的品格力量，居然有人认为他们能以这样的方式被人控制，这是
579 何等荒谬可笑，你不得不将这一“解释”视为整个观点的归谬法*，还得被迫提出一个不同的解释，说明为什么奥本海默要不断承受别人的攻击，这种攻击伴随着他参与政治问题的全过程。

二战刚结束那段时间，那种解释或许体现了奥本海默令人尊敬、充满魅力和令人陶醉的重要地位，毕竟他与美国政界领导关系密切，譬如，在称呼国务卿和国防部部长时，可以直呼其名。但是，到了 1952 年，在奥本海默几乎受到所有华盛顿高官的厌恶或至少是怀疑的情况下，这一解释便难以自圆其说了。幸运的是，另一种强有力的解释说出了简单明了的事实：奥本海默继续担任政府项目的顾问，不顾自己深陷各种伤精劳神的纷争和极度的痛苦，正是出于他对国家的热爱和忠诚。在领导洛斯阿拉莫斯的工作中，奥本海默经受了严峻的考验，如今他这么做也是出于同样的理由：他觉得，用一句体现《薄伽梵歌》道德准则的话说就是，那是他的职责。

1952 年 7 月，刚决定离开总顾问委员会并接受为期一年的顾问职位，奥本海默紧接着就参与了一个项目。这被大卫·格里格斯（正如他在 1954 年关于奥本海默的证词中强调的那样）视为他对美国不忠的又一证据；而更合理的看法是，这体现了他的爱国情怀，以及确保美国免受核攻击的强烈愿望。那个项目是设在林肯实验室的一个暑期学校，组织者是实验室副主任杰罗尔德·扎卡赖亚斯。

当时，林肯实验室是一个刚成立不久的机构，它的设立是一项名为“查尔斯项目”的研究结果，奥本海默对这项研究也做出过自己的贡献。查尔斯项目的目的是，研究建立一个保护美国免受苏联核攻击的防空系

---

* 归谬法（reductio ad absurdum）：一种矛盾的推理方法，它不仅包括推理出矛盾结果，也包括推理出不符合事实的结果或显然荒谬不可信的结果。

统的可行性。项目得出的结论是，这样的系统是可行的，由此于 1951 年启动了“林肯项目”，这成为空军出资的一个巨大项目，耗资总额达两千万美元，担负着将这样一个系统变成现实的重任。刚开始，林肯实验室设在麻省理工学院的地盘上，后来搬到了波士顿西北十五英里（约 24.1 千米）处的一个专用场所。实验室于 1951 年 9 月正式运行，弗朗西斯·惠勒·卢米斯为首任主任。一年后，实验室的雇员超过一千人，卢米斯将主任之职交给阿尔伯特·G. 希尔。和卢米斯一样，二战期间，希尔在麻省理工学院的放射实验室从事雷达研究。

实际上，林肯实验室起初设在麻省理工学院的原因是利用那里丰富 580
的雷达专业知识，这些知识是由卢米斯、希尔，尤其是奥本海默的朋友伊西多·拉比这样的科学家在战争期间发展起来的。由于雷达是林肯项目的重中之重，其指导思想——很快有了一个缩写 SAGE[*]（“半自动地面防空系统”）——是建立一个提供空袭预警的雷达网络。来自这些雷达的数据经过计算机的一系列跟踪后，被用来引导防空武器在敌机投掷炸弹前将其摧毁。

在林肯实验室设立暑期学校的设想出自 1952 年春天，那时，杰罗尔德·扎卡赖亚斯和奥本海默的另一位朋友查理·劳里森[†]有过讨论。扎卡赖亚斯后来回忆，他和劳里森非常担心美国抵御核攻击的空中防御项目面临的“技术、军事和经济问题”，于是“我们决定，应该和熟悉的某些人讨论这件事”。首先，他们和时任实验室的副主任阿尔伯特·希尔交换了意见，然后：“我们决定，我们还应该与奥本海默博士和拉比博士讨论。”

暑期学校于 1952 年 7 月 1 日开学，持续时间约为两个月。奥本海默、劳里森和拉比在首尾两个阶段以兼职的方式参加。暑期学校的任务之一是讨论美国面对苏联空中打击的薄弱环节。最后他们认为，美国最大的软肋在于，苏联轰炸机可能直接飞越北极进攻美国。于是他们提

---

* 全称“Semi-Automatic Ground Environment”。

† 查理·劳里森（Charlie Lauritsen），同查尔斯·劳里森（Charles Lauritsen）。

出了“远程预警线”（DEW line）的建议。这是一条包括三十五个雷达站的防线，沿着北美大陆最北端，自西向东从阿拉斯加一直延伸到格陵兰岛，可以对来自北方的任何攻击提供三到六小时预警。1952 年 9 月，扎卡赖亚斯将这一建议提交美国空军，并得到立即执行。到了年底，建设雷达站的工作紧锣密鼓地开始了。

美国空军和国防部对暑期学校提出的建议和林肯项目的工作非常满意，普遍认为两者显著强化了美国的防空体系。然而，关于暑期学校，如果你只知道大卫·格里格斯在奥本海默的听证会上提供的证词，你会以为那不是一项广受美国空军欢迎的研究，而是共产党的一次颠覆阴
581 谋。格里格斯谈到一个半公开的名为“ZORC”的四人团体（这几个字母代表扎卡赖亚斯、奥本海默、拉比和查尔斯·劳里森四人的姓的首字母），声称这个团体的宗旨是以发展防空系统为幌子打击美国战略空军。这样看来，奥本海默说他是“偏执狂”一点都不过分。格里格斯说，参加暑期学校的一些人对他说，“为了实现世界和平，不仅有必要强化美国本土的对空防御，还要放弃一些东西，而他们建议放弃的正是战略空军”。

格里格斯接着说，让美国放弃战略空军的建议使他非常气愤，因为他认为暑期学校的成员“既没有资格，也没有义务对战略空军的作为说三道四，甚至根本不应该考虑”。“我觉得，任何团体如果要提出这样的建议，它就必须像了解防空部队那样了解战略空军和总体战略形势。”

然而，这种焦虑完全用错了地方，因为暑期学校实际上根本没有建议放弃战略空军。正如格里格斯后来与奥本海默的律师交锋时承认的那样，他早先的陈述极为离奇古怪：

格里格斯：我要说，早上我确实说了一些连我自己都不相信的东西，我相信，林肯项目的暑期研究确实强化了我们的对空防御。

问：那是林肯项目暑期研究的主要目标吗，探索强化对空防御的办法？

格里格斯：是的，先生。

问：林肯项目的研究提出过放弃任何一部分美国战略空军力量吗？

格里格斯：没有，据我所知，没有。

格里格斯之所以提到“世界和平”，可能说明他将在林肯暑期学校的讨论和奥本海默当时参加的另一个委员会（即国务院裁军委员会）的会议搞混了。这是迪安·艾奇逊设立的一个顾问委员会，负责向政府提出有关联合国裁军委员会工作的建议。据 1952 年 4 月 28 日宣布的情况，除了奥本海默，这个委员会的成员还包括万尼瓦尔·布什和中情局副局长艾伦·杜勒斯。

在这个委员会的成立大会上，奥本海默当选为主席。然而，主导整个委员会的却是万尼瓦尔·布什的意见，他在裁军委员会任职期间，坚 582
决倡导费米和拉比在 1949 年 10 月的“少数人报告”中提出的观点：美国应该尽量和苏联谈判，达成禁止试验（从而禁止成功研发）热核炸弹的协议。在 1952 年 5 月 6 日举行的裁军委员会第二次会议上，布什提出了禁止试验的可能性。正如费米和拉比在三年前阐述的那样，他认为，“这不需要检查和控制”，因为氢弹爆炸很容易察觉。在布什的领导下，也在主席奥本海默的鼓励下，裁军委员会就这样走向了艾奇逊始料未及的方向，从华盛顿的政治和军事部门的角度来看，这是完全不能接受的。

到 1952 年夏末，裁军委员会不仅坚信通过谈判禁止热核试验是明智之举，还认为有必要推迟原定于 11 月 1 日进行的“迈克”试验。在 9 月提交给总统的报告中，裁军委员会强烈要求杜鲁门取消试验，以便为美苏通过谈判禁止热核试验保留希望。裁军委员会认为，热核试验是一条“不归路”，因为试验后，苏联肯定会认为，任何禁止热核试验的建议都是为了让美国在军备竞赛中保持领先。该委员会还提出，除苏联以外，这种威力无比的武器试验也将使其他国家远离我们，他们会认为，美国“正义无反顾地推行的战略是：用肆无忌惮的方式，不惜任何代价，消灭自己的敌人”。

建议推迟试验，除了有国际关系方面的原因，裁军委员会还认为这次试验严重不合时宜，因为它正好发生在总统大选期间。预定试验时间的三天后就是11月4日的投票日。实际上，委员会的报告标题正是“热核试验的时机”。公众普遍认为（结果表明这是正确的），民主党将在大选中落败，这就意味着试验将正好发生在美国政权进行交接时。对美国来说，这肯定不是踏上‘不归路”的最佳时机。

到1952年夏天，几乎可以看出，下一届美国政府将是由艾森豪威尔将军领导的共和党政府。比起杜鲁门政府，这个政府更不可能愿意听从裁军委员会的建议。几年来，口号为“我喜欢艾克*”的“老兵艾森豪威尔”竞选活动强烈建议艾森豪威尔出面整合他在全国拥有的大量民众支持。同时，杜鲁门的支持率持续走低，他已清楚表明不再寻求连任。艾森豪威尔在1952年3月的首次初选中获得压倒性胜利，几乎毫无疑
583 问，他将成为共和党候选人，也将击败任何一个民主党候选人。1952年7月，民主党候选人出炉，他就是阿德莱·史蒂文森。

1952年8月25日，艾森豪威尔在美国退伍军人协会的一次竞选演讲中宣布，美国需要一支安全部队，“其毁灭和报复性力量无比强大，无论苏联什么时候想要攻击我们，它都能给克里姆林宫制造噩梦”。这恰恰是多年来奥本海默警告美国需要避免的施政承诺。艾森豪威尔的当选国务卿约翰·杜勒斯（奥本海默在裁军委员会的同事艾伦·杜勒斯的哥哥）甚至在他的公开声明中更加清晰阐述了这一承诺。在1951年11月发表的一次演讲中，杜勒斯煞有介事地设问，为什么苏联没有攻击德国或日本，他回答：

> 最合理的解释是，俄国统治者知道，如果他们公开入侵美国重点关注或条约规定美国有义务保护的任何地区，他们的力量来源和手段将受到难以想象的毁灭性武器的回击。因而，这样的威慑性攻击力量保证了自由世界的安全。

* 艾克（Ike），美国人对艾森豪威尔的爱称。

在《生活》杂志上发表的一篇题为《大胆的政策》*的文章中，杜勒斯的声明后来被视为“大规模报复”主义的经典阐述。杜勒斯问，美国要如何防御苏联对“自由世界”的入侵？他警告，“用人对人、枪对枪、坦克对坦克的方式与红军抗衡，意味着毫无真正优势，必定遭受全面溃败”：

> 我们有一个办法，而且是唯一的办法，那就是：自由世界要建立坚强的意志，面对红军的公开入侵，组织立即报复的手段。那么，一旦受到入侵，我们就能用也必将用我们的手段以牙还牙。

杜勒斯在文章中建议的政策呼吁“建立高效的攻击手段，对苏维埃世界的力量来源和通新线路给予毁灭性打击”。“今天，”他写道，“原子弹力量，加上战略空军和海军力量，为自由国家共同体提供了新的巨大可能，能够有效组织共同体力量，将公开入侵阻止在萌芽状态，降低全面战争的风险，直至使之消失。”

1952 年，美国公众非常容易接受这样的观点，有三点原因：第一，对共产主义和苏联扩张的恐惧使美国人民很容易认为，必须采取行动，遏制苏联进一步的侵略行为；第二，旷日持久、代价高昂、胜负不明 584
的朝鲜战争使美国人对和共产党军队展开地面战心有余悸；第三，民众普遍支持削减政府开支。“大规模报复”的政策市场广阔，因为它被视为实现所有三个目标的必由之路：在遏阻苏联的同时，既避免了美国士兵的死亡，又省下了维持一支能与苏联抗衡的陆海军力量的巨大开支。在这样的思维背景下，研发热核炸弹——终极威慑——似乎再合理不过了。

当时，裁军委员会成员在政治上孤立无援，他们在杜鲁门的民主党内很少有盟友，而在艾森豪威尔的共和党内应者更是寥寥。但这并没阻止他们尽一切努力避免美国继续进行“迈克”试验。在他们看来，这是

* “A Policy of Boldness”.

一个潜在的严重错误。他们为此提出的一个强有力（后来证明也是有先见之明）的理由是，这一试验产生的放射性沉降物将使苏联获得关于乌拉姆－泰勒设计的宝贵线索。尽管这个理由很有分量，但是到 1952 年秋天，在包括总顾问委员会、原子能委员会、参谋长联席会议、原子能联合委员会、国务院和国防部在内的整个安全体系中，支持禁止氢弹试验的人只有接替奥本海默成为总顾问委员会主席的伊西多·拉比。这些委员会、政府部门和顾问机构里的大多数成员不仅反对禁止氢弹试验的建议，而且还对这一建议产生了深深的怀疑。

10 月 9 日，国家安全委员会开会讨论裁军委员会的报告，禁止试验的建议没有获得任何支持。实际上，即使有人提到要讨论这样的建议，国防部部长罗伯特·洛维特都明显感到不舒服。这样的建议让他感觉很脆弱。会议纪要记录道，洛维特“觉得，任何这类想法都应该立即从头脑中抹去，关于这一问题的任何文件都应该销毁”。这就是约瑟夫·麦卡锡造成的影响。

将“迈克”试验推迟到总统大选之后，即便这样更为温和的建议也没能获得太多人的响应，尽管得到了总顾问委员会和原子能委员会一些成员的支持。杜鲁门本人不会在正式场合公开更改试验日期，但他向原子能委员会透露，“如果出于技术原因造成试验推迟，他当然会乐意接受”。其中一名委员尤金·朱克特被及时派往埃尼威托克岛，查看这样的技术原因是否存在。结果根本不存在。于是，10 月 30 日，国家安全委员会批准实施包括“迈克”试验在内的“艾维”系列试验。

585 一天后，当地时间 11 月 1 日早上 7 点 15 分（美国时间仍是 10 月 31 日），首枚乌拉姆－泰勒氢弹在埃尼威托克岛最北端的伊鲁吉拉伯小岛（长不到 1 英里，约 1.6 千米，面积远不足 1 平方英里，约 2.59 平方千米）上试爆成功。不到十万分之几秒，伊鲁吉拉伯岛消失了；据测量，试爆产生了 1000 万吨的爆炸当量，比广岛原子弹的威力大 800—1000 倍。爆炸使小岛瞬间完全蒸发，产生的火球达 3 英里（约 4.8 千米）宽；哪怕在 30 英里（约 48.3 千米）外，产生的热量给人的感觉，都像是打开了高温烤箱。爆炸将大约 8000 万吨的土壤和泥沙抛向空中，它们最终变成飘向全世界的放射性沉降物。几千人见证了这一壮观的场面，所有人都因爆炸的巨大威力而惊呆了。其中一人写信给妻子说：“你会发誓，整个世界都在燃烧。”

爱德华·泰勒没有到场，尽管他宣布，他和组织实施“迈克”试验的洛斯阿拉莫斯团队没有任何关系，但他仍被视为“氢弹之父”。这枚氢弹爆炸时，泰勒在伯克利安装了一台地震仪，监控爆炸可能产生的震波。爆炸的声波用了二十分钟才从埃尼威托克岛传到加利福尼亚海岸，即便如此，泰勒还是能够在洛斯阿拉莫斯的人听到任何消息前估计出爆炸的威力。泰勒带着一种并不完全合适的、父亲般的自豪感（毕竟，用于迈克试验的氢弹不仅是马歇尔·霍洛威的“孩子”，也是泰勒的“孩子”）给以前的同事发电报说：“是个男孩。”

迈克试验结束一周后，组成国防动员办公室所属科学顾问委员会的科学家们（包括奥本海默）显然没有感受到胜利的喜悦。其中，杜布里奇很想辞去委员会的职务，理由是，正如实施迈克试验的决定所表明的，政府不愿听取科学顾问的建议。在劝说下，杜布里奇同意留任，但他仍然心有不甘，这时委员会的另一位成员，麻省理工学院院长詹姆斯·基利安探过身去悄悄对他说：“空军有人正在追查奥本海默，我们得知道这一点，并有所准备。”

将伊鲁吉拉伯岛抹去的装置不是一枚可投放的炸弹。这是因为它使用的聚变燃料是液态氘，而液态氘的沸点是23.5开尔文*（零下250摄氏度）。这就意味着，必须用笨重的低温设备（重达20吨）将氘保持在极度低温下。这也意味着这枚“炸弹”的重量超过了80吨，比“小男孩” 586
裂变弹重二十多倍，因为实在太重，作为实战武器，想都不用想。然而，没有人怀疑，如果乌拉姆－泰勒设计可以使用液态氘，那么它同样可以用锂－6这种非常适合实战用的可投放炸弹的固体金属。

实际上，用威廉·波顿的话说，迈克试验可以被视为“热核三一试验”。然而，试验的极大成功证实了奥本海默和他日渐萎缩（也日渐

* 开尔文，即热力学温度，又被称为绝对温度，是热力学和统计物理中的重要参数之一。一般所说的绝对零度指的便是0开尔文，对应零下273.15摄氏度。

孤立）的政治支持者在过去四年里反复提到的东西：1000万吨当量的氢弹，威力显然太大，不能考虑将它作为军事武器。谁能够想象，实际使用一枚威力如此巨大的炸弹瞬间完全毁灭一座伦敦或纽约这么大的城市？这一想法似乎没能减少负责氢弹研发的那些人对胜利的喜悦。对泰勒来说，尤其如此，尽管他不是负责迈克试验的洛斯阿拉莫斯团队的一员，这仍是一个值得庆祝的时刻。收到试验结果的详细报告后，他决定前往普林斯顿，向朋友约翰·惠勒通报这一喜讯，并感谢惠勒在泰勒感到其他有核武器经验的科学家纷纷躲避他时仍然支持他。

泰勒在普林斯顿的时候，奥本海默邀请他到奥登庄园喝酒。关于这件事，泰勒在他的回忆录中记下了一段非同寻常的逸闻。

> 我们坐在起居室里，奥本海默评论道，现在我们知道试验装置取得了成功，我们应该想办法使用它，让朝鲜战争圆满结束。我感到非常吃惊，问这事该怎么做。奥比解释说，我们可以在朝鲜的某个地方再造一个这样的装置，并迫使共产党军队集中于附近，引爆这个装置就能将他们全部消灭。

回到芝加哥后，泰勒接到奥本海默打来的电话，奥本海默问泰勒是否记得他们在普林斯顿的谈话："我说当然记得。然后他解释说，他只想让我知道，他有办法将他的建议提交给当选总统艾森豪威尔。"泰勒"没有想过要把氢弹用于战场，除非出现极其严重的危机"。自然，他记录道，他"不能理解奥本海默的行为"。

对此，最显而易见的解释当然是奥本海默在捉弄泰勒，取笑他的新生"男孩"在军事上毫无用处。因为这枚氢弹太大，无法运输（正如泰勒自己兴致勃勃地承认的那样，迈克装置"如此巨大、笨拙，一百辆牛
587 车都未必能将它运到目的地！'），必须在使用现场将它组装起来。假如其为了攻击军事目标，而不是屠杀数百万城市里的平民，那么奥本海默描述的氢弹方案就是唯一能够想到的使用方式。当然，考虑到以锂-6为燃料的可能性，制造出不易遭受这般嘲笑（如果真是如此）的氢弹还

是可能的，但是，正如我们所见，奥本海默同样不认为可运输的氢弹是一种实用的军事武器。

迈克试验结束后，奥本海默的思维明显变得更具煽动性。裁军委员会于 1953 年 1 月将最终报告呈交迪安・艾奇逊，准确时间是在艾奇逊的共和党对手约翰・杜勒斯接替他担任国务卿的三天前。这份报告包括好几条建议，在艾奇逊看来，它们是被误导的结果，但对杜勒斯而言，那完全是些可恶的想法。杜勒斯明确表示，他将坚持大规模报复的政策，而报告却建议弱化“我们使用核武器的承诺”。报告主要提出了五条建议：第一，关于核武器，应采取对美国人民更加“坦诚”的政策；第二，与美国的盟友就核问题进行更好的交流；第三，给予防空系统更大的优先权和更多的关注；第四，从联合国毫无成效的裁军谈判中退出；第五，改善与苏联的沟通。刚开始，艾森豪威尔出奇地支持这些建议，但是在他收到这些建议后的一个月（也就是他就任总统的第一个月），一个决定基本确保了这份报告不会对美国的政策产生任何影响：他任命刘易斯・斯特劳斯担任原子能顾问。

1953 年 2 月 17 日，奥本海默在纽约外交关系理事会演讲时，斯特劳斯和艾森豪威尔都在场。那次演讲是裁军委员会报告的缩减版，并在某种程度上经过了审查。这场主题为“原子武器和美国政策”*的演讲以直白的风格和语气著称，奥本海默仅此一次放弃了自己以往隐晦的文风，而采用了平实的语言。后来他在谈到自己和裁军委员会的同事时说，在他们工作的过程中，他们“鲜明而痛苦地意识到，若干年后，不受约束的军备竞赛将导致什么结果”。正是这一意识，以及表达这种意识的决心胜过了一切，贯穿了整个演讲。

奥本海默在开头讲到那个受挫的希望，“在第一颗原子弹爆炸的强光”之后，人们希望“这不仅预示着这一可怕大战的结束，也标志着这种类型的人类战争的终结”。正如他以前多次强调的那样，他再次强硬地将这一希望的受挫归咎于苏联：“在这个地球上，开放、友谊与合作 588

* “Atomic Weapons and American Policy”.

似乎不是苏联政府最珍惜的东西。”一旦希望落空，奥本海默接着说，“自由世界”只能躲到核弹的“盾牌”后避难。“原子弹的规则是：‘让我们保持领先。让我们确保走在敌人的前面。’”然而，据奥本海默所言，考虑到由此导致的军备竞赛的性质，这一规则并非完美无缺。讲到这里，奥本海默明确表示，他表达军备竞赛危险性的使命搁浅了，因为他反对保密，而他又不得不保密。“‘看看军备竞赛吧’这句话说起来容易。我必须讨论它，而又不能说出任何实情。我必须揭示其性质，而又不能披露任何真相；而这正是我反对的。”

比如，奥本海默不能提氢弹，他也觉得自己不能提裁军委员会五条建议中的两条（有关退出联合国的谈判、改善与苏联的沟通）。在这样的公开场合，关于这件事，他只能提其他三条建议，而重点是第一条：美国人民需要更大限度的坦诚。

“我的观点是，”奥本海默对观众说，“我们所有人都应该知道，我们在这些事情上处于什么位置。这不需要很准确，而是在数量层面，最重要的是在权威层面。”他说，因为根据他的经验，当事情的真相摆在“任何负责任的团体”面前时，必然给他们带来“严重的焦虑和担忧”。他估计，苏联在研发和储备越来越多的强大核武器方面比美国落后四年，但这“可能只是微不足道的安慰”，因为我们认识到“我们的第两万枚核弹……并不能在任何深层战略意义上抵消他们的第两千枚核弹”。这便是这次军备竞赛的恐怖之处。

奥本海默为“更大限度的坦诚”提出的一个理由是，让公众在知情的情况下思考以他们的名义实施的安全政策至关重要，但民众不可以了解这些政策的详情。面对当时的政治风向，奥本海默勇敢地指出一项值得怀疑的政策：使用核武器的计划，以及用核武器对敌人展开大规模先发性的、持续战略攻击的强硬承诺。当然，这一对大规模报复主义展开的新的攻击引起了斯特劳斯、格里格斯、波顿和军事机构中其他人的注意。

奥本海默说：“主流看法是，我们可能陷入长期的冷战，冲突、对立和武备将伴随着我们。”

> 当时的危机是这样的：在这一时期，原子钟[*]的滴答声越来越快；我们可以预感到事态非常严重，两个大国中的任何一方都有能力结束对方的文明和生命，尽管要冒自我毁灭的风险。我们就像瓶子里的两只蝎子，每一只都能置对方于死地，但自己也面临生命危险。 589

在这样的情况下，奥本海默坚持说："我们需要力量和勇气去问一问，我们使用原子弹的计划总体而言是对还是错。"正因如此，我们才需要开放和坦诚地将这个问题弄清楚，因为："如果决定我们做出选择的重要事实，即关键条件并不为人所知，我们就不能把问题弄清楚。如果这些情况因为保密和恐惧，只被少数人知晓，我们也无法弄清楚。"

为了显示自己惊人的坦诚，奥本海默接着举例说明，信任那些"少数人"是多么的愚蠢。第一个例子是杜鲁门："美国一位前总统，在得知苏联核能力的消息的情况下，居然能公开怀疑以事实为依据的所有结论，这岂能令人心安。"奥本海默以此暗指杜鲁门于1月26日对媒体讲的一番话，杜鲁门说："我不相信俄国有原子弹。我不相信俄国人拥有整合复杂机件，并成功制造原子弹的技术。我不相信他们有原子弹。"

奥本海默接下来列举的两个列子肯定是指格罗夫斯将军和阿瑟·康普顿：

> 令人震惊的是，这一近期表明的怀疑得到了两个人的附和，一个是最杰出的科学家，战争期间曾领导过曼哈顿计划中的一个项目，另一个是优秀的军官，曾全面负责曼哈顿计划。

当康普顿被问到如何看待杜鲁门对苏联原子弹的怀疑时，他说在他

---

* 尽管总的来说，这篇演讲表达明确，但这里提到的原子钟确有隐含之意。它暗指1947年6月以来每一期《原子科学家公报》封面上出现的"末日时钟"。这个时钟越接近午夜，全球核战争的威胁就越迫近。1953年2月这一期显示，时钟离午夜只差两分钟，紧迫性前所未有。——原注（67）

看来，苏联有没有原子弹仍然“难以确定”，这让总统非常开心。格罗夫斯曾对媒体说，虽然苏联进行过核爆炸，但这一事实“并不能证明他们已经拥有实际可用的原子弹”。

590 然后，奥本海默接着提到了一个身份更不容易确定的“防空部队高级军官”。“仅仅几个月前，在美国本土防御的一次最严肃的讨论中，”他说，“努力保卫这个国家并不是我们真正的政策，因为那是一个宏大的工程，甚至会影响我们的报复能力。”奥本海默接着尖刻地说：“只有当知道事实真相的人找不到任何人讨论这些问题的时候，只有当这些事实被严格保密，而不能讨论，因而也不能考虑的时候，才会出现如此愚蠢的想法。”

详细阐述对坦诚的需要后，奥本海默接着讲到以下两点：与盟友开展更广泛合作的需要及改善防空系统的重要性，但他说得极为简短。在演讲结束时，他以煞有介事的语气说：“我们需要明白，对我们和我们的国家来说，不会有多次核大战。重要的是，一次都不能有。”

那是一场毫不妥协、勇气可嘉的演讲。令人颇为吃惊的是，至少在开始的时候，有迹象表明，奥本海默的观点可能对新政府产生了影响。艾森豪威尔——首先对裁军委员会的报告，现在又对这场演讲印象深刻——在接下来的几个月里，鼓励开展后来所称的“坦诚行动”。艾森豪威尔似乎赞同奥本海默的观点，然而，这让刘易斯和盟友加快了一项他们认为更加紧迫也更加重要的行动。那就是，他们要通过“战斗”，最终一劳永逸地消除奥本海默对美国政策的影响。

5 月份的《财富》杂志上刊登了一篇文章，对奥本海默的名誉展开了从未有过的、持续时间最长的直接攻击。文章标题为《关于氢弹的明争暗斗：奥本海默博士改变美国军事战略的不懈努力》*，它在开头戏剧性地写道：“围绕国家军事政策的生死之战在一个极具影响力的美国科学家团体和军队之间打响了。”这些科学家中的“主要推手”就是奥本

* “The Hidden Struggle for the H-bomb: The Story of Dr Oppenheimer’s Persistent Campaign to Reverse US Military Strategy”.

海默，关键的核心问题是大规模报复主义是否站得住脚。文章称，奥本海默“信不过军队的立场，不相信作为大规模杀伤性武器的战略空军能对苏联的行动产生真正威慑”，并建议美国“抛弃最强大的防御武器”。

这篇文章以匿名的形式发表，但实际上，作者是美国空军预备役军官查尔斯·墨菲，他是《财富》杂志的固定专栏“国防与战略”的撰稿人。正因为墨菲的专栏完全代表空军的立场，并体现了与空军高层的密切联系，因此，在这篇关于奥本海默的文章中，到处都可以看到格里格斯、芬勒特和斯特劳斯的观点。5 月这期《财富》杂志于 4 月份的某个 591
时候开始发售，这就意味着此文很可能写于 3 月，即奥本海默在纽约发表对抗性演讲后不久，那么似乎很容易断定，此文的发表，代表斯特劳斯和空军开始回击他们臆想的奥本海默的公开挑衅。大卫·利连索尔将《财富》杂志的文章说成是“用卑鄙手段攻击奥本海默的另一篇龌龊而明显具有蛊惑性的文章”。

利连索尔（当然正确地）看到了墨菲文章对奥本海默的攻击背后有斯特劳斯的黑手，但有时最明显的是格里格斯在作怪。比如，格里格斯描述的林肯暑期学校的偏执版本被重新提及：墨菲写道，在署名为“佐尔克”（ZORC）的文章中：

> 泰勒的热核装置试验计划于 1952 年底在埃尼威托克岛进行。奥本海默试图阻止试验。1952 年 4 月，国务卿艾奇逊任命他为国务院裁军委员会成员，并担任主席。委员会建议，出于人道主义立场，总统应该宣布，美国决定不再进行这种武器的最终试验，而如果其他任何国家引爆此类装置，委员会将把它看成战争行为。
>
> 杜鲁门不为所动。那个项目使奥本海默丢掉了在总顾问委员会的职位。那年夏天，在委员会里的任期结束后，他没有继续任职。始终支持他的杜布里奇和科南特也不再续任。现在他们改变了战术。那年春天，在华盛顿举行的科学家会议上，他们以奥本海默为核心，组成了一个自称为 ZORC 的团体，Z 代表麻省理工学院的物理学家杰罗尔德·扎卡赖亚斯；O 代表奥本海默；R 代表拉比；C

代表查尔斯·劳里森。

以往对奥本海默的诋毁，大体局限于僻静的权力走廊。这篇《财富》杂志的文章却打响了公开讨伐奥本海默的第一枪，是将他与美国军方之间的冲突公开化的联合行动的开始。可预料的结果是，奥本海默的问题引起了约瑟夫·麦卡锡的注意。5 月 11 日，助理局长 L.B. 尼科尔斯起草的一份联邦调查局备忘录记录道，麦卡锡的助手罗伊·科恩曾打电话问他，麦卡锡委员会（正式名称为参议院常设调查委员会）能否“召见奥本海默，并对他展开调查”。备忘录记录道，尼科尔斯对科恩说
592 “不要操之过急”。第二天，麦卡锡和科恩去和埃德加·胡佛商量，讨论调查奥本海默的可能性。在一份内部备忘录中，胡佛解释了他如何让麦卡锡不要插手此事。他说，在公开调查像奥本海默这么有影响力的重要人物之前，“需要开展大量的前期准备工作”。为了对付奥本海默而与胡佛紧密合作的斯特劳斯后来写信给罗伯特·塔夫脱参议员，请他务必提醒麦卡锡不要有调查奥本海默的任何企图。“麦卡锡委员会不适合做这样的调查，”斯特劳斯写道，“更何况目前也不是时候。”斯特劳斯决心剥夺奥本海默的安全许可　不希望他精心制定的计划被麦卡锡这位威斯康星州参议员的草率行为搅黄。

奥本海默担任原子能委员会顾问为期一年，合同将于 1953 年 6 月底到期，而斯特劳斯非常不愿看到奥本海默留任。在这个问题上，他在联邦调查局有一个强大的盟友，那些留存的档案所记录的内容足以将奥本海默从政府岗位上赶下来。5 月 25 日，另一位助理局长 D.M. 拉德写信给胡佛说，“斯特劳斯上将”来找过他，因为他“仍然对 J. 罗伯特·奥本海默的活动很不放心”。拉德写道，斯特劳斯尤其担心的是，奥本海默和艾森豪威尔总统在那个星期有一次会见。“上将将于今天下午三点半与艾森豪威尔总统见面，他想在总统面前简要汇报奥本海默的背景，他想知道我们对他这么做有无异议。”拉德对斯特劳斯说，我局“当然不反对他向总统汇报”，而且还欢迎他在交谈时使用奥本海默的档案。

那天下午，斯特劳斯与总统见面时，总统邀请他担任原子能委员

会的下一任主席。就奥本海默的背景向总统“汇报”后，斯特劳斯回答说，“如果奥本海默与这项计划有任何牵连”，他“就拒绝接受原子能委员会的职位”。两天后，奥本海默到白宫赴约时，也向总统做了汇报，这次是关于“坦诚行动”。然而，由于斯特劳斯与他谈话在先，艾森豪威尔对“坦诚行动”和奥本海默的热情大不如前。奥本海默离开后不久，艾森豪威尔对助手 C.D. 杰克逊（他正好是《财富》杂志的出版人）说，他“不完全信任”奥本海默。

在与奥本海默的斗争中，斯特劳斯正取得节节胜利。然而，事情并没有达到他的全部心愿。执行“坦诚行动”和裁军委员会的其他建议（或至少是研究它们的可行性）仍是公认的国家政策。正因如此，尽管 593
遭到斯特劳斯的多次强烈反对，政府还是于 6 月 5 日决定将奥本海默的顾问合同延期一年。这样，奥本海默保住了自己的安全许可，仍有机会继续对美国原子能政策施加影响，直到 1954 年 6 月 30 日。几位原子能委员会长篇详细历史的作者说，做出这一决定的日子“可能是奥本海默命运攸关的一天”。他们的描述以刘易斯·斯特劳斯的评论为蓝本。斯特劳斯曾指出：“正是这份合同，让原子能委员会介入奥本海默博士的安全许可，并要求原子能委员会，而不是其他政府机构，负责听取并处理对奥本海默的指控。”

尽管斯特劳斯对艾森豪威尔有言在先，他还是接受了原子能委员会主席的职位，而奥本海默并没有离开原子能委员会。根据联邦调查局的一份备忘录，斯特劳斯只是因为总统“违背他的意愿”“任命”了他，他才“勉强同意接受于 1953 年 7 月 1 日算起的原子能委员会主席一职”：

> 斯特劳斯得到建议，联邦调查局希望与他紧密合作，以便他能更好地履行原子能委员会的新职责。他评论说，在承担这些新的艰难职责的时候，调查局非常愿意与他合作，他觉得在双方共同关心的问题上，他可以依靠局长和调查局。

担任主席还不到一周，斯特劳斯就叫人拿走了奥本海默在普林斯顿办公室里的原子能委员会的所有机密文件，表面理由是为了节省开支，少用一名安保人员保护这些文件。

同时，为了保持裁军委员会建议的影响力，奥本海默于1953年夏天将他在纽约的演讲“原子武器和美国政策”发表在两份不同的媒体上。这篇演讲刊登在7月份的《外交事务》和《原子科学家公报》上。毫无疑问，选择这些期刊是为了最大限度地将他的观点同时展现给政治家和科学家。然而，5月份《财富》杂志的那篇文章表明，在与奥本海默的较量中，斯特劳斯在媒体界和政治家当中都取得了胜利，因为《财富》杂志的老板和主编是亨利·卢斯，他同时也是《时代》和《生活》杂志的老板和主编。后两份杂志刊登奥本海默光辉历程的日子已经过去了。

实际上，在斯特劳斯被任命为原子能委员会主席之际，《时代》杂
594 志刊登了一篇他的小传，文章虽短，但经历辉煌。这篇文章以《异见者归来》*为题，清楚表明，在这场斯特劳斯与奥本海默之间的斗争中,《时代》杂志支持的是哪一方：

> 美国能够拥有氢弹，持异见者斯特劳斯的功劳无人能及。1950年，面对罗伯特·奥本海默博士这样的重量级著名原子科学家，以及除戈登·迪恩以外的其他原子能委员会成员的强大力量，斯特劳斯与他们展开了长期斗争，然后说服哈里·杜鲁门，美国应该推进氢弹的研发。
>
> 为了避免陷入与其他委员的持续争端，斯特劳斯于1950年从原子能委员会辞职，回纽约担任洛克菲勒家族的财务顾问。上个星期，斯特劳斯准备回到原子能委员会大楼时，受到民主党和共和党的热烈欢迎，他们认为这是总统的最佳任命。

奥本海默试图与苏联共建开放、裁军和对话格局，这一努力于

---

* “Dissenter's Return”.

1953 年 8 月遭到沉重打击，因为当时有消息宣布，苏联试爆了首枚氢弹。代号为“乔 -4”（Joe 4）的苏联氢弹装置，爆炸当量“仅”为 40 万吨，比起迈克试验 1000 万吨的威力只是小儿科，但在其他方面，可以说苏联人在军备竞赛中走在了美国的前面。因为乔 -4 使用的燃料是锂 -6 氘化物，这就意味着，不同于迈克氢弹，它是一枚可部署的炸弹。此外，苏联氢弹的基本设计与乌拉姆 - 泰勒型氢弹的技术“优点”（sweetness）相比显得很粗糙。令人稍感安慰的是，在苏联人发现乌拉姆和泰勒的秘密之前（即，应该用辐射而不是中子启动聚变反应），他们没有能力研发“真正的”氢弹，即威力达到百万吨的氢弹。然而，认识到苏联科学家迟早会发现乌拉姆 - 泰勒设计的原理，以及苏联拥有氢弹的残酷现实所造成的强烈恐惧，驱散了乔 -4 氢弹的缺陷所带来的任何安慰。现在看来，那些叫嚣美国应该赶在苏联之前迅速研发超弹的人已经获得了认可。

苏联试爆氢弹的消息传开后，奥本海默为“坦诚行动”寻求支持的希望几乎为零。9 月 7 日的《生活》杂志刊登了一篇社论，讨论奥本海默的“原子武器和美国政策”，说他在文章中“反对当前的美国政策”。这里所说的“当前的美国政策”，似乎就是大规模报复：

> 对于原子武器的入侵，我们能想到的唯一威慑手段是加倍反击 595
> 的能力：实施快速而恐怖的报复。但是，奥本海默博士的言下之意是，这一政策对苏联是一种激励和鞭策。相反，奥本海默博士呼吁，我们应大力改进我们的原子防御体系……
>
> 他的观点是以往绥靖路线的翻版，这个世界总有人对这一路线抱着奇怪而挥之不去的怀念……单纯的防御手段，无论如何强大，永远无法阻止热衷于原子攻击的侵略者。
>
> 我们似乎完全没有选择，只能稳步建设空军机队，增加原子弹的储备。工作重心从我们的反击力量向其他方面转移的任何改变都将削弱我们的全球影响力。

一个月后，艾森豪威尔在一次声明中强调，鉴于“苏联人现在有能力对我们实施原子弹攻击”，美国不打算“详细公开我们在原子武器方面的任何实力”。之后，《生活》杂志的社论宣布：

> 首先，可以推断，正如我们希望的那样，我们听到了“坦诚行动”的终结。这个半生不熟的用语（言下之意是公众一直受到欺骗）有两个版本。奥本海默建议的那个版本，如果得到采纳，应该已经公布了美国的军事秘密，譬如原子弹库存的数量。斯特劳斯主席说，这种做法对苏联战略家意义重大，可对美国舆论没有多大意义。艾森豪威尔决定反对这一建议。

两周后，登上《时代》杂志封面的正是“美国原子大佬刘易斯·斯特劳斯”。封面上的文章一开始描述了“来自西伯利亚的辐射气团”，这表明苏联人试爆了一枚热核炸弹。“对一位寡言少语，具有虔诚宗教信仰和独立人格，恭敬有礼的弗吉尼亚人来说，”文章接着指出，“这朵云团证明，一场孤独的战斗是正确的。”

> 如果不是斯特劳斯早在1949年底就看透了俄国人的企图，美国可能到现在都造不出自己的热核超级炸弹。不难想象，俄国人的最新炸弹可能会被当作不可挑战的最后通牒扔在这个世界上，到这个星期，可能已经改变了整个世界的政治力量平衡。

596 1953年10月底，美国政府正式通过大规模报复的国策，总统批准了国家安全委员会NSC162/2号文件中阐明的政策。文件称，“美国安全、自由体制和根本价值的主要威胁”来自苏联。斯大林可能已经去世，谁会接替他，短期内仍有诸多不确定因素。但是：“可以预见，苏联领导人坚信，他们集团和非共产主义世界之间存在不可调和的冲突，他们将继续把国家政策建立在这样的信念之上。”

另外，“苏联用原子武器攻击美国的能力正在持续增强，有了氢弹，还会继续显著提升。”空中防御是有益的，“但不能排除遭受重大打击的可能”。这份政策文件指出，面对苏联的威胁，美国的安全需要发展和保持“强大的军事态势，以进攻性打击力量强化实施大规模报复性破坏的能力”。

奥本海默在过去四年里坚决反对的思想，现在明确出现在了美国的政策中。同时，有些人认为，奥本海默的行为不只是错误，而是叛国，他们正杀气腾腾地向他冲来。

597 第十八章

一误万事休*

威廉·波顿担任原子能联合委员会执行主席的日子于 1953 年 5 月底结束。在他离任的一到两周前，仍然拥有安全许可权的时候，斯特劳斯将奥本海默在委员会的安全档案交给他仔细研究。波顿离开委员会后，不再担任任何政府职务，理应将档案交回。然而，斯特劳斯继续让他持有这些档案长达三个月之久，这显然是违法的。自从斯特劳斯得知，克劳斯·福克斯并非独自行动，洛斯阿拉莫斯还另有一名间谍时，他便怀疑奥本海默就是那第二个间谍，他希望波顿能够充分证实怀疑，以铁的事实剥夺奥本海默的安全许可。

在研究档案的过程中，波顿对其中的细节非常着迷，他开始相信，这些细节表明奥本海默确实是一名苏联间谍。1953 年秋，波顿整理了自己的证据概要，不过只有三页半，比联邦调查局的各种概要都要短，波顿却认为更简洁明了。11 月 7 日，他将概要寄给 J. 埃德加·胡佛，对他说："此信的目的是要表达我深思熟虑的意见，经过对现有保密证

---

* 这个标题出自拉丁语典故 *falsus in uno, falsus in omnibus*。意思是"一步走错，满盘皆输"。在法律上，这个短语的意思是，如果证人被发现撒过一次谎，那么他的所有证词都不可信。——原注（68）

据的多年研究，J. 罗伯特·奥本海默很可能是一名苏联间谍。”他的概要将证据分成四个类别，尽管分类的原则并不完全清楚。第一类列出了奥本海默通过朋友、同事、弟弟、妻子和“情人”（琼·塔特洛克）与共产党保持紧密联系的所有证据。第二类主要包括与他是不是苏联间谍 598
这个问题关系不大或毫无关系的事（譬如，“1942 年 4 月，他正式提交个人材料，申请安全许可”），除了最后一项，指控奥本海默对格罗夫斯和调查局撒过谎。第三类主要是关于奥本海默战前（充满热情）和战后（热情消失）对原子弹和氢弹的态度存在巨大差异。第四类涉及指控奥本海默利用自己在战后的影响力阻碍美国的防御计划，特别是氢弹的研发。

当然，这些都不足以证明奥本海默是苏联间谍，对胡佛来说，里面也没有任何新的内容。可能就是基于这个原因，过了将近三个星期，胡佛才开始处理波顿的来信。那段时间，在整个华盛顿和其他地方，对奥本海默的怀疑开始见诸报端。11 月 12 日，《晚星报》[*]刊登了一篇题为《1945 年联邦调查局爆出巨大间谍网，震惊美国高层》[†]的文章，声称：“一名顶级原子科学家是共产党。有人接近过他，希望他通过加州大学的教授将曼哈顿计划的原子弹机密提供给苏联驻旧金山领事馆。”一份 11 月 18 日的调查局备忘录承认，这一消息来自调查局于 1945 年向非美活动委员会透露的苏联在美国的间谍活动概要。这份备忘录还说：“另外，媒体似乎已经知道概要中提到的材料。”

大概就在同一时间，波顿将他的信件副本寄给了原子能联合委员会各位成员，他们又将信转交给了反共人士、共和党参议员伯克·希肯卢伯。很明显，波顿希望自己的信能让相关部门行动起来。11 月 24 日，约瑟夫·麦卡锡（那时他对奥本海默的兴趣已不是秘密）在广播和电视上发表演讲，谴责艾森豪威尔政府以“哭哭啼啼的绥靖政策”对待共产党。因此，胡佛面临很大的压力，对于波顿的信，他不得不做点什

* *Evening Star.*

† “FBI Report on Vast spy ring Shocked US leaders in 1945”.

么。三天后，胡佛将波顿的来信的副本分别交给总统、司法部部长赫伯特·布朗尼尔、国防部部长查尔斯·威尔逊和刘易斯·斯特劳斯。12月3日，艾森豪威尔下令，建一道“密不透风的墙”，将奥本海默和原子弹机密隔离开来。从那一天起，奥本海默的安全许可被中止。

奥本海默11月初就到了伦敦，他对波顿写给胡佛的信以及由此引发的系列事件全然不知。当时，奥本海默的安全许可被中止一事受到严
599 格保密，不仅瞒过了媒体，就连奥本海默本人也被蒙在鼓里。联邦调查局认为，奥本海默如果知道华盛顿发生的事，他可能会逃往苏联。奥本海默去伦敦，是去作里斯讲座，那是由英国广播公司主办的年度系列讲座，一共有六场。被选为里斯讲座的讲演者是莫大的殊荣，媒体对奥本海默进行了大量宣传。1953年11月15日《星期日快报》上的一张照片显示，49岁的奥本海默独自徘徊在伦敦的梅菲尔区，他身穿看似昂贵的三件套西服，头戴那顶有名的猪肉馅饼帽，左手夹一支香烟。具有讽刺意味的是，照片配文着重提到他的自由：“他是个自由的人，可以随意行动。也就是说，不像1951年他到法国和德国时那样随时有成群的密探跟踪，现在他完全没有这样的困扰。”实际上，他的一举一动都在联邦调查局的监视之下。

在接下来的一周，《观察家报》介绍了奥本海默辉煌的人生经历，里面一些稀里糊涂的措辞给华盛顿带来了不祥之感：

> 据说，为了让国会议员理解核裂变意味着什么，他付出的努力超过了任何人。像多数同事那样，他对核裂变释放的破坏力感到震惊，他的第一反应是：原子弹可能会使未来战争变得难以想象，使国家主权被淘汰。他从一开始就倡导与苏联分享原子弹的秘密，联合控制原子弹的生产……在公开场合和私下里，他一贯反对美国在原子弹方面采取极端保密的政策。

至于奥本海默的里斯讲座，英国听众普遍有些失望。《经济学人》坦言：“人们希望从那个策划过历史上最惊人的科学试验的人那里听到

一些新奇的东西。”这些讲座的大标题是“科学与共识”[*]，海报上声称，讲座是要审视“原子物理中存在哪些对人的求知欲具有关联性、启发性和激励性的新知识”，但奥本海默讲的新东西没有海报宣传的那么多。听众失望，是因为他们“发现奥本海默表达的思想，总体而言，都是大家熟悉的”。他讲的那些东西只不过是“老生常谈的故事”。他所说的“原子物理的新事物”似乎是指“三十年前的原子物理”，因为他把重点放在了 20 年代量子物理的“英雄时代”，而且前面还有很长的铺垫。

他在第一场讲座中讲了牛顿，第二场讲卢瑟福，第三场讲玻尔和“旧”量子理论。直到第四场，他才提到量子力学的核心——波粒二象
性，以及他一直在重点思考的概念：互补性。在第五场讲座中，奥本海 600
默力图告诉听众，如何将互补性原理运用到物理学之外，譬如，用于理解人性和社会。第六场是整个系列讲座的最后一场，充斥着一系列空洞的陈词滥调，比如下面这句结束语。

> 对我们，以及对所有人，变化和永恒、专业和统一、手段和目的、团体和个人，都是互补的，都要求我们，并决定了，既要有约束，也要有自由。

用一大堆话表达如此少的内容，实属罕见。和那场“原子武器和美国政策”的演讲相比，无论风格和内容，都有着天壤之别。彼时，他有紧迫的事要说，表达力求清晰明了；而在此时的里斯讲座中，他那啰唆和晦涩的风格似乎是要刻意掩盖他无话可说的事实。罗伯特·克里斯用“表达煽情，概念模糊”谴责奥本海默的公开演讲。总体而言，这样的评价有失公允，但就里斯讲座而言，却是中肯的。

只有两次，奥本海默的表达方式脱离了整个系列讲座啰唆、沉闷的风格。第一次是在第二场讲座中，他在讲卢瑟福时转到了近期发展的题外话，描述了“亚核物质的故事如何展开并分化”：

---

* “Science and the Common Understanding”.

> 在与原子核的遭遇中，一系列迄今不为人知的物质开始出现，其中多数都是我们还没有认识到和预见到的。首先是各种介子，有些带电，有些不带电，比质子轻十倍，比电子重几百倍。在过去几年里，比介子重的各种物质相继出现，种类越来越多，有些甚至比质子还重，它们的名称每个月都会在严肃的会议上被改动。科学家非常无奈，只能将它们笼统地称为“新粒子”。无一例外，它们都不稳定，就像中子内部那样。它们每过一会儿就会分裂成其他更轻的元素，间隔从百万分之一秒到十亿分之一秒不等。这些成分，有些对物理学来说是陌生的东西，它们本身也不稳定。我们不知道如何清楚地解释这个问题。我们不知道它们为什么有其本身的质量和电荷，甚至它们的任何情况，我们知道的都不多。它们是当今物理学最大的难题。

601 不难想象，英国听众会想，如果把这作为讲座的主题，那该多好啊！

奥本海默提到是否存在对意识的科学解释这一问题时，他的讲座第二次生动起来。他说：“用生化术语描述伴随有意识的思想，或情绪，或意志的生理现象似乎是不可能的。”

> 今天，结果仍不确定。但无论是什么结果，我们知道，如果确实能获得意识因素之间的物质联系，对用大脑思考的人、思想的清晰度、意志的坚定性或他的眼睛和心灵在美的作品面前获得的愉悦，都无法做出恰当的描述。其实，在我看来，对有意识的生活及其物理解释的互补性的理解似乎是人类认知的一个永恒主题，也恰当地阐述了身心平行论这一有着重大历史意义的观点。

讲座结束后，奥本海默和基蒂先到哥本哈根看望玻尔，然后到巴黎，在安全人员的严密监视下，他们拜访了这个世界上当时最不应该在别人眼皮底下被拜访的人：哈康·希瓦利埃。希瓦利埃已在巴黎生活三年，从事翻译工作。希瓦利埃后来说："那是一次非常愉快的相聚。"第二天，希瓦利埃带奥本海默拜访了安德烈·马尔罗，见识了"两人非同凡响的谈话，两人的思想和气质截然不同，但在各自领域都出类拔萃"。他们后来谈到了爱因斯坦，奥本海默的话让马尔罗和希瓦利埃震惊："对我们这些生活在爱因斯坦身边，并对他的早期贡献有着崇高敬意的人来说，我们不得不说，在过去的二十五年里，爱因斯坦没有取得任何科学成就，这让我们非常失望。"

奥本海默和基蒂于1953年12月13日从欧洲回到美国。等待奥本海默的是一条紧急消息，让他尽快打电话给斯特劳斯。第二天，奥本海默打电话时，斯特劳斯对他说，也许两人"应该在今后一两天见个面"。不过，联邦调查局对斯特劳斯说，他们需要更多时间审核波顿的来信，于是斯特劳斯联系奥本海默，将他们会面的时间推迟到12月21日。12月18日，在总统椭圆形办公室召开了一个高级别会议，参会人员包括副总统尼克松和中情局的艾伦·杜勒斯。会议决定向奥本海默提出指
控，并给他两个选择：要么他辞去原子能委员会顾问的职务，要么他可 602
以就安全许可被暂停一事在斯特劳斯指定的委员会前提出申诉。

12月21日下午，奥本海默来到斯特劳斯的办公室，斯特劳斯和原子能委员会新上任的总经理肯尼思·尼科尔斯将军在那里等他。尼科尔斯自曼哈顿计划早期就认识奥本海默，他对奥本海默的反感几乎和斯特劳斯一样强烈。就迪克·帕森斯突然去世寒暄几句后，斯特劳斯对奥本海默说，根据1953年4月27日的总统令，档案中存在"负面信息"的所有人都要受到重新评估，他的安全许可已被中止。奇怪的是，听闻此言，奥本海默并没有指出，1953年6月他担任顾问的最新任命发生在这一总统令之后，因此这一任命应该符合总统令的要求。他明显太过惊愕，头脑不够清醒。不管怎么说，他可能还没来得及做出这样的反应，斯特劳斯就抛出了一个令他更加惊愕的消息。斯特劳斯对奥本海默说，他们已经起草了一封信，列出了对他的所有指控。随即，他将这封长达八页的信递给奥本海默。

这封由尼科尔斯将军起草但尚未签名的信包含奥本海默档案的另一

份概要，再一次罗列了对他的指控，包括他在 30 年代和 40 年代参加的共产主义阵线组织、他的家人和朋友中的共产党人数、他如何反对氢弹的研发，而最严重的是希瓦利埃事件及奥本海默对此事掩而不报。

这封信声称，所有这些“都对你的诚实、行为甚至你的忠诚提出了质疑”。“因此，”信里接着说，“你在原子能委员会的工作，以及你接触保密数据的资格就此中止，立即生效。”最后，这封信告知奥本海默，如果他对这些指控和中止他安全许可的决定有异议，他“有权”向原子能委员会的个人安全委员会提出申诉。斯特劳斯尽可能不给奥本海默对此信做出反应的余地，让他第二天再决定是否使用他的“权利”，并拒绝了他保留此信副本的请求。斯特劳斯和尼科尔斯似乎希望奥本海默辞职，这样，他们就可以将这封尚未署名的信销毁，然后将它忘得一干二净。

奥本海默显然对形势的变化感到恐慌，他在离开斯特劳斯的办公室后找到了原子能委员会的首席律师乔・沃尔普，不久，奥本海默自己的律师赫伯特・马克斯也到场和他们一起商量。他们不知道的是，在斯特劳斯的要求下，他们的谈话被暗藏在房间里的传声器录了音。那天深夜，603 奥本海默乘火车回到普林斯顿，将此事告诉了基蒂。第二天刚过中午，他接到尼科尔斯打来的电话，通知他说，他只剩三小时来做决定。一小时后，奥本海默给尼科尔斯回电话说，他将在第二天上午亲自登门宣布自己的决定。

那天下午，奥本海默和基蒂前往华盛顿。他们在马克斯和沃尔普的协助下，写了一封拒绝辞职的信，理由是，如果他辞职，那“将意味着我接受并同意我不适合为政府工作的观点，而我已经为这个政府工作了大概十二年。这是我无法接受的”。

奥本海默没有默认自己的罪行，而是决定经受一场听证会的考验。与此同时，他接触保密文件的权限将继续中止，因为两天后的平安夜，原子能委员会的代表带着一封信来到普林斯顿，通知奥本海默，“请按要求就此交出”他手中留存的委员会的所有文件。同一天，他从尼科尔斯将军那里收到了那封他在斯特劳斯办公室里看过的信。这一次，信上签了名。

1954 年 1 月 1 日，按照斯特劳斯的要求，奥本海默家里和普林斯顿办公室的电话全部被监听，他本人也受到严密监视，无论走到哪儿，都有人跟踪。纽瓦克的探员在偷听奥本海默和他的律师的谈话时，向胡佛的办公室表达了自己的疑虑。他说，“考虑到这样做可能会泄露律师与客户之间的关系”，不知这一程序是否合理合法。因为透露律师和客户之间的关系正是监视的目的所在（据说，斯特劳斯曾对一名探员说，“调查局对奥本海默在普林斯顿的技术监控为原子能委员会提供了最大的支持，能让他们事前知道奥本海默的行动计划”），于是这位探员疑虑顿消，确信这样的监视没什么不对，相反很有必要，能够让当局预先知道奥本海默的“叛逃计划”。

同一天，奥本海默在马克斯和沃尔普的建议下，考虑由谁作他听证会上的代理人。沃尔普认为，奥本海默需要一位法庭辩护律师，要有在法庭上唇枪舌剑的经验。但是，马克斯认为，不管怎么说，听证会不是真正的审判，而是询问，所以奥本海默需要一位德高望重的人，而不是一名强硬的法庭斗士。于是，奥本海默选中了温文尔雅的劳埃德·加里森。加里森缺乏法庭辩论经验，但他系出名门，文化修养深厚，空闲时会阅读哲学和希腊文学。

尼科尔斯在发给陆海空三军和原子能委员会的一封信中强调，“目
前，奥本海默的安全许可被暂停一事仍属保密消息”。然而 1 月初，这 604
一消息开始在华盛顿传播。1 月 2 日，拉比以总顾问委员会主席的身份找到斯特劳斯，希望安全委员会“还奥本海默以清白”，但被斯特劳斯当场拒绝。不久，万尼瓦尔·布什对斯特劳斯说，奥本海默的安全许可被中止和即将举行听证会的消息已是“满城风雨”。

1 月 25 日，奥本海默前往罗切斯特参加在那里举行的高能物理系列会议的第四次会议。这次会议开了三天，主要讨论不稳定“新粒子”的性质，也就是奥本海默在里斯讲座中称为“当今物理学最大的谜题”的粒子。会议期间，与会人员就这一领域热烈讨论的一大最新进展是，将一些新粒子分成两大类：比中子重的超子（例如 λ 超子，它会衰变

成质子和带负电的 π 介子）和质量介于质子和 π 介子之间的 K- 粒子。没有迹象表明，奥本海默在几年前描述的“粒子动物园”变得更易理解或更无趣。

奥本海默不仅参加了会议的讨论，而且还在开幕式上主持了“核子-核子散射与极化”*的议题。根据杰里米·伯恩斯坦的说法，奥本海默甚至在会上发挥了“主导作用”，尽管他接着说：“我不知道他对物理学的发展跟得有多紧。”伯恩斯坦说，做会议记录的人“在记录奥本海默隐晦难懂的讲话时”非常吃力。伯恩斯坦再次读到这些话时，他的一个感受是“当奥本海默觉得他在浪费时间时，他会多么毫无来由地令人恶心”：

> 当时，我的已故论文导师亚伯拉罕·克莱恩是哈佛大学的一名资历尚浅的年轻教师。他在作讲座时谈到一个问题，便问，是否可以假设这里的每一个人都熟悉这个问题。会议记录记载：“奥本海默说，恐怕不能这样假设，而且，即便在座的都熟悉这个问题，也不能成为讨论这一问题的任何理由。”

亚伯拉罕·派斯当时也在场，他后来也读了会议记录。这让他想起，“罗伯特当时异常安静”。

派斯和伯恩斯坦都不知道奥本海默的安全许可已被中止，并将马上面对安全听证会，尽管在参会人员中，有几个人已经听到这一消息，其中包括爱德华·泰勒。泰勒在会议间歇对奥本海默说，“得知你遇到了麻
605 烦，我很难过”。奥本海默回答说，“我想，我希望，你不会认为我做过的任何事有什么恶意吧？”泰勒向他保证，他没有那样的想法。奥本海默便问泰勒，能不能和他的新律师加里森说说。那时，奥本海默根本不知道泰勒和探员见过面，而泰勒对希瓦利埃事件也一无所知。因此，当泰勒和加里森（及马克斯）见面时，他们的谈话涉及最多的是氢弹。在

* “Nucleon-Nucleon Scattering and Polarization”.

这个问题上，泰勒能够向他们保证，尽管和奥本海默有意见分歧，但他并不认为奥本海默对国家不忠。泰勒后来说，和奥本海默的律师见面后，他决心“为奥本海默作证，证明他是一个忠诚的公民”。然而，加里森认为，泰勒对奥本海默的厌恶明显而强烈，“我最后决定不叫他作证”。

此时，斯特劳斯已选好了自己的律师，代表原子能委员会出席听证会。此人就是华盛顿最强硬的辩护律师之一罗杰·罗布。罗布很快便获得了“紧急 Q 级安全许可”，能深入调查奥本海默的档案。查阅这些档案后，他坚信“奥本海默是一名共产党员和俄国同情者”。调阅完档案，罗布便飞往加利福尼亚与一些科学家会面，包括泰勒、阿尔瓦雷兹、劳伦斯、匹泽和温德尔·拉蒂默。根据记录，他们都对奥本海默的忠诚持怀疑态度。然而，罗布准备的策略是集中攻击奥本海默的“诚实度”，而不是他对国家不忠的嫌疑。因为他清楚，要证明他对国家不忠十分困难（如果并非不可能的话），而要证明他在“诚实”方面有问题却很容易：只需将听证会的注意力一再引向希瓦利埃事件和奥本海默关于此事的谎言。他打算在听证会上尽早提起此事。“我的做法是，”他后来说，“如果我一开始就能怔住奥本海默，随后才更容易让他打开话匣。”

与此同时，加里森无法调查档案，因为他没有获得安全许可。1 月，他以自己和两位同事赫伯特·马克斯和萨姆·西尔弗曼的名义申请安全许可。原子能委员会答复说，他们愿意颁发许可给加里森，但马克斯和西尔弗曼不行。加里森决定撤回安全许可申请。这是一个致命错误，而加里森的解释说明了他对自己和奥本海默即将面对的挑战缺乏根本认识。加里森说：

> 我认为，如果我们获得安全许可，就更有可能引导个人安全委
> 员会去调查研发氢弹和相关的其他防御手段的技术利弊。那么他们 606
> 就会偏离要点：如果奥本海默博士的动机是崇高的，他在技术方面
> 的建议则与此事无关。

从一开始，加里森为奥本海默辩护时就采取了“全人”（whole

man）策略：力图依靠“具有最高诚信和名誉的人”的证词，避免“翻炒那些琐碎的陈年旧事”，因为这些德高望重的人会证明奥本海默（毕竟是在众目睽睽之下）值得被托付原子弹的秘密。如果他事前知道罗布要采取的策略，加里森就会认识到他的“全人”策略毫无用处，而他也根本不用担心对方会“对氢弹研发的技术利弊刨根问底”。

因为，尽管波顿在给胡佛的信中重点提到奥本海默战后对氢弹项目的质疑，尽管奥本海默对氢弹的态度激起过很多人的怀疑和敌视（罗布要求这些人，包括格里格斯、泰勒、阿尔瓦雷兹等作证，指控奥本海默），罗布并不想让自己的证据以那些怀疑为依托。实际上，强调奥本海默对氢弹的看法可能会产生事与愿违的结果；这样做可能会给人一种奥本海默因为个人政见而遭到打击的印象，从而激起公众对他的同情。

相反，罗布提出的证据直接以希瓦利埃事件为核心，把它作为奥本海默缺乏诚信的铁证。这一策略有一个不利因素，那就是，得知奥本海默对希瓦利埃事件拖而不报以及他就此事撒谎后，已多次排除了奥本海默的嫌疑。然而，经过协商，斯特劳斯和罗布找到了一个克服不利因素的办法。既然已经排除了对奥本海默的怀疑，那么他们可以声称，签发和保留安全许可的规定发生了变化。

这就是为什么尼科尔斯在信中提到1953年4月27日的10450号行政令。该信称，按照命令要求，“如有消息表明，任何人的职务与国家安全利益明显不符，这一职务必须中止”。

哈罗德·格林对此案的关键问题做过详细的书面阐释。奥本海默的安全许可被中止时，格林是原子能委员会的律政官，实际上，尼科尔斯
607 签署的那封信就是他起草的。在1977年发表在《原子科学家公报》上题为《奥本海默案：滥用法律之研究》* 的文章中，格林强调了奥本海默的安全许可被中止时，“针对安全理念而展开的意识形态斗争”的重要性。

这场斗争是在“恺撒之妻”和“全人”两种不同思想的支持者之间

---

* “The Oppenheimer Case: A Study in the Abuse of Law”.

展开的。“恺撒之妻”这一习语出自格言“身为恺撒妻，不可被人疑”*。这一格言可追溯到罗马时期。当时，尤利乌斯·恺撒的第二任妻子庞培亚被怀疑有奸情。恺撒将她休弃，不是因为他相信妻子有罪，而是因为她是否有罪的问题被提了出来。恺撒说了一句名言：“我的妻子哪怕受到怀疑都不能容忍。”

用格林的话说，“恺撒之妻”的安全思想认为，“只要存在可能是事实的任何重大负面消息，就不应颁发安全许可；而且没有必要浪费时间和金钱去澄清这些消息是否属实”。此外，“全人”的思想认为，“不给当事人弄清事实真相的机会，不考虑可能洗清污点的正面信息和个人对核计划的重要作用，仅仅依据负面消息，就取消安全许可，对那些深陷安全泥潭的人和原子能项目本身，都是不公平的”。

“恺撒之妻”理念的支持者包括 J. 埃德加·胡佛和刘易斯·斯特劳斯。尽管如此，“全人”理念还是在原子能委员会里占了上风，这就是为什么奥本海默和“其他有不良背景的人”（格林的原话）仍然获得了安全许可。然而，据格林所言，10450 号行政令被“普遍理解为是一道要求各部门采用‘恺撒之妻’理念的命令”。但是，司法部副部长威廉·罗杰斯在 1953 年 6 月 8 日的一封信中明确表示，原子能委员会是个例外，可以不受这一要求的限制。在这封信中，罗杰斯让原子能委员会放心，由于他们以前的安全方案“超出了 10450 号行政令的最低标准”，所以不要求原子能委员会更改其安全政策。换句话说，奥本海默的嫌疑被排除后，安全规定已发生改变的说法纯属子虚乌有。事实证明，没有任何文件要求斯特劳斯和尼科尔斯对奥本海默采用 10450 号行政令中的“恺撒之妻”安全理念。

在选择安全委员会成员时，斯特劳斯和他的代理律师威廉·米歇尔没有理睬哈罗德·格林的建议，即挑选有个人安全委员会工作经验的人。相反，他们选人的出发点是，大体确保被选出的人对奥本海默怀有

* 原文“Caesar’s wife must be above suspicion”，另译为“恺撒之妻不应被人怀疑”，意译为“与伟人交往的人不可有秽名”。

608 敌意。实际上，格林说 “我得知选出了一个‘绞刑陪审团’，这是我要求不再参与此案的原因之一。”（另外一个原因是，他强烈反对窃听奥本海默和他的辩护团队之间的谈话，反对将谈话内容提供给罗布。）第一个当选为安全委员会成员并成为主席的人是政治保守的南卡罗来纳大学校长戈登·格雷。另外两位是同样保守的斯佩里公司总裁托马斯·摩根和退休化学教授沃德·埃文斯，后者以前在原子能委员会的安全委员会工作过，有记录显示，他曾多次投票否决安全许可。

在 1954 年的头两个月里，奥本海默、加里森和马克斯制订了他们的“全人”辩护计划，主要包括两个方面：一是奥本海默写一篇自传，作为对尼科尔斯信件的回应，因为他们认为，信中列举的负面信息“无法得到公正理解，除非放到我的生活和工作背景中”。二是加里森将召集一批地位显赫的证人，为奥本海默的人品和忠诚做担保。这份证人名单实在令人惊叹，包括十名在任或往届总顾问委员会成员、五名离任的原子能委员会成员、两名诺贝尔物理学奖获得者和一名几年后即将获该奖的物理学家、两名洛斯阿拉莫斯安全官员，以及曼哈顿计划的总指挥、他的顶头上司格罗夫斯将军。对方的证人名单要逊色得多，包括加利福尼亚大学的四名科学家、两名空军军官、一名空军科学家、一名安全官员和威廉·波顿。

除了那名安全官员鲍旦斯·帕什，反奥本海默阵营的所有证人仅限于提供战后时期的证据，主要针对奥本海默阻碍氢弹项目的嫌疑，他破坏大规模报复政策的企图，以及他反对建立利弗莫尔实验室的意见，等等。没有一个人能对罗布的策略提供大的帮助。上文已详细提到反奥派为什么不能强调奥本海默对氢弹的反对立场，而 1954 年 3 月 1 日又出现了一个新的重要原因，此时比基尼岛的“辉煌试验”（Bravo test）似乎提供了生动的致命证据，表明奥本海默和科南特一直以来并没有说错：氢弹的威力实在太大，不可以考虑将它作为战争武器。

在比基尼岛试爆的装置是一枚乌拉姆 - 泰勒构型的氢弹。这次试验是在洛斯阿拉莫斯而不是新的利弗莫尔实验室的监督下进行的，使用的燃料是浓缩锂。类似上一年 8 月苏联试爆的装置，这是一枚可用于实

战的炸弹，但是像 1952 年 11 月的迈克试验那样，经测量它的威力达到
百万吨级，而不是千吨级。确切地说，它的威力是 1500 万吨，比预估 609
威力大了一倍多，是美国迄今引爆的威力最大的炸弹。正是这次试验，
以惊人的方式让世界看到了氢弹令人畏惧的力量，特别是放射性沉降物
带来的危险。

爆炸发生时，离比基尼岛七十多英里（约 112.7 千米）远的水域，有一条福龙丸号（Fukuryu Maru）的日本渔船正用拖网捕捞金枪鱼。此时，有船员来报，他们看见“闪耀的火光，像太阳一样耀眼，窜入空中”。六分钟后，他们听到爆炸声，“就像许多雷声汇聚到一起”。然后他们看到向空中升起的云团，两三小时后，细微的白色粉末纷纷飘落。几天之内，船上的所有二十三名船员接连感到不适，回到东京后，他们被诊断出患有严重的辐射病。9 月，其中一人因辐射中毒而生命垂危。在六个月前的 3 月份，《生活》杂志以《氢弹首次造成伤亡》* 为题报道了这一事件：“科学家就氢弹的威力提出过警告，但因语言抽象，没有引起美国人的重视，直到上周，惊人的消息从太平洋对岸传来，他们才如梦方醒。”后来的一篇社论提出：“报复策略仍像 3 月 1 日前那样实际可行吗？”目前来看，宣传氢弹肯定有利于美国的安全，或怀疑大规模报复政策是否明智就是对国家不忠，显然都是不合时宜的。

辉煌试验的第二天，加里森和马克斯找到斯特劳斯，提出了一个不用举行听证会的解决方案：如果斯特劳斯和尼科尔斯撤回指控信，恢复奥本海默的安全许可，奥本海默将辞去顾问一职。斯特劳斯已将整件事做到了这个份上，胜算很大，所以坚决不同意。他对加里森和马克斯说，他们的态度是“绝不可能”。要么奥本海默现在就辞职，要么在听证会上一决高下。

于是，3 月 4 日，奥本海默写给尼科尔斯的冗长自传信进入收尾阶段。他在信中正式要求举行听证会，并详细回顾了他在 30 年代参加的共产主义阵线组织、他个人与共产党人的联系、他在洛斯阿拉莫斯的工

* “First Casualties of the H-Bomb”.

作，以及战后从事的政府顾问工作。最后，奥本海默在信尾写道：

> 为了写这封信，我回顾了过去二十年的生活，检讨了自己的那
> 610 些不明智的行为。我并不奢望自己不犯任何错误，但我可以从错误
> 中吸取教训。我想，我的这些经验教训使我更适合服务于自己的
> 国家。

第二天，奥本海默将信呈交原子能委员会。很快，举行听证会的日期公布：1954 年 4 月 12 日。

听证会将持续令人受煎熬的三个半星期，奥本海默将在这期间经受极大的痛苦，他的过去将受到彻底审查。正因为这样，也因为奥本海默决定用一篇自传回应对他最初的指控，有人认为这些听证会会将他的生活扒得一丝不挂。然而，他本人总是强烈反对这一看法。他在弥留之际说：“1954 年用小字印刷的记录有好几百页。我听别人说，那是我重要的一年，这些记录里有我完整的生活故事。但事实并非如此。对我来说，那里面几乎没有任何重要的东西，几乎没有任何对我有价值的东西。”

有人认为，听证会是一大“悲剧”，他对此非常愤怒。他说，听证会更像一场闹剧。他说得不无道理。整个听证会的过程确实多次表现出闹剧特征，因为他的律师从未像罗布那样获得过紧急安全许可，一旦罗布读到保密文件的内容，加里森和马克斯必须离开会议室，这样的情况屡屡发生。而且，因为罗布可以查阅加里森从未见过的文件，也预先知道加里森和马克斯的所有计划，而加里森和马克斯完全不知道罗布的意图，罗布总能拿出让他们大吃一惊的东西。另外，也出现过奥本海默的团队不顾游戏规则准备辩护的情况。他们认为，必须让人看到：总体而言，奥本海默是一个忠诚的美国公民，能为原子事务提供建议，是一个非常有价值的人。他们却从来没有想过，像恺撒的妻子那样，奥本海默是不可以被怀疑的。

4 月 12 日，星期一，听证会的第一天，主要是先宣读尼科尔斯给奥本海默的信，再宣读奥本海默回复的冗长自传。然后，听证会主席戈

登·格雷提醒大家，“本听证会只是一次询问，没有审判的性质”。第二天，在加里森的温和问题的鼓舞下，奥本海默详细描述了他在原子能委员会的工作和他的氢弹观点形成的过程。4 月 14 日，会议第三天，罗布开始盘问奥本海默，而他的兴趣表现在其他方面。他用整个上午的时间向奥本海默发问，这些问题与氢弹无关，而是涉及他和美国共产党的
关系，包括弗兰克、洛马尼茨、玻姆和彼得斯。然后，在上午的会议即 611
将结束、快吃午餐的时候，他使出了撒手锏。他开始说道：

> 博士，在你 1954 年 3 月 4 日那封信的第二十二页，你谈到一件事，为了方便你回忆，我将它称为埃尔滕顿－希瓦利埃事件。先生，您能否尽可能准确、详细地向委员会说明，在你的回信第二十二页提到的场合，希瓦利埃对你说了些什么？你又对希瓦利埃说过什么？

然后，奥本海默做了如下描述：

> 1942—1943 年冬季的一天，我想具体时间你比我更清楚，哈康·希瓦利埃来到我家。我记得，他和我们一起吃晚饭，也可能只是喝酒。我来到食品贮藏室，希瓦利埃跟着我或进来帮我。他说，“我最近见过乔治·埃尔滕顿”。可能他问过我还记不记得他。那个埃尔滕顿对他说，他有办法或途径将技术情报转交给苏联科学家。他没有说是什么途径。我想我的回答是，“但那是卖国”，我不确定。不管怎么说，我说了些“做这种事太可怕了”之类的话。希瓦利埃说或表示完全同意。我们没再说什么。那是一次简短的谈话。

午餐后，罗布问了几个关于洛马尼茨的问题后，又重提“埃尔滕顿－希瓦利埃事件”，问奥本海默和约翰逊上尉首次在伯克利见面的情况。那次，他对约翰逊说，应该注意埃尔滕顿这个人。约翰逊问，他怎么知道埃尔滕顿参与了可疑活动，奥本海默主动在听证会上说：“我编

造了一个荒唐的故事。”然而，罗布并没有马上追究这一点；他希望这件事按照他的节奏慢慢展开。罗布暂时不管奥本海默打算承认他撒了谎，而是诱导奥本海默按照事件的顺序慢慢陈述。罗布很清楚，奥本海默和约翰逊交谈后的第二天，他对鲍里斯·帕什说过些什么：

罗布：你告诉帕什这件事的真相了吗？

奥本海默：没有。

罗布：你对他撒了谎？

奥本海默：是的。

罗布：你对帕什说了哪些谎话？

奥本海默：我说，埃尔滕顿企图通过中间人接近项目成员，项目中的三名成员。

罗布：你还对他撒过什么谎？

奥本海默：我只记得这些。

612 罗布：就这些吗？你对帕什说过埃尔滕顿企图接近项目中的三名成员吗？

奥本海默：通过中间人。

罗布：多个中间人吗？

奥本海默：通过一个中间人。

罗布：那么，你和帕什谈论过或向他透露过希瓦利埃的身份吗？

奥本海默：没有。

罗布：那我们不妨暂时将希瓦利埃称作X。

奥本海默：没问题。

罗布：你对帕什说X接近过项目中的三个人？

奥本海默：我记不清我说的是有三个X，还是X接近了三个人。

罗布：你没有说过X接触过三个人吗？

奥本海默：可能说过。

罗布：你为什么要这么做，博士？

奥本海默：因为我是个白痴。

罗布：那是你唯一的解释吗，博士？

奥本海默：我当时不想说出希瓦利埃。

罗布：原来如此。

奥本海默：当然，我也不想提到我自己。

罗布：原来如此。那为什么你要说希瓦利埃接触过三个人呢？

奥本海默：除了刚才已经说过的，我别无解释。

然后，对奥本海默更为不利的是，罗布引导他回顾了他和帕什谈话的所有细节，突出了他每次对埃尔滕顿的虚假和多余的描述：他提到苏联领事馆的一位联系人、用微缩胶卷拍摄文件的可能性及洛斯阿拉莫斯有两人被接近过等。这些罗布迫使奥本海默承认的东西都不是事实。罗布最后总结道，“奥本海默博士，根据你今天的证词，你对帕什上校撒的谎不止一个，而是捏造了一整套谎言。我这样说公平吗？”奥本海默回答，“是的”。

从那一刻起，他的“诚信”崩塌了。

但是，罗布并不打算见好就收。瞅准1943年奥本海默和琼·塔特洛克秘密约会的事实，罗布再一次榨出了损害个人名誉的供词（前文已提及）：

罗布：你和她过夜了，是吗？

奥本海默：是的。

罗布：那是你在为一个秘密战争项目工作期间吗？ 613

奥本海默：是的。

罗布：那是有利于安全的行为吗？

奥本海默：事实是。无话可说（Nct a word）——不应该那样做。*

* 见360页脚注（49）。——原注（69）

尽管听证会还将持续三个星期，罗布无情地揭露奥本海默多次说谎和低劣的判断力后，结果已经没有任何悬念。这次交锋的当天夜里，罗布回到家，对妻子说："我刚才见到，一个人在证人席上把自己给毁了。"

现在，无论加里森召集多少人为奥本海默的忠诚做担保，无论这些人有多高的威望，都于事无补了。罗布只需向证人提出希瓦利埃事件，并质问，（譬如）他们是否能在奥本海默向当局汇报之前报告这一事件，或者说，他们是否认为奥本海默就这一事件所说的话体现了诚实可靠的品格，或与此相关的其他什么东西。奥本海默撒了谎，而且是多次撒谎，他也承认自己多次撒谎，而罗布唯一要做的就是不断提醒听证会注意这些明显的事实。

第四天，本来指望格罗夫斯在听证会上可以为奥本海默阵营鼓舞士气，但罗布凭借一个简单的问题，就将格罗夫斯对奥本海默的支持化为乌有："将军，根据你在安全事务方面的经验，根据你对奥本海默博士档案的了解，你今天会认为奥本海默没有安全风险吗？"对这个问题，格罗夫斯觉得自己有责任实话实说，那就是："如果我是委员会成员，今天我不会排除奥本海默的安全风险。"

接下来的一天，已离开军队、为一名执业律师的约翰·兰斯代尔在听证会上为奥本海默作证，他准备用自己的能力和决心与罗布抗衡。罗布提醒听证会注意，包括皮尔·德席尔瓦在内的其他安全官员比兰斯代尔更怀疑奥本海默，并坚持说，他们的观点在某种程度上比兰斯代尔的看法更具权威性。对此，兰斯代尔反应强烈，针锋相对：

罗布：上校，他［德席尔瓦］肯定比你更专业，对吧？

兰斯代尔：哪方面？

614 罗布：他的工作领域，安全方面。

兰斯代尔：不对。

罗布：不对吗？

兰斯代尔：不对。

罗布：他是西点军校毕业生，是吗？

兰斯代尔：当然是。但我是弗吉尼亚军事学院毕业的。你想挑战吗？

然而，罗布却能在一轮关键的辩论中粉碎兰斯代尔对奥本海默的支持。在加里森的鼓励下，兰斯代尔说，尽管发生了希瓦利埃事件，但他仍然相信奥本海默总体上是诚实的："除了那一件事，我不认为他在其他场合对我们说过谎。我的总体印象是，他为人诚实。我没听说过任何其他事件。"对此，罗布的回答狡猾而高效：

罗布：兰斯代尔上校，作为一名律师，你知道"一步走错，满盘皆输"这条法律准则吗？

兰斯代尔：是的，我知道。像所有法律准则那样，这只是个大的原则，但在具体问题上，未必有什么特别意义。

罗布：在你审理一个陪审案件时，如果你发现证人的诚信有问题，你会要求法庭发出一个指令吗？

兰斯代尔：噢，当然会；不是吗？

罗布：当然，但我想知道你会怎么做。

兰斯代尔：指令通常这样，陪审团可以但并非必须将它作为一个依据，最后的判断，要看具体情况。

罗布：在你审理一个陪审案件，通过询问对方证人，证明他撒了谎的时候，难道你不会向陪审团提出，应该质疑他的证言吗？

兰斯代尔：你现在是说，作为这一原则的支持者，我会怎么做？

罗布：是的。

兰斯代尔：这要看情况；通常我会这么做。

罗布：那当然。任何一名称职的律师都会这么做。

接下来的一周，一批亲奥本海默的证人陆续登场，他们是戈登·迪恩、汉斯·贝特、乔治·凯南、詹姆斯·科南特、恩里克·费米、大卫·利连索尔、伊西多·拉比、诺里斯·布拉德伯里、哈特莱·罗伊、李·杜布里奇和万尼瓦尔·布什。然而，到这个时候，一个定式已经形成，他们的证词起不到任何作用：首先，加里森或马克斯会让他们陈述
615 奥本海默的忠诚和诚信，然后罗布便搬出希瓦利埃事件，再次证实奥本海默缺乏诚信。这个定式如此深入人心，有时就连委员会成员都站在罗布的立场上，提出希瓦利埃事件。譬如，当科南特出场时，是沃德·埃文斯首先发问："科南特博士，如果有人为获取保密信息接近过你，难道你不会尽快汇报此事吗？"对这一问题，科南特当然只能回答："是的，我想我会。"可能觉得埃文斯做得还不够，罗布接着问："在你汇报此事的时候，你会说出事情的全部真相吗？"科南特回答："我希望如此。"罗布下结论说："我相信你肯定会。"

第二周出场的拉比成了英雄，他借机表达了对这次听证会的感受。"我从不向斯特劳斯先生隐瞒我的看法，我认为这是一场最不幸的听证会"，拉比说道。

> 中止奥本海默博士的安全许可是一件非常不幸的事，实在不应该发生。换句话说，他就在那里；他是一名顾问，如果你们不想向他咨询，那就拉倒。那么，为什么你们非得中止他的安全许可，还弄出这样的事情来，他不是自己要求待在那，而是响应国家的需要，就这么简单。在我看来，对一个像奥本海默博士那样做出过重大成就的人，根本不应该举行这样的听证会。我向一位朋友说过，有真正的正面记录。我们有原子弹，一系列炸弹，你们还要什么，美人鱼吗？这是一项巨大的成就。如果为国效力的结果就是这样：一个除了羞辱他别无他图的听证会，我想，这是一场拙劣的表演。我始终这样认为。

听证会进行期间，报纸对整个过程进行了报道和评论，有人常常认为此事与麦卡锡脱不了干系。"麦卡锡在南部诸州少有支持者，威望也

不高。”《东南报》* 评论道，“罢免奥本海默对提高麦卡锡的威信不会有什么帮助”。实际上，在奥本海默的听证会期间，麦卡锡的“威信”降到了谷底，因为他极不明智地与美国陆军较量。1954 年 4 月 22 日后的五个星期，电视转播的陆军 – 麦卡锡听证会在全国引起强烈反响，标志着麦卡锡主义开始走向穷途末路。

媒体对奥本海默案并没有失去兴趣。4 月 26 日，奥本海默听证会
第三周的第一天，《生活》杂志刊登了一篇文章，开头就对奥本海默进 616
入会场的情景做了生动而感人的描述：

> 上个星期，一位消瘦、心思凝重、头戴猪肉馅饼帽的男子在一名警察和三名律师的陪同下，静静地，面无表情地，步履匆匆地走过华盛顿办公楼破败的后院。

这篇文章并没有表达明确的立场，但有一点说得很清楚：“无论这些指控是真是假，无论调查的结果如何，将这样一个杰出的美国科学家卷入其中，本身就是一场国家悲剧。”

听证会第三周，反对奥本海默的证人出场了，但谁都不像奥本海默本人在第三天里做的那样，对他自己造成那么大的危害。长期厌恶奥本海默的伯克利化学教授温德尔·拉蒂默在听证会上作证说，奥本海默对他人具有“惊人的”影响力，并且利用这一能力劝导年轻物理学家成为绥靖主义者，劝他们不要参加氢弹项目。空军的威尔逊将军将奥本海默对战略轰炸的反对立场说成“无益于国防”。与奥本海默积怨甚深的另一位伯克利化学教授肯尼思·匹泽谈到奥本海默如何反对氢弹项目，但他的证词没有权威性和说服力。大卫·格里格斯因奥本海默战后的行为“模式”而怀疑他的忠诚。在格里格斯看来，奥本海默意欲破坏美国的国防。

罗布召集的最重要的两个证人是刘易斯·阿尔瓦雷兹和爱德华·泰

* *The Southeast.*

勒，他们的证言都相当谨慎。阿尔瓦雷兹小心地强调，他不会用他说的话质疑奥本海默的忠诚，除了为奥本海默反对氢弹研发的事实提供（用他自己的话说）“辅助证据”，别无过多意图。泰勒也说：“我一贯认为，现在也认为，他［奥本海默］对美国是忠诚的。”然而，当他被问到一个稍微不同的问题，即奥本海默是否为“安全隐患”时，泰勒回答：

> 有很多次，我发现奥本海默博士的行为极其难以理解。在许多问题上，我完全不同意他的看法。坦白讲，在我看来，他的行为令
> 617 人困惑，也相当复杂。就这一点而言，我希望看到，这个国家的重大利益掌握在我更能理解因而也更加信任的人手中。就这极为有限的方面而言，我想表达的感受是，如果将公共事务交到其他人手中，我个人觉得会更加安全。

戈登·格雷问他：“你认为，向奥本海默颁发安全许可会威胁共同防务和国家安全吗？”泰勒回答：

> 我相信——不过这仅仅是信任问题，不具有专业权威性，也没有真正的辅助信息——奥本海默博士的人品是这样的：他不会故意或出于个人意愿，做出任何威胁国家安全的事。因此，如果你的问题是针对个人意向，我想说，我看不出任何拒绝颁发安全许可的理由。而如果这是一个涉及智慧和判断的问题，正如 1945 年以来的行为让我们看到的那样，那么我可能会说，不给予安全许可或许更为明智。

尽管泰勒的这两段证词只是初步陈述，但在听证会环境中具有极其强大的说服力。除此以外，罗布挑选的其他证人的证词几乎没能对奥本海默造成多大损害。直到最后，罗布通过盘问加里森的证人对奥本海默造成的打击，比通过调查自己的证人造成的打击还要大。最后一位支持奥本海默的证人是大通国民银行行长约翰·麦克罗伊，他在参加苏美关

系研究小组时认识了奥本海默。麦克罗伊表达的观点是，奥本海默绝对不是安全隐患。然后，罗布灵活施展他那万能的高效诡计，每到关键时刻就提到或暗示希瓦利埃事件：

罗布：麦克罗伊先生，就你所知，在你的银行职员中，有没有谁在相当长的时间里与小偷或保险箱盗贼有过相当亲密友好的关系？

麦克罗伊：没有，我不知道有这样的人。

罗布：先生，如果可以的话，我想问你几个假设性问题。假如你有一位分行经理，有一天他的一个朋友找到他说，“我的一些朋友和联系人想到你的银行抢劫。我想和你商量，能不能在某个夜里将保险库开着，方便他们行动”，你的分行经理拒绝了这个建议。 618
而你希望这位经理向你报告这件事吗？

麦克罗伊：当然。

罗布：如果他没有报告，你会为此担心吗？

麦克罗伊：会的。

罗布：我们再进一步。假如你的分行经理过了六个或八个月才报告此事，你会非常担心为什么他没有早点报告吗？

麦克罗伊：会的。

罗布：假设他确实报告了，他说我的这个朋友，是一位很要好的朋友，我敢肯定他是清白的，因此我不想告诉你他是谁。你会为此担心吗？你会催促他告诉你吗？

麦克罗伊：为了银行的安全，我当然会催他告诉我。

罗布：现在，假设你的分行经理告诉你他和那位朋友的对话经过，说“我的朋友对我说，他认识的那些想要抢银行的人向他透露过，他们有一个不错的计划，还有一辆用来逃跑的车，一切都准备妥当”，你会由此下结论说，这是一个确定无疑的阴谋吗？

麦克罗伊：是的。

罗布：现在，假如几年后，这位分行经理对你说，“麦克罗伊先生，我曾告诉过你，我的朋友和他的几个朋友制订了一个我对你说过的计划，他们有催泪弹，有枪和一辆用来逃跑的车。实际上，这都不是真的。关于我这位朋友的故事都是我编造的。”你会迷惑，并问自己，为什么他要编造这个关于朋友的故事并讲给你听吗？

麦克罗伊：是，我想我会。

罗布：我问完了。

椅子上的戈登·格雷明显发现这个类比太有吸引力，而不想就此放过，情不自禁地提出了自己的问题：

格雷：麦克罗伊先生，刚才你回答了罗布先生的假设性问题，我们何不进一步假设。譬如说，你最后从你的分行经理那里得到了那个人的名字，也就是接近他并希望他打开保险库的人，我们进一步假设，你派分行经理到海外分行检查工作，假设他在伦敦的时候，你得知他看望了几年前接近过他的那个人，这会成为你担心的理由吗？

619 麦克罗伊：会；我想会。这肯定是一件值得调查的事，对。

最后两名证人鲍里斯·帕什和威廉·波顿最为坚信奥本海默的不忠。当帕什被问及他是否认为奥本海默是个安全隐患时，他毫不含糊地回答说：“是，就是。”同时，波顿坚持自己的判断，认为奥本海默“很有可能”是一名苏联间谍。对此，格雷觉得有必要指出：

我要对你说，委员会并没有证据证明，奥本海默博士主动将间谍活动的情报提供给了苏联人，或遵从过获取这种情报的要求；也不能证明，他以间谍身份开展过活动，或接受过苏联的指令。

听到格雷的这番话，加里森决定不对波顿进行盘问。

听证会于5月6日星期四结束，加里森在总结陈词时，再次重申了他的“全人”策略。他说：

> 根据委员会自己对问题的看法，我们要考量的是当事人本身，要运用常识评判证据。恰当的做法是，在最后时刻，要考虑这样的事实：我们在原子能领域的长期成功，很大程度上取决于我们是否有能力将有品格和远见及各种才能和观点的人吸引到项目中。

他承认，理解奥本海默是一件很困难的事：“但这个人经受着最严密的审查，以便弄清他究竟是个什么样的人，他代表什么，他对国家意味着什么。我强烈建议你们努力去理解他。”

加里森总结陈词后，听证会就此结束。委员会的三名成员格雷、摩根和埃文斯将休息十天，然后于5月17日回华盛顿，考虑他们的结论。

与此同时，奥本海默和基蒂回到奥登庄园，而联邦调查局继续监听他们的所有谈话。5月7日，据说奥本海默绝望地对一位朋友说，“他永远无法从这件事里走出来”，因为“现实的所有丑恶”都被裹挟其中。听证会以及对结果的焦急等待令他心力交瘁，几天后，他被描述成“目 620
前意志非常消沉，在妻子面前情绪失控”。

5月27日，三人委员会考虑摆在面前的证据后，将他们的结论呈交尼科尔斯将军。关于是否应该恢复奥本海默的安全许可的问题，委员会内部产生了分歧。格雷和摩根建议不恢复，而埃文斯建议恢复。由格雷和摩根签名的多数人报告反复强调，他们都不怀疑奥本海默对国家的忠诚。他们称：“我们已经得出清晰的结论，应该可以消除美国人民的疑虑，奥本海默是一个忠诚的公民。”

他们接着说：“然而，我们不能得出恢复奥本海默博士的安全许可明显符合美国的安全利益的结论，因此我们不建议恢复。”关于这一建议，他们给出了四个理由。第一个是“奥本海默博士继续我行我素，和通苏嫌疑分子联系，说明他严重藐视安全制度的要求”。他们似乎是指奥本海默“当前与希瓦利埃博士的联系”，他们说“他们极为重视这一点”。第二个理由是，奥本海默显得“容易受到他人影响”。他们头脑里想的似乎是，在埃德·扆顿的强烈建议下，奥本海默愿意代表洛马尼茨和彼得斯写信。

第三个理由最容易引起争议。“我们发现，”他们写道，“他在氢弹项目上的行为非常令人不安，甚至让人怀疑，如果将来他仍然以同样的态度参与涉及国防的政府计划，是否明显符合安全利益的最大化。”他们这么说究竟是什么意思还不完全清楚，但是对很多人来说，特别是在许多科学家看来，委员会似乎认为，评价奥本海默应该以他的信念为基础，而他的信念是一条非常危险的道路。他们拒绝恢复奥本海默安全许可的第四个，也就是最后一个理由是，奥本海默“在面对委员会作证时，有好几次都不够坦诚”。格雷和摩根在他们的报告中没有进一步解释或支持这一点，但言下之意似乎是，他们认为奥本海默在听证会上就希瓦利埃事件撒了谎。

沃德·埃文斯在他的少数人报告中指出，委员会的三名成员都认为奥本海默对国家是忠诚的，建议恢复奥本海默的安全许可，理由如下：第一，“在我们知道他现在的风险比过去小的情况下，我们仍以早在 1947 年就被排除的嫌疑为依据，拒绝给他安全许可，这似乎不该是
621 一个自由国家应当采取的做法”。第二，奥本海默“没有阻碍氢弹的研发，在听证会的证词中，绝对没有任何证据表明他做过这样的事”。第三，“他的证人占了我国科学骨干的很大一部分，他们都支持奥本海默”。在报告最后，埃文斯以申辩的口吻写道：“我想再说明一点，这条意见是在《原子科学家公报》刊登其关于奥本海默案的态度之前写成的。”

1954 年 5 月那期《原子科学家公报》是一份主要用来报道奥本海默案的特刊。除了尼科尔斯给奥本海默的信和奥本海默的回信，编辑还刊登了他们在听证会第一周从著名科学家那里收集到的声明。这些声明出自塞缪尔·艾里逊、哈罗德·尤里、F.W. 卢米斯、莱纳斯·鲍林、朱利安·施温格、阿尔伯特·爱因斯坦和维克托·魏斯科普夫。其中好几人指出，因为一个人在履行顾问职责时说了一些当时的政府不愿意听的话，就宣布他是安全隐患，是不公正的，也是危险的。《原子科学家公报》还刊登了一篇美国科学家联合会执行委员会的声明，谴责中止奥本

海默安全许可的做法；另外，一份由伊利诺伊大学二十七名物理学家签名的请愿书驳斥了对奥本海默的指控，并作为与奥本海默紧密相关的人，表达了他们的共同愿望：让公众放心，“奥本海默的忠诚没有站得住脚的疑点”。这期《原子科学家公报》清楚表明，在听证会上反奥的科学家（阿尔瓦雷兹、拉蒂默、匹泽和泰勒）属于极少数，沃德·埃文斯显然不愿参与其中。

5 月 28 日，尼科尔斯将委员会的结论，包括沃德的少数人报告，寄给了奥本海默。几天后，加里森代表奥本海默对那些结论做出回应。他在开头指出，拒绝恢复奥本海默安全许可的建议“与委员会的调查结果（奥本海默是忠诚而慎重的）反差强烈，这不禁让人怀疑得出这个结论的推理过程”。加里森还提出抗议，尽管奥本海默在他给尼科尔斯的自传信中多有讲述，委员会并没有“以奥本海默博士的整个生活为背景来考虑”这些发现。

加里森以为，尼科尔斯会将委员会的发现，连同基于这些发现的建议转交给原子能委员会。实际上，尼科尔斯在向原子能委员会提交委员会的发现时，还附带了他自己的建议，但他的建议并没有严格以委员会的建议为基础，内容和重点也有很大差别。譬如，尼科尔斯备忘录的总 622
体语气对奥本海默很不友好。与多数人报告和少数人报告都不相同的是，他没有反复强调奥本海默对国家的忠诚，而只做了如下陈述：“记录中没有直接证据证明，奥本海默博士向外国提供过机密，也不能证明他对美国不忠。”尼科尔斯也不支持多数人报告的建议，即奥本海默在氢弹项目期间“令人不安”的行为构成不予恢复安全许可的理由。相反，尼科尔斯谨慎地强调，他反对奥本海默的结论“并非基于奥本海默博士的观点”，“无论是在总统的决定之前还是之后，现有证据都不能确定，奥本海默对氢弹项目的态度有何险恶动机”。

尼科尔斯在备忘录中竭力表明，他不予恢复奥本海默安全许可的建议，完全基于对奥本海默诚信的考虑。因此，尼科尔斯远比委员会更为重视“希瓦利埃事件”。尼科尔斯的备忘录指出，正是这一事件证明奥本海默不值得信任。毕竟：

> 如果他目前的陈述是真的，那么他就承认了他在 1943 年犯有重罪。此外，正如奥本海默博士在被盘问时承认的那样，如果奥本海默博士当年对帕什上校说的话是真的，那它不仅说明，希瓦利埃参与了重大的间谍阴谋，也给奥本海默本人造成了恶劣影响。

尼科尔斯非常清楚，哪一种说法在他看来是真的：

> ……很难下结论说，奥本海默对帕什上校所做的详细描述是假，而奥本海默博士现在说的故事是真。奥本海默博士在 1943 年的说法对希瓦利埃伤害最大。如果希瓦利埃是奥本海默博士的朋友，而奥本海默博士，正如他现在说的那样，认为希瓦利埃是清白的，并且想要保护他，那他为什么要对帕什上校讲一个如此复杂的故事呢？这个故事表明希瓦利埃并不清白，而是深度介入了一项间谍阴谋。同理，为什么奥本海默博士要对帕什上校讲一个并不能表明他没有过错的虚假故事呢？如果一个人认识到，说实话就能证明他俩的清白，那他为什么要故意编造谎言来严重伤害他自己和朋友呢？

623 如此强调希瓦利埃事件的重要性，尼科尔斯比委员会成员更准确地反思了罗布在听证会上的辩词和刘易斯·斯特劳斯的观点。此外，他还缩小了加里森提到的委员会建议和委员会调查结果（即奥本海默忠诚而慎重）之间的反差。委员会多数人报告中有些表达含糊的部分，在尼科尔斯的备忘录中变得非常清晰：建议不恢复奥本海默的安全许可，主要是因为在有关国家安全的问题上，他被证明是个骗子。

如果尼科尔斯认为，他可以隐瞒委员会报告中对奥本海默的性格、忠诚及服务国家的溢美之词，那么 1954 年 6 月 1 日发生的事说明他完全想错了，因为加里森在这一天向媒体提供了那些报告的文本。为了报复，斯特劳斯的行为几乎到了不择手段的地步。不顾在听证会上宣布的证人的证词将受到严格保密的承诺，他说服原子能委员会，将整个听证过程都公布了出去。6 月 15 日，甚至在原子能委员会宣布关于奥本海默案的决定之前，以《罗伯特·奥本海默事件》[*]为书名的文稿就以图书的形式被透露给了媒体，第二天便成了普通民众可轻易获得的公开信息。

两周后，原子能委员会宣布了最后决定。委员会成员以四比一的投票结果决定：不恢复奥本海默的安全许可。由斯特劳斯、坎贝尔和朱克特签名的多数人报告坚持尼科尔斯信中的路线，强调：拒绝奥本海默安全许可的理由不在于他的观点，也不在于任何对国家不忠的嫌疑，而在于他与共产党的“联系”，而最重要的是，在于他自己承认的，他就希瓦利埃事件对帕什说的“整套编造的谎言”所反映出的人品缺陷。委员会成员穆雷也投票否决了奥本海默的安全许可，但他的理由大不相同，于是他单独写了一份报告。他在报告中并没有回避对奥本海默不忠的谴责。与听证会委员会成员中的分歧类似，唯一投票赞成恢复奥本海默安全许可的委员也是原子能委员会中的唯一的科学家，即亨利·德沃尔·史密斯。他在自己的报告中写道，他同意格雷委员会的观点，认为奥本海默“绝对忠诚”，“我不认为他是一个安全隐患”。史密斯承认，希瓦利埃事件是“无法原谅的”，但“那是十一年前的事。后来再也没有出现类似行为”。

6 月 29 日，原子能委员会宣布了不予恢复奥本海默安全许可的决定。第二天，奥本海默为期一年的原子能委员会顾问合同将到期。实际 624
上，持续三个半星期（外加几个星期的考虑）的听证会所取得的成果是，奥本海默在原子能委员会的顾问工作只比合同规定的期限提前一天结束。

* *In the Matter of J. Robert Oppenheimer.*

625

第十九章

打开的书?

《纽约时报》刊登尼科尔斯写给奥本海默的指控信和奥本海默的自传体回复后，哈康·希瓦利埃于 1954 年 4 月 13 日才意识到，自己在奥本海默案中起到的关键作用。希瓦利埃认为尼科尔斯的信“令人恶心”，可奥本海默的回信“甚至更加令人苦恼”，因为当他谈到埃尔滕顿和原子弹项目科学家之间的“中间人”时，似乎是在描绘一件比希瓦利埃记忆中的那次简短谈话复杂得多的事。

然后，6 月 16 日，就在原子能委员会公布听证会的完整记录后，仍住在巴黎的希瓦利埃在《巴黎快讯》*上读到一篇文章的标题《奥比承认，‘我是个白痴’》。† 希瓦利埃买下这份报纸，看到上面刊登了听证会记录的节选，包括罗布和奥本海默之间的对话，奥本海默在里面承认他说的话是“一派胡言”。读到这些内容，希瓦利埃终于明白，是什么，或者不如说是谁，让他多年来狼狈不堪：

> 编造那些给我带来无穷祸患的谎言的人，正是我自己的朋友奥

* *Paris-Presse.*

† “Oppie confesse: ‘j'étais un idiot’”.

本海默本人。真难以置信。完全没有道理。但事实就是如此，白纸黑字。十年前，他胡编乱造，给我的生活和事业造成了灾难，而这些年，他还在继续演戏，似乎我们的友谊从未改变。这是为什么？他究竟为什么要这么做？

6月28日，《时代》杂志刊登了一篇关于奥本海默案的长文，报道了委员会的发现，但没有原子能委员会的决定，因为这一决定第二天才
公布。“在对奥本海默不利的一系列证人中，”文章称，“作用最大的正 626
是J.罗伯特·奥本海默本人。他的证词表明，他曾就重大安全问题多次撒谎。”“就奥本海默过去说过多少谎言，最有说服力的例子体现在盘问他和好友哈康·希瓦利埃之间的友谊的过程中。”

文章的其余部分主要包括阿尔瓦雷兹、格里格斯、拉蒂默和泰勒等反奥证人的证词，最后是罗布盘问银行家约翰·麦克罗伊的记录。文章结尾写道：“最后，戈登·格雷安全委员会中的多数人对奥本海默的感觉正如麦克罗伊对罗杰·罗布虚构的银行经理的感觉。”

7月7日，希瓦利埃写信给奥本海默：

亲爱的罗伯特：

6月28日那期《时代》杂志披露的事实给我造成了沉重打击。

我无需告诉你这对我意味着什么，对过去的新认识，对现在和未来的影响。

在做任何决定之前（这肯定不会对案子的性质产生任何影响），我想直接听听你有什么要说的。我将暂时尽我所能不做最后的判断。但我一定要马上收到你的答复。

哈康

奥本海默的回信日期是7月12日，内容如下：

亲爱的哈康：

刚收到你 7 月 7 日的来信。为了回答你的问题，我现在通过空邮寄给你一套文件，里面包含我要告诉你的所有内容。

这些文件是公开的，它们是所有已公开的记录。有些是我自己公布的：尼科尔斯将军 12 月 23 日的来信、我在 3 月 4 日的回信、格雷委员会的报告以及律师的信件和辩词。听证会记录是原子能委员会公布的，有大量删节，因为很多内容涉及军事和技术问题。

顺致美好祝愿！

罗伯特·奥本海默

读完整个记录，希瓦利埃非常震惊，听证会上的那个奥本海默显得如此陌生："这不是我认识的那个奥本海默。"

627 我认识的奥本海默，优秀、果断、谨慎、机智、富于想象力和挑战性，总能掌控局面，他说的每一句话都有确定无疑的个性特点。听证会记录里的奥本海默完全没有个性……在整整三个星期的听证过程中，他没有一次讲出一句体现他内在自我（他的理想、他的目标、他的使命感）的话。

7 月 27 日，希瓦利埃又给奥本海默写了一封信，"希望，却不相信他或许可以出于信任透露一些实情，在一定程度上证明这一难以理解、背叛友谊的事情的合理性"。希瓦利埃对奥本海默说，他收到的文件没能说清他觉得需要解释的东西，然后他接着写道：

通过我自己的观察，事实是这样的：超过十五年以来，我一直把你当成我非常亲密的朋友。我从未像爱你那样爱过其他人。我对你绝对信任。当你受到恶意伤害和诋毁时，我可以拼死保护你。现在我得知，根据你的供述，十一年前，你编造了一套复杂的谎言，

> 使我身败名裂。这些年来，你的表现让我以为我们的友谊从未改变。1948 年，联邦调查局找我谈话后，我在伊格尔山的花园里对你说，我如何受到联邦调查局的拷问，他们认为我接触过那三个科学家。你明知那是怎么回事，可你从未向我说明。
>
> 这些年来，在我不知缘由的情况下，那件事一直纠缠着我，折磨和阻碍着我，给我的事业和生活带来了难以形容的祸害。1950 年 2 月 24 日，你写信给我说："你也知道，这些丑陋的谣言可能会对你的事业构成威胁，这令我深为担忧。"今天看来，这简直是莫大的讽刺。与你七年前在记录里编造的谎言相比，这些谣言仿佛是童话故事。
>
> ……我不赞成"幼稚"的解释，也不赞成"白痴"的解释。我认为那个编造的故事，加之十一年来你一直对此心知肚明，并意识到它对我意味着什么，都说明这件事对你来说，有内在的逻辑、合理性和一致性，你完全可以做出解释，也许你还可以在某种程度上证明它的正当性。
>
> 我对其中的好几件事还不死心，可能是最后一次出于友谊的举动，我恳请你解释一下，你的想法如何形成，心中有何纠结。 628

出乎意料的是，希瓦利埃仿佛身处一场典型的噩梦中，因为他发现这封极其私密的信（渴望得到亲密而情感浓郁的回复）并不是由奥本海默本人，而是由他的秘书凯瑟琳·罗素拆封阅读的。凯瑟琳将信复印了几份，一份寄给劳埃德·加里森，然后加里森给希瓦利埃写了回信，解释说奥本海默携家人去了维尔京群岛，"迫切需要享受疗养"。"您盼望奥本海默博士亲自回信，这我十分理解"，加里森对希瓦利埃说，但"我在此冒昧地请求您，查看它们［记录］当中您或许没有注意到的那几页，那些内容或许与您信中提到的问题有关"。加里森还将这封信的副本寄给了赫伯特·马克斯、凯瑟琳·罗素和奥本海默本人。他对奥本海默写道，他希望"这封信能暂时应付一下，直到你回来"。

8 月 5 日，希瓦利埃给加里森回信说："整个案子有很多奇怪和令人迷惑的地方。”

> 关于这个案子，特别奇怪的一点是，既然我在里面有这么重要的作用，可居然没有一个人觉得应该让我尽点绵薄之力。在我看来，作为奥本海默的律师，你的辩护软弱得令人吃惊。你没能利用我，没有把我当成资产，而是把我当成了负债。整个听证会期间，从头至尾，你让我和我的名字在后台徘徊，像个若隐若现、见不得光的幽灵。
>
> ……记录里，你让我阅读的所有段落，我都已读过。事实上，我从头到尾看得很仔细。但是，不管是你，还是安全委员会，或原子能委员会，都没有对我进行足够彻底的调查。

1954 年 9 月 3 日，希瓦利埃终于收到了奥本海默本人对他 7 月 27 日寄出的信的亲笔回复。然而，这封回信相当令他失望。奥本海默写道：“过去、现在或将来，我远不如你清楚，我那荒唐的解释会给你造成多少阴影。”“1943 年 12 月，当我第一次提到你的名字时，我以为这件事可以就此了结。很长时间以来，我都以为这件事会像我编造的那样被认可，不会有人追究。”

希瓦利埃在备忘录中写道，“这封信似乎是他最后要说的话”。他没有直接回复这封信。相反，希瓦利埃决定“我必须公开自己这件事”，
629 他选择给奥本海默写一封公开信，打算发表在《国家》杂志上。他于 9 月 26 日将信寄给杂志社，但过了两个月都没有发表。法国的《法兰西观察家》杂志热情更高，于 12 月 2 日将这封信刊登了出来，标题印在封面上：《独家报道：奥本海默，你为什么要撒谎？——哈康·希瓦利埃》*。因为被别的媒体抢了先，《国家》杂志拒绝刊登这封信。

因为担心奥本海默在读到他的公开信时“断章取义，或曲解他的原意”，希瓦利埃于 12 月 13 日写信给奥本海默：

---

* “Un document exclusif: Robert Oppenheimer pourquoi avez-vous menti? par Haakon Chevalier.” ——原注（70）

我毫不怀疑你的主观意图。但是你的言行对我和你自己造成了无法估量的严重后果（无论你是否清楚）。我希望，你已经看到，纠正谎言非常困难。

……这不是一个微不足道的错误，不是一个偶然的判断失误，而是一个沉重、可怕和灾难性的错误，多年来成了良心的负担，导致严重祸害。

“做我们能做的吧，”希瓦利埃对奥本海默说，“因为你高深莫测的愚蠢行为，你我都成了一部迷幻传说中的沦落人，任何事实、解释和真相都无法挽回或化解这一切。”他还提醒奥本海默，为了消除奥本海默给他带来的忧虑和困扰，他正在赶写一本小说：“我希望春天就能写完。书名是《走向神坛的人》。”

奥本海默没有回复这封信，他决心摆脱这一“迷幻传说”的干扰，安度自己的余生，而希瓦利埃则仍然过不了这个坎。无论在私底下还是公开场合，奥本海默再也没有和希瓦利埃说过话，也没有谈起过他，而且尽可能不提那次安全听证会，因为听证会非常看重那个传说。

同时，整个世界对“奥本海默案”以及与之相关的一切继续抱着浓厚兴趣。1954 年 9 月 6 日，《生活》杂志刊登了一篇介绍爱德华·泰勒的文章，封面提要云：“泰勒博士站起来反对奥本海默，为美国造氢弹。”* 内页正文的标题是《爱德华·泰勒博士的氢弹情结》。† 文章将泰勒塑造成了一个没有他就没有氢弹的英雄。文章还引用艾森豪威尔的话说：“如果没有泰勒，今天苏联的势力就会在全球耀武扬威。”文章用了 630
好几个段落介绍泰勒反对奥本海默的证词，并称此事令泰勒心情沉重，但出于对美国的忠诚，泰勒觉得自己责无旁贷。

这篇文章的首页说得很清楚，此文大多以几乎同时出版的一本叫

* “Dr Teller who Stood up to Oppenheimer and Achieved H-Bomb for US”.

† “Dr Edward Teller's Magnificent Obsession”.

《氢弹》[*]的书为蓝本，书的作者是时代生活公司的两名记者詹姆斯·谢普利和克雷·布莱尔。艾登·迪恩在为《原子科学家公报》审核这本书时说，“此书，在某种意义上，是一种给爱德华·泰勒的‘情人卡’，但上面沾满了斑斑血迹，洛斯阿拉莫斯武器实验室主任诺里斯·布拉德伯里博士、实验室全体人员、奥本海默博士和其他很多人的血迹。”谢普利和布莱尔写的是一个刘易斯·斯特劳斯和爱德华·泰勒眼中的氢弹故事，一个锲而不舍、辉煌胜利的故事，为了美国和整个自由世界的利益，战胜了顽固不化甚至可能是邪恶的推诿。“这两个男孩造成了严重伤害，”迪恩怒斥道，“他们的书可能做了共产党人最想做的事——破坏这个国家的原子能计划。”同时，伊西多·拉比将此书斥为“幼稚的科幻故事，除了精神病医生，不会有人把它当回事”。

1954年10月的《哈珀杂志》[†]刊登了一篇约瑟夫和斯图尔特·艾尔索普写的文章，就像是谢普利和布莱尔的书的镜像，此文将奥本海默案当成一场善与恶的斗争，不过这一次，奥本海默成了英雄，而斯特劳斯成了恶棍。埃米尔·左拉于1898年发表过一篇著名的文章《我控诉》，用来声援遭非法指控的犹太炮兵军官阿尔弗雷德·德雷福斯，受此启发，艾尔索普兄弟将他们的文章称为《我们控诉！》[‡]

> 我们控诉美国政府，特别是原子能委员会，控诉他们在J. 罗伯特·奥本海默案中亵渎正义，所作所为令人震惊。
>
> 我们控诉奥本海默的首席法官原子能委员会主席、海军上将刘易斯·斯特劳斯和其他一些非难者，控诉他们利用我国的听证制度，搬弄陈年是非，发泄个人怨恨。
>
> 我们还要控诉安全制度本身，它成了这种丑恶行为的工具，是现行标准和程序中的毒瘤，与美国以往的高尚传统水火不容。

* *The Hydrogen Bomb.*
† *Harper's Magazine.*
‡ “We Accuse！”

谢普利、布莱尔的书和艾尔索普兄弟的文章都引起了激烈争论，美国和世界各地的报纸杂志在接下来的几年里继续刊登有关奥本海默案的文章。

有一个人，始终不愿参与这些争论，就是奥本海默本人。原子能委 631
员会刚刚宣布决定后，有人就问他有何感想，他刻意做了平淡的回答，这回答多年后仍是他对这一话题的最终评论：

> 在充分了解事实真相的基础上，亨利·D. 史密斯博士做了公正而慎重的评价，该说的他都说了。我不想评论导致这一切的安全制度，但我的确还有些话要说。科学家技能高超，敬业奉献，实乃国家之幸。我知道他们会忠实履职，维护和增强国家的竞争力。我希望他们的研究成果在使用的过程中，被赋予智慧、勇气和人文情怀。我知道，只要需要，他们都会忠实地提出发自内心的建议。我希望他们的建议受到重视。

不久，奥本海默对另一名记者说，他期待回归“隐居生活”。

如果斯特劳斯有办法，奥本海默到高等研究院过“隐居生活”的大门肯定会被关上。1954 年 7 月，斯特劳斯对一名探员说，他和董事会决定，要推迟到秋天才决定，是否让奥本海默就任高等研究院院长，因为，如果让奥本海默马上辞职，看起来就像是斯特劳斯“个人报复的直接后果”。然而，董事会在 10 月份开会时，斯特劳斯清楚地看到，董事们对奥本海默的支持非常强大，根本不可能让奥本海默辞职。因此，他改变策略，为表现自己的“雅量”，强烈建议董事会重新任命奥本海默，而董事会肯定会这么做。

“在我看来，”弗里曼·戴森曾经写道，奥本海默“在被公开羞辱后，成了一个比以前更好的院长。他到华盛顿的时间更少了，把更多时间花在了研究院……他回到了最喜欢做的事情上——阅读、思考、讨论物理”。戴森在此用词谨慎：奥本海默回归到物理学的阅读、思考和讨论上，但并不撰写物理论文。这些年里，他写了很多物理学的科普讲义，但是他没有重新成为一名活跃的研究型物理学家。早在1952年夏天，他就写信给弗兰克说：“物理学复杂而神奇，实在太难了，我只能做一名旁观者；柳暗花明的日子肯定会到来，但可能不会太快。”

作为一名旁观者，奥本海默的信息异常灵通，而在研究院，一些杰出人物总能让他了解最新研究动向。在学术上与他联系最紧密的是亚伯
632 拉罕·派斯，他的研究重点被奥本海默视为本学科最有趣的部分：粒子物理。在50年代早期，派斯开展了一些开创性的重要工作，他试图发现奥本海默所称的“粒子动物园”的规则（order)。严格来说，奥本海默并不是这项研究的合作者，但是作为一名旁观者，他密切关注，甚至偶尔做出过一些怪异的贡献。譬如，1952年1月，派斯在第二次罗切斯特会议上的论文标题*就是奥本海默提供的。当此文在《物理学评论》上发表时，派斯在一个脚注中承认：“本文归功于J.R.奥本海默在罗切斯特会议上的评论。”

1954年，派斯与一名杰出的年轻物理学家穆雷·盖尔曼开始了卓有成效的合作。1951年，盖尔曼在研究院工作过一年，之后到芝加哥大学做讲师。派斯和盖尔曼对基本粒子理论做出了重要贡献，他们提出了一个新的量子数，盖尔曼将它称为“奇异数”。奥本海默密切关注这项研究，但自己没有贡献。1954年末，派斯离开研究院，到哥伦比亚大学休假一年。

弗里曼·戴森仍然留在研究院工作，但无论是在个人交情还是学术上，他和奥本海默的关系一直不太紧密。戴森曾说：“我不善于深入思考，这让他很失望。”

> 我去找奥本海默，希望得到他的指导，他说：“遵循自己的天命。”我谨遵教诲，但结果并不令他满意。我遵循天命，研究纯数学，然后是核工程，再然后是空间技术和天文学。在他看来，我研究的那些问题与物理学的主流相去甚远，他说得没错。

---

* “An Ordering Principle for Megalomorphian Zoology”.

戴森回忆，同样的“气质差异”也体现在他们关于研究院物理部的讨论中：“他喜欢集中讨论基本粒子物理，而我喜欢邀请不同专长的人。”

然而，他们对华裔物理学家杨振宁和李政道的看法却完全一致。杨振宁在芝加哥大学爱德华·泰勒门下获得博士学位后，来到普林斯顿研究院。他在研究院的成员期限为五年，到期后成为一名正教授。李政道也在芝加哥大学攻读博士，并在那里认识了杨振宁。1951 年，李政道在伯克利待了一年，之后来到研究院，任职期限为两年，其间他和杨振宁成为紧密的合作伙伴。1953 年，李政道离开研究院到哥伦比亚大学后，他们仍然保持着合作关系。奥本海默与杨振宁和李政道并没有密切的工作关系，也没有特别密切的个人交往，但他却对他们取得的成就深
感自豪。到 50 年代中期，与李政道合作的杨振宁成了研究院引以为傲 633
的物理学家。正如戴森描述的那样，他和奥本海默“都开心得不得了，因为我们看到他们成长得这么好，已经超过了我们，成了了不起的科学带头人”。

奥本海默重新担任院长仅仅一个月，主持《现在请看》*节目的电视记者埃德·默罗和他的制片人弗雷德·弗莱德里来到普林斯顿，商讨是否可以专门制作一期关于研究院的节目。他们的想法是，对研究院做一次全面介绍，用默罗的话说，“你每次开门，都会发现一位诺贝尔奖获得者”，着重采访奥本海默、爱因斯坦、玻尔（当时恰巧来访）以及其他任何能见到的人。结果，爱因斯坦拒绝参加，尽管玻尔同意接受采访，但他似乎说不出任何普通观众能听懂的东西。于是，奥本海默亲自上阵，他的表现令人着迷。他谈到了自己的童年、研究院、量子物理，但没有提到安全听证会，在三小时的拍摄中，默罗和奥本海默对听证会只字未提。

回纽约的途中，默罗和弗莱德里清楚认识到他们在普林斯顿录制的并不是一档关于研究院的节目（默罗对弗莱德里说，“玻尔和其他所有

* *See It Now.*

人的访谈，没有一寸胶卷能用”），而是奥本海默的精品访谈。他还不能确定，是否要让这个节目以这样的面目在电视上播出，但默罗对访谈的质量充满信心，认为这样的节目对奥本海默和研究院有益无害。最终他同意播出。

这期节目于1955年1月4日播出，完全没有辜负默罗的期望。节目大受欢迎，观众一睹奥本海默的风采，发现其比起艾尔索普兄弟塑造的圣徒以及谢普利和布莱尔谴责的罪人形象都生动有趣得多。奥本海默的个人魅力曾经让20年代的玻恩、30年代他的研究生和40年代的格罗夫斯及洛斯阿拉莫斯团队如痴如醉，而现在，这一个魅力最终被拍成电视片，每个观众都能一睹为快。这期节目之所以有如此魅力，关键是因为奥本海默在默罗身边非常放松，两人都是老烟枪，都相互信任和仰慕。奥本海默的表现并非毫不取巧。派斯回忆，在拍摄节目的当天，他和拉比蹑手蹑脚地进入罗伯特的办公室，悄悄地坐在一个角落里，偷看摄制过程。拍摄结束，默罗离开后，拉比转身对奥本海默说：“罗伯特，你演得不咋样。”

634 在播出的节目中，奥本海默先谈到研究院和里面的一些成员，包括数学家哈斯勒·惠特尼和心理学家吉恩·皮亚杰。默罗说，“爱因斯坦教授也在这里，是吗？”“噢，他确实在这，”奥本海默笑着回答，“他是个非常可爱的人。”默罗将话题转到奥本海默本人，问道：“那么，先生，除了管理研究院，你在这还做些别的什么？”奥本海默回答：

> 我做两件事，首先，我会写一些我认为自己懂的东西，希望总体上容易被人理解。另外，我还尽力去理解物理学，和物理学家们一起讨论和工作，有时候……也会尽力提出或许有所帮助的想法。

他接着说：“令我特别激动的那部分，就是被称为粒子物理的东西，或者叫现代意义的原子物理。”然后他走到黑板前，讲了一节微型物理课。

话题从物理转向政治后，默罗问起保密的危险性，奥本海默回答：

"保密的问题并不在于它剥夺了公众的参与意识。保密的麻烦在于，它会让政府本身看不到整个团体的智慧和资源。" 总之，他坚持认为："自然界不存在秘密。人的想法和意图才有秘密。有时候，它们之所以成为秘密，是因为有人不想了解他应该了解的东西，如果他硬要避免的话。"

尽管没有提到安全听证会，也没有提到安全许可被中止一事，默罗制作的节目产生的效果正是劳埃德·加里森希望在听证会上看到的：节目向公众展示了一位"全人"，这样就能让人正确看待对他的指控。新闻界一致给予这档节目热情洋溢的评价，用《纽约时报》的话说，多数评论家都被奥本海默"精瘦而几近清苦的脸庞和他那频频使用的诗一般的措辞迷住了"。弗莱德里和默罗收到了两千五百多封观众来信，只有三十五封对奥本海默持批评态度，"支持率"高达98%。

在《现在请看》节目上亮相后，奥本海默不再是六个月前的"争议性人物"：他成了大明星。无论他走到哪里，都有媒体跟着，并吸引人群围观。1月31日至2月2日，奥本海默参加第五次罗切斯特会议期间，主持了一场K- 介子的会议。他的参会令一位记者将他描述为——用罗伯特·马尔沙克的话说——一个"非常不合逻辑的现象"："尽管政府收回了奥本海默博士的绝密安全许可，他仍然是全世界最出色的核物理学家……"

此时，奥本海默的公共讲座吸引了大量听众。1955年4月，他应 635
邀到俄勒冈州立大学作康顿讲座。他的主题是"亚核动物园：物质的构造"*，吸引了两千五百名听众，正如当时的一家报纸评论的，多数人"连'meson'和'melon'都不能区分"。《尤金纪事卫报》报道说，参加第一场讲座的人"比以往听众最多的一次还要多出几百人"。"听众坐在地板上，站在走廊里，连咖啡厅和楼下的休息室都挤满了人，他们可以通过扩音系统听到科学家的演讲。""平均五十个人中只有一人能听懂他在讲什么"，记者估计。"那么他们为什么要来凑热闹呢？"他的回答是："因为这位伟大的核物理学家成了有魅力、接地气的人。"

* "The Sub-Nuclear Zoo: The Constitution of Matter".

> 他们看到的这个人，显然对工作无比热爱。当他进入主题，开始谈论质子、中子及亚核动物园里的其他粒子时，他变得非常激动。尽管听众不知道他在说什么，他们也跟着激动。

正是在这次西部之旅期间，奥本海默（从一位报社记者那里）得知，当时唯一名望和人气在他之上的人离开了人世（爱因斯坦，去世于1955年4月18日）。奥本海默在得知这一消息时说，“对所有科学家和大多数普通人来说，这是一个悲痛的日子。爱因斯坦是所有时代最伟大的人物之一。”

回普林斯顿之前，奥本海默前往艾奥瓦州立学院作首场约翰·富兰克林·卡尔森讲座。卡尔森曾在伯克利奥本海默门下完成博士学业，并和他合作发表过一篇论文。1946年至1954年，他一直是艾奥瓦州立学院的物理教授，直到自杀。奥本海默的纪念讲座全文发表在《今日物理》上，标题是《电子理论：描述和类比》*。奥本海默在开头以雄辩的口才真诚地赞扬卡尔森：

> 能在此发表讲话，纪念卡尔森，我感到特别荣幸。对我们很多人来说，他既是朋友，也是同事……
>
> 卡尔森在伯克利时就是我的学生。看到在座的研究生，我不由回想起当年，在一项伟大科学事业的启动仪式上，卡尔森认真而专注，几乎到了可怕的程度，他以严肃的态度对待这门科学。在那些日子里，他经常说，“我只有一个愿望，就是成为一名优秀的物理学家”。我想，他在生前一定看到了，自己完全实现了这个愿望。

636 奥本海默在回忆卡尔森的时候，让人觉得他同样是在表达自己一生追求的理想：

* “Electron Theory: Description and Analogy”.

> 他热爱科学史，对哲学和文学兴趣浓厚。他关心所有人类问题，有一颗敏感的心。然而，他能保持很好的平衡，不走极端，他是一个真正的学者，一位谦谦君子和极具教学天赋的人……他是忠诚和友谊的化身，总能给人带来乐趣。虽然他带着悲情和悲剧意识，以严肃的态度深入看待人类事务，但他强烈的幽默感起到了极好的调和作用。他以我们所有人都无法忘却的坚定信念，以自己为实例，阐释并证实了当科学家和做人是和谐统一的，是做人的延续。

然后，他在讲座中谈到电子理论的历史，从牛顿到海森伯，再到几年前由施温格和费曼建立起来的新量子电动力学。这些知识无疑超出了挤在大厅里的那一千两百人中的大多数人的知识水平。就最后一点，奥本海默总结道：

> 然后，物理学家们说："好吧，我们要放弃这一尝试。我们无法计算电子的质量。不管怎么说，一个理论，如果没有其他粒子，是毫无意义的，因为只有通过与其他粒子的质量做比较，电子的质量才有意义。我们想计算出电荷；我们想计算出那个是千分之一的数；但是我们也要将它放弃。我们测量这些东西；然后，这一理论就会以有限形式给出其他的一切。"他们这么说；这就是所谓的重正化。

在讲座过程中，奥本海默设法插入一段描述，谈谈他和卡尔森一起完成的工作。他还以他在这一时期典型的说话方式暗示，一项突破即将来临：

> 很明显，在对物理现象的理解和物理理论方面，我们将遭遇一场非常困难，很可能是可歌可泣又至少是完全不可预测的革命。物理学的一个伟大时代就在眼前；这肯定会让我们时常想起，我们多

> 么怀念卡尔森，如果他还活着，他一定能陪伴我们，给我们指引。

奥本海默之所以认为根本性突破即将到来，主要是因为他觉得量子
637 电动力学有某种暂时的东西，正如他在卡尔森讲座中说的那样，“电动力学还不是全部事实”。尽管对一般听众而言，奥本海默给人一种站在当代物理最前沿的印象，然而对物理学家来说，这让人想起爱因斯坦拒绝接受量子力学的往事。奥本海默似乎没有意识到这一点。1956 年 1 月，他在《现代物理评论》上发表文章，对爱因斯坦的工作大加赞赏。然而，讲完爱因斯坦在“20 世纪初黄金的二十年里”取得的伟大进展后，文章一直在讲，爱因斯坦在他生命的最后二十五年里越来越孤立，脱离了物理学的主流。文章也提到爱因斯坦在一项研究项目上的投入“没有让人看到希望，甚至没有引起多少科学家的积极兴趣”。

几乎同时，奥本海默为玻尔的七十岁生日写了一篇颂词，与写给爱因斯坦的颂词相比，奥本海默毫不吝啬仰慕和溢美之词。

> 他的伟大发现，他的坚韧、敏锐和理解的深度，他的哲学勇气和他热情而广泛的人文兴趣，成为鼓舞几代科学家的精神典范。就在过去的几年里，他积极参与国际科学合作，确立并维护开放世界的理想。如果我们的文明将来无愧于伟大的人类文明史，他的榜样作用将产生经久不衰的影响，并持续发扬光大。

那些年里，奥本海默花了很多时间面对大量听众发表公共演讲，常常是因为某人逝世或某个周年庆典。1956 年 2 月 2 日，他在美国物理研究所成立二十五周年庆祝大会上发表演讲。演讲全文以“今夜物理”* 为题刊登在《今日物理》上。他力图给人留下物理学家涉及的“行业极其广泛多样”的印象。为了说明这一多样性，他讲了三个例子：分别是作为发现者的物理学家、作为公民的物理学家和作为教师的物理学家。

---

* “Physics Tonight”.

不出所料，在“作为发现者的物理学家”的标题下，他谈到“业界所称的粒子物理”，介绍了粒子物理的混乱状况，他认为那是粒子物理发展的过渡期。“在某种程度上，”他以近乎怀旧的语气说道，“这一领域会让我们想起20世纪早期的量子理论；但是我们还没有找到那把钥匙，那把进入普朗克于世纪之交发现的新物理的钥匙，也没有找到可与玻尔的假设相比拟的任何理论。”然而，他坚信，“今夜物理”必将迎来新的黎明：

> 当然，过去的经验，特别是相对论和原子力学方面的经验表 638
> 明，在更高水平的解释下，以前的一些被认为是颠扑不破和理所当然的简单观念，因为已不再适用，应该抛弃。
>
> ……过去总是有一种一概而论的简单解释，认为其中的很多东西已经得到必要的理解。我们坚信这是人与自然的必然真理吗？我们坚信我们有足够的智慧去发现它吗？出于某种奇怪的原因，两个问题的答案都是肯定的。

谈到作为教师的物理学家时，奥本海默的建议并非完全空洞无物，但至少有点含糊不清。“如果我们要为我们共同的文化生活的完整性尽绵薄之力，就必须使我们对青年物理学家的教育更具人情味，必须想方设法使我们对艺术家、文人和事务工作者的教育更坚定、更具体。”他想要表达什么意思，或者说，究竟有没有任何意思，似乎仍是个问题。

谈到作为公民的物理学家时，他的讲话同样含混不清，似乎刻意想让人摸不着头脑：

> 尽管“和平伴随着对彼此的恐惧”，尽管有“吓阻”和“报复”，尽管已有更清楚的承诺，应对“难以想象”的全球或全面战争，今天，是否能形成新的局面尚不明了。

奥本海默在“今夜物理”讲座中作为“当前急需解决的特殊问题”

而列出的具体事项不是一般听众所能理解的。这说明在这一场合，他想把这些话说给物理学家听。用奥本海默的话说，那些问题是“τ 介子和 θ 介子的关系；为什么反质子会以如此大的横截面与核子产生相互作用；我们能否理解 S 状态下的介子散射”。实际上，这些正是 1956 年 4 月 3—7 日第六次罗切斯特会议上的主要议题。派斯说，那是“一次具有历史意义的会议，原因很多”。首先，那是第一次有苏联科学家参加的罗切斯特会议——这是非同一般的姿态，因为在 1956 年夏天，冷战不仅没有缓解的迹象，反而正在加剧。那也是第一次参会代表有机会讨论奥本海默在“今夜物理”讲座中提出的议题的会议。正如奥本海默暗示的那样，那些议题提出了根本性问题。

第二天，奥本海默对挤满会场的听众发表演讲，谈论他最喜欢的
639 话题“亚核动物园”。他特意吸引听众注意他刊登在《今日物理》上的文章中提出的谜题，以及里面提出的根本问题。那个谜题是，两个重介子（τ 介子和 θ 介子）似乎有着相同的质量和相同的寿命，然而宇称相反。“宇称”的概念可以通过镜像来理解。如果你照镜子，左变成右，右变成左；换句话说就是 空间坐标发生了“翻转”，如果坐标接着再翻转一次，它们便回到原状，这就是所谓的“旋转”。一次旋转宇称为 1，一次翻转宇称为 -1。

再来看看 τ 介子和 θ 介子，这些粒子让物理学家非常困惑，因为似乎有充分的理由相信，它们实际上是同一种粒子，同样令人信服的理由却让他们相信，它们是不同的粒子。认为它们是同一种粒子的原因很简单，就是它们有完全相同的质量和完全相同的寿命。如果它们不是同一种粒子，这种巧合未免太不可思议了。此外，从它们发生 β 衰变的情况看，似乎又很不一样。正如上文解释的那样，中子发生 β 衰变时，会释放一个电子和一个中微子，剩下一个质子。另一种表述是，中子 β 衰变的产物是一个质子、一个电子和一个中微子。τ 介子和 θ 介子具有不同的 β 衰变产物。

单个粒子能以两种不同的方式发生衰变，这并不特别令人费解。让科学家们真正感到困惑的是，如果两者是同一种粒子，那么他们坚信的

基本自然规律——宇称守恒——在这种情况下就不成立。τ 介子发生 β 衰变时，会产生三个 π 介子（“汤川粒子”的最终名称），两个带正电，一个带负电。此外，θ 介子会衰变成两个 π 介子，一个带正电，一个电中性。π 介子的宇称为 -1（一次翻转），这就意味着 τ 介子的宇称为 1（三次翻转，每个 π 介子翻转一次），θ 介子的宇称为 1（两次翻转，或一次旋转，所以最后不变）。因此，如果宇称是守恒的，τ 介子和 θ 介子一定是不同的粒子，尽管它们看似相同。

正是因为这一困惑，奥本海默说出的两句话被现场听众解读为他独特的滑稽风格，综合了明显的深刻性和十足的模糊性。第一句话是：“τ 介子将会有国内或国外的复杂性，两个方面都不简单。”第二句是：“在向前人学习与 τ - θ 难题的未来让我们大吃一惊之间，某种摇摆不定或许是调和矛盾的唯一途径。”会议代表在会上多次提起这两句话，对于它们的模糊性以及（正如罗伯特·克里斯所言）它们“暗示物理革 640
命或将来势汹汹却又难以解决问题”的事实，他们非常开心。为了解释有关 τ 介子和 θ 介子的实验发现，尽管有相同的质量和寿命，理论物理学家们要么说它们是两种不同的粒子，要么只能说，已被确定为物理学基本原理的宇称守恒，实际上并不存在。在从罗切斯特返程途中，杨振宁和派斯与约翰·惠勒赌一美元，认为二者是不同的粒子。结果表明，杨振宁无论如何都不会输，因为他很快就要开展一项研究，以证明宇称是不守恒的。如果他获得成功，他就会输掉赌局，欠惠勒一美元；然而，他也将因此获得诺贝尔奖，对物理学做出重大贡献。

第六次罗切斯特会议结束两个月后，杨振宁寄给奥本海默一篇他和李政道合写的论文，他们在文章中提出了一个大胆的假设。他们指出，尽管在涉及强相互作用时，譬如核子之间的相互作用，宇称守恒已为实验所证实，但是在弱相互作用中，譬如涉及 β 衰变的相互作用，并没有相应的实验数据。杨振宁和李政道指出，由于 τ 介子和 θ 介子是以衰变产物来区分的，如果宇称守恒定律在弱相互作用中不成立，那么我们就完全有理由下结论说，它们本质上是同一种粒子。他们还建议，可以通过实验解决这个问题。这篇论文刊登在 1956 年 10 月的《物理学评论》上时，两位作者因“有趣的探讨和评论”，对奥本海默和其他人表示感谢。实际上，奥本海默在评论中指出（似乎觉得他们的假设还不够大胆），要解释 τ－θ 之谜，或许有必要改变对时间和空间的基本理解。

杨振宁和李振道建议的一个可能的实验是，可以在钴－60 之类的放射性物质发生 β 衰变并释放电子的过程中寻找宇称不守恒。另一个可能的实验是，在 π 介子和 μ 介子的衰变中（其他类型的弱相互作用）寻找宇称不守恒。哥伦比亚大学的吴健雄带领的实验团队承担起杨振宁和李政道提出的挑战，并于 1956 年底确定无疑地证实了假设是正确的：在弱相互作用中，宇称守恒不成立。τ－θ 之谜终于得到解决：它们是同一个粒子。惠勒赢了一美元，而杨振宁和李政道获得 1957 年诺贝尔物理学奖。

641 1957 年 1 月，实验结果刚一出炉，杨振宁就发电报给当时在维尔京群岛的奥本海默：“吴的实验产生了良好的一致性。”奥本海默回电：“找到了出口，祝贺。”杨振宁在诺贝尔奖获奖感言中解释了奥本海默电报中的隐喻，他说：

> 那个时候，物理学家发现，自己就像是一个被关在黑屋子的人，正努力摸索一个出口。他知道，某个方向一定有门，能让他走出困境。但门在哪儿呢？

杨振宁和李政道的突破让人兴奋不已，不禁让人想起 20 世纪 20 年代和 30 年代的突破。1957 年 1 月 16 日，《纽约时报》以头版新闻报道此事，标题是《基本物理概念被实验推翻，核理论中的宇称守恒遭到哥大和普林斯顿研究院科学家挑战》。”* 奥本海默也非常兴奋，他宣布：“今天无人知道这一发现会产生什么后果……某些东西已经找到，它的意义只能由未来揭晓。”

---

* “Basic concept in physics is reported upset in tests. Conservation of parity in nuclear theory challenged by scientists at Columbia and Princeton Institute”.

1957年春，五十三岁的奥本海默到哈佛大学作威廉·詹姆斯讲座。在某种程度上，这是一个知名度类似于英国广播公司里斯讲座的年度系列讲座。奥本海默的大标题是“有序的希望”[*]。杰里米·伯恩斯坦也在现场，他回忆说：

> 讲座很隆重。学校最大的礼堂、有一千两百个座位的桑德斯剧院座无虚席。另有八百人在所谓的新礼堂通过扩音器听讲。讲座不仅吸引了校内师生，还引来了波士顿的各地群众。坐在我前面的是两位靓丽的波士顿蓝发古典淑女。

此时的伯恩斯坦，两年的任期很快就要到期，已经向研究院申请了研究员职位。他回忆，“当我收到聘书时，非常惊喜，简直兴奋极了……收到这封信后不久，奥本海默在哈佛的讲座开始了”：

> 到目前为止，对他作为一名公共演讲家的个人魅力的所有描写没有一点是夸张的。他的表达优雅中带着朦胧。你不一定能听懂，但是你一定不会怀疑它的重大意义，而如果你不知道为什么，那只能怪你自己。

讲座结束后，伯恩斯坦走上讲台，做自我介绍。一开始，奥本海默 642
“以冰冷的目光看着我，其中的敌意让人记忆犹新”，但是当伯恩斯坦对他说，他秋天就要到研究院工作时，“他的态度完全改变”：

> 就像日出。他对我说，那里会有哪些人——一系列难以置信的名字。最后他说，李政道和杨振宁也会在那里，他们将给我们讲宇称……然后，奥本海默笑容满面地说，“我们办个舞会！”那次见面，我永世难忘。我终于明白，为什么他成了洛斯阿拉莫斯了不起

* “The Hope of Order”.

的主任。

这些讲座从未发表，但《哈佛深红报》*对讲座的报道表明，它们和1953年的里斯讲座涉及同样的话题。在接受当地电视台采访时，奥本海默说："我相信科普。我不认为我做得很好。但是我们必须知道，科普越是重要，就越不容易做好。我认为，两方面都不能忽视。"

有一种感觉是，奥本海默在物理科普方面花的时间越多，他就觉得自己离物理学的前沿越远。1957年秋天，当伯恩斯坦到研究院报到时，他吃了一惊，因为他刚向秘书说明自己的身份，秘书就对他说，奥本海默想立即见他。他回忆，他一走进奥本海默的办公室，奥本海默便和他寒暄："物理学有什么新进展？"就在伯恩斯坦琢磨要怎么回答时，电话铃响了。"是基蒂，"奥本海默放下电话对他说，"她又喝多了。"

普林斯顿物理学家萨姆·特莱曼记得，每个星期二，奥本海默都要请六七个物理学家到他的办公室吃午餐，包括杨振宁、派斯、戴森和特莱曼自己。他回忆，奥本海默"把那些午餐看得很重，常常提前一天打电话提醒我"。特莱曼对这些午餐会的科学价值不以为意。他说，在会上，大家"狂饮雪莉酒，没完没了地谈论物理学的最新态势……谈话没有太高的技术含量。大多是关于谁去谁留，什么最有希望，等等"。

1957年10月4日，苏联成功发射世界上第一颗人造地球卫星斯普特尼克一号。这一事件震惊了美国朝野，至少在这项技术上，苏联人走在了美国的前面。毫无疑问，在埃德·默罗电视节目良好效果的影响下，奥本海默同意就这一话题接受哥伦比亚广播公司霍华德·史密斯的
643 采访，制作一档名为《我们身居何处》†的新闻节目。让奥本海默失望的是，对他的采访一直没有播出。奥本海默似乎认为，这是因为自己太容易引起争议，尽管哥伦比亚广播公司新闻部的副总裁西格·迈克尔森对他说，这是因为"比起对他的采访，其他一些材料更能突出这一节目的

* *Harvard Crimson.*

† "Where We Stand".

主题”。保存在奥本海默文件里的采访记录似乎可以证明迈克尔森此言不假。在大部分时间里，奥本海默都在谈论美国教育体制的弊端。当他被问及怎么才能在卫星技术方面赶超俄国人时，他的回答简短、平淡、内容空洞：“我们不能让俄国人垄断卫星技术，我们也要擅长这项技术。”

他于1958年4月在华盛顿的国际新闻学会以“知识树”[*]为题发表的演讲更为生动有趣，演讲全文于当年晚些时候刊登在《哈珀杂志》上。这次演讲的中心议题是，科学知识数量的剧增及其不断加剧的专业化。“今天，”他说，“不仅我们的国王不懂数学，而且我们的哲学家也不懂数学，更为严重的是，连我们的数学家都不懂数学”。早些时候他提到过科普教育的巨大困难，现在又做了进一步发挥，他对听众们说，“要将相对论的基本原理解释清楚几乎是不可能的，而量子理论更是如此”：

> 至于最近的发现——杨博士和李博士获得诺贝尔奖的趣味无穷的美妙发现——大自然在特定情况下更青睐左旋或右旋螺钉，对手的旋拧习惯并非没有偏爱。我相信，解释这玩意超出了我的能力。我从来没有听说，谁能以文化丰富的方式说清这件事。

此后不久，奥本海默前往欧洲，除了在巴黎和哥本哈根演讲，他还到布鲁塞尔参加了第十二届索尔维会议，那一年的主题是“宇宙的结构与演化”[†]。派斯和理查德·费曼一起，也参加了会议，他回顾了近期对弱相互作用的研究。派斯记得，费曼“设法向法比奥拉王后解释量子力学”。

在某种程度上，这次欧洲之行成了奥本海默和子女关系的分水岭，当时两个孩子分别十七岁和十三岁。自从孩子出生后，奥本海默的家庭关系就很不和谐。出于内外两方面的原因，基蒂和罗伯特都不是理想的父母。帕特·谢尔曾经说，彼得很小的时候，基蒂对他就很不耐烦。她 644

* “The Tree of Knowledge”.

† “Structure and Evolution of the Universe ”.

还说，在她看来，基蒂“对孩子缺乏简单的理解”。亚伯拉罕·派斯也有同样的看法，他回忆说：“在我这样的外人看来，奥本海默的家庭生活就像人间地狱。最糟糕的是，两个孩子必然深受其害。”

当彼得明显表现出没能继承父亲的学术能力时，他和父母的关系便每况愈下。他敏感而聪明，但学习成绩并不突出。奥本海默的朋友记得，因为彼得糟糕的学习成绩和——当彼得渐渐发胖时——超标的体重，基蒂不停地对他进行无情的责骂。结果，彼得将自己封闭起来。正如瑟伯尔所言，彼得变成了“一个影子……躲在不被人注意的地方”。

1958 年，在奥本海默一家访欧前不久，彼得收到了报考普林斯顿大学落榜的坏消息。结果，奥本海默夫妇决定，尽管托尼可以和他们一同前往欧洲，彼得还是留下不去。如果奥本海默当时的秘书维娜·霍布森没记错的话，这似乎是基蒂而非罗伯特的决定。“有一段时间，”霍布森回忆，“罗伯特不得不在彼得和基蒂之间做选择，当然，他更喜欢彼得。基蒂坚持两人只能去一个，而因为奥本海默和上帝或他自己订立的契约，他选择了基蒂”。

1958 年夏天，似乎是为了努力克服他在“知识树”演讲中指出和哀叹的专业化，奥本海默发表了一篇冗长而详细的评述，深入分析了杰罗姆·布鲁纳的《思维之研究》*。他得出的结论是：“即使是一般读者，也能在这本书中发现新颖、实用的方法，去理解人的理性行为的典型特征。”但是：“他也会看到，实际上，心理科学还有很长的路要走。”他明显是想努力弥合专业化带来的鸿沟。1958 年 7 月 5 日，他在《星期六晚邮报》†上发表了一篇题为《物质之谜》‡的文章。在试图向普通大众解释粒子物理的同时，他还试图解释为什么他认为值得为此付出努力，虽然他已多次提出这样的事是不可能的。他写道：

> 我们所有人在汲取知识的岁月里，在我们的整个生命中，即使

* *A Study of Thinking.*

† *Saturday Evening.*

‡ “The Mystery of Matter”.

> 不是大多数，至少很多人都需要在专业化传统中作学徒，这更能让我们相互理解，也更能让我们看清人与人之间隔阂的深度。这不是件容易的事。在我看来，似乎有必要保持我们文化的连续性和自由文明的未来。

奥本海默向物理学家解释心理学家，又向心理学家解释物理学家， 645
然后向普通大众解释这两者。无论这样的努力是否取得了成功，但他在电视上的露面、他的科普文章和公共演讲产生的累加效应一点一点地修复了他被听证会损坏的名誉。舆论浪潮转向了有利于他的方向。约瑟夫·麦卡锡于 1957 年 5 月去世，与他的名字相关的运动早在他去世之前就已偃旗息鼓。摧残奥本海默的刘易斯·斯特劳斯也成了不受欢迎的人。1958 年夏天，约翰·麦科恩接替斯特劳斯，担任原子能委员会主席。在国会的要求下，他重新评估奥本海默案，让原子能委员会律师劳伦·奥尔森重新调查全部档案。奥尔森发现，那是“司法制度的严重个人滥用”。如今，在重回公共服务的道路上，所有障碍都已被清除。然而，没有迹象显示，奥本海默愿意重回老路。

同时，斯特劳斯强加给奥本海默的羞辱原原本本地回到了他自己身上。斯特劳斯离开原子能委员会后不久，艾森豪威尔提名他担任商务部部长。然而，他首先必须接受参议院州际和对外贸易委员会的询问。听证会于 1959 年 4 月开始，斯特劳斯的传记作者对听证过程的描写让人浮想联翩：

> 疲惫的日子一天接一天，在接下来的四个星期里，斯特劳斯听到自己惨遭痛批。为寻找对他不利的证据，攻击者将他的职业生涯从头到尾梳理了一遍。委员会成员、其他参议员、科学家，甚至专栏作家，联合谴责斯特劳斯行为不端。

斯特劳斯自己也描述了那个“噩梦般的听证过程”。“现在很清楚，”斯特劳斯写道，“与其说这是一场听证会，不如说是审问，首席法官把控方律师都叫了进来。”奥本海默太绅士而没有指出明显相似之处，但是他的一些朋友却没那么客气。譬如，洛斯阿拉莫斯时期的老朋友伯妮斯·布罗德参加了斯特劳斯的听证会，她写信给奥本海默说，以“非基督徒的精神”，她非常享受斯特劳斯的“每一次煎熬和痛苦”。“简直是一场好戏……真是大快人心——真希望你也在场。”1959 年 6 月 19 日，参议院投票反对斯特劳斯担任商务部部长，斯特劳斯成为自 1925 年以来第一个被否决的内阁候选人。他的政治生涯结束了。

1959 年秋天，希瓦利埃出版了以自己和奥本海默的关系为题材的
646 小说《走向神坛的人》，小说一问世便遭遇全面失败。媒体给予的几乎都是怀有敌意的负面评价，普通大众对此书几乎毫无兴趣。希瓦利埃本人默默无闻，而当时奥本海默的名气如日中天，昔日朋友愤愤不平的攻击不符合公众的需要。

1959 年夏，奥本海默参加了一个文化自由大会主办的会议，反映出奥本海默自从与希瓦利埃成为“同路人”后在政治上走了多远。会议在瑞士和德国边境上的莱茵费尔登举行，参会人员包括斯蒂芬·斯彭德、雷蒙德·阿伦、阿瑟·施莱辛格和尼古拉斯·纳博科夫等。他们都是各个领域的知识精英，是奥本海默在哈佛读本科以来心目中的完美人物。在讲话中，奥本海默直言不讳，“针对原子武器问题，很久没有听到高尚或有分量的道德言论了，这让人极度痛苦”。他问道：“我们的文明总是将道德视为人类生活的基本组成部分，[而]除了用谨慎和博弈论的言辞敷衍了事之外，我们却不能讨论几乎能够消灭所有生命的杀戮，这样的文明用处何在？”

1959 年 10 月，奥本海默在国际商用机器公司内部杂志《思考》* 上发表了一篇题为《大型加速器的作用》† 的文章，精彩而清晰地阐释了什么是加速器，以及为什么物理学家需要用它们来研究基本粒子。他承认，质子、中子和电子很容易研究，因为它们在普通物质中非常丰富：

* *Think*.

† “The Role of the Big Acccelerators”.

> 但是这三种粒子只是宇宙射线撞击核物质后揭示出来的近三十种粒子中的三种。在我们以后才能认识的粒子中，它们占多大一部分仍不得而知。我们可能已经掌握了全部数量，也可能还差很远很远。其他那些粒子不能在普通物质的自然状态下被发现。它们具有这种，或那种，或两种特性：有些（大多数）不稳定，会像放射性原子核那样衰变，往往只需不到百万分之一秒；甚至中子也不稳定，但是它能持续一千秒，这就为我们的研究提供了便利；而如果它们在自由空间中原本是稳定的，它们便会在与物质的相互作用中被立即摧毁。要发现那些粒子，并对它们进行研究，只能人为将它们创造出来。

写这篇文章的原因是，总统的科学顾问委员会建议将开发粒子加速器的年度预算从五千九百万美元增加到一亿美元。委员会还建议，除了这笔预算，联邦政府再单独拨款，在斯坦福大学新建一台电子加速器， 647
仅此一项，就将花费一亿美元。虽然奥本海默支持这些建议，但他小心地把话说得很清楚，在他看来，这些开支的合法性并不在于可预见的技术或实用性研发。他说，“渴望探索原子世界更多秘密的人，肯定会丰富我们的技术及我们的知识”，但是：

> 对他们工作的支持，可能不应该过多或完全停留在功利的目标上，这一点很重要。知识本身就存在价值，追求知识的过程有其内在的美德。我们可以做到两全其美。

加速器的真正意义在于，我们或许可以通过它们，在“物质结构的古老问题”上取得进步，甚至能够“超越这一问题，去重新诠释空间和时间的变化”。奥本海默再一次期待重大的根本性突破。他写道：“我们预感到，在描述自然方面，我们正处在一个伟大变革的临近点，而相对论和量子论就是最近的两大变革。”

在1960年1月4日播出、以“20世纪60年代”为主题的《广角镜》

节目中，奥本海默表述得更大胆。主持人让他预测今后十年会发生什么变化，他说：

> 关于物质、物质的性质及其结构，我们可能会认识一些相当确定的东西，我认为可能性很大。这可能是当前工作的一部分。我们将认识恒星和星系的诞生、生命和死亡，以及关于太空的知识。

但是，最重要的是，他希望，我们将“更好地认识我们自己”，“我们将开始重新编织人类文化，通过科学所揭示的自然界的奥秘和奇迹，为人的知识生活或精神生活注入现实意义”。

奥本海默希望“重新编织人类文化”，这使他在过去几年里做了很多事，包括参与文化自由大会。大会十周年庆典于1960年夏天在其发源地柏林举行。奥本海默非常高兴能在十周年大会上致开幕辞。他在致辞中谈到人类进步的威胁和希望。他提出的最大威胁就是核毁灭的威胁：“如果下一次大战爆发，谁也别指望有足够多的活人为死人收尸。”

按照奥本海默固有的习惯，他引用了“那首美丽的诗”——《薄
648 伽梵歌》。他问，毗湿奴对阿周那王子说的话是否能安慰我们。毗湿奴（装扮成克里希纳的样子）试图缓解阿周那因屠杀人类同胞而产生的不安。他努力让阿周那相信痛苦是虚幻的，并强烈建议他培养超然的心态，从“情感的枷锁中解脱出来”。或许让熟悉他的听众吃惊的是，奥本海默做了以下否定回答：

> 如果毗湿奴对阿周那的劝导不能让我获得安慰，那是因为我太像犹太人，太像基督徒，太像欧洲人，尤其是太像美国人。因为我相信人类历史的意义，也相信我们发挥作用的意义，而最重要的是，我们所担负的责任意义重大。

奥本海默坚持认为，进步是有目共睹的，“不仅体现于人类的认知，还体现于人类生活、人类文明、崇高的制度和自由”，而科学为这一

进步做出了重要贡献。然而，在这一过程中，“我们失去了很大一部分相互交流的能力”，而这正是为什么“重新编织”变得如此紧迫，如此重要。

1960 年 9 月，奥本海默和基蒂应日本学术交流委员会的邀请对日本进行了为期三周的访问。抵达东京后，奥本海默参加了一次被一家报纸称为“安排极其糟糕”的记者会。在会上，他被问到一个对他来说无疑是意料之中的问题，他在心中似乎早已有了现成的答案：他为制造原子弹后悔过吗？“我不后悔和原子弹技术上的成功产生关系，”他回答，“并不是说，我不难过；而是说，我今晚并不比昨晚更难过。”为了避免负面反应和不利的宣传，学术交流委员会没有在奥本海默的行程里安排广岛。他们的担心可能是多余的，因为无论奥本海默走到哪里，都受到大批热心观众的欢迎。通过留存下来的打印稿和媒体的报道，我们不难发现，他在日本的演讲重复了他在其他地方的公共讲座的主题，但有一个明显而有趣的例外。

这一例外发生在科学与人协会组织的一次讨论会上。这个协会由一批各个专业的教授组成，每月在东京召开一次会议，“讨论各种问题，涉及科学与技术的关系，以及人与社会的关系”。这次讨论被宣传为“和奥本海默教授共同度过的一个下午”，没有播出或发表，但其内容保存在一份打印文件中，可能是分发给参会人员用的，其中一份保留在奥本海默的私人文件里。他在这次讨论中的语气非常值得注意。他以往在 649
公开讲话中的那种温文尔雅、朦胧含蓄和精雕细琢的风格不见了，取而代之的是直言不讳和生猛粗暴的坦率，大有横下心来一吐为快之势。

他表达的一些看法令人吃惊。比如，在谈到 C.P. 斯诺的著名文章《两种文化》* 时，一般人认为，其核心理念（我们的社会正分化成两个群体——懂科学而不懂艺术的人，以及懂艺术却不懂科学的人）会受到奥本海默的赞赏，但其却被他贬为空洞无物之作，尽是些“幼稚可笑的芝麻小事”。就言辞的激烈程度而言，他表达的其他多数观点并没有太

* “The Two Cultures”.

多惊人之处。英国“是个小社会，因为英国人的势利根深蒂固”，那里的上层精英“上同样的大学，参加同样的俱乐部，和同一阶层的人交往，读同样的书籍”。英国哲学家“脱离科学，他们脱离政治，也脱离历史。他们唯一保持联系的就是自己”。至于传播媒体：

> 他们的空气、报纸、杂志、电视荧屏和整个氛围里充斥着难以置信的粗鄙谎言，每个人都心知肚明。导致的结果是，卓越和优秀在这种环境中凋敝萎缩，而我衷心希望你们能够幸免，并让你们的国家免遭此等瘟疫的感染。

讨论的最后，奥本海默以阴毒的口吻谈到四个月前刚去世的美国前国务卿约翰·福斯特·杜勒斯的一件轶闻。奥本海默说，杜勒斯会见印度物理学家霍米·巴巴的时候，巴巴对杜勒斯说，他对俄国科学的印象相当好。听到这话，杜勒斯回答：“在我看来，这并不奇怪。毕竟他们是唯物主义和无神论的文明，而我们倡导宗教和精神。”“哼，”奥本海默最后说，“只要掌握着世界命运的高层政治家说出这样不敬的废话，我们就不会心平气和地与政治家打交道”。

奥本海默和基蒂回到美国时，正好赶上 20 世纪美国最激烈、最重要的总统大选之一。共和党候选人、副总统理查德·尼克松的对手是魅力非凡、年轻有为的民主党候选人约翰·F. 肯尼迪。* 奥本海默夫妇回
650 来得很及时，正好看到四场电视辩论中的三场。公众普遍认为，肯尼迪在辩论中比对手表现得更为出色。选举于 11 月 8 日举行，肯尼迪以微弱优势获得胜利。

肯尼迪上任后的第一年，政府的变动并没有对奥本海默产生什么影响。和往常一样，他继续发表公共演讲，参与研究院的管理，到维尔京群岛的圣约翰岛度假。从 1954 年起，奥本海默一家每年春、夏、冬三个假期都要到维尔京群岛度假，而到了 1960 年，他们拥有了一栋自己

---

* 肯尼迪当时四十三岁，实际上，四十七岁的尼克松比他大不了几岁。——原注（71）

的沙滩别墅。他们在岛上的邻居是鲍勃·吉布尼和他的妻子南希。鲍勃·吉布尼在《新共和》杂志当编辑，南希为《时尚》杂志工作，两人一开始对他们的新邻居印象很好。然而，他们对奥本海默一家了解得越多，就越不喜欢他们。从 1960 年起，两家开始结仇，水火不容。

其他岛上的居民要好处得多。有些人看到基蒂就会发怵，特别是在她喝醉的时候。但大多数人对奥本海默的回忆充满温情和仰慕。除了吉布尼一家，所有人都很乐意应邀参加奥本海默的新年派对，邀请信在每年的 9 月份寄达，无一例外。奥本海默家两个孩子小的时候，都会和父母一起去圣约翰岛，一年两到三次。但是，成年后，彼得就不愿再去了，他更喜欢到新墨西哥度假。但托妮不一样，她喜欢岛上的一切：那里的音乐，那里的人，还有海滩和悠闲的生活。奥本海默、基蒂和托妮都是远近闻名的专业级水手，经常扬帆出海，一去就是好几天。

1962 年 1 月，在圣约翰岛上过完圣诞节，并举行完惯常的新年沙滩派对后，奥本海默一家前往加拿大，罗伯特应麦克马斯特大学的邀请，前去作怀登讲座（Whidden Lecture）。这些讲座的目的，用时任大学学院院长的麦克马斯特的话说，“是帮助学生跨越现代大学学术院系之间的障碍”。三场讲座——“空间与时间”、“原子与场”及“战争与国家”——都是当时奥本海默轻车熟路的话题。但是，可能是因为这些讲座针对的是学生而不是普通大众，奥本海默讲得更有深度，在使用数学表达的时候也少了很多顾忌。1964 年，这些讲座的文本被编成一本小书出版，但标题令人迷惑，也不准确：《空中飞人：物理学家的三大危机》。[*]

奥本海默刚回到普林斯顿就收到了一封非教派杂志《基督教世纪》[†]2 月 1 日的来信，请他“凭本能写下对您的职业态度和生活哲学影 651
响最大”的十本书。他寄给他们的书单如下：

一、《恶之花》

* *The Flying Trapeze: Three Crises for Physicsts.*

† *The Christian Century.*

二、《薄伽梵歌》
三、《黎曼全集》
四、《泰阿泰德》
五、《情感教育》
六、《神曲》
七、《伐致呵利三百咏》
八、《荒原》
九、《法拉第笔记》
十、《哈姆雷特》

如果是为了表现广博的学识，这无疑是一份无与伦比的书单。奥本海默仅用十本书就涵盖了戏剧、小说、诗歌、数学、物理和印度教方面的著作，而且这些书使用的语言至少有六种：梵语、希腊语、意大利语、法语、德语和英语。此外，多数情况下，奥本海默还省略了作者的姓名，对于《基督教世纪》的读者，他可能有一个大胆的假设：读者知道《恶之花》是夏尔·波德莱尔的诗集，《泰阿泰德》是柏拉图的对话录，《情感教育》和《神曲》分别是福楼拜和但丁的著作，而最让人如坠云雾的是，他所说的《伐致呵利三百咏》实际上是指 *Śatakatraya*，通常译为 The Three Centuries，但是奥本海默的老朋友阿瑟·赖德将它译为 Women's Eyes。奥本海默参加这一专题的邀请函提到，书单“要能开阔读者的视野，激发好奇心，最好还能起到激励作用”。看来，这些书很可能会让人产生好奇。

1962 年 4 月 29 日，肯尼迪总统在白宫为美国的四十九位诺贝尔奖得主和特邀嘉宾举行正式招待会和晚宴，其中就包括奥本海默。一同前往的还有莱纳斯·鲍林和格伦·西博格（但值得注意的是，爱德华·泰勒不在其中）以及罗伯特·弗罗斯特和赛珍珠这样的作家。肯尼迪说：“这是白宫有史以来举行的最特别的人类知识和才智的大聚会，可能唯一的例外是托马斯·杰斐逊独自用餐的时候。”晚宴过后，西博格把奥本海默叫到一边，对他说，现在恢复他安全许可的希望很大。奥本海默

只需再参加一次安全委员会的听证会。他会参加吗？他的回答干脆利 652
落：“绝不可能。”

1962 年 9 月，纽约美国物理研究所尼尔斯·玻尔物理史图书馆举行了落成典礼，奥本海默是演讲嘉宾之一。另外两名演讲嘉宾是纽约大学教授理查德·柯朗和来自密歇根州安阿伯的乔治·乌伦贝克。过了不到两个月，即 11 月 18 日，玻尔去世，享年七十七岁。奥本海默为下一年《美国哲学学会年鉴》写了一篇冗长而详细（但感情克制）的传记体回忆录。读到这篇文章，你怎么都想不到，他是在写一位他最崇敬的人。

这一时期，奥本海默发表的公共演讲实在太多，后来很多都成了杂志上的文章。但演讲质量不可避免地参差不齐，内容重复的情况也越来越多。在文化自由大会内部刊物《遇见》[*]杂志 1962 年 10 月那一期中，他发表了一篇题为《科学与文化》的文章，此文无非是将他以前多次表达过的思想重新翻炒了一遍。仅从标题上看，稍好一点的是他 1963 年 3 月 12 日在美国国家图书馆发表的演讲。这篇他感到非常自豪的演讲的标题是《增加一肘》，暗指《马太福音》中的《登山宝训》。在登山宝训中，耶稣告诫门徒“所以不要忧虑、说、吃甚么、喝甚么、穿甚么”，亦即，要相信上帝会赐予我们。耶稣说：“你们那一个能用思虑、使寿数多加一刻呢（或作使身量多加一肘呢）？”[†]

这次演讲之前，奥本海默在哥伦比亚大学稍事停留。在那里，他逢人便问，标题是什么意思，出自何处。没人知道。杰里米·伯恩斯坦最近成了哥伦比亚大学的教员，一位同事打电话对他说，奥本海默得意扬扬地宣称物理学家不懂《圣经》。于是，出于好奇，伯恩斯坦打电话给朋友罗伯特·墨顿。墨顿马上说出《马太福音》中的相关段落。后来，伯恩斯坦回忆：

> 我到曼哈顿市中心的阿尔贡金（Algonquin）酒店与《纽约客》

* *Encounter.*

† 译文出自和合本《圣经》。

的同事见面。[*]在我经过电梯时，奥本海默夫妇从电梯里出来。他见到我就说："你父亲是个拉比，你应该知道这个。"他弄错了我父亲的职业，但我将昙顿的答案告诉了他，没加任何解释。他用非常奇怪的眼神看着我。

653 真不知道为什么奥本海默对这一标题如此得意，但他就是骄傲。他甚至在演讲结束时讲到一个趣闻，起因是那些人不知标题的来源：

最后，我来讲一个趣闻。三个星期前，美国图书委员会的一位高官问我要这次演讲的标题。我当时还没想好，便答应过一会儿再给他回话，后来就给了他你们知道的这个标题。他抱怨说，我的标题令人费解，不知所云。我说那是个历史典故。然后他问，"出自哪本书？"看来，图书委员会还有很多事要做。[†]

奥本海默在这次演讲中表达的思想和耶稣在《登山宝训》中的训诫正好相反。他说，我们要"思虑"，不能相信命运或上帝，或我们的领袖。"只有思虑我们的重大责任，"奥本海默对听众说，"只有意识到我们身上无所不在的重大缺陷，我们才能帮助我们孩子的孩子创造一个少一些残忍、多一些正义的世界，一个不大可能在无法想象的灾难中毁灭的世界。我们甚至能找到办法，终结放纵、屠杀和残忍，也就是战争。"

人类的"缺陷"成为这一时期奥本海默最喜欢的主题之一，尽管是重新强调。他说，在我们这个世俗化的时代，我们失去了能在宗教中找到的某些东西。"在我看来，那是一个真理，对创造一个永久和平的世界至关重要，在我们与有着迥异历史、文化和传统的人交往时也是不可或缺的。"

---

* 那时，伯恩斯坦开始给《纽约客》定期投稿。——原注（72）

† 不知何故，这篇演讲在《遇见》上发表时，最后一句被改为："读者和作家还有很多事要做"，拔掉了刺头，却少了幽默。——原注（73）

> 只有认识到内在的罪恶，并有意识地正确对待，我们才能接近生命的本质。不错，作为一国公民，我们倾向于将所有恶人当成外国人；我们自己——多数人都不是艺术家——在公共生活和（在令人心痛的程度上也包括）个人生活中，的确会将我们内心中不忍目睹的东西外化或投射出来。当我们对自身的罪恶视而不见时，我们就会使自己丧失人性，被剥夺的不仅是我们自己的天命，还有正确处理他人罪恶的任何可能。

从根本上来说，这就是为什么艺术如此重要，因为“几乎完全通 654
过艺术，才会以活生生的方式提醒我们，人类可以多么恐怖，又多么高贵”。

在普林斯顿研究院，奥本海默要处理的最大麻烦不是罪恶，而是偏狭和争吵。研究院的好几个高级成员，包括反应最强烈的数学家迪恩·蒙哥马利和安德烈·威尔等人，不喜欢奥本海默的领导方式。他们认为奥本海默把太多物理学家、心理学家、诗人和社会学家弄进了研究院，而数学家不够。威尔说：

> 他在外头羞辱数学家，奥本海默是个十足的失意者，他的乐趣是让别人吵架。我亲眼所见。他喜欢让研究院里的人吵得不可开交。他绝对是个失意者，因为他想成为尼尔斯·玻尔或阿尔伯特·爱因斯坦，却自愧不如。

罗伯特·克里斯讲过一件事，大可说明这一时期对奥本海默学术生活的出言不逊和的冷言中伤：

> 50 年代，有一次，在威斯康星大学物理资格考试的面试阶段，一个学生被问到 J. 罗伯特·奥本海默对物理学有何贡献。“我不知道，”那名学生回答。他被告知，回答正确。

对个人的中伤也不消停，迪恩·蒙哥马利将奥本海默的家奥登庄园说成是“波旁庄园”。

乔治·凯南在回忆录中写道，在研究院，奥本海默不能将数学和历史两个学科融合起来。在消除人类智力迥然不同的工作方法之间的隔阂，使它们融入一个单一的内在世界的这类工作中，他多半只能单枪匹马，以一己之力应对，这成了“他极度苦恼和失望”的根源。数学家和历史学家甚至不愿意坐在一起吃饭。学科之间没有和谐，只有数学家和其他学科代表之间无休止的激烈对抗。

每次有新的任命，争吵都会变得特别激烈，最令人焦头烂额的一次发生在 1962—1963 学年。“教师会议充满火药味，”杨振宁回忆说，“不到万不得已，我都不敢去开会。”亚伯拉罕·派斯记得，在 1963 年初，
655 他决定离开研究院：“我突然觉得，还是离开为好。”原因之一是，他担心自己骄傲自满，想去迎接一些新的挑战。但他写道，另一个重要原因是：“就在那个时候，奥本海默在两个数学职位的任命上踌躇不定，再次与全体教师产生了矛盾。我用了好多天时间调解，然后我对自己说，‘这地方不能待了’。”

这次纷争的起因是，数学家们强烈要求任命普林斯顿大学数学家约翰·米尔诺为研究院永久成员。奥本海默拒绝了这一要求，于是数学家们提出另外两个人选。奥本海默建议推迟任命，但是在数学家的要求下，推迟的建议遭到董事们的否决。然后派斯写信给奥本海默，提出辞职。

1963 年 4 月，在这起纷争发生期间，公开消息称，奥本海默将获得下一年原子能委员会的恩里克·费米奖。这是一个为核领域的突出成就而设立的奖项，于 1954 年底费米逝世后不久设立。第一届费米奖颁发给了过世的费米，接下来的几年，依次颁给了冯·诺依曼、劳伦斯、魏格纳、西博格、贝特和泰勒。

自从 1962 年 4 月白宫招待会之后，奥本海默已得知他获得了这一奖项的提名，当时已被肯尼迪任命为原子能委员会主席的西博格把他叫到一边，向他透露了这一消息。西博格主要负责确保奥本海默获得这

一奖项，目的是要让原子能委员会公开承认，剥夺奥本海默的安全许可的决定是不公正的，并将奥本海默视为一个受尊敬的人，而不是怀疑对象。西博格说，做出将费米奖颁给奥本海默的决定后，他打电话给斯特劳斯，请他吃午饭。席间，他将这一消息告诉了斯特劳斯："他看我的表情，就像我探过桌子打了他一拳。"

6 月份的《今日物理》报道了这一决定，同时还登出了原子能委员会的公告和奥本海默的小传。小传的结尾详细列出了奥本海默最重要的九篇论文。奇怪的是，现今公认的奥本海默的最高科学成就，即与斯奈德合写的关于引力塌缩的论文却不在其列。《今日物理》报道说，颁奖仪式将于 1963 年 12 月举行。

同时，1963 年夏天，奥本海默和他人一起组织了一个奇特的会议，作为在纽约州芒特基斯科七泉农场举行的年度系列会议的首场会议。这些会议在尤金·迈耶的遗孀艾格尼丝·迈耶的房子里举行。尤金·迈耶在 1959 年去世前，曾是《华盛顿邮报》的老板。这样的会议只能凭 656
邀请函参加，为了"能让大家亲密接触"，受邀人员严格控制在十五人以内。他们来自各行各业，只因文化自由大会的共同理想而走到了一起。1963 年，参会人员包括普林斯顿大学学者朱利安·博伊德、牛津大学哲学家斯图尔特·汉普夏尔、诗人罗伯特·罗威尔、建筑师华莱士·K. 哈里森、精神病学家莫里斯·卡斯泰尔斯、物理学家乔治·基斯佳科夫斯基，以及奥本海默的朋友乔治·凯南*和尼古拉斯·纳博科夫。

在过去十年里，奥本海默发表公共演讲时的听众是几百人，甚至几千人，而这样的会议使奥本海默有机会以截然不同的方式表达自己的看法。首先，在说话的时候，他可以叫出听众的名字，而且常常使用熟悉的昵称。哈里森为"沃利"，纳博科夫为"尼科"，基斯佳科夫斯基为"基斯蒂"。他的发言阐述了玻尔的"互补性"思想，虽然在以前的公共

---

* 自从奥本海默和凯南发现他们对 40 年代的很多政治问题有着同样的立场后，他们就成了朋友。应奥本海默的邀请，凯南于 1950—1952 年间，以学者身份在高等研究院工作了一年半，并于 1956 年成为永久成员，之后两人的友谊进一步加深。——原注（74）

演讲中说过很多很多次。但这一次，他将这一概念延伸到了物理学之外，不仅用它来理解政治和社会，还用来理解自己。这样，他的发言几乎成了私密的忏悔，在其他有记录的言辞中十分罕见——无论是私人谈话还是公开讲话：

> 直到现在，特别是在我那几乎是漫长无边的青春岁月里，在我采取的所有行动中，在我所做的所有事情中，几乎没有一次不曾在我内心深处激起强烈的厌恶感，无论它是一篇物理学论文，或一场讲座，或我如何读一本书，如何和朋友交谈，如何去爱别人。结果是，如果不明白我所看到的只是真相的一部分，那么就几乎不可能，我不是说不可能和自己共存，我认为那不成问题，而是不可能让我和其他任何人共存。为了摆脱这一困境，成为一个理性的人，我必须认识到，我对自己行为的担忧是合理且重要的，但是它们并非事物的全貌，必须有一个补充方法去看待它们，因为其他人并不像我这样看问题。我需要他们的看法，我需要他们。

657 奥本海默以前从未如此不遗余力地袒露内在自我，可以说，他似乎已下定决心，要一丝不挂地站在这些志趣相投的灵魂面前。他对听众说，一个反复出现的会议主题是“承认并反对存在于我们的时代、我们的社会和我们的生活中的自大、虚伪、自满和虚假的成分，反对伪君子”。这样看来，他说，会议代表与诗歌避世运动*有某种重要的共同之处。避世运动“当然并非没有艺术征兆，相反，从根本上来说——如果我认识那些人和他们的行为——它是一种野蛮的抗争，因为在前辈给予他们并让他们生活的世界中，他们感受到了虚假的描述”。

1963 年 11 月 21 日，白宫宣布，总统将于 12 月 2 日亲自为奥本海默颁发费米奖。第二天，报纸刊登了这一消息。当天下午，肯尼迪总统

---

* 避世运动（Beat movement）是 20 世纪 50—60 年代美国的社会和文学运动，盛行于旧金山、洛杉矶和纽约的一些艺术家团体中，提倡与传统社会决裂，提倡个人解放，用提高感官觉醒和改变意识状态来阐释。

在得克萨斯州达拉斯遇刺身亡。

这样，颁奖人便成了约翰逊总统。“我知道，已故总统不能如约颁发这个奖，在座的各位都和我一样感到万分悲痛，”约翰逊说，“我代替他前来颁奖，感到无比荣幸和骄傲。”然后，他将获奖证书、金质奖章和五万美元支票交到奥本海默手中。奥本海默在简短获奖感言中强调“我们时代的这一伟大事业，正考验人类是否能继承和发扬生命、自由和对幸福的追求，作为历史的决定者，是否能让我们的生活免于战火”：

> 在这项事业中，没有人像美国总统那样，承担着如此巨大的责任。我认为，总统先生，没有一定的仁爱和勇气，您今天就不会前来颁奖。依我看，对于我们的未来，这是个好兆头。

在后来的晚宴上，奥本海默和爱德华·泰勒握手的场景被记者拍到，基蒂站在一旁，满脸不屑，冷冰冰地看着泰勒。泰勒说：“我很喜欢你的讲话。”奥本海默回答：“你能来，我很高兴。”

第二年4月，科学界再次迎来向奥本海默表达敬意的机会——他的六十岁生日。这次活动按期举行，但过程不冷不热，非常奇怪。奥本海默在研究院的同事戴森、派斯、斯特伦格伦和杨振宁负责编辑一期《现代物理评论》特刊，献给奥本海默。然而，罗伯特·克里斯记录道，他们在征文时遇到了困难。戴森给四十位著名物理学家写信，但很多人似乎不愿意撰文。马克斯·玻恩写了一篇，但那只是一篇漫不经心 658
的“短文”，算不上像样的文章。真正撰写过文章的人包括伦纳德·希夫、大卫·霍金斯、菲尔·莫里森、西里尔·史密斯、威利·福勒、罗伯特·克里斯蒂、尤金·魏格纳、朱利安·施温格、亚伯拉罕·派斯、罗伯特·瑟伯尔和肯尼思·凯斯。这是一份令人惊叹的名单，但更令人惊奇的是大家认为该写文章却没有写的那些人：伊西多·拉比、维克托·魏斯科普夫、罗伯特·巴彻、塞缪尔·艾里逊、埃德·康顿、F.W. 卢米斯、汉斯·贝特、查尔斯·劳里森等。

这本纪念文集中，最有趣的一篇文章是威利·福勒关于“巨星、相对论多边曲线和引力辐射”*的一项冗长而详细的研究。这篇文章和其他一些发表的论文一起，首次承认奥本海默在这一领域的研究非常重要。文章开篇就引用了奥本海默关于这一问题的论文，并说：“这是关于巨星为数不多的，至今都被认为是正确的论述，这归功于罗伯特·奥本海默的才华。”

这期《现代物理评论》特刊于1964年4月22日奥本海默生日当天印刷发行。根据戴森每周写给父母的家书，第一本杂志“在纽约的印刷机上赶印出来”，及时送到他们在斯特伦格伦家里为奥本海默举行的派对上。“奥本海默，”戴森写道，“真的很惊喜，非常感动。我第一次见他讲话不知所措。他只是语无伦次地说了声‘谢谢’，就坐了下来。”

第二天，奥本海默乘飞机横穿美国，抵达伯克利。他在那里面对一万两千名听众发表了关于尼尔斯·玻尔的生平和工作的演讲。“很高兴，我回家了，”他对专程为他而来的听众说，“我在这里生活了很长时间，如果你们可以选择，别离开这里。”离开伯克利后，奥本海默前往加州理工学院和加州大学洛杉矶分校演讲，最后，于5月18日来到洛斯阿拉莫斯。每到一处，他都不会忘记玻尔，不厌其烦地强调玻尔互补性思想的社会、政治和个人意义。

1964年9月，在日内瓦国际影像艺术节上，奥本海默发表题为“亲密与开放”†的演讲，再次提到他在1963年芒特基斯科演讲中的主题，强烈呼吁大力推广玻尔倡导的开放性思想，把它从公共领域推向个人生活。谈起十年前的安全听证会，他说：

> ……听证会过程公布后，很多人说，我的生活成了一本打开的
> 书。事实并非如此。大多数对我有着重大意义的事，从来没有出现
> 659 在那些听证会上。可能很多事情都不为人知，当然有很多是毫不相
> 干的。当时，我确实想过，成为一本打开的书会是什么样子。得出
> 的结论是，如果隐私不过是偶然的福分，而且能够从你身上拿走，

* “Massive Stars，Relatioist Polytropes”.

† “L'Intime et le Commun”.

值得让人煞费苦心，为此花几美元和几小时，这样的生活不见得有多糟糕。

当然，他是作为多年来意识到自己的电话和房间被监听、一举一动被跟踪监视的人来说这番话的。有人或许认为，他特别注意保护隐私，实际上，他在一生中的大部分时候确实如此。然而，在最近的几年里，他似乎在努力探索那种个人的开放性，其中非常重要的一点是，承认并接受自己内在的邪恶：

> 最重要的是，对于我们最坏的自我，我们应该努力成为这方面的专家：在我们自己身上发现邪恶，我们不应该大惊小怪，这是非常普遍的，在其他所有人身上都能找到。我们不应该像卢梭那样，安慰自己说，那是别人的责任和过错，我们的本性是好的；我们也不应该受加尔文的影响，认为尽管我们有明显的责任，我们却没有任何能力——无论多么微不足道——处理在我们身上发现的邪恶。认识我们自己、我们的职业、我们的国家——常常让我们热爱的国家——和我们的文明本身之后，我们才知道我们最需要什么：自我认知、勇气、幽默和仁爱。这些是我们的传统为我们创造的巨大财富，启迪我们明天该如何生活。

1964 年 9 月 27 日，他应邀到和平大学落成典礼上演讲，选择了一个与此相关的主题。这所大学的创始人是多米尼加修士皮尔神父，他因难民工作获得 1958 年诺贝尔和平奖。奥本海默在那次演讲中强调克服骄傲的必要性，用以下方式将演讲主题和核武器的危险联系起来：

> 我们今天生活的时代……面临着可能造成几百万人死亡的军备竞赛，面临所谓的大规模报复，面临更巧妙、更文明的小兄弟——威慑，同时还面临冷战。它们不像战争本身那样野蛮无情，我们不要忘记这一点，但是它们也好不到哪里去。然而，它们制造疑问，

> 承认全面战争几乎是这个时代的终极罪恶，它们质疑一切战争；它们质疑我们国家自以为是的正义感。它们限制我们的骄傲、我们对
> 660 武力的骄傲、动武的合法性、诉诸武力的手段或仇恨本身，并将这些标记成人类命运受欢迎的因素。

听到或读到这样一段话，自然会让人以为奥本海默是在承认自己有“罪”，造成数万人死亡，并为此道歉。但是，正如他反复提到的那样，对于他在洛斯阿拉莫斯的工作，他并不后悔，也不认为他和同事制造原子弹的事业是非正义的。当他提到物理学家有“自知之罪”（known sin）时，他脑海里想到的罪孽，不是屠杀，而是骄傲。

在这个关键问题上，有一个人误解了奥本海默，他是德国戏剧家海纳尔·基普哈特。他根据1954年的听证会写了一部名为《罗伯特·奥本海默事件》的戏剧。该剧最初于1964年1月在德国上演，里面的很多对白取自听证会记录，但也添加了别的内容，譬如奥本海默战后关于物理学家有自知之罪的评论和基普哈特自己杜撰的台词。正是添加的那些台词引发了麻烦。在戏剧的结尾，基普哈特塑造的奥本海默发表了一通独白，为他和同事的所作所为表示忏悔：

> 我开始思考，我们将研究成果交给军队，是否构成对科学精神的背叛……我们花了多年时间，研发理想的毁灭性武器，我们是军队的帮凶，我从骨子里认为这是个错误……我再也不会为战争项目工作了。我们一直在从事魔鬼的工作。

1964年8月，奥本海默读到这部戏剧时十分震惊。尽管对他的描写明显出于同情，但在他看来，这样的同情用错了地方，因为剧本歪曲了他的观点。1964年10月12日，他写信给基普哈特，抗议道：“你怎么能让我说我根本没说也不会相信的话。”

> 即便今年9月在日内瓦，在日内瓦国际影像艺术节期间，那个

> 卡农·范·坎普问我，在知道结果后，我是否还愿意做二战期间做过的那些事——以负责人的方式参与制造原子弹。对此，我回答是。当观众当中有一个声音愤怒地质问，“即使原子弹在广岛爆炸后也是这样吗？”我重复说，是。

他接着说，“好像你已经忘了格尔尼卡、达豪、考文垂、贝尔森、
华沙、德累斯顿、东京。我没有忘记。我认为，如果你觉得有必要如此 661
误解和歪曲剧中的主要人物，你或许可以去写点别的。”最后，他警告基普哈特道要“对你和你的制片人”采取法律行动。

同时，这部戏剧深受观众的喜爱，除了德国，在美国也获得了很高的评价。奥本海默并没有像他威胁的那样，起诉基普哈特，但是他向媒体表明了自己的态度。“整件该死的事就是一场闹剧，”他对《华盛顿邮报》说，“那些人企图从中弄出一场悲剧来。”1964 年 11 月 11 日，他就此事在媒体上发表声明，提到一个可能比起歪曲他的观点更令他气愤的问题。他指出，基普哈特“让我说玻尔不支持洛斯阿拉莫斯的工作，因为那会使科学屈从于军事”。在过去的十八个月里，他发表了一场又一场关于玻尔的演讲，他说玻尔给洛斯阿拉莫斯的每一个人带去了希望，重新激发了大家的使命感，因此对这件事他不能坐视不管。他坚决认为，他“从没有说过这样的话”；玻尔“理解并赞赏我们当时正在做的事”。

该剧于 1964 年末在巴黎上演时，法国导演吉恩·维拉考虑到奥本海默的抗议，删除了容易触怒他的台词，将它改编成了一部忠实于记录和历史事实的话剧。结果，它被批评家嘲讽为缺乏想象力，基普哈特本人抱怨说，他的剧本被演绎得棱角尽失，让观众避而远之。

1965 年 2 月，该剧即将在伦敦奥德维奇剧院上演，奥本海默采取进一步行动，成功阻止了这场演出。“我不赞同这个剧本，”奥本海默写信给伦敦的制片人约翰·罗伯茨说，“我不希望它在柏林，或在巴黎，或别的任何地方上演。我希望它不要在伦敦或这个国家上演。”奥本海默开诚布公地说，基普哈特添加的那些台词，“在我看来，实际上是‘反

美的’”。几个星期后，罗伯茨收到一封奥本海默的律师写来的信，威胁说“将以非法侵犯隐私的名义阻止该剧的上演”。1965 年 10 月，以同样的方式，计划在纽约举行的演出也被取消。

奥本海默为什么要反对这部戏剧呢？一些人认为，他不想看到那场不愉快的听证会被反复炒作；其他人认为，在获得费米奖后，奥本海默想重新夺回自己的安全许可，因此不想让人觉得他是个反政府人士。但
662 是，他将听证会描述成“闹剧”，又将这部戏剧说成是“反美剧本”，说明真正的原因是：奥本海默决心坚决抵制他反对国家的说法，无论它源于刘易斯·斯特劳斯的恶意指控，还是海纳尔的热心恭维，因为他对美国深深的爱是他最强烈的情感之一。爱因斯坦敏锐地看到了这一点。当他得知奥本海默没有采纳他的建议，而是义无反顾地决定参加听证会（爱因斯坦建议奥本海默骂那些官员为蠢货，然后回家了事）时，他说：“奥本海默的麻烦是，他爱上了一个不爱他的女人——美国政府。”

损害奥本海默名誉的另一个威胁是希瓦利埃于 1964 年夏天写来的一封信。这是一封出人意料的信。自从 1954 年底，奥本海默和希瓦利埃再没有任何联系，《走向神坛的人》的出版也没能诱使他去恢复联系，或唤起他对昔日老友和同志的温情回忆。希瓦利埃写信对奥本海默说，关于他们的关系的虚构故事出版后，有不少人（据他称，包括尼尔斯·玻尔）强烈建议他以纪实的方式写一个“我和你之间的真实故事”。希瓦利埃对奥本海默说：“我写这封信的理由是，故事中的一项重要内容涉及 1938—1942 年你和我在同一个共产党小组里的党员身份。”

> 我应该正确看待这件事，根据我的记忆，反映实际情况。因为依我看，在你的生命中，那是你最不应该感到羞愧的事。而你的承诺是严肃而真诚的，这在你“给同事的报告”中得到过证实，至今读来仍令人印象深刻，因比我认为，如果它得不到应有的重视，无疑是一个重大疏漏。

奥本海默 1964 年 8 月 7 日的回信斩钉截铁，甚至有点冷漠无情。

> 亲爱的哈康：
>
> 你的信寄到时，我不在普林斯顿，因而回信晚了点儿。很高兴你能写信给我。你在信中问我，有没有反对意见。说实话，我还真有。关于你自己，你的话令我吃惊。当然，关于我，你有一个说法不符合事实。我从来都不是共产党员，因此也从来没有成为某个共产党小组的成员。我，当然，始终知道这一点。我想，你也知道。

第二年3月，劳埃德·加里森打电话给奥本海默，讨论如何应对希 663
瓦利埃写的书。他们的通话记录（可能是奥本海默记下的）被保存了下来，记下了奥本海默对加里森说的话：“收到了希瓦利埃的信，令人费解，有点讹人的味道。拿给了乔·沃尔普。答复简短。没有更多消息。”他们决定不纠缠这本书，担心成为免费宣传。结果证明，这是明智的。这本名为《奥本海默：友谊的故事》的书于1965年夏天出版。书里没有提到奥本海默是共产党基层组织的成员，而且该书也并不比《走向神坛的人》更畅销、更叫好。

此时，奥本海默身体疲惫，比实际年龄更显苍老。1965年4月15日，就在他六十一岁生日的前几天，他写信给研究院董事会，说打算于1966年6月底退休，不是从教职岗位上退下来，而是辞去院长之职。生日后两天，1965年4月24日，研究院宣布了这一决定，同时也宣布，在之后只做教授不当院长的日子里，奥本海默的工作计划包括——用他本人的话说——就是：“物理学，当然，目前到了一个最戏剧性和最有希望的阶段，以及努力从历史和哲学层面去理解科学给人类生活带来的影响。”1965年5月，纽约《时代》杂志刊登了一篇研究院的特写。文章表示，对奥本海默的辞职，很少有人难过。相反，大家“普遍认为，他辞去院长职位对他本人和研究院都是最好的结果”。

1965年夏天，两个重大纪念日将奥本海默推向公众的视野：7月16日三位一体试验二十周年纪念日和8月6日广岛原子弹爆炸二十周年纪念日。在接受《新闻周刊》《纽约先驱论坛报》《华盛顿邮报》和哥伦比亚广播公司《晚间新闻》主持人沃尔特·克朗凯特的采访时，奥本海默再次表示，他不后悔制造原子弹。在哥伦比亚广播公司，他被问到是否因原子弹感到过“良心上的自责”，他回答：

> 这样说吧，我的话并不能代表其他人，因为人与人是不同的。我认为，当实际参与一项工作，造成十多万人死亡和相同数目的人受伤时，你当然不会觉得心安理得。我相信，我们有充分理由去做这件事。但我不认为我们的良心就应该毫无愧疚，因为我们本应该专注于对自然的研究和对真理的探索，而我们却远离了这一目标，去做一件改变历史进程的事。很久以前我曾经说过，物理学家有“自知之罪”，大致说来，任何粗俗无赖和插科打诨都不能抹去
> 664 这一罪孽，而我的意思并不是指我们的工作所导致的死亡。我想说的是，我们意识到的罪是骄傲。我们改变初心，以一种已得到证明的主要方式，影响了人类历史的进程。我们以为我们知道什么对人类有益，并为此骄傲。而且我坚信，这在许多积极参与的那些人身上留下了印记。这不是物理学家的本分。

1965年，奥本海默发表的公共演讲比前几年少很多，内容也有很大不同。不同于芒特基斯科演讲中私密的忏悔口吻，也不同于日内瓦演讲中他所强调和承认的个人内在的邪恶，根据他宣称的新的研究课题，我们发现他对科学史和科学哲学产生了兴趣。这并不是说，他在这一年的演讲对科学史和科学哲学做出了学术贡献（远达不到学术贡献的正式程度），但是，在史密森尼博物馆两百周年庆祝大会上发表的“物理学与人的认知”*，及在1965年美国陆军全国初级科学与人文研讨会上发表的“我们的生活”†的演讲中，他肯定着重对科学史做了详细讲解，这是他以前的演讲从未有过的。

* “Physics and Man’s Understanding”.

† “To Live with Ourselves”.

显然，他讲得特别详细，也特别生动。在“我们的生活”中，奥本海默从历史和自己的生活中举例说明科学发现究竟是什么。他的论点是“科学家和诗人、士兵、先知和艺术家一样，他们的生活与人如何理解自身的状况、如何理解他对自身命运的看法密切相关”。他的第一个详细实例来源于自己的生活：1935 年，他和弗兰克到新墨西哥骑马。奥本海默对观众们说，在那里，他收到了一封弥尔顼・怀特（当时是伯克利的一名研究生）的来信，描述了他最近做过的一些实验，第一次展示了质子之间核作用力的存在。奥本海默说：“关于‘物质有多坚硬’的问题，有很多次，我们都得到过新颖的回答，而这就是其中之一。”然后，他谈到卢瑟福发现原子核、哈恩和斯特拉斯曼发现核裂变、安德森发现正电子、爱因斯坦创立相对论等等。从这些例子中，他获得的教益是：“一个发现，只有回到那个经验、认知和伟大传统的坚实框架内，它才具备伟大发现的某种特征；它必须要有某种意义。”

在“物理学与人的认知”中，奥本海默提出了一个有趣的问题：为什么哥白尼、伽利略和牛顿的伟大科学成就对我们的文化有如此大的影响，而爱因斯坦、玻尔和海森伯的科学成就影响相对较小呢？他的回 665
答是：

> 解放物理学的新发现，有赖于纠正某个可被证明的普遍错误观点；所有发现都基于某个不能和物理学经验保持一致的观点。发现这一错误的震撼，以及从错误中解放出来的荣耀对科学家具有重要意义。五年前，物理学、天文学和数学开始揭示出的错误，对欧洲文化的思想、信条、根本形式和希望来说，是一些普遍存在的错误。这些错误被揭示出来后，欧洲的思想发生了改变。而相对论和量子理论纠正的错误是物理学家的错误，当然，与相关学科的学者也有一点关系。

奥本海默列举了一个“生动的例子”：李政道和杨振宁发现宇称不守恒。“这一发现纠正的错误仅限于人类很小的一部分。”这是一个有趣的论题，但他在这篇论文中的阐述并不完善，可惜，奥本海默从未回过头去进一步探讨。

1965年底，奥本海默在一个联合国教科文组织在巴黎举行的会议上发表关于爱因斯坦的演讲。很明显，他企图将爱因斯坦及其成就纳入他前面论述过的历史和哲学体系中。也就是说，尽管他承认爱因斯坦是一位伟大的原创思想家，但根据他在“我们的生活”中表达的观点，爱因斯坦的发现只有在伟大传统的背景中才有“意义”。于是，奥本海默简要回顾了爱因斯坦对物理学的重大贡献，证明它们如何与以下传统密切相关：第一是热力学；第二是麦克斯韦的场方程；第三是与充足理由律相关的哲学传统。然而，奥本海默说，爱因斯坦在自己人生的最后二十五年里，“他的传统，在某种程度上，拖了他的后腿”：

> 他不喜欢不确定性。他不愿放弃连续性或因果律。因为这些理论伴随他的成长，被他拯救，被他发扬光大。尽管他以自己的工作将匕首交到了刺客手中，但看着这些理论遭到挫败，他还是很难接受。

这一演讲颇受争议，主要是因为遭到了误解，也因为奥本海默选择以自己的演讲驱散环绕爱因斯坦的“神话光环”，使得以上误解合情
666 合理。他说的神话是指将爱因斯坦当成不受物理传统影响的独立天才的神话。然而，他显得自命不凡，给自己的生活带来了困难。他说，爱因斯坦“几乎完全没有一点城府，完全没有世俗之气。我想，在英国，人们可能会说他没有什么‘背景’，而在美国，人们会说他缺乏‘教育’”。这是一种恭维，尽管看上去不像，特别是当奥本海默似乎决心在其他小的方面将爱因斯坦拉下神坛的时候。比如，他指出，“他的小提琴拉得并不好”；再比如，他写给罗斯福的那封著名的信“效果甚微”。

在联合国教科文组织发表演讲后，奥本海默前往圣约翰，和往常一样与基蒂在那里共度圣诞和新年。1966年1月，他们回到美国后，奥本海默参加了美国物理学会年会，并就“介子三十年”做了历史性讲

座。从汤川秀树的早期预测到李政道和杨振宁发现宇称不守恒，他回顾了介子的发现历程。然后，奥本海默总结道：

> 在我看来，我们碰到的这件事似乎比发现“更多基本”粒子要新奇得多。这并不是一个有利因素，因为它肯定不是一个做预测的传统优点。我只做了一个预测。我误以为 μ 介子是汤川粒子，这种长达十年的笑话不大可能再次发生。我认为，如果没有第二次世界大战，这样的事就不会发生。战争也不大可能再次发生，我希望如此。

此时的奥本海默还不到六十二岁，但他看上去要苍老得多。“看那老头，”据说，一位物理学家在会议期间的派对上说，“他快要死了。”但他接着说：“我不会和他作对！”

1966 年 2 月初，奥本海默被诊断出喉癌，开始接受放射治疗。3 月，他大部分时间都待在医院。月底，戴森写信给父母说，他到现在才“发现奥本海默夫妇多么孤单，尽管他们有数量庞大的‘朋友’。……这是罗伯特接受放射治疗的最后两周，此时他一定知道自己寿数已定”。

> 我已经与罗伯特和基蒂谈过三次。基蒂认为——也许她是对的——我可以帮助罗伯特保持对物理学的兴趣，这样就能延长他的生命。她坚决认为，需要让奥本海默相信，物理学家们仍然需
> 要他。此外，我发现放射治疗使罗伯特的身体异常虚弱，我的本能 667
> 告诉我，我只能静静地握着他的手，而不是用粒子和方程增加他的负担。

放射治疗 4 月份结束，6 月，他可以旅行了。他前往芒特基斯科，参加他帮助建立的学术小组的最后一次会议。6 月 21 日，《纽约时报》刊登了一篇题为《奥本海默博士退休后打算写物理史》* 的文章。然而，

* “Dr Oppenheimer Plans History of Physics After His Retirement”.

这篇短文并没有谈到奥本海默提到的书，仅涉及他的病情和即将退休事宜。文章引用奥本海默的话说，他将把他“完整得可怕”的档案交给国会图书馆，“如果有人愿意看的话”。6 月底，奥本海默卸去研究院院长之职，和基蒂搬出奥登庄园，搬进了杨振宁一家住过的那栋小很多的房子。

最后一次圣约翰之旅结束后，奥本海默夫妇于 1966 年秋天回到自己的新家。11 月，奥本海默做了最后一次公共讲座，题目是《危难时代》*。如果说讲座有点枯燥乏味、平淡无奇的话，这一点都不足为奇；在那个时候，他的时日已经不多了。他私下说，他“完全不相信身体能好起来”。

十年来，奥本海默夫妇第一次在普林斯顿过圣诞节。此时，癌细胞已经扩散，奥本海默的病情迅速恶化。1967 年 1 月，他最后一次参加周二午餐小组会议，向特莱曼提出真诚的建议：“萨姆，把烟戒了吧。”接下来的 2 月 15 日，他最后一次参加全体教师会议。戴森在给父母的信中写道：“可怜的奥本海默已接近生命的尽头。”

> 他坚持要来参加教师会议，但他几乎没有力气说话。我们都很礼貌，对他说，他能来，我们非常高兴；但是，看着他坐在那里，一言不发，忍受病痛，我们每个人都很难受。医生已放弃治疗，我们只能希望他尽快解脱。

参加这次会议耗尽了奥本海默的气力，回到家，他便卧床不起。接下来的三天时间，他就这样躺着，只有当客人来访时，才起来一下。路易斯·费舍尔也来看望他，他写的《列宁传》受到过奥本海默的高度评价。“他看上去瘦骨嶙峋，”费舍尔写信给朋友说，“他的头发稀疏花白，嘴唇干裂。”交谈非常困难，因为奥本海默“发出含混的咕哝声，我想，
668 五句话中我大概能听懂一句”。“我有一种强烈的感觉，”费舍尔接着说，

* “A Time in Need”.

“他知道自己力不从心，可能盼着死去。”第二天，弗朗西斯·弗格森前来探视，但只待了一会儿，因为奥本海默十分虚弱。“我扶着他走进卧室，”弗格森在几年后的一次采访中说，“然后我和他道别。”第二天，1967 年 2 月 18 日，星期六，晚上 10 点 40 分，奥本海默在睡梦中去世。

一周后，2 月 25 日，奥本海默的追悼会在普林斯顿校园里的亚历山大礼堂举行。在那个天寒地冻的下午，六百名哀悼者来到这里，凝神静听汉斯·贝特、亨利·德沃尔夫·史密斯和乔治·凯南的简短悼词。贝特简要回顾了奥本海默对科学和政治的贡献。接着，唯一支持恢复奥本海默安全许可的原子能委员会成员史密斯说，他以美国的名义，为当年的听证会羞愧：“那是美国历史上的一段惨痛时期。”凯南用更雄辩的措辞强调了同样的观点，他说：“实际上，美国政府从未有过比奥本海默更忠诚的公仆。”他还回忆说，1954 年听证会后不久，他曾问奥本海默，为什么不选择离开美国。“真见鬼，”奥本海默回答，“我偏偏热爱这个国家。”

追悼会结束后不久，基蒂前往圣约翰，将奥本海默的骨灰撒向大海。

基蒂在奥本海默去世五年后去世，多数时候，她与夏洛特和罗伯特·瑟伯尔住在一起。在奥本海默的朋友中，只有瑟伯尔对基蒂忠心耿耿。1972 年夏天，基蒂买了一条五十二英尺（约 15.8 米）长的漂亮的双桅帆船，取名为月帆（Moonraker）。他和瑟伯尔计划用这条船环游世界。从佛罗里达的劳德代尔堡起航后，他们打算在加勒比海稍做巡游，然后穿过巴拿马运河，经加拉帕戈斯群岛和塔希提岛前往日本。然而，当他们抵达巴拿马运河大西洋一端的克里斯托瓦尔时，基蒂得了重病，住进巴拿马城的医院，10 月 27 日因动脉栓塞不治身亡。五年后，整个一生都受间歇性抑郁症困扰的托妮·奥本海默在圣约翰的家中自杀。她的第二次婚姻当时刚以离婚收场。她的哥哥彼得先是住在佩罗卡连特，然后搬到了圣菲，以承包工程和木工为业。他仍然健在，但不愿与大名鼎鼎的父亲产生任何瓜葛。

奥本海默爱基蒂，也爱托妮和彼得，但是他从来没有成为他们所期

盼的好丈夫、好爸爸。打小就困扰他的不善与人建立亲密关系的问题伴
669 随着他的一生。他非常渴望那样的亲密关系，但又不知道如何去建立。与此类似并相关的是，他不知道如何向他人敞开心扉。正如我们所见，在他生命的最后几年里，他曾试图努力去克服这一缺点，去展示自己的内在自我，成为一本“打开的书”。但是这本书仍然是合上的。他所称的“完整得可怕”的个人文件数量大得惊人，但在296箱书信、草稿和手稿中，涉及个人隐私的部分却少得可怜。有大量资料证明，他有着多方面的才华，拉比说他是用“耀眼的碎片”做成的人。但是，很少有资料显示，奥本海默和自己的人类同伴有过普通的情感交流。

乔治·凯南在追悼会上提到过他这方面的性格。凯南说，奥本海默“渴望友谊，渴望陪伴，渴望人际交往的满足与温馨”：

> 在很多人看来，似乎是作为他个人性格组成部分的傲慢掩盖了给予和接受关爱的强烈愿望。无论何时何地，性情的粗暴与刻薄使他这方面的需要无法得到满足，甚至无法在某种程度上稍稍接近他内心的渴望。

在追悼会上发言的三个人中，凯南对奥本海默的了解远胜于另外两人。实际上，奥本海默的很多朋友觉得，追悼会安排得太过匆忙，没能达到预期效果。1967年4月，美国物理学会为奥本海默举行了自己的追悼会，这是一个弥补遗憾的机会。这一次，发言的人包括很多早该在普林斯顿追悼会上讲话的人。每一个人都负责讲一段他们最熟悉的奥本海默的人生经历。罗伯特·瑟伯尔讲的是“早年经历”，魏斯科普夫讲了“洛斯阿拉莫斯岁月”，派斯讲“普林斯顿时期”，格伦·西博格讲“政治服务和对人类的贡献”。这些演讲被汇编成书出版时，拉比写了一篇富有启发性的简短前言，他强调了奥本海默的精神特质，以体现他那复杂的性格特点。拉比说：“奥本海默身上鲜有鄙俗之气。”

> 然而，本质上，正是这一精神特质，也就是他的言行中体现出

> 的精致和优雅，成了他无穷魅力的基础。他从来不把话说透，总让人觉得，他的情感和见解深不可测。这些可能就是天生的领袖气 670
> 质，似乎蕴含着语言之外的力量。

奥本海默身上鲜有“鄙俗之气”，感觉像个天外来客。与此相关的是，他成了一个神秘莫测、难以捉摸的人，很难与周围的人开展普通的亲密交往。拉比敏锐地指出，也正因为这一点，奥本海默才如此令人着迷，因而被塑造成了我们所看到的那个伟人。

注释

本注释中，奥本海默的姓名简写为“JRO”，他的档案文件存放于美国国会图书馆，这部分文件简写为“JRO papers，LOC”，史密斯和韦纳（1980）的著作简写为“S & W”；伯德和舍温（2005）的著作简写为“B & S”；美国原子能委员会的著作 *In the Matter of J. Robert Oppenheimer: Transcript of Hearing before Personnel Security Board* 简写为“ITMO”；奥本海默的合作者、家庭成员、传记作者及采访者姓名简写如下：

AE：Albert Einstein

AIP：American Institute of Physics

AKS：Alice Kimball Smith

CA：Carl Anderson

CW：Charles Weiner

ECK：Edwin C. Kemble

EOL：Ernest O. Lawrence

ET：Edward Teller

EUC：Ed Condon

FF：Francis Fergusson

FO：Frank Oppenheimer

GU：George Uhlenbeck

HC：Haakon Chevalier

HWS：Herbert W. Smith

IIR：Isidor Isaac Rabi

JBC：James B. Conant

JE：John Edsall

JEH：J. Edgar Hoover
JW：Jeffries Wyman
KDN：Major General Kenneth D. Nichols
LRG：Leslie R. Groves
MB：Max Born
MJS：Martin J. Sherwin
NB：Niels Bohr
PAMD：Paul Adrien Maurice Dirac
PE：Paul Ehrenfest
PH：Paul Horgan
PWB：Percy W. Bridgman
REP：Raymond E. Priestley
TSK：Thomas S. Kuhn
WP：Wolfgang Pauli

本注释中的日期以英式（而非美式）呈现，例如，1.2.1964 指 1964 年 2 月 1 日，不是 1964 年 1 月 2 日。

本注释中所指页码为原书页码，即本书页边码。

Preface

x.‘Oppie did his physics’: Kelly (2006), 136

xi. highly derivative: compare Pais (2006) Chapter 6 with Robert Serber’s article, ‘Particle physics in the 1930s: a view from Berkeley’, in Brown and Hoddeson (1983), 206–221

Part I: 1904–1926

1. 'Amerika, du hast es besser': Oppenheimer's German Jewish Background

3.‘a man who’: Rigden (1987), 221

3.‘never got to be’: ibid., 229

3.‘tried to act’: ibid., 228

3.‘you carried on’: Bernstein (2004), 3

3.‘I understood his problem’: ibid.

3.‘These are my people’: Rigden (1987), 229

4. Rabi was a‘Polish Jew’: see Rigden (1987)

4. In New York: what follows is based on the accounts of the history of the Jewish community in New York given in Barkai (1994), Cohen (1984), Diner (1992), Gay (1965), Klingenstein (1991), Kosak (2000), Mauch & Salmons (2003), Raphael (1983), Ribalow (1965) and Sorin (1992).

5. *Haskalah:* see Barkai (1994), Cohen (1984), Diner (1992) and Pulzer (1992)

5. 'Amerika, du hast es besser' : see Goethes Werke, Weimar: Hermann Bahlau, Volume 1, 137, quoted in Cohen (1984), 17. In full, the poem reads:

Amerika, du hast es besser
Als unser Kontinent, das alte,
Hast keine verfallene Schlösser
Und keine Basalte.
Dich stört nicht im Innern,
Zu lebendiger Zeit,
Unnützes Erinnern
Und vergeblicher Streit.
Benutzt die Gegenwart mit Glück!
Und wenn nun eure Kinder dichten,
Bewahre sie ein gut Geschick
Vor Ritter-, Rauber- und Gespenstergeschichten.

An English translation, published in *Fraser's Magazine* in May 1831, reads:

America, thou hast it better
Than our ancient hemisphere;Thou hast no falling castles,
Nor basalt, as here.
Thy children, they know not,
Their youthful prime to mar,
Vain retrospection,
Nor ineffective war.
Fortune wait on thy glorious spring!
And, when in time thy poets sing,
May some good genius guard them all
From Baron, Robber, Knight, and Ghost traditional.

See Melz (1949) and Riley (1952)

6. beginning in the 1820s: see Diner (1992)
6. 'the beautiful ground' : quoted in Barkai (1994), 5
7. 'Third Migration' : see Sorin (1992)
7. their first reaction: ibid., 50
7. 'the privileges and duties' : ibid., 87
7. 'These uptowners' : ibid., 86
7. August Schönberg: Birmingham (1967), 24–25
8. Joseph Seligman: ibid., 132
8. Joseph Seligman' s children: ibid.
8. Robert Anderson: see Lawson and Lawson (1911)
8. his birth certificate: see Bernstein (2004), 12, footnote 4
8. 'As appears' : Percy Bridgman in a letter of recommendation to Ernest Rutherford,

24 June 1925. See S & W, 77

9. 'an unsuccessful small businessman' : JRO, interview with TSK, 18.11.1963. See S & W, 3

9. his son, Julius: the following account of Julius, his uncles and his siblings relies on that given in Cassidy (2005), Chapter 1

9. 'Our Crowd' : see Birmingham (1967)

10. 'Our crowd here' : Sachs (1927), 219, quoted in Birmingham (1967), 256

10. in December 1862: see Cohen (1984), 148–153

10. 'how thin' : Cohen (1984), 149

11. Max Lilienthal: see Barkai (1994), 122

11. On 3 January 1863: ibid.

11. 'becoming more Americanized' : Birmingham (1967), 116

12. 'the first gentile' : ibid., 118

12. 'The Bank' : ibid., 119: italics in the original

12. 'Seligman Affair' : ibid., Chapter 18

12. The comic weekly *Puck*: quoted in ibid., 145

12. 'Gentile and Jew' : ibid., 145–146

12. 'Hebrews need not apply' : ibid., 147

12. 'The Jews and Coney Island' : reprinted in Raphael (1983), 260–263

12. 'We cannot bring' : ibid., 261

13. 'was to have' : Birmingham (1967), 147–148

13. Felix Adler: see Neumann (1951), Radest (1969)

13. 'The Judaism of the Future' : see Radest (1969), 17

13. 'was not given' : ibid.

14. in 1876, Adler gave a talk: ibid., 27

14. 'We propose' : ibid., 27–28

14. 'Adler' s proposal' : ibid., 28

14. February 1877: ibid., 45

14. 'The Sunday Meeting' : ibid., 46

14. 'Ethical Culture seemed' : ibid., 47

15. In 1874–1875: Cassidy (2005), 5. Cassidy reports that Solomon alone is listed, and later (23) he says that Sigmund was still in Europe at this time. As he points out himself (page 5, footnote 11), however, Sigmund' s death certificate gives his year of immigration into the United States as 1869, so I am inclined to think that the company listed in the New York City *Directory* for 1874–1875 actually included both brothers.

15. they appear: see Cassidy (2005), 23. Since Sigmund had been in America since 1869, I am inclined to believe that he and Solomon were both founder members of the Society.

15. funeral service: see Birmingham (1967), 149
15. In 1887: ibid., 258
15. ‘our good Jews’: ibid.
15. ‘the first recognisably’: ibid.
15. Solomon and Sigmund Rothfeld: Cassidy (2005), 6
15. ‘Race Prejudice at Summer Resorts’: reprinted in Raphael (1983), 263–270
15. ‘Only within’: ibid., 263
16. ‘In seeking reasons’: ibid., 265
16. *The American Jew*: parts of it are reprinted in Raphael (1983), 270–278
16. ‘the book that’: ibid., 259
16. ‘their hooked noses’: ibid., 271
16. ‘long coats’: ibid.
16. ‘Let the Jews’: ibid., 276
16. ‘The Jew must go!’: ibid., 278
17. he is listed: Cassidy (2005), 23
17. ‘New York’s leading Jewish banker’: see Birmingham (1967), 230
17. ‘not a personal matter’: ibid., 239
17. ‘His bitterness’: ibid., 240
17. It moved its office: Cassidy (2005), 9
18. younger brother Emil: Cassidy (2005), 4 and 9
18. In 1900: ibid., 9
18. In 1903: ibid.
18. Ella Friedman: what follows is based on the accounts given in Cassidy (2005), 10–11, and B & S, 10–11
18. According to her son: see Thorpe (2006), 21
18. her family tree: see http://americanjewisharchives.org/pdfs/stern_p021.pdf
18. mentioned several times: see Morais (1894), 104, 105, 193, 250
19. ‘a gentle, exquisite’: see *Life* magazine, 10 October 1949, 124
19. When a girlfriend: Goodchild (1980), 22
19. Both suggestions: see, e.g., Cassidy (2005), 11
19. ‘spent his free hours’: B & S, 10
19. ‘proper gentlemen’: Goodchild (1980), 10
20. ‘there are special occasions’: Adler (1886), 85–86
20. Upon Sigmund’s death: Cassidy (2005), 9
20. the men who succeeded Felix Adler: Radest (1969), 95
21. In the old days: ibid., 136
21. ‘supremely enviable’: Adler (1915), 165
21. ‘I would urge’: ibid., 167: italics in the original
21. ‘plea to the wealthy’: ibid., 172

21. ‘The habit’ : Adler (1886), 97
22. ‘haven’ t enough physical courage’ : Sachs (1927), 219
22. a society that set up: see Neumann (1951), 19ff.
23. ‘Two things fill’ : the famous opening sentence of the conclusion of Kant’ s *Critique of Practical Reason*
23. ‘The moral law’ : Adler (1886), 33, 60
23. ‘act only’ : *Groundwork of the Metaphysics of Morals*, Cambridge: Cambridge University Press (1997), 31
23. ‘The rule reads’ : Adler (1933), 147
23. ‘high endeavour’ : Adler (1886), 15
23. ‘Truly disinterestedness’ : ibid.
23. ‘The pursuit of the artist’ : ibid.
23. ‘the Ideal’ : ibid., 89

2. Childhood

24. ‘My life’ : *Time* magazine, 8 November 1948, 70
24. ‘an unctuous’ : ibid.
24. ‘Not religion as a duty’ : Adler (1886), 97
24. ‘a hearty’ : FF, interview with MJS, 8.6.1979, quoted B & S, 13
24. A friend later recalled: HWS, interview with CW, 1.8.1974, quoted B & S, 27
24. ‘a woman who’ : B & S, 13
25. ‘a general distrust’ : FO, interview with CW, 9.2.1973, quoted Cassidy (2005), 16
25. Lewis Frank Oppenheimer: see Bernstein (2004), 6
25. ‘a mournful person’ : PH, interview with AKS, 14.4.1976, quoted S & W, 2
25. ‘I think my father’ : JRO, interview with TSK, 18.11.1963, quoted S & W, 5
26. ‘Just as I do’ : Michelmore (1969), 4. A slightly different version of the story is given in Royal (1969), 19. Neither gives a source for the story.
26. ‘I repaid’ : Royal (1969), 16
26. he met Benjamin Oppenheimer: JRO, interview with TSK, 18.11.1963, quoted S & W, 3
26. in October 1910: Cassidy (2005), 29
27. in 1878: see Cassidy (2005), 33
27. ‘a broad and generous education’ : Friess (1981), 100
27. in 1890: see Schweber (2000), 49
27. only 10 per cent: ibid.
28. ‘We all did’ : B & S, 25
28. ‘The school is to be’ : Cassidy (2005), 36
28. ‘To larger truths’ : Adler (1886), 178

28. ‘spiritual fetters’: ibid.
28. ‘All over this land’: ibid., 178–179
28. in 1908: see Radest (1969), 94
28. ‘The American ideal’: see Adler (1915), 73
29. Four times a year: see Cassidy (2005), 40–41
29. fabulously wealthy Guggenheim family: see Birmingham (1967), 271–275
29. ‘like a gentleman’: ibid., 274
29. ‘light complexion’: ibid., 272
29. ‘would not have surmised’: ibid., 273
30. He once remarked: see Bethe (1997), 176
30. ‘He was still a little boy’: S & W, 7
30. ‘rather gauche’: B & S, 22
30. ‘a great need’: ibid.
30. ‘Ask me a question in Latin’: ibid.
30. ‘so far ahead’: Cassidy (2005), 44
30. mostly A− and B+: ibid., 43
30. ‘When I was ten’: S & W, 3
31. New York Mineralogical Club: see B & S, 14–15
31. an expanded version: see Adler (1915)
31. ‘Many of our fellow-citizens’: ibid., 58
31. ‘Public opinion’: ibid., 58–59
31. ‘The German ideal’: ibid., 63
31. ‘The national ideal’: ibid., 68
31. ‘is that of the uncommon quality’: ibid., 73
32. ‘only a symptom’: ibid., 5
32. ‘If we wish’: ibid.
32. ‘The time will come’: quoted in Radest (1969), 191–192
32. high opinion’: *New York Times*, 31 January 1916, quoted in Cassidy (2005), 49
32. ‘Anything German’: ibid., 183
32. ‘the duty of every high school chap’: *Inklings*, 3 June 1917, quoted Cassidy (2005), 53
33. ‘In discussing the war’: Cassidy (2005), 55
33. ‘There is no room’. *Inklings*, 4 June 1918, ibid.
33. ‘he swallowed Adler’: S & W, 3
33. ‘In Flanders’ fields’: see Cassidy (2005), 60
34. ‘From conversations’: Bernstein (2004), 11
34. feelings of guilt: see the remark quoted earlier (p.26) from Royal (1969), 16
34. ‘business vulgarity’: Thorpe (2006), 27
34. ‘pronounced oedipal attitude’: ibid.

35. ‘I often felt’: Royal (1969), 22
35. The other boys: the main source for this story is Royal (1969), 21–23
35. ‘They, as it were’: ibid., 23
35. ‘I don’t know’: ibid.
35. ‘We talked as we walked’: ibid., 21
36. ‘longed to demonstrate’: Eliot (1965), 178
36. ‘It was said’; ibid., 172
36. ‘no spark’: ibid.
36. ‘From that hour’: ibid., 173
36. ‘Lydgate’s conceit’: ibid., 179
37. ‘to some extent’: Royal (1969), 22
37. ‘He was an intellectual snob’: ibid.
37. ‘bright and sensitive’: ibid., 21
37. ‘did not prepare me’: *Time* magazine, 8 November 1948, 70
37. ‘never heard a murmur’: B & S, 27
37. ‘the most important element’: Cassidy (2005), 20
37.*The Light*: see ibid. 41
37. ‘some of our dough boys’: ibid.
38. Hans and Ernest Courant and Robert Lazarus: for more on the Courants and Lazarus, see the 2005 ‘Science Issue’ of the Ethical Culture School magazine, *ECF Reporter*, at: http://www.ecfs.org/files/ecfreporter_winter2005.pdf, especially pages 10–12.
38. ‘It is almost forty-five years’: Royal (1969), 23
38. ‘He was so brilliant’: *Time* magazine, 8 November 1948, 70
38. ‘A very exciting experience’: ibid.
38. ‘We must have spent’: S & W, 4
39. his headmaster: Goodchild (1980), 12
39. had to be rescued: Royal (1969), 25
39. Cherry Grove: ibid., 24
40. ‘It was a blowy day’: B & S, 24
40. Francis Fergusson: for more on Fergusson, see the Introduction to Fergusson (1998)
40. ‘He is to this day’: S & W, 7
41. La Glorieta: see Gish (1988), especially Chapter 2
41. Franz Huning: see Huning (1973)
42. was interviewed in the 1930s: see Janet Smith’s interview with Clara Fergusson, dated 14 September 1936, at: http://lcweb2.loc.gov/wpa/20040609.html
42. Sampson Noland Ferguson: see Gish (1988), Chapter 3
43. ‘who at that time’: S & W, 7
43. ‘very, very kind’: ibid., 5

44. ‘a long prospecting trip’ : ibid., 7
45. he was fond of saying: see, e.g., Pharr Davis (1969), 25

3. First Love: New Mexico

46. ‘you can’ t be an outsider’ : Sachs (1927), 219
46. ‘Gilbert’ : ibid., 220
46. Paul Horgan: see Gish (1995)
46. Horgan would later find fame: Horgan won both the Pulitzer and Bancroft Prizes for his two-volume study of the American South-west, *Great River: The Rio Grande in North American History*(1954), and won the Pulitzer again in 1976 for Lamy of Santa Fe, a biography of John Baptist Lamy, the émigré French clergyman who was the model for Willa Cather’ s central character in *Death Comes for the Archbishop*. He is also well known as the author of several critically and commercially successful novels, including *The Fault of Angels*(1933), *A Distant Trumpet*(1960) and *Things as They Are*(1964).
47. ‘polymaths’ , ‘this pygmy triumvirate’ , ‘this great troika’ : S & W, 8
47. Oppenheimer startled Herbert Smith: B & S, 25
47. Smith wondered: see Cassidy (2005), 62
47. ‘someone disparaged the Jews’ : ibid.
47. ‘He looked at me sharply’ : S & W, 9
48. ‘The Southwest can never’ : Erna Fergusson (1946), 18–19
48. ‘Such a country’ : ibid., 14
48. ‘Maybe everyone’ : Horgan (1942), quoted in Gish (1995), 12
48. ‘He was the most intelligent man’ : S & W, 8
48. ‘exquisite manners’ : ibid., 9
49. He later confided: ibid., 40
49. Manuel Chaves: see Simmons (1973)
49. Amado Chaves: see Simmons (1968)
49. pursued a career as a lawyer: see Twitchell (2007), 508–512
50. ‘all the time’ : B & S, 26
50. ‘For the first time’ : S & W, 10
50. ‘Lake Katherine’ : the story that Oppenheimer named this lake after Katherine Page is mentioned many times in local literature (see, e.g., http://mtnviewranch-cowles.com/page_7.htm, which is a history of a ‘dude ranch’ similar to the one owned by the Chaveses). I do not know of an authoritative source for this story, but neither do I see any reason to doubt it.
51. ‘Thank God I won’ : B & S, 26
51. ‘He had become less shy’ : S & W, 8

4. Harvard

52. ‘The summer hotel’ : Abbot Lawrence Lowell to William Earnest Hocking, 19 May 1922, quoted in Karabel (2005), 88
53. ‘WASP flight’ : see Karabel (2005), 86–87
53. ‘Hebrews’ : ibid., 90
53. a faculty meeting on 23 May 1922: ibid.
53. ‘take into account’ : ibid.
53. ‘a radical departure’ : ibid., 92
53. ‘to consider principles’ : ibid., 93
53. ‘the primary object’ : ibid.
53. an illuminating exchange: see Raphael (1993), 292–297
54. ‘and other eminent Jews’ : ibid., 293
54. ‘Students of the Jewish faith’ : ibid., 293–294
54. ‘a rapidly growing anti-Semitic feeling’ : ibid., 294
54. ‘Carrying your suggestion’ : ibid., 296
54. ‘We want’ : ibid., 297
54. ‘To be an American’ : Feingold (1995), 17
55. the dean’ s office: see Karabel (2005), 94
55. Starting in the autumn of 1922: ibid.
55. ‘What change’ : ibid.
55. ‘religious preference’ : ibid.
55. On 7 April 1923: ibid., 100
55. ‘far removed’ : ibid., 95
55. ‘no departure’ : ibid., 101
55. 25 per cent: ibid., 105
55. ‘They are …… going’ : ibid., 109
56. ‘not a negligible fact’ : Palevsky (2000), 103
56. ‘Shylock’ : S & W, 13
56. ‘misanthropy’ : ibid., 31
56. ‘the benign Lowell’ : ibid., 13
56. ‘Harvard has so far’ : ibid.
57. ‘I wanted not to be involved’ : Thorpe (2006), 30
57. ‘a little bit possessive’ : ibid., 32
57. ‘a sort of feeling’ : ibid., 33
57. Black introduced him: see ibid., 31, and Cassidy (2005), 71
57. John Edsall: for more on Edsall’ s life and work, see Doty (2005) and Edsall (2003)
58. *The Gad-Fly*: see Cassidy (2005), 72
58. ‘to sting people’ : Plato, Apology, section 30e

58. ‘Among the collegiate herd’ : Cassidy (2005), 72
58. ‘I don’ t know’ : ibid.
58. ‘assinine pomposity’ : S & W, 15
58. He has recalled: ibid., 33
59. ‘a little bit precious’ : Thorpe (2006), 34
59. ‘I was very fond of music’ : S & W, 33–34
59. ‘You’ re the only physicist’ : ibid., 34
59. ‘Category Phoenix’ : Ellanby (1952)
59. ‘Chain Reaction’ : Ellanby (1956)
59. *Races and People*: Boyd and Asimov (1955)
59. Boyd and Asimov argued: ibid., Chapter 2
59. ‘the closest friends’ : S & W, 45
60. later letters to Horgan: see, e.g., ibid., 40–41
60. Prescott Street: ibid., 12
60. doubtful that he ever met Fergusson: ibid., 44
60. ‘Boyd, as you charitably predicted’ : ibid., 57
61. ‘seen something of Robert’ : ibid., 16
61. ‘a little science club’ : ibid.
61. ‘get professors’ : ibid.
61. ‘an aberrant Cambridge Puritan’ : ibid.
62. In his first year: ibid., 14
62. ‘a wonderful man’ : ibid.
62. ‘quiet futility’ : ibid., 15
62. ‘is not an educational institution’ : Cassidy (2005), 74–75
63. he applied *twice*: see S & W, 15
63. but was rejected: ibid., 57
63. ‘I contend’ : Karabel (2005), 121
63. ‘bookworms’ : ibid.
63. ‘fondness of’ : ibid.
63. a formula: ibid.
64. ‘I am again’ : S & W, 18
64. ‘a disgusting and doddering syphilitic’ : ibid., 19
64. ‘I shall send you my story’ : ibid., 20
64. ‘received another inspiration’ : ibid., 24
64. ‘Here are the masterpieces’ : ibid., 25
65. ‘imitation of Katherine Mansfield’ : ibid., 27
65. ‘artificiality of emotional situation’ : ibid.
65. ‘conscious’ : ibid.
65. ‘I should not have the hardihood’ : ibid.

65. ‘nothing but admiration’: ibid., 52
65. ‘I am overwhelmed’: ibid., 55
65. ‘skill with people’: ibid.
66. ‘I find it hard to swallow’: ibid., 56
66. ‘I suppose’: ibid.
66. ‘I find these awful people’: ibid., 57
67. ‘the whole tone’: Bernstein (2004), 16
67. ‘Scandal’: Cather (1920), 169–198
68. ‘While he was still’: ibid., 186–187
68. ‘His business associates’: ibid., 187
68. ‘that used to belong’: ibid., 191
68. ‘She and I are in the same boat’: ibid., 198
69. a huge biography: Horgan (1976)
69. ‘Willa Cather’s Incalculable Distance’: Horgan (1988), 79–92
69. ‘a true artist of prose’: ibid., 90
69. ‘Doesn’t A Lost Lady remind you’: S & W, 51
69. ‘represents civilization in the West’: Randall (1960), 176
69. ‘The Old West’: Cather (1923)
70. ‘scintillated more’: S & W, 22
70. ‘Are you again’: ibid., 19
70. ‘insanely jealous’: ibid., 22
71. ‘But oh, beloved’: ibid., 32
71. ‘Please’: ibid., 33
71. ‘hear about your adventures’: ibid., 67
71. ‘the classic confectionery’: ibid.
71. remarked many years later: ibid., 68
71. ‘similarly satisfying’: ibid., 32
71. ‘searched the plant’: ibid.
72. ‘Only one wretch’: ibid., 32–33
72. ‘The job and people’: ibid., 33
72. ‘Paul [Horgan] has been with me’: ibid., 35
72. ‘It was my first taste’: ibid., 34
72. He recalls: ibid., 36
72. ‘And toward the end’: ibid., 38
73. Horgan himself: ibid., 37
73. Boyd was impressed: see ibid., 34 and 37
73. Bernheim, on the other hand: ibid.
73. ‘…… we would go out’: ibid., 36–37
73. ‘salt-encrusted’: ibid., 28

73. ‘But really, maestro’ : ibid., 35
73. ‘more elementary’ : Jeans (1908), v
73. ‘The present book’ : ibid.
74. ‘what I liked in chemistry’ : S & W, 45
74. ‘I can’ t emphasise strongly enough’ : ibid., 45–46
74. wrote to Edwin C. Kemble: ibid., 28–29
75. ‘partial list’ : ibid., 29
75. his inaugural lecture: Lewis (1914)
76. ‘any man’ : ibid., 6
76. ‘Mr Oppenheimer’ : S & W, 29
76. ‘Years later’ : ibid.
76. ‘the textbook bible’ : Kevles (1995), 160
77. a telegram: see S & W, 39
77. a great variety of courses: see ibid., 45
78. ‘I’ m sorry to contradict you’ : various versions of this story have appeared in print over the years, beginning with that in *Time* magazine, 8 November 1948, 71, and continuing with: Royal (1969), 29–30, Michelmore (1969), 13, Goodchild (1980), 16, and B & S, 34. My version combines the Royal and Timeaccounts. The various versions are all substantially the same, except that, in the Michelmore/ Goodchild accounts, Oppenheimer places the temple ‘fifty, a hundred years earlier’ . Oppenheimer’ s view that the temple was built before 400 bcreceives *some* support from modern scholarship, which dates it to 430–420 bc(see Cerchiai et al. [2004], 276).
78. Jeffries Wyman: for more on Wyman’ s life and work, see Alberty et al. (2003), Gill (1987) and Simoni et al. (2002)
78. ‘Francis was full of talk’ : see Thorpe (2006), 29
78. ‘Jeffries too’ : S & W, 39
79. ‘was a little precious’ : ibid.
79. as Boyd had: see ibid., 33–34, where Boyd is quoted as saying that the chief thing he and Oppenheimer did *not* have in common was a love of music; while Boyd was ‘very fond of music’ , he considered Oppenheimer to be ‘totally amusical’ .
79. ‘completely blind’ : ibid., 39
79. ‘found social adjustment very difficult’ : ibid., 61
79. ‘We were good friends’ : ibid.
79. ‘He wasn’ t a comfortable person’ : ibid., 44
79. ‘he was pretty careful’ : ibid., 45
79. he later said: *Time* magazine, 8 November 1948, 71
80. ‘I am working very hard now’ : S & W, 51

80. 'Generously, you ask what I do' : ibid., 54
80. 'The whole tone' : Bernstein (2004), 16 – see also page 67 above
80. 'We were all too much in love' : S & W, 60
80. 'ravishing creature' : ibid., 69
80. have dinner at Locke-Ober's: Michelmore (1969), 15
80. Boyd also remembers: S & W, 60–61
81. And bernheim recalls: ibid.
81. trips to Cape Ann: ibid., 25
81. 'ramshackle cottage' : ibid., 24
81. 'mythological landscape' : ibid., 25
81. 'Even in the last stages' : ibid., 60
81. 'For me' : ibid., 62
81. Oppenheimer discovered: ibid., 65
81. 'I cannot decide' : ibid., 67
81. 'I am taking a course' : ibid.
82. 'It is almost forty years ago' : ibid., 71
82. In addition: for a list of courses Oppenheimer took during his final year, see ibid., 68
82. George Birkhoff: for a brief account of Birkhoff's life and work, see Dool (2003)
82. 'because he'd been working on it' : S & W, 69
82. 'one of the world's greatest academic anti-Semites' : see Siegmund-Schultze (2009), 225
83. 'He is Jewish' : Thorpe (2006), 35
83. 'I found Bridgman' : S & W, 69
83. 'a certificate' : ibid., 70
83. he wrote to Francis Fergusson: ibid., 72–73
83. 'frantic, bad and graded A' : ibid., 70
83. two Bs: ibid., 73–74
83. 'got plastered' : ibid., 74

5. Cambridge

84. 'You will tell me' : S & W, 73
84. 'your ability' : ibid., 86
84. 'sailing and recuperating' : ibid., 73
84. 'to see about laboratory facilities' : ibid., 79
85. 'The Parents' : ibid., 80
85. 'immense, huge, pounding rain' : ibid., 81
85. 'near the centre' : ibid., 75
85. Rutherford: for more on Rutherford's life, see Eve (1939), Birks (1962), Wilson

(1983) and Campbell (1999). For a shorter summary account, see Cropper (2001), Chapter 21. For the original expression of Rutherford' s planetary model of the atom, see Rutherford (1911). Popular accounts of that model are available in Bizony (2007), Part Two, Gamow (1965), 'Chap. 10½' , Gamow (1985), Chapter II, Gamow (1988), Chapter VII, and Gribbin (1984), Chapter 2.

85. the Cavendish Laboratory: see Crowther (1974), Larsen (1962) and Thomson (1964)

86. J.J. Thomson: see Thomson (1964a and 1964b)

86. in 1897 he discovered: see Thomson (1897)

86. Niels Bohr: for Bohr' s life and work, see Moore (1967), Pais (1991) and Rozental (1967)

86. the 'Rutherford–Bohr model' : first put forward in Bohr (1913), reprinted in Bohr (1981). Many popularisations of this model have appeared in print over the last hundred years or so. Among the ones I have consulted are: Bizony (2007), Part Two, Gamow (1965), 'Chap. 10½' , Gamow (1985), Chapter II, Gamow (1988), Chapter VII, Gribbin (1984), Chapter 4, Hoffmann (1959), Chapter V, and Kumar (2009), Chapter 3. Technically more sophisticated accounts can be found in Mills (1994), Chapter 12, and Treiman (1999), Chapter 3.

87. the 'Bohr–Sommerfeld model' : for an accessible account of this, see Kumar (2009), 112–115

88. 'that brief excursion' : FF to JRO, 25.4.1925, S & W, 73

88. 'perfectly prodigious' : ibid., 77

89. 'excellent applicants' : see JRO to PWB, 29.8.1925, ibid., 82

89. *Antarctic Adventure*: Priestley (1914)

89. *Breaking the Hindenburg Line*: Priestley (1919)

89. 'should like to be admitted' : JRO to REP, 30.8.1925, S & W, 82–83

89. 'as soon as it seems advisable' : JRO to REP, 16.9.1925, ibid., 84–85

90. 'knows everyone at Oxford' : JRO to HWS, 11.12.1925, ibid., 90

90. meetings at Pontigny: see Smith (2000), 100–101

90. 'To be invited to Pontigny' : ibid., 101

90. 'rather Russian account' : S & W, 86

91. 'I do not think' : JRO to FF, 1.11.1925, ibid.

91. 'some terrible complications' : JRO to FF, 15.11.1925, ibid., 88

92. 'The Two Cultures' : Snow (1959)

92. Sir Arthur Shipley: see the obituary in the *British Medical Journal*, 1 October 1927, 615

92. 'miserable hole' : JRO, interview with TSK, 18.11.1963, S & W, 89

92. 'I am having a pretty bad time' : JRO to FF, 1.11.1925, ibid., 87

92. a curious document: see B & S, 41 and 44–45. The document is now in the

Sherwin Collection, attached to an interview with FF by AKS, dated 21 April 1976.

93. ‘was completely at a loss’ : FF in interview with MJS, 18.6.1979, quoted B & S, 41 and 47

93. ‘seemed more self-confident’ : ibid., 41

93. ‘first class case of depression’ : ibid., 44

93. ‘He found himself’ : ibid.

93. ‘Fortunately’ : ibid.

93. ‘tried to put them together’ : ibid., 45

93. ‘ridiculously unworthy’ : ibid.

93. ‘did a very good and chiefly rhetorical imitation’ : ibid.

94. ‘There they lay’ : ibid.

94. ‘The academic standard’ : JRO to FF, 1.11.1925, S & W, 87

94. Patrick Blackett: see Hore (2003), Lovell (1976) and Nye (2004)

94. ‘a young Oedipus’ : I.A. Richards, quoted in Nye (2004), 25

94. his most important contributions: see Crowther (1974), Chapter 16

95. Blackett’ s remarkable photographs: ibid., 214

95. Nobel Prize: Franck’ s acceptance speech, with the rather unenticing title ‘Transformations of kinetic energy of free electrons into excitation energy of atoms by impacts’ , can be found on the Nobelprize.org. website: at http://nobelprize.org/nobel_prizes/physics/laureates/1925/franck-lecture.html

95. Max Born: for Born’ s life, see Born (1978) and Greenspan (2005)

95. ‘handsomest, gayest, happiest pair’ : I.A. Richards, quoted in Nye (2004), 28

95. collection of essays: Wright (1933)

96. ‘The Craft of Experimental Physics’ : ibid., 67–96

96. ‘is a Jack-of-All-Trades’ : ibid., 67

96. ‘The point is’ : Goodchild (1980), 17

96. Rutherford himself: see Pais (1986), 367. Rutherford told the story to Paul Dirac, who then repeated it to Pais. Dirac, Pais adds, ‘witnessed a similar occurrence later in Göttingen’ .

96. ‘felt so miserable’ : JW in an interview with CW, 28.5.1975, quoted B & S, 43

97. an attempt to murder his tutor: the story of the poisoned apple has been told many times in many different versions, all of them (directly or indirectly) based on accounts given by Oppenheimer to his friends. Denise Royal, basing her account on that of an unnamed ‘informant’ (presumably Jeffries Wyman), says that in the Christmas vacation of 1925, Oppenheimer went with Wyman to Corsica and, near the end of the holiday, turned down Wyman’ s suggestion that they travel to Rome to meet Fergusson and Koenig, saying, with a twinkle in his eye, that he had to get back to Cambridge because he had left a poisoned apple on Blackett’ s

table. This, Royal says, ‘was Robert’ s whimsical way of saying he had some work to do for Blackett’ (Royal [1969], 36).

Essentially the same story (based on the interview CW conducted with JW in 1975) is told in Smith and Weiner, though they correct some of the details, placing the Corsican holiday in the spring vacation, rather than at Christmas, and mentioning that Edsall was also included in the trip. ‘To this day,’ they say, ‘Edsall and Wyman are not sure about the poisoned-apple story; at the time they assumed it was an hallucination on Robert’ s part’ (S & W, 93). ‘Metaphoric interpretations,’ they insist, ‘should not be excluded’ (ibid.). Goodchild repeats Smith and Weiner’ s version of the story, and does not even entertain the idea that there actually was a poisoned apple. It was, he thinks, either an ‘elaborate metaphor’ or a hallucination (Goodchild (1980), 18).

Bernstein, partly because he believes that Oppenheimer ‘must have scarcely known Blackett’ , is inclined to attribute the story to ‘the mythmaking Oppenheimer indulged in for most of his life, sometimes with disastrous consequences for himself and others’ (Bernstein [2004], 21).

My account follows that of Bird and Sherwin, who make crucial use of the recollections of Francis Fergusson, given in an interview that Sherwin conducted with Fergusson in 1979. Remembering a confession that Oppenheimer had made to him at the end of 1925 (so some months before the holiday in Corsica), Fergusson told Sherwin: ‘He [Oppenheimer] had kind of poisoned the head steward. It seemed incredible, but that was what he said. And he had actually used cyanide or something somewhere. And fortunately the tutor discovered it. Of course there was hell to pay with Cambridge’ (B & S, 46).

Charles Thorpe mentions Bird and Sherwin’ s account, but, for a reason he does not make explicit, is inclined not to believe it, thinking it ‘more likely’ that the episode was a ‘fantasy’ on Oppenheimer’ s part, born out of the jealousy he felt for Blackett (see Thorpe [2006], 38)

97. ‘Blackett was brilliant and handsome’ : JE in his interview with CW, 16.7.1975, quoted in Thorpe (2006), 39

97. his interview with Martin Sherwin: conducted 18.6.1979, quoted in B & S, 46

97. His father negotiated an agreement: HWS interviewed by CW, 1.8.1974, quoted in B & S, 46

97. ‘I saw him standing on the corner’ : FF interviewed by AKS, 21.4.1976, S & W, 94

97. ‘He looked crazy’ : FF interviewed by MJS, 18.6.1979, B & S, 46

97. ‘said that the guy was too stupid’ : FF interviewed by AKS, 21.4.1976, S & W, 94

98. ‘I was on the point’ : *Time* magazine, 8 November 1948, 71

98. 'My reactionwas dismay' : FF interviewed by MJS, 18.6.1979, B & S, 47
98. 'began to get very queer' : ibid.
98. Oppenheimer' s behaviour in Paris: ibid. In his interview with AKS, Fergusson told her that Oppenheimer had been to see a prostitute, but had been unable to 'get to first base' with her: 'nothing would click' (quoted in B & S, 608).
98. 'one of his ambiguous moods' : B & S, 47
98. 'I leaned over to pick up a book' : ibid., the source for which is Fergusson' s 'Account of the Adventures of Robert Oppenheimer in Europe' and his interview with Sherwin of 18.6.1979. The same incident is described in S & W, 91, the source for which is FF' s 1976 interviews with AKS.
98. 'You should have' : JRO to FF, 23.1.1926, S & W, 91
99. 'the awful fact of excellence' : ibid., 92
99. he insisted: for an account of these negotiations, see Crowther (1974), Chapter 14
99. 'thought my experiments quite good' : JRO to FF, 15.11.1925, S & W, 87
99. 'what happened with beams of electrons' : JRO in interview with TSK, 18.11.1963, quoted ibid., 88
99. 'which can give an indication' : JRO to REP, 16.9.1925, ibid., 84
99. 'the miseries of evaporating beryllium' : JRO in interview with TSK, 18.11.1963, quoted ibid., 88
100. 'The business in the laboratory' : ibid.
100. 'there was a tremendous inner turmoil' : JE interview with CW, 16.7.1975, ibid., 92
100. 'the most profound revolution' : Weinberg (193), 51, quoted in Kumar (2009), 153
100. 'certainly some good physicists' : JRO to FF, 15.11.1925, S & W, 88
100. Kapitza Club: the account of Peter Kapitza and the club named after him is based on those given in Farmelo (2009), Kragh (1990), Mehra and Rechenberg (1982e) and Nye (2004)
101. Paul Dirac: see Farmelo (2009), Kragh (1990) and Mehra and Rechenberg (1982e)
101. 'not easily understood' : JRO interview with TSK, 18.11.1963, quoted S & W, 96
101. 'Quantum Theory (Recent Developments)' : see Dirac (1995), xvii–xviii, and Kragh (1990), 30
101. 'Dirac gave us' : see Kragh (1990), 30
102. 'a generous-spirited man' Farmelo (2009), 53
102. a series of three short papers: see Comptes rendus(Paris), Volume 177 (1923), 507–510, 548–550, 630–632
102. Einstein' s Nobel Prize-winning suggestion: 'Über einen die Erzeugung und Verwandlung des Lichtes betreffenden heuristischen Gesichtspunkt' [' On a

Heuristic Viewpoint Concerning the Production and Transformation of Light'], *Annalen der Physik*, 17 (6), 132–148

102. a series of experiments: see Compton (1923)
103. an English version of de Broglie' s articles: de Broglie (1924)
103. 'He has lifted a corner' : Abragam (1988), 30, quoted Kumar (2008), 150
103. 'brimful of talk and enthusiasm' : Lovell (1975), 10, quoted Nye (2004), 46
103. Paul Dirac gave a paper: see Kragh (1990), 31
103. Werner Heisenberg: the best biography of Heisenberg I know, and the source for much of my information about him, is Cassidy (1992). I have also learned much from Cassidy (2009), Powers (1994) and Rose (1998).
105. 'Quantum Theoretical Reinterpretation' : see Heisenberg (1925) for the original German publication; for an English translation, see Waerden (1968), 261–276
105. 'What do you think of this?' : Farmelo (2009), 83
105. 'The Fundamental Equations' : see Dirac (1925), and Waerden (1968), 307–320
105. a paper that they wrote together in September: see Born and Jordan (1925). For an English translation, see Waerden (1968), 277–306
106. 'On Quantum Mechanics II' : Born, Heisenberg and Jordan (1926), Waerden (1968), 321–386
106. Dirac' s second paper: Dirac (1926), Waerden (1968), 417–427
106. a paper to the Del Squared V Club: see Cassidy (2005), 98
106. 'My regret' : JRO to FF, 7.3.1926, S & W, 92
106. 'and I remember thinking' : FF interview with MJS, 18.6.1979, quoted B & S, 49
107. If he could take a break: see JRO to FF, 7.3.1926, S & W, 93
107. 'Quantization as a Problem of Proper Values' : Schrödinger (1926a). For a summary of Schrödinger' s theory in English, see Schrödinger (1926e); for an English translation of the original article, see Schrödinger (1982), 1–12
107. 'wave mechanics' : or, as his 1926e summary translation has it, 'undulatory' mechanics
107. three further landmark papers: Schrödinger (1926a–d)
107. 'like an eager child' : Planck to Schrödinger, 2.4.1926, quoted Moore (1989), 209, and Kumar (2009), 209
107. 'the idea of your work' : Einstein to Schrödinger, 16.4.1926, quoted Moore (1989), 209, and Kumar (2009), 209
107. 'deepest form of the quantum laws' : quoted in Cassidy (2009), 150
108. 'passionately eager' : Edsall (2003), 14
108. 'intensely articulate' : ibid.
108. 'No, no. Dostoevsky is superior' : see Michelmore (1969), 18
108. 'The kind of person that I admire most' : JE in interview with CW, 16.7.1975,

quoted S & W, 93. See Michelmore (1969), 18, for a slightly different version of the same recollected remark.

109. a misunderstanding between Edsall and the Corsican police: Michelmore (1969), 18. Michelmore gives no source, but presumably he was told the story by Edsall.

109. ‘what began for me in Corsica’: Pharr Davis (1969), 20

109. ‘a great and lasting part’ ibid., 19

109. ‘You see, don’t you’: ibid.

109. ‘You ask whether I will tell you’: ibid., 20

109. ‘a European girl’: ibid., 19

110. ‘one of the great experiences’: Chevalier (1965), 34

110. quoting from memory: ibid.

110. ‘Perhaps she would not’: ibid., 35

110. ‘We most of all’: JRO, speech at Seven Springs Farm, Mount Kisco, New York, summer 1963. Full text in the Oppenheimer Papers, Library of Congress; extract quoted in Goodchild (1980), 278, where, however, it is mistakenly dated ‘summer of 1964’.

111. ‘felt much kinder’: Royal (1969), 36

111. ‘passing through a great emotional crisis’: B & S, 50

111. ‘I can’t bear to speak of it’: ibid.

111. ‘Well, perhaps’: ibid.

112. ‘On the Quantum Theory of Vibration-Rotation Bands’: Oppenheimer (1926a)

112. ‘That was a mess’: JRO in interview with TSK, 18.11.1963, quoted Pais (2006), 10

113. ‘we went out on the river’ JRO in interview with TSK, 18.11.1963, quoted S & W, 96

113. ‘very warm person’: GU in interview with CW, 8.1.1977, quoted S & W, 97

113. ‘realised then’: JRO in interview with TSK, 18.11.1963, quoted S & W, 97

114. ‘I’m in difficulties’: JRO in interview with TSK, 18.11.1963, quoted S & W, 96

114. ‘I forgot about beryllium’: ibid.

114. ‘I thought it put a rather useful glare’: JRO in interview with TSK, 18.11.1963, quoted B & S, 54

114. Edsall remembers: JE interview with CW, 16.7.1975, quoted S & W, 93

114. ‘I am indebted to Mr J.T. Edsall’: Oppenheimer (1926b), 424

114. ‘On the Quantum Theory of the Problem of the Two Bodies’: Oppenheimer (1926b)

114. Max Born: for biographical information on Born, I have relied mainly on Born (1978) and Greenspan (2005)

114. ‘Zur Quantenmechanik der Stossvorgänge’: Born (1926a). An English

translation has appeared in Wheeler and Zurek (1983), 52–61.

114. longer, more polished and refined paper: Born (1926b). English translation in Ludwig (1968), 206–230

114. ‘On the Quantum Mechanics of Collisions of Atoms and Electrons’ : see Mehra and Rechenberg (1982e), 215, and Mehra and Rechenberg (1987), 760

115. ‘God does not play dice’ : AE to MB, 26.12.1926, Born (1971)

116. Jeremy Bernstein has speculated: see Bernstein (2005)

116. ‘Physical Aspects of Quantum Mechanics’ : Born (1927), reprinted in Born (1956), 6–13

117. ‘particularly interested’ : JRO to REP, 18.8.1926, S & W, 98

117. ‘had very great misgivings’ : JRO interview with TSK, 18.11.1963, quoted S & W, 97

Part II: 1926–1941

6. Göttingen

121. ‘conscious of his superiority’ : Born (1978), 229

121. ‘I was never very good’ : ibid., 234

122. ‘much mathematical power’ : Bridgman to Rutherford, 24.6.1925, quoted S&W, 77

123. ‘bitter, sullen ……discontent and angry’ : JRO interview with TSK, 20.11.1963, quoted S & W, 103

123. one of the very first branches: see Madden and Mühlberger (2007), Chapter 7

123. Achim Gercke: ibid.

124. Charlotte Riefenstahl: the story of Oppenheimer’ s meeting with Riefenstahl has been retold many times, but its original telling (presumably based on an interview with Riefenstahl herself) is in Michelmore (1969), 22–3.

124. ‘had the typical bitterness’ : JRO interview with TSK, 20.11.1963, quoted S & W, 103

125. ‘The Americans’ : Born (1978), 228

125. ‘All right’ : Michelmore (1969), 21

125. ‘Trouble is’ : ibid., 20

125. ‘He and Born became very close friends’ : Edward Condon, ‘Autobiography Notes’ , Condon Papers, American Physical Society, Philadelphia, quoted Schweber (2000), 63–64

125. Karl T. Compton: see Compton (1956)

126. ‘when he was a member’ : ibid., 125

126. He is reported: Margaret Compton in interview with AKS, 3.4.1976, quoted S & W, 103–104

126. ‘There are about 20 American physicists’ : JRO to FF, 14.11.1926, S & W, 100

127. ‘another problem’ : JRO to ECK, 27.11.1926, S & W, 102
127. In Born’ s seminar: see Born (1978), 229, and Greenspan (2005), 144
127. ‘I felt as if’ : Elsasser (1978), 53
127. ‘I was a little afraid of Oppenheimer’ : Born (1978), 229
128. one day, Born arrived: ibid. See also Greenspan (2005), 144–145
128. ‘This plot worked’ : Born (1978), 229
128. ‘As far as I can learn’ : K.T. Compton to Augustus Trowbridge, 6.12.1926, quoted Cassidy (2005), 115
128. ‘I would like to point out’ : MB to Augustus Trowbridge, 26.12.1926, quoted ibid.
129. ‘Zur Quantentheorie kontinuierlicher Spektren’ : Oppenheimer (1927a)
129. ‘quite important’ : Pais (2006), 10
129. ‘unexplored territory’ : ibid.
129. ‘You ought to tackle’ : Dalitz and Peierls (1986), 147
129. ‘The Development of Quantum Mechanics’ : Dirac (1978), 1–20
129. ‘It was very easy’ : ibid., 7
129. ‘The most exciting time’ : JRO interview with TSK, 20.11.1963, quoted Pais (2006), 10
130. ‘Oppenheimer indicates’ : PAMD interview with TSK, 14.5.1963, quoted Pais (2006), 10. The entire interview is available online at: http://www.aip.org/history/ohilist/4575_1.html
130. ‘I am especially happy’ : Dirac (1971), 10
130. ‘I don’ t see’ : there are many versions of this story in print, starting with Royal (1969), 38. The version I have used is from Farmelo (2009), 121. He gives Bernstein (2004) as his source, but in fact his version is slightly different from Bernstein’ s, and, in my opinion, slightly better.
130. where he had been since September 1926: for an account of Dirac at Copenhagen, see Farmelo (2009), Chapter Eight
131. ‘quite excellent’ : MB to W.S. Stratton, 27.2.1927, quoted S & W, 103
131. ‘There are three young geniuses’ : Earle Kennard to R.C. Gibbs, 3.3.1927, quoted Kevles (1995), 217
131. ‘Great ideas’ : Sopka (1980), 159
131. ‘On the Intuitive Content’ : Heisenberg (1927), translated into English (under the title ‘The Physical Content of Quantum Kinetics and Mechanics’), Wheeler and Zurek (1983), 62–84
131. ‘My own feeling’ : JRO to GU, 12.3.1927, S & W, 106
132. two papers: Oppenheimer (1927b and 1927c)
132. ‘I am very glad’ : JRO to GU, 12.3.1927, S & W, 106
132. ‘From what I hear’ : PWB to JRO, 3.4.1927, quoted S & W, 105

133. ‘I’ m glad that is over’ : Michelmore (1969), 23. A slightly different version is given in B & S, 66.
133. ‘Economic circumstances’ : B & S, 66
133. ‘My soul’ : MB to PE, 7.8.1927, quoted Greenspan (2005), 146
133. ‘presence destroyed’ : MB to PE, 7.10.1928, quoted Greenspan (2005), 153
133. ‘Through his manner’ : MB to PE, 16.7.1927, quoted Greenspan (2005), 146
133. ‘Zur Quantentheorie der Molekeln’ : Oppenheimer and Born (1927)
134. ‘why molecules were molecules’ : B & S, 65
135. ‘I thought this was about right’ : ibid.
135. ‘I didn’ t like it’ : ibid., 66
135. ‘Oppenheimer is turning out’ : ECK to Theodore Lyman, 9.6.1927, quoted S & W, 107
136. ‘In the sense’ : JRO, interview with TSK, 20.11.1963, quoted S & W, 98
136. ‘ruined my young people’ : MB to PE, 7.10.1928, quoted Greenspan (2005), 153
136. ‘Oppenheimer, who was with me’ : MB to PE, 16.7.1927, quoted Greenspan (2005), 146
137. ‘Your information’ : MB to PE, 7.8.1927, quoted Greenspan (2005), 146
137. ‘The Quantum Postulate and the Recent Development of Atomic Theory’ : Bohr (1928)
138. ‘On or about December 1910’ : the remark is from Woolf’ s essay, ‘Mr Bennett and Mrs Brown’ , see Woolf (1992), 70
139. ‘conference will be devoted’ : see Kumar (2009), 255
139. The congress ran: what follows is based on the account of the Solvay Congress given in Kumar (2009), Chapter 11, 253–280.
140. ‘We consider’ : ibid., 258
140. ‘towering over everybody’ : ibid., 275
140. ‘I am satisfied’ : ibid., 276
140. ‘My brother and I’ : FO, interview with AKS, 14.4.1976, quoted S & W, 108
140. ‘He’ s too much’ : Michelmore (1969), 23
141. ‘We were not highly regarded’ : IIR, interview with TSK, 8.12.1963, AIP, available at: http://www.aip.org/history/ohilist/4836.html
141. ‘There are no physicists in America’ : Raymond T. Birge to John Van Vleck, 10.3.1927, quoted Schweber (1986), 55–56
141. ‘We all got’ : quoted Goodchild (1980), 22
141. Else Uhlenbeck later recalled: interview with AKS, 20.4.1976, quoted S & W, 107
141. Charlotte stayed: see Michelmore (1969), 24–25

7. Postdoctoral Fellow

143. ‘Three Notes on the Quantum Theory of Aperiodic Effects’: Oppenheimer (1928a)

143. the polarisation of impact radiation: see Oppenheimer (1927d)

143. the capture of electrons by alpha particles: see Oppenheimer (1928b)

143. ‘very best felicitations’: JRO to PAMD, 28.11.1927, S & W, 108

144. ‘Details of the theory’: Oppenheimer (1928c), 262

144. ‘a thin high-strung postdoctoral fellow’: Morse (1977), 87, quoted S & W, 109–110

144. ‘Crossing’: *Hound and Horn: A Harvard Miscellany,* 1 (4), 335, June 1928, quoted S & W, 110

145. ‘own dry, sterile intellectuality’: Royal (1969), 43

146. ‘very much the man’: JRO to ECK, 16.2.1928, S & W, 111

146. Linus Pauling: the chief source for what follows is Hager (1995)

146. the definitive textbook: Pauling (1939)

146. ‘was then still stuck on crystals’: JRO, interview with TSK, 18.11.1963, quoted S & W, 112

147. ‘tryst to Mexico’: Hager (1995), 152

147. ‘Poems by J. Robert Oppenheimer 1928’: see Cassidy (2005), 125

147. ‘may possibly be of use to you’: JRO to FO, March 1928, S & W, 113

147. Helen Campbell: see Helen C. Allison, interview with AKS, 7.12.1976, S & W, 113

147. ‘many invitations’: JRO to KDN, 4.3.1954, ITMO, 7

148. ‘I am trying to decide’: JRO to FO, March 1928, S & W, 113

148. ‘I thought I’d like to go to Berkeley’: JRO, interview with TSK, 20.11.1963, quoted S & W, 114

148. 10 April 1928: see S & W, 114

148. ‘like to be able to accept’ JRO to Theodore Lyman, 21.4.1928, S & W, 114

148. Oppenheimer wrote again: JRO to Theodore Lyman, 7.5.1928, S & W, 115

148. ‘the Ramsauer fiasco’: JRO to ECK, 16.2.1928, S & W, 111

148. ‘try to learn a little physics there’: JRO to Elmer Hall, 7.3.1928, quoted Cassidy (2005), 122

148. ‘revealed to him’: Pais (2006), 15

148. on 26 April 1928: see Cassidy (2005), 123

149. ‘several doctors’: JRO to International Education Board, 2.8.1928, S & W, 117

149. Frank, asked many years later: S & W, 117

149. ‘If you are out here’: JRO to FO, March 1928, S & W, 113

149. in 1928 they sold the Riverside Drive: Cassidy (2005), 123

149. ‘Like it?’: Michelmore (1969), 27. A contemporaneous, but slightly different,

version is told in Royal (1969), 44

150. Francis Fergusson visited them: see Michelmore (1969), 27

150. ‘It now seems certain’ : JRO to RFB, 25.8.1928, S & W, 118

150. ‘slight sinus infection’ : Cassidy (2005), 125

150. they had an accident: see B & S, 73, and Cole (2009), 39

150. ‘sipping from a bottle’ : FO to Denise Royal, 25.2.1967, quoted B & S, 73

151. ‘His way of being alive’ : Klein (1981), 3

151. ‘He was not merely’ : Einstein (1950), 236

151. ‘to distrust’ : Weisskopf (1972), 2–3, quoted Klein (1981), 11

152. ‘If you intend’ : PE to JRO, 5.7.1928, quoted Klein (1981), 12

152. ‘I thought of him’ : JRO, interview with TSK, 20.11.1963, quoted S & W, 121

152. ‘I don’ t think’ : ibid.

152. ‘I think that’ : ibid.

153. ‘There was not a great deal of life’ : ibid.

153. ‘I absolutely do not know’ : see the Ehrenfest biography at: http://www.gap-system.org/~history/Biographies/Ehrenfest.htmland Pais (1991)

153. ‘None of us’ : JRO to GU, autumn 1933, S & W, 168

153. ‘spoiled this period’ : JRO, interview with TSK, 20.11.1963, quoted S & W, 121

154. ‘Bohr is Allah’ : see Enz (2002), 36

154. ‘a lamentable ignorance’ : JRO to FO, 30.12.1928, S & W, 119–121

155. ‘at the suggestion of Ehrenfest’ : JRO to IEB, 3.1.1929, S & W, 122

155. ‘a very ingenious physicist’ : PE to W.E. Tisdale (secretary of the IEB), 12.1.1929, quoted S & W, 122

155. ‘passionately preoccupied’ : see page 151 above

155. ‘that Bohr with his largeness and vagueness’ : JRO, interview with TSK, 20.11.1963, quoted S & W, 121

155. ‘a wise judgement’ : Pais (2006), 16

155. ‘about a physicist’ : PE to WP, 26.11.1928, Pauli (1979), 477, quoted Pais (2006), 16

156. Dr W.J. Robbins: see S & W, 123

156. ‘The luggage’ : JRO to W.J. Robbins, 4.2.1929, S & W, 123

156. both Oppenheimer and Pauli were in Leipzig: that Oppenheimer was in Leipzig is confirmed by Rabi, in Rabi et al. (1969), 4. He dates his meeting Oppenheimer in Leipzig to ‘late in 1928’ , but, given that Oppenheimer was still in Leiden on 3 January 1929 (the date of his letter to the IEB, quoted on page 155), it must have been shortly after this. For confirmation that Pauli was in Leipzig at this time, see Cassidy (1992), 285.

156. Heisenberg had been at Leipzig since 1927: what follows is based on the account given in Cassidy (1992), Chapter 14

157. ‘Dirac equation’: see Dirac (1928)
158. ‘On the Quantum Dynamics of Wave Fields’: Heisenberg and Pauli (1929); see also Cassidy (1992), 285
158. ‘interests changed’: see Rabi et al. (1969), 12
158. ‘I first met him in Leipzig’: Rigden (1987), 218
159. ‘What we needed were the leaders’: IIR, interview with TSK, 8.12.1963, quoted Rigden (1987), 63
159. ‘I got to know him quite well’: Rigden (1987), 218
159. ‘The time with Ehrenfest’: JRO, interview with TSK, 20.11.1963, quoted S & W, 126
159. ‘You know, what Mr Einstein said is not so stupid!’: see Peierls (1985), 46
159. ‘I do not mind’: ibid., 47
160. ‘not even wrong’: the oldest and most authoritative source for this story seems to be Peierls (1960), 186
160. ‘His ideas’: Michelmore (1969), 28
160. ‘nim-nim-nim-man’: ibid.
160. ‘Pauli once remarked’: Rabi et al. (1969), 5
160. ‘I believe’: WP to PE, 15.2.1929, Pauli (1979), 486, quoted Pais (2006), 17
160. ‘rather short’: Peierls (1985), 44
161. ‘worked very hard’: Rabi et al. (1969), 5
161. ‘Using flawless methods’: WP to Sommerfeld, 16.5.1929, Pauli (1979), 500, quoted Pais (2006), 18
161. ‘a continuation’: WP to NB, 17.7.1929, Pauli (1979), 512, quoted Pais (2006), 18
161. ‘Note on the Theory of the Interaction of Field and Matter’: Oppenheimer (1930a)
161. ‘First and foremost’: Dr Robbins to JRO, 30.4.1929, quoted S & W, 127
162. ‘fairly certain’: JRO to Robbins, 14.5.1929, S & W, 128
163. ‘In the spring of 1929’: ITMO, 7
163. ‘I was particularly impressed’: see Royal (1969), 45
163. ‘the intensity’: ibid.
163. ‘house and six acres’: JRO to FO, 6.5.1929, S & W, 126
163. ‘We’d get sort of drunk’: see B & S, 81
163. ‘It made me a little envious’: JRO to FO, 7.9.1929, S & W, 132

8. An American School of Theoretical Physics

165. ‘I didn’t start to make a school’: JRO, interview with TSK, 20.11.1963, quoted S & W, 131
165. ‘the greatest school’: Bethe (1997), 184

165. Condon has given vivid accounts: see EUC, interview with CW, 17.10.1967, AIP. Text available online at: http://www.aip.org/history/ohilist/4997_1.html. This interview is the source of most of what follows regarding the history of physics at Berkeley. See also Childs (1968) and Dahl (2006).
167. Ernest Lawrence: my information about Lawrence comes mainly from Childs (1968), Pharr Davis (1969) and Heilbron and Seidel (1990)
168. 'Ernest is making a mistake' : Pharr Davis (1969), 12
168. lecture to the Royal Society: Rutherford (1928)
169. 'I' m going to be famous' : Halpern (2010), 90
169. 80,000 volts: Rhodes (1988), 148
169. 'unbelievable vitality' : Childs (1968), 143
169. 'The more intimately' : Harold F. Cherniss, interview with MJS, 23.5.1979, quoted B & S, 93
169. 'His mere physical appearance' : ibid.
170. 'it tasted like sweepings' : Pharr Davis (1969), 24
170. 'We passed a hot-dog stand' : ibid.
170. 'I have been pretty busy' : JRO to FO, 7.9.1929, S & W, 133
170. 'the refractory problem' : JRO to FO, 14.10.1929, S & W, 135
170. 'young wives falling for Robert' : Helen C. Allison, interview with AKS, 7.12.1976, quoted B & S, 92
170. 'I can' t think' : JRO to FO, 14.10.1929, S & W, 135
170. 'very rarely' : JRO, interview with TSK, 20.11.1963, quoted S & W, 131
171. 'I think from all I hear' : ibid.
171. 'I found myself' : ibid., quoted Pais (2006), 20
171. 'Almost immediately' : Birge, Raymond T., *History of the Physics Department*, University of California, Berkeley, quoted Cassidy (2005), 154
171. 'I' m going so slowly' : quoted Royal (1969), 54, and (slightly differently) Michelmore (1969), 30
171. 'Since we couldn' t understand' : Goodchild (1980), 25
172. 'In Pasadena' : JRO, interview with TSK, 20.11.1963, quoted S & W, 131
172. 'I didn' t know' : CA, interviewed by Harriett Lyle, 9 January–8 February 1979, Caltech Archives
172. 'Robert, I didn' t understand' : ibid.
173. 'We had a delightful evening' : Julius Oppenheimer to FO, 11.3.1930, S & W, 137
173. 'From time to time' : JRO to FO, 14.10.1929
173. 'a dare-devil' : Helen Campbell Allison to AKS, quoted B & S, 91
173. 'It is not easy' : JRO to FO, 12.3.1930
174. Melba Phillips: see interview with Melba Phillips by Katherine Russell Sopka, 5

December 1977, AIP, and Neuenschwander and Watkins (2008)

175. ‘Relativistic Theory of the Photoelectric Effect’ : Oppenheimer and Hall (1931)

175. ‘very reliable individual’ : see B & S, 367

175. ‘the character of’ : see Cassidy (2005), 151

176. ‘physics was good’ : Serber (1983), 206, quoted Pais (1999), 106. It is also quoted Pais (2006), 25, but there Pais gives the wrong source, mistakenly claiming that the remark is to be found in Serber’ s contribution to Rabi et al. (1969).

176. ‘carelessness’ : Pais (2005), 25

176. ‘The error was his’ : ibid.

176. ‘fundamental barrier’ : Serber (1983)

176. ‘On the Theory of Electrons and Protons’ : Oppenheimer (1930b)

177. ‘a new kind of particle’ : Dirac (1931), 60

177. ‘are not to be considered’ : see Farmelo (2009), 195

177. already been used by Rutherford: see Rutherford (1920)

178. The problem that Pauli sought to solve: for good historical accounts of this problem, see Franklin (2004) and Pais (1986), 309–316.

178. Bohr, among others: see Bohr, Kramers and Slater (1924) and also Bohr (1932)

178. ‘desperate way out’ : WP to Lise Meitner and Hans Geiger, 1.12.1930, quoted Franklin (2004), 70

178. ‘To wit’ : WP, letter to physicists at Tübingen, 14.12.1930, quoted Franklin (2004), 71, and Pais (1986), 315

179. ‘that foolish child’ : WP to Max Delbrück, 6.10.1958, quoted Franklin (2004), 70, and Pais (1986), 314

179. he wrote to Frank: JRO to FO, 10.8.1931, S & W, 142–143

179. the Old Testament character: see the first book of Samuel, Chapter 4, Verse 21: ‘And she named the child Ichabod, saying, The glory is departed from Israel’

179. ‘Waring’ : see *The Poems of Browning Volume Two, 1841–1846*, edited by John Woolford and Daniel Karlin, Harlow: Longman (1991), 143–154

179. Summer-school participants remember: see S & W, 141

179. ‘I am afraid’ : JRO to FO, 10.8.1931, S & W, 142

180. ‘Mother critically ill’ : Royal (1969), 61

180. ‘He had a terribly desolate look’ : ibid., 62

180. a short notice: Oppenheimer and Carlson (1931). The issue of *Physical Review* in which it appeared was published on 1 November 1931. The notice is dated 9 October 1931, which was three days after Oppenheimer would have received the telegram from his father telling him that his mother was critically ill, and three days before he arrived in New York (so quite possibly on the day he left California). For an interesting and accessible discussion of Oppenheimer’ s work

with Carlson on cosmic rays and Pauli' s 'magnetic neutron' , see Brown (1978).

181. 'birth cries' : see, e.g., *Time*, 1 July 1932

181. 'published very shortly' : Oppenheimer and Carlson (1931), 1788

181. 'I found my mother' : JRO to EOL, 12.10.1931, S & W, 144

181. 'sweet message' : JRO to EOL, 16.10.1931, S & W, 145

181. 'I am the loneliest man' : HWS, interview with CW, 1.8.1974, quoted S & W, 145

181. 'I feel pretty awful' : JRO to EOL, 12.10.1931, S & W, 144

181. 'You must let me know' : JRO to EOL, 16.10.1931, S & W, 145

182. Time magazine: Time, 1 February 1932

182. 'comforting words' : JRO to EOL, 3.1.1932, S & W, 147

182. 'Millikan loathed Oppenheimer' : Pharr Davis (1969), 50

182. 'Millikan just left his name' : ibid.

183. 'A Hydrogen Isotope of Mass 2' : Urey et al. (1932)

183. 'hydrogen atom of nuclear physics' : quoted Kevles (1995), 226

183. 'the possible existence' : Rutherford (1920), 392

184. 'Possible Existence of a Neutron' : Chadwick (1932a)

184. 'dialogue passed into Cavendish tradition' : Snow (1982), 85

184. His inspiration: what follows is based on the account of the discovery of the neutron given in Brown (1997), Chapter 6.

184. 'The difficulties disappear' : Chadwick (1932a)

184. 'The Existence of a Neutron' : Chadwick (1932b)

185. 'The Impacts of Fast Electrons and Magnetic Neutrons' : Oppenheimer and Carlson (1932)

185. experimental evidence for the existence of neutrons: see ibid., 764

185. 'a hypothetical elementary neutral particle' : ibid., 763

185. 'not much greater' : ibid., 764

185. 'One may, however' : ibid.

185. 'there is no experimental evidence' : ibid., 792

185. a witty pastiche: see Gamow (1985), 165–218

185. 'Mrs Ann Arbor' s Speakeasy' : ibid., 190

185. 'and says, with pride' : ibid., 213

186. 'In our seminars' : Pharr Davis (1969), 49

186. 'sat afraid' : ibid., 48

186. 'I wrote the figure' : ibid., 40

187. 'We were busy' : ibid.

187. 'are setting about' : ibid., 41

187. Rutherford had known: see Rutherford (1927)

187. appeared in print twice: see Gamow (1928a and 1928b)

187. an article by Edward Condon and Ronald Gurney: Gurney and Condon (1928)
187. Shortly before it was published: what follows is based on the account given in Cathcart (2004)
188. publish an account of their work: see Cockcroft and Walton (1930)
188. 'What we require' : quoted Cathcart (2004), 173
188. 'I have just been' : Joseph Boyce to John Cockcroft, 8.1.1932, quoted Weiner (1972), 40–42, and Cathcart (2004), 216–217
188. 'stop messing about' : Cathcart (2004), 223
189. write up their experiment for Nature: see Cockcroft and Walton (1932)
189. 'We know' : Ernest Walton to Winifred Wilson, 17.4.1932, quoted Cathcart (2004), 238
189. 'The Structure of Atomic Nuclei' : Rutherford (1932)
190. 'science' s greatest discovery' : this and the other newspaper reports mentioned are quoted Cathcart (2004), 246–249
190. Bertrand Russell mentioned it: see Russell (1923), 11
190. *Wings over Europe*: see Cathcart (2004), 249–250
190. 'moonshine' : Rutherford, speech to the British Association for the Advancement of Science, 11 September 1933, reported in The Timesnewspaper, 12 September 1933
190. Leo Szilard: see Lanouette (1992), Chapter 10
191. 'The Atom Is Giving Up Its Mighty Secrets' : quoted Cathcart (2004), 253
191. 'Cockcroft and Walton have disintegrated the lithium atom' : quoted Pharr Davis (1969), 43. See also Cathcart (2004), 254
191. 'Many of the characters' : Farmelo (2009), 211
192. Anderson had started his research: the account that follows is based largely on Anderson (1961) and the interview of Anderson by Harriett Lyle, 9 January–8 February 1979, Caltech Archives.
192. 'talked to Oppenheimer quite a bit' : Anderson, interview by Harriett Lyle, 9 January–8 February 1979, Caltech Archives.
193. 'It beggars belief' : Farmelo (2009), 213
193. 'Tell us, Dirac' : quoted ibid., 206
193. he told Heisenberg: this account was given by Heisenberg to Oskar Klein, who then repeated it to Kuhn and Heilbron in their AIP interview with him. See Oskar Klein, interview with TSK and John L. Heilbron, Session IV, 28.2.1963. See also Farmelo (2009), 206
194. 'It seems necessary' : Anderson (1932), 239
194. fully worked out follow-up article: Anderson (1933)
194. 'It is surprising to me' : Anderson, interview by Harriett Lyle, 9 January–8 February 1979, Caltech Archives

194. 'Anderson' s positively charged electrons' : JRO to FO, autumn 1932, S & W, 159
195. 'I was quite intimate' : Nye (2004), 50
195. 'gone nuts' : Anderson, interview by Harriett Lyle, 9 January–8 February 1979, Caltech Archives
196. 'Greatest Atom Discovery' : quoted Farmelo (2009), 223
196. 'a little house' : JRO to FO, 10.8.1931, S & W, 143
197. 'is very much pleased' : JRO to FO, c. January 1932, S & W, 151
197. 'looks well' : ibid.
197. 'after I am gone' : ibid., 152
197. 'I am meeting lots of Robert' s friends' : ibid., 153
197. 'paradise' : see Brian (1996), 207
197. a millionairess: ibid., 216
198. 'I have urged him' : JRO to FO, 12.3.1932, S & W, 154
198. 'Only if things' : ibid.
198. 'The theoretical physics' : JRO to FO, 7.10.1933, S & W, 163
199. he responded to an appeal: JRO to Theodore von Karman, c.March 1934, S & W, 173
199. 'Tell me' : Nedelsky, interview with AKS, 7.12.1976, quoted S & W, 195
199. a serious study of ancient Hindu literature: in considering Oppenheimer' s interest in Hinduism, I have learned much from Hijiya (2000).
199. 'I am learning Sanskrit' : JRO to FO, 10.8.1931, S & W, 143
199. 'a friend half divine' : Ryder (1939), xxxviii
199. 'Ryder felt and thought' : *Time* magazine, 8 November 1948, 75
199. he alludes very briefly: S & W, 151
199. 'the Cakuntala' : ibid., 159
199. a year later: JRO to FO, 7.10.1933, S & W, 165
199. 'the precious Meghaduta' : JRO to FO, 4.6.1934, S & W, 1880
200. 'The Cloud Messenger' : see Thomas Clark, *Meghaduta, the Cloud Messenger: Poem of Kalidasa*(1882), Whitefish, Montana: Kessinger (2009)
200. 'Garuda' : JRO to FO, 7.10.1933, S & W, 164
200. 'that *delectatio contemplationis*' : S & W, 151
200. the extended disquisition on the notion of discipline: JRO to FO, 12.3.1932, S & W, 155
200. 'I believe' : ibid., 156
201. 'teachers, fathers and sons' : *The Bhagavad Gita*, translated by Juan Mascaro, London: Penguin (1962), Chapter 1, Verse 34
201. 'evil of destruction' : ibid., 1.39
201. 'Set thy heart' : ibid., 2.47

201. ‘freedom from the chains of attachment’: ibid., 13.9–13.11
201. ‘Any work’: ibid., 14.15
201. ‘would have been a much better physicist’: quoted Rigden (1987), 228
202. ‘The Jewish tradition’: ibid.
202. ‘why men of Oppenheimer’s gifts’: Rabi et al. (1969), 7
203. ‘The work is fine’: JRO to FO, autumn, 1932, S & W, 159
204. ‘It won’t be any trouble’: Nedelsky, interview with AKS, 7.12.1976, quoted S & W, 149
204. Wendell Furry: what follows draws on the information provided in Furry’s interview with Charles Weiner in Copenhagen, 9 August 1971, for the AIP: http://www.aip.org/history/ohilist/24324.html
204. ‘The state of theoretical physics’: Milton S. Plesset, interviewed by Carol Bugé, 8 December 1981, Caltech Archives
205. ‘On the Production of the Positive Electron’: Oppenheimer and Plesset (1933)
205. ‘The experimental discovery’: ibid., 53
205. ‘fundamental observation’: Pais (2006), 27
205. ‘fast electrons and positives’: Oppenheimer and Plesset (1933), 55
205. ‘Their final formula’: Pais (2006), 27
206. ‘I fancy’: quoted Schweber (200), 68
206. ‘profound thanks’: Oppenheimer and Plesset (1933), 55
206. Oppenheimer wrote to Bohr: S & W, 161–162
206. ‘swarming’: Milton S. Plesset, interviewed by Carol Bugé, 8 December 1981, Caltech Archives
206. ‘a lot of discussion’: ibid.
206. ‘pudgy-faced’: Farmelo (2009), 230
206. ‘What you have said’: quoted ibid., 231
206. a four-page letter: ibid., 232
207. he wrote to Frank: JRO to FO, 7.10.1933, S & W, 162–165
207. ‘work with pairs’: ibid., S & W, 164
207. ‘has definitely established’: ibid., S & W, 165
207. ‘Lawrence’s first European recognition’: quoted Pharr Davis (1969), 56
207. ‘Lawrence left the conference’: ibid., 57
207. ‘one of Lawrence’s saddest experiences’: ibid.
208. ‘The formalism’: JRO to EU, autumn 1933, S & W, 168
208. ‘The Production of Positives by Nuclear Gamma Rays’: Oppenheimer and Nedelsky (1933)
208. Three months later: see *Physical Review*, 45, 136 (1934)
208. ‘On the Theory of the Electron and the Positive’: Oppenheimer and Furry (1934a)

208. ‘it was a common sight’ : Michelmore (1969), 37–38
209. the Boston meeting: see S & W, 169
209. ‘A short while ago’ : quoted Mehra and Rechenberg (2001), 915
209. ‘I do not know’ : JRO to FO, 7.1.1934, S & W, 171
209. a letter to the editor: Oppenheimer and Furry (1934b)
209. another letter: Oppenheimer and Furry (1934c)
209. ‘from Dirac’ : JRO to GU, c. March 1934, S & W, 175
209. ‘Where is the nearest post office?’ : Serber (1998), 36
209. ‘golden creative streak’ : Farmelo (2009), 234
210. ‘A refusal’ : quoted ibid., 235
210. ‘He is not interested’ : quoted ibid., 239
210. ‘Thirty-One-Year-Old Professor’ : see ibid., 240
210. ‘Forgetful Prof’ : the newspaper page in question is reproduced in Kelly (2006), 129
210. ‘Like all geniuses’ : quoted ibid., 128
210. ‘I never saw’ : ibid.
210. ‘disentangling the still existing miseries’ : JRO to FO, 4.6.1934, S & W, 181
211. ‘Garuda does ninety-five’ : ibid., 182
211. demonstrating his car’ s speed: see ibid., 183
211. ‘that the American part of you’ : JRO to GU, autumn 1934, S & W, 187
211. ‘I have such a feeling’ : ibid., 188
211. Robert Serber: most of what I say about Serber comes from Serber (1998) and the three AIP interviews listed in the Bibliography, dated 1967, 1983 and 1996.
211. ‘When I arrived’ : Rabi et al. (1969), 17
211. ‘The word had gotten around’ : Serber, interviewed by Charles Weiner and Gloria Lubkin at Columbia University, 10 February 1967, AIP
212. ‘naturally’ : Lamb, in Brown and Hoddeson (1983), 313
212. ‘Oppenheimer’ s office’ : ibid., 314
212. ‘His group’ : Rabi et al. (1969), 18
212. a mother hen fussing over her chickens: see Pharr Davis (1969), 79
212. The first evening: see S & W, 186
213. ‘was a bachelor then’ : Rabi et al. (1969), 18
213. ‘Many of his students’ : ibid., 19
213. Lauritsen: what follows is based largely on Holbrow (2003)
213. a short paper: Oppenheimer and Lauritsen (1934)
214. Felix Bloch: see Hofstadter (1994)
214. ‘a rather sturdy indigenous effort’ : quoted Kevles (1995), 283
214. ‘One of us’ : Felix Bloch, interviewed by Charles Weiner, Stanford University, California, 15 August 1968, AIP

214. ‘a fish place’ : ibid.
214. ‘These were post-depression days’ : Rabi et al. (1969), 19
214. ‘Bloch grew expansive’ : Serber (1998), 31
215. ‘There were no jobs’ : Melba Phillips, interviewed by Katherine Russell Sopka, 5 December 1977, AIP
215. Running through the door: see Pharr Davis (1969), 58
215. ‘*Click ......click ...... click*’ : ibid.
216. ‘It was a wonderful time’ : ibid., 59
216. ‘Transmutation’ : quoted ibid., 63
216. Oppenheimer’s joint paper with Melba Phillips: Oppenheimer and Phillips (1935)
216. ‘an outline’ : JRO to EOL, c. spring 1935, S & W, 193
217. ‘Oppenheimer’s lectures’ : Brown and Hoddeson (1983), 313
217. ‘I never found nuclear physics so beautiful’ : quoted Pharr Davis (1969), 78
217. found love in Princeton: see Farmelo (2009), Chapter Nineteen
218. ‘Princeton is a madhouse’ : JRO to FO, 11.1.1935, S & W, 190

9. Unstable Cores

219. Frank: for biographical information on Frank Oppenheimer, the main sources are Cole (2009) and the interview with Judith R. Goodstein, 16 November 1984, Caltech Archives
219. ‘I remember once’ : Frank Oppenheimer, interview with Judith R. Goodstein, 16 November 1984, Caltech Archives
220. ‘To inject bigotry’ : Graham (2005), 199
220. ‘When I went to Hopkins’ : Frank Oppenheimer, interview with Judith R. Goodstein, 16 November 1984, Caltech Archives
220. ‘In Italy’ : ibid.
221. ‘How *did* he end up’ : Graham (2006), 5
221. ‘In the last months’ : ibid., 12
221. the McCarthy period: for a detailed account of Melba Phillips’s experience of McCarthyism, see Neuenschwander and Watkins (2008), 329–338, 355–359.
222. ‘when I stopped’ : Melba Phillips, draft for a eulogy for Frank Oppenheimer, 1985, quoted Neuenschwander and Watkins (2008), 309–310
222. ‘We were not political in any overt way’ : quoted ibid., 311
222. ‘the grim news’ : ibid.
222. ‘We were sitting’ : Serber (1998), 31
223. a major event: see Nelson (1988), Chapters 4 and 5
223. When the question was put directly to him: see ITMO, 277
224. ‘He tried’ : quoted Goodchild (1980), 34

224. ‘My brother Frank’: ITMO, 9
224. ‘occasionally perhaps’: ibid., 101
224. ‘defection’: Michelmore (1969), 47
224. ‘worked fairly well’: ITMO, 101
225. ‘Are the Formulae for the Absorption of High Energy Radiations Valid?’: Oppenheimer (1934)
225. ‘Such clarity’: ibid., 45
225. ‘made it possible’: ibid., 44
225. ‘possible to do justice’: ibid., 45
226. ‘On the Interaction of Elementary Particles I’: Yukawa (1935)
227. at the summit of Pikes Peak: for a detailed (and entertaining) account of this, see Anderson, interview with Harriett Lyle, 9 January–8 February 1979, Caltech Archives.
227. scholarly account: Anderson and Neddermeyer (1936)
227. fight with Heisenberg: what follows draws heavily on the account of the matter given in Cassidy (1992), Chapter 18.
228. a paper that he published in June 1936: Heisenberg (1936)
228. ‘On Multiplicative Showers’: Oppenheimer and Carlson (1937)
228. ‘It would seem’: ibid., 221
228. ‘another cosmic ray component’: ibid., 231
228. ‘the presence’: Anderson and Neddermeyer (1937), 884
228. a short report: see Street and Stevenson, ‘Penetrating Corpuscular Component of the Cosmic Radiation’, *Physical Review*, 51, 1005 (1937)
229. ‘a very conscious purpose’: Brown and Hoddeson (1983), 212
229. ‘the possibility’: Oppenheimer and Serber (1937)
229. ‘The point of view’: Oppenheimer, Serber et al. (1937), 1038
229. ‘optimistic’: quoted Cassidy (1992), 376
230. ‘it is important’: ibid., 406
230. ‘The Limits of Applicability’: see ibid., 407
230. ‘According to Heisenberg’s recollection’: ibid., 412
231. ‘smouldering fury’: ITMO, 8
231. ‘Your closeness’: Alfred Stern to JRO, 14.10.1966, quoted S & W, 202
231. ‘It is big here’: Michelmore (1969), 58
231. ‘what the depression was doing to my students’: ITMO, 8
231. ‘to understand’: ibid.
232. ‘I began’: ibid.
232. ‘I liked’: ibid.
232. ‘The matter’: ibid., 9
232. More than 3,000 US citizens: Gerassi (1986), 3. For information about US

volunteers in the Spanish Civil War, I have also made use of Richardson (1982).

233. when he astonished a friend: see Chevalier (1965), 16, where he quotes from a notebook entry he made dated 20.7.1937: 'E. told me of Oppenheimer having last summer gone East, taking with him all three volumes of Marx' s Kapitaland reading them through cover to cover on the train.' He does not say who 'E.' is.

233. complete works of Lenin: ibid.

233. 'Beginning in late 1936' : ITMO, 8

233. Jean Tatlock: my main source of information about Jean Tatlock is B & S, particularly Chapter Eight

234. 'active member' : JRO FBI file, quoted B & S, 104

234. 'the spring of 1936' : ITMO, 8

234. 'on again, off again' : ibid.

234. 'never seemed' : ibid.

234. 'quite composed' : quoted B & S, 114

234. 'these terrible depressions' : ibid.

235. he twice proposed to her: see B & S, 153

235. 'No more flowers' : Michelmore (1969), 49

235. 'Tell him to go away' : ibid.

235. 'disappeared for weeks' : quoted Goodchild (1980), 35

235. 'had probably belonged' : ITMO, 3

235. 'half-jocular overstatement' : ibid., 9

235. 'We clipped it out' : FO, interview with Judith R. Goodstein, 16 November 1984, Caltech Archives

235. 'quite upset' : ITMO, 185

235. 'the only thing' : ibid., 101

236. 'The meeting' : ibid., 102

236. 'It' s really hard to imagine' : FO, interview with Judith R. Goodstein, 16 November 1984, Caltech Archives

236. 'they were scared' : ibid.

236. He said: ITMO, 183

236. 'He made it clear' : ITMO, 9, quoted back to him, ITMO, 184

237. between $100 and $300: for this and the financial details that follow, see ITMO, 184–185

237. Robert A. Brady: see Dowd (1994)

237. 'had enthusiasm' : ITMO 158

237. 'It was a very inappropriate thing' : ibid.

237. one to Mildred Edie: S & W, 205

238. two to Brady: ibid., note 54

238. 'Local 349' : Chevalier (1965), 23

238. ‘For four years’ : ibid.
238. ‘In bursts’ : ibid., 23–24
238. ‘invariably lively’ : ibid., 24
238. ‘thousands of dollars’ : ibid., 25
238. ‘miserable thing’ : ITMO, 156
239. Chevalier has described privately: HC to JRO, 23.7.1964, JRO papers, LOC, Box 200
239. ‘We had decided’ : Chevalier (1965), 19
239. ‘story ……’ of: HC to JRO, 23.7.1964, JRO papers, LOC, Box 200
239. ‘I have never been a member’ : JRO to HC, 7.8.1964, JRO papers, LOC, Box 200
239. ‘I had originally planned’ : quoted Herken (2002), 341, note 46
239. the website: http://www.brotherhoodofthebomb.com/bhbsource/documents.html
240. in private correspondence: see Herken (2002), 31
241. When Chevalier was asked: see B & S, 138
241. ‘Look’ : ITMO, 116–117
241. ‘might well’ : ibid., 10
242. ‘This was the era’ : ibid., 8
242. ‘I never was a member’ : ibid., 10
242. ‘that Communists stood’ : ibid., 115
242. ‘…… it seems clear’ : ibid.
242. ‘dialectical materialism’ : ibid.
242. a political tract: *Report to Our Colleagues*, 20 February 1940. A second tract with the same title, dated 6 April 1940, was also said by Chevalier to have been written by Oppenheimer. These documents are discussed in Chevalier (1965), 35–36, Herken (2002), 50–52, and B & S, 144–146. The full text of the first of these reports is available on Herken’ s website at: http://www.brotherhoodofthebomb.com/bhbsource/document4.html
243. the American Communist Party: for the history of the Communist Party of the United States I have made much use of Fried (1997a) and Isserman (1993). See also Haynes (1996), Klehr et al. (1995) and Lewy (1990)
243. its internal structure was reorganised: see Isserman (1993), Chapter 1
243. ‘wanted to be’ : ibid., 9
243. ‘The Communists began’ : ibid., 3
243. ‘Communism is Twentieth Century Americanism’ : ibid., 9
243. ‘A significant proportion’ : ibid., 10
243. ‘What is Communism?’ : Fried (1997a), 250–254
243. ‘The truth is’ : ibid., 250–253: italics in the original
244. ‘the talk that I heard’ : ITMO, 10

244. in the summer of 1938: ibid.
245. 'a land of purge and terror' : ibid.
245. 'It' s worse than you can imagine' : Michelmore (1969), 57–58
245. 'These conversations' Weisskopf, interviewed by MJS, 23.3.1979, quoted B & S, 148
245. 'is fine' : Felix Bloch to IIR, 2.11.1938, quoted Schweber (2000), 108
245. 'Alone in North America' : see 'In Memoriam: George Michael Volkoff' , at: http://www.cap.ca/pic/Archives/56.5(2000)/volkoff-Sept00.html
245. Supernovae: helpful introductory accounts of this topic can be found in Asimov (1977), Luminet (1992) and Shipman (1976).
246. appeared in ad1054: see Luminet (1992), 87–90, and Shipman (1976), 44–48
246. 'cessation of its existence' : Baade and Zwicky (1934b), 76
246. 'the super-nova process' : ibid., 77
246. Hans Bethe' s work: Bethe (1939)
247. Subrahmanyan Chandrasekhar: Luminet (1992), 75, Shipman (1976), 39
247. 'Stars and Nuclei' : Cassidy (2005), 174
247. 'The Source of Stellar Energy' : ibid.
247. 'nuclear transformations' : see 'Minutes of the San Diego Meeting, June 22–24, 1938' , *Physical Review*, 54, 235–243 (1938)
248. 'On the Stability of Stellar Neutron Cores' : Oppenheimer and Serber (1938)
248. 'On Massive Neutron Cores' : Oppenheimer and Volkoff (1938)
248. The present estimate: see Bernstein (2004), 47
248. 'I remember' : quoted Thorne (1994), 195
249. 'the question of what happens' : Oppenheimer and Volkoff (1938), 380
249. 'There would seem to be' : ibid., 380–381
249. 'require serious consideration' : ibid., 381
249. 'one of the great papers' : Bernstein (2004), 48
249. 'the best mathematician' : Serber (1998), 48
249. 'On Continued Gravitational Contraction' : Oppenheimer and Snyder (1939)
249. 'When all thermonuclear sources' : ibid., 455
250. 'The results' : JRO to GU, 5.2.1939, S & W, 209
250. 'The star thus' : Oppenheimer and Snyder (1939), 456
250. the discovery in 1967: see Shipman (1976), 51–57
251. Wheeler tried to talk to him: see Bernstein (2004), 50

10. Fission

252. It began: there are many, many published accounts of the discovery of fission. Among the best and most interesting are those in: Frisch (1980), Jungk (1960), Kevles (1995), Rhodes (1988) and Sime (1996).

252. 19 December 1938: see Sime (1996), 233
252. ‘the emission’ : quoted Rhodes (1988), 248
253. ‘But it’ s impossible’ : Frisch, interviewed by Charles Weiner, American Institute
of Physics, New York City, 3 May 1967, AIP
254. ‘consider it *perhaps* possible’ : quoted Rhodes (1988), 261
255. John Archibald Wheeler: see Wheeler (2000), Chapter 1, for a first-hand account of these events
255. ‘We didn’ t make long-distance calls’ : Luis Alvarez, interviewed by Charles Weiner and Barry Richman, Lawrence Radiation Laboratory, 15 February 1967, AIP
256. ‘I remember exactly’ : ibid.
256. ‘I played it’ : ibid.
257. ‘You must come to Berkeley’ : Royal (1969), 76
257. ‘I do not recall’ : Rabi et al. (1969), 49
257. ‘The U business’ : JRO to Fowler, c.28.1.1939, S & W, 207–208
257. ‘I remember very vaguely’ : William A. Fowler, interviewed by Charles Weiner, Caltech, 8 June 1972, Session II
258. ‘I think it really not too improbable’ : JRO to GU, 5.2.1939, S & W, 209
258. ‘Oppie would write’ : Serber (1998), 57
259. ‘a scrappy little man’ : Michelmore (1969), 51
259. ‘had originally started’ : ibid.
259. ‘New York Jews’ : Pharr Davis (1969), 81
259. ‘One Jew in the department’ : see Serber (1998), 50
259. Peters: see the obituary in *Current Science*, 64 (8), 25 April 1993
259. ‘a person as crazy as you’ : B & S, 167
260. ‘On the basis of the data’ : ibid., 168
260. ‘there was on the blackboard’ : Rhodes (1988), 274–275
260. ‘Oppie gave some lectures’ : William A. Fowler, interviewed by Charles Weiner, Caltech, 8 June 1972, Session II
260. The theory: see Bohr and Wheeler (1939)
260. ‘It was an exciting time’ : Wheeler (2000), 21
260. ‘Bombs and reactors’ : ibid., 23
261. ‘Now listen’ : Rhodes (1988), 284
261. an initial paper: Bohr (1939)
261. ‘the number of neutrons’ : quoted Rhodes (1988), 291
261. ‘That night’ : ibid., 292
262. ‘Couldn’ t you’ : Laura Fermi (1961), 164
262. ‘It can never be done’ : quoted Rhodes (1988), 294

262. two papers: see Joliot et al. (1939a and 1939b)
262. 'Fermi was adamant' : Rhodes (1998), 296
262. German government imposed a ban: ibid.
262. On 12 July 1939: Lanouette (1994), 198. Rhodes (1988), 304, gives the date as 16 July. As far as I know, there is no conclusive evidence either way. Lanouette concedes that the date 'has long been in dispute' (518), but claims that his account 'represents the latest assessment of the evidence' (517).
263. on 2 August: Lanouette (1994), 201. Rhodes (1988), 307, says that this second visit took place 'probably on Sunday, July 30' .
263. 'it may become possible' : Einstein to Roosevelt, 2.8.1939. The letter is reproduced in full in Lanouette (1994), 205–206, and in Stoff et al. (1991), 18–19.
263. 11 October 1939: Lanouette (1994), 209, Rhodes (1988), 313. On this date they are in perfect agreement. See also Jungk (1960), 106
263. 'What you are after' : Jungk (1960), 107. The many retellings of this exchange seem to be based on Jungk' s.
264. a very thorough review: see Turner (1940)
264. 'Although less than a year' : ibid., 1
264. 'The more familiar' : Segrè (1993), 134
265. 'Lawrence was a tremendous influence' : quoted Pharr Davis (1969), 84
265. 'the disagreeable fact' : Heilbron and Seidel (1990), 472
266. 'the cyclotron man' : quoted Pharr Davis (1969), 69
266. 'For obvious reasons' : EOL, circulated letter to scientists, 7.2.1939, quoted Hodes et al. (1985), 24
266. his next machine: see Pharr Davis (1969), 88
267. Segrè reports: see Segrè (1993), 151
267. 'for the invention' : see http://www.nobelprize.org/nobel_prizes/physics/laureates/1939/lawrence.html
267. When the award was presented: see Pharr Davis (1969), 88–93, and Heilbron and Seidel (1990), 485–493
267. 'unforeseen difficulties' : Heilbron and Seidel (1990), 482
267. 'synchrocyclotron' : see Pharr Davis (1969), 251
267. 'Talking politics' : Segrè (1993), 139
267. 'You have been having a very anxious time' : quoted Pharr Davis (1969), 85
268. 'I still think war is going to be avoided' : quoted VanDeMark (2003), 57
268. '……was considered a demigod' : Segrè (1993), 138
268. 'Oppenheimer and his group' : ibid., 138–139
268. 'Oppenheimer and most of his acolytes' : ibid., 138
268. 'great Fascist' : ibid., 139

269. ‘a wonderful contribution’ : quoted Isserman (1993), 34
269. ‘changing opinion’ : ITMO, 10
269. ‘did not mean’ : ibid.
269. ‘It was in the fall of 1939’ : Chevalier (1965), 31–32
270. ‘I know Charlie’ : S & W, 211
270. ‘took special pride in it’ : for Griffiths’ s memoir and Oppenheimer’ s Report, see the documents collected by Gregg Herken at: http://www.brotherhoodofthebomb.com/bhbsource/documents.html
271. ‘Keep America Out’ : Isserman (1993), 43
271. ‘There has never been’ : quoted Herken (2002), 32
271. ‘Europe is in the throes of a war’ : quoted ibid., 31–32
272. ‘The time will come’ : quoted above, on page 32
272. ‘for some reason’ : Chevalier (1965), 36
273. ‘This is a time’ : quoted Schweber (2000), 108
273. ‘the first occasion’ : ibid.
274. ‘The Communists’ : Isserman (1993), 64–65
274. Isserman provides telling quotations: ibid., 65
274. ‘Will not Hitler’ : ibid., 66
275. ‘subject to foreign control’ : ibid., 68
275. ‘the very acceptance’ : ibid., 69
276. ‘It is time now’ : S & W, 213
276. ‘fell in love with Robert’ : Goodchild (1980), 39
276. At the time: for Kitty’ s life before she met Oppenheimer, the fullest sources are Michelmore (1969), Goodchild (1980) and, especially, B & S.
276. ‘an impossible marriage’ : quoted B & S, 161
276. She had been born: the source for most of what follows is B & S, Chapter Eleven.
276. ‘prince of a small principality’ : B & S, 155
277. ‘I fell in love’ : ibid., 156
277. ‘These were days of poverty’ : Goodchild (1980), 38
277. ‘Because of Joe’ s insistence’ : ibid.
277. ‘As time went on’ : ibid.
278. ‘She literally collapsed’ : B & S, 160
278. ‘we met a very attractive girl’ : Serber (1998), 51
278. ‘Kitty might come alone’ : ibid., 59
278. ‘looking very aristocratic’ : ibid., 59–60
278. ‘a bitch’ : B & S, 163
278. ‘Kitty was a schemer’ : Goodchild (1980), 39
279. ‘the most despicable female’ : Pais (1997), 242
279. Steve Nelson: the main source of information about Nelson’ s life is Nelson

et al. (1981). Additional material is contained in B & S, which draws on an interview with Nelson, conducted by MJS, 17.6.1981. Herken (2002) contains further information drawn from FBI files.

280. Oppenheimer was the featured speaker: B & S, 162

280. ‘I’m going to marry’: ibid.

280. Hoover had written to the Secretary: Isserman (1993), 89

280. this led the FBI to Chevalier’s house: see B & S, 137

281. Asked about this meeting in 1946: ITMO, 10

281. again in 1950: ibid.

281. he remembered it in some detail: ibid., 139

281. ‘to acquaint the interested gentry’: ibid., 140

281. ‘the big shot’: ‘Synopsis of Facts’, 28.3.1981, paper originating case, filed by R. E. Meyer, JRO (consulted at the Library of Congress)

281. ‘persons to be considered’: memo from San Francisco FBI office to Hoover, 28.3.1981, JRO FBI file

281. ‘I may be out of job’: S & W, 216

282. ‘It was on our way’: Chevalier (1965), 41

282. ‘we sat up’: ibid., 42

282. ‘even now’: JRO to Edwin and Ruth Uehling, 17.5.1941, S & W, 216

282. ‘I think we’ll go to war’: ibid., 217

282. ‘I expect’: ibid.

282. ‘You are going’: S & W, 216

283. ‘theories of mesotron field’: ibid., 217

283. the historian of science, Silvan Schweber: see Schweber (2008), 31, 152–153

283. ‘but we are all agreed’: JRO to F. Wheeler Loomis, 13.5.1940, S & W, 211

283. ‘a good physicist’: ibid., 212

284. ‘asked Schiff searching questions’: Kelly (2006), 132

284. ‘On more than a few occasions’: ibid., 133

284. Julian Schwinger: for Schwinger’s life, see Mehra and Milton (2000) and the series of articles by Mehra, Milton and Rembiesa (Mehra et al. [1999a–e]). For an outline of his contributions to science, see Milton (2008), and for a detailed account of his work on QED, see Schweber (1994)

284. ‘were wondering’: ibid.

285. ‘thought Oppenheimer was a more interesting physicist’: Schweber (1994), 288

285. ‘Oppenheimer was *the* name’: Mehra et al. (1999c), 932

286. ‘was overwhelming’: ibid., 934

286. ‘I spoke to Oppenheimer’: ibid., 934–935

286. ‘At the early stage’: ibid., 934

287. ‘After all’: ibid., 935

287. a joint letter to the editor: Oppenheimer and Schwinger (1939)
287. 'Schiff was then' : Mehra et al. (1999c), 935–936
287. 'He wrote that letter' : ibid., 936
287. 'means no more' : ibid., 937
288. 'history might have developed differently' : ibid., 938
288. 'I feel Oppie' : Kelly (2006), 136
288. 'The Production of Soft Secondaries by Mesotrons' : Oppenheimer, Serber and Snyder (1939)
289. 'the problem' : ibid., 75
289. 'everybody at Berkeley' : Mehra et al. (1999c), 941
289. 'On the Spin of the Mesotron' : Oppenheimer (1941)
289. 'On the Interaction of Mesotrons and Nuclei' : Oppenheimer and Schwinger (1941)
289. 'adequate technically' : Mehra et al. (1999c), 957
290. 'I still did not quite know' : ibid., 962
290. 'very much insisted' : ibid., 963
290. 'became more and more superficial' : ibid.
290. 'could pull it off' : ibid., 964
291. he published a formula: Peierls (1939)
291. 'One day in February or March' : Peierls (1985), 153–154
292. 'Even if' : ibid., 154
292. a two-part report: the report in full is printed as Appendix I in Serber (1992)
292. 'What is impressive' : Bernstein (2004), 69
292. 'Once assembled' : Serber (1992), 86
293. 'I am convinced' : quoted Rhodes (1988), 325
293. 'electrified by the possibility' : ibid., 330
293. 'source of power in submarines' : quoted Schweber (2008), 331, note 29
293. 'met niels' : see Rhodes (1988), 340
294. £5 million: ibid., 343
294. 'the most extraordinary experience' : quoted Rhodes (1988), 357. For a detailed account of Conant' s visit to Britain, see Hershberg (1993), Chapter 8.
294. 'introduced the subject' : Rhodes (1988), 359
294. 'this was entirely' : quoted Hershberg (1993), 146
294. 'light a fire' : Rhodes (1988), 360
294. 'a very good idea' : ibid., 362
295. 'an energetic but dispassionate review' : ibid.
295. 17 May 1941: ibid., 365
295. invited Charles Lauritsen: ibid., 368
295. 'that the destructive effect' : ibid., 369

295. 'a major push' : ibid.
295. 'If Congress knew' : ibid., 372
295. 'amazed and distressed' : ibid.
296. 'I thought' : ibid., 373
296. joined by Oppenheimer: see Herken (2002), 40
296. 'But that' s terrible' : Michelmore (1969), 66

Part III: 1941–1945

11. In on the Secret

299. 'gossip among nuclear physicists' : Rhodes (1988), 373
299. 'Oliphant' s behaviour' : Herken (2002), 40
300. Through Cairncross, for example: see West (2004), 10–18
300. 'Venona' project: see Haynes and Klehr (2000) and Romerstein and Breindel (2001)
301. 'involuntary conference' : Rhodes (1988), 376
301. 'Ernest' : ibid.
301. policy group: ibid., 378
302. 'Oppenheimer has important new ideas' : quoted Herken (2002), 42
302. 'a great deal of confidence' : ibid.
302. 'reliable confidential informant' : Romerstein and Breindel (2001), 264
302. 'him' : ibid., 265
302. Oppenheimer had contacted Folkoff: ibid.
303. 'I think surely' : S & W, 215
303. 'All of a sudden' : Martin Kamen, interview with MJS, 18.1.1979, quoted B & S, 178
303. 'not without envy' : ITMO, 11
303. 'guarantees not the right to a belief' : S & W, 219
304. The meeting opened: for the details of the meeting, see Rhodes (1988), 382–383
304. 100 pounds: ibid., 382
304. Urey told Compton: see Compton (1956), 54
305. Their paper: 'Radioactive Element 93' , *Physical Review*, 57, 1185–1186 (1940)
305. to the disgust of James Chadwick: see Brown (1997), 206
305. made a conclusive identification of element 94: on the 'secret discovery' of plutonium, see Seaborg (2001), Chapter Seven.
306. which he put at about 220 pounds: Rhodes (1988), 382
306. 'some hundreds of millions of dollars' : Compton (1956), 57
306. 'lest the government' : ibid.
306. 'always been rather proud' : ibid.
306. 'a fission bomb' : ibid., 59. See also Rhodes (1988), 386

307. ‘I don’ t want you to join it’ : Childs (1968), 319
307. ‘I had hoped’ : JRO to EOL, 12.11.1941, S & W, 220
308. the two had lunch the next day: Schecter and Schecter (2002), 47–48. See also Sudoplatov (1994), 174–175
308. ‘one of the leaders’ : ibid., 50
309. ‘learn the chemistry’ : Compton (1956), 77
309. ‘The period’ : ibid., 79
309. ‘You’ ll never get a chain reaction going here’ : ibid., 81
310. ‘represent, in the opinion of this office’ : Agent Pieper to J. Edgar Hoover, 26.1.1942, JRO FBI file
310. ‘follow proper procedure’ : Hoover to Pieper, 15.4.1942, JRO FBI file
311. ‘Whoever gets this first’ : quoted Hershberg (1993), 158
311. ‘Oh! ……Oh!……’ : ibid.
311. 9 March 1942: see Rhodes (1988), 405
311. ‘New and compelling reasons’ : S & W, 223
311. ‘the desirability’ : EOL to JBC, 26.3.1942, quoted Herken (2002), 51
312. ‘nervously chain-smoking’ : Herken (2002), 54
312. ‘Uranium was never mentioned’ : Lomanitz, interview with Gregg Herken, 1996, quoted Herken (2002), 348, note 141
312. The 184-inch Calutron was switched on: see Herken (2002), 60
313. ‘a few weeks after Pearl Harbor’ : Serber (1998), 65
313. ‘There, alone in that rural setting’ : ibid.
313. he did not do until May: see Rhodes (1988), 410
313. ‘Breit was always frightened’ : Goodchild (1980), 48
314. ‘Breit was a terrible choice’ : Pharr Davis (1969), 124
314. ‘Compton, who had’ : ibid., 125
314. ‘I do not believe’ : Rhodes (1988), 410
314. On 28 April 1942: see Herken (2002), 347, note 116
315. ‘I went down’ : Serber (1998), 67–68
315. 23 May 1942: Rhodes (1988), 406
315. On 17 June: ibid.
316. ‘I didn’ t take up’ : Serber (1998), 68
316. ‘provided, of course’ : ibid.
316. ‘luminaries’ : S & W, 227
317. ‘Separating isotopes’ : Bernstein (1981), 70
317. ‘tremendous stacks of graphite’ : ibid., 71
317. ‘I then’ : ibid.
318. by Fermi: see Teller (2001), 157
319. ‘heavy hydrogen’ : quoted Rhodes (1988), 416

319. ‘We had a compartment : Bernstein (1981), 72
319. According to one account: see Goodchild (1980), 51
327. On 16 November: S & W, 238
327. ‘This will never do’ : Badash et al. (1980), 15
328. ‘As soon as Groves saw it’ : ibid.
328. Gregg Herken: Herken (2002), 71
328. his formal letter: see S & W, 249
328. ‘neither Bush, Conant nor I’ : Groves (1962), 61
328. ‘no one’ : ibid.
328. ‘had had’ : ibid., 62
328. ‘the prestige’ : ibid.
328. ‘background’ : ibid., 63
328. ‘which was not yet,: ibid.
329. ‘it became apparent’ : ibid.
329. ‘had a fatal weakness’ : Stern (1971), 40
329. ‘the men we are after’ : JRO to LRG, 2.11.1943, JRO papers, LOC
329. ‘I was supposed’ : Badash et al. (1980), 28
329. ‘So I dug out some maps’ : ibid., 29
330. ‘whether, if Oppenheimer’ : ibid., 28
330. ‘I bugged Oppie’ : ibid., 30
330. ‘Oppie practically threw’ : ibid.
330. divided the lab into four main sections: Hawkins (1946), Chapters V, VI, VII and VIII
330. the Experimental Division ibid., Chapter VI
331. several reasons: see Rigden (1987), 152
331. ‘the sound of’ : Anderson (1974), 44
331. ‘The Italian navigator’ : Compton (1956), 144
332. 150,000 workers: these figures are taken from Hales (1997), 163
332. ‘New workers’ : ibid., 13
332. He persuaded: ibid., 167
333. a letter he wrote to Hans and Rose Bethe: S & W, 243–246
333. ‘is in the great effort’ : ibid., 245
333. a long letter of 25 February 1943: reproduced in full as Appendix 1 in Hawkins (1946), 311–315
334. ‘the fatherly advisor to Oppie’ : Bethe, interview with Rigden (Rigden [1987], 154)
335. was caught on the FBI microphones: Goodchild (1980), 66–7, Herken (2002), 72
335. ‘Look, what if’ : B & S, 1?8
335. Chevalier’ s side of the story: see Chevalier (1965), 52–55

335. ‘Haakon was one hundred per cent’ : Barbara Chevalier’ s diary, 14.7.1984, see the extracts published on Gregg Herken’ s website: http://www.brotherhoodofthebomb.com/bhbsource/documents.html
335. ‘means of getting technical information’ : ITMO, 130
336. ‘no chance’ : ‘synopsis of facts’ , 12.2.1954, JRO, FBI file, quoted B & S, 199
336. Bernard Peters had told him: see Romerstein and Breindel (2001), 270
336. ‘I just want to say goodbye’ : Nelson, interview with MJS, 17.6.1981, quoted B & S, 194
336. ‘I think now’ : B & S, 189

12. Los Alamos 1: Security

338. ‘Bulldozers moved in’ : quoted Conant (2005), 62
339. ‘two or three fellows’ : Serber (1998), 75
340. ‘a toy one-lane suspension bridge’ : ibid.
340. ‘Cost and construction time’ : Badesh (1980), 29
340. ‘That was my introduction’ : ibid., 31
341. explicitly ordered by Major General Strong: Groves (1962), 138
342. ‘would next be reading’ : interview with Pash, 15.3.1954, JRO FBI file, quoted Thorpe (2006), 208
342. ‘Yes I did’ : ITMO, 823
343. The conversation: see B & S, 188–190, Herken (2002), 96–97
343. ‘a little bit scared’ : Herken (2002), 97
343. ‘preferably that’ : ibid.
344. ‘very much worried’ : ibid., 96
344. ‘changed a bit’ : B & S, 189
344. ‘To my sorrow’ : ibid.
344. ‘a great deal of concern’ : ITMO, 260
345. ‘General Groves’ s view’ : ibid.
345. on 5 April 1943: Groves (1962), 138
345. some counter-intelligence: what follows is based on the accounts given in Herken (2002), 98–99, Haynes and Klehr (2000), 230–232, and Romerstein and Breindel (2001), 257–259.
345. ‘Jesus’ : Herken (2002), 98
346. ‘very helpful’ : ITMO, 262
346. ‘The scientists’ : ibid.
346. ‘Oppie’ : Serber (1998), 77–78
346. ‘dragooned’ : ibid., 78
346. ‘We propose’ : JRO to LRG, 30.4.1943, S & W, 256
347. ‘Do you know’ : Serber (1998), 79

347. 'that I think': JRO to WP, 20.5.1943, S & W, 257–258
347. In his reply: WP to JRO, 19.6.1943, S & W, 259
348. 'Los Alamos from Below': Feynman (1992), 107–136
348. 'job lot': Edward U. Condon, interviewed by Charles Weiner in Boulder, Colorado, 27 April 1968, AIP
348. 'And so': Feynman (1992), 110
348. 'Please inform your wife: ibid., 117
348. 'until the sergeant': ibid., 118
349. 'neutral': Teller (2001), 170
349. 'seemed about': ibid.
349. 'had confused that strange language': ibid.
349. 'major responsibility': Groves (1962), 154
349. 'Condon was not a happy choice': ibid.
349. 'the very heart of security: ibid., 140
350. 'The thing that upsets me most': EUC to JRO, April 1943, printed in full in Groves (1962), 429–432 (quotation 429)
350. 'The considerations': Groves (1962), 156
351. 'The object': Serber (1992), 3
351. 'After a couple of minutes: ibid., 4
351. 'more exact diffusion theory': ibid., 27
351. 'To improve': ibid., 32–33
352. 'Several kinds of damage': ibid., 33
352. 'overlooked': ibid., 34
352. who suggested it at the Berkeley conference: ibid., xxxii, 59; see also Serber (1998), 72
352. 'Serber is looking into it': Serber (1992), 59
353. a major ten-day conference: Hawkins (1946), 9, Hoddeson et al. (1993), 75–78
353. produced a report on 4 December: Hoddeson, 36
353. a second Lewis committee: ibid., 69
353. a planning board: ibid., 68–69
354. 'be more far-sighted': ibid., 69
354. 'the original concept': ibid
354. 'so that': Christman (1998), 107
354. 'I was plunged': ibid., 108
354. 'understanding of the interplay': Groves (1962), 160
355. 'produce the nuclear guts': Christman (1998), 110
355. 'pulled together': ibid., 130
355. 'every month's delay': Cave Brown (1977), 342
355. 'All science stopped': Feynman (1992), 108

356. ‘Every day’ : ibid., 112
356. ‘No, no’ : ibid.
357. ‘It had been planned’ : Bacher, interviewed by Finn Aaserud at the California Institute of Technology, 13 February 1986, AIP
358. resulted in the identification of Weinberg: Herken (2002), 100–111, B & S, 192
358. his request was refused: see ITMO, 13, 119
358. he was drafted into the army: Lomanitz, interviewed by Shawn Mullet, 29 July 2001, AIP
358. was quickly fired: Herken (2002), 109–110
359. a visit to his ex-lover, Jean: see B & S, 231–235
359. ‘She had indicated’ : ITMO, 154
359. ‘Because she was’ : ibid.
359. What transpired: what follows is based on the account given in B & S, 232
360. ‘Q. You have no reason’ : ITMO, 154
360. ‘may be connected’ : B & S, 233
361. a memo to Lansdale: see ITMO, 821–823
361. ‘Consequently’ : ITMO, 822
361. ‘My working definition’ : ITMO, 266
361. ‘Mrs Oppenheimer’ : ibid.
362. ‘I formed the conviction’ : ibid.
362. ‘believed to be’ : B & S, 234
362. ‘because of his known interest’ : ibid., 234–235
363. ‘In accordance’ : Groves (1962), 63
363. Bacher told him: Bacher, interview with AKS, 16.3.1978, quoted S & W, 261
363. ‘I am sure’ : President Roosevelt to JRO, 29.6.1943, quoted S & W, 260
363. ‘You would be glad to know’ : JRO to Roosevelt, 9.7.1943, S & W, 260
364. received from General Groves: S & W, 262–263
364. on 27 July: Goodchild (1980), 91
364. Three days later: ibid., and Herken (2002), 110
364. ‘It was really’ : Lomanitz, interviewed by Shawn Mullet in Hawaii, 29 July 2001, AIP
364. ‘Oh, there has to be a mistake’ : ibid.
364. ‘Ernest Lawrence yelled’ : ITMO, 268
364. ‘very serious mistake’ : JRO to Col Marshall, 31.7.1943, ITMO, 123
364. ‘Have requested’ : ibid., 133
364. Lomanitz gave an interview: Lomanitz, interviewed by Shawn Mullet in Hawaii, 29 July 2001, AIP
365. a full report: see ITMO, 275–276
365. ‘he had been guilty’ : ibid., 276

365. ‘he must forego’ : ibid.
365. ‘That makes me mad’ : ibid.
366. ‘[He] stated that’ : ibid.
366. ‘Oppenheimer gave’ : ibid.
366. ‘On the whole’ : ibid.
366. FBI agents watched: Herken (2002), 110, Sibley (2004), 145
366. ‘California trouble’ : see Herken (2002), 106
367. Oppenheimer went to see Groves: B & S, 238
367. on 25 August 1943: ITMO, 136–137, B & S, 238
367. ‘With the approval’ : ITMO, 128
367. ‘framed’ : ibid., 876
368. ‘I persuaded him’ : ibid., 880
368. ‘I remember’ : Lomanitz, interviewed by Shawn Mullet in Hawaii, 29 July 2001, AIP
368. ‘These two fellows’ : ITMO., 883
368. ‘if they were violating’ : ibid.
368. dinner in Berkeley with Robert Bacher: Herken (2002), 107
369. ‘cock and bull story’ : ITMO, 137
369. ‘placed a certain responsibility’ : ibid., 285
369. ‘Mr Johnson’ : ibid.
370. ‘I was rather uncertain’ : ibid.
370. ‘That is not the particular interest I have’ : ibid., 286
370. ‘I think that is true’ : ibid.
370. ‘Could you give me’ : ibid., 287
370. ‘were always’ : ibid.
371. ‘He has probably’ : ibid., 288
371. ‘I mean’ : ibid., 289
371. ‘I have known’ : ibid., 290
371. ‘I was an idiot’ : ibid., 137
372. ‘I think it would be a mistake’ : ibid., 292
372. ‘It’ s a member of the faculty’ : ibid.
372. ‘They were contacted’ : ibid., 295
372. ‘And then’ : ibid.
372. ‘and we may not’ : ibid.
372. ‘have a feeling’ : ibid.
372. ‘We certainly would’ : ibid., 850
372. ‘we are going to have to spend’ : ibid.
373. ‘We will be hot under the collar’ : ibid., 860
373. ‘I think that I would be’ : ibid., 851

373. ‘I feel responsible’ : ibid.
373. like a bloodhound: ibid., 866
373. On 27 August: B & S, 233
373. ‘determining the identities’ : ibid.
373. ‘the part played by J.R. Oppenheimer’ : ibid., 273–274
373. ‘The writer’ : ibid., 274
374. ‘has allowed’ : ibid.
374. ‘Until alerted’ : ibid., 275
374. ‘that Oppenheimer’ : ibid.
374. ‘This Office’ : ibid., 273
374. On 3 September: see Herken (2002), 108–109
375. ‘without intent of flattery’ : ITMO, 871
375. ‘I want you to know’ : ibid., 885
375. ‘I thought I might’ : ibid., 871
376. ‘They know’ : ibid., 872
376. ‘We don’ t want to’ : ibid., 873
376. ‘I’ ve thought about it’ : ibid., 875
376. ‘Who do you know’ : ibid.
376. ‘I think it possible’ : ibid., 876
376. ‘How about Haakon Chevalier?’ : ibid., 877
377. ‘…… we’ ve got the case’ : ibid., 879
377. ‘Don’ t think’ : ibid., 885
377. ‘I know that he was in Germany’ : ibid., 883
377. ‘It is essential’ : ibid., 815
378. ‘very unsatisfactory’ : ibid., 277
378. ‘Oppenheimer’ s attitude’ : ibid.
378. ‘who now appears’ : ibid.
379. ‘Look’ : Lomanitz, interviewed by Shawn Mullet in Hawaii, 29 July 2001, AIP
379. ‘firm conviction’ : Herken (2002), 110
379. ‘he didn’ t believe’ : ibid.
379. Oppenheimer refused to take the call: ibid., 358, note 57
379. ‘will continue to be loyal’ : see B & S, 247
379. ‘tedious project’ : ITMO, 815
379. ‘suddenly’ : Stern (1971), 55–56
380. ‘God’ s help to us’ : see http://www.presidency.ucsb.edu/ws/index.php?pid=72459&st=Thanksgiving&st1=#axzz1X2POs3fI
381. ‘Possible identity’ : ITMO, 819
382. 12 December: Stern (1971), 65
382. ‘advised him’ : B & S, 247

382. sent telegrams: see Stern (1971), 66–67
382. 'other than [the] three original attempts': ibid., 67
382. 'the information was': ITMO, 263
382. 'Yes, but': ibid., 167
382. 'When I did identify Chevalier': ITMO, 889
383. The answer seems to be: based on B & S, 514–9, Herken (2002), 270–271
383. 'I remember distinctly': ITMO, 264
384. 'nothing could be clearer': ibid., 264–265
384. 'finally stated': B & S, 248
385. 'Are you still in this world?': HC to JRO, c. November 1943, Chevalier folder, Box 26, JRO papers, LOC
385. 'I can't tell you': HC to JRO, 3.12.1943, Chevalier folder, Box 26, JRO papers, LOC
386. 'His face was somber': Chevalier (1965), 58
386. 'The last thing': ibid.
386. 'When I got to his office': Serber (1998), 86
386. Jean's body: what follows is based on the account give in B & S, Chapter Eighteen.
386. 'disgusted with everything': B & S, 250
387. claims in an unpublished manuscript: B & S, 252 and 637
387. 'went on': B & S, 637
387. 'De Silva is not': ibid.
387. 'conversation with J.R. Oppenheimer': ITMO, 150
387. 'During the course of the conversation': ibid.
388. 'I think': ibid., 121
388. His unconvincing answer: ibid., 122
388. 'Just look at him': Stern (1971), 123
388. Oppenheimer was understandably sceptical: ITMO, 119
388. 'engaged in earnest conversation': ibid., 150
389. '.……just as he was preparing to leave': ibid., 149

13. Los Alamos 2: Implosion

390. the Quebec Agreement: Stoff et al. (1991), 46–47, and online at: http://avalon.law.yale.edu/wwii/q002.asp
390. the only physicist: Bethe, interview with Richard Rhodes, 5.3.1993, quoted Rhodes (1996), 259
391. invited by Rudolf Peierls: Peierls (1985), 163
391. a regular informant: see Herken (2002), 89, Rhodes (1995), 57
391. the German authorities had informed the British: see Paul Reynolds, 'How atom

spy slipped security net’, BBC News online at: http://news.bbc.co.uk/1/hi/uk/3046255.stm

391. ‘bears a good personal reputation’: Daphne Bosanquet, quoted ibid.

391. ‘As he [Fuchs] has been’: ibid.

391. ‘He is rather safer in America’: Major Garrett of MI5, quoted ibid.

391. on 5 February 1944: see West (2004), 59

392. ‘We were desperately afraid’: Peierls (1985), 168

392. ‘and we have no record’: ibid.

392. ‘were in their normal places’: ibid., 169

392. ‘did seem to be’: ibid.

392. On 21 August 1943: Rhodes (1988), 511

392. ‘It is not necessary’: ibid., 512

393. a letter written by Heisenberg: see Jungk (1960), 100–101

393. ‘whether it was right’: ibid., 101

393. ‘Do you really think’: ibid.

393. ‘Bohr was shocked’: ibid.

393. ‘Personally’: NB to Heisenberg, undated, but c. 1957. For the full text of this and other documents relating to the Bohr–Heisenberg meeting, see http://nba.nbi.dk/papers/docs/d01tra.htm

394. ‘less to tell’: Oppenheimer, lecture on Bohr, 1964, typescript in JRO papers, LOC

395. ‘and an opportunity’: see Brown (1997), 242, where the letter is given in full

395. ‘to help resist’: quoted Rozental (1967), 194

395. ‘I have to the best of my judgment’: ibid.

395. ‘I shall make an effort’: quoted Brown (1997), 243

395. ‘In view’: see Rose (1998), 157

395. Jeremy Bernstein has suggested: see Bernstein (2003)

396. the Nazi atomic project: for more on this, see Bernstein (2001), Powers (1994) and Rose (1998)

396. a series of Allied attacks: see Baggott (2009), 117–119, 132–136, 215–217, Powers (1994), 195–213, and Rhodes (1988), 455–457

397. Heisenberg gave a lecture: Bernstein (2003), 256

397. Thomas Powers believes: Powers (1994), 246

397. on 5 October 1943: Baggott (2009), 213

397. They arrived in New York on 6 December: Powers (1994), 240

398. ‘It was clearly’: Bethe, interview with Jeremy Bernstein, quoted Bernstein (1981), 77

398. ‘would be a quite useless military weapon’: JRO to LRG, 1.1.1944, from the files of Robert Serber, quoted Bernstein (2003), 249

398. 'since it has been' : S & W, 270
398. 'Bohr at Los Alamos was marvellous' : JRO, 'Niels Bohr Lecture 3' , 11 (1963), JRO papers, LOC
399. 'was to bring about' : Hawkins (1946), 28–29
399. 'They didn' t need my help' : Rhodes (1988), 525
399. 'a conservative, dour and remarkably sweet man' : JRO, 'Niels Bohr Lecture 3' , 8 (1963), JRO papers, LOC
399. While he was in Washington: Rhodes (1988), 525
400. Bohr now believed: what follows is based on Frankfurter' s summary of the views Bohr expressed to him, quoted Rhodes (1988), 526
400. 'shared the hope' : quoted ibid.
400. 'worried him to death' : ibid.
400. 'this devastating weapon' quoted ibid., 528
400. 'on no account' : ibid.
400. 'where everything' : ibid., 529
401. 'It was perfectly absurd' : ibid., 530
401. 'I did not like the man' : ibid.
401. 'the suggestion' : ibid., 537
401. 'The President and I' : ibid
401. 'This was not funny' : JRO, 'Niels Bohr Lecture 3' , 14 (1963), JRO papers, LOC
402. Colonel Pash was able to enter Rome: Powers (1994), 304
402. able to interrogate: ibid., 358
402. in November 1944: ibid., 366–373
403. 'disagreeable shock' : Rotblat (1985), 18
403. 'You realise of course' : Rotblat, interview with Powers, 20.5.1988, quoted Powers (1994), 473. The same story is told in Rotblat (1985), but without direct quotation.
403. 'Until then' : Rotblat (1985), 18
403. 'I believe your people' : Pharr Davis (1969), 181
403. 'the most exclusive club' : ibid., 184
403. 'I found a spirit of Athens' : ibid., 185
403. 'By the grace of God' : ibid.
404. 'worked at physics' : ibid., 183
404. 'Oppenheimer could understand everything' : ibid., 182
404. 'He could understand anything' : ibid.,
405. 'the neutron number' : Hawkins (1946), 71
405. 'the time between fissions' : ibid.
405. 'extremely unlikely' : ibid.

406. ‘You see’ : Rhodes (1988), 500
406. ‘dead in the water’ : ibid., 492
407. What Seaborg pointed out: see Rhodes (1988), 548
408. ‘frustrations’ : Christman (1998), 143
409. published a book: *Atom Bombs: The Top Secret Inside Story of Little Boy and Fat Man* by John Coster-Mullen, self-published (2006)
410. Coster-Mullen’ s hobby was model-making: see David Samuels, ‘Atomic John’ , *New Yorker*, 15 December 2008, http://
www.newyorker.com/reporting/2008/12/15/081215fa_fact_samuels
410. Oppenheimer broke the news: see Hoddeson et al. (1993), 240
410. ‘Do you think’ : ibid.
410. ‘went just as white’ : ibid.
411. a team of just eight people: ibid., 7
411. ‘It seems to me’ : Christman (1998), 126
412. ‘in about the manner’ : Hoddeson et al. (1993), 87–88
413. ‘an occasional visit’ : ibid., 131
413. ‘woke everybody up’ : ibid.
413. ‘Why didn’ t you tell me’ : ibid.
413. Oppenheimer gave reasons: ibid., 134
413. ‘there is less danger’ : ibid.
413. ‘both Groves and Conant’ : ibid., 135
414. ‘partly’ : ibid., 137
414. ‘The situation is a mess’ : Christman (1998), 137
414. When he eventually joined Los Alamos: see Hoddeson et al. (1993), 139
415. Apparently, the hope was: see ibid., 419, footnote 4
415. ‘prime objective’ : JRO to LRG, 25.3.1944, quoted Herken (2002), 116
415. ‘At that time’ : Peierls (1985), 187
416. ‘into the technical aspects’ : JRO to LRG, 14.2.1944, S & W, 272
416. Teller was appointed: Hoddeson et al. (1993), 157
416. ‘the great and increased urgency’ : ibid., 160
416. ‘Hydrodynamics of Implosion, Super’ : see Hawkins (1946), 84
416. ‘The next morning’ : Teller (2001), 175
417. ‘I want you’ : ibid., 177
417. ‘seemed far too difficult’ : ibid.
417. ‘as physicists’ : ibid., 176
417. ‘I much prefer’ : ibid., 177
417. ‘I was a little hurt’ : ibid.
418. ‘greatest urgency’ : JRO to LRG, 1.5.1944, quoted White (2001), 218
418. on 3 June 1944: Hoddeson et al. (1993), 162

418. ‘There is an element of comfort’ : Peierls (1985), 200
418. major breakthrough: see Hoddeson et al. (1993), 163–169
418. ‘a completely untried and undeveloped method’ : Hawkins (1946), 91
419. ‘not a single experimental result’ : ibid., 143
419. ‘fascination with organizational charts’ : Ulam (1991), 156
419. Christy suggested: Hoddeson et al. (1993), 307–308
420. ‘RaLa method’ : ibid., 268–271
420. ‘They were kids’ : Goodchild (1980), 119
420. ‘We had reveille at six’ : ibid.
421. Greenglass had studied mechanical engineering: Schecter (2002), 175–179
422. ‘the inexcusable Greenglass case’ : ITMO, 261, 262
422. ‘He is certainly’ : ibid., 278
422. ‘in any way’ : ibid., 280
422. Theodore Hall: most of my information concerning Hall comes from Albright and Kunstel (1997)
422. When his mother asked: Albright and Kunstel (1997), 35
423. ‘We were turning out’ : ibid., 120
423. ‘It seemed to me’ : ibid., 90
423. ‘Now we have our bomb’ : Hoddeson et al. (1993), 271
424. met Harry Gold in Boston: see Albright and Kunstel (1997), 123, and Rhodes (1996), 152–155
424. he simply denied everything: Albright and Kunstel (1997), Chapters 24–25
424. ‘in essence’ : ibid., 289
425. ‘She didn’ t get along very well’ : Goodchild (1980), 127
425. ‘one of the few people’ : Conant (2005), 180
425. ‘very bewitching’ : ibid., 181
425. ‘Everybody was aware of it’ : ibid.
425. ‘I was young’ : ibid., 182
425. ‘It was known’ : Goodchild (1980), 128
426. ‘would go off on a shopping trip’ : ibid.
426. left Los Alamos for Pittsburgh: see B & S, 263
426. ‘It was all very strange’ : ibid., 264
426. ‘Of course not’ : ibid.
426. ‘X-2 Development, Engineering, Tests’ : see Hawkins (1946), 240
426. ‘Trinity Project’ : ibid., 241
427. ‘Why I chose the name’ : JRO to LRG, 20.10.1962, quoted S & W, 290
427. Lieutenant H.C. Bush: see Szasz (1984), 37–38
427. Groves announced: see Hoddeson et al. (1993), 312
428. ‘spoke very quietly’ : S & W, 287

428. ‘We have been living’ : ibid., 288
429. dress rehearsal: Hoddeson et al. (1993), 360–362
429. ‘it was recognised’ : Groves (1962), 264
430. Oppenheimer hosted: S & W, 291
430. The minutes of these meetings: see Stoff et al. (1991), 97–103
430. ‘From the psychological point of view’ : ibid., 100
430. ‘is a good radar target’ : ibid.
430. ‘obtaining the greatest psychological effect’ : ibid., 102
430. the minutes reveal: ibid., 105–120
430. ‘expressed the view’ : ibid., 106
431. ‘It might be wise’ : ibid., 112
431. ‘effect of the bombing’ : ibid., 117
431. ‘several strikes’ : ibid.
431. figure of 20,000: ibid., 122
431. ‘After much discussion’ : ibid., 117
431. ‘the ancient capital of Japan’ : Groves (1962), 273
431. ‘and had been’ : ibid., 274
431. ‘On the other hand’ : ibid., 275
432. ‘There was’ : ibid.
432. Robert Wilson remembers: see interview with Wilson in Palevsky (2000), Chapter 5, especially 135–137
432. ‘Handling of Undesirable Scientists’ : Stoff et al. (1991), 118
432. ‘stated that’ : ibid.
432. the political and social implications of the bomb: for Szilard’ s attempts to stop the US from using the atom bombs, see Baggott (2009), Chapter 15, Rhodes (1988), Chapter 18, and Lanouette (1994), Chapter 18.
433. ‘general demeanor’ : Lanouette (1994), 266
433. ‘The atomic bomb is shit’ : ibid.
433. ‘Don’ t you think’ : ibid., 266–267
433. the Franck Report: reproduced in full in Stoff et al. (1991), 140–147
433. 12 June 1945: see Compton to Stimson, 12.6.1945, ibid., 138–139
433. ‘international agreement’ : ibid., 143
434. ‘the eyes’ : ibid., 144
434. ‘Nuclear bombs’ : ibid., 146
434. ‘If the United States’ : ibid.
434. a memo dated 16 June 1945: ibid., 149–150
434. ‘It is clear’ : ibid., 150
435. ‘opportunity of saving’ : ibid.
435. ‘We find ourselves’ : ibid.

435. ‘the weapon’: R. Gordon Arenson, memo to George L. Harrison, 25.6.1945, ibid., 157
435. ‘there would be considerable advantage’: see George L. Harrison, memo to Stimson, 26.6.1945, ibid., 160
435. ‘I understand’: Lanouette (1994), 269
435. ‘to rule that’: ibid., 175
435. ‘However small’: ibid., 270, Teller (2001), 204–205
435. ‘The fact that’: Teller (2001), 205
436. ‘made good sense to me’: ibid.
436. ‘in a way’: ibid., 206
436. ‘What do they know’: ibid.
436. ‘our political leaders’: ibid.
436. ‘Of course’: Lanouette (1994), 271
436. opinion poll: see Stoff et al. (1991), 173
437. Truman made the decision: see Rhodes (1988), 651
437. ‘Proposed Program for Japan’: Stoff et al. (1991), 168–170
437. ‘giving them a warning’: ibid., 168
437. ‘Japan is not’: ibid., 169
437. ‘we should add’: ibid., 170
438. ‘This hour’: Groves (1962), 293
438. ‘set the example’: ibid.
438. ‘South 10,000’: see Szasz (1984), 31
438. ‘Every five or ten minutes’: Groves (1962), 294
438. Samuel Allison started the countdown: Szasz (1984), 82
438. ‘I never realized’: ibid.
439. ‘My first impression’: Groves (1962), 296
439. ‘These plans’: ibid., 297–298
439. ‘We knew the world’: *The Day After Trinity*(1980), directed by John H. Else, KTEH television
439. ‘I am all-powerful Time’: *Bhagavad Gita*, Penguin Classics (1962), 92
439. the famous translation: see Arnold (1993)
439. ‘Death am I’: Ryder (2004), 88
440. ‘Dr Oppenheimer’: Groves (1962), 436–437
440. ‘Some people’: Szasz (1984), 90
440. ‘I think we just said’: *The Day After Trinity*(1980), directed by John H. Else, KTEH television
440. ‘A loud cry filled the air’: E & S, 309
440. ‘Our first feeling’: Szasz (1984), 91
440. ‘he seemed shrunken’: ibid.

440. 'thrilled' : ibid., 90
440. 'I' ll never forget his walk' : Goodchild (1980), 163, B & S, 308
440. 'The war is over' : Norris (2002), 405
440. a betting pool: see Rhodes (1988), 656
441. 'My God' : Szasz (1984), 85
441. 'remotely located' : ibid.
441. 'Operated on this morning' : Stoff et al. (1991), 183
441. 'Doctor Groves' : Szasz (1984), 145
441. 'tremendously pepped up' : ibid., 146
441. 'For the first time in history' : Stoff et al. (1991), 188
442. 'deposited its dust' : ibid., 189
442. 'awesome roar' : ibid., 191
442. 'The feeling' : ibid., 192
442. 'Herculean project' : ibid.
442. 'a nation' : ibid., 195
442. 'beginning to feel' : ibid.
442. 'They were immensely pleased' : ibid., 203–204
442. 'unanimous in thinking' : ibid., 205

14. Los Alamos 3: Heavy with Misgiving

443. 'now with our new weapon' : Stoff et al. (1991), 211–212
443. 'I casually mentioned' : Truman (1955), 416
443. 'will deliver' : Groves (1962), 308
443. Potsdam Declaration: Stoff et al. (1991), 215–216
443. 'The prodigious land, sea and air forces' : ibid., 215
444. 'would stand' : ibid., 225
444. Radio Tokyo: ibid.
444. 'Mokusatsu' : see Alperovitz (1996), Chapter 32
444. 'They' re going to take this thing' : Pharr Davis (1969), 240
444. 'Oh God' : Conant (2005), 318
444. 'I just keep thinking' : ibid., 323. A slightly different version of the same recollection is in B & S, 314.
444. Spaatz cabled Washington: Rhodes (1988), 696
444. 'Hiroshima should be given first priority' : ibid.
444. Farrell reported to Groves: ibid., 699
445. called a briefing: see Christman (1998), 1–2
445. 'shorten the war' : Rhodes (1988), 701
445. Enola Gayset off from Tinian: the account of the Hiroshima raid that follows is based on those given in Christman (1998), Gordin (2007), Rhodes (1988) and

Serber (1998).
445. ‘Fellows’: Rhodes (1988), 710
445. ‘We turned back’: ibid.
445. ‘a pot’: ibid., 711
445. ‘I was trying’: ibid.
446. ‘I just could not understand’: ibid., 717
446. a long article: see Hersey (1989)
446. ‘in the conviction’: *New Yorker*, 31 August 1946, quoted DeGroot (2005), 109
447. ‘He drove the boat’: Hersey (1989), 45
447. ‘Many of them’: Rhodes (1988), 718
447. ‘a woman with her jaw missing’: ibid., 721
447. ‘people with their bowels and brains coming out’: ibid.
447. ‘dead child’: DeGroot (2005), 88
447. ‘that Hiroshima had disappeared’: Rhodes (1988), 728
447. the official estimate: ibid.
447. the best estimate: see http://
www.atomicarchive.com/Docs/MED/med_chp10.shtml,
from which my figures were taken
448. ‘Deak to Farrell’: Christman (1998), 193
448. to find a cable: Groves (1962), 319
448. he went out to play tennis: ibid., 320
448. ‘The hours went by’: ibid., 321
448. ‘I went to sleep’: ibid., 322–323
448. It arrived in triumph: see Christman (1998), 194
448. ‘additional information’: Groves (1962), 323
448. ‘felt this strike’: ibid.
449. ‘I was eating lunch’: Truman (1955), 421
449. ‘Sixteen hours ago’: Donovan (1996), 97
450. ‘the achievement’: ibid., 98
450. ‘the Japanese’: Cohen (1983), 22
451. ‘Hahn was completely shattered’: Bernstein (2001), 115
451. ‘I don’t believe a word’: ibid., 116
451. ‘ten tons’: ibid., 117
451. ‘Here is the news’: ibid., 357
451. ‘By God’s mercy’: ibid., 361
451. ‘We were unable’: ibid., 121
452. ‘I am thankful’: ibid., 122
452. ‘I was asked’: ibid., 124
452. ‘You are probably’: Chevalier (1965), ix

452. ‘had often discussed’ : Groves (1962), 342
452. ‘With the success’ : Rhodes (1988), 738
453. On 8 August: ibid., 736
453. ‘after about 3 August’ : see page 443
454. ‘Young man’ : Groves (1962), 344
454. arrived at Kokura: Rhodes (1988), 740
454. The best estimate: see http://
www.atomicarchive.com/Docs/MED/med_chp10.shtml
454. about 70,000: Rhodes (1988), 740
454. ordered him off the plane: Serber (1998), 113
454. ‘The only picture’ : ibid., 114
454. ‘You have known’ : ibid., 112
455. ‘our entire organization’ : Groves (1962), 353
455. reported to General Marshall: Rhodes (1988), 743
455. ‘for by that time’ : Groves (1962), 346
455. ‘any demand’ : Rhodes (1988), 742
455. ‘the most cruel’ : Stoff et al. (1991), 244
455. ‘massacring’ : ibid.
455. ‘said the thought’ : ibid., 245
455. ‘From the moment’ : ibid., 247
456. ‘I cannot endure’ : Rhodes (1988), 744
456. ‘the enemy’ : ibid., 745
456. ‘Seldom, if ever’ : quoted Hunner (2004), 77
456. ‘Let me tell you’ : Serber (1998), 115
456. ‘Hey, Oppie’ : Michelmore (1969), 113
456. ‘There’ s surprisingly little excitement’ : Serber (1998), 114
456. ‘A whole damn bunch’ : Goodchild (1980), 169
457. ‘Few of us’ : Frisch (1980), 177
457. ‘nervous wreck’ : Herken (2002), 139
457. when Lawrence came to Los Alamos: ibid., 140
457. ‘There is every reason’ : Hunner (2004), 82
457. ‘revulsion’ : Smith (1965), 77
457. ‘The reasons’ : Conant (2005), 330
458. ‘He smoked constantly’ : ibid., 333
458. ‘We believe’ : JRO to Stimson, 17.8.1945, Stoff et al. (1991), 255, S & W, 294
458. ‘had an opportunity’ : JRO to EOL, 30.8.1945, S & W, 301
458. ‘felt reluctant’ : ibid.
459. ‘Could all this be printed out’ : Smyth (1989), ix
459. ‘Rather’ : ibid.

459. 'I had the fairly clear impression' : JRO to EOL, 30.8.1945, S & W, 301
459. 'Secretary Byrnes' : Stoff et al. (1991), 256
460. 'I can understand now' : Chevalier (1965), x
460. 'The thing had to be done' : B & S, 319
460. 'You will believe' : JRO to HWS, 26.8.1945, S & W, 297
460. 'in an earnest' : JRO to Bernheim, 27.8.1945, S & W, 297–8
460. 'You will understand' : JRO to Deutsch, 24.8.1945, S & W, 295
461. a long letter to Charles Lauritsen: JRO to Lauritsen, c. 27.8.1945, S & W, 298–300
461. 'a real instrument' : JRO to Marcelle Bier, 31.8.1945, S & W, 303
461. 'tickling the dragon's tail' : see Hoddeson et al. (1993), 346–348, and Malenfant (2005)
461. suffered an accident: see Hunner (2004), 84–85
462. 'I think it's good propaganda' : Stoff et al. (1991), 258
462. 'I'll be delayed' : Serber (1998), 114
462. 'The most striking impression' : ibid., 123
462. 'callousness' : ibid., 125
462. 'The ruins' : ibid., 135
462. a press conference: see Norris (2002), 439–440
463. 'No one' : Hunner (2004), 114–115
463. origins of this organisation: I am dependent here on the information provided in Piccard (1965). It is more usual to say that ALAS was formed on 30 August 1945, but, using contemporary sources and ALAS's own archive of documents, Piccard gives a fuller and more detailed account that traces the origins back to the spring of 1945.
463. 'the international control' : from an anonymous note in the ALAS files, dated 24 October 1945, quoted Piccard (1965), 252
464. a document: reproduced in full ibid., Appendix A
464. 'In the event' : ibid., 259
464. 'The development of the atomic bomb' : ibid.
464. 'You will probably recognize' S & W, 304
464. 'Mr Harrison points out' : Piccard (1965), 260
465. 'If this bill passes' : Lanouette (1994), 286
466. 'felt that he had' : Rhodes (1995), 241
466. 'I must confess' : Smith (1965), 140
466. 'frightening' : Lanouette (1994) 287
466. 'Mention to a Senator's secretary' : ibid., 288
467. 'It was a declaration' : Wilson (1996), 353
467. 'not necessarily' : ibid.

467. ‘The scientific background’ : Piccard (1965), 261
467. ‘one of the best speeches’ : Conant (2005), 346
467. ‘It is our hope’ : S & W, 310
468. ‘The peoples of this world’ : ibid., 311

Part IV: 1945–1967

15. The Insider Scientist

471. ‘He’ d better be careful’ : Conant (2005), 351
471. ‘The woods’ : ibid.
471. ‘There were always people’ : ibid., 352
471. ‘somewhat academic’ : *Hearings on Science Legislation (S. 1297 and related bills): Hearings before a subcommittee of the Committee on military affairs,* United States Senate, Seventy-Ninth Congress, first session, Washington DC: US Government Printing Office (1945), 300
471. ‘a plea’ : ibid., 301
472. ‘If the so-called secret’ : ibid., 322
472. ‘no technical difficulty’ : ibid., 325
472. ‘The two’ : ibid., 321
472. ‘The Johnson bill’ : ibid., 308
472. ‘oblique attack’ : quoted Smith (1965), 154
472. ‘the coolest reception’ : Thorpe (2006), 176
472. ‘Oppie’ s suggestions’ : ibid.
472. a dinner: see Lanouette (1994), 290
473. ‘I never saw a man’ : Wallace (1973), 496–497
473. May opened proceedings at 10 a.m.: see Lanouette (1994), 290–293
473. ‘patient consideration’ : ibid., 291
474. a ‘masterpiece’ : ibid., 292
474. ‘He talked’ : ibid., 293
474. ‘The bill’ : *Hearings on Science Legislation*, 127, quoted Thorpe (2006), 172
474. ‘To the congressmen’ : Lanouette (1994), 293
474. ‘I think it is a matter’ : quoted Thorpe (2006), 173
474. ‘an enormous technological development’ : *Hearings on Science Legislation*, 300, quoted Thorpe (2006), 174
474. ‘a plea for leaving’ : ibid., 301, quoted Thorpe (2006), 174
475. ‘I don’ t want to see’ : B & S, 332
475. ‘The first thing’ : ibid., 331
475. ‘Perhaps’ : ibid.
475. ‘never’ : ibid.
476. ‘sacred trust’ : see Piccard (1965), 257

476. ‘I saw him’ : Pharr Davis (1969), 260
476. ‘Mr President’ : B & S, 332
476. ‘I told him’ : ibid.
476. ‘cry-baby scientist’ : ibid.
476. ‘Don’ t worry’ : ibid.
476. ‘Years later’ : S & W, 315
477. ‘But when you’ : ibid., 317
477. ‘the almost unanimous resistance’ : ibid.
477. ‘the views suggested’ : ibid., 324
477. ‘insistent tone’ : ibid.
477. ‘say that no bombs be made’ : ibid., 322
478. ‘If some of you’ : ibid., 3 5
478. ‘I would like’ : JRO to JBC, 29.9.1945, S & W, 308
478. he wrote to William Houston: S & W, 308
478. ‘I did actually’ : ITMO, 35
478. ‘I was sort of reluctant’ : ibid.
479. seized and destroyed five cyclotrons: see Groves (1962), Chapter 27, 367–372
479. ‘Oppenheimer and I’ : Bernstein (2004), 100
479. ‘walked back and forth’ : Lilienthal (1964), 13
480. ‘an extraordinary personage’ : ibid., 14
480. ‘worth living a lifetime’ : B & S, 340
480. ‘All the participants’ : Acheson (1969), 153, quoted B & S, 340
480. ‘knew more’ : Groves (1962), 411
480. ‘had little or no knowledge’ : ibid.
480. ‘Everybody genuflected’ : Goodchild (1980), 178
480. ‘The way it worked’ : ITMO, 37
480. On 2 February: see ibid.
481. ‘we did not feel’ : Groves (1962), 412
481. ‘It would nevertheless’ : for Churchill’ s Fulton speech in full, see http://www.historyguide.org/europe/churchill.html
482. ‘That was the day’ : Pharr Davis (1969), 259
482. ‘a workable plan’ : Acheson (1969), 154
482. ‘interpreter of military policy’ : Herken (2002), 166
482. ‘for the purpose’ : JEH to Clark, 26.4.1946, JRO FBI file
483. ‘Are you there, dear?’ : FBI San Francisco office to JEH, 14.5.1946, JRO FBI file
483. ‘At this point’ : ibid.
483. first met early in April: see Meyrowitz (1990), 263
483. ‘Mark my words’ : Pharr Davis (1969), 261

483. In another: ‘Atomic Explosives’ , Oppenheimer (1955), 3–17
484. ‘world government’ : ibid., 13
484. ‘renunciation’ : ibid.
484. ‘has from day to day’ : ‘Justification for continuation of technical or microphone surveillance’ , FBI San Francisco Office, 12.7.1946, JRO FBI file
484. ‘the United States’ top military secret’ : Bern to Patterson, 3.6.1946, JRO FBI file
484. ‘would place us’ : Gregory C. Bern to Robert P. Patterson, Secretary of War, 3.6.1946, JRO FBI file
484. ‘that the United States’ : Miller (1976), 244–245
485. On that advice: see Norris (2002), 483
485. ‘Mr Baruch told me’ : ITMO, 40
485. At the meeting: B & S, 344–346
485. ‘Baruch Plan’ : see Dupuy and Hammerman (1973), 302
485. their own proposal: ibid., 308, see also Gromyko (1947)
486. ‘the Oppenheimers’ : H.B. Fletcher, FBI San Francisco Office to JEH, 11.6.1946, JRO FBI file
486. a phone conversation: H.B. Fletcher, FBI San Francisco Office to JEH, 13.6.1946, JRO FBI file
486. an unsuccessful attempt: H.B. Fletcher, FBI San Francisco Office to JEH, 18.6.1946, JRO FBI file
486. on 26 June: Chevalier (1965), 61, says ‘early June’ , but Chevalier’ s FBI file shows 26 June as the correct date – see Herken (2002), 161
486. ‘in monosyllables’ : Chevalier (1965), 63
486. ‘I have here’ : ibid., 64
486. ‘dropped by my house’ : B & S, 357
487. ‘I approached no one’ : ibid.
487. ‘I cannot tell you why’ : B & S, 356
487. ‘Give it back to the Indians’ : Teller (2001), 219
487. ‘Operation Crossroads’ : see Weisgall (1994), from where my information about these tests primarily comes.
488. ‘If an atomic bomb’ : ibid., 98
488. ‘the appropriateness’ : ibid., 99
489. White: ‘I also have another quotation’ : H.B. Fletcher, FBI San Francisco Office to JEH, 11.6.1946, JRO FBI file
489. ‘Naval vessels’ : *Bulletin of the Atomic Scientists of Chicago*, 1 (5), 15 February 1946, 12
489. just what happened: what follows is derived mainly from Weisgall (1994)
489. ‘Dressed in all the trappings’ : *The Economist*, Volume 151, 1946, 9

489. ‘not so much’ : Rhodes (1996), 262
490. ‘common blackmail’ : ibid.
490. ‘is in deep despair’ : Lilienthal (1964), 69
490. ‘will be construed by us’ : ibid., 70
490. ‘paced up and down’ : ibid.
490. ‘He is really’ : ibid., 69
491. ‘for the last four years’ : S & W, 289
491. ‘Cosmic Rays: Report of Recent Progress, 1936–1941’ : Oppenheimer (1944)
491. ‘The situation’ : Oppenheimer (1944), 31
491. ‘Reaction of Radiation’ : Oppenheimer and Bethe (1946)
492. ‘I think’ : Donald Menzel to JRO, 15.7.1946, JRO papers, LOC
492. ‘I would like’ : JRO to Donald Menzel, 8.8.1946, JRO papers, LOC
492. ‘There are certainly’ : Menzel to JRO, August 1946, JRO papers, LOC
493. ‘He is not greatly cultivated’ : B & S, 362
493. ‘a kind of house-rewarming’ : Chevalier (1965), 69
493. ‘had been asked’ : ibid.
493. ‘was obviously’ : ibid.
494. ‘I had to report’ : ibid.
494. ‘gave no answer’ : ibid., 70
494. ‘Opje let loose’ : ibid.
494. Oppenheimer himself was interviewed: see Herken (2002), 161–162
495. ‘Dr Oppenheimer has requested’ : Pais (2006), 80
496. about whom Oppenheimer had written to Birge: S & W, 268–269
496. ‘in every way’ : ibid., 268
496. Six months later: JRO to Birge, 26.5.1944, S & W, 275–276
496. ‘I shall of course’ : S & W, 284–285
496. ‘Would you like to come to Berkeley?’ : Mehra et al. (1999e), 1137
496. ‘I still said no’ : ibid.
497. ‘Turn around’ : Pais (1997), 186
497. ‘Oppenheimer spoke’ : ibid., 221
497. ‘As I stood waiting’ : ibid., 221–222
497. ‘Let’ s walk’ : ibid., 222
498. ‘I have just’ : ibid., 224
498. ‘quite long conversations’ : ITMO, 327
499. ‘You will note’ : JEH to General Harry H. Vaughan, 28.2.1947, JRO FBI file
499. ‘Well, if anyone were to print this stuff’ : Stern (1971), 103
499. ‘visibly shaken’ : ibid.
499. Oppenheimer had told him: see ITMO, 27
499. On 11 March: Herken (2002), 179

500. ‘He wanted me to be quite clear’ : ITMO, 41
500. to hear Oppenheimer say: ibid., 344
500. On 11 August: Herken (2002), 180
501. Shelter Island Conference: my main sources of information about this conference are Pais (1986), Chapter 18, Schweber (1986b), Schweber (1994) and Schwinger (1986). A good, accessible account of the conference can be found in Baggott (2011).
501. ‘would be remembered’ : Schweber (1994), 156
501. ‘There have been many conferences’ : ibid.
502. Weisskopf’ s outline: ibid., 179–181
502. Oppenheimer’ s outline: ibid., 181–183
502. a non-technical lecture: ‘Atomic Energy as a Contemporary Problem’ , Oppenheimer (1955), 21–41
502. ‘of the two or three’ : ibid., 30
502. ‘would not dare’ : Brown and Hoddeson (1983), 222
503. ‘Twenty-three’ : quoted Schweber (1994), 172–173
503. ‘it was immediately evident’ : ibid., 173
503. ‘As the conference went on’ : ibid.
503. ‘I had heard Oppenheimer speak’ : Pais (2006), 112
505. ‘unexpectedly fruitful’ : Schweber (1994), 174
505. ‘the most successful conference’ : ibid., 175
505. ‘Don’ t worry’ : ibid., 174
506. ‘I hardly see him any more’ : Chevalier (1965), 79
506. ‘George thinks this’ : ibid., 80
506. ‘Oppenheimer became a symbol’ : Kevles (1995), 377

16. The Booming Years

507. ‘This is an unreal place’ : Pais (1997), 248–249
508. *Life* magazine ran an article: *Life*, 29 December 1947, 53–59
508. ‘devastating projection’ : ibid., 53
509. ‘The Multiple Production’ : Oppenheimer, Lewis and Wouthuysen (1948)
509. ‘Note on the Stimulated Decay’ : Oppenheimer, Epstein and Finkelstein (1948)
509. small conference in Copenhagen: see Pais (1997), 233–234
509. ‘It was’ : ibid., 234
509. ‘did not have time’ : Mehra and Rechenberg (2001), 1044. See also Schweber (1994), 317
510. ‘The importance of Schwinger’ s calculation’ : Schweber (1994), 318
510. ‘Physics in the Contemporary World’ : Oppenheimer (1955), 81–102
510. ‘temporarily disastrous effect’ : ibid., 83

510. ‘demands of’ : ibid.
510. ‘It has’ : ibid., 83–84
510. ‘Almost every month’ : ibid., 84–85
510. ‘A newly vigorous’ : ibid., 85–86
510. ‘the increasing understanding’ : ibid., 86
511. ‘It is the prevailing view’ : ibid.
511. ‘In some sort of crude sense’ : ibid., 88
512. ‘God is great!’ : Schweber (1994), 318
512. ‘I have heard’ : ibid.
512. ‘As he proceeded’ : Pais (1997), 251
512. ‘The great event’ : Schweber (1994), 320
513. ‘I was not showing off: Mehra and Rechenberg (2001), 1048
513. ‘I heard later’ : ibid.
513. 10 December 1947: Schweber (1994), 176
513. ‘Now it does not matter’ : Pais (2006), 115
513. ‘a major tour de force’ : ibid.
513. ‘I was not invited’ : Dyson (1979), 55
514. ‘had a new theory’ : ibid.
514. ‘Dick tried to tell’ : ibid.
514. ‘the speed’ : Pais (2006), 115
514. ‘The Pocono conference’ : Schwinger (1986), 414
514. ‘got together in the hallway’ : Mehra and Rechenberg (2001), 1059
514. ‘Grateful for your letter’ : see Schwinger (2008), 40
515. ‘Just because’ : Schweber (1994), 198
515. ‘remarkable work’ : *Physical Review*, 74, 225 (1948)
515. ‘The reason’ : Schweber (1994), 201
515. ‘whole idea’ : Barton (1968), 66. On the history of *Physics Today*, see also Weiner (1973).
516. ‘to present’ : Barton (1968)
516. ‘Out of it all’ : *Engineering and Science Monthly*, July 1948, 7
516. ‘hard to disbelieve’ : Oppenheimer (1949b), 181
516. ‘the developments’ : ibid.
517. ‘To me that was very important’ : Schweber (1994), 502
517. ‘where love had drawn him’ : ibid., 452
517. ‘I knew’ : Dyson (1979), 64
517. ‘Yesterday’ : Schweber (1994), 335
518. ‘a marvel’ : Dyson (1979), 66
518. ‘was a cut diamond’ : ibid.
518. ‘understood Schwinger’ s theory’ : ibid.

518. ‘As we were droning across Nebraska’ : ibid., 67
518. ‘to teach’ : ibid., 68
519. ‘five days’ : Kaiser (2005), 74
519. ‘announcing the triumph’ : ibid.
519. ‘in the middle of the conference’ : Rudolf Peierls, interviewed by Charles Weiner in Seattle, Washington, 13 August 1969, AIP
519. ‘there is the phrase’ : JRO to FO, 28.9.1948, quoted B & S, 391, and (slightly more fully) Michelmore (1969), 145–146
520. ‘more powerful methods’ : Schwinger (1958), 148
520. ‘closed’ : ibid., 154
520. ‘The atmosphere’ : quoted Gleick (1994), 266
520. ‘unreceptive to new ideas’ : Dyson (1979), 73
520. ‘but it came as a shock’ : ibid.
521. ‘The old guard’ : Mehra and Rechenberg (2001), 1071
521. ‘I might have thought’ : Kragh (1990), 184
521. ‘Recent work by Lamb’ : Dirac (1951), 291
521. is on record: see Kragh (1990), 183
521. ‘I disagree’ : Schweber (1994), 522
521. ‘As a result’ : ibid.
522. ‘I have been observing’ : Dyson (1979), 73
522. ‘we had our fiercest public battle’ : ibid.
522. ‘about some calculations’ : ibid., 74
523. ‘*Nolo Contendere*’ : ibid.
523. ‘It’ s a grim prospect’ : Schweber (1994), 527
523. ‘Certainly’ : ibid.
523. ‘Well’ : ibid., 551
523. ‘I am really’ : Schweber (1994), 550
523. ‘What we don’ t understand’ : *Time* magazine, 8 November 1948, 70
524. ‘I woke up’ : ibid., 76
524. ‘to follow in detail’ : JRO to FO, 28.9.1948, quoted B & S, 391
525. ‘where I saw an opportunity’ : B & S, 393
525. ‘intellectual hotel’ : *Time* magazine, 8 November 1948, 76
525. ‘despairing the life’ : ibid.
525. ‘Suppose you could’ : *New York Times*, 18 April 1948, quoted Pais (2006), 89
526. ‘prim and shy’ : Dyson (1979), 71
526. ‘was dying to have conversations’ : Pais (2006), 87. See also Pais (1997), 236, where he is merely ‘eager’ to have conversations with Eliot.
526. ‘This is a nice elevator’ : Pais (2006), 87
526. ‘felt lonely and homesick’ : Ackroyd (1985), 288
526. ‘Newspapermen’ : Dyson (1979), 72

526. ‘I invited Eliot here’ : ibid.
526. ‘One piece of news’ : Lee (2009), 158
527. ‘beautiful theory’ : Schweber (1994), 550
527. ‘Oppenheimer gave a presidential address’ : Dyson (1979), 74–75
527. ‘When I really knew’ : Schweber (1994), 456
528. ‘What about Case’ s Theorem?’ : Mehra and Rechenberg (2001), 1092. See also ibid., 455
528. ‘That was the moment’ : ibid., 456
528. ‘But what about Slotnick’ s calculation?’ : ibid.
528. ‘I had fun with that’ : ibid.
529. ‘We will start work’ : Pais (2006), 117
529. ‘We had lovely weather’ : Schweber (1994), 552
529. ‘Feynman’ s show’ : Pais (2006), 117
529. ‘began its rapid’ : ibid.
529. ‘a real sense’ : Schweber (1994), 178
530. ‘is *known*’ : Feynman (1990), 3
530. ‘At the present time’ : ibid., 7
530. ‘We physicists’ : ibid., 8

17. Massive Retaliation

531. ‘The Open Mind’ : Oppenheimer (1955), 45–57
531. ‘We need to remember’ : ibid., 54
531. ‘appear to commit us’ : ibid., 53
531. ‘they would need them’ : ibid., 56
532. ‘More & more physicists’ : *Time* magazine, 8 November 1948, 70
532. his appearance before HUAC: see Stern (1971), 118–122, B & S, 394–396, and ITMO, 210–216. Schweber (2000), 118–30, has an excellent account both of the hearing and of its repurcussions.
533. ‘Mr Chairman’ : B & S, 396
533. ‘a dangerous man and quite Red’ : ibid., 395
533. ‘violently denounced’ : ibid.
533. ‘too constitutional’ : Stern (1971), 120
533. ‘Incidents in Germany’ : ITMO, 211
534. ‘It was well known’ : ibid.
534. ‘Before we adjourn’ : Stern (1971), 122
534. called before the committee the very next day: ibid., 123
534. ‘God guided their questions’ : ibid., 124. See also ITMO, 213, where Oppenheimer is asked twice whether he said this. The first time he denies it, the second time he says he does not remember saying it.

534. a Rochester newspaper: the story is reproduced in full in Schweber (2000), 119–120
535. ‘because of his intransigence’ : ibid., 123
535. ‘If Peters loses his job’ : ibid., 123–124
535. ‘lost a good deal of sleep’ : ibid., 125
535. Bethe’ s letter: ibid.
535. ‘rather dismal’ : ibid., 127
536. ‘a not very successful piece’ : ibid.
536. ‘I think mostly’ : Michelmore (1969), 156
536. Frank’ s turn: Stern (1971), 130–2, B & S, 402–5
536. front-page story: the front page in question is reproduced in Goodchild (1969), 187
536. said he had never been a Communist Party member: see ibid., 188
536. he had been to see J.W. Buchta: Cole (2009), 91
537. More than fifty physicists: ibid., 92
537. ‘never agreed with Frank’ : ibid., 93
537. ‘Jackie was absolutely furious’ : ibid., 95
537. ‘Come back’ : ibid., 85
537. ‘Frank Oppenheimer is no longer welcome’ : ibid.
537. ‘What is going on?’ : B & S, 403–404
538. simply dismissed Strauss’ s concerns: Stern (1971), 114, 128. See also B & S, 164, and Rhodes (1996), 311
538. ‘incredible mismanagement’ : Rhodes (1996), 359
538. ‘inimical to our national defense’ : Pais (2006), 165
538. ‘sat in the front row’ : Bernstein (2004), 108
538. The specific issue at hand: see ibid., 107
539. ‘No one’ : Stern (1971), 129
539. ‘Even to an observer’ : ibid.
539. ‘one eye on Oppenheimer’ : ibid.
539. ‘My own rating’ : ibid., 129–130
539. ‘Well, Joe’ : ibid., 130
539. ‘There was a look of hatred’ : ibid.
539. the cover of *Life* magazine: *Life*, 10 October 1949
539. ‘the best picture’ : Pais (2006), 141
539. ‘Equations at top of the board’ : *Life*, 10 October 1949, 120
540. ‘although he tried’ : ibid., 134
540. ‘off doing the devil’ s work’ : ibid., 121
541. ‘Almost every month’ : ibid., 122
541. ‘what we are forced to call’ : ibid., 123

541. ‘what is at the moment’ ibid., 123–124
541. ‘the world’ s foremost center’ : ibid., 121
541. ‘devoted most of his investigative efforts’ : ibid., 132
541. introduced the term ‘lepton’ : see Pais (1986), 450
542. ‘Models and Methods in the Meson Theory’ : Yukawa (1949)
542. a short paragraph: Oppenheimer (1949a)
542. a short, co-written article: Oppenheimer and Arnold (1950)
542. ‘Of his manifold activities’ : *Life*, 10 October 1949, 138
543. ‘the news that Russia has at last’ : ibid., 121
543. The evidence for the Soviet bomb: Rhodes (1996), 368–374
543. ‘We have evidence’ see ‘The Russian Explosion: Mr Truman’ s Announcement’ , *Bulletin of the Atomic Scientists*, Vol. V, No. 10, October 1949, 261
543. ‘What shall we do?’ : Goodchild (1980), 197
544. ‘We should now’ : Strauss (1962), 216–217
544. ‘it was highly probable’ : Teller (2001), 281
544. ‘In the present situation’ : ibid.
544. ‘Having the Super weapon : ITMO, 683
545. Teller set off: see Teller (2001), 283
545. ‘over my dead body’ : ibid.
545. ‘Probably Oppenheimer wanted’ : Hershberg (1993), 472
545. Hershberg, has speculated: ibid., 875
545. ‘On the technical side’ : JRO to JBC, 21.10.1949, JRO papers, LOC, reprinted in full in ITMO, 242–243
546. ‘I told Ernest’ : Serber (1998), 168
546. ‘that the United States’ : ibid., 169
546. ‘perhaps the most important one’ : Pais (2006), 173
547. ‘The clear implication’ : Seaborg (2001), 142
547. ‘I expressed my opinion’ : ibid.
547. ‘Although I deplore’ : ITMO, 238
547. George Kennan: ibid., 358–359
548. ‘I met Luis’ : Serber (1998), 169–170
548. ‘mostly psychological’ : Lilienthal (1964), 581, also Rhodes (1996), 397–398
548. ‘He said that he did not think’ : ITMO, 785
548. ‘the program’ : ibid.
548. ‘interesting talk’ : Herken (2002), 207
548. ‘decision to go ahead’ : Lilienthal (1964), 581
548. ‘one must explore it’ : ibid.
549. Three reports: all three are published in full as the Appendix to York (1976),

150–168

549.‘an intensification’: ibid., 152

549.‘seeing the same film’: Lilienthal (1964), 581

550.‘We believe’: York (1976), 154

550.‘it has generally been estimated’: ibid., 155

550.‘It is clear’: York (1976), 155

550.‘Although’: ibid., 155–156

550.‘weapon of genocide’: ibid., 157

551.‘We believe a super bomb should never be produced’: ibid.

551.‘Should they use’: ibid.

551.‘In determining’: ibid.

551.‘necessarily an evil thing’: ibid., 158

551.‘the nations of the world’: ibid., 159

551.‘should with considerable regret’: ITMO, 395

551.‘enough be declassified’: York (1976), 156

551.‘did not tell me’: Teller (2001), 283–284

551.‘Washington’: ibid., 284

551.‘There are also forces’: ibid., 285

551.‘Before I could say anything’: ibid., 286

552.‘into a single sovereignty’: Borden (1946), 41

552.‘Weisskopf vividly described to me’: Bernstein (1981), 93

552.‘He was disappointed’: ibid., 94

552. the AEC met: see Rhodes (1996), 404

553.‘came back feeling happy’: ibid.

553.‘You know’: ibid., 405

553.‘If we let Russia get the super first’: Bundy (1988), 211

553.‘I believe’: Strauss (1962), 219

554.‘would improve our defense’: Rhodes (1996), 406

554.‘made a lot of sense’: ibid., 407

554.‘What the Hell are we waiting for?’: ibid.

554.‘to continue its work’: ibid.

554.‘alerted the world’: Bernstein (2004), 121

554.‘I never forgave Truman’: ibid.

554. Oppenheimer did not even bother: Pfau (1984), 123

554.‘You don’t look jubilant’: Goodchild (1980), 204

554. Abraham Pais has taken: Pais (2006), 177

555.‘prudential and game-theoretical terms’: Pharr Davis (1968), 330. The remark comes from a talk Oppenheimer gave in 1959 to the Congress for Cultural Freedom. See Chapter 19 below, page 646

556. a series of shocking revelations: see, e.g., Rhodes (1996), Chapter 21, Sibley (2004), Chapter Five, and West (2004), Chapters VII and VIII
556. McCarthy launched the era: on McCarthyism, see Fried (1997b), Haynes (1996), Morgan (2003), Rovere (1996), Schrecker (1994) and Schrecker (1998)
556. 'here in my hand' : Rovere (1996), 125
556. 'will make a good many men' : Rhodes (1996), 412
557. senator for Colorado, Edwin Johnson: see *Bulletin of the Atomic Scientists*, VI (3), March 1950, 66
557. 'Our scientists' : ibid.
557. 'naïve and monumental indiscretion' : ibid., 67
557. 'make a solemn declaration' : ibid., 75
558. 'There is grave danger' : ibid. Cf. Schweber (2000), 160
558. 'Hydrogen bombs' : Schweber (2000), 161
558. 'I had a long talk with Oppie' : McMillan (2005), 68
558. 'Back to the Laboratories' : *Bulletin of the Atomic Scientists*, VI (3), March 1950, 71–72
558. 'Our scientific community' : ibid., 72
558. 'In my mind' : Wheeler (2000), 199
558. 'was a great disappointment' : ibid., 199–200
559. 'Let Teller and Wheeler go ahead' : ibid., 200
559. '……the hydrogen bomb can't be done' : ibid.
559. 'Things have advanced' : ET to JRO, 17.2.1950, JRO papers, LOC
559. 'regarded as a matter' : Rhodes (1996), 421
559. an article by Bethe: Bethe (1950)
559. 'Whether the temperatures required' : ibid., 101
560. 'I still believe' : Schweber (2000), 163
560. 'In case of war' : ibid., 164
560. 'With his wonderful virtuosity' : Ulam (1991), 216
560. 'was not easily reconciled' : ibid.
560. 'seemed rather glad' : ibid., 217
561. 'We all agree' : ITMO, 788
561. 'The panel contained' : ibid., 684
562. 'In fact' : Hewlett and Duncan (1969), 531. See also Libby (1979), 312, and Goodchild (1980), 208
562. 'Luis, how could you' : ITMO, 788
562. 'You go back' : ibid., 789
562. 'Comments on the Military Value of the Atom' : Oppenheimer (1951)
562. 'To the first impression' : ibid., 43
562. 'of the specific use' : ibid., 44

563. ‘strategic air warfare’ : ibid.
563. ‘Much of what was clear’ : ibid.
563. ‘the extreme form’ : ibid., 45
563. ‘I cannot believe’ : ibid., 45
563. ‘Project Vista’ : see Elliot (1986), upon which my account is based
563. ‘the possible tactical employment’ : ibid., 164
563. ‘study group’ : ibid.
564. ‘expressed the feeling’ : ibid.
564. fee of $600,000: ibid., 167
564. ‘All of us’ : ibid., 169
564. ‘On the other hand’ : Vista Report, Vol. 1, 3, quoted ibid., 170
564. ‘explosion’ : ibid., 174
565. Oppenheimer was no longer to be used: York (1976), 139
565. ‘We have found no great new weapons’ : McCray (2004), 361
565. a yield of between one and fifty kilotons: Elliot (1986), 172
566. ‘to send material down a tube’ : Rhodes (1996), 457
566. ‘like using a blast furnace’ : ibid.
566. ‘new and elaborate instrumentation’ : ibid., 460
567. ‘staring intensely’ : ibid., 463
567. ‘From then on’ : ibid., 467
567. ‘Edward is full of enthusiasm’ : ibid.
567. ‘The new concept’ : ibid., 468
567. In a series of papers: see ibid., 467–470
567. ‘The sequence is fission-fusion-fission’ : Bernstein (2004), 126
568. ‘On Heterocatalytic Detonations’ : Rhodes (1996), 467–468, also McMillan (2005), 102–103
568. 225 kilotons: Rhodes (1996), 474
568. ‘When I came out of the water’ : ibid.
568. yielded twenty-five kilotons: ibid.
568. The agenda for the meeting: ibid., 475
568. ‘The outcome’ : ITMO, 20
569. ‘It is my judgment’ : ibid., 81
569. ‘a sweet and lovely and beautiful job’ : ibid., 229
569. code-named ‘Mike’ : for a detailed account of the Mike test, see Rhodes (1996), Chapter 24.
570. ‘In spite of the remarkable success’ : *Memorial Tributes: National Academy of Engineering*, Volume 6, The National Academies Press, 1993, 73–76 (quotation, 76)
570. ‘Somewhat negative’ : Teller (2001), 327

570. ‘If I’ d given him control’ : Rhodes (1996), 479
570. ‘makes its very existence’ : York (1976). The words are in the minority report written by Rabi and Fermi, but the general report makes similar points, and there is no doubt that the sentiments expressed by Rabi and Fermi were widely shared among the members of the GAC.
570. ‘a chunk of the atmosphere’ : Teller (2001), 332
571. ‘A lot of us were really teed-off at Edward’ : Rhodes (1996), 479
571. ‘neither necessary’ : Oppenheimer to Dean, 13.10.1951, JRO papers, LOC
571. ‘among the very best’ : Teller (2001), 335
571. ‘You have to choose’ : Serber (1998), 172
572. ‘a courteous man’ : Teller (2001), 333
572. ‘Strauss told me’ : ibid., 334
572. ‘I think it would be fair to say’ : ibid., 336
573. ‘has the reputation’ : Schweber (2000), 147
573. ‘delayed or attempted to delay’ : B & S, 443
573. ‘a lot of people believe’ : ibid.
573. ‘would do most anything’ : Rhodes (1996), 537
573. ‘I want to say’ : ITMO, 748
573. ‘We felt at the time’ : ibid., 746
574. ‘crucial interview’ : Teller (2001), 338
574. on 9 June 1952: Herken (2002), 254
574. When Thomas Murray visited Berkeley: Herken (2002), 249
574. gave a speech: ibid.
574. ‘now is doubtful’ : FBI San Francisco office to JEH, 5.4.1952, JRO FBI file
575. ‘Some of the “boys” have their axe out’ : Hershberg (1993), 600. Herken (2002), 250, quotes the same diary entry, worded slightly differently. I am assuming that, of the two, Hershberg is the more accustomed to Conant’ s handwriting.
575. ‘vitriolic talk’ : Herken (2002), 249
575. Hoover sent transcripts of those interviews: ibid.
575. ‘I didn’ t really expect’ : ITMO, 752
575. ‘suggested that we had’ : ibid., 753
576. ‘As near as I can recall’ : ibid., 754
576. ‘and I believe’ : ibid.
576. ‘paranoid’ : ibid.
576. ‘Dr Griggs had been’ : ibid., 339
576. ‘a pillar of honesty’ : Libby (1979), 307
576. ‘strongly built’ : ibid.
576. ‘I remember’ : ibid., 311
577. ‘I don’ t think you fellows’ : Stern (1971), 190

577. ‘Lee DuBridge and I are through’: Hershberg (1993), 601
577. ‘he is very much concerned’: FBI San Francisco office to JEH, 5.4.1952, JRO FBI file
577. ‘believed it would be extremely wise’: FBI report by L. Hoyt McGuire, Chicago office, 9.5.1952, JRO FBI file
578. ‘worked out a plan’: Goodchild (1980), 213
578. ‘magnificent’: ITMO, 96
578. ‘deep sense of personal regret’: ibid.
578. ‘lasting and immensely valuable’: ibid., 97
580. ‘technical, military, and economic questions’: ITMO, 598
580. ‘We decided we would’: ibid.
581. ‘ZORC’: ibid., 750
581. ‘in order to achieve world peace’: ibid., 749
581. ‘the background’: ibid., 750
581. ‘Griggs. I should say’: ibid., 763
581. announced on 28 April 1952: see *Bulletin of the Atomic Scientists*, June 1952, 133. For a detailed account of this panel, see Bernstein (1989)
582. ‘would not require inspection and control’: Bernstein (1989), 141
582. ‘point of no return’: ibid., 143
582. ‘is irrevocably committed’: ibid., 143–144
583. ‘whose destructive and retaliatory power’: quoted Wells (1981), 41
583. ‘The most reasonable explanation’: ibid., 42
583. ‘man for man’: *Life*, 19 May 1952, 151
583. ‘of means to hit’: ibid.
583. ‘Today’: ibid., 152
584. the fallout from the test: see Bernstein (1989), 143
584. on 9 October: ibid., 148
584. ‘felt that any such idea’: ibid., 148–149
584. ‘would certainly be pleased’: Rhodes (1996), 498
585. the first Ulam–Teller hydrogen bomb: the description that follows is based on that given in Rhodes (1996), Chapter 24
585. ‘You would swear’: ibid., 508
585. ‘It’s a boy’: ibid., 511
585. ‘Some people in the Air Force’: B & S, 451
586. ‘As we sat’: Teller (2001), 352
586. ‘I assured him’: ibid., 353
586. ‘had not thought’: ibid.
586. ‘was so huge’: ibid.
587. ‘our commitment’: Bernstein (1989), 154

587. five main proposals: ibid.
587. ‘Atomic Weapons and American Policy’ : Oppenheimer (1955), 61–77
587. ‘became very vividly and painfully aware’ : ITMO, 95
587. ‘the bright light’ : Oppenheimer (1955), 61
587. ‘Openness’ : ibid., 62
588. ‘The rule for the atom’ : ibid., 63
588. ‘It is easy to say’ : ibid.
588. ‘It is my opinion’ : ibid., 65
588. ‘likely to be small comfort’ : ibid.
588. ‘our twenty-thousandth bomb’ : ibid., 66
588. ‘a rather rigid commitment’ : ibid.
588. ‘The prevailing view’ : ibid., 68
589. ‘We need strength’ : ibid., 69
589. ‘We do not operate well’ : ibid., 70
589. ‘It must be disturbing’ : ibid.
589. ‘I am not convinced’ : see ‘The Soviet Bombs: Mr Truman’ s Doubts’ , *Bulletin of the Atomic Scientists*, March 1953, 43–45
589. ‘It must be shocking’ : Oppenheimer (1955), 70–71
589. ‘problematical’ : *Bulletin of the Atomic Scientists*, March 1953, 43
589. ‘does not prove’ : ibid.
590. ‘high officer of the Air Defense Command’ : Oppenheimer (1955), 71
590. ‘We need to be clear’ : ibid., 77
590. ‘The Hidden Struggle for the H-bomb’ : *Fortune*, May 1953, 109, 110, 230
590. ‘A life and death struggle’ : ibid., 109
590. ‘no confidence’ : ibid.
591. ‘another nasty and obviously inspired article’ : quoted Stern (1971), 201
591. ‘ZORC takes up the fight’ : *Fortune*, May 1953, 110
591. ‘calling in Oppenheimer’ : L.B. Nichols to Tolson, 11.5.1953, JRO FBI file
592. Cohn and McCarthy visited J. Edgar Hoover: JEH, memo dated 19.5.1953, JRO FBI file
592. ‘a great deal of preliminary spade work’ : ibid.
592. ‘The McCarthy committee’ : McMillan (2005), 170
592. ‘still concerned’ : D.M. Ladd to JEH, 25.5.1953, JRO FBI file
592. ‘could not do the job’ : D.M. Ladd to A.H. Belmont, 5.6.1953, JRO FBI file
592. ‘did not completely trust’ : B & S, 467
593. ‘was perhaps’ : Hewlett and Holl (1989), 53
593. ‘It was this contract’ : ibid.
593. ‘reluctantly agreed’ : D.M. Ladd to A.H. Belmont, 5.6.1953, JRO FBI file
594. ‘Dissenter’ s Return’ : *Time*, 5 July 1953

594. ‘Joe 4’ : see Rhodes (1996), 524–525
594. ‘the opposition to present US policy’ : *Life*, 7 September 1953, 32
595. Eisenhower’ s statement: *Life*, 19 October 1953, 38
595. ‘US Atom Boss Lewis Strauss’ : *Time*, 21 September 1953
596. NSC 162/2: the entire document is available online at: http://www.fas.org/irp/offdocs/nsc-hst/nsc-162–2.pdf
596. ‘primary threat’ : NSC 162/2, 1
596. ‘The capability of the USSR’ : ibid., 2
596. ‘a strong military posture’ : ibid., 5

18.*Falsus in uno*

597. given Oppenheimer’ s AEC security file: see B & S, 473
597. ‘The purpose of this letter’ : Pais (2006), 199
598. ‘In April 1942’ : ibid.
598. ‘FBI report on vast spy ring’ : quoted in memo from W.A. Branigan to A.H. Belmont, 18.11.1953, JRO FBI file
598. ‘In addition’ : ibid.
598. ‘whining, whimpering appeasement’ : Reeves (1997), 530
599. ‘He moves about’ : *Sunday Express*, 15 November 1953
599. ‘He is said’ : *The Observer*, 22 November 1953
599. ‘Something different’ : *The Economist*, 1 January 1955
599. ‘what there is new’ : Oppenheimer (1954), dust-jacket blurb
599. ‘at finding’ : *The Economist*, 1 January 1955
600. ‘For us as for all men’ : ibid., 98
600. ‘rhetorically evocative’ : Pais (2006), 286
600. ‘the story of sub-nuclear matter’ : Oppenheimer (1954), 32–33
601. ‘It seems rather unlikely’ : ibid., 81
601. ‘It was a happy reunion’ : Chevalier (1965), 86
601. ‘to an extraordinary dialogue’ : ibid., 88
601. ‘It is very sad’ : ibid.
601. ‘it might be a good idea’ : B & S, 481
602. ‘raise questions’ : ITMO, 6
602. ‘Accordingly’ : ibid.
602. went to see Joe Volpe: B & S, 483
603. ‘would mean that I accept’ : ITMO, 22
603. ‘hereby directed’ : Stern (1971), 236
603. ‘in view of the fact’ : Hewlett and Holl (1989), 81
603. ‘the Bureau’ s technical coverage’ : Goodchild (1980), 227
603. ‘The fact’ : Pais (2006), 204

604. ‘whitewash Oppenheimer’ : Goodchild (1980), 229
604. ‘all over town’ : B & S, 490
604. chaired its opening session: Bernstein (2004), 94
604. ‘leading role’ : ibid.
604. ‘to record’ : ibid.
604. ‘My thesis adviser’ : ibid., 94–95
604. ‘how unusually quiet’ : Pais (2006), 122
604. ‘I’ m sorry to hear’ : *Life*, 13 December 1963, 94
604. ‘I suppose, I hope’ : Goodchild (1980), 229
605. ‘I would testify’ : Teller (2001), 374
605. ‘that I finally concluded’ : Stern (1971), 516
605. ‘Oppenheimer was a Communist’ : Goodchild (1980), 230
605. ‘My theory’ : ibid., 231
605. ‘We thought’ : ibid.
606. ‘dredging up’ : ibid., 229
606. ‘requires the suspension’ ITMO, 3
607. ‘the ideological struggle’ Green (1977), 14
607. ‘My wife’ : Plutarch, *Life of Caesar*, 10.6
607. ‘if there was any’ : Green (1977), 14–15
607. ‘it was unfair’ : ibid., 15
607. ‘and others’ : ibid.
607. ‘widely interpreted’ : ibid.
607. ‘exceeds the minimum standards’ : quoted ibid.
607. ‘My knowledge’ : ibid., 60
608. ‘cannot be fairly understood’ : ITMO, 7
609. ‘flashes of fire’ : *Life*, 29 March 1954, 17
609. ‘like the sound’ : ibid., 19
609. ‘First Casualties of the H-Bomb’ : ibid., 17
609. ‘Is the strategy of retaliation’ : *Life*, 12 April 1954, 38
609. ‘out of the question’ : B & S, 496
609. ‘In preparing this letter’ : ITMO, 20
610. ‘The records printed’ : Pharr Davis (1969), 19
610. more of a farce: Pais (2006), 268
610. ‘this proceeding’ : ITMO, 20
611. ‘Doctor’ : ibid., 129
611. ‘One day’ : ibid., 130
611. ‘I invented a cock-and-bull story’ : ibid., 137
611. ‘Robb. Did you tell Pash the truth’ : ibid.
612. ‘Isn’ t it a fair statement’ : ibid., 149

612. ‘Robb. You spent the night with her, didn’ t you?’ : ibid., 154
613. ‘I’ ve just seen’ : Goodchild (1980), 242
613. ‘General’ : ITMO, 171
613. ‘I would not clear Dr Oppenheimer’ : ibid.
613. ‘Robb. He [de Silva] was certainly more of a professional’ : ibid., 272
614. ‘I don’ t believe’ : ibid., 280
614. ‘Robb. Colonel Lansdale’ : ibid.
615. ‘Dr Conant, if you had been approached’ : ibid., 393
615. ‘When you did report it’ : ibid., 394
615. ‘I never hid my opinion’ : ibid., 468
615. ‘McCarthy has few partisans’ : Pais (2006), 219
616. ‘Silently and impassively’ : *Life*, 26 April 1954, 35
616. ‘Whatever the truth of the charges’ : ibid., 38
616. ‘astounding’ : ITMO, 660
616. ‘not helpful to national defense’ : ibid., 684
616. ‘corroborative testimony’ : ibid., 802
616. ‘I have always assumed’ : ibid., 710
616. ‘In a great number of cases’ : ibid.
617. ‘Do you feel’ : ibid., 726
617. ‘Robb. As far as you know’ : ibid., 737
618. ‘Gray. Mr McCloy’ : ibid., 739
619. ‘Yes, I would’ : ibid., 823
619. ‘I would say to you’ : ibid., 839
619. ‘In the Commission’ s own view’ : ibid., 973
619. ‘But this man’ : ibid., 990
619. ‘he will never be through’ : B & S, 538
620. ‘very depressed’ : ibid.
620. ‘We have’ : Polenberg (2002), 362
620. ‘We have, however’ : ibid.
620. ‘that Dr Oppenheimer’ s continuing conduct’ : ibid.
620. ‘a susceptibility’ : ibid.
620. ‘We find’ : ibid.
620. ‘less than candid’ : ibid.
620. ‘To deny him clearance now’ : ibid., 364
621. ‘did not hinder’ : ibid., 365
621. ‘His witnesses’ : ibid.
621. ‘I would like to add’ : ibid.
621. ‘closely associated’ : *Bulletin of the Atomic Scientists*, May 1954, 191
621. ‘stands in such contrast’ : Polenberg (2002), 366

621. 'considered in the context' : ibid., 370
622. 'The record contains no direct evidence' : ibid., 372
622. 'is not based' : ibid., 375
622. 'the evidence establishes' : ibid., 376
622. 'if his present story is true' : ibid., 373
622. '……it is difficult to conclude' : ibid.
623. 'completely loyal' : ibid., 389
623. 'inexcusable' : ibid., 391

19. An Open Book?

625. 'repulsive' : Chevalier (1965), 89
625. 'Oppie confesse: "J' étais un idiot."' : ibid., 97–98
625. 'The one who had invented' : ibid., 100–101
625. 'In the list of witnesses' : *Time*, 28 June 1954
626. 'The majority' : ibid.
626. 'Dear Robert' : Chevalier (1965), 102
626. 'Dear Haakon' : JRO to HC, 12.7.1954, JRO papers, LOC
626. 'This was not' : Chevalier (1965), 105–106
627. 'hoping – without believing' : ibid., 106
627. 'For the subjective observer' : ibid., 107
628. 'on a desperately needed rest' : ibid., 108
628. 'I appreciate the fact' : Lloyd Garrison to HC, 3.8.1954, JRO papers, LOC
628. 'that this might suffice' : Lloyd Garrison to JRO, 3.8.1954, JRO papers, LOC
628. 'There is much' : HC to Lloyd Garrison, 5.8.1954, JRO papers, LOC
628. 'It is not nearly as clear' : JRO to HC, 3.9.1954, JRO papers, LOC
628. 'This letter' : Chevalier (1965), 108
628. 'I must' : ibid., 109
629. 'Un document exclusif' : *France-observateur*, 2 December 1954, 16–18
629. 'in a truncated' : Chevalier (1965), 109
629. 'I have no doubts' : ibid., 110
629. 'Do what we may' : ibid., 111
629. 'I hope to finish it in the spring' : ibid.
629. a long profile of Edward Teller: 'Dr Edward Teller' s Magnificent Obsession,' *Life*, 6 September 1954, 60–74
629. 'In that event' : ibid., 61
630. 'This book' : *Bulletin of the Atomic Scientists*, November 1954, 357
630. 'These two boys' : ibid., 362
630. 'a sophomoric science-fiction tale' : *Atomic Scientists Journal*, 4, 1954, 253
630. an article by Joseph and Stewart Alsop: 'We Accuse!' *Harper's Magazine*,

October 1954, 25–45

630. ‘We accuse’ : ibid.

631. ‘Dr Henry D. Smyth’ s fair and considered statement’ : Pais (2006), 256

631. ‘cloistered life’ : ibid., 272

631. ‘a direct result’ : Goodchild (1980), 266

631. ‘So far as I was concerned’ : Dyson (1979), 76

631. ‘Physics is complicated’ : Thorpe (2006), 254

632. ‘An Ordering Principle’ : see *Proceedings of the Second Rochester Conference*, University of Rochester Report NYO-3046, 87

632. turned into an article: see Pais, A., ‘Some Remarks on the V-Particles’ , *Physical Review*, 86 (5) (1952), 663–671

632. ‘J.R. Oppenheimer’ : ibid., 664

632. ‘strangeness’ : see Pais (1997), 336–338

632. ‘I disappointed him’ : Dyson (1979), 76

632. ‘When I came to Oppenheimer’ : ibid., 77

632. ‘difference of temperament’ : ibid.

633. ‘rejoiced together’ : ibid.

633. *See It Now*: for an extended account of the making of this programme and of its reception, see Wolverton (2008), Chapters 1, 2 and 3.

633. ‘you find a Nobel Prize winner’ : quoted ibid., 16

633. ‘There isn’ t one foot’ : ibid., 20

633. ‘tiptoed into Robert’ s office’ : Pais (1997), 330

634. ‘And Professor Einstein’ : Wolverton (2008), 31

634. ‘Well, sir’ : ibid., 35

634. ‘The trouble with secrecy’ : ibid., 38

634. ‘There aren’ t secrets’ : ibid., 39

634. ‘lean, almost ascetic face’ : quoted ibid., 46

634. 2,500 letters: ibid., 51

634. ‘brilliant non sequitur’ : Marshak (1970), 94

635. ‘didn’ t know a meson’ : quoted in Wolverton (2008), 75

635. ‘was several hundred larger’ : *Eugene Register-Guard,* 21 April 1955, copy in JRO papers, LOC

635. ‘Not one in 50’ : ibid.

635. ‘For all scientists’ : quoted in Wolverton (2008), 61

635. ‘It is a very special sort of privilege’ : Oppenheimer (1957), 12

636. ‘He loved the history of science’ : ibid.

636. ‘And physicists then said’ : ibid., 19

636. ‘It is clear’ : ibid., 20

637. ‘electrodynamics cannot be’ : ibid., 19

637. ‘two golden decades’ : Oppenheimer (1956a), 1
637. ‘did not arouse the hope’ : ibid., 2
637. ‘His great discoveries’ : typescript dated 30.9.1955 in JRO papers, LOC
637. ‘wonderfully diverse’ : Oppenheimer (1956b), 10
637. ‘what is called in the trade’ : ibid.
637. ‘In some ways’ : ibid.
638. ‘Surely past experience’ : ibid., 12
638. ‘We must make more humane’ : ibid., 13
638. ‘Despite the “peace of mutual terror”’ : ibid.
638. ‘the special problems’ : ibid., 10
638. ‘a historic meeting’ : Pais (1997), 351
638. ‘The τ -meson’ : Pais (1997), 351, and Pais (2006), 281
639. ‘Perhaps some oscillation’ : Marshak (1970), 95
640. ‘hinted at a rising wave’ : Pais (2006), 282
640. Yang and Pais bet John Wheeler: Pais (197), 351
640. this article was published: ‘Question of Parity Conservation in Weak Interactions’ , *Physical Review*, 104 (1), October 1956, 254–258
640. Oppenheimer’ s comment: see Pais (2006), 282
641. ‘Wu’ s experiment’ : ibid.
641. ‘Walked through door’ : ibid., 283
641. ‘The situation’ : Yang (1964), 398
641. ‘Basic concept in physics’ : quoted Pais (1997), 358
641. ‘No one today’ : Pais (2006), 283
641. ‘It was an occasion’ : Bernstein (2004), 171–172
641. ‘truly amazed’ : ibid., 174
641. ‘Nothing that has been written’ : ibid.
642. ‘looked at me’ : ibid.
642. ‘his demeanor’ : ibid., 175
642. ‘I believe in the popularization of science’ : Wolverton (2008), 91
642. ‘What is new’ : Bernstein (2004), 187
642. ‘attached great importance’ : Pais (2006), 279
643. ‘there was other material’ : Wolverton (2008), 129
643. ‘We wouldn’ t like to have this’ : typewritten transcript, headed ‘Oppenheimer interview’ , JRO papers, LOC
643. ‘Today’ : Oppenheimer (1958a), 55
643. ‘it is almost impossible’ : ibid., 57
643. ‘And as for the recent discovery’ : ibid.
643. ‘trying to explain’ : Pais (1997), 380
644. ‘no intuitive understanding’ : interview with MJS, 20.2.1979, quoted B & S,

263 and 413

644. ‘To an outsider’: Pais (1997), 243
644. ‘a shadow’: interview with MJS, 11.3.1982, quoted B & S, 565
644. ‘There came a time’: interview with MJS, 31.7.1979, quoted B & S, 565
644. ‘Even the lay reader’: Oppenheimer (1958b), 481
644. ‘All of us’: Oppenheimer (1958c)
645. ‘a punitive, personal abuse’: Wolverton (2008), 150
645. ‘Day after weary day’: Pfau (1984), 230
645. ‘nightmarish quality’: quoted Wolverton (2008), 160
645. ‘It was now clear’: ibid., 161
645. ‘unchristianly spirit’: Bernice Brode to JRO, undated, quoted Wolverton (2008), 161
646. ‘profoundly in anguish’: Oppenheimer (1960), 22
646. ‘But these three particles’: Oppenheimer (1959), 11
647. ‘the same men’: ibid.
647. ‘the ancient question’: ibid.
647. ‘We may learn’: typed transcript of programme recorded December 1959, JRO papers, LOC
647. ‘If this next great war occurs’: Oppenheimer (1984), 118
647. ‘that beautiful poem’: ‘Speech at Opening Session of Conference on Progress in Freedom’, Tenth Anniversary Conference, June 1960, typescript, JRO papers, LOC. The printed version – Oppenheimer (1984), 117–120 – omits these words.
648. ‘If I cannot be comforted’: Oppenheimer (1984), 120
648. ‘not merely’: ibid.
648. ‘we have so largely lost’: ‘Speech at Opening Session of Conference on Progress in Freedom’, typescript, 4. Omitted from the printed version.
648. ‘terribly ill-planned’: Wolverton (2008), 179
648. ‘I do not regret’: Goodchild (1980), 274
648. ‘to discuss various problems’: Society of Science and Man, ‘Prospectus’, July 1958, typescript in JRO papers, LOC
649. ‘triviality and childishness’: ‘An Afternoon with Professor Oppenheimer’, 2, JRO papers, LOC
649. ‘a small society’: ibid., 4
649. ‘out of touch with science’: ibid., 12
649. ‘fill the air’: ibid., 13
649. ‘That does not surprise me’: ibid., 20
650. the island of St John in the Virgin Islands: a detailed account of the Oppenheimers’ time in the Virgin Islands is given in B & S, Chapter 39, from which my account is taken.

650. ‘is to help students’ : Oppenheimer (1964), v
651. ‘jot down’ : Martin E. Marty to JRO, 1.2.1962, JRO papers, LOC
651. The list he sent them: copy in the JRO papers, LOC, on which a handwritten note says that it was mailed on 9.2.1962
651. ‘the most extraordinary collection of talent’ : quoted Wolverton (2008), 195
652. ‘Not on your life’ : Goodchild (1980), 275
652. one of three speakers: ‘Talk at the Dedication of the Niels Bohr Library of the History of Physics’ , 26.9.1962, 4, JRO papers, LOC
652. ‘Science and Culture’ : *Encounter*, Vol. 19, No. 4, October 1962, 3–10, reprinted in Oppenheimer (1984), 123–138
652. ‘I went to midtown Manhattan’ : Bernstein (2004), 196
653. ‘Let me end with an anecdote’ : ‘The Added Cubit’ , typescript, 6, JRO papers, LOC
653. ‘Readers and writers’ : *Encounter*, August 1963, 47
653. ‘By taking thought’ : ibid.
653. ‘a truth’ : ibid., 46
654. ‘it is almost wholly through the arts’ : ibid.
654. ‘He was out’ : Regis (1989), 152
654. ‘Once in the 1950s’ : Pais (2006), 278
654. ‘Bourbon Manor’ : Regis (1989), 151
654. ‘source of profound bewilderment’ : quoted Pais (2006), 278
654. ‘The faculty meetings’ : ibid., 277
655. ‘It started to dawn’ : Pais (1997), 385
655. ‘just about then’ : ibid.
655. ‘He looked’ : Seaborg (2001), 225
655. The decision was reported: *Physics Today*, June 1963, 21–23
656. ‘maintain intimacy of discussion’ : Agnes Meyer, letter of invitation, 27.2.1963, quoted Thorpe (2006), 274
656. ‘Up to now’ : untitled typescript of JRO’ s talk at Seven Springs Farm, June 1963, JRO papers, LOC – quotation on page 5
657. ‘a recognition of’ : ibid., 6
657. ‘is surely not’ : ibid.
657. ‘I know every person’ : quoted Wolverton (2008), 221
657. ‘this great enterprise’ : typescript of JRO’ s acceptance speech, undated, JRO papers, LOC
657. ‘I enjoyed what you had to say’ : ‘Brotherly Spirit’ , Newsweek, 16.12.1963, quoted Wolverton (2008), 222
657. special issue: *Reviews of Modern Physics*, 36 (2), April 1964
657. Robert Crease records: Pais (2006), 296

658. ‘Message’ : *Reviews of Modern Physics*, 36 (2), April 1964, 509
658. ‘Massive Stars, Relativist Polytropes, and Gravitational Radiation’ : ibid., 544
658. ‘It is a tribute’ : ibid., 545
658. ‘was rushed down’ : Dyson, letter to his parents, 25.4.1964, quoted Pais (2006), 296
658. ‘I am very pleased’ : *San Francisco Examiner*, 24 April 1964, quoted Wolverton (2008), 226
658. ‘L’ Intime et le Commun’ : Oppenheimer (1984), 157–166
658. ‘when the proceedings were published’ : ibid., 165
659. ‘We most of all should try’ : ibid., 165–166
659. ‘Today we live’ : ‘The Fraternal Dialogue’ , Supplement to the bulletin *From Heart to Heart*, No. 15, November 1964, 2
660. ‘I begin to wonder’ : Heinar Kipphardt, I*n the Matter of J. Robert Oppenheimer: a play freely adapted, on the basis of the documents*, London: Methuen (1967), 106
660. ‘You make me say things’ : JRO to Heinar Kipphardt, 12.10.1964, JRO papers, LOC
661. ‘The whole damn thing’ : *Washington Post*, 13.11.1964, A18, quoted Pais (2006), 268
661. ‘makes me say’ : JRO, statement to the press, 11.11.1964, JRO papers, LOC, quoted Wolverton (2008), 237
661. When the play was performed in Paris: see Wolverton (2008), 238–239
661. ‘I have not been for this play’ : JRO to John Roberts, 22.2.1965, quoted ibid., 240–241
661. ‘restrain the production’ : ibid., 241
662. ‘The trouble with Oppenheimer’ : see Serber (1998), 183–184
662. ‘the true story’ : HC to JRO, 23.7.1964, JRO papers, LOC
662. ‘Dear Haakon’ : JRO to HC, 7.8.1964, JRO papers, LOC
663. ‘Had letter from Chevalier’ : notes of telephone conversation, 18.3.1965, JRO papers, LOC
663. ‘physics, of course’ : *New York Times*, 25 April 1965, quoted Pais (2006), 297
663. ‘a general feeling’ : *New York Times Magazine*, 15 May 1966, quoted Wolverton (2008), 271
663. ‘Well, I don’ t want to speak for others’ : typescript of interview with Martin Agronsky for CBS *Evening News with Walter Cronkite*, 5.8.1965, JRO papers, LOC
664. ‘Physics and Man’ s Understanding’ : Oppenheimer (1984), 181–189
664. ‘To Live with Ourselves’ : ibid., 169–179
664. ‘the life of the scientist’ : ibid., 170

664. ‘This was’: ibid., 170–1
664. ‘when the discovery’: ibid., 178
665. ‘[The] new discoveries which liberated physics’: ibid., 185
665. ‘The error which this corrected’: ibid.
665. a talk on Einstein: delivered at UNESCO House in Paris on 13 December1965, published as ‘On Albert Einstein’, *New York Review of Books*, 17 March 1966, 4–5, available online at: http://
www.nybooks.com/articles/archives/1966/mar/17/on-albert-einstein/?page=1
665. ‘his tradition’: ibid., 4
665. ‘clouds of myth’: ibid.
666. ‘was almost wholly without sophistication’: ibid., 5
666. ‘Thirty Years of Mesons’: Oppenheimer (1966)
666. ‘It seems to me’: ibid., 5
666. ‘You see the old man’: Pais (2006), 300
666. ‘finding out’: Dyson, letter to his parents, 30.3.1966, quoted Pais (2006), 301
667. ‘Dr Oppenheimer Plans History of Physics’: *New York Times*, 21 June 1966, 46, copy in JRO papers, LOC
667. ‘A Time in Need’: Oppenheimer (1984), 191–192
667. ‘no confidence’: Pais (2006), 303
667. ‘Sam, don’t smoke’: ibid., 304
667. ‘Poor Oppenheimer’: Dyson to his parents, 16.2.1967, quoted Pais (2006), 304–305
667. ‘He looked extremely thin’: B & S, 587
668. ‘I walked him’: ibid.
668. ‘It was a horrible period’: Pais (2006), 305
668. ‘The truth is’: ibid., 306
668. ‘Damn it’: ibid.
669. ‘a man who had’: ibid.
669. ‘In Oppenheimer’: Rabi et al. (1969), 8

参考文献

Abragam, A., “Louis Victor Pierre Raymond de Broglie”, *Biographical Memoirs of Fellows of the Royal Society*, 34, 22–24, London: Royal Society (1988).

Acheson, Dean, *Present at the Creation: My Years in the State Department*, New York: Norton (1969).

Ackroyd, Peter, *T.S. Eliot*, London: Abacus (1985).

Adam, Ian, “Character and Destiny in George Eliot’s Fiction”, *Nineteenth–Century Fiction*, Vol. 20, No. 2, 127–143 (Sep. 1965).

Adler, Felix, *Creed and Deed: A Series of Discourse*, New York: Putnam(1886).

— “The Problem of Unsectarian Moral Instruction”, *International Journal of Ethics*, Vol. 2, No. 1, 11–19 (Oct. 1891).

— “The Relation of Ethical Culture to Religion and Philosophy”, *International Journal of Ethics*, Vol. 4, No. 3, 335–347 (Apr. 1894).

— “The Moral Value of Silence”, *International Journal of Ethics*, Vol. 8, No. 3, 345–357 (Apr. 1898).

— “The Parting of the Ways in the Foreign Policy of the United States”, *International Journal of Ethics*, Vol. 9, No. 1, 1–12 (Oct. 1898).

— “A Critique of Kant’s Ethics”, *Mind*, New Series, Vol. 11, No. 42, 162–195 (Apr. 1902).

— “The Problem of Teleology”, *International Journal of Ethics*, Vol. 14, No. 3, 265–

280 (Apr. 1904).

— "The Moral Ideal", *International Journal of Ethics*, Vol. 20, No. 4, 387–394 (Jul. 1910).

— "The Relation of the Moral Ideal to Reality", *International Journal of Ethics*, Vol. 22, No. 1, 1–18 (Oct. 1911).

— *The World Crisis and Its Meaning*, New York: D. Appleton & Co. (1915).

— "The Ethical Problem", *The Philosophical Review*, Vol. 38, No. 2, 105–124 (Mar. 1929).

— *An Ethical Philosophy of Life*, London: D. Appleton−Century (1933).

Al−Khalili, *Quantum: A Guide for the Perplexed*, London: Weidenfeld and Nicolson (2004).

Alberty, Robert A. and Cera, Enrico Di, *Jeffries Wyman 1901–1995: A Biographical Memoir, National Academy of Sciences Biographical Memoirs 83*, Washington DC: National Academies Press (2003).

Albright, Joseph and Kunstel, Marcia, *Bombshell: The Secret Story of America's Unknown Spy Conspiracy*, New York: Times Books (1997).

Alperovitz, Gar, *The Decision to Use the Atomic Bomb*, New York: Vintage (1996).

Anderson, Carl D., "The Apparent Existence of Easily Deflectable Positives", *Science*, 76, 239–240, (1932).

— "The Positive Electron", *Physical Review*, 43, 491–494 (1933).

— "Early Work on the Positron and Muon", *American Journal of Physics*, Vol. 29, Issue 12, 825–830 (1961).

Anderson, Carl D. and Neddermeyer, Seth H., "Cloud Chamber Observations of Cosmic Rays at 4300 Meters and Near Sea Level", *Physical Review*, 50, 263–271 (1936).

— "Note on the Nature of Cosmic Ray Particles", *Physical Review*, 51, 884–886 (1937).

Anderson, Herbert L., "'All in Our Time': Fermi, Szilard and Trinity", *Bulletin of the Atomic Scientists*, 30 (8), 40–47, (1974).

Arnold, Sir Edwin, *Bhagavadgita*, New York: Dover (1993).

Asimov, Isaac, *The Collapsing Universe*, London: Hutchinson (1977).

Baade, W. and Zwicky, F., "On Super−Novae", Proceedings of the National Academy of Science, 20, 254–259 (1934a).

— "Remarks on Super−Novae and Cosmic Rays", *Physical Review*, 46, 76–77 (1934b).

Badash, Lawrence, Hirschfelder, Joseph O. and Broida, Herbert P. (eds), *Reminiscences of Los Alamos, 1943–1945*, Dordrecht: Reidel (1980).

Baggott, Jim, *Atomic. The First War of Physics and the Secret History of the Atom Bomb: 1939–1949*, London: Icon Books (2009).

— *The Quantum Story: A History in 40 Moments*, Oxford: Oxford University Press (2011).

Ball, Philip, *The Elements: A Very Short Introduction*, Oxford: Oxford University Press (2004).

Barkai, Avraham, *Branching Out: German-Jewish Immigration to the United States, 1820–1914*, New York: Holmes & Meier (1994).

Barton, Henry A., "Twenty Years of Physics Today: The Early Years", *Physics Today*, 66–68 (May 1968).

Barut, Asim O., Merwe, Alwyn van der and Odabasi, Halis (eds), *Selected Popular Writings of E.U. Condon*, New York: Springer-Verlag (1991).

Bernstein, Barton J., "In the Matter of J. Robert Oppenheimer", *Historical Studies in the Physical Sciences*, Vol. 12, No. 2, 195–252 (1982).

— "Crossing the Rubicon: A Missed Opportunity to Stop the H-Bomb?", *International Security*, Vol. 14, No. 2, 132–160 (1989).

Bernstein, Jeremy, *Hans Bethe: Prophet of Energy*, New York: Dutton (1981).

— *Hitler's Uranium Club: The Secret Recordings at Farm Hall*, New York: Copernicus Books (2001).

— "The Drawing or Why History Is Not Mathematics", *Physics in Perspective*, 5, 243–261 (2003).

— *Oppenheimer: Portrait of an Enigma*, Chicago: Ivan R. Dee (2004).

— "Max Born and the Quantum Theory", *American Journal of Physics*, 73 (11), 999–1008 (2005).

— *Plutonium: A History of the World's Most Dangerous Element*, Ithaca and London: Cornell University Press (2007).

Bethe, H.A., "Energy production in stars", *Physical Review*, 55, 434–456 (1939).

— "The Hydrogen Bomb", *Bulletin of the Atomic Scientists*, VI (4), 99–104, 125 (1950).

— "J. Robert Oppenheimer: A Biographical Memoir", *Biographical Memoirs of the National Academy of Sciences Volume 71*, 175–219, Washington DC: National Academies Press (1997).

Bird, Kai and Sherwin, Martin J. [B & S], *American Prometheus: The Triumph and Tragedy of J. Robert Oppenheimer*, New York: Alfred A. Knopf (2005).

Birkhoff, George, *Aesthetic Measure*, Cambridge: Harvard University Press (1933).

Birks, J.B., *Rutherford at Manchester*, London: Heywood & Co. (1962).

Birmingham, Stephen, *"Our Crowd": The Great Jewish Families of New York*, New York: Harper & Row (1967).

Bizony, Piers, *Atom*, Cambridge: Icon Books (2007).

Blackett, P.M.S., "The Craft of Experimental Physics", in Wright (1933), 67–96.

Bohr, Niels, "On the Constitution of Atoms and Molecules", *Philosophical Magazine*,

26, 1–25, 476–502, 857–875 (1913).
— "The Quantum Postulate and the Recent Development of Atomic Theory", *Nature*, 121, 580–590 (1928).
— "Faraday Lecture: Chemistry and the Quantum Theory of Atomic Constitution", *Journal of the Chemical Society*, 135, 349–384 (1932).
— "Resonance in Uranium and Thorium Disintegrations and the Phenomenon of Nuclear Fission", *Physical Review*, 55, 418–419 (1939).
— *Atomic Physics and Human Knowledge*, New York: Wiley (1958).
— *Collected Works*, edited by L Rosenfeld:.
Volume 1. Early Work (1905–1911), edited by J. Rud Nielson, Amsterdam: North Holland (1972).
Volume 2. Work on Atomic Physics (1912–1917), edited by Ulrich Hoyer, Amsterdam: North Holland (1981).
Volume 3. The Correspondence Principle, edited by J. Rud Nielson, Amsterdam: North Holland (1976).
Volume 4. The Periodic Table (1920–1923), edited by J. Rud Nielson, Amsterdam: North Holland (1977).
Volume 5. The Emergence of Quantum Mechanics, edited by Klaus Stolzenburg, Amsterdam: North Holland (1984).
Volume 6. Foundations of Quantum Physics I, edited by Jørgen Kalckar, Amsterdam: North Holland (1985).
Volume 7. Foundations of Quantum Physics II, edited by Jørgen Kalckar, Amsterdam: Elsevier (1996) [published out of sequence].
Volume 8. The Penetration of Charged Particles through Matter, edited by Jens Thorson, Amsterdam: North Holland (1987).
Volume 9. Nuclear Physics (1929–1952), edited by Sir Rudolf Peierls, Amsterdam: North Holland (1986).
Bohr, Niels, Kramers, H.A., and Slater, J.C., "The Quantum Theory of Radiation", *Philosophical Magazine*, 47, 785–802 (1924).
Bohr, Niels and Wheeler, John Archibald, "The Mechanism of Nuclear Fission", *Physical Review*, 56, 426–450 (1939).
Borden, William Liscum, *There Will Be No Time*, New York: Macmillan (1946).
Born, Max, "Zur Quantenmechanik der Stoßvorgänge", *Zeitschrift für Physik*, 37 (12), 863–867 (1926a).
— "Quantenmechanik der Stoßvorgänge", *Zeitschrift für Physik*, 38 (11–12), 803–827, (1926b).
— "Physical Aspects of Quantum Mechanics", *Nature*, Vol. 119, 354–357 (1927).
— *The Restless Universe*, London: Blackie & Son (1935).
— *Physics in My Generation: A Selection of Papers*, London: Pergamon (1956).

— *The Born–Einstein Letters*, London: Macmillan (1971).

— *My Life: Recollections of a Nobel Laureate*, London: Taylor & Francis (1978).

— *Atomic Physics*, New York: Dover (1989).

Born, Max, Heisenberg, Werner and Jordan, Pascual, "Zur Quantenmechanik II", *Zeitschrift für Physik*, 35, 557–615 (1926).

Born, Max and Jordan, Pascual, "Zur Quantenmechanik", *Zeitschrift für Physik*, 34, 858–888 (1925).

Boyd, William C., *Genetics and the Races of Man*, Oxford: Blackwell (1950).

Boyd, William C. and Asimov, Isaac, *Races and People*, New York: Abelard–Schuman (1955).

Brian, Denis, *Einstein: A Life*, New York: Wiley (1996).

Broglie, Louis de, "A Tentative Theory of Light Quanta", *The Philosophical Magazine*, 446–458 (1924).

Brown, Andrew, *The Neutron and the Bomb: A Biography of Sir James Chadwick*, Oxford: Oxford University Press (1997).

Brown, Laurie M., "The Idea of the Neutrino", *Physics Today*, 31, 23–28 (1978).

Brown, Laurie M. and Hoddeson, Lillian (eds), *The Birth of Particle Physics*, Cambridge: Cambridge University Press (1983).

Brown, Stephen G., "The Curse of the 'Little Phrase': Swann and the Sorrows of the Sapphic Sublime", *College Literature*, 30.4 (Fall 2003).

Bundy, McGeorge, *Danger and Survival: Choices About the Bomb in the First Fifty Years*, New York: Random House (1988).

Campbell, J., *Rutherford: Scientist Supreme*, Christchurch: AAS Publications (1999).

Cashman, Sean Dennis, *America in the Gilded Age: From the Death of Lincoln to the Rise of Theodore Roosevelt*, New York: New York University Press (1984).

Cassidy, David C., *Uncertainty: The Life and Science of Werner Heisenberg*, New York: W.H. Freeman & Co. (1992).

— *J. Robert Oppenheimer and the American Century*, New York: Pi Press (2005).

— *Beyond Uncertainty: Heisenberg, Quantum Physics and the Bomb*, New York: Bellevue Literary Press (2009).

Cathcart, Brian, *The Fly in the Cathedral: How a small group of Cambridge scientists won the race to split the atom*, London: Viking (2004).

Cather, Willa, *Youth and the Bright Medusa*, New York: Alfred A. Knopf (1920).

— *A Lost Lady*, New York: Alfred A. Knopf (1923).

— *Death Comes for the Archbishop*, New York: Alfred A. Knopf (1927).

Cave Brown, Anthony, *The Secret History of the Atomic Bomb*, New York: Dial Press (1977).

Cerchiai, Luca, Jannelli, Lorena and Longo, Fausto, *The Greek Cities of Magna Graecia and Sicily*, Los Angeles: Getty Publications (2004).

Chadwick, James, "Possible Existence of a Neutron", *Nature*, 129, 312 (1932a).

— "The Existence of a Neutron", *Proceedings of the Royal Society of London Series A*, Vol. 136, No. 830, 692–708 (1932b).

Chevalier, Haakon, *Oppenheimer: The Story of a Friendship*, New York: George Braziller (1965).

Childs, Herbert, *An American Genius: The Life of Ernest Orlando Lawrence*, New York: Dutton (1968).

Christman, Al, *Target Hiroshima: Deak Parsons and the Creation of the Atomic Bomb*, Annapolis, Maryland: Naval Institute Press (1998).

Cockcroft, John and Walton, Ernest, "Experiments with High Velocity Positive Ions", *Proceedings of the Royal Society Series A*, Vol. 129, 477–489 (1930).

— "Disintegration of Lithium by Swift Protons", *Nature*, Vol. 129, 649 (1932).

Cohen, Naomi W., *Encounter with Emancipation: The German Jews in the United States 1830–1914*, Philadelphia: The Jewish Publication Society of America (1984).

Cohen, S.T., *The Truth about the Neutron Bomb*, New York: Morrow (1983).

Cole, K.C., *Something Incredibly Wonderful Happens: Frank Oppenheimer and the world he made up*, Boston: Houghton Mifflin (2009).

Compton, Arthur H., "A Quantum Theory of the Scattering of X−Rays by Light Elements", *Physical Review*, 21 (5), 483–502 (1923).

— *Atomic Quest: A Personal Narrative*, London: Oxford University Press (1956).

Conant, Jennet, *109 East Palace: Robert Oppenheimer and the Secret City of Los Alamos*, New York: Simon & Schuster (2005).

Coughlan, C.D., Dodd, J.E. and Gripaios, B.M., *The Ideas of Particle Physics: An Introduction for Scientists*, Cambridge: Cambridge University Press (2006).

Cropper, William H., *Great Physicists: The Life and Times of Leading Physicists from Galileo to Hawking*, Oxford: Oxford University Press (2001).

Crowther, James Arnold, *Molecular Physics*, Philadelphia: P. Blackiston's Son & Co. (1914, 1st edition; 1923, 3rd edition).

Crowther, J.G., *The Cavendish Laboratory: 1874–1974*, London: Macmillan (1974).

Dahl, Per F., "The Physical Tourist: Berkeley and Its Physics Heritage", *Physics in Perspective*, 8, 90–101 (2006).

Dalitz, R.H. and Peierls, Rudolf, "Paul Adrien Maurice Dirac", *Biographical Memoirs of Fellows of the Royal Society*, 32, 138–185 (1986).

DeGroot, Gerard J., *The Bomb: A History of Hell on Earth*, London: Pimlico (2005).

Diner, Hasia R., *A Time for Gathering: The Second Migration 1820–1880 (The Jewish People in America, Vol. 2)*, Baltimore: Johns Hopkins University Press (1992).

Dirac, Paul, "The Fundamental Equations of Quantum Mechanics", *Proceedings of the Royal Society Series A*, Vol. 109, No. 752, 642–653 (1925).

— "Quantum Mechanics and a Preliminary Investigation of the Hydrogen Atom",

Proceedings of the Royal Society Series A, Vol. 110, No. 755, 561–579 (1926).
— "The Quantum Theory of the Electron", *Proceedings of the Royal Society Series A*, Vol. 117, No. 778, 610–624 (1928).
— "Quantised Singularities in the Electromagnetic Field", *Proceedings of the Royal Society Series A*, Vol. 133, No. 821, 60–72 (1931).
— "A New Classical Theory of Electrons", *Proceedings of the Royal Society Series A*, Vol. 209, No. 1098, 291–296 (1951).
— *The Development of Quantum Theory: J. Robert Oppenheimer Memorial Prize Acceptance Speech*, London: Gordon and Breach (1971).
— *Directions in Physics: Lectures delivered during a visit to Australia and New Zealand August/September 1975*, New York: Wiley (1978).
— "The Origin of Quantum Field Theory", in Brown and Hoddeson (1983), 39–55.
— *The Collected Works of P.A.M. Dirac 1924–1948*, edited by R.H. Dalitz, Cambridge: Cambridge University Press (1995).
Donovan, Robert J., *The Words of Harry S. Truman*, New York: Newmarket Press (1996).
Dool, Huug van den, "George David Birkhoff (1884–1944): Dutch-American Mathematician Extraordinaire", *Proceedings of 14th biennial AADAS conference, The Dutch in Urban America*, edited by R. Swierenga, D. Sinnema and H. Krabbendam, Amsterdam: The Joint Archives of Holland, 76–93 (2003).
Doty, Paul, "John T. Edsall: 3 November 1902–12 June 2002", *Proceedings of the American Philosophical Society*, Vol. 149, No. 1, 89–92 (March 2005).
Dowd, Doug, "Against Decadence: The Work of Robert A. Brady (1901–1963)," *Journal of Economic Issues*, Vol. XXVIII, No. 4, 1031–1061 (1994).
Dupuy, Trevor Nevitt and Hammerman, Gary M., *A Documentary History of Arms Control and Disarmament*, Washington DC: T.N. Dupuy Associates (1973).
Dyson, Freeman, *Disturbing the Universe*, New York: Basic Books (1979).
Edsall, John T., "Some personal history and reflections from the life of a Biochemist", *Biophysical Chemistry*, 100, 9–28 (2003).
Edwards, Rebecca, *New Spirits: Americans in the Gilded Age 1865–1905*, Oxford: Oxford University Press (2006).
Einstein, Albert, *Out of My Later Years*, London: Thames and Hudson (1950).
Eliot, George, *Middlemarch*, Harmondsworth: Penguin(1965).
Ellanby, Boyd [William C. Boyd], "Category Phoenix", *Galaxy Science Fiction*, Vol. 4, No. 2, 4–44 (May 1952).
— "Chain Reaction", *Galaxy Science Fiction*, Vol.12, No. 5, 128–143 (Sep. 1956).
Elliot, David C., "Project Vista and Nuclear Weapons in Europe", *International Security*, Vol. 11, No. 1, 163–183 (1986).
Elsasser, Walter M., *Memoirs of a Physicist in the Atomic Age*, London: Adam Hilger

Ltd /Science History Publications (1978).

Enz, Charles P., *No Time to be Brief: A scientific biography of Wolfgang Pauli*, Oxford: Oxford University Press (2002).

Ermarth, Elizabeth, "Incarnations: George Eliot's Conception of 'Undeviating Law'", *Nineteenth−Century Fiction*, Vol. 29, No. 3, 273–286 (Dec. 1974).

Eve, Arthur S., *Rutherford: Being the Life and Letters of the Rt. Hon. Lord Rutherford, O.M.*, Cambridge: Cambridge University Press (1939).

Farmelo, Graham, *The Strangest Man: The Hidden Life of Paul Dirac, Quantum Genius*, London: Faber (2009).

Feingold, Henry L., *A Time for Searching: Entering the Mainstream, 1920–1945*, Baltimore: Johns Hopkins University Press (1995).

Fergusson, Erna, *Our South West*, New York: Alfred A. Knopf (1946).

— *New Mexico: A pageant of three peoples*, Albuquerque: University of New Mexico Press (1973).

— *Dancing Gods: Indian Ceremonials of New Mexico and Arizona*, Albuquerque: University of New Mexico Press (1988).

— *Mexican Cookbook*, Albuquerque: University of New Mexico Press (1999).

Fergusson, Francis, *The Idea of a Theater*, Princeton: Princeton University Press (1949).

— *Sallies of the Mind*, edited by John McCormick and George Core, New Brunswick: Transaction (1998).

Fergusson, Harvey, *The Blood of the Conquerors*, New York: Alfred A. Knopf (1921).

— *Wolf Song*, New York: Alfred A. Knopf (1927).

— *In Those Days: An Impression of Change*, New York: Alfred A. Knopf (1929).

— *Rio Grande*, New York: Alfred A. Knopf (1933).

— *Home in the West: An Inquiry into My Origins*, New York: Duell, Sloan and Pearce (1944).

— *The Conquest of Don Pedro*, New York: William Morrow (1954).

Fergusson, Harvey Butler, *New Mexico in 1910: Letters and Addresses Relating to the Constitution*, Farmington Hills, Michigan: Gale (2010).

Fermi, Laura, *Atoms in the Family: My Life with Enrico Fermi*, Chicago: Chicago University Press (1961).

Feynman, Richard P., *QED: The Strange Theory of Light and Matter*, London: Penguin (1990).

— *"Surely You're Joking, Mr Feynman!" Adventures of a Curious Character as told to Ralph Leighton*, London: Vintage (1992).

Franklin, Allan, *Are There Really Neutrinos? An Evidential History*, Boulder, Colorado: Westview Press (2004).

Fried, Albert, *Communism in America: A History in Documents*, New York: Columbia

University Press (1997a).

— *McCarthyism: The Great American Red Scare: A Documentary History*, New York: Oxford University Press (1997b).

Friess, H.L., *Felix Adler and Ethical Culture: Memories and Studies*, New York: Columbia University Press (1981).

Frisch, Otto, *What Little I Remember*, Cambridge: Cambridge University Press (1980).

Gamow, George, "Zur Quantentheorie des Atomkernes", *Zeitschrift für Physik*, Vol. 51, No. 3, 204–212 (1928a).

— "The Quantum Theory of Nuclear Disintegration", *Nature*, 122, 805–806 (1928b).

— *Mr Tomkins in Paperback*, Cambridge: Cambridge University Press (1965).

— *Thirty Years that Shook Physics: The Story of Quantum Theory*, New York: Dover (1985).

— *The Great Physicists from Galileo to Einstein*, New York: Dover (1988).

Gay, Ruth, *Jews in America*, New York: Basic Books (1965).

Gerassi, John, *The Premature Antifascists: North American Volunteers in the Spanish Civil War 1936–1939: An Oral History*, New York: Praeger (1986).

Gerstle, Gary, "Theodore Roosevelt and the Divided Character of American Nationalism", *The Journal of American History*, Vol. 86, No. 3, *The Nation and Beyond: Transnational Perspectives on United States History: A Special Issue*, 1280–1307 (Dec. 1999).

Gibbs, Josiah Willard, "On the Equilibrium of Heterogeneous Substances", *Transactions of the Connecticut Academy of Arts and Sciences*, Vol. III, 198–248, 343–524 (1874–1878).

Gill, Stanley, "Conversations with Jeffries Wyman", *Annual Review of Biophysics and Biophysical Chemistry*, 16, 1–23 (1987).

Ginger, Ray, *Age of Excess: The United States from 1877 to 1914*, London: Collier Macmillan (1975).

Gish, Robert, "Paul Horgan", in *A Literary History of the American West*, Fort Worth: Texas Christian University Press, 574–586 (1987).

— *Frontier's End: The Life and Literature of Harvey Fergusson*, Lincoln: University of Nebraska Press (1988).

— *Nueva Granada: Paul Horgan and the Southwest*, Texas: A & M University Press (1995).

— *Beautiful Swift Fox: Erna Fergusson and the Modern Southwest*, Texas: A & M University Press (1996).

Gleick, James, *Genius: Richard Feynman and Modern Physics*, London: Abacus (1994).

Goodchild, Peter, *J. Robert Oppenheimer: "Shatterer of Worlds"*, London: BBC (1980).

— *Edward Teller: The Real Dr Strangelove*, London: Weidenfeld & Nicolson (2004).

Goodstein, Judith, "A Conversation with Hans Bethe", *Physics in Perspective*, I, 253–281 (1999).

Gordin, Michael D., *Five Days in August: How World War II Became a Nuclear War*, Princeton: Princeton University Press (2007).

Graham, Frank, *Al Smith American: An Informal Biography*, Whitefish, Montana: Kessinger (2005).

Graham, Loren R., *Moscow Stories*, Bloomington: Indiana University Press (2006).

Green, Harold P., "The Oppenheimer Case: A Study in the Abuse of Law", *Bulletin of the Atomic Scientists*, 33 (7), 12–16, 56–61 (Sep. 1977).

Greenspan, Nancy Thorndike, *The End of the Certain World: The Life and Science of Max Born*, London: Wiley (2005).

Gribbin, John, *In Search of Schrödinger's Cat*, London: Corgi (1984).

Gromyko, Andrei A., "Soviet Proposals for Atomic Energy Control", *Bulletin of the Atomic Scientists*, 3 (8), 219–220 (1947).

Groueff, Stephane, *Manhattan Project: The Untold Story of the Making of the Atomic Bomb*, New York: Little Brown (1967).

Groves, Leslie R., *Now It Can Be Told: The Story of the Manhattan Project*, New York: Da Capo (1962).

Gurney, Ronald W. and Condon, Edward U., "Wave Mechanics and Radioactive Disintegration", *Nature*, 122, 439 (1928).

Hager, Thomas, *Force of Nature: The Life of Linus Paul*, New York: Simon and Schuster (1995).

Hales, Peter Bacon, *Atomic Spaces: Living on the Manhattan Project*, Urbana and Chicago: University of Illinois Press (1997).

Halpern, Paul, *Collider: The Search for the World's Smallest Particles*, Hoboken, New Jersey: John Wiley (2010).

Harrington, Fred H., "The Anti−Imperialist Movement in the United States, 1898–1900", *The Mississippi Valley Historical Review*, Vol. 22, No. 2, 211–230 (Sep., 1935).

Hawkins, David, *Manhattan District History. Project Y: The Los Alamos Project*, unpublished, commissioned by the Los Alamos Scientific Laboratory for "special distribution" (1946).

Haynes, John Earl, *Red Scare or Menace? American Communism and Anticommunism in the Cold War Era*, Chicago: Ivan R. Dee (1996).

Haynes, John Earl and Klehr, Harvey, *Venona: Decoding Soviet Espionage in America*, New Haven: Yale Note Bene (2000).

Heilbron, J.L. and Seidel, Robert W., *Lawrence and His Laboratory: A History of the Lawrence Berkeley Laboratory, Volume I*, Berkeley: University of California Press

(1990).

Heisenberg, Werner, "Über quantentheoretische Umdeutung kinematischer und mechanischer Beziehungen", *Zeitschrift für Physik*, 33, 879–893 (1925).

— "Über den anschulichen Inhalt der quantentheoretischen Kinematik und Mechanik", *Zeitschrift für Physik*, 43, 172–198 (1927).

— "Zur Theorie der 'Schauer' in der Hohenstrahlung", *Zeitschrift für Physik*, 101, 533–540 (1936).

— *Physics and Beyond: Encounters and Conversations*, London: Allen & Unwin (1971).

Heisenberg, Werner and Pauli, Wolfgang, "Zur Quantendynamik der Wellenfelder", *Zeitschrift für Physik*, 56, 1–61 (1929).

— "Zur Quantentheorie der Wellenfelder II", *Zeitschrift für Physik*, 59, 168–190 (1930).

Hendry, John, *The Creation of Quantum Mechanics and the Bohr–Pauli Dialogue*, Dordrecht: Reidel (1984).

Herken, Gregg, *Brotherhood of the Bomb: The Tangled Lives and Loyalties of Robert Oppenheimer, Ernest Lawrence, and Edward Teller*, New York: Henry Holt & Co. (2002).

Hersey, John, *Hiroshima*, New York: Vintage (1989).

Hershberg, James G., *James B. Conant: Harvard to Hiroshima and the Making of the Nuclear Age*, Stanford: Stanford University Press (1993).

Hewlett, Richard G. and Duncan, Francis, *Atomic Shield, 1947–1952: History of the United States Atomic Energy Commission, Volume II*, University Park: Pennsylvania State University Press (1969).

Hewlett, Richard G. and Holl, Jack M., *Atoms for Peace and War, 1953–1961: Eisenhower and the Atomic Energy Commission (History of the United States Atomic Energy Commission, Volume III)*, Berkeley: University of California Press (1989).

Hijiya, James A., "The Gita of Robert Oppenheimer", *Proceedings of the American Philosophical Society*, 144 (2), 123–167 (2000).

Hoddeson, Lillian et al., *Critical Assembly: A Technical History of Los Alamos during the Oppenheimer Years, 1943–1945*, Cambridge: Cambridge University Press (1993).

Hodes, Elizabeth, Tiddens, Adolph and Badash, Lawrence, "Nuclear Fission: Reaction to the Discovery in 1939", *Institute on Global Conflict and Cooperation Research Paper I*, Philadalphia, PA: American Philosophical Association (1985).

Hoffmann, Banesh, *The Strange Story of the Quantum*, New York: Dover (1959).

Hofstadter, Robert, "Felix Bloch 1905–1983: A Biographical Memoir", *Biographical Memoirs of the National Academy of Sciences*, Washington DC: National

Academies Press (1994).
Hohoff, Tay, *A Ministry to Man: The life of John Lovejoy Elliott*, New York: Harper (1959).
Holbrow, Charles H., "In Appreciation. Charles C. Lauritsen: A Reasonable Man in an Unreasonable World", *Physics in Perspective*, 5, 419–472 (2003).
Hore, Peter (ed.), *Patrick Blackett: Sailor, scientist, and socialist*, London: F. Cass (2003).
Horgan, Paul, *The Fault of Angels*, New York: Harper (1933).
— *The Common Heart*, New York: Harper & Brothers (1942).
— *Great River: The Rio Grande in North American History*, New York: Rinehart (1954).
— *A Distant Trumpet*, New York: Farrar, Straus and Cudahy (1960).
— *Things as They Are*, New York: Farrar, Straus & Co. (1964).
— *Lamy of Santa Fe*, New York: Farrar, Straus and Giroux (1976).
— *Of America East & West: Selections from the writings of Paul Horgan*, New York: Farrar Straus and Giroux (1985).
— *Under the Sangre de Cristo*, Flagstaff, Arizona: Northland Publishing (1987).
— *A Certain Climate: Essays in History, Arts, and Letters*, Middletown, Connecticut: Wesleyan University Press (1988).
Hughes, Jeff, *The Manhattan Project: Big Science and the Atom Bomb*, Cambridge: Icon Books (2002).
Huning, Franz, *Trader on the Santa Fe Trail: The Memoirs of Franz Huning*, Albuquerque, University of Albuquerque Press (1973).
Hunner, Jon, *Inventing Los Alamos: The Growth of an Atomic Community*, Norman: University of Oklahoma Press (2004).
— *J. Robert Oppenheimer, the Cold War, and the Atomic West*, Norman: University of Oklahoma Press (2009).
Isserman, Maurice, *Which Side Were You On? The American Communist Party during the Second World War*, Urbana: University of Illinois Press (1993).
Jeans, J.H., *The Mathematical Theory of Electricity and Magnetism*, Cambridge: Cambridge University Press (1908).
— *The Universe around Us*, Cambridge: Cambridge University Press (1929).
— *The Mysterious Universe*, Cambridge: Cambridge University Press (1930).
— *Physics and Philosophy*, Cambridge: Cambridge University Press (1942).
Jenkins, Philip, *A History of the United States*, Basingstoke: Palgrave (2003).
Joliot, F., von Halba, H. and Kowarski, L., "Liberation of Neutrons in the Nuclear Explosion of Uranium", *Nature*, 143, 470 (1939a).
— "Number of Neutrons Liberated in the Nuclear Fission of Uranium", *Nature*, 143, 680 (1939b).

Jungk, Robert, *Brighter than a Thousand Suns: A Personal History of the Atomic Scientists*, London: Penguin (1960).

Kaiser, David, *Drawing Theories Apart: The Dispersion of Feynman Diagrams in Postwar Physics*, Chicago: Chicago University Press (2005).

Karabel, Jerome, *The Chosen: The Hidden History of Admission and Exclusion at Harvard, Yale, and Princeton*, New York: Houghton Mifflin Company (2005).

Kelly, Cynthia C. (ed.), *Oppenheimer and the Manhattan Project: Insights into J. Robert Oppenheimer, "Father of the Atomic Bomb"*, Hackensack, New Jersey: World Scientific (2006).

Kevles, Daniel J., *The Physicists: The History of a Scientific Community in Modern America*, Cambridge: Harvard University Press (1995).

Klehr, Harvey, Haynes, John Earl and Firsov, Fridrikh Igorevich, *The Secret World of American Communism*, New Haven: Yale University Press (1995).

Klein, Martin J., *Paul Ehrenfest*, Amsterdam: North Holland Pub. Co. (1970).

— "Not by Discoveries Alone: The Centennial of Paul Ehrenfest", *Physica*, 106A, 3–14 (1981).

Klingenstein, Susanne, *Jews in the American Academy 1900–1940: The Dynamics of Intellectual Assimilation*, New Haven: Yale University Press (1991).

Kosak, Hadassa, *Cultures of Opposition: Jewish Immigrant Workers, New York City, 1881–1905*, New York: State University of New York Press (2000).

Kragh, Helge, *Dirac: A Scientific Biography*, Cambridge: Cambridge University Press (1990).

— *Quantum Generations: A History of Physics in the Twentieth Century*, Princeton: Princeton University Press (1999).

Kraus, Joe, "How the Melting Pot Stirred America: The Reception of Zangwill's Play and Theater's Role in the American Assimilation Experience", *MELUS*, Vol. 24, No. 3, Varieties of Ethnic Criticism, 3–19 (Autumn 1999).

Kumar, Manit, *Quantum: Einstein, Bohr and the Great Debate about the Nature of Reality*, London: Icon Books (2009).

Lamb, Willis E., "The Fine Structure of Hydrogen", in Brown and Hoddeson (1983), 311–328.

Lankevich, George J., *American Metropolis: A History of New York City*, New York: New York University Press (1998).

Lanouette, William, *Genius in the Shadows: A Biography of Leo Szilard*, Chicago: Chicago University Press (1994).

Larsen, Egon, *The Cavendish Laboratory: Nursery of Genius*, London: Edmund Ward (1962).

Lawton, Eliza and Lawson, Eba, *Major Robert Anderson and Fort Sumter, 1861*, New York: Knickerbocker Press (1911).

Lee, Sabine, *Sir Rudolf Peierls: Selected Private and Scientific Correspondence Volume 2*, London: World Scientific Publishing (2009).

Lee, Sabine and Brown, Gerry E., "Hans Albrecht Bethe 2 July 1906–6 March 2005", *Biographical Memoirs of Fellows of the Royal Society*, 53, 1–20 (2007).

Levine, George, "Determinism and Responsibility in the Works of George Eliot", *PMLA*, Vol. 77, No. 3, 268–279 (Jun. 1962),.

Lewis, Gilbert Newton and Randall, Merle, *Thermodynamics and the Free Energy of Chemical Substances*, New York: McGraw−Hill (1923).

Lewis, William C. McC., *Physical Chemistry and Scientific Thought: An Inaugural Lecture delivered at the University of Liverpool on Friday, 16 January 1914*, Liverpool: Liverpool University Press (1914).

— *A System of Physical Chemistry* (published in the series, *Textbooks of Physical Chemistry*, edited by Sir William Ramsay), London and New York: Longmans, Green & Co., *Volume I: Considerations based upon the kinetic theory* (1918, 2nd edition; 1920, 3rd edition), *Volume II: Thermodynamics* (1919, 2nd edition; 1920, 3rd edition), *Volume III: Quantum Theory* (1920, 2nd edition; 1921, 3rd edition).

Lewy, Günter, *The Cause that Failed: Communism in American Political Life*, New York: Oxford University Press (1990).

Libby, Leona Marshall, *The Uranium People*, New York: Crane Russak (1979).

Lilienthal, David E., *The Journals of David E. Lilienthal, Volume 2: The Atomic Energy Years, 1945–1950*, New York: Harper & Row (1964).

Lovell, Bernard, "Patrick Maynard Stuart Blackett, Baron Blackett, of Chelsea", *Biographical Memoirs of Fellows of the Royal Society*, 21, 1–115, London: Royal Society (1975), published separately as *P.M.S. Blackett: A Biographical Memoir*, London: The Royal Society (1976).

Ludwig, Gunther (ed.), *Wave Mechanics*, New York: Pergamon (1968).

Luminet, Jean−Pierre, *Black Holes*, Cambridge: Cambridge University Press (1992).

McCarthy, Patrick J., "Lydgate, 'The New, Young Surgeon' of Middlemarch", *Studies in English Literature, 1500– 1900*, Vol. 10, No. 4: Nineteenth Century, 805–816 (Autumn 1970).

McCray, W. Patrick, "Project Vista, Caltech, and the dilemmas of Lee DuBridge", *Historical Studies in the Physical and Biological Sciences*, Vol. 34, No. 2, 339–370 (2004).

McMillan, Priscilla J., *The Ruin of J. Robert Oppenheimer and the Birth of the Modern Arms Race*, New York: Viking (2005).

Madden, Paul and Mühlberger, Detlef, *The Nazi Party: The Anatomy of a People's Party*, Bern: Peter Lang (2007).

Malenfant, Richard E., *Experiments with the Dragon Machine*, Los Alamos: National Laboratory (2005).

Mansell, Darrel, Jr, "George Eliot's Conception of Tragedy", *Nineteenth-Century Fiction*, Vol. 22, No. 2, 155–171 (Sep. 1967).

Marsden, E., "The Rutherford Memorial Lecture, 1954: Rutherford–His Life and Work, 1871–1937", *Proceedings of the Royal Society A*, 283–305 (1954).

Marshak, Robert E., "The Rochester Conferences: The Rise of International Cooperation in High Energy Physics", *Bulletin of the Atomic Scientists*, XXVI (6), 92–98 (1970).

Mauch, Christof and Salmons, Joseph (eds), *German-Jewish Identities in America*, Madison: Max Kade Institute for German-American Studies (2003).

Maxwell, James Clerk, *A Treatise on Electricity and Magnetism*, Oxford: Clarendon Press (1873).

Mehra, Jagdish and Milton, Kimball A., *Climbing the Mountain: The Scientific Biography of Julian Schwinger*, Oxford: Oxford University Press (2000).

Mehra, Jagdish, Milton, Kimball A. and Rembiesa, Peter, "The Young Julian Schwinger I. A New York City Childhood", *Foundations of Physics*, Vol. 29, No. 5, 767–786 (1999a).

— "The Young Julian Schwinger II. Julian Schwinger at Columbia University", *Foundations of Physics*, Vol. 29, No. 5, 787–817 (1999b).

— "The Young Julian Schwinger III. Schwinger Goes to Berkeley", *Foundations of Physics*, Vol. 29, No. 6, 931–966 (1999c).

— "The Young Julian Schwinger IV. During the Second World War", *Foundations of Physics*, Vol. 29, No. 6, 967–1010 (1999d).

— "The Young Julian Schwinger V. Winding Up at the Radiation Lab, Going to Harvard, and Marriage", *Foundations of Physics*, Vol. 29, No. 7, 1119–1162 (1999e).

Mehra, Jagdish and Rechenberg, Helmut, *The Historical Development of Quantum Theory:*.

Volume 1, Parts 1 and 2: The Quantum Theory of Planck, Einstein, Bohr and Sommerfeld: Its Foundation and the Rise of its Difficulties 1900–1925, Berlin: Springer (1982a and 1982b).

Volume 2: The Discovery of Quantum Mechanics, Berlin: Springer (1982c).

Volume 3: The Formulation of Matrix Mechanics and its Modifications 1925–1926, Berlin: Springer (1982d).

Volume 4, Part 1: The Fundamental Equations of Quantum Mechanics 1925–1926, and *Part 2: The Reception of the New Quantum Mechanics 1925–1926*, Berlin: Springer (1982e).

Volume 5, Parts 1 and 2: Erwin Schrödinger and the Rise of Wave Mechanics, Berlin: Springer (1987).

Volume 6, Part 1: The Completion of Quantum Mechanics 1926–1941, Berlin: Springer (2000).

Volume 6, Part 2: The Completion of Quantum Mechanics 1926–1941, Berlin: Springer (2001).

Melz, Christian F., "Goethe and America", *College English*, Vol. 10, No. 8 425–431 (May 1949).

Meyrowitz, Elliott L., *Prohibition of Nuclear Weapons: The Relevance of International Law*, New York: Transnational (1990).

Michelmore, Peter, *The Swift Years: The Robert Oppenheimer Story*, New York: Dodd, Mead & Co. (1969).

Miller, Merle, *Plain Speaking: An Oral Biography of Harry S. Truman*, London: Coronet (1976).

Mills, Robert, *Space, Time and Quanta: An Introduction to Contemporary Physics*, New York: W.H. Freeman and Company (1994).

Milton, Kimball A., "In Appreciation. Julian Schwinger: From Nuclear Physics and Quantum Electrodynamics to Source Theory and Beyond", *Physics in Perspective*, 9, 70–114 (2007).

Moore, Ruth, *Niels Bohr: The Man and the Scientist*, London: Hodder & Stoughton (1967).

Moore, Walter, *Schrödinger: Life and Thought*, Cambridge: Cambridge University Press (1989).

Morais, Henry Samuel, *The Jews of Philadelphia: Their history from the earliest settlements to the present time*, Philadelphia: The Levytype Company (1894).

Morgan, H. Wayne, *Unity and Culture: The United States, 1877–1900*, London: Allen Lane (1971).

Morgan, Ted, *McCarthyism in Twentieth Century America*, New York: Random House (2003).

Morse, Philip M., *In at the Beginning: A Physicist's Life*, Cambridge, Mass.: MIT Press (1977).

Nelson, Bruce, *Workers on the Waterfront: Seamen, Longshoremen, and Unionism in the 1930s*, Urbana: University of Illinois Press (1988).

Nelson, Steve, Barrett, James R. and Ruck, Rob, *Steve Nelson, American Radical*, Pittsburgh: Pittsburgh University Press (1981).

Neuenschwander, Dwight E. and Watkins, Sallie A., "In Appreciation. Professional and Personal Coherence: The Life and Work of Melba Newell Phillips", *Physics in Perspective*, 10, 295–364 (2008).

Neumann, Henry, *Spokesmen for Ethical Religion*, Boston: The Beacon Press (1951).

Norris, Robert S., *Racing for the Bomb: General Leslie R. Groves, the Manhattan Project's Indispensable Man*, South Rayalton, Vermont: Steerforth Press (2002).

Nye, Mary Jo, *Blackett: Physics, War, and Politics in the Twentieth Century*, Cambridge: Harvard University Press (2004).

— “Blackett as Scientific Leader: Physics, War and Politics in the Twentieth Century”, lecture given at Imperial College, London, 26 January 2005, full text at: http://www3.imperial.ac.uk/physics/about/history/blackett_nye/lecture.

Oppenheimer, J. Robert, “On the Quantum Theory of Vibration−Rotation Bands”, *Proceedings of the Cambridge Philosophical Society*, 23, 327–335 (1926a).

— “On the Quantum Theory of the Problem of the Two Bodies”, *Proceedings of the Cambridge Philosophical Society*, 23, 422–431 (1926b).

— “Quantum Theory and Intensity Distribution in Continuous Spectra”, *Nature*, 118, 771 (1926c).

— “Quantentheorie des kontinuierlichen Absorptionsspektrums”, *Naturwissenschaften*, 14, 1282 (1926d).

— “Zur Quantentheorie kontinuierlicher Spektren”, *Zeitschrift für Physik*, 41, 268–293 (1927a).

— “Zur Quantenmechanik der Richtungsentartung”, *Zeitschrift für Physik*, 43, 27–46 (1927b).

— “Bermerkung zur Zerstreuung der α −Teilchen”, *Zeitschrift für Physik*, 43, 413–415 (1927c).

— “On the Quantum Theory of the Polarization of Impact Radiation”, *Proceedings of the National Academy of Sciences*, 13, 800–805 (1927d).

— “Three Notes on the Quantum Theory of Aperiodic Effects”, *Physical Review*, 31, 66–81 (1928a).

— “On the Quantum Theory of the Capture of Electrons”, *Physical Review*, 31, 349–356 (1928b).

— “On the Quantum Theory of the Ramsauer Effect”, *Proceedings of the National Academy of Sciences*, 14, 261–262 (1928c).

— “On the Quantum Theory of Field Currents”, *Physical Review*, 31, 914 (1928d).

— “On the Quantum Theory of the Autoelectric Field Currents”, *Proceedings of the National Academy of Sciences*, 14, 363–365 (1928e).

— “Über die Strahlung der freien Elektronen im Coulombfeld”, *Zeitschrift für Physik*, 55, 725–737 (1929).

— “Note on the theory of the interaction of field and matter”, *Physical Review*, 35, 461–477 (1930a).

— “On the theory of electrons and protons”, *Physical Review*, 35, 562–563 (1930b).

— “Are the formulae for the absorption of high energy radiations valid?”, *Physical Review*, 47, 44–52 (1934).

— “Cosmic Rays: Report of Recent Progress, 1936–1941”, *Science in the University*, Berkeley: University of California Press, 23–38 (1944).

— “Electron Theory: Report to the Solvay Congress for Physics at Brussels, Belgium, September 27 to October 2, 1948”, in Schwinger (1958), 145–155 (1948).

— "Discussion on the Disintegration and Nuclear Absorption of Mesons: Remarks on μ−decay", *Reviews of Modern Physics*, 21 (1), 34–35 (1949a).
— "Concluding Remarks to Cosmic−Ray Symposium", *Reviews of Modern Physics*, 21 (1), 181–183 (1949b).
— "Comments on the Military Value of the Atom", *Bulletin of the Atomic Scientists*, VII (2), 43–45 (1951).
— "Atomic Weapons and American Policy", *Foreign Affairs*, 31 (4), 525–535 (July 1953), also *Bulletin of the Atomic Scientists*, IX (96), 202–205 (July 1953).
— *Science and the Common Understanding*, New York: Simon & Schuster (1954).
— *The Open Mind*, New York: Simon & Schuster (1955).
— "Einstein", *Reviews of Modern Physics*, 28 (1), 1–2 (January 1956 = 1956a).
— "Physics Tonight", *Physics Today*, 10–13 (July 1956 = 1956b).
— "Electron Theory: Description and Analogy", *Physics Today* 12–20 (July 1957).
— "The Tree of Knowledge", *Harper's Magazine*, 55–60 (October 1958 = 1958a).
— "A Study of Thinking", *The Sewanee Review*, 46, 481–490 (1958b).
— "The Mystery of Matter", *Saturday Evening Post* (5 July 1958 = 1958c).
— "The Role of the Big Accelerators", *Think* 8–11 (October 1959).
— "In the Keeping of Unreason", *Bulletin of the Atomic Scientists*, XVI (1), 18–22 (1960).
— "Niels Henrik David Bohr", *Year Book of the American Philosophical Society*, 107–117 (1963).
— *The Flying Trapeze: Three Crises for Physicists*, London: Oxford University Press (1964).
— "Thirty Years of Mesons", *Physics Today* 51–58 (November 1966).
— *Uncommon Sense*, Boston: Birkhäuser (1984).
Oppenheimer, J. Robert and Arnold, W., "Internal Conversion in the Photosynthetic Mechanism of Blue Green Algae", *Journal of General Physiology*, 33, 423–425 (1950).
Oppenheimer, J. Robert and Bethe, Hans, "Reaction of Radiation on Electron Scattering and Heitler's Theory of Radiation Damping", *Physical Review*, 70, 451–458 (1946).
Oppenheimer, J. Robert and Born, Max, "Zur Quantentheorie der Molekeln", *Annalen der Physik*, 84, 457–484 (1927).
Oppenheimer, J. Robert and Carlson, J.F., "On the Range of Fast Electrons and Neutrons", *Physical Review*, 38, 1787–1788 (1931).
— "The Impacts of Fast Electrons and Magnetic Neutrons", *Physical Review*, 39, 763–792 (1932).
— "On Multiplicative Showers", *Physical Review*, 51, 220–231 (1937).
Oppenheimer, J. Robert, Epstein, S.T. and Finkelstein, R.J., "Note on Stimulated

Decay of Negative Mesons", *Physical Review*, 73, 1140–1141 (1948).

Oppenheimer, J. Robert and Furry, Wendell H., "On the Theory of the Electron and the Positive", *Physical Review*, 45, 245–262 (1934a).

— "On the Theory of the Electron and the Positive", *Physical Review*, 45, 343–344 (1934b).

— "On the Limitations of the Theory of the Positron", *Physical Review*, 45, 903–904 (1934c).

— "On the Spin of the Mesotron", *Physical Review*, 59, 462 (1941).

Oppenheimer, J. Robert and Hall, Harvey, "Relativistic Theory of the Photoelectric Effect", *Physical Review*, 38, 57–59 (1931).

Oppenheimer, J. Robert and Lauritsen, C.C., "On the Scattering of the Th C" γ −Rays", *Physical Review*, 46, 80–81 (1934).

Oppenheimer, J. Robert, Lewis, H.W. and Wouthuysen, S.A., "The Multiple Production of Mesons", *Physical Review*, 73, 127–140 (1948).

Oppenheimer, J. Robert and Nedelsky, Leo, "The Production of Positives by Nuclear Gamma Rays", *Physical Review*, 44, 948–949 (1933).

Oppenheimer, J. Robert and Phillips, M., "Note on the Transmutation Function for Deuterons", *Physical Review*, 48, 500–502 (1935).

Oppenheimer, J. Robert and Plesset, Milton S., "On the Production of the Positive Electron", *Physical Review*, 44, 53–55 (1933).

Oppenheimer, J. Robert and Schwinger, J.S., "On Pair Emission in the Proton Bombardment of Fluorine", *Physical Review*, 56, 1066–1067 (1939).

— "On the Interaction of Mesotrons and Nuclei", *Physical Review*, 60, 150–152 (1941).

Oppenheimer, J. Robert and Serber, R., "Note on the Nature of Cosmic−Ray Particles", *Physical Review*, 51, 1113 (1937).

— "On the Stability of Stellar Neutron Cores", *Physical Review*, 54, 540 (1938).

Oppenheimer, J. Robert, Serber, R., Nordheim, G. and Nordheim, L.W., "The Disintegration of High−Energy Protons", *Physical Review*, 51, 1037–1045 (1937).

Oppenheimer, J. Robert, Serber, R. and Snyder, H., "The Production of Soft Secondaries by Mesotrons", *Physical Review*, 57, 75–81 (1939).

Oppenheimer, J. Robert and Snyder, H., "On Continued Gravitational Contraction", *Physical Review*, 56, 455–459 (1939).

Oppenheimer, J. Robert and Volkoff, G.M., "On Massive Neutron Cores", *Physical Review*, 55, 374–381 (1939).

Pais, Abraham, *"Subtle is the Lord . . .": The Science and the Life of Albert Einstein,* Oxford: Oxford University Press (1982).

— *Inward Bound: Of Matter and Forces in the Physical World*, Oxford: Clarendon (1986).

— *Niels Bohr's Times, in Physics, Philosophy and Polity*, Oxford: Oxford University Press (1991).

— *A Tale of Two Continents: A Physicist's Life in a Turbulent World*, Oxford: Oxford University Press (1997).

— "In Memoriam: Robert Serber (1909–1997)", *Physics in Perspective*, 1, 105–110 (1999).

— *The Genius of Science: A Portrait Gallery*, Oxford: Oxford University Press (2000).

— (with supplemental material by Robert P. Crease), *J. Robert Oppenheimer: A Life*, Oxford: Oxford University Press (2006).

Palevsky, Mary, *Atomic Fragments: A Daughter's Questions*, Berkeley: University of California Press (2000).

Pauli, Wolfgang, *Scientific Correspondence with Bohr, Einstein, Heisenberg a. o., Volume 1, 1919–1929*, Berlin: Springer (1979).

Pauling, Linus, *The Nature of the Chemical Bond*, Cornell: Cornell University Press (1939).

Peierls, Rudolf, "Critical Conditions in Neutron Multiplication", *Proceedings of the Cambridge Philosophical Society*, 35, 610–615 (1939).

— "Wolfgang Ernst Pauli, 1900–1958", *Biographical Memoirs of Fellows of the Royal Society*, 5, 174–192 (1960).

— *Bird of Passage: Recollections of a Physicist*, Princeton: Princeton University Press (1985).

Pfau, Tichard, *No Sacrifice Too Great: The Life of Lewis L. Strauss*, Charlottesville, University Press of Virginia (1984).

Pharr Davis, Nuel, *Lawrence and Oppenheimer*, Greenwich, Conn.: Fawcett Publications (1969).

Philip, Michel, "The Hidden Onlooker", *Yale French Studies*, No. 34, Proust, 37–42 (1965).

Piccard, Paul J., "Scientists and Public Policy: Los Alamos, August–November, 1945", *The Western Political Quarterly*, Vol. 18, No. 2, 251–262 (1965).

Pilkington, William T., "Harvey Fergusson", in *A Literary History of the American West*, Fort Worth: Texas Christian University Press, 546–558 (1987).

Polenberg, Richard (ed.), *In the Matter of J. Robert Oppenheimer: The Security Clearance Hearing*, Ithaca: Cornell University Press (2002).

Polkinghorne, John, *Quantum Theory: A Very Short Introduction*, Oxford: Oxford University Press (2002).

Powers, Thomas, *Heisenberg's War: The Secret History of the German Bomb*, London: Penguin (1994).

Priestley, Raymond E., *Antarctic Adventure: Scott's Northern Party*, London: T. Fisher Unwin (1914).

— *Breaking the Hindenberg Line: The Story of the 46th (North Midland) Division*, London: T. Fisher Unwin (1919).

Pulzer, Peter, *Jews and the German State: The Political History of a Minority, 1848–1933*, Oxford: Blackwell (1992).

Rabi, I.I. et al., *Oppenheimer*, New York: Charles Scribner's Sons (1969).

Radest, Howard B., *Toward Common Ground: The Story of the Ethical Societies in the United States*, New York: Frederick Ungar (1969).

Randall, John Herman, *The Landscape and the Looking Glass: Willa Cather's Search for Value*, New York: Houghton Mifflin (1960).

Raphael, Marc Lee, *Jews and Judaism in the United States: A Documentary History*, New York: Behrman House (1983).

Reeves, Thomas C., *The Life and Times of Joe McCarthy*, New York. Madison Books (1997).

Regis, Ed, *Who Got Einstein's Office? Eccentricity and Genius at the Institute for Advanced Study*, London: Penguin (1989).

Rhodes, Richard, *The Making of the Atom Bomb*, London: Penguin (1988).

— *Dark Sun: The Making of the Hydrogen Bomb*, New York: Touchstone (1996).

Ribalow, Harold U. (ed.), *Autobiographies of American Jews*, Philadelphia: The Jewish Publication Society of America (1965).

Richardson, R. Dan, *Comintern Army: The International Brigades and the Spanish Civil War*, Lexington: University Press of Kentucky (1982).

Ridley, B.K., *Time, Space and Things*, Cambridge: Cambridge University Press (1994).

Rigden, John S., *Rabi: Scientist and Citizen*, New York: Basic Bocks (1987).

Riley, Thomas A., "Goethe and Parker Cleaveland", *PMLA*, Vol. 67, No. 4, 350–374 (June 1952).

Robertson, Peter, *The Early Years: The Niels Bohr Institute 1921–1930*, Copenhagen: Akademisk (1979).

Romerstein, Herbert and Breindel, Eric, *The Venona Secrets: Exposing Soviet Espionage and America's Traitors*, Washington DC: Regnery (2001).

Roosevelt, Theodore, *The Winning of the West: An Account of the Exploration and Settlement of Our Country from the Alleghanies to the Pacific* (four volumes), New York: G.P. Putnam's Sons (1889–1896).

Rose, Paul Lawrence, *Heisenberg and the Nazi Atomic Bomb Project: A Study in German Culture*, Berkeley: University of California Press (1998).

Rotblat, Joseph, "Leaving the Bomb Project," *Bulletin of the Atomic Scientists*, 41 (7), 16–19 (1985).

Rouzé, Michel, *Robert Oppenheimer: The Man and his Theories*, London: Souvenir Press (1964).

Rovere, Richard Halworth, *Senator Joe McCarthy*, Berkeley: University of California

Press (1996).

Royal, Denise, *The Story of J. Robert Oppenheimer*, New York: St Martin's Press (1969).

Rozental, Stefan (ed.), *Niels Bohr: His Life and Work as Seen by His Friends and Colleagues*, Amsterdam: North Holland (1967).

Russell, Bertrand, *The ABC of Atoms*, London: Kegan Paul (1923).

Rutherford, Ernest, "The scattering of α and ß particles by matter and the structure of the atom", *Philosophical Magazine*, 21, 669–688 (1911).

— "Bakerian Lecture. Nuclear Constitution of Atoms", *Proceedings of the Royal Society Series A*, Vol. 97, 374–400 (1920).

— "The Structure of the Radioactive Atom and the Origin of the Alpha Rays", *Philosophical Magazine*, 22, 580–605 (1927).

— "Address of the President", *Proceedings of the Royal Society Series A*, Vol. 117, 300–316 (1928).

— "The Structure of Atomic Nuclei", *Proceedings of the Royal Society Series A*, Vol. 136, 735–762 (1932).

Ryder, Arthur W., *Original Poems together with Translations from the Sanskrit*, Berkeley: University of California Press (1939).

— *The Bhagavad Gita 1929*, Whitefish, Montana: Kessinger (2004).

Sachs, Emanie, *Red Damask: A Study of Nurture and Nature*, New York: Harper & Brothers (1927).

Schecter, Jerold and Leona, *Sacred Secrets: How Soviet Intelligence Operations Changed American History*, Washington DC: Brassey's (2002).

Schrecker, Ellen, *The Age of McCarthyism: A Brief History with Documents*, Boston: Bedford (1994).

— *Many are the Crimes: McCarthyism in America*, Princeton: Princeton University Press (1998).

Schrödinger, Erwin, "Quantisierung als Eigenwertproblem", *Annalen der Physik*, 4 (79), 361–376, 489–527; 4 (80), 437–490; 4 (81), 109–239 (1926a, 1926b, 1926c, 1926d).

— "An Undulatory Theory of the Mechanics of Atoms and Molecules", *Physical Review*, Vol. 28, No. 6, 1049–1070 (1926e).

— *Collected Papers on Wave Mechanics*, Providence, Rhode Island: American Mathematical Society, 3rd edition (1982).

Schweber, S.S., "The Empiricist Temper Regnant: Theoretical Physics in the United States 1920–1950", *Historical Studies in the Physical and Biological Sciences*,17, 1, 55–98, (1986a).

— "Shelter Island, Pocono, and Oldstone: The Emergence of American Quantum Electrodynamics after World War II", *Osiris*, 2nd Series, Vol. 2, 265–302 (1986b).

— *QED and the Men Who Made It*, Princeton: Princeton University Press (1994).

— *In the Shadow of the Bomb: Bethe, Oppenheimer, and the Moral Responsibility of the Scientist*, Princeton: Princeton University Press (2000).

— *Einstein and Oppenheimer: The Meaning of Genius*, Cambridge, Mass.: Harvard University Press (2008).

Schwinger, Julian, (ed.), *Selected Papers on Quantum Electrodynamics*, New York: Dover (1958).

— "Quantum Electrodynamics – An Individual View", *Journal de Physique*, Colloque C8, Supplement 12 (43), 409–423 (1982).

— "Tomonaga Sin−Itiro: A Memorial – Two Shakers of Physics", *Lecture Notes in Physics*, 746, 27–42 (2008).

Seaborg, Glenn, *Adventures in the Atomic Age: From Watts to Washington*, New York: Farrar, Straus and Giroux (2001).

Segrè, Emilio, *Enrico Fermi: Physicist*, Chicago: Chicago University Press (1972).

— *A Mind Always in Motion: The Autobiography of Emilio Segrè*, Berkeley: University of California Press (1993).

Serber, Robert, "Particle physics in the 1930s: A view from Berkeley", in Brown and Hoddeson (1983), 206–221.

— *The Los Alamos Primer. The First Lectures on How to Build an Atomic Bomb*, Berkeley: University of California Press (1992).

— *Peace and War: Reminiscences of a Life on the Frontiers of Science*, New York: Columbia University Press (1998).

Sherwin, Martin J., *A World Destroyed: The Atomic Bomb and the Grand Alliance*, New York: Vintage (1977).

Shipman, Harry L., *Black Holes, Quasars, & the Universe*, Boston: Houghton Mifflin (1976).

Sibley, Katherine A.S., *Red Spies in America: Stolen secrets and the dawn of the Cold War*, Lawrence, Kansas: University of Kansas Press (2004).

Siegmund−Schultze, Reinhard, *Mathematicians Fleeing from Nazi Germany: Individual Fates and Global Impact*, Princeton: Princeton University Press (2009).

Sime, Ruth Lewin, *Lise Meitner: A Life in Physics*, Berkeley: University of California Press (1996).

Simmons, Marc, *Two Southwesterners: Charles Lummis and Amado Chaves*, Austin, Texas: San Marcos Press (1968).

— *The Little Lion of the Southwest: A life of Manuel Antonio Chaves*, Chicago: The Swallow Press (1973).

Simoni, Robert D., Hill, Robert L. and Vaughan, Martha, "Protein Chemistry and the Development of Allosterism: Jeffries Wyman", *The Journal of Biological Chemistry*, Vol. 277, No. 46, 76–78 (15 Nov. 2002).

Smith, Alice Kimball, *A Peril and a Hope: The Scientists' Movement in America, 1945–47*, Chicago: University of Chicago Press (1965).

Smith, Alice Kimball and Weiner, Charles (eds) [S&W], *Robert Oppenheimer: Letters and Recollections*, Stanford: Stanford University Press (1980).

Smith, G.S., *D.S. Mirsky: A Russian–English Life 1890–1939*, Oxford: Oxford University Press (2000).

Smyth, Henry DeWolf, *Atomic Energy for Military Purposes: The Office Report on the Development of the Atomic Bomb Under the Auspices of the United States Government, 1940–1945*, Stanford: Stanford University Press (1989).

Snow, C.P., *The Two Cultures and the Scientific Revolution*, Cambridge: Cambridge University Press (1959).

— *The Physicists*, London: Macmillan (1982).

Sommerfeld, Arnold, *Atombau und Spektrallinien*, Braunschweig: Friedrich Vieweg und Sohn (1919), translated as *Atomic Structure and Spectral Lines*, New York: Dutton (1923).

Sopka, Katherine R., *Quantum Physics in America 1920–1935*, New York: Arno Press (1980).

Sorin, Gerald, *A Time for Building: The Third Migration 1880–1920*, Baltimore: Johns Hopkins University Press (1992).

Stern, Philip M., *The Oppenheimer Case: Security on Trial*, London: Rupert Hart–Davis (1971).

Stoff, Michael B., Fanton, Jonathan F. and Williams, R. Hal (eds), *The Manhattan Project: A Documentary Introduction to the Atomic Age*, New York: McGraw–Hill (1991).

Strauss, Lewis L., *Men and Decisions*, New York: Doubleday (1962).

Sudoplatov, Pavel and Anatoli, *Special Tasks: The Memoirs of an Unwanted Witness – A Soviet Spymaster*, Boston: Little Brown (1994).

Szasz, Ferenc Morton, *The Day the Sun Rose Twice: The Story of the Trinity Site Nuclear Explosion July 16, 1945*, Albuquerque: University of New Mexico Press (1984).

Taylor, John, *Black Holes: The End of the Universe?*, London: Souvenir Press (1973).

Teller, Edward, *Memoirs: A Twentieth–Century Journey in Science and Politics*, Oxford: Perseus (2001).

Thomson, George Paget, *J.J. Thomson and the Cavendish Laboratory in his day*, London: Nelson (1964a).

— *J.J. Thomson: Discoverer of the Electron*. London: Nelson (1964b).

Thomson, J.J., "Cathode rays", *Philosophical Magazine*, Vol. 44, 293 (1897).

Thorne, Kip, *Black Holes and Time Warps*, New York: Norton (1994).

Thorpe, Charles, *Oppenheimer: The Tragic Intellect*, London: University of Chicago

Press (2006).

Tractenberg, Alan, *The Incorporation of America: Culture & Society in the Gilded Age*, New York: Hill & Wang (1982).

Treiman, Sam, *The Odd Quantum*, Princeton: Princeton University Press (1999).

Truman, Harry S., *Years of Decision*, New York: Doubleday (1955).

Turner, Louis A., "Nuclear Fission", *Reviews of Modern Physics*, 12, 1–29 (1940).

Twitchell, Ralph Emerson, *The Leading Facts of New Mexican History, Vol. II*, Santa Fe, New Mexico: Sunstone Press (2007).

Ulam, S.M., *Adventures of a Mathematician*, Berkeley: University of California Press (1991).

United States Atomic Energy Commission, *In the Matter of J. Robert Oppenheimer: Transcript of Hearing before Personnel Security Board, Washington DC, April 12, 1954 through May 6, 1954* [ITMO], Washington: US Government Printing Office (1954).

Urey, Harold, Brickwedde, F.G., and Murphy, G.N., "A hydrogen isotope of mass 2", *Physical Review*, 39, 164–165 (1932).

VanDeMark, Brian, *Pandora's Keeper: Nine Men and the Atomic Bomb*, New York: Little, Brown (2003).

Waerden, B.L. van der (ed.), *Sources of Quantum Mechanics*, New York: Dover (1968).

Wallace, Henry A., *The Price of Vision: The Diary of Henry A. Wallace, 1942–1946*, Boston: Houghton Mifflin (1973).

Weinberg, Steven, *Dreams of a Final Theory: The Search for the Fundamental Laws of Nature*, London: Hutchinson (1993).

Weiner, Charles, "1932 – Moving into the New Physics", *Physics Today*, 25 (5), 40–42 (1972).

— "Physics Today and the Spirit of the Forties", *Physics Today*, 23–28 (May 1973).

Weisgall, Jonathan M., *Operation Crossroads: The Atomic Tests at Bikini Atoll*, Washington DC: Naval Institute Press (1994).

Weisskopf, V.F., *Physics in the Twentieth Century: Selected Essays*, Cambridge, Mass.: MIT Press (1972).

Wells, Samuel F., "The Origins of Massive Retaliation", *Political Science Quarterly*, Vol. 96, No. 1, 31– 52 (1981).

West, Nigel, *Mortal Crimes. The Greatest Theft in History: Soviet Penetration of the Manhattan Project*, New York: Enigma Books (2004).

Wheeler, John Archibald, *Geons, Black Holes, and Quantum Foam: A Life in Physics*, New York: Norton (2000).

Wheeler, John Archibald and Zurek, Wajciech Hubert (eds), *Quantum Theory and Measurement*, Princeton: Princeton University Press (1983).

White, Michael, *Rivals: Conflict as the Fuel of Science*, London: Secker & Warburg

(2001).

Wilson, D., *Rutherford: Simple Genius*, London: Hodder & Stoughton (1983).

Wilson, R.R., "Hiroshima: The Scientists" Social and Political Reaction", *Proceedings, American Philosophical Society*, Vol. 140, No. 3, 350–357 (1996).

Wolverton, Mark, *A Life in Twilight: The Final Years of J. Robert Oppenheimer*, New York: St Martin's Press (2008).

Woolf, Virginia, *A Woman's Essays. Selected Essays: Volume One*, London: Penguin, 1992.

Wright, Harold (ed.), *University Studies: Cambridge 1933*, London: Nicholson and Watson (1933).

Yang, Chen Ning, "The law of parity conservation and other symmetry laws of physics", *Nobel Lectures, Physics 1942–1962*, Amsterdam: Elsevier Publishing Company (1964).

York, Herbert F., *The Advisors: Oppenheimer, Teller and the Superbomb*, San Francisco: W.H. Freeman (1976).

Yukawa, Hideki, "On the Interaction of Elementary Particles I", *Proceedings of the Physical and Mathematical Society of Japan*, 17, 48–57 (1935).

— "Models and Methods in the Meson Theory", *Reviews of Modern Physics*, 21 (3), 474–479 (1949).

Interviews.

American Institute of Physics (AIP).

Luis Alvarez, interviewed by Charles Weiner and Barry Richman, Lawrence Radiation Laboratory (15 Feb. 1967): http://www.aip.org/history/ohilist/4483_2.html.

Robert Bacher, interviewed by Finn Aaserud at the California Institute of Technology (13 Feb. 1986): http://www.aip.org/history/ohilist/27979.html.

Felix Bloch, interviewed by Charles Weiner, Stanford University, California (15 Aug. 1968): http://www.aip.org/history/ohilist/4510.html.

Edward U. Condon, interviewed by Charles Weiner in Boulder, Colorado (17 Oct. 1967, 27 April 1968 and 11 Sep. 1973): http://www.aip.org/history/ohilist/4997_1.html.

William A. Fowler, interviewed by Charles Weiner, Caltech (8 June 1972), Sessions I–V: http://www.aip.org/history/ohilist/4608_1.html.

Otto Frisch, interviewed by:.

1. Thomas S. Kuhn, Cavendish Laboratory (8 May 1963): 1. http://www.aip.org/history/ohilist/4615.html.
2. Charles Weiner, American Institute of Physics, New York City (3 May 1967): http://www.aip.org/history/ohilist/4616.html

Wendell H. Furry, interviewed by Charles Weiner in Copenhagen (9 Aug. 1971):

http://www.aip.org/history/ohilist/24324.html.

Oskar Klein, interviewed by Thomas S. Kuhn and John L. Heilbron in Copenhagen (25 Sep. 1962–16 July 1963): http://www.aip.org/history/ohilist/4709_1.html.

Willis Lamb, interviewed by Dr Joan Bromberg in Tucson, Arizona (7 March 1985): http://www.aip.org/history/ohilist/27491_1.html.

Rossi Lomanitz, interviewed by Shawn Mullet in Hawaii (26 July–18 Aug. 2001): http://www.aip.org/history/ohilist/24703_1.html.

J. Robert Oppenheimer, interviewed by Thomas S. Kuhn in Princeton (18 Nov. 1963): not on line.

Rudolf Peierls, interviewed by Charles Weiner in Seattle, Washington (11, 12 and 13 Aug. 1969): http://www.aip.org/history/ohilist/4816_1.html.

Melba Phillips, interviewed by Katherine Russell Sopka (5 Dec. 1977): http://www.aip.org/history/ohilist/4821.html.

Robert Serber, interviewed by:.

1. Charles Weiner and Gloria Lubkin at Columbia University (10 Feb. 1967): http://www.aip.org/history/ohilist/4878.html.
2. Frederick Fellows at Columbia University (19 Dec. 1983): http://www.aip.org/history/ohilist/4880.html.
3. Anne Fitzpatrick in New York City (26 Nov. 1996): http://www.aip.org/history/ohilist/25100.html.

Caltech Archives.

Carl Anderson, interviewed by Harriett Lyle (9 Jan.–8 Feb. 1979): http://oralhistories.library.caltech.edu/89/.

William A. Fowler, interviewed by John Greenberg and Carol Bugé (3 May 1983–31 May 1984, 3 Oct. 1986).

Frank Oppenheimer, interviewed by Judith R. Goodstein (16 Nov. 1984).

Milton S. Plesset, interviewed by Carol Bugé (8 Dec. 1981)

索引

（页码为原书页码，即本书页边码）

译后记

这是一部全面详实的奥本海默传记。

作者蒙克为了让读者充分认识和理解奥本海默这一有趣的历史人物，除了依据各种史料描写其个人生活，还用大量笔墨讲述了他的出身和成长环境。此外，作者还介绍了 20 世纪上半叶的物理学发展、原子弹的研制和使用，以及其他众多人物的经历和事件的来龙去脉。

作者在书中还着重呈现了奥本海默作为一位物理学家的科学工作和重要贡献。他认为，这是以往的传记作者不够重视的一个方面，而他就是要用一部全面而完整的传记去弥补前人留下的缺憾。

全面详实的特点也是我翻译本书的难点。作者不是物理学家，为了把奥本海默在科学领域的贡献充分体现在这部传记里，他在写作本书的十年时间里“恶补”了大量物理学知识，请教了众多当代物理学家。正是书中的诸多科学术语和原理构成了我翻译的一大难点。和作者一样，我也不是物理学家，在翻译本书的近三年时间里，也不得不去阅读相关物理学书籍和科学家传记，并查阅各种网络资料，以图准确理解奥本海默和其他科学家的工作，尽可能避免译文中出现贻笑大方的错误和外行话。

蒙克教授撰写本书的动念源于奥本海默的书信集，因此，他在书中引用的书信片段便成了我翻译的又一难点。如果要我举一个能说明翻译比写作更困难的例子，恐怕我会首先想到那些故作高深的书信原文。作者只需摘录相关段落，即使不完全理解，也无关紧要。而对译者而言，无论这些书信多么佶屈聱牙，都没有丝毫回避的余地。译者不仅要设法理解原文，还得冥思苦想，将它转换成另一种语言，其难度可想而知。

为此，我要感谢蒙克教授逐条解答了我提出的包括烧脑书信在内的各种问题，他的耐心、宽容和理解给我留下了深刻印象。他感同身受的评论*和详细解答缓解了我面对上述困难时的压力，使我能在更好地理解原文的基础上尝试进入奥本海默的内心世界。

我曾冒昧求助中国科学院自然科学史研究所的方在庆老师。虽然我们素昧平生，他却欣然应允，在百忙之中请他的博士生就部分涉及科学知识的译文提出了宝贵的修改意见，在此铭记在心！

感谢张兴文、梅缵月两位老师！本书中译本以此面目问世，源于启真馆前编辑张兴文老师的信任和理解，是他把本书的翻译任务交给了我，并同意增加编辑前的译校工序。梅老师在讨论群里耐心回答了我提出的多个问题，让我收获颇多。

最后，对于伦敦大学学院在读博士生刘小雨女士积极参与本书译文的修改工作（本书一到九章），我要致以十分的感谢。她与这部书的偶遇看似巧合，实则必然，仿佛在冥冥之中，这部译稿注定会等来一个与奥本海默有着特殊关系的人。

因为个人学识有限，热蒸现卖之术难免留下诸多错误和疏漏。欢迎广大读者指正。

刘诗军

2023 年 8 月于云南景洪

---

* 蒙克教授的原文是：These letters of Oppenheimer's are wirtten in a very unusual style. It is not normal English. Deliberately. He is trying to sound sophisticated and clever by using unusual phrases. I don't envy you the task of putting Oppenheimer's tortuous English prose into Chinese! Those letters from Havard are a translator's nightmare! It would be difficult enough to translate them into understandable English.